Use a Cabeça! Desenvolvendo para Android

Não seria um sonho se existisse um livro sobre desenvolvimento de aplicativos para Android que fosse mais fácil de entender do que o manual de voo de um ônibus espacial? Acho que isso é apenas uma fantasia...

Dawn Griffiths
David Griffiths

ALTA BOOKS
E D I T O R A

Rio de Janeiro, 2019

Use a cabeça! Desenvolvendo para Android® - Tradução da 2ª Edição
Copyright © 2019 da Starlin Alta Editora e Consultoria Eireli. ISBN: 978-85-508-0905-2

Translated from original Head First Android Development®, Copyright © 2017 by David Griffiths and Dawn Griffiths. ISBN 978-1-491-97405-6. This translation is published and sold by permission of O'Reilly Media, Inc., the owner of all rights to publish and sell the same. PORTUGUESE language edition published by Starlin Alta Editora e Consultoria Eireli, Copyright © 2019 by Starlin Alta Editora e Consultoria Eireli.

Todos os direitos estão reservados e protegidos por Lei. Nenhuma parte deste livro, sem autorização prévia por escrito da editora, poderá ser reproduzida ou transmitida. A violação dos Direitos Autorais é crime estabelecido na Lei nº 9.610/98 e com punição de acordo com o artigo 184 do Código Penal.

A editora não se responsabiliza pelo conteúdo da obra, formulada exclusivamente pelo(s) autor(es).

Marcas Registradas: Todos os termos mencionados e reconhecidos como Marca Registrada e/ou Comercial são de responsabilidade de seus proprietários. A editora informa não estar associada a nenhum produto e/ou fornecedor apresentado no livro.

Impresso no Brasil — 1ª Edição, 2019 — Edição revisada conforme o Acordo Ortográfico da Língua Portuguesa de 2009.

Obra disponível para venda corporativa e/ou personalizada. Para mais informações, fale com projetos@altabooks.com.br

Produção Editorial Editora Alta Books **Gerência Editorial** Anderson Vieira	**Produtor Editorial** Juliana de Oliveira Thiê Alves **Assistente Editorial** Illysabelle Trajano	**Marketing Editorial** marketing@altabooks.com.br **Editor de Aquisição** José Rugeri j.rugeri@altabooks.com.br	**Vendas Atacado e Varejo** Daniele Fonseca Viviane Paiva comercial@altabooks.com.br	**Ouvidoria** ouvidoria@altabooks.com.br
Equipe Editorial	Adriano Barros Bianca Teodoro Ian Verçosa	Kelry Oliveira Keyciane Botelho Larissa Lima	Leandro Lacerda Maria de Lourdes Borges Paulo Gomes	Thales Silva Thauan Gomes
Copi com Tradução Igor Farias	**Revisão Gramatical** Gabriella Araújo Thamiris Leirosa	**Revisão Técnica** Alex Ribeiro Analista Desenvolver, Gerente de Projetos e de Novos Negócios na EXIS Tecnologia.	**Diagramação** Lucia Quaresma	

Erratas e arquivos de apoio: No site da editora relatamos, com a devida correção, qualquer erro encontrado em nossos livros, bem como disponibilizamos arquivos de apoio se aplicáveis à obra em questão.
Acesse o site www.altabooks.com.br e procure pelo título do livro desejado para ter acesso às erratas, aos arquivos de apoio e/ou a outros conteúdos aplicáveis à obra.

Suporte Técnico: A obra é comercializada na forma em que está, sem direito a suporte técnico ou orientação pessoal/exclusiva ao leitor.
A editora não se responsabiliza pela manutenção, atualização e idioma dos sites referidos pelos autores nesta obra.

Dados Internacionais de Catalogação na Publicação (CIP) de acordo com ISBD

G855u   Griffiths, Dawn

        Use a cabeça! Desenvolvendo para android / Dawn Griffiths, David Griffiths. - Rio de Janeiro : Alta Books, 2019.
        928 p. : il. ; 17cm x 24cm. – (Use a cabeça!)

        Tradução de: Head First Android Development
        Inclui índice e anexo.
        ISBN: 978-85-508-0905-2

        1. Programação. 2. Java. 3. Aplicativos Android. I. Griffiths, David. II. Título III. Série.

2019-858   CDD 005
                                                     CDU 004

Elaborado por Odilio Hilario Moreira Junior - CRB-8/9949

Rua Viúva Cláudio, 291 — Bairro Industrial do Jacaré
CEP: 20.970-031 — Rio de Janeiro (RJ)
Tels.: (21) 3278-8069 / 3278-8419
www.altabooks.com.br — altabooks@altabooks.com.br
www.facebook.com/altabooks — www.instagram.com/altabooks

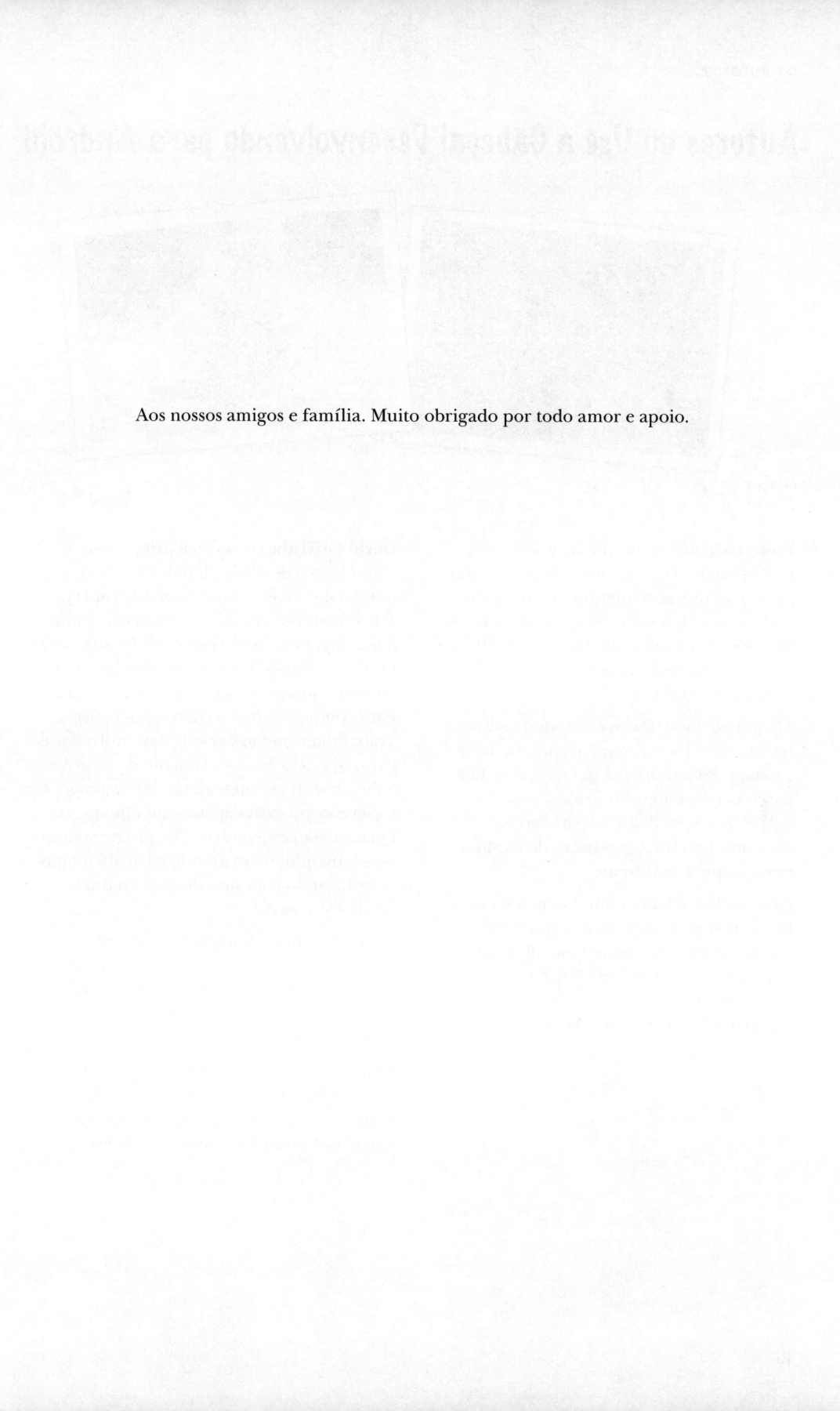

Aos nossos amigos e família. Muito obrigado por todo amor e apoio.

os autores

Autores do Use a Cabeça! Desenvolvendo para Android

Dawn Griffiths

David Griffiths

Dawn Griffiths começou sua vida profissional como matemática em uma das principais universidades do Reino Unido, onde se graduou com menção especial pelo desempenho acadêmico. Há mais de 20 anos trabalha com desenvolvimento de software no setor de TI.

Além deste livro, Dawn é autora de outros três da série *Use a Cabeça!*, incluindo o *Use a Cabeça! Estatística* e o *Use a Cabeça! C*. Em parceria com o marido, criou a série de vídeos *The Agile Sketchpad* para ensinar conceitos e técnicas essenciais de modo interessante e envolvente.

Quando Dawn não está trabalhando em livros da série *Use a Cabeça!*, ela se ocupa em aprimorar suas habilidades de tai chi, ler, correr, fazer renda de bilros e cozinhar. Especialmente, gosta de passar o tempo com seu maravilhoso marido, David.

David Griffiths começou a programar com 12 anos de idade, depois de assistir a um documentário sobre Seymour Papert. Aos 15, escreveu uma implementação para a linguagem de computação de Papert, LOGO, e depois de cursar matemática pura na universidade começou a escrever código para computadores e artigos para revistas. Trabalhou como *agile coach*, desenvolvedor e garagista, não necessariamente nessa ordem. Sabe programar em mais de dez linguagens e escrever prosa em apenas um idioma. Quando não está escrevendo, programando ou ensinando, passa grande parte do tempo livre viajando com sua adorável esposa (e coautora) Dawn.

Além deste livro, David é autor de três outros da série *Use a Cabeça!*, incluindo o *Use a Cabeça! Rails* e o *Use a Cabeça! C*, e criou a série de vídeos *The Agile Sketchpad* em parceria com Dawn.

Siga os autores no Twitter em *https://twitter.com/HeadFirstDroid* (conteúdo em inglês) e visite o site do livro em *https://tinyurl.com/HeadFirstAndroid* (conteúdo em inglês).

Sumário Resumido

	Introdução	xxix
1	Mergulhe: *Início*	1
2	Aplicativos com Funções: *Construção de aplicativos interativos*	37
3	Múltiplas atividades e intenções: *Declare sua intenção*	77
4	O ciclo de vida da atividade: *Sendo uma atividade*	119
5	Exibições e grupos de exibições: *Foco nas exibições*	169
6	Layouts de restrição: *Coloque cada coisa em seu lugar*	221
7	List views e adaptadores: *É hora de se organizar*	247
8	Bibliotecas de suporte e barras do app: *Pegando atalhos*	289
9	Fragmentos: *Modularize*	339
10	Fragmentos para interfaces maiores: *Tamanho Diferente, Interface Diferente*	393
11	Fragmentos dinâmicos: *Aninhando fragmentos*	433
12	Design support library: *É hora de deslizar*	481
13	Recycler views e card views: *Comece a reciclar*	537
14	Gavetas de navegação: *Em movimento*	579
15	Bancos de dados SQLite: *Ative o banco de dados*	621
16	Cursores básicos: *Retirando dados*	657
17	Cursores e asynctasks: *No segundo plano*	693
18	Serviços iniciados: *Ao seu serviço*	739
19	Serviços vinculados e permissões: *Vinculados sempre*	767
i:	Relative layout e grid layout: *Conheça a família*	817
ii:	Gradle: *A gradle build tool*	833
iii:	ART: *O android runtime*	841
iv:	ADB: *O android debug bridge*	849
v:	O android emulator: *Aumentando a velocidade*	857
vi:	Sobras: *Os dez mais (de que não falamos)*	861

conteúdo (sumário)

Sumário

Introdução

Seu cérebro e o Android. Aqui, *você* está tentando aprender, mas seu *cérebro* não coopera e *esquece* tudo. Ele raciocina da seguinte forma: "É melhor deixar espaço para coisas mais importantes, como memorizar os animais selvagens mais perigosos e definir se fazer snowboard pelado é uma ideia ruim." Então, *como* enganar seu cérebro para que ele funcione como se a sua vida dependesse de aprender a desenvolver aplicativos Android?

Autores do Use a Cabeça! Desenvolvendo para Android	iv
A quem se destina este livro?	xxx
Sabemos o que você está pensando	xxxi
Sabemos o que o seu cérebro está pensando	xxxi
Metacognição: pensar sobre o pensamento	xxxiii
NÓS fizemos o seguinte	xxxiv
Leia-me	xxxvi
A equipe de revisão técnica	xxxviii
Agradecimentos	xxxix

conteúdo (sumário)

1 início
Mergulhe
O Android conquistou o mundo. Todo mundo quer smartphones e tablets, e os dispositivos Android são muito populares. Neste livro, vamos ensiná-lo a **desenvolver seus próprios aplicativos**, começando por um aplicativo básico em um Dispositivo Virtual Android. Ao longo do caminho, você vai aprender sobre alguns componentes básicos dos aplicativos Android, como **atividades** e **layouts**. Você só precisa saber **um pouco de programação em Java...**

Bem-vindo ao Mundo do Android	2
Anatomia da plataforma Android	3
Vamos fazer o seguinte	4
Seu ambiente de desenvolvimento	5
Instale o Android Studio	6
Construa um aplicativo básico	7
Como construir o aplicativo	8
Visão geral das atividades e layouts	12
Como construir o aplicativo (continuação)	13
Você acabou de criar seu primeiro aplicativo Android	15
O Android Studio cria uma estrutura de pastas completa	16
Arquivos úteis do projeto	17
Edite código com os editores do Android Studio	18
Execute o aplicativo no emulador Android	23
Crie um Dispositivo Virtual Android	24
Execute o aplicativo no emulador	27
Acompanhe o andamento do processo no console	28
O que aconteceu?	30
Refine o aplicativo	31
O que há no layout?	32
activity_main.xml tem dois elementos	33
Atualize o texto exibido no layout	34
Test drive do aplicativo	35
Sua caixa de ferramentas para Android	36

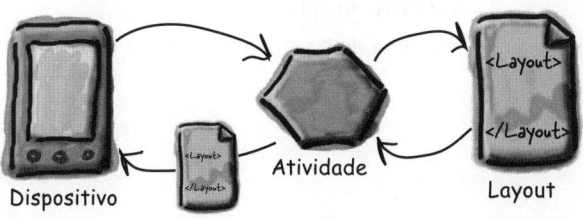

Dispositivo   Atividade   Layout

conteúdo (sumário)

2
construção de aplicativos interativos
Aplicativos com Funções

Os aplicativos geralmente precisam se comunicar com o usuário. Neste capítulo, você vai aprender a deixar seus aplicativos **um pouco mais interativos** e *capazes* de responder ao usuário, além de estabelecer **uma excelente comunicação entre atividade e layout**. Ao longo do caminho, **veremos em mais detalhes como o Android realmente funciona** e apresentaremos o **R**, a fórmula secreta que junta todas as peças.

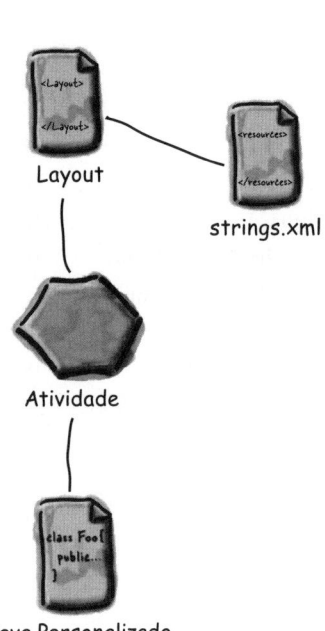

Vamos construir um aplicativo que recomenda cervejas	38
Crie o projeto	40
Criamos uma atividade e um layout-padrão	41
Analisando o editor de design	42
Adicione um botão usando o editor de design	43
activity_find_beer.xml tem um novo botão	44
Analisando o código do layout	45
Vamos fazer um test drive no aplicativo	49
Incorporar texto em código fixo dificulta a localização	50
Crie o recurso de String	51
Use o recurso de Stringno layout	52
Adicione valores ao spinner	56
Adicione o string-array ao strings.xml	57
Test drive do spinner	58
O botão deve realizar alguma ação	59
Configure o botão para chamar um método	60
Conferindo o código da atividade	61
Adicione o método onClickFindBeer() à atividade	62
O método onClickFindBeer() deve realizar alguma ação	63
Acesse os métodos da sua exibição	64
Atualize o código da atividade	65
A primeira versão da atividade	67
Qual é a função do código	68
Construa a classe Java personalizada	70
O que acontece quando o código é executado	74
Test drive do aplicativo	75
Sua caixa de ferramentas para Android	76

conteúdo (sumário)

3 múltiplas atividades e intenções
Declare Sua Intenção

A maioria dos apps exige mais de uma atividade. Até aqui vimos apenas apps com uma atividade, o que é suficiente para aplicativos simples. Mas, para funções mais complexas, uma só atividade não dá conta do recado. Portanto, agora vamos mostrar **como construir aplicativos com múltiplas atividades** e como estabelecer comunicação entre aplicativos usando **intenções**. Você também vai aprender a usar intenções para **ir além dos limites do seu app** e **realizar** *ações* **com atividades em outros apps do seu dispositivo**. Estamos indo cada vez mais longe...

Os apps podem conter mais de uma atividade	78
Esta é a estrutura do app	79
Começando: crie o projeto	79
Atualize o layout	80
Crie a segunda atividade e o layout	82
Conheça o arquivo de manifesto do Android	84
Uma intenção é um tipo de mensagem	86
O que acontece quando o app é executado	88
Transmita o texto para a segunda atividade	90
Atualize as propriedades da visualização de texto	91
O putExtra() insere informações adicionais na intenção	92
Atualize o código de CreateMessageActivity	95
Programe o ReceiveMessageActivity para usar as informações da intenção	96
O que acontece quando o usuário clica no botão Send Message	97
Podemos alterar o app e enviar mensagens para outras pessoas	98
Como os apps Android funcionam	99
Crie uma intenção que especifique uma ação	101
Altere a intenção para usar uma ação	102
Como o Android usa o filtro de intenção	106
E se você SEMPRE quiser que os usuários escolham uma atividade?	112
O que acontece quando você chama createChooser()	113
Altere o código para criar um seletor	115
Sua caixa de ferramentas para o Android	118

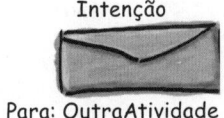

Intenção
Para: OutraAtividade

Ei, usuária. Todas essas atividades podem enviar uma mensagem. Qual delas você quer usar?

CriarAtividadedeMensagem

Android

Usuária

conteúdo (sumário)

4

o ciclo de vida da atividade
Sendo uma Atividade

As atividades são a base dos apps Android. Até aqui, vimos como criar atividades e fizemos uma atividade iniciar outra usando uma intenção. *Mas o que acontece debaixo do capô*? Neste capítulo, vamos nos aprofundar no **ciclo de vida da atividade**. O que acontece quando uma atividade é **criada** e, depois, **destruída**? Quais métodos são chamados quando uma atividade **se torna visível e aparece em primeiro plano** e quais são chamados quando ela **sai de foco e fica oculta**? **Como salvar e restaurar o estado da sua atividade**? Leia o capítulo para descobrir.

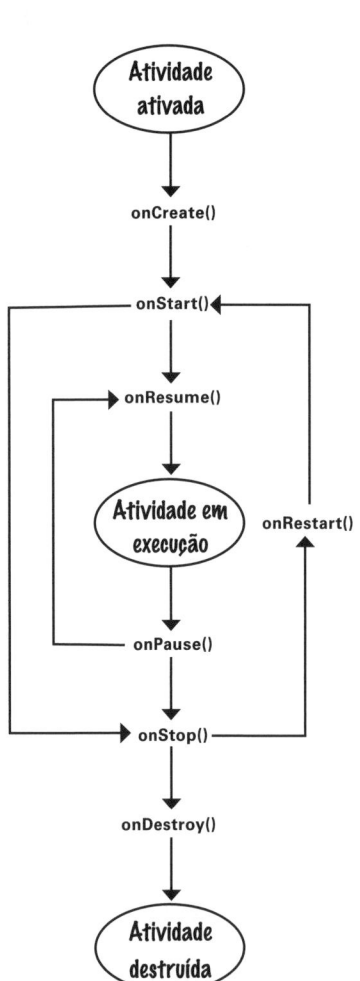

Como as atividades realmente funcionam?	120
O app Stopwatch	122
Adicione recursos de string	123
Como o código da atividade funcionará	125
Adicione o código dos botões	126
O método runTimer()	127
O código completo do runTimer()	129
O código completo de StopwatchActivity	130
Girar a tela altera a configuração do dispositivo	136
Os estados de uma atividade	137
O ciclo de vida da atividade: da criação à destruição	138
O código de StopwatchActivity atualizado	142
O que acontece quando o app é executado	143
A vida de uma atividade não se resume à sua criação e destruição	146
O código de StopwatchActivity atualizado	151
O que acontece quando o app é executado	152
E se o app estiver parcialmente visível?	154
O ciclo de vida da atividade: a existência em primeiro plano	155
O cronômetro deve parar quando a atividade estiver pausada	158
Implemente os métodos onPause() e onResume()	159
O código completo de StopwatchActivity	160
O que acontece quando o aplicativo é executado	163
Seu guia de consulta rápida para os métodos de ciclo de vida	167
Sua caixa de ferramentas para Android	168

conteúdo (sumário)

5
exibições e grupos de exibições
Foco nas Exibições

Já vimos como organizar componentes GUI utilizando um layout linear, mas até agora só ficamos na superfície. Neste capítulo, vamos nos **aprofundar um pouco mais** e conferir como os layouts lineares *funcionam na prática*. Você vai conhecer o **layout de frame**, um recurso simples para empilhar exibições, além de conferir os **principais componentes GUI** e **aprender a utilizá-los**. Ao final do capítulo, vamos observar que, apesar das pequenas diferenças entre eles, os layouts e componentes GUI têm *mais traços em comum do que você pode imaginar*.

A interface de usuário é formada por layouts e componentes GUI	170
O RelativeLayout reproduz exibições em uma única linha ou coluna	171
Adicione um arquivo de recursos de dimensão para manter a consistência do preenchimento nos layouts	174
Use margens para aumentar a distância entre as exibições	176
Vamos alterar um layout linear básico	177
Adicione peso para que a exibição fique mais flexível	179
Valores que podem ser utilizados com o atributo android:gravity	183
O código completo do layout linear	186
Os layouts de frame empilham as exibições	188
Adicione uma imagem ao projeto	189
O código completo para aninhar um layout	192
FrameLayout: um resumo	193
Como lidar com exibições	201
Exibição de texto editável	202
Botão de alternância	204
Switch	205
Caixas de seleção	206
Botões de opção	208
Controle giratório	210
Exibição de imagem	211
Adicionando imagens a botões	213
Exibição de rolagem	215
Toasts	216
Sua caixa de ferramentas para Android	220

Os layouts de quadro permitem a sobreposição de exibições. Isso é útil, por exemplo, para exibir texto sobre imagens.

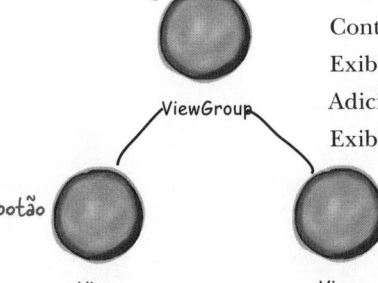

layout.xml — O layout linear — ViewGroup — O botão — View — O campo de texto editável — View

xi

conteúdo (sumário)

layouts de restrição
Coloque Cada Coisa em Seu Lugar

Definitivamente, você precisa aprender a criar layouts incríveis. Para *atrair* usuários, os apps devem ter o **visual certo**. Até aqui, aprendemos a usar layouts lineares e de frame, mas agora vamos falar sobre *designs mais complexos*. Você vai conhecer o novo **layout de restrição** do Android, um tipo de layout **desenvolvido visualmente em um plano gráfico**. Além disso, vamos utilizar as **restrições** para posicionar e dimensionar as exibições *em qualquer tamanho e orientação de tela*. Por fim, você vai aprender a ganhar tempo configurando o Android Studio para **inferir e adicionar restrições** ao seu projeto.

Os layouts aninhados podem ser ineficientes	222
Apresentando o layout de restrição	223
O projeto deve conter a Constraint Layout Library	224
Adicione os recursos de string ao strings.xml	225
Use a ferramenta de blueprint	226
Posicione exibições usando restrições	227
Adicione uma restrição vertical	228
As alterações no blueprint modificam o XML	229
Como centralizar exibições	230
Ajuste a posição da exibição atualizando seu viés	231
Como alterar o tamanho de uma exibição	232
Como alinhar exibições	238
Vamos construir um layout real	239
Primeiro, adicione a linha superior de exibições	240
O recurso Infer Constraints define as restrições que devem ser adicionadas	241
Adicione a próxima linha ao blueprint...	242
Por fim, adicione uma exibição para a mensagem	243
Test drive do app	244
Sua caixa de ferramentas para Android	245

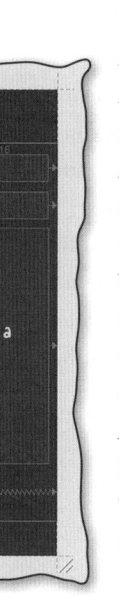

Nesse caso, o botão Infer Constraints adicionou restrições a esse novo EditText.

7

list views e adaptadores
É Hora de Se Organizar

Quer saber qual é a melhor estrutura para seu app Android? Até aqui, vimos alguns dos elementos básicos utilizados para construir apps, mas agora **é hora de se organizar**. Neste capítulo, vamos aprender **estruturar várias ideias e criar um app impressionante**. Vamos mostrar como **listas de dados** podem ser a base do design do app e como **vinculá-las** para criar um **app avançado e fácil de usar**. Ao longo do capítulo, você vai aprender a usar **ouvintes de evento** e **adaptadores** para deixar seu app mais dinâmico.

Um app sempre começa com ideias	248
A atividade de detalhes de bebida	253
A estrutura do app Starbuzz	254
A classe Drink	256
O layout de nível superior contém uma imagem e uma lista	258
O código do layout de nível superior	260
Use um ouvinte para que as list views respondam a cliques	261
Configure o ouvinte para o list view	262
Uma atividade de categoria exibe os dados de uma única categoria	267
Atualize o activity_drink_category.xml	268
Use um adaptador para lidar com dados não estáticos	269
Use um array adapter para conectar list views a arrays	270
Adicione o array adapter à DrinkCategoryActivity	271
Revisão do app: estágio atual	274
Como processar cliques na TopLevelActivity	276
O código completo de DrinkCategoryActivity	278
Atualize os views com os dados	281
O código de DrinkActivity	283
O que acontece quando o app é executado	284
Sua caixa de ferramentas para Android	288

Exibir uma tela inicial com uma lista de opções.

Exibir uma lista das bebidas à venda.

Exibir os detalhes de cada bebida.

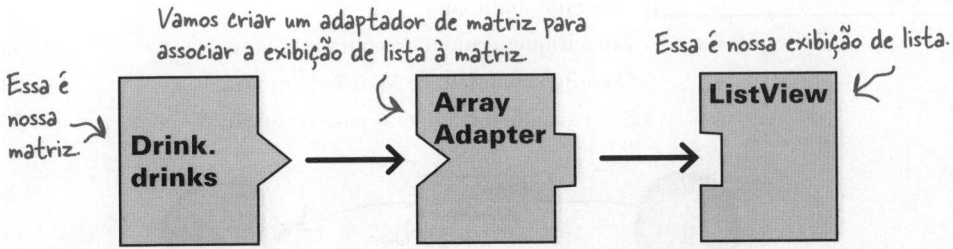

conteúdo (sumário)

8 bibliotecas de suporte e barras do app
Pegando Atalhos

Todo mundo gosta de pegar atalhos. Neste capítulo, você vai aprender a adicionar atalhos aos apps usando as **barras do aplicativo**. Vamos mostrar como iniciar atividades *adicionando ações* às barras do app, como compartilhar conteúdo com outros apps usando o *provedor de ação de compartilhamento* e como navegar pela hierarquia do aplicativo implementando *o botão Up da barra do app*. Ao longo do caminho, você vai conhecer as excelentes **Bibliotecas de Suporte do Android**, ferramentas essenciais para que os app tenham um bom visual nas versões anteriores do Android.

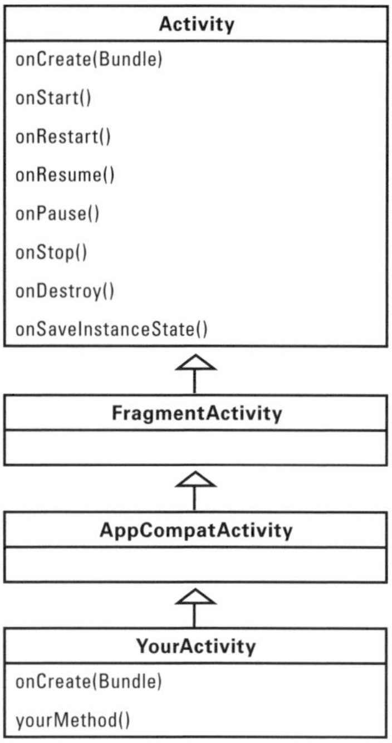

Bons apps têm uma estrutura definida	290
Diferentes tipos de navegação	291
Aplique um tema para adicionar uma barra do app	293
Crie o app Pizza	295
Adicione a v7 AppCompat Support Library	296
O AndroidManifest.xml pode alterar a aparência da barra do app	299
Como aplicar um tema	300
Defina estilos em um arquivo de recursos de estilo	301
Personalize o visual do app	303
Defina as cores em um arquivo de recursos de cor	304
O código de activity_main.xml	305
ActionBar vs. Toolbar	306
Inclua a barra de ferramentas no layout da atividade	312
Adicione ações à barra do app	315
Adicione um rótulo para alterar o texto da barra do app	318
O código de AndroidManifest.xml	319
Controle a aparência da ação	322
O código completo de MainActivity.java	325
Habilite a navegação com o Up	327
Compartilhando conteúdo na barra do app	331
Adicione um provedor de ação de compartilhamento ao menu_main.xml	332
Especifique o conteúdo com um intent	333
O código completo de MainActivity.java	334
Sua caixa de ferramentas para Android	337

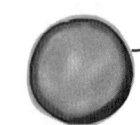

ShareActionProvider

AppActivity

xiv

conteúdo (sumário)

9
fragmentos
Modularize
Você aprendeu a criar apps que funcionam da mesma maneira em qualquer dispositivo. Mas como fazer para que o app tenha uma aparência e um comportamento específico ao ser executado em um *celular* ou em um *tablet*? Nesse caso, você precisa de **fragmentos**, componentes de código modulares que podem ser **reutilizados em diferentes atividades**. Vamos mostrar como criar **fragmentos básicos** e **fragmentos de listas**, como **adicioná-los às atividades** e como estabelecer uma **comunicação** entre fragmentos e atividades.

O app deve ter um visual excelente em TODOS os dispositivos	340
Talvez o app deva ter comportamentos diferentes	341
Os fragmentos permitem a reutilização do código	342
A versão do app para celulares	343
Crie o projeto e as atividades	345
Adicione um botão ao layout da MainActivity	346
Como adicionar um fragmento ao projeto	348
O método onCreateView() do fragmento	350
Adicione o fragmento ao layout de uma atividade	352
Estabeleça uma interação entre o fragmento e a atividade	359
A classe Workout	360
Transmita a ID do treino para o fragmento	361
Programe a atividade para definir a ID do treino	363
O ciclo de vida do fragmento	365
Defina os valores do view no método onStart() do fragmento	367
Como criar um fragmento de lista	374
O código atualizado de WorkoutListFragment	377
O código de activity_main.xml	381
Conecte a lista aos detalhes	384
O código de WorkoutListFragment.java	387
A MainActivity deve implementar a interface	388
A DetailActivity deve transmitir a ID para o WorkoutDetailFragment	389
Sua caixa de ferramentas para Android	392

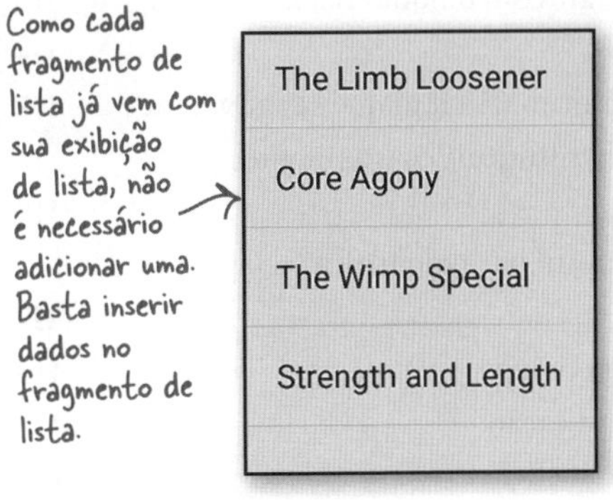

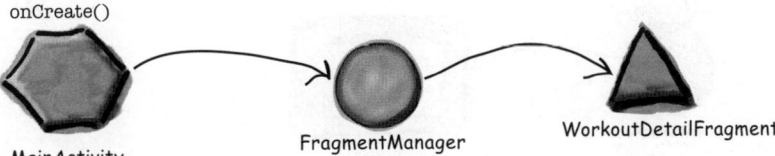

xv

conteúdo (sumário)

10
fragmentos para interfaces maiores
Tamanho Diferente, Interface Diferente

Até aqui, só executamos os apps em dispositivos com telas pequenas. Mas como podemos lidar com usuários de tablets? Neste capítulo, você vai aprender a criar **interfaces de usuário flexíveis** e programar o app para **mudar seu visual e seu comportamento** de acordo com o dispositivo em que estiver sendo executado. Vamos mostrar como controlar o comportamento do app com o botão Back e explicar o funcionamento das **transações de fragmentos** e da **pilha de retorno**. Por fim, você vai conferir como **salvar e restaurar o estado** do fragmento.

A aparência do app Workout é a mesma em um celular e em um tablet	394
Criando um design para interfaces maiores	395
A versão do app para celulares	396
A versão do app para tablets	397
Crie um tablet AVD	399
Coloque recursos específicos para cada tela nas pastas específicas de cada tela	402
As diferentes opções de pastas	403
Os tablets utilizam os layouts na pasta layout-large	408
Confira o código atualizado em ação	410
Vamos alterar o código do itemClicked()	412
Os fragmentos devem interagir com o botão Back	413
Conheça a pilha de retorno	414
As transações da pilha de retorno não têm que ser atividades	415
Use um layout de frame para substituir os fragmentos de forma programática	416
Aproveite as diferenças de layout para identificar o layout utilizado pelo dispositivo	417
O código revisado da MainActivity	418
Utilizando fragmentos de transação	419
O código atualizado da MainActivity	423
O app falha quando o tablet gira	427
Salvando o estado de uma atividade (revisão)	428
O código atualizado do WorkoutDetailFragment.java	430
Sua caixa de ferramentas para Android	432

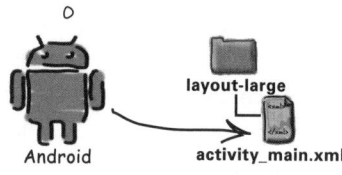

Como a tela desse dispositivo é grande, vou usar versão maior do layout.

Android — layout-large — activity_main.xml

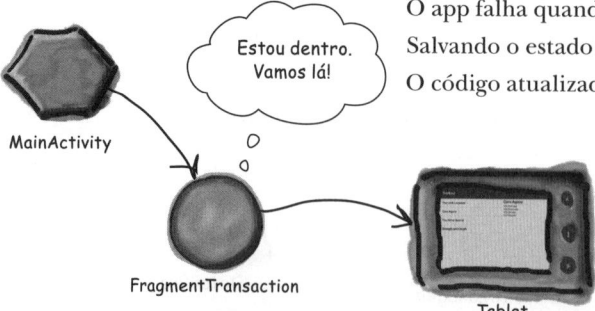

MainActivity — Estou dentro. Vamos lá! — FragmentTransaction — Tablet

xvi

conteúdo (sumário)

11 fragmentos dinâmicos
Aninhando Fragmentos

Até aqui, você aprendeu a criar e usar fragmentos estáticos. Mas como deixar os fragmentos mais **dinâmicos**? Os fragmentos dinâmicos têm muito em comum com as atividades dinâmicas, mas existem diferenças importantes que merecem ser destacadas. Neste capítulo, vamos aprender a **converter atividades dinâmicas** em **fragmentos dinâmicos operacionais**. Você vai aprender a usar **transações de fragmento** para **preservar o estado do seu fragmento**. Além disso, vai aprender a **aninhar um fragmento em outro** e a utilizar o **gerenciador de fragmentos-filhos** para controlar o comportamento indisciplinado da pilha de retorno.

Adicionando fragmentos dinâmicos	434
A nova versão do app	436
Crie a TempActivity	437
A TempActivity deve estender a AppCompatActivity	438
O código de StopwatchFragment.java	444
O layout do StopwatchFragment	447
Adicione o StopwatchFragment ao layout da TempActivity	449
O atributo onClick chama os métodos na atividade, mas não no fragmento	452
Vincule o OnClickListener aos botões	457
O código do StopwatchFragment	458
O cronômetro é redefinido quando giramos o dispositivo	462
Use o <fragment. para fragmentos estáticos...	463
Modifique o activity_temp.xml para usar um FrameLayout	464
O código completo do TempActivity.java	467
Adicione o stopwatch ao WorkoutDetailFragment	469
O código completo do WorkoutDetailFragment.java	476
Sua caixa de ferramentas para Android	480

Atividade

Sempre que vejo android:onClick, acho que sou **eu**. **Meus** métodos são executados, não os do fragmento.

Além de exibir os detalhes do treino, também tenho a função de exibir o cronômetro.

A transação para adicionar StopwatchFragment está aninhada dentro da transação para adicionar WorkoutDetailFragment.

conteúdo (sumário)

12
design support library
É Hora de Deslizar
Você quer desenvolver apps com UIs fantásticas e arrojadas? Agora, com a **Android Design Support Library**, é muito mais fácil criar apps com UIs intuitivas. Neste capítulo, vamos apresentar alguns dos principais recursos desta ferramenta. Você vai aprender a adicionar **abas** para facilitar a navegação dos usuários e a **animar barras de ferramentas** para que elas *se recolham ou se expandam com um toque*. Além disso, vai aprender a adicionar **botões de ação flutuantes** para ações comuns do usuário. Por fim, vamos apresentar os **snackbars**, uma forma de exibir mensagens curtas, informativas e interativas para o usuário.

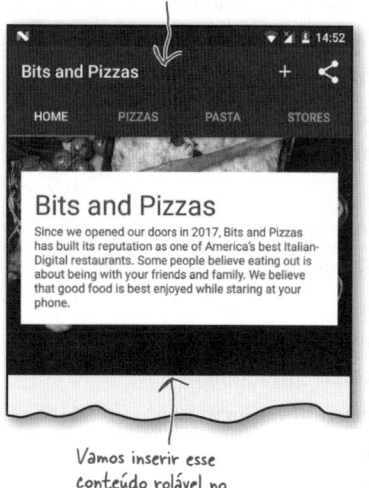

A barra de ferramentas deve rolar quando o usuário navegar pelo conteúdo em TopFragment.

Vamos inserir esse conteúdo rolável no TopFragment.

Conferindo novamente o app Bits and Pizzas	482
A estrutura do app	483
Use um view pager para deslizar pelos fragmentos	489
Adicione um view pager ao layout da MainActivity	490
Use um fragment pager adapter para indicar as páginas ao view pager	491
O código do fragment pager adapter	492
O código completo do MainActivity.java	494
Adicione a navegação por abas à MainActivity	498
Como adicionar abas ao layout	499
Vincule o layout de aba ao view pager	501
O código completo do MainActivity.java	502
Implemente o material design com a Design Support Library	506
Programe a barra de ferramentas para responder à rolagem	508
Adicione um coordinator layout ao layout da MainActivity	509
Como coordenar o comportamento da rolagem	510
Adicione o conteúdo rolável ao TopFragments	512
O código completo do fragment_top.xml	515
Adicione uma barra de ferramentas retrátil à OrderActivity	517
Como criar uma barra de ferramentas retrátil	518
Como adicionar uma imagem a uma barra de ferramentas retrátil	523
O código atualizado do activity_order.xml	524
FABs e snackbars	526
O código atualizado do activity_order.xml	528
O código completo do OrderActivity.java	533
Sua caixa de ferramentas para Android	535

conteúdo (sumário)

13

recycler views e card views
Comece a Reciclar

Como vimos antes, o singelo list view é uma parte importante da maioria dos apps. Mas, quando comparado com alguns dos componentes do *material design* de que falamos anteriormente, parece um pouco simples demais. Neste capítulo, vamos apresentar o **recycler view**, um tipo de lista mais avançado que oferece *uma grande flexibilidade* e *atende aos princípios do material design*. Você vai aprender a criar **adaptadores** específicos para os seus dados e a alterar completamente o visual da lista com *apenas duas linhas de código*. Também vamos mostrar como usar os **card views** para deixar seus dados com um *visual 3D do material design*.

Vamos continuar desenvolvendo o app Bits and Pizzas	538
Recycler views a perder de vista	539
Adicione os dados das pizzas	541
Configure a exibição dos dados das pizzas em um cartão	542
Como criar um card view	543
O código completo do card_captioned_image.xml	544
Adicione um recycler view adapter	546
Defina o view holder do adaptador	548
Substituir o método onCreateViewHolder()	549
Adicione os dados aos card views	550
O código completo do CaptionedImagesAdapter.java	551
Crie o recycler view	553
Adicione o RecyclerView ao layout do PizzaFragment	554
O código completo do PizzaFragment.java	555
O recycler view usa um gerenciador de layout para organizar os views	556
Especifique o gerenciador de layout	557
O código completo do PizzaFragment.java	558
Configure o recycler view para responder a cliques	566
Crie a PizzaDetailActivity	567
O código do PizzaDetailActivity.java	569
Configure o recycler view para responder a cliques	570
Você pode identificar os eventos nos views pelo adaptador	571
Trabalhe sempre com adaptadores reutilizáveis	572
Adicione a interface ao adaptador	573
Implemente o listener no PizzaFragment.java	575
Sua caixa de ferramentas para Android	578

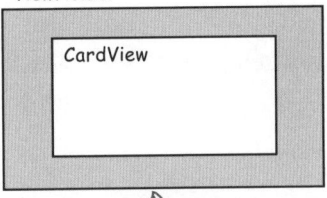

Cada um dos ViewHolders contém um CardView. Criamos o layout desse CardView no início do capítulo.

xix

conteúdo (sumário)

14
gavetas de navegação
Em Movimento

Você já viu como as abas facilitam a navegação dos usuários pelos apps. Mas, para lidar com um *grande número* de abas ou *dividi-las em seções*, a **gaveta de navegação** é a ferramenta ideal. Neste capítulo, vamos mostrar como criar uma gaveta de navegação que irá *deslizar da lateral da atividade com um único toque*. Você vai aprender a usar um **navigation view** para criar um cabeçalho com um **conjunto estruturado de itens de menu** para que o usuário acesse principais hubs do app. Por fim, vamos mostrar como configurar um **navigation view listener** para que a gaveta *responda ao mais leve toque e deslize*.

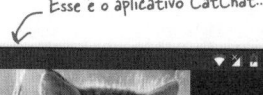
Esse é o aplicativo CatChat...

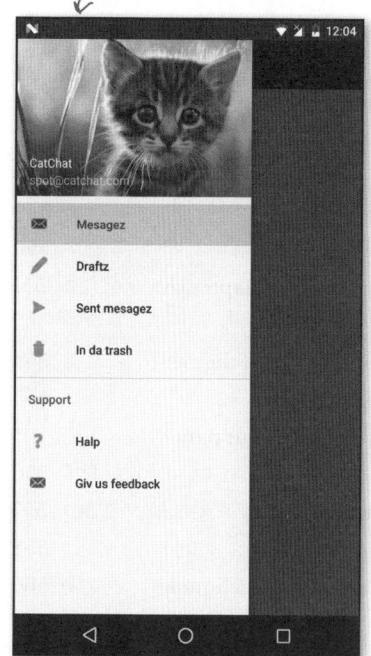

Os layouts de aba facilitam a navegação...	580
Vamos criar uma gaveta de navegação para um novo app de e-mail	581
Desconstruindo as gavetas de navegação	582
Crie o projeto CatChat	584
Crie o InboxFragment	585
Crie o DraftsFragment	586
Crie o SentItemsFragment	587
Crie o TrashFragment	588
Crie um toolbar layout	589
Atualize o tema do app	590
Crie a HelpActivity	591
Crie a FeedbackActivity	592
Crie o cabeçalho da gaveta de navegação	594
O código completo do full nav_header.xml	595
Como agrupar os itens	598
Adicione a seção de suporte como um submenu	600
O código completo do menu_nav.xml	601
Como criar uma gaveta de navegação	602
O código completo do activity_main.xmls	603
Adicione o InboxFragment ao frame layout da MainActivity	604
Adicione um drawer toggle	607
Responda aos cliques do usuário nos itens da gaveta	608
Implemente o método onNavigationItemSelected()	609
Feche a gaveta quando o usuário pressionar o botão Back	614
O código completo do MainActivity.java	615
Sua caixa de ferramentas para Android	619

conteúdo (sumário)

15
bancos de dados SQLite
Ative o Banco de Dados
Para registrar altas pontuações e salvar tweets, o app terá que armazenar dados. No Android, você normalmente armazena seus dados de forma segura em um **banco de dados SQLite**. Neste capítulo, vamos explicar como **criar um banco de dados, adicionar tabelas a ele e preenchê-lo previamente com dados**; todas essas operações serão realizadas com o acessível **SQLite helper**. Você vai aprender a implementar **upgrades** na estrutura de banco de dados de forma limpa e a fazer o **downgrade** quando precisar desfazer eventuais alterações.

Seu banco de dados, senhor. Algo mais?

onCreate()

SQLite helper

Nome: "starbuzz"
Versão: 1

Banco de Dados SQLite

De volta ao Starbuzz	622
O Android usa bancos de dados SQLite para persistir dados	623
O Android dispõe de classes SQLite	624
A estrutura atual do app Starbuzz	625
Vamos alterar o app para usar um banco de dados	626
O SQLite helper controla o banco de dados	627
Crie o SQLite helper	628
Por dentro do banco de dados SQLite	630
Crie as tabelas usando o SQL (Structured Query Language)	631
Insira os dados usando o método insert()	632
Insira múltiplos registros	633
O código completo do StarbuzzDatabaseHelper	634
Como funciona o código do SQLite helper	635
Como podemos fazer modificações no banco de dados?	636
Os bancos de dados SQLite têm um número de versão	637
O que acontece quando você altera o número de versão	638
Faça o upgrade do banco de dados com o onUpgrade()	640
Faça o downgrade do banco de dados com o onDowngrade()	641
Vamos fazer um upgrade no banco de dados	642
Faça o upgrade de um banco de dados existente	645
Atualize os registros com o método update()	646
Aplique condições em múltiplas colunas	647
Altere a estrutura do banco de dados	649
Descarte as tabelas para excluí-las	650
O código completo do SQLite helper	651
Sua caixa de ferramentas para Android	656

xxi

16 cursores básicos
Retirando Dados
Como conectar um app a um banco de dados SQLite?

Até aqui, você aprendeu a criar um banco de dados SQLite usando um SQLite helper. O próximo passo é fazer com que as atividades acessem o banco de dados. Neste capítulo, vamos mostrar como ler dados de um banco de dados. Você vai aprender a **usar cursores para obter dados de um banco de dados**. Além disso, vamos explicar **como navegar por cursores** e **como obter acesso aos dados contidos neles**. Por fim, você vai aprender a usar **cursor adapters** para vincular os cursores aos list views.

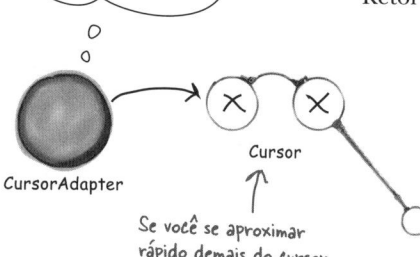

A história até aqui...	658
A nova estrutura do app Starbuzz	659
Vamos alterar a DrinkActivity para usar o banco de dados Starbuzz	660
O código atual da DrinkActivity	661
Obtenha uma referência para o banco de dados	662
Use um cursor para obter dados do banco de dados	663
Retorne todos os registros de uma tabela	664
Retorne os registros em uma ordem específica	665
Retorne registros selecionados	666
O código atual da DrinkActivity	669
Navegue pelo cursor para ler seus registros	670
Navegue pelos cursores	671
Obtenha os valores do cursor	672
O código da DrinkActivity	673
O que fizemos até aqui	675
O código atual da DrinkCategoryActivity	677
Obtenha uma referência para o banco de dados do Starbuzz...	678
Como substituir os dados do array no list view?	679
Um cursor adapter simples mapeia os dados do cursor para os views	680
Como usar um cursor adapter simples	681
Feche o cursor e o banco de dados	682
A história continua	683
O código revisado da DrinkCategoryActivity	688
O código da DrinkCategoryActivity (continuação)	689
Sua caixa de ferramentas para Android	691

conteúdo (sumário)

17
cursores e asynctasks
No Segundo Plano

A maioria dos apps requer que os dados sejam atualizados. Até aqui, você aprendeu a criar apps para ler dados de um banco de dados SQLite. Mas como atualizar os dados do app? Neste capítulo, vamos configurar o app para **responder a entradas do usuário** e **atualizar os valores do banco de dados**. Além disso, você vai aprender a **atualizar os dados para exibi-los** depois de atualizados. Por fim, vamos mostrar como escrever um **código multithread** eficiente com **AsyncTasks** para deixar seu app mais rápido.

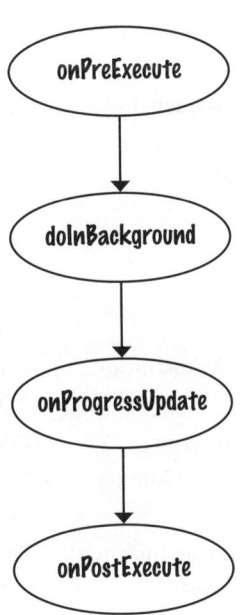

Queremos que o app Starbuzz atualize os dados do banco de dados	694
Adicione uma caixa de seleção ao layout da DrinkActivity	696
Mostre o valor da coluna FAVORITE	697
Responda aos cliques para atualizar o banco de dados	698
O código completo do DrinkActivity.java	701
Mostre os favoritos na TopLevelActivity	705
Refatore o TopLevelActivity.java	707
O novo código do TopLevelActivity.java	710
Use o changeCursor() para mudar o cursor	715
Qual código devemos colocar em cada thread?	723
O AsyncTask realiza tarefas assíncronas	724
O método onPreExecute()	725
O método doInBackground()	726
O método onProgressUpdate()	727
O método onPostExecute()	728
Os parâmetros da classe AsyncTask	729
A classe UpdateDrinkTask completa	730
O código completo do DrinkActivity.java	732
Resumo das etapas do AsyncTask	737
Sua caixa de ferramentas para Android	737

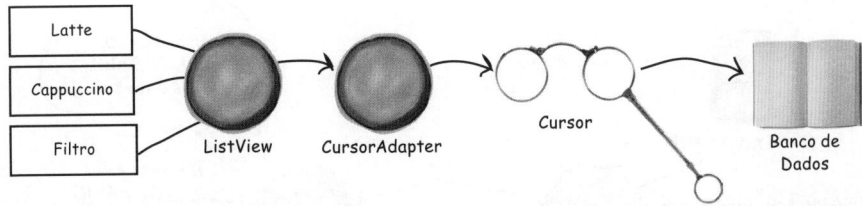

xxiii

conteúdo (sumário)

18 serviços iniciados
Ao Seu Serviço

Algumas operações devem ser sempre executadas mesmo que o respectivo app esteja fora de foco. Se você estiver baixando um arquivo, por exemplo, *não vai querer interromper o download ao trocar de app.* Neste capítulo, vamos apresentá-lo aos **serviços iniciados**, componentes que *executam operações em segundo plano.* Você aprenderá a criar um serviço iniciado usando a classe `IntentService` e verá como seu ciclo de vida se adapta ao de uma atividade. Além disso, vamos explicar como **registrar mensagens em logs** e *informar os usuários* usando o **serviço de notificação** interno do Android.

Os serviços funcionam no segundo plano	740
Vamos criar um serviço INICIADO	741
Use a classe IntentService para criar um serviço iniciado básico	742
Como registrar mensagens no log	743
O código completo do DelayedMessageService	744
Declare os serviços no AndroidManifest.xml	745
Adicione um botão ao activity_main.xml	746
Use o startService() para iniciar um serviço	747
Os estados de um serviço iniciado	750
O ciclo de vida do serviço iniciado: da criação à destruição	751
O serviço herda os métodos do ciclo de vida	752
O Android contém um serviço de notificação interno	755
Vamos usar as notificações da AppCompat Support Library	756
Primeiro, crie um construtor de notificação	757
Emita a notificação usando o serviço de notificação interno	759
O código completo do DelayedMessageService.java	760
Sua caixa de ferramentas para Android	765

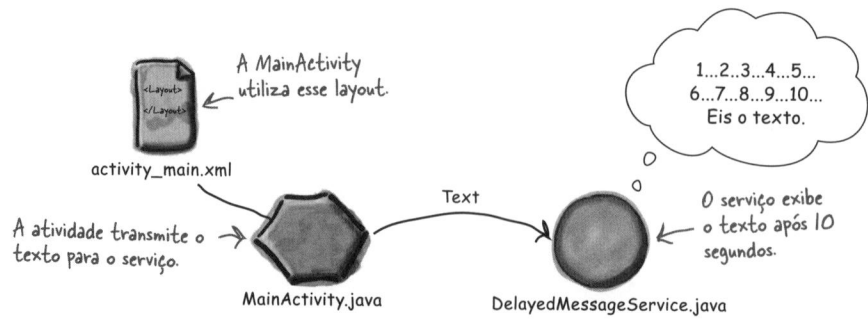

19 serviços vinculados e permissões

Vinculados Sempre

Serviços iniciados são excelentes para operações de segundo plano, mas como podemos criar serviços mais interativos? Neste capítulo, vamos mostrar como criar um **serviço vinculado**, *um tipo de serviço que pode interagir com atividades.* Você vai aprender a *vincular* o serviço quando necessário e a *desvinculá-lo* quando concluir sua tarefa, para economizar recursos. Além disso, vamos explicar como usar os **Location Services do Android** para obter *atualizações de localização do GPS de um dispositivo.* Finalmente, você vai aprender a usar o **modelo de permissões do Android,** inclusive *para processar solicitações de permissão no tempo de execução.*

Os serviços vinculados são vinculados a outros componentes	768
Crie um novo serviço	770
Implemente um binder	771
Adicione o método getDistance() ao serviço	772
Atualize o layout da MainActivity	773
Crie um ServiceConnection	775
Use o bindService() para vincular o serviço	778
Use o unbindService() para desvincular o serviço	779
Chame o método getDistance() do OdometerService	780
O código completo do MainActivity.java	781
Os estados de um serviço vinculado	787
Adicione a AppCompat Support Library	790
Adicione um location listener ao OdometerService	792
Este é o código atualizado do OdometerService	795
Calcule a distância percorrida	796
O código completo do OdometerService.java	798
Configure o app para solicitar a permissão	802
Verifique a resposta do usuário à solicitação de permissão	805
Adicione o código da notificação ao onRequestPermissionsResults()	809
O código completo do MainActivity.java	811
Sua caixa de ferramentas para Android	815
Foi ótima a sua estadia aqui no mundo do Android	816

OdometerService

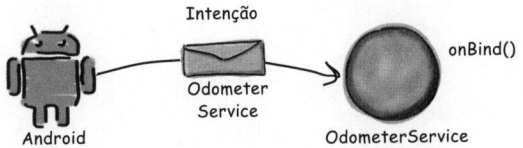

i

relative layout e grid layout
Conheça a Família
Há mais dois tipos de layout comuns no mundo do Android. Neste livro, abordamos principalmente os *layouts lineares e de frame* e apresentamos o *novo contraint layout (layout de restrição) do Android*. Mas você precisa conhecer mais dois: o **relative layout** e o **grid layout**. Esses dois tipos de layout já foram superados em grande parte pelo constraint layout, mas temos um carinho especial por eles e acreditamos que ainda serão utilizados por mais alguns anos.

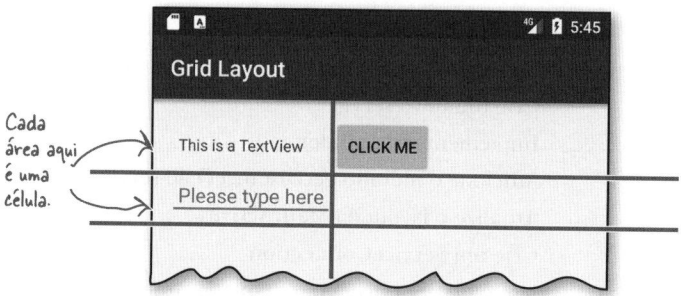

ii

gradle
A Gradle Build Tool
A maioria dos apps Android são criados com uma ferramenta de compilação chamada Gradle. Atuando nos bastidores, **o Gradle** realiza funções como buscar e baixar bibliotecas, compilar e implantar código, realizar testes, aparar as arestas e assim por diante. *Você quase não percebe que o Gradle está em execução* porque ele dispõe de uma interface gráfica criada pelo Android Studio. No entanto, às vezes é recomendável **operá-lo manualmente** para se aprofundar no Gradle. Neste apêndice, vamos mostrar alguns dos muitos talentos do Gradle.

conteúdo (sumário)

art
iii O Android Runtime
Já se perguntou como os apps Android conseguem rodar em tantos dispositivos diferentes? Os apps Android rodam em uma máquina virtual chamada **Android Runtime (ART)** e não na Oracle Java Virtual Machine (JVM). É por isso que esses apps iniciam mais rápido em dispositivos pequenos e de baixa potência e sua execução é mais eficiente. Neste apêndice, vamos conferir como o ART funciona.

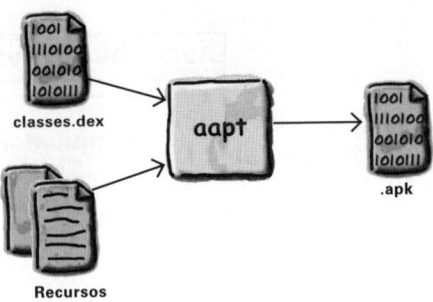

adb
iv O Android Debug Bridge
Neste livro, abordamos principalmente o IDE em todas as operações com o Android. Mas, às vezes, usar uma ferramenta de linha de comando pode ser bastante útil, como nos casos em que o Android Studio não reconhece o dispositivo Android, mas você *sabe* que ele está lá. Neste capítulo, vamos apresentá-lo ao **Android Debug Bridge (ou adb)**, uma ferramenta de linha de comando que você pode usar para se comunicar com emuladores e dispositivos Android.

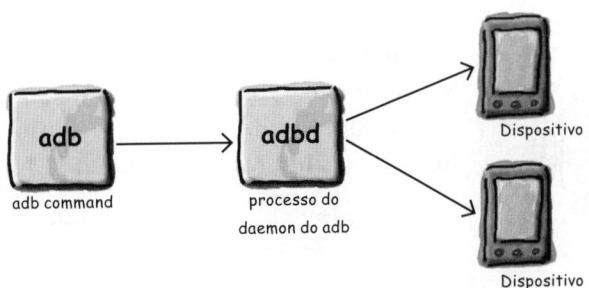

xxvii

conteúdo (sumário)

o android emulator
Aumentando a Velocidade
Você já se incomodou por estar perdendo muito tempo esperando pelo emulador? Sem dúvida, o emulador do Android é muito útil. O emulador permite que você confira como o app será executado em outros dispositivos além dos aparelhos ao seu alcance. Mas às vezes isso pode ser um pouco... demorado demais. Neste apêndice, vamos explicar por que o emulador pode parecer lento. Melhor ainda, vamos oferecer algumas dicas que aprendemos para **aumentar sua velocidade**.

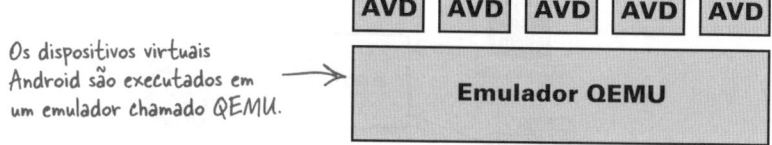

Os dispositivos virtuais Android são executados em um emulador chamado QEMU.

sobras
Os Dez Mais (de que não falamos)
Temos mais algumas informações para repassar aqui no final. Achamos que você precisa de mais algumas dicas. Apesar da nossa intenção original de escrever um livro que pudesse ser carregado sem um carrinho de mão, não seria certo ignorar os temas a seguir. Então, antes de guardar o livro na estante, **leia estes tópicos com atenção**.

1. Distribuindo o app	862
2. Provedores de conteúdo	863
3. Loaders	864
4. Sync adapters	864
5. Receptores de transmissão	865
6. A classe WebView	866
7. Configurações	867
8. Animação	868
9. App widgets	869
10. Testes automáticos	870

a introdução

como usar este livro
Introdução

Nesta seção respondemos a essa pergunta inquietante: "POR QUE eles colocaram isso em um livro sobre Android?"

como usar este livro

A quem se destina este livro?

Se responder "sim" a estas perguntas:

1 Você sabe programar em Java?

2 Quer dominar o desenvolvimento de aplicativos Android, criar um software de sucesso, ganhar muito dinheiro e se mudar para sua própria ilha particular?

OK, talvez isso seja um pouco demais. Mas você precisa sair do lugar, certo?

3 Você prefere aprender e colocar em prática seus conhecimentos em vez de passar várias horas ouvindo uma aula?

este livro é para você.

Quem provavelmente deve fugir deste livro?

Se responder "sim" a uma destas perguntas:

1 Você está procurando uma breve introdução ou livro de referência sobre desenvolvimento de aplicativos Android?

2 Você prefere ter as unhas do pé arrancadas por 15 macacos raivosos a aprender algo novo? Na sua opinião, um livro sobre Android deve abordar *tudo*, especialmente temas obscuros que ninguém aborda? E se esse livro fosse um tédio total, você acharia melhor?

este livro **não** é para você.

[Observação do Marketing: quem tiver um cartão de crédito ou conta no PayPal pode ler este livro]

a introdução

Sabemos o que você está pensando

"Este livro é mesmo uma obra *séria* sobre desenvolvimento de aplicativos Android?"

"Para que tudo isso de gráficos?"

"Posso mesmo *aprender* assim?"

Sabemos o que o seu cérebro está pensando

Seu cérebro acha que ISSO é importante.

Seu cérebro anseia por novidades. Está sempre buscando, examinando, *esperando* por algo incomum. Essa função é essencial à sua sobrevivência.

Então, como seu cérebro lida com tudo que é rotineiro, normal e comum na sua vida? Na verdade, ele faz de *tudo* para evitar que essas coisas interfiram na sua *verdadeira* função: registrar informações *importantes*. O cérebro não se preocupa em gravar coisas chatas, que nunca passam pelo filtro que diz: "Isso evidentemente não é importante."

Como seu cérebro *sabe* o que é importante? Imagine que está fazendo uma caminhada quando um tigre pula na sua frente. O que acontece na sua cabeça e no seu corpo?

Neurônios ativados. Emoções intensas. *Explosão química*.

É assim que seu cérebro sabe...

Isso deve ser importante! Não esqueça!

Mas imagine que você está em casa ou em uma biblioteca. É um lugar seguro, agradável, fora do alcance de tigres. Você está estudando para uma prova. Talvez esteja tentando aprender um tema técnico complicado. Seu chefe acha que vai demorar uma semana, dez dias no máximo.

Seu cérebro acha que ISSO não merece ser memorizado.

Ótimo. Só mais 900 páginas maçantes, áridas e chatas.

Mas há um problema. Seu cérebro está tentando ajudá-lo ao evitar que esse assunto, *obviamente* desimportante, congestione seu espaço limitado. Esses recursos seriam mais bem utilizados se armazenassem coisas *muito* importantes. Como tigres. Como risco de incêndio. Como aquelas fotos da festa que você nunca deveria ter postado em seu perfil no Facebook. E não é fácil dizer ao seu cérebro: "Valeu, cérebro, mas, mesmo que esse livro seja maçante e meu registro emocional na escala Richter esteja baixo no momento, eu ainda quero *memorizar* tudo isso."

como usar este livro

Pensamos no leitor da série "Use a Cabeça!" como um aluno.

Como podemos *aprender* algo? Primeiro, é necessário *entender* para, em seguida, *memorizar*. Mas não se trata de enfiar dados na cabeça aleatoriamente. Com base nas pesquisas mais recentes em ciência cognitiva, neurobiologia e psicologia educacional, *aprender* vai muito além do ato de ler uma página. Sabemos como estimular seu cérebro.

Alguns princípios de aprendizado da série Use a Cabeça!:

Utilize recursos visuais. Imagens são muito mais fáceis de memorizar do que palavras e aumentam bastante a eficiência do aprendizado (até 89% de melhora nas habilidades de reter e transferir informações) e inteligibilidade dos dados. ***Basta colocar as palavras dentro ou perto dos respectivos elementos gráficos***, e não ao final ou em outra página, para que os alunos tenham uma probabilidade duas vezes maior de resolver problemas relacionados ao conteúdo.

Utilize um estilo coloquial e personalizado. Em estudos recentes, os alunos tiveram um desempenho 40% melhor em testes pós-aprendizado quando o conteúdo do material de estudo dialogava com o leitor em primeira pessoa, utilizando um estilo coloquial ao invés de um tom formal. Em vez de ministrar aulas, conte histórias. Use uma linguagem informal. Não se leve muito a sério. Você costuma prestar mais atenção a uma conversa estimulante durante um jantar ou a uma palestra?

Incentive o aluno a pensar mais profundamente. Em outras palavras, nada vai acontecer na sua cabeça se você não fizer seus neurônios trabalharem. O leitor deve ser ativo, curioso e inspirado a resolver problemas, chegar a conclusões e gerar novos conhecimentos. Para isso, você deve propor desafios, exercícios e perguntas que estimulem o raciocínio, bem como atividades que envolvam os dois lados do cérebro e diversos sentidos.

Chame e mantenha a atenção do leitor. Todos já passamos pela experiência de dizer: "Eu realmente quero aprender isso, mas não consigo ficar acordado depois da primeira página." Seu cérebro presta atenção a coisas fora do comum, interessantes, estranhas, extraordinárias, inesperadas. Mas aprender um assunto novo, difícil e técnico não precisa ser chato. Seu cérebro aprenderá muito mais rápido se não estiver entediado.

Explore a dimensão emocional. Agora sabemos que sua capacidade de lembrar depende essencialmente do conteúdo emocional da lembrança. Você se lembra das coisas que importam. Você lembra quando *sente* alguma coisa. Não, não estamos falando de histórias de cortar o coração sobre um menino e seu cachorro. Estamos falando de emoções como surpresa, curiosidade, diversão, "nossa!" e "saquei!", que você sente quando resolve um enigma, aprende algo difícil ou se dá conta de que sabe algo que o Bob, o autoproclamado "melhor engenheiro do pedaço", *não sabe*.

introdução

a introdução

Metacognição: pensar sobre o pensamento

Para aprender com mais eficiência, rapidez e profundidade, preste atenção a como você presta atenção. Pense em como você pensa. Aprenda sobre o modo como você aprende.

A maioria de nós não cursou disciplinas de metacognição ou teoria do aprendizado durante a formação. Embora fosse *necessário* aprender, quase nunca fomos *ensinados* a aprender.

Mas imaginamos que o leitor deste livro realmente quer aprender a desenvolver aplicativos Android e provavelmente não quer gastar muito tempo. Para pôr em prática o conteúdo deste livro, você precisa *lembrar* o que leu e, portanto, precisa ter *entendido* o que leu. Para aproveitar ao máximo este ou *qualquer* outro livro ou experiência de aprendizado, assuma o comando do seu cérebro e absorva este *conteúdo*.

O truque é programar seu cérebro para encarar este novo material como algo Muito Importante, crucial para o seu bem-estar e tão relevante quanto um tigre. Caso contrário, você terá que enfrentar uma batalha constante em que seu cérebro se esforçará ao máximo para esquecer o novo conteúdo.

Então, como *PROGRAMAR* seu cérebro para tratar o desenvolvimento em Android como se fosse um tigre faminto?

Existe um método lento e tedioso e outro rápido e mais eficaz. O método lento é a pura repetição. Obviamente, você será capaz de aprender e se lembrar do assunto mais maçante do mundo se empurrar essa informação continuamente no seu cérebro. Com essa repetição, seu cérebro diz: "Isso não *parece* importante, mas ele continua lendo *várias vezes a mesma coisa*. Então, deve ser."

Já o método mais rápido é **ampliar a atividade cerebral**, especialmente os diferentes tipos de atividade cerebral. Os itens abordados anteriormente são uma grande parte da solução e contribuem bastante para que seu cérebro coopere com você. Por exemplo, estudos mostram que colocar palavras nas *figuras* que descrevem (em vez de colocá-las em outro ponto da página, como em uma legenda ou no corpo do texto) orienta seu cérebro a buscar relações substanciais entre as palavras e figuras, ativando mais neurônios. À medida que mais neurônios forem ativados, mais seu cérebro ficará inclinado a *considerar* o tema como algo que merece atenção e, possivelmente, registro.

Um estilo coloquial contribui porque as pessoas prestam mais atenção em conversas, pois participam e interagem nos diálogos até sua conclusão. O mais surpreendente é que seu cérebro não se *importa* necessariamente se a "conversa" ocorre entre você e um livro! Por outro lado, se o estilo do texto for árido e formal, seu cérebro perceberá essa experiência como se estivesse em uma palestra cheia de espectadores passivos. Ou seja, o sono está liberado.

Mas figuras e estilo coloquial são apenas o começo...

como usar este livro

Nós fizemos o seguinte

Usamos *figuras*, porque seu cérebro tem preferência por recursos visuais em relação a texto. Para o seu cérebro, uma imagem realmente vale por mil palavras. Quando há texto e imagens juntos, incorporamos o texto nas imagens, pois seu cérebro funciona de forma mais eficiente quando o texto está *dentro* do objeto descrito e não em uma legenda ou em algum ponto no corpo do texto.

Usamos *redundância*, ou seja, dizemos a mesma coisa de formas *diferentes* e utilizando vários tipos de mídia e *sentidos* para aumentar as chances de fixar o conteúdo em mais de uma área do seu cérebro.

Usamos conceitos e imagens de maneiras *inesperadas*, pois seu cérebro é instigado por novidades. Além disso, usamos figuras e ideias com *algum tipo de conteúdo emocional*, uma vez que seu cérebro tende a prestar atenção à bioquímica das emoções. Tudo que faz você *sentir* alguma coisa tem uma probabilidade maior de ser lembrado, mesmo que esse sentimento não passe de um pouco de *humor*, *surpresa* ou *interesse*.

Usamos um *estilo coloquial* personalizado, pois seu cérebro presta mais atenção quando acredita que está conversando do que ouvindo passivamente uma apresentação. Ele faz isso até mesmo quando você está *lendo*.

Incluímos *atividades*, pois seu cérebro tende a aprender e lembrar mais *ações* do que apenas *leitura*. Portanto, elaboramos exercícios desafiadores, mas resolúveis, para atender às demandas da maioria das pessoas.

Utilizamos *vários estilos de aprendizado*, pois há quem prefira explicações detalhadas dos procedimentos, enquanto outros querem primeiro entender a ideia geral ou apenas ver um exemplo. Mas, seja qual for a sua preferência de aprendizado, *todos* se beneficiam em ver o mesmo conteúdo representado de várias maneiras.

Formulamos conteúdo para os *dois lados do seu cérebro*. Isso porque, quanto maior a área cerebral envolvida no processo, mais provavelmente você irá aprender, lembrar e se concentrar por mais tempo. Como ativar um lado do cérebro geralmente permite que o outro lado descanse, seu aprendizado poderá ser mais produtivo por um período maior.

Também incluímos *histórias* e exercícios que apresentam *mais de um ponto de vista*, pois seu cérebro tende a aprender melhor quando tem que fazer avaliações e julgamentos.

Incluímos *desafios*, exercícios e *perguntas* para as quais nem sempre haverá respostas diretas, pois seu cérebro tende a aprender e lembrar melhor quando tem que se *esforçar* para entender algo. Pense nisso: é impossível entrar em *forma* só *observando* outras pessoas na academia. Mas fizemos o possível para propor as atividades mais *adequadas* ao seu caso. *Não queremos que seus dendritos sejam desperdiçados* processando exemplos difíceis ou analisando um texto complicado, cheio de jargões ou sucinto demais.

Usamos *pessoas* nas histórias, nos exemplos, nas imagens etc., porque *você* é uma pessoa, e seu cérebro presta mais atenção a *pessoas* do que a *objetos*.

a introdução

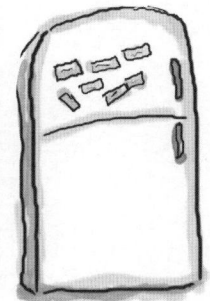

O que VOCÊ pode fazer para dominar seu cérebro

Fizemos a nossa parte. O resto é por sua conta. As dicas a seguir são um ponto de partida. Escute seu cérebro e descubra o que funciona e o que não funciona para você. Tente coisas novas.

Recorte essa página e fixe na sua geladeira.

---

❶ Vá devagar. Quanto mais você entender, menos precisará memorizar.

Não se limite a *ler*. Pare e pense. Quando aparecer uma pergunta no livro, não vá direto para a resposta. Imagine que está ouvindo a pergunta de alguém. Quanto mais você forçar seu cérebro a pensar, maiores serão as chances de aprender e lembrar.

❷ Faça os exercícios. Tome notas.

Os exercícios estão aqui, mas não vamos resolvê-los por você, pois seria como pagar alguém para malhar na academia em seu lugar. Não fique apenas *olhando* os exercícios. *Use um lápis*. Existem muitas evidências de que atividades físicas *aumentam* a eficiência do aprendizado.

❸ Leia as seções "Não existem perguntas idiotas".

Leia todas as seções. Esses textos não são quadros opcionais: *eles integram o conteúdo principal*! Não os pule.

❹ Deixe este livro como última leitura do dia ou, pelo menos, último texto desafiador antes de dormir.

Parte do aprendizado (especialmente a transferência para a memória de longo prazo) acontece *depois* de guardar o livro. Seu cérebro precisa de um tempo para processar tudo. Se você inserir mais informações nesse período, perderá parte do que aprendeu.

❺ Fale enquanto lê. Em voz alta.

Falar ativa outra parte do cérebro. Quanto estiver tentando entender ou memorizar algo, fale em voz alta. Melhor ainda, tente explicar em voz alta para outra pessoa. Você aprenderá mais rapidamente e descobrirá ideias que passaram despercebidas durante a leitura.

❻ Beba água. Muita água.

Seu cérebro funciona melhor quando imerso plenamente em fluido. A desidratação (que pode ocorrer antes da sede) diminui a função cognitiva.

❼ Ouça seu cérebro.

Tome cuidado para não sobrecarregar seu cérebro. Quando ficar desatento ou se esquecer do que acabou de ler, é hora de fazer uma pausa. Depois de um certo ponto, você não aprende mais rápido tentando absorver mais informações e ainda pode prejudicar todo o processo.

❽ Sinta.

Seu cérebro precisa se convencer da *importância* do tema. Entre no clima das histórias. Invente suas próprias legendas para as fotos. Reclamar de uma piada ruim *ainda* é melhor que não sentir nada.

❾ Programe muito!

Para aprender a desenvolver aplicativos Android, só existe um modo: **escrevendo muito código**. É isso que você vai fazer neste livro. Codificar é uma habilidade que precisa de prática para ser aperfeiçoada. Aqui você terá a oportunidade de praticar bastante: cada capítulo tem exercícios com um problema a ser resolvido. Não pule essas atividades, pois boa parte do aprendizado ocorre quando você resolve os exercícios. Há uma solução para cada exercício, então não tenha medo de **dar uma olhadinha na resposta** se ficar empacado! (É fácil ficar atolado em uma questão pequena.) Mas tente resolver o problema antes de olhar a resposta e, definitivamente, deixe tudo funcionando antes de seguir para a próxima parte do livro.

como usar este livro

Leia-me

Este livro é uma experiência de aprendizado, não uma obra de referência. Retiramos deliberadamente tudo que poderia dificultar o aprendizado de cada ponto abordado. Na primeira leitura, você deve começar pelo início, pois este livro se desenvolve com base nos itens assimilados em sequência.

Presumimos que você é iniciante em Android, mas não em Java.

Vamos construir aplicativos Android usando uma combinação de Java e XML. Supomos que você conhece a linguagem de programação Java. Caso nunca tenha programado em Java, talvez seja uma boa ideia ler o livro *Use a Cabeça! Java* antes deste.

Vamos construir um aplicativo logo no primeiro capítulo.

Parece incrível, mas, mesmo que nunca tenha desenvolvido para Android, você pode construir aplicativos desde agora. Você também vai aprender a usar o Android Studio, o IDE oficial para desenvolvimento em Android.

Os exemplos viabilizam o aprendizado.

No decorrer do livro, você vai construir diversos aplicativos. Alguns deles serão muito pequenos, para que você possa se concentrar em uma parte específica do Android. Outros serão maiores, para que possamos ver como diferentes componentes se encaixam. Não vamos completar todas as partes de cada aplicativo, mas fique à vontade para fazer isso por conta própria. Tudo faz parte da experiência de aprendizado. O código-fonte dos aplicativos pode ser encontrado no site da Editora Alta Books (procure pelo título do livro) ou em *https://tinyurl.com/HeadFirstAndroid* (conteúdo em inglês).

As atividades NÃO são opcionais.

Os exercícios e as atividades não são itens suplementares: eles integram o conteúdo básico do livro. Sua função é ajudar na memorização, compreensão e aplicação dos itens aprendidos. *Não pule os exercícios.*

A redundância é intencional e importante.

Há um grande diferencial nos livros Use a Cabeça!: queremos que você *compreenda* o assunto. Queremos que termine o livro e lembre tudo que aprendeu. A maioria dos livros de referência não tem como objetivo a memorização e recuperação, mas este livro trata de *aprendizado*. Portanto, alguns conceitos devem aparecer mais de uma vez.

Não há respostas para os exercícios da seção Poder do Cérebro.

Para alguns, não existe uma resposta correta; para outros, parte da experiência de aprendizado das atividades do Poder do Cérebro consiste em decidir em que condições as respostas estão corretas. Em alguns exercícios da seção Poder do Cérebro você encontrará dicas que indicarão a direção certa.

A equipe de revisão técnica

Revisores técnicos:

Andy Parker trabalha atualmente como gerente de desenvolvimento, mas já atuou como físico, pesquisador, professor, designer, revisor e líder de equipe durante sua vida profissional. Em todos os seus empregos, sempre manteve a sua paixão por criar softwares de alta qualidade, com um excelente design e engenharia. Hoje, dedica sua vida a gerenciar ótimas equipes Agile e transmitir sua grande experiência à próxima geração de desenvolvedores.

Jacqui Cope começou a programar para escapar dos treinos de netball na escola. Desde então, vem acumulando 30 anos de experiência profissional com diversos sistemas de software da área financeira, atuando com programação em COBOL e gestão de testes, entre outras atividades. Recentemente, obteve o título de mestre em segurança de computadores e passou a trabalhar com controle de qualidade de software no setor de educação superior.

No seu tempo livre, Jacqui gosta de cozinhar, caminhar pelo campo e ficar no sofá assistindo *Doctor Who*.

a introdução

Agradecimentos

Nossa editora:

Queremos agradecer de todo coração à nossa maravilhosa editora **Dawn Schanafelt** por segurar as rédeas da segunda edição. Sua contribuição foi realmente impressionante. Uma excelente colega de trabalho, Dawn sempre nos deu atenção e apoio ao longo do caminho, além de oferecer feedbacks e insights essenciais na hora certa. Apreciamos todas as vezes que ela disse que as palavras que utilizamos em algumas frases estavam corretas, mas não necessariamente na melhor ordem.

Agradecemos também a **Bert Bates** por nos ensinar a jogar fora o antigo livro de regras e por nos deixar entrar no seu cérebro.

Dawn Schanafelt

A equipe da O'Reilly:

Agradecemos muito a **Mike Hendrickson** por confiar em nós para escrever a primeira edição do livro; a **Heather Scherer**, pelas habilidades de organizar e coordenar tudo nos bastidores; à **equipe de versões iniciais**, por disponibilizar as primeiras versões do livro para download, e à **equipe de design**, por sua ajuda adicional. Também gostaríamos de agradecer à **equipe de produção** por encaminhar habilidosamente o livro pelo processo de produção e pela dedicação intensa nos bastidores.

Família, amigos e colegas:

Escrever um volume da série Use a Cabeça! é como andar em uma montanha-russa. Mesmo sendo uma segundo edição, este livro não foi uma exceção. Estimamos verdadeiramente a gentileza e o apoio dos nossos amigos e familiares. Agradecemos especialmente a **Ian**, **Steve**, **Colin**, **Angela**, **Paul B**, **Chris**, **Michael**, **Mãe**, **Pai**, **Carl**, **Rob** e **Lorraine**.

A lista dos "colaboradores essenciais":

Nossa equipe de revisão técnica fez um trabalho excelente ao nos manter no caminho certo e garantir a exatidão do conteúdo. Também queremos agradecer a **Ingo Krotzky** pelo feedback importante que ofereceu para a versão inicial deste livro e a todos que comentaram a primeira edição. Sua contribuição deixou o livro muito melhor.

Por último, nossos agradecimentos a **Kathy Sierra** e **Bert Bates** por criarem esta extraordinária série de livros.

1 início

Mergulhe

O Android conquistou o mundo. Todo mundo quer smartphones e tablets, e os dispositivos Android são muito populares. Neste livro, vamos ensiná-lo a **desenvolver seus próprios aplicativos**, começando por um aplicativo básico em um Dispositivo Virtual Android. Ao longo do caminho, você vai aprender sobre alguns componentes básicos dos aplicativos Android, como **atividades** e **layouts**. **Você só precisa saber um pouco de programação em Java...**

este é um novo capítulo

visão geral do android

Bem-vindo ao Mundo do Android

O Android é a plataforma móvel mais popular do momento. Atualmente, há mais de *dois bilhões* de dispositivos Android ativos no mundo, e esse número vem aumentando rapidamente.

Desenvolvido pelo Google, o Android é uma plataforma abrangente de código-fonte aberto baseado no Linux. É um poderoso framework de desenvolvimento e contém os elementos essenciais para a criação de excelentes aplicativos com uma combinação de Java e XML. Além disso, permite implantar esses aplicativos em uma grande variedade de dispositivos, como celulares e tablets, entre outros.

Então, o que compõe um aplicativo Android típico?

Layouts definem a aparência de cada tela

Um aplicativo Android típico é composto de uma ou mais telas. A aparência de cada tela é definida por um **layout**. Normalmente, os layouts são definidos em XML e podem incluir componentes GUI, como botões, campos de texto e rótulos.

As atividades definem o que o aplicativo deve fazer

Os layouts definem apenas a *aparência* do aplicativo. O que o aplicativo *faz* é definido por meio de uma ou mais **atividades**. Uma atividade é uma classe especial do Java que determina o layout a ser usado e orienta o aplicativo sobre como responder ao usuário. Por exemplo, se um layout contém um botão, é preciso escrever código em Java na atividade para definir o que o botão deve fazer quando for pressionado.

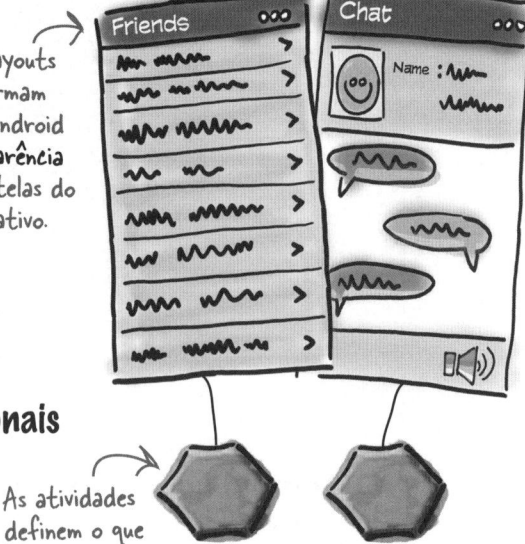

Às vezes precisamos de recursos adicionais

Além das atividades e layouts, os aplicativos Android geralmente precisam de recursos adicionais, como arquivos de imagem e dados de aplicativo. Você sempre pode inserir arquivos adicionais no aplicativo.

Na verdade, os aplicativos Android são apenas vários arquivos em diretórios específicos. Quando se constrói um aplicativo, todos esses arquivos são reunidos para formar o aplicativo que será executado em um dispositivo.

> Vamos construir aplicativos Android usando uma combinação de Java e XML. Explicaremos tudo ao longo do caminho, mas você precisa dominar Java razoavelmente para aproveitar ao máximo este livro.

Os layouts informam ao Android a aparência das telas do aplicativo.

As atividades definem o que o aplicativo deve fazer.

Os recursos podem incluir arquivos de som e imagem.

construção de aplicativos interativos

Anatomia da plataforma Android

A plataforma Android é formada por vários componentes. Por exemplo, aplicativos básicos, como Contatos; um conjunto de APIs para controlar a aparência e o comportamento do aplicativo; além de arquivos e bibliotecas de apoio. Vamos conferir rapidamente como tudo isso se encaixa:

> **Relaxe**
>
> **Não se preocupe em entender tudo agora.**
>
> A seguir, apresentamos apenas um quadro resumido dos componentes da plataforma Android. Vamos explicar cada um deles com mais detalhes quando for necessário.

O Android vem com alguns aplicativos básicos como Contatos, Telefone, Calendário e um navegador.

Ao construir aplicativos, você tem acesso às APIs usadas pelos aplicativos básicos. Estas APIs servem para controlar a aparência e o comportamento do aplicativo.

Embaixo do framework de aplicativos há um conjunto de bibliotecas C e C++. Estas bibliotecas são acessadas através das APIs de framework.

Applications: Home, Contacts, Phone, Browser, ...

Application Framework: Activity Manager, Window Manager, Content Providers, View System, Package Manager, Telephony Manager, Resource Manager, Location Manager, Notification Manager

Libraries: Surface Manager, Media Framework, SQLite, OpenGL | ES, FreeType, WebKit, SGL, SSL, libc

Android Runtime: Core Libraries

Linux Kernel: Display Driver, Camera Driver, Flash Memory Driver, Binder (IPC) Driver, Keypad Driver, WiFi Driver, Audio Drivers, Power Management

O Android runtime vem com algumas bibliotecas básicas que implementam a maior parte da linguagem de programação Java. Cada aplicativo Android é executado em seu próprio processo.

Abaixo de todos os demais componentes está o kernel Linux. O Android utiliza o kernel para drivers e serviços básicos, como segurança e gerenciamento de memória.

Felizmente, as poderosas bibliotecas Android podem ser acessadas através das APIs do framework de aplicativos. Você deve usar essas APIs para criar excelentes aplicativos Android. Para começar, basta algum conhecimento de Java e uma ótima ideia para um aplicativo.

você está aqui ▶ 3

etapas

Vamos fazer o seguinte

Vamos mergulhar no assunto e criar um aplicativo Android básico. Para isso, devemos:

1 **Configurar um ambiente de desenvolvimento.**

Precisamos instalar o Android Studio para ter acesso às ferramentas necessárias para desenvolver aplicativos Android.

2 **Construir um aplicativo básico.**

Usando o Android Studio, vamos construir um aplicativo simples para exibir uma amostra de texto na tela.

3 **Executar o aplicativo no emulador Android.**

Vamos usar o emulador interno para ver o aplicativo funcionando.

4 **Alterar o aplicativo.**

Por último, vamos ajustar um pouco o aplicativo criado no item 2 e executá-lo novamente.

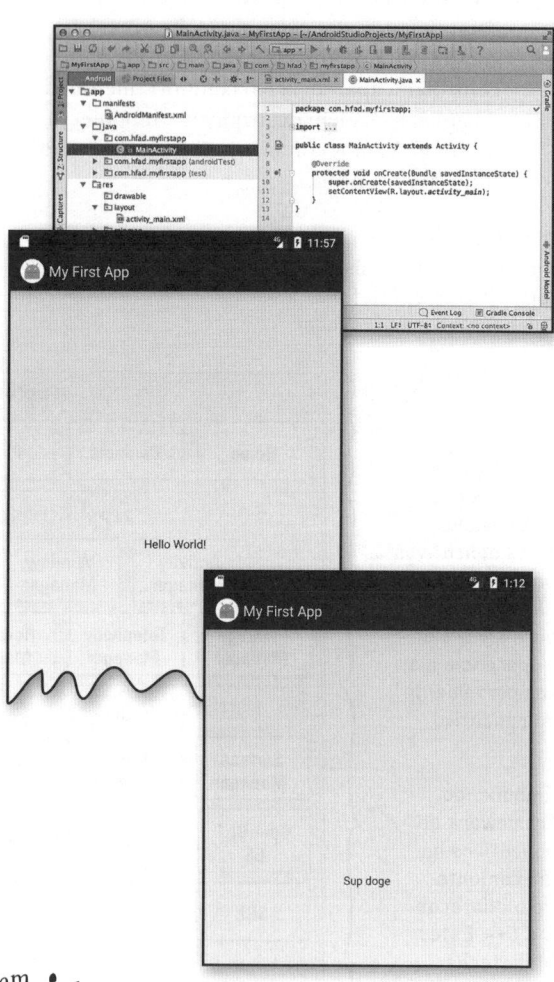

---

não existem Perguntas Idiotas

P: Todos os aplicativos Android são desenvolvidos em Java?

R: Também é possível desenvolver aplicativos Android em outras linguagens. Mas, como a maioria dos desenvolvedores utiliza Java, é a linguagem que utilizamos neste livro.

P: Qual é o nível necessário de fluência em Java para desenvolver aplicativos Android?

R: Você precisa ter experiência em Java SE. Se estiver "enferrujado", leia o livro *Use a Cabeça! Java*, de Kathy Sierra e Bert Bates.

P: Preciso conhecer Swing e AWT?

R: Como o Android não usa Swing nem AWT, não se preocupe se não tiver experiência com GUIs do Java para desktop.

construção de aplicativos interativos

Você está aqui.

Seu ambiente de desenvolvimento

☐ **Configure o ambiente**
☐ Construa o aplicativo
☐ Execute o aplicativo
☐ Altere o aplicativo

Java é a linguagem mais utilizada para desenvolver aplicativos Android. Os dispositivos Android não executam arquivos *.class* e *.jar*. De fato, para aumentar a velocidade e o desempenho da bateria, os dispositivos usam formatos otimizados de código compilado, o que inviabiliza o uso de um ambiente de desenvolvimento Java normal. Também é necessário dispor de ferramentas especiais para converter código compilado em um formato Android, implantá-lo em um dispositivo e depurar o aplicativo já em execução.

Tudo isso faz parte do **SDK Android**. Vamos dar uma olhada nesses componentes.

O Android SDK

O SDK (Software Development Kit) Android contém as bibliotecas e ferramentas necessárias para o desenvolvimento de aplicativos Android:

Plataforma do SDK
Cada versão de Android tem uma plataforma diferente.

Ferramentas do SDK
Ferramentas para depuração e teste e outros utilitários práticos. O SDK também traz algumas ferramentas dependentes da plataforma.

Amostras de aplicativos
Para conferir exemplos práticos de código e entender como usar algumas APIs, as amostras de aplicativos podem ser úteis.

Documentação
Acesso offline à documentação da API mais recente.

Suporte para Android
APIs extras que não estão disponíveis na plataforma-padrão.

Faturamento do Google Play
Permite integrar serviços de faturamento no aplicativo.

O Android Studio é uma versão especial do IntelliJ IDEA

O IntelliJ IDEA é um dos IDEs mais populares para desenvolvimento em Java. Uma versão do IDEA, o Android Studio contém uma versão do SDK Android e ferramentas GUI adicionais para o desenvolvimento de aplicativos.

Além de um editor e acesso às ferramentas e bibliotecas do SDK Android, o Android Studio oferece modelos para a criação de novos aplicativos e classes e facilita ações como empacotar e executar aplicativos.

instalação

Instale o Android Studio

→ ☐ **Configure o ambiente**
☐ Construa o aplicativo
☐ Execute o aplicativo
☐ Altere o aplicativo

Antes de prosseguir, instale o Android Studio na sua máquina. Não vamos descrever as instruções de instalação neste livro, porque esse tipo de informação fica obsoleta rapidamente. Mas você pode ter acesso a instruções online sem problemas.

Primeiro, verifique aqui os requisitos de sistema do Android Studio:

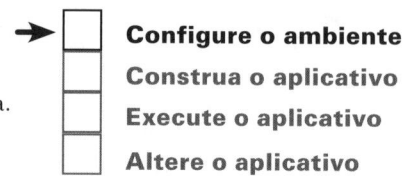

← Estamos utilizando a versão 2.3 do Android Studio. Para aproveitar ao máximo este livro, utilize essa versão ou outra mais recente.

http://developer.android.com/sdk/index.html#Requirements

Em seguida, siga as instruções de instalação do Android Studio neste endereço:

https://developer.android.com/sdk/installing/index.html?pkg=studio

Às vezes, o Google altera os URLs. Se esses URLs não funcionarem, basta pesquisar por Android Studio para encontrá-los.

Depois da instalação, abra o Android Studio e siga as instruções para adicionar as ferramentas do SDK e as Bibliotecas de Apoio mais recentes.

Quanto terminar, aparecerá a tela de boas-vindas do Android Studio. Você já pode construir seu primeiro aplicativo Android.

Esta é a tela de boas-vindas do Android Studio e apresenta um conjunto de opções. →

```
Welcome to Android Studio

        Android Studio
          Version 2.3

   ✦ Start a new Android Studio project
   ☐ Open an existing Android Studio project
   ⬇ Check out project from Version Control ▾
   ⓘ Import project (Eclipse ADT, Gradle, etc.)
   ⓘ Import an Android code sample

                          ✱ Configure ▾   Get Help ▾
```

construção de aplicativos *interativos*

não existem Perguntas Idiotas

P: Preciso mesmo usar o Android Studio para construir aplicativos Android?

R: Na verdade, não é *necessário* usar o Android Studio para construir aplicativos Android. Basta dispor de uma ferramenta que permita escrever e compilar código em Java e outras ferramentas para converter o código compilado em uma forma executável em dispositivos Android.

O Android Studio é o IDE oficial do Android e o mais recomendado pela equipe de desenvolvimento da plataforma. No entanto, o IntelliJ IDEA vem sendo cada vez mais utilizado.

P: Posso escrever aplicativos Android sem usar um IDE?

R: É possível, mas dá mais trabalho. Atualmente, a maioria dos aplicativos Android é criada com a ferramenta *Gradle*. Os projetos do Gradle podem ser criados e construídos com um editor de texto e uma linha de comando.

P: O Gradle é como o ANT, outra ferramenta de desenvolvimento?

R: É parecido, mas o Gradle é mais eficiente que o ANT. O Gradle pode compilar e implantar código como o ANT, mas usa o Maven para baixar bibliotecas de outros fornecedores para o código. Também usa o Groovy como linguagem de script, o que facilita a criação de recursos bastante complexos.

P: A maioria dos aplicativos é construída com o Gradle? Pensei que era com o Android Studio.

R: O Android Studio oferece uma interface gráfica para o Gradle e outras ferramentas de criação de layouts, leitura de logs e depuração.

Para obter mais informações sobre o Gradle, vá para o Apêndice II.

Construa um aplicativo básico

Depois de configurar o ambiente de desenvolvimento, você já pode criar seu primeiro aplicativo Android. Veja como o aplicativo vai ficar:

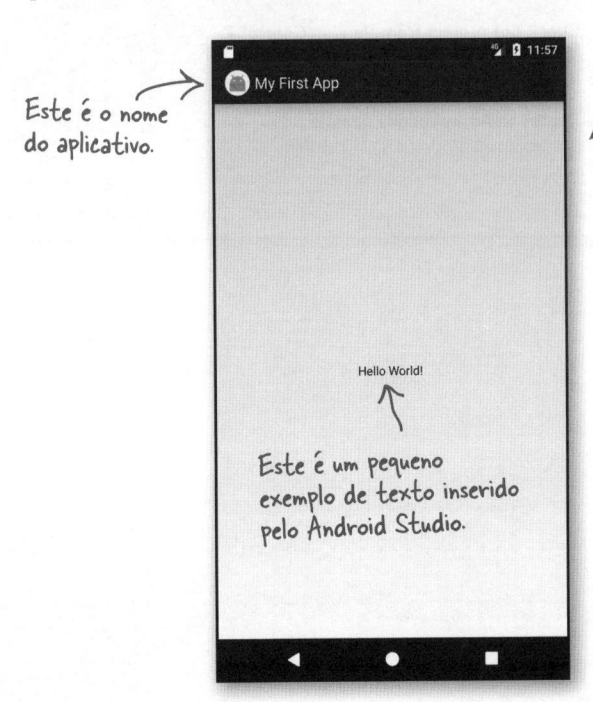

Este é o nome do aplicativo. → My First App

Embora seja muito simples, este aplicativo serve perfeitamente como seu primeiro aplicativo Android.

Hello World!

Este é um pequeno exemplo de texto inserido pelo Android Studio.

você está aqui ▶ 7

crie o projeto

Como construir o aplicativo

Marcamos o passo já concluído.

- ☑ Configure o ambiente
- → ☐ **Construa o aplicativo**
- ☐ Execute o aplicativo
- ☐ Altere o aplicativo

Sempre que criar um aplicativo, inicie um novo projeto. Abra o Android Studio e acompanhe o texto.

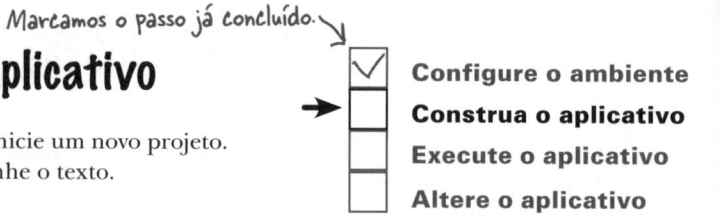

1. Crie um novo projeto

A tela de boas-vindas do Android Studio oferece várias opções. Para criar um novo projeto, clique na opção "Start a new Android Studio project".

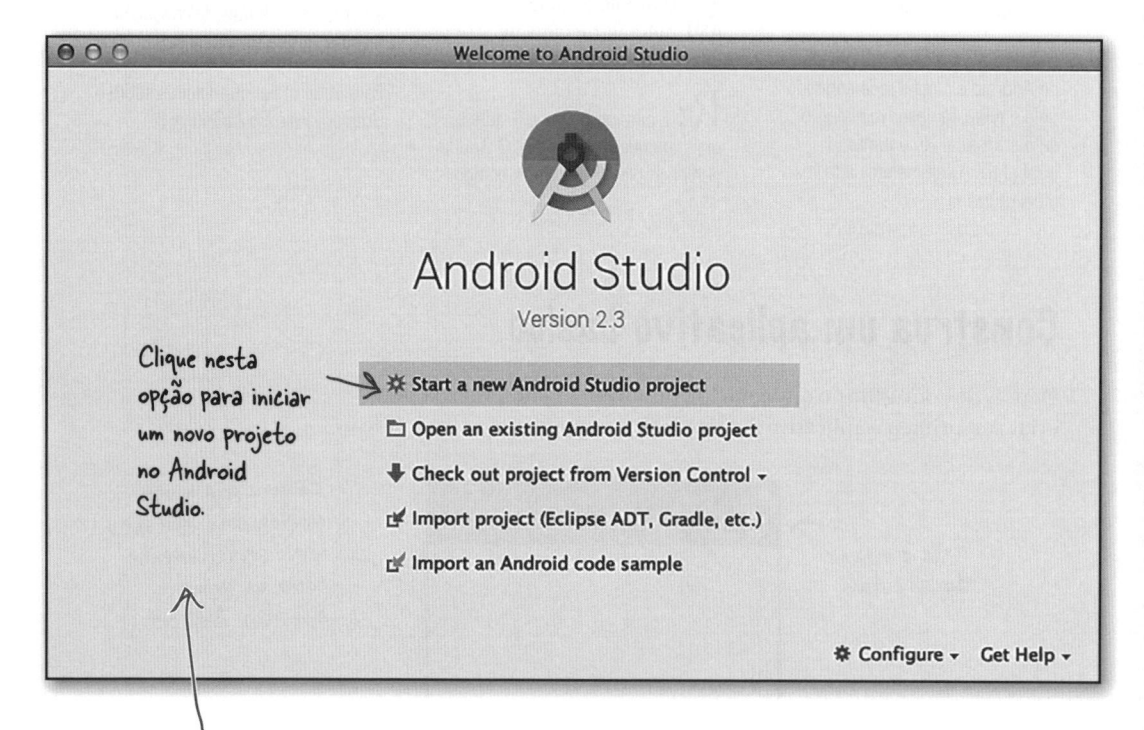

Clique nesta opção para iniciar um novo projeto no Android Studio.

Welcome to Android Studio

Android Studio
Version 2.3

- ✱ Start a new Android Studio project
- Open an existing Android Studio project
- Check out project from Version Control ▾
- Import project (Eclipse ADT, Gradle, etc.)
- Import an Android code sample

✱ Configure ▾   Get Help ▾

Os projetos criados aparecerão aqui. Como esse é nosso primeiro projeto, esta área está vazia.

construção de aplicativos interativos

Como construir o aplicativo (continuação)

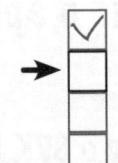

- [x] Configure o ambiente
- [ ] **Construa o aplicativo**
- [ ] Execute o aplicativo
- [ ] Altere o aplicativo

2. Configure o projeto

Agora, para configurar o aplicativo, informe ao Android Studio seu nome, domínio da empresa e local de armazenamento dos arquivos.

O Android Studio utiliza o domínio da empresa e o nome para formar o nome do pacote do aplicativo. Por exemplo, se você chamar o aplicativo de "My First App" e usar o domínio da empresa "hfad.com", o Android Studio produzirá um pacote com o nome de `com.hfad.myfirstapp`. O nome do pacote tem grade importância no Android, pois é usado pelos dispositivos para **identificar exclusivamente seu aplicativo**.

Digite o nome de aplicativo "My First App" e o domínio da empresa "hfad.com", desmarque a opção para incluir o suporte C++ e aceite o local-padrão do projeto. Em seguida, clique no botão Next.

Veja bem!

O nome do pacote deve ser o mesmo ao longo da vida útil do aplicativo.

O nome é o identificador exclusivo do aplicativo e serve para gerenciar suas várias versões.

Algumas versões do Android Studio têm uma opção extra para incluir suporte ao Kotlin. Desmarque esta opção, se houver.

O assistente forma o nome do pacote combinando o nome do aplicativo e o domínio da empresa.

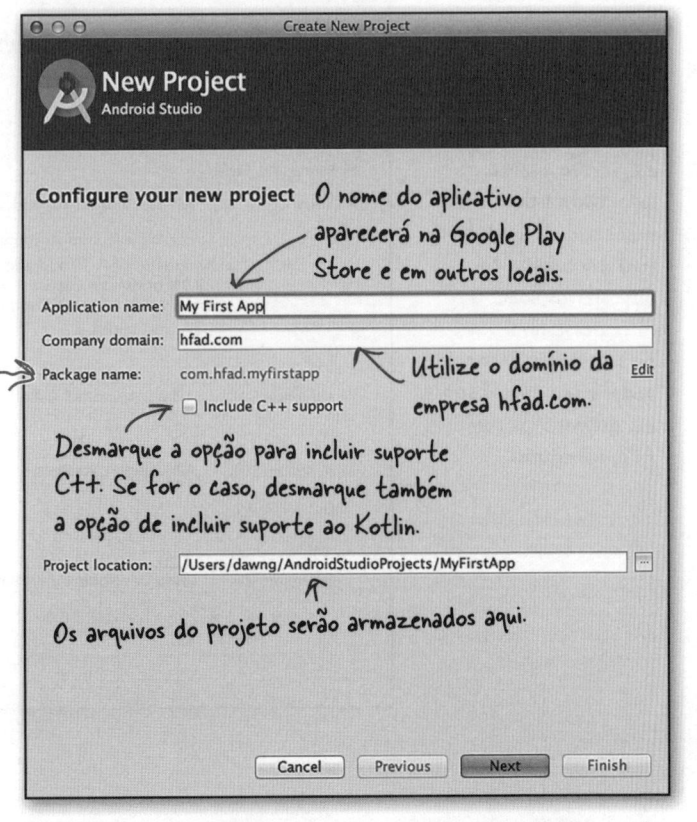

O nome do aplicativo aparecerá na Google Play Store e em outros locais.

Utilize o domínio da empresa hfad.com.

Desmarque a opção para incluir suporte C++. Se for o caso, desmarque também a opção de incluir suporte ao Kotlin.

Os arquivos do projeto serão armazenados aqui.

Create New Project

New Project — Android Studio

Configure your new project

- Application name: My First App
- Company domain: hfad.com
- Package name: com.hfad.myfirstapp — Edit
- ☐ Include C++ support
- Project location: /Users/dawng/AndroidStudioProjects/MyFirstApp

Cancel | Previous | **Next** | Finish

você está aqui ▶ 9

nível da api

Como construir o aplicativo (continuação)

> ☑ Configure o ambiente
> → ☐ Construa o aplicativo
> ☐ Execute o aplicativo
> ☐ Altere o aplicativo

3. Especifique o SDK mínimo

Agora, você precisa indicar o SDK mínimo do Android para o aplicativo. Os níveis de API aumentam a cada nova versão do Android. A menos que o aplicativo deva rodar apenas nos dispositivos mais novos, você provavelmente precisa especificar uma das APIs mais antigas.

Aqui, definimos como SDK mínimo a API de nível 19, para que o aplicativo seja executado na maioria dos dispositivos. Além disso, vamos criar uma versão do aplicativo que rode apenas em celulares e tablets. Portanto, deixamos as outras opções desmarcadas.

Quando terminar, clique no botão Next.

← Há mais informações sobre os diferentes níveis de API na próxima página.

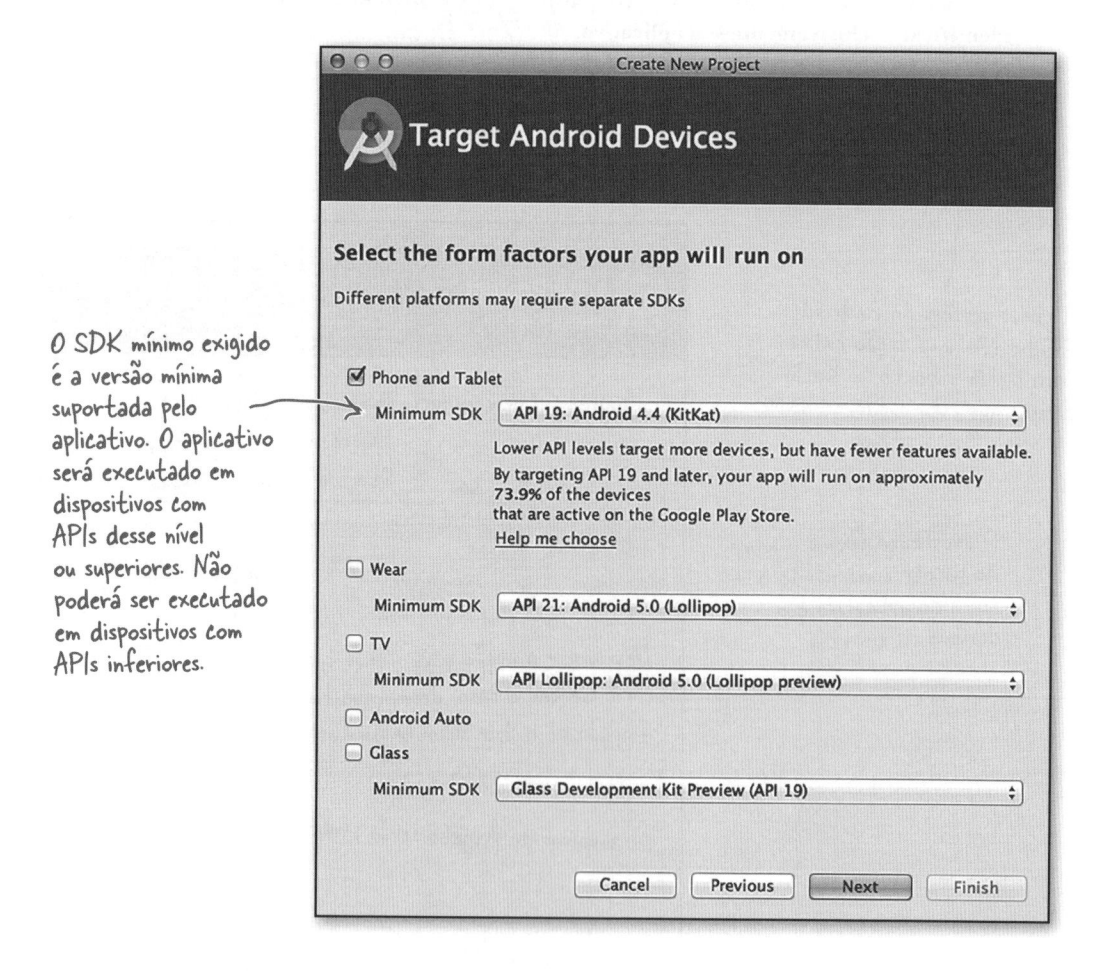

O SDK mínimo exigido é a versão mínima suportada pelo aplicativo. O aplicativo será executado em dispositivos com APIs desse nível ou superiores. Não poderá ser executado em dispositivos com APIs inferiores.

Create New Project

Target Android Devices

Select the form factors your app will run on

Different platforms may require separate SDKs

☑ Phone and Tablet
  Minimum SDK [API 19: Android 4.4 (KitKat)]
  Lower API levels target more devices, but have fewer features available.
  By targeting API 19 and later, your app will run on approximately 73.9% of the devices
  that are active on the Google Play Store.
  Help me choose

☐ Wear
  Minimum SDK [API 21: Android 5.0 (Lollipop)]

☐ TV
  Minimum SDK [API Lollipop: Android 5.0 (Lollipop preview)]

☐ Android Auto

☐ Glass
  Minimum SDK [Glass Development Kit Preview (API 19)]

[Cancel] [Previous] [Next] [Finish]

construção de aplicativos *interativos*

Um close nas versões do Android

Você provavelmente já ouviu falar do Android junto com nomes de coisas saborosas, como Jelly Bean, KitKat, Lollipop e Nougat. Mas para que serve toda essa gastronomia?

As versões de Android têm um número e um codinome. O número indica a versão exata do Android (por exemplo, 7.0) e o codinome é um nome "acessível" e mais genérico, que pode abranger várias versões do Android (por exemplo, Nougat). O nível da API aponta a versão das APIs usadas pelos aplicativos. Por exemplo, o nível de API equivalente para a versão 7.1.1 do Android é 25.

Versão	Codinome	Nível de API
1.0		1
1.1		2
1.5	Cupcake	3
1.6	Donut	4
2.0–2.1	Eclair	5–7
2.2.x	Froyo	8
2.3–2.3.7	Gingerbread	9–10
3.0 - 3.2	Honeycomb	11–13
4.0–4.0.4	Ice Cream Sandwich	14–15
4.1 - 4.3	Jelly Bean	16–18
4.4	KitKat	19–20
5.0–5.1	Lollipop	21–22
6.0	Marshmallow	23
7.0	Nougat	24
7.1–7.1.2	Nougat	25

Quase ninguém usa estas versões hoje em dia. (referindo-se às versões 1.0 até 4.0–4.0.4)

A maioria dos dispositivos usa uma destas APIs. (referindo-se às versões 4.1-4.3 até 7.1-7.1.2)

Ao desenvolver aplicativos Android, é preciso definir as versões do Android com as quais eles serão compatíveis. Se determinar a compatibilidade do aplicativo apenas com a versão mais recente do SDK, talvez ele não possa ser executado em muitos dispositivos. Acesse as estatísticas de dispositivos que executam versões específicas: *https://developer.android.com/about/dashboards/index.html (conteúdo em inglês).*

você está aqui ▶   11

50.000 pés

Visão geral das atividades e layouts

☑ Configure o ambiente
→ ☐ Construa o aplicativo
☐ Execute o aplicativo
☐ Altere o aplicativo

Em seguida, você deve adicionar uma atividade ao seu projeto. Todo aplicativo Android é um conjunto de telas, cada uma delas formada por uma atividade e um layout.

Uma atividade é **uma ação definida do usuário.** Alguns exemplos de atividades são escrever um e-mail, tirar uma foto e encontrar um contato. As atividades geralmente estão associadas a uma tela e são escritas em Java.

O **layout** descreve a **aparência da tela**. Os layouts são escritos como arquivos XML e informam a organização dos elementos da tela ao Android.

Vamos conferir como as atividades e os layouts funcionam em conjunto para criar uma interface de usuário:

Os layouts definem o modo de apresentação da interface do usuário. As atividades definem as ações.

① O dispositivo ativa o aplicativo e cria um objeto atividade.

② O objeto atividade especifica um layout.

③ A atividade orienta o Android a exibir o layout na tela.

④ O usuário interage com o layout exibido no dispositivo.

⑤ A atividade responde a essas interações executando o código do aplicativo.

⑥ A atividade atualiza a tela...

⑦ ...que o usuário vê no dispositivo.

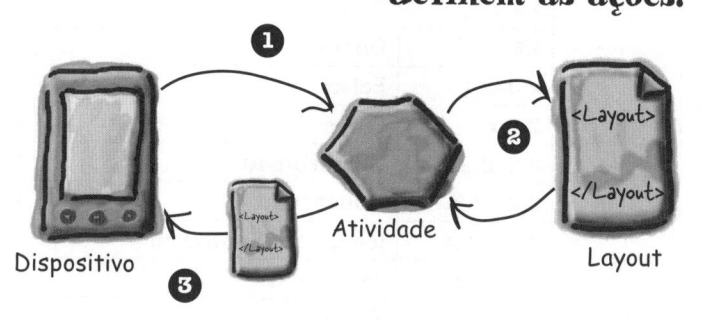

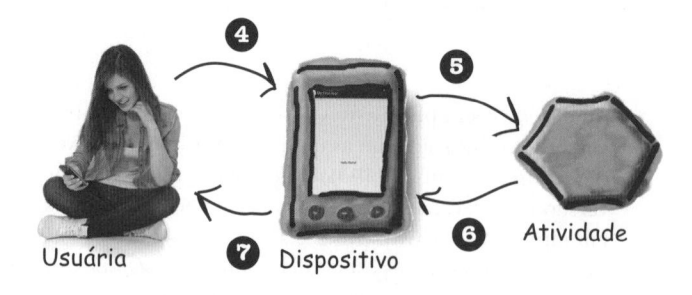

Agora que você sabe um pouco mais sobre atividades e layouts, vamos para os últimos passos do assistente da opção Create New Project e criar uma atividade e um layout básicos.

construção de aplicativos interativos

Como construir o aplicativo (continuação)

☑ Configure o ambiente
→ ☐ Construa o aplicativo
☐ Execute o aplicativo
☐ Altere o aplicativo

4. Adicione uma atividade

A tela seguinte apresenta diversos modelos que você pode escolher para criar uma atividade e um layout. Como vamos criar um aplicativo com uma atividade e um layout básicos, escolha a opção Empty Activity e clique no botão Next.

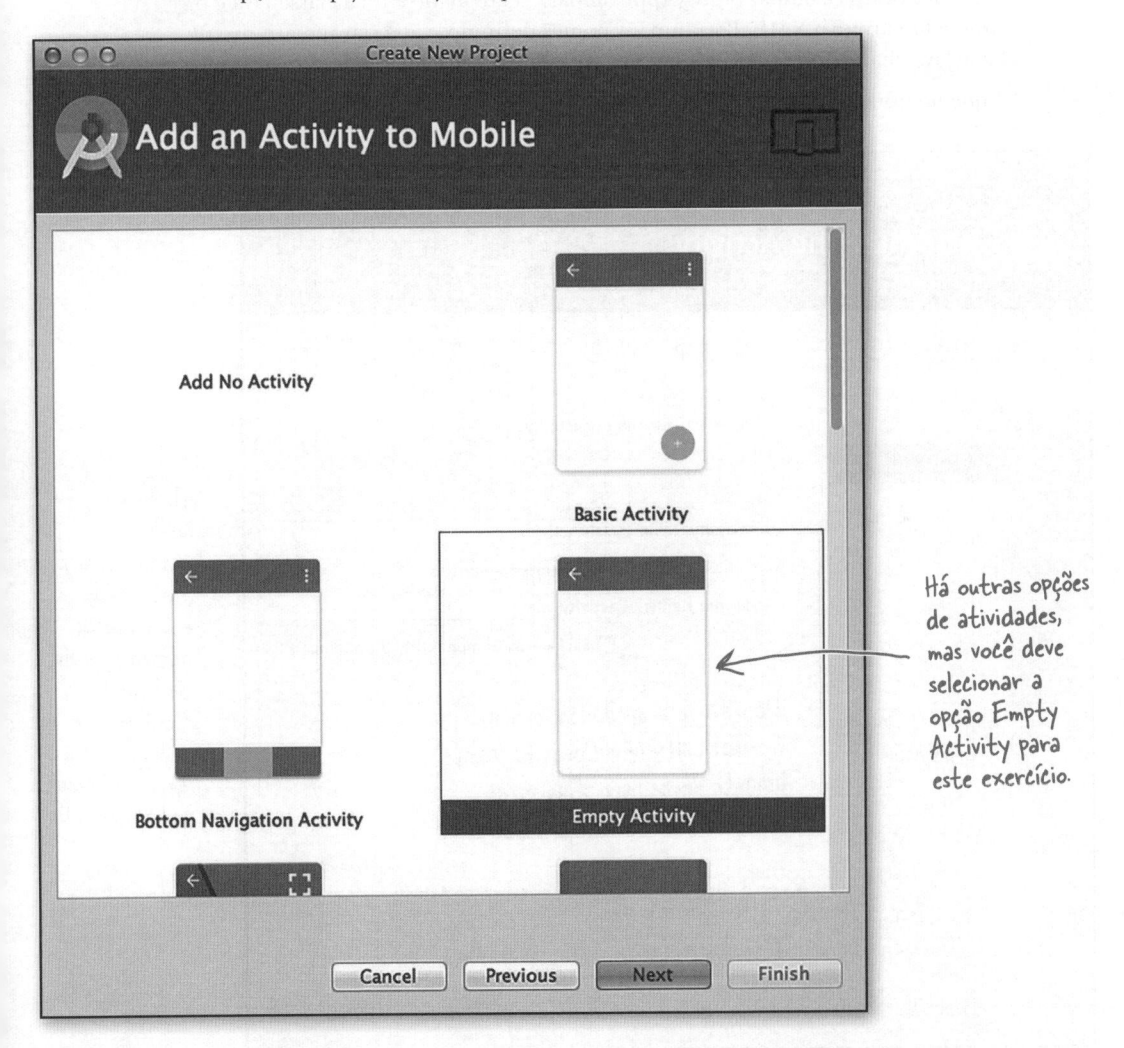

Há outras opções de atividades, mas você deve selecionar a opção Empty Activity para este exercício.

você está aqui ▶ 13

personalize a atividade

Construa um aplicativo básico (continuação)

- [x] Configure o ambiente
- [ ] **Construa o aplicativo**
- [ ] Execute o aplicativo
- [ ] Altere o aplicativo

5. Personalize a atividade

Aqui você terá que nomear a atividade e o layout da tela. Digite o nome "MainActivity" para a atividade, confirme se a opção para gerar um arquivo de layout está marcada, digite o nome "activity_main" para o layout e desmarque a opção Backwards Compatibility (AppCompat). A atividade é uma classe Java e o layout é um arquivo XML. Portanto, os nomes definidos vão criar um arquivo de classe Java chamado *MainActivity.java* e um arquivo XML chamado *activity_main.xml*.

Clique no botão Finish para que o Android Studio construa o aplicativo.

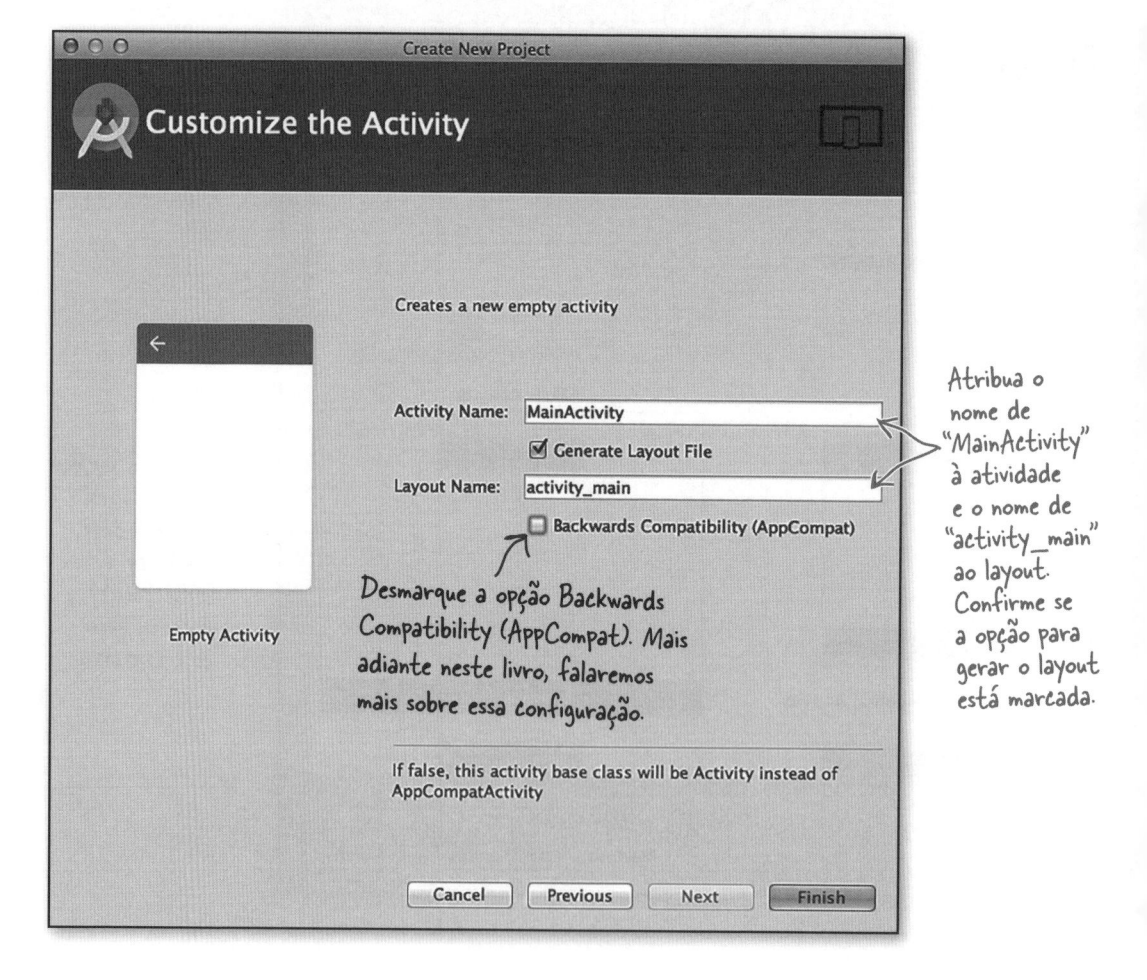

Atribua o nome de "MainActivity" à atividade e o nome de "activity_main" ao layout. Confirme se a opção para gerar o layout está marcada.

Desmarque a opção Backwards Compatibility (AppCompat). Mais adiante neste livro, falaremos mais sobre essa configuração.

construção de aplicativos interativos

Você acabou de criar seu primeiro aplicativo Android

→
- ☑ Configure o ambiente
- ☐ Construa o aplicativo
- ☐ Execute o aplicativo
- ☐ Altere o aplicativo

Quer saber como?

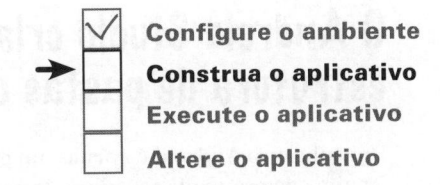

⭐ **O assistente da opção Create New Project criou um projeto para o aplicativo de acordo com as suas especificações.**

Você definiu as versões do Android compatíveis com o aplicativo e o assistente criou os arquivos e pastas necessárias para um aplicativo básico válido.

⭐ **O assistente criou uma atividade e um layout com código do modelo.**

O código do modelo contém o XML do layout e o código Java da atividade, que exibe o texto "Hello world!" no layout.

O Android Studio exibirá automaticamente o projeto criado com o assistente.

Nosso projeto saiu assim (talvez pareça complicado agora, mas vamos analisar tudo com mais calma nas próximas páginas):

Este é o projeto no Android Studio.

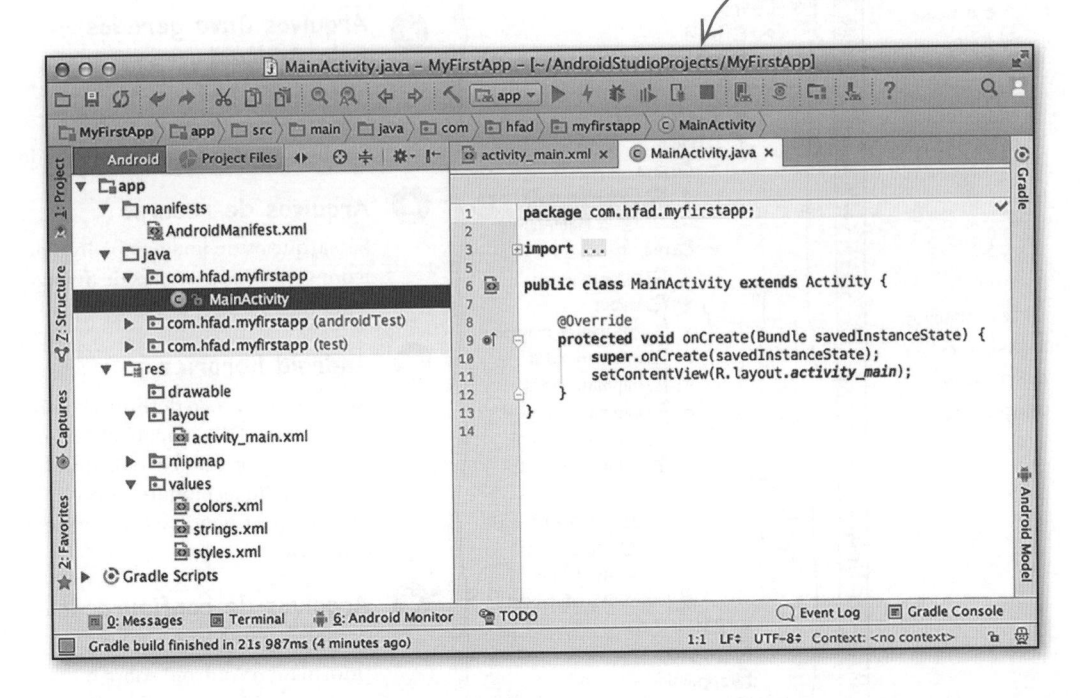

voçê está aqui ▶ 15

estrutura de pastas

O Android Studio cria uma estrutura de pastas completa

Um aplicativo Android é apenas um grupo de arquivos válidos em uma determinada estrutura de pastas, configurada pelo Android Studio quando você cria um aplicativo. O modo mais fácil de conferir essa estrutura de pastas é com o explorador, na última coluna à esquerda do Android Studio.

O explorador contém todos os projetos em aberto no momento. Para expandir ou recolher as pastas, basta clicar nas setas à esquerda dos ícones de pasta.

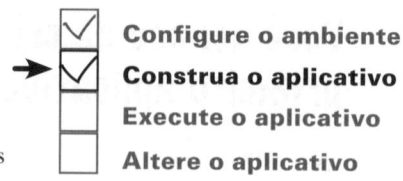

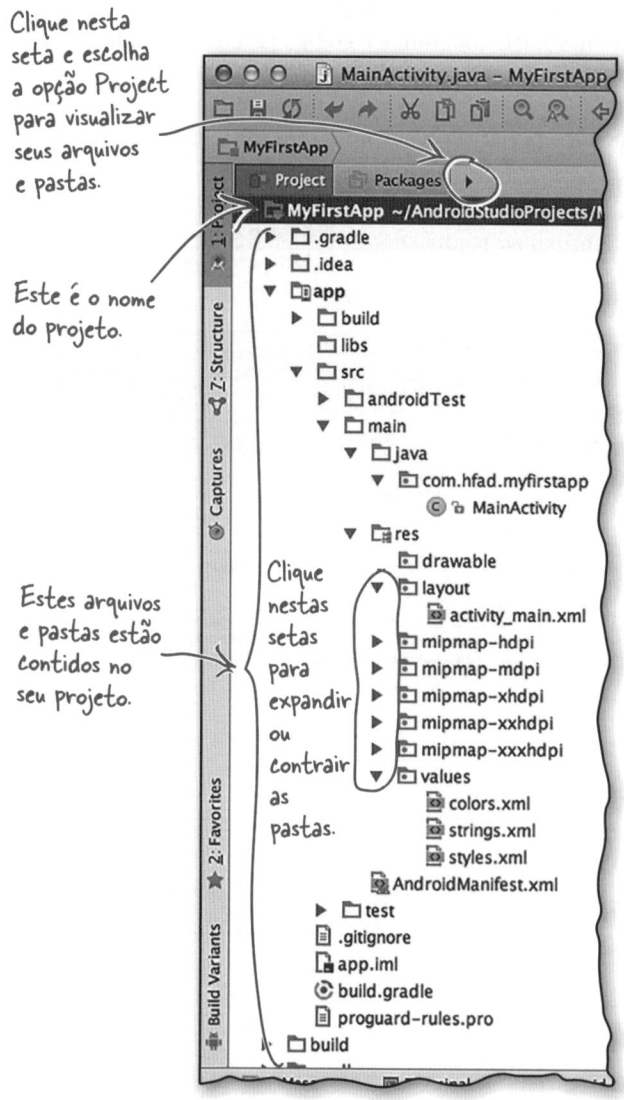

☑ **Configure o ambiente**
➡ ☑ **Construa o aplicativo**
☐ **Execute o aplicativo**
☐ **Altere o aplicativo**

Clique nesta seta e escolha a opção Project para visualizar seus arquivos e pastas.

Este é o nome do projeto.

Estes arquivos e pastas estão contidos no seu projeto.

Clique nestas setas para expandir ou contrair as pastas.

```
MainActivity.java - MyFirstApp
MyFirstApp
  Project   Packages
  MyFirstApp ~/AndroidStudioProjects/M
  ▶ .gradle
  ▶ .idea
  ▼ app
    ▶ build
      libs
    ▼ src
      ▶ androidTest
      ▼ main
        ▼ java
          ▼ com.hfad.myfirstapp
              MainActivity
        ▼ res
          ▶ drawable
          ▼ layout
              activity_main.xml
          ▶ mipmap-hdpi
          ▶ mipmap-mdpi
          ▶ mipmap-xhdpi
          ▶ mipmap-xxhdpi
          ▶ mipmap-xxxhdpi
          ▼ values
              colors.xml
              strings.xml
              styles.xml
          AndroidManifest.xml
      ▶ test
      .gitignore
      app.iml
      build.gradle
      proguard-rules.pro
  ▶ build
```

A estrutura de pastas contém diferentes tipos de arquivos

Ao navegar pela estrutura de pastas, você verá que o assistente criou vários tipos de arquivos e pastas:

⭐ **Arquivos-fonte Java e XML**

São os arquivos das atividades e layouts criados pelo assistente.

⭐ **Arquivos Java gerados pelo Android**

São arquivos Java, gerados automaticamente pelo Android Studio, que não devem ser acessados.

⭐ **Arquivos de recurso**

São arquivos de imagem padrão para ícones e estilos e valores de String comuns voltados para o aplicativo.

⭐ **Android libraries**

No assistente, você definiu a versão mínima do SDK compatível com o aplicativo. Por sua vez, o Android Studio inclui as bibliotecas do Android pertinentes a essa versão no aplicativo.

⭐ **Arquivos de configuração**

Os arquivos de configuração informam o Android sobre o conteúdo efetivo do aplicativo e seu modo de execução.

Vamos observar com mais detalhes alguns dos principais arquivos e pastas do mundo do Android.

construção de aplicativos interativos

Arquivos úteis do projeto

☑ Configure o ambiente
➡ ☑ Construa o aplicativo
☐ Execute o aplicativo
☐ Altere o aplicativo

Os projetos do Android Studio utilizam o Gradle para compilar e implantar aplicativos. Os projetos Gradle têm uma estrutura-padrão. Aqui estão alguns dos principais arquivos e pastas utilizados nesse processo:

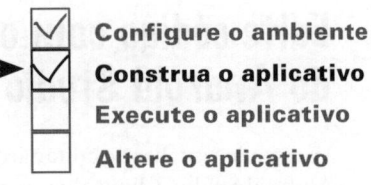

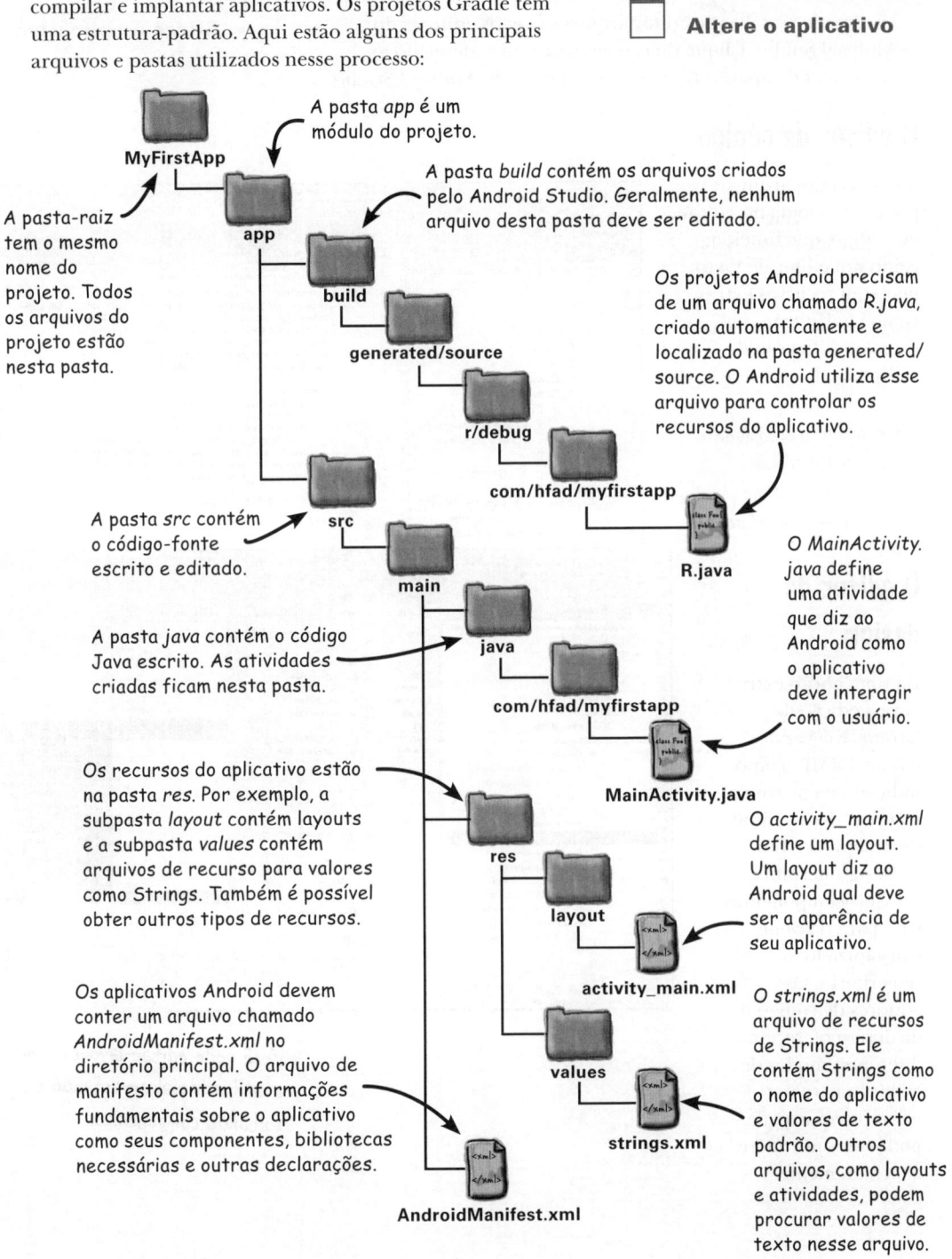

MyFirstApp

A pasta-raiz tem o mesmo nome do projeto. Todos os arquivos do projeto estão nesta pasta.

app

A pasta *app* é um módulo do projeto.

build

A pasta *build* contém os arquivos criados pelo Android Studio. Geralmente, nenhum arquivo desta pasta deve ser editado.

generated/source → **r/debug** → **com/hfad/myfirstapp** → **R.java**

Os projetos Android precisam de um arquivo chamado *R.java*, criado automaticamente e localizado na pasta generated/source. O Android utiliza esse arquivo para controlar os recursos do aplicativo.

src

A pasta *src* contém o código-fonte escrito e editado.

main → **java** → **com/hfad/myfirstapp** → **MainActivity.java**

A pasta *java* contém o código Java escrito. As atividades criadas ficam nesta pasta.

O *MainActivity.java* define uma atividade que diz ao Android como o aplicativo deve interagir com o usuário.

res → **layout** → **activity_main.xml**

Os recursos do aplicativo estão na pasta *res*. Por exemplo, a subpasta *layout* contém layouts e a subpasta *values* contém arquivos de recurso para valores como Strings. Também é possível obter outros tipos de recursos.

O *activity_main.xml* define um layout. Um layout diz ao Android qual deve ser a aparência de seu aplicativo.

values → **strings.xml**

AndroidManifest.xml

Os aplicativos Android devem conter um arquivo chamado *AndroidManifest.xml* no diretório principal. O arquivo de manifesto contém informações fundamentais sobre o aplicativo como seus componentes, bibliotecas necessárias e outras declarações.

O *strings.xml* é um arquivo de recursos de Strings. Ele contém Strings como o nome do aplicativo e valores de texto padrão. Outros arquivos, como layouts e atividades, podem procurar valores de texto nesse arquivo.

você está aqui ▶ 17

conheça os editores

Edite código com os editores do Android Studio

☑ Configure o ambiente
☑ **Construa o aplicativo**
☐ Execute o aplicativo
☐ Altere o aplicativo

Você pode visualizar e editar arquivos com os editores do Android Studio. Clique duas vezes no arquivo desejado e seu conteúdo aparecerá no meio da janela do Android Studio.

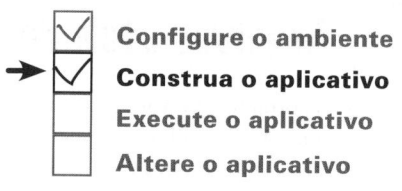

O editor de código

A maioria dos arquivos pode ser exibida no editor de código, que funciona como um editor de texto, mas com recursos extras como codificação por cores e verificação de código.

Para exibir o conteúdo no painel do editor, clique duas vezes no arquivo pelo explorador.

O editor de design

Há uma opção extra para a edição de layouts. Em vez de editar o XML (como indicado na próxima página), use o editor de design. O editor de design permite arrastar componentes GUI para o layout e organizá-los a seu critério. Os editores de código e de design oferecem diferentes modos de exibição para um mesmo arquivo que podem ser utilizados alternadamente.

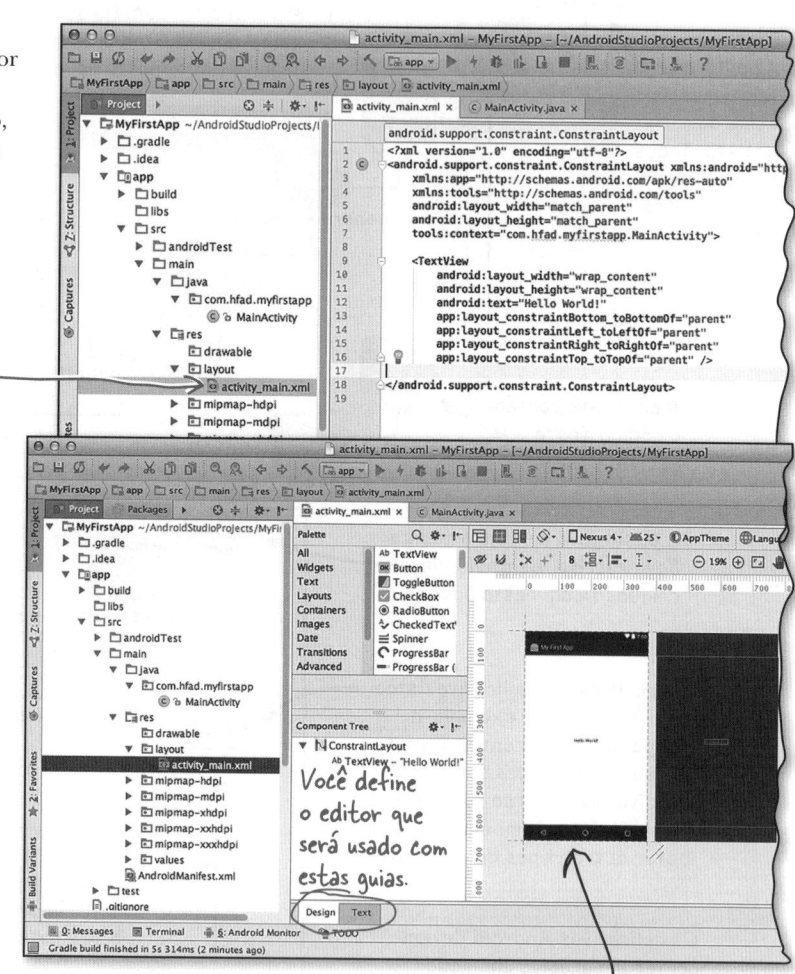

Você define o editor que será usado com estas guias.

Você pode editar layouts com o editor visual arrastando e soltando componentes.

18   Capítulo 1

construção de aplicativos interativos

Qual é meu propósito?

A seguir, temos um exemplo de arquivo de layout (**que não foi gerado pelo Android Studio**). Mesmo que nunca tenha visto um código de layout, veja se consegue relacionar cada uma das descrições da parte inferior da página às linhas de código corretas. Indicamos uma relação para exemplificar o exercício.

activity_main.xml

```xml
<?xml version="1.0" encoding="utf-8"?>
<LinearLayout xmlns:android="http://schemas.android.com/apk/res/android"
    xmlns:tools="http://schemas.android.com/tools"
    android:layout_width="match_parent"
    android:layout_height="match_parent"
    android:paddingLeft="16dp"
    android:paddingRight="16dp"
    android:paddingTop="16dp"
    android:paddingBottom="16dp"
    android:orientation="vertical"
    tools:context="com.hfad.myfirstapp.MainActivity">

    <TextView
        android:layout_width="wrap_content"
        android:layout_height="wrap_content"
        android:text="Hello World!" />
</LinearLayout>
```

Adiciona preenchimento às margens da tela.

Inclui um componente GUI `<TextView>` para exibir texto.

Ajusta a dimensão do componente GUI de acordo com o conteúdo.

Exibe a String "Hello World!"

Ajusta a largura e altura do layout à tela do dispositivo.

solução

Qual é meu propósito?
solução

A seguir, temos um exemplo de arquivo de layout (**que não foi gerado pelo Android Studio**). Mesmo que nunca tenha visto um código de layout, veja se consegue relacionar cada uma das descrições da parte inferior da página às linhas de código corretas. Indicamos uma relação para exemplificar o exercício.

activity_main.xml

```xml
<?xml version="1.0" encoding="utf-8"?>
<LinearLayout xmlns:android="http://schemas.android.com/apk/res/android"
    xmlns:tools="http://schemas.android.com/tools"
    android:layout_width="match_parent"
    android:layout_height="match_parent"
    android:paddingLeft="16dp"
    android:paddingRight="16dp"
    android:paddingTop="16dp"
    android:paddingBottom="16dp"
    android:orientation="vertical"
    tools:context="com.hfad.myfirstapp.MainActivity">

    <TextView
        android:layout_width="wrap_content"
        android:layout_height="wrap_content"
        android:text="Hello World!" />
</LinearLayout>
```

Adiciona preenchimento às margens da tela.

Exibe a String "Hello World!"

Inclui um componente GUI `<TextView>` para exibir texto.

Ajusta a largura e altura do layout à tela do dispositivo.

Ajusta a dimensão do componente GUI de acordo com o conteúdo.

construção de aplicativos interativos

Qual é meu propósito?

Agora, veja se consegue identificar as relações em um código de atividade. **Este é um exemplo de código, não o código gerado pelo Android Studio.** Relacione as descrições a seguir às linhas de código corretas.

MainActivity.java

```java
package com.hfad.myfirstapp;

import android.os.Bundle;
import android.app.Activity;

public class MainActivity extends Activity {

    @Override
    protected void onCreate(Bundle savedInstanceState) {
        super.onCreate(savedInstanceState);
        setContentView(R.layout.activity_main);
    }
}
```

Este é o nome do pacote.

Estas são as classes Android usadas em `MainActivity`.

Especifica o layout desejado.

Implementa o método `onCreate()` **da classe** `Activity`. **Este método é chamado no momento da criação da atividade.**

A `MainActivity` **estende a classe** `android.app.Activity` **do Android.**

você está aqui ▶

outra solução

Qual é meu propósito?
solução

Agora, veja se consegue identificar as relações em um código de atividade. **Este é um exemplo de código, não o código gerado pelo Android Studio.** Relacione as descrições a seguir às linhas de código corretas.

MainActivity.java

```java
package com.hfad.myfirstapp;

import android.os.Bundle;
import android.app.Activity;

public class MainActivity extends Activity {

    @Override
    protected void onCreate(Bundle savedInstanceState) {
        super.onCreate(savedInstanceState);
        setContentView(R.layout.activity_main);
    }
}
```

Este é o nome do pacote.

Estas são as classes Android usadas em MainActivity.

Especifica o layout desejado.

Implementa o método `onCreate()` da classe Activity. Este método é chamado no momento da criação da atividade.

A `MainActivity` estende a classe `android.app.Activity` do Android.

construção de aplicativos interativos

Execute o aplicativo no emulador Android

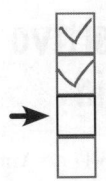

☑ Configure o ambiente
☑ Construa o aplicativo
➤ ☐ Execute o aplicativo
☐ Altere o aplicativo

Até aqui, vimos como seu aplicativo Android roda no Android Studio e como as coisas se encaixam. Mas você *realmente* quer executá-lo, certo?

Quando se trata de executar aplicativos, existem duas opções. A primeira é executá-los em um dispositivo físico. Mas o que fazer quando não temos um dispositivo físico ou quando queremos ver como o aplicativo roda em um dispositivo que não temos?

Nesse caso, você pode usar o **emulador Android** do SDK. O emulador permite configurar um ou mais **Dispositivos Virtuais Android** (AVDs) e executar o aplicativo *como em um dispositivo físico*.

Como é o emulador?

Aqui, vemos um AVD rodando no emulador Android. Parece um celular sendo reproduzido no computador.

O emulador recria o ambiente de hardware específico de um dispositivo Android, reproduzindo fatores como CPU, memória, chips de som e tela de vídeo, entre outros. Ele integra o QEMU, um emulador semelhante a aplicativos de máquina virtual que você talvez conheça, como o VirtualBox e o VMWare.

A aparência e o comportamento específicos do AVD dependem da sua configuração. Aqui, o AVD foi configurado para simular um Nexus 5X, ou seja, para ter o mesmo visual e se comportar exatamente como um Nexus 5X no computador.

Vamos configurar um AVD para ver o aplicativo rodando no emulador.

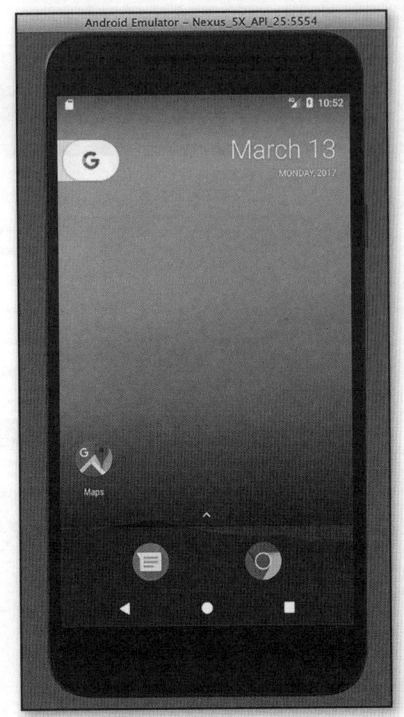

O emulador Android permite executar seu aplicativo em um Dispositivo Virtual Android (AVD), que se comporta exatamente como um dispositivo Android físico. É possível configurar vários AVDs para que cada um emule um tipo de dispositivo diferente.

Depois de configurar um AVD, você poderá ver o aplicativo sendo executado. O Android Studio ativa o emulador automaticamente.

você está aqui ▶ 23

crie o avd

Crie um Dispositivo Virtual Android

☑ Configure o ambiente
☑ Construa o aplicativo
→ **Execute o aplicativo**
☐ Altere o aplicativo

A configuração de um AVD no Android Studio requer algumas etapas. Vamos configurar um AVD Nexus 5X para executar uma API nível 21 e conferir o visual e o comportamento do seu aplicativo quando executado nesse tipo de dispositivo. Os passos são idênticos para a configuração de qualquer dispositivo.

Abra o Android Virtual Device Manager

O AVD Manager permite configurar novos AVDs e ver e editar AVDs criados anteriormente. Para abrir a ferramenta, selecione Android no menu Tools e escolha AVD Manager.

Caso não haja AVDs configurados, aparecerá uma tela para criar um AVD. Clique no botão "Create Virtual Device".

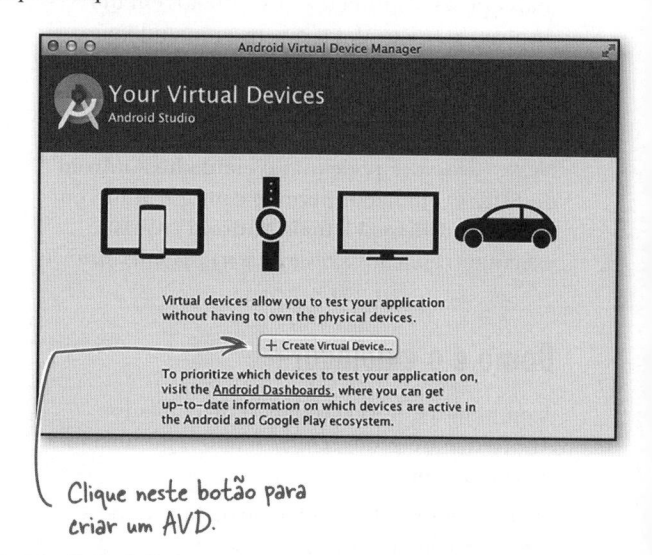

Clique neste botão para criar um AVD.

Selecione o hardware

Na tela seguinte, você terá que definir o dispositivo que será emulado pelo AVD. É possível escolher entre diversos dispositivos como celulares, tablets e TVs.

Vamos ver como nosso aplicativo roda em um celular Nexus 5X. Escolha Phone no menu Category e encontre Nexus 5X na lista. Em seguida, clique no botão Next.

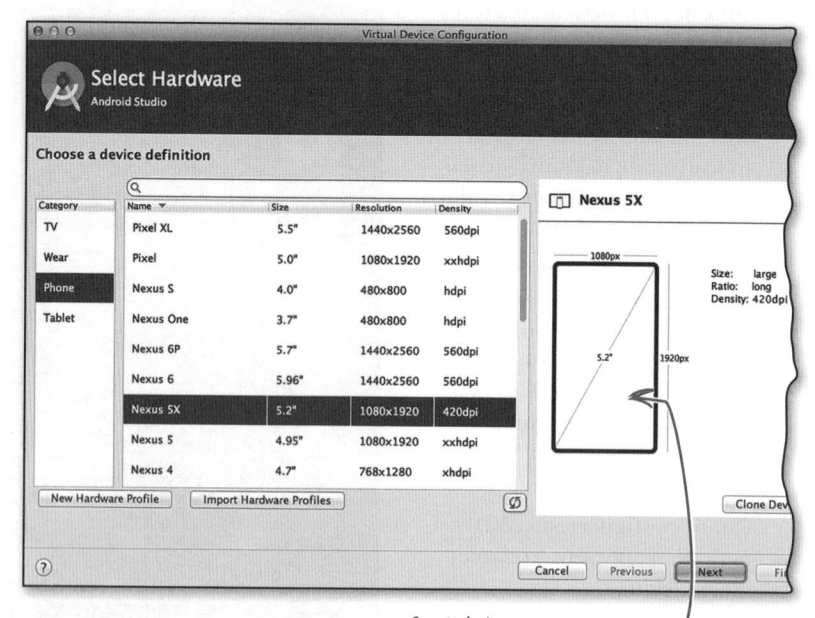

Os detalhes do dispositivo selecionado aparecem aqui.

24   Capítulo 1

construção de aplicativos interativos

Crie um AVD (continuação)

Selecione uma imagem de sistema

Em seguida, você precisa selecionar uma imagem de sistema. A imagem de sistema corresponde à versão instalada do sistema operacional Android. Escolha a versão do Android para o AVD.

Você deve escolher uma imagem de sistema para um nível de API compatível com o aplicativo em construção. Por exemplo, se quiser que o aplicativo funcione em uma API de nível mínimo igual a 19, escolha uma imagem de sistema compatível com uma API nível 19, *no mínimo*. Como o AVD deve executar uma API nível 25, escolha uma imagem de sistema da versão Nougat para Android 7.1.1 (API nível 25). Em seguida, clique no botão Next.

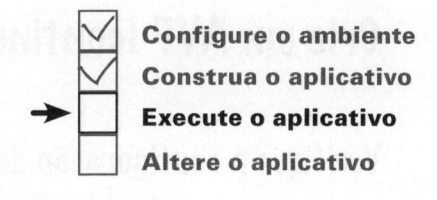

☑ Configure o ambiente
☑ Construa o aplicativo
→ ☐ Execute o aplicativo
☐ Altere o aplicativo

Se não tiver esta imagem de sistema instalada, você pode baixá-la da internet.

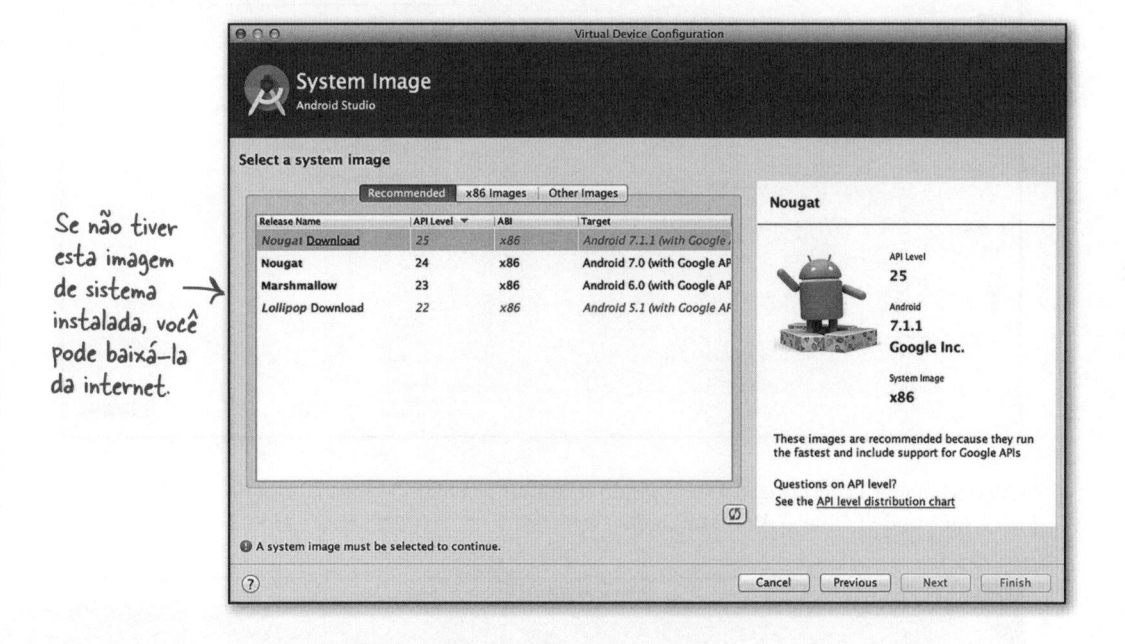

Vamos continuar a configuração do AVD na próxima página.

verifique a configuração

Crie um AVD (continuação)

Verifique a configuração do AVD

Na tela seguinte, você terá que verificar a configuração do AVD. Essa tela apresenta as opções escolhidas nas telas anteriores e oferece a opção de alterá-las. Aceite as opções e clique no botão Finish.

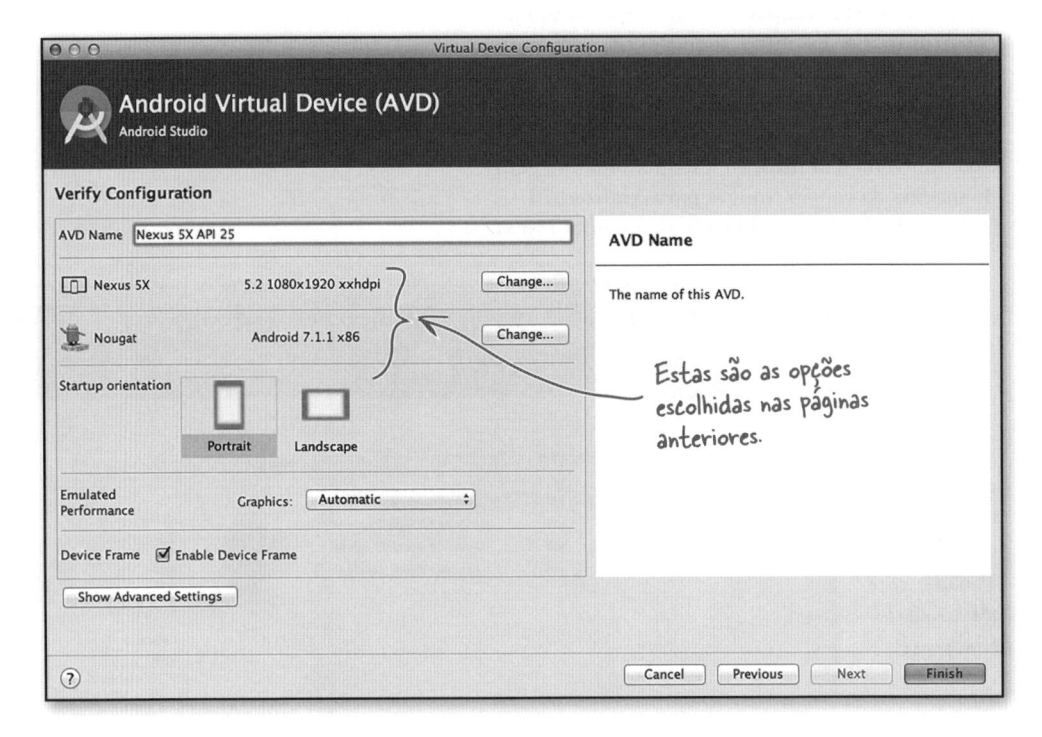

☑ Configure o ambiente
☑ Construa o aplicativo
→ ☐ Execute o aplicativo
☐ Altere o aplicativo

Estas são as opções escolhidas nas páginas anteriores.

O AVD Manager vai criar o AVD e, quando terminar, irá exibi-lo na sua lista de dispositivos. Agora você pode fechar o AVD Manager.

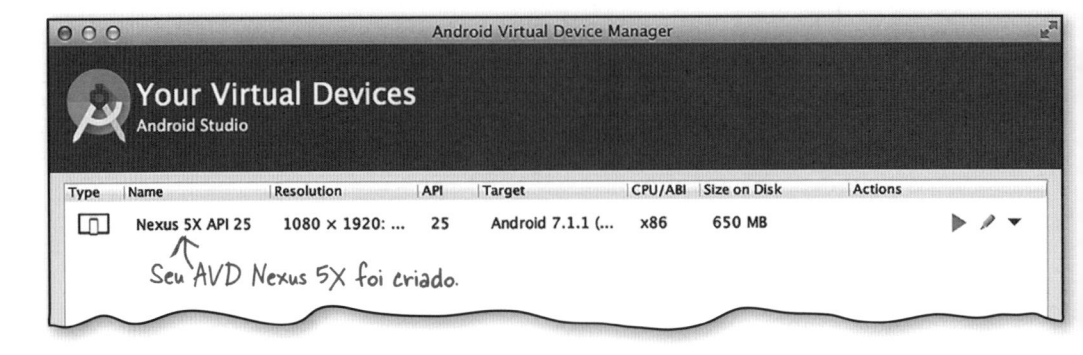

Seu AVD Nexus 5X foi criado.

26   Capítulo 1

construção de aplicativos interativos

Execute o aplicativo no emulador

☑ Configure o ambiente
☑ Construa o aplicativo
➡ ☐ Execute o aplicativo
☐ Altere o aplicativo

Depois de concluir sua configuração, vamos executar o aplicativo no AVD. Para isso, escolha o comando "Run 'app'" no menu Run. Ao escolher um dispositivo, selecione o AVD Nexus 5X que você acabou de criar. Em seguida, clique em OK.

Enquanto esperamos alguns minutos o AVD aparecer, vamos ver que acontece quando você escolhe Run.

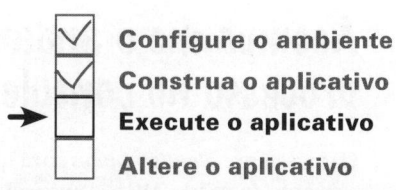

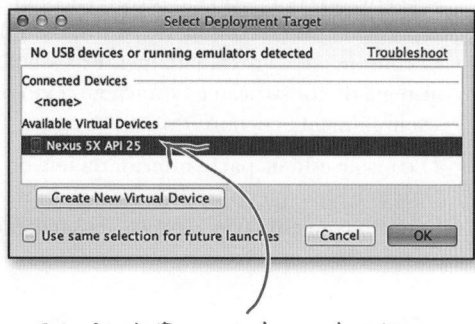

Este é o AVD que acabamos de criar.

Compile, empacote, distribua e execute

Escolher a opção Run não serve apenas para executar o aplicativo. Essa opção também realiza as tarefas preliminares necessárias para rodar o aplicativo:

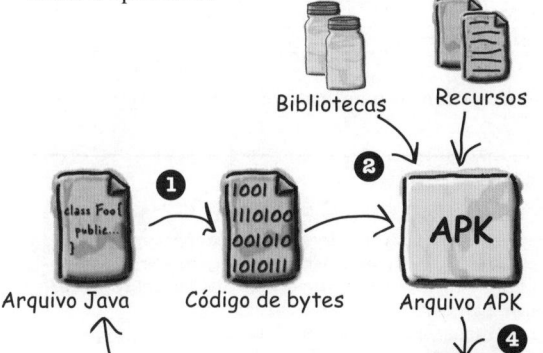

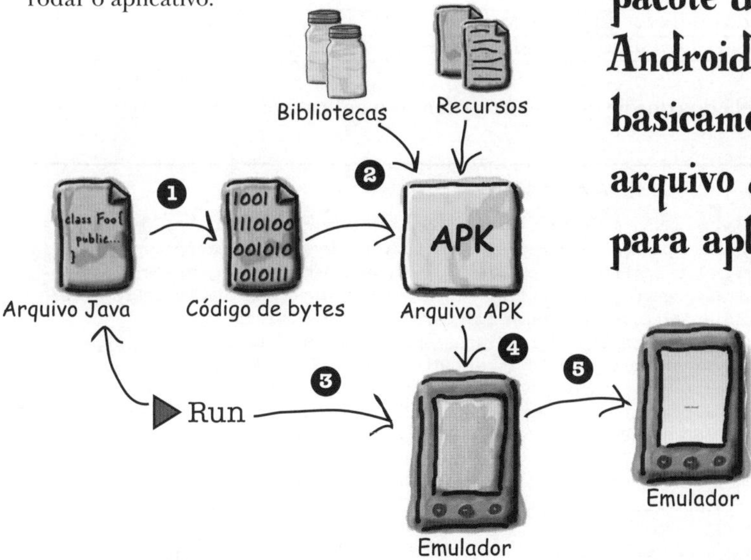

Um arquivo APK é um pacote de aplicativo Android. Consiste basicamente em um arquivo JAR ou ZIP para aplicativos Android.

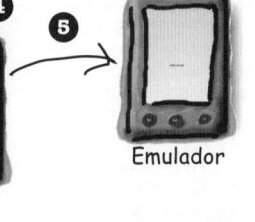

Bibliotecas Recursos

Arquivo Java → Código de bytes → Arquivo APK → Emulador → Emulador

▶ Run

① Os arquivos-fonte Java são compilados para código de bytes.

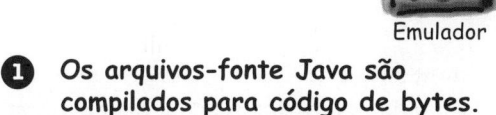

② Um pacote de aplicativo Android (ou arquivo APK) é criado.

O arquivo APK contém os arquivos Java compilados e as bibliotecas e recursos necessários para o aplicativo.

③ Se já não estiver em execução, o emulador é ativado e roda o AVD.

④ Depois que o emulador for inicializado e o AVD estiver ativo, o arquivo APK será carregado no AVD e instalado.

⑤ O AVD inicia a atividade principal associada ao aplicativo.

Seu aplicativo aparecerá na tela do AVD e estará pronto para ser testado.

seja paciente

Acompanhe o andamento do processo no console

- [x] Configure o ambiente
- [x] Construa o aplicativo
- [ ] → **Execute o aplicativo**
- [ ] Altere o aplicativo

Caso demore *alguns minutos* para que o emulador seja ativado com o AVD, é possível acompanhar o processo com o console do Android Studio. O console indica detalhadamente as atividades do sistema de construção e destaca no texto os erros eventualmente encontrados.

← Recomendamos fazer outra coisa enquanto você espera o emulador iniciar, como costurar ou cozinhar algo.

O console está na parte inferior da tela do Android Studio (clique na opção Run na parte inferior da tela caso a ferramenta não apareça automaticamente):

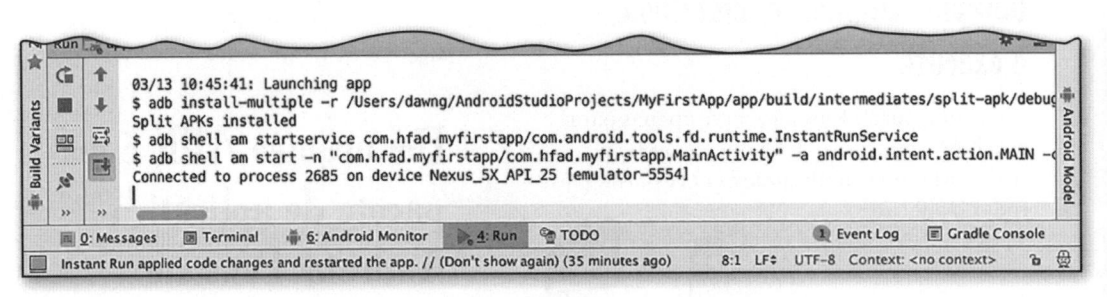

```
03/13 10:45:41: Launching app
$ adb install-multiple -r /Users/dawng/AndroidStudioProjects/MyFirstApp/app/build/intermediates/split-apk/debug
Split APKs installed
$ adb shell am startservice com.hfad.myfirstapp/com.android.tools.fd.runtime.InstantRunService
$ adb shell am start -n "com.hfad.myfirstapp/com.hfad.myfirstapp.MainActivity" -a android.intent.action.MAIN -c
Connected to process 2685 on device Nexus_5X_API_25 [emulator-5554]
```

Aqui está a saída da janela do console quando executamos o aplicativo:

```
03/13 10:45:41: Launching app      ← Instala o aplicativo.
$ adb install-multiple -r /Users/dawng/AndroidStudioProjects/MyFirstApp/app/build/intermediates/
split-apk/debug/dep/dependencies.apk /Users/dawng/AndroidStudioProjects/MyFirstApp/app/build/
intermediates/split-apk/debug/slices/slice_1.apk /Users/dawng/AndroidStudioProjects/MyFirstApp/
app/build/intermediates/split-apk/debug/slices/slice_2.apk /Users/dawng/AndroidStudioProjects/
MyFirstApp/app/build/intermediates/split-apk/debug/slices/slice_0.apk /Users/dawng/
AndroidStudioProjects/MyFirstApp/app/build/intermediates/split-apk/debug/slices/slice_3.apk /Users/
dawng/AndroidStudioProjects/MyFirstApp/app/build/intermediates/split-apk/debug/slices/slice_6.apk /
Users/dawng/AndroidStudioProjects/MyFirstApp/app/build/intermediates/split-apk/debug/slices/slice_4.
apk /Users/dawng/AndroidStudioProjects/MyFirstApp/app/build/intermediates/split-apk/debug/slices/
slice_5.apk /Users/dawng/AndroidStudioProjects/MyFirstApp/app/build/intermediates/split-apk/debug/
slices/slice_7.apk /Users/dawng/AndroidStudioProjects/MyFirstApp/app/build/intermediates/split-apk/
debug/slices/slice_8.apk /Users/dawng/AndroidStudioProjects/MyFirstApp/app/build/intermediates/
split-apk/debug/slices/slice_9.apk /Users/dawng/AndroidStudioProjects/MyFirstApp/app/build/outputs/
apk/app-debug.apk

Split APKs installed
$ adb shell am startservice com.hfad.myfirstapp/com.android.tools.fd.runtime.InstantRunService
$ adb shell am start -n "com.hfad.myfirstapp/com.hfad.myfirstapp.MainActivity" -a android.intent.
action.MAIN -c android.intent.category.LAUNCHER
Connected to process 2685 on device Nexus_5X_API_25 [emulator-5554]
```

O Android Studio ativou o AVD que acabamos de configurar.

O emulador ativa o aplicativo iniciando sua atividade principal. Esta é a atividade que o assistente criou para nós.

construção de aplicativos interativos

Test drive

Vamos ver o que acontece na tela durante a execução do aplicativo.

Primeiro, o emulador é ativado em uma janela separada. Demora um pouco para o emulador carregar o AVD, mas ao final da espera você vê algo que parece com um dispositivo Android de verdade.

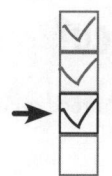

- [x] Configure o ambiente
- [x] Construa o aplicativo
- [x] **Execute o aplicativo**
- [ ] Altere o aplicativo

O emulador é ativado...

...esta é a tela inicial do AVD. Seu visual e comportamento são exatamente como os de um Nexus 5X de verdade.

Espere um pouco mais para ver o aplicativo que acabou de criar. O nome do aplicativo aparecerá na parte superior da tela e o texto de exemplo padrão "Hello world!" será exibido na tela.

Este é o nome do aplicativo.

O Android Studio criou o texto de exemplo "Hello world!" sem nenhuma indicação específica.

O assistente criou o texto de exemplo.

O aplicativo está sendo executado no AVD.

você está aqui ▶ 29

O que aconteceu?

Vamos analisar o que acontece quando você executa o aplicativo:

- ☑ Configure o ambiente
- ☑ Construa o aplicativo
- → ☑ **Execute o aplicativo**
- ☐ Altere o aplicativo

❶ O Android Studio ativa o emulador, carrega o AVD e instala o aplicativo.

❷ Quando o aplicativo é ativado, um objeto atividade é criado a partir de MainActivity.java.

❸ A atividade especifica o uso do layout activity_main.xml.

❹ A atividade diz ao Android para exibir o layout na tela.

O texto "Hello world!" é exibido.

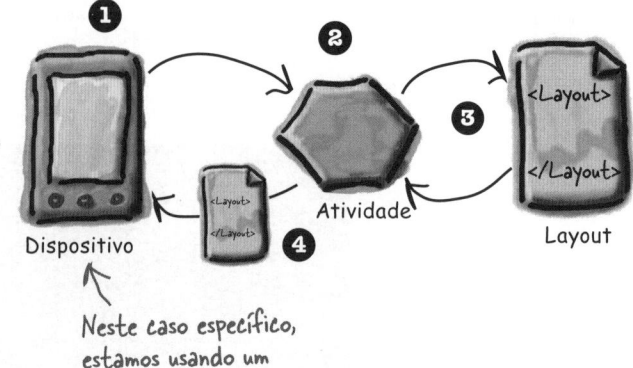

Dispositivo → Atividade → Layout

Neste caso específico, estamos usando um dispositivo virtual.

---

não existem Perguntas Idiotas

P: Quando criamos um arquivo APK, o código-fonte Java é compilado para o código de bytes e adicionado ao APK. Logo, ele é compilado para o código de bytes Java, certo?

R: Sim, mas a história não termina aí. Tudo funciona pouco diferente no Android.

A grande diferença no Android é que o código não roda em uma VM Java normal. Na verdade, ele é executado no runtime do Android (ART) e, em dispositivos mais antigos, no Dalvik, um predecessor do ART. Ou seja, você escreve código-fonte Java, que compila em arquivos *.class* usando o compilador Java. Em seguida, os arquivos *.class* são costurados em um ou mais arquivos no formato DEX, um código de bytes menor e mais eficiente. Só então o ART executa o código DEX. Para mais detalhes sobre esse processo, veja o Apêndice III.

P: Isso parece complicado. Por que não usamos apenas a VM Java normal?

R: O ART pode converter o código de bytes DEX em código nativo que pode rodar diretamente na CPU do dispositivo Android. Isso aumenta a velocidade de execução do aplicativo e economiza a carga da bateria.

P: A máquina virtual Java é tão pesada assim?

R: Sim. No Android, cada aplicativo é executado em um processo específico. Se JVMs normais fossem utilizadas, seria necessário ter uma memória muito maior.

P: Tenho que criar um AVD sempre que criar um aplicativo?

R: Não. Depois de criar um AVD, você pode usá-lo para qualquer aplicativo. Talvez seja útil criar vários AVDs para testar seus aplicativos em diferentes situações. Por exemplo, além de um AVD para celular, talvez seja uma boa ideia criar um AVD para tablet e conferir o visual e comportamento do seu aplicativo em dispositivos maiores.

construção de aplicativos interativos

Refine o aplicativo

Nas páginas anteriores, você construiu um aplicativo Android básico e utilizou o emulador para executá-lo. Agora vamos refinar esse aplicativo.

No momento, o aplicativo exibe o texto de exemplo "Hello world!", inserido pelo assistente como espaço reservado. Você deve alterar esse texto, mas como fazer isso? Para responder a essa pergunta, vamos voltar e ver como o aplicativo foi construído.

☑ Configure o ambiente
☑ Construa o aplicativo
☑ Execute o aplicativo
→ ☐ **Altere o aplicativo**

> Por enquanto, o aplicativo diz "Hello word!", mas vamos alterar esse texto agora.
> Sup doge

O aplicativo tem uma atividade e um layout

Quando construímos o aplicativo, dissemos ao Android Studio como configurá-lo e o assistente fez o resto, criando uma atividade e um layout-padrão.

A atividade controla as ações do aplicativo

O Android Studio criou uma atividade chamada *MainActivity.java*. A atividade especifica as **ações** do aplicativo e como ele deve responder ao usuário.

> Nossa atividade especifica as ações do aplicativo e como ele deve interagir com o usuário.

MainActivity.java

O layout controla a aparência do aplicativo

A *MainActivity.java* especifica o uso do layout *activity_main.xml*, criado pelo Android Studio. O layout especifica a **aparência** do aplicativo.

Queremos mudar a aparência do aplicativo alterando o texto de exibição. Para isso, precisamos lidar com o componente Android que controla a aparência do aplicativo. Portanto, vamos examinar o **layout** mais de perto.

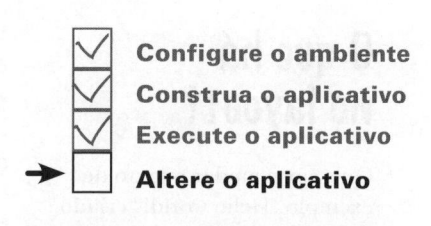

> Nosso layout especifica a aparência do aplicativo.

activity_main.xml

você está aqui ▶ 31

o layout

O que há no layout?

Queremos mudar o texto de exemplo "Hello world!" criado pelo Android Studio. Portanto, vamos começar com o arquivo de layout *activity_main.xml*. Caso ainda não esteja aberto em um editor, abra o arquivo agora. Procure pela pasta *app/src/main/res/layout* no explorador e clique duas vezes no arquivo.

Se não conseguir visualizar a estrutura de pastas no explorador, troque para a visualização Project.

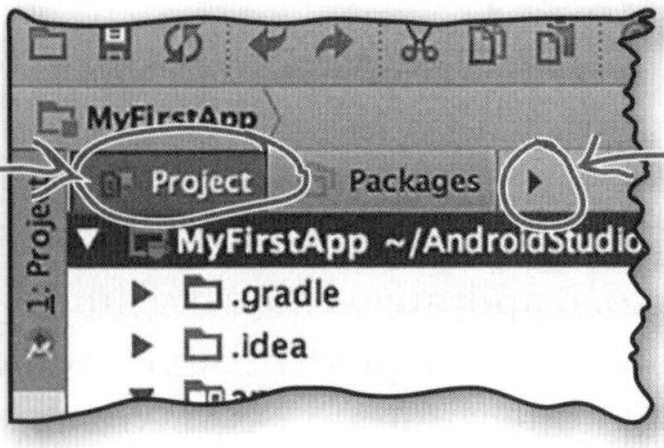

Clique nesta seta para alterar o modo de exibição dos arquivos e da pasta.

O editor de design

Como vimos antes, existem duas maneiras de visualizar e editar arquivos de layout no Android Studio: pelo **editor de design** e pelo **editor de código**.

Ao escolher a opção do editor de design, observe que o texto de exemplo "Hello world!" aparece no layout como esperado. Mas o que há no código XML subjacente?

Vamos ver o que acontece quando abrimos o editor de código.

O editor de design

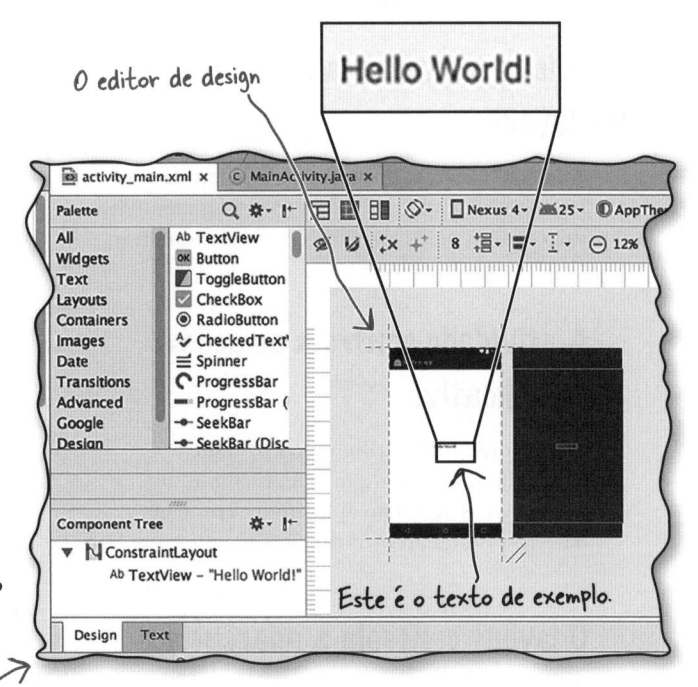

Este é o texto de exemplo.

Para ver o editor de design, escolha "Design" aqui.

O editor de código

Quando escolhemos a opção editor de código, o conteúdo de *activity_main.xml* aparece. Vamos analisá-lo com mais detalhes.

O editor de código

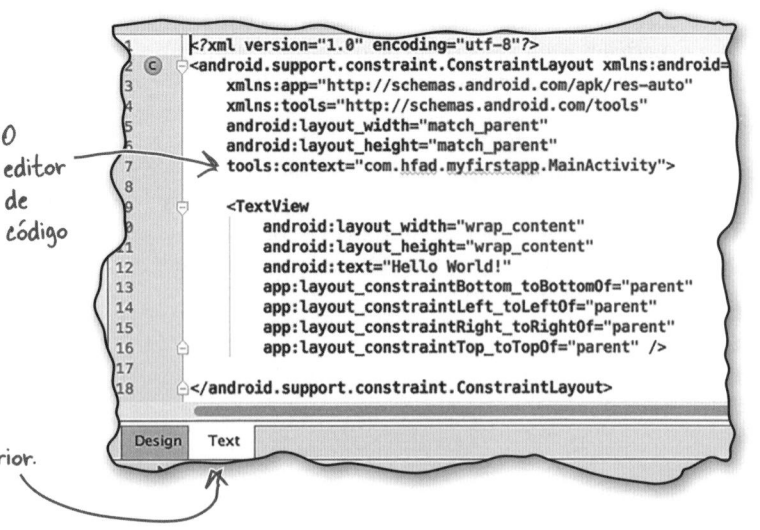

Para ver o editor de código, clique em "Text" na guia inferior.

```xml
<?xml version="1.0" encoding="utf-8"?>
<android.support.constraint.ConstraintLayout xmlns:android=
    xmlns:app="http://schemas.android.com/apk/res-auto"
    xmlns:tools="http://schemas.android.com/tools"
    android:layout_width="match_parent"
    android:layout_height="match_parent"
    tools:context="com.hfad.myfirstapp.MainActivity">

    <TextView
        android:layout_width="wrap_content"
        android:layout_height="wrap_content"
        android:text="Hello World!"
        app:layout_constraintBottom_toBottomOf="parent"
        app:layout_constraintLeft_toLeftOf="parent"
        app:layout_constraintRight_toRightOf="parent"
        app:layout_constraintTop_toTopOf="parent" />

</android.support.constraint.ConstraintLayout>
```

32 Capítulo 1

activity_main.xml tem dois elementos

Confira abaixo o código de activity_main.xml gerado pelo Android Studio. Não incluímos os detalhes que não são necessários neste ponto do livro, mas vamos abordá-los mais adiante.

Aqui está o código:

☑ Configure o ambiente
☑ Construa o aplicativo
☑ Execute o aplicativo
➡ ☐ Altere o aplicativo

Este é o caminho completo de activity_main.xml.

MyFirstApp / app/src/main / res / layout / activity_main.xml

```
<?xml version="1.0" encoding="utf-8"?>
<android.support.constraint.ConstraintLayout
   ... >          O Android Studio gerou mais código XML aqui,
                  mas não se preocupe com isso no momento.

    <TextView        Este é o elemento <TextView>.
        android:layout_width="wrap_content"
        android:layout_height="wrap_content"
        android:text="Hello World!"
        ... />       Também não incluímos uma parte do
                     XML de <TextView>.
</android.support.constraint.ConstraintLayout>
```

Este elemento determina como os componentes serão exibidos; neste caso, o texto "Hello World!"

Observe que o código contém dois elementos.

O primeiro é o elemento `<android.support.constraint.ConstraintLayout>`. Esse tipo de elemento de layout orienta o Android sobre como exibir os componentes na tela do dispositivo. Há muitos outros elementos de layout disponíveis, como veremos mais adiante neste livro.

O segundo, e mais importante, é o elemento `<TextView>`. Esse elemento serve para mostrar texto para o usuário; neste caso, o texto de exemplo "Hello World!"

A parte principal do código do elemento `<TextView>` é a primeira linha que começa com `android:text`. Essa propriedade de texto descreve o texto que será exibido:

> **Relaxe** — Não se preocupe se seu código do layout parece diferente do nosso.
>
> O Android Studio pode gerar um XML um pouco diferente de acordo com a versão utilizada. Não se preocupe com isso, pois a partir do próximo capítulo você vai aprender como desenvolver seu próprio código de layout e substituir grande parte do que é gerado pelo Android Studio.

O elemento <TextView> descreve o texto no layout.

```
<TextView
    android:layout_width="wrap_content"
    android:layout_height="wrap_content"
    android:text="Hello World!"
    ... />
```

Este é o texto que será exibido.

Vamos alterar o texto.

atualize o texto

Atualize o texto exibido no layout

A parte principal do elemento `<TextView>` é essa linha:

```
android:text="Hello World!" />
```

- [x] Configure o ambiente
- [x] Construa o aplicativo
- [x] Execute o aplicativo
- [ ] **Altere o aplicativo**

A expressão `android:text` indica uma propriedade de texto do elemento `<TextView>` e especifica o texto que deve ser exibido no layout. Neste caso, o texto de exibição é "Hello World!".

Exibe o texto... → `android:text="Hello World!" />` ← *..."Hello World!"*

Para atualizar o texto que será exibido no layout, basta alterar o valor da propriedade de texto de "Hello World!" para "Sup doge". O novo código de `<TextView>` ficará da seguinte forma:

```
<TextView
    android:layout_width="wrap_content"
    android:layout_height="wrap_content"
    android:text="Hello World!Sup doge"
    ... />
```

Não incluímos uma parte do código, pois vamos apenas alterar o texto que será exibido.

Altera o texto de "Hello World!" para "Sup doge".

```
MyFirstApp
└── app/src/main
    └── res
        └── layout
            └── activity_main.xml
```

Depois de atualizar o arquivo, vá para o menu File e escolha a opção Save All para salvar a alteração.

---

não existem Perguntas Idiotas

P: Meu código de layout parece diferente dos exemplos do livro. Está tudo certo?

R: Sim, tudo certo. O Android Studio pode gerar um código um pouco diferente, dependendo da versão utilizada, mas não se preocupe. Daqui para frente, você vai aprender a criar seu próprio código de layout para substituir grande parte do código gerado pelo Android Studio.

P: Quer dizer que inserimos o texto de exibição como código fixo?

R: Sim, mas apenas para demonstrar como atualizar texto no layout. Há um modo de exibir valores de texto mais eficiente do que inseri-los como código fixo nos layouts. Vamos abordar esse procedimento no próximo capítulo.

P: As pastas no painel do meu explorador de projetos parecem diferentes dos exemplos do livro. Por quê?

R: O Android Studio permite alternar entre diferentes visualizações para exibir a hierarquia de pastas, mas sua visualização-padrão é a "Android". No entanto, preferimos a visualização "Project", pois ela mostra a estrutura de pastas subjacente. Para escolher a visualização "Project" no seu explorador, clique na seta no topo do painel do explorador e selecione a opção "Project".

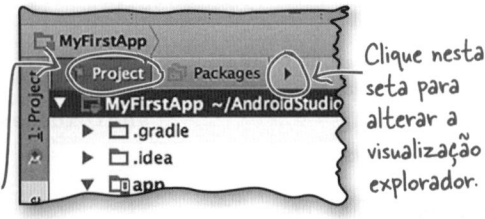

Estamos utilizando a visualização Project.

Clique nesta seta para alterar a visualização do explorador.

construção de aplicativos interativos

Test drive do aplicativo

Depois de editar o arquivo, execute o aplicativo no emulador novamente, escolhendo o comando "Run 'app'" no menu Run. Observe que agora seu aplicativo exibe "Sup doge" em vez de "Hello world!"

- ☑ Configure o ambiente
- ☑ Construa o aplicativo
- ☑ Execute o aplicativo
- → ☑ **Altere o aplicativo**

Esta é a versão atualizada do nosso aplicativo.

My First App

Agora, o texto de exemplo agora diz "Sup doge" em vez de "Hello world!"

Sup doge

Você acabou de construir e atualizar seu primeiro aplicativo Android.

você está aqui ▶ 35

caixa de ferramentas

Sua caixa de ferramentas para Android

Você terminou o Capítulo 1 e adicionou conceitos básicos de Android à sua caixa de ferramentas.

O código completo do capítulo pode ser baixado em https://www.altabooks.com.br. Procure pelo título ou ISBN do livro.

PONTOS DE BALA

- As versões do Android têm um número, um nível de API e um codinome.

- O Android Studio é uma versão especial do IntelliJ IDEA que opera como interface com o SDK (Software Development Kit) Android e o sistema de construção Gradle.

- Um aplicativo Android típico é composto de atividades, layouts e arquivos de recursos.

- Os layouts descrevem a aparência do aplicativo e estão localizados na pasta *app/src/main/res/layout*.

- As atividades determinam as ações do aplicativo e como ele interage com o usuário. As atividades escritas estão localizadas na pasta *app/src/main/java*.

- O arquivo *AndroidManifest.xml* contém informações sobre o aplicativo e está localizado na pasta *app/src/main*.

- O AVD (Dispositivo Virtual Android) roda no emulador Android e simula um dispositivo Android físico.

- O APK (pacote de aplicativo Android) é como um arquivo JAR para aplicativos Android e contém o código de bytes, as bibliotecas e os recursos do aplicativo. Para instalar um aplicativo em um dispositivo, é necessário instalar o APK.

- Os aplicativos Android são executados em processos específicos usando o runtime Android (ART).

- O elemento `<TextView>` serve para exibir texto.

2 construção de aplicativos interativos

Aplicativos com Funções

> O que será que acontece se eu pressionar o botão "ejetar assento"?

Os aplicativos geralmente precisam se comunicar com o usuário. Neste capítulo, você vai aprender a deixar seus aplicativos **um pouco mais interativos** e *capazes* de responder ao usuário, além de estabelecer **uma excelente comunicação entre atividade e layout**. Ao longo do caminho, **veremos em mais detalhes como o Android realmente funciona** e apresentaremos o **R**, a fórmula secreta que junta todas as peças.

beer adviser

Vamos construir um aplicativo que recomenda cervejas

No Capítulo 1, você aprendeu a criar um aplicativo básico usando o assistente New Project do Android Studio e a alterar o texto exibido no layout. Mas, quando criamos um aplicativo Android, geralmente queremos que ele tenha alguma função.

Neste capítulo, vamos mostrar como criar um aplicativo que interage com o usuário sugerindo cervejas (Beer Adviser). Nesse aplicativo, os usuários poderão selecionar os tipos de cerveja que gostam, clicar em um botão e receber uma lista de cervejas saborosas para experimentar.

Veja como o aplicativo será estruturado:

① O layout especifica a aparência do aplicativo.

No layout há três componentes GUI:
- Uma lista suspensa de valores (spinner) que permite ao usuário escolher um tipo de cerveja.
- Um botão que, quando pressionado, retorna uma seleção de tipos de cerveja.
- Um campo de texto que exibe os tipos de cerveja.

② O arquivo strings.xml contém os recursos de string necessários para o layout, como o rótulo do botão e os tipos de cerveja.

③ A atividade especifica como o aplicativo deve interagir com o usuário.

A atividade utiliza o tipo de cerveja escolhido pelo usuário para exibir uma lista de cervejas do seu interesse por meio de uma classe Java personalizada.

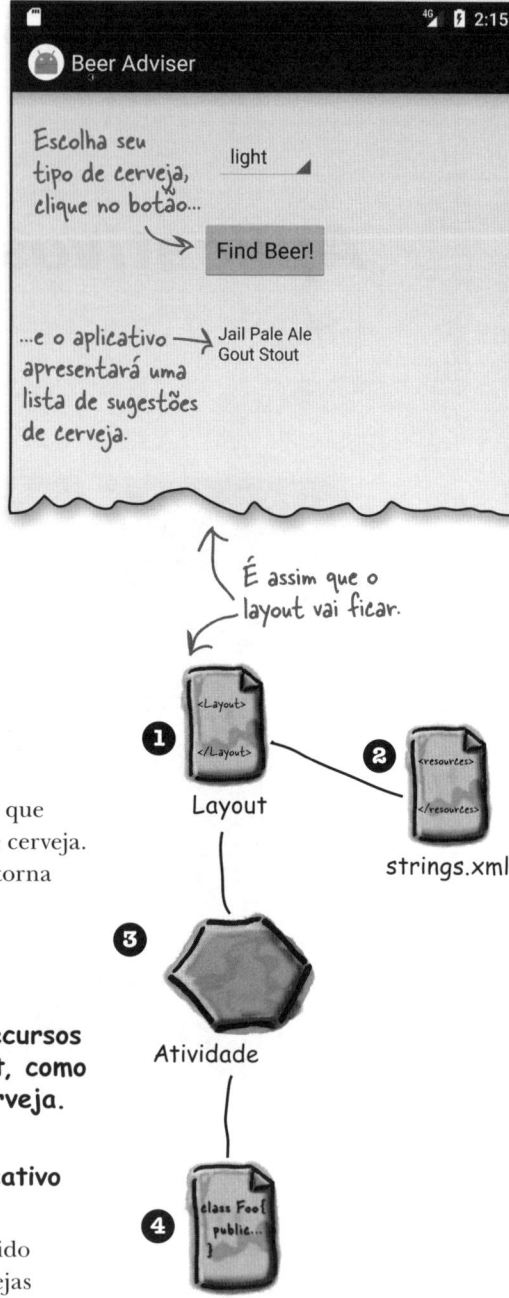

④ A classe Java personalizada contém a lógica do aplicativo.

Essa classe contém um método que recebe o tipo de cerveja como parâmetro e retorna uma lista de cervejas desse tipo. A atividade chama o método, transmite a ele o tipo de cerveja e usa a resposta.

construção de aplicativos interativos

Vamos fazer o seguinte

Mãos à obra. Existem alguns passos para construir o aplicativo Beer Adviser (vamos abordá-los ao longo do capítulo):

❶ Crie um projeto.

Para criar um aplicativo novo em folha, você precisa criar um projeto. Então, como vimos antes, é necessário criar uma atividade vazia com um layout.

Na próxima página, vamos mostrar os detalhes desta etapa.

❷ Atualize o layout.

Depois de configurar o aplicativo, você precisa modificar o layout para incluir os componentes GUI do aplicativo.

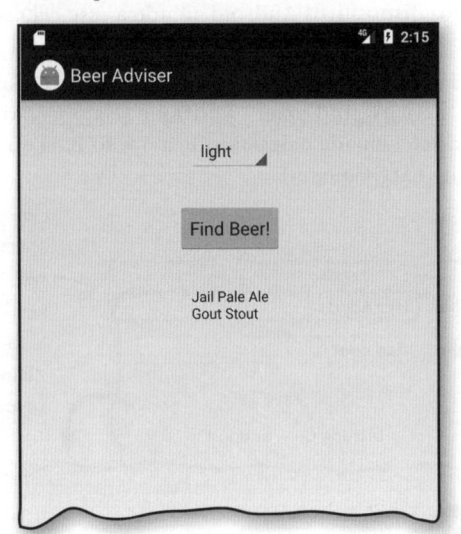

❸ Ligue o layout à atividade.

O layout cria apenas os elementos visuais. Para adicionar recursos inteligentes ao seu aplicativo, você precisa ligar o layout ao código Java da atividade.

Layout   Atividade

❹ Escreva a lógica do aplicativo.

Você vai adicionar ao aplicativo uma classe Java personalizada e usá-la para que os usuários obtenham a cerveja certa com base nos itens selecionados.

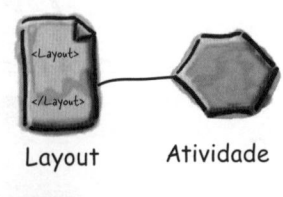

Layout

você está aqui ▶

crie o projeto

Crie o projeto

Vamos começar criando o novo aplicativo (os passos são semelhantes aos do capítulo anterior):

→ ☐ **Crie o projeto**
☐ Atualize o layout
☐ Conecte a atividade
☐ Escreva a lógica

1 Abra o Android Studio e escolha "Start a new Android Studio project" na tela de boas-vindas para iniciar o assistente que vimos no Capítulo 1.

2 Quando solicitado, digite o nome do aplicativo ("Beer Adviser") e o domínio da empresa ("hfad.com") para que o nome do pacote seja com.hfad.beeradviser. Não esqueça de desmarcar a opção para incluir suporte C++.

Caso sua versão do Android Studio tenha a opção de incluir suporte ao Kotlin, desmarque essa opção.

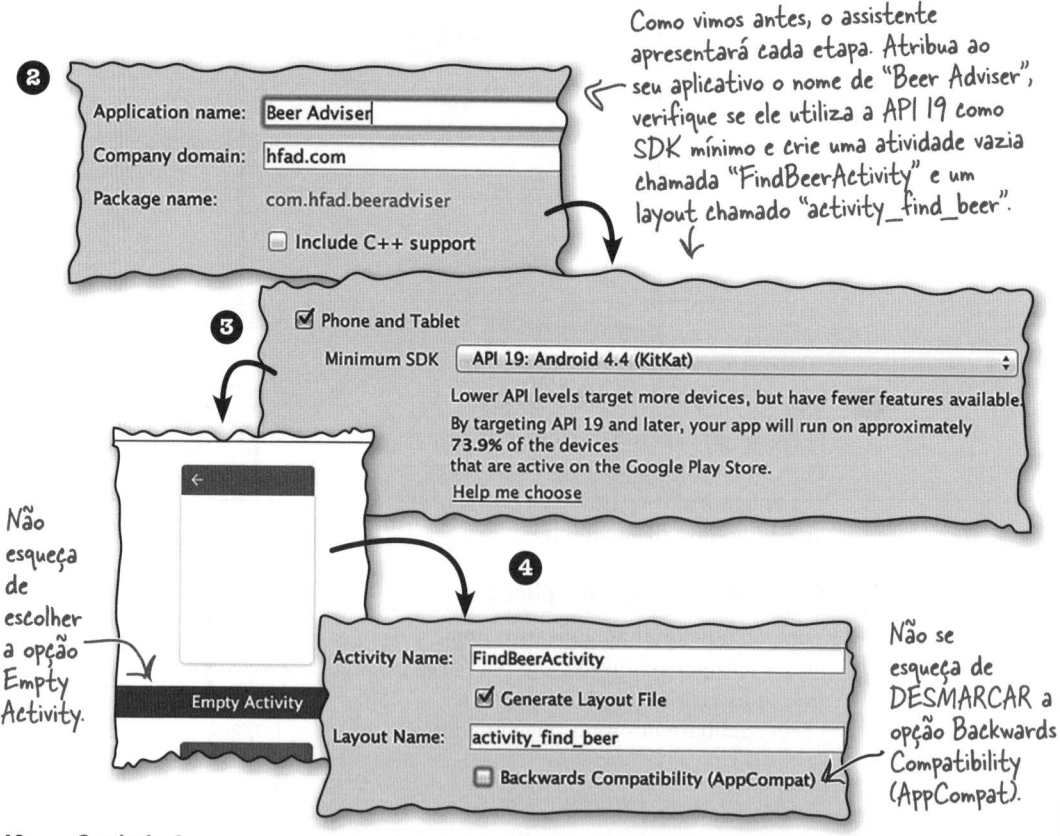

3 O aplicativo deve rodar na maioria dos celulares e tablets. Portanto, escolha o SDK de API mínimo 19 e verifique se a opção "Phone and Tablet" está marcada. Assim, o celular ou tablet que executar o aplicativo deverá ter, no mínimo, a API 19 instalada. A maioria dos dispositivos Android atende a esse critério.

4 Escolha uma atividade vazia como atividade-padrão. Atribua a essa atividade o nome de "FindBeerActivity" e ao respectivo layout o de "activity_find_beer". Verifique se a opção de gerar o layout está selecionada e desmarque a opção Backwards Compatibility (AppCompat).

2
Application name: Beer Adviser
Company domain: hfad.com
Package name: com.hfad.beeradviser
☐ Include C++ support

Como vimos antes, o assistente apresentará cada etapa. Atribua ao seu aplicativo o nome de "Beer Adviser", verifique se ele utiliza a API 19 como SDK mínimo e crie uma atividade vazia chamada "FindBeerActivity" e um layout chamado "activity_find_beer".

3
☑ Phone and Tablet
Minimum SDK: API 19: Android 4.4 (KitKat)
Lower API levels target more devices, but have fewer features available.
By targeting API 19 and later, your app will run on approximately 73.9% of the devices that are active on the Google Play Store.
Help me choose

Não esqueça de escolher a opção Empty Activity.

Empty Activity

4
Activity Name: FindBeerActivity
☑ Generate Layout File
Layout Name: activity_find_beer
☐ Backwards Compatibility (AppCompat)

Não se esqueça de DESMARCAR a opção Backwards Compatibility (AppCompat).

Criamos uma atividade e um layout-padrão

Quando você clica no botão Finish, o Android Studio cria um novo projeto contendo uma atividade chamada *FindBeerActivity.java* e um layout chamado *activity_find_beer.xml*.

Vamos começar pela alteração do arquivo de layout. Para isso, troque para a visualização Project no explorador do Android Studio, vá para a pasta *app/src/main/res/layout* e abra o arquivo *activity_find_beer.xml*. Em seguida, troque para a versão do código em texto para abrir o editor de código e substitua a código do arquivo *activity_find_beer.xml* pelo seguinte código (as seções novas do código estão em negrito):

Clique na guia Texto para abrir o editor de código.

Vamos substituir o código gerado pelo Android Studio.

```xml
<?xml version="1.0" encoding="utf-8"?>
<LinearLayout
    xmlns:android="http://schemas.android.com/apk/res/android"
    xmlns:tools="http://schemas.android.com/tools"
    android:layout_width="match_parent"
    android:layout_height="match_parent"
    android:padding="16dp"
    android:orientation="vertical"
    tools:context="com.hfad.beeradviser.FindBeerActivity">

    <TextView
        android:id="@+id/textView"
        android:layout_width="wrap_content"
        android:layout_height="wrap_content"
        android:text="This is a text view" />
</LinearLayout>
```

Estes elementos indicam o layout. Eles determinam a largura e a altura do layout, o preenchimento das margens e se os componentes devem ser exibidos vertical ou horizontalmente.

← Este recurso serve para exibir texto.

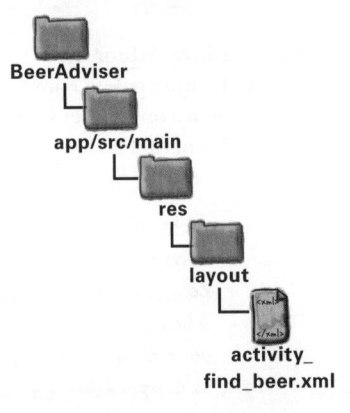

BeerAdviser
app/src/main
res
layout
activity_find_beer.xml

Alteramos o código gerado pelo Android Studio para utilizar um `<LinearLayout>`. Esse recurso exibe os componentes GUI próximos uns dos outros, vertical ou horizontalmente. Se estiverem na vertical, serão exibidos em uma única coluna. Se estiverem na horizontal, aparecerão em uma única linha. No decorrer do capítulo, veremos mais detalhes sobre esse item.

As mudanças efetuadas no XML de um layout serão indicadas no editor de design do Android Studio, que você pode acessar clicando na guia Design. Na próxima página, falaremos mais sobre esse tópico.

Clique na guia Design para abrir o editor de design.

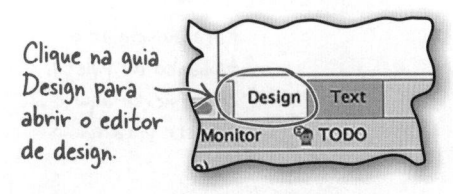

editor de design

Analisando o editor de design

O editor de design é uma ferramenta que permite a edição do código do layout em uma plataforma mais visual do que a da edição de arquivos XML. Ele oferece duas opções para a visualização do design dos layouts. A primeira mostra o visual do design em um dispositivo real enquanto a segunda exibe um esquema da sua estrutura:

→ ☐ **Crie o projeto**
  ☐ **Atualize o layout**
  ☐ **Conecte a atividade**
  ☐ **Escreva a lógica**

Caso o Android Studio não exiba as duas visualizações do layout, clique no ícone "Show Design + Blueprint" na barra de ferramentas do editor de design.

Esta visualização do design indica o visual do layout em um dispositivo real.

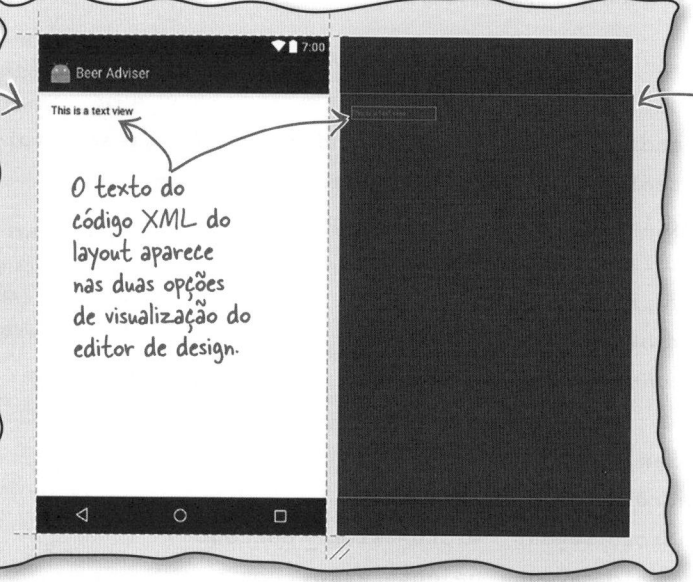

Esta visualização prioriza a estrutura do layout.

O texto do código XML do layout aparece nas duas opções de visualização do editor de design.

À esquerda do editor de design, há uma paleta com componentes que podem ser arrastados para o layout. Vamos usar esse recurso daqui a pouco.

Esta lista exibe as diferentes categorias de componentes que podem ser adicionados ao layout. Você pode clicar neles para filtrar os componentes da paleta.

Para aumentar o tamanho da paleta, clique nesta aqui e arraste para baixo.

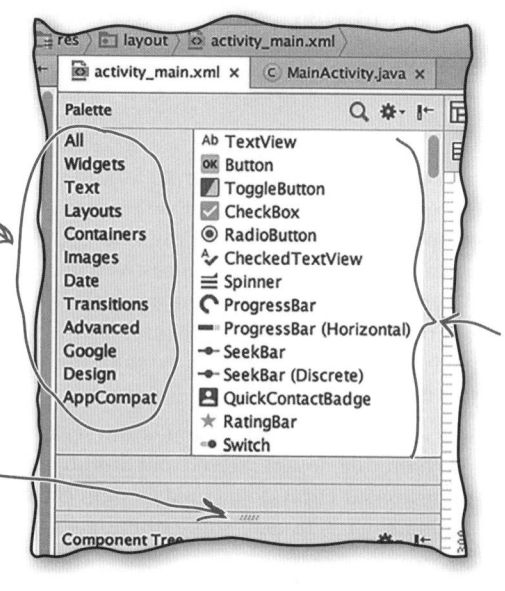

Falaremos mais sobre estes componentes mais adiante neste livro.

construção de aplicativos interativos

Adicione um botão usando o editor de design

➡ ☑ **Crie o projeto**
　 ☐ **Atualize o layout**
　 ☐ **Conecte a atividade**
　 ☐ **Escreva a lógica**

Vamos adicionar um botão ao layout usando o editor de design. Encontre o componente Button na paleta, clique nele e o arraste para o editor de design até que fique em cima da visualização do texto. O botão aparecerá no design do layout:

Este é o componente Button. Arraste-o para o layout.

Coloque o botão em cima do texto. Você pode utilizar qualquer opção de visualização do design para isso.

As alterações feitas no editor de design também ocorrem no XML

Essa ação de arrastar componentes GUI é conveniente para atualizar o layout. Troque para o editor de código e observe que adicionar um botão por meio do editor de design soma algumas linhas de código ao arquivo:

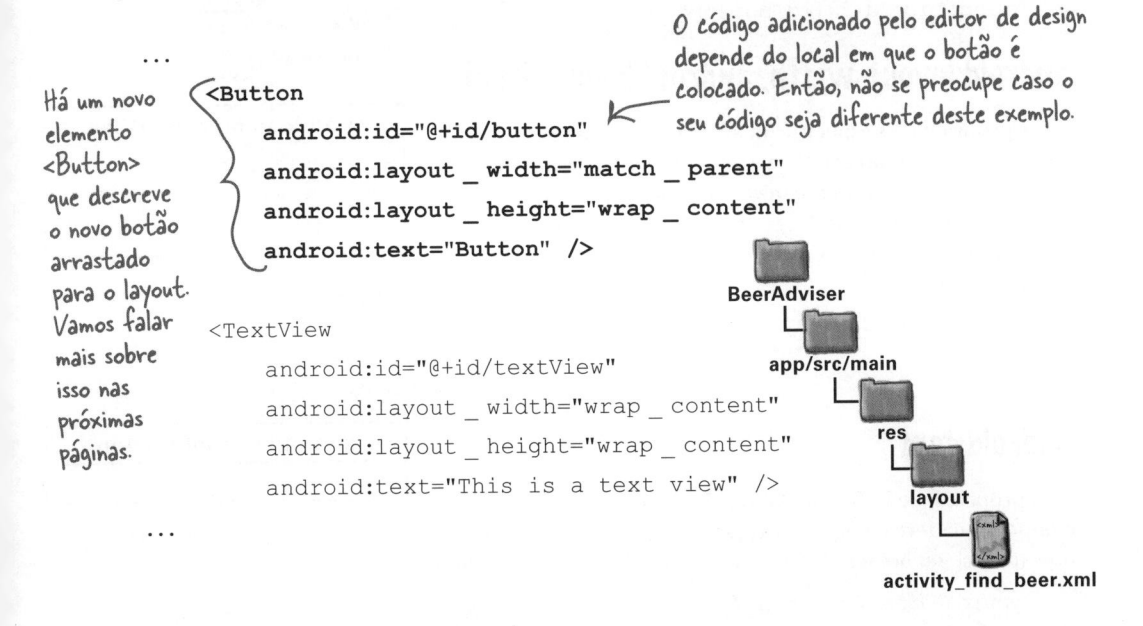

Há um novo elemento `<Button>` que descreve o novo botão arrastado para o layout. Vamos falar mais sobre isso nas próximas páginas.

O código adicionado pelo editor de design depende do local em que o botão é colocado. Então, não se preocupe caso o seu código seja diferente deste exemplo.

```
...
    <Button
        android:id="@+id/button"
        android:layout_width="match_parent"
        android:layout_height="wrap_content"
        android:text="Button" />

    <TextView
        android:id="@+id/textView"
        android:layout_width="wrap_content"
        android:layout_height="wrap_content"
        android:text="This is a text view" />
...
```

BeerAdviser
└ app/src/main
　└ res
　　└ layout
　　　└ activity_find_beer.xml

você está aqui ▶ 43

activity_find_beer.xml tem um novo botão

O editor adicionou um novo elemento `<Button>` ao arquivo *activity_find_beer.xml*:

```
<Button
    android:id="@+id/button"
    android:layout_width="match_parent"
    android:layout_height="wrap_content"
    android:text="Button" />
```

No mundo do Android, esse é um botão que o usuário pode pressionar para executar uma ação. O elemento `<Button>` tem propriedades que controlam seu tamanho e aparência. Mas isso não é exclusividade dos botões: outros componentes GUI, como exibições de texto, também dispõem dessas propriedades.

Botões e exibições de texto são subclasses da mesma classe View do Android

Há um bom motivo para botões e exibições de texto terem propriedades em comum: ambos herdam da mesma classe **View** do Android. Vamos falar mais sobre isso no decorrer deste livro, mas, por enquanto, aqui estão algumas das propriedades mais comuns.

A classe View contém muitos métodos. Vamos falar sobre isso mais adiante no livro.

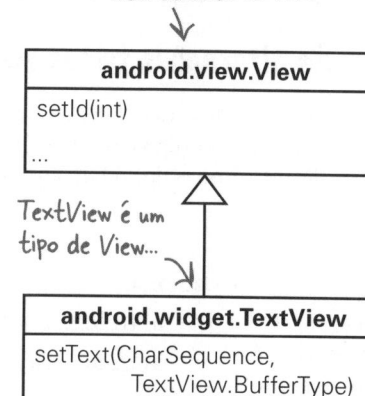

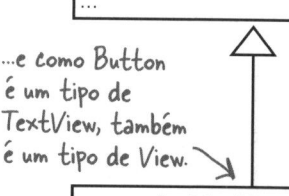

android.view.View
setId(int)
...

TextView é um tipo de View...

android.widget.TextView
setText(CharSequence, TextView.BufferType)
...

...e como Button é um tipo de TextView, também é um tipo de View.

android.widget.Button
...

android:id

Essa propriedade atribui um nome de identificação ao componente. A propriedade id permite controlar as ações dos componentes por meio do código da atividade:

```
android:id="@+id/button"
```

android:layout_width, android:layout_height

Essas propriedades especificam a largura e altura do componente. A expressão `"wrap_content"` indica que o tamanho do componente deve ser suficiente para o conteúdo. Já a expressão `"match_parent"` indica que a largura do componente deve ser correspondente ao do respectivo layout:

```
android:layout_width="match_parent"
android:layout_height="wrap_content"
```

android:text

Essa propriedade indica ao Android o texto que o componente deve exibir. No caso de `<Button>`, é o texto que aparece no botão:

```
android:text="Button"
```

Analisando o código do layout

Vamos analisar as diversas partes do código do layout para determinar o que ele realmente está fazendo (não se preocupe se seu código estiver um pouco diferente do exemplo, basta nos acompanhar):

- [x] Crie o projeto
- [ ] → Atualize o layout
- [ ] Conecte a atividade
- [ ] Escreva a lógica

↱ Este é o elemento `<LinearLayout>`.

```
<LinearLayout
    xmlns:android="http://schemas.android.com/apk/res/android"
    xmlns:tools="http://schemas.android.com/tools"
    android:layout_width="match_parent"
    android:layout_height="match_parent"
    android:padding="16dp"
    android:orientation="vertical"
    tools:context="com.hfad.beeradviser.FindBeerActivity">
```

↱ Este é o botão.

```
<Button
    android:id="@+id/button"
    android:layout_width="match_parent"
    android:layout_height="wrap_content"
    android:text="Button" />
```

↱ Esta é a exibição de texto.

```
<TextView
    android:id="@+id/textView"
    android:layout_width="wrap_content"
    android:layout_height="wrap_content"
    android:text="This is a text view" />
```

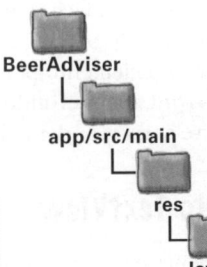

`</LinearLayout>` ← Este comando fecha o elemento `<LinearLayout>`.

BeerAdviser
└ app/src/main
  └ res
    └ layout
      └ activity_find_beer.xml

O elemento LinearLayout

O primeiro elemento no código do layout é `<LinearLayout>`. Ele indica ao Android os diferentes componentes GUI do layout que devem ser exibidos próximos uns dos outros em uma única linha ou coluna.

← Existem outras maneiras de organizar seus componentes GUI. Falaremos mais sobre isso no decorrer deste livro.

Para especificar a orientação, use o atributo `android:orientation`. Neste exemplo, estamos usando o seguinte comando:

```
android:orientation="vertical"
```

portanto, os componentes GUI serão exibidos em uma única coluna vertical.

analise

Analisando o código do layout (continuação)

O elemento `<LinearLayout>` contém dois elementos: `<Button>` e `<TextView>`.

> ☑ Crie o projeto
> ☐ **Atualize o layout**
> ☐ Conecte a atividade
> ☐ Escreva a lógica

O elemento Button

O primeiro elemento é `<Button>`:

```
...
    <Button
        android:id="@+id/button"
        android:layout_width="match_parent"
        android:layout_height="wrap_content"
        android:text="Button" />
...
```

No layout linear, os componentes GUI são exibidos em uma única linha ou coluna.

Por ser o primeiro elemento em `<LinearLayout>`, esse é o primeiro a aparecer no layout, no topo da tela. Seu `layout_width` está definido como `"match_parent"`, ou seja, sua largura deve corresponder à do elemento-pai, o `<LinearLayout>`. Já o seu `layout_height` está definido como `"wrap_content"`, ou seja, sua altura deve corresponder à do texto de exibição.

O elemento TextView

O outro elemento em `<LinearLayout>` é `<TextView>`:

```
...
    <TextView
        android:id="@+id/textView"
        android:layout_width="wrap_content"
        android:layout_height="wrap_content"
        android:text="This is a text view" />
...
```

Por ser o segundo elemento e por termos definido a orientação do layout linear como `"vertical"`, será exibido embaixo do botão (o primeiro elemento). Seu `layout_width` e `layout_height` estão definidos como `"wrap_content"` para que o elemento tenha apenas espaço suficiente para conter o texto.

O botão aparece no topo como primeiro elemento no XML.

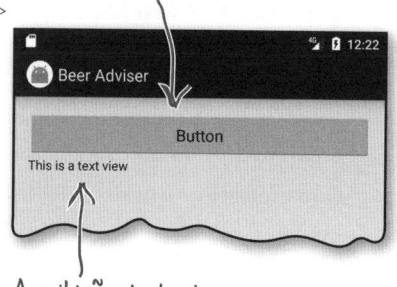

A exibição de texto aparece embaixo do botão, pois vem em seguida no XML.

As alterações no XML...

Vimos que os componentes adicionados pelo editor de design também são incluídos no XML do layout. O inverso também ocorre: as mudanças efetuadas no XML também são aplicadas no design.

Agora é sua vez. Atualize o código do **activity_find_beer.xml** com as seguintes alterações (destacadas em negrito):

```xml
<?xml version="1.0" encoding="utf-8"?>
<LinearLayout
    xmlns:android="http://schemas.android.com/apk/res/android"
    xmlns:tools="http://schemas.android.com/tools"
    android:layout_width="match_parent"
    android:layout_height="match_parent"
    android:padding="16dp"
    android:orientation="vertical"
    tools:context="com.hfad.beeradviser.FindBeerActivity">

    <Spinner
        android:id="@+id/color"
        android:layout_width="wrap_content"
        android:layout_height="wrap_content"
        android:layout_marginTop="40dp"
        android:layout_gravity="center"
        android:layout_margin="16dp" />

    <Button
        android:id="@+id/find_beer"
        android:layout_width="wrap_content"
        android:layout_height="wrap_content"
        android:layout_gravity="center"
        android:layout_margin="16dp"
        android:text="Button" />

    <TextView
        android:id="@+id/brands"
        android:layout_width="wrap_content"
        android:layout_height="wrap_content"
        android:layout_gravity="center"
        android:layout_margin="16dp"
        android:text="This is a text view" />

</LinearLayout>
```

Spinner é o termo que o Android utiliza para indicar uma lista suspensa de valores. Ele permite escolher um único valor de uma determinada seleção.

Este elemento exibe um spinner no layout.

BeerAdviser → app/src/main → res → layout → activity_find_beer.xml

Altera o ID do botão para "find_beer". Vamos usar esse recurso mais adiante.

Altera a largura do botão para que corresponda à do conteúdo.

Centraliza o botão horizontalmente e cria uma margem.

Altera o ID da exibição de texto para "brands".

Centraliza a exibição de texto e aplica uma margem.

Faça isso!

Atualize o conteúdo de *activity_find_beer.xml* com as alterações indicadas aqui.

editor de design

...também ocorrem no editor de design

Depois de alterar o XML do layout, troque para o editor de design. Em vez de um layout contendo uma visualização de texto embaixo de um botão, observe que há um botão spinner e uma visualização de texto centralizada em uma única coluna.

Spinner é o nome utilizado pelo Android para indicar uma lista suspensa de valores. Ao ser pressionado, ele expande para mostrar uma lista em que se pode selecionar um único valor.

☑ **Crie o projeto**
→ ☐ **Atualize o layout**
   ☐ **Conecte a atividade**
   ☐ **Escreva a lógica**

O spinner é uma lista suspensa de valores que permite escolher um único valor entre um conjunto de valores.

Por serem tipos de View, os componentes GUI, como botões, spinners e exibições de texto, têm atributos muito parecidos. Nos bastidores, todos herdam da mesma classe View do Android.

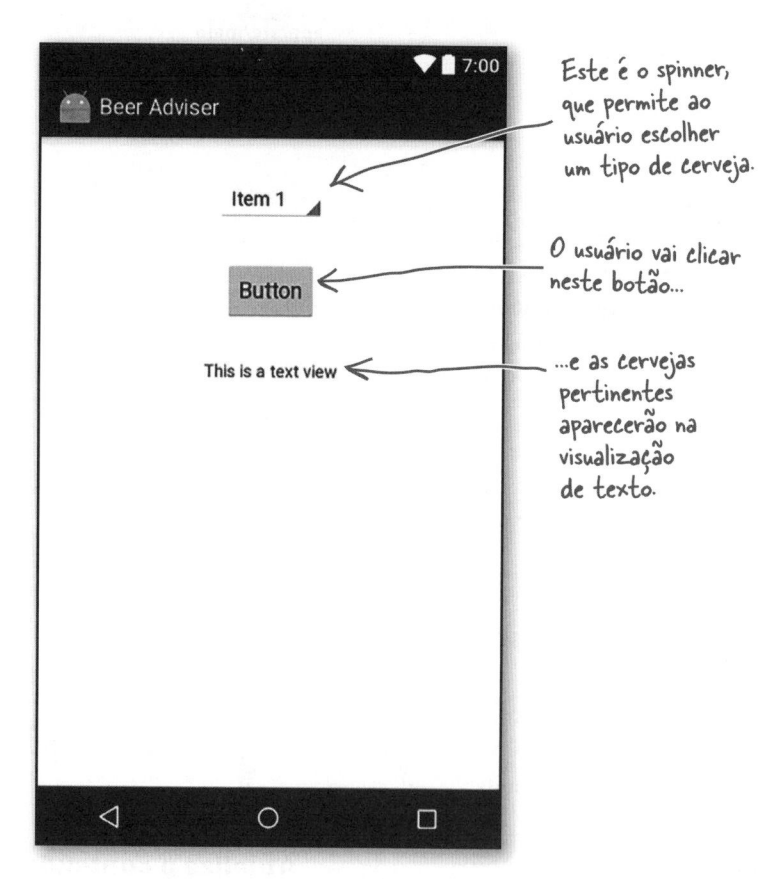

Este é o spinner, que permite ao usuário escolher um tipo de cerveja.

O usuário vai clicar neste botão...

...e as cervejas pertinentes aparecerão na visualização de texto.

Mostramos como adicionar componentes GUI ao layout com o editor de design e através do XML. Em geral, modificamos o XML para layouts simples, obtendo os resultados esperados sem utilizar o editor de design. Isso porque editar diretamente o XML permite um controle direto maior sobre o layout.

construção de aplicativos interativos

Vamos fazer um test drive no aplicativo

- ☑ Crie o projeto
- ☐ **Atualize o layout**
- ☐ Conecte a atividade
- ☐ Escreva a lógica

Temos muito trabalho pela frente com o aplicativo, mas vamos conferir o resultado até agora. Para salvar suas mudanças, escolha File→Save All. Em seguida, escolha o comando "Run 'app'" no menu Run. Quando solicitado, selecione a opção de iniciar o emulador.

Espere pacientemente até que o aplicativo seja carregado, o que deve acontecer em alguns minutos.

Tente pressionar o spinner. Não parece óbvio à primeira vista, mas, ao ser pressionado, o spinner apresenta uma lista suspensa de valores. No entanto, até agora não adicionamos nenhum valor a ele.

Este é o spinner, ainda sem valores.

O botão e o campo de texto estão embaixo do spinner e centralizados horizontalmente.

Veja o que fizemos até agora

Vamos resumir rapidamente o que foi feito até aqui:

❶ Criamos um layout que especifica a aparência do aplicativo.

Esse layout contém um spinner, um botão e uma exibição de texto.

❷ A atividade especifica como o aplicativo deve interagir com o usuário.

O Android Studio criou uma atividade que até agora não utilizamos.

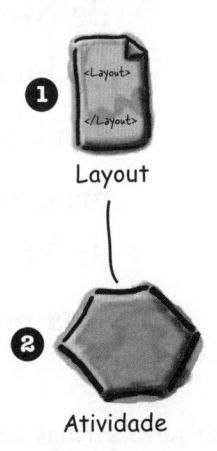

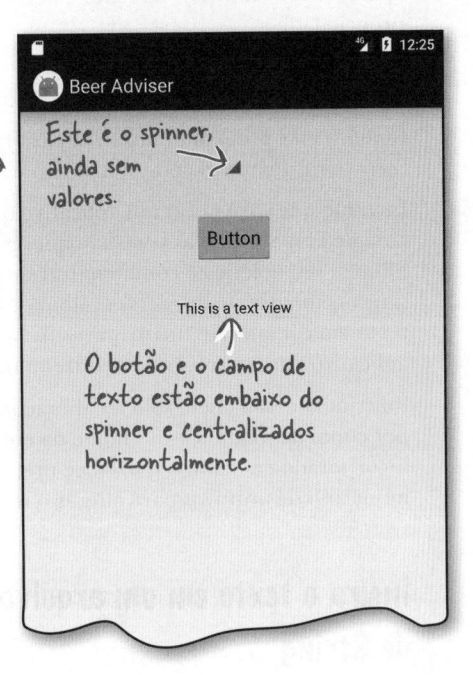

Layout

Atividade

não existem Perguntas Idiotas

P: Por que meu layout parece um pouco diferente no AVD em relação ao que está no editor de design?

R: O editor de design se esforça ao máximo para mostrar como o layout será exibido em um dispositivo, mas sua precisão nem sempre é perfeita, devido à versão do Android Studio utilizada. A aparência do layout no AVD reflete como o layout será exibido em um dispositivo físico.

A seguir, vamos conferir como substituir os valores String inseridos no código pela exibição de texto e pelo texto do botão.

lidando com strings

Incorporar texto em código fixo dificulta a localização

☑ Crie o projeto
→ ☐ Atualize o layout
☐ Conecte a atividade
☐ Escreva a lógica

Até aqui, inserimos em código fixo o texto que deve aparecer nas exibições de texto e botões usando a propriedade `android:text`:

Exibe o texto... ↘ `android:text="Hello World!" />` ↖ *..."Hello World!"*

Embora esse procedimento sirva para fins de aprendizado, incorporar texto em código fixo não é a melhor opção disponível.

Imagine que você criou um aplicativo que faz muito sucesso na Google Play Store. Mas você não quer se limitar a um só país ou idioma: seu objetivo é comercializar o aplicativo no mercado internacional e em diferentes idiomas. Mas, se você incorporou o texto em código fixo nos arquivos de layout, será difícil vender o aplicativo para outros países e fazer alterações globais no texto.

Imagine que seu chefe solicita alterações no texto do aplicativo por conta de mudanças no nome da empresa. Se todo o texto foi incorporado em código fixo, você precisa editar um conjunto numeroso de arquivos para alterar o texto.

Insira o texto em um arquivo de recursos de String

Uma abordagem melhor é inserir valores de texto em um arquivo de recursos de String chamado *strings.xml*.

Um arquivo de recursos de String pode facilitar bastante a comercialização internacional do seu aplicativo. Em vez de alterar os valores de texto incorporados em código fixo em diversas atividades e arquivos de layout, basta substituir o arquivo **strings.xml** pela versão internacional.

Esse procedimento também facilita bastante a realização de alterações globais no texto do aplicativo como um todo, pois será necessário editar apenas um arquivo. Para alterar o texto do aplicativo, basta editar o arquivo **strings.xml**.

> Insira valores de String no arquivo strings.xml em vez de incorporá-los em código fixo. O arquivo strings.xml é um arquivo de recursos que reúne pares de nomes/valores de Strings. Os layouts e atividades podem procurar valores de String usando seus nomes.

Como usar os recursos de String?

Para usar um recurso de string no seu layout, você deve realizar duas ações:

① Crie o recurso de String ao adicioná-lo ao arquivo strings.xml.
② Use o recurso de String no seu layout.

Vamos conferir como fazer isso.

construção de aplicativos interativos

Crie o recurso de String

Vamos criar dois recursos de String: um para o texto que aparece no botão e outro para o texto-padrão que aparece na exibição de texto.

Para isso, utilize o explorador do Android Studio para encontrar o arquivo *strings.xml* na pasta **app/src/main/res/values**. Para abrir o arquivo, clique nele duas vezes.

☑ Crie o projeto
→ ☐ Atualize o layout
☐ Conecte a atividade
☐ Escreva a lógica

BeerAdviser
└ app/src/main
  └ res
    └ values
      └ strings.xml

O arquivo será mais ou menos assim:

```
<resources>
    <string name="app_name">Beer Adviser</string>
</resources>
```

O arquivo *strings.xml* contém um recurso de string chamado "app_name", que têm um valor do Beer Adviser. O Android Studio gerou automaticamente esse recurso de String quando criamos o projeto.

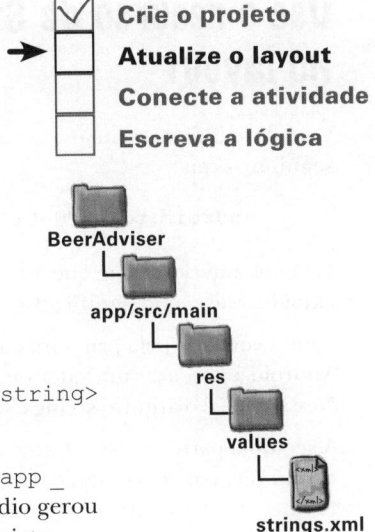

Indica um recurso de String.
→ `<string name="app_name">Beer Adviser</string>`

Este recurso de String tem o nome de "app_name" e um valor de "Beer Adviser".

Vamos primeiro adicionar um novo recurso chamado "find_beer", que tem um valor de Find Beer! Para isso, edite o arquivo *strings.xml* para adicioná-lo como uma nova linha da seguinte forma:

```
<resources>
    <string name="app_name">Beer Adviser</string>
    <string name="find_beer">Find Beer!</string>
</resources>
```
← Adiciona um novo recurso de String chamado "find_beer".

Em seguida, adicione um novo recurso chamado "brands" com um valor de No beers selected:

```
<resources>
    <string name="app_name">Beer Adviser</string>
    <string name="find_beer">Find Beer!</string>
    <string name="brands">No beers selected</string>
</resources>
```
← Este será o texto-padrão da exibição de texto.

Depois de atualizar o arquivo, vá para o menu File e escolha a opção Save All para salvar suas alterações. A seguir, vamos utilizar os recursos de String no layout.

você está aqui ▶ 51

use as strings

Use o recurso de String no layout

☐ Crie o projeto
→ ☐ **Atualize o layout**
☐ Conecte a atividade
☐ Escreva a lógica

Você deve usar os recursos de String no seu layout da seguinte forma:

```
android:text="@string/find _ beer" />
```

Já vimos anteriormente que android:text especifica o texto que deve ser exibido. Mas o que significa "@string/find _ beer"?

Vamos começar pela primeira parte, @string. Esse comando orienta o Android a procurar um valor de texto no arquivo de recursos de String. Nesse caso, é o arquivo **strings.xml** que você acabou de editar.

A segunda parte, find _ beer, orienta o Android a **procurar o valor de um recurso com o nome de find _ beer**. Portanto, "@string/find _ beer" significa "procure o recurso de String com o nome de find _ beer e use o valor de texto associado".

Exibe o texto... ↘ `android:text="@string/find _ beer" />` ↙ ...do recurso de String find_beer.

Queremos alterar os elementos do botão e da exibição de texto no XML do layout para que eles utilizem os dois recursos de String que acabamos de adicionar.

Volte para o arquivo de layout **activity_find_beer.xml** e faça as seguintes alterações no código:

⭐ Altere a linha:
`android:text="Button"`

para:
`android:text="@string/find _ beer"`

⭐ Altere a linha:
`android:text="TextView"`

para:
`android:text="@string/brands"`

Veja o código na próxima página.

Veja bem!

O Android Studio às vezes exibe os valores de referências no editor de código em vez do código real.

Por exemplo, o texto `"Find Beer!"` *pode ser exibido no lugar do código real* `"@string/find_beer"`*. Essas substituições aparecem destacadas no editor de código. Para conferir o código real, clique ou passe ou mouse sobre elas.*

```
<TextView
    android:text="Hello world!"
    android:text="@string/hello_world"
    android:layout_height="wrap_content" />
```

52   Capítulo 2

O Código de Activity_find_beer.xml

A seguir, indicamos o código atualizado do arquivo *activity_find_beer.xml* (as alterações estão em negrito). Atualize sua versão do arquivo para que corresponda à do livro.

```
...
    <Spinner
        android:id="@+id/color"
        android:layout_width="wrap_content"
        android:layout_height="wrap_content"
        android:layout_marginTop="40dp"
        android:layout_gravity="center"
        android:layout_margin="16dp" />

    <Button
        android:id="@+id/find_beer"
        android:layout_width="wrap_content"
        android:layout_height="wrap_content"
        android:layout_gravity="center"
        android:layout_margin="16dp"
        android:text="@string/find_beer" />

    <TextView
        android:id="@+id/brands"
        android:layout_width="wrap_content"
        android:layout_height="wrap_content"
        android:layout_gravity="center"
        android:layout_margin="16dp"
        android:text="@string/brands" />

</LinearLayout>
```

Não precisamos alterar o spinner. Vamos mostrar como adicionar valores a ele nas próximas páginas.

Exclua o texto incorporado em código fixo.

Exibe o valor do recurso de String find_beer no botão.

Exclua também esse texto incorporado em código fixo.

Exibe o valor do recurso de String brands na exibição de texto.

Quando concluir, salve as alterações.

Na próxima página, vamos mostrar um resumo de como adicionar e usar recursos de String.

analise

Analisando os Arquivos de Recursos de String

O arquivo *strings.xml* é o arquivo de recursos padrão para reunir pares de nomes/valores de Strings que serão referenciados no aplicativo. Seu formato é o seguinte:

O elemento `<resources>` identifica o conteúdo do arquivo como recursos.

O elemento `<string>` identifica os pares de nomes/valores como Strings.

```
<resources>
    <string name="app_name">Beer Adviser</string>
    <string name="find_beer">Find Beer!</string>
    <string name="brands">No beer selected</string>
</resources>
```

Há dois fatores essenciais para que o Android reconheça o arquivo *strings.xml* como um arquivo de recursos de String:

★ **O arquivo está localizado na pasta *app/src/main/res/values*.**

Os arquivos XML localizados nessa pasta contêm valores simples, como Strings e cores.

★ **O arquivo tem um elemento `<resources>`, que contém um ou mais elementos `<string>`.**

O formato do arquivo indica que se trata de um arquivo de recursos que contém Strings. O elemento `<resources>` diz ao Android que o arquivo contém recursos, enquanto o elemento `<string>` identifica cada recurso de String.

Isso significa que você não precisa nomear seu arquivo de recursos de String como *strings.xml*. Se quiser, pode atribuir outro nome ou dividir as Strings em múltiplos arquivos.

Cada par de nome/valor tem a seguinte forma:

`<string name="`**`string_name`**`">`**`string_value`**`</string>`

Aqui, `string_name` é o identificador da String e `string_value` é o valor da String.

Um layout pode recuperar o valor da String usando o seguinte comando:

`"@string/string_name"` ← *Este é o nome da String cujo valor deve ser retornado.*

A expressão "@string" orienta o Android a procurar um recurso de String com esse nome.

construção de aplicativos *interativos*

Hora do test drive

Vamos conferir a aparência do aplicativo nesse ponto. Salve as alterações e, em seguida, escolha o comando "Run 'app'" no menu Run. Quando solicitado, selecione a opção para iniciar o emulador.

Quando executamos o aplicativo dessa vez, observamos que o texto do botão e a exibição de texto foram alterados de acordo com os valores de String adicionados ao arquivo *strings.xml*. O botão diz "Find Beer!" e a exibição de texto diz "No beers selected".

O texto do botão e da exibição de texto foi alterado.

Veja o que fizemos até aqui

Confira aqui um breve resumo do nosso progresso:

1 Criamos um layout que especifica a aparência do aplicativo.

Esse layout contém um spinner, um botão e uma exibição de texto.

2 O arquivo strings.xml contém os recursos de String de que precisamos.

Adicionamos um título ao botão e texto-padrão à lista de marcas de cerveja recomendadas.

3 A atividade especifica como o aplicativo deve interagir com o usuário.

O Android Studio criou uma atividade que até agora não utilizamos.

A seguir, vamos conferir como adicionar uma lista de cervejas ao spinner.

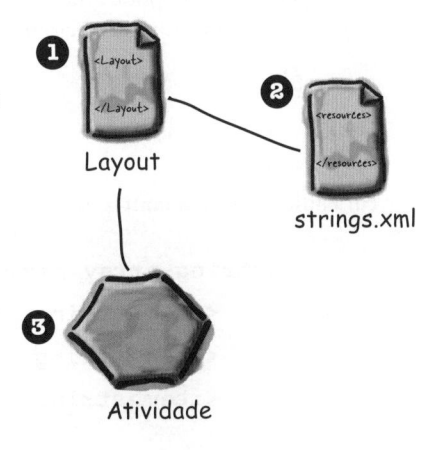

Layout

strings.xml

Atividade

---

não existem Perguntas Idiotas

P: Tenho mesmo que colocar meus valores de texto em um arquivo de recursos de String como o *strings.xml*?

R: Não é obrigatório, mas o Android emite mensagens de aviso quando inserimos valores de texto em código fixo. Usar um arquivo de recursos de String pode parecer muito difícil à primeira vista, mas facilita bastante ações como a localização. Também é recomendável usar os recursos de String desde o início em vez de implantá-los posteriormente.

P: Como separar valores de String ajuda na localização?

R: Imagine que seu aplicativo deva ter como idioma-padrão o inglês, mas com possibilidade de ser configurado para o francês. Em vez de incorporar diversos idiomas em código fixo no seu aplicativo, você pode ter um arquivo de recursos de String para o inglês e outro arquivo de recursos para o texto em francês.

P: Como o aplicativo sabe qual arquivo de recursos de String deve ser utilizado?

R: Coloque o arquivo de recursos de Strings para o inglês na pasta *app/src/main/res/values* como o normal e o arquivo de recursos para o francês em uma nova pasta chamada *app/src/main/res/values-fr*. Quando for configurado para o francês, o dispositivo utilizará as Strings na pasta *app/src/main/res/values-fr*. Quando for configurado para outro idioma, o dispositivo utilizará as Strings na pasta *app/src/main/res/values*.

recursos de array

Adicione valores ao spinner

No momento, o layout contém um spinner ainda vazio. Sempre que utilizado, o spinner deve exibir uma lista de valores para que o usuário escolha o valor desejado.

Podemos atribuir ao spinner uma lista de valores da mesma forma que configuramos o texto no botão e na exibição de texto: utilizando um **recurso**. Até aqui, usamos o arquivo *strings.xml* para especificar valores individuais de String. Agora, precisamos especificar uma **matriz** (array) de valores de String que deverá ser referenciada pelo spinner.

- Crie o projeto
- → Atualize o layout
- Conecte a atividade
- Escreva a lógica

Os recursos são ativos não inseridos no código, como imagens ou Strings, utilizados pelo seu aplicativo.

Adicionar um recurso de matriz é parecido com adicionar uma String

Como já vimos, você pode adicionar um recurso de String ao arquivo *strings.xml* usando o seguinte comando:

```
<string name="string_name">string_value</string>
```

Aqui, `string_name` é o identificado da String e `string_value` é o valor da String.

Para adicionar uma matriz de Strings, utilize a sintaxe a seguir:

```
<string-array name="string_array_name">
    <item>string_value1</item>
    <item>string_value2</item>
    <item>string_value3</item>
    ...
</string-array>
```

Este é o nome da matriz.

Estes são os valores da matriz. Você pode adicionar quantos valores quiser.

Aqui, `string_array_name` é o nome da matriz, enquanto `string_value1`, `string_value2` e `string_value3` são os valores individuais das Strings que integram a matriz.

Vamos adicionar um recurso `string-array` ao nosso aplicativo para ser utilizado pelo spinner.

construção de aplicativos interativos

Adicione o string-array ao strings.xml

- [ ] Crie o projeto
- [→] Atualize o layout
- [ ] Conecte a atividade
- [ ] Escreva a lógica

Para adicionar o string-array, abra o arquivo *strings.xml* e adicione a matriz da seguinte forma:

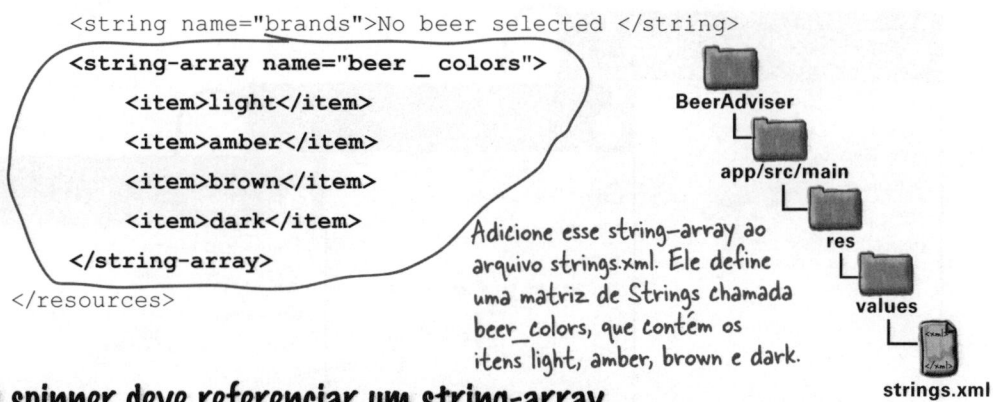

```
...
    <string name="brands">No beer selected </string>
    <string-array name="beer_colors">
        <item>light</item>
        <item>amber</item>
        <item>brown</item>
        <item>dark</item>
    </string-array>
</resources>
```

> Adicione esse string-array ao arquivo strings.xml. Ele define uma matriz de Strings chamada beer_colors, que contém os itens light, amber, brown e dark.

BeerAdviser/app/src/main/res/values/strings.xml

O spinner deve referenciar um string-array

Um layout pode referenciar um `string-array` usando uma sintaxe similar à da recuperação do valor de uma String. Em vez de usar:

"@string/string_name"

use esta sintaxe:

> Use @string para referenciar uma String e @array para referenciar uma matriz.

"@array/array_name"

Aqui, `array_name` é o nome da matriz.

Vamos utilizar essa informação no layout. Abra o arquivo de *layout activity_find_beer.xml* e adicione um atributo `entries` ao spinner da seguinte forma:

```
...
    <Spinner
        android:id="@+id/color"
        android:layout_width="wrap_content"
        android:layout_height="wrap_content"
        android:layout_marginTop="40dp"
        android:layout_gravity="center"
        android:layout_margin="16dp"
        android:entries="@array/beer_colors" />
...
```

BeerAdviser/app/src/main/res/layout/activity_find_beer.xml

> Isso significa que "as entradas do spinner vêm da matriz beer_colors".

Essas mudanças são necessárias para que o spinner exiba uma lista de valores. Vamos conferir o resultado.

test drive
Test drive do spinner

Vamos conferir o impacto dessas mudanças no aplicativo. Salve as alterações e, em seguida, execute o aplicativo. Aparecerá algo parecido com isto:

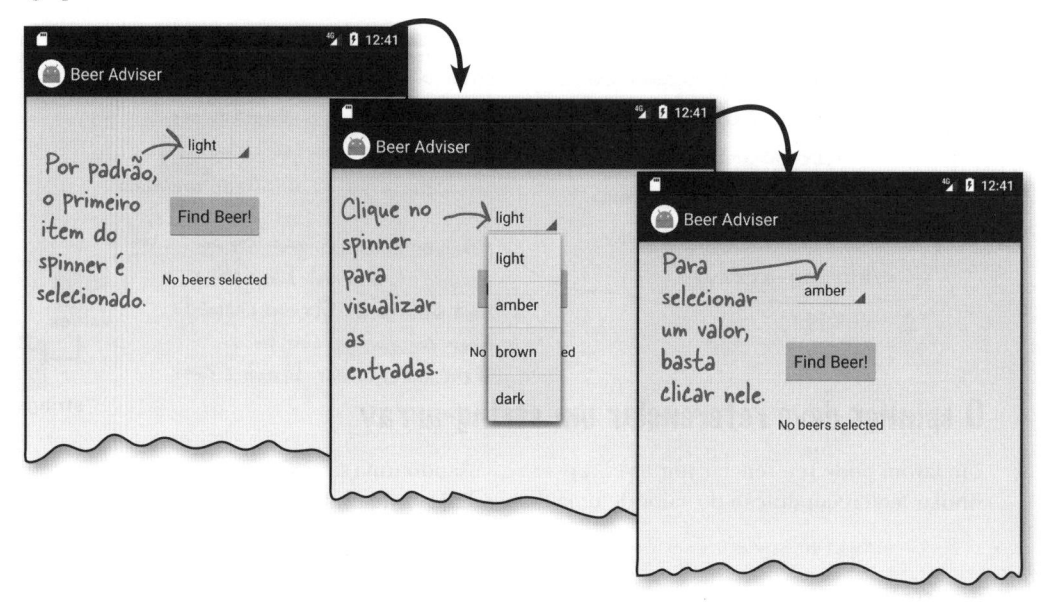

- ☑ Crie o projeto
- ☑ **Atualize o layout**
- ☐ Conecte a atividade
- ☐ Escreva a lógica

Por padrão, o primeiro item do spinner é selecionado.

Clique no spinner para visualizar as entradas.

Para selecionar um valor, basta clicar nele.

Nosso progresso até agora

Vamos resumir o que fizemos até aqui:

① **Criamos um layout que especifica a aparência do aplicativo.**
Esse layout contém um spinner, um botão e uma exibição de texto.

② **O arquivo strings.xml contém os recursos de String necessários.**
Adicionamos um rótulo ao botão, texto-padrão às marcas de cerveja recomendadas e uma matriz de valores ao spinner.

③ **A atividade especifica como o aplicativo deve interagir com o usuário.**
O Android Studio criou uma atividade que até agora não utilizamos.

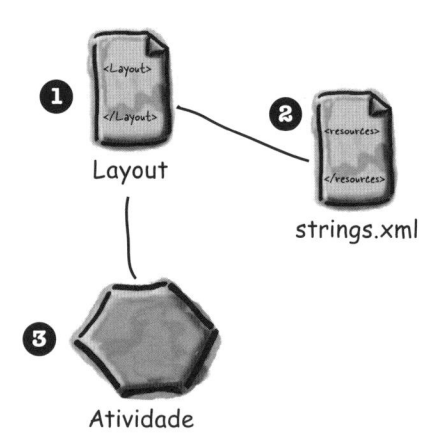

Certo, mas e agora?

construção de aplicativos interativos

O botão deve realizar alguma ação

☑ Crie o projeto
☑ Atualize o layout
→ ☐ **Conecte a atividade**
☐ Escreva a lógica

Agora, o aplicativo deve reagir ao valor selecionado no spinner quando clicamos no botão Find Beer. Nosso aplicativo tem que se comportar da seguinte forma:

❶ O usuário escolhe um tipo de cerveja no spinner.

❷ O usuário clica no botão Find Beer, e o layout especifica o método a ser chamado na atividade.

❸ O método na atividade recupera o valor da cerveja selecionada no spinner e transmite essa informação ao método getBrands() em uma classe Java personalizada chamada BeerExpert.

❹ O método getBrands() da classe BeerExpert encontra marcas correspondentes ao tipo de cerveja em questão e retorna essa informação à atividade como um ArrayList de String.

❺ A atividade obtém uma referência para a exibição de texto do layout e define esse valor de texto de acordo com a lista de cervejas correspondentes.

Depois de todas essas etapas, a lista aparecerá no dispositivo.

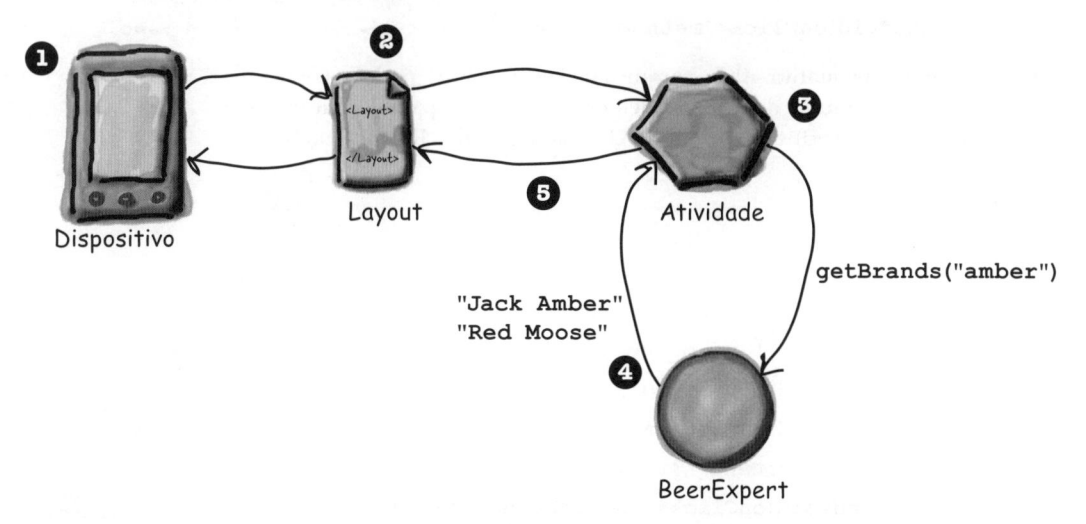

❶ Dispositivo
❷ Layout
❸ Atividade
❹ BeerExpert
❺ "Jack Amber" "Red Moose"

getBrands("amber")

Para começar, vamos configurar o botão para que ele chame um método.

você está aqui ▶ 59

atributo onClick

Configure o botão para chamar um método

- ☑ Crie o projeto
- ☑ Atualize o layout
- → ☐ Conecte a atividade
- ☐ Escreva a lógica

Sempre que adicionamos um botão a um layout, geralmente queremos que realize alguma ação quando clicarmos nele. Para isso, você precisa configurar o botão para que ele chame um método na atividade.

Para que o botão chame um método na atividade quando clicarmos nele, precisamos alterar dois arquivos:

⭐ **Altere o arquivo de layout activity_find_beer.xml.**
  Vamos especificar o método na atividade que será chamado quando clicarmos no botão.

⭐ **Altere o arquivo de atividade FindBeerActivity.java.**
  Precisamos escrever o método que será chamado.

Vamos começar pelo layout.

Use onClick para definir o método a ser chamado pelo botão

É preciso apenas uma linha de XML para dizer ao Android qual método deve ser chamado quando clicarmos em um botão. Basta adicionar um atributo android:onClick ao elemento <button> e inserir nele o nome do método a ser chamado:

```
android:onClick="method_name"
```

Isso significa: "quando clicarmos no componente, chame o método na atividade chamada method_name".

Vamos fazer uma tentativa. Abra o arquivo de layout *activity_find_beer.xml* e adicione uma nova linha de XML ao elemento <button> para definir que o método onClickFindBeer() deve ser chamado quando clicarmos no botão:

```
...
    <Button
        android:id="@+id/find_beer"
        android:layout_width="wrap_content"
        android:layout_height="wrap_content"
        android:layout_gravity="center"
        android:layout_margin="16dp"
        android:text="@string/find_beer"
        android:onClick="onClickFindBeer" />
...
```

BeerAdviser/app/src/main/res/layout/activity_find_beer.xml

Quando clicarmos no botão, o método onClickFindBeer() deve ser chamado na atividade. Vamos criar esse método nas próximas páginas.

Depois de fazer essas alterações, salve o arquivo.

Agora que o layout sabe qual método deve ser chamado na atividade, precisamos escrever esse método. Vamos conferir a atividade.

60   Capítulo 2

Conferindo o código da atividade

Quando criamos o projeto do aplicativo, o assistente criou uma atividade vazia chamada `FindBeerActivity`. O código dessa atividade está em um arquivo chamado *FindBeerActivity.java*. Para abrir esse arquivo, vá para a pasta *app/src/main/java* e clique nele duas vezes.

No arquivo aberto, observe que o Android Studio gerou um código Java. Em vez de analisarmos todo o código criado (ou não) pelo Android Studio, queremos que você substitua o código de *FindBeerActivity.java* pelo código que indicamos aqui:

```
package com.hfad.beeradviser;

import android.app.Activity;
import android.os.Bundle;

public class FindBeerActivity extends Activity {

    @Override
    protected void onCreate(Bundle savedInstanceState) {
        super.onCreate(savedInstanceState);
        setContentView(R.layout.activity_find_beer);
    }
}
```

BeerAdviser
app/src/main
java
com.hfad.beeradviser
FindBeerActivity.java

A classe deve estender a classe Activity do Android.

Esse é o método onCreate(), que será chamado quando a atividade for criada.

setContentView() diz ao Android o layout utilizado pela atividade. Neste caso, é o activity_find_beer.

O código acima é suficiente para criar uma atividade básica. Observe que essa classe estende a classe `android.app.Activity` e implementa o método `onCreate()`.

Todas as atividades (e não apenas essa) devem estender a classe `Activity` ou alguma das suas subclasses. A classe `Activity` contém diversos métodos para transformar uma classe Java monótona e ultrapassada em uma atividade Android empolgante e inovadora.

Todas as atividades também devem implementar o método `onCreate()`. Esse método será chamado quando o objeto atividade for criado e deve ser utilizado para realizar configurações básicas como a definição do layout associado à atividade. Essa operação pode ser executada com o método `setContentView()`. No exemplo acima, `setContentView (R.layout.activity_find_beer)` diz ao Android que essa atividade usa `activity_find_beer` como layout.

Na página anterior, adicionamos o atributo `onClick` ao botão no layout e atribuímos a ele o valor de `onClickFindBeer`. Precisamos adicionar esse método à atividade para que ele seja chamado quando clicarmos no botão. Assim, a atividade responderá sempre que o usuário tocar no botão na interface do usuário.

Faça isso!

Substitua o código da sua versão de *FindBeerActivity.java* pelo código indicado nesta página.

onClickFindBeer()

Adicione o método onClickFindBeer() à atividade

- ☑ Crie o projeto
- ☑ Atualize o layout
- ▶ ☐ Conecte a atividade
- ☐ Escreva a lógica

O método `onClickFindBeer()` precisa ter uma assinatura específica. Caso contrário, não será chamado quando o botão especificado no layout for clicado. O método deve ter a seguinte forma:

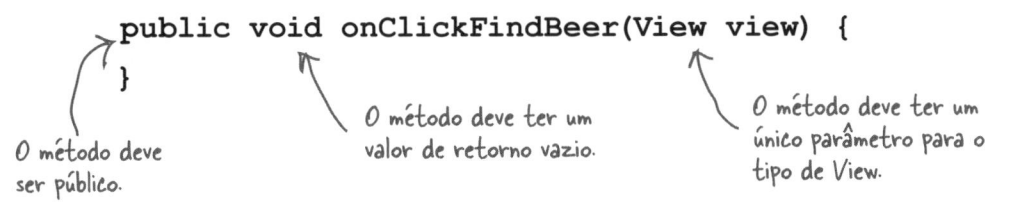

```
public void onClickFindBeer(View view) {
}
```

- O método deve ser público.
- O método deve ter um valor de retorno vazio.
- O método deve ter um único parâmetro para o tipo de View.

Se o método não tiver essa forma, não responderá quando o usuário pressionar o botão. Isso porque, nos bastidores, o Android procura um método público com um valor de retorno vazio e cujo nome corresponda ao método especificado no XML do layout.

O parâmetro View no método pode parecer estranho à primeira vista, mas há um bom motivo para ele estar lá. O parâmetro referencia o componente GUI que ativa o método (nesse caso, o botão). Como vimos antes, os componentes GUI, como botões e exibições de texto, são tipos de View.

Portanto, vamos atualizar o código da atividade. Adicione o método `onClickFindBeer()` indicado abaixo ao código da sua atividade (*FindBeerActivity.java*):

Para que o método responda quando o botão for clicado, adote um tipo de retorno vazio e um único parâmetro de View.

Temos que importar esta classe.
```
...
import android.view.View;
```

```
public class FindBeerActivity extends Activity {
    ...
```

Adicione o método onClickFindBeer() a FindBeerActivity.java

```
    //Called when the user clicks the button
    public void onClickFindBeer(View view){
    }
}
```

activity_find_beer.xml → onClickFindBeer() → FindBeerActivity.java

BeerAdviser / app/src/main / java / com.hfad.beeradviser / FindBeerActivity.java

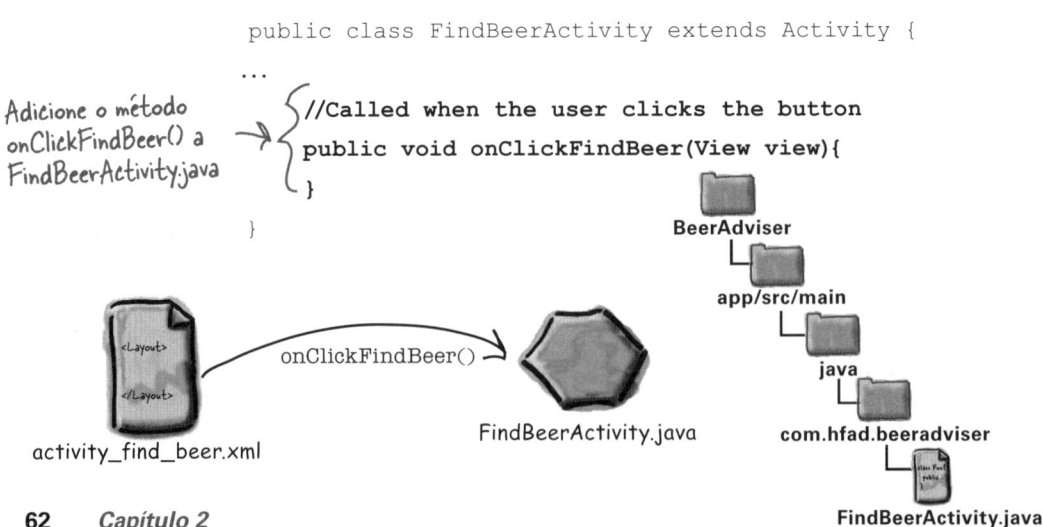

construção de aplicativos interativos

O método onClickFindBeer() deve realizar alguma ação

- ☑ Crie o projeto
- ☑ Atualize o layout
- ☑ Conecte a atividade
- ☐ **Escreva a lógica**

Depois de criarmos o método onClickFindBeer() na atividade, temos que atribuir alguma ação para que o método execute quando ativado. Especificamente, o aplicativo deve exibir uma seleção de diferentes cervejas que correspondam ao tipo de cerveja selecionado pelo usuário.

Para isso, primeiro devemos obter uma referência para o spinner e os componentes GUI da exibição de texto no layout. Assim, poderemos recuperar o valor do tipo de cerveja escolhido no spinner e exibir o texto na exibição de texto.

Use o método findViewById() para obter uma referência para visualização

Podemos obter referências para nossos dois componentes GUI usando um método chamado findViewById(). Esse método adota o ID do componente GUI como parâmetro e retorna um objeto View. Em seguida, você deve relacionar o valor de retorno ao tipo correto de componente GUI (por exemplo, um TextView ou Button).

Queremos a visualização com um ID de brands.

A seguir, mostramos como usar o findViewById() para obter uma referência para a exibição de texto a partir de um ID de brands:

```
TextView brands = (TextView) findViewById(R.id.brands);
```

Como brands é um TextView, relacionamos como um só elemento.

Vamos analisar o modo como especificamos o ID da exibição de texto. Em vez de inserir o nome da exibição de texto, informamos o ID da forma R.id.brands. O que isso significa? O que quer dizer R?

O *R.java* é um arquivo Java especial gerado pelo Android Studio sempre que criamos ou construímos um aplicativo. Está localizado na pasta *app/build/generated/source/r/debug* do seu projeto, no pacote com o mesmo nome do pacote do seu aplicativo. O Android utiliza o *R.java* para acompanhar os recursos utilizados pelo aplicativo e, entre outras ações, viabilizar a obtenção de referências de componentes GUI a partir do código da atividade.

Ao abrir o *R.java*, observe que ele contém uma série de classes internas, uma para cada tipo de recurso. Cada recurso de um tipo é referenciado em uma classe interna. Por exemplo, o *R.java* contém uma classe interna chamada id, que contém o valor static final brands. O Android adicionou esse código ao *R.java* quando utilizamos o código "@+id/brands" no layout. Observe esta linha de código:

```
(TextView) findViewById(R.id.brands);
```

Aqui, o valor de brands serve para obter uma referência para a exibição de texto de brands.

R é uma classe Java especial que permite a recuperação de referências a recursos do app.

> **O *R.java* é gerado.**
> *Relaxe* Embora você nunca altere o código desse arquivo, é útil conhecê-lo.

métodos dos views

Acesse os métodos da sua exibição

O método findViewById() oferece uma versão Java do seu componente GUI. Ou seja, você pode obter e configurar propriedades do componente GUI usando os métodos correspondentes à classe Java. Vamos conferir como isso ocorre.

☑ Crie o projeto
☑ Atualize o layout
☑ Conecte a atividade
→ ☐ **Escreva a lógica**

Configurando o texto em uma exibição de texto

Como vimos antes, você pode obter uma referência para uma exibição de texto em Java usando esse comando:

```
TextView brands = (TextView) findViewById(R.id.brands);
```

Quando chamada, essa linha de código cria um objeto `TextView` chamado `brands`. Você pode, em seguida, chamar os métodos desse objeto `TextView`.

Imagine que o texto da exibição de texto `brands` deva ser agora "Gottle of geer". A classe `TextView` contém um método chamado setText(), que você pode utilizar para alterar a propriedade de texto da seguinte forma:

`brands.setText("Gottle of geer");` ← *Altera o texto no TextView de brands para "Gottle of geer".*

Recuperando o valor selecionado no spinner

Obter uma referência para um spinner parece com a obtenção de uma referência para uma exibição de texto. Como vimos antes, é possível utilizar o método findViewById(), mas desta vez você deve relacionar o resultado a um spinner:

```
Spinner color = (Spinner) findViewById(R.id.color);
```

Agora você tem um objeto `Spinner` com métodos que pode acessar. Vamos conferir agora como recuperar o item selecionado no spinner e convertê-lo em uma String:

`String.valueOf(color.getSelectedItem())` ← *Capta o item selecionado no spinner para, em seguida, convertê-lo em uma String.*

Considere este código:

```
color.getSelectedItem()
```

Aqui, o código retorna um objeto Java genérico. Isso porque o spinner pode conter outros valores além de Strings, como, por exemplo, imagens. Neste caso, sabemos que todos os valores são Strings e, portanto, podemos utilizar `String.valueOf()` para converter o item selecionado, `Object`, em uma `String`.

Atualize o código da atividade

Agora você já pode escrever parte do código do método `onClickFindBeer()`. Em vez de escrever o código inteiro de uma vez, vamos começar lendo o valor selecionado no spinner para exibi-lo na exibição de texto.

Ímãs de Geladeira

Alguém escreveu um novo método **onClickFindBeer()** para nossa atividade usando ímãs de geladeira. Mas infelizmente um furacão insano passou pela cozinha e bagunçou os ímãs. Você consegue reorganizar o código? O código deve recuperar o tipo de cerveja selecionado no spinner e mostrá-lo na exibição de texto.

```
//Chamado quando o botão é clicado
public void onClickFindBeer(............................ view) {

    //Obtém uma referência para TextView
    ........................... brands = ........................... ........................... (...........................);

    //Obtém uma referência para o Spinner
    Spinner ........................... = ........................... ........................... (...........................);

    //Obtém o item selecionado no Spinner
    String ........................... = String.valueOf(color...........................);

    //Exibe o item selecionado
    brands........................... (beerType);
}
```

Ímãs disponíveis: `findViewById`, `setText`, `R.id.color`, `TextView`, `color`, `R.view.brands`, `R.id.brands`, `(TextView)`, `findView`, `Button`, `findView`, `View`, `R.view.color`, `findViewById`, `getSelectedItem()`, `(Spinner)`, `beerType`

Não será necessário usar todos os ímãs.

solução dos ímãs

Ímãs de Geladeira – Solução

Alguém escreveu um novo método **onClickFindBeer()** para nossa atividade usando ímãs de geladeira. Mas infelizmente um furacão insano passou pela cozinha e bagunçou os ímãs. Você consegue reorganizar o código?
O código deve recuperar o tipo de cerveja selecionado no spinner e mostrá-lo na exibição de texto.

```
//Chamado quando o botão é clicado
public void onClickFindBeer( View view) {

    //Obtém uma referência para TextView
    TextView brands = (TextView) findViewById( R.id.brands );

    //Obtém uma referência para o Spinner
    Spinner color = (Spinner) findViewById( R.id.color );

    //Obtém o item selecionado no Spinner
    String beerType = String.valueOf(color. getSelectedItem() );

    //Exibe o item selecionado
    brands. setText (beerType);
}
```

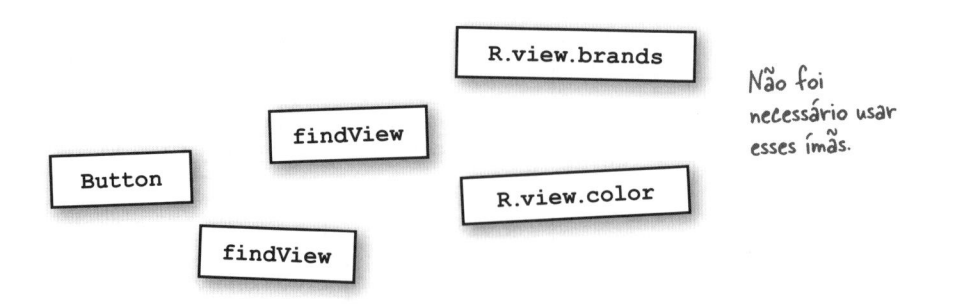

Não foi necessário usar esses ímãs.

- R.view.brands
- findView
- Button
- R.view.color
- findView

A primeira versão da atividade

Nosso astucioso plano é construir a atividade em etapas e realizar testes ao longo do processo. Ao final, a atividade irá obter o valor selecionado no spinner, chamar um método na classe Java personalizada e exibir os tipos de cerveja correspondentes. Na primeira versão, nosso objetivo é apenas viabilizar a recuperação correta do item selecionado no spinner.

Aqui está o código da atividade com o método desenvolvido na página anterior. Faça essas alterações no arquivo *FindBeerActivity.java* e salve as mudanças:

☑ Crie o projeto
☑ Atualize o layout
☑ Conecte a atividade
→ ☐ Escreva a lógica

```java
package com.hfad.beeradviser;

import android.app.Activity;
import android.os.Bundle;
import android.view.View;               Devemos importar
import android.widget.Spinner;          estas classes
import android.widget.TextView;         extras.

public class FindBeerActivity extends Activity {

    @Override
    protected void onCreate(Bundle savedInstanceState) {   ← Não
        super.onCreate(savedInstanceState);                   alteramos
        setContentView(R.layout.activity_find_beer);          este método.
    }

    //Chamado quando o botão é clicado
    public void onClickFindBeer(View view) {
        //Obtém uma referência para TextView
        TextView brands = (TextView) findViewById(R.id.brands);
        //Obtém uma referência para o Spinner
        Spinner color = (Spinner) findViewById(R.id.color);
        //Obtém o item selecionado no Spinner
        String beerType = String.valueOf(color.getSelectedItem());
        //Exibe o item selecionado
        brands.setText(beerType);
    }
}
```

findViewById retorna um View. Você precisa relacioná-lo ao tipo de View correto.

getSelectedItem retorna um Object. Você precisa transformá-lo em uma String.

BeerAdviser / app/src/main / java / com.hfad.beeradviser / FindBeerActivity.java

o que acontece

Qual é a função do código

Antes de fazer um test drive no aplicativo, vamos conferir a função real do código.

☑ Crie o projeto
☑ Atualize o layout
☑ Conecte a atividade
→ ☐ Escreva a lógica

❶ O usuário escolhe um tipo de cerveja no spinner e clica no botão Find Beer, que chama o método public void onClickFindBeer(View) na atividade.

O layout especifica o método da atividade a ser chamado quando o botão for clicado por meio da propriedade `android:onClick` do botão.

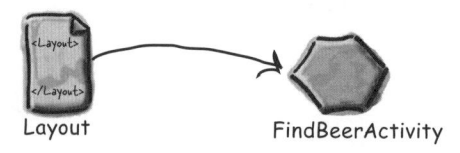

Layout → FindBeerActivity

❷ A atividade obtém referências para os componentes GUI Spinner e TextView usando chamadas para o método findViewById().

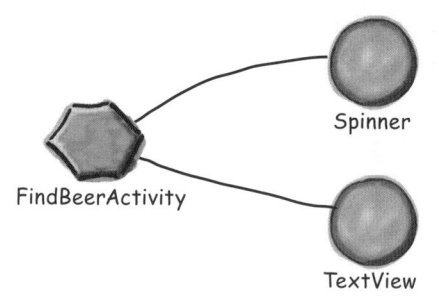

FindBeerActivity → Spinner, TextView

❸ A atividade recupera o valor selecionado no spinner (amber, nesse caso) e o converte em uma String.

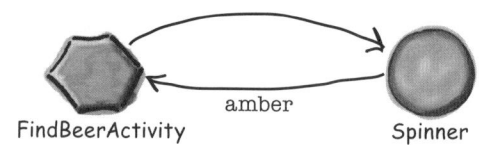

FindBeerActivity ← amber ← Spinner

❹ A atividade configura a propriedade de texto do TextView de acordo com o item selecionado no spinner.

FindBeerActivity → "amber" → TextView

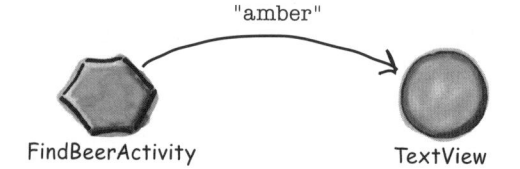

construção de aplicativos interativos

Test drive das alterações

Faça as alterações no arquivo da atividade, salve as mudanças e execute o aplicativo. Desta vez, quando clicamos no botão Find Beer, ele exibe o valor do item selecionado no spinner.

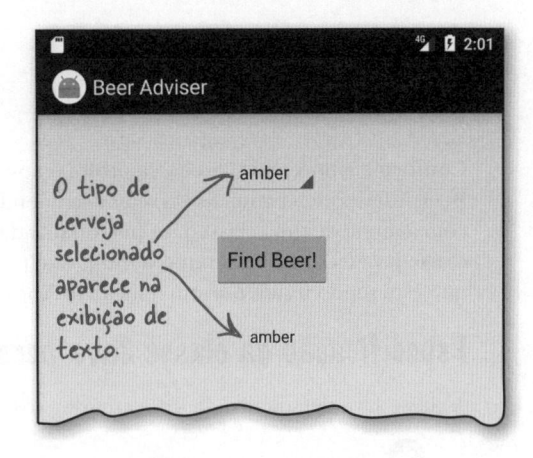

Beer Adviser

O tipo de cerveja selecionado aparece na exibição de texto. → amber

Find Beer!

→ amber

---

não existem Perguntas Idiotas

P: Por que não consigo visualizar no `R.java` uma String que adicionei ao arquivo *strings.xml*?

R: O Android Studio gera o arquivo *R.java* quando salvamos alterações. Se você não consegue visualizar em *R.java* um recurso que adicionou, verifique se as alterações foram salvas.

O *R.java* também é atualizado quando construímos o aplicativo. Como o aplicativo é construído sempre que executado, executá-lo também atualiza o *R.java*.

P: Os valores no spinner parecem estáticos quando configurados com os valores do `string-array`. Posso alterá-los com um programa?

R: Sim, mas esse método é mais complicado do que usar apenas valores estáticos. Mais adiante neste livro vamos mostrar como obter controle total sobre os valores exibidos em componentes como os spinners.

P: Que tipo de objeto é retornado por `getSelectedItem()`?

R: Esse objeto é declarado como tipo Object. Como usamos um `string-array` para os valores, o valor retornado nesse caso é uma String.

P: Apenas nesse caso? Não é sempre assim?

R: Com spinners é possível fazer coisas mais complicadas do que exibir texto. Por exemplo, o spinner pode exibir um ícone ao lado de cada valor. Como `getSelectedItem()` retorna um objeto, ele oferece um pouco mais de flexibilidade do que se retornasse apenas uma String.

P: O nome `onClickFindBeer` tem alguma importância?

R: O importante é que o nome do método no código da atividade corresponda ao nome usado no atributo `onClick` do botão no layout.

P: Por que alteramos o código da atividade gerado pelo Android Studio?

R: Os IDEs como o Android Studio dispõem de funções e utilitários que economizam bastante tempo e geram muito código, o que, às vezes, pode ser útil. Mas como você está aprendendo a usar uma nova linguagem ou área de desenvolvimento (no caso, o Android), achamos melhor explicar os fundamentos da linguagem em vez de usar o código gerado pelo IDE. Assim, você compreenderá bem melhor a dinâmica da linguagem.

Construa a classe Java personalizada

Conforme vimos no início do capítulo, o aplicativo Beer Adviser determina as cervejas recomendadas com a ajuda de uma classe Java personalizada. Essa classe Java é escrita em bom e velho Java e não sabe que está sendo usada por um aplicativo Android.

Especificação da classe Java personalizada

A classe Java personalizada deve atender aos seguintes requisitos:

- ⭐ O nome do pacote deve ser `com.hfad.beeradviser`.
- ⭐ O nome da classe deve ser `BeerExpert`.
- ⭐ A classe deve expor um método, `getBrands()`, que recebe a cor de cerveja selecionada (como uma String) e retorna uma `List<String>` de cervejas recomendadas.

Precisamos criar uma classe Java que a atividade use para definir as marcas de cerveja que recomendará.

Construa e teste a classe Java

As classes Java podem ser extremamente complicadas e exigir chamadas para a lógica complexa do aplicativo. Você pode construir e testar sua própria versão ou usar essa versão sofisticada da classe:

```java
package com.hfad.beeradviser;

import java.util.ArrayList;
import java.util.List;

public class BeerExpert {
    List<String> getBrands(String color) {
        List<String> brands = new ArrayList<>();
        if (color.equals("amber")) {
            brands.add("Jack Amber");
            brands.add("Red Moose");
        } else {
            brands.add("Jail Pale Ale");
            brands.add("Gout Stout");
        }
        return brands;
    }
}
```

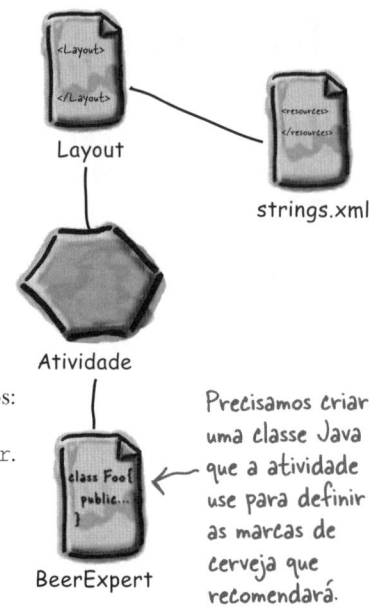

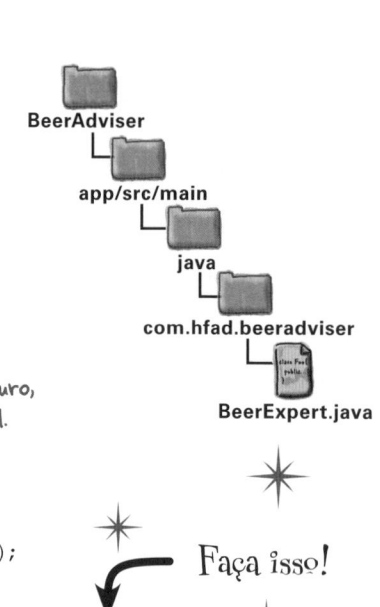

Esse código é Java puro, sem nada de Android.

Faça isso!

Adicione a classe BeerExpert ao seu projeto. Para criar o arquivo *BeerExpert.java*, selecione o pacote *com.hfad.beeradviser* na pasta *app/src/main/java*, vá para File→New...→Java Class, nomeie o arquivo como "BeerExpert" e verifique se o nome do pacote é "com.hfad.beeradviser".

construção de aplicativos interativos

Configure a atividade para chamar a classe Java personalizada e obter uma recomendação REAL

☑ Crie o projeto
☑ Atualize o layout
☑ Conecte a atividade
→ ☐ Escreva a lógica

Na segunda versão da atividade, vamos desenvolver o método `onClickFindBeer()` para chamar a classe `BeerExpert` e obter recomendações de cervejas. Basta saber o bom e velho Java para fazer as alterações necessárias no código. Você pode tentar escrever o código e executar o aplicativo por conta própria ou acompanhar este livro. Mas antes de mostrarmos as alterações no código, resolva o exercício abaixo e obtenha orientações para criar o código da sua atividade.

✏️ Aponte o seu lápis

Configure a atividade para que ela chame o método `getBrands()` de `BeerExpert` e mostre os resultados na exibição de texto.

```
package com.hfad.beeradviser;

import android.app.Activity;
import android.os.Bundle;
import android.view.View;
import android.widget.Spinner;
import android.widget.TextView;
import java.util.List;   ← Adicionamos esta linha para você.

public class FindBeerActivity extends Activity {
    private BeerExpert expert = new BeerExpert();   ← Como você deve usar a classe BeerExpert para obter as recomendações de cerveja, adicionamos esta linha também.
...
    //Chamado quando o botão é clicado
    public void onClickFindBeer(View view) {
        //Obtém uma referência para TextView
        TextView brands = (TextView) findViewById(R.id.brands);
        //Obtém uma referência para o Spinner
        Spinner color = (Spinner) findViewById(R.id.color);
        //Obtém o item selecionado no Spinner
        String beerType = String.valueOf(color.getSelectedItem());
        //Obtém recomendações da classe BeerExpert




    }
}
```

↑ Você precisa atualizar o método onClickFindBeer().

a solução do lápis

Aponte o seu lápis
Solução

Configure a atividade para que ela chame o método getBrands() de BeerExpert e mostre os resultados na exibição de texto.

```
package com.hfad.beeradviser;

import android.app.Activity;
import android.os.Bundle;
import android.view.View;
import android.widget.Spinner;
import android.widget.TextView;
import java.util.List;

public class FindBeerActivity extends Activity {
    private BeerExpert expert = new BeerExpert();
...
    //Chamado quando o botão é clicado
    public void onClickFindBeer(View view) {
        //Obtém uma referência para TextView
        TextView brands = (TextView) findViewById(R.id.brands);
        //Obtém uma referência para o Spinner
        Spinner color = (Spinner) findViewById(R.id.color);
        //Obtém o item selecionado no Spinner
        String beerType = String.valueOf(color.getSelectedItem());
        //Obtém recomendações da classe BeerExpert
```

> List<String> brandsList = expert.getBrands(beerType); ← Obtém uma List de marcas.
>
> StringBuilder brandsFormatted = new StringBuilder(); ← Constrói uma String usando os valores da List.
>
> for (String brand : brandsList) {
>
>   brandsFormatted.append(brand).append('\n'); ← Exibe cada marca em uma nova linha.
>
> }
>
> //Display the beers
>
> brands.setText(brandsFormatted); ← Mostra os resultados na exibição de texto.

```
    }
}
```

Como o BeerExpert exige código Java puro, não se preocupe se seu código estiver um pouco diferente deste exemplo.

Versão 2.0 do código da atividade

A seguir, mostramos a versão completa do código da nossa atividade. Aplique as alterações pertinentes na sua versão de *FindBeerActivity.java*, confirme se adicionou a classe BeerExpert ao seu projeto e salve as alterações:

- ☑ Crie o projeto
- ☑ Atualize o layout
- ☑ Conecte a atividade
- ➡ ☐ Escreva a lógica

```java
package com.hfad.beeradviser;

import android.app.Activity;
import android.os.Bundle;
import android.view.View;
import android.widget.Spinner;
import android.widget.TextView;
import java.util.List;   ← Precisamos importar esta
                            classe extra.
public class FindBeerActivity extends Activity {
    private BeerExpert expert = new BeerExpert();
                      ↖ Adiciona uma instância de BeerExpert
                         como variável privada.
    @Override
    protected void onCreate(Bundle savedInstanceState) {
        super.onCreate(savedInstanceState);
        setContentView(R.layout.activity_find_beer);
    }

    //Chamado quando o botão é clicado
    public void onClickFindBeer(View view) {
        //Obtém uma referência para TextView
        TextView brands = (TextView) findViewById(R.id.brands);
        //Obtém uma referência para o Spinner
        Spinner color = (Spinner) findViewById(R.id.color);
        //Obtém o item selecionado no Spinner
        String beerType = String.valueOf(color.getSelectedItem());   Usa a classe
        //Obtém recomendações da classe BeerExpert                    BeerExpert
        List<String> brandsList = expert.getBrands(beerType);  ← para obter uma
        StringBuilder brandsFormatted = new StringBuilder();        List de marcas.
        for (String brand : brandsList) {
            brandsFormatted.append(brand).append('\n');   ← Constrói uma String,
        }                                                    exibindo cada marca
        //Exibe as cervejas                                  em uma nova linha.
        brands.setText(brandsFormatted);   ← Exibe a String no TextView.
        brands.setText(beerType);
    }                ↑
}            Exclua esta linha.
```

o que acontece

O que acontece quando o código é executado

❶ Quando o usuário clica no botão Find Beer, o método onClickFindBeer() da atividade é chamado.

O método cria uma referência para o spinner e a exibição de texto, além de obter o valor selecionado no spinner.

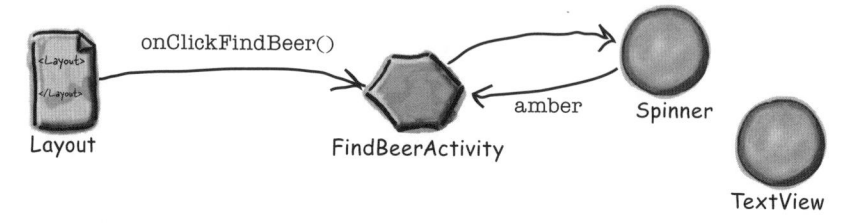

Layout — onClickFindBeer() → FindBeerActivity ← amber — Spinner

TextView

❷ O método onClickFindBeer() chama o método getBrands() da classe BeerExpert, transmitindo o tipo de cerveja selecionado no spinner.

O método getBrands() retorna uma lista de marcas.

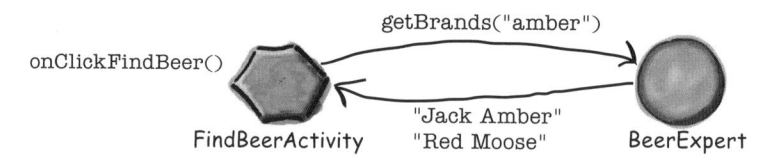

onClickFindBeer() — FindBeerActivity — getBrands("amber") → BeerExpert
← "Jack Amber" "Red Moose"

❸ O método onClickFindBeer() formata a lista de marcas, que utiliza para configurar a propriedade de texto da exibição de texto.

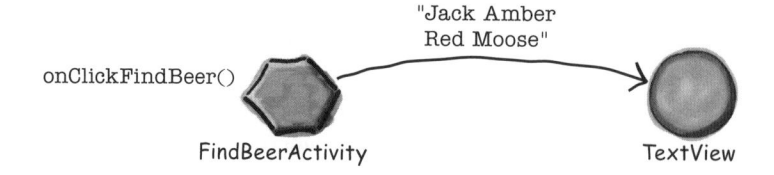

onClickFindBeer() — FindBeerActivity — "Jack Amber Red Moose" → TextView

construção de aplicativos interativos

Test drive do aplicativo

Depois de fazer as alterações no aplicativo, é hora de executá-lo. Selecione diferentes tipos de cerveja e clique no botão Find Beer.

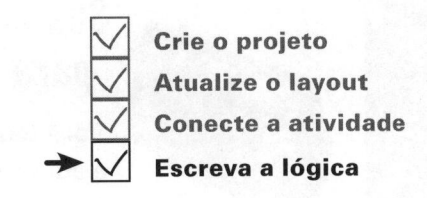

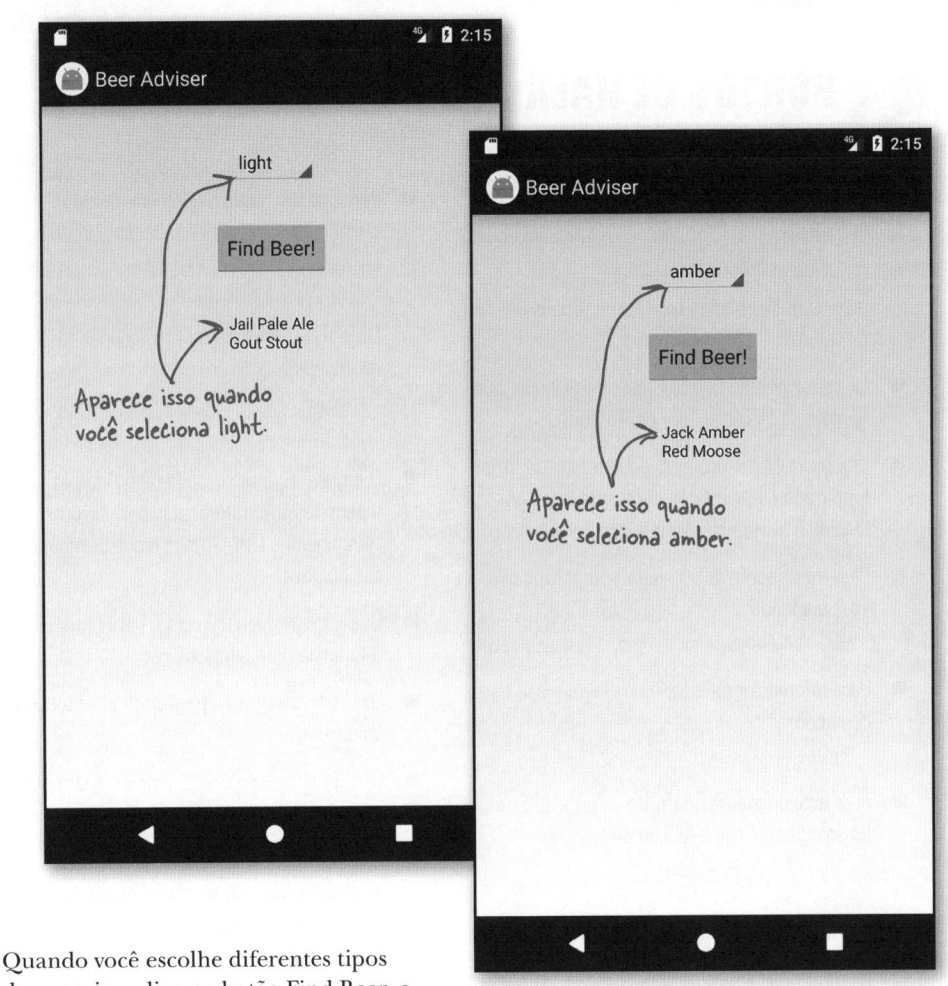

☑ Crie o projeto
☑ Atualize o layout
☑ Conecte a atividade
→ ☑ **Escreva a lógica**

[Tela 1: Beer Adviser — light selecionado, Find Beer!, Jail Pale Ale / Gout Stout]
Aparece isso quando você seleciona light.

[Tela 2: Beer Adviser — amber selecionado, Find Beer!, Jack Amber / Red Moose]
Aparece isso quando você seleciona amber.

Quando você escolhe diferentes tipos de cerveja e clica no botão Find Beer, o aplicativo utiliza a classe `BeerExpert` para apresentar uma seleção de cervejas recomendadas.

você está aqui ▶   75

caixa de ferramentas

Sua caixa de ferramentas para Android

Você terminou o Capítulo 2 e adicionou a construção de aplicativos Android interativos à sua caixa de ferramentas.

O código completo do capítulo pode ser baixado em https://www.altabooks.com.br. Procure pelo título ou ISBN do livro.

PONTOS DE BALA

- O elemento `<Button>` serve para adicionar um botão.

- O elemento `<Spinner>` serve para adicionar um spinner, uma lista suspensa de valores.

- Os componentes GUI são tipos de exibição que herdam da classe `View` do Android.

- *strings.xml* é um arquivos de recursos de String. É utilizado para separar valores de texto de layouts e atividades e dar suporte à localização.

- Para adicionar uma String ao *strings.xml*, use esse comando:

    `<string name="name">Value</string>`

- Para referenciar uma String no layout, use este comando:

    `"@string/name"`

- Para adicionar uma matriz de valores de String ao *strings.xml*, use este comando:

    ```
    <string-array name="array">
        <item>string1</item>
        ...
    </string-array>
    ```

- Para referenciar um `string-array` no layout, use este comando:

    `"@array/array _ name"`

- Para que um botão chame um método quando for clicado, adicione o seguinte comando ao layout:

    `android:onClick="clickMethod"`

    Deve haver um método correspondente na atividade:

    ```
    public void clickMethod(View view){
    }
    ```

- O arquivo *R.java* é gerado pelo Android Studio e permite obter referências para layouts, componentes GUI, Strings e outros recursos do código Java.

- Use `findViewById()` para obter uma referência para uma exibição.

- Use `setText()` para configurar o texto em uma exibição.

- Use `getSelectedItem()` para obter o item selecionado no spinner.

- Para adicionar uma classe personalizada ao projeto Android, vá para o menu File→New...→Java Class.

3 múltiplas atividades e intenções

Declare Sua Intenção

> Enviei uma intenção para perguntar se alguém poderia lidar com minha ação ACTION_CALL e recebi várias atividades para escolher.

A maioria dos apps exige mais de uma atividade. Até aqui vimos apenas apps com uma atividade, o que é suficiente para aplicativos simples. Mas, para funções mais complexas, uma só atividade não dá conta do recado. Portanto, agora vamos mostrar **como construir aplicativos com múltiplas atividades** e como estabelecer comunicação entre aplicativos usando *intenções*. Você também vai aprender a usar intenções para **ir além dos limites do seu app** e realizar *ações* com atividades em **outros apps do seu dispositivo**. Estamos indo cada vez mais longe...

este é um novo capítulo   77

tarefas

Os apps podem conter mais de uma atividade

Como vimos antes, uma atividade é uma ação definida e única à disposição do usuário, como exibir uma lista de receitas. Para aplicativos simples, talvez só uma atividade seja necessária.

Mas, geralmente, os usuários devem realizar *mais* de uma ação, como por exemplo adicionar receitas e exibir uma lista. Nesse caso, você deve usar múltiplas atividades: uma para exibir a lista de receitas e outra para adicionar cada receita.

A melhor forma de compreender essa dinâmica é observá-la na prática. Você construirá um aplicativo com duas atividades. A primeira atividade deve permitir a inserção de uma mensagem e, quando clicada, iniciar a segunda atividade, transmitindo a mensagem. Em seguida, a segunda atividade exibirá a mensagem.

Uma atividade é uma ação única e focada à disposição do usuário. Múltiplas atividades dispostas em sequência com o objetivo de realizar uma função mais complexa são uma tarefa.

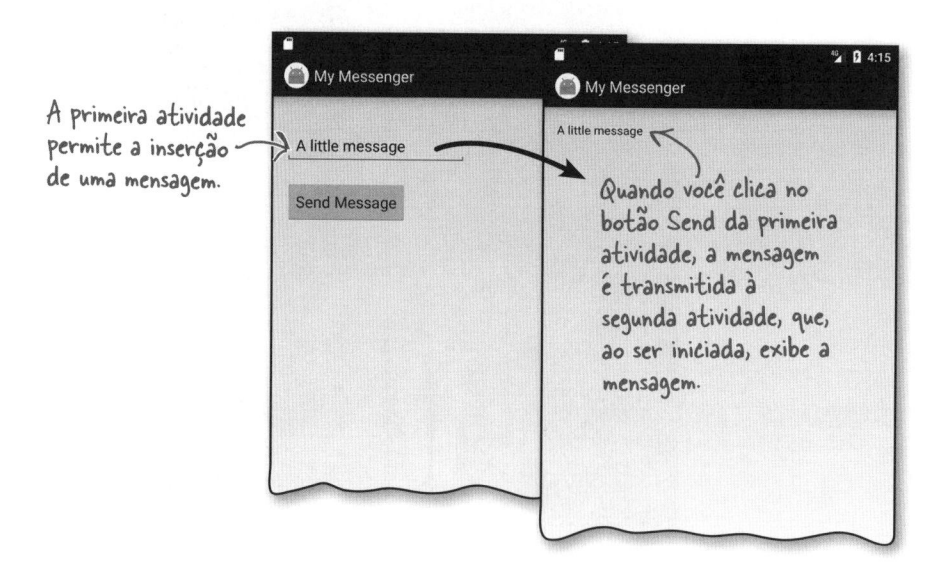

A primeira atividade permite a inserção de uma mensagem.

My Messenger
A little message
Send Message

My Messenger
A little message

Quando você clica no botão Send da primeira atividade, a mensagem é transmitida à segunda atividade, que, ao ser iniciada, exibe a mensagem.

Neste capítulo, vamos abordar os seguintes pontos

1 Como criar um app com uma só atividade e layout.

2 Como adicionar uma segunda atividade e layout.

3 Como configurar a primeira atividade para chamar a segunda atividade.

4 Como configurar a primeira atividade para transmitir dados à segunda atividade.

múltiplas atividades e intenções

Esta é a estrutura do app

O app contém duas atividades e dois layouts.

❶ Ao ser iniciado, o app inicia a atividade CreateMessageActivity.

Essa atividade usa o layout *activity_create_message.xml*.

❷ Quando o usuário clica em um botão em CreateMessageActivity, a atividade ReceiveMessageActivity é iniciada.

Essa atividade usa o layout *activity_receive_message.xml*.

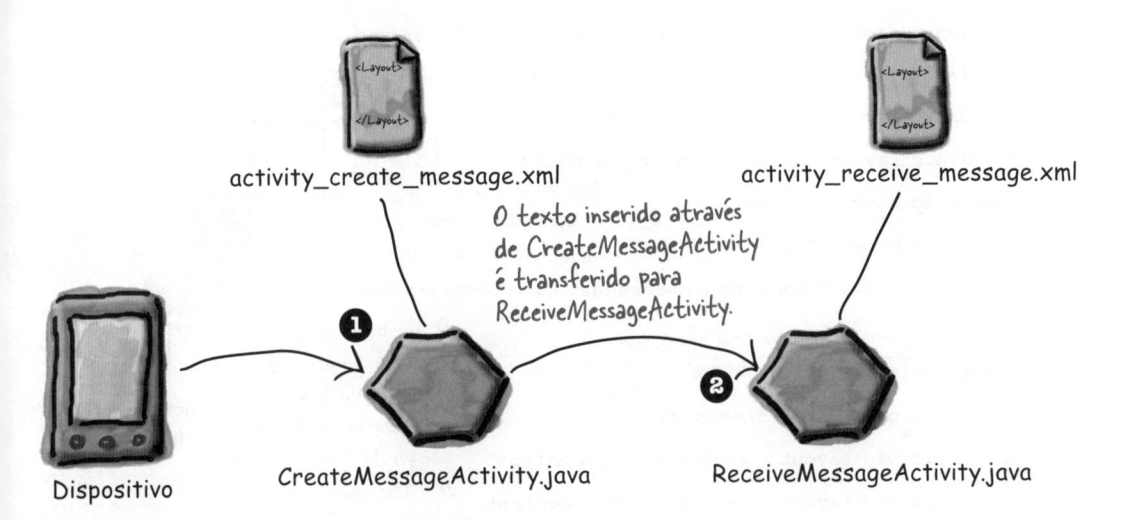

O texto inserido através de CreateMessageActivity é transferido para ReceiveMessageActivity.

activity_create_message.xml   activity_receive_message.xml

Dispositivo   CreateMessageActivity.java   ReceiveMessageActivity.java

Começando: crie o projeto

☐ Crie a primeira atividade
☐ Crie a segunda atividade
☐ Chame a segunda atividade
☐ Transmita os dados

Para criar o projeto do app, siga o procedimento indicado nos capítulos anteriores. Crie um novo projeto no Android Studio para um aplicativo chamado "My Messenger", utilizando "hfad.com" como domínio da empresa e `com.hfad.mymessenger` como nome do pacote. O SDL mínimo deve ser API 19 para permitir a execução do app na maioria dos dispositivos. Crie um atividade vazia chamada "CreateMessageActivity" e um layout chamado "activity_create_message" para que seu código fique parecido com o nosso. **Não se esqueça de desmarcar a opção Backwards Compatibility (AppCompat) ao criar a atividade.**

Na próxima página, vamos atualizar o layout da atividade.

você está aqui ▶   79

atualize o layout

Atualize o layout

Este é o XML do arquivo *activity_create_message.xml*. Estamos usando um `<LinearLayout>` para exibir os componentes em uma única coluna, à qual adicionamos os elementos `<Button>` e `<EditText>`. O elemento `<EditText>` oferece um campo de texto editável no qual você pode inserir dados.

Altere o seu arquivo *activity_create_message.xml* de acordo com o XML indicado aqui:

Este é o campo de texto editável. Se estiver vazio, dará uma dica ao usuário sobre que tipo de texto deve ser inserido.

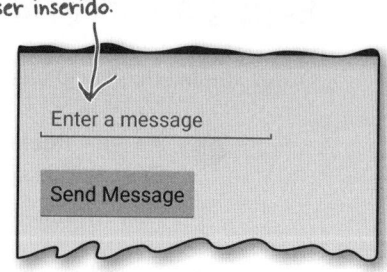

```xml
<?xml version="1.0" encoding="utf-8"?>
<LinearLayout
    xmlns:android="http://schemas.android.com/apk/res/android"
    xmlns:tools="http://schemas.android.com/tools"
    android:layout_width="match_parent"
    android:layout_height="match_parent"
    android:padding="16dp"
    android:orientation="vertical"
    tools:context="com.hfad.mymessenger.CreateMessageActivity">
```

Estamos usando um layout linear com orientação vertical.

```xml
    <EditText
        android:id="@+id/message"
        android:layout_width="wrap_content"
        android:layout_height="wrap_content"
        android:layout_marginTop="20dp"
        android:hint="@string/hint"
        android:ems="10" />
```

Este item cria um campo de texto editável.

O atributo da dica informa ao usuário que tipo de texto deve ser inserido no campo de texto. Deve ser adicionado como um recurso String.

Este item estabelece a extensão de `<EditText>`. Nesse caso, deve ser extenso o suficiente para conter 10 letras M.

```xml
    <Button
        android:id="@+id/send"
        android:layout_width="wrap_content"
        android:layout_height="wrap_content"
        android:layout_marginTop="20dp"
        android:onClick="onSendMessage"
        android:text="@string/send" />

</LinearLayout>
```

Este é o recurso String que deve ser criado.

Quando clicamos no botão, o método onSendMessage() é executado na atividade.

MyMessenger/app/src/main/res/layout/activity_create_message.xml

O elemento **<EditText>** define um campo de texto editável para a inserção de texto e herda da mesma classe Android View que os outros componentes GUI que vimos até aqui.

múltiplas atividades e intenções

Atualize o strings.xml...

☐ Crie a primeira atividade
☐ Crie a segunda atividade
☐ Chame a segunda atividade
☐ Transmita os dados

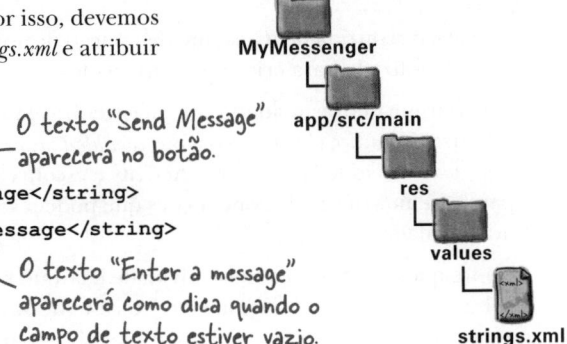

Usamos dois recursos String no layout indicado na página anterior. O botão contém o valor de texto @string/send e o campo de texto editável apresenta o valor de dica @string/hint que indica ao usuário o que ele deve inserir no campo. Por isso, devemos adicionar as Strings "send" e "hint" ao *strings.xml* e atribuir valores a elas. Faça isso agora:

```xml
<resources>
    ...
    <string name="send">Send Message</string>
    <string name="hint">Enter a message</string>
</resources>
```

O texto "Send Message" aparecerá no botão.

O texto "Enter a message" aparecerá como dica quando o campo de texto estiver vazio.

MyMessenger/app/src/main/res/values/strings.xml

...e adicione o método à atividade

Esta linha do elemento `<Button>`:
`android:onClick="onSendMessage"`
indica que o método `onSendMessage()` da atividade será ativado quando o botão for clicado. Vamos adicionar esse método à atividade agora.

Abra o arquivo *CreateMessageActivity.java* e substitua o código criado pelo Android Studio pelos seguintes dados:

```java
package com.hfad.mymessenger;

import android.app.Activity;
import android.os.Bundle;
import android.view.View;

public class CreateMessageActivity extends Activity {

    @Override
    protected void onCreate(Bundle savedInstanceState) {
        super.onCreate(savedInstanceState);
        setContentView(R.layout.activity_create_message);
    }

    //Chama onSendMessage() quando o botão é clicado
    public void onSendMessage(View view) {
    }
}
```

Lembre-se de que a sua atividade deve estender a classe Activity.

O método onCreate() será chamado quando a atividade for criada.

Este método será chamado quando o botão for clicado. Vamos desenvolver o corpo do método ao longo do capítulo.

MyMessenger/app/src/main/java/com.hfad.mymessenger/CreateMessageActivity.java

Depois de criarmos a primeira atividade, vamos construir a segunda.

você está aqui ▶ 81

crie a atividade

Crie a segunda atividade e o layout

- ☑ Crie a primeira atividade
- → ☐ Crie a segunda atividade
- ☐ Chame a segunda atividade
- ☐ Transmita os dados

O Android Studio dispõe de um assistente que permite adicionar atividades e layouts adicionais aos apps. Parece
uma versão reduzida do assistente de criação de aplicativos e pode ser utilizado para criar novas atividades.

Para criar uma nova atividade, abra a visualização Project no explorador do Android Studio, clique no pacote *com.hfad.mymessenger* na pasta *app/src/main/java*, selecione File > New > Activity e escolha a opção Empty Activity. Aparecerá uma nova tela com opções que podem ser selecionadas para a nova atividade.

Sempre que criamos uma nova atividade e layout, precisamos nomeá-los. Atribua à nova atividade o nome de "ReceiveMessageActivity" e ao layout o nome de "activity_receive_message". Lembre-se de marcar a opção de gerar um layout e desmarcar as opções Launcher Activity e Backwards Compatibility (AppCompat). Finalmente, confirme se o nome do pacote é com.hfad.mymessenger e, quando estiver pronto, clique no botão Finish.

Algumas versões do Android Studio podem perguntar a linguagem de origem da sua atividade. Nesse caso, selecione a opção Java.

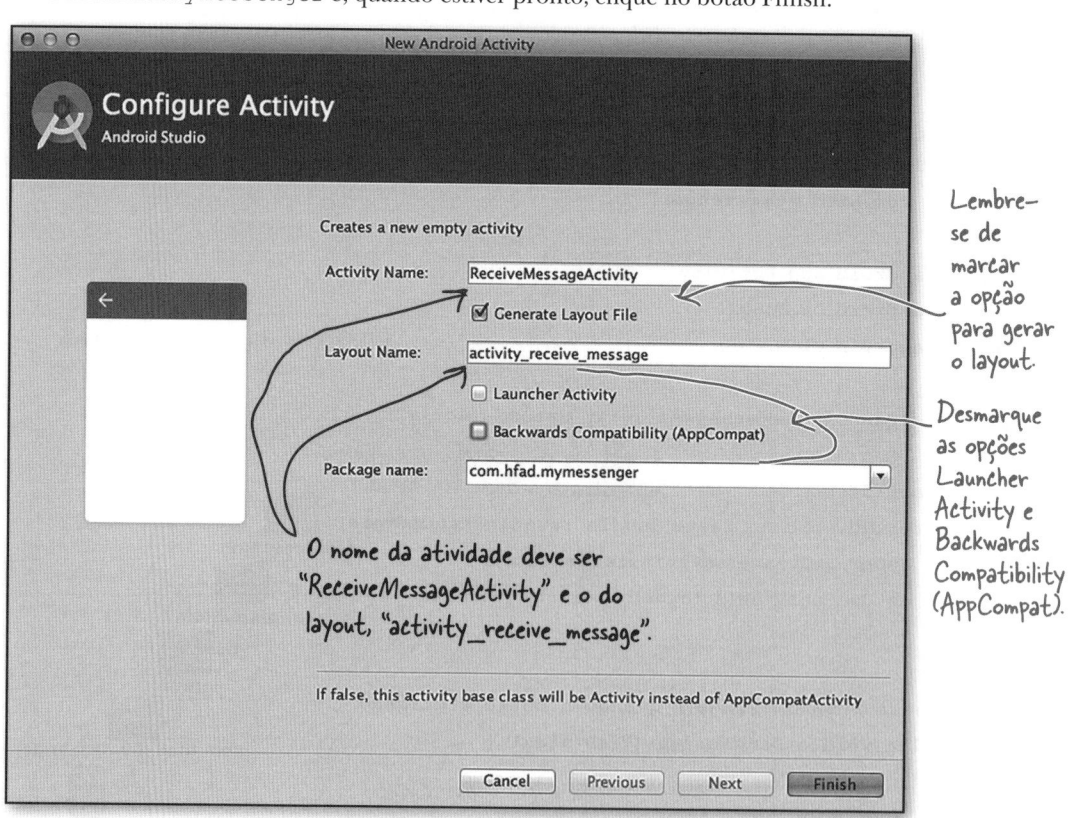

O nome da atividade deve ser "ReceiveMessageActivity" e o do layout, "activity_receive_message".

Lembre-se de marcar a opção para gerar o layout.

Desmarque as opções Launcher Activity e Backwards Compatibility (AppCompat).

múltiplas atividades e intenções

O que aconteceu?

Depois que você clicou no botão Finish, o Android Studio criou um arquivo de atividade novinho em folha e um novo layout. Observe no explorador que um novo arquivo chamado *ReceiveMessageActivity.java* apareceu na pasta *app/src/main/Java* e um arquivo chamado *activity_receive_message.xml* apareceu em *app/src/main/res/layout*.

Cada atividade utiliza um layout diferente. `CreateMessageActivity` usa o layout *activity_create_message.xml*, enquanto `ReceiveMessageActivity` usa o layout *activity_receive_message.xml*:

- ✓ Crie a primeira atividade
- → ☐ **Crie a segunda atividade**
- ☐ Chame a segunda atividade
- ☐ Transmita os dados

activity_create_message.xml → CreateMessageActivity.java

activity_receive_message.xml → ReceiveMessageActivity.java

Se a janela do seu explorador exibir algo diferente, é porque selecionamos a visualização Project.

O Android Studio adicionou ReceiveMessageActivity.

Seu arquivo de layout também foi adicionado.

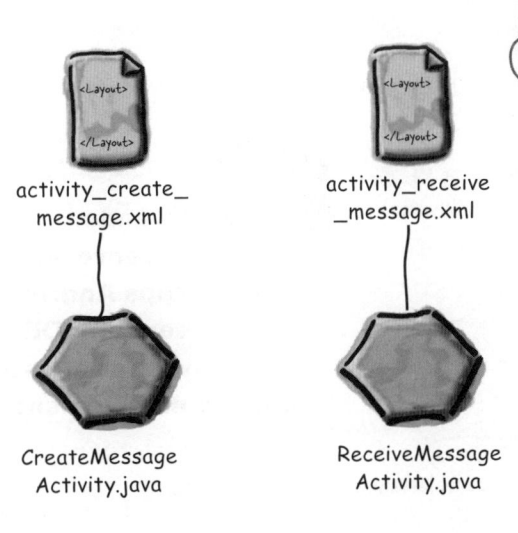

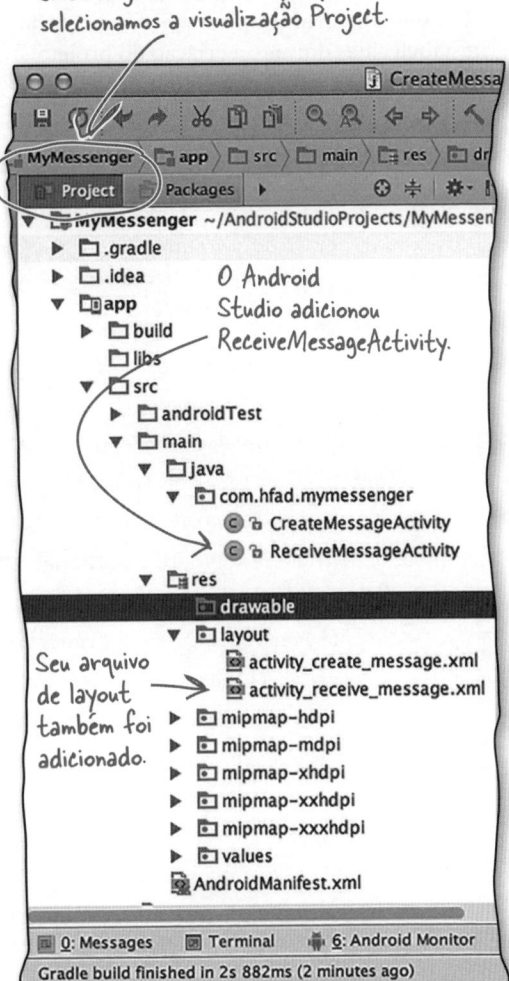

Nos bastidores, o Android Studio também alterou a configuração do app, modificando o arquivo *AndroidManifest.xml*. Vamos observar isso mais de perto.

você está aqui ▶ 83

AndroidManifest.xml

Conheça o arquivo de manifesto do Android

- ☑ Crie a primeira atividade
- ☑ Crie a segunda atividade
- ☐ Chame a segunda atividade
- ☐ Transmita os dados

Os aplicativos Android sempre contêm um arquivo *AndroidManifest.xml*, que geralmente está localizado na pasta *app/src/main* do projeto. O arquivo *AndroidManifest.xml* contém informações essenciais sobre o app, como suas atividades, bibliotecas necessárias e outras declarações. O Android cria o arquivo quando o app é criado. O conteúdo do arquivo reflete as configurações estabelecidas durante a criação do projeto.

O arquivo AndroidManifest.xml está nesta pasta.

MyMessenger / app/src/main / AndroidManifest.xml

Nossa cópia do *AndroidManifest.xml* tem a seguinte estrutura:

```xml
<?xml version="1.0" encoding="utf-8"?>
<manifest xmlns:android="http://schemas.android.com/apk/res/android"
    package="com.hfad.mymessenger">

    <application
        android:allowBackup="true"
        android:icon="@mipmap/ic_launcher"
        android:label="@string/app_name"
        android:roundIcon="@mipmap/ic_launcher_round"
        android:supportsRtl="true"
        android:theme="@style/AppTheme">

        <activity android:name=".CreateMessageActivity">
            <intent-filter>
                <action android:name="android.intent.action.MAIN" />
                <category android:name="android.intent.category.LAUNCHER" />
            </intent-filter>
        </activity>

        <activity android:name=".ReceiveMessageActivity"></activity>

    </application>

</manifest>
```

- *Este é o nome do pacote.*
- *O Android Studio atribuiu ícones-padrão ao app.*
- *O tema influencia a aparência do app. Vamos falar sobre isso mais adiante.*
- *Esta é a primeira atividade, CreateMessageActivity.*
- *Este item indica a principal atividade do app.*
- *Este item indica que a atividade pode servir para iniciar o app.*
- *Esta é a segunda atividade, ReceiveMessageActivity. O Android Studio adicionou esse código quando incluímos a segunda atividade.*

Veja bem! Quando desenvolver apps Android sem um IDE, você deverá criar este arquivo manualmente.

múltiplas atividades e intenções

Todas as atividades devem ser declaradas

Todas as atividades devem ser declaradas no *AndroidManifest.xml*. Caso uma atividade não seja declarada no arquivo, o sistema não saberá que ela existe. E se o sistema não souber que ela existe, a atividade nunca será executada.

> Se eu não for incluída no AndroidManifest.xml, o sistema, sem nenhuma culpa no cartório, não saberá da minha existência e nunca serei executada.

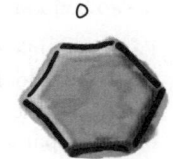

Atividade

Para declarar uma atividade no manifesto, inclua um elemento `<activity>` no elemento `<application>`. Na verdade, **todas** as atividades do app devem dispor de um respectivo elemento `<activity>`. Indicamos aqui o formato geral:

```
<application           ← Cada atividade deve ser declarada
    ...                  no elemento <application>.
    ...>
    <activity
        android:name=".MyActivityClassName"    ← Esta linha é obrigatória;
                                                 basta substituir nome
        ...            ← A atividade também pode           MyActivityClassName pelo
        ...>             conter outras propriedades.      nome da sua atividade.
        ...
    </activity>
    ...
</application>
```

A linha a seguir é obrigatória e serve para indicar o nome da classe da atividade. Neste exemplo, é "MyActivityClassName":

```
android:name=".MyActivityClassName"
```

MyActivityClassName é o nome da classe. Tem o prefixo "." porque o Android combina nome da classe com o nome do pacote para formar o nome da classe *totalmente qualificado*.

A declaração da atividade também pode incluir outras propriedades, como permissões de segurança e dados que indiquem se a atividade pode ser utilizada por atividades de outros apps.

Veja bem! **A segunda atividade do app foi declarada automaticamente porque usamos o assistente do Android Studio para adicioná-la.**

Se adicionar atividades adicionais manualmente, terá que editar o AndroidManifest.xml. O mesmo vale se você utilizar outro IDE além do Android Studio.

você está aqui ▶ 85

intenções

Uma intenção é um tipo de mensagem

- ☑ Crie a primeira atividade
- ☑ Crie a segunda atividade
- ☐ **Chame a segunda atividade**
- ☐ Transmita os dados

Até aqui, criamos um app com duas atividades, cada uma com seu próprio layout. Quando o app for iniciado, a primeira atividade, `CreateMessageActivity`, será executada. Em seguida, devemos configurar `CreateMessageActivity` para chamar `ReceiveMessageActivity` quando o usuário clicar no botão Send Message.

Para que uma atividade inicie uma segunda atividade, use uma **intenção**. Pense na intenção como uma "vontade de fazer algo". Trata-se de um tipo de mensagem que permite vincular objetos separados (como atividades) durante o tempo de execução. Para iniciar uma segunda atividade, uma atividade envia uma intenção para o Android. O Android então inicia a segunda atividade para a qual transmite a intenção.

> Para iniciar uma atividade, crie uma intenção para utilizar no método startActivity().

Você pode criar e enviar uma intenção usando apenas algumas linhas de código. Para começar, crie uma intenção como esta:

A intenção indica a atividade a ser recebida. É como escrever um endereço em um envelope.

```
Intent intent = new Intent(this, Target.class);
```

O primeiro parâmetro indica ao Android o objeto do qual vem a intenção: você pode usar a palavra `this` (esta) para se referir à atividade atual. O segundo parâmetro é o nome da classe da atividade que deve receber a intenção.

Depois de criar, você pode transmitir a intenção para o Android da seguinte forma:

```
startActivity(intent);
```

O método startActivity() inicia a atividade indicada na intenção.

Esse procedimento diz ao Android para iniciar a atividade especificada na intenção.

Depois de receber a intenção, o Android verifica se está tudo bem e promove a inicialização da atividade. Se não encontrar a atividade, o Android informa com **ActivityNotFoundException**.

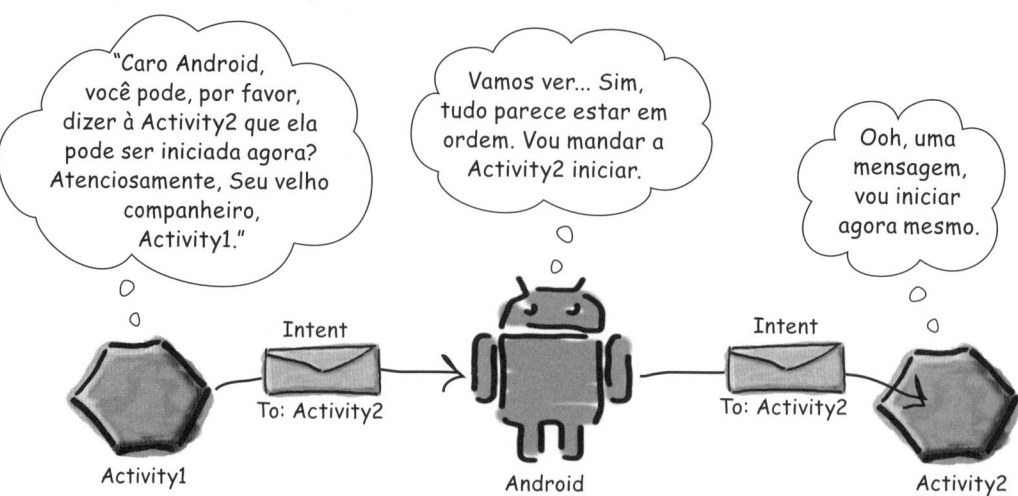

"Caro Android, você pode, por favor, dizer à Activity2 que ela pode ser iniciada agora? Atenciosamente, Seu velho companheiro, Activity1."

Vamos ver... Sim, tudo parece estar em ordem. Vou mandar a Activity2 iniciar.

Ooh, uma mensagem, vou iniciar agora mesmo.

múltiplas atividades e intenções

Use uma intenção para iniciar a segunda atividade

☑ Crie a primeira atividade
☑ Crie a segunda atividade
→ ☐ **Chame a segunda atividade**
☐ Transmita os dados

Vamos colocar isso em prática e usar uma intenção para chamar `ReceiveMessageActivity`. Para iniciar a atividade quando o usuário clicar no botão Send Message, vamos adicionar as duas linhas de código que abordamos na página anterior ao método `onSendMessage()`.

Faça as alterações destacadas abaixo:

```
package com.hfad.mymessenger;

import android.app.Activity;
import android.content.Intent;      ← Devemos importar a classe Intent
import android.os.Bundle;              android.content.Intent para usar
import android.view.View;              em onSendMessage().

public class CreateMessageActivity extends Activity {

    @Override
    protected void onCreate(Bundle savedInstanceState) {
        super.onCreate(savedInstanceState);
        setContentView(R.layout.activity_create_message);
    }

    //Chama onSendMessage() quando o botão é clicado
    public void onSendMessage(View view) {
        Intent intent = new Intent(this, ReceiveMessageActivity.class);
        startActivity(intent);
    }              ← Inicia a atividade
}                    ReceiveMessageActivity.
```

Então, o que vai acontecer quando o app for executado?

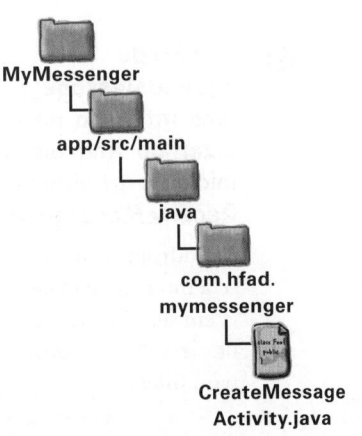

MyMessenger
└ **app/src/main**
 └ **java**
  └ **com.hfad.mymessenger**
   └ **CreateMessageActivity.java**

você está aqui ▶   87

o que acontece

O que acontece quando o app é executado

Antes de fazer um test drive no app, vamos analisar o funcionamento do aplicativo na forma em que está neste ponto:

☑ Crie a primeira atividade
☑ Crie a segunda atividade
→ ☐ **Chame a segunda atividade**
☐ **Transmita os dados**

❶ Quando iniciamos o app, sua principal atividade, CreateMessageActivity, é iniciada.

Ao ser iniciada, a atividade especifica o layout que utiliza, *activity_create_message.xml*. Esse layout é exibido em uma nova janela.

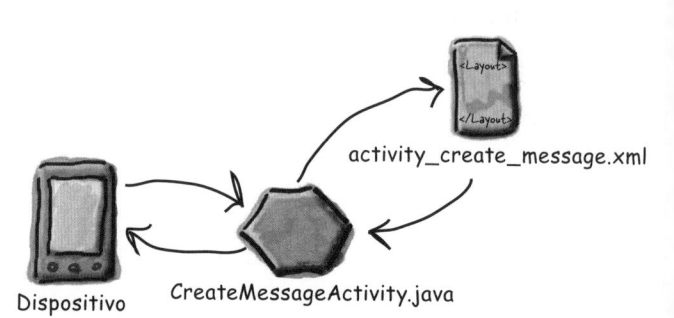

---

❷ O usuário digita a mensagem e, em seguida, clica no botão.

O método `onSendMessage()` em `CreateMessageActivity` responde ao clique.

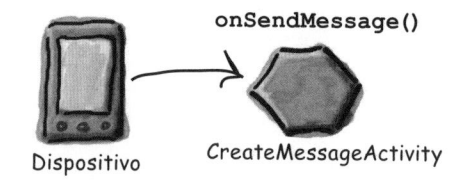

---

❸ O método onSendMessage() usa uma intenção para dizer ao Android para iniciar a atividade ReceiveMessageActivity.

O Android verifica se a intenção é válida e, em seguida, diz ao `ReceiveMessageActivity` para iniciar.

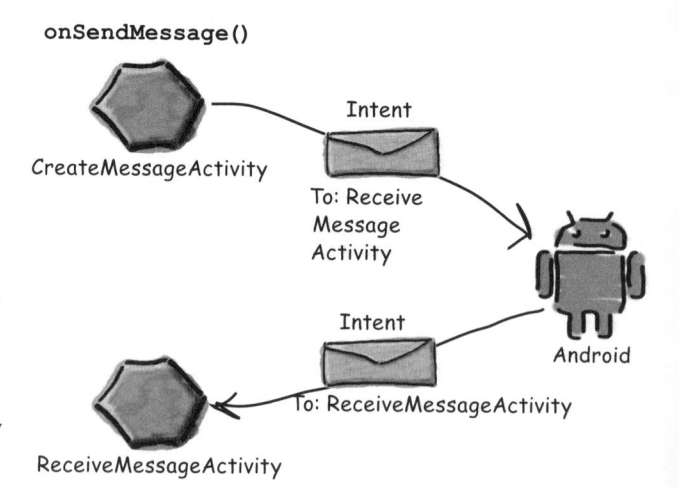

múltiplas atividades e intenções

A história continua...

④ Ao ser iniciada, ReceiveMessageActivity especifica o layout que utiliza, *activity_receive_message.xml*. Esse layout é exibido em uma nova janela.

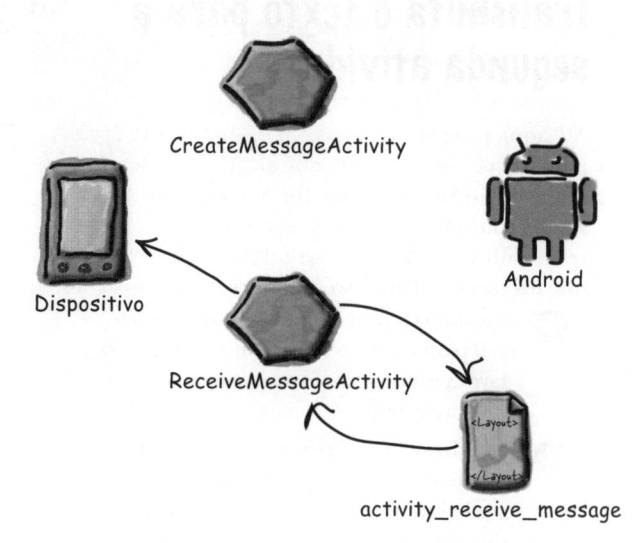

CreateMessageActivity

Dispositivo

ReceiveMessageActivity

Android

activity_receive_message

Test drive do app

Salve suas alterações e, em seguida, execute o app. CreateMessageActivity será iniciada e, quando você clicar no botão Send Message, iniciará ReceiveMessageActivity.

- ☑ **Crie a primeira atividade**
- ☑ **Crie a segunda atividade**
- ☑ **Chame a segunda atividade**
- ☐ **Transmita os dados**

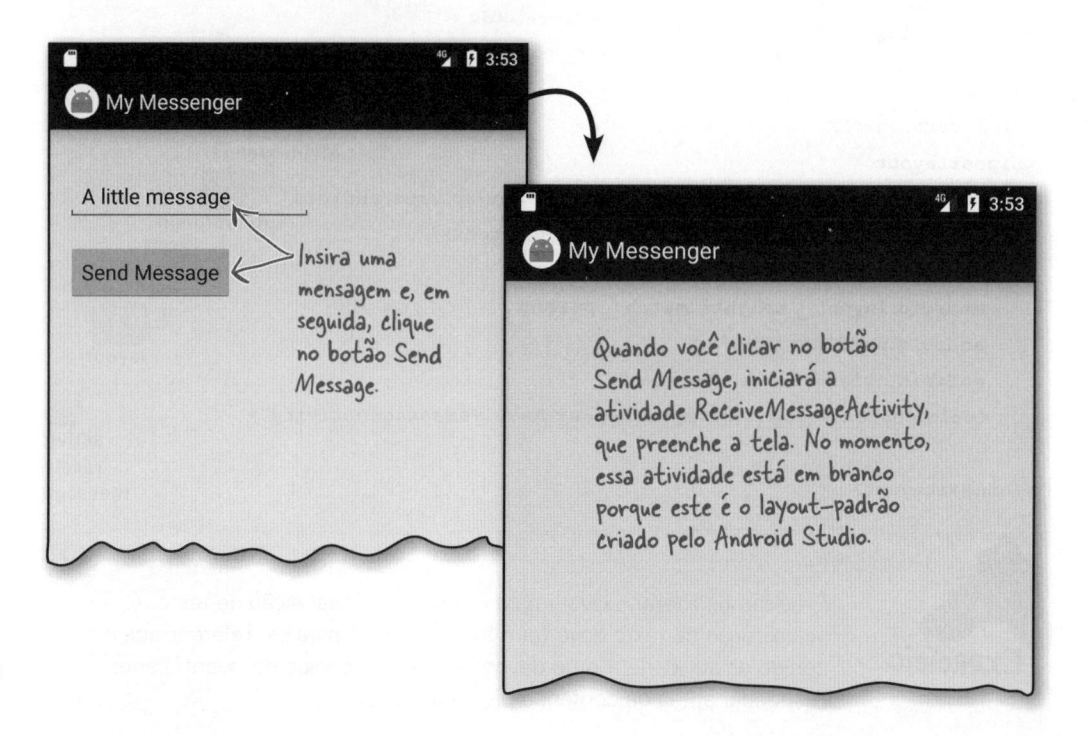

My Messenger — 3:53

A little message

Send Message

Insira uma mensagem e, em seguida, clique no botão Send Message.

My Messenger — 3:53

Quando você clicar no botão Send Message, iniciará a atividade ReceiveMessageActivity, que preenche a tela. No momento, essa atividade está em branco porque este é o layout-padrão criado pelo Android Studio.

você está aqui ▶ **89**

transmita o texto

Transmita o texto para a segunda atividade

Até aqui, programamos `CreateMessageActivity` para iniciar `ReceiveMessageActivity` sempre que o botão Send Message for pressionado. Agora, vamos configurar `CreateMessageActivity` para transmitir texto para `ReceiveMessageActivity`, que irá exibi-lo. Para isso, vamos realizar três ações:

☑ Crie a primeira atividade
☑ Crie a segunda atividade
☑ Chame a segunda atividade
☐ **Transmita os dados**

1 Ajustar o layout *activity_receive_message.xml* para exibir o texto. No momento, o layout está na sua forma-padrão criada pelo assistente.

2 Atualizar *CreateMessageActivity.java* para receber o texto inserido pelo usuário e adicionar esse texto à intenção antes de enviá-la.

3 Atualizar *ReceiveMessageActivity.java* para exibir o texto enviado na intenção.

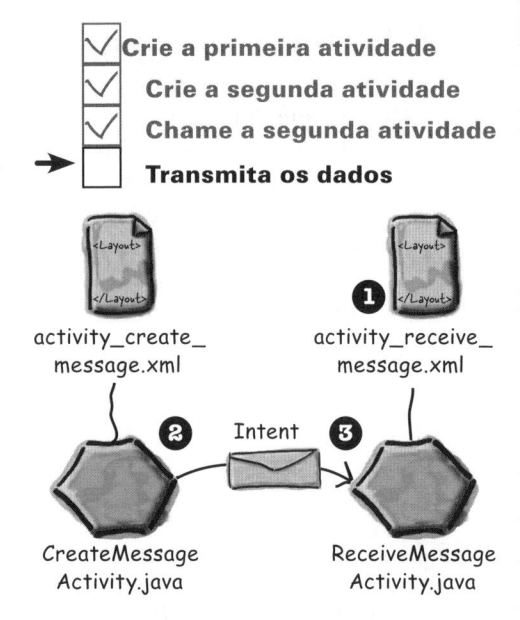

Vamos começar pelo layout

Vamos começar alterando o código de *activity_receive_message.xml* que o Android Studio criou para usar o `<LinearLayout>`. Atualize sua versão do código para que sua versão fique parecida com a nossa:

Vamos usar um layout linear com orientação vertical como fizemos no activity_create_message.xml.

```xml
<?xml version="1.0" encoding="utf-8"?>
<LinearLayout
    xmlns:android="http://schemas.android.com/apk/res/android"
    xmlns:tools="http://schemas.android.com/tools"
    android:layout_width="match_parent"
    android:layout_height="match_parent"
    android:padding="16dp"
    android:orientation="vertical"
    tools:context="com.hfad.mymessenger.ReceiveMessageActivity">

</LinearLayout>
```

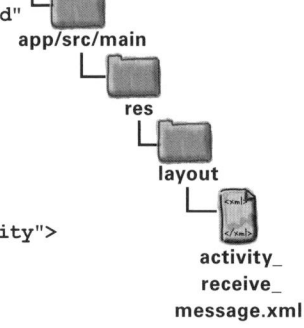

> **Exercício**
>
> Precisamos alterar o layout para incluir uma visualização de texto. A visualização de texto deve ter o ID "message" para ser referenciada no código da atividade. Como devemos alterar o código do layout? Tente responder antes de conferir a próxima página.

múltiplas atividades e intenções

Atualize as propriedades da visualização de texto

☑ Crie a primeira atividade
☑ Crie a segunda atividade
☑ Chame a segunda atividade
☐ **Transmita os dados**

Precisamos adicionar um elemento `<TextView>` ao layout e atribuir a ele o ID "message". Isso porque é necessário adicionar um ID aos componentes GUI para referenciá-los no código da atividade e precisamos referenciar a visualização de texto para atualizar o texto a ser exibido.

Atualizamos o código para incluir uma nova visualização de texto. Atualize o código do seu *activity_receive_message.xml* para que fique parecido com o nosso (destacamos as alterações em negrito):

```xml
<?xml version="1.0" encoding="utf-8"?>
<LinearLayout
    xmlns:android="http://schemas.android.com/apk/res/android"
    xmlns:tools="http://schemas.android.com/tools"
    android:layout_width="match_parent"
    android:layout_height="match_parent"
    android:padding="16dp"
    android:orientation="vertical"
    tools:context="com.hfad.mymessenger.ReceiveMessageActivity">

    <TextView
        android:id="@+id/message"
        android:layout_width="wrap_content"
        android:layout_height="wrap_content" />
</LinearLayout>
```

Esse item adiciona a visualização de texto.

Esta linha atribui à visualização de texto o ID "message".

MyMessenger
app/src/main
res
layout
activity_receive_message.xml

Não especificamos um texto-padrão para a visualização de texto, pois o único texto que pode ser exibido na visualização de texto é a mensagem transmitida por `CreateMessageActivity`.

Depois de atualizarmos o layout, vamos trabalhar nas atividades. Vamos começar definindo como podemos usar uma intenção para transmitir uma mensagem para `ReceiveMessageActivity`.

não existem Perguntas Idiotas

P: Tenho mesmo que usar as intenções? Não posso apenas construir uma instância da segunda atividade no código da primeira instância?

R: Essa é uma boa pergunta, mas a resposta é não. Isso não condiz com o "estilo Android". Mesmo porque, ao transmitir intenções, você diz ao Android a sequência em que as atividades são iniciadas. Ou seja, quando você clica no botão Back de um dispositivo, o Android sabe exatamente para onde deve voltar.

você está aqui ▶ 91

extra extra

O putExtra() insere informações adicionais na intenção

- ✓ Crie a primeira atividade
- ✓ Crie a segunda atividade
- ✓ Chame a segunda atividade
- → ☐ Transmita os dados

Já vimos antes como criar uma nova intenção da seguinte forma:

```
Intent intent = new Intent(this, Target.class);
```

Você pode adicionar informações adicionais a essa intenção de modo que a atividade desejada possa captar esses dados e reagir de alguma forma. Para isso, use o método putExtra() como indicado aqui:

intent.putExtra("message", value);

Aqui, message é o nome da String associada ao valor transmitido e value é o valor. Como o método putExtra() está sobrecarregado, value pode assumir diversos tipos. Por exemplo, pode ser um primitivo como um booleano ou int, uma matriz de primitivos ou uma String. Você pode usar o putExtra() repetidas vezes para incluir muitos dados adicionais na intenção. Se fizer isso, atribua um nome exclusivo a cada um.

> O putExtra() permite a inserção de informações adicionais na mensagem a ser enviada.
>
> **Intent**
> To: ReceiveMessageActivity
> message: "Hello!"

> Há diversas opções para o tipo de valor. Você pode conferir todas elas na documentação do Google Android. O Android Studio também apresentará uma lista quando você estiver inserindo código.

Como recuperar informações adicionais de uma intenção

A história não acaba aqui. Quando o Android diz para ReceiveMessageActivity iniciar, ReceiveMessageActivity precisa de um modo para recuperar as informações adicionais que CreateMessageActivity enviou para o Android na intenção.

Há alguns métodos úteis que podem facilitar esse processo. O primeiro é o seguinte:

getIntent();

getIntent() retorna a intenção que iniciou a atividade e você pode utilizá-la para recuperar as informações adicionais eventualmente transmitidas. O tipo de informação enviada determinada como você vai fazer isso. Por exemplo, se a intenção incluir o valor String chamado "message", utilize a seguinte forma:

> **Intent**
> To: ReceiveMessageActivity
> message: "Hello!"

```
Intent intent = getIntent();   ← Obtenha a intenção.
String string = intent.getStringExtra("message"); ← Obtenha a String transmitida a partir da intenção "message".
```

Você não está restrito a recuperar valores String. É possível utilizar, por exemplo, as seguintes formas:

int intNum = intent.getIntExtra("name", default_value);

para recuperar uma int chamado name. default_value especifica o valor-padrão da int.

múltiplas atividades e intenções

Enigma da Piscina

Sua **missão** é selecionar os fragmentos de código na piscina abaixo e colocá-los nas linhas em branco de *CreateMessageActivity.java*. Você não pode usar o mesmo fragmento mais de uma vez e não vai precisar usar todos os fragmentos disponíveis. Seu objetivo é programar a atividade para que ela recupere o texto da mensagem <EditText> e adicione esse texto à intenção.

```java
package com.hfad.mymessenger;

import android.app.Activity;
import android.os.Bundle;
import android.content.Intent;
import android.view.View;
........................................................................

public class CreateMessageActivity extends Activity {

    @Override
    protected void onCreate(Bundle savedInstanceState) {
        super.onCreate(savedInstanceState);
        setContentView(R.layout.activity_create_message);
    }

    //Chama onSendMessage() quando o botão é clicado
    public void onSendMessage(View view) {
        ........................................................................
        ........................................................................
        Intent intent = new Intent(this, ReceiveMessageActivity.class);
        ........................................................................
        startActivity(intent);
    }
}
```

Nota: cada item da piscina só pode ser utilizado uma vez!

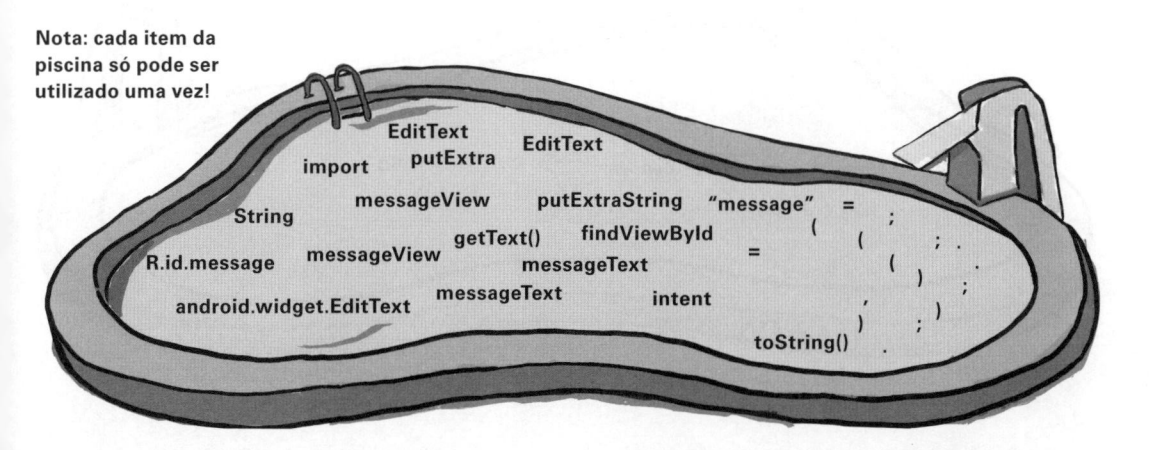

EditText
import   putExtra   EditText
         messageView   putExtraString   "message"   =
String   getText()   findViewById   ((;   .
R.id.message   messageView   messageText   =   (   )   .
   android.widget.EditText   messageText   intent   ,   )   ;
                                               toString()   .

solução da piscina

Enigma da Piscina – Solução

Sua **missão** é selecionar os fragmentos de código na piscina abaixo e colocá-los nas linhas em branco de *CreateMessageActivity.java*. Você não pode usar o mesmo fragmento mais de uma vez e não vai precisar usar todos os fragmentos disponíveis. Seu objetivo é programar a atividade para que ela recupere o texto da mensagem <EditText> e adicione esse texto à intenção.

```java
package com.hfad.mymessenger;

import android.app.Activity;
import android.os.Bundle;
import android.content.Intent;
import android.view.View;

import android.widget.EditText;
```
Você precisa importar a classe EditText.

```java
public class CreateMessageActivity extends Activity {

    @Override
    protected void onCreate(Bundle savedInstanceState) {
        super.onCreate(savedInstanceState);
        setContentView(R.layout.activity_create_message);
    }

    //Chama onSendMessage() quando o botão é clicado
    public void onSendMessage(View view) {
        EditText messageView = (EditText) findViewById(R.id.message);
        String messageText = messageView.getText().toString();

        Intent intent = new Intent(this, ReceiveMessageActivity.class);
        intent.putExtra("message", messageText);
        startActivity(intent);
    }
}
```

Obtenha o texto do campo de texto editável com a ID "message".

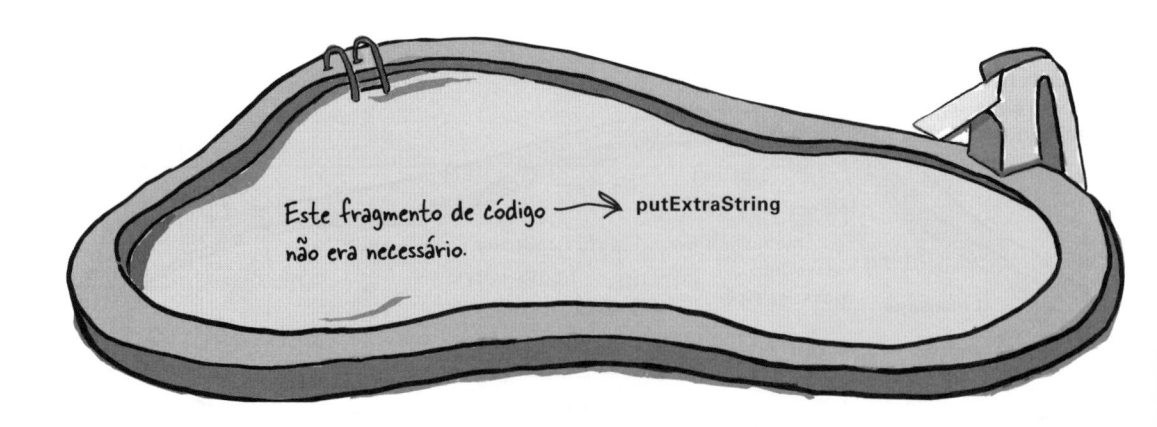

Adicione o texto à intenção e atribua o nome "message".

Este fragmento de código → putExtraString
não era necessário.

múltiplas atividades e intenções

Atualize o código de CreateMessageActivity

☑ Crie a primeira atividade
☑ Crie a segunda atividade
☑ Chame a segunda atividade
☐ **Transmita os dados**

Atualizamos o código de *CreateMessageActivity.java* para que reconheça o texto digitado pelo usuário na tela e adicione esse texto à intenção. Esse é o código completo (lembre-se de atualizar o seu código e fazer as alterações indicadas em negrito):

```
package com.hfad.mymessenger;

import android.app.Activity;
import android.os.Bundle;
import android.content.Intent;
import android.view.View;
import android.widget.EditText;

public class CreateMessageActivity extends Activity {

    @Override
    protected void onCreate(Bundle savedInstanceState) {
        super.onCreate(savedInstanceState);
        setContentView(R.layout.activity_create_message);
    }

    //Chama onSendMessage() qaundo o botão é clicado
    public void onSendMessage(View view) {
        EditText messageView = (EditText)findViewById(R.id.message);
        String messageText = messageView.getText().toString();
        Intent intent = new Intent(this, ReceiveMessageActivity.class);
        intent.putExtra(ReceiveMessageActivity.EXTRA_MESSAGE, messageText);
        startActivity(intent);
    }
}
```

Você deve importar a classe EditText android.widget.EditText porque ela está utilizada no código da atividade.

MyMessenger / app/src/main / java / com.hfad.mymessenger / CreateMessageActivity.java

Obtenha o texto que está no elemento EditText.

Use a intenção para iniciar ReceiveMessageActivity.

Crie uma intenção e, em seguida, adicione o texto a ela. Usamos uma constante como nome da informação extra para indicar que CreateMessageActivity e ReceiveMessageActivity estão usando a mesma String. Fique tranquilo se o Android Studio disser que não existe, pois vamos adicionar isso à ReceiveMessageActivity na próxima página.

Como o CreateMessageActivity adicionou informações extras à intenção, devemos recuperá-las e usá-las.

getStringExtra()

Programe o ReceiveMessageActivity para usar as informações da intenção

- ☑ Crie a primeira atividade
- ☑ Crie a segunda atividade
- ☑ Chame a segunda atividade
- → ☐ Transmita os dados

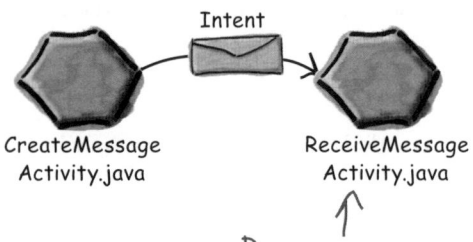

Depois de alterar `CreateMessageActivity` para adicionar o texto à intenção, vamos atualizar `ReceiveMessageActivity` para que ela use o texto.

Vamos programar `ReceiveMessageActivity` para exibir a mensagem na sua exibição de texto quando a atividade for criada. Como o método `onCreate()` da atividade é chamado logo após a criação dela, vamos adicionar o código a esse método.

Para obter a mensagem da intenção, primeiro vamos obter a intenção usando o método `getIntent()` para, em seguida, obter o valor da mensagem usando `getStringExtra()`.

Devemos programar ReceiveMessageActivity para que ela processe a intenção recebida.

Este é o código completo de *ReceiveMessageActivity.java* (substitua o código gerado pelo Android Studio por este e salve as suas alterações):

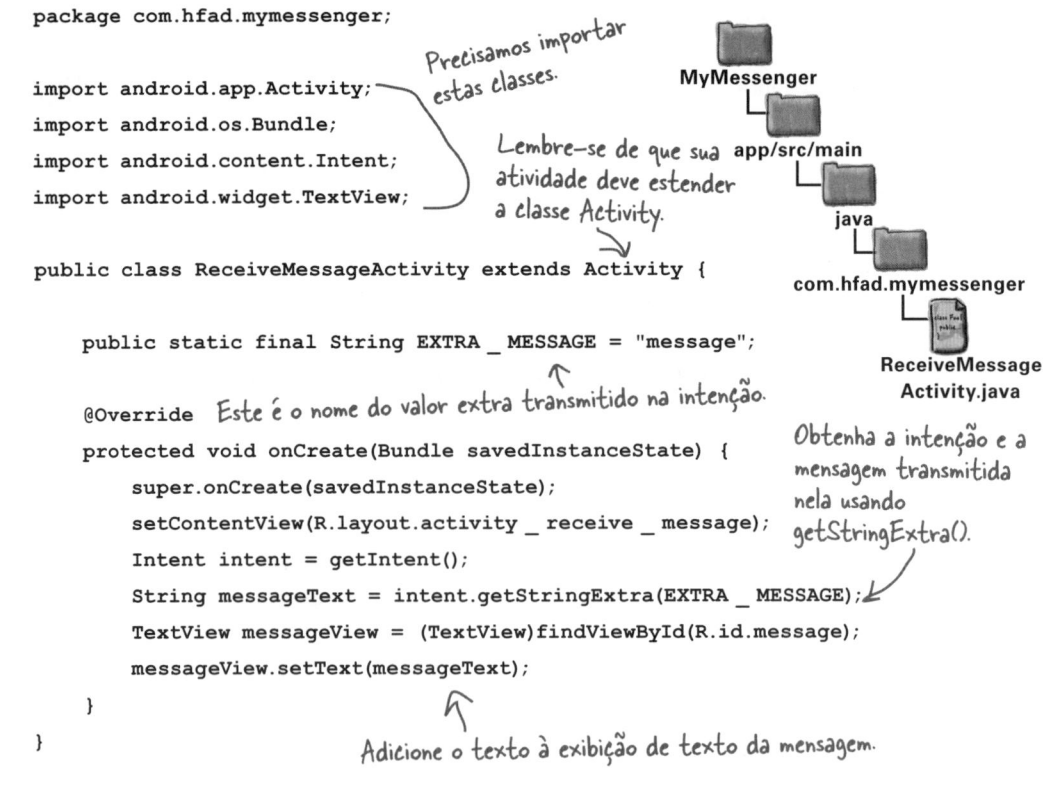

```java
package com.hfad.mymessenger;

import android.app.Activity;
import android.os.Bundle;
import android.content.Intent;
import android.widget.TextView;

public class ReceiveMessageActivity extends Activity {

    public static final String EXTRA_MESSAGE = "message";

    @Override
    protected void onCreate(Bundle savedInstanceState) {
        super.onCreate(savedInstanceState);
        setContentView(R.layout.activity_receive_message);
        Intent intent = getIntent();
        String messageText = intent.getStringExtra(EXTRA_MESSAGE);
        TextView messageView = (TextView)findViewById(R.id.message);
        messageView.setText(messageText);
    }
}
```

Precisamos importar estas classes.

Lembre-se de que sua atividade deve estender a classe Activity.

Este é o nome do valor extra transmitido na intenção.

Obtenha a intenção e a mensagem transmitida nela usando getStringExtra().

Adicione o texto à exibição de texto da mensagem.

MyMessenger/app/src/main/java/com.hfad.mymessenger/ReceiveMessageActivity.java

Antes de fazermos um test drive com o app, vamos analisar a função do código na sua forma atual.

múltiplas atividades e intenções

O que acontece quando o usuário clica no botão Send Message

❶ Quando o usuário clica no botão, o método onSendMessage() é chamado.

O código no método `onSendMessage()` cria uma intenção para iniciar a atividade `ReceiveMessageActivity`, adiciona uma mensagem à intenção e transmite essa mensagem ao Android com uma instrução para iniciar a atividade.

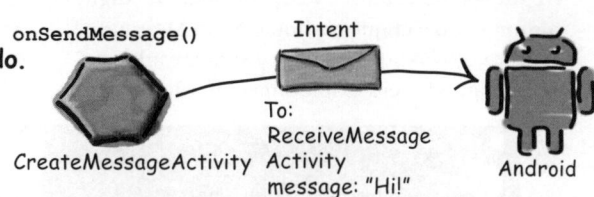

onSendMessage()

CreateMessageActivity

Intent
To: ReceiveMessage Activity
message: "Hi!"

Android

---

❷ O Android verifica se a intenção está correta e, em seguida, inicia a ReceiveMessageActivity.

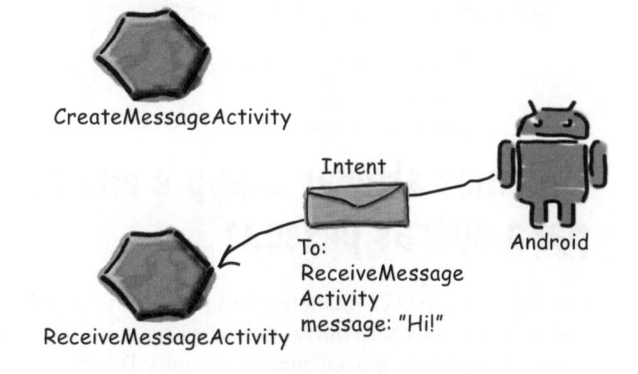

CreateMessageActivity

ReceiveMessageActivity

Intent
To: ReceiveMessage Activity
message: "Hi!"

Android

---

❸ Ao iniciar, ReceiveMessageActivity especifica que utiliza o layout activity_receive_message.xml, que é exibido no dispositivo.

A atividade atualiza o layout para exibir o texto extra incluído na intenção.

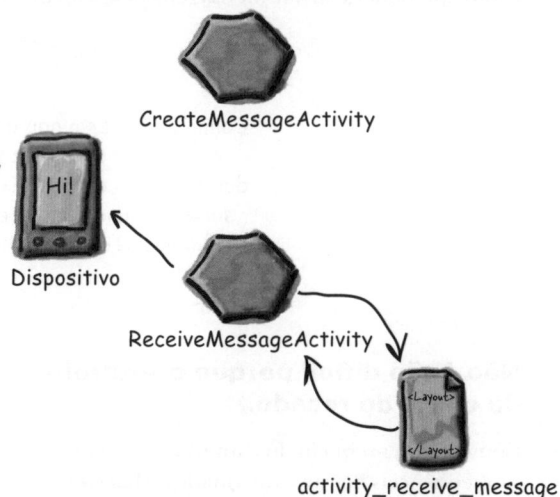

Hi!

Dispositivo

CreateMessageActivity

ReceiveMessageActivity

activity_receive_message

você está aqui ▶ 97

test drive

Test drive do app

Lembre-se de atualizar as duas atividades, salve suas alterações e execute o aplicativo. Quando `CreateMessageActivity` for iniciada, digite algum texto e clique no botão Send Message. `ReceiveMessageActivity` será ativada e o texto digitado será exibido na exibição de texto.

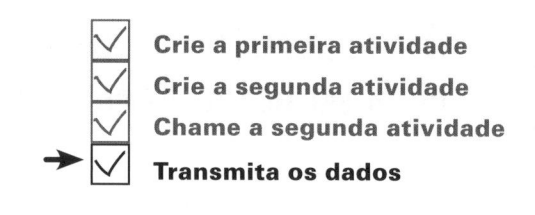

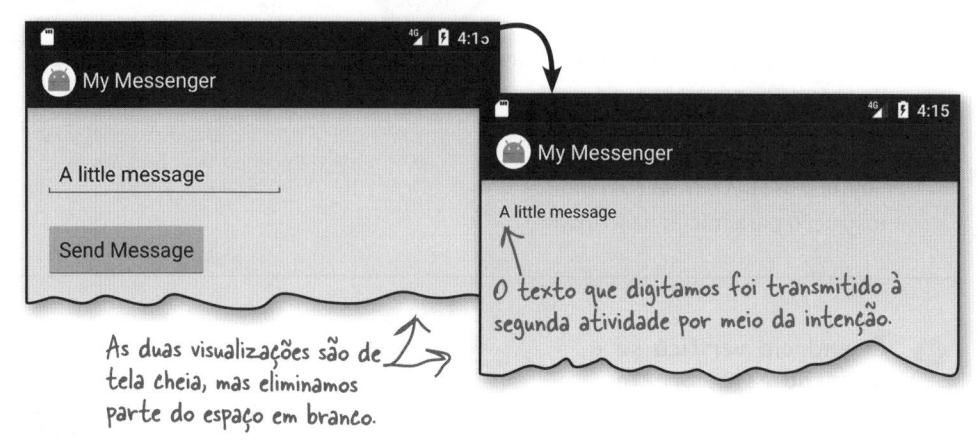

- ☑ **Crie a primeira atividade**
- ☑ **Crie a segunda atividade**
- ☑ **Chame a segunda atividade**
- ☑ **Transmita os dados**

As duas visualizações são de tela cheia, mas eliminamos parte do espaço em branco.

O texto que digitamos foi transmitido à segunda atividade por meio da intenção.

Podemos alterar o app e enviar mensagens para outras pessoas

Como nosso app já envia mensagens para outras atividades, podemos alterá-lo para enviar mensagens para outras pessoas. Para isso, devemos integrá-lo ao demais apps do dispositivo que enviam mensagens. De acordo com os apps do usuário, nosso app poderá enviar mensagens pelo Gmail, Google+, Facebook, Twitter...

> Calma aí! Fazer o app interagir com esses outros apps pode dar trabalho demais. Como vou saber quais apps as pessoas têm nos seus dispositivos?

Não é tão difícil porque o Android dá conta do recado.

Como vimos no início do capítulo, as tarefas são sequências de várias atividades. **Mas você não está restrito a usar apenas as atividades do seu app.** É possível ultrapassar os limites do seu app e usar atividades de *outros* aplicativos.

múltiplas atividades e intenções

Como os apps Android funcionam

☑ Crie a primeira atividade
☑ Crie a segunda atividade
☑ Chame a segunda atividade
➔ ☑ **Transmita os dados**

Como vimos, os apps Android são formados por uma ou mais atividades e outros componentes, como os layouts. Uma atividade é uma ação definida e específica à disposição do usuário. Por exemplo, apps como Gmail, Google+, Facebook e Twitter têm atividades que permitem o envio de mensagens, mas que podem funcionar de forma diferente.

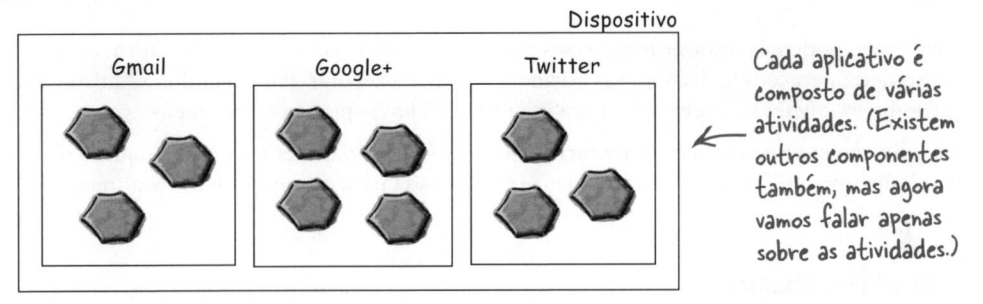

Dispositivo

Gmail   Google+   Twitter

← Cada aplicativo é composto de várias atividades. (Existem outros componentes também, mas agora vamos falar apenas sobre as atividades.)

As intenções podem iniciar atividades em outros apps

Já aprendemos a usar uma intenção para iniciar uma segunda atividade em um mesmo app. A primeira atividade transmite uma intenção para o Android, que a verifica e, em seguida, inicia a segunda atividade.

O mesmo princípio vale para atividades de outros apps. Você programa uma atividade do seu app para transmitir uma intenção ao Android, que a verifica e, em seguida, inicia a segunda atividade, *mesmo que ela esteja em outro aplicativo*. Por exemplo, podemos usar uma intenção para iniciar a atividade do Gmail, que envia mensagens, e transmitir a ela o texto que queremos enviar. Em vez de escrever atividades para enviar e-mails, podemos usar o app Gmail.

Você pode criar uma intenção para iniciar outra atividade mesmo que ela esteja em outro app.

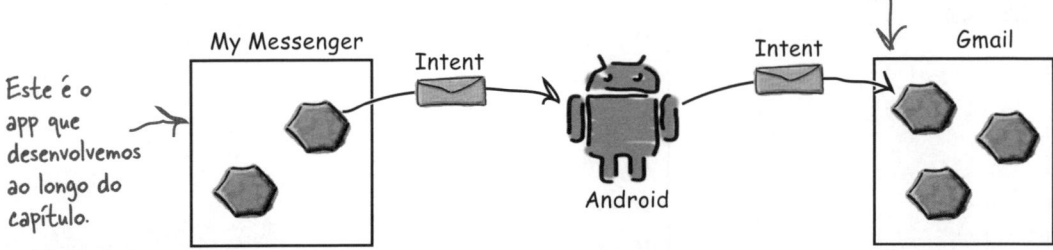

Este é o app que desenvolvemos ao longo do capítulo. →

My Messenger — Intent → Android — Intent → Gmail

Logo, para construir aplicativos para executar tarefas muito complexas, basta encadear atividades entre dispositivos.

você está aqui ▶ 99

use as ações

Mas não conhecemos os apps do usuário

Há três perguntas às quais devemos responder antes de chamar atividades de outros apps:

⭐ Como saber quais atividades estão disponíveis no dispositivo do usuário?

⭐ Como saber quais dessas atividades atendem ao nosso objetivo?

⭐ Como usar essas atividades?

Felizmente, podemos resolver todos esses problemas usando **ações**. As ações informam ao Android as operações-padrão que as atividades podem executar. Por exemplo, o Android sabe que todas as atividades registradas para uma ação de envio podem enviar mensagens.

A seguir, vamos aprender a criar intenções que usam ações para retornar um conjunto de atividades que podem ser usadas de forma padronizada para, por exemplo, enviar mensagens.

Siga estes passos

❶ Crie uma intenção que especifique uma ação.

A intenção diz ao Android que você quer usar uma atividade para enviar uma mensagem. A intenção deve conter o texto da mensagem.

❷ Permita que o usuário escolha o aplicativo a ser usado.

Provavelmente, haverá mais de um app capaz de enviar mensagens e o usuário deverá escolher um deles. Queremos que o usuário faça sua escolha sempre que clicar no botão Send Message.

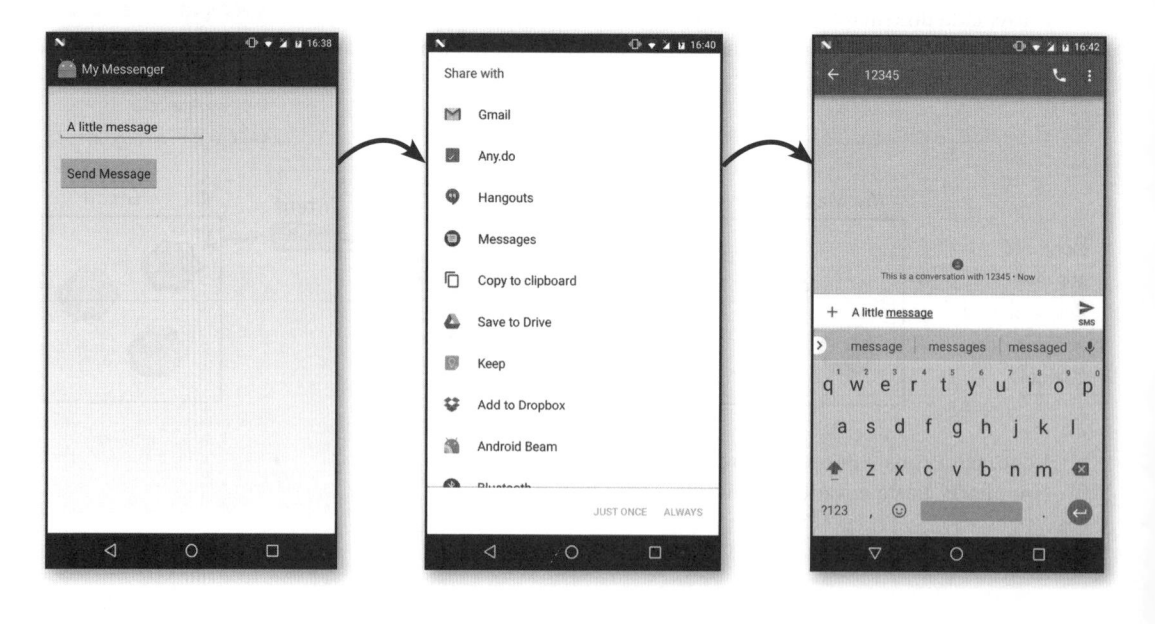

múltiplas atividades e intenções

Crie uma intenção que especifique uma ação

→ ☐ Especifique a ação
　 Crie o seletor

Até aqui, aprendemos a criar uma intenção que ativa uma atividade específica, usando:

```
Intent intent = new Intent(this, ReceiveMessageActivity.class);
```

Indicamos a classe desejada para a intenção; mas e quando não sabemos a classe?

A intenção é **explícita**. Você indica expressamente a classe que deseja executar ao Android.

Para executar uma ação com qualquer atividade, crie uma **intenção implícita**. Você indica ao Android o tipo de ação que deseja executar, e a plataforma define os detalhes da atividade que executará a ação.

Como criar a intenção

Para criar uma intenção que especifique uma ação, use a seguinte sintaxe:

```
Intent intent = new Intent(action);
```

Aqui, `action` é o tipo da atividade a ser executada. O Android dispõe de várias ações-padrão. Por exemplo, você pode usar `Intent.ACTION_DIAL` para discar para um número, `Intent.ACTION_WEB_SEARCH` para fazer uma busca na web e `Intent.ACTION_SEND` para enviar uma mensagem. Portanto, para criar uma intenção que especifique seu objetivo de enviar uma mensagem, use:

```
Intent intent = new Intent(Intent.ACTION_SEND);
```

Para saber mais sobre os tipos de ações de atividade e as informações extras suportadas, confira o material de referência do desenvolvedor de Android (conteúdo em inglês): http://tinyurl.com/n57qb5.

Adicionando informações extras

Depois de especificar a ação desejada, você pode adicionar informações extras a ela. Queremos usar a intenção para transmitir um texto que forme o corpo da mensagem a ser enviada. Para isso, use as seguintes linhas de código:

```
intent.setType("text/plain");
intent.putExtra(Intent.EXTRA_TEXT, messageText);
```

Estes atributos estão relacionados a Intent.ACTION_SEND e não são aplicáveis a todas as ações.

Aqui, `messageText` é o texto que você deseja enviar. Esse elemento diz ao Android que a atividade deve manipular dados do tipo MIME `text/plain` e indica o texto.

Para adicionar mais informações, faça chamadas extras ao método `putExtra()`. Por exemplo, para especificar o assunto da mensagem, você pode usar:

```
intent.putExtra(Intent.EXTRA_SUBJECT, subject);
```

Se o assunto não for relevante para determinado um aplicativo, será ignorado. Os apps que sabem o que fazer com o assunto serão executados.

Aqui, `subject` é o assunto da mensagem.

você está aqui ▶　　101

use uma ação

Altere a intenção para usar uma ação

→ ☐ **Especifique a ação**
   ☐ Crie o seletor

Vamos atualizar *CreateMessageActivity.java* para criar uma intenção implícita que use uma ação de envio. Faça as alterações destacadas abaixo e salve as modificações:

```
package com.hfad.mymessenger;

import android.app.Activity;
import android.os.Bundle;
import android.content.Intent;
import android.view.View;
import android.widget.EditText;

public class CreateMessageActivity extends Activity {

    @Override
    protected void onCreate(Bundle savedInstanceState) {
        super.onCreate(savedInstanceState);
        setContentView(R.layout.activity_create_message);
    }

    //Chama onSendMessage() quando o botão é clicado
    public void onSendMessage(View view) {
        EditText messageView = (EditText)findViewById(R.id.message);
        String messageText = messageView.getText().toString();
        Intent intent = new Intent(this, ReceiveMessageActivity.class);
        intent.putExtra(ReceiveMessageActivity.EXTRA_MESSAGE, messageText);
        Intent intent = new Intent(Intent.ACTION_SEND);
        intent.setType("text/plain");
        intent.putExtra(Intent.EXTRA_TEXT, messageText);
        startActivity(intent);
    }
}
```

Remova estas duas linhas. *(as duas linhas riscadas acima)*

MyMessenger / app/src/main / java / com.hfad.mymessenger / CreateMessageActivity.java

Em vez de criar uma intenção explícita para ReceiveMessageActivity, estamos criando uma intenção que usa uma ação de envio.

Depois de atualizar o código, vamos analisar o que acontece quando o usuário clica no botão Send Message.

múltiplas atividades e intenções

O que acontece quando o código é executado

→ ☑ **Especifique a ação**
☐ **Crie o seletor**

① Quando o método onSendMessage() é chamado, uma intenção é criada. O método startActivity() transmite essa intenção ao Android.

A intenção especifica uma ação `ACTION_SEND` e o tipo MIME `text/plain`.

onSendMessage() → CreateMessageActivity

Intent
ACTION_SEND
type: "text/plain"
messageText: "Hi!"

Android

---

② O Android percebe que a intenção só pode ser transmitida para atividades que podem processar ACTION_SEND e dados text/plain. O Android analisa todas as atividades do dispositivo do usuário em busca daquelas que possam receber a intenção.

Se nenhuma ação puder processar a intenção, será lançada uma `ActivityNotFoundException`.

Aha, uma intenção implícita! Preciso encontrar todas as atividades que possam processar ACTION_SEND e dados do tipo text/plain e que sejam da categoria DEFAULT.

CreateMessageActivity   Android

---

③a Se apenas uma atividade for capaz de receber a intenção, o Android irá iniciá-la e transmitirá a intenção a ela.

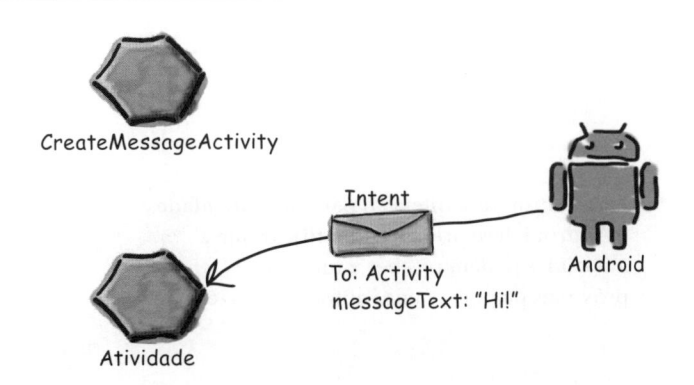

CreateMessageActivity

Intent
To: Activity
messageText: "Hi!"

Atividade   Android

você está aqui ▶   **103**

o que acontece

A história continua...

→ ☑ **Especifique a ação**
☐ **Crie o seletor**

3b Se mais de uma atividade puder receber a intenção, o Android exibirá uma caixa de diálogo de seleção de atividades e pedirá que o usuário escolha a atividade desejada.

CreateMessageActivity

Ei, usuária! Todas essas atividades podem enviar a sua mensagem. Qual delas você vai querer?

Android

Usuária

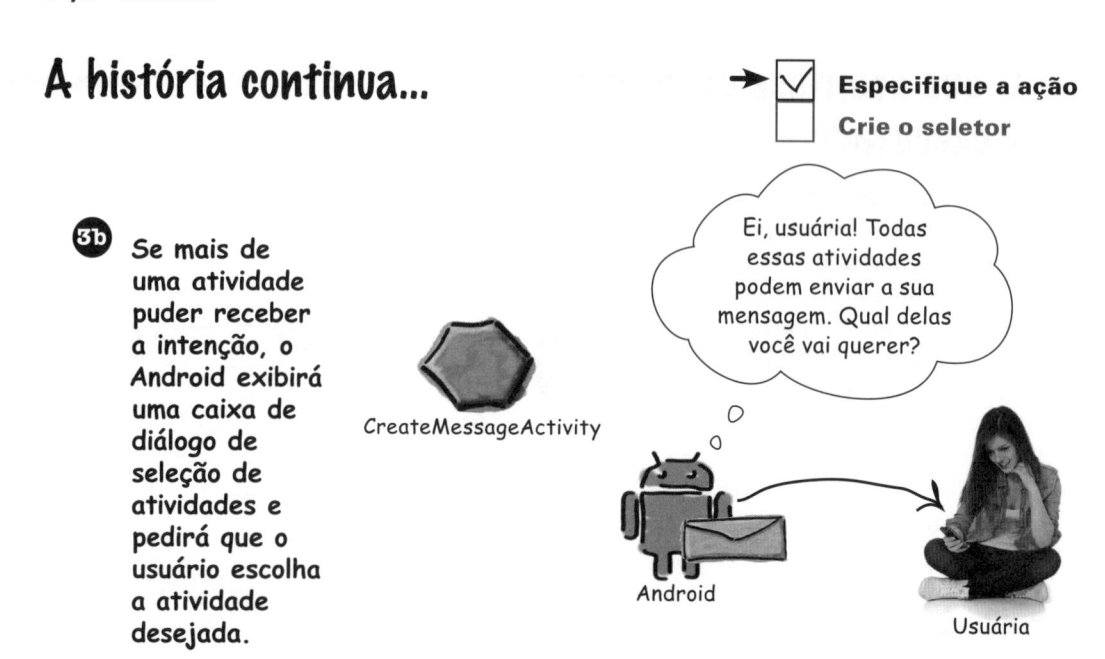

4 Quando o usuário escolhe a atividade desejada, o Android inicia a atividade e transmite a intenção a ela.

A atividade exibe o texto extra contido na intenção no corpo de uma nova mensagem.

CreateMessageActivity

ChosenActivity

Intent
To: ChosenActivity
messageText: "Hi!"

Android

Usuária

Para transmitir a intenção para uma atividade, o Android deve primeiro identificar quais atividades podem receber a intenção. Nas próximas páginas, vamos aprender a fazer isso.

múltiplas atividades e intenções

O filtro de intenção informa ao Android quais atividades podem processar cada ação

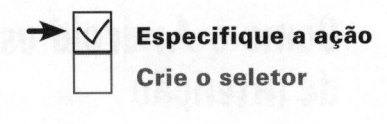

☑ Especifique a ação
☐ Crie o seletor

Quando o Android recebe uma intenção, precisa descobrir qual atividade (ou atividades) é capaz de processá-la. Esse processo é conhecido como **resolução de intenção**.

Quando se usa uma intenção *explícita*, a resolução de intenção é simples. A intenção informa expressamente o componente para o qual ela está direcionada, oferecendo instruções claras ao Android sobre o que deve ser feito. Por exemplo, o código a seguir diz explicitamente para o Android iniciar ReceiveMessageActivity:

```
Intent intent = new Intent(this, ReceiveMessageActivity.class);
startActivity(intent);
```

Quando se usa uma intenção *implícita*, o Android utiliza as informações da intenção para definir os componentes que podem recebê-la. Para isso, verifica os filtros de intenção na cópia de *AndroidManifest.xml* de cada aplicativo.

O **filtro de intenção** especifica os tipos de intenção que cada componente pode receber. Por exemplo, esta é a entrada de uma atividade que pode processar a ação ACTION _ SEND. A atividade pode aceitar dados dos tipos MIME text/plain ou image:

```xml
<activity android:name="ShareActivity">
    <intent-filter>
        <action android:name="android.intent.action.SEND"/>
        <category android:name="android.intent.category.DEFAULT"/>
        <data android:mimeType="text/plain"/>
        <data android:mimeType="image/*"/>
    </intent-filter>
</activity>
```

Isto é só um exemplo: não existe uma atividade chamada "ShareActivity" no nosso projeto.

Este item diz ao Android que a atividade pode processar ACTION_SEND.

Estes são os tipos de dados que a atividade pode processar.

O filtro de intenção deve incluir a categoria DEFAULT para poder receber intenções implícitas.

O filtro de intenção também especifica uma **categoria**. A categoria fornece informações extras sobre a atividade, indicando, por exemplo, se ela pode ser iniciada por um navegador web ou se é o ponto de entrada principal do app. O filtro de intenção *deve* incluir a categoria android.intent.category.DEFAULT para receber intenções implícitas. Se a atividade não contiver um filtro de intenção ou caso o filtro não contenha o nome da categoria android.intent.category.DEFAULT, a atividade em questão não poderá ser iniciada com uma intenção implícita. Ela só poderá ser iniciada com uma intenção *explícita* que inclua o nome completo (indicando até mesmo o pacote) do componente.

você está aqui ▶ **105**

filtro de intenção

Como o Android usa o filtro de intenção

→ ☑ **Especifique a ação**
　☐ **Crie o seletor**

Quando usamos uma intenção implícita, o Android compara as informações indicadas na intenção com as informações indicadas nos filtros de intenção especificados no arquivo *AndroidManifest.xml* de cada app.

Primeiro, o Android analisa os filtros de intenção que contêm a categoria `android.intent.category.DEFAULT`:

```
<intent-filter>
    <category android:name="android.intent.category.DEFAULT"/>
    ...
</intent-filter>
```

Os filtros de intenção que não incluírem essa categoria serão omitidos, pois não poderão receber intenções implícitas.

Em seguida, o Android relaciona as intenções aos filtros de intenção, comparando a ação e o tipo MIME contidos em cada intenção com os dos filtros de intenção. Por exemplo, considere que uma intenção especifica uma ação `Intent.ACTION_SEND` usando:

```
Intent intent = new Intent(Intent.ACTION_SEND);
```

Ele também examinará a categoria do filtro de intenção, se a intenção indicar uma. Como isso não é muito comum, não vamos aprender a adicionar categorias às intenções.

O Android só considerará as atividades que especifiquem um filtro de intenção com uma ação `android.intent.action.SEND`, como esta:

```
<intent-filter>
    <action android:name="android.intent.action.SEND"/>
    ...
</intent-filter>
```

Da mesma forma, se o tipo MIME da intenção for definido como `text/plain` usando:

```
intent.setType("text/plain");
```

O Android só considerará as atividades que possam acomodar esse tipo de dado:

```
<intent-filter>
    <data android:mimeType="text/plain"/>
    ...
</intent-filter>
```

Se o tipo MIME não estiver indicado na intenção, o Android tentará deduzir o tipo em questão com base nos dados contidos na intenção.

Depois de concluir a comparação entre a intenção e os filtros de intenção do componente, o Android determinará o número de correspondências identificadas. Se o Android encontrar apenas uma correspondência, irá iniciar o componente (nesse caso, a atividade) e transmiti-lo à intenção. Se identificar várias correspondências, o usuário terá que escolher uma.

múltiplas atividades e intenções

SEJA a Intenção

Sua missão é agir como se você fosse a intenção à direita e indicar quais das atividades descritas a seguir são compatíveis com a sua ação e seus dados. Justifique cada resposta, positiva ou negativa.

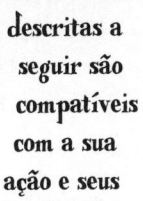

Esta é a intenção.

```
Intent intent = new Intent(Intent.ACTION_SEND);
intent.setType("text/plain");
intent.putExtra(Intent.EXTRA_TEXT, "Hello");
```

```xml
<activity android:name="SendActivity">
    <intent-filter>
        <action android:name="android.intent.action.SEND"/>
        <category android:name="android.intent.category.DEFAULT"/>
        <data android:mimeType="*/*"/>
    </intent-filter>
</activity>
```

```xml
<activity android:name="SendActivity">
    <intent-filter>
        <action android:name="android.intent.action.SEND"/>
        <category android:name="android.intent.category.MAIN"/>
        <data android:mimeType="text/plain"/>
    </intent-filter>
</activity>
```

```xml
<activity android:name="SendActivity">
    <intent-filter>
        <action android:name="android.intent.action.SENDTO"/>
        <category android:name="android.intent.category.MAIN"/>
        <category android:name="android.intent.category.DEFAULT"/>
        <data android:mimeType="text/plain"/>
    </intent-filter>
</activity>
```

você está aqui ▶ 107

solução

SEJA a Intenção – Solução

Sua missão é agir como se você fosse a intenção à direita e indicar quais das atividades descritas a seguir são compatíveis com a sua ação e seus dados. Justifique cada resposta, positiva ou negativa.

```
Intent intent = new Intent(Intent.ACTION_SEND);
intent.setType("text/plain");
intent.putExtra(Intent.EXTRA_TEXT, "Hello");
```

✓ Esta atividade aceita ACTION_SEND e pode processar dados de qualquer tipo MIME. Portanto, pode corresponder à intenção.

```
<activity android:name="SendActivity">
    <intent-filter>
        <action android:name="android.intent.action.SEND"/>
        <category android:name="android.intent.category.DEFAULT"/>
        <data android:mimeType="*/*"/>
    </intent-filter>
</activity>
```

✗ Esta atividade não contém a categoria DEFAULT e, portanto, não pode receber a intenção.

```
<activity android:name="SendActivity">
    <intent-filter>
        <action android:name="android.intent.action.SEND"/>
        <category android:name="android.intent.category.MAIN"/>
        <data android:mimeType="text/plain"/>
    </intent-filter>
</activity>
```

✗ Esta atividade não pode aceitar intenções ACTION_SEND, somente ACTION_SENDTO (que permitem o envio de mensagens para um destinatário especificado nos dados da intenção).

```
<activity android:name="SendActivity">
    <intent-filter>
        <action android:name="android.intent.action.SENDTO"/>
        <category android:name="android.intent.category.MAIN"/>
        <category android:name="android.intent.category.DEFAULT"/>
        <data android:mimeType="text/plain"/>
    </intent-filter>
</activity>
```

múltiplas atividades e intenções

Execute seu app em um dispositivo REAL

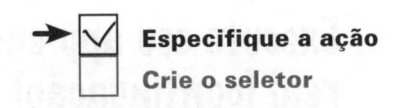

➡ ☑ **Especifique a ação**
Crie o seletor

Até aqui, executamos nossos apps usando o emulador. O emulador só tem capacidade para um pequeno número de aplicativos e talvez haja apenas um app que processe ACTION_SEND. Para testar nosso aplicativo adequadamente, devemos executá-lo em um dispositivo físico que contenha mais de um aplicativo compatível com a nossa ação, como, por exemplo, um app que envie e-mails e outro que envie mensagens.

Siga os passos a seguir para executar seu app em um dispositivo físico.

1. Habilite a depuração USB em seu dispositivo

Sim, estamos falando sério. → Inicie seu dispositivo e abra "Developer options" (a partir do Android 4.0, essa opção fica oculta por padrão para versão de Android em inglês). Para habilitar "Developer options", vá para Settings → About Phone e digite sete vezes o número da compilação. Ao voltar para a tela anterior, você verá "Developer options".

Em "Developer options", ligue a opção da depuração USB.

Você precisa habilitar a depuração USB (USB debugging). →

2. Configure o sistema para detectar seu dispositivo

Se estiver usando um Mac, pode pular este passo.

Se estiver usando Windows, você precisa instalar um driver USB. As instruções mais recentes podem ser encontradas aqui (conteúdo em inglês):

http://developer.android.com/tools/extras/oem-usb.html

Se estiver usando Ubuntu Linux, você precisa criar um arquivo de regras udev. As instruções mais recentes para esse procedimento podem ser encontradas aqui (conteúdo em inglês):

http://developer.android.com/tools/device.html#setting-up

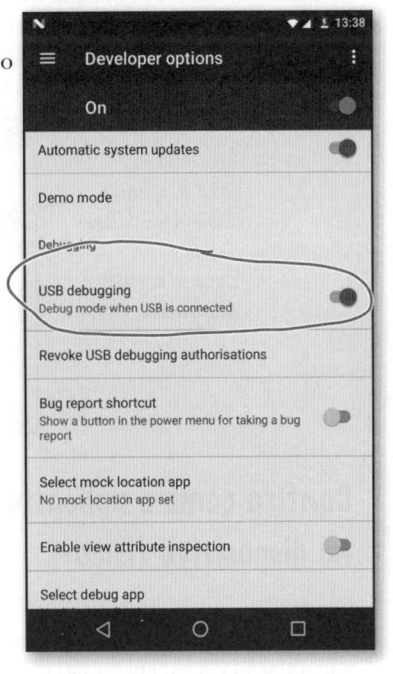

3. Conecte o dispositivo no seu computador com um cabo USB

O dispositivo pode perguntar se você aceita uma chave RSA para permitir a depuração USB no seu computador. Se isso ocorrer, marque a opção "Always allow from this computer" e selecione OK para habilitá-la.

você está aqui ▶ **109**

executando em dispositivos reais

Execute seu app em um dispositivo real (continuação)

→ ☑ **Especifique a ação**
☐ **Crie o seletor**

4. Interrompa a execução do app no emulador

Antes de executar o app em outro dispositivo, você deve interromper a execução no dispositivo atual (nesse caso, no emulador). Para isso, escolha Run → "Stop 'app'" ou clique no botão "Stop 'app'" na barra de ferramentas.

Clique neste botão na barra de ferramentas do Android Studio para interromper a execução do app no dispositivo atual.

5. Execute o app no dispositivo físico

Para executar o app, escolha Run → "Run 'app'". Quando o Android Studio pedir que você escolha o dispositivo em que o app será executado, selecione o seu dispositivo na lista de dispositivos disponíveis e clique em OK. O Android Studio irá instalar o app no seu dispositivo e iniciá-lo.

Este é o nosso dispositivo físico. → **LGE Nexus 5X (Android 7.1.1, API 25)**

Este é o nosso dispositivo virtual. → **Nexus 5X API 25 (Android 7.1.1, API 25)**

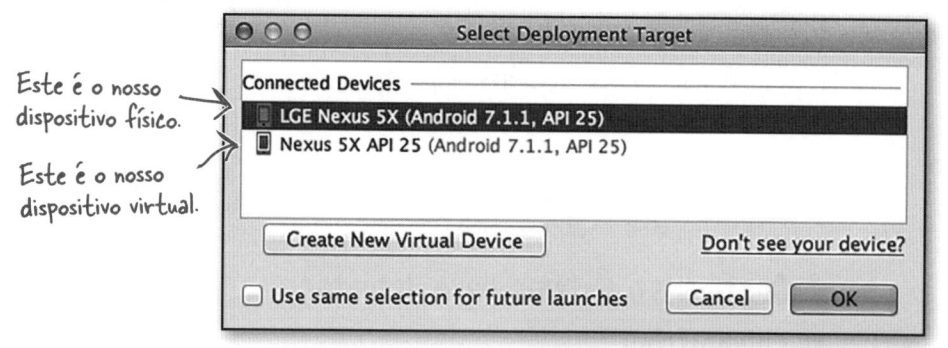

Confira como o aplicativo é executado no dispositivo físico

Observe que o visual do app é muito parecido com o seu visual ao ser executado no emulador. Além disso, a instalação e a execução são muito mais rápidas no dispositivo físico.

Agora que você aprendeu a executar seus apps no seu dispositivo, já pode começar a testar as alterações mais recentes realizadas no app.

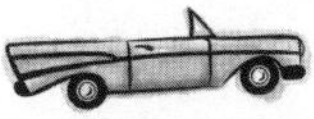

múltiplas atividades e intenções

Test drive do app

Execute o aplicativo usando o emulador e, em seguida, o seu próprio dispositivo. Os resultados dependerão do número de atividades contidas em cada um que permitam o uso da ação Send com dados de texto.

Se houver apenas uma atividade

Clicar no botão Send Message ativará diretamente este app.

No emulador, como há apenas uma atividade que pode enviar mensagens com dados textuais, quando clicamos no botão Send Message, o Android inicia a atividade.

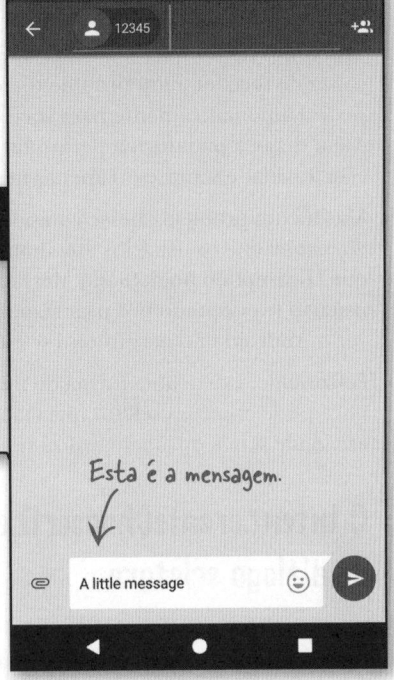

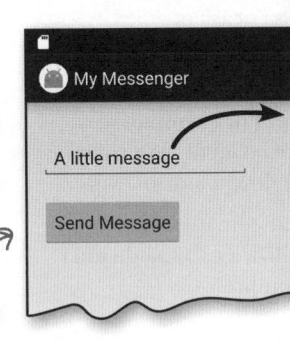

Se houver mais de uma atividade

O Android exibe um seletor e pede para você escolher a opção desejada e definir se pretende usar essa ação apenas uma vez ou sempre. Se você escolher sempre, na próxima vez que clicar no botão Send Message, o Android usará a mesma atividade por padrão.

Esta é a mensagem.

No dispositivo físico, há muitas atividades disponíveis. Decidimos usar o app nativo Messages e selecionamos a opção "sempre". Isso é ótimo se quisermos usar sempre o mesmo app, mas nem tanto, se quisermos usar um app diferente a cada vez.

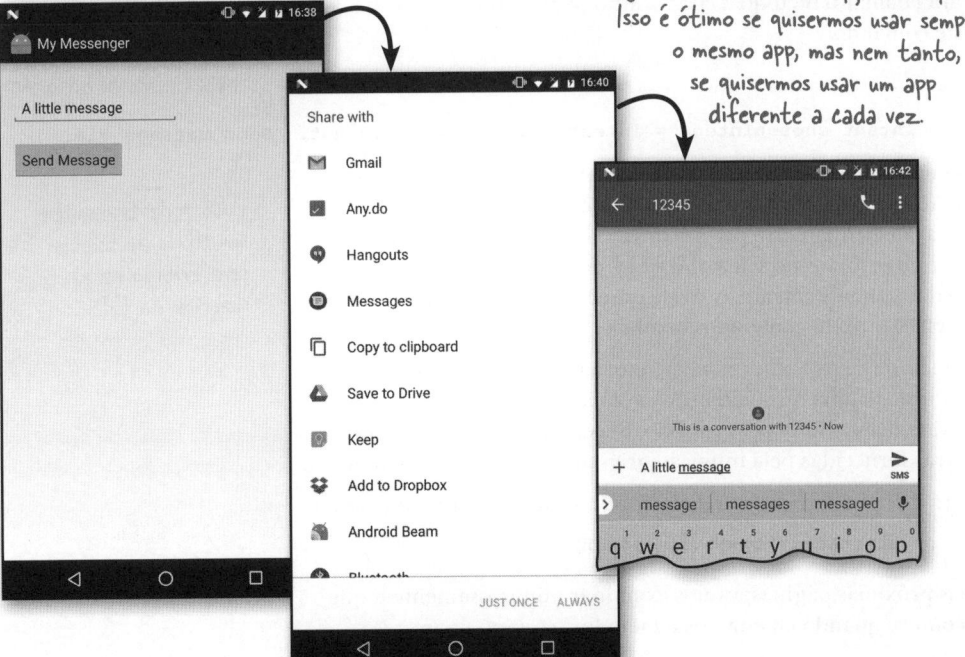

você está aqui ▶   111

deixe o usuário escolher

E se você SEMPRE quiser que os usuários escolham uma atividade?

Acabamos de ver que, se houver mais de uma atividade capaz de receber a intenção no dispositivo, o Android pedirá automaticamente para você escolher uma delas. Além disso, a plataforma perguntará se você deseja usar essa atividade sempre ou apenas nessa ocasião.

Mas há um problema nesse comportamento-padrão: como *determinar* que os usuários escolham uma atividade sempre que clicarem no botão Send Message? Por exemplo, se o usuário tiver optado por usar sempre o Gmail, na próxima vez o Android não perguntará se ele deseja usar o Twitter.

Felizmente, existe uma forma de lidar com essa situação. Você pode criar um seletor que viabiliza a escolha de uma atividade sem a opção de utilizá-la sempre.

O Intent.createChooser() exibe uma caixa de diálogo seletora

Você pode fazer isso usando o método `Intent.createChooser()`, que transforma a intenção criada em uma caixa de diálogo seletora. Ao usarmos esse método, não oferecemos ao usuário a opção de escolher uma atividade-padrão. Ele sempre terá que fazer uma escolha.

Para chamar o método `createChooser()`, utilize este comando:

> O createChooser() permite que você especifique um título para a caixa de diálogo seletora sem oferecer ao usuário a opção de definir uma atividade como padrão. Esse método também informa ao usuário que não existem atividades disponíveis ao exibir uma mensagem.

```
Intent chosenIntent = Intent.createChooser(intent, "Send message via...");
```

Esta é a intenção que você criou anteriormente.

Você pode transmitir um título ao seletor. Ele será exibido na parte superior da tela.

O método recebe dois parâmetros: uma intenção e um título de `String` opcional para a janela da caixa de diálogo seletora. O parâmetro `Intent` precisa descrever os tipos de atividade a serem exibidos no seletor. Você pode usar a intenção que criamos anteriormente, pois ela especifica que queremos usar `ACTION_SEND` com dados textuais.

O método `createChooser()` retorna uma `Intent` nova. Trata-se de uma nova intenção explícita direcionada para a atividade escolhida pelo usuário. Ela contém as informações extras fornecidas pela intenção original, inclusive dados de texto.

Para iniciar a atividade escolhida pelo usuário, é preciso chamar:

```
startActivity(chosenIntent);
```

Nas próximas páginas, vamos examinar minuciosamente o que acontece quando chamamos o método `createChooser()`.

múltiplas atividades e intenções

O que acontece quando você chama createChooser()

☑ **Especifique a ação**
☐ **Crie o seletor**

Confira o que acontece quando você executa estas duas linhas de código:

```
Intent chosenIntent = Intent.createChooser(intent, "Send message via...");
startActivity(chosenIntent);
```

❶ O método createChooser() é chamado.

O método inclui uma intenção que especifica a respectiva ação e o tipo MIME.

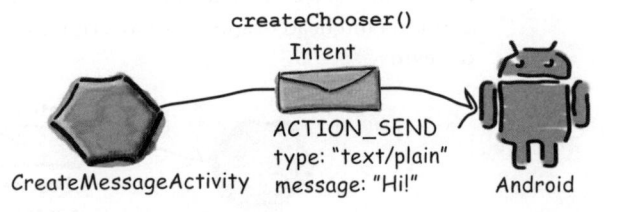

createChooser()
Intent
ACTION_SEND
type: "text/plain"
message: "Hi!"

CreateMessageActivity   Android

❷ O Android determina as atividades que podem receber a intenção ao analisar seus filtros de intenção.

Ele correlaciona as ações, o tipo dos dados e as categorias compatíveis.

Entendi... Tenho que criar um seletor para atividades compatíveis com a ação SEND e dados text/plain.

CreateMessageActivity   Android

❸ Se mais de uma atividade puder receber a intenção, o Android exibirá uma caixa de diálogo seletora de atividades e pedirá para o usuário escolher uma delas.

CreateMessageActivity

Ei, usuária! Qual atividade você quer usar desta vez?

Nesse caso, o usuário não tem a opção de usar sempre uma determinada atividade e o título exibe a mensagem: "Send message via..."

Se nenhuma atividade for encontrada, o Android ainda exibirá o seletor, mas irá mostrar uma mensagem informando o usuário de que não existem apps que possam executar a ação.

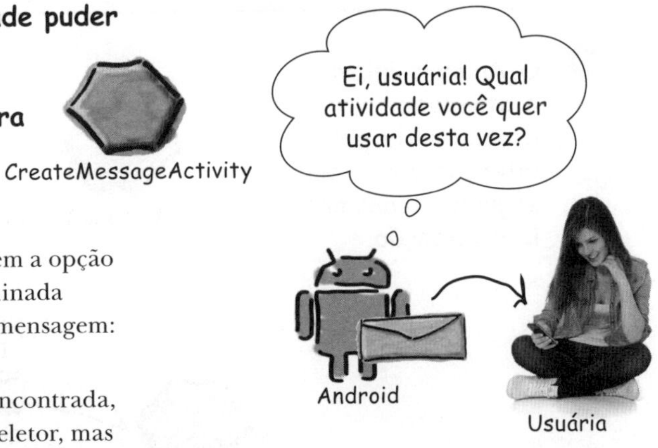

Android   Usuária

você está aqui ▶   113

o que acontece

A história continua...

☑ **Especifique a ação**
→ ☐ **Crie o seletor**

④ **Quando o usuário escolhe a atividade desejada, o Android retorna uma nova intenção explícita descrevendo a atividade em questão.**

A nova intenção contém as informações extras da intenção original, como os dados de texto.

Ela quer usar ChosenActivity. Esta é a intenção para isso.

Intent
ChosenActivity
message: "Hi!"

CreateMessageActivity   Android   Usuária

---

⑤ **A atividade diz ao Android para iniciar a atividade especificada na intenção.**

Obrigado pela intenção, Android. Que tal iniciar a atividade agora, meu chapa?

Intent
To: ChosenActivity
message: "Hi!"

CreateMessageActivity   Android

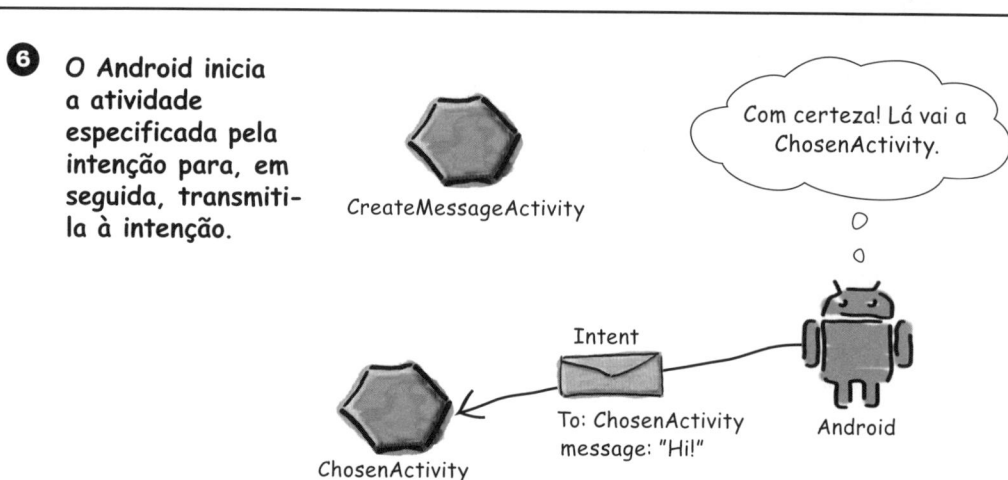

---

⑥ **O Android inicia a atividade especificada pela intenção para, em seguida, transmiti-la à intenção.**

CreateMessageActivity

Com certeza! Lá vai a ChosenActivity.

Intent
To: ChosenActivity
message: "Hi!"

ChosenActivity   Android

114 *Capítulo 3*

múltiplas atividades e intenções

Altere o código para criar um seletor

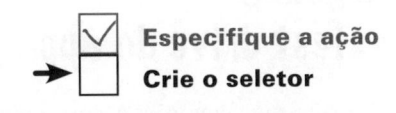

☑ Especifique a ação
➡ **Crie o seletor**

Vamos alterar o código para perguntar ao usuário qual atividade deve enviar a mensagem sempre que ele clicar no botão Send Message. Vamos adicionar um recurso de String a *strings.xml* para o título da caixa de diálogo seletora e atualizar o método `onSendMessage()` em *CreateMessageActivity.java* para que ele chame o método `createChooser()`.

Atualize strings.xml...

A caixa de diálogo seletora deve ter o título "Send message via...". Para isso, adicione uma String chamada "chooser" a *strings.xml* e atribua a ela o valor Send message via... (lembre-se de salvar suas alterações):

```
...
<string name="chooser">Send message via...</string>
...
```
↖ Este item será exibido na caixa de diálogo seletora.

MyMessenger / app/src/main / res / values / strings.xml

...e atualize o método onSendMessage()

Precisamos alterar o método `onSendMessage()` de modo que ele recupere o valor do recurso de String seletor em *strings.xml*, chame o método `createChooser()` e, em seguida, inicie a atividade escolhida pelo usuário. Atualize seu código da seguinte forma:

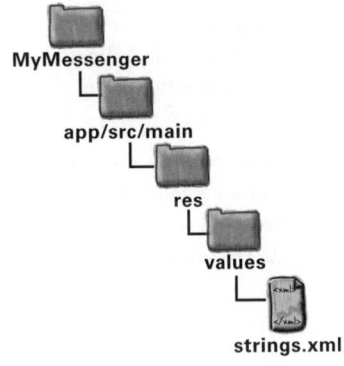

MyMessenger / app/src/main / java / com.hfad.mymessenger / CreateMessageActivity.java

```
...
    //Chama onSendMessage() quando o botão é clicado
    public void onSendMessage(View view) {
        EditText messageView = (EditText)findViewById(R.id.message);
        String messageText = messageView.getText().toString();
        Intent intent = new Intent(Intent.ACTION_SEND);
        intent.setType("text/plain");
        intent.putExtra(Intent.EXTRA_TEXT, messageText);
        String chooserTitle = getString(R.string.chooser);
        Intent chosenIntent = Intent.createChooser(intent, chooserTitle);
        startActivity(Intent);
        startActivity(chosenIntent);
    }
...
```

Exclua esta linha. ➡ ~~startActivity(Intent);~~

← Obtenha o título do seletor.

← Mostre a caixa de diálogo seletora.

← Inicie a atividade selecionada pelo usuário.

O método `getString()` indica o valor de um recurso de String. Ele recebe como único parâmetro a ID do recurso (nesse caso, é o R.string.chooser):

`getString(R.string.chooser);` ← Em R.java, você encontrará chooser na classe interna string.

Depois de atualizar o aplicativo, vamos executá-lo para conferir o seletor em ação.

você está aqui ▶ **115**

test drive

Test drive do app

☑ Especifique a ação
→ ☑ Crie o seletor

Salve suas alterações e, em seguida, tente executar o aplicativo novamente no dispositivo ou no emulador.

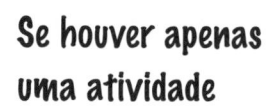

Se houver apenas uma atividade

Clicar no botão Send Message ativará diretamente esse aplicativo, exatamente como antes.

Não ocorreu nenhuma mudança aqui. O Android continua levando o usuário diretamente para a atividade.

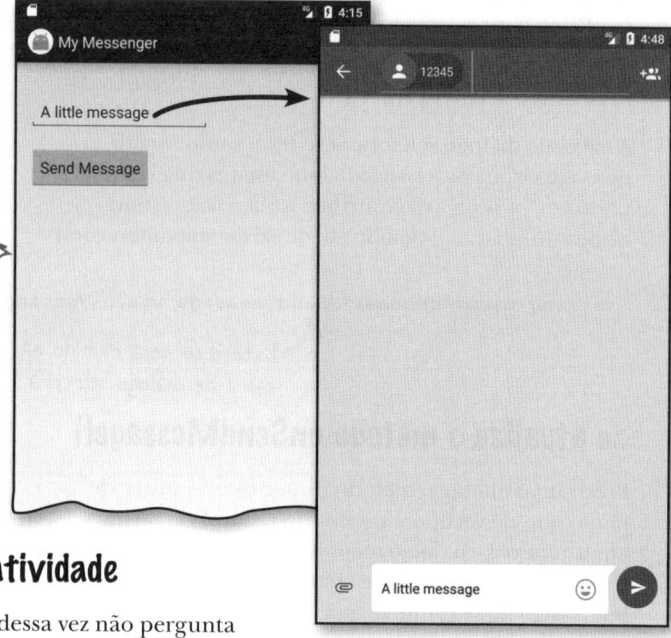

Se houver mais de uma atividade

O Android exibe um seletor, mas dessa vez não pergunta se queremos usar sempre a mesma atividade. Ele também mostra o valor do recurso de String do seletor no título.

Este é o seletor que criamos com createChooser(). Não há mais a opção de usar sempre uma determinada atividade.

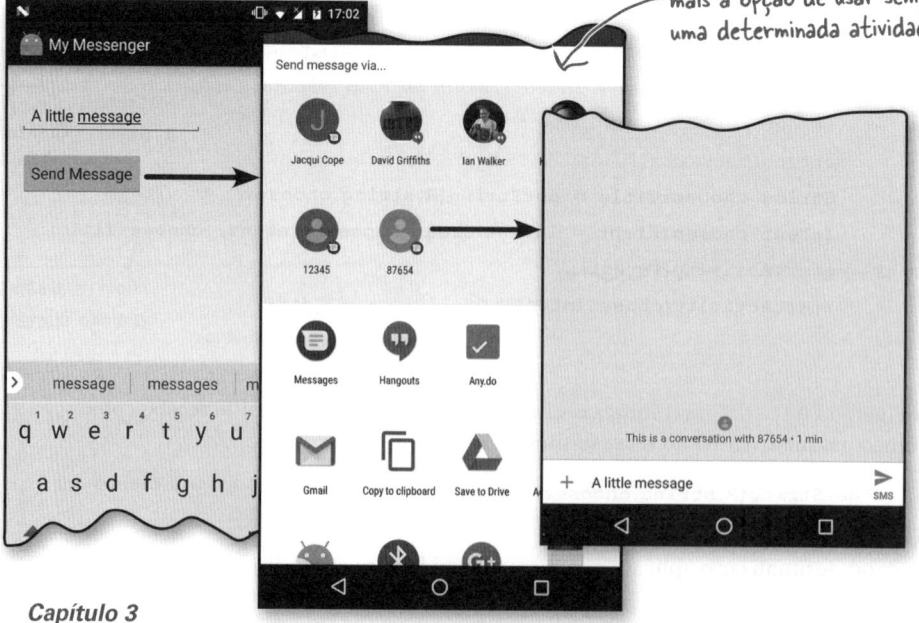

múltiplas atividades e intenções

Quando não houver NENHUMA atividade compatível

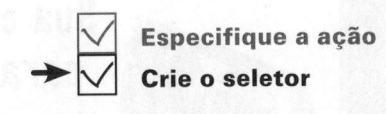

☑ **Especifique a ação**
☑ **Crie o seletor**

Caso não haja nenhuma atividade capaz de enviar mensagens no seu dispositivo, o método `createChooser()` exibirá uma mensagem informando essa situação.

Para replicar esse procedimento, tente executar o app no emulador e desabilite o app nativo Messenger.

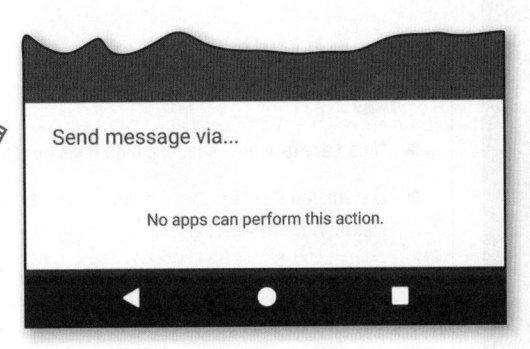

> Send message via...
>
> No apps can perform this action.

Perguntas Idiotas (não existem)

P: Então, eu posso executar meus apps no emulador ou em um dispositivo físico. Qual dessas opções é a melhor?

R: As duas têm vantagens e desvantagens.

Em um dispositivo físico, os apps costumam carregar muito mais rápido do que no emulador. Isso é útil para escrever códigos que interajam com o hardware do dispositivo.

O emulador permite a execução dos apps utilizando diferentes versões do Android, resoluções de tela e especificações de dispositivo, o que elimina a necessidade de adquirir diversos dispositivos. É muito importante testar minuciosamente seus apps usando uma combinação entre emulador e dispositivos físicos antes de liberá-los para um público mais amplo.

P: Devo usar intenções implícitas ou explícitas?

R: Primeiro defina se o Android deve usar uma atividade específica para executar sua ação ou se qualquer atividade basta. Por exemplo, imagine que você queira enviar um e-mail. Se qualquer app de e-mail puder enviar a mensagem, contanto que a mensagem seja enviada, use uma intenção implícita. Por outro lado, para transmitir uma intenção para uma atividade específica no seu app, use uma intenção explícita para indicar expressamente a atividade que deve receber a intenção.

P: Você mencionou que o filtro de intenção de uma atividade pode especificar uma categoria e uma ação. Qual é a diferença entre categorias e ações?

R: A ação especifica o que uma atividade pode fazer e a categoria fornece detalhes extras. Não explicamos as categorias minuciosamente porque não é muito comum especificar uma categoria ao criar uma intenção.

P: Você disse que o método `createChooser()` exibe uma mensagem no seletor caso não existam atividades compatíveis com a intenção. Mas eu posso apenas usar o seletor-padrão do Android e transmitir uma intenção implícita a `startActivity()`?

R: Sempre que o método `startActivity()` recebe uma intenção para a qual não há atividades compatíveis, uma `ActivityNotFoundException` é lançada. Para verificar se alguma das atividades do dispositivo pode receber a intenção, chame o método `resolveActivity()` da intenção e confira o seu valor de retorno. Se o valor de retorno for nulo, o dispositivo não dispõe de atividades capazes de receber a intenção e você não deve chamar `startActivity()`.

caixa de ferramentas

Sua caixa de ferramentas para o Android

Você concluiu o Capítulo 3 e adicionou apps com várias atividades e intenções à sua caixa de ferramentas.

> O código completo do capítulo pode ser baixado em https://www.altabooks.com.br. Procure pelo título ou ISBN do livro.

PONTOS DE BALA

- Uma **tarefa** é uma sequência de duas ou mais atividades encadeadas.
- O elemento `<EditText>` define um campo de texto editável para a inserção de texto. Ele herda da classe View do Android.
- Para adicionar uma nova atividade ao Android Studio, escolha File → New... → Activity.
- Cada atividade criada deve ter uma entrada em *AndroidManifest.xml*.
- Uma **intenção** é um tipo de mensagem que os componentes do Android utilizam para se comunicar.
- Uma intenção explícita especifica claramente o respectivo componente. Para criar uma intenção explícita, use `Intent intent = new Intent(this, Target.class);`.
- Para iniciar uma atividade, chame `startActivity(intent)`. Se nenhuma atividade for encontrada, a mensagem `ActivityNotFoundException` será lançada.
- Use o método `putExtra()` para adicionar informações extras a uma intenção.
- Use o método `getIntent()` para recuperar a intenção que iniciou a atividade.
- Use os métodos `get*Extra()` para recuperar informações extras associadas à intenção. O `getStringExtra()` recupera uma String, o `getIntExtra()` recupera um int e assim por diante.
- Uma ação de atividade descreve a ação operacional padrão que uma atividade pode executar. Por exemplo, para enviar uma mensagem, use `Intent.ACTION_SEND`.
- Para criar uma intenção implícita que especifique uma ação, use `Intent intent = new Intent(action);`.
- Para descrever o tipo dos dados da intenção, use o método `setType()`.
- O Android processa intenções com base nos itens especificados nelas, como componente, ação, tipo de dados e categorias. A plataforma compara o conteúdo da intenção com os filtros de intenção no arquivo *AndroidManifest.xml* de cada aplicativo. A atividade deve conter a categoria `DEFAULT` para receber uma intenção implícita.
- O método createChooser() permite que você substitua a caixa de diálogo padrão para seleção de atividades do Android. Além disso, você também pode especificar um título para a caixa de diálogo e não oferecer ao usuário a opção de definir uma atividade-padrão. Se nenhuma atividade puder receber a intenção transmitida, o método exibirá uma mensagem. O método createChooser() retorna uma Intent.
- Para recuperar o valor de um recurso de String, use `getString(R.string.stringname);`.

4 o ciclo de vida da atividade

Sendo uma Atividade

...então eu disse que, se ele não onParasse() logo, eu onPegaria() o machado.

As atividades são a base dos apps Android. Até aqui, vimos como criar atividades e fizemos uma atividade iniciar outra usando uma intenção. **Mas o que acontece debaixo do capô**? Neste capítulo, vamos nos aprofundar no **ciclo de vida da atividade**. O que acontece quando uma atividade é **criada** e, depois, **destruída**? Quais métodos são chamados quando uma atividade **se torna visível e aparece em primeiro plano** e quais são chamados quando ela **sai de foco e fica oculta**? **Como salvar e restaurar o estado da sua atividade**? Leia o capítulo para descobrir.

como as atividades funcionam

Como as atividades realmente funcionam?

Até aqui, aprendemos a criar apps que interagem com o usuário e que usam várias atividades para executar tarefas. Agora que você domina essas habilidades básicas, vamos examinar mais a fundo como as atividades *realmente funcionam*. Indicamos a seguir um resumo dos pontos abordados até o momento com alguns detalhes extras.

> ⭐ **Um aplicativo é uma coleção de atividades, layouts e outros recursos.**
>
> Uma dessas atividades é a atividade principal do app.

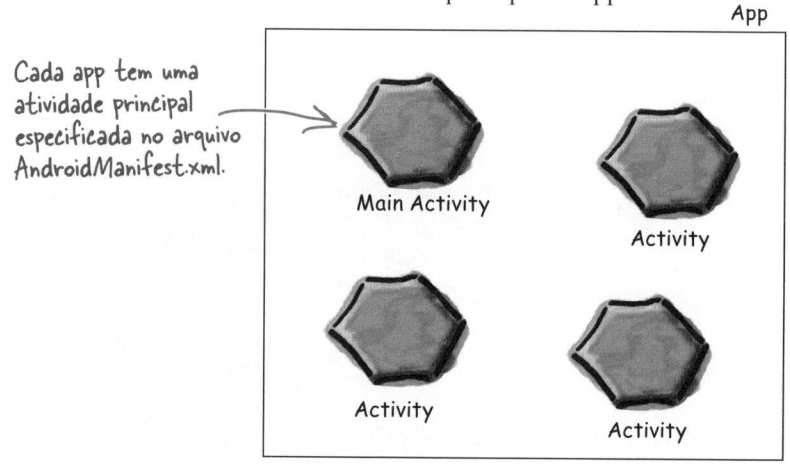

Cada app tem uma atividade principal especificada no arquivo AndroidManifest.xml.

App: Main Activity, Activity, Activity, Activity

> ⭐ **Por padrão, cada aplicativo é executado no seu próprio processo.**
>
> Assim, seus apps ficam mais seguros e protegidos. Leia mais sobre isso no Apêndice III (que aborda o runtime do Android ou ART), no final do livro.

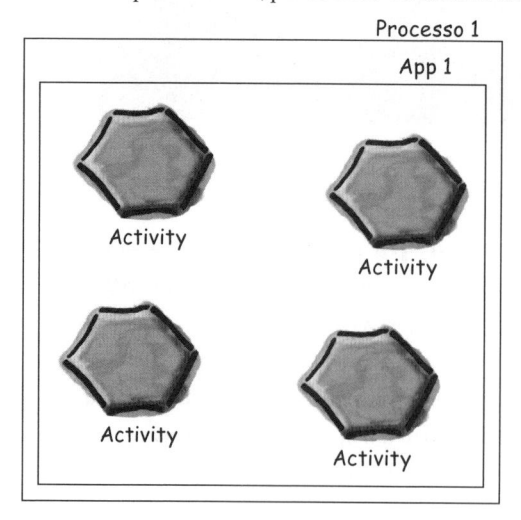

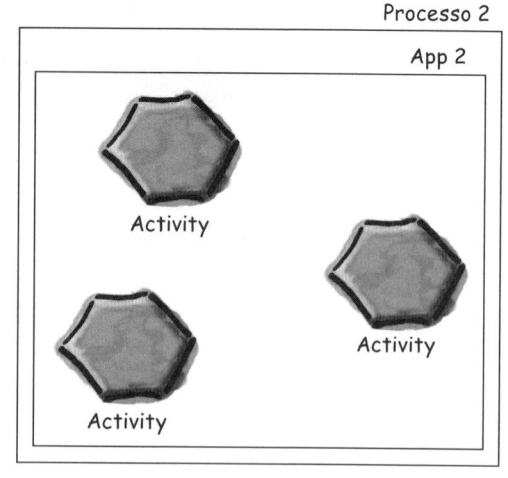

Processo 1 — App 1: Activity, Activity, Activity, Activity

Processo 2 — App 2: Activity, Activity, Activity, Activity

o ciclo de vida da atividade

> **Seu app pode iniciar uma atividade em outro aplicativo ao transmitir uma intenção com startActivity().**
>
> O sistema Android conhece todos os aplicativos instalados e suas atividades e utiliza a intenção para iniciar a atividade correta.

> **Para iniciar uma atividade, o Android verifica se já existe um processo para o app em questão.**
>
> Se existir, o Android executará a atividade nesse processo. Se não existir, o Android criará um processo.
>
> *Já estou executando atividades para esse app no processo 1. Vou executar mais essa.*

> **Ao iniciar uma atividade, o Android chama o respectivo método onCreate().**
>
> O onCreate() sempre é executado quando uma atividade é criada.

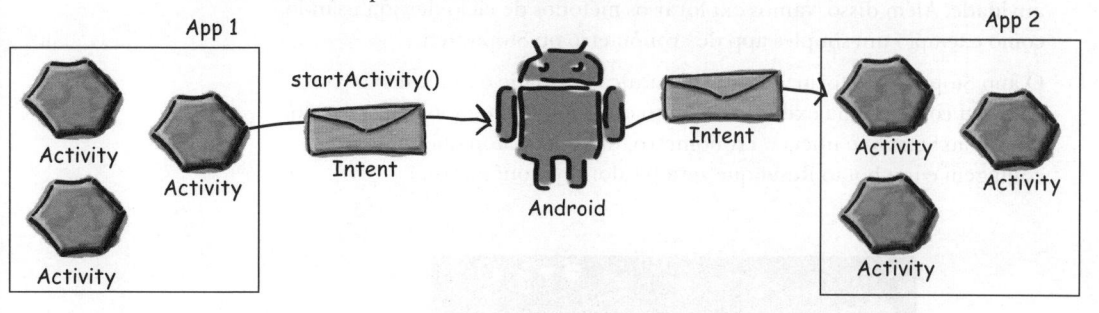

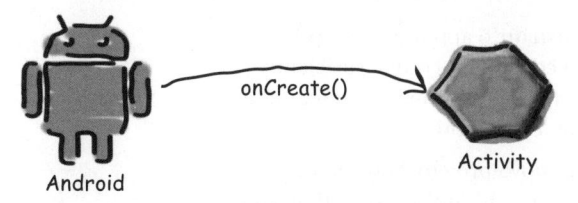

Mas ainda não sabemos muitas coisas sobre o funcionamento das atividades. Quanto tempo dura a vida útil de uma atividade? O que acontece quando a atividade desaparece da tela? Ela continua sendo executada ou fica na memória? O que acontece quando o app é interrompido pela chegada de uma ligação telefônica? Como controlar o comportamento as atividades em *diversas circunstâncias*?

stopwatch

O app Stopwatch

Neste capítulo, vamos conferir a dinâmica das atividades, as falhas mais comuns nos apps e como corrigi-las usando os métodos de ciclo de vida da atividade. Além disso, vamos explorar os métodos de ciclo de vida usando como exemplo um simples app de cronômetro ou Stopwatch.

O app Stopwatch é formado por uma única atividade e um único layout. O layout contém uma exibição de texto que mostra o tempo transcorrido, um botão Start que inicia o cronômetro, um botão Stop que interrompe a contagem e um botão Reset que zera o valor do cronômetro.

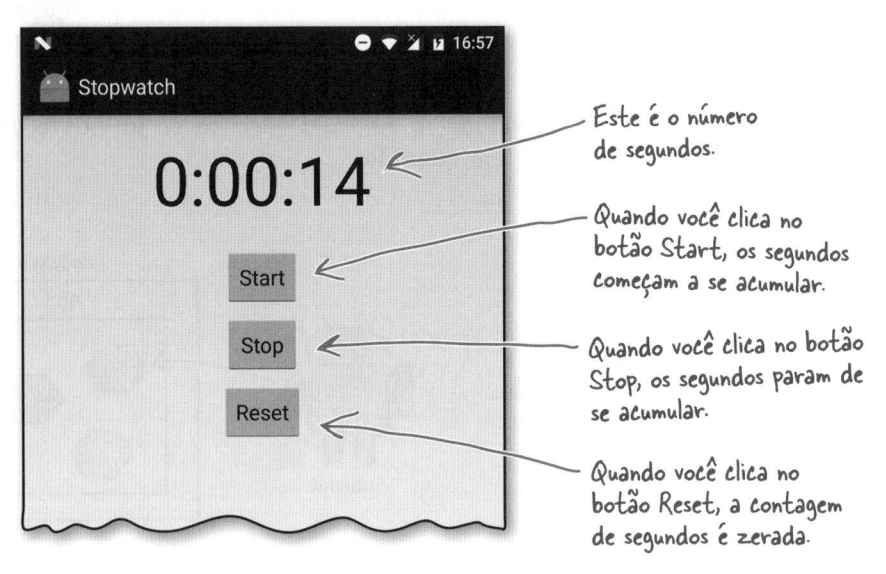

Este é o número de segundos.

Quando você clica no botão Start, os segundos começam a se acumular.

Quando você clica no botão Stop, os segundos param de se acumular.

Quando você clica no botão Reset, a contagem de segundos é zerada.

Crie um novo projeto para o app Stopwatch

Você já sabe como construir o app por conta própria. Portanto, vamos fornecer apenas código suficiente para que você desenvolva o programa e, em seguida, conferir o resultado ao executá-lo.

Para começar, crie um novo projeto Android para um app chamado "Stopwatch", utilizando o domínio da empresa "hfad.com" e o nome do pacote `com.hfad.stopwatch`. O SDK mínimo deve ser API 19 para que o app possa ser executado na maioria dos dispositivos. Você vai precisar de uma atividade chamada "StopwatchActivity" e de um layout chamado "activity_stopwatch". **Lembre-se de desmarcar a caixa de seleção Backwards Compatibility (AppCompat).**

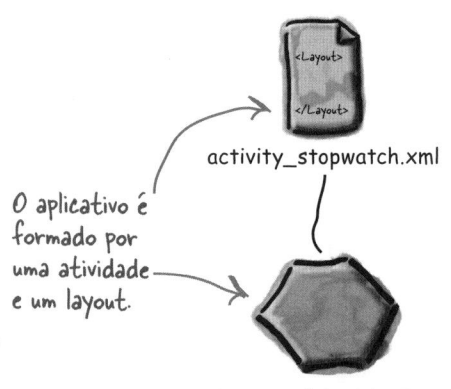

activity_stopwatch.xml

O aplicativo é formado por uma atividade e um layout.

StopwatchActivity.java

o ciclo de vida da atividade

Adicione recursos de string

Vamos utilizar três valores de string no layout do cronômetro, um para o valor de texto de cada botão. Como esses valores são recursos de string, devem ser adicionados a *strings.xml*. Adicione os valores de string abaixo à sua versão de *strings.xml*:

...

```
<string name="start">Start</string>
<string name="stop">Stop</string>
<string name="reset">Reset</string>
```

Vamos usar estes recursos de string no layout.

...

Agora, vamos atualizar o código do layout.

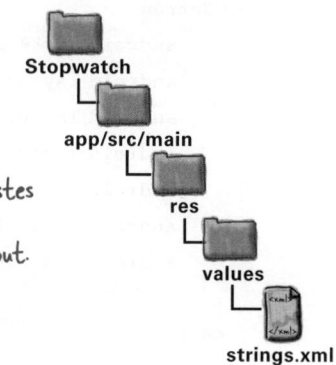

Stopwatch
app/src/main
res
values
strings.xml

Atualize o código do layout do cronômetro

Este é o XML do layout. Há uma única exibição de texto, que mostra o cronômetro, e três botões para controlar a contagem. Substitua o XML atual de *activity_stopwatch.xml* pelo XML indicado aqui:

```xml
<?xml version="1.0" encoding="utf-8"?>
<LinearLayout
    xmlns:android="http://schemas.android.com/apk/res/android"
    xmlns:tools="http://schemas.android.com/tools"
    android:layout_width="match_parent"
    android:layout_height="match_parent"
    android:orientation="vertical"
    android:padding="16dp"
    tools:context=".StopwatchActivity">

    <TextView
        android:id="@+id/time_view"
        android:layout_width="wrap_content"
        android:layout_height="wrap_content"
        android:layout_gravity="center_horizontal"
        android:textAppearance="@android:style/TextAppearance.Large"
        android:textSize="56sp" />
```

Vamos usar esta exibição de texto para mostrar a contagem de segundos.

Stopwatch
app/src/main
res
layout
activity_stopwatch.xml

Estes atributos deixam o cronômetro grande e bonito.

O código do layout continua na próxima página.

você está aqui ▶ **123**

activity_stopwatch.xml

O código do layout (continuação)

```xml
    <Button
        android:id="@+id/start_button"
        android:layout_width="wrap_content"
        android:layout_height="wrap_content"
        android:layout_gravity="center_horizontal"
        android:layout_marginTop="20dp"
        android:onClick="onClickStart"
        android:text="@string/start" />
```
Este é o código do botão Start.

Quando clicado, o botão Start chama o método onClickStart().

```xml
    <Button
        android:id="@+id/stop_button"
        android:layout_width="wrap_content"
        android:layout_height="wrap_content"
        android:layout_gravity="center_horizontal"
        android:layout_marginTop="8dp"
        android:onClick="onClickStop"
        android:text="@string/stop" />
```
Este é o botão Stop.

Quando clicado, o botão Stop chama o método onClickStop().

```xml
    <Button
        android:id="@+id/reset_button"
        android:layout_width="wrap_content"
        android:layout_height="wrap_content"
        android:layout_gravity="center_horizontal"
        android:layout_marginTop="8dp"
        android:onClick="onClickReset"
        android:text="@string/reset" />
</LinearLayout>
```
Este é o botão Reset.

Quando clicado, o botão Reset chama o método onClickReset().

Estrutura de pastas: **Stopwatch** → **app/src/main** → **res** → **layout** → **activity_stopwatch.xml**

O layout está pronto! Agora, vamos desenvolver a atividade.

Faça isso!

Lembre-se de atualizar o layout e *strings.xml* no seu app antes de continuar.

Como o código da atividade funcionará

O layout define os três botões que vamos usar para controlar o cronômetro. Cada botão utiliza seu atributo `onClick` para especificar qual método da atividade deverá ser executado quando for clicado. Quando o botão Start é clicado, o método `onClickStart()` é chamado; quando o botão Stop é clicado, o método `onClickStop()` é chamado; e quando o botão Reset é clicado, o método `onClickReset()` é chamado. Vamos usar esses métodos para iniciar, parar e zerar o cronômetro.

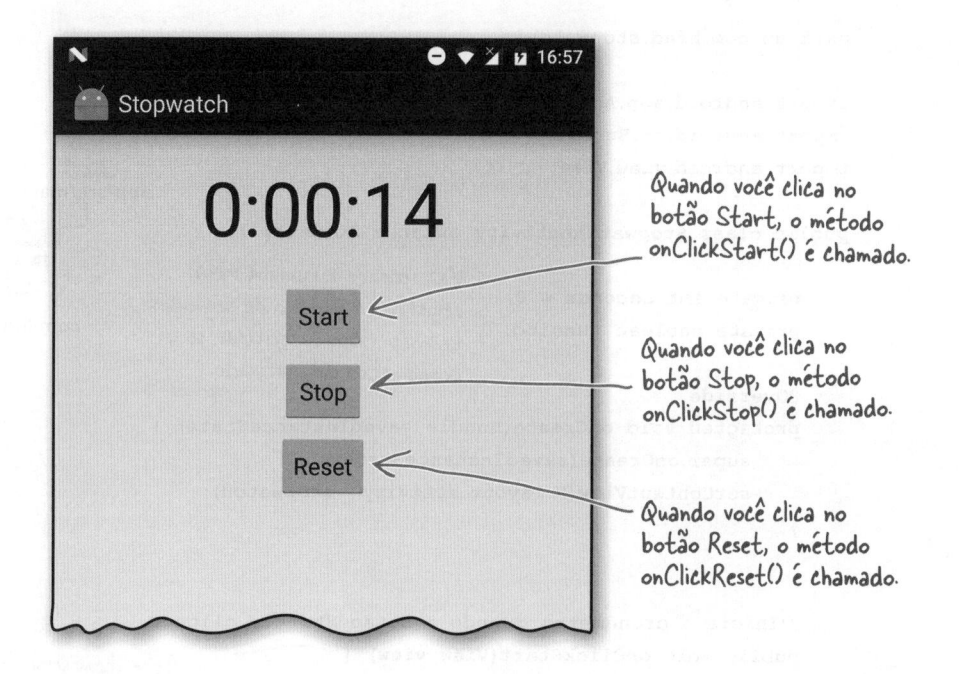

Quando você clica no botão Start, o método onClickStart() é chamado.

Quando você clica no botão Stop, o método onClickStop() é chamado.

Quando você clica no botão Reset, o método onClickReset() é chamado.

Vamos atualizar o cronômetro usando um método chamado `runTimer()`, que ainda será criado. O método `runTimer()` irá executar código a cada segundo para verificar se o cronômetro está ligado. Se estiver, o método acumulará o número de segundos e indicará a contagem de segundos na exibição de texto.

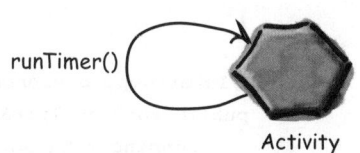

Para isso, vamos usar duas variáveis particulares para registrar o estado do cronômetro. Vamos usar uma variável `int` chamada `seconds` para monitorar os segundos transcorridos a partir da ativação do cronômetro e uma variável `boolean` chamada `running` para registrar se o cronômetro está ativado no momento.

Vamos começar escrevendo o código dos botões para, em seguida, analisar o método `runTimer()`.

botões

Adicione o código dos botões

Quando o usuário clicar no botão Start, definiremos a variável `running` como `true` para ativar o cronômetro. Quando o usuário clicar no botão Stop, definiremos a variável `running` como `false` para que o cronômetro pare. Quando o usuário clicar no botão Reset, definiremos `running` como `false` e `seconds` como 0 para que o cronômetro seja zerado e pare.

Start → running=true
Stop → running=false
Reset → running=false, seconds=0

Para isso, substitua o conteúdo de *StopwatchActivity.java* pelo código a seguir:

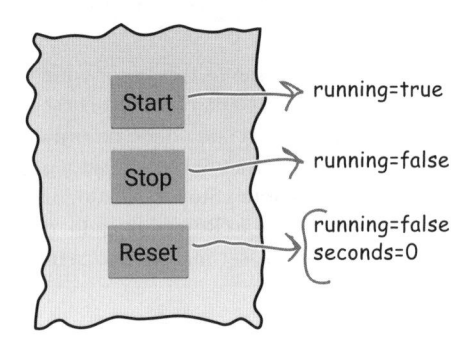

```java
package com.hfad.stopwatch;

import android.app.Activity;
import android.os.Bundle;
import android.view.View;

public class StopwatchActivity extends Activity {

    private int seconds = 0;
    private boolean running;

    @Override
    protected void onCreate(Bundle savedInstanceState) {
        super.onCreate(savedInstanceState);
        setContentView(R.layout.activity_stopwatch);
    }


    //Inicia o cronômetro quando o botão Start é clicado.
    public void onClickStart(View view) {
        running = true;
    }

    //Interrompe o cronômetro quando o botão Stop é clicado.
    public void onClickStop(View view) {
        running = false;
    }

    //Reinicia o cronômetro quando o botão Reset é clicado.
    public void onClickReset(View view) {
        running = false;
        seconds = 0;
    }
}
```

Lembre-se de que sua atividade deve estender a classe Activity.

Stopwatch / app/src/main / java / com.hfad.stopwatch / StopwatchActivity.java

Usa seconds e running para registrar o número de segundos transcorridos e verificar se o cronômetro está ativado.

Ative o cronômetro. — Este item será chamado sempre que o botão Start for clicado.

Para o cronômetro. — Este item será chamado sempre que o botão Stop for clicado.

Para o cronômetro e define seconds como 0. — Este item será chamado sempre que o botão Reset for clicado.

o ciclo de vida da atividade

O método runTimer()

Agora vamos criar o método `runTimer()`. Esse método irá obter uma referência para a exibição de texto no layout; formatar o conteúdo da variável `seconds` para horas, minutos e segundos; e, em seguida, mostrar o resultado na exibição de texto. Se a variável `running` estiver definida como `true`, o método irá acumular a variável `seconds`.

A seguir, indicamos o código do método `runTimer()`. Vamos adicioná-lo a *StopwatchActivity.java* nas próximas páginas:

Obtenha a exibição de texto.

```
private void runTimer() {
    final TextView timeView = (TextView)findViewById(R.id.time_view);
    ...
    int hours = seconds/3600;
    int minutes = (seconds%3600)/60;
    int secs = seconds%60;
    String time = String.format(Locale.getDefault(),
                "%d:%02d:%02d", hours, minutes, secs);
    timeView.setText(time);
    if (running) {
        seconds++;
    }
    ...
}
```

Omitimos um trecho do código que deveria estar aqui. Vamos analisá-lo na próxima página.

Formate os segundos em horas, minutos e segundos. Isto é puro Java.

Configure o texto da exibição de texto.

Quando running for true, a variável seconds será acumulada.

Stopwatch
app/src/main
java
com.hfad.stopwatch
Stopwatch Activity.java

O código deve formar em loop para incrementar a variável seconds e atualizar a exibição de texto a cada segundo sem bloquear a thread principal do Android.

Em programas Java que não rodam no Android, você pode executar tarefas como essa usando uma thread de segundo plano. No mundo do Android, isso é um problema. Só a thread principal do Android pode atualizar a interface do usuário e, se outra thread tentar fazer isso, você vai obter uma `CalledFromWrongThreadException`.

A solução é utilizar um `Handler`. Vamos conferir essa técnica na próxima página.

handlers

Os handlers permitem o agendamento do código

O `Handler` é uma classe Android que serve para agendar a execução do código para algum momento no futuro. Essa classe também pode postar código para ser executado em uma thread diferente da thread principal do Android. Nesse caso, vamos usar um `Handler` para agendar a execução do código do cronômetro, que deverá rodar de segundo a segundo.

Para usar o `Handler`, envolva o código a ser agendado em um objeto `Runnable` e, em seguida, use os métodos `post()` e `postDelayed()` do `Handler` para especificar o momento da execução do código. Vamos conferir esses métodos mais de perto.

O método post()

O método `post()` posta código que deve ser executado assim que possível (na maioria das vezes, quase que imediatamente). Esse método recebe como único parâmetro um objeto do tipo `Runnable`. No mundo do Android, um objeto `Runnable` é como um `Runnable` no bom e velho Java: uma tarefa que você quer executar. Você coloca o código que deseja executar no método `run()` do `Runnable` e o `Handler` fará com que ele seja executado assim que possível. Esse método tem a seguinte forma:

```
final Handler handler = new Handler();
handler.post(Runnable);
```
← Coloque o código que você deseja executar no método run() de Handler.

O método postDelayed()

O método `postDelayed()` parece o método `post()`, mas serve para postar código que deve ser executado no futuro. O método `postDelayed()` recebe dois parâmetros: um `Runnable` e um `long`. O `Runnable` contém o código a ser executado no método `run()` e o `long` especifica o número de milissegundos de atraso do código. O código será executado na primeira ocasião possível após o atraso. Esse método tem a seguinte forma:

```
final Handler handler = new Handler();
handler.postDelayed(Runnable, long);
```
← Use este método para atrasar a execução do código por um número específico de milissegundos.

Na próxima página, vamos usar esses métodos para atualizar o cronômetro a cada segundo.

O código completo do runTimer()

Para atualizar o cronômetro, vamos agendar repetidas execuções do código usando o Handler para aplicar um atraso de 1.000 milissegundos por vez. A cada execução do código, a variável seconds será incrementada e a exibição de texto será atualizada.

Este é o código completo do método runTimer(), que vamos adicionar a *StopwatchActivity.java* nas próximas páginas:

```
private void runTimer() {
    final TextView timeView = (TextView)findViewById(R.id.time_view);
    final Handler handler = new Handler();      ← Crie um novo Handler.
    handler.post(new Runnable() {   ←   Chame o método post(), transmitindo um novo
        @Override                       Runnable. Como o método post() processa código
        public void run() {             sem atraso, o código transmitido no Runnable
            int hours = seconds/3600;   será executado quase que imediatamente.
            int minutes = (seconds%3600)/60;
            int secs = seconds%60;
            String time = String.format(Locale.getDefault(),   ← O método run() de
                    "%d:%02d:%02d", hours, minutes, secs);        Runnable contém
            timeView.setText(time);                               o código que será
            if (running) {                                        executado. Neste
                seconds++;                                        caso, trata-se do
            }                                                     código que atualiza
                                                                  a exibição de texto.
            handler.postDelayed(this, 1000);  ←  Posta o código transmitido no
        }                                        Runnable para ser executado
    });                                          novamente após um atraso
}                                                de 1.000 milissegundos, ou
                                                 seja, 1 segundo. Por estar
                                                 contida no método run() de
Com essa configuração dos métodos post()         Runnable, esta linha de código
e postDelayed(), o código será executado na primeira   continuará sendo chamada
oportunidade possível após o atraso especificado. Na prática,  repetidas vezes.
```

Com essa configuração dos métodos post() e postDelayed(), o código será executado na primeira oportunidade possível após o atraso especificado. Na prática, isso significa quase que imediatamente. Mesmo que o código fique levemente fora de sincronia com o passar do tempo, a precisão desse procedimento é suficiente para o estudo dos métodos de ciclo de vida abordados neste capítulo.

Como o método runTimer() deve ser iniciado quando StopwatchActivity for criado, vamos chamá-lo no método da atividade onCreate():

```
    protected void onCreate(Bundle savedInstanceState) {
        ...
        runTimer();
    }
```

Vamos mostrar o código completo de StopwatchActivity na próxima página.

o código da StopwatchActivity

O código completo de StopwatchActivity

Este é o código completo de *StopwatchActivity.java*. Atualize seu código de acordo com as alterações indicadas a seguir.

```java
package com.hfad.stopwatch;

import android.app.Activity;
import android.os.Bundle;
import android.view.View;
import java.util.Locale;
import android.os.Handler;
import android.widget.TextView;
```
Como estamos usando estas classes adicionais, devemos importá-las.

```java
public class StopwatchActivity extends Activity {
    //Número de segundos exibidos no cronômetro.
    private int seconds = 0;
    //O cronômetro está em execução?
    private boolean running;
```
Use seconds e running para registrar o número de segundos transcorridos e verificar se o cronômetro está ativado.

```java
    @Override
    protected void onCreate(Bundle savedInstanceState) {
        super.onCreate(savedInstanceState);
        setContentView(R.layout.activity_stopwatch);
        runTimer();
    }
```
Estamos usando um método específico para atualizar o cronômetro. Ele será iniciado quando a atividade for criada.

```java
    //Inicia o cronômetro quando o botão Start é clicado.
    public void onClickStart(View view) {
        running = true;
    }
```
Ativa o cronômetro.
Este item será chamado sempre que o botão Start for clicado.

```java
    //Interrompe o conômetro quando o botão Stop é clicado.
    public void onClickStop(View view) {
        running = false;
    }
```
Para o cronômetro.
Este item será chamado sempre que o botão Stop for clicado.

Stopwatch
app/src/main
java
com.hfad.stopwatch
StopwatchActivity.java

O código da atividade (continuação)

```java
//Reinicia o cronômetro quando o botão Reset é clicado.
public void onClickReset(View view) {
    running = false;
    seconds = 0;
}
//Define o número de segundos no timer.
private void runTimer() {
    final TextView timeView = (TextView)findViewById(R.id.time_view);
    final Handler handler = new Handler();
    handler.post(new Runnable() {
        @Override
        public void run() {
            int hours = seconds/3600;
            int minutes = (seconds%3600)/60;
            int secs = seconds%60;
            String time = String.format(Locale.getDefault(),
                        "%d:%02d:%02d", hours, minutes, secs);
            timeView.setText(time);
            if (running) {
                seconds++;
            }
            handler.postDelayed(this, 1000);
        }
    });
}
}
```

- `public void onClickReset(View view) {` ← Este item será chamado sempre que o botão Reset for clicado.
- `running = false; seconds = 0;` ← Para o cronômetro e define seconds como 0.
- Obtenha a exibição de texto.
- `handler.post(new Runnable() {` ← Use um Handler para postar o código.
- `String.format(...)` ← Formate os segundos em horas, minutos e segundos.
- `timeView.setText(time);` ← Defina o texto da exibição de texto.
- `seconds++;` ← Se running for true, a variável seconds será acumulada.
- `handler.postDelayed(this, 1000);` ← Poste o código novamente com um atraso de 1 segundo.

```
Stopwatch
  └ app/src/main
      └ java
          └ com.hfad.stopwatch
              └ StopwatchActivity.java
```

Vamos conferir o que acontece quando o código é executado.

Faça isso!

Lembre-se de atualizar o código da atividade de acordo com essas alterações.

o que acontece

O que acontece quando o app é executado

❶ A usuária decide executar o aplicativo.

Ela clica no ícone do app no seu dispositivo.

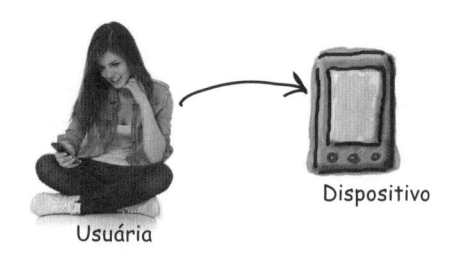

Usuária → Dispositivo

❷ Um intenção é construída para iniciar a atividade usando startActivity(intent).

O arquivo *AndroidManifest.xml* do app especifica qual atividade deve ser utilizada como atividade de inicialização.

AndroidManifest.xml   Android

❸ O Android verifica se já existe um processo em execução para o aplicativo. Se não existir, o Android cria um processo.

Em seguida, o Android cria um novo objeto atividade. Nesse caso, o objeto será direcionado para `StopwatchActivity`.

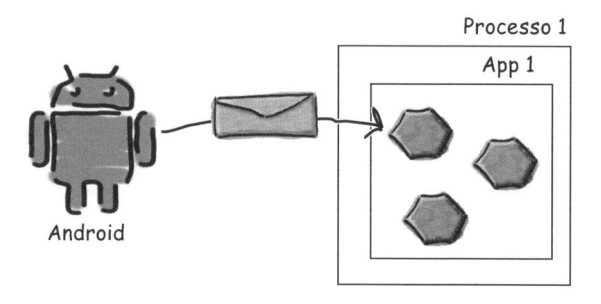

Android → Processo 1 / App 1

o ciclo de vida da atividade

A história continua

④ O método onCreate() da atividade é chamado.

O método inclui uma chamada para setContentView(), especifica um layout e, em seguida, inicia o cronômetro com runTimer().

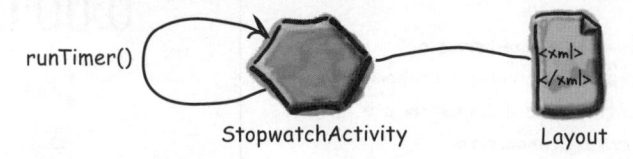

⑤ Ao final do processo, o método onCreate() gera a exibição do layout no dispositivo.

O método runTimer() usa a variável seconds para definir o texto da exibição de texto e a variável running para determinar o incremento do número de segundos. Como running está inicialmente definido como false, não ocorre o incremento do número de segundos.

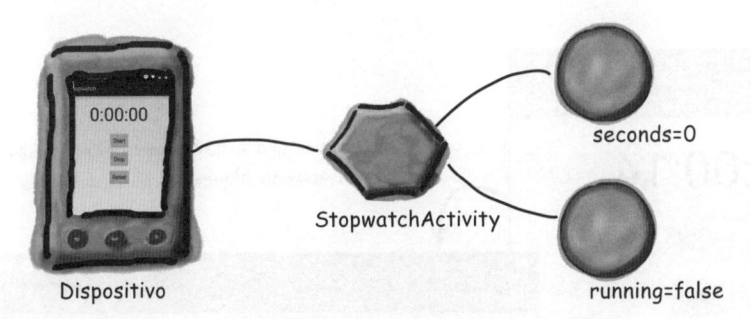

---

não existem Perguntas Idiotas

P: Por que o Android executa cada app em um processo separado?

R: Para preservar a segurança e a estabilidade, pois isso impede que um app acesse dados de outros. Além disso, se um app falhar, não causará falhas nos demais aplicativos.

P: Por que colocar o método **onCreate()** na atividade? Não basta colocar o código dentro de um construtor?

R: O Android define o ambiente para a atividade depois que ela é construída. Depois de concluir o ambiente, o Android chama onCreate(). Por isso, o código que configura a tela fica em onCreate() e não em um construtor.

P: Posso escrever um loop em **onCreate()** para atualizar continuamente o cronômetro?

R: Não. O onCreate() deve concluir seu processo antes da exibição da tela. Um loop infinito não deixaria que isso acontecesse.

P: O **runTimer()** parece muito complicado. Tenho mesmo que fazer tudo isso?

R: Esse método é um pouco complexo, mas, ao postar código de modo que ele seja executado em loop, é muito parecido com o runTimer().

você está aqui ▶ 133

test drive

Test drive do app

Quando executado no emulador, o app funciona perfeitamente. Podemos iniciar, parar e zerar o cronômetro sem problemas. O app funciona exatamente como o esperado.

Estes botões funcionam conforme o esperado. O botão Start inicia o cronômetro, o botão Stop interrompe a contagem e o botão Reset zera o cronômetro.

Mas há apenas um problema...

Quando executado em um dispositivo físico, o app funcionou bem até alguém girar o dispositivo. Quando isso ocorreu, o cronômetro zerou sozinho.

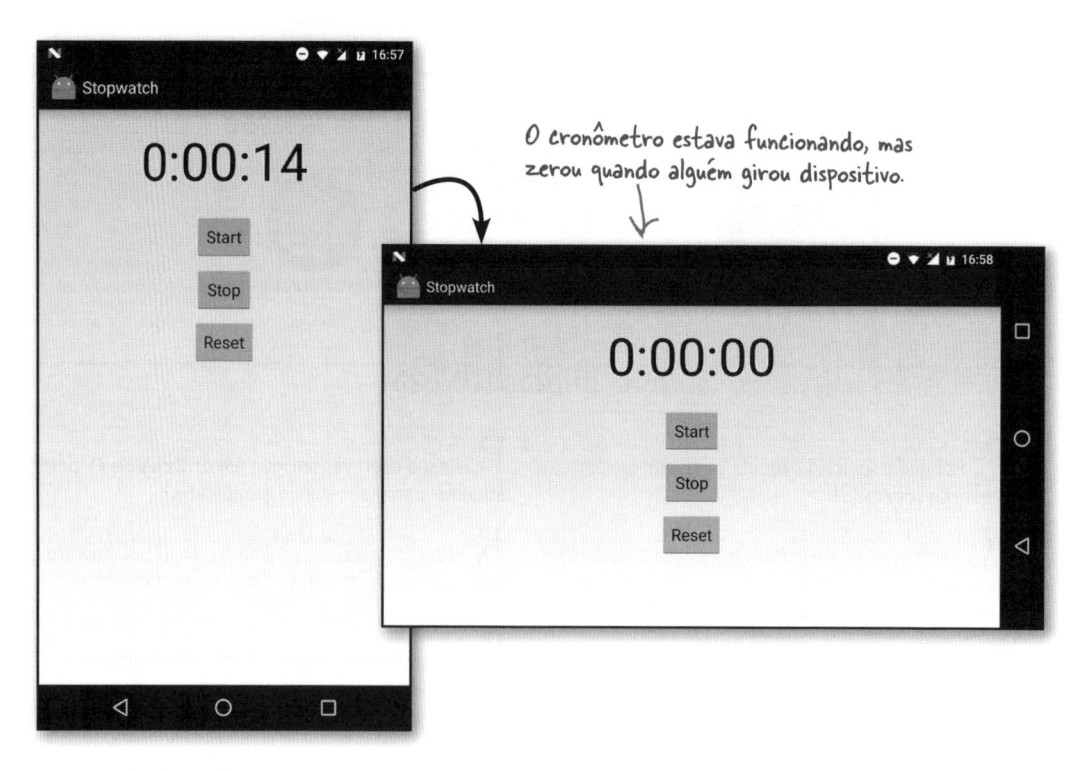

O cronômetro estava funcionando, mas zerou quando alguém girou dispositivo.

No mundo do Android é surpreendentemente comum que os apps parem de funcionar quando alguém gira o dispositivo. Mas, antes de corrigir o problema, vamos analisar a causa com mais atenção.

o ciclo de vida da atividade

O que aconteceu?

Por que o app parou de funcionar quando o usuário girou a tela? Vamos analisar essa situação.

① O usuário inicia o aplicativo e clica no botão Start para ativar o cronômetro.

O método `runTimer()` inicia o incremento do número de segundos indicados na exibição de texto `time_view` usando as variáveis `seconds` e `running`.

Dispositivo — StopwatchActivity — seconds=14, running=true

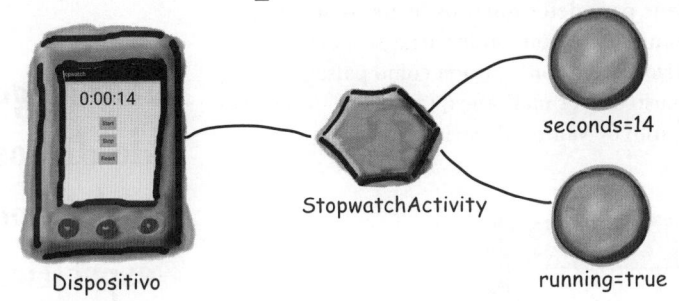

② O usuário gira o dispositivo.

O Android percebe que a orientação e o tamanho da tela mudaram e destrói a atividade, inclusive as variáveis utilizadas pelo método `runTimer()`.

Dispositivo

③ Em seguida, a StopwatchActivity é recriada.

O método `onCreate()` é executado novamente e chama o método `runTimer()`. Como a atividade foi recriada, as variáveis `seconds` e `running` voltam aos seus valores-padrão.

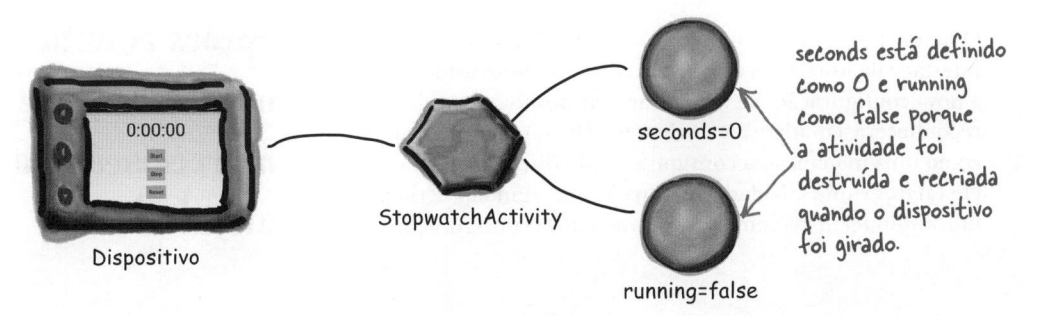

Dispositivo — StopwatchActivity — seconds=0, running=false

seconds está definido como 0 e running como false porque a atividade foi destruída e recriada quando o dispositivo foi girado.

configurações do dispositivo

Girar a tela altera a configuração do dispositivo

Ao executar o app e iniciar uma atividade, o Android se baseia na **configuração do dispositivo**. Em outras palavras, o Android analisa a configuração do dispositivo físico (como, por exemplo, o tamanho e a orientação da tela e a existência de um teclado conectado) e as opções de configuração especificadas pelo usuário (como, por exemplo, sua localização).

O Android precisa conhecer a configuração do dispositivo ao iniciar uma atividade para determinar os recursos necessários para o app. Por exemplo, o layout pode variar se a orientação da tela do dispositivo estiver configurada como paisagem ou retrato, e, se o usuário estiver na França, talvez seja necessário utilizar outro conjunto de valores de string.

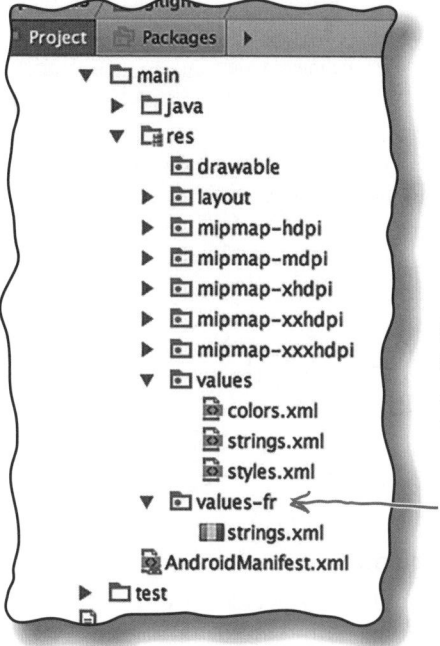

A configuração do dispositivo inclui opções especificadas pelo usuário (como a localidade) e opções relacionadas ao dispositivo físico (como a orientação e o tamanho da tela). Uma mudança em qualquer dessas opções resulta na destruição e na recriação da atividade.

```
Project    Packages
▼ 🗀 main
  ▶ 🗀 java
  ▼ 🗀 res
      🖻 drawable
    ▶ 🖻 layout
    ▶ 🖻 mipmap-hdpi
    ▶ 🖻 mipmap-mdpi
    ▶ 🖻 mipmap-xhdpi
    ▶ 🖻 mipmap-xxhdpi
    ▶ 🖻 mipmap-xxxhdpi
    ▼ 🖻 values
        🖹 colors.xml
        🖹 strings.xml
        🖹 styles.xml
    ▼ 🖻 values-fr
        🖹 strings.xml
    🗒 AndroidManifest.xml
▶ 🗀 test
```

Os aplicativos Android podem conter vários arquivos de recurso na pasta app/src/main/res. Por exemplo, se a localidade do dispositivo for configurada como França, o Android usará o arquivo strings.xml da pasta values-fr.

Quando a configuração do dispositivo muda, os recursos com interface de usuário devem ser atualizados de acordo com a nova configuração. Se você girar o dispositivo, o Android reconhecerá a mudança na orientação e no tamanho da tela como uma mudança na configuração do dispositivo. Nesse caso, ele vai destruir a atividade atual para, em seguida, recriá-la utilizando recursos compatíveis com a nova configuração.

Os estados de uma atividade

Quando o Android cria e destrói uma atividade, a atividade passa pelos estados de ativada, em execução e destruída.

O estado principal de uma atividade é *em execução* ou *ativada*. Uma atividade está em execução quando está no primeiro plano da tela, em foco, e o usuário pode interagir com ela. A atividade passa a maior parte da sua vida nesse estado. Uma atividade começa a ser executada depois de ser ativada e, no fim da sua vida, é *destruída*.

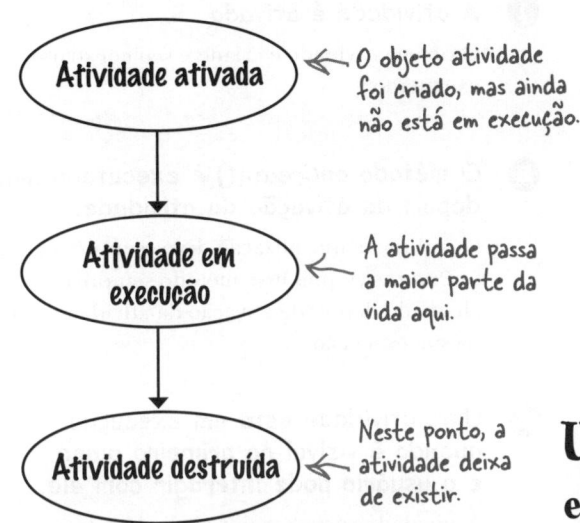

Atividade ativada ← *O objeto atividade foi criado, mas ainda não está em execução.*

Atividade em execução ← *A atividade passa a maior parte da vida aqui.*

Atividade destruída ← *Neste ponto, a atividade deixa de existir.*

Ao passar de ativada para destruída, a atividade aciona importantes métodos de ciclo de vida: os métodos `onCreate()` and `onDestroy()`. Esses métodos são herdados pela atividade e, se necessário, podem ser substituídos.

O método `onCreate()` é chamado logo depois da ativação da atividade. Ele permite que você configure a atividade e, por exemplo, chame `setContentView()`. Esse método sempre deve ser substituído. *Caso contrário*, você não poderá dizer ao Android qual layout a atividade deve usar.

O método `onDestroy()` é o último a ser chamado antes da destruição da atividade. Uma atividade pode ser destruída em diversas situações. Por exemplo, para ser finalizada, para ser recriada devido a uma mudança na configuração do dispositivo ou caso o Android tenha decidido destruí-la para liberar espaço.

Vamos conferir a relação entre esses métodos e os estados da atividade na próxima página.

> **Uma atividade está em execução quando está no primeiro plano da tela.**
>
> **O onCreate() é chamado no momento da criação da atividade e serve para configurar a atividade.**
>
> **O onDestroy() é chamado logo antes da destruição da atividade.**

do nascimento à morte

O ciclo de vida da atividade: da criação à destruição

Esta é uma visão geral do ciclo de vida da atividade, do nascimento à morte. Como veremos mais adiante neste capítulo, omitimos alguns detalhes neste esquema para abordar apenas os métodos onCreate() e onDestroy().

```
    ┌─────────────────┐
    │ Atividade ativada│
    └─────────────────┘
             │
             ▼
         onCreate()
             │
             ▼
    ┌─────────────────┐
    │  Atividade em   │
    │    execução     │
    └─────────────────┘
             │
             ▼
         onDestroy()
             │
             ▼
    ┌─────────────────┐
    │Atividade destruída│
    └─────────────────┘
```

❶ A atividade é ativada.

O objeto atividade é criado e seu construtor é executado.

❷ O método onCreate() é executado logo depois da ativação da atividade.

O código de inicialização deve estar no método onCreate(), pois esse método sempre é chamado depois da ativação da atividade e antes da sua execução.

❸ Uma atividade está em execução quando é visível no primeiro plano e o usuário pode interagir com ela.

A atividade passa a maior parte da vida nesse estado.

❹ O método onDestroy() é executado logo depois da destruição da atividade.

O método onDestroy() permite a realização de ações de limpeza final, como a liberação de recursos.

❺ Depois da execução do método onDestroy(), a atividade é destruída.

A atividade deixa de existir.

Se a memória do seu dispositivo for insuficiente, o onDestroy() poderá não ser chamado antes da destruição da atividade.

Os métodos onCreate() e onDestroy() são dois métodos do ciclo de vida da atividade. Mas de onde vêm esses métodos?

138 *Capítulo 4*

Sua atividade herda os métodos de ciclo de vida

Como vimos antes, sua atividade estende a classe `android.app.Activity`. Através dessa classe, sua atividade tem acesso aos métodos de ciclo de vida do Android. O diagrama a seguir indica a hierarquia das classes:

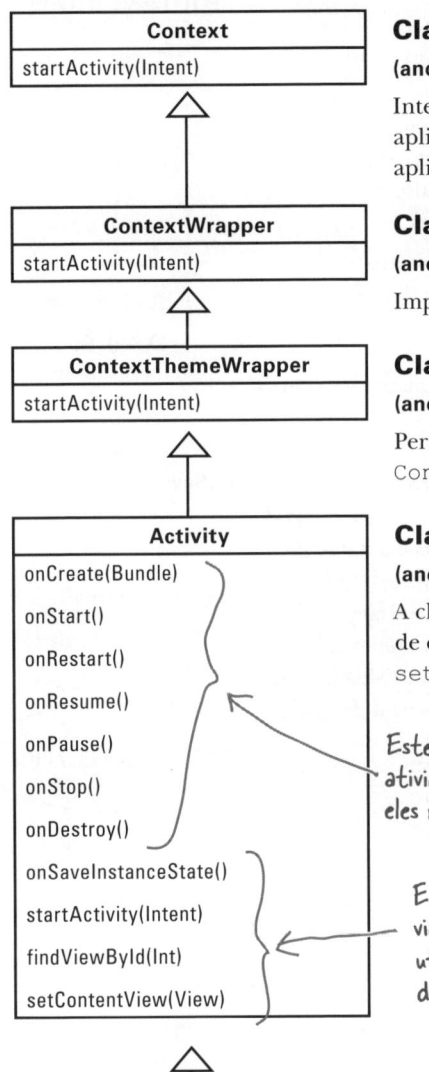

Context
startActivity(Intent)

Classe abstrata Context
(android.content.Context)

Interface para informações globais sobre o ambiente do aplicativo. Permite o acesso aos recursos, classes e operações do aplicativo.

ContextWrapper
startActivity(Intent)

Classe ContextWrapper
(android.content.ContextWrapper)

Implementação proxy para `Context`.

ContextThemeWrapper
startActivity(Intent)

Classe ContextThemeWrapper
(android.view.ContextThemeWrapper)

Permite a modificação do tema com base no conteúdo de `ContextWrapper`.

Activity
onCreate(Bundle)
onStart()
onRestart()
onResume()
onPause()
onStop()
onDestroy()
onSaveInstanceState()
startActivity(Intent)
findViewById(Int)
setContentView(View)

Classe Activity
(android.app.Activity)

A classe `Activity` implementa as versões-padrão dos métodos de ciclo de vida e define métodos como `findViewById(Int)` e `setContentView(View)`.

Estes são os métodos do ciclo de vida da atividade. Você vai aprender mais sobre eles no decorrer do capítulo.

Estes não são métodos do ciclo de vida da atividade, mas têm grande utilidade. Você já utilizou a maioria deles nos capítulos anteriores.

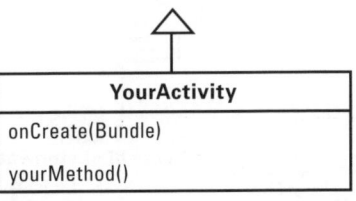

YourActivity
onCreate(Bundle)
yourMethod()

Classe YourActivity
(com.hfad.foo)

Essencialmente, o comportamento da atividade é controlado por métodos de superclasse. Você só precisa substituir os métodos necessários.

Agora que você já sabe mais sobre os métodos do ciclo de vida da atividade, vamos aprender a lidar com mudanças na configuração do dispositivo.

salvando o estado

Salvar o estado atual...

Como vimos, nosso app falhou quando o usuário girou a tela. A atividade foi destruída e recriada, pois as variáveis locais utilizadas pela atividade foram perdidas. Como resolver essa situação?

A forma mais comum e eficiente de lidar com mudanças na configuração é salvar o estado atual da atividade para, em seguida, restabelecê-lo no método onCreate() da atividade.

Para salvar o estado atual da atividade, você precisa implementar o método onSaveInstanceState(). Esse método é chamado antes da destruição da atividade, para que você salve os valores que desejar antes da sua perda.

O método onSaveInstanceState() recebe como parâmetro um Bundle, que permite a reunião de diferentes tipos de dados em um único objeto:

```
public void onSaveInstanceState(Bundle savedInstanceState) {
}
```

O método onCreate() é transmitido como parâmetro para o Bundle. Portanto, se você adicionar os valores das variáveis running e seconds ao Bundle, o método onCreate() poderá recuperá-lo quando a atividade for recriada. Para isso, use métodos de Bundle ao adicionar pares nome/valor ao Bundle. Esses métodos têm a seguinte forma:

```
bundle.put*("name", value)
```

Aqui, bundle é o nome do Bundle; * é o tipo de valor a ser salvo; e name e value são o nome e o valor dos dados. Por exemplo, para adicionar o valor int seconds ao Bundle, você deve usar o seguinte comando:

```
bundle.putInt("seconds", seconds);
```

É possível salvar vários pares de dados nome/valor no Bundle.

Aqui está o método onSaveInstanceState() completo (vamos adicioná-lo a *StopwatchActivity.java* nas próximas páginas):

```
@Override
public void onSaveInstanceState(Bundle savedInstanceState) {
    savedInstanceState.putInt("seconds", seconds);
    savedInstanceState.putBoolean("running", running);
}
```

Salve os valores das variáveis seconds e running no Bundle.

O método onSaveInstanceState() é chamado antes de onDestroy(). Através desse método, você pode salvar o estado da sua atividade antes que ela seja destruída.

Atividade ativada
↓
onCreate()
↓
Atividade em execução
↓
onSaveInstanceState()
↓
onDestroy()
↓
Atividade destruída

Stopwatch
app/src/main
java
com.hfad.stopwatch
StopwatchActivity.java

Depois de salvar os valores das variáveis no Bundle, podemos usá-los no método onCreate().

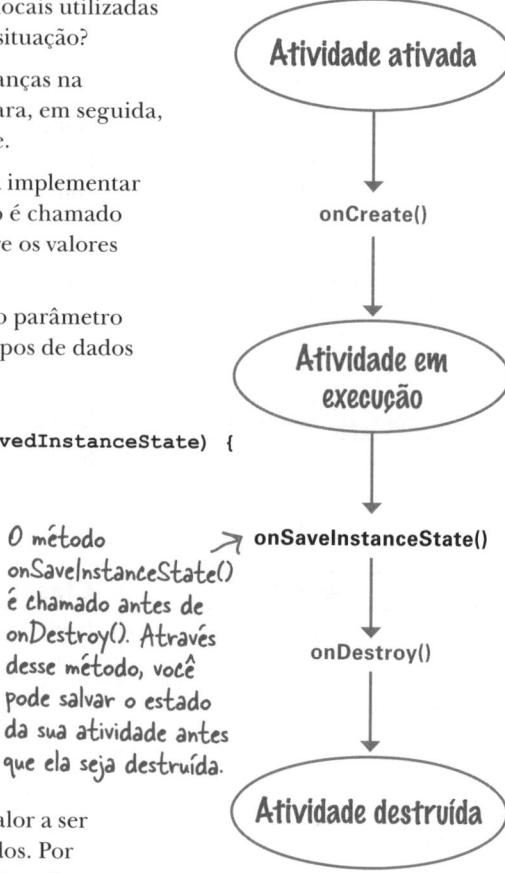

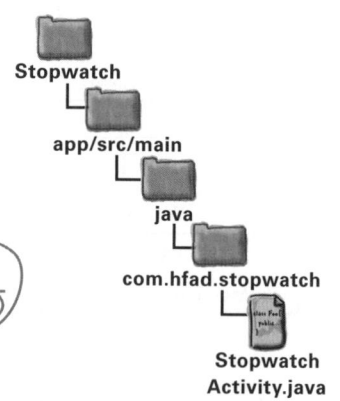

...e, em seguida, restaurar o estado em onCreate()

Como vimos antes, o método `onCreate()` recebe como parâmetro um `Bundle`. Se a atividade estiver sendo criada do zero, esse parâmetro será nulo. Mas se a atividade estiver sendo recriada e já tiver sido feita uma chamada para `onSaveInstanceState()`, o objeto `Bundle` usado por `onSaveInstanceState()` será transmitido para a atividade:

```
protected void onCreate(Bundle savedInstanceState) {
    ...
}
```

Você pode obter os valores de `Bundle` usando métodos da seguinte forma:

```
bundle.get*("name");
```

Em vez de *, use Int, String, entre outros, para especificar o tipo de dados desejado.

Aqui, `bundle` é o nome do `Bundle`; * é o tipo de valor a ser obtido; e `name` é o nome do par nome/valor especificado na página anterior. Por exemplo, para obter o valor `seconds` do Bundle, você deve usar este comando:

```
int seconds = bundle.getInt("seconds");
```

Depois de juntarmos todas essas peças, nosso método `onCreate()` ficou da seguinte forma (vamos adicioná-lo a *StopwatchActivity.java* na próxima página):

```
protected void onCreate(Bundle savedInstanceState) {
    super.onCreate(savedInstanceState);
    setContentView(R.layout.activity_stopwatch);
    if (savedInstanceState != null) {
        seconds = savedInstanceState.getInt("seconds");
        running = savedInstanceState.getBoolean("running");
    }
    runTimer();
}
```

Recupere os valores das variáveis seconds e running do Bundle.

Vamos analisar o código completo para salvar e restaurar o estado de `StopwatchActivity` na próxima página.

o código da StopwatchActivity

O código de StopwatchActivity atualizado

Atualizamos o código de StopwatchActivity para que, quando o usuário girar o dispositivo, seu estado seja salvo através do método onSaveInstanceState() e restaurado através do método onCreate(). Atualize a sua versão de *StopwatchActivity.java* de acordo com as alterações destacadas abaixo:

...

```java
public class StopwatchActivity extends Activity {
    //Número de segundos exibidos no cronômetro.
    private int seconds = 0;
    //O cronômetro está em execução?
    private boolean running;

    @Override
    protected void onCreate(Bundle savedInstanceState) {
        super.onCreate(savedInstanceState);
        setContentView(R.layout.activity_stopwatch);
        if (savedInstanceState != null) {
            seconds = savedInstanceState.getInt("seconds");
            running = savedInstanceState.getBoolean("running");
        }
        runTimer();
    }

    @Override
    public void onSaveInstanceState(Bundle savedInstanceState) {
        savedInstanceState.putInt("seconds", seconds);
        savedInstanceState.putBoolean("running", running);
    }
```

Restaure o estado da atividade ao obter os valores do Bundle.

Salve o estado das variáveis do método onSaveInstanceState() da atividade.

... ← *Omitimos a parte do código que não iremos alterar agora.*

Como isso funciona na prática?

Stopwatch / app/src/main / java / com.hfad.stopwatch / StopwatchActivity.java

o ciclo de vida da atividade

O que acontece quando o app é executado

1 **O usuário inicia o app e clica no botão Start para disparar o cronômetro.**

O método `runTimer()` começa a incrementar o número de segundos indicado na exibição de texto `time_view`.

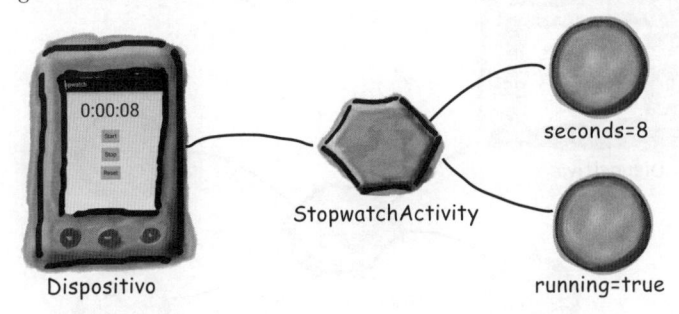

Dispositivo — StopwatchActivity — seconds=8, running=true

2 **O usuário gira o dispositivo.**

O Android percebe essa ação como uma mudança na configuração e se prepara para destruir a atividade. Antes da destruição da atividade, o método `onSaveInstanceState()` é chamado e salva os valores de `seconds` e `running` em um Bundle.

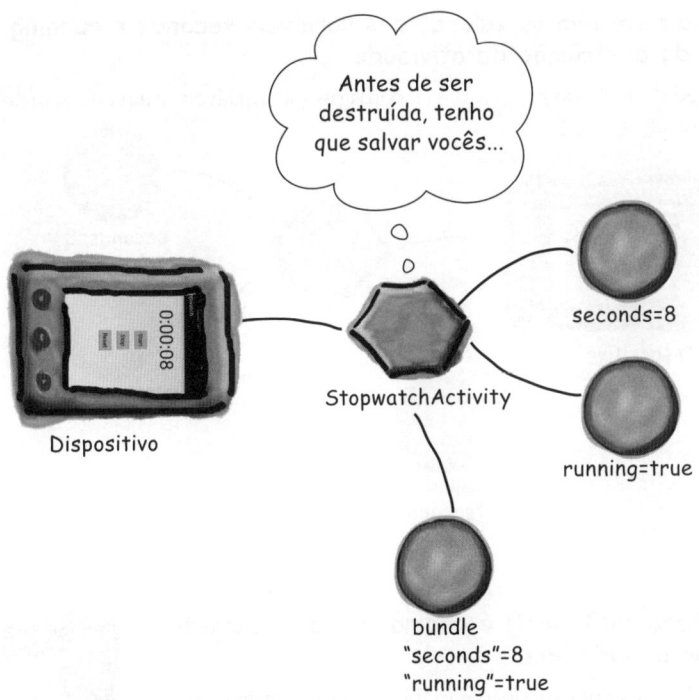

Antes de ser destruída, tenho que salvar vocês...

Dispositivo — StopwatchActivity — seconds=8, running=true

bundle
"seconds"=8
"running"=true

você está aqui ▶ 143

o que acontece, continuação

A história continua

3 **O Android destrói e depois recria a atividade.**

O método `onCreate()` é chamado e o `Bundle` é transmitido a ele.

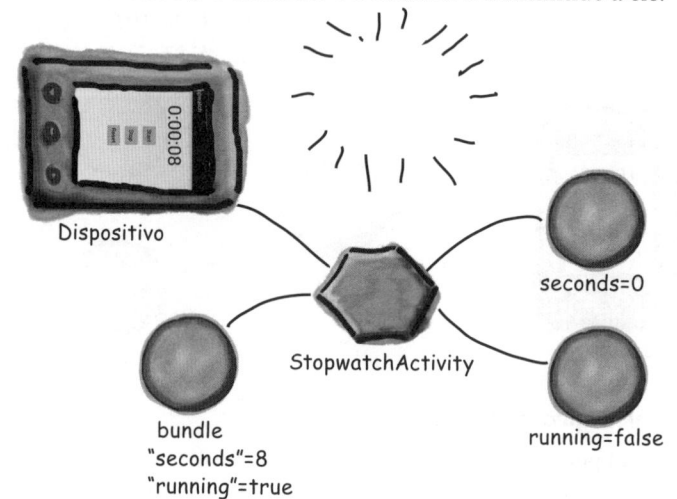

Dispositivo

StopwatchActivity

seconds=0

running=false

bundle
"seconds"=8
"running"=true

4 **O Bundle contém os valores das variáveis seconds e running antes da destruição da atividade.**

O código do método `onCreate()` configura as variáveis atuais de acordo com os valores do `Bundle`.

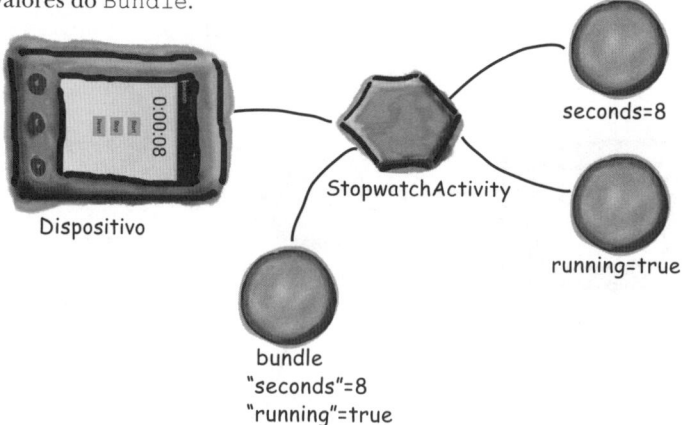

Dispositivo

StopwatchActivity

seconds=8

running=true

bundle
"seconds"=8
"running"=true

5 **O método runTimer() é chamado e o cronômetro retoma a contagem.**

O cronômetro em execução é exibido no dispositivo e o incremento dos segundos continua.

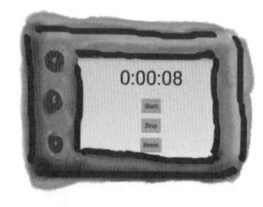

o ciclo de vida da atividade

Test drive do app

Faça as alterações no código da atividade e, em seguida, execute o app. Quando você clicar no botão Start, o cronômetro será iniciado e continuará em execução mesmo que o dispositivo seja girado.

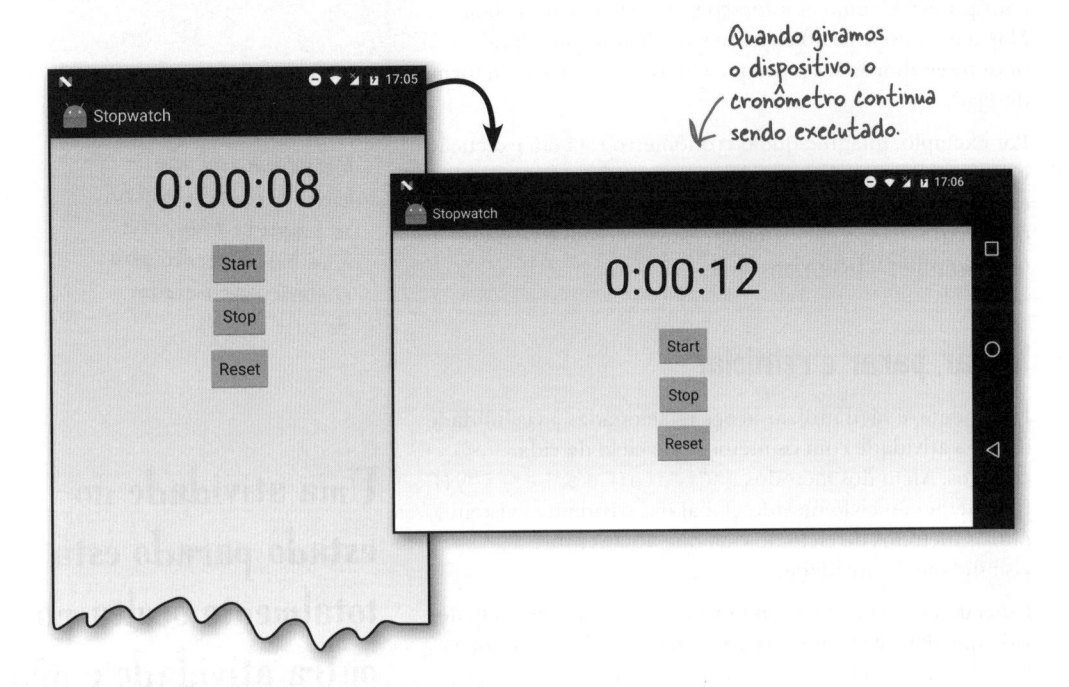

Quando giramos o dispositivo, o cronômetro continua sendo executado.

não existem Perguntas Idiotas

P: Por que o Android recria a atividade quando eu giro a tela?

R: Em geral, o método onCreate() serve para configurar a tela. Se o código em onCreate() depender da configuração da tela (por exemplo, se houver layouts específicos para paisagem e retrato), será necessário chamar onCreate() a cada mudança na configuração. Além disso, se o usuário mudar a localidade, será necessário recriar a interface do usuário no idioma local.

P: Por que o Android não armazena automaticamente todas as variáveis de instância? Por que tenho que escrever todo esse código?

R: Talvez você não queira armazenar todas as variáveis de instância. Por exemplo, para armazenar a largura atual da tela, você poder ter uma variável recalculada sempre que onCreate() é chamado.

P: O Bundle é um tipo de mapa do Java?

R: Não, mas foi desenvolvido para funcionar como um `java.util.Map`. O `Bundle` têm mais recursos do que um `Map`, podendo, por exemplo, ser transmitido entre processos. Isso é muito útil, pois permite que o Android OS fique sempre informado sobre o estado de uma atividade.

você está aqui ▶ 145

parar e iniciar

A vida de uma atividade não se resume à sua criação e destruição

Até aqui, aprendemos a lidar com a criação e a destruição no ciclo de vida de uma atividade e com as mudanças de configuração, como as alterações na orientação da tela. Mas outros eventos no ciclo de vida de uma atividade devem ser abordados para que o app se comporte da forma desejada.

Por exemplo, imagine que o cronômetro está em execução e você recebe uma ligação. Mesmo que não esteja visível, o cronômetro continuará funcionando. Mas como fazer para que o cronômetro pare quando estiver oculto e reinicie quando voltar a ficar visível?

← *Mesmo que você não queira que o cronômetro se comporte assim, esse é um bom pretexto para conferir mais métodos de ciclo de vida.*

Iniciar, parar e reiniciar

Felizmente, é fácil utilizar ações relacionadas à visibilidade de uma atividade com os métodos de ciclo de vida corretos. Além dos métodos `onCreate()` e `onDestroy()`, pertinentes ao ciclo de vida global da atividade, existem outros métodos de ciclo de vida que atuam sobre a visibilidade da atividade.

Especificamente, há três importantes métodos do ciclo de vida que devem ser aplicados quando a atividade se torna visível ou invisível para o usuário: `onStart()`, `onStop()` e `onRestart()`. Como ocorre com o `onCreate()` e o `onDestroy()`, a atividade herda esses métodos da classe Activity do Android.

O `onStart()` é chamado quando a atividade se torna visível para o usuário.

O `onStop()` é chamado quando a atividade deixa de estar visível para o usuário. Isso pode acontecer quando outra atividade oculta por completo essa atividade ou quando a atividade em questão vai ser destruída. Quando `onStop()` for chamado antes da destruição da atividade, o `onSaveInstanceState()` será chamado antes de `onStop()`.

O `onRestart()` é chamado depois que a atividade se torna invisível e antes de ela ficar visível novamente.

Vamos conferir como esses métodos se relacionam com os métodos `onCreate()` e `onDestroy()` na próxima página.

Uma atividade no estado parado está totalmente oculta por outra atividade e não está visível para o usuário. A atividade ainda existe no segundo plano e mantém todas as informações de estado.

o ciclo de vida da atividade

O ciclo de vida da atividade: a existência visível

Vamos ampliar o diagrama de ciclo de vida indicado anteriormente no capítulo incluindo os métodos onStart(), onStop() e onRestart() (os itens mais importantes estão em negrito):

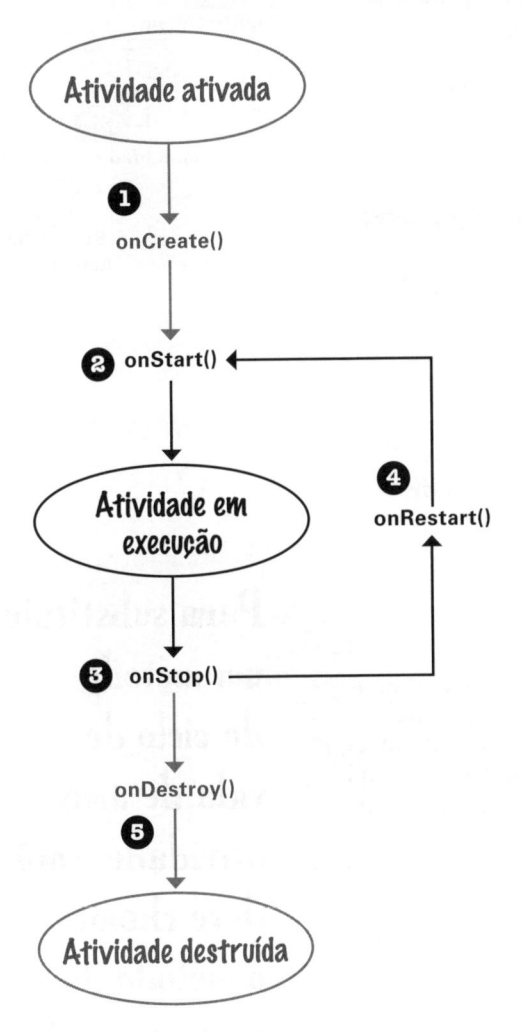

```
Atividade ativada
       │
       ▼
❶ onCreate()
       │
       ▼
❷ onStart() ◀──────┐
       │           │
       ▼         ❹ onRestart()
Atividade em       │
 execução          │
       │           │
       ▼           │
❸ onStop() ────────┘
       │
       ▼
   onDestroy()
       ❺
       │
       ▼
Atividade destruída
```

❶ **A atividade é ativada e o método onCreate() começa a ser executado.**

O código de inicialização de atividade no método onCreate() é executado. Nesse ponto, a atividade ainda não está visível, pois onStart() ainda não foi chamado.

❷ **O método onStart() é executado. Esse método é chamado quando a atividade está prestes a ficar visível.**

Depois da execução do método onStart(), usuário visualiza a atividade na tela.

❸ **O método onStop() é executado quando a atividade deixa de estar visível para o usuário.**

Depois da execução do método onStop(), a atividade deixa de estar visível.

❹ **Se a atividade se tornar visível para o usuário novamente, os métodos onRestart() e onStart() serão chamados sucessivamente.**

A atividade pode passar por esse ciclo muitas vezes se ficar invisível e visível reiteradamente.

❺ **Por fim, a atividade é destruída.**

O método onStop() será chamado antes de onDestroy().

onStop()

Temos que implementar mais dois métodos do ciclo de vida

Para atualizar o app Stopwatch, temos que fazer duas coisas. Primeiro, precisamos implementar o método `onStop()` da atividade para que o cronômetro pare de funcionar quando o aplicativo não estiver visível. Depois, devemos implementar o método `onStart()` para que o cronômetro inicie novamente quando o aplicativo estiver visível. Vamos começar pelo método `onStop()`.

```
Stopwatch
    app/src/main
        java
            com.hfad.stopwatch
                StopwatchActivity.java
```

Implemente onStop() para parar o cronômetro

Você deve substituir o método `onStop()` na classe Activity do Android ao adicionar o seguinte método à atividade:

```java
@Override
protected void onStop() {
    super.onStop();   // Este item chama o método onStop() na superclasse android.app.Activity da atividade.
    ...
}
```

Esta linha de código:

```java
super.onStop();
```

chama o método `onStop()` na superclasse `Activity`. Você deve adicionar essa linha de código sempre que substituir o método `onStop()` para que a atividade realize as outras ações indicadas no método `onStop()` da superclasse. Isso vale para todos os métodos do ciclo de vida. Para substituir qualquer método do ciclo de vida de `Activity`, você deve chamar o método da superclasse ou o Android irá gerar uma exceção.

O cronômetro deve parar quando o método `onStop()` for chamado. Para isso, precisamos definir o valor da variável booleana `running` como `false`. Este é o método completo:

```java
@Override
protected void onStop() {
    super.onStop();
    running = false;
}
```

Agora o cronômetro para quando a atividade deixa de estar visível. A seguir, vamos fazer com que o cronômetro inicie novamente quando a atividade ficar visível.

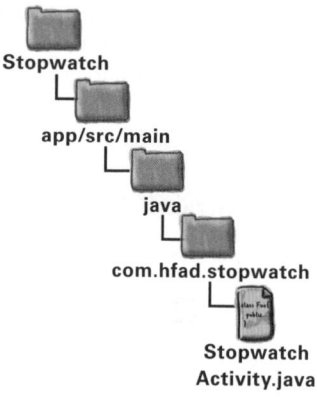

Para substituir um método do ciclo de vida de uma atividade, você deve chamar o método da superclasse. Se não fizer isso, vai receber uma exceção.

o ciclo de vida da atividade

Aponte o seu lápis

Agora é sua vez. Altere o código da atividade de modo que, se o cronômetro estiver funcionando antes de **onStop()** ser chamado, ele comece a funcionar novamente quando a atividade recuperar o foco. Dica: talvez seja necessário adicionar uma nova variável.

```java
public class StopwatchActivity extends Activity {
    private int seconds = 0;
    private boolean running;

    @Override
    protected void onCreate(Bundle savedInstanceState) {
        super.onCreate(savedInstanceState);
        setContentView(R.layout.activity_stopwatch);
        if (savedInstanceState != null) {
            seconds = savedInstanceState.getInt("seconds");
            running = savedInstanceState.getBoolean("running");
        }
        runTimer();
    }

    @Override
    public void onSaveInstanceState(Bundle savedInstanceState) {
        savedInstanceState.putInt("seconds", seconds);
        savedInstanceState.putBoolean("running", running);
    }

    @Override
    protected void onStop() {
        super.onStop();
        running = false;
    }
```

Esta é a primeira parte do código da atividade. Você deve implementar o método onStart() e alterar levemente alguns outros métodos.

solução do lápis

Aponte o seu lápis
Solução

Agora é sua vez. Altere o código da atividade de modo que, se o cronômetro estiver funcionando antes de **onStop()** ser chamado, ele comece a funcionar novamente quando a atividade recuperar o foco. Dica: talvez seja necessário adicionar uma nova variável.

```
public class StopwatchActivity extends Activity {
    private int seconds = 0;
    private boolean running;
```

private boolean wasRunning; ← Adicionamos uma nova variável, wasRunning, para registrar se o cronômetro estava funcionando antes de o método onStop() ser chamado e determinar se ele deve ser executado novamente quando a atividade se tornar visível.

```
    @Override
    protected void onCreate(Bundle savedInstanceState) {
        super.onCreate(savedInstanceState);
        setContentView(R.layout.activity_stopwatch);
        if (savedInstanceState != null) {
            seconds = savedInstanceState.getInt("seconds");
            running = savedInstanceState.getBoolean("running");
```
wasRunning = savedInstanceState.getBoolean("wasRunning");
```
        }
        runTimer();
    }
```
↑ Vamos restaurar o estado da variável wasRunning se a atividade for recriada.

```
    @Override
    public void onSaveInstanceState(Bundle savedInstanceState) {
        savedInstanceState.putInt("seconds", seconds);
        savedInstanceState.putBoolean("running", running);
```
savedInstanceState.putBoolean("wasRunning", wasRunning); ← Salve o estado da variável wasRunning.
```
    }

    @Override
    protected void onStop() {
        super.onStop();
```
wasRunning = running; ← Registre se o cronômetro estava funcionando quando o método onStop() foi chamado.
```
        running = false;
    }
```

@Override
protected void onStart() {
    super.onStart(); ← Implemente o método onStart(). Se o cronômetro estava funcionando, execute-o novamente
    if (wasRunning) {
        running = true;
    }
}
}

O código de StopwatchActivity atualizado

Atualizamos o código da atividade para que, se o cronômetro estiver funcionando antes de perder o foco, comece a funcionar novamente ao receber o foco. Faça as seguintes alterações (indicadas em negrito) na sua versão de *StopwatchActivity.java*:

```java
public class StopwatchActivity extends Activity {
    private int seconds = 0;
    private boolean running;
    private boolean wasRunning;

    @Override
    protected void onCreate(Bundle savedInstanceState) {
        super.onCreate(savedInstanceState);
        setContentView(R.layout.activity_stopwatch);
        if (savedInstanceState != null) {
            seconds = savedInstanceState.getInt("seconds");
            running = savedInstanceState.getBoolean("running");
            wasRunning = savedInstanceState.getBoolean("wasRunning");
        }
        runTimer();
    }

    @Override
    public void onSaveInstanceState(Bundle savedInstanceState) {
        savedInstanceState.putInt("seconds", seconds);
        savedInstanceState.putBoolean("running", running);
        savedInstanceState.putBoolean("wasRunning", wasRunning);
    }

    @Override
    protected void onStop() {
        super.onStop();
        wasRunning = running;
        running = false;
    }

    @Override
    protected void onStart() {
        super.onStart();
        if (wasRunning) {
            running = true;
        }
    }
...
```

Uma nova variável, wasRunning, registra se o cronômetro estava funcionando antes de o método onStop() ser chamado.

Restaure o estado da variável wasRunning quando a atividade for recriada.

Salve o estado da variável wasRunning.

Registre se o cronômetro estava funcionando quando o método onStop() foi chamado.

Implemente o método onStart(). Se o cronômetro estava funcionando, vamos executá-lo novamente.

Omitimos as partes do código da atividade que não vamos alterar agora.

o que acontece

O que acontece quando o app é executado

❶ O usuário inicia o aplicativo e clica no botão Start para disparar o cronômetro.

O método `runTimer()` começa a incrementar o número de segundos indicado na exibição de texto `time_view`.

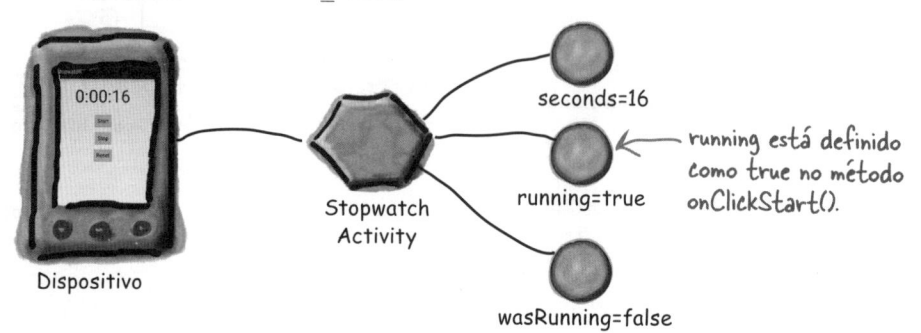

- seconds=16
- running=true ← *running está definido como true no método onClickStart().*
- wasRunning=false

(Dispositivo → Stopwatch Activity)

❷ Quando o usuário acessa a tela inicial do dispositivo, o app Stopwatch deixa de estar visível.

O método `onStop()` é chamado, `wasRunning` passa a ser definido como `true`, `running` é definido como `false` e o incremento do número de segundos é interrompido.

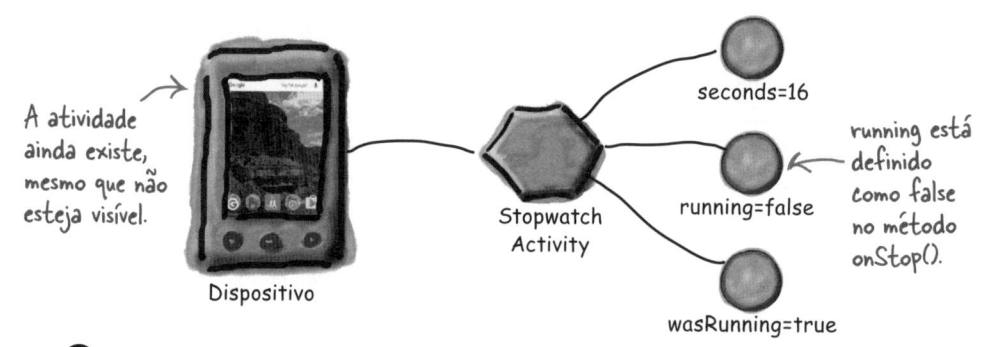

A atividade ainda existe, mesmo que não esteja visível.

- seconds=16
- running=false ← *running está definido como false no método onStop().*
- wasRunning=true

(Dispositivo → Stopwatch Activity)

❸ O usuário acessa novamente o app Stopwatch.

O método `onStart()` é chamado, `running` é configurado como `true` e o número de segundos passar a ser incrementado novamente.

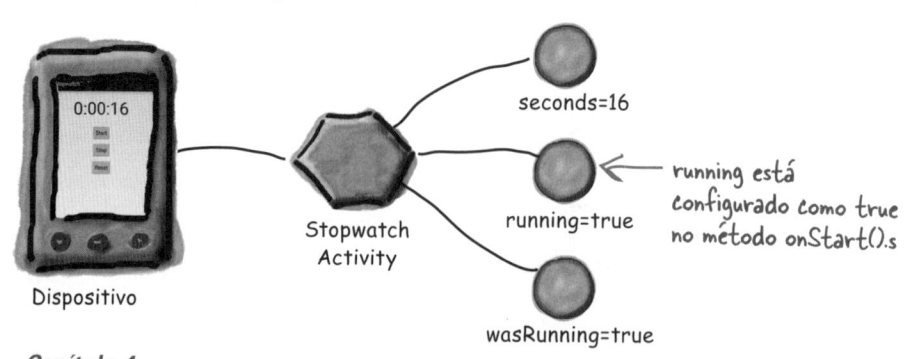

- seconds=16
- running=true ← *running está configurado como true no método onStart().s*
- wasRunning=true

(Dispositivo → Stopwatch Activity)

o ciclo de vida da atividade

Test drive do app

Salve as alterações feitas no código da atividade e, em seguida, execute o app. Quando você clica no botão Start, o cronômetro é ativado. A contagem para quando o app deixa de estar visível e recomeça quando o aplicativo fica visível novamente.

Iniciamos o cronômetro e, em seguida, acessamos a tela inicial do dispositivo.

O cronômetro parou quando o app não estava visível.

O cronômetro retomou a contagem quando acessamos novamente o app.

não existem Perguntas Idiotas

P: Para reiniciar o cronômetro, podemos usar o método `onRestart()` em vez do método `onStart()`?

R: O `onRestart()` serve para executar o código no momento em que um app fica visível depois de ter passado um tempo invisível. Esse método não executa o código quando a atividade fica visível pela primeira vez. Nesse caso, o app devia funcionar mesmo que o dispositivo fosse girado.

P: Por que isso faz diferença?

R: Quando você gira o dispositivo, a atividade é destruída e uma nova atividade é criada para substituí-la. Se o código que reinicia o cronômetro fosse colocado no método `onRestart()` em vez de no `onStart()`, o código em questão não seria executado quanto a atividade fosse recriada. O método `onStart()` é chamado em ambas as situações.

ciclo de vida em primeiro plano

E se o app estiver parcialmente visível?

Até aqui, vimos o que acontece quando uma atividade é criada e destruída e quando ela se torna visível e invisível. Mas há mais uma situação a ser considerada: aquela que ocorre quando uma atividade está visível, mas não está em foco.

Quando uma atividade está visível, mas não está em foco, ela fica em pausa. Isso ocorre quando outra atividade (que não ocupa a tela inteira ou que é transparente) encobre a sua atividade. A atividade que está encobrindo a sua está em foco, mas a atividade encoberta ainda está visível, embora pausada.

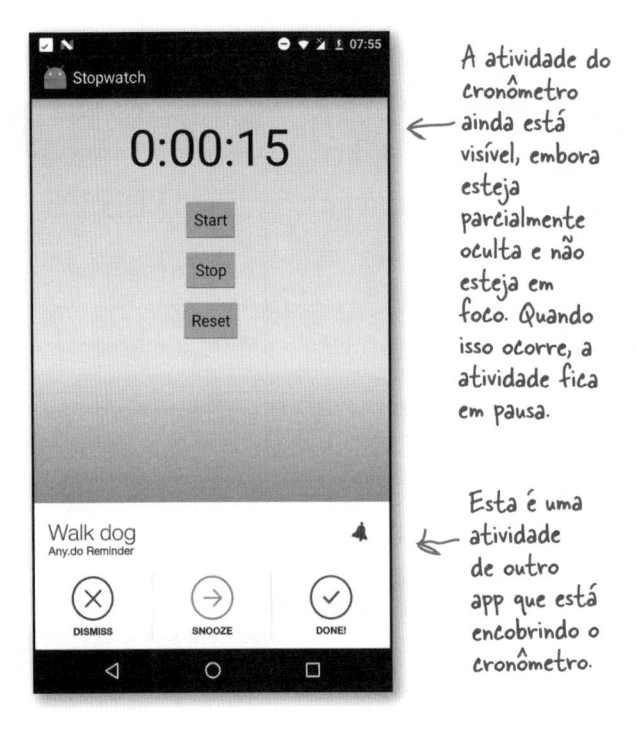

A atividade do cronômetro ainda está visível, embora esteja parcialmente oculta e não esteja em foco. Quando isso ocorre, a atividade fica em pausa.

Esta é uma atividade de outro app que está encobrindo o cronômetro.

No estado pausado, a atividade está fora de foco, mas ainda está visível para o usuário. A atividade ainda está ativa e mantém todas as suas informações de estado.

Há dois métodos de ciclo de vida envolvidos nos procedimentos em que a atividade fica em pausa e se torna ativa novamente: `onPause()` e `onResume()`. O `onPause()` é chamado quando a atividade está visível, embora o foco esteja sobre outra atividade. O `onResume()` é chamado logo antes de a atividade começar a interagir com o usuário. Para que o app reaja de algum modo quando a atividade estiver pausada, você precisa implementar esses métodos.

Na próxima página, vamos conferir como esses métodos se relacionam com os demais métodos de ciclo de vida abordados até agora.

o ciclo de vida da atividade

O ciclo de vida da atividade: a existência em primeiro plano

Vamos ampliar o diagrama de ciclo de vida que vimos anteriormente neste capítulo incluindo os métodos `onResume()` e `onPause()` (os elementos novos estão em negrito):

```
   Atividade ativada
          │
          ❶
          ▼
      onCreate()
          │
          ▼
       onStart() ◄──────────┐
          │                 │
          ❷                 │
          ▼                 │
      onResume() ◄─┐        │
          │        │        │
          ▼        │        │
    Atividade em   │   onRestart()
      execução ────┘        ▲
    ❹     │                 ❻
          ▼                 │
      onPause()             │
          │                 │
          ❸                 │
          ▼                 │
    ❺  onStop() ────────────┘
          │
          ▼
      onDestroy()
          │
          ❼
          ▼
   Atividade destruída
```

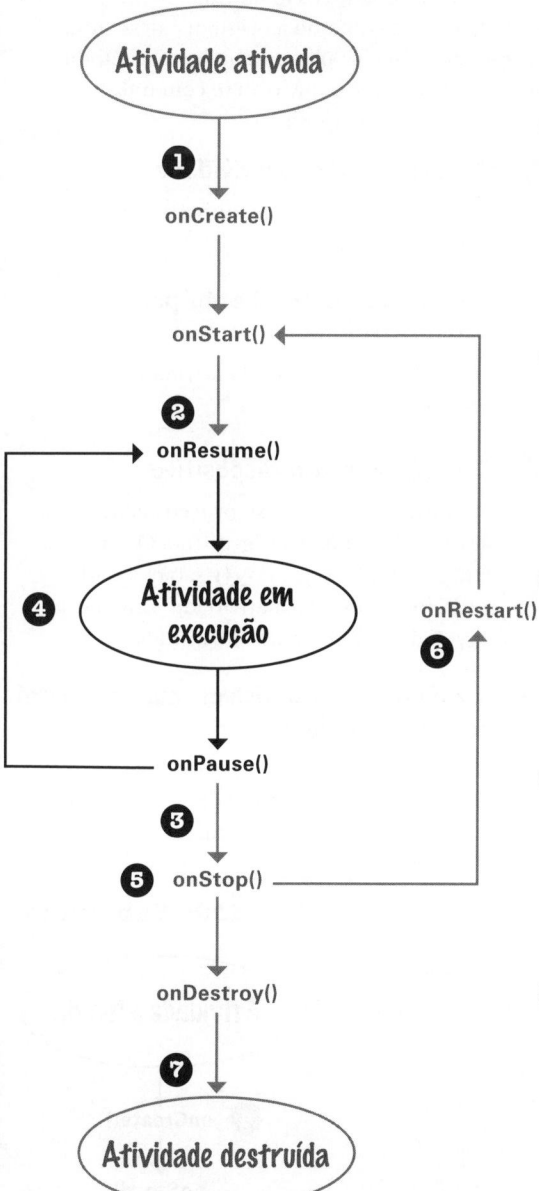

❶ **A atividade é ativada e os métodos onCreate() e onStart() são executados.**

Nesse ponto, a atividade está visível, mas está fora de foco.

❷ **O método onResume() é executado. Esse método é chamado quando a atividade está prestes a aparecer em primeiro plano.**

Depois que o método `onResume()` é executado, a atividade entra em foco e o usuário pode interagir com ela.

❸ **O método onPause() é executado quando a atividade sai do primeiro plano.**

Depois que o método `onPause()` é executado, a atividade permanece visível, mas não está em foco.

❹ **Se a atividade aparecer novamente em primeiro plano, o método onResume() será chamado.**

A atividade pode passar por esse ciclo muitas vezes, caso saia e entre em foco reiteradamente.

❺ **Se a atividade deixar de ser visível para o usuário, o método onStop() será chamado.**

Depois que o método `onStop()` for executado, a atividade não estará mais visível.

❻ **Se a atividade ficar novamente visível para o usuário, os métodos onRestart(), onStart() e onResume() serão chamados sucessivamente.**

A atividade pode passar por esse ciclo muitas vezes.

❼ **Por fim, a atividade é destruída.**

Quando a atividade passa do estado de em execução para o de destruída, o método onPause() é chamado antes da sua destruição.

rotação

> Você disse lá atrás que, quando o usuário gira o dispositivo, uma atividade é destruída e uma nova é criada. Mas o que acontece com uma atividade pausada quando o dispositivo é girado? A atividade executa esses mesmos métodos do ciclo de vida?

Essa é uma boa pergunta. Vamos conferir essa questão com mais atenção antes de voltar ao app Stopwatch.

A atividade original passa por todos os métodos do ciclo de vida, de onCreate() a onDestroy(). Uma nova atividade é criada quando a original é destruída. Quando essa nova atividade não está no primeiro plano, somente os métodos onCreate() e onStart() são chamados. Isso é o que ocorre com uma atividade fora de foco quando o usuário gira o dispositivo:

❶ O usuário ativa a atividade.

Os métodos onCreate(), onStart() e onResume() são chamados.

❷ A atividade é encoberta por outra atividade.

O método onPause() da atividade é chamado.

❸ O usuário gira o dispositivo.

O Android percebe esse procedimento como uma mudança na configuração. Os métodos onStop() e onDestroy() são chamados e o Android destrói a atividade. Uma nova atividade é criada para substituí-la.

❹ A atividade está visível, mas não está no primeiro plano.

Os métodos onCreate() e onStart() são chamados. Quando a atividade está visível, mas fora de foco, o onResume() não é chamado.

Atividade Original

Atividade ativada
❶ onCreate()
onStart()
onResume()
Atividade em execução
❷ onPause()
❸ onStop()
onDestroy()
Atividade destruída

Atividade Substituta

Atividade ativada
❹ onCreate()
onStart()

o ciclo de vida da atividade

> Acho que entendi. A atividade substituta não chega ao estado "em execução" porque não está no primeiro plano. Mas o que acontece quando o usuário acessa outros recursos até se afastar completamente da atividade, a ponto de ela deixar de ser visível? Se a atividade estiver parada, os métodos onResume() e onPause() serão chamados antes de onStop()?

As atividades podem ir diretamente de onStart() para onStop(), ignorando onPause() e onResume().

Se a atividade estiver sempre visível, mas nunca em primeiro plano e sempre fora de foco, os métodos `onPause()` e `onResume()` *nunca serão chamados*.

O método `onResume()` é chamado quando a atividade aparece no primeiro plano e está em foco. Se a atividade estiver visível, mas encoberta por outras atividades, o método `onResume()` não será chamado.

Do mesmo modo, o método `onPause()` é chamado quando a atividade sai do primeiro plano. Se a atividade nunca aparecer em primeiro plano, esse método não será chamado.

Se uma atividade parar ou for destruída antes de aparecer no primeiro plano, os métodos onStart() e onStop() serão executados sucessivamente. Os métodos onResume() e onPause() serão ignorados.

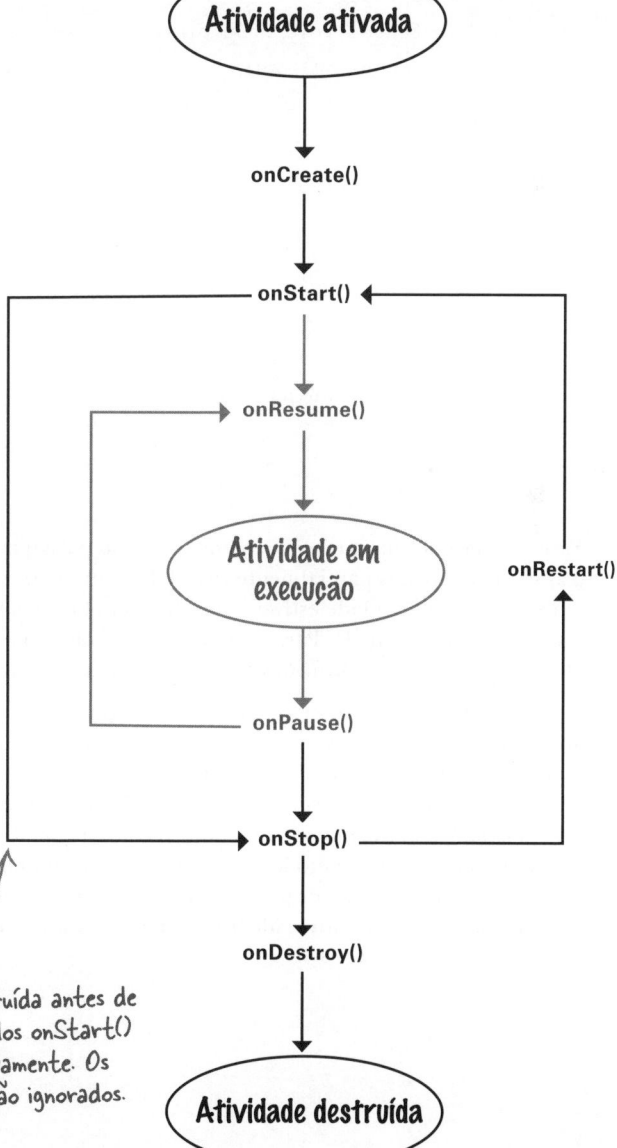

```
Atividade ativada
       │
       ▼
   onCreate()
       │
       ▼
   onStart() ◄──────────┐
       │                │
       ▼                │
   onResume() ◄──┐      │
       │         │      │
       ▼         │      │
  Atividade em   │  onRestart()
   execução      │      │
       │         │      │
       ▼         │      │
   onPause() ────┘      │
       │                │
       ▼                │
   onStop() ────────────┘
       │
       ▼
   onDestroy()
       │
       ▼
 Atividade destruída
```

você está aqui ▶ **157**

substitua os métodos

O cronômetro deve parar quando a atividade estiver pausada

Vamos voltar ao app Stopwatch.

Até aqui, fizemos o cronômetro parar quando o app não estiver visível e reiniciar quando o app se tornar visível. Para isso, substituímos os métodos onStop() e onStart() da seguinte forma:

```
@Override
protected void onStop() {
    super.onStop();
    wasRunning = running;
    running = false;
}

@Override
protected void onStart() {
    super.onStart();
    if (wasRunning) {
        running = true;
    }
}
```

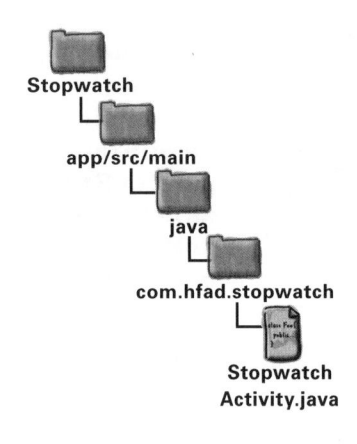

Agora, vamos definir o mesmo comportamento para quando o app estiver apenas parcialmente visível. O cronômetro deve parar quando a atividade estiver pausada e reiniciar quando a atividade for retomada. Para obter esse resultado, quais alterações devemos realizar nos métodos do ciclo de vida?

O app Stopwatch deve interromper sua execução quanto a atividade for pausada e reiniciá-la (se estivesse em execução) quando a atividade for retomada. Ou seja, queremos que o app se comporte da mesma forma se a atividade for interrompida ou iniciada. Portanto, em vez de repetir o código que já aplicamos em diversos métodos, podemos utilizar um método para quando a atividade for pausada ou interrompida e outro método para quando a atividade for retomada ou iniciada.

o ciclo de vida da atividade

Implemente os métodos onPause() e onResume()

Vamos começar pelo método para quando a atividade for retomada ou iniciada.

Quando a atividade é retomada, o método onResume() da atividade é chamado. Caso a atividade seja iniciada, o método onResume() será chamado depois de onStart() ser chamado. Como o método onResume() é chamado quando a atividade é retomada ou iniciada, quando transferirmos o código de onStart() para o método onResume(), o app irá se comportar da mesma forma quando a atividade for retomada ou iniciada. Por isso, podemos remover o método onStart() e substituí-lo pelo método onResume() da seguinte forma:

O método onResume() é chamado quando a atividade é iniciada ou retomada. Como o app deve se comportar da mesma forma quando suas funções forem iniciadas ou retomadas, podemos implementar apenas o método onResume().

```
@Override
protected void onStart() {
    super.onStart();
    if (wasRunning) {
        running = true;
    }
}
```
Exclua o método onStart().

```
@Override
protected void onResume() {
    super.onResume();
    if (wasRunning) {
        running = true;
    }
}
```
Adicione o método onResume().

Stopwatch
app/src/main
java
com.hfad.stopwatch
StopwatchActivity.java

onStart()
↓
onResume()
↓
Atividade em execução
↓
onPause()
↓
onStop()

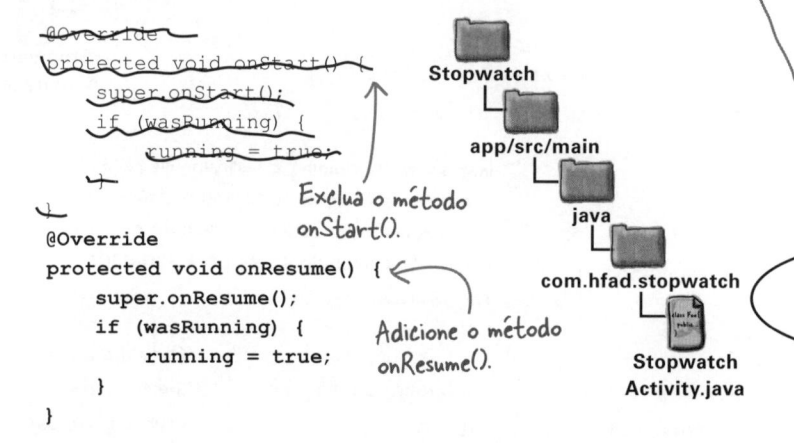

Podemos fazer algo semelhante para quando a atividade for pausada ou interrompida.

Quando a atividade é pausada, o método onPause() da atividade é chamado. Caso a atividade seja interrompida, o método onPause() da atividade será chamado antes de o onStop() ser chamado. Como o método onPause() é chamado quando a atividade é pausada ou interrompida, podemos transferir o código de onStop() para o método onPause():

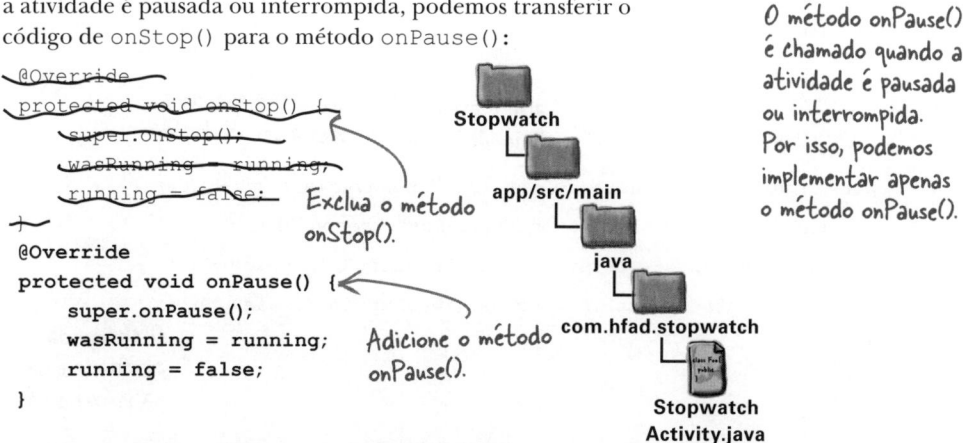

```
@Override
protected void onStop() {
    super.onStop();
    wasRunning = running;
    running = false;
}
```
Exclua o método onStop().

```
@Override
protected void onPause() {
    super.onPause();
    wasRunning = running;
    running = false;
}
```
Adicione o método onPause().

Stopwatch
app/src/main
java
com.hfad.stopwatch
StopwatchActivity.java

O método onPause() é chamado quando a atividade é pausada ou interrompida. Por isso, podemos implementar apenas o método onPause().

você está aqui ▶ 159

o código da StopwatchActivity

O código completo de StopwatchActivity

Este é o código completo do *StopwatchActivity.java* do app finalizado (as alterações estão em negrito):

```java
package com.hfad.stopwatch;

import android.app.Activity;
import android.os.Bundle;
import android.view.View;
import java.util.Locale;
import android.os.Handler;
import android.widget.TextView;

public class StopwatchActivity extends Activity {
    //Número de segundos exibidos no cronômetro.
    private int seconds = 0;
    //O cronômetro está em execução?
    private boolean running;
    private boolean wasRunning;

    @Override
    protected void onCreate(Bundle savedInstanceState) {
        super.onCreate(savedInstanceState);
        setContentView(R.layout.activity_stopwatch);
        if (savedInstanceState != null) {
            seconds = savedInstanceState.getInt("seconds");
            running = savedInstanceState.getBoolean("running");
            wasRunning = savedInstanceState.getBoolean("wasRunning");
        }
        runTimer();
    }

    @Override
    public void onSaveInstanceState(Bundle savedInstanceState) {
        savedInstanceState.putInt("seconds", seconds);
        savedInstanceState.putBoolean("running", running);
        savedInstanceState.putBoolean("wasRunning", wasRunning);
    }
```

Stopwatch/app/src/main/java/com.hfad.stopwatch/StopwatchActivity.java

Use seconds, running e wasRunning para registrar o número de segundos decorridos, se o cronômetro está funcionando e se ele estava funcionando antes de a atividade ser pausada.

Obtenha o estado anterior do cronômetro, caso a atividade tenha sido destruída e recriada.

Salve o estado do cronômetro quando a atividade estiver prestes a ser destruída.

O código da atividade continua na próxima página.

O código da atividade (continuação)

```
@Override
protected void onStop() {
    super.onStop();
    wasRunning = running;
    running = false;
}
```

> Exclua estes dois métodos.

```
@Override
protected void onStart() {
    super.onStart();
    if (wasRunning) {
        running = true;
    }
}
```

Stopwatch
app/src/main
java
com.hfad.stopwatch
StopwatchActivity.java

Pare o cronômetro se a atividade for pausada.

```java
@Override
protected void onPause() {
    super.onPause();
    wasRunning = running;
    running = false;
}
```

```java
@Override
protected void onResume() {
    super.onResume();
    if (wasRunning) {
        running = true;
    }
}
```

← Reinicie o cronômetro (caso ele estivesse sendo executado antes) quando a atividade for retomada.

```java
//Inicia o cronômetro quando o botão Start é clicado.
public void onClickStart(View view) {
    running = true;
}
```

↖ Este item é chamado quando o botão Start é clicado.

O código da atividade continua na próxima página.

StopwatchActivity, continuação

O código da atividade (continuação)

```java
//Interrompe o cronômetro quando o botão Stop é clicado.
public void onClickStop(View view) {
    running = false;
}
```
← Este item é chamado quando o botão Stop é clicado.

```java
//Reinicia o cronômetro quando o botão Reset é clicado.
public void onClickReset(View view) {
    running = false;
    seconds = 0;
}
```
← Este item é chamado quando o botão Reset é clicado.

O método runTimer() usa um Handler para incrementar os segundos e atualizar a exibição de texto.

```java
//Define o número de segundos no timer.
private void runTimer() {
    final TextView timeView = (TextView)findViewById(R.id.time_view);
    final Handler handler = new Handler();
    handler.post(new Runnable() {
        @Override
        public void run() {
            int hours = seconds/3600;
            int minutes = (seconds%3600)/60;
            int secs = seconds%60;
            String time = String.format(Locale.getDefault(),
                    "%d:%02d:%02d", hours, minutes, secs);
            timeView.setText(time);
            if (running) {
                seconds++;
            }
            handler.postDelayed(this, 1000);
        }
    });
}
```

Stopwatch
app/src/main
java
com.hfad.stopwatch
StopwatchActivity.java

Vamos conferir o que acontece quando o código é executado.

o ciclo de vida da atividade

O que acontece quando o aplicativo é executado

❶ O usuário inicia o aplicativo e clica no botão Start para disparar o cronômetro.

O método `runTimer()` começa a incrementar o número de segundos indicado na exibição de texto `time_views`.

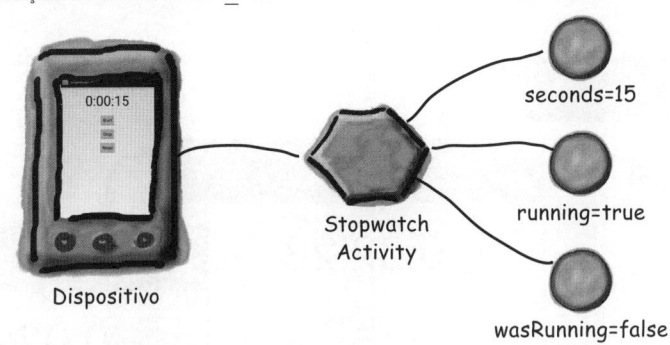

- seconds=15
- running=true
- wasRunning=false

❷ Outra atividade aparece no primeiro plano, deixando StopwatchActivity parcialmente visível.

O método `onPause()` é chamado, `wasRunning` é definido como `true`, `running` é definido como `false` e o incremento do número de segundos é interrompido.

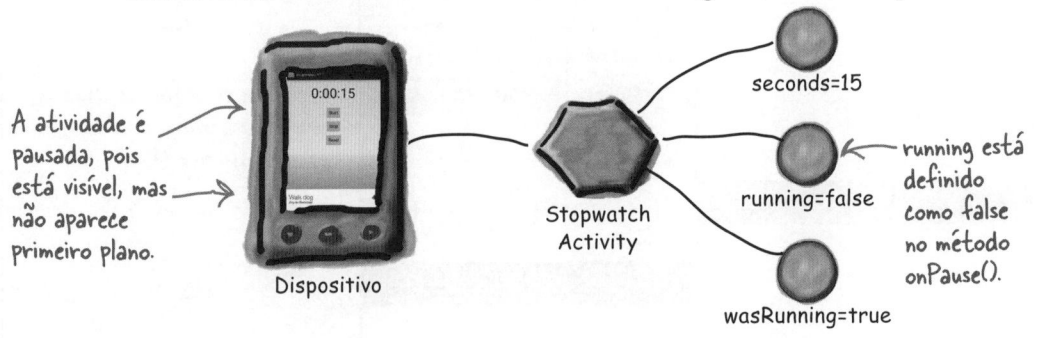

A atividade é pausada, pois está visível, mas não aparece primeiro plano.

- seconds=15
- running=false — running está definido como false no método onPause().
- wasRunning=true

❸ Quando StopwatchActivity volta para o primeiro plano, o método onResume() é chamado, running é definido como true e o incremento do número de segundos recomeça.

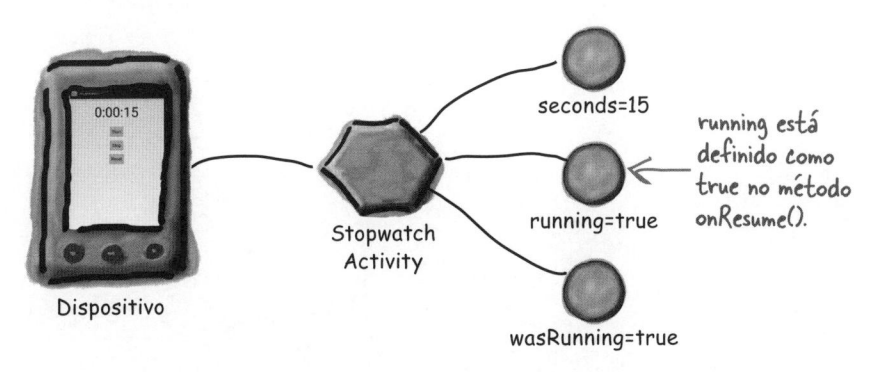

- seconds=15
- running=true — running está definido como true no método onResume().
- wasRunning=true

test drive

Test drive do app

Salve as alterações realizadas no código da atividade e, em seguida, execute o app. Quando você clica no botão Start, o cronômetro é iniciado. Ele para quando outra atividade deixa o app parcialmente oculto e reinicia quando o app aparece novamente no primeiro plano.

Iniciamos o cronômetro.

O cronômetro foi pausado enquanto a atividade esteve parcialmente oculta.

O cronômetro foi reiniciado quando a atividade voltou para o primeiro plano.

o ciclo de vida da atividade

Seja a Atividade

À direita, indicamos trechos do código de uma atividade. Sua tarefa é agir como se fosse a atividade e apontar o código que será executado em cada uma das situações a seguir. Marcamos o código a ser considerado e fizemos o primeiro exercício como exemplo.

O usuário inicia a atividade e começa a utilizá-la.

Nos segmentos de código A, G e D, a atividade é criada, fica visível e entra em foco.

O usuário inicia a atividade, começa a utilizá-la e acessa outro app.

Esta é difícil. ↘

O usuário inicia a atividade, começa a utilizá-la, gira o dispositivo, acessa outro app e volta para a atividade.

```
...
class MyActivity extends Activity{

    protected void onCreate(
            Bundle savedInstanceState) {
    Ⓐ  //Executar código A
        ...
    }

    protected void onPause() {
    Ⓑ  //Executar código B
        ...
    }

    protected void onRestart() {
    Ⓒ  //Executar código C
        ...
    }

    protected void onResume() {
    Ⓓ  //Executar código D
        ...
    }

    protected void onStop() {
    Ⓔ  //Executar código E
        ...
    }

    protected void onRecreate() {
    Ⓕ  //Executar código F
        ...
    }

    protected void onStart() {
    Ⓖ  //Executar código G
        ...
    }

    protected void onDestroy() {
    Ⓗ  //Run code H
        ...
    }
}
```

você está aqui ▶ 165

solução

Seja a Atividade – Solução

À direita, indicamos trechos do código de uma atividade. Sua tarefa é agir como se fosse a atividade e apontar o código que será executado em cada uma das situações a seguir. Marcamos o código a ser considerado e fizemos o primeiro exercício como exemplo.

O usuário inicia a atividade e começa a utilizá-la.

Nos segmentos de código A, G e D, a atividade é criada, fica visível e entra em foco.

O usuário inicia a atividade, começa a utilizá-la e acessa outro app.

Nos segmentos de código A, G, D, B e E, a atividade é criada, fica visível e entra em foco. Quando o usuário acessa outro app, a atividade sai de foco e deixa de estar visível para o usuário.

O usuário inicia a atividade, começa a utilizá-la, gira o dispositivo, acessa outro app e volta para a atividade.

Nos segmentos de código A, G, D, B, E, H, A, G, D, B, E, C, G e D, a atividade é criada, fica visível e entra em foco. Quando o dispositivo é girado, a atividade sai de foco, deixa de estar visível e é destruída. Em seguida, ela é recriada, fica visível e entra em foco. Quando o usuário acessa outro app e retorna ao app original, a atividade sai de foco, perde a visibilidade, fica visível novamente e entra em foco outra vez.

```
...
class MyActivity extends Activity{

    protected void onCreate(
            Bundle savedInstanceState) {
 A      //Executar código A
        ...
    }

    protected void onPause() {
 B      //Executar código B
        ...
    }

    protected void onRestart() {
 C      //Executar código C
        ...
    }

    protected void onResume() {
 D      //Executar código D
        ...
    }

    protected void onStop() {
 E      //Executar código E
        ...
    }

    protected void onRecreate() {
 F      //Executar código F
        ...
    }

    protected void onStart() {
 G      //Executar código G
        ...
    }

    protected void onDestroy() {
 H      //Executar código H
        ...
    }
}
```

Não há nenhum método de ciclo de vida chamado onRecreate().

Seu guia de consulta rápida para os métodos de ciclo de vida

Método	Quando é chamado	Método seguinte
onCreate()	Quando a atividade é criada. Use este método para realizar a configuração estática normal, como a criação de exibições. Ele também contém um `Bundle` com o estado da atividade salvo anteriormente.	`onStart()`
onRestart()	Quando a atividade é interrompida e logo antes de ser reiniciada.	`onStart()`
onStart()	Quando a atividade está ficando visível. É seguido por `onResume()`, se a atividade for aparecer no primeiro plano, ou por `onStop()`, se a atividade ficar invisível.	`onResume()` ou `onStop()`
onResume()	Quando a atividade está no primeiro plano.	`onPause()`
onPause()	Quando a atividade sai do primeiro plano para que outra atividade seja retomada. Como atividade seguinte não será retomada até a conclusão desse procedimento, o código neste método deve ser rápido. É seguido por `onResume()`, se a atividade for retornar para o primeiro plano, ou por `onStop()`, se a atividade ficar invisível.	`onResume()` ou `onStop()`
onStop()	Quando a atividade deixa de estar visível. Isso pode acontecer porque a atividade está encoberta por outra atividade ou porque a atividade está sendo destruída. É seguido por `onRestart()`, se a atividade ficar visível novamente, ou por `onDestroy()`, se a atividade for destruída.	`onRestart()` ou `onDestroy()`
onDestroy()	Quando sua atividade está prestes ser destruída ou concluída.	Nenhum

caixa de ferramentas

Sua caixa de ferramentas para Android

Você terminou o Capítulo 4 e adicionou o ciclo de vida das atividades à sua caixa de ferramentas.

O código completo do capítulo pode ser baixado em https://www.altabooks.com.br. Procure pelo título ou ISBN do livro.

PONTOS DE BALA

- Por padrão, cada app é executado através de um processo específico.

- Só a thread principal pode atualizar a interface do usuário.

- Use um `Handler` para agendar ou postar código em uma thread diferente.

- As alterações na configuração do dispositivo causam a destruição e a recriação da atividade.

- A atividade herda os métodos de ciclo de vida da classe `android.app.Activity`. Para anular esses métodos, você deve chamar o método da superclasse.

- O `onSaveInstanceState(Bundle)` permite que a atividade salve seu estado antes de ser destruída. O `Bundle` pode restaurar o estado em `onCreate()`.

- Para adicionar valores a um `Bundle`, use `bundle.put*("name", value)`. Para recuperar os valores do Bundle, use `bundle.get*("name")`.

- `onCreate()` e `onDestroy()` atuam sobre o nascimento e a morte da atividade.

- `onRestart()`, `onStart()` e `onStop()` atuam sobre a visibilidade da atividade.

- `onResume()` e `onPause()` atuam sobre a entrada e saída de foco pela atividade.

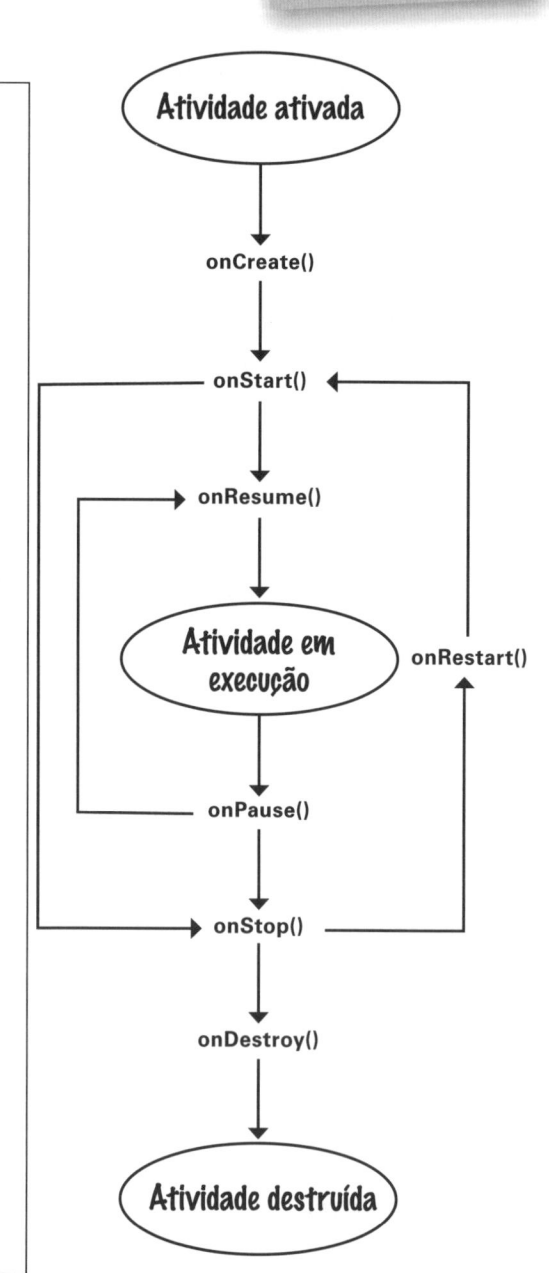

Atividade ativada → onCreate() → onStart() → onResume() → Atividade em execução → onPause() → onStop() → onDestroy() → Atividade destruída

onRestart() retorna a onStart()

5 exibições e grupos de exibições

Foco nas Exibições

... e esse é o layout que eu fiz mais cedo.

Já vimos como organizar componentes GUI utilizando um layout linear, mas até agora só ficamos na superfície. Neste capítulo, vamos nos **aprofundar um pouco mais** e conferir como os layouts lineares *funcionam na prática*. Você vai conhecer o **layout de frame**, um recurso simples para empilhar exibições, além de conferir os **principais componentes GUI** e **aprender a utilizá-los**. Ao final do capítulo, vamos observar que, apesar das pequenas diferenças entre eles, os layouts e componentes GUI têm *mais traços em comum do que você pode imaginar*.

este é um novo capítulo 169

a ui

A interface de usuário é formada por layouts e componentes GUI

Como já vimos, o layout define a aparência da tela e é definido pelo XML. Geralmente, os layouts contêm componentes GUI, como botões e campos de texto. O usuário interage com esses componentes ao utilizar o app.

Os apps abordados até aqui usavam layouts lineares, em que os componentes GUI são organizados em uma única coluna ou linha. Contudo, para obter o melhor resultado possível, devemos analisar o modo como funcionam e aprender a utilizá-los de forma eficiente.

Estes são exemplos de layouts lineares.

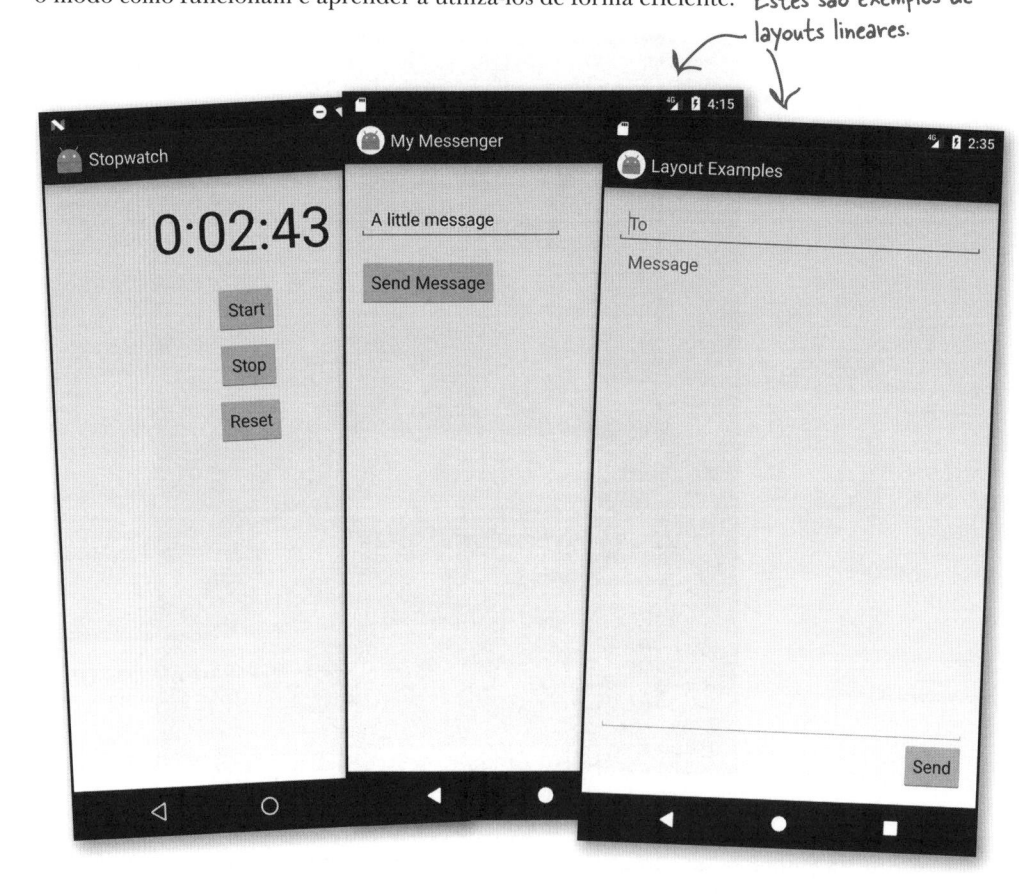

Neste capítulo, vamos analisar com mais atenção os layouts lineares, conferir o layout de frame (um recurso muito próximo dos layouts lineares) e conhecer outros componentes GUI que podem aumentar a interatividade do seu app.

Vamos começar com os layouts lineares.

exibições e grupos de exibições

O RelativeLayout reproduz exibições em uma única linha ou coluna

→ LinearLayout
FrameLayout

Como já vimos, o layout relativo reproduz as exibições próximas umas das outras, vertical ou horizontalmente. Na vertical, as exibições serão reproduzidas em uma única coluna. Na horizontal, serão reproduzidas em uma única linha.

Para definir um layout linear, use um elemento `<LinearLayout>` como este:

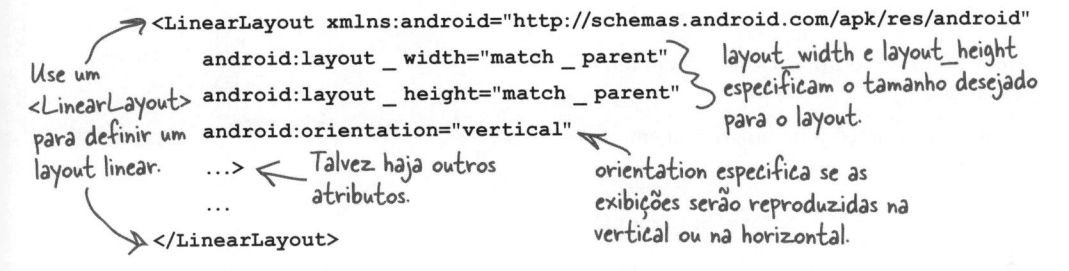

```
<LinearLayout xmlns:android="http://schemas.android.com/apk/res/android"
    android:layout_width="match_parent"
    android:layout_height="match_parent"
    android:orientation="vertical"
    ...>
    ...
</LinearLayout>
```

Use um `<LinearLayout>` para definir um layout linear.

Talvez haja outros atributos.

layout_width e layout_height especificam o tamanho desejado para o layout.

orientation especifica se as exibições serão reproduzidas na vertical ou na horizontal.

O atributo `xmlns:android` especifica o namespace do Android e deve sempre ser definido como `"http://schemas.android.com/apk/res/android"`.

Você PRECISA configurar a largura e a altura do layout

Os atributos `android:layout_width` e `android:layout_height` especificam a largura e a altura desejadas para o layout. **Esses atributos são obrigatórios para todos os tipos de layout e exibições.**

É possível definir `android:layout_width` e `android:layout_height` como "match_parent" ou "wrap_content" ou especificar um tamanho, como 8dp (8 pixels independentes de densidade). Com o "wrap_content", o tamanho do layout deve ser suficiente para conter todas as respectivas exibições. Já com o "match_parent", o tamanho do layout deve corresponder ao do layout-pai, que, nesse caso, corresponde à tela do dispositivo, menos os eventuais preenchimentos (vamos falar mais sobre preenchimento nas próximas páginas). Normalmente, você vai definir a largura e a altura do layout como "match_parent".

Talvez você encontre `android:layout_width` e `android:layout_height` definidos como "fill_parent". O "fill_parent" era usado nas versões anteriores do Android, mas agora foi preterido e substituído por "match_parent".

Toques Geeks

O que são pixels independentes de densidade?

Alguns dispositivos criam imagens muito nítidas usando pixels muito pequenos. Outros são mais baratos de produzir porque reproduzem pixels maiores e em menor quantidade. Os pixels independentes de densidade (dp) servem para evitar que as interfaces fiquem muito pequenas em alguns dispositivos e excessivamente grandes em outros. Uma determinada quantidade de pixels independentes de densidade tem aproximadamente o mesmo tamanho em todos os dispositivos.

orientação

A orientação pode ser vertical ou horizontal

→ ☐ LinearLayout
☐ FrameLayout

Você deve especificar a disposição das exibições usando o atributo `android:orientation`.

Como vimos nos capítulos anteriores, para dispor as exibições na vertical, devemos usar o seguinte comando:

```
android:orientation="vertical"
```

Esse comando reproduz as exibições em uma única coluna.

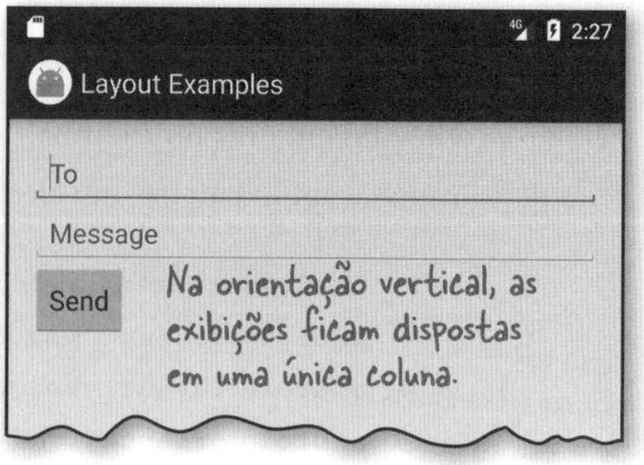

Para dispor as exibições na horizontal em uma única linha, use:

```
android:orientation="horizontal"
```

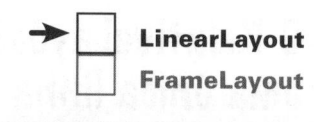

Na orientação vertical, as exibições ficam dispostas em uma única coluna.

Quando a orientação é horizontal, as exibições são exibidas da esquerda para a direita, por padrão. Isso é ótimo para idiomas escritos da esquerda para a direita, mas o que fazer quando o usuário define no seu dispositivo um idioma escrito da direita para a esquerda?

Para apps com SDK mínimo correspondente, *pelo menos*, à API 17, as exibições podem se realinhar automaticamente de acordo com o idioma definido no dispositivo. Se o idioma definido pelo usuário for escrito da direita para a esquerda, as exibições podem se realinhar a partir do lado direito.

Para fazer isso, você deve declarar que o app é compatível com idiomas escritos da direita para a esquerda no arquivo *AndroidManifest.xml* da seguinte forma:

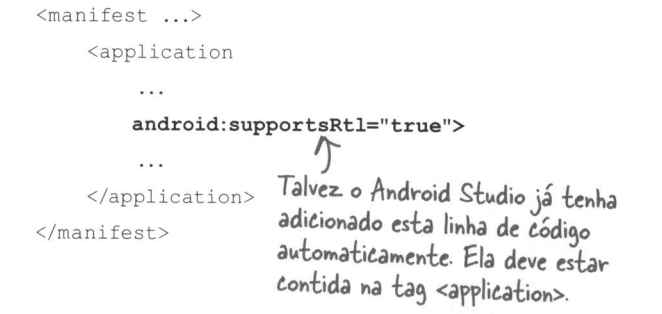

```
<manifest ...>
    <application
        ...
        android:supportsRtl="true">
        ...
    </application>
</manifest>
```

Talvez o Android Studio já tenha adicionado esta linha de código automaticamente. Ela deve estar contida na tag <application>.

📁 MyApp
📁 app/src/main
📄 AndroidManifest.xml

Aqui, `supportsRtl` significa "compatível com idiomas escritos da direita para a esquerda".

Esta é uma orientação horizontal em que o idioma está escrito da esquerda para a direita.

Esta é uma orientação horizontal em que o idioma está escrito da direita para a esquerda.

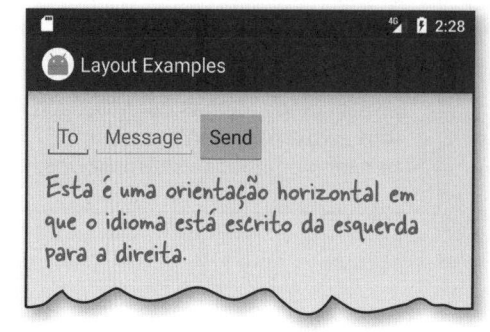

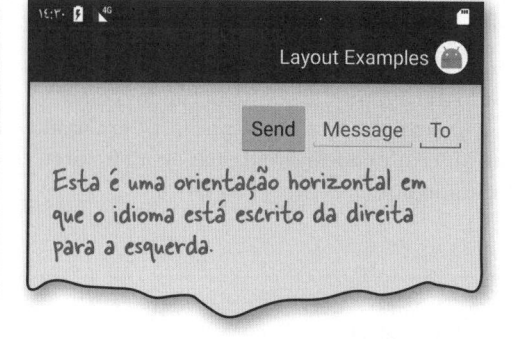

O preenchimento cria espaço

Para obter mais espaço em torno da borda do layout, você pode **definir atributos de preenchimento (padding).** Esses atributos informam ao Android a quantidade de preenchimento entre os lados do layout e o layout-pai. Você pode dizer ao Android que deseja adicionar um preenchimento de 16dp em torno das bordas do layout da seguinte forma:

```
<LinearLayout ...
    android:padding="16dp" >
    ...
</LinearLayout>
```

Adicione o mesmo preenchimento a todas as bordas do layout.

Para adicionar diferentes quantidades de preenchimento a diferentes bordas, é possível especificar as bordas individualmente. Você pode adicionar um preenchimento de 32dp ao topo do layout e outro de 16dp às outras bordas da seguinte forma:

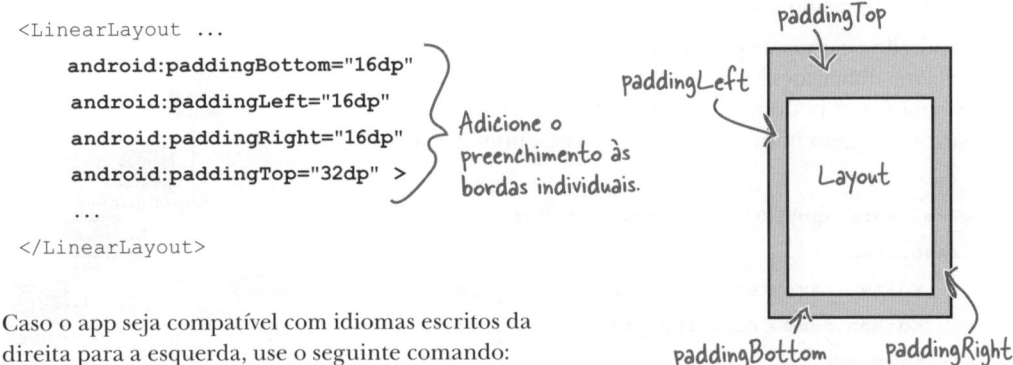

```
<LinearLayout ...
    android:paddingBottom="16dp"
    android:paddingLeft="16dp"
    android:paddingRight="16dp"
    android:paddingTop="32dp" >
    ...
</LinearLayout>
```

Adicione o preenchimento às bordas individuais.

Caso o app seja compatível com idiomas escritos da direita para a esquerda, use o seguinte comando:

`android:paddingStart="16dp"`

e:

`android:paddingEnd="16dp"`

para adicionar preenchimento às bordas inicial e final do layout e não às bordas esquerda e direita.

O `android:PaddingStart` adiciona preenchimento à borda inicial do layout. A borda inicial fica à esquerda para idiomas escritos da esquerda para a direita e na borda direita para idiomas escritos da direita para a esquerda.

O `android:PaddingEnd` adiciona preenchimento à borda inicial do layout. A borda final fica à direita para idiomas escritos da esquerda para a direita e na borda esquerda para idiomas escritos da direita para a esquerda.

> **Veja bem!**
>
> **As propriedades de início e fim só podem ser utilizadas na API 17 ou em versões superiores.**
>
> *Para que o app funcione nas versões anteriores do Android, você deve utiliza as propriedades de esquerda e direita.*

recursos de dimensionamento

Adicione um arquivo de recursos de dimensão para manter a consistência do preenchimento nos layouts

→ LinearLayout
FrameLayout

No exemplo indicado na página anterior, embutimos o preenchimento no código e definimos seu valor como 16dp. Mas um método alternativo para lidar com essa situação é especificar o preenchimento em um *arquivo de recursos de dimensão*. Isso viabiliza a consistência das dimensões do preenchimento em todos os layouts do app.

Para utilizar um arquivo de recursos de dimensão, você deve primeiro adicionar um arquivo desse tipo ao projeto. Para isso, selecione a pasta *app/src/main/res/values* no Android Studio, acesse o menu File e escolha o arquivo de recursos New→Values. Quando solicitado, insira o nome "dimens" e clique no botão OK. Um novo arquivo de recursos chamado *dimens.xml* será criado.

Talvez o Android Studio já tenha adicionado esse arquivo para você, mas isso depende da sua versão do Android Studio.

Depois de criar um arquivo de recursos de dimensão, adicione dimensões a ele usando o elemento `<dimen>`. Por exemplo, você pode adicionar dimensões ao *dimens.xml* para as margens horizontal e vertical da seguinte forma:

```xml
<?xml version="1.0" encoding="utf-8"?>
<resources>
    <dimen name="activity_horizontal_margin">16dp</dimen>
    <dimen name="activity_vertical_margin">16dp</dimen>
</resources>
```

Este item cria dois recursos de dimensão.

app/src/main
res
values
dimens.xml

Para utilizar as dimensões criadas, defina os atributos de preenchimento no arquivo de layout usando nome de um recurso de dimensão da seguinte forma:

```xml
<LinearLayout ...
    android:paddingLeft="@dimen/activity_horizontal_margin"
    android:paddingRight="@dimen/activity_horizontal_margin"
    android:paddingTop="@dimen/activity_vertical_margin"
    android:paddingBottom="@dimen/activity_vertical_margin">
```

Os atributos paddingLeft e paddingRight usam o recurso @dimen/activity_horizontal_margin.

Os atributos paddingTop e paddingBottom usam o recurso @dimen/activity_vertical_margin.

Com essa configuração e no tempo de execução, o Android busca os valores dos atributos no arquivo de recursos de dimensão e aplica os valores identificados.

exibições e grupos de exibições

O layout linear reproduz exibições na ordem em que elas aparecem XML do layout

→ LinearLayout
  FrameLayout

Ao definir um layout linear, você adiciona as exibições ao layout na ordem que elas devem aparecer. Portanto, para que a exibição de texto apareça sobre um botão no layout linear, você *deve* definir primeiro a exibição de texto:

```xml
<LinearLayout ... >
    <TextView
        android:layout_width="wrap_content"
        android:layout_height="wrap_content"
        android:text="@string/text_view1" />

    <Button
        android:layout_width="wrap_content"
        android:layout_height="wrap_content"
        android:text="@string/click_me" />
</LinearLayout>
```

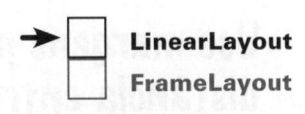

Se você definir a exibição de texto sobre o botão no XML, ela irá aparecer sobre o botão quando for exibida.

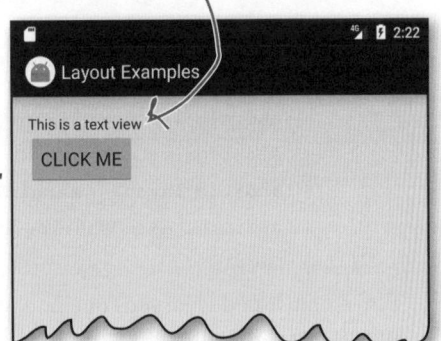

Você especifica a largura e a altura das exibições usando `android:layout_width` e `android:layout_height`. Este código:

```
android:layout_width="wrap_content"
```

indica que a largura da exibição deve ser suficiente para abranger o conteúdo, como o texto exibido em um botão ou em uma exibição de texto. Este código:

```
android:layout_width="match_parent"
```

indica a largura da exibição deve ser igual à do layout-pai.

Para fazer referência a uma exibição localizada em outro ponto do código, é necessário atribuir uma ID a ela. Por exemplo, atribua à exibição de texto a ID "text_view" usando este código:

```xml
...
    <TextView
        android:id="@+id/text_view"
        ... />
...
```

O android:layout_width e o android:layout_height são atributos obrigatórios para todas as exibições em todos os tipos de layout.

Esses atributos podem receber os valores wrap_content e match_parent ou um valor específico, como 16dp.

você está aqui ▶   175

margens

Use margens para aumentar a distância entre as exibições

→ LinearLayout
FrameLayout

Embora o layout linear não atribua um espaço muito grande entre as exibições posicionadas, você pode aumentar esse espaço adicionando uma ou mais **margens**.

Por exemplo, imagine que você queira colocar uma exibição embaixo de outra e adicionar 48dp de espaço extra entre as duas. Para isso, você deve adicionar uma margem de 48dp ao topo da exibição inferior:

```
LinearLayout ... >
    <Button
        android:id="@+id/button_click_me"
        ... />

    <Button
        android:id="@+id/button_below"
        android:layout_width="wrap_content"
        android:layout_height="wrap_content"
        android:layout_marginTop="48dp"
        android:text="@string/button_below" />
</LinearLayout>
```

Adicionar uma margem ao topo do botão inferior insere um espaço extra entre as duas exibições.

Esta é uma lista de margens que podem ser usadas para colocar um espaço extra entre as exibições. Adicione o atributo à exibição e defina seu valor de acordo com o tamanho da margem desejada:

```
android:attribute="8dp"
```

Atributo	Função	
layout_marginTop	Adiciona espaço extra ao topo da exibição.	
layout_marginBottom	Adiciona espaço extra embaixo da exibição.	
layout_marginLeft, layout_marginStart	Adiciona espaço extra à esquerda (ou ao início) da exibição.	
layout_marginRight, layout_marginEnd	Adiciona espaço extra à direita (ou no final) da exibição.	
layout_margin	Adiciona espaços iguais a cada lado da exibição.	

exibições e grupos de exibições

Vamos alterar um layout linear básico

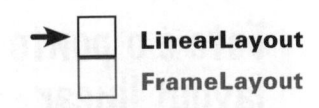

→ LinearLayout
　FrameLayout

À primeira vista, o layout linear pode parecer básico e inflexível. Afinal, sua única função é organizar exibições em uma ordem específica. Para obter mais flexibilidade, você pode ajustar a aparência dos layouts usando outros atributos. Vamos transformar um layout linear básico para conferir como isso funciona.

O layout é formado por dois campos de texto editáveis e um botão. No início, esses campos de texto aparecem verticalmente na tela, da seguinte forma:

Cada exibição ocupa o menor espaço vertical possível.

Vamos alterar o layout para que o botão apareça no canto inferior direito e um dos campos de texto editáveis ocupe o espaço restante.

O campo de texto editável Message recebeu um espaço muito maior.

O botão Send agora aparece no canto inferior direito da tela para idiomas escritos da esquerda para a direita.

você está aqui ▶ 177

vamos começar

Este é o ponto de partida do layout linear

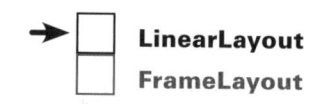

→ **LinearLayout**
FrameLayout

O layout linear contém dois campos de texto editáveis e um botão. O botão está identificado como "Send", e os campos de texto editáveis contêm os valores de texto de dica "To" e "Message".

O *texto de dica* do campo de texto editável é um texto que será exibido quando o campo estiver vazio. Esse texto oferece uma dica aos usuários sobre o tipo de texto que deve ser inserido. O texto de dica é definido através do atributo `android:hint`:

```xml
<LinearLayout xmlns:android="http://schemas.android.com/apk/res/android"
    xmlns:tools="http://schemas.android.com/tools"
    android:layout_width="match_parent"
    android:layout_height="match_parent"
    android:padding="16dp"
    android:orientation="vertical"
    tools:context="com.hfad.views.MainActivity" >

    <EditText
        android:layout_width="match_parent"
        android:layout_height="wrap_content"
        android:hint="@string/to" />

    <EditText
        android:layout_width="match_parent"
        android:layout_height="wrap_content"
        android:hint="@string/message" />

    <Button
        android:layout_width="wrap_content"
        android:layout_height="wrap_content"
        android:text="@string/send" />
</LinearLayout>
```

Os campos de texto editáveis têm a mesma largura que o layout-pai.

O android:hint oferece uma dica ao usuário sobre texto a ser inserido no campo de texto editável.

Os valores destas strings são definidos em strings.xml, como sempre.

Os valores de texto exibidos aqui vêm dos recursos de string contidos em strings.xml.

No layout, todas essas exibições ocupam apenas o espaço vertical correspondente ao seu conteúdo. Então, como podemos elevar um pouco mais o campo de texto Message?

exibições e grupos de exibições

Adicione peso para que a exibição fique mais flexível

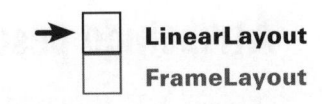

→ LinearLayout
　FrameLayout

Nesse layout básico, todas as exibições ocupam apenas o espaço vertical correspondente ao seu conteúdo. Mas o objetivo aqui é aumentar a flexibilidade do campo de texto Message para que ele ocupe o espaço vertical que não esteja sendo usado por outras exibições no layout.

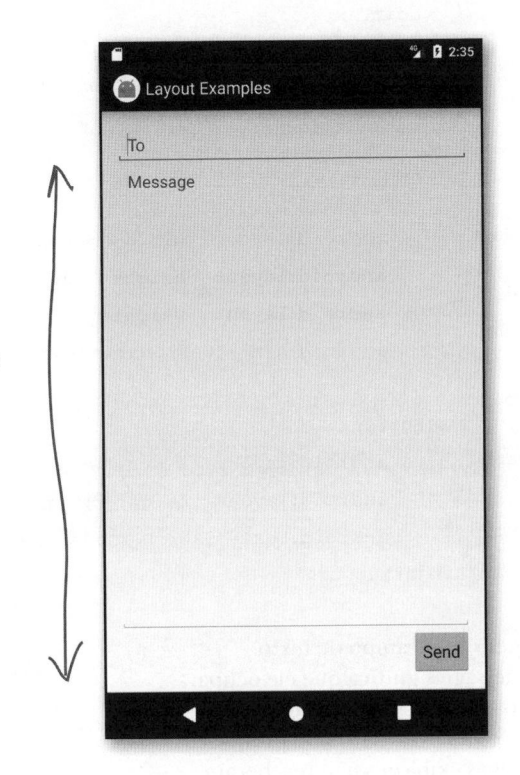

O campo de texto Message deve ficar mais flexível e preencher o espaço vertical extra do layout.

Para isso, vamos atribuir um **peso (weight)** ao campo de texto Message. Atribuir peso a uma exibição corresponde a aumentar sua flexibilidade para que ela ocupe o espaço extra do layout.

Para atribuir peso a um elemento de exibição, utilize o seguinte comando:

```
android:layout_weight="number"
```

Aqui, `number` é um número maior que 0.

Quando você atribui peso a uma exibição, o layout primeiro define espaço suficiente para o conteúdo de cada exibição: cada botão deve ter espaço para o texto correspondente, cada campo de texto editável deve ter espaço para a dica correspondente e assim por diante. Em seguida, o layout divide proporcionalmente o espaço extra entre as exibições com peso igual ou maior que 1.

você está aqui ▶　　179

atribua peso

Atribuindo peso a uma exibição

→ **LinearLayout**
FrameLayout

O campo de texto editável Message deve ocupar todo espaço extra do layout. Para isso, vamos definir o atributo layout_weight como 1. Como essa é a única exibição com valor de peso no layout, o campo de texto ficará mais flexível e preencherá o espaço vertical restante na tela. Este é o código:

```xml
<LinearLayout ... >
    <EditText
        android:layout_width="match_parent"
        android:layout_height="wrap_content"
        android:hint="@string/to" />

    <EditText
        android:layout_width="match_parent"
        android:layout_height="0dp"
        android:layout_weight="1"
        android:hint="@string/message" />

    <Button
        android:layout_width="wrap_content"
        android:layout_height="wrap_content"
        android:text="@string/send" />
</LinearLayout>
```

Os itens <EditText> e <Button> não têm nenhum atributo layout_weight definido e, portanto, ocuparão apenas o espaço correspondente ao seu conteúdo.

Esta exibição é a única com peso. Portanto, ela irá se expandir e preencher o espaço não ocupado pelas outras exibições.

A altura da exibição será determinada pelo layout linear com base no atributo layout_weight. Definir o layout_height como "0dp" é mais eficiente do que defini-lo como "wrap_content", pois assim o Android não terá que procurar o valor de "wrap_content".

Atribuir peso 1 ao campo de texto editável Message significa que ele ocupará todo o espaço extra não utilizado pelas outras exibições do layout. Isso porque as outras duas exibições não receberam nenhum peso no XML do layout.

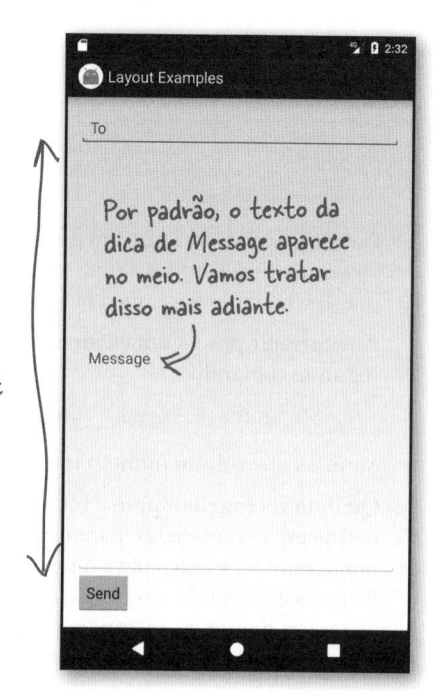

A exibição Message tem peso 1. Como essa é a única exibição com atributo weight definido, ela irá se expandir e ocupar todo o espaço vertical extra do layout.

Por padrão, o texto da dica de Message aparece no meio. Vamos tratar disso mais adiante.

exibições e grupos de exibições

Atribuindo peso a múltiplas exibições

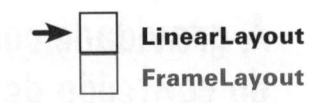

→ LinearLayout
FrameLayout

Nesse exemplo, havia apenas uma exibição com atributo de peso definido. Mas e se houvesse *mais* de uma?

Imagine que atribuímos peso 1 ao campo de texto To e peso 2 ao campo de texto Message, da seguinte maneira:

```
<LinearLayout ... >
    ...
    <EditText
        android:layout_width="match_parent"
        android:layout_height="0dp"
        android:layout_weight="1"
        android:hint="@string/to" />

    <EditText
        android:layout_width="match_parent"
        android:layout_height="0dp"
        android:layout_weight="2"
        android:hint="@string/message" />
    ...
</LinearLayout>
```

Este é apenas um exemplo. Não vamos alterar a aparência do layout para que ele fique assim.

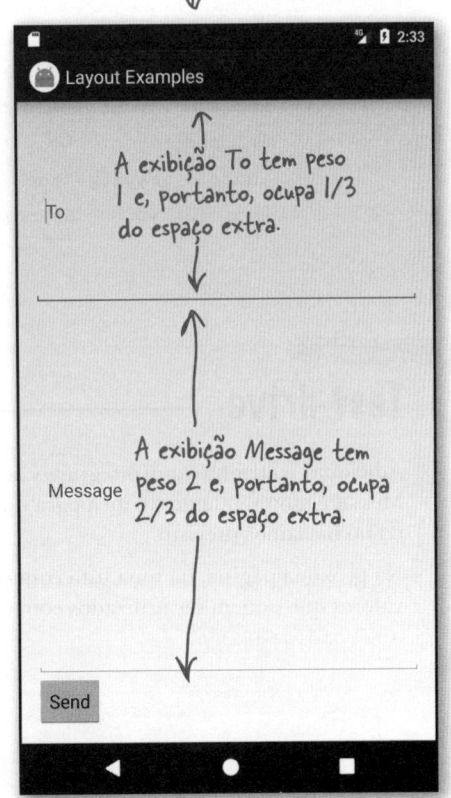

Para definir a quantidade de espaço extra ocupada por cada exibição, primeiro some os atributos layout_weight de cada uma. Nesse caso, obtemos 1+2=3. A quantidade de espaço extra ocupada por cada exibição será igual ao peso do elemento dividido pelo peso total. Como o elemento de exibição To tem peso 1, ocupará 1/3 do espaço restante do layout. Como a exibição Message tem peso 2, ocupará 2/3 do espaço restante do layout.

A exibição To tem peso 1 e, portanto, ocupa 1/3 do espaço extra.

A exibição Message tem peso 2 e, portanto, ocupa 2/3 do espaço extra.

você está aqui ▶ **181**

gravidade

A gravidade controla a posição do conteúdo de uma exibição

→ **LinearLayout**
FrameLayout

Agora, precisamos mover o texto da dica no campo de texto Message. No momento, ele está centralizado verticalmente na exibição. Vamos alterá-lo para que o texto apareça no topo do campo de texto. Para isso, vamos usar o atributo `android:gravity`.

O atributo `android:gravity` especifica a posição do conteúdo em uma exibição, indicando, por exemplo, a localização do texto em um campo de texto. Para que o texto de uma exibição apareça no topo, use o seguinte código:

```
android:gravity="top"
```

Vamos adicionar um atributo `android:gravity` ao campo de texto Message para mover o texto de dica para o topo da exibição:

```
<LinearLayout ... >
    ...
    <EditText
        android:layout_width="match_parent"
        android:layout_height="0dp"
        android:layout_weight="1"
        android:gravity="top"
        android:hint="@string/message" />
    ...
</LinearLayout>
```

Precisamos mover o texto de dica do centro para o topo da exibição.

Exibe o texto no topo do campo de texto.

Test drive

Adicionar o atributo android:gravity ao campo de texto Message moveu o texto de dica para o topo da exibição, como havíamos previsto.

Na próxima página, há uma lista com outros valores que podem ser utilizados com o atributo `android:gravity`.

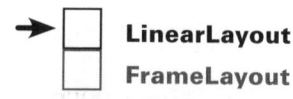

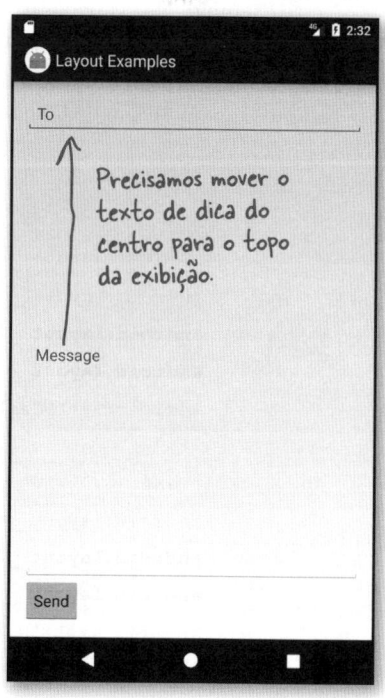

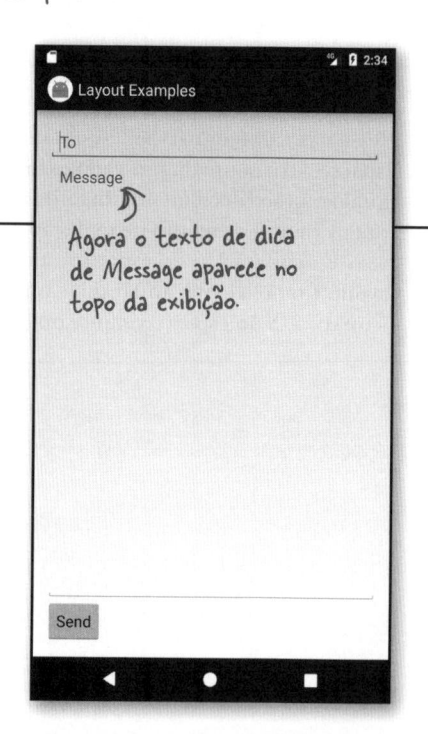

Agora o texto de dica de Message aparece no topo da exibição.

Valores que podem ser utilizados com o atributo android:gravity

LinearLayout
FrameLayout

Confira esses outros valores que podem ser utilizados com o atributo `android:gravity`. Adicione o atributo à exibição e defina um dos valores a seguir:

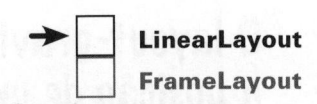

O android:gravity indica o local em que o conteúdo deve aparecer na exibição.

```
android:gravity="value"
```

Valor	Função
`top`	Posiciona o conteúdo no topo da exibição.
`bottom`	Posiciona o conteúdo na parte inferior da exibição.
`left`	Posiciona o conteúdo à esquerda da exibição.
`right`	Posiciona o conteúdo à direita da exibição.
`start`	Posiciona o conteúdo no início da exibição.
`end`	Posiciona o conteúdo no final da exibição.
`center_vertical`	Centraliza verticalmente o conteúdo da exibição.
`center_horizontal`	Centraliza horizontalmente o conteúdo da exibição.
`center`	Centraliza horizontal e verticalmente o conteúdo da exibição.
`fill_vertical`	Faz com que o conteúdo preencha verticalmente a exibição.
`fill_horizontal`	Faz com que o conteúdo preencha horizontalmente a exibição.
`fill`	Faz com que o conteúdo preencha vertical e horizontalmente a exibição.

Os valores start e end estão disponíveis apenas na API 17 ou em versões superiores.

Você também pode aplicar múltiplas gravidades em uma exibição ao separar cada valor com um "|". Por exemplo, para mover o conteúdo de uma exibição para o canto inferior direito, use o seguinte comando:

```
android:gravity="bottom|end"
```

layout_gravity

O layout-gravity controla a posição de uma exibição em um layout

LinearLayout
FrameLayout

Só precisamos fazer uma última alteração no layout. No momento, o botão Send aparece no canto inferior esquerdo, mas deve ir para o final da exibição (o canto inferior direito para idiomas escritos da esquerda para a direita). Para isso, vamos usar o atributo `android:layout _ gravity`.

O atributo `android:layout _ gravity` especifica o local em que uma exibição deve aparecer no espaço delimitado de um layout linear. Você pode usá-lo, por exemplo, para posicionar uma exibição à direita ou centralizá-la horizontalmente. Para mover o botão para o final, devemos adicionar o seguinte código:

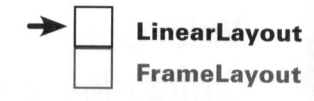

> Vamos mover o botão para o final para que ele apareça à direita (para os idiomas escritos da esquerda para a direita) e à esquerda (para os idiomas escritos da direita para a esquerda).

```
android:layout _ gravity="end"
```

> Calma aí. Você disse que a gravidade indica a posição do conteúdo da exibição, e não a posição da exibição em si. Certo?

Os layouts lineares têm dois atributos parecidos, gravity e layout_gravity.

Nas páginas anteriores, utilizamos o atributo `android:gravity` para posicionar o texto de Message em uma exibição de texto. Isso porque o atributo `android:gravity` indica a posição do **conteúdo** de uma exibição.

Já o `android:layout _ gravity` promove o **posicionamento da exibição em si** e controla a disposição das exibições no espaço disponível. Nesse caso, para mover a exibição para o final do espaço disponível, usamos o seguinte comando:

```
android:layout _ gravity="end"
```

Na próxima página, há uma lista com outros valores que podem ser utilizados com o `android:layout _ gravity`.

Mais valores que podem ser usados com o atributo android:layout_gravity

→ ☐ LinearLayout
  ☐ FrameLayout

Estes são outros valores que podem ser usados com o atributo `android:layout _ gravity`. Adicione o atributo à exibição e defina um dos seguintes valores:

Para aplicar múltiplos valores de layout_gravity, separe cada valor com um "|". Por exemplo, use android:layout_gravity="bottom|end" para mover uma exibição para canto inferior do espaço disponível.

`android:layout _ gravity="value"` ←

Valor	Função
top, bottom, left, right	Posiciona a exibição na parte superior ou inferior, à esquerda ou à direita do espaço disponível.
start, end	Posiciona a exibição no início ou no final do espaço disponível.
center_vertical, center_horizontal	Centraliza vertical ou horizontalmente a exibição no espaço disponível.
center	Centraliza vertical e horizontalmente a exibição no espaço disponível.
fill_vertical, fill_horizontal	Aumenta a exibição para que ela preencha vertical ou horizontalmente o espaço disponível.
fill	Aumenta a exibição para que ela preencha vertical e horizontalmente o espaço disponível.

O android:layout_gravity indica a posição das exibições no espaço disponível.

O android:layout_gravity especifica a posição da exibição em si e android:gravity controla a disposição do conteúdo da exibição.

código completo

O código completo do layout linear

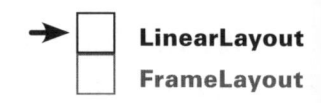

→ **LinearLayout**
FrameLayout

Este é o código completo do layout linear:

```xml
<LinearLayout xmlns:android="http://schemas.android.com/apk/res/android"
    xmlns:tools="http://schemas.android.com/tools"
    android:layout_width="match_parent"
    android:layout_height="match_parent"
    android:padding="16dp"
    android:orientation="vertical"
    tools:context="com.hfad.views.MainActivity" >

    <EditText
        android:layout_width="match_parent"
        android:layout_height="wrap_content"
        android:hint="@string/to" />


    <EditText
        android:layout_width="match_parent"
        android:layout_height="0dp"
        android:layout_weight="1"
        android:gravity="top"
        android:hint="@string/message" />


    <Button
        android:layout_width="wrap_content"
        android:layout_height="wrap_content"
        android:layout_gravity="end"
        android:text="@string/send" />

</LinearLayout>
```

O android:gravity é diferente do android:layout_gravity. O android:gravity influencia o conteúdo da exibição e o android:layout_gravity atua sobre a exibição em si.

O conteúdo da exibição Message aparece no topo. Há bastante espaço para digitar o texto.

O botão Send aparece no canto final.

LinearLayout: um resumo

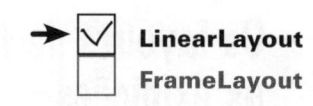

LinearLayout
FrameLayout

Confira esse resumo do processo de criação de layouts lineares.

Como especificar um layout linear

Para especificar um layout linear, use `<LinearLayout>`. Você deve especificar a largura, a altura e a orientação do layout, mas seu preenchimento é opcional:

```
<LinearLayout xmlns:android="http://schemas.android.com/apk/res/android"
    android:layout_width="match_parent"
    android:layout_height="match_parent"
    android:orientation="vertical"
    ...>
    ...
</LinearLayout>
```

As exibições aparecem na ordem indicada no código

Ao definir um layout linear, você adiciona exibições ao layout na ordem em que elas devem aparecer.

Atribua peso para deixar as exibições mais flexíveis

Por padrão, as exibições só ocupam o espaço correspondente aos seus conteúdos. Para que as exibições ocupem mais espaço, use o atributo `weight` para aumentar sua flexibilidade:

```
android:layout_weight="1"
```

Atribua gravidade para especificar a posição do conteúdo de uma exibição

O atributo `android:gravity` especifica a posição do conteúdo em uma exibição, como ocorre, por exemplo, com o texto em um campo de texto.

Use layout_gravity para especificar a posição de uma exibição no espaço disponível

O atributo `android:layout_gravity` especifica a posição de uma exibição no espaço interno de um layout linear (ou layout-pai). Você pode usá-lo, por exemplo, para mover uma exibição para o final do espaço ou para centralizá-lo horizontalmente.

Isso conclui nossa abordagem aos layouts lineares. A seguir, vamos conferir o **layout de frame**.

layouts de frame

Os layouts de frame empilham as exibições

LinearLayout
→ **FrameLayout**

Como vimos antes, os layouts lineares organizam as exibições em uma única linha ou coluna. Para cada exibição é alocado um espaço na tela e não há sobreposição entre as exibições.

No entanto, às vezes você *quer* que suas exibições fiquem sobrepostas. Por exemplo, imagine que uma imagem deva ser exibida com um texto sobreposto na parte superior. Isso não é possível quando usamos apenas um layout linear.

Para sobrepor exibições em um layout, uma opção simples é usar um **layout de frame**. Em vez de exibir as visualizações em uma única linha ou coluna, o layout de frame empilha as exibições. Assim você pode, por exemplo, exibir texto sobre uma imagem.

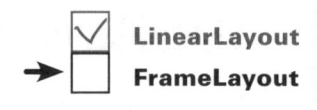

Nos layouts de frame, as exibições ficam sobrepostas. Isso é útil, por exemplo, para exibir texto sobre imagens.

Como definir um layout de frame

Para definir um layout de frame, use o elemento `<FrameLayout>` da seguinte forma:

Use o `<FrameLayout>` para definir um layout de frame.

```
<FrameLayout xmlns:android="http://schemas.android.com/apk/res/android"
    android:layout_width="match_parent"
    android:layout_height="match_parent"
    ...>
    ...
</FrameLayout>
```

Estes são os mesmos atributos que utilizamos no layout linear.

Neste ponto, você deve adicionar as exibições a serem empilhadas no layout de frame.

Como no layout linear, os atributos `android:layout_width` e `android:layout_height` são obrigatórios e especificam a largura e altura do layout.

Crie um novo projeto

Para conferir como o layout de frame funciona, vamos utilizá-lo para sobrepor um texto em uma imagem. Crie um novo projeto do Android Studio para um aplicativo chamado "Duck", utilizando como nome da empresa "Duck" e como nome do pacote com.hfad.duck. O SDK mínimo deve ser a API 19 para que o app possa ser executado na maioria dos dispositivos. Você vai precisar de uma atividade vazia chamada "MainActivity" e de um layout chamado "activity_main" para que o seu código corresponda ao nosso. **Lembre-se de desmarcar a opção Backwards Compatibility (AppCompat) ao criar a atividade.**

exibições e grupos de exibições

Adicione uma imagem ao projeto

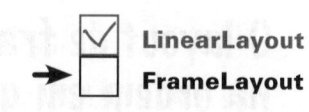

☐ LinearLayout
☑ FrameLayout

Para incluir uma imagem chamada *duck.jpg* no layout, temos que adicioná-la ao projeto.

Para isso, você deve primeiro criar uma pasta de recursos *desenháveis* (confira se o Android Studio já não criou essa pasta). Essa é pasta-padrão para armazenar os recursos de imagem do app. Acesse a visualização Project no navegador do Project, selecione a pasta *app/src/main/res*, vá para o menu File, escolha a opção New... e, em seguida, clique na opção para criar um novo diretório de recursos do Android. Quando solicitado, escolha um tipo de recurso "desenhável", atribua à pasta o nome de "desenhável" e clique em OK.

Depois de criar a pasta *desenhável*, faça o download do arquivo *duck.jpg* disponível em *https://git.io/v9oet* (conteúdo em inglês) e coloque o arquivo na pasta *app/src/main/res/drawable*.

Vamos alterar *activity_main.xml* para utilizar um layout de frame que contenha uma exibição de imagem (uma exibição que reproduz uma imagem) e uma exibição de texto. Para isso, substitua o código da sua versão de *activity_main.xml* pelo nosso, indicado abaixo:

duck.jpg

Estamos utilizando um layout de frame.

```xml
<?xml version="1.0" encoding="utf-8"?>
<FrameLayout xmlns:android="http://schemas.android.com/apk/res/android"
    xmlns:tools="http://schemas.android.com/tools"
    android:layout_width="match_parent"
    android:layout_height="wrap_content"
    tools:context="com.hfad.duck.MainActivity">

    <ImageView
        android:layout_width="match_parent"
        android:layout_height="wrap_content"
        android:scaleType="centerCrop"
        android:src="@drawable/duck"/>

    <TextView
        android:layout_width="wrap_content"
        android:layout_height="wrap_content"
        android:padding="16dp"
        android:textSize="20sp"
        android:text="It's a duck!" />

</FrameLayout>
```

Este item adiciona uma imagem ao layout de frame. Vamos falar mais sobre exibições de imagem mais adiante neste capítulo.

Este item corta as bordas da imagem para que ela caiba no espaço disponível.

Este item adiciona uma exibição de texto ao layout de frame.

Este item diz ao Android para utilizar a imagem chamada "duck" localizada na pasta desenhável.

Aumentamos o tamanho do texto.

Em um app de verdade, seria melhor adicionar este texto como um recurso de string.

Duck
app/src/main
res
layout
activity_main.xml

Em seguida, execute o app. Vamos conferir o código em funcionamento na próxima página.

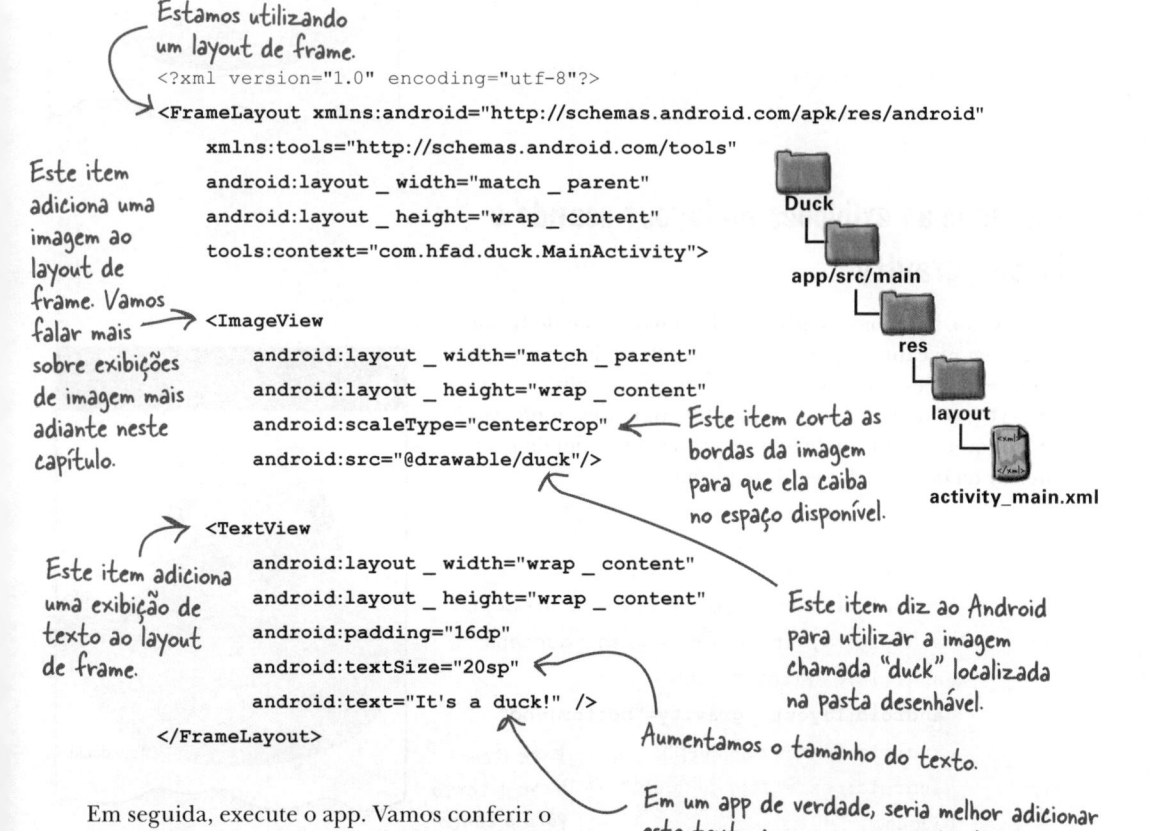

você está aqui ▶ 189

os layouts de frame empilham exibições

O layout de frame empilha as exibições na ordem em que elas aparecem no XML do layout

→ ☑ **LinearLayout**
　☐ **FrameLayout**

Ao definir um layout de frame, você adiciona exibições ao layout na ordem em que elas devem ser empilhadas. A primeira exibição é a primeira a aparecer; a segunda é empilhada sobre a primeira e assim por diante. Nesse caso, adicionamos uma exibição de imagem e, em seguida, uma exibição de texto para que a exibição de texto apareça sobre a exibição de imagem:

```xml
<FrameLayout ...>
    <ImageView
        android:layout_width="match_parent"
        android:layout_height="wrap_content"
        android:scaleType="centerCrop"         Esta é a
        android:src="@drawable/duck"/>         exibição de
                                               imagem.
    <TextView                Esta é a exibição de texto.
        android:layout_width="wrap_content"
        android:layout_height="wrap_content"
        android:padding="16dp"
        android:textSize="20sp"
        android:text="It's a duck!" />
</FrameLayout>
```

Posicione as exibições no layout usando o layout_gravity

Por padrão, as exibições adicionadas a um layout de frame aparecem no canto superior esquerdo. Para alterar a posição dessas exibições, use o atributo `android:layout_gravity`, como fizemos no layout linear. Por exemplo, você pode mover a exibição de texto para o canto final da parte inferior da imagem da seguinte forma:

```xml
...
    <TextView
        android:layout_width="wrap_content"
        android:layout_height="wrap_content"
        android:padding="16dp"
        android:layout_gravity="bottom|end"
        android:textSize="20sp"                Este item
        android:text="It's a duck!" />         move o texto
</FrameLayout>                                 para o canto
                                               final da
                                               parte inferior.
```

Você pode aninhar layouts

☑ **LinearLayout**
→ ☐ **FrameLayout**

Uma das desvantagens do layout de frames é a facilidade com que as exibições se sobrepõem mesmo que você não queira. Por exemplo, imagine que você quer exibir duas exibições de texto no canto final da parte inferior, uma sobre a outra:

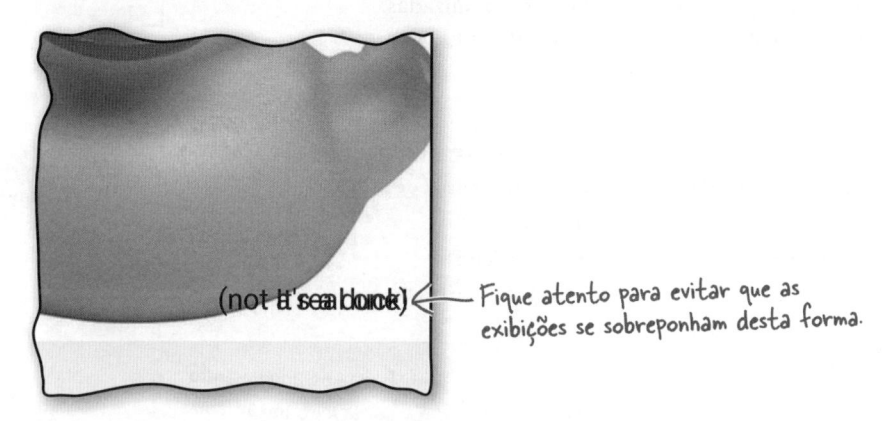

(not it's sea bouck) ← Fique atento para evitar que as exibições se sobreponham desta forma.

É possível resolver esse problema adicionando margens ou preenchimento às exibições de texto. Porém, uma solução mais adequada seria adicionar esses recursos em um layout linear e, em seguida, aninhar esse layout no layout de frame. Nesse procedimento, você dispõe as duas exibições de texto de forma linear e, em seguida, posiciona essas exibições como um grupo no layout de frame:

Aqui, o layout de frame contém uma exibição de imagem e um layout linear. →

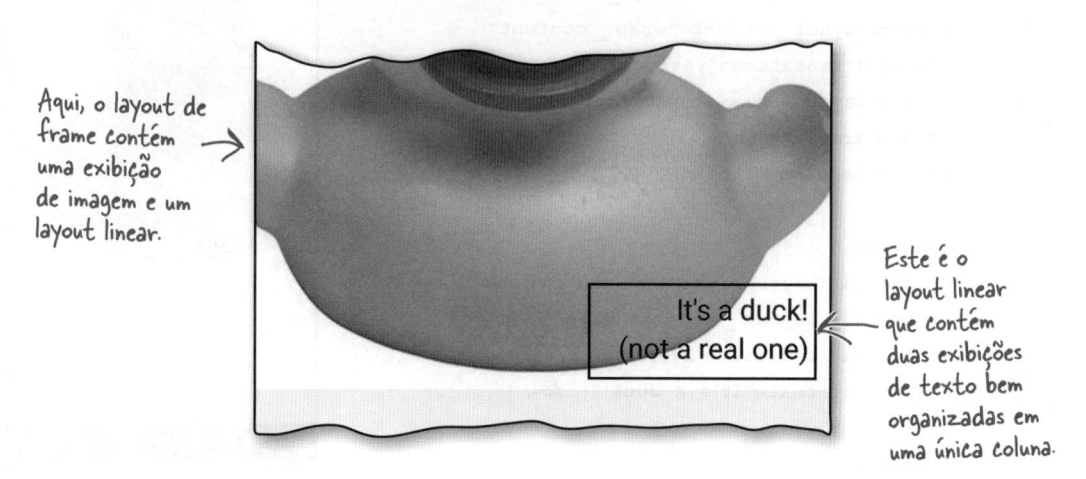

It's a duck!
(not a real one)

← Este é o layout linear que contém duas exibições de texto bem organizadas em uma única coluna.

Na próxima página, vamos mostrar o código completo desse procedimento.

código completo

O código completo para aninhar um layout

Este é o código completo para aninhar um layout linear em um layout de frame. Atualize sua versão de activity_main.xml para incluir as alterações realizadas. Em seguida, execute seu app para conferir como ficou.

```xml
<?xml version="1.0" encoding="utf-8"?>
<FrameLayout xmlns:android="http://schemas.android.com/apk/res/android"
    xmlns:tools="http://schemas.android.com/tools"
    android:layout_width="match_parent"
    android:layout_height="wrap_content"
    tools:context="com.hfad.duck.MainActivity">

    <ImageView
        android:layout_width="match_parent"
        android:layout_height="wrap_content"
        android:scaleType="centerCrop"
        android:src="@drawable/duck"/>

    <LinearLayout
        android:layout_width="wrap_content"
        android:layout_height="wrap_content"
        android:orientation="vertical"
        android:layout_gravity="bottom|end"
        android:gravity="end"
        android:padding="16dp" >

        <TextView
            android:layout_width="wrap_content"
            android:layout_height="wrap_content"
            android:textSize="20sp"
            android:text="It's a duck!"  />

        <TextView
            android:layout_width="wrap_content"
            android:layout_height="wrap_content"
            android:textSize="20sp"
            android:text="(not a real one)" />

    </LinearLayout>
</FrameLayout>
```

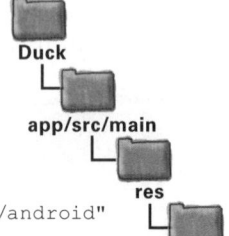

Estamos adicionando um layout linear com tamanho correspondente ao das exibições de texto.

Esta linha move o layout linear para o canto final da parte inferior do layout de frame.

Mova cada exibição de texto no layout linear para o final do espaço disponível.

FrameLayout: um resumo

☑ LinearLayout
➡ ☑ FrameLayout

Confira um resumo do processo de criação dos layouts de frame.

Como especificar um layout de frame

Para especificar um layout de frame, use o <FrameLayout>. Você deve especificar a largura e a altura do layout:

```
<FrameLayout xmlns:android="http://schemas.android.com/apk/res/android"
    android:layout_width="match_parent"
    android:layout_height="match_parent"
    ...>

    ...

</FrameLayout>
```

As exibições são empilhadas na ordem em que aparecem

Ao definir um layout de frame, você adiciona exibições ao layout na ordem que elas devem ser empilhadas. A primeira exibição a ser adicionada será exibida na parte inferior da pilha; a exibição seguinte será empilhada sobre a primeira e assim por diante.

Use o layout-gravity para especificar o local em que a exibição deve aparecer

O atributo `android:layout_gravity` especifica a local em que a exibição deve aparecer em um layout de frame. Você pode usar esse atributo, por exemplo, para mover uma exibição para o final ou para o canto final da parte inferior.

Agora que você aprendeu a usar dois layouts simples do Android (os layouts linear e de frame), faça os exercícios a seguir.

exercício

SEJA o Layout

Três das cinco telas abaixo foram obtidas a partir dos layouts indicados na próxima página. Sua missão é associar cada um dos três layouts à tela correspondente.

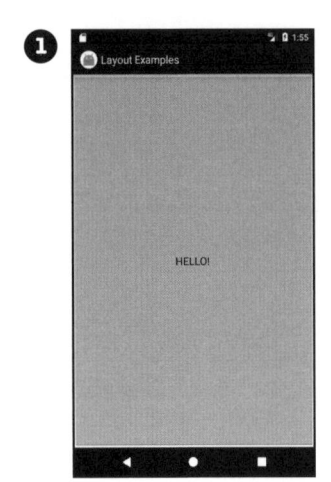

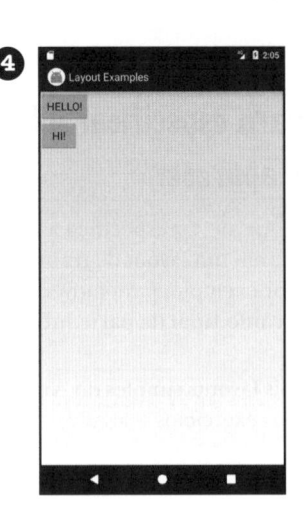

194   *Capítulo 5*

exibições e grupos de exibições

A
```xml
<LinearLayout xmlns:android=
        "http://schemas.android.com/apk/res/android"
    xmlns:tools="http://schemas.android.com/tools"
    android:layout_width="match_parent"
    android:layout_height="match_parent"
    android:orientation="vertical"
    tools:context="com.hfad.views.MainActivity" >
    <Button
        android:layout_width="match_parent"
        android:layout_height="match_parent"
        android:text="HELLO!" />
</LinearLayout>
```

B
```xml
<LinearLayout xmlns:android=
        "http://schemas.android.com/apk/res/android"
    xmlns:tools="http://schemas.android.com/tools"
    android:layout_width="match_parent"
    android:layout_height="match_parent"
    android:orientation="vertical"
    tools:context="com.hfad.views.MainActivity" >
    <Button
        android:layout_width="match_parent"
        android:layout_height="0dp"
        android:layout_weight="1"
        android:text="HELLO!" />
    <Button
        android:layout_width="wrap_content"
        android:layout_height="wrap_content"
        android:text="HI!" />
</LinearLayout>
```

C
```xml
<LinearLayout   xmlns:android=
        "http://schemas.android.com/apk/res/android"
    xmlns:tools="http://schemas.android.com/tools"
    android:layout_width="match_parent"
    android:layout_height="match_parent"
    android:orientation="vertical"
    tools:context="com.hfad.views.MainActivity" >
    <Button
        android:layout_width="wrap_content"
        android:layout_height="wrap_content"
        android:text="HELLO!" />
    <Button
        android:layout_width="wrap_content"
        android:layout_height="wrap_content"
        android:text="HI!" />
</LinearLayout>
```

solução

SEJA o Layout — Solução

Três das cinco telas abaixo foram obtidas a partir dos layouts indicados na próxima página. Sua missão é associar cada um dos três layouts à tela correspondente.

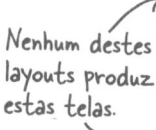

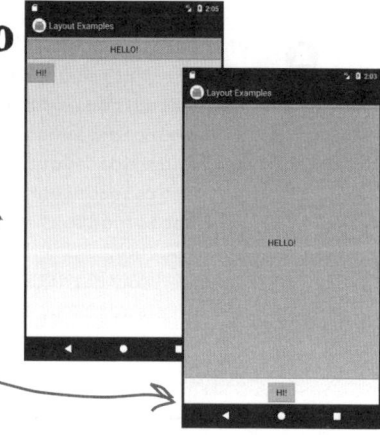

Nenhum destes layouts produz estas telas.

1

A
```xml
<LinearLayout xmlns:android=
        "http://schemas.android.com/apk/res/android"
    xmlns:tools="http://schemas.android.com/tools"
    android:layout_width="match_parent"
    android:layout_height="match_parent"
    android:orientation="vertical"
    tools:context="com.hfad.views.MainActivity" >
    <Button
        android:layout_width="match_parent"
        android:layout_height="match_parent"
        android:text="HELLO!" />
</LinearLayout>
```
Este item tem um botão que preenche a tela.

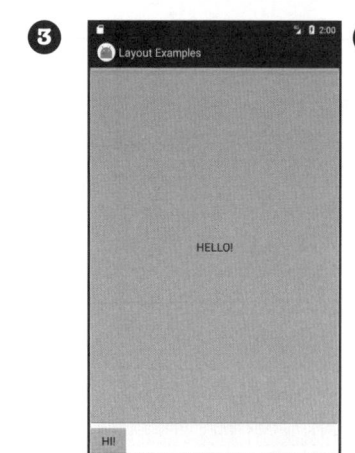

3

B
```xml
<LinearLayout xmlns:android=
        "http://schemas.android.com/apk/res/android"
    xmlns:tools="http://schemas.android.com/tools"
    android:layout_width="match_parent"
    android:layout_height="match_parent"
    android:orientation="vertical"
    tools:context="com.hfad.views.MainActivity" >
    <Button
        android:layout_width="match_parent"
        android:layout_height="0dp"
        android:layout_weight="1"
        android:text="HELLO!" />
    <Button
        android:layout_width="wrap_content"
        android:layout_height="wrap_content"
        android:text="HI!" />
</LinearLayout>
```
Este botão preenche a tela e deixa espaço para outro botão embaixo dele.

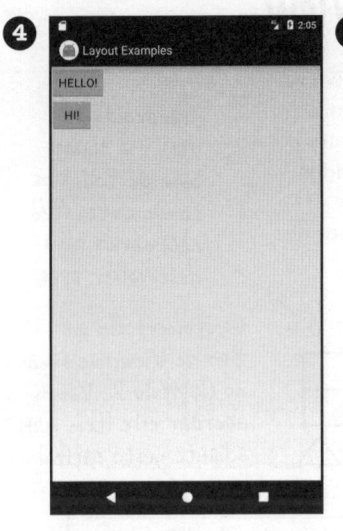

```xml
<LinearLayout  xmlns:android=
     "http://schemas.android.com/apk/res/android"
    xmlns:tools="http://schemas.android.com/tools"
    android:layout_width="match_parent"
    android:layout_height="match_parent"
    android:orientation="vertical"
    tools:context="com.hfad.views.MainActivity" >
    <Button
        android:layout_width="wrap_content"
        android:layout_height="wrap_content"
        android:text="HELLO!" />
    <Button
        android:layout_width="wrap_content"
        android:layout_height="wrap_content"
        android:text="HI!" />
</LinearLayout>
```

As propriedades dos botões layout_width e layout_height foram definidos como "wrap_content" para ocuparem um espaço correspondente ao seu conteúdo.

Os layouts e os componentes GUI são muito parecidos

Você já deve ter observado que todos os tipos de layout têm atributos em comum. Para todos os layouts, você deve especificar a largura e a altura usando os atributos android:layout_width e android:layout_height. Mas essa característica não se limita aos layouts: os atributos android:layout_width e android:layout_height também são obrigatórios para todos os componentes GUI.

Isso porque **todos os layouts e componentes GUI são subclasses da classe View do Android**. Vamos analisar esse ponto com mais atenção.

exibições

Os componentes GUI são um tipo de View

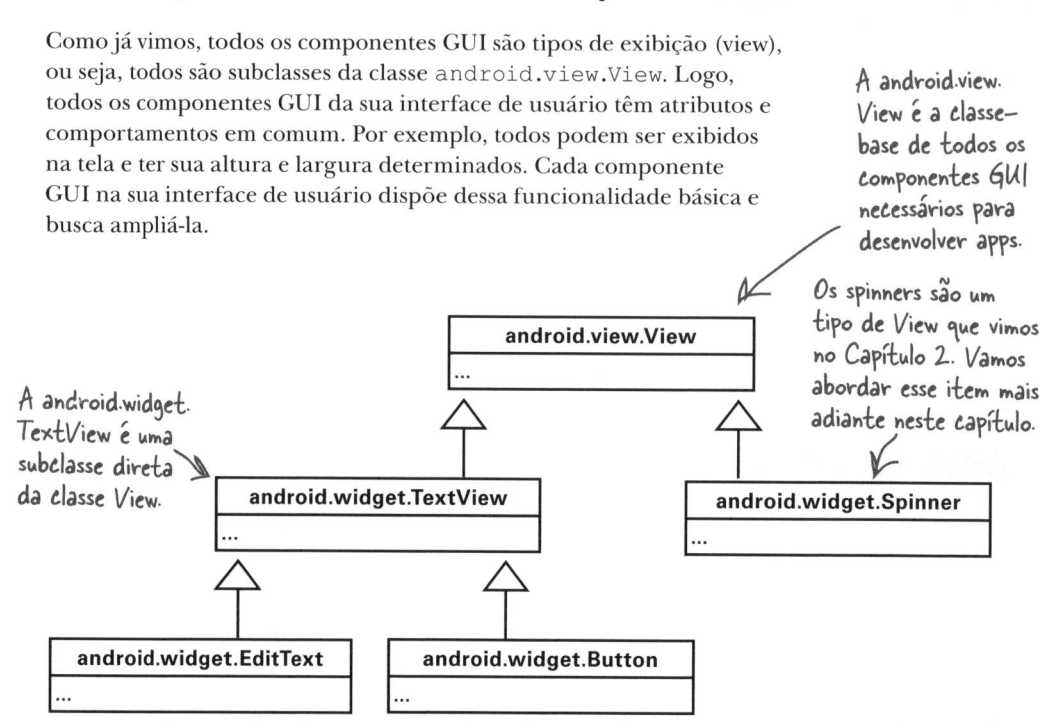

Como já vimos, todos os componentes GUI são tipos de exibição (view), ou seja, todos são subclasses da classe `android.view.View`. Logo, todos os componentes GUI da sua interface de usuário têm atributos e comportamentos em comum. Por exemplo, todos podem ser exibidos na tela e ter sua altura e largura determinados. Cada componente GUI na sua interface de usuário dispõe dessa funcionalidade básica e busca ampliá-la.

A `android.view.View` é a classe-base de todos os componentes GUI necessários para desenvolver apps.

A `android.widget.TextView` é uma subclasse direta da classe View.

Os spinners são um tipo de View que vimos no Capítulo 2. Vamos abordar esse item mais adiante neste capítulo.

```
                    android.view.View
                         ...
                          △
             ┌────────────┴────────────┐
   android.widget.TextView      android.widget.Spinner
         ...                          ...
          △
   ┌──────┴──────┐
android.widget.   android.widget.Button
   EditText           ...
     ...
```

Os layouts são um tipo de View chamado ViewGroup

Como vimos antes, os componentes GUI são um tipo de exibição. Mas cada layout também é um tipo especial de exibição chamado **grupo de exibições**. Todos os layouts são subclasses da classe `android.view.ViewGroup`. Um grupo de exibições é um tipo de exibição que pode conter outras exibições.

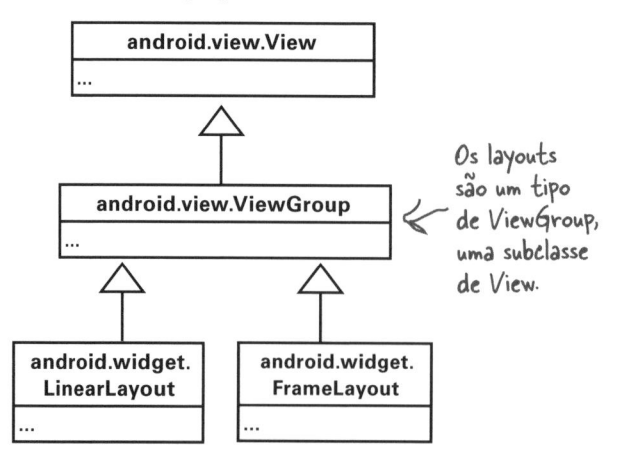

Um componente GUI é um tipo de exibição: um objeto que ocupa espaço na tela.

```
         android.view.View
              ...
               △
       android.view.ViewGroup
              ...
               △
       ┌───────┴───────┐
android.widget.    android.widget.
  LinearLayout       FrameLayout
     ...                ...
```

Os layouts são um tipo de ViewGroup, uma subclasse de View.

Um layout é um tipo de grupo de exibições: um tipo especial de exibição que pode conter outras exibições.

198 *Capítulo 5*

exibições e grupos de exibições

Vantagens das exibições

Um objeto `View` ocupa espaço retangular na tela. Sua funcionalidade é a mesma que todas as exibições precisam para levar uma vida útil e feliz no mundo do Android. Estas são algumas das qualidades mais importantes das exibições:

Obter e definir propriedades

No fundo, cada exibição é um objeto Java e você pode obter e definir suas propriedades no código da atividade. Por exemplo, você pode recuperar o valor selecionado em um spinner ou alterar o texto de uma exibição de texto. As propriedades e métodos acessíveis variam com o tipo de exibição.

Para facilitar a obtenção e definição das propriedades das exibições, cada exibição pode ter uma ID associada para ser referenciada no código.

Tamanho e posição

Você pode especificar a largura e a altura das exibições para que o Android determine o tamanho correspondente. Também é possível definir o preenchimento em torno das exibições.

Quando a exibição é reproduzida, você pode recuperar sua posição e tamanho real na tela.

Controle do foco

O Android controla o movimento do foco de acordo com as ações do usuário, atuando diante de exibições ocultas, removidas e visíveis.

Controle de eventos e receptores

As exibições podem atuar diante de eventos. Também é possível criar receptores para que o app possa reagir ao que ocorre na exibição. Por exemplo, as exibições podem reagir ao entrarem ou saírem de foco, e um botão (e todas as suas subclasses) pode reagir ao ser clicado.

> Estes são alguns dos métodos que podem ser usados no código da atividade. Por estarem na classe-base View, estes métodos são comuns a todas as exibições e grupos de exibições.

android.view.View
getId()
getHeight()
getWidth()
setVisibility(int)
findViewById(int)
isClickable()
isFocused()
requestFocus()
...

Como o grupo de exibições também é um tipo de exibição, todos os layouts e componentes GUI compartilham essa mesma funcionalidade.

hierarquia de exibições

Na prática, o layout é uma hierarquia de Views

Um layout definido com o XML apresenta uma *árvore hierárquica de exibições e grupos de exibições*. Por exemplo, este é um layout linear que contém um botão e um campo de texto editável. O layout relativo é um grupo de exibições, e o botão e o campo de texto são duas exibições. O grupo de exibições é o pai da exibição, e as exibições são as filhas do grupo:

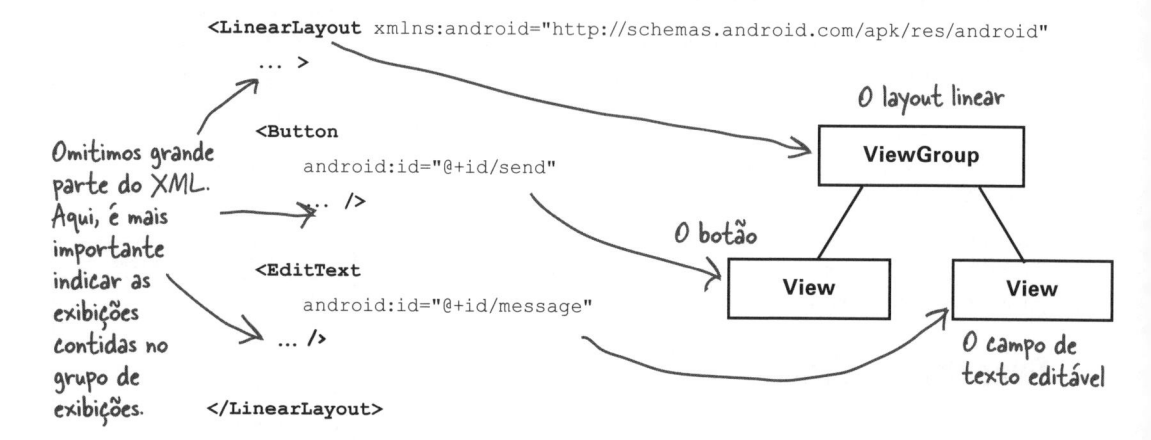

```
<LinearLayout xmlns:android="http://schemas.android.com/apk/res/android"
    ... >
    <Button
        android:id="@+id/send"
        ... />
    <EditText
        android:id="@+id/message"
        ... />
</LinearLayout>
```

Omitimos grande parte do XML. Aqui, é mais importante indicar as exibições contidas no grupo de exibições.

O layout linear → ViewGroup
O botão → View
O campo de texto editável → View

Nos bastidores, quando você constrói um app, o XML do layout é convertido em um objeto `ViewGroup` que contém uma árvore de `View`s. No exemplo anterior, o botão foi traduzido em um objeto `Button`, e a exibição de texto foi traduzida em um objeto `TextView`. `Button` e `TextView` são subclasses de `View`.

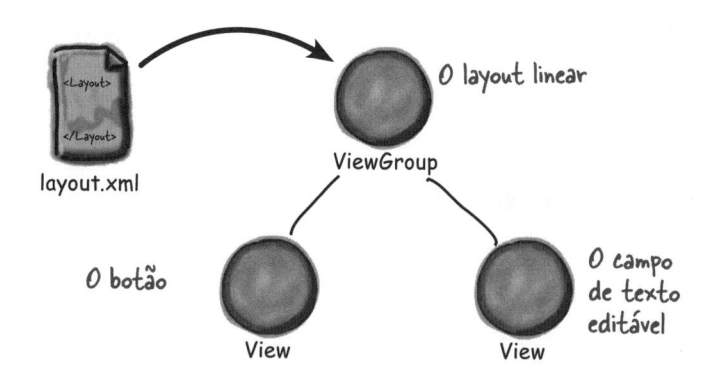

layout.xml → ViewGroup (O layout linear)
├── View (O botão)
└── View (O campo de texto editável)

Por isso, você pode manipular as exibições no layout usando código Java. Nos bastidores, todas as exibições são transformadas em objetos `View` do Java.

Como lidar com exibições

Vamos conferir os componentes GUI mais comuns. Alguns deles já foram abordados antes, mas serão novamente analisados aqui. Não vamos indicar a API completa correspondente a cada componente, apenas os trechos destacados essenciais para o estudo.

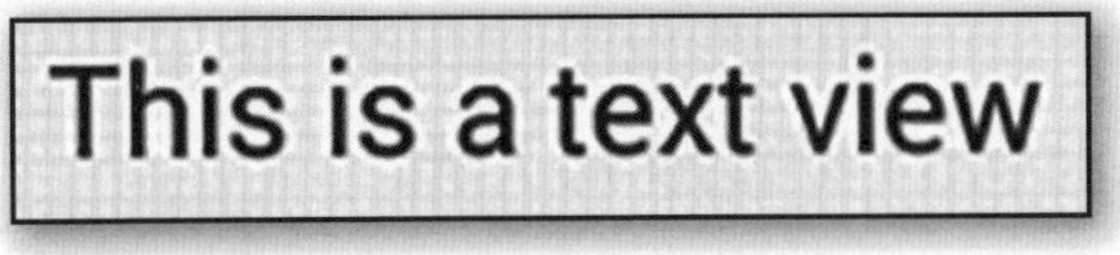

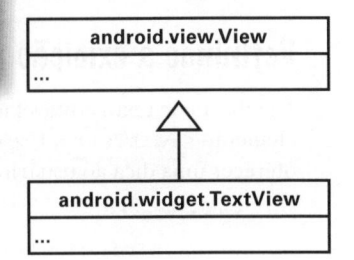

Exibição de texto

A exibição de texto serve para reproduzir texto.

Definindo a exibição de texto no XML

A exibição de texto é definida no layout através do elemento <TextView>. Para indicar o texto a ser exibido, você utiliza android:text e, geralmente, um recurso de string:

```
<TextView
    android:id="@+id/text_view"
    android:layout_width="wrap_content"
    android:layout_height="wrap_content"
    android:text="@string/text" />
```

A API TextView contém muitos atributos que controlam a aparência da exibição de texto, como, por exemplo, o tamanho do texto. Para alterar o tamanho do texto, use o atributo android:textSize:

```
android:textSize="16sp"
```

Você especifica o tamanho do texto usando pixels independentes de escala (sp). Os pixels independentes de escala determinam se os usuários querem usar fontes grandes nos seus dispositivos. Um texto com tamanho de 16sp será fisicamente maior em um dispositivo configurado para usar fontes grandes do que em um dispositivo configurado para usar fontes pequenas.

Utilizando a exibição de texto no código da atividade

Para alterar o texto que aparece na exibição de texto, use um código como este:

```
TextView textView = (TextView) findViewById(R.id.text_view);
textView.setText("Some other String");
```

Exibição de texto editável

É parecido como uma exibição de texto, mas editável.

Definindo a exibição de texto editável no XML

A exibição de texto editável é definida no XML através do elemento <EditText>. Use o atributo android:hint para oferecer uma dica ao usuário sobre o preenchimento do campo.

```
<EditText
    android:id="@+id/edit_text"
    android:layout_width="wrap_content"
    android:layout_height="wrap_content"
    android:hint="@string/edit_text" />
```

Você pode usar o atributo android:inputType para definir o tipo de dados a serem informados pelo usuário para que o Android possa ajudá-lo. Por exemplo, se o usuário tiver que digitar números, você pode usar o seguinte comando:

```
android:inputType="number"
```

para disponibilizar um teclado numérico. Indicamos aqui alguns dos mais importantes:

Você pode encontrar a lista completa na documentação do desenvolvedor para Android, disponível em https://developer.android.com/reference/android/widget/TextView.html#attr_android:inputType (conteúdo em inglês).

Valor	Função
phone	Exibe um teclado numérico de telefone.
textPassword	Exibe um teclado de entrada de texto que oculta o texto digitado.
textCapSentences	Coloca a primeira letra do texto em maiúscula.
textAutoCorrect	Corrige automaticamente o texto inserido.

Você pode especificar vários tipos de entradas usando o caractere |. Por exemplo, para colocar a primeira letra do texto em maiúscula e corrigir automaticamente os erros ortográficos, você deve usar o seguinte código:

```
android:inputType="textCapSentences|textAutoCorrect"
```

Utilizando a exibição de texto editável no código da atividade

Você pode recuperar o texto digitado em uma exibição de texto editável da seguinte forma:

```
EditText editText = (EditText) findViewById(R.id.edit_text);
String text = editText.getText().toString();
```

exibições e grupos de exibições

Botão

Em regra, os botões servem para que o app faça algo quando clicados.

Definindo o botão no XML

O botão é definido no XML com o elemento `<Button>`. Use o atributo `android:text` para indicar o texto a ser exibido pelo botão:

```
<Button
    android:id="@+id/button"
    android:layout_width="wrap_content"
    android:layout_height="wrap_content"
    android:text="@string/button_text" />
```

```
android.view.View
...
      △
      |
android.widget.TextView
...
      △
      |
android.widget.Button
...
```

Utilizando o botão no código da atividade

Para que o botão responda a um clique do usuário, utilize o atributo `android:onClick` no XML do layout e defina esse atributo de acordo com o nome do método a ser chamado no código da atividade:

```
android:onClick="onButtonClicked"
```

Em seguida, defina o método na atividade da seguinte forma:

```
/** Chamado quando o botão é clicado */
public void onButtonClicked(View view) {
    // Fazer algo em resposta ao clique do botão
}
```

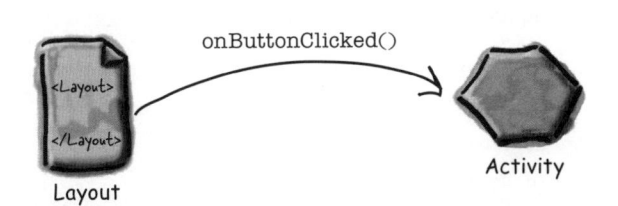

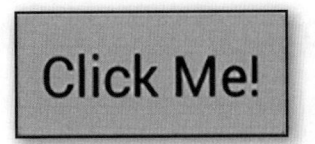

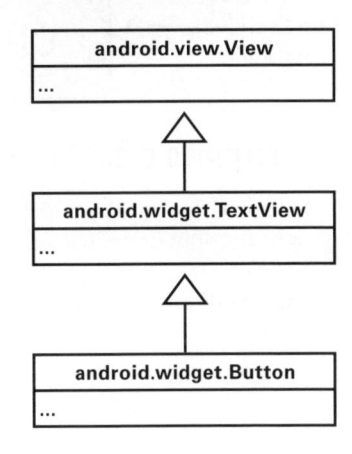

Layout → onButtonClicked() → Activity

você está aqui ▶ **203**

Botão de alternância

Um botão de alternância permite a escolha entre dois estados com um clique.

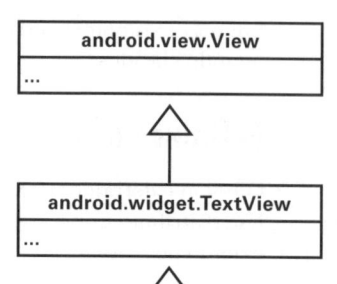

Este é o botão de alternância desativado.

Um clique ativa o botão de alternância.

```
android.view.View
...
         △
android.widget.TextView
...
         △
android.widget.Button
...
         △
android.widget.
CompoundButton
...
         △
android.widget.
ToggleButton
...
```

Definindo o botão de alternância no código XML

O botão de alternância é definido no XML através do elemento `<ToggleButton>`. Use os atributos `android:textOn` e `android:textOff` para indicar o texto a ser exibido pelo botão de acordo com o estado:

```xml
<ToggleButton
    android:id="@+id/toggle_button"
    android:layout_width="wrap_content"
    android:layout_height="wrap_content"
    android:textOn="@string/on"
    android:textOff="@string/off" />
```

O botão composto tem dois estados: marcado e desmarcado. O botão de alternância é uma implementação de um botão composto.

Utilizando o botão de alternância no código da atividade

Para que o botão de alternância responda ao clique do usuário, utilize o atributo `android:onClick` no XML do layout. Atribua a ele o nome do método a ser chamado no código da atividade:

```
android:onClick="onToggleButtonClicked"
```

Este item corresponde a chamar um método com um clique em um botão normal.

Em seguida, defina o método na atividade da seguinte forma:

```java
/** Chamado quando o botão de alternância é clicado */
public void onToggleButtonClicked(View view) {
    // Obtém o estado do botão de alternância.
    boolean on = ((ToggleButton) view).isChecked();
    if (on) {
        // On
    } else {
        // Off
    }
}
```

Este item retorna true se o botão de alternância estiver ativado e false se ele estiver desativado.

Switch

O switch é um controle deslizante que atua como um botão de alternância.

Este é o switch desativado. → Off

On ← Este é o switch ativado.

Definindo o switch no XML

O switch é definido no XML através do elemento <Switch>. Use os atributos android:textOn e android:textOff para indicar o texto a ser exibido pelo switch de acordo com o seu estado:

```xml
<Switch
    android:id="@+id/switch_view"
    android:layout_width="wrap_content"
    android:layout_height="wrap_content"
    android:textOn="@string/on"
    android:textOff="@string/off" />
```

Utilizando switch no código da atividade

Para que o switch responda ao clique do usuário, utilize o atributo android:onClick no XML do layout e defina esse atributo de acordo com o nome do método a ser chamado no código da atividade:

```
android:onClick="onSwitchClicked"
```

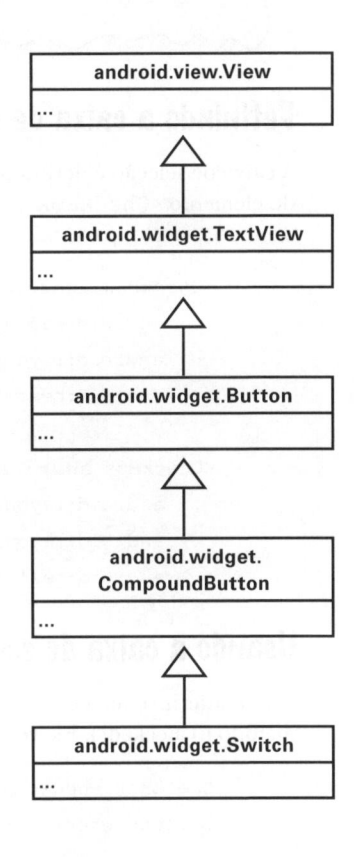

Em seguida, defina o método na atividade da seguinte forma:

```java
/** Chamado quando o switch é clicado */
public void onSwitchClicked(View view) {
    // O switch está ligado?
    boolean on = ((Switch) view).isChecked();

    if (on) {
        // On
    } else {
        // Off
    }
}
```

Este código é muito parecido com o do botão de alternância.

```
android.view.View
...
      △
android.widget.TextView
...
      △
android.widget.Button
...
      △
android.widget.
CompoundButton
...
      △
android.widget.Switch
...
```

Caixas de seleção

As caixas de seleção oferecem várias opções para os usuários selecionarem. Cada caixa de seleção pode ser marcada ou desmarcada de forma independente.

← Aqui, temos duas caixas de seleção. Os usuários podem escolher milk, sugar, milk e sugar ou nenhuma das opções.

```
android.view.View
...
     △
android.widget.TextView
...
     △
android.widget.Button
...
     △
android.widget.
CompoundButton
...
     △
android.widget.CheckBox
...
```

Definindo a caixa de seleção no XML

A caixa de seleção é definida no XML através do elemento <CheckBox>. Use os atributos android:text para exibir o texto de cada opção:

```xml
<CheckBox android:id="@+id/checkbox_milk"
    android:layout_width="wrap_content"
    android:layout_height="wrap_content"
    android:text="@string/milk" />

<CheckBox android:id="@+id/checkbox_sugar"
    android:layout_width="wrap_content"
    android:layout_height="wrap_content"
    android:text="@string/sugar" />
```

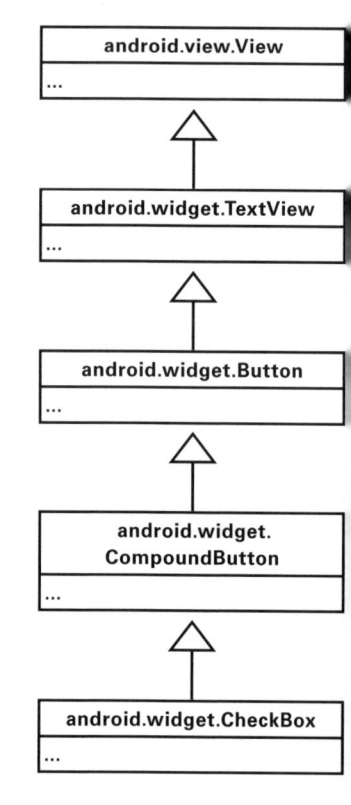

Usando a caixa de seleção no código da atividade

Para conferir se uma determinada caixa de seleção está marcada, use o método isChecked(). Ele retorna true se a caixa de seleção estiver marcada:

```java
CheckBox checkbox = (CheckBox) findViewById(R.id.checkbox_milk);
boolean checked = checkbox.isChecked();
if (checked) {
    //faça alguma coisa
}
```

Caixas de seleção (continuação)

Como nos botões, para responder ao clique do usuário em uma caixa de seleção, use o atributo android:onClick no XML do layout e defina esse atributo de acordo com o nome do método a ser chamado no código da atividade:

```xml
<CheckBox android:id="@+id/checkbox_milk"
    android:layout_width="wrap_content"
    android:layout_height="wrap_content"
    android:text="@string/milk"
    android:onClick="onCheckboxClicked"/>

<CheckBox android:id="@+id/checkbox_sugar"
    android:layout_width="wrap_content"
    android:layout_height="wrap_content"
    android:text="@string/sugar"
    android:onClick="onCheckboxClicked"/>
```

Neste caso, o método onCheckboxClicked() será chamado mesmo que a caixa de seleção não seja clicada. Também é possível especificar um método diferente para cada caixa de seleção.

Em seguida, defina o método na atividade da seguinte forma:

```java
public void onCheckboxClicked(View view) {
    // A caixa de seleção que foi clicada foi marcada?
    boolean checked = ((CheckBox) view).isChecked();

    // Recupere qual caixa de seleção foi clicada
    switch(view.getId()) {
        case R.id.checkbox_milk:
            if (checked)
                // Milky coffee
            else
                // Black as the midnight sky on a moonless night
            break;
        case R.id.checkbox_sugar:
            if (checked)
                // Sweet
            else
                // Keep it bitter
            break;
    }
}
```

Botões de opção

Estes botões oferecem várias opções para que o usuário selecione apenas uma.

Use botões de opção para limitar a faixa de escolha dos usuários a apenas uma opção.

Definindo botões de opção no XML

Primeiro, defina um grupo de opção, um tipo especial de grupo de exibições, usando a tag `<RadioGroup>`. Em seguida, dentro desse grupo, defina cada botão de opção usando a tag `<RadioButton>`:

Você pode optar por exibir os botões de seleção em uma lista horizontal ou vertical.

```
<RadioGroup android:id="@+id/radio_group"
    android:layout_width="match_parent"
    android:layout_height="wrap_content"
    android:orientation="vertical">

    <RadioButton android:id="@+id/radio_cavemen"
        android:layout_width="wrap_content"
        android:layout_height="wrap_content"
        android:text="@string/cavemen" />

    <RadioButton android:id="@+id/radio_astronauts"
        android:layout_width="wrap_content"
        android:layout_height="wrap_content"
        android:text="@string/astronauts" />
</RadioGroup>
```

Usando botões de opção no código da atividade

Para determinar qual botão de seleção está marcado, use o método `getCheckedRadioButtonId()`:

```
RadioGroup radioGroup = (RadioGroup) findViewById(R.id.radioGroup);
int id = radioGroup.getCheckedRadioButtonId();
if (id == -1){
    //nenhum item selecionado
}
else{
    RadioButton radioButton = findViewById(id);
}
```

Botões de opção (continuação)

Para que o botão de opção responda ao clique do usuário, use o atributo android:onClick no XML do layout e defina esse atributo de acordo com o nome do método a ser chamado no código da atividade:

```xml
<RadioGroup android:id="@+id/radio_group"
    android:layout_width="match_parent"
    android:layout_height="wrap_content"
    android:orientation="vertical">

    <RadioButton android:id="@+id/radio_cavemen"
        android:layout_width="wrap_content"
        android:layout_height="wrap_content"
        android:text="@string/cavemen"
        android:onClick="onRadioButtonClicked" />

    <RadioButton android:id="@+id/radio_astronauts"
        android:layout_width="wrap_content"
        android:layout_height="wrap_content"
        android:text="@string/astronauts"
        android:onClick="onRadioButtonClicked" />
</RadioGroup>
```

> O grupo de opção que contém os botões de opção é uma subclasse de LinearLayout. No grupo de opção, você pode usar os mesmos atributos utilizados no layout linear.

Em seguida, defina o método na atividade da seguinte forma:

```java
public void onRadioButtonClicked(View view) {
    RadioGroup radioGroup = (RadioGroup) findViewById(R.id.radioGroup);
    int id = radioGroup.getCheckedRadioButtonId();
    switch(id) {
        case R.id.radio_cavemen:
            // Cavemen win
            break;
        case R.id.radio_astronauts:
            // Astronauts win
            break;
    }
}
```

controles giratórios

Controle giratório

Como já vimos, um controle giratório consiste em uma lista suspensa de valores, dos quais apenas um pode ser selecionado.

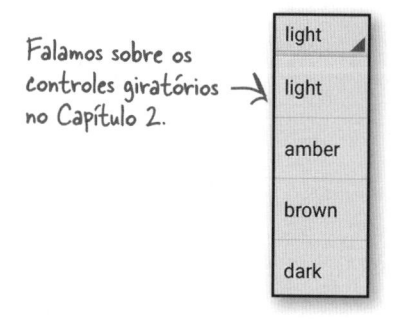

Falamos sobre os controles giratórios no Capítulo 2.

| light |
| light |
| amber |
| brown |
| dark |

O AdapterView é uma exibição que pode utilizar um adaptador. Vamos falar sobre adaptadores mais adiante neste livro.

Esta é uma classe-base abstrata para os widgets do controle giratório.

```
android.view.View
...
    △
android.view.ViewGroup
...
    △
android.widget.AdapterView
...
    △
android.widget.AbsSpinner
...
    △
android.widget.Spinner
...
```

Definindo o controle giratório no XML

O controle giratório é definido no XML através do elemento `<Spinner>`. Para adicionar uma matriz estática de entradas ao controle giratório, use o atributo `android:entries` e defina esse atributo de acordo com uma matriz de strings.

```
<Spinner
    android:id="@+id/spinner"
    android:layout_width="wrap_content"
    android:layout_height="wrap_content"
    android:entries="@array/spinner_values" />
```

Mais adiante no livro, vamos conferir outras formas de preencher o controle giratório.

Você pode adicionar uma matriz de strings a *strings.xml* da seguinte forma:

```
<string-array name="spinner_values">
    <item>light</item>
    <item>amber</item>
    <item>brown</item>
    <item>dark</item>
</string-array>
```

Utilizando o controle giratório no código da atividade

Para obter o valor do item selecionado no momento, converta o método `getSelectedItem()` em uma string:

```
Spinner spinner = (Spinner) findViewById(R.id.spinner);
String string = String.valueOf(spinner.getSelectedItem());
```

exibições e grupos de exibições

Exibição de imagem

Você pode usar uma exibição de imagem para reproduzir uma imagem:

Uma exibição de imagem contém uma imagem.

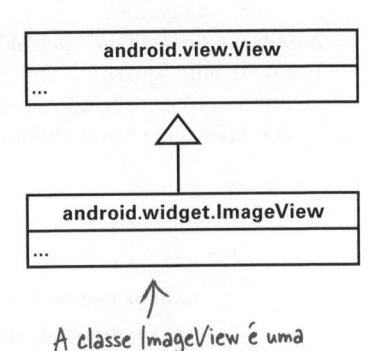

```
android.view.View
...
```

```
android.widget.ImageView
...
```

A classe ImageView é uma subclasse direta de View.

Adicionando uma imagem ao projeto

Primeiro, crie uma pasta de recursos *desenháveis*, a pasta-padrão para armazenar os recursos de imagens do seu app. Para isso, selecione a pasta *app/src/main/res* do projeto, vá para o menu File, escolha a opção New... e, em seguida, clique na opção para criar um novo diretório de recursos do Android. Quando solicitado, escolha um tipo de recurso "desenhável", atribua à pasta o nome de "drawable" e clique em OK. Em seguida, coloque a imagem na pasta *app/src/main/res/drawable*.

Você também pode usar diferentes arquivos de imagem de acordo com a densidade de tela do dispositivo. Ou seja, você pode exibir imagens de resolução mais alta em telas de maior densidade e imagens de resolução mais baixa em telas de menor densidade. Para isso, crie pastas *drawable* em *app/src/main/res* para as diferentes densidades de tela. O nome da pasta corresponde à densidade da tela do dispositivo:

`drawable-ldpi`	Telas de baixa densidade, em torno de 120 dpi.
`drawable-mdpi`	Telas de densidade média, em torno de 160 dpi.
`drawable-hdpi`	Telas de alta densidade, em torno de 240 dpi.
`drawable-xhdpi`	Telas de densidade extra alta, em torno de 320 dpi.
`drawable-xxhdpi`	Telas de densidade extra extra alta, em torno de 480 dpi.
`drawable-xxxhdpi`	Telas de densidade extra extra extra alta, em torno de 640 dpi.

De acordo com a sua versão do Android Studio, o IDE poderá criar algumas destas pastas automaticamente.

Em seguida, coloque as imagens de diferentes resoluções nas respectivas pastas *drawable** e confira se o nome dos arquivos de imagem está correto. O Android define a imagem a ser usada no tempo de execução com base na densidade da tela do dispositivo em que ele estiver sendo executado. Por exemplo, se a tela do dispositivo tiver uma densidade extra alta, o Android usará a imagem localizada na pasta *drawable-xhdpi*.

Se houver apenas uma imagem em uma das pastas, o Android usará o mesmo arquivo de imagem para todos os dispositivos. Caso você opte por usar a mesma imagem para todas as densidades de tela, o procedimento mais comum é colocá-la na pasta *drawable*.

você está aqui ▶ 211

exibições de imagem

Exibição de imagem: o XML do layout

A exibição de imagem é definida no XML através do elemento `<ImageView>`. Use o atributo `android:src` para especificar a imagem a ser exibida e o atributo `android:contentDescription` para adicionar uma descrição de string da imagem e aumentar a acessibilidade do app:

```xml
<ImageView
    android:layout_width="200dp"
    android:layout_height="100dp"
    android:src="@drawable/starbuzz_logo"
    android:contentDescription="@string/starbuzz_logo" />
```

O atributo `android:src` recebe um valor da forma "@drawable/image_name". Aqui, image_name é o nome da imagem (sem sua extensão). Os recursos de imagem são prefixados com `@drawable`, que diz ao Android que esse é um recurso de imagem localizado em uma ou mais pastas *drawable*.

Utilizando as exibições de imagem no código da atividade

Para definir a origem e a descrição da imagem no código da atividade, use os métodos `setImageResource()` e `setContentDescription()`:

```java
ImageView photo = (ImageView)findViewById(R.id.photo);
int image = R.drawable.starbuzz_logo;
String description = "This is the logo";
photo.setImageResource(image);
photo.setContentDescription(description);
```

Esse código procura o recurso de imagem `starbuzz_logo` nas pastas *drawable** e o define como origem de uma exibição de imagem com a ID `photo`. Para fazer referência a um recurso de imagem no código da atividade, use `R.drawable.image_name`; aqui, `image_name` é o nome da imagem (sem sua extensão).

exibições e grupos de exibições

Adicionando imagens a botões

Além de exibir imagens nas exibições de imagem, você também pode reproduzi-las em botões.

Exibindo texto e imagem em um botão

Para exibir texto em um botão com uma imagem à direita dele, use o atributo `android:drawableRight` e especifique a imagem a ser usada:

```
<Button
    android:layout_width="wrap_content"
    android:layout_height="wrap_content"
    android:drawableRight="@drawable/android"
    android:text="@string/click_me" />
```

Reproduza o recurso de imagem do android à direita do botão.

Para exibir a imagem à esquerda, use o atributo `android:drawableLeft`:

```
<Button
    android:layout_width="wrap_content"
    android:layout_height="wrap_content"
    android:drawableLeft="@drawable/android"
    android:text="@string/click_me" />
```

Você também pode usar drawableStart e drawableEnd para idiomas escritos da direita para a esquerda.

Use o atributo `android:drawableBottom` para exibir a imagem sob o texto:

```
<Button
    android:layout_width="wrap_content"
    android:layout_height="wrap_content"
    android:drawableBottom="@drawable/android"
    android:text="@string/click_me" />
```

O atributo `android:drawableTop` exibe a imagem sobre o texto:

```
<Button
    android:layout_width="wrap_content"
    android:layout_height="wrap_content"
    android:drawableTop="@drawable/android"
    android:text="@string/click_me" />
```

você está aqui ▶   213

botões de imagem

Botão de imagem

Um botão de imagem funciona como um botão normal, mas contém uma imagem, e não texto.

Definição do botão de imagem no XML

O botão de imagem é definido no XML através do elemento `<ImageButton>`. Use o atributo `android:src` para indicar a imagem a ser exibida no botão:

```
<ImageButton
    android:id="@+id/button"
    android:layout_width="wrap_content"
    android:layout_height="wrap_content"
    android:src="@drawable/button_icon" />
```

Utilizando o botão de imagem no código da atividade

Para que o botão de imagem responda ao clique do usuário, utilize o atributo `android:onClick` no XML do layout e defina esse atributo de acordo com o nome do método no código da atividade:

```
android:onClick="onButtonClicked"
```

Em seguida, defina o método na atividade da seguinte forma:

```
/** Chamado quando o botão da imagem é clicado */
public void onButtonClicked(View view) {
    // Fazer algo em resposta ao clique no botão
}
```

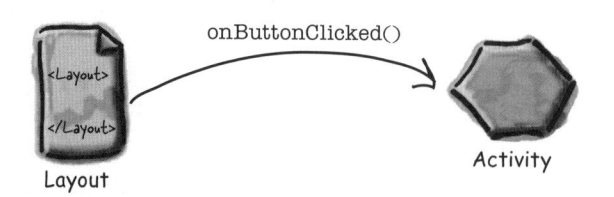

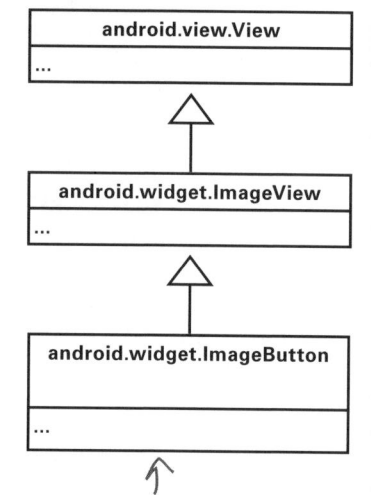

```
android.view.View
...
         △
         |
android.widget.ImageView
...
         △
         |
android.widget.ImageButton
...
```

A classe ImageButton estende a classe ImageView e não a classe Button.

Layout → onButtonClicked() → Activity

Exibição de rolagem

Layouts com muitas exibições podem ter problemas quando executados em dispositivos com telas menores, pois a maioria dos layouts não dispõe de barras que permitam rolar a página para baixo. Neste exemplo, não podemos visualizar todos os sete botões grandes que adicionamos ao layout linear.

Os layouts lineares não dispõem de barras de rolagem. Neste caso, não conseguimos visualizar todos os sete botões do layout linear em nosso dispositivo.

Para adicionar uma barra de rolagem vertical, envolva o layout utilizando um elemento `<ScrollView>` da seguinte forma:

```xml
<ScrollView xmlns:android="http://schemas.android.com/apk/res/android"
    xmlns:tools="http://schemas.android.com/tools"
    android:layout_width="match_parent"
    android:layout_height="match_parent"
    tools:context="com.hfad.views.MainActivity" >

    <LinearLayout
        android:layout_width="match_parent"
        android:layout_height="match_parent"
        android:paddingBottom="16dp"
        android:paddingLeft="16dp"
        android:paddingRight="16dp"
        android:paddingTop="16dp"
        android:orientation="vertical" >
        ...
    </LinearLayout>
</ScrollView>
```

Mova estes atributos do layout original para o elemento `<ScrollView>`, pois o `<ScrollView>` agora é o elemento-raiz.

Para adicionar uma barra de rolagem horizontal, envolva o layout utilizando um elemento `<HorizontalScrollView>`.

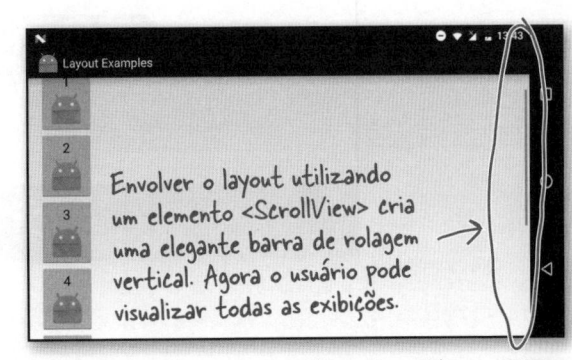

Envolver o layout utilizando um elemento `<ScrollView>` cria uma elegante barra de rolagem vertical. Agora o usuário pode visualizar todas as exibições.

Toasts

Mas queremos apresentará um último widget para você neste capítulo: o toast. O toast é uma mensagem pop-up simples que pode ser exibida na tela.

Os toasts são essencialmente informativos, pois o usuário não pode interagir com eles. A atividade continua visível e interativa durante a exibição do toast. O toast desaparece automaticamente depois de um determinado tempo.

Usando o toast no código da atividade

Use o código da atividade para criar o toast. Não é possível definir um toast no layout.

Para criar um toast, chame o método `Toast.makeText()` e indique três parâmetros: um `Context` (normalmente `this` para a atividade atual), um `CharSequence` (a mensagem a ser exibida) e uma duração `int`. Depois de criar o toast, chame o método `show()` para exibi-lo.

Este é o código utilizado para criar um toast que aparecerá na tela por uma curta duração:

```
CharSequence text = "Hello, I'm a Toast!";
int duration = Toast.LENGTH_SHORT;

Toast toast = Toast.makeText(this, text, duration);
toast.show();
```

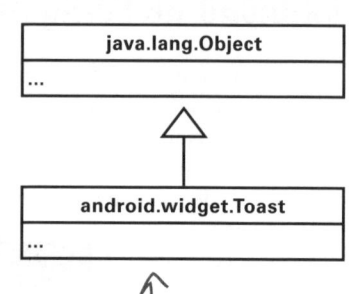

java.lang.Object
...

android.widget.Toast
...

O toast não é um tipo de View. Contudo, como transmite uma mensagem curta ao usuário, vamos examiná-lo neste capítulo.

O toast é uma mensagem que salta na tela como uma torrada (toast) em uma torradeira (toaster).

Por padrão, o toast aparece na parte inferior da tela.

Hello, I'm a Toast!

exibições e grupos de exibições

Exercício

Vamos utilizar algumas das exibições abordadas neste capítulo. Crie um layout para produzir esta tela:

Como você provavelmente não vai querer escrever o código aqui, que tal programar no IDE?

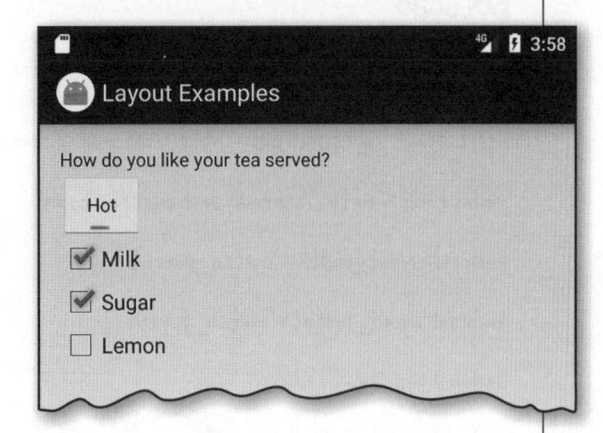

solução

Exercício Solução

Esta é uma das muitas formas de criar esse layout. Fique tranquilo se o seu código estiver diferente, pois há muitas soluções diferentes para este exercício.

```xml
<LinearLayout xmlns:android="http://schemas.android.com/apk/res/android"
    xmlns:tools="http://schemas.android.com/tools"
    android:layout_width="match_parent"
    android:layout_height="match_parent"
    android:padding="16dp"
    android:orientation="vertical"
    tools:context="com.hfad.layoutexamples.MainActivity" >

    <TextView
        android:layout_width="wrap_content"
        android:layout_height="wrap_content"
        android:text="How do you like your tea served?" />

    <ToggleButton
        android:layout_width="wrap_content"
        android:layout_height="wrap_content"
        android:textOn="Hot"
        android:textOff="Cold" />
```

Utilizamos um botão de alternância para indicar se a bebida deve ser servida quente ou fria.

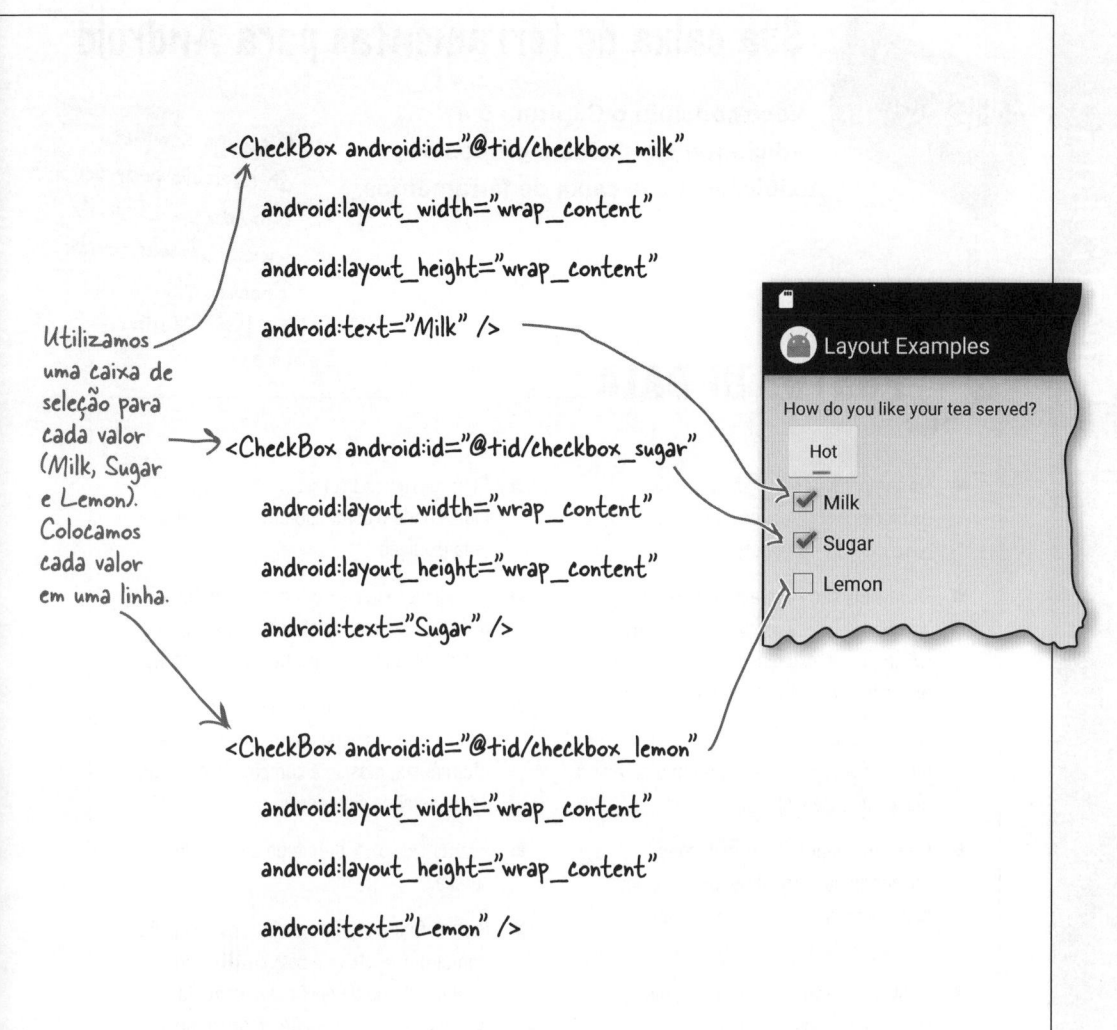

exibições e grupos de exibições

```
<CheckBox android:id="@+id/checkbox_milk"
    android:layout_width="wrap_content"
    android:layout_height="wrap_content"
    android:text="Milk" />

<CheckBox android:id="@+id/checkbox_sugar"
    android:layout_width="wrap_content"
    android:layout_height="wrap_content"
    android:text="Sugar" />

<CheckBox android:id="@+id/checkbox_lemon"
    android:layout_width="wrap_content"
    android:layout_height="wrap_content"
    android:text="Lemon" />

</LinearLayout>
```

Utilizamos uma caixa de seleção para cada valor (Milk, Sugar e Lemon). Colocamos cada valor em uma linha.

Lembre-se de que o seu código pode estar diferente do nosso. Esta é só uma das formas possíveis para desenvolver o layout.

Layout Examples

How do you like your tea served?

Hot

☑ Milk
☑ Sugar
☐ Lemon

você está aqui ▶ **219**

caixa de ferramentas

Sua caixa de ferramentas para Android

Você concluiu o Capítulo 5 e adicionou exibições e grupos de exibições à sua caixa de ferramentas.

O código completo do capítulo pode ser baixado em https://www.altabooks.com.br. Procure pelo título ou ISBN do livro.

PONTOS DE BALA

- Os componentes GUI são tipos de exibições e subclasses da classe `android:view.View`.

- Os layouts são subclasses da classe `android:view.ViewGroup`. Os grupos de exibições são um tipo de exibição que pode conter várias exibições.

- O arquivo XML do layout é convertido em um `ViewGroup` que contém uma árvore hierárquica de exibições.

- O layout linear lista as exibições horizontal ou verticalmente. Você deve especificar a direção com o atributo `android:orientation`.

- O layout de frame empilha visualizações. Use os atributos `android:padding*` para especificar o nível de preenchimento que deve ficar em torno de uma exibição.

- Em um layout linear, use `android:layout_weight` para que uma exibição ocupe o espaço extra.

- Com o `android:layout_gravity`, você indica onde as exibições devem aparecer no espaço disponível.

- Com o `android:gravity`, você indica onde o conteúdo deve aparecer em uma exibição.

- `<ToggleButton>` define um botão de alternância no qual você pode escolher entre dois estados clicando em um botão.

- `<Switch>` define um controle switch que funciona como um botão de alternância, mas só é compatível com API 14 ou versões superiores.

- `<CheckBox>` define uma caixa de seleção.

- Para definir um grupo de botões de opção, primeiro use `<RadioGroup>` para definir o grupo de opção. Em seguida, coloque botões de opção no grupo de opção usando `<RadioButton>`.

- Use `<ImageView>` para exibir uma imagem.

- `<ImageButton>` define um botão que contém uma imagem em vez de texto.

- Para adicionar barras de rolagem, use `<ScrollView>` ou `<HorizontalScrollView>`.

- Um `Toast` é uma mensagem pop-up.

6 layouts de restrição

Coloque Cada Coisa em Seu Lugar

> É claro que tenho certeza. Estou vendo a radiografia neste momento. O osso do dedo está conectado ao osso do pé, que está conectado ao osso do tornozelo.

Definitivamente, você precisa aprender a criar layouts incríveis. Para *atrair* usuários, os apps devem ter o **visual certo**. Até aqui, aprendemos a usar layouts lineares e de frame, mas agora vamos falar sobre *designs mais complexos*. Você vai conhecer o novo **layout de restrição** do Android, um tipo de layout *desenvolvido visualmente em um plano gráfico*. Além disso, vamos utilizar as **restrições** para posicionar e dimensionar as exibições *em qualquer tamanho e orientação de tela*. Por fim, você vai aprender a ganhar tempo configurando o Android Studio para **inferir e adicionar restrições** ao seu projeto.

aninhando ineficiências

Os layouts aninhados podem ser ineficientes

Você já sabe construir uma interface de usuário simples utilizando layouts lineares e de frame, mas como criar um visual mais complexo? Embora seja possível desenvolver UIs complexas com layouts lineares e de frame aninhados profundamente, essa prática pode prejudicar a velocidade do app e dificultar a leitura e manutenção do código.

Por exemplo, imagine que você deseja criar um layout com duas linhas e um item em cada uma delas. É possível criar esse layout utilizando três layouts lineares: um layout linear na raiz e um layout linear aninhado para cada linha:

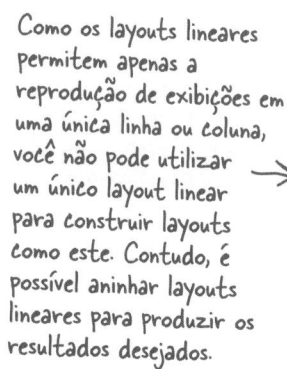

Como os layouts lineares permitem apenas a reprodução de exibições em uma única linha ou coluna, você não pode utilizar um único layout linear para construir layouts como este. Contudo, é possível aninhar layouts lineares para produzir os resultados desejados.

Neste layout, você pode usar um layout linear na raiz e um layout linear aninhado para cada linha.

Ao exibir um layout na tela do dispositivo, o Android cria uma hierarquia de exibições com base nos componentes do layout para definir a posição de cada exibição. Caso o layout contenha layouts aninhados, a hierarquia será mais complexa e o Android talvez tenha que transmitir mais de um deles pela hierarquia:

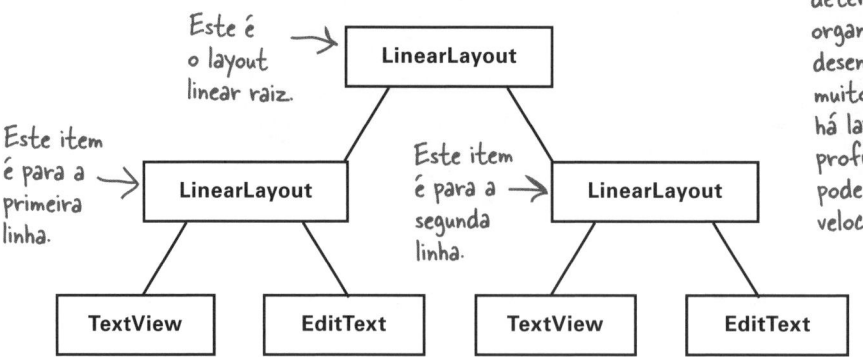

Cada exibição e layout devem ser inicializados, determinados, organizados e desenhados. Isso dá muito trabalho quando há layouts aninhados profundamente e pode prejudicar a velocidade do app.

Este é o layout linear raiz. → **LinearLayout**

Este item é para a primeira linha. → **LinearLayout**

Este item é para a segunda linha. → **LinearLayout**

TextView — **EditText** — **TextView** — **EditText**

Embora a hierarquia indicada acima seja relativamente simples, imagine que você precisa de mais exibições, mais layouts aninhados e uma hierarquia mais profunda. Isso pode produzir gargalos no desempenho do app e uma massa de código difícil de ler e manter.

Para construir uma UI mais complexa com múltiplos layouts lineares, muitas vezes é melhor **usar um outro tipo de layout**.

exibições e grupos de exibições

Apresentando o layout de restrição

Neste capítulo, vamos aprender a usar um novo tipo de layout chamado **layout de restrição**. Embora seja mais complexo do que um layout linear ou de frame, esse tipo de layout é muito mais flexível. Além disso, é muito mais eficiente para UIs complexas, pois cria uma hierarquia de exibições mais plana para que o Android processe menos operações durante o tempo de execução.

Os layouts de restrição são desenvolvidos VISUALMENTE

Os layouts de restrição também têm a grande vantagem de serem desenvolvidos especificamente com o editor de design do Android Studio. Ao contrário dos layouts lineares e de frame, geralmente inseridos diretamente no XML, os layouts de restrição são desenvolvidos visualmente. Você deve arrastar e soltar os componentes GUI na ferramenta de blueprint do editor de design e definir instruções para a reprodução de cada exibição.

Para ver como isso funciona na prática, vamos conferir como usar um layout de restrição e, em seguida, construir a seguinte UI:

> Para construir layouts de restrição usando ferramentas visuais, você precisa do Android Studio 2.3 ou versões superiores. Se estiver utilizando uma versão anterior, procure atualizações.

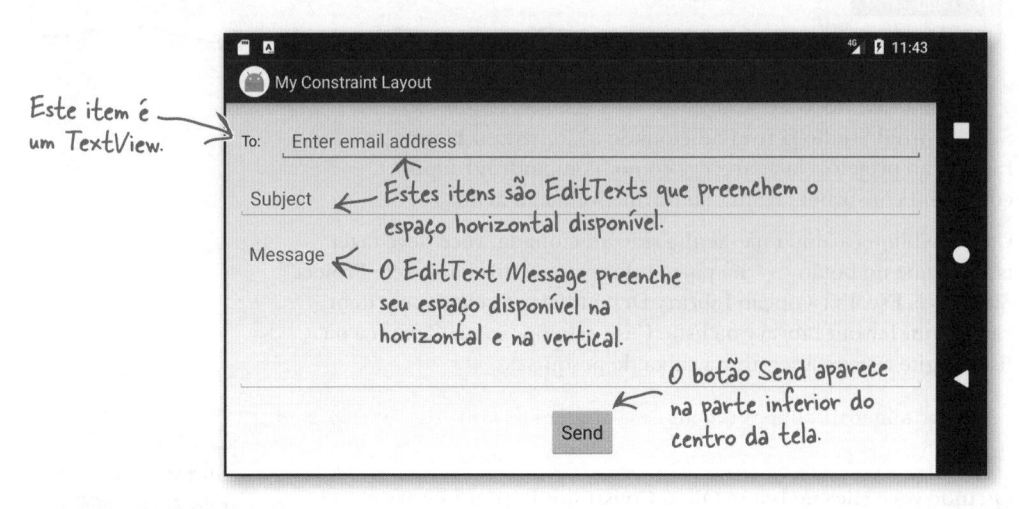

Este item é um TextView.

Estes itens são EditTexts que preenchem o espaço horizontal disponível.

O EditText Message preenche seu espaço disponível na horizontal e na vertical.

O botão Send aparece na parte inferior do centro da tela.

Crie um novo projeto

Para começar, vamos criar um novo projeto do Android Studio para um aplicativo chamado "My Constraint Layout" usando o domínio da empresa "hfad.com" e o nome do pacote `com.hfad.myconstraintlayout`. O SDK mínimo deve ser a API 19 para que o app seja compatível com a maioria dos dispositivos. Você vai precisar de uma atividade vazia chamada "MainActivity" e de um layout chamado "activity_main" para que o seu código fique parecido com o nosso. **Lembre-se de desmarcar a opção Backwards Compatibility (AppCompat) quando criar a atividade.**

adicione a **biblioteca**

O projeto deve conter a Constraint Layout Library

Ao contrário dos layouts que vimos até aqui, os layouts de restrição dispõem da sua própria biblioteca, que você deve adicionar ao projeto como uma dependência antes de utilizá-la. Ao ser adicionada como uma dependência, a biblioteca é integrada ao app e baixada pelo dispositivo do usuário.

É provável que o Android Studio tenha adicionado automaticamente a Constraint Layout Library ao projeto, mas vamos conferir. Abra o Android Studio e escolha File→Project Structure. Em seguida, clique no módulo do app e escolha Dependencies. Você verá a seguinte tela:

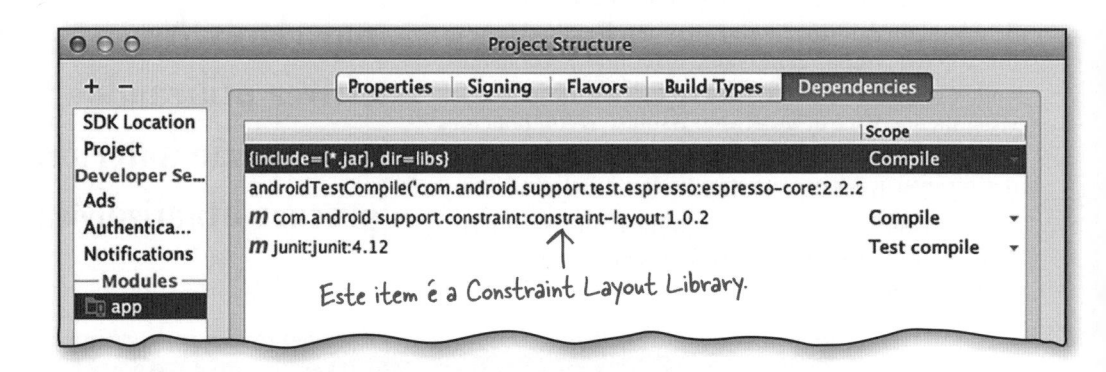

```
Project Structure

    Properties   Signing   Flavors   Build Types   Dependencies

SDK Location                                                          Scope
Project           {include=[*.jar], dir=libs}                         Compile
Developer Se...   androidTestCompile('com.android.support.test.espresso:espresso-core:2.2.2
Ads               m com.android.support.constraint:constraint-layout:1.0.2    Compile
Authentica...     m junit:junit:4.12                                  Test compile
Notifications
  Modules
   app
```

Este item é a Constraint Layout Library.

Se o Android Studio já tiver adicionado a Constraint Layout Library ao projeto, ela aparecerá como "com.android.support.constraint:constraint-layout", conforme indicado acima.

Caso a biblioteca ainda não tenha sido adicionada, você deve fazer isso. Clique no botão "+" na parte inferior ou à direita da tela Project Structure. Escolha a opção Library Dependency e selecione o item Constraint Layout Library na lista. Caso essa opção não apareça na lista, digite o texto a seguir na caixa de pesquisa:

```
com.android.support.constraint:constraint-layout:1.0.2
```

Digite este texto apenas quando a Constraint Layout Library não tiver sido adicionada ao projeto como uma dependência.

Quando você clica no botão OK, a Constraint Layout Library é adicionada à lista de dependências. Clique novamente em OK para salvar suas alterações e fechar a janela Project Structure.

Agora que confirmamos que a Constraint Layout Library está no projeto, vamos adicionar os recursos de string necessários para o layout.

exibições e grupos de exibições

Adicione os recursos de string ao strings.xml

Como as exibições do layout devem reproduzir valores de texto ou dicas, vamos adicionar esses itens como recursos de string. Adicione os valores de string abaixo a *strings.xml*:

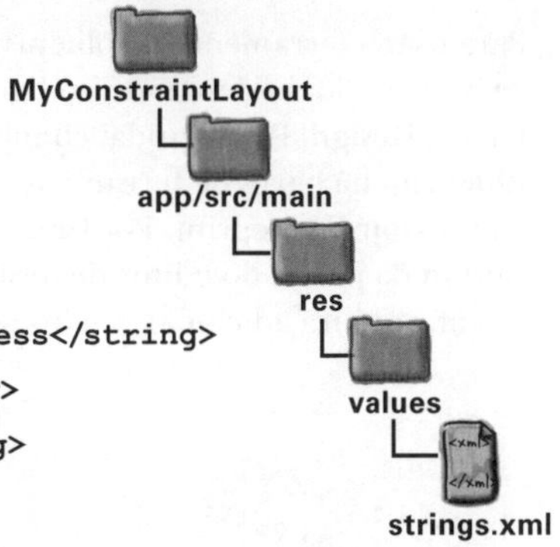

```xml
...
    <string name="to_label">To:</string>
    <string name="email_hint">Enter email address</string>
    <string name="subject_hint">Subject</string>
    <string name="message_hint">Message</string>
    <string name="send_button">Send</string>
...
```

Depois de adicionar os recursos de string, vamos atualizar o layout.

Altere o activity_main.xml para usar um layout de restrição

Vamos utilizar um layout de restrição. Para isso (e para que seu layout fique parecido com o nosso), atualize o código de *activity_main.xml* de acordo com o código abaixo (as alterações estão em negrito):

```xml
<?xml version="1.0" encoding="utf-8"?>
<android.support.constraint.ConstraintLayout
    xmlns:android="http://schemas.android.com/apk/res/android"
    xmlns:app="http://schemas.android.com/apk/res-auto"
    xmlns:tools="http://schemas.android.com/tools"
    android:layout_width="match_parent"
    android:layout_height="match_parent"
    tools:context="com.hfad.myconstraintlayout.MainActivity">

</android.support.constraint.ConstraintLayout>
```

É assim que você deve definir um layout de restrição.

Exclua as exibições adicionais inseridas pelo Android Studio.

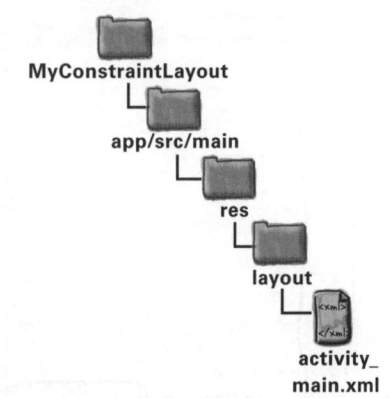

Definimos um layout de restrição ao qual podemos adicionar exibições. Para isso, vamos usar a ferramenta de blueprint do editor de design.

use o blueprint

Use a ferramenta de blueprint

Para usar a ferramenta de blueprint, primeiro acesse a visualização do design do código do layout clicando na aba Design. Em seguida, clique no botão Show Blueprint na barra de ferramentas do editor de design para exibir o blueprint. Por fim, arraste um widget Button da paleta do editor de design para o blueprint. Assim, você irá adicionar um botão ao layout:

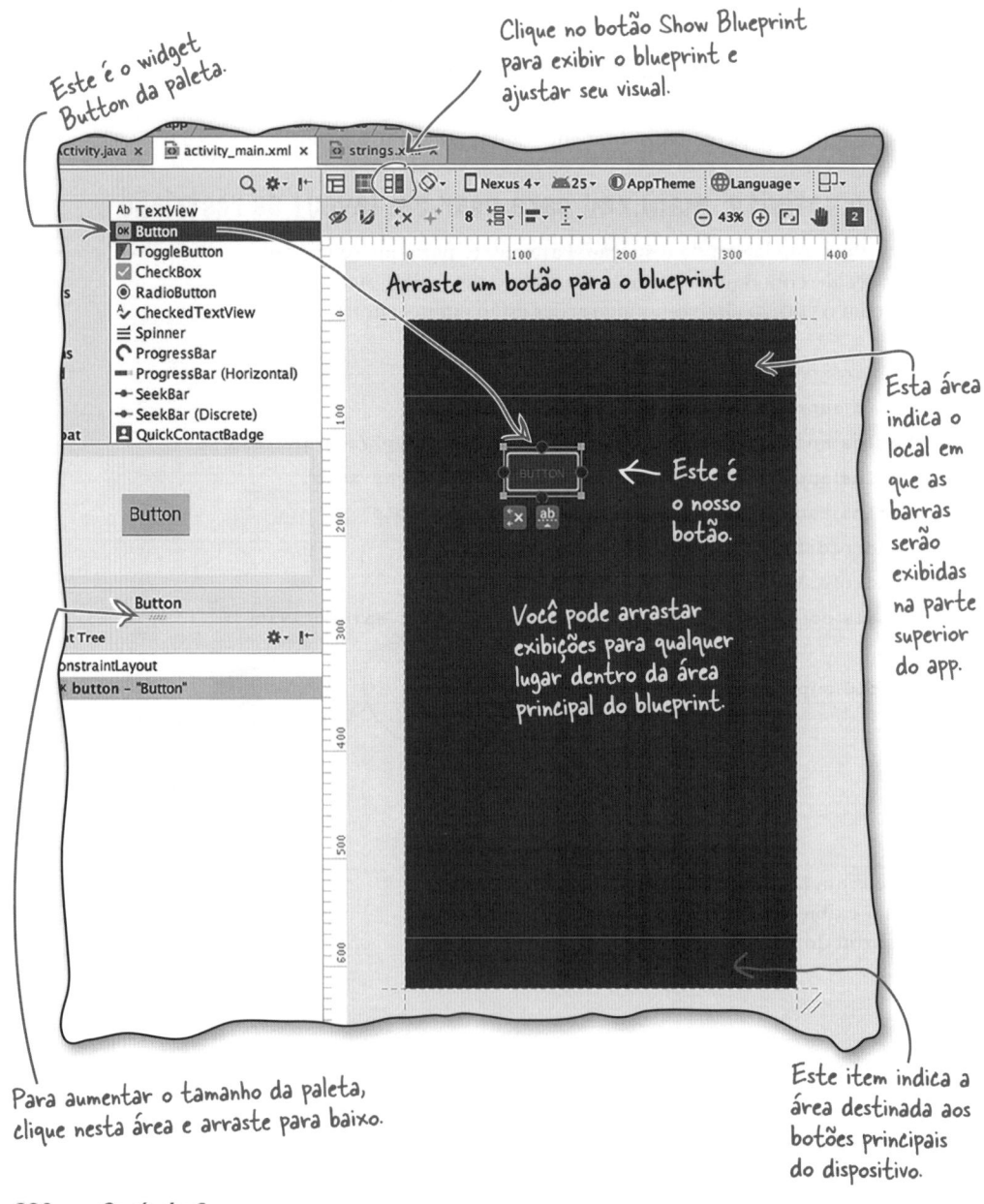

Este é o widget Button da paleta.

Clique no botão Show Blueprint para exibir o blueprint e ajustar seu visual.

Arraste um botão para o blueprint

Este é o nosso botão.

Você pode arrastar exibições para qualquer lugar dentro da área principal do blueprint.

Esta área indica o local em que as barras serão exibidas na parte superior do app.

Para aumentar o tamanho da paleta, clique nesta área e arraste para baixo.

Este item indica a área destinada aos botões principais do dispositivo.

226 *Capítulo 6*

Posicione exibições usando restrições

No layout de restrição, você não especifica a posição das exibições ao arrastá-las para um ponto específico do blueprint. Em vez disso, definimos restrições para especificar o posicionamento. Uma restrição é uma conexão ou ligação que informa ao layout o posicionamento da exibição. Por exemplo, você pode usar uma restrição para ligar uma exibição à borda inicial do layout ou para colocá-la sob outra exibição.

Vamos adicionar uma restrição horizontal ao botão

Para observar isso na prática, vamos adicionar uma restrição para ligar o botão à borda esquerda do layout.

Primeiro, clique no botão para selecioná-lo. Quando uma exibição é selecionada, surge em torno dela uma caixa delimitadora com alças nos cantos e nas laterais. As alças quadradas nos cantos servem para redimensionar a exibição e as alças redondas nas laterais servem para adicionar restrições:

Quando uma exibição é selecionada, surge uma caixa delimitadora em torno delas.

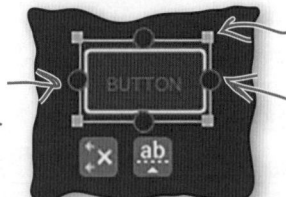

Use as alças quadradas nos cantos para redimensionar a exibição.

Use as alças redondas nas laterais para adicionar restrições.

Para adicionar uma restrição, clique em uma das alças de restrição da exibição e a arraste para ligá-la ao ponto desejado Nesse caso, para ligar a borda esquerda do botão à borda esquerda do layout, devemos clicar na alça de restrição à esquerda e arrastá-la para a borda esquerda do blueprint:

Clique na alça redonda à esquerda do botão e arraste-a para a borda esquerda do blueprint.

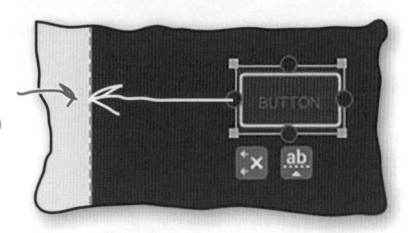

Adicionamos a restrição e movemos o botão para a esquerda da seguinte forma:

O botão desliza para a borda do blueprint quando a restrição é adicionada.

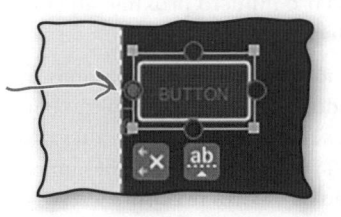

Você aprendeu a adicionar uma restrição horizontal. Agora vamos adicionar uma restrição vertical ao botão.

restrições **verticais**

Adicione uma restrição vertical

Vamos adicionar uma segunda restrição ao botão para ligá-lo à parte superior do layout. Para isso, clique na alça de restrição na parte superior do botão e arraste-a para a parte superior da área principal do blueprint. Uma segunda restrição será adicionada e o botão irá deslizar para a parte superior da área principal.

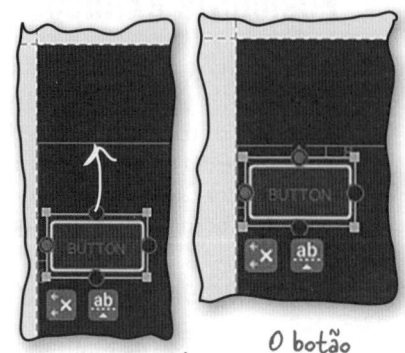

Em um layout de restrição, cada exibição deve dispor de, no mínimo, duas restrições (uma vertical e outra horizontal) para especificar sua posição. Se a restrição horizontal for omitida, a exibição será reproduzida próxima à borda inicial do layout no tempo de execução. Se a restrição vertical for omitida, a exibição será reproduzida na parte superior do layout. **Isso irá ocorrer independentemente da posição da exibição no blueprint.**

Clique na alça redonda na borda superior do botão e arraste-a para a parte superior do blueprint.

O botão irá deslizar para a parte superior da área principal do blueprint.

Alterando as margens da exibição

Quando uma restrição é adicionada a uma exibição, o editor de design adiciona automaticamente uma margem à borda da restrição. Para definir o tamanho da margem-padrão na barra de ferramentas do editor de design, altere o número na caixa Default Margin:

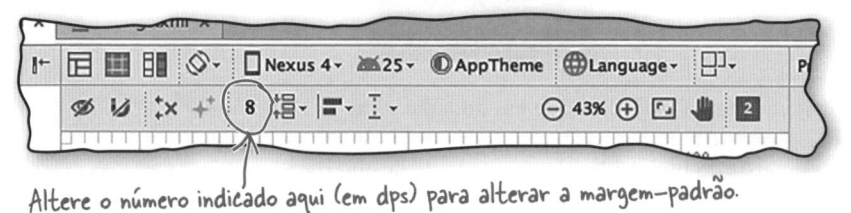

Altere o número indicado aqui (em dps) para alterar a margem-padrão.

Alterar o tamanho da margem-padrão especifica o tamanho das *novas* margens que serão adicionadas. O tamanho das margens existentes não é alterado, mas você pode mudar esse valor na janela de propriedades.

A janela de propriedades aparece em um painel separado ao lado do editor de design. Quando uma exibição é selecionada, surge um diagrama contendo as restrições e o tamanho das margens da exibição em questão. Para alterar o tamanho da margem, você deve mudar o número próximo ao lado correspondente da exibição.

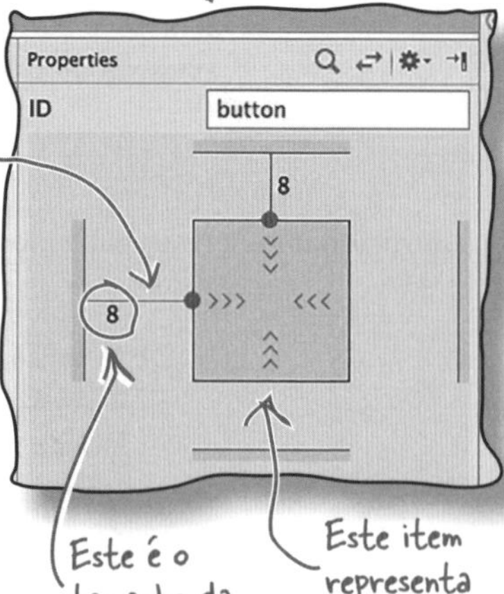

Você também pode alterar o tamanho das margens de uma exibição clicando e arrastando a exibição em questão no blueprint. Essa técnica equivale a alterar o tamanho da margem na janela de propriedades, mas dificulta a determinação de valores precisos.

Tente alterar o tamanho das duas margens utilizando os dois métodos antes de conferir a próxima página.

Esta é a janela de propriedades.

Esta é a restrição à esquerda da exibição.

Este é o tamanho da margem do lado esquerdo, que aqui corresponde a 8.

Este item representa a exibição.

228   Capítulo 6

As alterações no blueprint modificam o XML

Quando você adiciona exibições ao blueprint e especifica restrições, essas alterações modificam o XML subjacente do layout. Para observar isso, acesse a visualização de texto do código. Seu código deve ser parecido com o indicado abaixo (fique tranquilo se estiver um pouco diferente):

```xml
<?xml version="1.0" encoding="utf-8"?>
<android.support.constraint.ConstraintLayout
    ...>
    
    <Button
        android:id="@+id/button"
        android:layout_width="wrap_content"
        android:layout_height="wrap_content"
        android:layout_marginLeft="8dp"
        android:layout_marginTop="32dp"
        android:text="Button"
        app:layout_constraintLeft_toLeftOf="parent"
        app:layout_constraintTop_toTopOf="parent" />

</android.support.constraint.ConstraintLayout>
```

O editor de design adicionou um botão.

Já vimos estes atributos no livro.

Estas linhas se aplicam apenas aos layouts de restrição.

MyConstraintLayout → app/src/main → res → layout → activity_main.xml

Observe que o XML agora contém um botão. Já vimos grande parte do código do botão no Capítulo 5. A largura, a altura e as margens do botão foram especificados da forma indicada acima. A parte desconhecida do código consiste nas duas linhas que especificam as restrições para as bordas esquerda e superior da exibição:

```xml
<Button>
    ...
    app:layout_constraintLeft_toLeftOf="parent"
    app:layout_constraintTop_toTopOf="parent" />
```

Estas linhas descrevem as restrições para as bordas esquerda e superior do botão.

Um código parecido será gerado se você adicionar restrições às demais bordas do botão.

Agora, volte para a visualização de design do código para aprender mais técnicas de posicionamento de exibições em um layout de restrição.

fique centralizado

Como centralizar exibições

Até aqui, aprendemos a usar as restrições para ligar uma exibição à borda do layout. Isso funciona bem para posicionar uma exibição no canto superior esquerdo, por exemplo; mas como podemos posicioná-la no centro?

Para posicionar uma exibição no centro do layout, você deve adicionar restrições aos dois lados da exibição em questão. Para conferir isso na prática, vamos centralizar nosso botão na horizontal.

Verifique se o botão está selecionado e, em seguida, clique na alça de restrição na sua borda direita e arraste-a para a borda direita do layout:

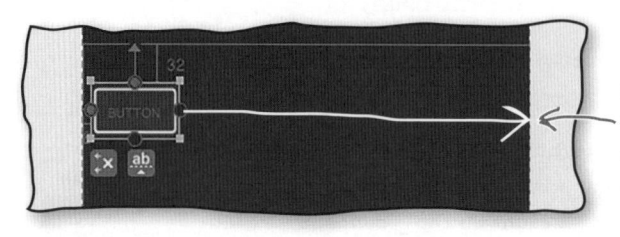

> Clique na alça de restrição na borda direita do botão e arraste-a para a borda direita do blueprint.

Adicionamos uma restrição à borda direita da exibição. Como agora dispõe de duas restrições horizontais, uma em cada lado, o botão será movido para o centro e as duas restrições aparecerão no blueprint como molas:

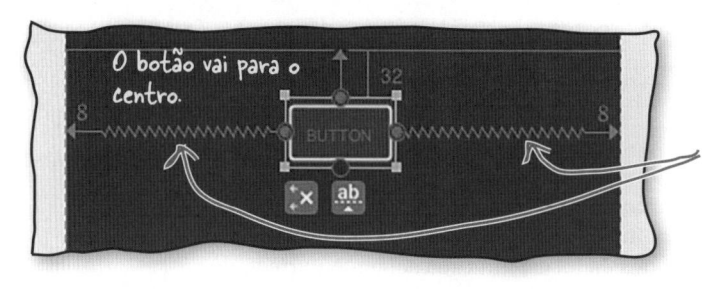

> O botão vai para o centro.

> Restrições em lados opostos de uma exibição aparecem como molas.

Como agora está ligado aos dois lados do layout, o botão será exibido no centro em qualquer tamanho ou orientação de tela. Para fazer um teste, execute o app ou arraste o canto inferior direito para alterar o tamanho do blueprint:

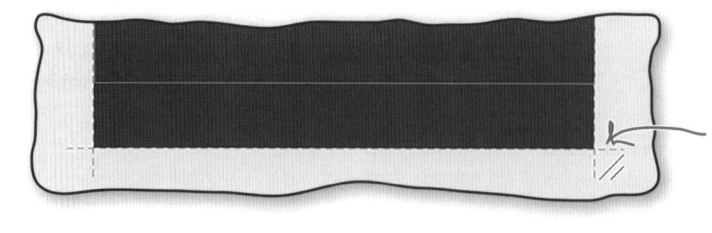

> Para redimensionar o blueprint, clique e arraste seu canto inferior direito.

Ajuste a posição da exibição atualizando seu viés

Depois de adicionar restrições aos dois lados da exibição, você pode controlar sua posição em relação a cada lado alterando seu **viés**. Isso diz ao Android o tamanho proporcional que a restrição deve assumir em cada lado da exibição.

Para observar esse procedimento na prática, vamos alterar o viés horizontal do botão para posicioná-lo de forma não centralizada. Primeiro, verifique se o botão está selecionado e, em seguida, confira a janela de propriedades da exibição. Sob o diagrama da exibição, você verá um controle deslizante com um número que representa o viés horizontal da exibição como uma porcentagem:

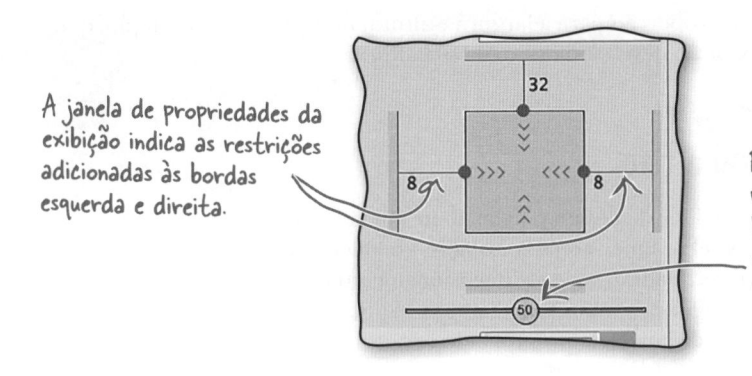

A janela de propriedades da exibição indica as restrições adicionadas às bordas esquerda e direita.

Este controle deslizante representa o viés horizontal da exibição. No momento, indica o valor 50 porque a exibição está no ponto central entre as restrições horizontais.

Para alterar o valor do viés, basta mover o controle deslizante. Se você mover o controle deslizante para a esquerda, por exemplo, o botão irá para a esquerda do blueprint:

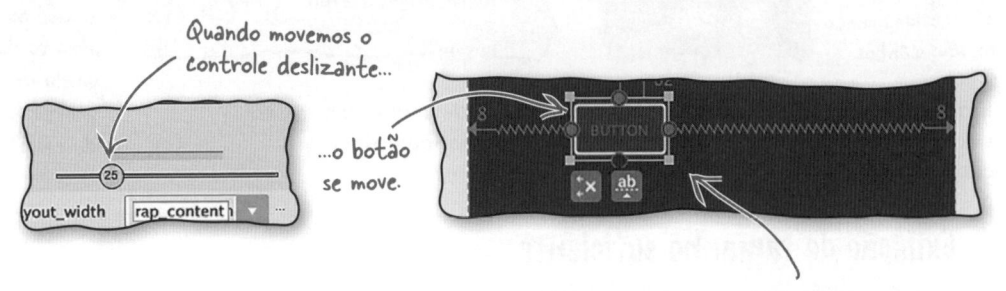

Quando movemos o controle deslizante...

...o botão se move.

Para mover o botão, você também pode clicar nele e arrastá-lo, mas essa técnica é menos precisa.

A exibição conserva sua posição relativa em qualquer tamanho e orientação de tela.

Quando você adiciona um viés a uma exibição no editor de design, essa alteração também ocorre no XML subjacente. Se você alterar o viés horizontal da exibição para 25%, por exemplo, o seguinte código será adicionado ao XML da exibição:

```
app:layout_constraintHorizontal_bias="0.25"
```

Agora que já sabe utilizar o viés, você vai especificar o tamanho da exibição.

altere o tamanho

Como alterar o tamanho de uma exibição

Em um layout de restrição, temos diferentes opções para especificar o tamanho de uma exibição:

- ⭐ Adotar um tamanho fixo especificando uma determinada largura e altura.
- ⭐ Usar `wrap_content` para atribuir à exibição um tamanho suficiente para a reprodução do seu conteúdo.
- ⭐ Configurar a exibição para corresponder ao tamanho das restrições (se você tiver adicionado restrições aos dois lados da exibição).
- ⭐ Especificar uma proporção para a largura e altura, indicando, por exemplo, que a largura da exibição deve ter o dobro da sua altura.

Vamos conferir todas essas opções.

1. Exibição de tamanho fixo

Há alguns modos de usar o editor de design para atribuir um tamanho fixo a uma exibição. É possível redimensionar a exibição no blueprint clicando e arrastando as alças quadradas de redimensionamento nos seus cantos. Outro modo é digitar os valores nos campos `layout_width` e `layout_height` da janela de propriedades:

Para redimensionar uma exibição, use as alças quadradas de redimensionamento nos seus cantos.

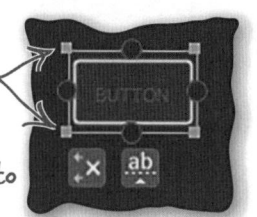

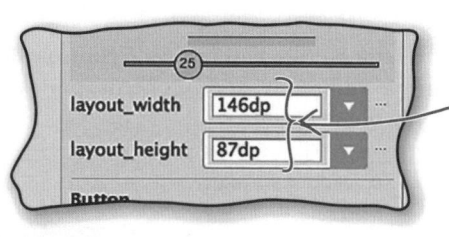

Você também pode inserir a largura e a altura diretamente no código através da janela de propriedades da exibição.

Em geral, **exibições de tamanho fixo são uma má ideia**, pois não podem aumentar ou diminuir de acordo com o tamanho dos seus conteúdos ou da tela.

2. Exibição de tamanho suficiente

Para atribuir à exibição um tamanho suficiente para a reprodução do seu conteúdo, altere suas propriedades `layout_width` e `layout_height` para `wrap_content`. Você deve fazer essa modificação na janela de propriedades da exibição, como indicado aqui:

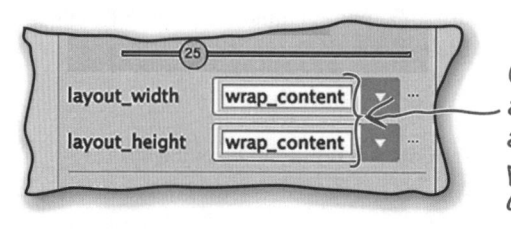

Configurar a largura e a altura como "wrap_content" atribui um tamanho suficiente para a reprodução do conteúdo, como ocorre nos outros layouts.

exibições e grupos de exibições

3. Exibição correspondente às restrições

Depois de adicionar restrições aos dois lados da exibição, você pode atribuir a ela um tamanho correspondente às restrições. Para isso, atribua à largura e/ou altura o valor 0dp: defina a largura em 0dp para que a exibição seja proporcional ao tamanho das suas restrições horizontais e defina sua altura em 0dp para que ela seja proporcional ao tamanho das suas restrições verticais.

Nesse caso, como adicionamos restrições aos lados esquerdo e direito do botão, podemos configurar o botão para que ele corresponda ao tamanho dessas restrições. Para isso, vá para a janela de propriedades e altere a propriedade `layout_width` para 0dp. No blueprint, o botão deve ser expandir para preencher o espaço horizontal disponível (observadas as eventuais margens):

Defina a largura em 0dp para que o botão fique proporcional às suas restrições.

4. Proporção entre altura e largura

Por fim, você pode especificar uma taxa de proporção entre a largura e a altura da exibição. Para isso, altere as propriedades `layout_width` *ou* `layout_height` como indicado acima e, em seguida, clique no canto superior direito do diagrama da exibição que aparece na janela de propriedades. Quando surgir o campo de proporção, você deve atualizá-lo:

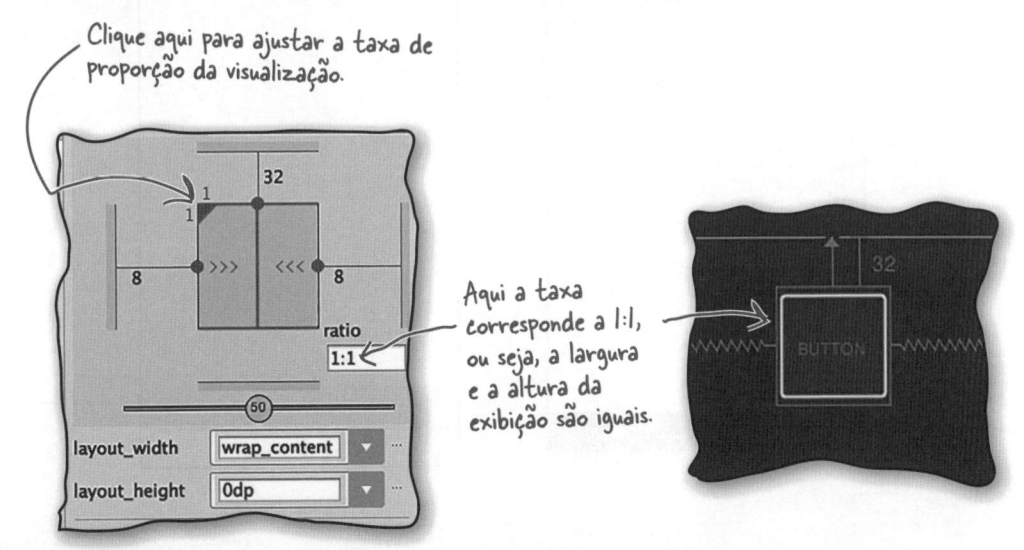

Clique aqui para ajustar a taxa de proporção da visualização.

Aqui a taxa corresponde a 1:1, ou seja, a largura e a altura da exibição são iguais.

Agora que você aprendeu a redimensionar uma exibição, tente aplicar diferentes técnicas antes de fazer o exercício da próxima página.

você está aqui ▶   233

exercício

SEJA a Restrição

Sua missão é agir como se fosse um layout de restrição e selecionar as restrições necessárias para produzir cada layout. Você também deve especificar o layout_width, o layout_height e o viés (quando necessário) de cada exibição. Já fizemos o primeiro exercício para você.

Você deve adicionar exibições e restrições a cada blueprint.

A — Queremos que a tela fique assim. Um botão aparece no canto superior direito.

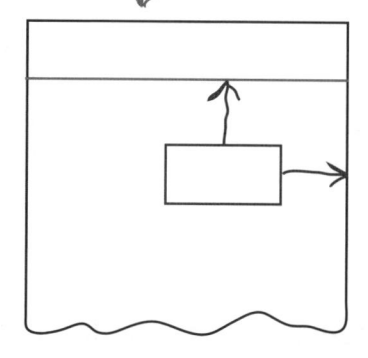

layout_width: wrap_content
layout_height: wrap_content

B — Há um botão centralizado na parte inferior da tela.

exibições e grupos de exibições

C O botão preenche o espaço disponível.

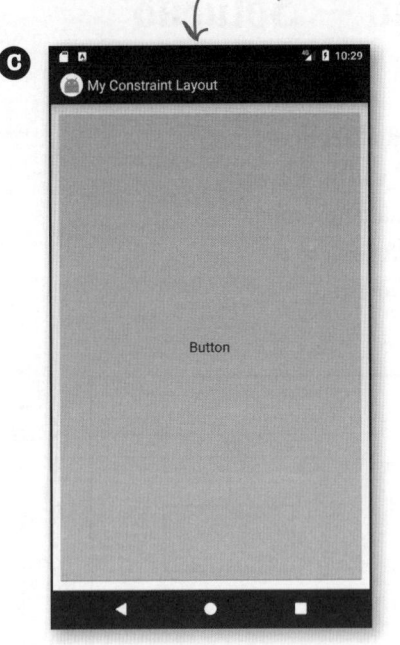

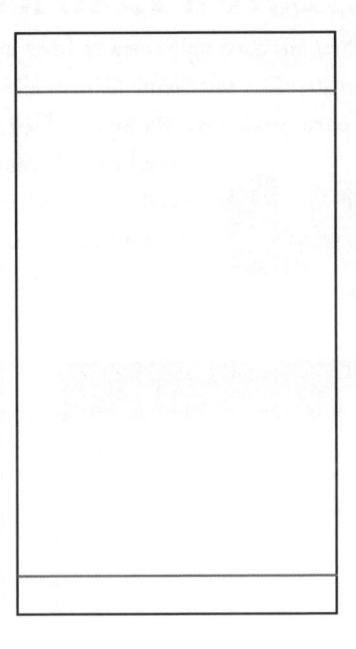

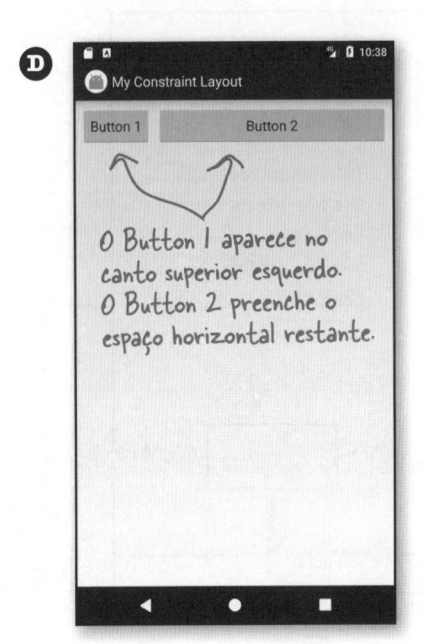

D O Button 1 aparece no canto superior esquerdo. O Button 2 preenche o espaço horizontal restante.

solução

SEJA a Restrição – Solução

Sua missão é agir como se fosse um layout de restrição e selecionar as restrições necessárias para produzir cada layout. Você também deve especificar o layout_width, o layout_height e o viés (quando necessário) de cada exibição. Já fizemos o primeiro exercício para você.

A

Queremos que a tela fique assim.

Um botão aparece no canto superior direito.

layout_width: wrap_content
layout_height: wrap_content

B

Há um botão centralizado na parte inferior da tela.

Adicionar restrições a cada borda vertical e definir o viés para 50% irá centralizar o botão na horizontal.

layout_width: wrap_content
layout_height: wrap_content
bias: 50%

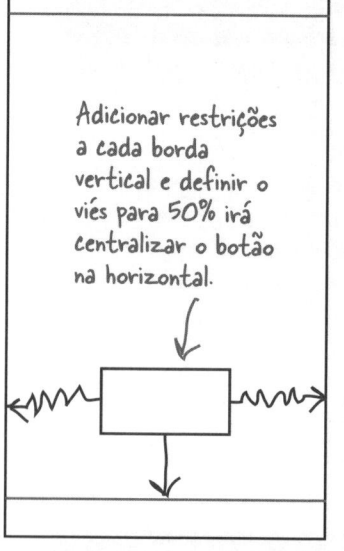

exibições e grupos de exibições

C) O botão preenche o espaço disponível.

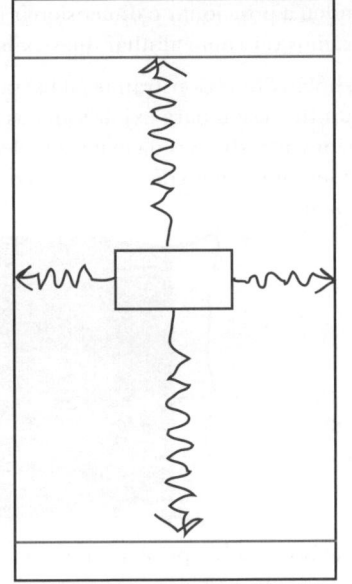

Como o botão deve se estender em todas as direções, precisa de restrições em todas as bordas, e sua largura e altura devem ser definidas como 0dp.

layout_width: 0dp
layout_height: 0dp

Button 1:
layout_width: wrap_content
layout_height: wrap_content

Button 2:
layout_width: 0dp
layout_height: wrap_content

D) O Button 1 aparece no canto superior esquerdo.
O Button 2 preenche o espaço horizontal restante.

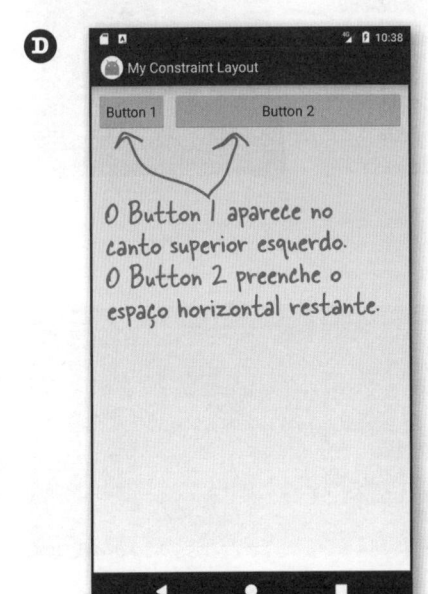

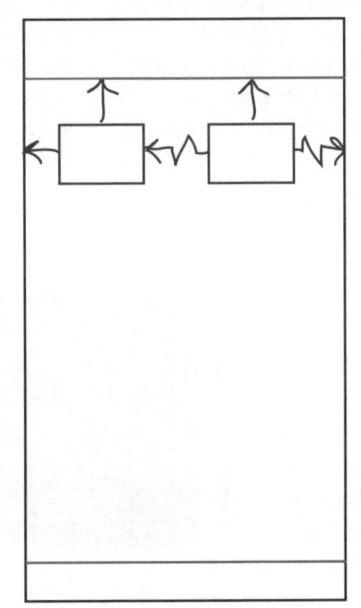

Para que o Button 2 preencha o espaço horizontal restante, adicionamos restrições a cada borda vertical e definimos sua largura como 0dp. Sua borda esquerda está ligada à borda direita da Button 1.

você está aqui ▶ 237

alinhe as exibições

Como alinhar exibições

Até aqui, você aprendeu a posicionar e dimensionar uma única exibição. A seguir, vamos ver como alinhar duas exibições.

Primeiro, clique no botão Show Constraints na barra de ferramentas do editor de design para exibir todas as restrições do blueprint (e não apenas as restrições da exibição selecionada). Em seguida, arraste um segundo botão da paleta para o blueprint e coloque-o sob o primeiro:

Este é o botão Show Constraints. Quando clicado, ele mostra (ou oculta) todas as restrições do layout.

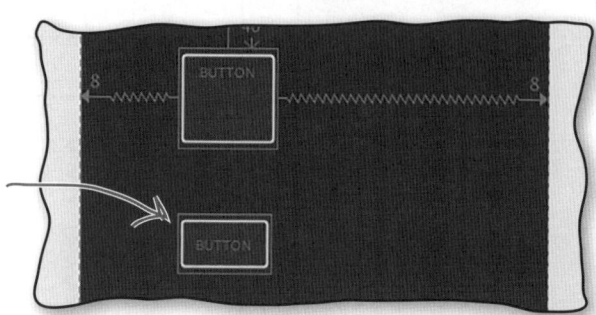

Adicione um segundo botão ao blueprint, sob o primeiro.

Para exibir o segundo botão sob o primeiro quando o app for executado, precisamos adicionar uma restrição à borda superior do segundo botão e ligá-la à borda inferior do primeiro botão. Para isso, selecione o segundo botão e trace uma restrição da sua borda superior até a borda inferior do outro botão:

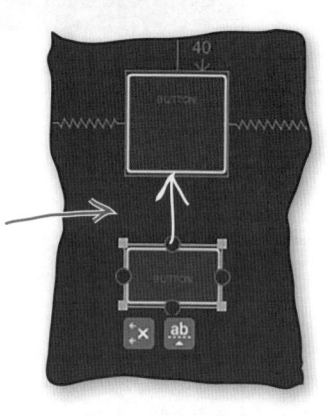

Este item adiciona uma restrição que liga a parte superior de um botão à borda inferior de outro.

Para alinhar as bordas esquerdas dos dois botões, selecione os dois botões pressionando a tecla Shift e, em seguida, clique no botão Align Left Edges na barra de ferramentas do editor de design:

Clique neste botão para conferir diferentes opções para alinhar as exibições.

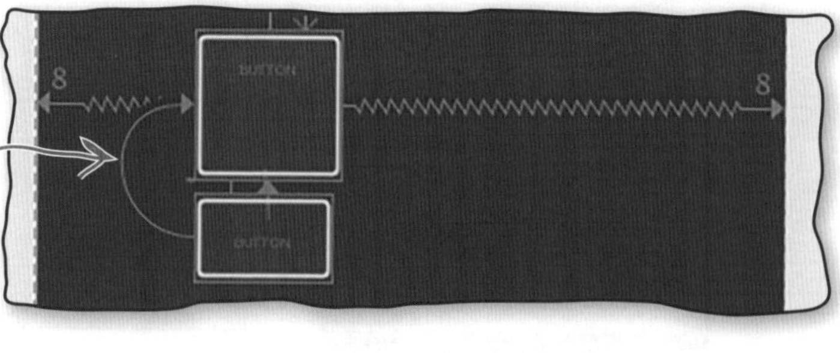

Alinhar as bordas esquerdas da exibição adiciona outra restrição.

Adicionamos uma restrição da borda esquerda do segundo botão à borda esquerda do primeiro. Esta restrição está alinhada com as bordas da exibição.

238   Capítulo 6

Vamos construir um layout real

Com o que você sabe sobre os layouts de restrição, já pode construir um layout de verdade. Este é o layout que vamos criar:

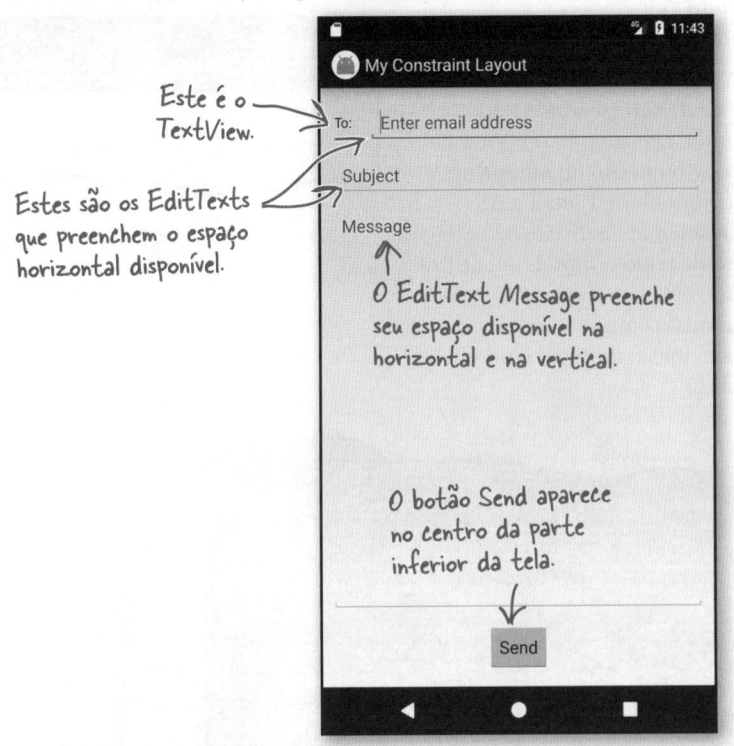

Este é o TextView.

Estes são os EditTexts que preenchem o espaço horizontal disponível.

O EditText Message preenche seu espaço disponível na horizontal e na vertical.

O botão Send aparece no centro da parte inferior da tela.

Vamos construir o layout do zero em *activity_main.xml*. Portanto, antes de começar, exclua todas as exibições do layout para que o blueprint fique vazio. O código do seu *activity_main.xml* deve ficar parecido com este:

```xml
<?xml version="1.0" encoding="utf-8"?>
<android.support.constraint.ConstraintLayout
    xmlns:android="http://schemas.android.com/apk/res/android"
    xmlns:app="http://schemas.android.com/apk/res-auto"
    xmlns:tools="http://schemas.android.com/tools"
    android:layout_width="match_parent"
    android:layout_height="match_parent"
    tools:context="com.hfad.myconstraintlayout.MainActivity">

</android.support.constraint.ConstraintLayout>
```

MyConstraintLayout
app/src/main
res
layout
activity_main.xml

linha superior

Primeiro, adicione a linha superior de exibições

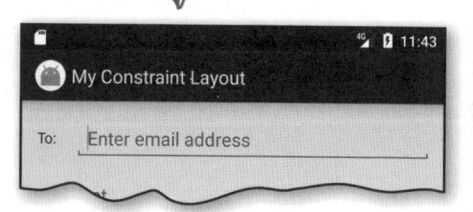

A linha superior do layout contém um rótulo TextView e um TextView para o e-mail.

Vamos começar adicionando as exibições que devem aparecer na parte superior do layout: uma exibição de texto e um campo de texto editável.

Para isso, acesse o editor de design (se ainda não tiver feito isso) e, em seguida, arraste um TextView da paleta para o canto superior esquerdo do blueprint. Em seguida, arraste um componente E-mail para o blueprint até que fique posicionado à direita da exibição de texto. Este é um campo de texto editável que utiliza o teclado de e-mail do Android para a entrada de dados. Redimensione manualmente o componente E-mail para que fique alinhado com a exibição de texto e preencha o espaço horizontal restante:

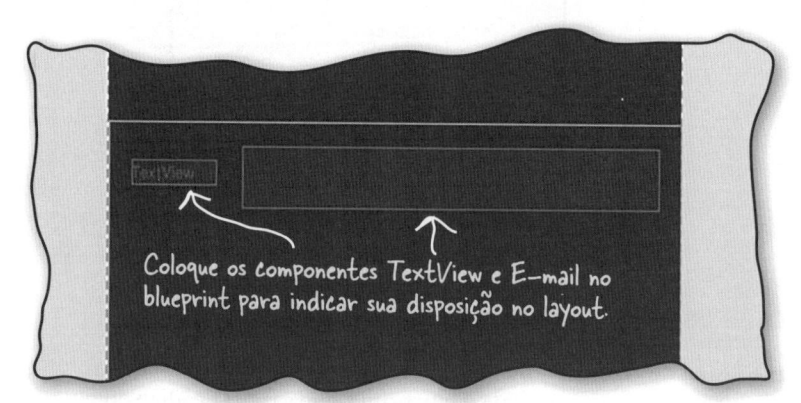

Coloque os componentes TextView e E-mail no blueprint para indicar sua disposição no layout.

Observe que ainda não adicionamos nenhuma restrição às exibições, apenas posicionamos as exibições nos locais em que devem aparecer no dispositivo que reproduzir o layout. Mas há um bom motivo para isso: para ganhar tempo, **vamos utilizar o editor de design para desenvolver as restrições.**

Utilize o editor de design para inferir as restrições

Como já vimos, o layout de restrição usa restrições para determinar a posição das exibições. Felizmente, o editor de design dispõe do botão Infer Constraints que define as restrições e as adiciona ao layout. Para usar esse recurso, basta clicar no botão Infer Constraints na barra de ferramentas do editor de design:

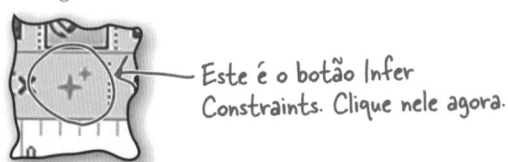

Este é o botão Infer Constraints. Clique nele agora.

O recurso Infer Constraints define as restrições que devem ser adicionadas

Quando você clica no botão Infer Constraints, o editor de design define as restrições aplicáveis e as adiciona ao layout. Esse recurso não é infalível e não lê a sua mente (até onde sabemos) para determinar como você quer que o layout se comporte em um dispositivo real. O botão apenas define as restrições com base na posição de cada exibição no blueprint.

Estas são as alterações feitas pelo editor de design quando clicamos no botão Infer Constraints (seu código pode parecer diferente caso você tenha posicionado as exibições de outro modo):

Quando clicamos no botão Infer Constraints, adicionamos restrições às exibições.

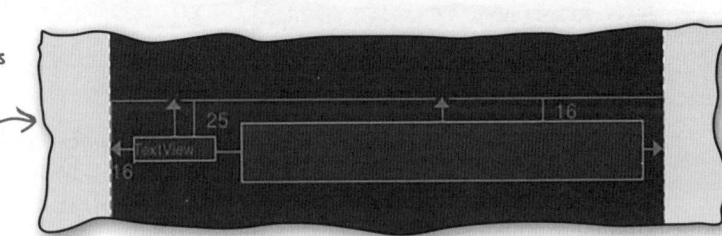

Para verificar os detalhes de cada restrição, selecione cada visualização e confira seus valores na janela de propriedades.

Se não gostar das ações do recurso Infer Constraints, você pode desfazer as alterações através da opção Undo Infer Constraints no menu Edit ou ajustar cada restrição.

Vamos ajustar nossas exibições antes de adicionar mais itens ao blueprint. Primeiro, selecione a exibição de texto no blueprint e, em seguida, edite suas propriedades no painel de propriedades para atribuir a ela a ID to_label e o valor de texto "@string/to_label". Esse procedimento corresponde a adicionar as seguintes linhas de código ao elemento <TextView> no XML:

```
android:id="@+id/to_label"
android:text="@string/to_label"
```

O Android Studio adiciona estas linhas de código quando você altera a ID e o valor de texto da exibição.

Quando você atualizar a ID, fique tranquilo se o Android Studio exibir uma mensagem dizendo que o código será alterado. Isso deve ocorrer porque estamos alterando a ID da exibição.

Atualize esta propriedade para alterar o valor de texto de TextView.

Em seguida, selecione o componente do E-mail EditText e altere sua ID para email_address, seu layout_height para "wrap_content" e sua dica para "@string/email_hint". Esse procedimento corresponde a adicionar estas linhas ao elemento <EditText> no XML:

TextView	
text	@string/to_label
✏ text	

```
android:id="@+id/email_address"
android:layout_height="wrap_content"
android:hint="@string/email_hint"
```

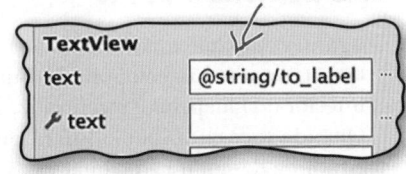

O Android Studio adiciona estas linhas de código quando você altera o layout_height e o valor de dica da exibição.

Depois de adicionar a primeira linha de exibições ao blueprint, vamos adicionar as outras.

mais linhas

Adicione a próxima linha ao blueprint...

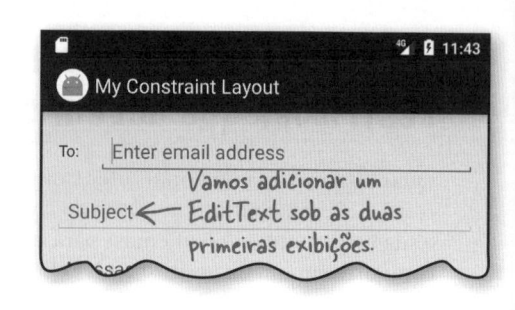

A próxima linha do layout contém um campo de texto editável para o assunto da mensagem. Arraste um componente Plain Text da paleta para o blueprint e o posicione sob os dois itens já adicionados. Adicionamos um `EditText` ao blueprint. Em seguida, altere o tamanho e a posição do componente para que fique alinhado com as outras exibições e preencha o espaço horizontal:

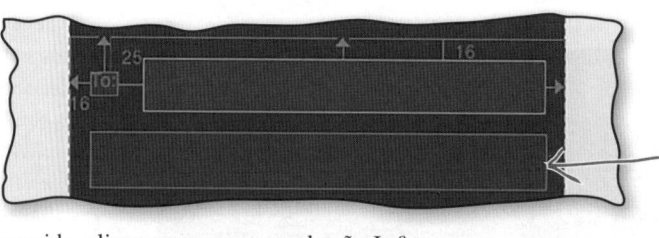

Vamos adicionar um EditText sob as duas primeiras exibições.

O componente Plain Text adiciona um EditText ao layout.

Em seguida, clique novamente no botão Infer Constraints. O editor de design adiciona mais restrições e, desta vez, também posiciona o novo componente:

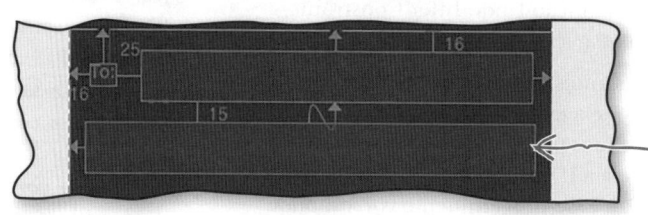

O editor de design adiciona restrições ao novo EditText quando clicamos no botão Infer Constraints.

Selecione a nova exibição no blueprint e, em seguida, altere sua ID para `subject`, seu `layout_height` para `"wrap_content"` e sua dica para `"@string/subject_hint"`. Em seguida, exclua os textos adicionados pelo editor de design na propriedade `text`.

...e adicione o botão

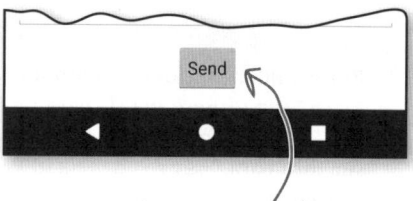

Agora, vamos adicionar um botão à parte inferior do layout. Arraste um componente Button para a parte inferior do blueprint e o centralize na horizontal. Quando você clicar botão Infer Constraints dessa vez, o editor de design irá adicionar estas restrições ao layout:

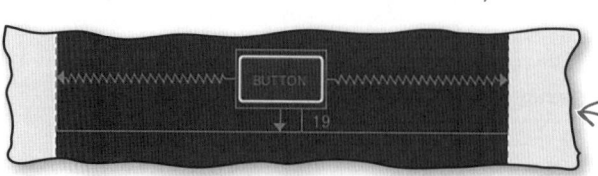

O botão fica na parte inferior do layout, centralizado na horizontal.

Altere a ID do botão para `send_button` e seu texto para `"@string/send_button"`.

Lembre-se de que, quando você clicar no botão Infer Constraints no layout, seus resultados poderão ser diferentes do exemplo indicado aqui.

exibições e grupos de exibições

Por fim, adicione uma exibição para a mensagem

Temos mais uma exibição para adicionar ao layout, um campo de texto editável que deve se expandir para preencher o espaço restante. Arraste um componente Plain Text da paleta para o centro do blueprint, altere seu tamanho para preencher a área inteira e, em seguida, clique no botão Infer Constraints:

Queremos que o EditText Message preencha a área restante.

Desta vez, o botão Infer Constraints adicionou restrições ao novo EditText.

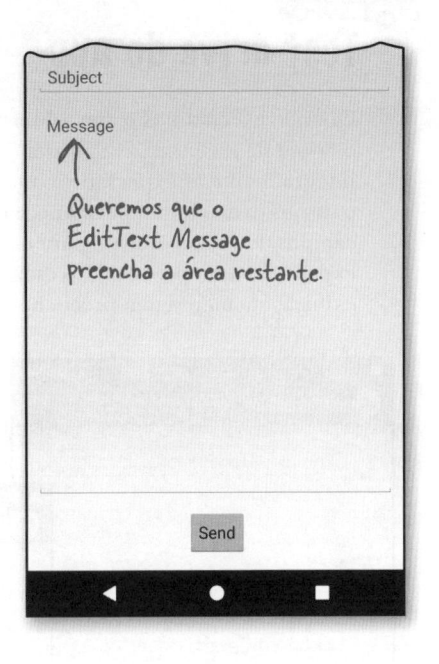

Observe que poderíamos ter adicionado todas as exibições de uma só vez, clicando no botão Infer Constraints ao final do procedimento. Contudo, chegamos à conclusão de que desenvolver tudo gradualmente é muito mais eficiente. Faça um teste e tire suas próprias conclusões.

Selecione o novo componente no blueprint e, em seguida, altere sua ID para message, sua dica para "@string/message_hint" e sua gravidade para top. Depois, exclua os textos adicionados pelo editor de design na propriedade text.

Vamos fazer um test drive no app para conferir o visual do layout.

Talvez você tenha que clicar no botão "View all properties" para conferir a propriedade de gravidade.

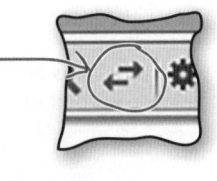

você está aqui ▶

test drive

Test drive do app

Quando executamos o app, observamos que o layout de `MainActivity` atende quase que integralmente às expectativas. Quando giramos o dispositivo, o botão permanece centralizado, os campos de texto editáveis para e-mail e assunto se expandem para preencher o espaço horizontal e a exibição de mensagem preenche a área restante:

Teste seu layout de restrição em dispositivos de diferentes tamanhos e orientações para confirmar a eficácia do comportamento do app. Se for ineficaz, talvez seja necessário alterar as propriedades de algumas exibições e suas restrições.

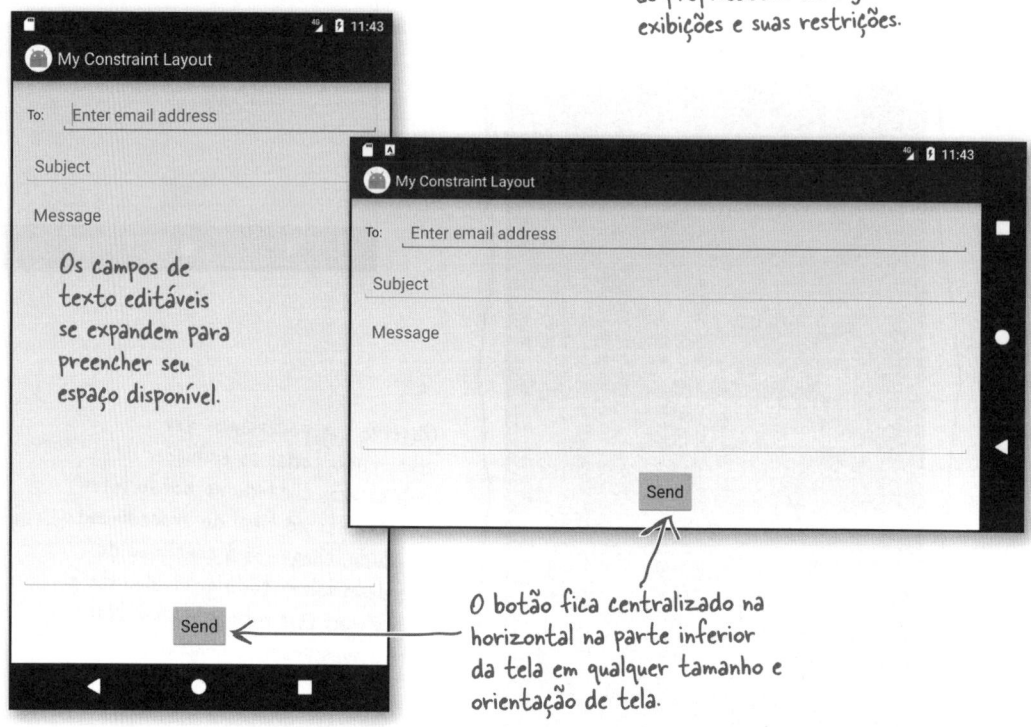

Os campos de texto editáveis se expandem para preencher seu espaço disponível.

O botão fica centralizado na horizontal na parte inferior da tela em qualquer tamanho e orientação de tela.

Lembre-se de que seu layout pode ter um visual e um comportamento diferentes do nosso devido às restrições adicionadas pelo editor de design quando você clicou no botão Infer Constraints. O recurso não é perfeito, mas geralmente facilita o serviço, e você sempre pode desfazer ou atualizar essas alterações.

layout de restrição

Sua caixa de ferramentas para Android

Você fechou o Capítulo 6 e adicionou os layouts de restrição à sua caixa de ferramentas.

O código completo do capítulo pode ser baixado em https://www.altabooks.com.br. Procure pelo título ou ISBN do livro.

PONTOS DE BALA

- Os layouts de restrição foram desenvolvidos para processamento com o editor de design do Android Studio. Esses layouts têm sua própria biblioteca e são compatíveis com apps em que o SDK mínimo é a API de nível 9 ou superior.

- Adicione restrições para posicionar exibições. Cada exibição requer pelo menos uma restrição horizontal e outra vertical.

- Para centralizar as exibições, adicione restrições aos lados opostos de cada exibição. Altere o viés da exibição para atualizar sua posição entre as restrições.

- Você pode alterar o tamanho de uma exibição para que ele corresponda às suas restrições, caso a exibição disponha de restrições em lados opostos.

- Você pode especificar uma taxa de proporção entre a largura e altura de uma exibição para definir o seu tamanho.

- Clicar no botão Infer Constraints adiciona restrições às exibições com base na sua posição no blueprint.

não existem Perguntas Idiotas

P: O layout de restrição é a única opção disponível para criar layouts complexos?

R: Há outros tipos de layout, como os layouts relativo e de grade, mas o layout de restrição tem os mesmos recursos que eles. Além disso, esse layout foi projetado para processamento com o editor de design do Android Studio, o que facilita bastante o seu desenvolvimento.

Para saber mais sobre os layouts relativo e de grade, confira o Apêndice I ao final deste livro.

P: Por que os layouts de restrição têm uma biblioteca separada?

R: Os layouts de restrição são um recurso relativamente recente em comparação com outros tipos de layout do Android. Esses layouts ficam em uma biblioteca separada porque isso permite que eles sejam adicionados a apps que rodam versões anteriores do Android. Vamos falar mais sobre compatibilidade com versões anteriores mais adiante neste livro.

P: Posso editar layouts de restrição pelo XML?

R: Sim, mas como esses layouts foram desenvolvidos para edição com recursos visuais, vamos priorizar as operações com o editor de design.

P: Tentei usar o recurso Infer Constraints, mas não gostei dos resultados. Por que isso ocorreu?

R: Como o recurso Infer Constraint define as restrições com base na posição das exibições no blueprint, nem sempre os resultados atenderão às suas expectativas. Contudo, você pode editar as alterações feitas pelo recurso Infer Constraint no app.

você está aqui ▶   245

7 list views e adaptadores

É Hora de Se Organizar

Puxa! Tenho tantas ideias... como posso transformá-las no app mais baixado do ano?

Quer saber qual é a melhor estrutura para seu app Android? Até aqui, vimos alguns dos elementos básicos utilizados para construir apps, mas agora **é hora de se organizar**. Neste capítulo, vamos aprender **estruturar várias ideias e criar um app impressionante**. Vamos mostrar como **listas de dados** podem ser a base do design do app e como **vinculá-las** para criar um **app avançado e fácil de usar**. Ao longo do capítulo, você vai aprender a usar **ouvintes de evento** e **adaptadores** para deixar seu app mais dinâmico.

ideias

Um app sempre começa com ideias

Quando surgir uma ideia para um app, você pensará em incluir nele muitos recursos.

Por exemplo, a equipe do Starbuzz Coffee quer um novo app para atrair mais clientes para suas lojas. Estas são algumas das ideias sugeridas para o programa:

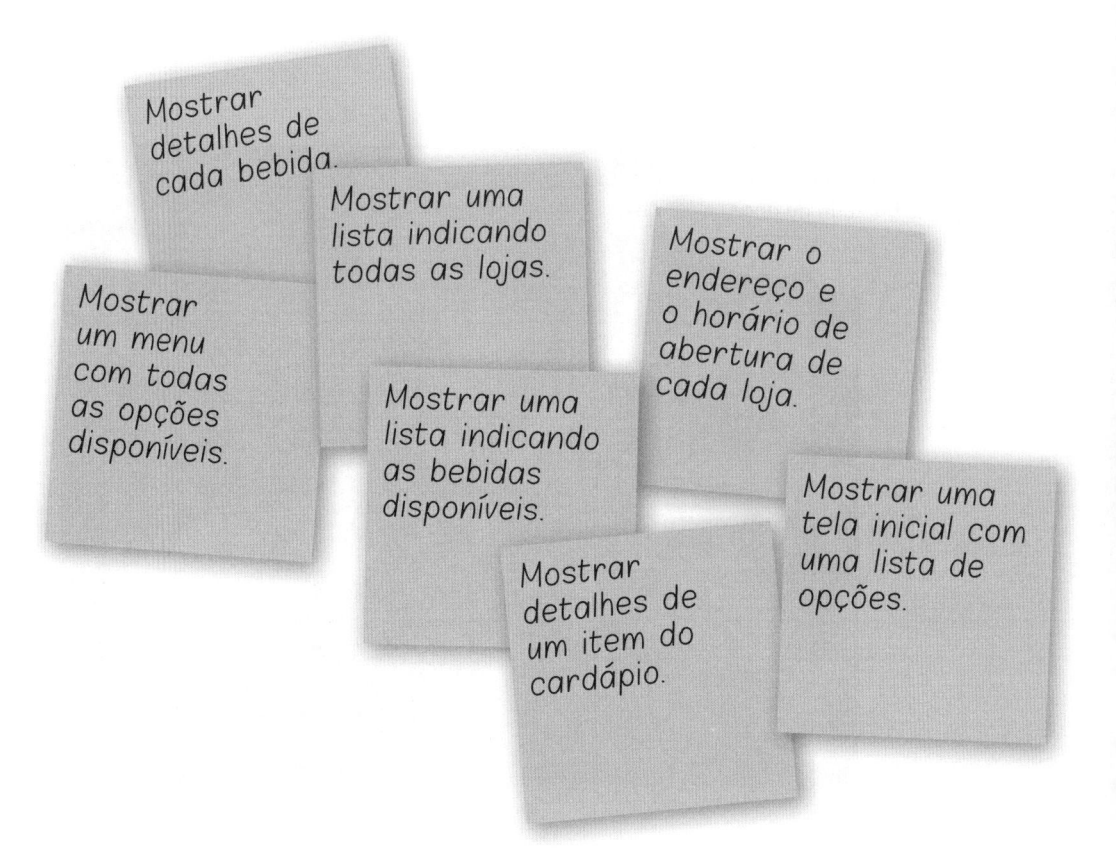

- Mostrar detalhes de cada bebida.
- Mostrar uma lista indicando todas as lojas.
- Mostrar o endereço e o horário de abertura de cada loja.
- Mostrar um menu com todas as opções disponíveis.
- Mostrar uma lista indicando as bebidas disponíveis.
- Mostrar detalhes de um item do cardápio.
- Mostrar uma tela inicial com uma lista de opções.

Essas ideias serão úteis para os usuários do app. Mas como organizá-las e criar um aplicativo intuitivo e bem estruturado?

Organize suas ideias: atividades de nível superior, de categoria e de detalhes/edição

Uma forma prática de organizar essas ideias é classificá-las em três tipos de atividade: atividades de **nível superior**, atividades de **categoria** e atividades de **detalhes/edição**.

Atividades de nível superior

A atividade de nível superior contém os recursos mais importantes para o usuário e facilita a navegação pelo app. Na maioria dos aplicativos, a primeira atividade a ser visualizada pelo usuário será uma atividade de nível superior.

> Mostrar uma tela inicial com uma lista de opções.

Atividades de categoria

As atividades de categoria mostram os dados de determinada categoria, geralmente em uma lista. Muitas vezes, esse tipo de atividade auxilia o usuário a acessar as atividades de detalhes/edição. Um exemplo de atividade de categoria é uma lista indicando todas as bebidas disponíveis no Starbuzz.

> Mostrar um menu com todas as opções disponíveis.
>
> Mostrar uma lista indicando todas as lojas.
>
> Mostrar uma lista indicando as bebidas disponíveis.

Atividades de detalhes/edição

As atividades de detalhes/edição exibem os detalhes de um determinado registro ou permitem que o usuário edite um registro ou insira novos registros. Um exemplo de atividade de detalhes/edição seria uma atividade que mostrasse ao usuário os detalhes de uma bebida específica.

> Mostrar detalhes de cada bebida.
>
> Mostrar detalhes de um item do cardápio.
>
> Mostrar o endereço e o horário de abertura de cada loja.

Depois de organizar suas atividades, você pode utilizá-las para construir uma hierarquia que indique como o usuário vai navegar pelas atividades.

Exercício

Pense em um app que você gostaria de criar. Quais atividades ele deve conter? Organize suas ideias em atividades de nível superior, atividades de categoria e atividades de detalhes/edição.

organize suas ideias

Navegando pelas atividades

Depois de classificar suas ideias em atividades de alto nível, de categoria e de detalhes/edição, você pode usar essa organização para definir como será a navegação pelo app. Em geral, os usuários devem navegar das atividades de nível superior para as de detalhes/edição, passando pelas atividades de categoria.

As atividades de nível superior ficam na parte superior

Essas são as atividades que o usuário deve visualizar primeiro e, portanto, ficam na parte superior.

As atividades de categoria ficam entre as de nível superior e as de detalhes/edição

Os usuários devem navegar da atividade de nível superior para as atividades de categoria. Em apps complexos, você pode ter várias camadas de categorias e subcategorias.

Atividades de detalhes/edição

Essas atividades ficam na camada inferior da hierarquia. Os usuários devem acessá-las partindo das atividades de categoria.

> Mostrar uma tela inicial com uma lista de opções.
>
> Mostrar uma lista indicando as bebidas disponíveis.
> Mostrar um menu com todas as opções disponíveis.
> Mostrar uma lista indicando todas as lojas.
>
> Mostrar detalhes de cada bebida.
> Mostrar detalhes de um item do cardápio.
> Mostrar o endereço e o horário de abertura de cada loja.

Por exemplo, imagine que um usuário queira visualizar os detalhes de uma das bebidas disponíveis no Starbuzz. Para isso, ele deve iniciar o app e visualizar a tela inicial da atividade de nível superior, que indica uma lista de opções. Em seguida, deve clicar na opção correspondente para visualizar uma lista de bebidas. Para conferir os detalhes de uma determinada bebida, ele deve clicar na bebida em questão indicada na lista.

exibições e grupos de exibições

Use list views para navegar pelos dados

Quando o app tem uma estrutura como essa, você precisa desenvolver uma via para navegar entre as atividades. Uma estratégia comum nessa situação é utilizar list views. Um list view exibe uma lista de dados que viabiliza a navegação pelo aplicativo.

Por exemplo, vimos na página anterior a atividade de categoria que exibe uma lista das bebidas disponíveis no Starbuzz. Uma atividade como essa teria um visual parecido com este:

Este list view exibe uma lista de bebidas.

> Starbuzz
> Latte
> Cappuccino
> Filter

A atividade usa um list view para exibir todas as bebidas disponíveis na Starbuzz. Para selecionar uma bebida específica, o usuário deve clicar em uma das opções disponíveis e conferir os detalhes da bebida em questão.

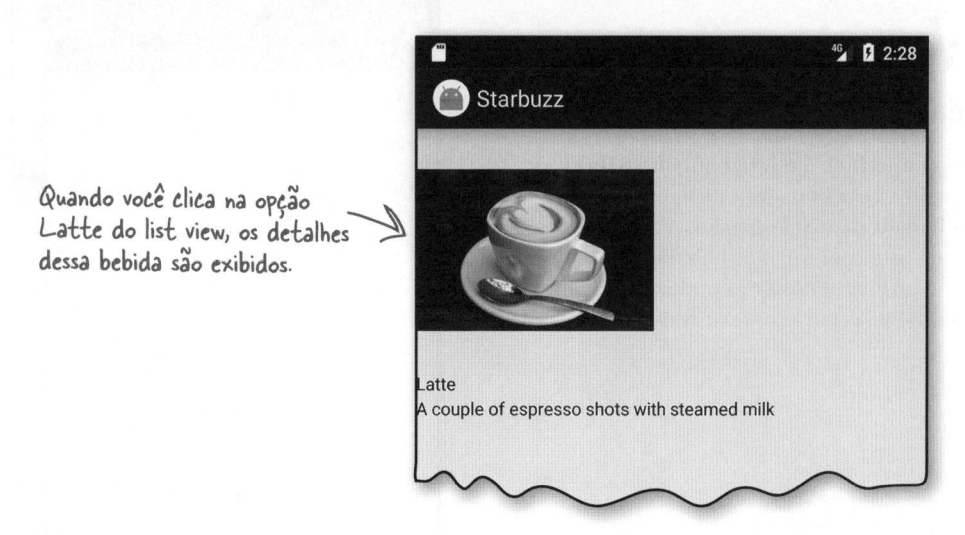

Quando você clica na opção Latte do list view, os detalhes dessa bebida são exibidos.

> Starbuzz
>
> Latte
> A couple of espresso shots with steamed milk

No decorrer do capítulo, vamos mostrar como usar list views para implementar essa abordagem a partir do exemplo do app do Starbuzz.

você está aqui ▶   251

seja bem-vindo ao starbuzz

Vamos construir uma parte do app Starbuzz

Em vez de construir todas as atividades de categoria e de detalhes/edição do app Starbuzz, **vamos desenvolver apenas a parte das bebidas**. Vamos construir uma atividade de nível superior (que será visualizada pelo usuário quando o aplicativo for inicializado), uma atividade de categoria para exibir uma lista de bebidas e uma atividade de detalhes/edição para exibir os detalhes de uma bebida.

A atividade de nível superior

Quando o usuário inicializar o app, visualizará a atividade de nível superior, o principal ponto de entrada do aplicativo. Essa atividade contém uma imagem da logomarca do Starbuzz e uma lista de navegação contendo entradas para Drinks, Food e Stores.

Quando o usuário clica em um item da lista, o app utiliza a opção selecionada para navegar para uma atividade específica. Por exemplo, quando o usuário clica em Drinks, o app inicia a atividade de categoria relacionada às bebidas.

A atividade de categoria das bebidas

Essa atividade é ativada quando o usuário escolhe Drinks na lista de navegação da atividade de nível superior. A atividade exibe uma lista com todas as bebidas disponíveis no Starbuzz. O usuário pode clicar em uma das bebidas para conferir seus detalhes.

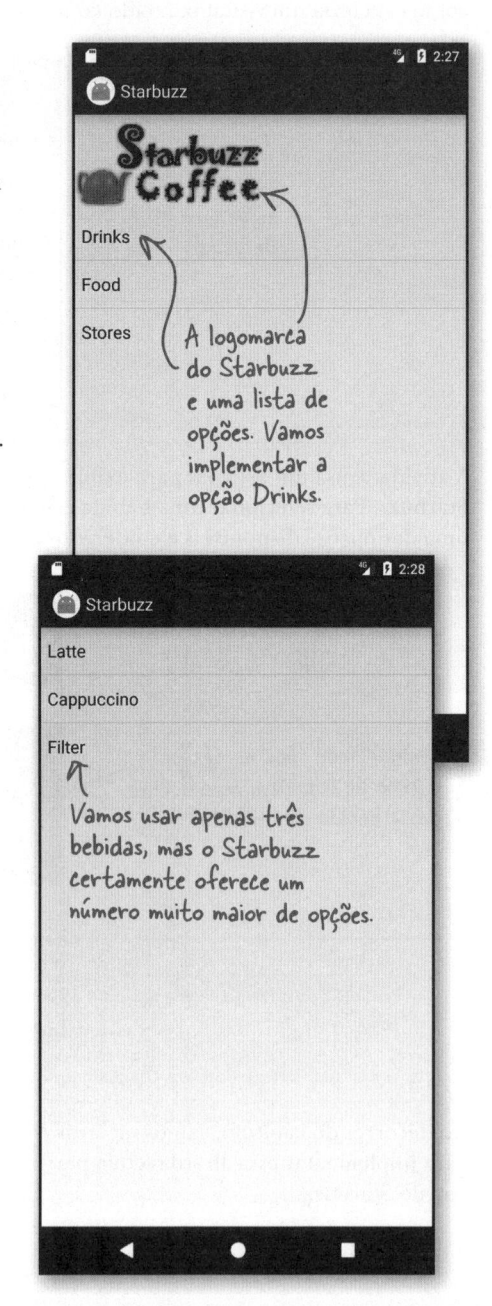

exibições e grupos de exibições

A atividade de detalhes de bebida

A atividade de detalhes de bebida é ativada quando o usuário clica em uma das bebidas listadas na atividade de categoria das bebidas.

Essa atividade exibe os detalhes da bebida selecionada pelo usuário, indicando seu nome, uma imagem e uma descrição.

A atividade de detalhes de bebida exibe os detalhes da bebida selecionada pelo usuário.

Como o usuário deve navegar pelo app

O usuário navega da atividade de nível superior para a atividade de categoria das bebidas clicando no item "Drinks" na atividade de nível superior. Em seguida, navega para a atividade de detalhes de bebida clicando em uma determinada bebida.

O usuário clica no item Drinks para visualizar uma lista de bebidas.

Quando o usuário clica em uma bebida, essa bebida é exibida.

você está aqui ▶ 253

estrutura do app

A estrutura do app Starbuzz

O aplicativo contém três atividades. A `TopLevelActivity` é a atividade de nível superior e permite que o usuário navegue pelo app. A `DrinkCategoryActivity` é uma atividade de categoria e contém uma lista com todas as bebidas. A terceira atividade, `DrinkActivity`, exibe os detalhes de determinada bebida.

Por enquanto, vamos manter os dados das bebidas em uma classe Java. Mais adiante neste livro, vamos aprender a colocar esses dados em um banco de dados, mas por ora iremos abordar a construção do app sem explicar o funcionamento dos bancos de dados.

O app vai funcionar da seguinte forma:

❶ Ao ser ativado, o app inicia a atividade TopLevelActivity.

Essa atividade usa o layout *activity_top_level.xml* e exibe uma lista de opções para Drinks, Food e Stores.

❷ O usuário clica em Drinks na TopLevelActivity, que inicia a atividade DrinkCategoryActivity.

Essa atividade usa o layout *activity_drink_category.xml* e exibe uma lista de bebidas, recebendo informações sobre as bebidas do arquivo de classe *Drink.java*.

❸ O usuário clica em uma bebida na DrinkCategoryActivity, que inicia a atividade DrinkActivity.

Essa atividade usa o layout *activity_drink.xml* e também recebe os detalhes das bebidas do arquivo de classe *Drink.java*.

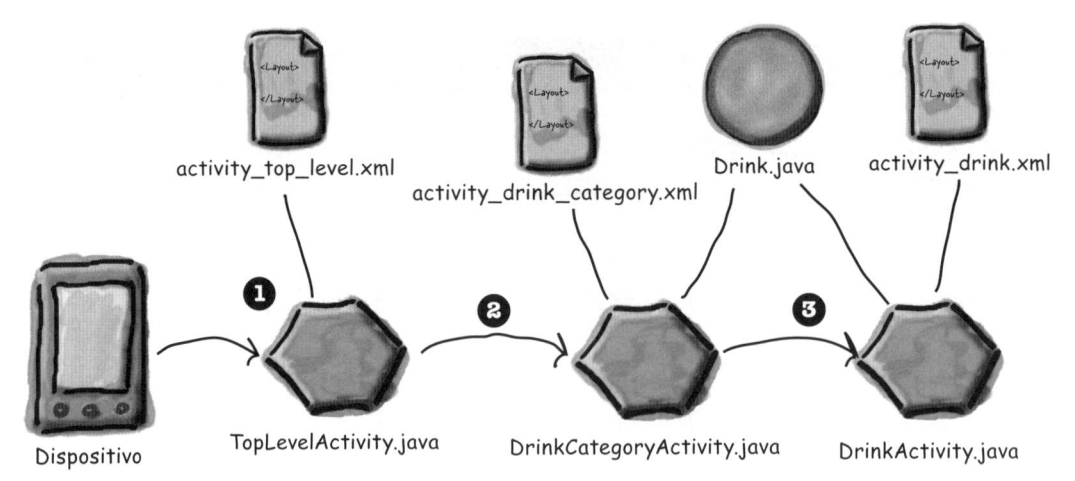

exibições e grupos de exibições

Vamos fazer o seguinte

Para construir o app, precisamos executar várias etapas:

1 **Adicione a classe Drink e os recursos de imagem.**

Essa classe contém os detalhes das bebidas disponíveis. Além disso, vamos usar imagens de bebidas e a logomarca do Starbuzz no app.

2 **Esse é o ponto de entrada do app.**

Esse é o ponto de entrada do app. A atividade deve exibir a logomarca do Starbuzz e uma lista que permita navegar pelas opções. A TopLevelActivity deve ativar DrinkCategoryActivity quando a opção Drink for clicada.

3 **Crie a DrinkCategoryActivity e seu layout.**

Essa atividade contém uma lista com todas as bebidas disponíveis. Quando o usuário clicar em uma bebida, essa atividade deve iniciar a DrinkActivity.

4 **Crie a DrinkActivity e seu layout.**

Esta atividade exibe os detalhes da bebida em que o usuário clicou em DrinkCategoryActivity.

Crie o projeto

Para criar o projeto do app, siga as orientações dos capítulos anteriores.

Crie um novo projeto Android para um aplicativo chamado "Starbuzz" usando o domínio da empresa "hfad.com" e o nome de pacote com.hfad.starbuzz. O SDK mínimo deve ser API 19. Você precisará de uma atividade vazia chamada "TopLevelActivity" e de um layout chamado "activity_top_level". **Lembre-se de desmarcar a opção Backwards Compatibility (AppCompat).**

→ ☐ **Adicione os recursos**
☐ **TopLevelActivity**
☐ **DrinkCategoryActivity**
☐ **DrinkActivity**

você está aqui ▶ 255

a classe Drink

A classe Drink

Vamos começar adicionando a classe Drink ao app. O *Drink.java* é um arquivo de classe Java puro do qual as atividades recebem dados de bebidas. A classe define um array com três bebidas em que cada uma delas contém um nome, uma descrição e uma ID de recurso de imagem. Acesse a visualização Project no navegador do Android Studio, selecione o pacote *com.hfad.starbuzz* na pasta *app/src/main/java* e, em seguida, vá para File→New...→Java Class. Quando solicitado, atribua à classe o nome "Drink" e confirme se o nome do pacote é com.hfad.starbuzz. Depois, substitua o código de *Drink.java* pelo código indicado a seguir e salve suas alterações.

```java
package com.hfad.starbuzz;
```
Cada Drink tem um nome, uma descrição e uma ID de recurso de imagem. Essa ID faz referência às imagens de bebidas que vamos adicionar ao projeto na próxima página.

```java
public class Drink {
    private String name;
    private String description;
    private int imageResourceId;

    //drinks é uma série de Bebidas
    public static final Drink[] drinks = {
```
drinks é um array com três Drinks.

Estas são as imagens das bebidas. Vamos adicioná-las a seguir.
```java
            new Drink("Latte", "A couple of espresso shots with steamed milk",
                    R.drawable.latte),
            new Drink("Cappuccino", "Espresso, hot milk, and a steamed milk foam",
                    R.drawable.cappuccino),
            new Drink("Filter", "Highest quality beans roasted and brewed fresh",
                    R.drawable.filter)
    };

    //Cada Bebida tem um nome, descrição e recurso de imagem
```
O construtor de Drink
```java
    private Drink(String name, String description, int imageResourceId) {
        this.name = name;
        this.description = description;
        this.imageResourceId = imageResourceId;
    }

    public String getDescription() {
        return description;
    }

    public String getName() {
        return name;
    }
```
Estes são os getters das variáveis particulares.
```java
    public int getImageResourceId() {
        return imageResourceId;
    }

    public String toString() {
        return this.name;
    }
}
```
A representação de String de um Drink é seu nome.

Starbuzz
└ app/src/main
  └ java
    └ com.hfad.starbuzz
      └ Drink.java

exibições e grupos de exibições

Os arquivos de imagem

O código de `Drink` contém três recursos de imagem para as bebidas com as IDs `R.drawable.latte`, `R.drawable.cappuccino` e `R.drawable.filter`. Esses recursos servem para mostrar imagens das bebidas ao usuário. `R.drawable.latte` se refere a um arquivo de imagem chamado *latte*; `R.drawable.cappuccino` se refere a um arquivo de imagem chamado *cappuccino*; e `R.drawable.filter` se refere a um arquivo chamado *filter*.

→ **Adicione os recursos**
TopLevelActivity
DrinkCategoryActivity
DrinkActivity

Precisamos adicionar esses arquivos de imagem ao projeto junto com uma imagem da logomarca do Starbuzz para usá-los na atividade de nível superior. Primeiro, crie uma pasta *app/src/main/res/drawable* no projeto Starbuzz (confira se ela já existe). Para isso, acesse a visualização Project no navegador do Android Studio, selecione a pasta *app/src/main/res*, vá para o menu File, escolha a opção New... e, em seguida, clique na opção para criar um novo diretório de recursos Android. Quando solicitado, escolha o tipo de recurso "drawable", nomeie a pasta como "drawable" e clique em OK.

← *Talvez o Android Studio já tenha criado esta pasta. Confira isso para não recriá-la.*

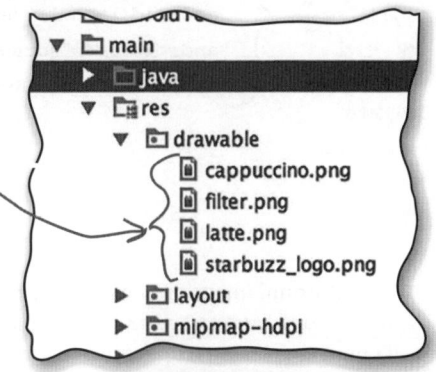

Depois de criar a pasta drawable no projeto, faça o download dos arquivos *starbuzz-logo.png*, *cappuccino.png*, *filter.png* e *latte.png* em *https://git.io/v9oet* (conteúdo em inglês) ou no site da Alta Books (procure pelo título ou ISBN do livro). Por fim, coloque os arquivos na pasta *app/src/main/res/drawable*.

Para adicionar imagens aos apps, você deve definir se vai exibir diferentes imagens em diferentes densidades de tela. Nesse caso, como vamos usar a mesma imagem de resolução em qualquer densidade de tela, colocamos uma cópia das imagens em uma pasta. Se você optar por estabelecer a compatibilidade dos seus apps com diferentes densidades de tela, coloque imagens para cada densidade nas respectivas pastas *drawable**, como indicado no Capítulo 5.

Estes são os quatro arquivos de imagem. Crie a pasta drawable e, em seguida, coloque os arquivos nela.

Quando você salva as imagens no projeto, o Android atribui uma ID a cada uma delas, na forma `R.drawable.image_name` (aqui, `image_name` corresponde ao nome da imagem). Por exemplo, o arquivo *latte.png* recebe a ID `R.drawable.latte`, que corresponde ao valor da ID do recurso de imagem latte na classe `Drink`.

```
▼ 🗁 main
  ▶ 🗁 java
  ▼ 🗁 res
    ▼ 🗁 drawable
        📄 cappuccino.png
        📄 filter.png
        📄 latte.png
        📄 starbuzz_logo.png
    ▶ 🗁 layout
    ▶ 🗁 mipmap-hdpi
```

Drink
name: "Latte"
description: "A couple of expresso shots with steamed milk"
imageResourceId: R.drawable.latte

Agora que adicionamos a classe `Drink` e os recursos de imagem ao projeto, vamos desenvolver as atividades. Para começar, vamos criar a atividade de nível superior.

A imagem latte.png recebe a ID R.drawable.latte.

R.drawable.latte

TopLevelActivity

O layout de nível superior contém uma imagem e uma lista

☑ Adicione os recursos
☐ **TopLevelActivity**
☐ DrinkCategoryActivity
☐ DrinkActivity

Quando criamos nosso projeto, chamamos a atividade-padrão de *TopLevelActivity.java* e seu layout de *activity_top_level.xml*. Precisamos alterar o layout para exibir uma imagem e uma lista.

Esta é a logomarca do Starbuzz. Adicionamos esta imagem ao projeto na página anterior.

Vamos adicionar estes itens como uma lista estática de opções. Em seguida, os itens da lista ficarão clicáveis.

No Capítulo 5, vimos como exibir imagens usando um image view. Nesse caso, como o image view deve exibir a logomarca do Starbuzz, vamos criar um que utilize *starbuzz_logo.png* como fonte.

Este é o código que define o image view no layout:

Vamos adicionar este item ao activity_top_level.xml. O código completo vai aparecer nas próximas páginas.

```
<ImageView
    android:layout_width="200dp"
    android:layout_height="100dp"
    android:src="@drawable/starbuzz_logo"
    android:contentDescription="@string/starbuzz_logo" />
```

Estas são as dimensões aplicáveis à imagem.

A fonte da imagem é o arquivo starbuzz_logo.png que adicionamos ao app.

Adicionar uma descrição de conteúdo deixa o app mais acessível.

Ao incluir um image view no app, você utiliza o atributo `android:contentDescription` para adicionar uma descrição da imagem. Assim, o aplicativo ficará mais acessível. Nesse caso, vamos usar o valor de string `"@string/starbuzz_logo"`. Portanto, adicione o item a seguir ao *strings.xml*:

```
<resources>
    ...
    <string name="starbuzz_logo">Starbuzz logo</string>
</resources>
```

Starbuzz
app/src/main
res
values
strings.xml

Agora que adicionamos a imagem ao layout, vamos desenvolver a lista.

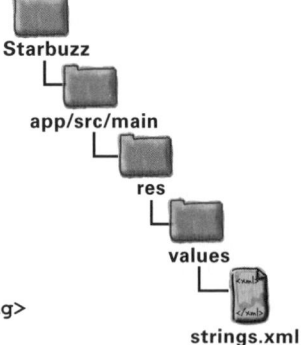

exibições e grupos de exibições

Use um list view para exibir a lista de opções

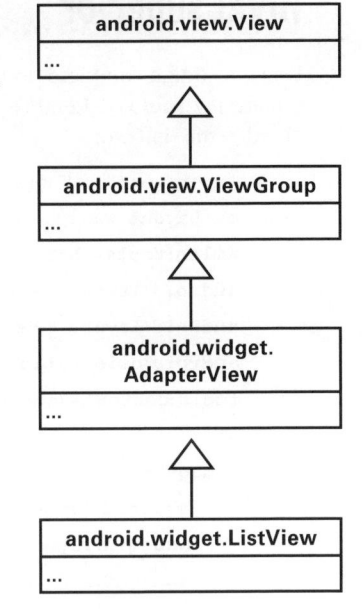

Como vimos antes, um list view exibe uma lista vertical de dados com a qual o usuário pode navegar pelo app. Vamos adicionar um list view ao layout para exibir a lista de opções e navegar para uma outra atividade.

Como definir um list view no XML

Para adicionar um list view ao layout, você deve usar o elemento `<ListView>`. Em seguida, adicione um array de entradas ao list view usando o atributo `android:entries` e o configure como um array de strings. Assim, o array de strings será exibido no list view como uma lista de text views.

Para adicionar ao seu layout um list view que receba valores de um array de strings chamado options:

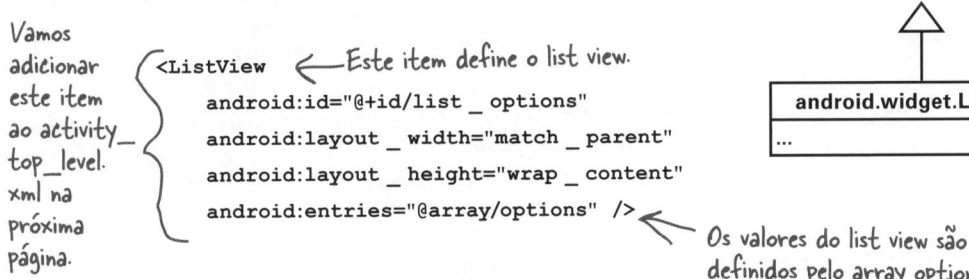

Vamos adicionar este item ao activity_top_level.xml na próxima página.

```
<ListView
    android:id="@+id/list_options"
    android:layout_width="match_parent"
    android:layout_height="wrap_content"
    android:entries="@array/options" />
```

← Este item define o list view.

← Os valores do list view são definidos pelo array options.

```
android.view.View
...

        △

android.view.ViewGroup
...

        △

android.widget.
AdapterView
...

        △

android.widget.ListView
...
```

Para definir o array, siga os procedimentos já explicados no livro e adicione este item ao strings.xml da seguinte forma:

```
<resources>
    ...
    <string-array name="options">
        <item>Drinks</item>
        <item>Food</item>
        <item>Stores</item>
    </string-array>
</resources>
```

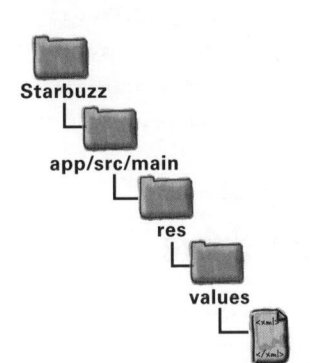

Esse procedimento preenche o list view com três valores: Drinks, Food e Stores.

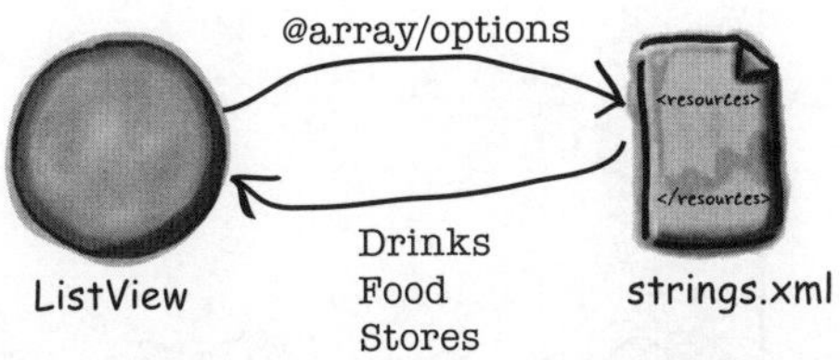

Starbuzz
app/src/main
res
values
strings.xml

ListView — @array/options → strings.xml
Drinks
Food
Stores

O atributo entries preenche o list view com valores do array options. Cada item no list view é um text view.

Drinks
Food
Stores

você está aqui ▶ 259

código do layout

O código do layout de nível superior

- ☑ Adicione os recursos
- → ☐ **TopLevelActivity**
- ☐ **DrinkCategoryActivity**
- ☐ **DrinkActivity**

Este é o código completo do layout completo de *activity_top_level.xml*. Lembre-se de atualizar seu código de acordo com o nosso:

```xml
<?xml version="1.0" encoding="utf-8"?>
<LinearLayout xmlns:android="http://schemas.android.com/apk/res/android"
    xmlns:tools="http://schemas.android.com/tools"
    android:layout_width="match_parent"
    android:layout_height="match_parent"
    android:orientation="vertical"
    tools:context="com.hfad.starbuzz.TopLevelActivity" >

    <ImageView
        android:layout_width="200dp"
        android:layout_height="100dp"
        android:src="@drawable/starbuzz_logo"
        android:contentDescription="@string/starbuzz_logo" />

    <ListView
        android:id="@+id/list_options"
        android:layout_width="match_parent"
        android:layout_height="wrap_content"
        android:entries="@array/options" />
</LinearLayout>
```

Estamos usando um layout linear com orientação vertical para exibir o list view logo abaixo da logomarca do Starbuzz.

Starbuzz/app/src/main/res/layout/activity_top_level.xml

Test drive

Verifique se você realmente alterou *activity_top_level.xml* e atualizou *strings.xml*. Quando você executar o aplicativo, a logomarca do Starbuzz deve aparecer na tela do dispositivo sobre o list view. O list view mostra os três valores do array options.

Se você clicar em qualquer uma das opções da lista nada acontecerá, pois o list view ainda não foi configurado para responder a cliques. A seguir, vamos aprender a configurar list views para que respondam a cliques e ativem uma segunda atividade.

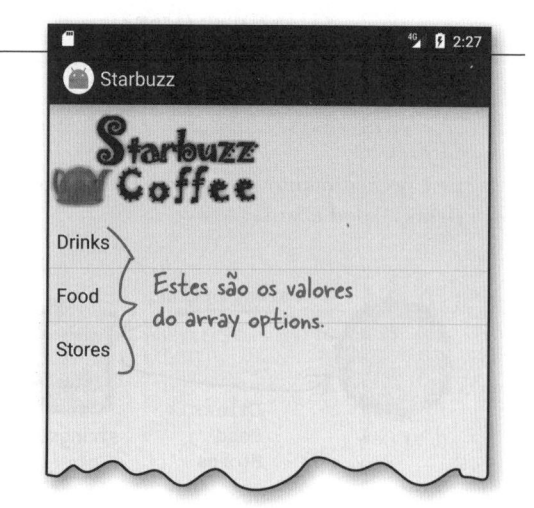

Estes são os valores do array options.

Use um ouvinte para que as list views respondam a cliques

Para que os itens de um list view respondam a cliques, você deve implementar um **ouvinte de eventos**.

O ouvinte de eventos captura os eventos que ocorrem no app, como cliques nos views, saída e entrada no primeiro plano e teclas pressionadas no hardware do dispositivo. Ao implementar um ouvinte de eventos, você pode definir o momento em que um usuário executa uma determinada ação (quando ele clica em um item em um list view, por exemplo) e definir uma resposta correspondente.

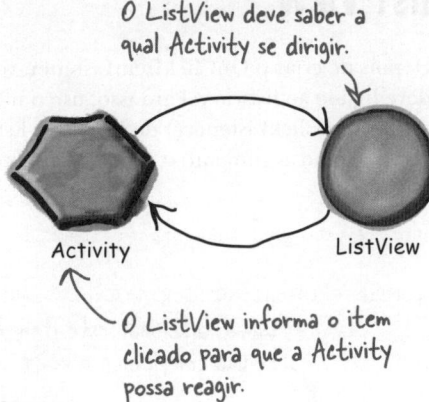

O ListView deve saber a qual Activity se dirigir.

O ListView informa o item clicado para que a Activity possa reagir.

O OnItemClickListener ouve os cliques nos itens

Para que os itens de um list view respondam a cliques, você precisa criar um `OnItemClickListener` e implementar seu método `onItemClick()`. O `OnItemClickListener` ouve os eventuais cliques nos itens e o método `onItemClick()` define como a atividade deve responder a um clique. O método `onItemClick()` dispõe de vários parâmetros para definir o item clicado, como a referência do item do view em questão, sua posição no list view (começando em 0) e a ID da linha dos dados subjacentes.

A `DrinkCategoryActivity` deve ser iniciada quando o primeiro item do list view for clicado (o item da posição 0). Se o item da posição 0 for clicado, devemos criar uma intenção para iniciar `DrinkCategoryActivity`. Este é código que cria o ouvinte; vamos adicioná-lo ao *TopLevelActivity.java* na próxima página:

O OnItemClickListener é uma classe aninhada da classe AdapterView. O ListView é uma subclasse de AdapterView.

```
AdapterView.OnItemClickListener itemClickListener = new AdapterView.OnItemClickListener() {
    public void onItemClick(AdapterView<?> listView,      ← Este é o view clicado
                            View itemView,                  (neste caso, o list view).
                            int position,               ← Estes parâmetros fornecem mais informações
                            long id) {                      sobre o item clicado no list view, como o view
                                                            associado ao item em questão e sua posição.
        if (position == 0) {
            Intent intent = new Intent(TopLevelActivity.this, DrinkCategoryActivity.class);
            startActivity(intent);
        }
    }
};
```

Como Drinks é o primeiro item do list view, está na posição 0.

A intenção está vindo de TopLevelActivity.

Ela deve ativar DrinkCategoryActivity.

Depois de criar o receptor, você deve adicioná-lo ao list view.

setOnItemClickListener()

Configure o ouvinte para o list view

- ☑ Adicione os recursos
- → ☐ **TopLevelActivity**
- ☐ DrinkCategoryActivity
- ☐ DrinkActivity

Depois de criar o OnClickItemListener, você deve ligá-lo ao list view. Para isso, use o método setOnItemClickListener() de ListView. Este método recebe como argumento o próprio ouvinte:

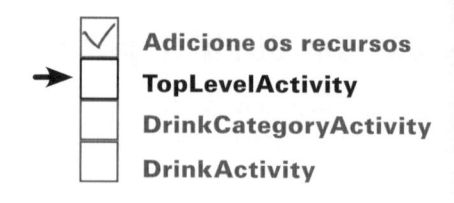

```
AdapterView.OnItemClickListener itemClickListener = new AdapterView.OnItemClickListener()
{
    public void onItemClick(AdapterView<?> listView,
    ...
    }
};
ListView listView = (ListView) findViewById(R.id.list_options);
listView.setOnItemClickListener(itemClickListener);
```

Vamos adicionar este item à TopLevelActivity. Confira o código completo e o respectivo contexto nas próximas páginas.

Este é o ouvinte que acabamos de criar.

Adicionar o ouvinte ao list view é fundamental para que o ouvinte seja notificado sobre os cliques do usuário nos itens do list view. Se você não fizer isso, os itens do list view não responderão aos cliques.

Agora você aprendeu a configurar o list view TopLevelActivity para que ele responda aos cliques.

O código completo de TopLevelActivity

Este é o código completo de *TopLevelActivity.java*. Substitua o código criado pelo assistente pelo código indicado a seguir e salve suas alterações:

```
package com.hfad.starbuzz;

import android.app.Activity;
import android.os.Bundle;
import android.content.Intent;
import android.widget.AdapterView;
import android.widget.ListView;
import android.view.View;

public class TopLevelActivity extends Activity {
```

Como estamos usando estas classes, devemos importá-las.

Lembre-se de que sua atividade deve estender a classe Activity.

Starbuzz
app/src/main
java
com.hfad.starbuzz
TopLevelActivity.java

exibições e grupos de exibições

TopLevelActivity.java (continuação)

- ✓ Adicione os recursos
- → ✓ **TopLevelActivity**
- ☐ DrinkCategoryActivity
- ☐ DrinkActivity

```java
@Override
protected void onCreate(Bundle savedInstanceState) {
    super.onCreate(savedInstanceState);
    setContentView(R.layout.activity_top_level);
    //Cria um OnItemClickListener
    AdapterView.OnItemClickListener itemClickListener =
                        new AdapterView.OnItemClickListener(){
        public void onItemClick(AdapterView<?> listView,
                                View itemView,
                                int position,
                                long id) {
            if (position == 0) {
                Intent intent = new Intent(TopLevelActivity.this,
                                    DrinkCategoryActivity.class);
                startActivity(intent);
            }
        }
    };
    //Adiciona o ouvinte à exibição de lista
    ListView listView = (ListView) findViewById(R.id.list_options);
    listView.setOnItemClickListener(itemClickListener);
}
}
```

← Crie o ouvinte.

Implemente seu método onItemClick().

A DrinkCategoryActivity é ativada quando o usuário clica no item Drink. Como ainda vamos criar essa atividade, fique tranquilo se o Android Studio disser que ela não existe.

← Adicione o ouvinte ao list view.

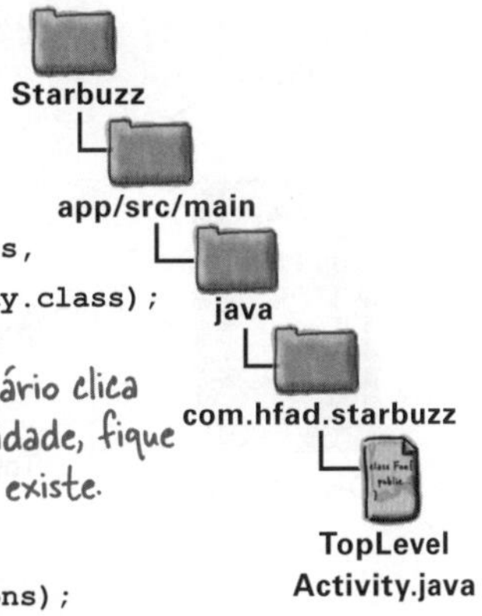

Starbuzz / app/src/main / java / com.hfad.starbuzz / TopLevelActivity.java

Qual é a função do código de TopLevelActivity.java

① O método onCreate() em TopLevelActivity cria um onItemClickListener e o vincula ao ListView da atividade.

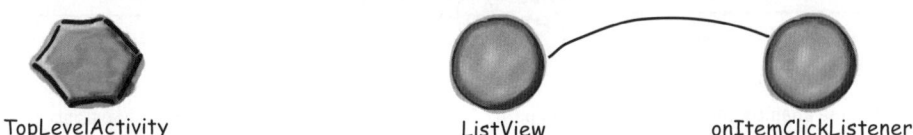

TopLevelActivity   ListView   onItemClickListener

② Quando o usuário clica em um item do list view, o método onItemClick() de onItemClickListener é chamado.

Se o item Drinks for clicado, o `onItemClickListener` criará uma intenção para iniciar `DrinkCategoryActivity`.

ListView —onItemClick()→ onItemClickListener —Intent→ DrinkCategoryActivity

Precisamos criar esta atividade.

você está aqui ▶ 263

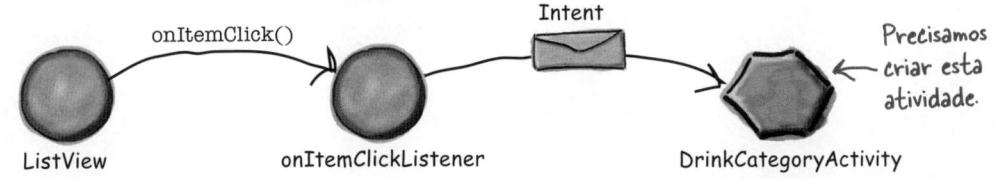

você está aqui

O que fizemos até aqui

Já adicionamos *Drink.java* ao app e criamos `TopLevelActivity` e seu layout.

☑ **Adicione os recursos**
→ ☑ **TopLevelActivity**
☐ **DrinkCategoryActivity**
☐ **DrinkActivity**

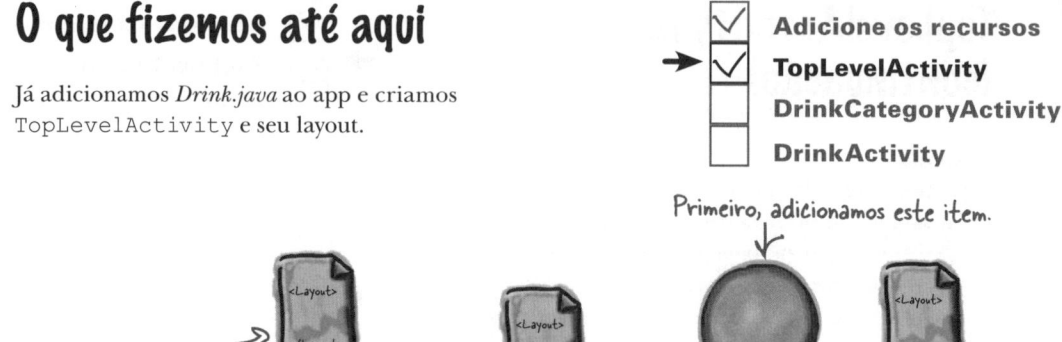

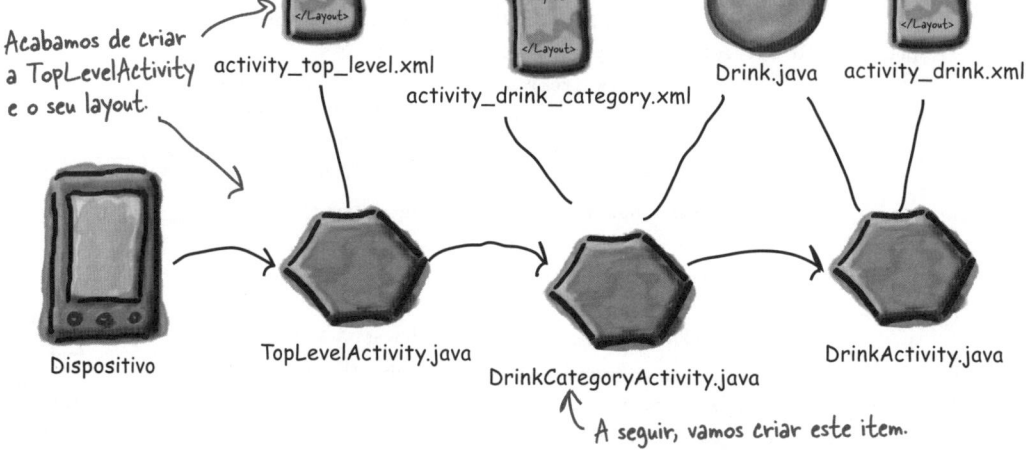

Primeiro, adicionamos este item.

Acabamos de criar a TopLevelActivity e o seu layout. → activity_top_level.xml

activity_drink_category.xml

Drink.java   activity_drink.xml

Dispositivo   TopLevelActivity.java   DrinkCategoryActivity.java   DrinkActivity.java

↖ A seguir, vamos criar este item.

Agora precisamos criar a `DrinkCategoryActivity` e o seu layout para que esta atividade seja ativada quando o usuário clicar na opção Drinks em `TopLevelActivity`.

--- não existem ---
Perguntas Idiotas

P: Por que criamos um ouvinte de eventos para que os itens do list view pudessem responder aos cliques? Não bastava ter incluído o atributo **android:onClick** no código do layout?

R: Nos layouts de atividades, você só pode usar o atributo `android:onClick` em botões ou views que sejam subclasses de `Button`, como `CheckBoxes` e `RadioButtons`.

Como a classe `ListView` não é uma subclasse de `Button`, o atributo `android:onClick` não vai funcionar. Por isso, você deve implementar um ouvinte.

exibições e grupos de exibições

Exercício

Este é o código de uma atividade de outro projeto. Quando o usuário clica em um item de um list view, o código deve exibir o texto desse item em um text view (o text view tem uma ID `text_view` e o list view tem uma ID `list_view`). O código faz isso? Se não, por quê?

```java
package com.hfad.ch06ex;

import android.app.Activity;
import android.os.Bundle;
import android.widget.AdapterView;
import android.widget.ListView;
import android.widget.TextView;
import android.view.View;

public class MainActivity extends Activity {

    @Override
    protected void onCreate(Bundle savedInstanceState) {
        super.onCreate(savedInstanceState);
        setContentView(R.layout.activity_main);
        final TextView textView = (TextView) findViewById(R.id.text_view);
        AdapterView.OnItemClickListener itemClickListener =
                new AdapterView.OnItemClickListener(){
                    public void onItemClick(AdapterView<?> listView,
                                            View v,
                                            int position,
                                            long id) {
                        TextView item = (TextView) v;
                        textView.setText(item.getText());
                    }
                };
        ListView listView = (ListView) findViewById(R.id.list_view);
    }
}
```

solução do exercício

Exercício Solução

Este é o código de uma atividade de outro projeto. Quando o usuário clica em um item de um list view, o código deve exibir o texto desse item em um text view (o text view tem uma ID `text_view` e o list view tem uma ID `list_view`). O código faz isso? Se não, por quê?

```java
package com.hfad.ch06ex;

import android.app.Activity;
import android.os.Bundle;
import android.widget.AdapterView;
import android.widget.ListView;
import android.widget.TextView;
import android.view.View;

public class MainActivity extends Activity {

    @Override
    protected void onCreate(Bundle savedInstanceState) {
        super.onCreate(savedInstanceState);
        setContentView(R.layout.activity_main);
        final TextView textView = (TextView) findViewById(R.id.text_view);
        AdapterView.OnItemClickListener itemClickListener =
                new AdapterView.OnItemClickListener(){
                    public void onItemClick(AdapterView<?> listView,
                                            View v,
                                            int position,
                                            long id) {
                        TextView item = (TextView) v;
                        textView.setText(item.getText());
                    }
                };
        ListView listView = (ListView) findViewById(R.id.list_view);
    }
}
```

Este é o item do ListView que foi clicado. Como se trata de um TextView, podemos obter seu texto usando getText() → `TextView item = (TextView) v;`
→ `textView.setText(item.getText());`

O código não está funcionando direito porque está faltando a linha

`listView.setOnItemClickListener(itemClickListener);`

no final do código. Fora isso, o código está correto.

exibições e grupos de exibições

Uma atividade de categoria exibe os dados de uma única categoria

☑ Adicione os recursos
☑ TopLevelActivity
☐ **DrinkCategoryActivity**
☐ DrinkActivity

Como já vimos, `DrinkCategoryActivity` é um exemplo de atividade de categoria. Uma atividade de categoria exibe os dados de uma categoria específica, geralmente em uma lista. Com essa atividade, você pode navegar para os detalhes dos dados.

Vamos usar `DrinkCategoryActivity` para exibir uma lista de bebidas. Quando o usuário clicar em uma das bebidas, os detalhes da bebida em questão serão exibidos.

Quando o usuário clica no item Drinks, a atividade DrinkCategoryActivity é iniciada.

A DrinkCategoryActivity exibe uma lista de bebidas. Quando o usuário clica em uma bebida, a bebida em questão é exibida em DrinkActivity.

Crie a DrinkCategoryActivity

Na próxima etapa do processo, vamos criar uma atividade com um único list view para exibir uma lista com todas as bebidas. Selecione o pacote *com.hfad.starbuzz* na pasta *app/src/main/java* e, em seguida, vá para File→New...→Activity→Empty Activity. Nomeie a atividde com "DrinkCategoryActivity", nomeie o layout como "activity_drink_category", confirme se o nome do pacote é `com.hfad.starbuzz` e **desmarque a opção Backwards Compatibility (AppCompat)**.

Vamos atualizar o código do layout na próxima página.

Algumas versões do Android Studio podem exigir a definição da linguagem do código-fonte da atividade. Quando solicitado, selecione a opção correspondente a Java.

código do layout

Atualize o activity_drink -category.xml

Este é o código de *activity_drink_category.xml*. Observe que se trata de um layout linear simples com um list view. Atualize sua versão de *activity_drink_category.xml* de acordo com o código indicado abaixo:

- ☑ Adicione os recursos
- ☑ TopLevelActivity
- ▶ ☐ **DrinkCategoryActivity**
- ☐ DrinkActivity

```xml
<?xml version="1.0" encoding="utf-8"?>
<LinearLayout xmlns:android="http://schemas.android.com/apk/res/android"
    xmlns:tools="http://schemas.android.com/tools"
    android:layout_width="match_parent"
    android:layout_height="match_parent"
    android:orientation="vertical"
    tools:context="com.hfad.starbuzz.DrinkCategoryActivity">

    <ListView
        android:id="@+id/list_drinks"
        android:layout_width="match_parent"
        android:layout_height="wrap_content" />
</LinearLayout>
```

Este layout deve conter apenas um ListView.

Starbuzz/app/src/main/res/layout/activity_drink_category.xml

Há uma importante diferença entre o list view que estamos criando agora e o que criamos em *activity_top_activity.xml*: no caso atual, não há um atributo `android:entries`. Por quê?

No *activity_top_activity.xml*, utilizamos o atributo android:entries para associar os dados ao list view. Isso funcionou porque os dados eram mantidos como um recurso de array de strings estático. Como o array foi descrito em *strings.xml*, podemos facilmente fazer referência a ele usando o seguinte comando:

```
android:entries="@array/options"
```

Aqui, `options` é o nome do array de strings.

O `android:entries` funciona bem quando os dados estão em um array estático em *strings.xml*. Mas e se não estiverem? E se os dados estiverem em um array que você criou programaticamente no código Java? E se eles estiverem em um banco de dados? Nessas situações, o atributo `android:entries` não vai funcionar.

Para associar o list view a dados mantidos em local que não seja um recurso de array de strings, você precisa adotar uma outra perspectiva: escreva código de atividade para associar os dados. Nesse caso, queremos associar o list view ao array `drinks` na classe `Drink`.

exibições e grupos de exibições

Use um adaptador para lidar com dados não estáticos

☑ Adicione os recursos
☑ TopLevelActivity
☐ **DrinkCategoryActivity**
☐ DrinkActivity

Para exibir dados em um list view provenientes de uma fonte que não seja o *strings.xml* (como um array Java ou um banco de dados), você deve usar um **adaptador**. O adaptador serve como uma ponte entre a fonte de dados e o list view:

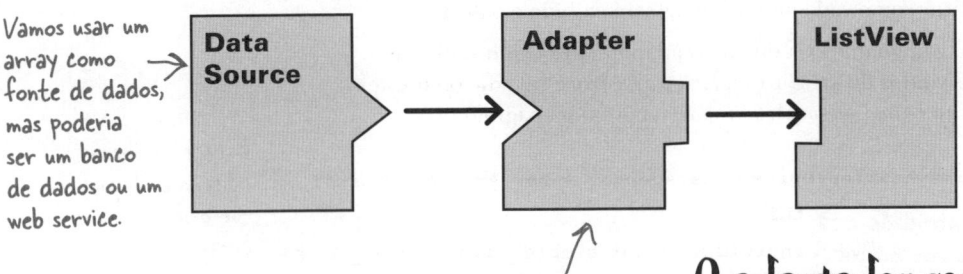

Vamos usar um array como fonte de dados, mas poderia ser um banco de dados ou um web service.

Data Source → **Adapter** → **ListView**

O adaptador conecta o list view à fonte de dados. Com os adaptadores, os list views podem exibir dados de diversas fontes.

O adaptador serve como uma ponte entre um view e uma fonte de dados. O ArrayAdapter é um tipo de adaptador específico para arrays.

Existem vários tipos de adaptadores, mas por enquanto vamos abordar apenas os **array adapters**.

Um array adapter é um tipo de adaptador que liga arrays a views. Você pode usá-lo com qualquer subclasse da classe `AdapterView`, como as list views e os spinners.

Neste caso, vamos usar um array adapter para exibir os dados do array `Drink.drinks` no list view.

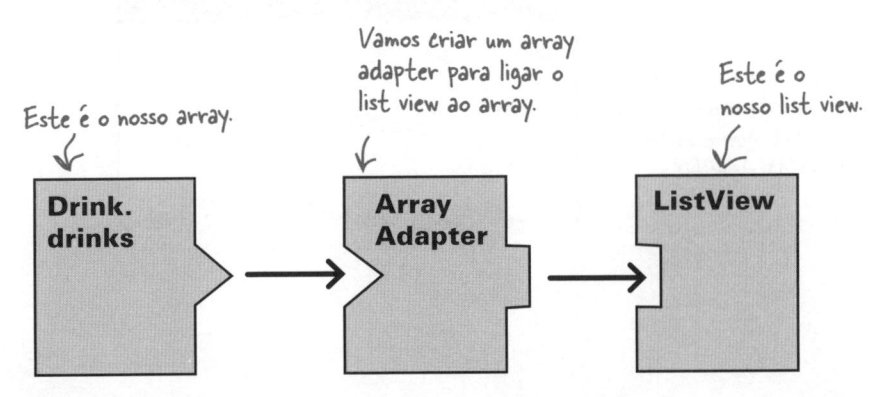

Este é o nosso array.

Vamos criar um array adapter para ligar o list view ao array.

Este é o nosso list view.

Drink.drinks → **Array Adapter** → **ListView**

Vamos conferir como isso funciona na prática na próxima página.

você está aqui ▶ **269**

array adapter

Use um array adapter para conectar list views a arrays

☑ Adicione os recursos
☑ TopLevelActivity
→ ☐ **DrinkCategoryActivity**
☐ **DrinkActivity**

Para usar um array adapter, você deve inicializá-lo e, em seguida, associá-lo ao list view.

Para inicializar o array adapter, primeiro especifique o tipo de dado que está contido no array a ser vinculado ao list view. Em seguida, transmita três parâmetros ao array adapter: um `Context` (a atividade atual, geralmente), um recurso de layout para especificar como cada item do array será exibido e o array.

Este é o código que cria um array adapter para exibir dados de bebidas vindos do array `Drink.drinks` (você vai adicionar este código ao *DrinkCategoryActivity.java* na próxima página):

```
ArrayAdapter<Drink> listAdapter = new ArrayAdapter<>(
        this,
        android.R.layout.simple_list_item_1,
        Drink.drinks);
```

"this" é a atividade atual. A classe Activity é uma subclasse de Context.

← O array

Este é um recurso interno de layout que orienta o array adapter a exibir cada item do array em um único text view.

Em seguida, anexe o array adapter ao list view usando o método `setAdapter()` de `ListView`:

```
ListView listDrinks = (ListView) findViewById(R.id.list_drinks);
listDrinks.setAdapter(listAdapter);
```

Nos bastidores, o array adapter converte cada item do array em uma `String` usando o método `toString()` e coloca cada resultado em um text view. Depois, exibe cada text view como uma única linha no list view.

Estas são as bebidas do array drinks. Cada linha do list view é um único text view e exibe uma bebida específica.

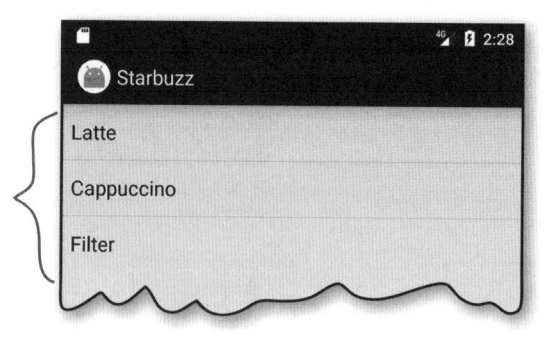

Starbuzz
Latte
Cappuccino
Filter

Adicione o array adapter à DrinkCategoryActivity

- ☑ Adicione os recursos
- ☑ TopLevelActivity
- ☐ **DrinkCategoryActivity**
- ☐ DrinkActivity

Vamos alterar o código de *DrinkCategoryActivity.java* para que o list view use um array adapter e receba dados de bebidas da classe `Drink`. Vamos colocar o código no método `onCreate()` para que o list view seja preenchido quando a atividade for criada.

Este é o código completo da atividade (atualize sua cópia de *DrinkCategoryActivity.java* de acordo com o código indicado a seguir e salve suas alterações):

```java
package com.hfad.starbuzz;

import android.app.Activity;
import android.os.Bundle;
import android.widget.ArrayAdapter;
import android.widget.ListView;

public class DrinkCategoryActivity extends Activity {

    @Override
    protected void onCreate(Bundle savedInstanceState) {
        super.onCreate(savedInstanceState);
        setContentView(R.layout.activity_drink_category);
        ArrayAdapter<Drink> listAdapter = new ArrayAdapter<>(
                this,
                android.R.layout.simple_list_item_1,
                Drink.drinks);
        ListView listDrinks = (ListView) findViewById(R.id.list_drinks);
        listDrinks.setAdapter(listAdapter);
    }
}
```

Como estamos usando estas classes, devemos importá-las.

Lembre-se de que sua atividade deve estender a classe Activity.

Este item preenche o list view com dados do array drinks.

Starbuzz/app/src/main/java/com.hfad.starbuzz/DrinkCategoryActivity.java

Essas alterações são necessárias para que o list view exiba uma lista das bebidas indicadas na classe `Drink`. Vamos conferir o que acontece quando o código é executado.

o que acontece

O que acontece quando o código é executado

① Quando o usuário clica na opção Drink, a DrinkCategoryActivity é ativada.

Seu layout tem um `LinearLayout` que contém um `ListView`.

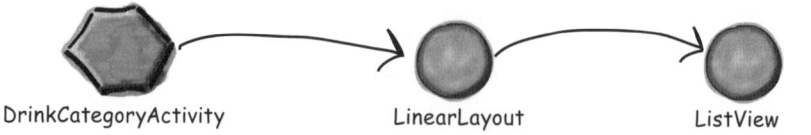

② A DrinkCategoryActivity cria um ArrayAdapter<Drink>, um array adapter que lida com arrays de objetos Drink.

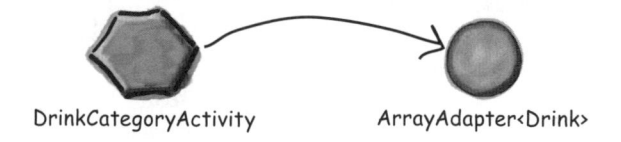

③ O array adapter recupera dados do array drinks da classe Drink.

Esse array usa o método `Drink.toString()` para retornar o nome de cada bebida.

④ A DrinkCategoryActivity utiliza o método setAdapter() para que o ListView use o array adapter.

O list view utiliza o array adapter para exibir uma lista com os nomes de bebida.

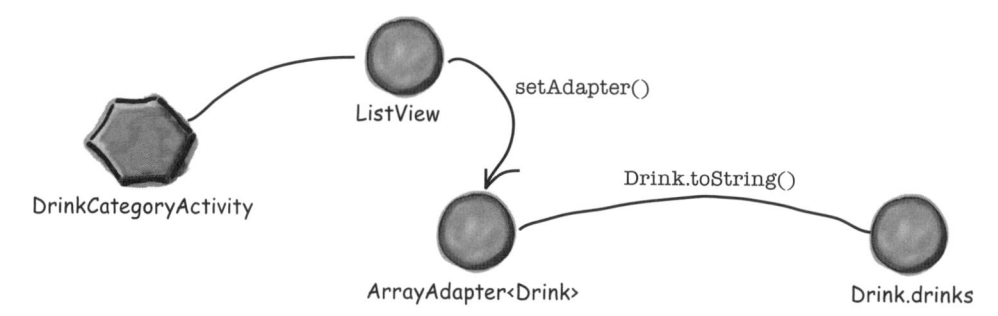

exibições e grupos de exibições

Test drive do app

Quando você executa o app, a `TopLevelActivity` é exibida como antes. Quando você clica no item Drinks, a `DrinkCategoryActivity` é ativada e mostra os nomes de todas as bebidas indicadas na classe Java `Drink`.

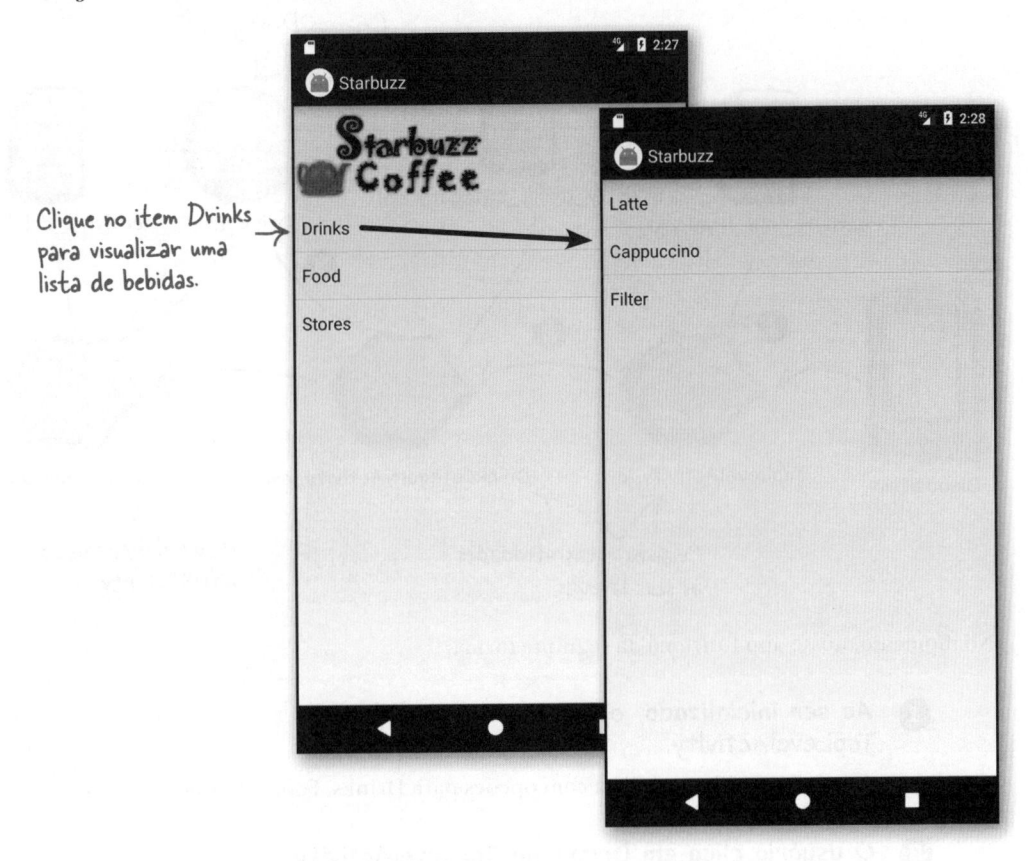

☑ **Adicione os recursos**
☑ **TopLevelActivity**
→ ☐ **DrinkCategoryActivity**
☐ **DrinkActivity**

Clique no item Drinks para visualizar uma lista de bebidas.

Na próxima página, vamos recapitular as etapas de construção do app até aqui e definir os próximos passos.

você está aqui

Revisão do app: estágio atual

Até aqui, adicionamos *Drink.java* ao app e criamos as atividades `TopLevelActivity` e `DrinkCategoryActivity` e seus respectivos layouts.

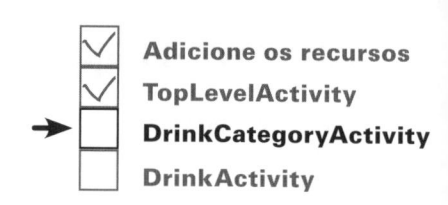

- ☑ Adicione os recursos
- ☑ TopLevelActivity
- → ☐ **DrinkCategoryActivity**
- ☐ DrinkActivity

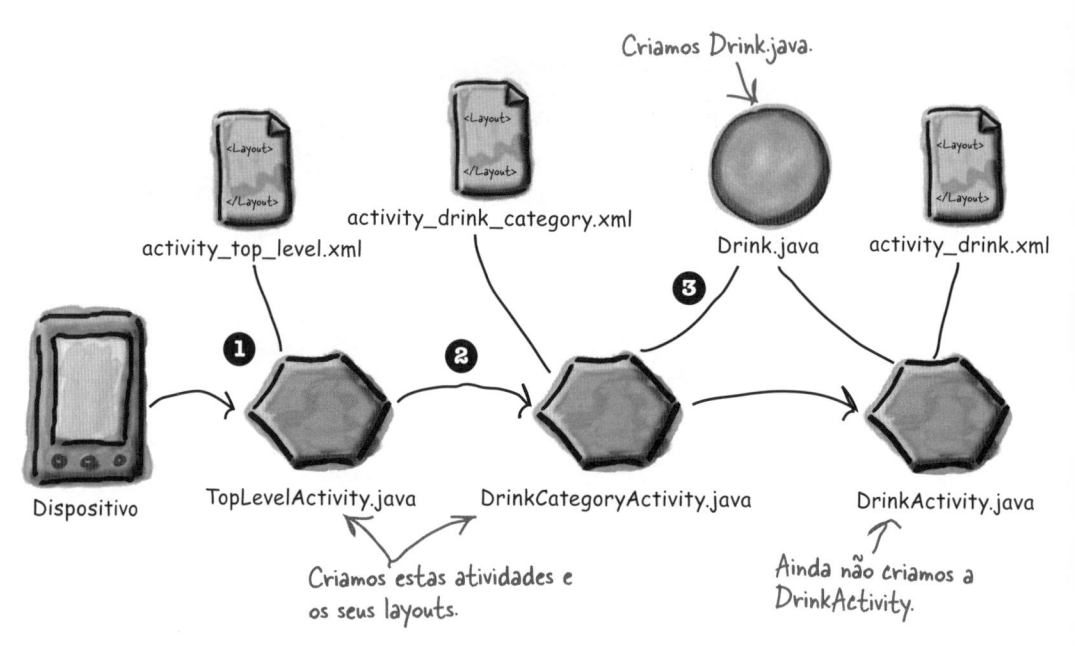

Criamos Drink.java.

activity_top_level.xml   activity_drink_category.xml   Drink.java   activity_drink.xml

Dispositivo → ① TopLevelActivity.java → ② DrinkCategoryActivity.java → ③ DrinkActivity.java

Criamos estas atividades e os seus layouts.

Ainda não criamos a DrinkActivity.

No momento, nosso app funciona da seguinte forma:

① **Ao ser inicializado, o app inicia a atividade TopLevelActivity.**
   A atividade exibe uma lista com opções para Drinks, Food e Stores.

② **O usuário clica em Drinks na TopLevelActivity.**
   A atividade `DrinkCategoryActivity` é inicializada e exibe uma lista de bebidas.

③ **A DrinkCategoryActivity recebe os valores para a lista de bebidas do arquivo de classe Drink.java.**

A seguir, vamos configurar `DrinkCategoryActivity` para ativar a `DrinkActivity` e transmitir os detalhes da bebida selecionada.

Enigma da Piscina

Seu **objetivo** é criar uma atividade que vincule um array Java de cores a um spinner. Preencha as linhas em branco da atividade com os segmentos de código que estão na piscina. Você **não** pode usar o mesmo segmento mais de uma vez e não precisará utilizar todos eles.

← Vimos os spinners no Capítulo 5.

→ Não utilizamos esta atividade em nosso app.

```
...
public class MainActivity extends Activity {

    String[] colors = new String[] {"Red", "Orange", "Yellow", "Green", "Blue"};

    @Override
    protected void onCreate(Bundle savedInstanceState) {
        super.onCreate(savedInstanceState);
        setContentView(R.layout.activity_main);
        Spinner spinner = (................) findViewById(R.id.spinner);
        ArrayAdapter<............> adapter = new ArrayAdapter<>(
                ........,
                android.R.layout.simple_spinner_item,
                colors);
        spinner.................... (adapter);
    }
}
```

↑ Este item exibe cada valor no array como uma única linha no spinner.

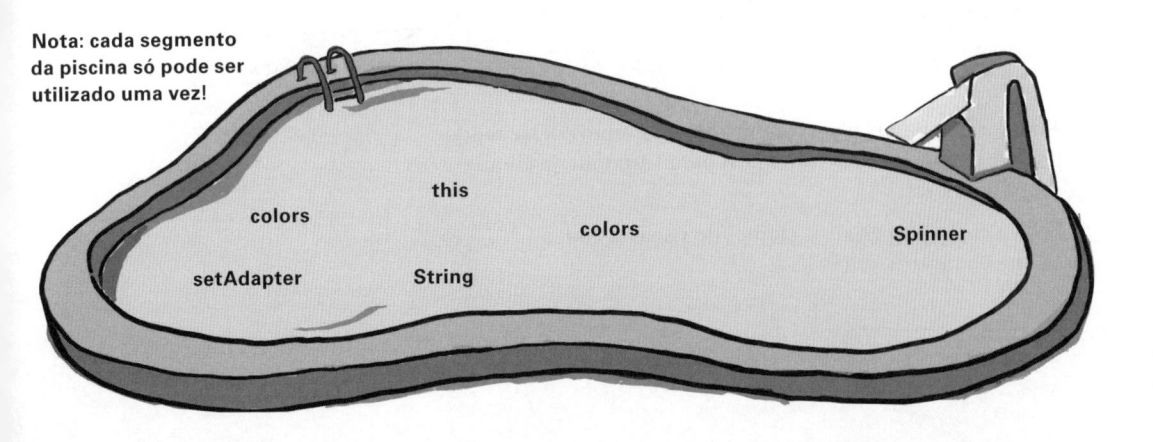

Nota: cada segmento da piscina só pode ser utilizado uma vez!

Piscina:
- this
- colors
- colors
- Spinner
- setAdapter
- String

→ Respostas na página 287.

processando cliques

Como processar cliques na TopLevelActivity

Como vimos antes neste capítulo, a TopLevelActivity deve reagir quando o usuário clicar no primeiro item do list view (a opção Drinks), iniciando a DrinkCategoryActivity. Para isso, criamos um OnItemClickListener, implementamos seu método onItemClick() e o atribuímos ao list view. O código ficou da seguinte forma:

☑ Adicione os recursos
☑ TopLevelActivity
→ ☐ **DrinkCategoryActivity**
☐ DrinkActivity

```
AdapterView.OnItemClickListener itemClickListener =    ← Crie o ouvinte.
                            new AdapterView.OnItemClickListener(){
    public void onItemClick(AdapterView<?> listView,   ← O list view
                            View itemView,
                            int position,     ⎫ O view do item clicado, sua
                            long id) {        ⎬ posição na lista e a ID da
        if (position == 0) {                  ⎭ linha dos dados subjacentes.
            Intent intent = new Intent(TopLevelActivity.this,
                                       DrinkCategoryActivity.class);
            startActivity(intent);
        }
    }
};
ListView listView = (ListView) findViewById(R.id.list_options);
listView.setOnItemClickListener(itemClickListener);   ← Adicione o ouvinte
                                                         ao list view.
```

Tivemos que desenvolver um ouvinte de eventos desse modo porque os list views não são feitos para responder a cliques como os botões.

Então, como processar os cliques do usuário com a DrinkCategoryActivity?

exibições e grupos de exibições

Adicione a ID do item clicado a uma intenção para transmiti-la

☑ Adicione os recursos
☑ TopLevelActivity
➙ ☐ **DrinkCategoryActivity**
☐ DrinkActivity

Ao usar uma atividade de categoria para exibir itens em um list view, você geralmente utiliza o método `onItemClick()` para iniciar outra atividade que exibirá o item clicado pelo usuário. Para isso, você cria uma intenção que deve iniciar a segunda atividade. Em seguida, adicione a ID do item clicado como informação extra para ser utilizada pela segunda atividade quando ela for iniciada.

Nesse caso, a `DrinkActivity` deve ser iniciada e receber a ID da bebida selecionada. A `DrinkActivity` poderá usar essas informações para exibir os detalhes da bebida correspondente. Este é o código da intenção:

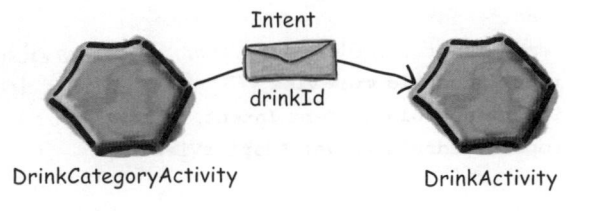

Intent

DrinkCategoryActivity —drinkId→ DrinkActivity

A DrinkCategoryActivity deve iniciar a DrinkActivity.

```
Intent intent = new Intent(DrinkCategoryActivity.this, DrinkActivity.class);
intent.putExtra(DrinkActivity.EXTRA_DRINKID, (int) id);
startActivity(intent);
```

Adiciona a ID do item clicado à intenção. Este é o índice da bebida no array drinks.

Usamos uma constante como nome da informação extra na intenção para estabelecer que DrinkCategoryActivity e DrinkActivity compartilham a mesma String. Vamos adicionar a constante à DrinkActivity quando criarmos a atividade.

É uma prática comum transmitir a ID do item clicado, porque essa também é a ID dos dados subjacentes. Se os dados subjacentes forem um array, a ID será o índice do item no array. Se os dados subjacentes vierem de um banco de dados, a ID será a do registro na tabela. Quando a ID do item é transmitida dessa forma, a segunda atividade pode obter os detalhes dos dados e exibi-los mais facilmente.

Assim, a `DrinkCategoryActivity` pode iniciar `DrinkActivity` e informar a bebida selecionada. O código completo da atividade está na próxima página.

código da DrinkCategoryActivity

O código completo de DrinkCategoryActivity

- ☑ Adicione os recursos
- ☑ TopLevelActivity
- → ☑ **DrinkCategoryActivity**
- ☐ DrinkActivity

Este é o código completo de *DrinkCategoryActivity.java* (adicione o novo método ao seu código e salve suas alterações):

```
package com.hfad.starbuzz;

import android.app.Activity;
import android.os.Bundle;
import android.widget.ArrayAdapter;
import android.widget.ListView;      ← Como estamos usando estas
import android.view.View;               classes, devemos importá-las.
import android.content.Intent;
import android.widget.AdapterView;

public class DrinkCategoryActivity extends Activity {

    @Override
    protected void onCreate(Bundle savedInstanceState) {
        super.onCreate(savedInstanceState);
        setContentView(R.layout.activity_drink_category);
        ArrayAdapter<Drink> listAdapter = new ArrayAdapter<>(
                this,
                android.R.layout.simple_list_item_1,
                Drink.drinks);
        ListView listDrinks = (ListView) findViewById(R.id.list_drinks);
        listDrinks.setAdapter(listAdapter);
                                        Crie um ouvinte para ouvir os eventuais cliques.
        //Cria o ouvinte
        AdapterView.OnItemClickListener itemClickListener =
                new AdapterView.OnItemClickListener(){
                    public void onItemClick(AdapterView<?> listDrinks,
                                            View itemView,
Este item é chamado quando
um item da list view é clicado.         int position,
                                            long id) {
Quando o usuário clica em    //Passa a bebida em que o usuário clica para DrinkActivity
uma bebida, transmite a      Intent intent = new Intent(DrinkCategoryActivity.this,
respectiva ID e inicia a                                 DrinkActivity.class);
DrinkActivity.               intent.putExtra(DrinkActivity.EXTRA_DRINKID, (int) id);
                             startActivity(intent);    Como ainda vamos adicionar a
                    }                                  DrinkActivity, fique tranquilo se
                };                                     o Android Studio informar que
                                                       ela não existe.
        //Atribui o ouvinte à exibição de lista
        listDrinks.setOnItemClickListener(itemClickListener);
    }
}
```

Starbuzz / app/src/main / java / com.hfad.starbuzz / DrinkCategoryActivity.java

exibições e grupos de exibições

Uma atividade de detalhes exibe os dados de apenas um registro

☑ Adicione os recursos
☑ TopLevelActivity
☑ DrinkCategoryActivity
☐ **DrinkActivity**

Conforme já vimos, a `DrinkActivity` é uma atividade de detalhes. Uma atividade de detalhes exibe os detalhes de um determinado registro. Geralmente, você navega até ela a partir de uma atividade de categoria.

Vamos usar a `DrinkActivity` para exibir os detalhes da bebida selecionada pelo usuário. Como a classe `Drink` contém o nome da bebida, sua descrição e a ID do respectivo recurso de imagem, vamos exibir esses dados no layout. Vamos incluir um image view para o recurso de imagem da bebida e text views para seu nome e descrição.

Lembre-se de criar a nova atividade.

Para criar a atividade, selecione o pacote *com.hfad.starbuzz* na pasta *app/src/main/java* e, em seguida, vá para File→New...→Activity→Empty Activity. Nomeie a atividade como "DrinkActivity", nomeie o layout como "activity_drink", confirme se o nome do pacote é com.hfad.starbuzz e **desmarque a opção Backwards Compatibility (AppCompat)**. Em seguida, substitua o conteúdo de *activity_drink.xml* pelo código indicado abaixo:

Quando a linguagem do código-fonte for solicitada, selecione a opção Java.

```xml
<?xml version="1.0" encoding="utf-8"?>
<LinearLayout xmlns:android="http://schemas.android.com/apk/res/android"
    xmlns:tools="http://schemas.android.com/tools"
    android:layout_width="match_parent"
    android:layout_height="match_parent"
    android:orientation="vertical"
    tools:context="com.hfad.starbuzz.DrinkActivity" >

    <ImageView
        android:id="@+id/photo"
        android:layout_width="190dp"
        android:layout_height="190dp" />

    <TextView
        android:id="@+id/name"
        android:layout_width="wrap_content"
        android:layout_height="wrap_content" />

    <TextView
        android:id="@+id/description"
        android:layout_width="match_parent"
        android:layout_height="wrap_content" />

</LinearLayout>
```

Starbuzz
app/src/main
res
layout
activity_drink.xml

Depois de criar o layout da atividade de detalhes, podemos preencher seus views.

você está aqui ▶ 279

escolha um drink

Recupere dados da intenção

Como vimos antes, para que uma atividade de categoria inicie uma atividade de detalhes, os itens do list view da atividade de categoria devem responder aos cliques. Quando um item é clicado, você cria uma intenção para iniciar a atividade de detalhes e transmite a ID do item em questão como informação extra na intenção.

☑ Adicione os recursos
☑ TopLevelActivity
☑ DrinkCategoryActivity
→ ☐ DrinkActivity

Quando a atividade de detalhes é iniciada, ela pode recuperar a informação extra da intenção e utilizá-la para preencher seus views. Nesse caso, podemos usar a informação da intenção que iniciou `DrinkActivity` para recuperar os detalhes da bebida clicada pelo usuário.

Quando criamos a `DrinkCategoryActivity`, adicionamos a ID da bebida clicada pelo usuário como informação extra na intenção. Atribuímos o rótulo `DrinkActivity.EXTRA_DRINKID` para definir a ID como constante em *DrinkActivity.java*:

```
public static final String EXTRA_DRINKID = "drinkId";
```

Como vimos no Capítulo 3, você pode recuperar a intenção que iniciou uma atividade usando o método `getIntent()`. Se essa intenção contiver informações extras, você poderá usar os métodos `get*()` da intenção em questão para recuperá-las. Este é o código para recuperar o valor de `EXTRA_DRINKID` da intenção que iniciou `DrinkActivity`::

```
int drinkId = (Integer)getIntent().getExtras().get(EXTRA_DRINKID);
```

Depois de recuperar a informação da intenção, você pode usá-la para obter os dados que devem ser exibidos no registro de detalhes.

Nesse caso, podemos usar `drinkId` para obter os detalhes da bebida selecionada pelo usuário. `drinkId` é a ID da bebida, o índice da bebida no array drinks. Ou seja, você pode definir a bebida clicada pelo usuário usando o seguinte comando:

```
Drink drink = Drink.drinks[drinkId];
```

Assim, obtemos um objeto `Drink` com todas as informações necessárias para atualizar os atributos dos views da atividade:

drink
name="Latte"
description="A couple of espresso shots with steamed milk"
imageResourceId=R.drawable.latte

Atualize os views com os dados

Ao atualizar os views da atividade de detalhes, você deve confirmar se os valores exibidos estão de acordo com os dados derivados da intenção.

Nossa atividade de detalhes contém dois text views e um image view. Cada view deve ser atualizado de acordo com os detalhes da bebida em questão.

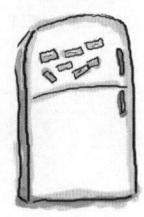

drink
name
description
imageResourceId

Ímãs de Geladeira

Preencha os views de DrinkActivity com os dados corretos utilizando os ímãs abaixo.

```
...
//Pegue a bebida do intent
int drinkId = (Integer)getIntent().getExtras().get(EXTRA _ DRINKID);
Drink drink = Drink.drinks[drinkId];


//Preenche com o nome da bebida
TextView name = (TextView)findViewById(R.id.name);

name..................... (drink.getName());


//Preenche com a descrição da bebida
TextView description = (TextView)findViewById(R.id.description);

description..................... (drink.getDescription());


//Preenche com a imagem da bebida
ImageView photo = (ImageView)findViewById(R.id.photo);

photo..................... (drink.getImageResourceId());

photo................................ (drink.getName());
...
```

Ímãs:
- setText
- setContent
- setContentDescription
- setImageResourceId
- setImageResource
- setText

solução dos ímãs

Ímãs de Geladeira – Solução

Preencha os views de `DrinkActivity` com os dados corretos utilizando os ímãs abaixo.

```
...
//Pega a bebida do intent
int drinkId = (Integer)getIntent().getExtras().get(EXTRA_DRINKID);
Drink drink = Drink.drinks[drinkId];


//Preenche com o nome da bebida
TextView name = (TextView)findViewById(R.id.name);
name.setText(drink.getName());
```

Use setText() para definir o texto de um text view.

```
//Preenche com a descrição da bebida
TextView description = (TextView)findViewById(R.id.description);
description.setText(drink.getDescription());
```

Para definir a fonte da imagem, use setImageResource().

```
//Preenche com a imagem da bebida
ImageView photo = (ImageView)findViewById(R.id.photo);
photo.setImageResource(drink.getImageResourceId());
```

Este item é necessário para deixar o aplicativo mais acessível.

```
photo.setContentDescription(drink.getName());
...
```

Você não precisou usar estes itens.

`setContent`   `setImageResourceId`

282 *Capítulo 7*

O código de DrinkActivity

Este é o código completo de *DrinkActivity.java* (substitua o código criado pelo assistente pelo código indicado a seguir e salve suas alterações):

- ☑ Adicione os recursos
- ☑ TopLevelActivity
- ☑ DrinkCategoryActivity
- ☐ **DrinkActivity**

```java
package com.hfad.starbuzz;
```
Como estamos utilizando estas classes, devemos importá-las.

```java
import android.app.Activity;
import android.os.Bundle;
import android.widget.ImageView;
import android.widget.TextView;
```
Lembre-se de que sua atividade deve estender a classe Activity.

```java
public class DrinkActivity extends Activity {

    public static final String EXTRA_DRINKID = "drinkId";
```
Adicione EXTRA_DRINKID como uma constante.

```java
    @Override
    protected void onCreate(Bundle savedInstanceState) {
        super.onCreate(savedInstanceState);
        setContentView(R.layout.activity_drink);

        //Pega a bebida do intent
        int drinkId = (Integer)getIntent().getExtras().get(EXTRA_DRINKID);
        Drink drink = Drink.drinks[drinkId];
```
Use a drinkId para obter os detalhes da bebida escolhida pelo usuário.

```java
        //Preenche com o nome da bebida
        TextView name = (TextView)findViewById(R.id.name);
        name.setText(drink.getName());
```
Preencha os views com os dados sobre as bebidas.

```java
        //Preenche com a descrição da bebida
        TextView description = (TextView)findViewById(R.id.description);
        description.setText(drink.getDescription());

        //Preenche com a imagem da bebida
        ImageView photo = (ImageView)findViewById(R.id.photo);
        photo.setImageResource(drink.getImageResourceId());
        photo.setContentDescription(drink.getName());
    }
}
```

Starbuzz/app/src/main/java/com.hfad.starbuzz/DrinkActivity.java

o que acontece

O que acontece quando o app é executado

☑ Adicione os recursos
☑ TopLevelActivity
☑ DrinkCategoryActivity
→ ☐ **DrinkActivity**

❶ Quando o usuário inicia o app, a TopLevelActivity é ativada.

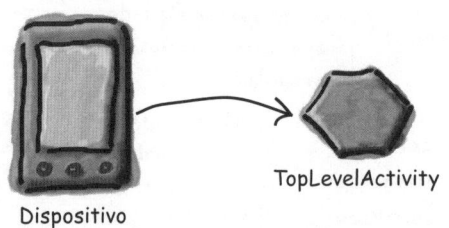

Dispositivo → TopLevelActivity

❷ O método onCreate() de TopLevelActivity cria um onItemClickListener e o vincula ao ListView da atividade.

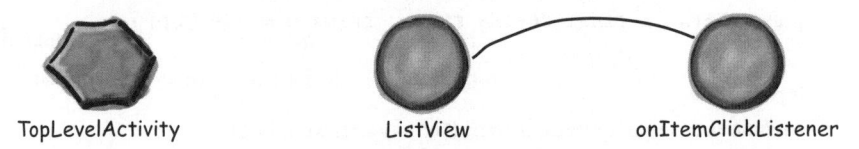

TopLevelActivity   ListView   onItemClickListener

❸ Quando o usuário clica em um item do ListView, o método onItemClick() do onItemClickListener é chamado.

Se o item Drinks for clicado, o `onItemClickListener` criará uma intenção para iniciar `DrinkCategoryActivity`.

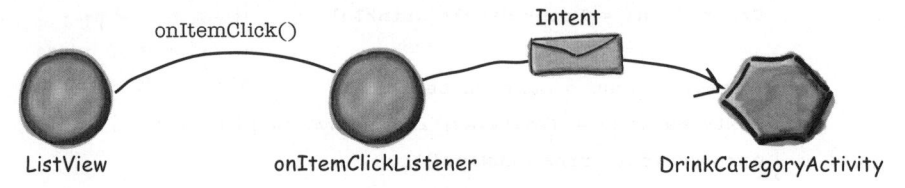

ListView —onItemClick()→ onItemClickListener —Intent→ DrinkCategoryActivity

❹ A DrinkCategoryActivity exibe um único ListView.

O list view `DrinkCategoryActivity` usa um `ArrayAdapter<Drink>` para exibir uma lista com os nomes das bebidas.

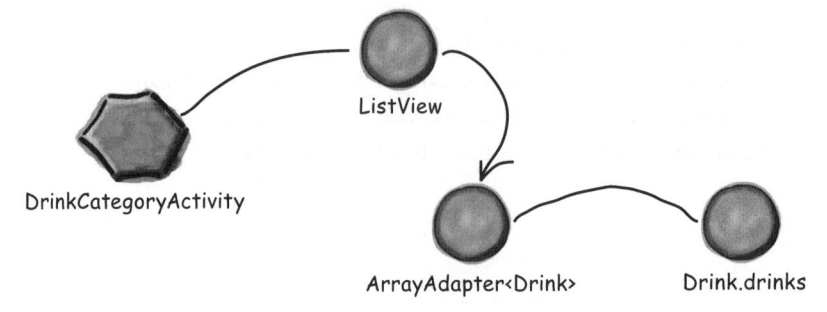

DrinkCategoryActivity → ListView → ArrayAdapter<Drink> → Drink.drinks

A história continua

5 Quando o usuário escolhe uma bebida do ListView da DrinkCategoryActivity, o método onListItemClick() do onItemClickListener é chamado.

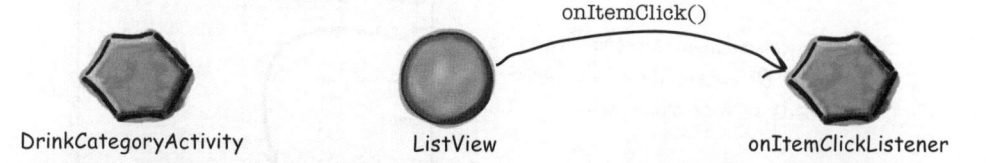

DrinkCategoryActivity   ListView —onItemClick()→ onItemClickListener

6 O método onListItemClick() cria uma intenção para iniciar DrinkActivity e transmitir a ID da bebida como uma informação extra.

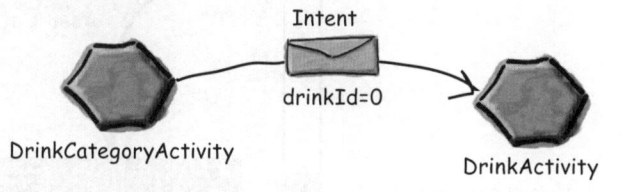

DrinkCategoryActivity —Intent drinkId=0→ DrinkActivity

7 A DrinkActivity é ativada.

Essa atividade recupera a ID da bebida transmitida na intenção e recebe os detalhes da bebida em questão a partir da classe `Drink`. Além disso, ela usa essas informações para atualizar seus views.

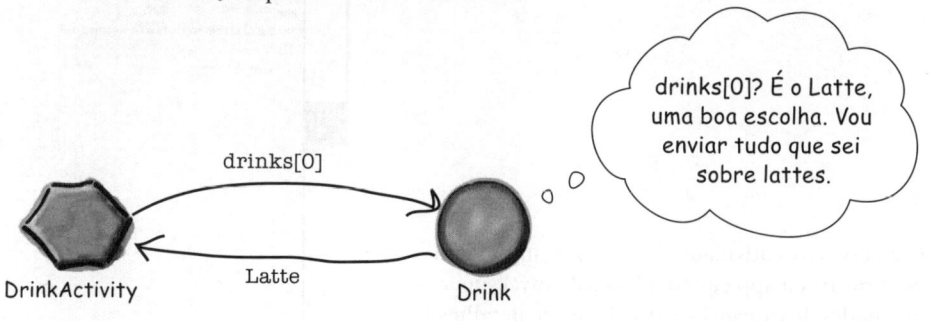

DrinkActivity —drinks[0]→ Drink
DrinkActivity ←Latte— Drink

drinks[0]? É o Latte, uma boa escolha. Vou enviar tudo que sei sobre lattes.

test drive

Test drive do app

Quando o app é executado, a `TopLevelActivity` aparece.

Implementamos a seção Drinks no app. Os outros itens não farão nada se você clicar neles.

Quando você clica no item Drinks, a `DrinkCategoryActivity` é ativada e exibe todas as bebidas da classe Java `Drink`.

Clicamos na opção Latte...

Quando você clica em uma das bebidas, a `DrinkActivity` é ativada, e os detalhes da bebida selecionada são exibidos.

...para visualizar os detalhes do latte.

Com essas três atividades, você pode aprender a estruturar seu app em atividades de nível superior, atividades de categoria e atividades de detalhes/edição. No Capítulo 15, vamos conferir novamente o app Starbuzz para mostrar como recuperar bebidas armazenadas em um banco de dados.

exibições e grupos de exibições

Enigma da Piscina — Solução

Seu **objetivo** é criar uma atividade que vincule um array Java de cores a um spinner. Preencha as linhas em branco da atividade com os segmentos de código que estão na piscina. Você **não** pode usar o mesmo segmento mais de uma vez e não precisará utilizar todos eles.

```
...
public class MainActivity extends Activity {

    String[] colors = new String[] {"Red", "Orange", "Yellow", "Green", "Blue"};

    @Override
    protected void onCreate(Bundle savedInstanceState) {
        super.onCreate(savedInstanceState);
        setContentView(R.layout.activity_main);
        Spinner spinner = (Spinner) findViewById(R.id.spinner);
        ArrayAdapter<String> adapter = new ArrayAdapter<>(
                this,
                android.R.layout.simple_spinner_item,
                colors);
        spinner.setAdapter(adapter);
    }
}
```

Estamos utilizando um array do tipo string.

Use o setAdapter() para obter o spinner e utilizar o array adapter.

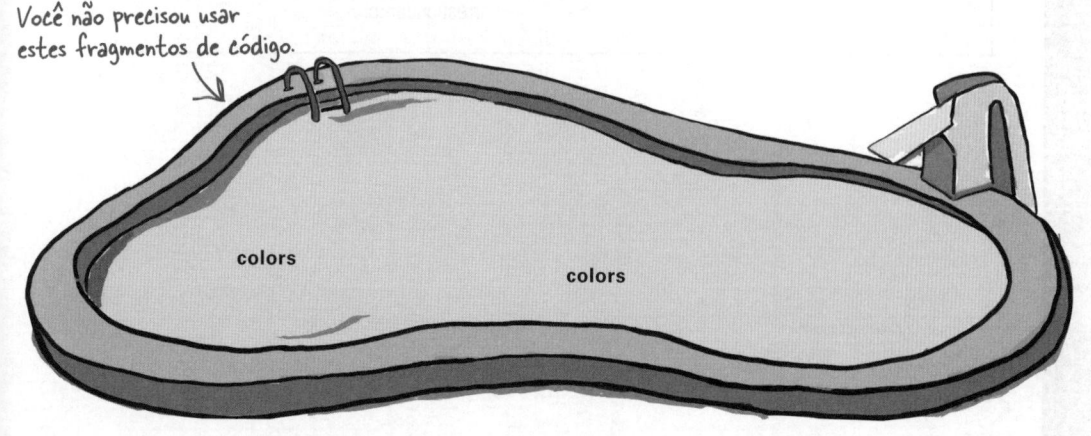

Você não precisou usar estes fragmentos de código.

colors   colors

caixa de ferramentas

Sua caixa de ferramentas para Android

Você fechou o Capítulo 7 e adicionou list views e design de apps à sua caixa de ferramentas.

O código completo do capítulo pode ser baixado em https://www.altabooks.com.br. Procure pelo título ou ISBN do livro.

PONTOS DE BALA

- Organize suas ideias em atividades de nível superior, atividades de categoria e atividades de detalhes/edição. Use as atividades de categoria para navegar das atividades de nível superior para as atividades de detalhes/edição.

- Um list view exibe itens em uma lista. Para adicioná-lo ao layout, use o elemento `<ListView>`.

- Use `android:entries` no layout para preencher list views com itens de um array definido em *strings.xml*.

- Um adaptador serve como uma ponte entre um `AdapterView` e uma fonte de dados. `ListViews` e `Spinners` são tipos de `AdapterView`.

- Um `ArrayAdapter` é um adaptador que processa arrays.

- Para processar eventos de clique em elementos `Button`, use `android:onClick` no código do layout. Para processar eventos de clique em outros locais, crie um ouvinte e implemente um evento de clique correspondente.

8 bibliotecas de suporte e barras do app

Pegando Atalhos

Todo mundo gosta de pegar atalhos. Neste capítulo, você vai aprender a adicionar atalhos aos apps usando as **barras do aplicativo**. Vamos mostrar como iniciar atividades *adicionando ações* às barras do app, como compartilhar conteúdo com outros apps usando o *provedor de ação de compartilhamento* e como navegar pela hierarquia do aplicativo implementando *o botão Up da barra do app*. Ao longo do caminho, você vai conhecer as excelentes **Bibliotecas de Suporte do Android**, ferramentas essenciais para que os app tenham um bom visual nas versões anteriores do Android.

estrutura do app

Bons apps têm uma estrutura definida

No capítulo anterior, conferimos algumas formas de estruturar um app para criar a melhor experiência possível para o usuário. Observe que, para criar apps, é possível organizar as telas em três tipos:

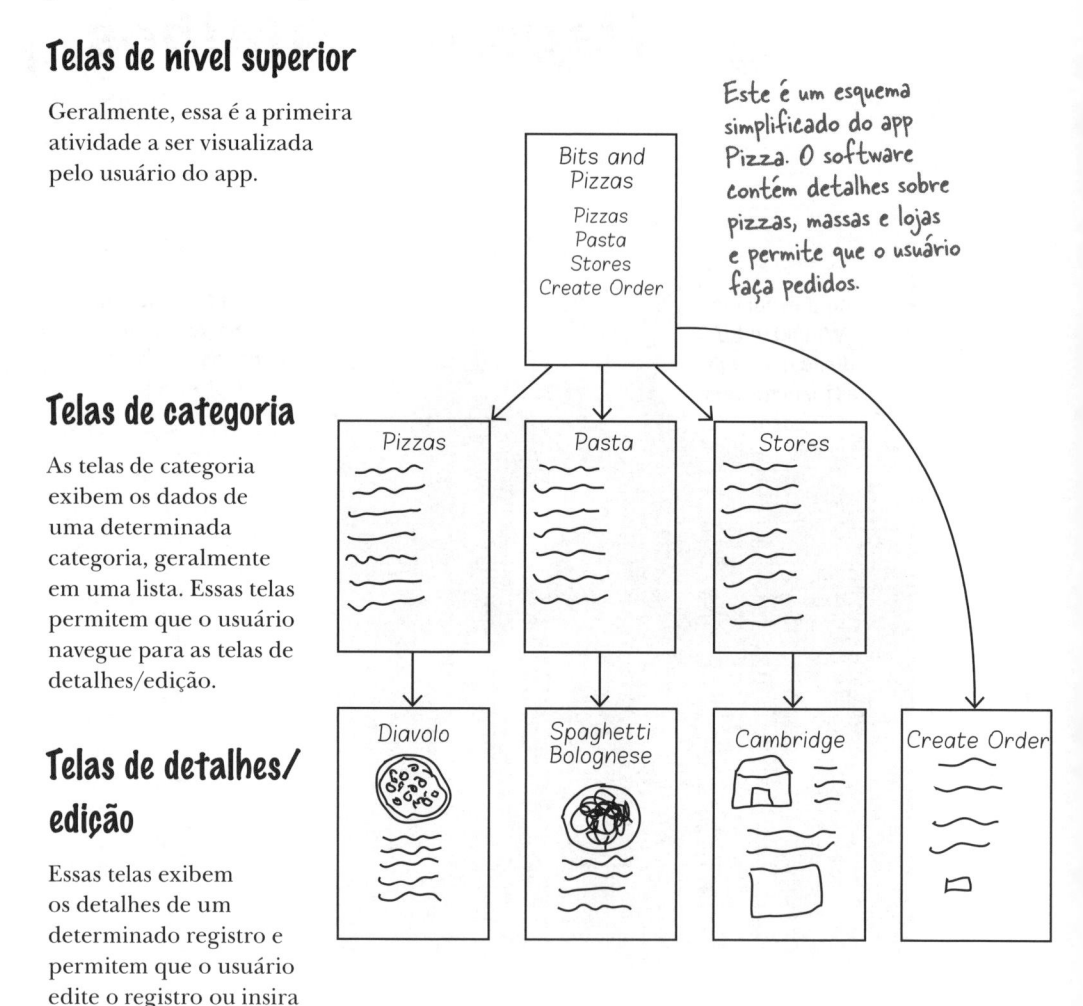

Telas de nível superior

Geralmente, essa é a primeira atividade a ser visualizada pelo usuário do app.

Este é um esquema simplificado do app Pizza. O software contém detalhes sobre pizzas, massas e lojas e permite que o usuário faça pedidos.

Telas de categoria

As telas de categoria exibem os dados de uma determinada categoria, geralmente em uma lista. Essas telas permitem que o usuário navegue para as telas de detalhes/edição.

Telas de detalhes/edição

Essas telas exibem os detalhes de um determinado registro e permitem que o usuário edite o registro ou insira novos registros.

Além disso, bons apps têm excelentes atalhos

Se o usuário tiver que usar o app muitas vezes, vai precisar de recursos eficientes para dominar o software. Vamos conferir views de navegação que servem como atalhos para o usuário e criam mais espaço para o conteúdo do app. Mas, para começar, vamos analisar com mais atenção a tela de nível superior do app Pizza.

exibições e grupos de exibições

Diferentes tipos de navegação

Na tela de nível superior do app Pizza, há uma lista de opções à disposição do usuário.

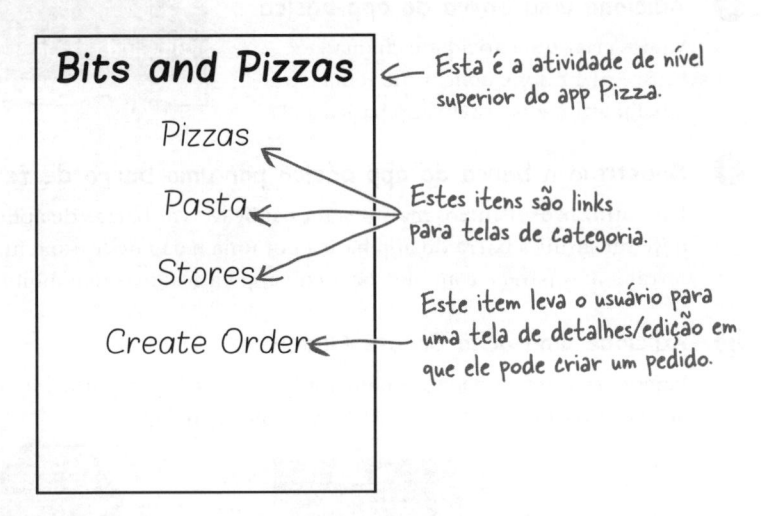

Bits and Pizzas ← Esta é a atividade de nível superior do app Pizza.

Pizzas
Pasta
Stores ← Estes itens são links para telas de categoria.

Create Order ← Este item leva o usuário para uma tela de detalhes/edição em que ele pode criar um pedido.

As três primeiras opções são links para atividades de categoria. A primeira oferece ao usuário uma lista de pizzas; a segunda, uma lista de massas; e a terceira, uma lista de lojas. Essas opções permitem que o usuário navegue pelo app.

← Estes itens são como as opções de navegação que vimos no Capítulo 7.

A quarta opção é um link para uma atividade de detalhes/edição em que o usuário pode criar um pedido. Através dessa opção, o usuário pode realizar uma **ação**.

Nos apps Android, você pode adicionar ações à **barra do aplicativo**. Em geral, a barra do app fica na parte superior das atividades e, às vezes, também é chamada de **barra de ação**. É recomendável colocar as ações mais importantes do app na barra do aplicativo para que elas fiquem mais visíveis na parte superior da tela.

Esta é uma barra do app.

Bits and Pizzas +
Hello World!

Este é o botão Create Order.

No app Pizza, podemos facilitar a criação de pedidos pelo usuário adicionando uma barra do app à parte superior das atividades que contêm o botão Create Order. Assim, o usuário terá acesso ao recurso em qualquer ponto do app.

Então, vamos conferir como podemos criar barras do aplicativo.

você está aqui ▶ 291

etapas

Vamos fazer o seguinte

Neste capítulo, vamos abordar as seguintes etapas.

❶ Adicione uma barra do app básica.

Vamos criar uma atividade chamada `MainActivity` e aplicar um tema para adicionar uma barra do app básica a ela.

Vamos adicionar esta barra do app.
Bits and Pizzas

❷ Substitua a barra do app básica por uma barra de ferramentas.

Para utilizar os recursos mais recentes aplicáveis às barras de aplicativos, você deve substituir a barra do app básica por uma barra de ferramentas. A barra de ferramentas parece com uma barra do app básica, mas tem muito mais utilidades.

❸ Adicione uma ação Create Order.

Vamos criar uma atividade chamada `OrderActivity` e adicionar uma ação à barra do app da `MainActivity` para iniciá-la.

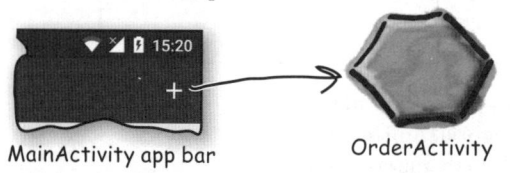

MainActivity app bar → OrderActivity

❹ Implemente o botão Up.

Vamos implementar o botão Up na barra do app da `OrderActivity` para facilitar a navegação dos usuários de volta para `MainActivity`.

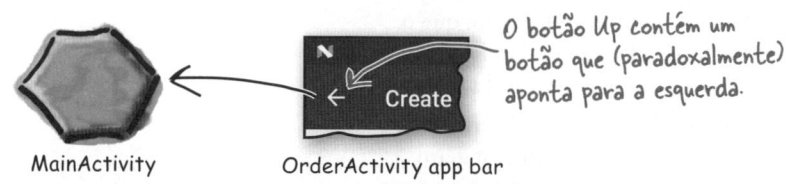

O botão Up contém um botão que (paradoxalmente) aponta para a esquerda.

MainActivity ← OrderActivity app bar

❺ Adicione um provedor de ação de compartilhamento.

Vamos adicionar um provedor de ação de compartilhamento à barra do app da `MainActivity` para que os usuários possam compartilhar textos com outros apps e convidar amigos para comer uma pizza.

Vamos conferir os provedores de ação mais adiante neste capítulo.

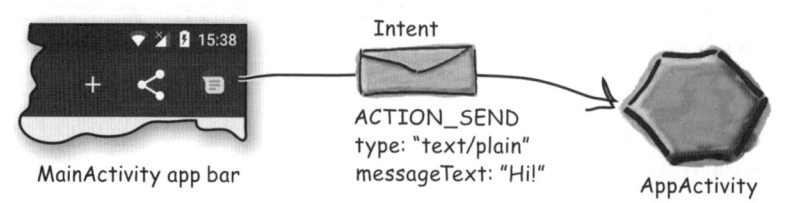

MainActivity app bar → Intent ACTION_SEND type: "text/plain" messageText: "Hi!" → AppActivity

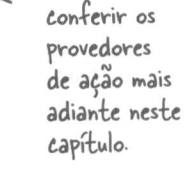

Para começar, vamos a aprender a adicionar uma barra do app básica.

exibições e grupos de exibições

Aplique um tema para adicionar uma barra do app

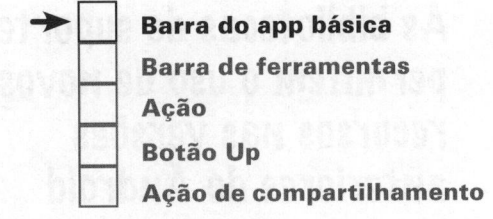

A barra do app tem diversas utilidades:

→ **Barra do app básica**
Barra de ferramentas
Ação
Botão Up
Ação de compartilhamento

- Exibir o nome do app ou da atividade para que o usuário se situe no aplicativo. Por exemplo, um aplicativo de e-mail pode utilizar a barra do app para indicar se o usuário está na caixa de entrada ou na pasta de spam.
- Destacar ações importantes de modo intuitivo, como compartilhar conteúdo e realizar pesquisas.
- Navegar para outras atividades para realizar uma ação.

Para adicionar uma barra do app básica você precisa usar um **tema** que contenha uma barra do app. O tema é um estilo aplicado a uma atividade ou aplicativo para uniformizar o visual e o comportamento do app. O tema controla itens como o estilo do texto e a cor da barra do app e do fundo da atividade.

O Android oferece vários temas que você pode usar nos apps. Alguns deles, como os temas Holo, foram introduzidos nas versões iniciais do Android, enquanto outros, como os temas Material, são recursos recentes que oferecem um visual mais moderno para os apps.

Os temas Material foram introduzidos na API de nível 21.

Os temas Holo integram o Android desde a API de nível 11.

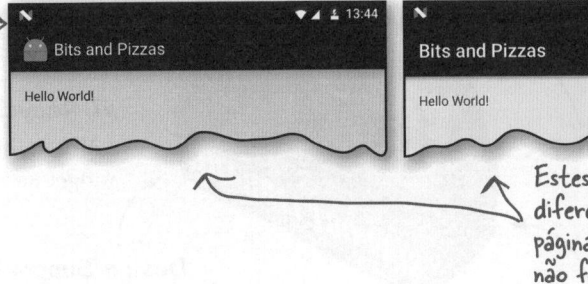

Bits and Pizzas — Hello World! 13:44

Bits and Pizzas — Hello World! 13:42

Estes temas são um pouco diferentes do tema indicado na página anterior, pois seu estilo não foi alterado. Mais adiante no capítulo, vamos aprender como modificar o estilo.

Mas há um problema. Embora você queira que seus apps tenham um visual moderno e arrojado, só poderá usar os temas disponíveis em cada versão do Android. Por exemplo, você não pode usar os temas nativos Material em dispositivos que rodem uma versão do Android anterior à Lollipop, pois os temas Material foram introduzidos na API de nível 21.

Esse problema não está restrito aos temas. Cada versão do Android traz novos recursos que os desenvolvedores querem incluir nos apps, como novos componentes GUI. Mas nem todos migram para a versão mais recente do Android logo depois do lançamento. Na verdade, a maioria das pessoas usa uma versão do Android anterior à mais recente.

Sendo assim, como você pode incluir no app os recursos e temas mais recentes do Android se grande parte dos usuários não estiver utilizando a última versão da plataforma? Como oferecer aos usuários uma experiência consistente em qualquer versão do Android sem que o visual do app pareça antiquado?

você está aqui ▶ 293

bibliotecas de suporte

As bibliotecas de suporte permitem o uso de novos recursos nas versões anteriores do Android

→ ☐ **Barra do app básica**
  ☐ Barra de ferramentas
  ☐ Ação
  ☐ Botão Up
  ☐ Ação de compartilhamento

Para resolver esse problema, a equipe do Android desenvolveu as **Bibliotecas de Suporte**.

As Bibliotecas de Suporte do Android permitem a compatibilidade com versões anteriores do Android. Essas bibliotecas não integram a versão principal do Android e contêm recursos que podem ser utilizados pelos profissionais nos apps em desenvolvimento. Com as Bibliotecas de Suporte, você pode oferecer a mesma experiência aos usuários de dispositivos antigos e recentes *mesmo que eles utilizem versões diferentes do Android.*

A seguir, indicamos algumas das Bibliotecas de Suporte à sua disposição:

v4 Support Library
Contém o maior número de recursos, como os de suporte para componentes de aplicativo e recursos de interface do usuário.

v7 AppCompat Library
Contém suporte para barras do app.

v7 Cardview Library
Adiciona suporte para o widget `CardView` e permite a exibição de informações em cartões.

Constraint Layout Library
Permite a criação de layouts de restrição. Você utilizou os recursos desta biblioteca no Capítulo 6.

v7 RecyclerView Library
Adiciona suporte para o widget `RecyclerView`.

Design Support Library
Adiciona suporte para componentes extras, como abas e gavetas de navegação.

Estes são apenas alguns exemplos de Bibliotecas de Suporte.

Cada biblioteca contém um conjunto específico de recursos.

A v7 AppCompat Library oferece um conjunto de temas recentes que podem ser utilizados em versões anteriores do Android: na prática, eles podem ser utilizados em quase todos os dispositivos, já que a maioria das pessoas usa API de nível 19 ou superior. Para usar a v7 AppCompat Library, vamos aplicar um dos seus temas no app que estamos desenvolvendo. Esse procedimento deve adicionar uma barra do app que terá um visual arrojado e funcionará do mesmo modo em todas as versões do Android relevantes para o projeto. Para usar uma das Bibliotecas de Suporte, você deve primeiro adicioná-la ao app. Vamos aprender a fazer isso depois de criar o projeto.

Crie o app Pizza

Para começar, vamos criar um protótipo para o app Pizza. Crie um novo projeto Android para um aplicativo chamado "Bits and Pizzas", utilizando como domínio da empresa "hfad.com" e como nome de pacote `com.hfad.bitsandpizzas`. O SDK mínimo deve ser API nível 19 para que o app rode na maioria dos dispositivos. Você vai precisar de uma atividade vazia chamada "MainActivity" e de um layout chamado "activity_main". Lembre-se de **marcar** a opção **Backwards Compatibility (AppCompat)** (mais informações sobre isso nas próximas páginas).

→ ☐ **Barra do app básica**
☐ **Barra de ferramentas**
☐ **Ação**
☐ **Botão Up**
☐ **Ação de compartilhamento**

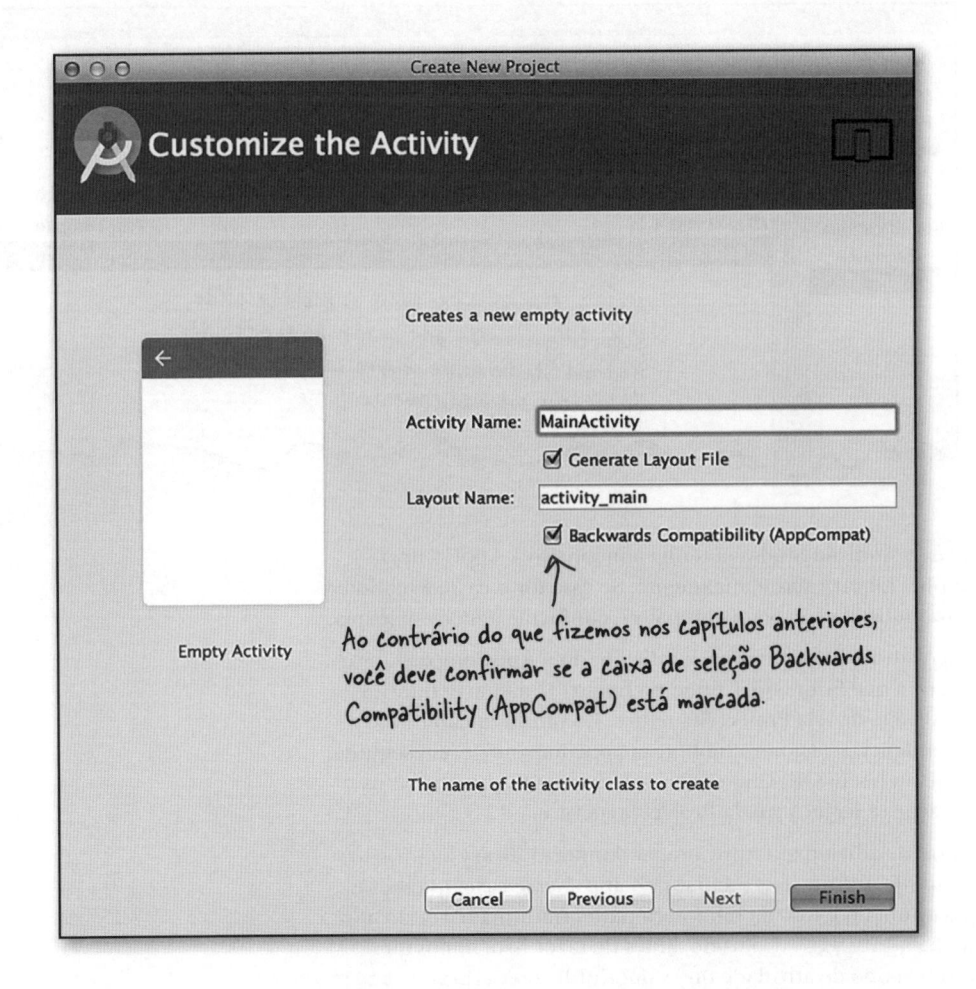

Ao contrário do que fizemos nos capítulos anteriores, você deve confirmar se a caixa de seleção Backwards Compatibility (AppCompat) está marcada.

A seguir, vamos aprender a adicionar uma Biblioteca de Suporte ao projeto.

biblioteca de suporte AppCompat

Adicione a v7 AppCompat Support Library

→ ☐ **Barra do app básica**
☐ Barra de ferramentas
☐ Ação
☐ Botão Up
☐ Ação de compartilhamento

Para usar um dos temas da v7 AppCompat Library, vamos adicionar esta biblioteca ao projeto como uma dependência. Assim, a biblioteca será incluída no app e baixada pelo dispositivo do usuário.

Para controlar os arquivos da Biblioteca de Suporte a serem incluídos no projeto, acesse File→Project Structure. Em seguida, clique no módulo do app e selecione Dependencies. Você verá a seguinte tela:

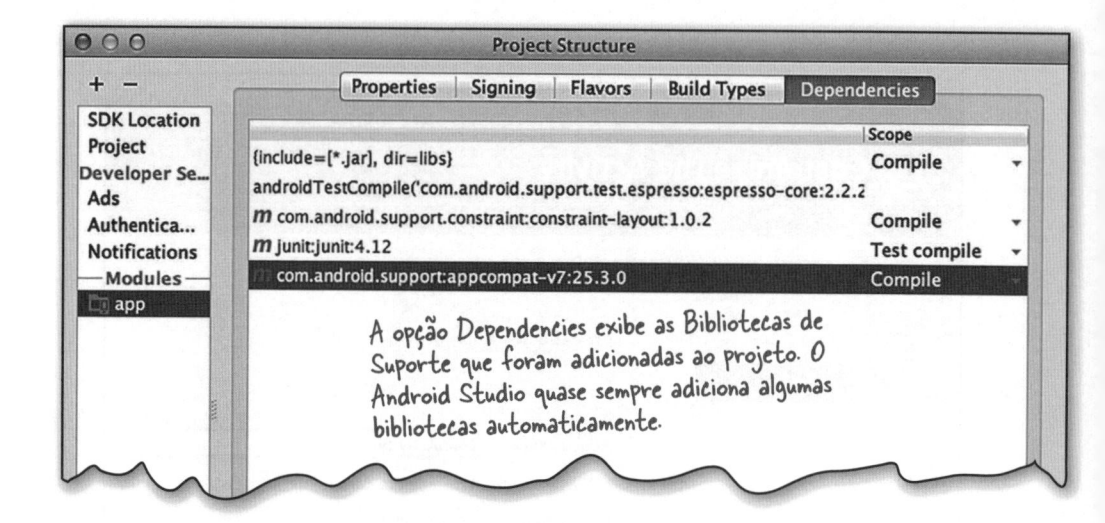

```
Project Structure
    Properties   Signing   Flavors   Build Types   Dependencies
SDK Location                                                    Scope
Project           {include=[*.jar], dir=libs}                   Compile
Developer Se...   androidTestCompile('com.android.support.test.espresso:espresso-core:2.2.2
Ads               m com.android.support.constraint:constraint-layout:1.0.2   Compile
Authentica...     m junit:junit:4.12                            Test compile
Notifications
  Modules         com.android.support:appcompat-v7:25.3.0       Compile
    app
```

A opção Dependencies exibe as Bibliotecas de Suporte que foram adicionadas ao projeto. O Android Studio quase sempre adiciona algumas bibliotecas automaticamente.

Talvez o Android Studio já tenha adicionado a AppCompat Support Library automaticamente. Se esse for o caso, a biblioteca estará indicada como appcompat-v7, conforme a imagem acima.

Se o Android Studio não tiver adicionado a AppCompat Library, você terá que fazer isso. Clique no botão "+" na parte inferior ou à direita da tela Project Structure. Escolha a opção Library Dependency, selecione a biblioteca appcompat-v7 e, em seguida, clique no botão OK. Clique novamente em OK para salvar as alterações e feche a janela Project Structure.

Depois de adicionar a AppCompat Support Library ao projeto, você pode utilizar seus recursos no app. Nesse caso, queremos aplicar um do temas da biblioteca para criar uma barra do app na `MainActivity`. Contudo, antes de fazer isso, temos que definir o tipo de atividade que vamos utilizar em `MainActivity`.

exibições e grupos de exibições

A AppCompatActivity permite o uso dos temas AppCompat

Até aqui, todas as atividades que criamos estendiam a classe `Activity`. Essa é a classe base que efetivamente define todas as atividades. Mas, para usar os temas AppCompat, você deve utilizar um tipo especial de atividade, a **AppCompatActivity**.

A classe `AppCompatActivity` é uma subclasse de `Activity`. Localizada na AppCompat Support Library, essa subclasse viabiliza operações com os temas AppCompat. **Sua atividade deve estender a classe `AppCompatActivity` em vez da classe `Activity` para que a barra do app seja compatível com versões anteriores do Android.**

Como a `AppCompatActivity` é uma subclasse da classe `Activity`, tudo que aprendemos sobre atividades é aplicável a ela. A `AppCompatActivity` trabalha com os layouts do mesmo modo e herda todos os métodos do ciclo de vida da classe `Activity`. Em comparação com a `Activity`, a principal diferença é que a `AppCompatActivity` contém mecanismos inteligentes que permitem a ela processar os temas da AppCompat Support Library.

Este diagrama ilustra a hierarquia da classe `AppCompatActivity`:

Activity
onCreate(Bundle)
onStart()
onRestart()
onResume()
onPause()
onStop()
onDestroy()
onSaveInstanceState()

Classe Activity

(android.app.Activity)

A classe `Activity` implementa versões-padrão dos métodos do ciclo de vida.

FragmentActivity

Classe FragmentActivity

(android.support.v4.app.FragmentActivity)

Essa é a classe base das atividades que usam fragmentos de suporte. Vamos falar sobre fragmentos no próximo capítulo.

AppCompatActivity

Classe AppCompatActivity

(android.support.v7.app.AppCompatActivity)

Essa é a classe base para as atividades que usam a barra do app da Support Library.

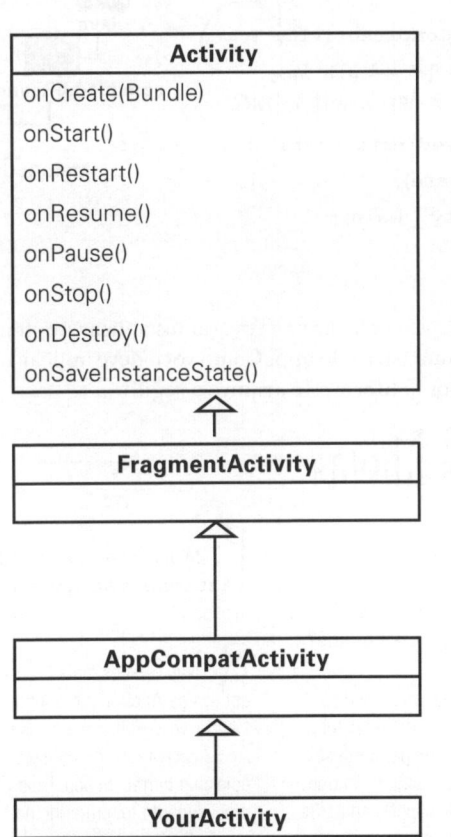

YourActivity
onCreate(Bundle)
yourMethod()

Classe YourActivity

(com.hfad.foo)

Vamos conferir como a `MainActivity` estende a `AppCompatActivity` na próxima página.

código de MainActivity

A MainActivity deve ser uma AppCompatActivity

→ ☐ **Barra do app básica**
☐ **Barra de ferramentas**
☐ **Ação**
☐ **Botão Up**
☐ **Ação de compartilhamento**

Para que um dos temas AppCompat seja aplicado, uma das atividades deve estender a classe `AppCompatActivity` em vez da classe `Activity`. Felizmente, isso já deve ter ocorrido se você marcou a opção Backwards Compatibility (AppCompat) logo que criou a atividade. Abra o arquivo *MainActivity.java* e veja se o seu código se parece com o indicado abaixo:

A classe AppCompatActivity está localizada na v7 AppCompat Support Library.

```
package com.hfad.bitsandpizzas;

import android.support.v7.app.AppCompatActivity;
import android.os.Bundle;

public class MainActivity extends AppCompatActivity {

    @Override
    protected void onCreate(Bundle savedInstanceState) {
        super.onCreate(savedInstanceState);
        setContentView(R.layout.activity_main);
    }
}
```

Lembre-se de que sua atividade deve estender a AppCompatActivity.

BitsAndPizzas
  app/src/main
    java
      com.hfad.bitsandpizzas
        MainActivity.java

Depois de confirmar que a atividade estende a `AppCompatActivity`, vamos aplicar um tema da AppCompat Support Library para adicionar uma barra do app. Como você deve aplicar um tema no arquivo *AndroidManifest.xml* do app, vamos conferir este arquivo a seguir.

---

não existem Perguntas Idiotas

P: Quais versões do Android são compatíveis com as Bibliotecas de Suporte?

R: Depende da versão da Biblioteca de Suporte em questão. Antes da versão 24.2.0, as Bibliotecas com o prefixo v4 eram compatíveis com APIs de nível 4 e superior; e as de prefixo v7, com APIs de nível 7 e superior. Quando a versão 24.2.0 das Bibliotecas de Suporte foi lançada, a API mínima para todas as Bibliotecas de Suporte foi fixada como a API de nível 9. O nível mínimo da API tende a aumentar no futuro.

P: Nos capítulos anteriores, o Android Studio gerou atividades que já estendiam a `AppCompatActivity`. Por quê?

R: Quando você cria uma atividade no Android Studio, o assistente inclui uma caixa de seleção que pergunta se você deseja criar uma atividade do tipo Backwards Compatible (AppCompat). Se você tiver deixado esta opção marcada nos capítulos anteriores, o Android Studio gerou atividades que estendiam a `AppCompatActivity`.

P: Já vi um código que estendia a `ActionBarActivity`. O que era isso?

R: Nas versões mais antigas da AppCompat Support Library, você utilizava a classe `ActionBarActivity` para adicionar barras do app. Esse procedimento foi preterido na versão 22.1 e substituído pela `AppCompatActivity`.

O AndroidManifest.xml pode alterar a aparência da barra do app

Como vimos antes, o arquivo *AndroidManifest.xml* fornece informações essenciais sobre o app, indicando, por exemplo, as atividades que ele contém. Além disso, esse arquivo inclui vários atributos que influenciam diretamente as barras do app.

Este é o código do *AndroidManifest.xml* criado pelo Android Studio (destacamos as áreas mais importantes):

```xml
<?xml version="1.0" encoding="utf-8"?>
<manifest xmlns:android="http://schemas.android.com/apk/res/android"
    package="com.hfad.bitsandpizzas">
    <application
        android:allowBackup="true"
        android:icon="@mipmap/ic_launcher"
        android:roundIcon="@mipmap/ic_launcher_round"
        android:label="@string/app_name"
        android:supportsRtl="true"
        android:theme="@style/AppTheme">
        <activity android:name=".MainActivity">
            ...
        </activity>
    </application>
</manifest>
```

Ícones do app. O Android Studio cria ícones automaticamente.

Nome do app, acessível para o usuário

O tema

O atributo **android:icon** atribui um ícone ao aplicativo. O ícone funciona como um ícone inicializador do app e, se o tema em uso exibir um ícone na barra do app, ele usará esse ícone. O **android:roundIcon** pode ser utilizado em dispositivos que rodem Android 7.1 ou versões superiores.

O ícone é um recurso **mipmap**. Um mipmap é uma imagem que pode ser usada nos ícones do aplicativo e fica armazenado nas pastas *mipmap** em *app/src/main/res*. Como ocorre com os *drawables*, você pode adicionar diferentes imagens para diferentes densidades de tela ao colocá-las na respectiva pasta *mipmap*. Por exemplo, um ícone armazenado na pasta *mipmap-hdpi* será usado por dispositivos com telas de alta densidade. Para fazer referência aos recursos mipmap no layout, você deve usar @mipmap.

O atributo **android:label** determina um rótulo acessível aos usuários a ser exibido na barra do app. No código acima, esse atributo é utilizado na tag <application> para que o rótulo seja aplicado em todo o app. Você também pode adicioná-lo à tag <activity> para aplicar o rótulo em uma única atividade.

O atributo **android:theme** especifica o tema. Quando incluído no elemento <application>, esse atributo aplica o tema em todo o app. Se for inserido no elemento <activity>, o atributo aplica o tema em uma única atividade.

Vamos a aprender a aplicar o tema na próxima página.

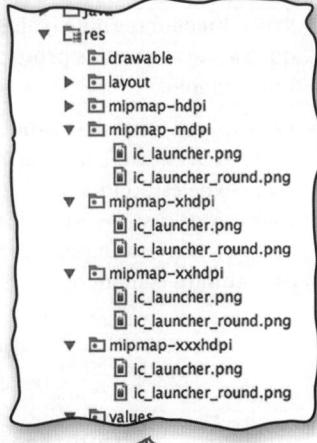

O Android Studio adicionou automaticamente ícones às pastas mipmap* quando o projeto foi criado.

aplique um tema

Como aplicar um tema

Para aplicar um tema no seu app, há duas opções principais:

- Inserir o tema no código de *AndroidManifest.xml*.
- Aplicar o tema usando um estilo.

Vamos analisar essas duas abordagens.

1. Inserindo o tema no código

Para inserir o tema no código de *AndroidManifest.xml*, você deve atualizar o atributo `android:theme` no arquivo para especificar o nome do tema a ser utilizado. Por exemplo, para aplicar um tema com um fundo claro e uma barra do app escura, você deve usar o seguinte comando:

```
<application
    ...
    android:theme="Theme.AppCompat.Light.DarkActionBar">
```

Essa abordagem funciona bem para aplicar um tema básico sem realizar nenhuma alteração.

Esta é uma forma simples de aplicar um tema básico, mas não permite, por exemplo, a troca das cores do tema.

2. Usando um estilo para aplicar o tema

Na maioria das vezes, você aplicará o tema usando um estilo, pois esse procedimento permite o ajuste da aparência do tema. Talvez você queira trocar as cores principais do tema para refletir a marca do app, por exemplo.

Para aplicar um tema usando um estilo, você deve atualizar o atributo `android:theme` em *AndroidManifest.xml* para indicar o nome de um recurso de estilo (que você terá que criar). Nesse caso, como vamos usar um recurso de estilo chamado `AppTheme`, atualize o atributo `android:theme` na sua versão de *AndroidManifest.xml* de acordo com os seguintes comandos:

```
<application
    ...
    android:theme="@style/AppTheme">
```

Talvez o Android Studio já tenha adicionado este item à sua versão de AndroidManifest.xml

BitsAndPizzas
app/src/main
AndroidManifest.xml

O prefixo `@style` diz ao Android que o tema utilizado pelo app é um estilo definido em um **arquivo de recursos de estilo**. Vamos conferir esse ponto a seguir.

Defina estilos em um arquivo de recursos de estilo

☐ **Barra do app básica**
☐ **Barra de ferramentas**
☐ **Ação**
☐ **Botão Up**
☐ **Ação de compartilhamento**

O arquivo de recursos de estilo contém os detalhes dos temas e estilos que você desejar usar no app. Quando você cria um projeto no Android Studio, o IDE normalmente gera um arquivo de recursos de estilo padrão chamado *styles.xml* na pasta *app/src/main/res/values*.

Se o Android Studio não tiver criado o arquivo, você terá que adicioná-lo manualmente. Acesse a visualização Project no navegador do Android Studio, selecione a pasta *app/src/main/res/values*, vá para o menu File e escolha a opção New. Em seguida, escolha a opção para criar um novo arquivo de recursos Values e, quando solicitado, nomeie o arquivo como "styles". Quando você clicar em OK, o Android Studio criará o arquivo.

Um arquivo de recursos de estilo básico tem o seguinte formato:

Este é o tema aplicado no app.

```
<resources>
    <style name="AppTheme" parent="Theme.AppCompat.Light.DarkActionBar">
```

O código extra aqui serve para personalizar o tema. Vamos conferir esse ponto nas próximas páginas.

```
    </style>
</resources>
```

BitsAndPizzas
└ **app/src/main**
　└ **res**
　　└ **values**
　　　└ **styles.xml**

Um arquivo de recursos de estilo pode conter um ou mais estilos. Cada estilo é definido por um elemento `<style>`.

Para cada estilo, você deve definir um nome usando o atributo `name`. Confira este exemplo:

```
name="AppTheme"
```

No código acima, o estilo é identificado pelo nome de "AppTheme" e o *AndroidManifest.xml* pode fazer referência a ele usando "@style/AppTheme".

O atributo `parent` especifica o local de onde o estilo deve herdar suas propriedades. Confira este exemplo:

```
parent="Theme.AppCompat.Light.DarkActionBar"
```

A barra do app tem um fundo escuro e um texto branco.

Esse procedimento aplica no app o tema **"Theme.AppCompat.Light.DarkActionBar"**, que utiliza nas atividades um fundo claro e uma barra do app escura. Vamos conferir outros temas disponíveis no Android na próxima página.

Bits and Pizzas
Hello World!

O fundo da atividade principal é claro.

temas

Galeria de temas

O Android oferece diversos temas que você pode usar nos apps. Indicamos aqui alguns deles:

→ **Barra do app básica**
Barra de ferramentas
Ação
Botão Up
Ação de compartilhamento

Theme.AppCompat.Light

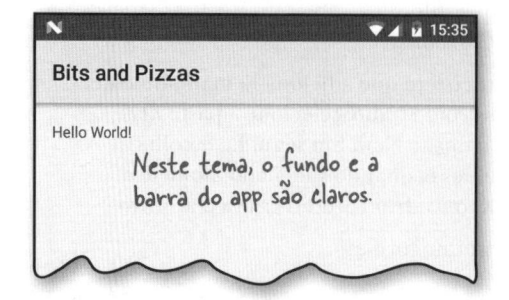

Neste tema, o fundo e a barra do app são claros.

Theme.AppCompat

Neste tema, o fundo e a barra do app são escuros.

Theme.AppCompat.Light.NoActionBar

Neste tema, o fundo é claro e não há nenhuma barra do app.

Theme.AppCompat.NoActionBar

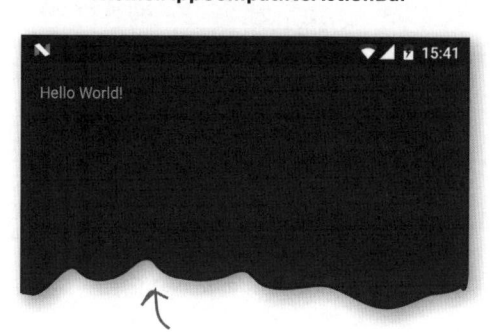

Neste tema, o fundo é escuro e não há nenhuma barra do app.

O Android também oferece o tema DayNight, que utiliza um conjunto de cores durante o dia e outro durante a noite.

Theme.AppCompat.Light.DarkActionBar

Neste tema, o fundo é claro e a barra do app, escura.

O tema determina a aparência básica do app, como a cor da barra do app e das views. Mas como podemos modificar a aparência do app?

Personalize o visual do app

Para personalizar o visual do app, altere as propriedades do tema no arquivo de recursos de estilo. Por exemplo, você pode modificar a cor da barra do app, da barra de status e dos controles da UI. Se quiser alterar o tema, adicione elementos `<item>` ao `<style>` para descrever cada modificação que você deseja implementar.

→ Barra do app básica
Barra de ferramentas
Ação
Botão Up
Ação de compartilhamento

Vamos substituir três das cores utilizadas no tema aplicado. Para isso, confira se sua versão de *styles.xml* está de acordo com o código abaixo:

BitsAndPizzas
app/src/main
res
values
styles.xml

```xml
<resources>
    <!-- Base application theme. -->
    <style name="AppTheme" parent="Theme.AppCompat.Light.DarkActionBar">
        <!-- Customize your theme here. -->
        <item name="colorPrimary">@color/colorPrimary</item>
        <item name="colorPrimaryDark">@color/colorPrimaryDark</item>
        <item name="colorAccent">@color/colorAccent</item>
    </style>
</resources>
```

Estas três linhas de código modificam o tema, alterando três cores.

O código acima faz três modificações e cada uma delas é descrita por um `<item>` específico. Cada `<item>` tem um atributo name que indica a parte do tema a ser alterada e um valor que especifica o resultado da alteração. Observe este exemplo:

```xml
<item name="colorPrimary">@color/colorPrimary</item>
```

Para alterar a parte do tema indicada por colorPrimary, este item utiliza o valor @color/colorPrimary.

name="colorPrimary" faz referência à cor principal a ser utilizada no app. Essa cor será aplicada na barra do app, indicando a "marca" do aplicativo.

name="colorPrimaryDark" é uma variante mais escura da cor principal e será aplicada na barra de status.

name="colorAccent" faz referência à cor dos controles da UI, como exibições de texto editáveis e caixas de seleção.

Para definir uma nova cor para essas áreas, atribua um valor a cada `<item>`. O valor pode ser um valor de cor hexadecimal inserido diretamente no código ou uma referência a um recurso de cor. Vamos conferir os recursos de cor na próxima página.

colorPrimary é a cor da barra do app.
colorPrimaryDark é a cor da barra de status.

Bits and Pizzas
16:04

Please enter your email address

colorAccent é a cor dos controles da UI.

Há muitas outras propriedades de temas que podem ser alteradas, mas não vamos abordá-las aqui. Para obter mais informações, visite https://developer.android.com/guide/topics/ui/themes.html (conteúdo em inglês).

recursos de cor

Defina as cores em um arquivo de recursos de cor

→ Barra do app básica
Barra de ferramentas
Ação
Botão Up
Ação de compartilhamento

O arquivo de recursos de cor parece um arquivo de recursos de string, mas contém cores em vez de strings. Um arquivo de recursos de cor facilita a alteração das cores no esquema de cores do app, pois todas as cores a serem utilizadas ficam em um mesmo local.

Geralmente, o arquivo de recursos de cor fica armazenado na pasta *app/src/main/res/values* com o nome de *colors.xml*. Quando você cria um projeto no Android Studio, o IDE normalmente gera esse arquivo automaticamente.

Se o Android Studio não tiver criado o arquivo, você terá que adicioná-lo manualmente. Acesse a visualização Project no navegador do Android Studio, selecione a pasta *app/src/main/res/values*, vá para o menu File e escolha New. Em seguida, escolha a opção para criar um novo arquivo de recursos Values e, quando solicitado, nomeie o arquivo como "colors". Quando você clicar em OK, o Android Studio criará o arquivo automaticamente.

Depois, abra o *colors.xml* e confira se sua versão do arquivo está de acordo com o código indicado abaixo:

```xml
<?xml version="1.0" encoding="utf-8"?>
<resources>
    <color name="colorPrimary">#3F51B5</color>
    <color name="colorPrimaryDark">#303F9F</color>
    <color name="colorAccent">#FF4081</color>
</resources>
```

Cada item destes é um recurso de cor.

BitsAndPizzas
app/src/main
res
values
colors.xml

O código acima define três recursos de cor. Cada recurso tem um nome e um valor. O valor é um valor de cor hexadecimal:

Este item define um recurso de cor.
`<color name="colorPrimary">#3F51B5</color>`
O recurso de cor tem o nome "colorPrimary" e o valor #3F51B5 (azul).

Para procurar as cores no arquivo de recursos de cor, o arquivo de recursos de estilo usa `@color/colorName`. Confira este exemplo:

`<item name="colorPrimary">@color/colorPrimary</item>`

Esse código substitui a cor primária do tema pelo valor de `colorPrimary` indicado no arquivo de recursos de cor.

Agora que aprendemos a incluir uma barra do app aplicando um tema no aplicativo, vamos atualizar o layout de `MainActivity` e fazer um test drive no app.

exibições e grupos de exibições

O código de activity_main.xml

No layout de `MainActivity`, vamos exibir um texto-padrão em um layout linear utilizando o código indicado abaixo. Atualize sua versão de *activity_main.xml* de acordo com os comandos indicados abaixo:

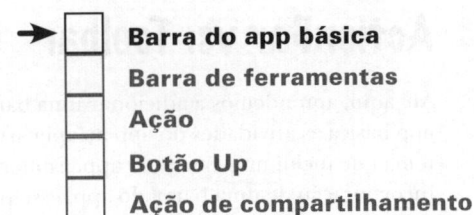

- ☑ **Barra do app básica**
- ☐ Barra de ferramentas
- ☐ Ação
- ☐ Botão Up
- ☐ Ação de compartilhamento

```xml
<?xml version="1.0" encoding="utf-8"?>
<LinearLayout
    xmlns:android="http://schemas.android.com/apk/res/android"
    xmlns:tools="http://schemas.android.com/tools"
    android:layout_width="match_parent"
    android:layout_height="match_parent"
    android:orientation="vertical"
    android:padding="16dp"
    tools:context="com.hfad.bitsandpizzas.MainActivity">

    <TextView
        android:layout_width="wrap_content"
        android:layout_height="wrap_content"
        android:text="Hello World!" />
</LinearLayout>
```

BitsAndPizzas / app/src/main / res / layout / activity_main.xml

Vamos exibir um texto do espaço reservado no layout de MainActivity porque agora queremos desenvolver exclusivamente as barras do app.

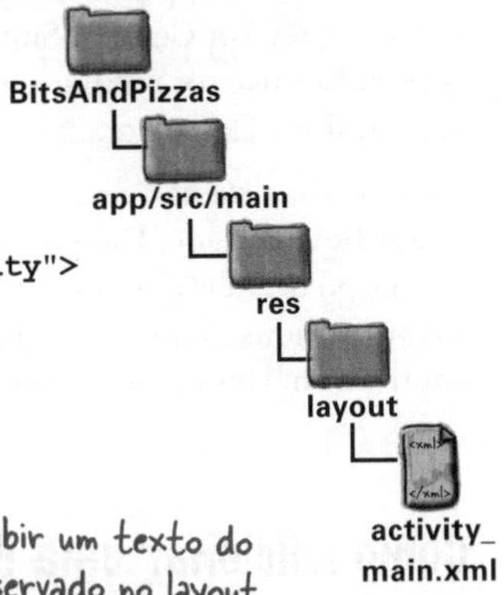

Test drive do app

Quando o app é executado, a `MainActivity` aparece. Na parte superior da atividade, há uma barra do app.

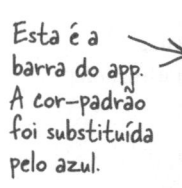

Esta é a barra do app. A cor-padrão foi substituída pelo azul.

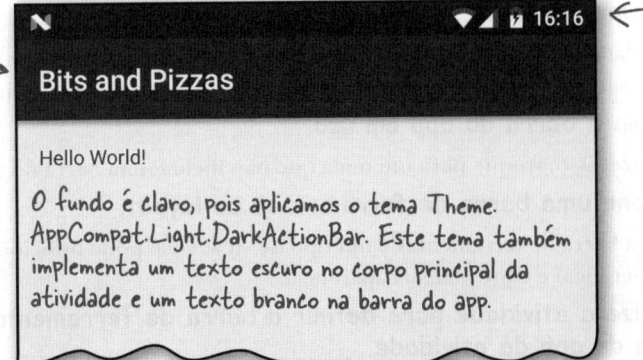

Bits and Pizzas   ▼◢ ▮ 16:16

Hello World!

A cor-padrão da barra de status foi substituída por um azul mais escuro do que o aplicado na barra do app.

O fundo é claro, pois aplicamos o tema Theme. AppCompat.Light.DarkActionBar. Este tema também implementa um texto escuro no corpo principal da atividade e um texto branco na barra do app.

Agora você já sabe como adicionar uma barra do app básica às atividades. Para praticar, tente alterar o tema e as cores do seu app. Quando estiver pronto, vá para a próxima página e confira a etapa seguinte.

você está aqui ▶ **305**

barras de ferramentas

ActionBar vs. Toolbar

Até aqui, aprendemos a adicionar uma barra do app básica às atividades do app ao aplicarmos um tema que inclui uma barra do app. Embora facilite a incorporação de uma barra do app, esse procedimento tem uma desvantagem: *talvez não permita a inclusão dos recursos mais recentes aplicáveis às barras do app.*

Nos bastidores, as atividades que adquirem uma barra do app através do tema usam a classe `ActionBar` para a barra do app. Contudo, os recursos mais recentes para a barra do app podem ser encontrados na classe `Toolbar` da AppCompat Support Library. Por isso, se você quiser usar os recursos mais recentes da barra do app, utilize a classe `Toolbar` da Support Library.

Além disso, a classe `Toolbar` também oferece uma maior flexibilidade. Uma barra de ferramentas (toolbar) é um tipo de view que você adiciona ao layout como as outras views, o que facilita seu posicionamento e controle em comparação com uma barra do app básica.

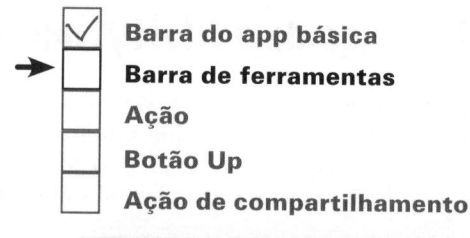

- [✓] **Barra do app básica**
- → [ ] **Barra de ferramentas**
- [ ] Ação
- [ ] Botão Up
- [ ] Ação de compartilhamento

A barra de ferramentas parece com a barra do app que vimos anteriormente, mas oferece uma maior flexibilidade e inclui os recursos mais recentes.

Como adicionar uma barra de ferramentas

Vamos modificar a atividade para usar uma barra de ferramentas da Support Library como barra do app. Para usar a classe `Toolbar` da Support Library, você deve realizar algumas etapas:

❶ Adicione a v7 AppCompat Support Library como uma dependência.

Esse procedimento é necessário porque a classe `Toolbar` fica armazenada nessa biblioteca.

❷ Lembre-se de que a atividade deve estender a classe AppCompatActivity.

A atividade deve estender a `AppCompatActivity` (ou alguma das suas subclasses) para que a barra de ferramentas da Support Library seja utilizada.

❸ Remova a barra do app em uso.

Para fazer isso, troque para um tema que não inclua uma barra do app.

❹ Adicione uma barra de ferramentas ao layout.

Como a barra de ferramentas é um tipo de view, você pode posicioná-la em qualquer local e controlar sua aparência.

❺ Atualize a atividade para definir a barra de ferramentas como a barra do app da atividade.

Dessa forma, a atividade responderá à barra de ferramentas.

A seguir, vamos analisar cada uma dessas etapas.

exibições e grupos de exibições

1. Adicione a AppCompat Support Library

- [✓] **Barra do app básica**
- → [ ] **Barra de ferramentas**
- [ ] **Ação**
- [ ] **Botão Up**
- [ ] **Ação de compartilhamento**

Antes de usar a classe `Toolbar` da Support Library nas atividades, você precisa conferir se a v7 AppCompat Support Library foi adicionada ao projeto como uma dependência. Neste caso específico, a biblioteca já foi adicionada ao projeto, pois aplicamos os temas AppCompat.

Para confirmar a existência da Support Library, acesse o Android Studio, escolha File→Project Structure, clique no módulo app e escolha a opção Dependencies. A v7 AppCompat Library estará listada da seguinte forma:

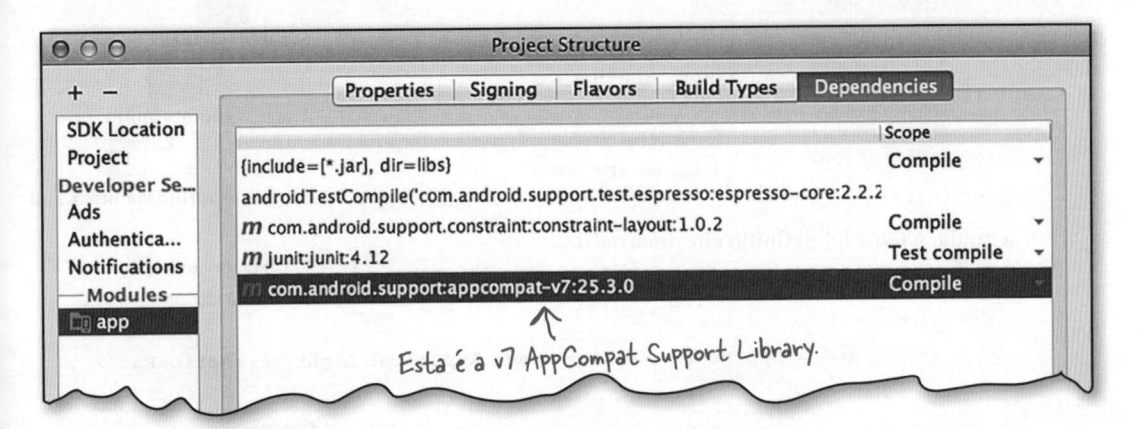

```
Project Structure
  Properties  Signing  Flavors  Build Types  Dependencies
SDK Location
Project                                                    Scope
Developer Se...   {include=[*.jar], dir=libs}              Compile
Ads               androidTestCompile('com.android.support.test.espresso:espresso-core:2.2.2
Authentica...     m com.android.support.constraint:constraint-layout:1.0.2    Compile
Notifications     m junit:junit:4.12                        Test compile
—Modules—         com.android.support:appcompat-v7:25.3.0   Compile
  app
```

↑ Esta é a v7 AppCompat Support Library.

2. Estenda a classe AppCompatActivity

Para usar um tema da AppCompat Library, você deve fazer suas atividades estenderem a classe `AppCompatActivity`. Isso também vale para quando você quiser usar uma barra de ferramentas da Support Library como barra do app.

Já cumprimos essa etapa porque, no início do capítulo, alteramos *MainActivity.java* para usar a `AppCompatActivity`:

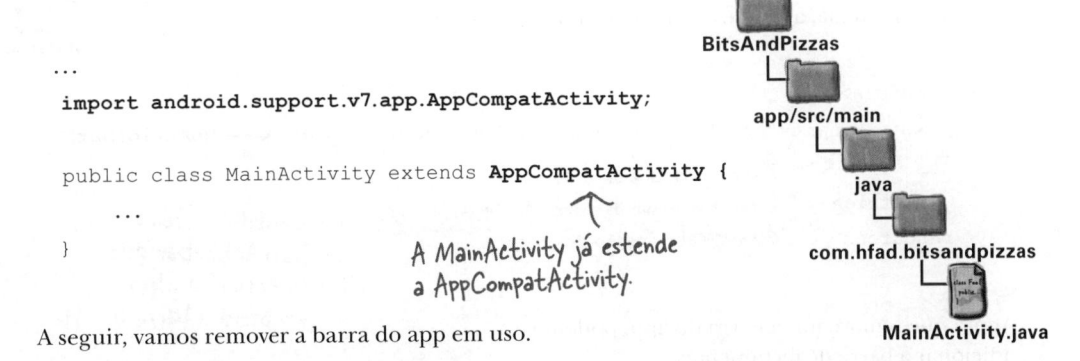

```
...
import android.support.v7.app.AppCompatActivity;

public class MainActivity extends AppCompatActivity {
    ...
}
```

↑ A MainActivity já estende a AppCompatActivity.

BitsAndPizzas
  app/src/main
    java
      com.hfad.bitsandpizzas
        MainActivity.java

A seguir, vamos remover a barra do app em uso.

tema NoActionBar

3. Remova a barra do app

Para remover a barra do app em uso, você deve proceder exatamente como se fosse adicionar uma: aplicando um **tema**.

Quando queremos adicionar uma barra do app ao aplicativo, aplicamos um tema que incluía uma. Para fazer isso, usamos o atributo theme em *AndroidManifest.xml* e aplicamos o estilo AppTheme:

- ✓ Barra do app básica
- → Barra de ferramentas
- Ação
- Botão Up
- Ação de compartilhamento

```xml
<manifest xmlns:android="http://schemas.android.com/apk/res/android"
    package="com.hfad.bitsandpizzas">
    <application
        ...
        android:theme="@style/AppTheme">
        ...
    </application>
</manifest>
```

Este item procura o tema em styles.xml.

BitsAndPizzas / app/src/main / AndroidManifest.xml

Em seguida, o tema foi definido em *styles.xml* da seguinte forma:

```xml
<resources>
    <style name="AppTheme" parent="Theme.AppCompat.Light.DarkActionBar">
        ...
    </style>
</resources>
```

Este é o tema em uso. Ele exibe uma barra do app escura.

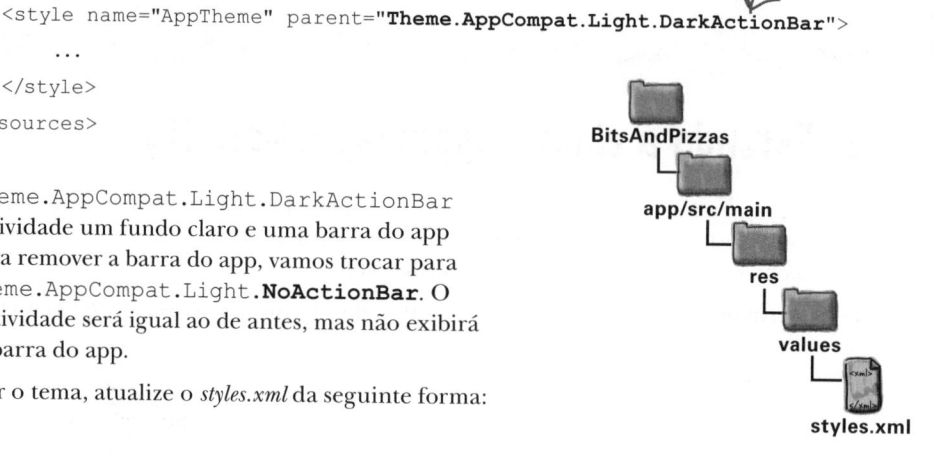

O tema Theme.AppCompat.Light.DarkActionBar atribui à atividade um fundo claro e uma barra do app escura. Para remover a barra do app, vamos trocar para o tema Theme.AppCompat.Light.**NoActionBar**. O visual da atividade será igual ao de antes, mas não exibirá nenhuma barra do app.

Para alterar o tema, atualize o *styles.xml* da seguinte forma:

BitsAndPizzas / app/src/main / res / values / styles.xml

```xml
<resources>
    <style name="AppTheme" parent="Theme.AppCompat.Light.~~Dark~~NoActionBar">
        ...
    </style>
</resources>
```

Para personalizar o tema, trocamos algumas cores. Você pode deixar este código como está.

Substitua o tema DarkActionBar pelo NoActionBar. Isso removerá a barra do app.

Agora que removemos a barra do app, podemos adicionar a barra de ferramentas.

exibições e grupos de exibições

4. Adicione uma barra de ferramentas ao layout

☐ Barra do app básica
☑ **Barra de ferramentas**
☐ Ação
☐ Botão Up
☐ Ação de compartilhamento

Como vimos antes, uma barra de ferramentas é um view que você adiciona ao layout. O código de uma barra de ferramentas é mais ou menos este:

```
<android.support.v7.widget.Toolbar
    android:id="@+id/toolbar"
    android:layout_width="match_parent"
    android:layout_height="?attr/actionBarSize"
    android:background="?attr/colorPrimary"
    android:theme="@style/ThemeOverlay.AppCompat.Dark.ActionBar" />
```

Este item define a barra de ferramentas.
Este item atribui uma ID à barra de ferramentas para que você possa fazer referência a ela no código da atividade.
Este item define o tamanho da barra de ferramentas.
Estes itens controlam a aparência da barra do app.

Para começar, defina a barra de ferramentas com o seguinte comando:

```
<android.support.v7.widget.Toolbar
    ... />
```

Este é o caminho completo da classe Toolbar na Support Library.

Aqui, `android.support.v7.widget.Toolbar` é o caminho totalmente qualificado da classe `Toolbar` na Support Library.

Depois de definir a barra de ferramentas, você pode usar outros atributos view para associá-la a uma ID e especificar sua aparência. Por exemplo, para deixar a largura da barra de ferramentas igual à do elemento-pai e sua altura igual ao padrão da barra do app do tema subjacente, utilize os seguintes comandos:

```
android:layout_width="match_parent"
android:layout_height="?attr/actionBarSize"
```

A largura da barra de ferramentas é igual à do elemento-pai e sua altura corresponde à da barra do app-padrão.

O prefixo `?attr` indica que você pretende usar um atributo do tema atual. Nesse caso específico, `?attr/actionBarSize` é a altura de uma barra do app especificada no tema.

Você também pode alterar a aparência da barra de ferramentas para que ela fique com uma aparência semelhante ao visual anterior da barra do app. Para fazer isso, é possível alterar a cor de fundo e aplicar uma **sobreposição de tema** como esta:

```
android:background="?attr/colorPrimary"
android:theme="@style/ThemeOverlay.AppCompat.Dark.ActionBar"
```

Aplique a cor anterior do fundo da barra do app no fundo da barra de ferramentas.

Este item atribui à barra de ferramentas a mesma aparência da barra do app anterior. Temos que usar uma sobreposição de tema, pois o tema NoActionBar não processa os estilos das barras do app como o tema DarkActionBar.

Uma sobreposição de tema é um tipo especial de tema que altera o tema atual substituindo alguns dos seus atributos. Queremos que a barra de ferramentas fique parecida com a barra do app do tema `Theme.AppCompat.Light.DarkActionBar`, portanto, vamos usar a sobreposição de tema `ThemeOverlay.AppCompat.Dark.ActionBar`.

Na próxima página, vamos adicionar a barra de ferramentas ao layout.

não vamos fazer isso (no nosso app)

Adicione a barra de ferramentas ao layout...

✓	Barra do app básica
	Barra de ferramentas
	Ação
	Botão Up
	Ação de compartilhamento

Se o app contém uma única atividade, você pode adicionar a barra de ferramentas ao layout como faria com qualquer outra view. Este é um exemplo do tipo de código que você deve usar nessa situação (como vamos adotar uma abordagem diferente, não atualize seu layout com base no código abaixo):

```xml
<?xml version="1.0" encoding="utf-8"?>
<LinearLayout xmlns:android="http://schemas.android.com/apk/res/android"
    xmlns:tools="http://schemas.android.com/tools"
    android:layout_width="match_parent"
    android:layout_height="match_parent"
    android:orientation="vertical"
    tools:context="com.hfad.bitsandpizzas.MainActivity">

    <android.support.v7.widget.Toolbar
        android:id="@+id/toolbar"
        android:layout_width="match_parent"
        android:layout_height="?attr/actionBarSize"
        android:background="?attr/colorPrimary"
        android:theme="@style/ThemeOverlay.AppCompat.Dark.ActionBar" />

    <TextView
        android:layout_width="wrap_content"
        android:layout_height="wrap_content"
        android:text="Hello World!" />
</LinearLayout>
```

O código indicado aqui não contém nenhum preenchimento para que a barra de ferramentas preencha a tela na horizontal.

BitsAndPizzas / app/src/main / res / layout / activity_main.xml

Este código coloca a barra de ferramentas na parte superior da atividade.

Mais adiante neste capítulo, como vamos adicionar uma segunda atividade ao app, não usaremos esta abordagem. Logo, você não precisa alterar o código do seu layout com base neste exemplo.

Como estamos utilizando um layout linear, a exibição de texto ficará embaixo da barra de ferramentas.

Esse código coloca a barra de ferramentas na parte superior da atividade. Posicionamos a exibição de texto criada pelo Android Studio sob a barra de ferramentas. Observe que a barra de ferramentas é uma view como qualquer outra; portanto, você deve considerar essa informação quando posicionar as outras views.

Adicionar o código da barra de ferramentas ao layout funciona bem quando o app contém uma única atividade, pois todo o código relacionado à aparência da atividade fica armazenado em um só arquivo. Contudo, esse procedimento não funciona muito bem quando o app contém múltiplas atividades. Para exibir uma barra de ferramentas em múltiplas atividades, você teria que definir a barra de ferramentas no layout de cada atividade. Ou seja, se você quisesse alterar o estilo da barra de ferramentas, teria que editar *cada arquivo de layout*.

Então, qual é a alternativa?

exibições e grupos de exibições

...ou defina a barra de ferramentas como um layout separado

✓	Barra do app básica
→ ☐	Barra de ferramentas
☐	Ação
☐	Botão Up
☐	Ação de compartilhamento

Uma abordagem alternativa é definir a barra de ferramentas em um layout separado e, em seguida, incluir o layout da barra de ferramentas em cada atividade. Assim, você terá que definir a barra de ferramentas apenas uma vez e, para alterar o estilo da barra de ferramentas, precisará editar apenas um arquivo.

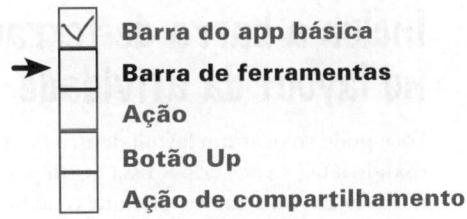

MainActivity → activity_main → toolbar_main

O layout de MainActivity é o activity_main.

O activity_main não contém expressamente o código da barra de ferramentas. Em vez disso, contém uma referência ao layout da barra de ferramentas.

O layout da barra de ferramentas está contido em um arquivo separado. Quando a atividade contém múltiplas atividades, cada uma delas pode referenciar o layout da barra de ferramentas.

Vamos adotar essa abordagem no app que estamos desenvolvendo. Para começar, crie um novo arquivo de layout. Acesse a visualização Project do navegador do Android Studio, selecione a pasta *app/src/res/main/layout* no Android Studio, vá para o menu File e escolha New → Layout resource file. Quando solicitado, nomeie o arquivo de layout como "toolbar_main" e, em seguida, clique em OK. Um novo arquivo de layout chamado *toolbar_main.xml* será criado.

Depois, abra o *toolbar_main.xml* e substitua o código criado pelo Android Studio pelo código a seguir:

```xml
<android.support.v7.widget.Toolbar
    xmlns:android="http://schemas.android.com/apk/res/android"
    android:layout_width="match_parent"
    android:layout_height="?attr/actionBarSize"
    android:background="?attr/colorPrimary"
    android:theme="@style/ThemeOverlay.AppCompat.Dark.ActionBar" />
```

BitsAndPizzas
└ app/src/main
  └ res
    └ layout
      └ toolbar_main.xml

Esta barra de ferramentas fica em arquivo de layout separado que pode ser referenciado por múltiplas atividades.

Esse código é quase idêntico ao código da barra de ferramentas abordado anteriormente. A principal diferença é que ele não inclui o atributo `id` da barra de ferramentas, que vamos definir no arquivo de layout principal da atividade, o *activity_main.xml*.

Na próxima página, vamos aprender a incluir o layout da barra de ferramentas em *activity_main.xml*.

inclua a barra de ferramentas

Inclua a barra de ferramentas no layout da atividade

- ☑ **Barra do app básica**
- → ☐ **Barra de ferramentas**
- ☐ **Ação**
- ☐ **Botão Up**
- ☐ **Ação de compartilhamento**

Você pode colocar um layout dentro de outro layout usando a tag <include>. Essa tag deve conter um atributo layout que especifique o nome do layout a ser incluído. Por exemplo, você pode usar a tag <include> para incluir o layout *toolbar_main.xml* da seguinte forma:

```
<include
    layout="@layout/toolbar _ main" />
```

O @layout diz ao Android para procurar pelo layout toolbar_main.

Para incluir o layout toolbar _ main em *activity_main.xml*, utilizamos o código a seguir. Atualize sua versão de *activity_main.xml* de acordo com o código indicado abaixo:

```
<?xml version="1.0" encoding="utf-8"?>
<LinearLayout
    xmlns:android="http://schemas.android.com/apk/res/android"
    xmlns:tools="http://schemas.android.com/tools"
    android:layout _ width="match _ parent"
    android:layout _ height="match _ parent"
    android:orientation="vertical"
    android:padding="16dp"
    tools:context="com.hfad.bitsandpizzas.MainActivity">

    <include
        layout="@layout/toolbar _ main"
        android:id="@+id/toolbar" />

    <TextView
        android:layout _ width="wrap _ content"
        android:layout _ height="wrap _ content"
        android:text="Hello World!" />
</LinearLayout>
```

Remova o preenchimento para que a barra de ferramentas preencha a tela horizontalmente.

Inclua o layout toolbar_main.

Vamos atribuir uma ID à barra de ferramentas para fazer referência a ela no código da atividade.

BitsAndPizzas / app/src/main / res / layout / activity_main.xml

Agora que adicionamos a barra de ferramentas ao layout, precisamos fazer mais uma alteração.

5. Defina a barra de ferramentas como a barra do app da atividade

- [ ] Barra do app básica
- [x] Barra de ferramentas
- [ ] Ação
- [ ] Botão Up
- [ ] Ação de compartilhamento

Por último, devemos orientar `MainActivity` a usar a barra de ferramentas como uma barra do app.

Até aqui, só adicionamos a barra de ferramentas ao layout. Embora esse procedimento a coloque na parte superior da tela, a barra de ferramentas ainda não tem nenhuma das funcionalidades da barra do app. Por exemplo, se você executar o app agora, vai observar que o título do aplicativo não aparece na barra de ferramentas como ocorria anteriormente com a barra do app.

Para que a barra de ferramentas se comporte como a barra do app, devemos chamar o método `setSupportActionBar()` da `AppCompatActivity` no método `onCreate()` da atividade, que opera com um parâmetro: a barra de ferramentas a ser definida como a barra do app da atividade.

Se você não atualizar o código da sua atividade depois de ter adicionado uma barra de ferramentas ao seu layout, a barra de ferramentas aparecerá como uma faixa simples sem nenhum conteúdo.

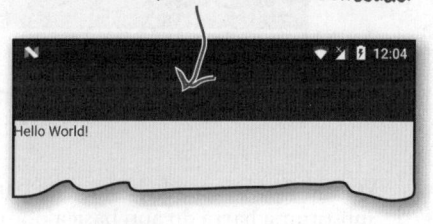

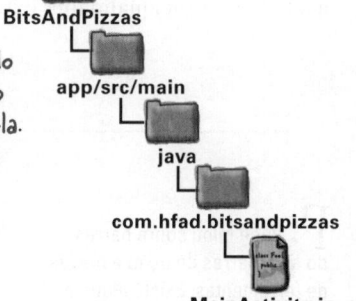

Este é o código de *MainActivity.java*. Atualize seu código com base no código indicado abaixo:

```
package com.hfad.bitsandpizzas;

import android.support.v7.app.AppCompatActivity;
import android.os.Bundle;
import android.support.v7.widget.Toolbar;

public class MainActivity extends AppCompatActivity {

    @Override
    protected void onCreate(Bundle savedInstanceState) {
        super.onCreate(savedInstanceState);
        setContentView(R.layout.activity_main);
        Toolbar toolbar = (Toolbar) findViewById(R.id.toolbar);
        setSupportActionBar(toolbar);
    }
}
```

Como estamos usando a classe Toolbar, não precisamos importá-la.

Temos que usar o setSupportActionBar(), pois estamos adicionando a barra de ferramentas da Support Library.

Identifique a referência da barra de ferramentas e a defina como a barra do app da atividade.

BitsAndPizzas / **app/src/main** / **java** / **com.hfad.bitsandpizzas** / **MainActivity.java**

Esse é o código necessário para substituir a barra do app básica da atividade por uma barra de ferramentas. Agora, vamos conferir o visual.

test drive

Test drive do app

Quando o app é executado, uma nova barra de ferramentas aparece no lugar da barra do app básica. A barra de ferramentas parece com a barra do app, mas é baseada na classe `Toolbar` da Support Library e inclui as funcionalidades mais recentes do Android para barras do app.

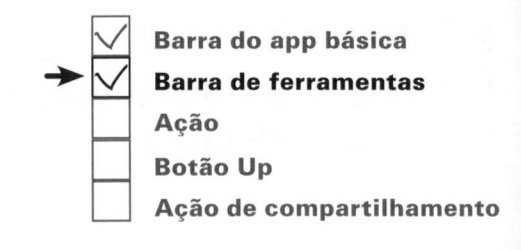

☑ **Barra do app básica**
→ ☑ **Barra de ferramentas**
☐ Ação
☐ Botão Up
☐ Ação de compartilhamento

Esta é a nova barra de ferramentas. Ela parece com a barra do app anterior, mas oferece uma maior flexibilidade.

Você já sabe como adicionar uma barra do app e substituir a barra do app básica por uma barra de ferramentas. Nas próximas páginas, vamos aprender a adicionar funcionalidades extras à barra do app.

---

não existem Perguntas Idiotas

P: Você falou sobre barras do app, barras de ação e barras de ferramentas. Existe alguma diferença entre elas?

R: Barra do app é uma barra que normalmente aparece na parte superior das atividades. Às vezes, recebe o nome de barra de ação porque, nas versões anteriores do Android, o único modo de implementar uma barra do app era através da classe `ActionBar`.

A classe `ActionBar` atua nos bastidores quando aplicamos um tema para adicionar uma barra do app. Se seu app não precisa dos novos recursos para barras do app, esse procedimento pode ser suficiente.

Uma alternativa para adicionar uma barra do app é implementar uma barra de ferramentas usando a classe `Toolbar`. O resultado se parece com a barra do app padrão do tema, mas inclui os recursos mais recentes do Android.

P: Adicionei uma barra de ferramentas à minha atividade, mas, quando executo o app, ela surge como uma faixa cobrindo a parte superior da tela e não exibe o nome do app. Por quê?

R: Primeiro, verifique o *AndroidManifest.xml* e confirme se o app recebeu um rótulo. É desse item que a barra do app obtém o nome do aplicativo.

Lembre-se também de conferir se a atividade chama o método `setSupportActionBar()` no seu método `onCreate()`, pois esse procedimento define a barra de ferramentas como a barra do app da atividade. Caso contrário, o nome do app ou da atividade não será exibido na barra de ferramentas.

P: Observei que a tag <include> aparece em partes do código criado pelo Android Studio. Qual é a função dessa tag?

R: A tag <include> serve para incluir um layout dentro de outro layout. De acordo com a sua versão do Android Studio e do tipo de projeto a ser criado, o Android Studio pode dividir o código do layout em um ou mais layouts separados.

exibições e grupos de exibições

Adicione ações à barra do app

Na maior parte dos apps que desenvolver no futuro, você provavelmente terá que adicionar ações à barra do app. Ações são botões ou texto inseridos na barra do app nos quais você deve clicar para fazer alguma coisa. Vamos adicionar um botão "Create Order" à barra do app. Quando você clicar nele, iniciará uma nova atividade que criaremos a seguir chamada `OrderActivity`:

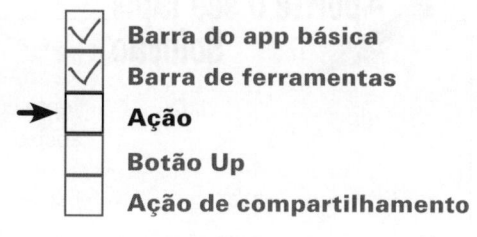

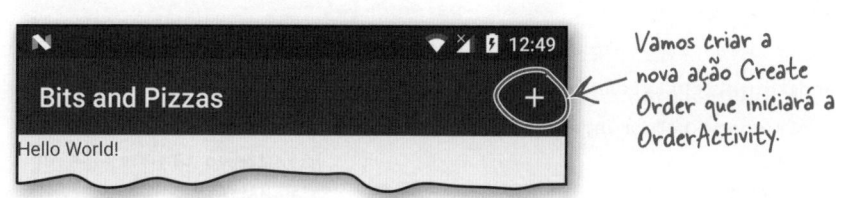

☑ Barra do app básica
☑ Barra de ferramentas
☐ Ação
☐ Botão Up
☐ Ação de compartilhamento

Vamos criar a nova ação Create Order que iniciará a OrderActivity.

Crie a OrderActivity

Para começar, vamos criar a `OrderActivity`. Selecione o pacote *com.hfad.bitsandpizzas* na pasta *app/src/main/java* e, em seguida, vá para File→New...→Activity→Empty Activity. Nomeie a atividade como "OrderActivity"; nomeie o layout como "activity_order"; verifique se o nome do pacote é `com.hfad.bitsandpizzas` e **marque** a opção Backwards Compatibility (AppCompat).

Se a linguagem do código-fonte da atividade for questionada, selecione a opção correspondente a Java.

Aponte o seu lápis

Queremos que a barra de ferramentas de `MainActivity` seja exibida em `OrderActivity`. Tente completar o código de *activity_order.xml* indicado abaixo para exibir a barra de ferramentas.

```xml
<?xml version="1.0" encoding="utf-8"?>
<LinearLayout xmlns:android="http://schemas.android.com/apk/res/android"
    xmlns:tools="http://schemas.android.com/tools"
    android:layout_width="match_parent"
    android:layout_height="match_parent"
    android:orientation="vertical"
    tools:context="com.hfad.bitsandpizzas.OrderActivity">

    ........................................................................

    ........................................................................

    ........................................................................

</LinearLayout>
```

O código para adicionar a barra de ferramentas deve ser inserido aqui.

solução

Aponte o seu lápis
Solução

Queremos que a barra de ferramentas de `MainActivity` seja exibida em `OrderActivity`. Tente completar o código de *activity_order.xml* indicado abaixo para exibir a barra de ferramentas.

```
<?xml version="1.0" encoding="utf-8"?>
<LinearLayout xmlns:android="http://schemas.android.com/apk/res/android"
    xmlns:tools="http://schemas.android.com/tools"
    android:layout_width="match_parent"
    android:layout_height="match_parent"
    android:orientation="vertical"
    tools:context="com.hfad.bitsandpizzas.OrderActivity">

    <include                                    ← Este código também está em
        layout="@layout/toolbar_main"              MainActivity e inclui o layout
        android:id="@+id/toolbar" />               toolbar_main em activity_order.

</LinearLayout>
```

Atualize o activity_order.xml

Para começar, vamos atualizar o *activity_order.xml* para exibir uma barra de ferramentas. A barra de ferramentas irá utilizar o layout que criamos anteriormente.

Este é o código que utilizamos. Atualize seu código com base no código indicado abaixo:

```
<?xml version="1.0" encoding="utf-8"?>
<LinearLayout xmlns:android="http://schemas.android.com/apk/res/android"
    xmlns:tools="http://schemas.android.com/tools"
    android:layout_width="match_parent"
    android:layout_height="match_parent"
    android:orientation="vertical"
    tools:context="com.hfad.bitsandpizzas.OrderActivity">

                    Adicione o layout da barra de ferramentas
    <include     ←  que criamos anteriormente.
        layout="@layout/toolbar_main"
        android:id="@+id/toolbar" />

</LinearLayout>
```

BitsAndPizzas
app/src/main
res
layout
activity_order.xml

exibições e grupos de exibições

Atualize o OrderActivity.java

A seguir, vamos atualizar o `OrderActivity` para adicionar a barra de ferramentas que inserimos no layout como sua barra do app. Para fazer isso, vamos chamar o método `setSupportActionBar()` utilizando a barra de ferramentas como parâmetro, como fizemos anteriormente.

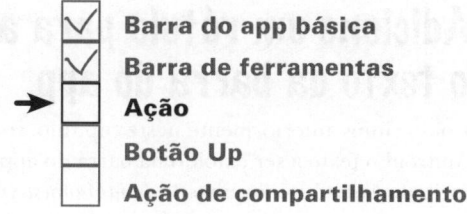

☑ Barra do app básica
☑ Barra de ferramentas
☐ Ação
☐ Botão Up
☐ Ação de compartilhamento

Este é o código completo de *OrderActivity.java*. Atualize sua versão do código com base no código indicado abaixo:

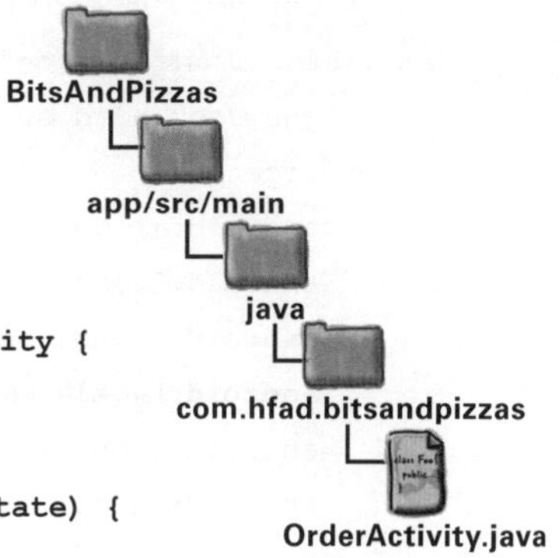

```java
package com.hfad.bitsandpizzas;

import android.support.v7.app.AppCompatActivity;
import android.os.Bundle;
import android.support.v7.widget.Toolbar;

public class OrderActivity extends AppCompatActivity {

    @Override
    protected void onCreate(Bundle savedInstanceState) {
        super.onCreate(savedInstanceState);
        setContentView(R.layout.activity_order);
        Toolbar toolbar = (Toolbar) findViewById(R.id.toolbar);
        setSupportActionBar(toolbar);
    }
}
```

Lembre-se de que sua atividade deve estender a AppCompatActivity.

Defina a barra de ferramentas como a barra do app da atividade.

BitsAndPizzas
└ app/src/main
  └ java
    └ com.hfad.bitsandpizzas
      └ OrderActivity.java

Adicione um recurso de string ao título da atividade

Antes de criar a ação para iniciar a `OrderActivity`, vamos fazer mais uma modificação. Queremos que os usuários reconheçam a inicialização da `OrderActivity`; portanto, vamos trocar o texto da barra do app da `OrderActivity` para exibir "Create Order" em vez do nome do app.

Para fazer isso, vamos começar adicionando um recurso de string associado ao título da atividade. Abra o arquivo *strings.xml* na pasta *app/src/main/res/values* e, em seguida, adicione o seguinte recurso:

```xml
<string name="create_order">Create Order</string>
```

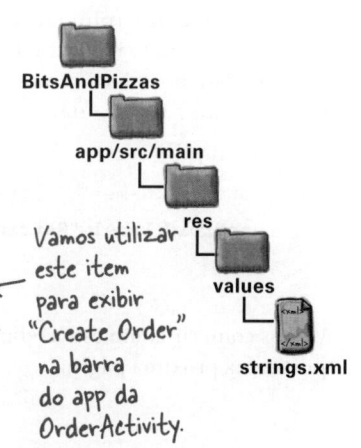

Vamos atualizar o texto da barra do app na próxima página.

BitsAndPizzas
└ app/src/main
  └ res
    └ values
      └ strings.xml

Vamos utilizar este item para exibir "Create Order" na barra do app da OrderActivity.

você está aqui ▶ 317

adicione um rótulo

Adicione um rótulo para alterar o texto da barra do app

- ☑ Barra do app básica
- ☑ Barra de ferramentas
- ☐ **Ação**
- ☐ Botão Up
- ☐ Ação de compartilhamento

Como vimos anteriormente neste capítulo, você indica ao Android o texto a ser exibido na barra do app usando o atributo `label` no arquivo *AndroidManifest.xml*.

Esta é a forma atual do código de *AndroidManifest.xml*. Observe que, no código, o atributo `label` @string/app_name surge no elemento <application>. Isso coloca o nome do aplicativo na barra do app em todas as telas do software.

```xml
<?xml version="1.0" encoding="utf-8"?>
<manifest xmlns:android="http://schemas.android.com/apk/res/android"
    package="com.hfad.bitsandpizzas">
    <application
        android:allowBackup="true"
        android:icon="@mipmap/ic_launcher"
        android:roundIcon="@mipmap/ic_launcher_round"
        android:label="@string/app_name"
        android:supportsRtl="true"
        android:theme="@style/AppTheme">
```

BitsAndPizzas
app/src/main
AndroidManifest.xml

O atributo label indica ao Android o texto a ser exibido na barra do app.

```xml
        <activity android:name=".MainActivity">
            ...
        </activity>
```

Esta é a entrada para MainActivity que criamos anteriormente.

```xml
        <activity android:name=".OrderActivity">
        </activity>
```

Esta é a entrada para OrderActivity. O Android gerou este item quando criamos a atividade.

```xml
    </application>
</manifest>
```

Queremos alterar o rótulo de `OrderActivity` para que o texto "Create Order" seja exibido na barra do app sempre que a `OrderActivity` estiver no foco. Para fazer isso, vamos adicionar um novo atributo `label` ao elemento <activity> da `OrderActivity` para exibir o novo texto:

```xml
<activity
    android:name=".OrderActivity"
    android:label="@string/create_order">
</activity>
```

Quando adicionamos um rótulo a uma atividade, o rótulo da atividade aparece na sua barra do app no lugar do rótulo do aplicativo.

Vamos conferir como este código funciona na prática na próxima página.

318 *Capítulo 8*

exibições e grupos de exibições

O código de AndroidManifest.xml

Este é o código de *AndroidManifest.xml*. Atualize seu código com base nas alterações indicadas abaixo.

- ☑ Barra do app básica
- ☑ Barra de ferramentas
- ☐ → Ação
- ☐ Botão Up
- ☐ Ação de compartilhamento

```xml
<?xml version="1.0" encoding="utf-8"?>
<manifest xmlns:android="http://schemas.android.com/apk/res/android"
    package="com.hfad.bitsandpizzas">
    <application
        ...
        android:label="@string/app_name"
        ...>

        <activity android:name=".MainActivity">
            ...
        </activity>

        <activity android:name=".OrderActivity"
            android:label="@string/create_order">
        </activity>

    </application>
</manifest>
```

O rótulo do aplicativo é o rótulo-padrão para todo o app.

BitsAndPizzas
app/src/main
AndroidManifest.xml

Não precisamos alterar o código de MainActivity. A MainActivity não tem um rótulo próprio; portanto, utilizará o rótulo indicado no elemento <application>.

Quando adicionamos um rótulo à OrderActivity, substituímos o rótulo do app nesta atividade. Ou seja, outro texto passa a ser exibido na barra do app.

Com isso, concluímos a `OrderActivity`. A seguir, vamos aprender a adicionar uma ação à barra do app para iniciar a atividade.

Como adicionar uma ação à barra do app

Para adicionar uma ação à barra do app, você deve realizar quatro etapas:

❶ Adicione recursos para o ícone e o texto da ação.

❷ Defina a ação em um arquivo de recursos de menu.

Esse procedimento indica ao Android as ações que devem integrar a barra do app.

❸ Configurar a atividade para adicionar o recurso de menu à barra do app.

Para fazer isso, implemente o método `onCreateOptionsMenu()`.

❹ Adicione o código para indicar o que a ação deve fazer quando clicada.

Para fazer isso, implemente o método `onOptionsItemSelected()`.

Para começar, vamos adicionar os recursos do ícone e do texto da ação.

adicione os recursos

1. Adicione os recursos da ação

Quando você adiciona uma ação a uma barra do app, normalmente atribui a ela um ícone e um pequeno título de texto. O ícone geralmente aparece quando a ação é exibida na área principal da barra do app. Caso a ação ultrapasse o tamanho da área principal, será deslocada automaticamente para o excedente da barra do app e o título aparecerá no seu lugar.

- [x] Barra do app básica
- [x] Barra de ferramentas
- [→] Ação
- [ ] Botão Up
- [ ] Ação de compartilhamento

Vamos começar com o ícone.

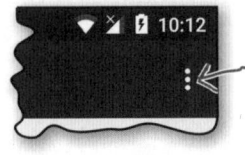

Adicione o ícone

Para exibir a ação como um ícone, você pode criar um ou utilizar um dos ícones oferecidos pelo Google. Os ícones do Google estão disponíveis neste endereço: *https://material.io/icons/* (conteúdo em inglês).

Vamos usar o ícone "add" `ic_add_white_24dp` e colocar versões dele nas pastas *drawable** do projeto, uma para cada densidade de tela. No tempo de execução, o Android irá definir a versão do ícone a ser utilizada de acordo com a densidade da tela do dispositivo.

Primeiro, acesse a visualização Project do navegador do Android Studio (se não estiver nela), selecione a pasta *app/src/main/res* e, em seguida, crie pastas com os nomes de *drawable-hdpi*, *drawable-mdpi*, *drawable-xhdpi*, *drawable-xxhdpi* e *drawable-xxxhdpi* (se ainda não tiverem sido criadas). Depois, vá para *https://git.io/v9oet* (conteúdo em inglês) e faça o download das imagens *ic_add_white_24dp.png* da Bits and Pizzas. Coloque a imagem da pasta *drawable-hdpi* na pasta *drawable-hdpi* do projeto e repita este procedimento nas demais pastas.

> Este é o excedente da barra do app. O Android desloca para o excedente as ações que ultrapassam o tamanho da área principal da barra do app.

> Este é o ícone na nova ação.

Adicione o título da ação como um recurso de string

Depois de atribuir um ícone à ação, vamos adicionar um título. O título será utilizado quando o Android exibir a ação na área de excedentes da barra do app, como, por exemplo, quando não houver espaço para a ação na área principal da barra do app.

Vamos criar o título como um recurso de string. Abra o arquivo *strings.xml* na pasta *app/src/main/res/values* e, em seguida, adicione o seguinte recurso de string:

```
<string name="create_order_title">Create Order</string>
```

> Este vai ser o título do item de ação.

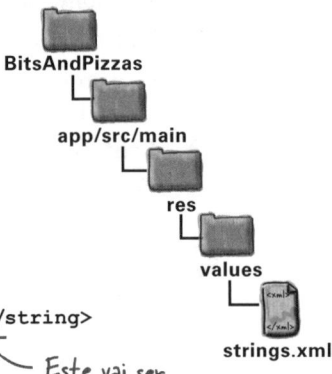

BitsAndPizzas → app/src/main → res → values → strings.xml

Agora que adicionamos os recursos do ícone e do título da ação, podemos criar o arquivo de recursos de menu.

2. Crie o arquivo de recursos de menu

O arquivo de recursos de menu indica ao Android as ações que devem aparecer na barra do app. O app pode conter múltiplos arquivos de recursos de menu. Por exemplo, você pode criar um arquivo de recursos de menu separado para cada conjunto de ações; esse procedimento é útil para exibir diferentes ações nas barras do app de diferentes atividades.

☑ Barra do app básica
☑ Barra de ferramentas
→ ☐ Ação
☐ Botão Up
☐ Ação de compartilhamento

Vamos criar um novo arquivo de recursos de menu chamado *menu_main.xml* na pasta *app/src/main/res/menu*. Todos os arquivos de recursos de menu ficam armazenados nessa pasta.

← Talvez o Android Studio já tenha criado este arquivo automaticamente. Se sim, basta substituir o conteúdo do arquivo pelo código indicado abaixo.

Para criar o arquivo de recursos de menu, selecione a pasta *app/src/main/res*, vá para o menu File e escolha New. Depois, escolha a opção para criar um novo arquivo de recursos Android. Você terá que indicar o nome do arquivo de recursos e o tipo de recurso. Nomeie o arquivo como "menu_main", escolha o tipo de recurso "Menu" e verifique se o nome do diretório é *menu*. Quando você clicar em OK, o Android Studio irá criar o arquivo automaticamente e colocá-lo na pasta *app/src/main/res/menu*.

Este é o código que utilizamos para adicionar a nova ação. Substitua o conteúdo de *menu_main.xml* pelo código indicado abaixo:

O elemento <menu> identifica o arquivo como um arquivo de recursos de menu.

```xml
<?xml version="1.0" encoding="utf-8"?>
<menu xmlns:android="http://schemas.android.com/apk/res/android"
    xmlns:app="http://schemas.android.com/apk/res-auto">

    <item android:id="@+id/action_create_order"
        android:title="@string/create_order_title"
        android:icon="@drawable/ic_add_white_24dp"
        android:orderInCategory="1"
        app:showAsAction="ifRoom" />
</menu>
```

O elemento <item> define a ação.

BitsAndPizzas
└ app/src/main
  └ res
    └ menu
      └ menu_main.xml

O arquivo de recursos de menu tem um elemento <menu> na sua raiz. Dentro do elemento <menu>, há vários elementos <item> e cada um deles descreve uma determinada ação. Neste caso específico, temos uma única ação.

Utilize atributos de <item> para descrever cada ação. O código cria uma ação com a id action_create_order. Através desse recurso podemos referenciar a ação no código da atividade e responder quando o usuário clicar nela.

A ação contém diversos outros atributos que determinam como a ação deve aparecer na barra do app, como ícone e texto. Vamos conferir esses pontos na próxima página.

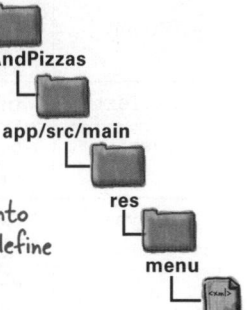

o visual da ação

Controle a aparência da ação

Se você quiser criar uma ação para ser exibida na barra do app, provavelmente ela deverá aparecer como um ícone. O ícone pode ser qualquer recurso drawable. Você pode definir o ícone usando o atributo `icon`:

☑ **Barra do app básica**
☑ **Barra de ferramentas**
☐ **Ação**
☐ **Botão Up**
☐ **Ação de compartilhamento**

```
android:icon="@drawable/ic_add_white_24dp"
```
← *Este é o nome do recurso drawable que vamos utilizar como ícone.*

Às vezes, o Android não pode exibir o ícone da ação. Isso ocorre quando a ação não tem nenhum ícone ou quando a ação aparece no excedente da barra do app e não na área principal. Por isso, é recomendável definir um título para que a ação exiba um texto curto em vez de um ícone. Para definir o título da ação, use o atributo `title`:

```
android:title="@string/create_order_title"
```
← *O título nem sempre aparece, mas é uma boa ideia incluí-lo para o caso de a ação aparecer no excedente.*

Quando a barra do app tiver múltiplas seções, é recomendável especificar a ordem de exibição dessas seções. Para fazer isso, use o atributo `orderInCategory`, que atribui um valor inteiro para indicar a ordem de cada ação. As ações com números menores serão exibidas antes das ações com números menores.

```
android:orderInCategory="1"
```
← *Uma ação com um orderInCategory igual a 1 aparece antes de uma ação com um orderInCategory igual a 10.*

Por último, o atributo `showAsAction` indica como o item deve aparecer na barra do app. Por exemplo, você pode usar esse atributo para exibir um item na área de excedentes e não na parte principal da barra do app ou para colocar um item na barra do app principal quando houver espaço para ele. O atributo `showAsAction` pode processar os seguintes valores:

`"ifRoom"`	Coloca o item na barra do app se houver espaço. Se não houver espaço, o item é colocado no excedente.
`"withText"`	Inclui o texto do título do item.
`"never"`	Coloca o item na área de excedentes e nunca na barra do app principal.
`"always"`	Coloca sempre o item na área principal da barra do app. Este valor deve ser utilizado criteriosamente; se for aplicado em muitos itens, eles podem ficar sobrepostos.

Há outros atributos que controlam a aparência de uma ação, mas estes são os mais comuns.

Neste exemplo, queremos que a ação apareça na área principal da barra do app quando houver espaço. Portanto, vamos usar o seguinte comando:

```
app:showAsAction="ifRoom"
```

Concluímos o arquivo de recursos de menu. A seguir, vamos implementar o método `onCreateOptionsMenu()` na atividade.

3. Adicione o menu à barra do app com o método onCreateOptionsMenu()

- ☑ Barra do app básica
- ☑ Barra de ferramentas
- ☐ **Ação**
- ☐ Botão Up
- ☐ Ação de compartilhamento

Depois de criar o arquivo de recursos de menu, você deve adicionar as ações contidas nele à barra do app da atividade implementando o método onCreateOptionsMenu() da atividade. Este método é executado no momento da criação do menu da barra do app. O método recebe como parâmetro um objeto Menu, uma representação Java do arquivo de recursos de menu.

Este é o método onCreateOptionsMenu() de *MainActivity.java* (atualize seu código com base nas alterações indicadas abaixo):

```
package com.hfad.bitsandpizzas;

import android.view.Menu;
...
public class MainActivity extends AppCompatActivity {
    ...
    @Override
    public boolean onCreateOptionsMenu(Menu menu) {
        // Inflate the menu; this adds items to the app bar.
        getMenuInflater().inflate(R.menu.menu_main, menu);
        return super.onCreateOptionsMenu(menu);
    }
}
```

O método onCreateOptionsMenu() utiliza a classe Menu.

Quando implementado, este método adiciona os itens do arquivo de recursos de menu à barra do app.

Os métodos onCreateOptionsMenu() normalmente têm esse formato.

BitsAndPizzas → **app/src/main** → **java** → **com.hfad.bitsandpizzas** → **MainActivity.java**

Observe esta linha:

```
getMenuInflater().inflate(R.menu.menu_main, menu);
```

Este é o arquivo de recursos de menu.

Este é um objeto Menu, uma representação Java do arquivo de recursos de menu.

Este código preenche o arquivo de recursos de menu. Ou seja, cria um objeto Menu (uma representação Java do arquivo de recursos de menu) e traduz as ações contidas no arquivo de recursos de menu para MenuItems. Esses itens são então adicionados à barra do app.

Mas temos que fazer mais uma coisa: configurar a ação para iniciar OrderActivity quando clicada. Vamos fazer isso na próxima página.

onOptionsItemSelected()

4. Utilize o método onOptionsItemSelected() para reagir a cliques nos itens de ação

- ☑ Barra do app básica
- ☑ Barra de ferramentas
- ☐ Ação
- ☐ Botão Up
- ☐ Ação de compartilhamento

Para que a atividade reaja diante de cliques em uma ação da barra do app, você deve implementar o método onOptionsItemSelected() na atividade:

O objeto MenuItem é a ação da barra do app que recebeu o clique.

```java
@Override
public boolean onOptionsItemSelected(MenuItem item) {
    switch (item.getItemId()) {
        ...                     // Obtenha o ID da ação.
        default:
            return super.onOptionsItemSelected(item);
    }
}
```

O método onOptionsItemSelected() é iniciado sempre que uma ação recebe um clique. Esse método recebe como parâmetro um objeto MenuItem, que representa a ação da barra do app que recebeu o clique. Você pode usar o método getItemId() do MenuItem para obter a respectiva ID e realizar a ação apropriada, como iniciar uma nova atividade.

Queremos iniciar a OrderActivity quando a ação receber um clique. Para isso, utilizamos o código a seguir no método onOptionsItemSelected():

Este intent inicia a OrderActivity quando a ação Create Order recebe um clique.

```java
@Override
public boolean onOptionsItemSelected(MenuItem item) {
    switch (item.getItemId()) {
        case R.id.action_create_order:
            //Código para executar quando o item Create Order é clicado
            Intent intent = new Intent(this, OrderActivity.class);
            startActivity(intent);
            return true;        // O valor de retorno true indica ao Android que você lidou
        default:                 // com o item que recebeu o clique.
            return super.onOptionsItemSelected(item);
    }
}
```

O código completo de *MainActivity.java* está na próxima página.

exibições e grupos de exibições

O código completo de MainActivity.java

- ☑ Barra do app básica
- ☑ Barra de ferramentas
- → ☐ Ação
- ☐ Botão Up
- ☐ Ação de compartilhamento

Este é o código completo de MainActivity.java. Atualize seu código com base no código indicado abaixo. Destacamos as alterações.

```java
package com.hfad.bitsandpizzas;

import android.support.v7.app.AppCompatActivity;
import android.os.Bundle;
import android.support.v7.widget.Toolbar;
import android.view.Menu;
import android.view.MenuItem;
import android.content.Intent;
```

Como estas classes são utilizadas pelo método onOptionsItemSelected(), precisamos importá-las.

BitsAndPizzas → app/src/main → java → com.hfad.bitsandpizzas → MainActivity.java

```java
public class MainActivity extends AppCompatActivity {

    @Override
    protected void onCreate(Bundle savedInstanceState) {
        super.onCreate(savedInstanceState);
        setContentView(R.layout.activity_main);
        Toolbar toolbar = (Toolbar) findViewById(R.id.toolbar);
        setSupportActionBar(toolbar);
    }

    @Override
    public boolean onCreateOptionsMenu(Menu menu) {
        getMenuInflater().inflate(R.menu.menu_main, menu);
        return super.onCreateOptionsMenu(menu);
    }
```

Este método é chamado quando uma ação da barra do app recebe um clique.

```java
    @Override
    public boolean onOptionsItemSelected(MenuItem item) {
        switch (item.getItemId()) {
            case R.id.action_create_order:
                Intent intent = new Intent(this, OrderActivity.class);
                startActivity(intent);
                return true;
            default:
                return super.onOptionsItemSelected(item);
        }
    }
}
```

Vamos conferir o que acontece quando o app é executado.

test drive

Test drive do app

Quando o app é executado, a nova ação Create Order aparece na barra do app da MainActivity. Se você clicar no item de ação, vai iniciar a OrderActivity.

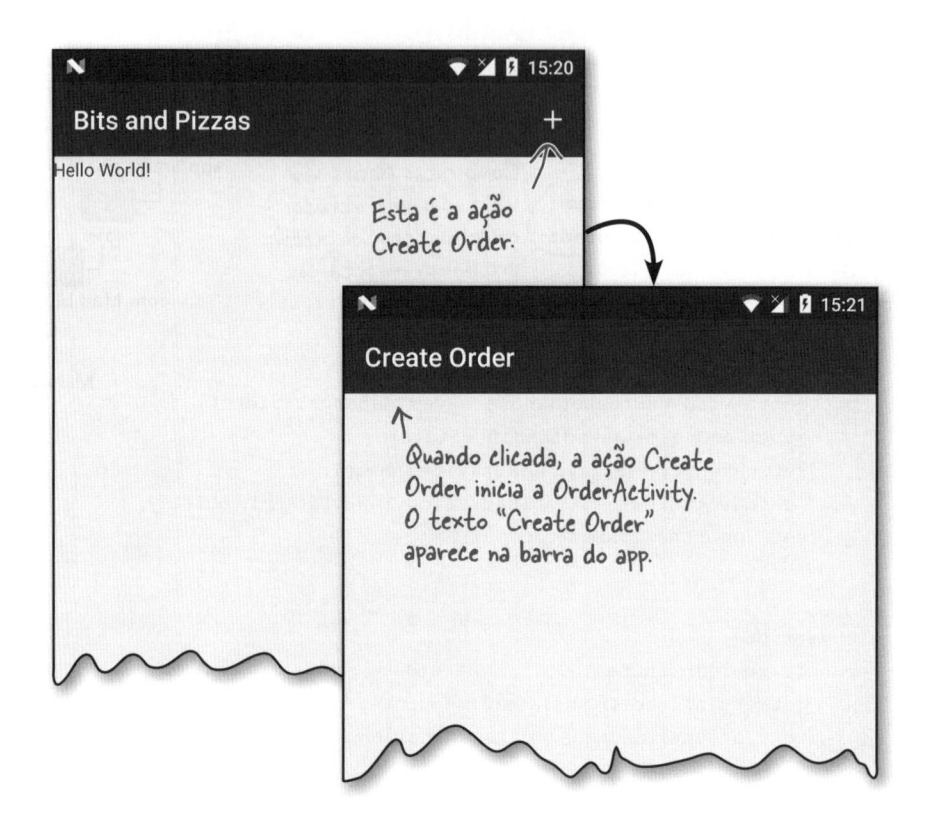

☑ **Barra do app básica**
☑ **Barra de ferramentas**
→ ☑ **Ação**
☐ **Botão Up**
☐ **Ação de compartilhamento**

Esta é a ação Create Order.

Quando clicada, a ação Create Order inicia a OrderActivity. O texto "Create Order" aparece na barra do app.

Mas e se o usuário quiser voltar para MainActivity?

No momento, para voltar de OrderActivity para MainActivity, temos que apertar o botão Back do dispositivo. Mas e se o usuário quiser voltar utilizando a barra do app?

Uma opção seria adicionar uma ação à barra do app da OrderActivity para iniciar a MainActivity, mas existe uma alternativa melhor. Podemos programar OrderActivity para voltar para MainActivity ao habilitar o botão Up na barra do app da OrderActivity.

Habilite a navegação com o Up

Quando o app contém uma hierarquia de atividades, você pode habilitar o botão Up na barra do app para permitir que os usuários naveguem pelo aplicativo usando relações hierárquicas. Por exemplo, a `MainActivity` do app contém uma ação na barra do app que inicia uma segunda atividade, a `OrderActivity`. Se o botão Up na barra do app da `OrderActivity` for habilitado, o usuário poderá clicar nele para voltar para `MainActivity`.

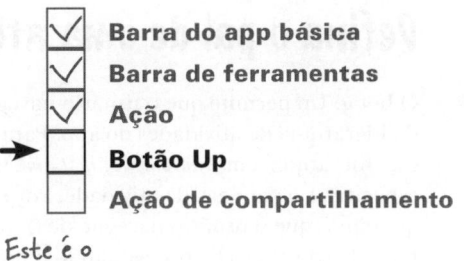

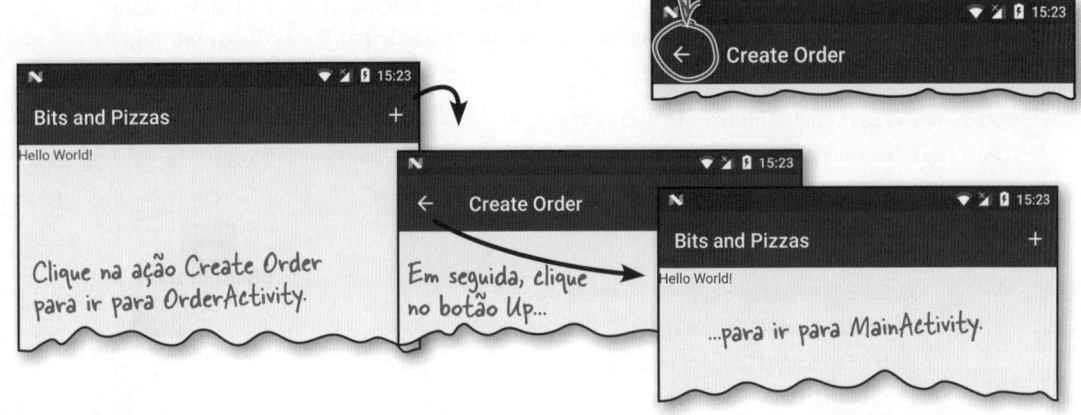

- ☑ Barra do app básica
- ☑ Barra de ferramentas
- ☑ Ação
- ☐ **Botão Up**
- ☐ Ação de compartilhamento

Este é o botão Up.

Clique na ação Create Order para ir para OrderActivity.

Em seguida, clique no botão Up...

...para ir para MainActivity.

Talvez a navegação com o Up e com o botão Back do dispositivo pareçam a mesma coisa, mas são diferentes. O botão Back permite que os usuários retornem pelo histórico de atividades acessadas. Por outro lado, o botão Up se baseia exclusivamente na estrutura hierárquica do app. Quando o app contém muitas atividades, implementar o botão Up oferece aos usuários um modo rápido e fácil de voltar para o elemento-pai de uma atividade sem pressionar várias vezes o botão Back.

Use o botão Back para navegar de volta para a atividade anterior.

A atividade-pai

A atividade-filha

Quando o usuário clicar no botão Up da atividade-filha, navegará pela hierarquia acima até a atividade-pai.

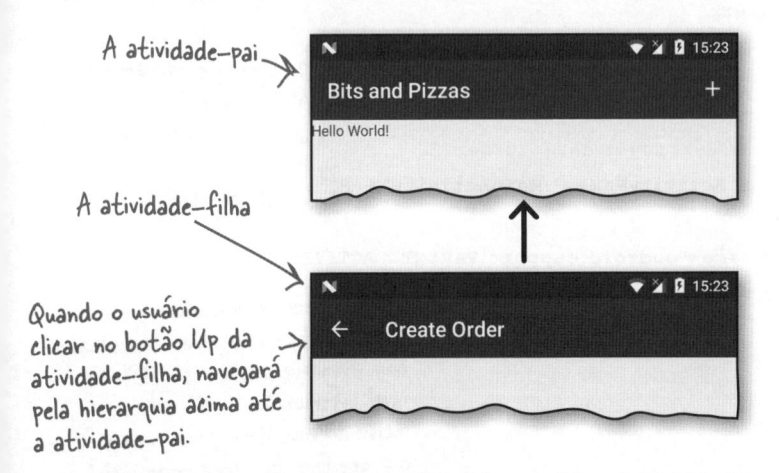

Vamos habilitar o botão Up na barra do app da `OrderActivity`. Quando o botão for clicado, exibirá a `MainActivity`.

Use o botão Up para navegar pela hierarquia do app acima.

paternidade responsável

Defina o pai de uma atividade

O botão Up permite que o usuário navegue até o topo da hierarquia de atividades do app. Para declarar esta hierarquia em *AndroidManifest.xml*, você deve especificar o pai de cada atividade. Por exemplo, queremos que o usuário navegue de `OrderActivity` para `MainActivity` pressionando o botão Up; portanto, `MainActivity` deve ser o pai de `OrderActivity`.

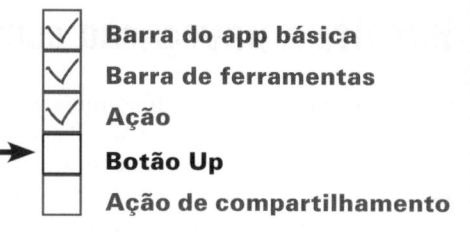

- ☑ Barra do app básica
- ☑ Barra de ferramentas
- ☑ Ação
- ☐ **Botão Up**
- ☐ Ação de compartilhamento

A partir da API nível 16, você deve especificar a atividade-pai usando o atributo `android:parentActivityName`. Nas versões mais antigas do Android, você deve incluir um elemento `<meta-data>` que contenha o nome da atividade-pai. Estas duas abordagens foram adotadas no *AndroidManifest.xml*:

```xml
<?xml version="1.0" encoding="utf-8"?>
<manifest xmlns:android="http://schemas.android.com/apk/res/android"
    package="com.hfad.bitsandpizzas">

    <application
        android:allowBackup="true"
        android:icon="@mipmap/ic_launcher"
        android:roundIcon="@mipmap/ic_launcher_round"
        android:label="@string/app_name"
        android:supportsRtl="true"
        android:theme="@style/AppTheme">
        <activity android:name=".MainActivity">
            <intent-filter>
                <action android:name="android.intent.action.MAIN" />
                <category android:name="android.intent.category.LAUNCHER" />
            </intent-filter>
        </activity>
        <activity
            android:name=".OrderActivity"
            android:label="@string/create_order"
            android:parentActivityName=".MainActivity">
            <meta-data
                android:name="android.support.PARENT_ACTIVITY"
                android:value=".MainActivity" />
        </activity>
    </application>

</manifest>
```

BitsAndPizzas / app/src/main / AndroidManifest.xml

Os apps que operam com API de nível 16 ou superior usam esta linha, que define MainActivity como pai de OrderActivity.

Você só precisa adicionar o elemento `<meta-data>` se estiver trabalhando com apps que operem em APIs de nível inferior ao 16. Só estamos incluindo esse item para exemplificar o procedimento. Você pode incluí-lo no código sem problemas.

Por último, vamos habilitar o botão Up na `OrderActivity`.

Adicionando o botão Up

- [x] Barra do app básica
- [x] Barra de ferramentas
- [x] Ação
- [ ] Botão Up
- [ ] Ação de compartilhamento

O botão Up é habilitado no código na atividade. Primeiro, obtenha uma referência para a barra do app usando o método `getSupportActionBar()` da atividade. Esse procedimento retorna um objeto do tipo `ActionBar`. Em seguida, você deve chamar o método `setDisplayHomeAsUpEnabled()` e atribuir a ele o valor `true`.

```
ActionBar actionBar = getSupportActionBar();
actionBar.setDisplayHomeAsUpEnabled(true);
```

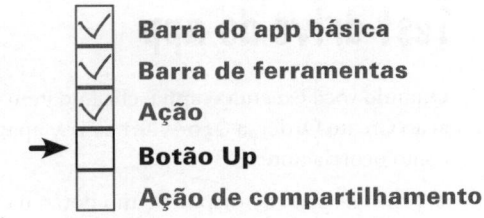

Veja bem! Para habilitar o botão Up em uma atividade, você PRECISA especificar a atividade-pai.

Se não fizer isso, vai obter uma exceção de ponteiro nulo quando chamar o método setDisplayHomeAsUpEnabled().

Queremos habilitar o botão Up em `OrderActivity`; portanto, vamos adicionar o código indicado acima ao método `onCreate()` de *OrderActivity.java*. Este é o código completo da atividade:

```
package com.hfad.bitsandpizzas;

import android.support.v7.app.AppCompatActivity;
import android.os.Bundle;
import android.support.v7.widget.Toolbar;
import android.support.v7.app.ActionBar;
```
← *Estamos usando a classe ActionBar; portanto, precisamos importá-la da AppCompat Support Library.*

```
public class OrderActivity extends AppCompatActivity {

    @Override
    protected void onCreate(Bundle savedInstanceState) {
        super.onCreate(savedInstanceState);
        setContentView(R.layout.activity_order);
        Toolbar toolbar = (Toolbar) findViewById(R.id.toolbar);
        setSupportActionBar(toolbar);
        ActionBar actionBar = getSupportActionBar();
        actionBar.setDisplayHomeAsUpEnabled(true);
    }
}
```

Este item habilita o botão Up. Embora estejamos utilizando uma barra de ferramentas como barra do app, precisamos usar a classe ActionBar para este método.

Você deve utilizar o getSupportActionBar(), pois estamos utilizando a barra de ferramentas da Support Library.

(BitsAndPizzas/app/src/main/java/com.hfad.bitsandpizzas/OrderActivity.java)

Concluímos a habilitação do botão Up. Vamos conferir o que acontece quando o app é executado.

outro test drive

Test drive do app

Quando você executa o app e clica no item de ação Create Order, a `OrderActivity` aparece como ocorria antes.

A `OrderActivity` dispõe de um botão na barra do app. Ao ser clicado, o botão exibe o pai hierárquico da atividade, a `MainActivity`.

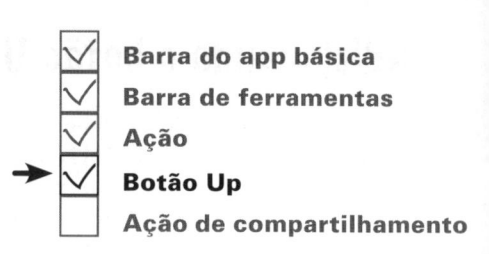

☑	**Barra do app básica**
☑	**Barra de ferramentas**
☑	**Ação**
☑	**Botão Up**
☐	**Ação de compartilhamento**

Esta é a tela de MainActivity.

Clique no botão Create Order para iniciar a OrderActivity.

A OrderActivity contém um botão Up. Quando você clica nele...

...o pai de OrderActivity (MainActivity) aparece.

Até aqui, aprendemos a adicionar uma barra do app com ações básicas ao aplicativo. A seguir, vamos conferir como adicionar ações mais sofisticadas utilizando **provedores de ação**.

Compartilhando conteúdo na barra do app

☑ Barra do app básica
☑ Barra de ferramentas
☑ Ação
☑ Botão Up
☐ **Ação de compartilhamento**

Agora, vamos aprender a adicionar um provedor de ação à barra do app. O provedor de ação é uma ação que define sua aparência e seu comportamento.

Vamos abordar aqui o provedor de ação de compartilhamento, pelo qual os usuários compartilham o conteúdo do app com outros apps, como o Gmail. Por exemplo, esse provedor pode servir para que os usuários enviem detalhes de uma determinada pizza para seus contatos.

Como o provedor de ação de compartilhamento define seu próprio ícone, você não precisa adicionar um. Quando clicado, o provedor apresenta uma lista de apps com os quais você pode compartilhar conteúdo. O provedor gera um ícone específico para o app com que você compartilha conteúdo com mais frequência.

Este é o visual da ação de compartilhamento na barra do app. Quando clicada, a ação apresenta uma lista de apps com os quais você pode compartilhar conteúdo.

A ação de compartilhamento também mostra um ícone para o app com o qual você compartilha conteúdo com mais frequência, que, neste caso, é o app Messenger. Em um primeiro momento, talvez este ícone não esteja visível.

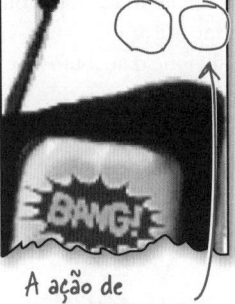

Use um intent para compartilhar conteúdo

Para compartilhar conteúdo usando o provedor de ação de compartilhamento, você deve atribuir a ele um intent (intenção) para definir o conteúdo a ser compartilhado e o seu tipo. Por exemplo, se você definir um intent para transmitir texto com uma ação ACTION _ SEND, a ação de compartilhamento vai apresentar uma lista com os apps do seu dispositivo que podem compartilhar texto.

A ação de compartilhamento funciona da seguinte forma (você vai conferir esse procedimento na prática nas próximas duas páginas):

❶ A atividade cria um intent e o transmite para o provedor de ação de compartilhamento.

O intent descreve o conteúdo a ser compartilhado, seu tipo e uma ação.

YourActivity → Intent (ACTION_SEND, type: "text/plain", messageText: "Hi!") → ShareAction Provider

❷ Quando clicada pelo usuário, a ação de compartilhamento usa o intent para apresentar ao usuário uma lista de apps que podem processar o intent transmitido.

O usuário escolhe um app e o provedor de ação de compartilhamento transmite o intent para a atividade do app capaz de processá-lo.

ShareAction Provider → Intent (ACTION_SEND, type: "text/plain", messageText: "Hi!") → AppActivity

adicione um provedor de ação

Adicione um provedor de ação de compartilhamento ao menu_main.xml

- ✓ Barra do app básica
- ✓ Barra de ferramentas
- ✓ Ação
- ✓ Botão Up
- ☐ **Ação de compartilhamento**

Para adicionar uma ação de compartilhamento à barra do app, você deve incluí-la no arquivo de recursos de menu.

Para começar, adicione uma nova string `action_share` ao *strings.xml*. Vamos usar essa string para adicionar um título à ação de compartilhamento para o caso de ela ser exibida no excedente:

```
<string name="action_share">Share</string>
```

Para adicionar a ação de compartilhamento ao arquivo de recursos de menu, use o elemento `<item>` como fizemos anteriormente. Contudo, agora você deve especificar que está usando um provedor de ação de compartilhamento. Para isso, adicione o atributo `app:actionProviderClass` e o configure como `android.support.v7.widget.ShareActionProvider`.

BitsAndPizzas / app/src/main / res / values / strings.xml

Este é o código que utilizamos para adicionar a ação de compartilhamento; atualize sua cópia de *menu_main.xml* com base no código indicado abaixo:

```xml
<?xml version="1.0" encoding="utf-8"?>
<menu xmlns:android="http://schemas.android.com/apk/res/android"
    xmlns:app="http://schemas.android.com/apk/res-auto">

    <item android:id="@+id/action_create_order"
        android:title="@string/create_order_title"
        android:icon="@drawable/ic_add_white_24dp"
        android:orderInCategory="1"
        app:showAsAction="ifRoom" />

    <item android:id="@+id/action_share"
        android:title="@string/action_share"
        android:orderInCategory="2"
        app:showAsAction="ifRoom"
        app:actionProviderClass="android.support.v7.widget.ShareActionProvider" />

</menu>
```

BitsAndPizzas / app/src/main / res / menu / menu_main.xml

← Mostre o provedor de ação de compartilhamento na barra do app, caso haja espaço.

↑ A classe do provedor de ação de compartilhamento vem da AppCompat Support Library.

Como vimos antes, quando você adiciona uma ação de compartilhamento ao arquivo de recursos de menu, não precisa atribuir um ícone, pois o provedor de ação de compartilhamento já define um.

Agora que adicionamos a ação de compartilhamento à barra do app, vamos especificar o conteúdo a ser compartilhado.

exibições e grupos de exibições

Especifique o conteúdo com um intent

☑	Barra do app básica
☑	Barra de ferramentas
☑	Ação
☑	Botão Up
☐	**Ação de compartilhamento**

Para compartilhar conteúdo quando a ação de compartilhamento compartilhar for clicada, você precisa indicar o que vai ser compartilhado no código da atividade. Para isso, atribua um intent ao provedor de ação de compartilhamento usando seu método `setShareIntent()`. Utilize este código para que a ação compartilhe um texto-padrão quando receber um clique:

```
package com.hfad.bitsandpizzas;
```

Como estamos usando estas classes extras, precisamos importá-las.

```
...
import android.support.v7.widget.ShareActionProvider;
import android.support.v4.view.MenuItemCompat;

public class MainActivity extends AppCompatActivity {

    private ShareActionProvider shareActionProvider;
```

Adicione uma variável particular ShareActionProvider.

```
    ...
    @Override
    public boolean onCreateOptionsMenu(Menu menu) {
        getMenuInflater().inflate(R.menu.menu_main, menu);
        MenuItem menuItem = menu.findItem(R.id.action_share);
        shareActionProvider =
                    (ShareActionProvider) MenuItemCompat.getActionProvider(menuItem);
        setShareActionIntent("Want to join me for pizza?");
        return super.onCreateOptionsMenu(menu);
    }

    private void setShareActionIntent(String text) {
        Intent intent = new Intent(Intent.ACTION_SEND);
        intent.setType("text/plain");
        intent.putExtra(Intent.EXTRA_TEXT, text);
        shareActionProvider.setShareIntent(intent);
    }
}
```

BitsAndPizzas / app/src/main / java / com.hfad.bitsandpizzas / MainActivity.java

Obtenha uma referência para o provedor de ação de compartilhamento e a atribua à variável particular. Em seguida, chame o método setShareActionIntent().

Criamos o método setShareActionIntent() para gerar um intent e transmiti-lo para o provedor de ação de compartilhamento usando seu método setShareIntent().

Você deve chamar o método `setShareIntent()` do provedor de ação de compartilhamento quando o conteúdo a ser compartilhado tiver sido alterado. Por exemplo, se você estiver visualizando imagens em um app de fotos, deve confirmar se está compartilhando a foto atual.

Vamos mostrar o código completo da atividade na próxima página para, em seguida, conferir o que acontece quando o app é executado.

você está aqui ▶   **333**

código de MainActivity

O código completo de MainActivity.java

Este é o código completo da atividade *MainActivity.java*. Atualize seu código com base no código indicado abaixo.

- ☑ Barra do app básica
- ☑ Barra de ferramentas
- ☑ Ação
- ☑ Botão Up
- ☐ **Ação de compartilhamento**

```java
package com.hfad.bitsandpizzas;

import android.support.v7.app.AppCompatActivity;
import android.os.Bundle;
import android.support.v7.widget.Toolbar;
import android.view.Menu;
import android.view.MenuItem;
import android.content.Intent;
import android.support.v7.widget.ShareActionProvider;
import android.support.v4.view.MenuItemCompat;
```
Como estamos usando estas classes extras, precisamos importá-las.

```java
public class MainActivity extends AppCompatActivity {

    private ShareActionProvider shareActionProvider;

    @Override
    protected void onCreate(Bundle savedInstanceState) {
        super.onCreate(savedInstanceState);
        setContentView(R.layout.activity_main);
        Toolbar toolbar = (Toolbar) findViewById(R.id.toolbar);
        setSupportActionBar(toolbar);
    }

    @Override
    public boolean onCreateOptionsMenu(Menu menu) {
        getMenuInflater().inflate(R.menu.menu_main, menu);
        MenuItem menuItem = menu.findItem(R.id.action_share);
        shareActionProvider =
                (ShareActionProvider) MenuItemCompat.getActionProvider(menuItem);
        setShareActionIntent("Want to join me for pizza?");
        return super.onCreateOptionsMenu(menu);
    }
```

BitsAndPizzas
app/src/main
java
com.hfad.bitsandpizzas
MainActivity.java

Este é o texto-padrão a ser compartilhado pela ação de compartilhamento.

O código continua na próxima página.

334   Capítulo 8

O código de MainActivity.java (continuação)

```java
    private void setShareActionIntent(String text) {
        Intent intent = new Intent(Intent.ACTION_SEND);
        intent.setType("text/plain");
        intent.putExtra(Intent.EXTRA_TEXT, text);
        shareActionProvider.setShareIntent(intent);
    }
```

Este item define o texto-padrão no provedor de ação de compartilhamento.

```java
    @Override
    public boolean onOptionsItemSelected(MenuItem item) {
        switch (item.getItemId()) {
            case R.id.action_create_order:
                //Código para executar quando o item Create Order é clicado
                Intent intent = new Intent(this, OrderActivity.class);
                startActivity(intent);
                return true;
            default:
                return super.onOptionsItemSelected(item);
        }
    }
}
```

BitsAndPizzas
app/src/main
java
com.hfad.bitsandpizzas
MainActivity.java

Na próxima página, vamos fazer um test drive no app para conferir o que acontece quando o código é executado.

mais um test drive

Test drive do app

Quando o app é executado, a ação de compartilhamento aparece na barra do app:

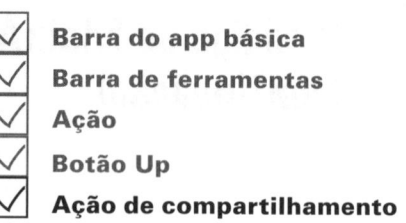

- ☑ **Barra do app básica**
- ☑ **Barra de ferramentas**
- ☑ **Ação**
- ☑ **Botão Up**
- → ☑ **Ação de compartilhamento**

Este é o ícone da ação de compartilhamento.

O provedor da ação de compartilhamento também adicionou o ícone do Messenger à barra do app. Com frequência, compartilhamos o conteúdo do app com o app Messenger; portanto, a ação de compartilhamento criou este atalho.

Quando clicada, a ação de compartilhamento oferece uma lista de apps que podem aceitar o intent a ser compartilhado:

Clique no ícone da ação de compartilhamento.

O intent transmitido ao provedor da ação de compartilhamento diz que queremos compartilhar texto usando o ACTION_SEND e exibe uma lista de apps que podem fazer isso.

Quando você escolher um app com o qual deseja compartilhar conteúdo, o app em questão será iniciado e o texto-padrão será compartilhado com ele:

Optamos por compartilhar conteúdo com o app Messenger.

Depois que você escolher o aplicativo, o app irá compartilhar o texto-padrão com ele. Optamos pelo app Messenger instalado em nosso dispositivo para utilizar o texto no corpo de uma mensagem.

layout de restrição

Sua caixa de ferramentas para Android

Você fechou o Capítulo 8 e adicionou as Android Support Libraries e as barras do app à sua caixa de ferramentas.

O código completo do capítulo pode ser baixado em https://www.altabooks.com.br. Procure pelo título ou ISBN do livro.

PONTOS DE BALA

- Para adicionar uma barra do app básica, aplique um tema que contenha uma.

- As Support Libraries (Bibliotecas de Suporte) do Android viabilizam a compatibilidade com versões antigas do Android.

- A classe `AppCompatActivity` é um tipo de atividade que fica armazenada na v7 AppCompat Support Library. Em geral, a atividade deve estender a classe `AppCompatActivity` se você quiser uma barra do app que seja compatível com versões antigas do Android.

- O atributo `android:theme` em *AndroidManifest.xml* especifica o tema a ser aplicado.

- Para definir estilos em um arquivo de recursos de estilo, use o elemento `<style>`. O atributo `name` nomeia o estilo. O atributo `parent` especifica o local de onde o estilo deve herdar suas propriedades.

- Os recursos mais recentes da barra do app ficam na classe `Toolbar` da v7 AppCompat Support Library. Você pode usar uma barra de ferramentas como barra do app.

- Adicione ações à barra do app adicionando-as a um arquivo de recursos de menu.

- Para adicionar os itens do arquivo de recursos de menu à barra do app, implemente o método `onCreateOptionsMenu()` da atividade.

- Para determinar o que os itens devem fazer quando receberem cliques, implemente o método `onOptionsItemSelected()` da atividade.

- Adicione um botão Up à barra do app para navegar até topo da hierarquia do app. Especifique a hierarquia em *AndroidManifest.xml*. Use o método `setDisplayHomeAsUpEnabled()` de `ActionBar` para habilitar o botão Up.

- Você pode compartilhar conteúdo adicionando um provedor da ação de compartilhamento à barra do app. Para adicioná-lo, inclua o provedor no arquivo de recursos de menu. Chame seu método `setShareIntent()` para atribuir ao provedor um intent com a descrição do conteúdo a ser compartilhado.

9 fragmentos

Modularize

Faço o mesmo trabalho em vários locais... Acho que sou um fragmento.

Você aprendeu a criar apps que funcionam da mesma maneira em qualquer dispositivo. Mas como fazer para que o app tenha uma aparência e um comportamento específico ao ser executado em um *celular* ou em um *tablet*? Nesse caso, você precisa de **fragmentos**, componentes de código modulares que podem ser **reutilizados em diferentes atividades**. Vamos mostrar como criar **fragmentos básicos** e **fragmentos de listas**, como **adicioná-los às atividades** e como estabelecer uma **comunicação** entre fragmentos e atividades.

tamanhos de tela diferentes

O app deve ter um visual excelente em TODOS os dispositivos

Uma das melhores características do desenvolvimento para Android é a possibilidade de instalar o mesmo app em dispositivos com tamanhos de tela e processadores completamente diferentes e executá-los da mesma forma. Mas isso não significa que os apps devam ter sempre o mesmo *visual*.

Em um celular:

Confira esta imagem de um app rodando em um celular. O software exibe uma lista de treinos; quando você clica em um deles, aparecem os detalhes do respectivo treino.

> Se você clicar um item da lista, uma segunda atividade será iniciada.

Em um tablet:

Em um dispositivo maior, como um tablet, você dispõe de uma área de tela maior; portanto, seria excelente se todas as informações aparecessem na mesma tela. No tablet, a lista de treinos só preenche parte da tela. Quando você clica em um item, os detalhes são exibidos no lado direito.

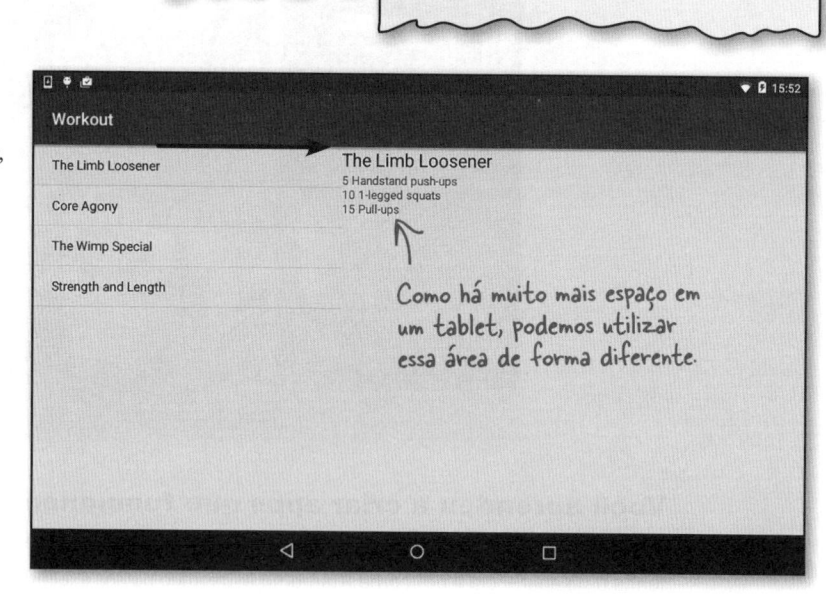

> Como há muito mais espaço em um tablet, podemos utilizar essa área de forma diferente.

Para que as interfaces do usuário sejam diferentes em um celular e em um tablet, você pode criar layouts específicos para dispositivos maiores e menores.

Talvez o app deva ter comportamentos diferentes

Não é suficiente criar layouts diferentes para cada dispositivo. Você também deve desenvolver *um código Java específico* a ser executado nos layouts para que o app tenha comportamentos diferentes em cada dispositivo. No app Workout (exercício físico), por exemplo, precisamos criar **uma atividade para tablets** e **duas atividades para celulares**.

Em um celular:

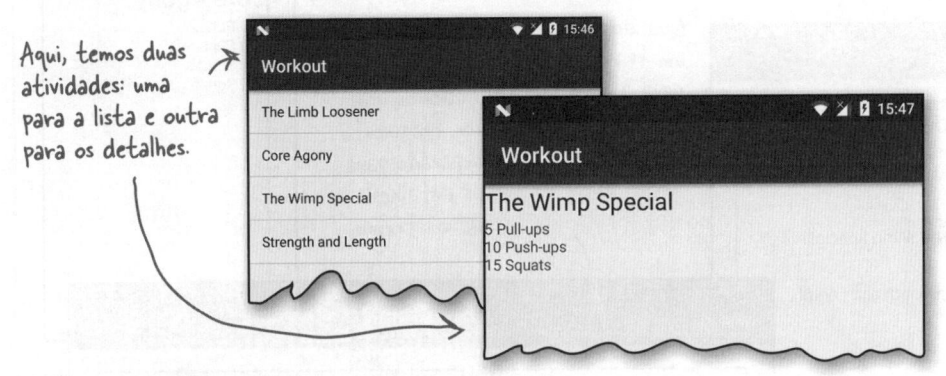

Aqui, temos duas atividades: uma para a lista e outra para os detalhes.

Em um tablet:

Esta é uma única atividade que contém a lista e os detalhes.

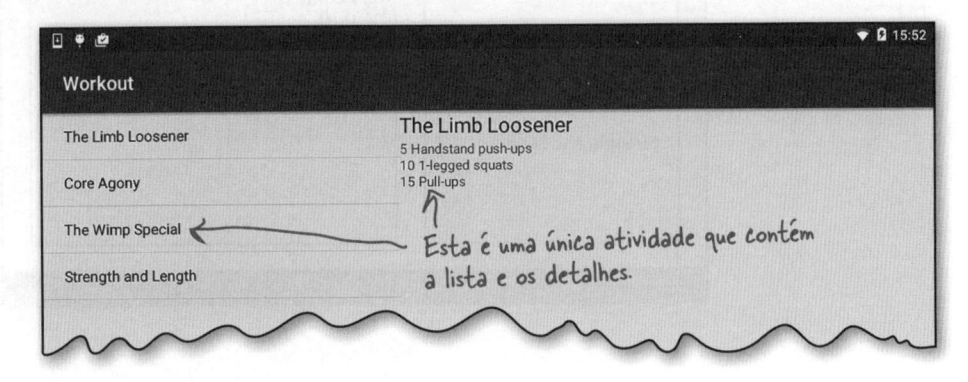

Duplicar o código é uma possibilidade

A segunda atividade (executada apenas em celulares) vai inserir os detalhes de um treino no layout. Mas esse código também deve estar na atividade principal, pois o app também será executado em um tablet. *O mesmo código será executado por várias atividades.*

Nesse caso, em vez de duplicar o código nas duas atividades, podemos usar **fragmentos**. Mas o que é um fragmento?

fragmentos

Os fragmentos permitem a reutilização do código

Os fragmentos atuam como componentes ou subatividades reutilizáveis. Um fragmento controla parte de uma tela e pode ser reutilizado em várias telas. Ou seja, podemos criar um fragmento para a lista de treinos e outro para exibir os detalhes de um único treino. Depois, esses fragmentos podem ser compartilhados entre os layouts.

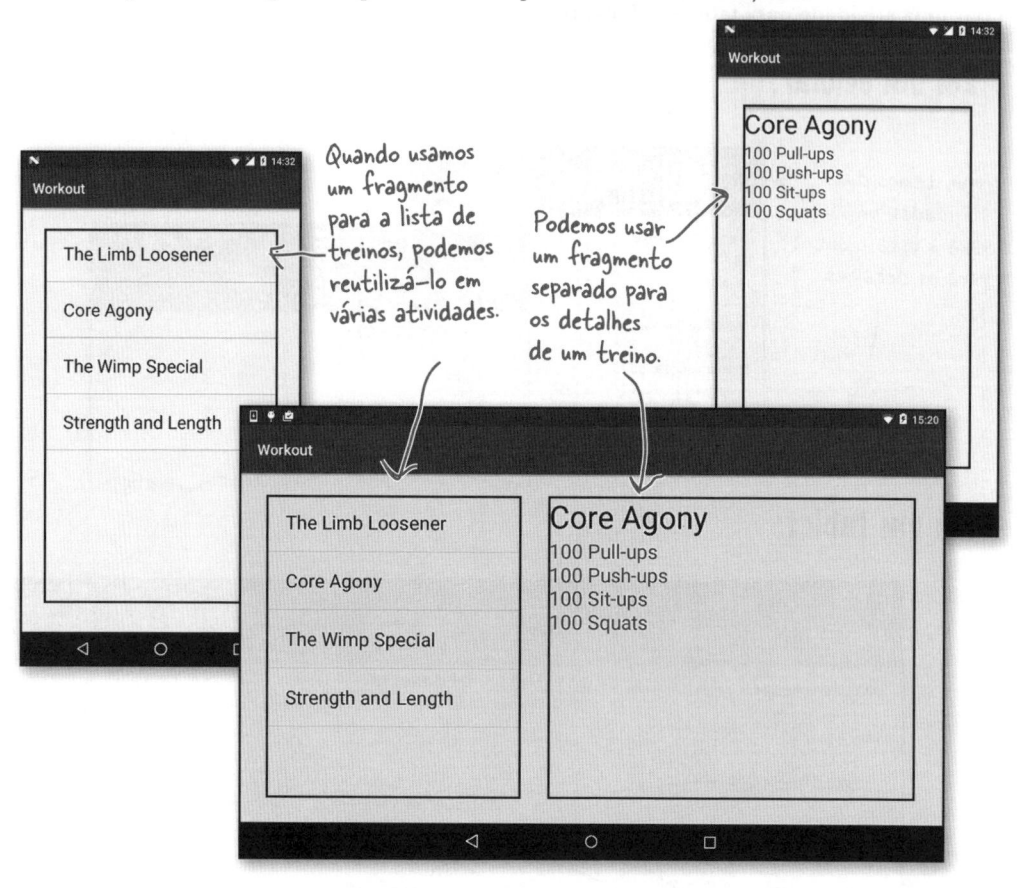

O fragmento tem um layout

Como as atividades, os fragmentos têm um layout associado. Quando desenvolvido com precisão, o código Java do fragmento pode controlar todos os elementos da interface. Se o código do fragmento reunir os elementos necessários para controlar o layout, será muito mais fácil reutilizá-lo em outro ponto do app.

A seguir, vamos mostrar como criar e usar fragmentos enquanto desenvolvemos o app Workout.

exibições e grupos de exibições

A versão do app para celulares

Neste capítulo, vamos desenvolver a versão do app para celulares e, no Capítulo 10, vamos reutilizar os fragmentos criados para desenvolver a versão do app para tablets. Este é o esquema do funcionamento da versão do app para celulares:

> **Relaxe**
>
> Fique tranquilo se achou a estrutura do app muito complexa.
>
> Vamos analisar cada etapa do desenvolvimento ao longo deste capítulo.

❶ Ao ser ativado, o app inicia a atividade MainActivity.

A `MainActivity` usa o layout *activity_main.xml* e contém um fragmento, o `WorkoutListFragment`.

❷ O WorkoutListFragment exibe uma lista de treinos.

❸ Quando o usuário clica em um dos treinos, a DetailActivity é iniciada.

A `DetailActivity` usa o layout *activity_detail.xml* e contém um fragmento, o `WorkoutDetailFragment`.

❹ O WorkoutDetailFragment usa o layout fragment_workout_detail.xml.

O fragmento exibe os detalhes do treino selecionado pelo usuário.

❺ WorkoutListFragment e WorkoutDetailFragment recebem os dados dos treinos de Workout.java.

O `Workout.java` contém um array de `Workouts` (treinos).

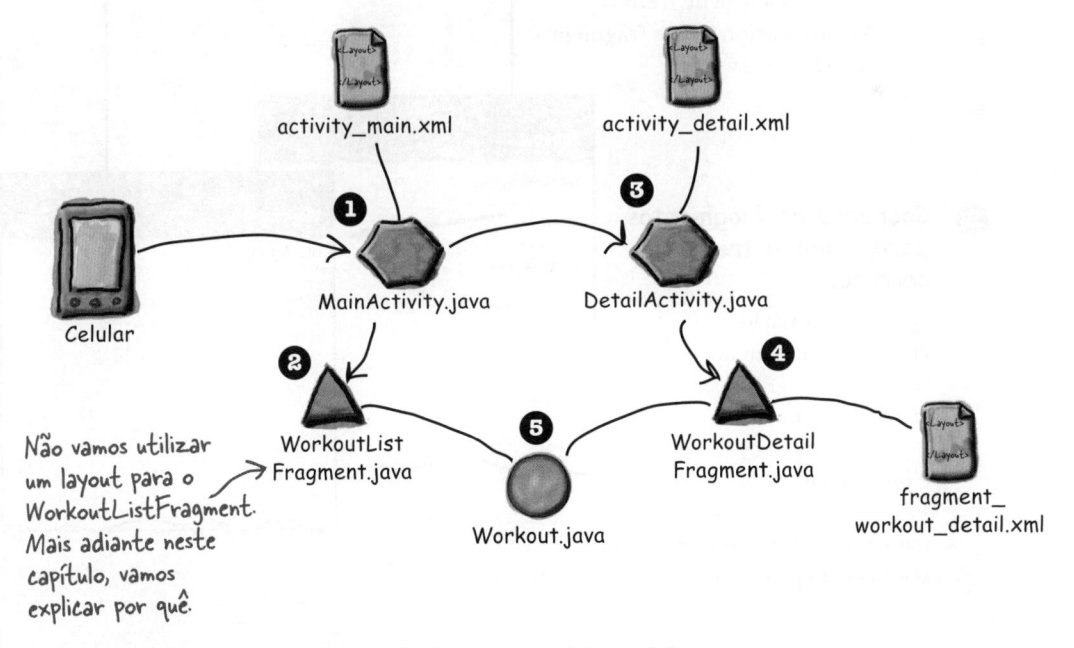

Não vamos utilizar um layout para o WorkoutListFragment. Mais adiante neste capítulo, vamos explicar por quê.

Vamos analisar as etapas de criação do app na próxima página.

etapas

Vamos fazer o seguinte

O desenvolvimento do app se divide em três etapas principais:

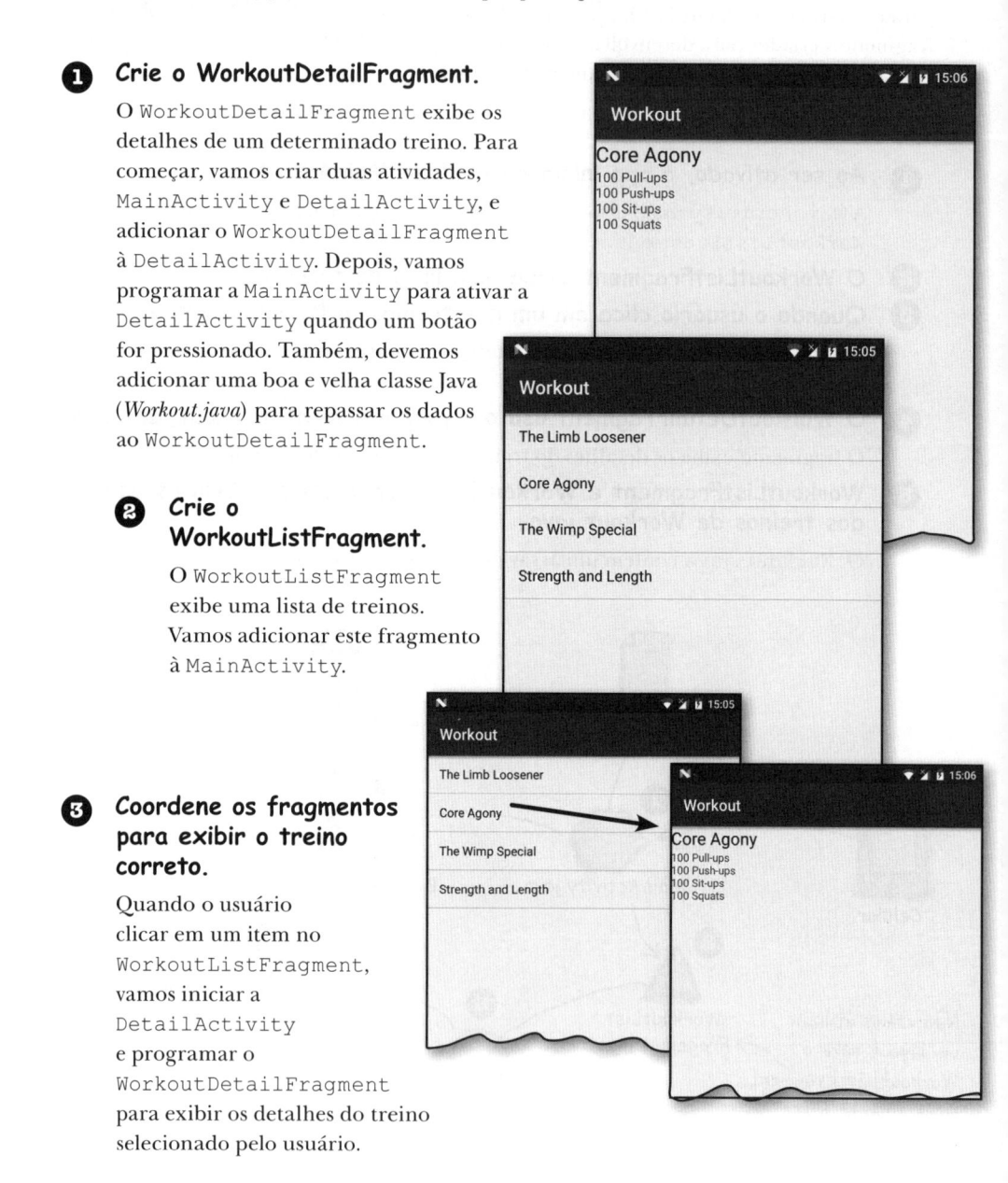

❶ Crie o WorkoutDetailFragment.

O `WorkoutDetailFragment` exibe os detalhes de um determinado treino. Para começar, vamos criar duas atividades, `MainActivity` e `DetailActivity`, e adicionar o `WorkoutDetailFragment` à `DetailActivity`. Depois, vamos programar a `MainActivity` para ativar a `DetailActivity` quando um botão for pressionado. Também, devemos adicionar uma boa e velha classe Java (*Workout.java*) para repassar os dados ao `WorkoutDetailFragment`.

❷ Crie o WorkoutListFragment.

O `WorkoutListFragment` exibe uma lista de treinos. Vamos adicionar este fragmento à `MainActivity`.

❸ Coordene os fragmentos para exibir o treino correto.

Quando o usuário clicar em um item no `WorkoutListFragment`, vamos iniciar a `DetailActivity` e programar o `WorkoutDetailFragment` para exibir os detalhes do treino selecionado pelo usuário.

Vamos começar.

exibições e grupos de exibições

Crie o projeto e as atividades

→ WorkoutDetailFragment
WorkoutListFragment
Coordene os fragmentos

Para começar, vamos criar um projeto que irá conter duas atividades, MainActivity e DetailActivity. A MainActivity será utilizada para o fragmento que exibe uma lista de treinos, enquanto a DetailActivity será utilizada para o fragmento que exibe os detalhes de um treino específico.

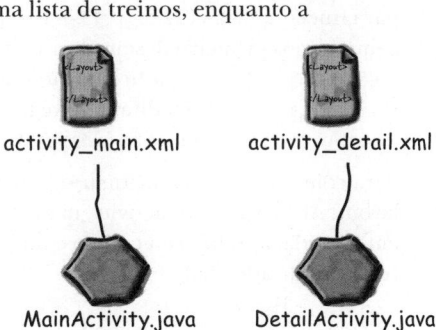

Para fazer isso, primeiro crie um novo projeto Android com uma atividade vazia para um aplicativo chamado "Workout", utilizando o domínio da empresa "hfad.com" e o nome do pacote com.hfad.workout. O SDK mínimo deve ser API 19 para que o app rode na maioria dos dispositivos. Nomeie a atividade como "MainActivity" e o layout como "activity_main". **Lembre-se de marcar a opção Backwards Compatibility (AppCompat).**

activity_main.xml   activity_detail.xml

MainActivity.java   DetailActivity.java

Em seguida, para criar uma segunda atividade, selecione o pacote *com.hfad.workout* na pasta *app/src/main/java* e vá para File→New...→Activity→ Empty Activity. Nomeie a atividade como "DetailActivity", nomeie o layout como "activity_detail", verifique se o nome do pacote é com.hfad.workout e **marque a opção Backwards Compatibility (AppCompat).**

Se a linguagem do código-fonte da atividade for questionada, selecione a opção correspondente à Java.

Adicione a AppCompat Support Library

Vamos utilizar as atividades e fragmentos da v7 AppCompat Library; portanto, você deve adicionar a biblioteca ao projeto como uma dependência. Para fazer isso, vá para o menu File e escolha Project Structure. Em seguida, clique no módulo do app e escolha Dependencies.

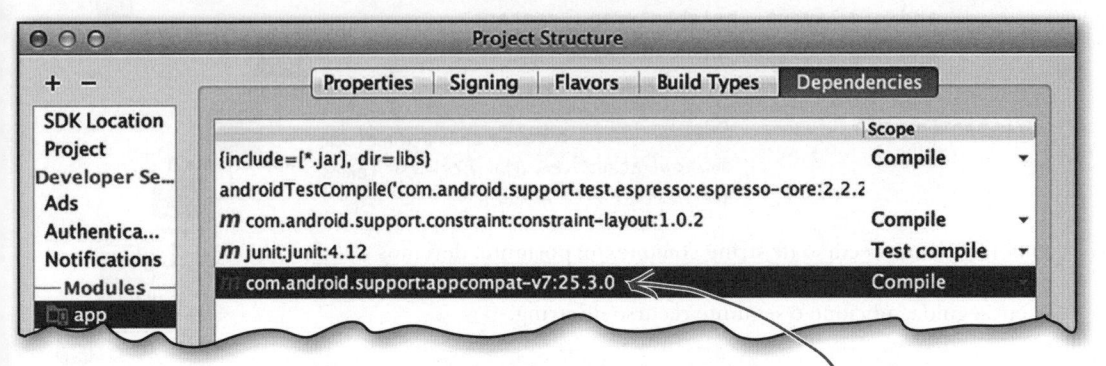

```
Project Structure
  Properties  Signing  Flavors  Build Types  Dependencies
SDK Location
Project                                                    Scope
Developer Se...   {include=[*.jar], dir=libs}              Compile
Ads               androidTestCompile('com.android.support.test.espresso:espresso-core:2.2.2
Authentica...     m  com.android.support.constraint:constraint-layout:1.0.2   Compile
Notifications     m  junit:junit:4.12                      Test compile
 Modules          com.android.support:appcompat-v7:25.3.0   Compile
  app
```

Esta é a v7 AppCompat Support Library.

Se o Android Studio já tiver adicionado a v7 AppCompat Support Library ao projeto, você vai encontrá-la na lista de dependências. Se a biblioteca não estiver lá, você terá que adicioná-la manualmente. Para isso, clique no botão "+" na parte inferior ou no canto direito da tela. Quando solicitado, escolha a opção Library Dependency e, em seguida, selecione a biblioteca appcompat-v7 na lista de opções. Por último, use os botões OK para salvar suas alterações.

Depois de conferir se a v7 AppCompat Support Library foi adicionada, feche a janela Project Structure. Na próxima página, vamos atualizar a MainActivity.

código do layout

Adicione um botão ao layout da MainActivity

→ WorkoutDetailFragment
WorkoutListFragment
Coordene os fragmentos

Vamos adicionar um botão à `MainActivity` para iniciar a `DetailActivity`. Isso porque, como vamos primeiro desenvolver o fragmento da `DetailActivity`, adicionar um botão à `MainActivity` irá facilitar a navegação de `MainActivity` para `DetailActivity`.

Para começar, vamos adicionar o botão ao layout. Abra o arquivo activity_main.xml e, em seguida, atualize seu código com base no código indicado abaixo:

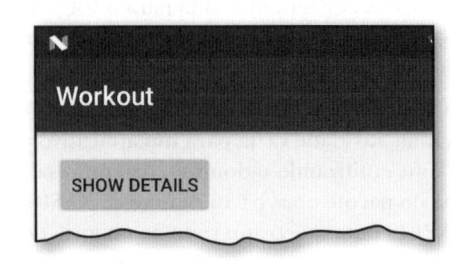

```xml
<?xml version="1.0" encoding="utf-8"?>
<LinearLayout xmlns:android="http://schemas.android.com/apk/res/android"
    xmlns:tools="http://schemas.android.com/tools"
    android:layout_width="match_parent"
    android:layout_height="match_parent"
    android:padding="16dp"
    android:orientation="vertical"
    tools:context="com.hfad.workout.MainActivity">

    <Button
        android:layout_width="wrap_content"
        android:layout_height="wrap_content"
        android:onClick="onShowDetails"
        android:text="@string/details_button" />
</LinearLayout>
```

Este é o botão que vamos adicionar.

Quando clicado, o botão chama o método onShowDetails() em MainActivity. Temos que escrever este método.

Workout/app/src/main/res/layout/activity_main.xml

O botão usa um recurso de string como texto; portanto, devemos adicioná-lo ao arquivo de recursos de string. Abra o arquivo *strings.xml* e, em seguida, adicione o seguinte recurso de string:

```xml
<resources>
    ...
    <string name="details_button">Show details</string>
</resources>
```

Este texto será exibido no botão.

Workout/app/src/main/res/values/strings.xml

Especificamos que o método `onShowDetails()` da `MainActivity` deve ser chamado quando o botão for clicado. A seguir, vamos escrever o código deste método.

exibições e grupos de exibições

Configure o botão para responder a cliques

→ ☐ **WorkoutDetailFragment**
☐ **WorkoutListFragment**
☐ **Coordene os fragmentos**

Temos que configurar o botão de `MainActivity` para iniciar a `DetailActivity` quando for clicado. Para isso, vamos adicionar o método `onShowDetails()` à `MainActivity`. O método vai iniciar a `DetailActivity` usando um intent, como fizemos nos capítulos anteriores.

Este é o código completo de *MainActivity.java*. Atualize seu código com base no código indicado abaixo.

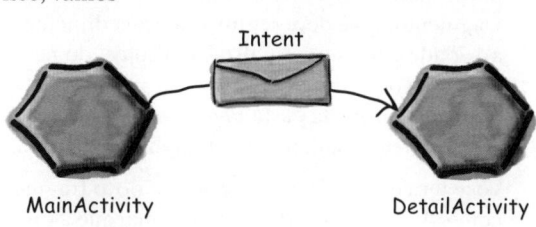

```
package com.hfad.workout;

import android.support.v7.app.AppCompatActivity;
import android.os.Bundle;
import android.view.View;
import android.content.Intent;
```
A atividade estende a AppCompatActivity.

```
public class MainActivity extends AppCompatActivity {

    @Override
    protected void onCreate(Bundle savedInstanceState) {
        super.onCreate(savedInstanceState);
        setContentView(R.layout.activity_main);
    }

    public void onShowDetails(View view) {
        Intent intent = new Intent(this, DetailActivity.class);
        startActivity(intent);
    }
}
```
Este método é chamado sempre que o botão recebe um clique e inicia a DetailActivity.

Workout
 └─ *app/src/main*
     └─ *java*
         └─ *com.hfad.workout*
             └─ **MainActivity.java**

Acabamos de configurar a `MainActivity` para iniciar a `DetailActivity`. Na próxima página, vamos adicionar o novo fragmento `WorkoutDetailFragment` ao projeto e incluí-lo na `DetailActivity`.

você está aqui ▶ **347**

adicione o fragmento

Como adicionar um fragmento ao projeto

→ WorkoutDetailFragment
WorkoutListFragment
Coordene os fragmentos

Vamos adicionar o novo fragmento `WorkoutDetailFragment` ao projeto para exibir os detalhes de um único treino. Para adicionar um novo fragmento, você deve seguir um procedimento parecido com o das novas atividades: acesse a visualização Project do navegador do Android Studio, selecione o pacote *com.hfad.workout* da pasta *app/src/main/java*, vá para o menu File e escolha New…→Fragment→Fragment (Blank).

Recomendamos que você confira o código extra gerado pelo Android depois de ler este livro. Talvez você encontre algo útil, de acordo com seus interesses.

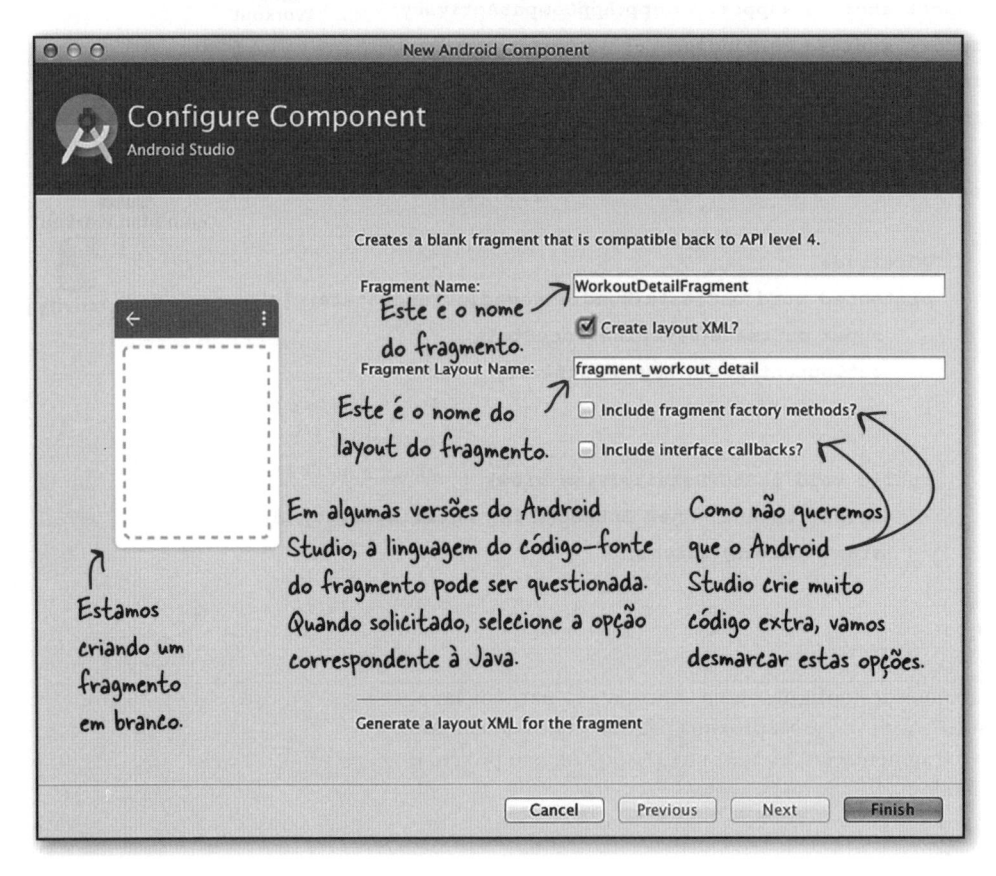

Você terá que definir as opções do novo fragmento. Nomeie o fragmento como "WorkoutDetailFragment", marque a opção para criar o respectivo XML do layout e nomeie o layout do fragmento como "fragment_workout_detail". Desmarque as opções para incluir métodos de fábrica para fragmento e callbacks de interface para não gerar código extra desnecessário. Quando tiver concluído, clique no botão Finish.

New Android Component

Configure Component
Android Studio

Creates a blank fragment that is compatible back to API level 4.

Fragment Name: WorkoutDetailFragment
— Este é o nome do fragmento.
☑ Create layout XML?

Fragment Layout Name: fragment_workout_detail
— Este é o nome do layout do fragmento.

☐ Include fragment factory methods?
☐ Include interface callbacks?

Em algumas versões do Android Studio, a linguagem do código-fonte do fragmento pode ser questionada. Quando solicitado, selecione a opção correspondente à Java.

Como não queremos que o Android Studio crie muito código extra, vamos desmarcar estas opções.

↑ Estamos criando um fragmento em branco.

Generate a layout XML for the fragment

Cancel | Previous | Next | **Finish**

Quando você clica no botão Finish, o Android Studio cria e adiciona o novo fragmento ao projeto.

exibições e grupos de exibições

Confira o formato do código do fragmento

→ ☐ **WorkoutDetailFragment**
☐ WorkoutListFragment
☐ Coordene os fragmentos

Quando um fragmento é criado, o Android Studio gera dois arquivos: o código Java do fragmento e o código XML do layout do fragmento. O código Java descreve o comportamento do fragmento, enquanto o layout descreve a aparência do fragmento.

Vamos conferir primeiro o código Java. Vá para o pacote *com.hfad. workout* na pasta *app/src/main/java* e abra o arquivo *WorkoutDetailFragment. java* criado pelo Android Studio. Em seguida, substitua o código gerado pelo Android Studio pelo código indicado abaixo:

```
package com.hfad.workout;        Estamos utilizando a
                                  classe Fragment da
                                  Android Support Library.
import android.support.v4.app.Fragment;
import android.os.Bundle;
import android.view.LayoutInflater;
import android.view.View;
import android.view.ViewGroup;
                            O WorkoutDetailFragment
                            estende a classe Fragment.
public class WorkoutDetailFragment extends Fragment {

                       Este é o método onCreateView(), chamado
    @Override          quando o Android precisa do layout do fragmento.
    public View onCreateView(LayoutInflater inflater, ViewGroup container,
                             Bundle savedInstanceState) {
        return inflater.inflate(R.layout.fragment_workout_detail, container, false);
    }                  ↖ Este item indica ao Android o layout utilizado pelo
}                         fragmento (fragment_workout_detail, nesse caso).
```

📁 Workout
  📁 app/src/main
    📁 java
      📁 com.hfad.workout
        📄 WorkoutDetailFragment.java

O código acima cria um fragmento básico. Observe que o código do fragmento parece bastante com o código de uma atividade.

Para criar um fragmento, você primeiro deve estender a classe `Fragment` ou uma de suas subclasses. Estamos utilizando fragmentos da Support Library; portanto, nosso fragmento deve estender a classe `android. support.v4.app.Fragment`. Isso porque os fragmentos da Support Library são compatíveis com versões anteriores do Android e contêm os recursos mais recentes aplicáveis aos fragmentos.

O fragmento implementa o método `onCreateView()`, chamado sempre que o Android precisa do layout do fragmento; nesse método, você deve indicar o layout utilizado pelo fragmento. Embora o método `onCreateView()` seja opcional, você terá que implementá-lo sempre que criar um fragmento. Vamos conferir este método com mais detalhes na próxima página.

você está aqui ▶ **349**

onCreateView()

O método onCreateView() do fragmento

→ | WorkoutDetailFragment
   | WorkoutListFragment
   | Coordene os fragmentos

O método `onCreateView()` retorna um objeto `View` que representa a interface do usuário do fragmento. Esse método é chamado quando o Android está pronto para instanciar a interface do usuário e recebe três parâmetros:

```
public View onCreateView(LayoutInflater inflater,
                         ViewGroup container,
                         Bundle savedInstanceState) {

}
```

O método onCreateView() é chamado quando o Android precisa do layout do fragmento.

O primeiro parâmetro é o `LayoutInflator`, que serve para inflar o layout do fragmento. Quando você infla o layout, as views XML se tornam objetos Java.

O segundo parâmetro é um `ViewGroup`. Esse é o `ViewGroup` no layout da atividade que irá armazenar o fragmento.

O parâmetro final é um `Bundle`; você deve utilizá-lo caso tenha salvo anteriormente o estado do fragmento e queira restabelecê-lo.

Para especificar o layout do fragmento, use o método `inflate()` do `LayoutInflator`:

> **Veja bem!**
>
> **Todos os fragmentos devem conter um construtor público sem argumentos.**
>
> *O Android utiliza o construtor público sem argumentos para restabelecer o fragmento, quando necessário. Sem esse construtor, você vai receber uma exceção de tempo de execução.*
>
> *Na prática, só é necessário adicionar um construtor público sem argumentos ao código do fragmento se você incluir outro construtor com um ou mais argumentos. Isso porque, quando uma classe Java não tem nenhum construtor, o compilador Java adiciona automaticamente um construtor público sem argumento.*

```
public View onCreateView(LayoutInflater inflater,
                 ViewGroup container,
                 Bundle savedInstanceState) {
    return inflater.inflate(R.layout.fragment_workout_detail,
                container,
                false);
}
```

↖ *Este item infla o layout do fragmento de XML para objetos Java.*

Para o fragmento, esse procedimento equivale a chamar o método `setContentView()` de uma atividade. Você deve utilizá-lo para indicar o layout correspondente ao fragmento, que, nesse caso, é o `R.layout.fragment_workout_detail`.

O argumento de contêiner do método `inflate()` especifica o `ViewGroup` da atividade em que o layout do fragmento deve ser inserido. Ele é transmitido ao fragmento como o segundo parâmetro no método `onCreateView()` do fragmento.

Agora que já vimos o código do fragmento, vamos conferir o seu layout.

O código do layout do fragmento parece bastante com o código do layout de uma atividade

Como vimos antes, os fragmentos usam arquivos de layout para descrever sua aparência. O código do layout do fragmento parece bastante com o código do layout de uma atividade; portanto, ao escrever o código do layout do fragmento, você pode usar os views e layouts que já utiliza para escrever o código do layout das atividades.

Vamos atualizar o código do layout para que o fragmento contenha dois text views, um para o título do treino e outro para a descrição do treino.

Abra o *arquivo fragment_workout_detail.xml* na pasta *app/src/res/layout* e substitua seu conteúdo pelo código indicado abaixo:

```xml
<LinearLayout xmlns:android="http://schemas.android.com/apk/res/android"
    android:layout_height="match_parent"
    android:layout_width="match_parent"
    android:orientation="vertical">

    <TextView
        android:layout_width="wrap_content"
        android:layout_height="wrap_content"
        android:textAppearance="?android:attr/textAppearanceLarge"
        android:text="@string/workout_title"
        android:id="@+id/textTitle" />

    <TextView
        android:layout_width="wrap_content"
        android:layout_height="wrap_content"
        android:text="@string/workout_description"
        android:id="@+id/textDescription" />

</LinearLayout>
```

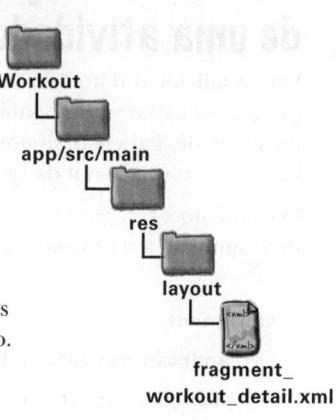

Estamos utilizando o LinearLayout no fragmento, mas poderia ser qualquer layout entre os citados neste livro.

Vamos colocar título e a descrição do treino em duas TextViews separadas.

Este item aumenta o texto.

Recursos de string estáticos.

Por enquanto, vamos usar recursos de string estáticos para o título e a descrição do treino para conferir o fragmento em funcionamento. Abra o *strings.xml* e adicione os seguintes recursos de string:

```xml
<resources>
    ...
    <string name="workout_title">Title</string>
    <string name="workout_description">Description</string>
</resources>
```

Vamos utilizar estes itens para exibir o texto-padrão no fragmento.

Concluímos o desenvolvimento do fragmento. Na próxima página, vamos aprender a adicionar o fragmento a uma atividade.

adicione o fragmento ao layout

Adicione o fragmento ao layout de uma atividade

☐ WorkoutDetailFragment
☐ **WorkoutListFragment**
☐ **Coordene os fragmentos**

Vamos adicionar o `WorkoutDetailFragment` à `DetailActivity` para exibir o fragmento no layout da atividade. Para isso, vamos adicionar um elemento `<fragment>` ao layout da `DetailActivity`.

O elemento `<fragment>` é um view que especifica o nome do fragmento a ser exibido. Ele é mais ou menos assim:

```
<fragment
    android:name="com.hfad.workout.WorkoutDetailFragment"
    android:layout_width="match_parent"
    android:layout_height="match_parent" />
```

← Este é o nome completo da classe do fragmento.

Para especificar o fragmento, use o atributo `android:name` e inclua nele o valor do nome totalmente qualificado do fragmento. Nesse caso, queremos exibir o fragmento `WorkoutDetailFragment` localizado no pacote `com.hfad.workout`; portanto, devemos usar o seguinte comando:

```
android:name="com.hfad.workout.WorkoutDetailFragment"
```

Quando o Android cria o layout da atividade, substitui o elemento `<fragment>` pelo objeto `View` retornado pelo método `onCreateView()` do fragmento. Esse view corresponde à interface do usuário; portanto, o elemento `<fragment>` marca o espaço reservado para a inserção do layout do fragmento.

Você deve adicionar o elemento `<fragment>` ao layout como faria com qualquer outro elemento. Por exemplo, para adicionar o fragmento a um layout linear, você pode realizar o seguinte procedimento:

```
<?xml version="1.0" encoding="utf-8"?>
<LinearLayout xmlns:android="http://schemas.android.com/apk/res/android"
    android:orientation="vertical"
    android:layout_width="match_parent"
    android:layout_height="match_parent">
    <fragment
        android:name="com.hfad.workout.WorkoutDetailFragment"
        android:layout_width="match_parent"
        android:layout_height="match_parent" />
</LinearLayout>
```

Este item adiciona o fragmento ao layout da atividade.

Workout
app/src/main
res
layout
activity_detail.xml

Porém, quando o layout contém um único fragmento e nenhum outro view, você pode simplificar o código do layout.

352 *Capítulo 9*

Simplifique o layout

Quando o código do layout da atividade inclui um único fragmento contido em um elemento de layout e nenhum outro view, você pode simplificar o código do layout ao remover o elemento-raiz do layout.

Cada arquivo de layout criado deve conter como único elemento-raiz um view ou view group. Ou seja, quando um layout contém múltiplos itens, esses itens devem estar contidos em um view group como um layout linear.

Quando o layout contém um único fragmento, o elemento `<fragment>` pode ser a raiz do arquivo de layout. Isso porque o elemento `<fragment>` é um tipo de view que o Android substitui pelo fragmento no tempo de execução.

No código do exemplo da página anterior, demonstramos um fragmento contido em um layout linear. Como não havia outros views no layout, podemos remover o layout linear para que o código fique com o seguinte formato:

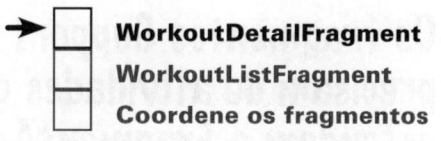

> WorkoutDetailFragment
> WorkoutListFragment
> Coordene os fragmentos

O arquivo de layout deve ter um único view ou group view como elemento-raiz. Quando a atividade contém apenas um fragmento, o fragmento pode ser o elemento-raiz.

```xml
<?xml version="1.0" encoding="utf-8"?>
<fragment
    xmlns:android="http://schemas.android.com/apk/res/android"
    android:name="com.hfad.workout.WorkoutDetailFragment"
    android:layout_width="match_parent"
    android:layout_height="match_parent" />
```

Você pode adicionar o fragmento ao layout desta forma quando o layout contém APENAS um único fragmento.

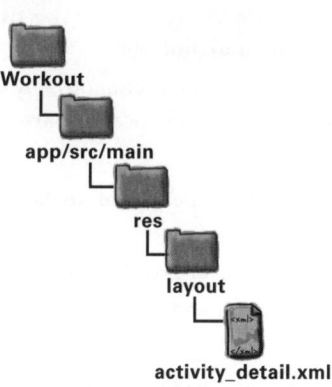

Workout
└ app/src/main
  └ res
    └ layout
      └ activity_detail.xml

O código realiza as mesmas funções que o código indicado na página anterior, mas é muito mais curto.

Concluímos o código do layout da `DetailActivity`; agora, substitua o código da sua versão de *activity_detail.xml* pelo código indicado acima e salve suas alterações.

Na próxima página, vamos analisar o código da atividade.

a AppCompatActivity estende a FragmentActivity

Os fragmentos Support Library precisam de atividades que estendam a FragmentActivity

Quando você adiciona um fragmento a uma atividade, normalmente precisa escrever um código para controlar as interações entre o fragmento e a atividade em questão. Você vai conferir exemplos desse procedimento mais adiante neste capítulo.

Até o momento, o `WorkoutDetailFragment` contém apenas dados estáticos. A `DetailActivity` deve apenas exibir o fragmento e não interagir com ele; portanto, não precisamos escrever mais código para a atividade a fim de controlar a interação.

No entanto, aqui há um ponto importante a ser destacado. Quando você utiliza fragmentos da Support Library (como estamos fazendo neste caso), deve verificar se **a atividade a ser utilizada com eles estende a classe `FragmentActivity` ou uma de suas subclasses**. Como a classe `FragmentActivity` processa fragmentos da Support Library, se a atividade não estender essa classe, o código ficará corrompido.

Na prática, isso não é um problema. Como a classe `AppCompatActivity` é uma subclasse da `FragmentActivity`, sempre que a atividade estender a classe `AppCompatActivity`, os fragmentos da Support Library irão funcionar.

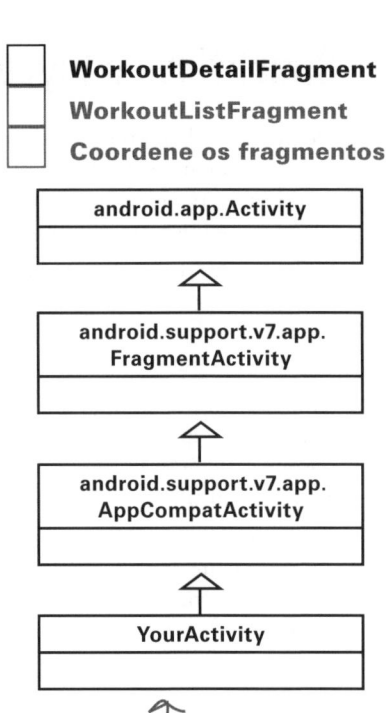

Este é o código de *DetailActivity.java*. Atualize seu código com base no código indicado abaixo:

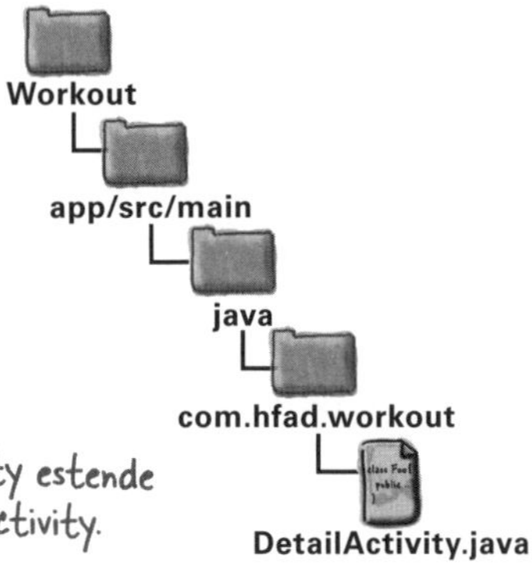

```
package com.hfad.workout;

import android.support.v7.app.AppCompatActivity;
import android.os.Bundle;

public class DetailActivity extends AppCompatActivity {

    @Override
    protected void onCreate(Bundle savedInstanceState) {
        super.onCreate(savedInstanceState);
        setContentView(R.layout.activity_detail);
    }
}
```

← *A DetailActivity estende a AppCompatActivity.*

> WorkoutDetailFragment
> WorkoutListFragment
> Coordene os fragmentos
>
> android.app.Activity
> ⇧
> android.support.v7.app.FragmentActivity
> ⇧
> android.support.v7.app.AppCompatActivity
> ⇧
> YourActivity

Sempre que a atividade estende FragmentActivity ou uma das suas subclasses (como a AppCompatActivity), você pode usar fragmentos da Support Library.

Workout
└ app/src/main
  └ java
    └ com.hfad.workout
      └ DetailActivity.java

Concluímos o procedimento para exibir o `WorkoutDetailFragment` na atividade. Vamos conferir o que acontece quando o app é executado.

exibições e grupos de exibições

Como o código funciona

Antes de fazer um test drive no app, vamos analisar o funcionamento do código.

→ ☐ **WorkoutDetailFragment**
  ☐ WorkoutListFragment
  ☐ Coordene os fragmentos

❶ Ao ser ativado, o app cria a atividade MainActivity.

O usuário clica no botão da `MainActivity` para iniciar a `DetailActivity`.

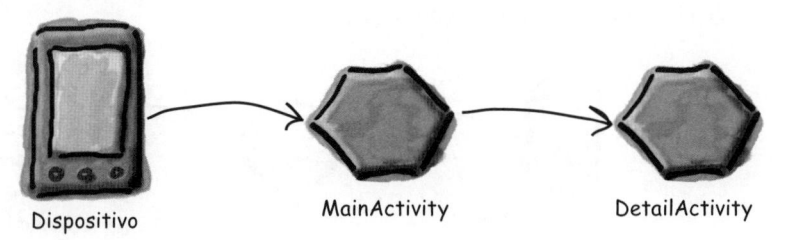

Dispositivo → MainActivity → DetailActivity

❷ O método onCreate() da DetailActivity é executado.

O método `onCreate()` especifica que *activity_detail.xml* deve ser utilizado como o layout da `DetailActivity`.

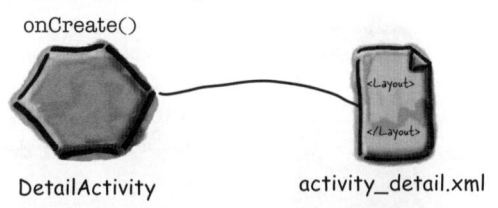

onCreate()

DetailActivity — activity_detail.xml

❸ O activity_detail.xml percebe que inclui um elemento <fragment> que faz referência ao WorkoutDetailFragment.

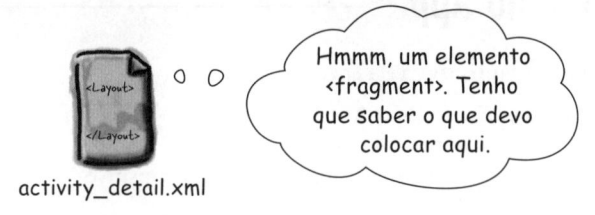

activity_detail.xml

> Hmmm, um elemento <fragment>. Tenho que saber o que devo colocar aqui.

❹ O método onCreateView() do WorkoutDetailFragment é chamado.

O método `onCreateView()` especifica que *fragment_workout_detail.xml* deve ser utilizado como o layout do `WorkoutDetailFragment` e infla o layout para um objeto `View`.

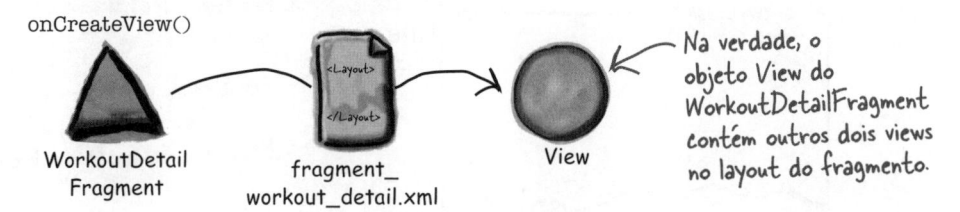

onCreateView()

WorkoutDetail Fragment — fragment_workout_detail.xml — View

← Na verdade, o objeto View do WorkoutDetailFragment contém outros dois views no layout do fragmento.

você está aqui ▶ 355

o que acontece, continuação

A história continua

→ **WorkoutDetailFragment**
 WorkoutListFragment
 Coordene os fragmentos

5 **Os Views do activity_detail.xml são inflados para objetos View de Java.**

O layout da `DetailActivity` utiliza o objeto `View` do `WorkoutDetailFragment` no lugar do elemento `<fragment>` no XML do seu layout.

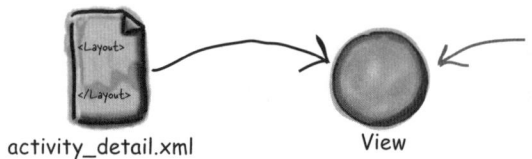

activity_detail.xml → View

O activity_detail.xml contém apenas o elemento <fragment>. Ou seja, quando infla, passa a conter apenas o objeto View do WorkoutDetailFragment.

6 **Por fim, a DetailActivity aparece no dispositivo.**

O layout da atividade contém o fragmento `WorkoutDetailFragment`.

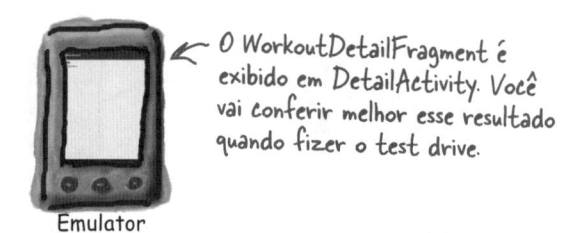

Emulator

O WorkoutDetailFragment é exibido em DetailActivity. Você vai conferir melhor esse resultado quando fizer o test drive.

Test drive do app

Ao ser executado, o app ativa a `MainActivity`.

Quando clicado, o botão da `MainActivity` inicia a `DetailActivity`. A `DetailActivity` contém o `WorkoutDetailFragment`, que visualizamos no dispositivo.

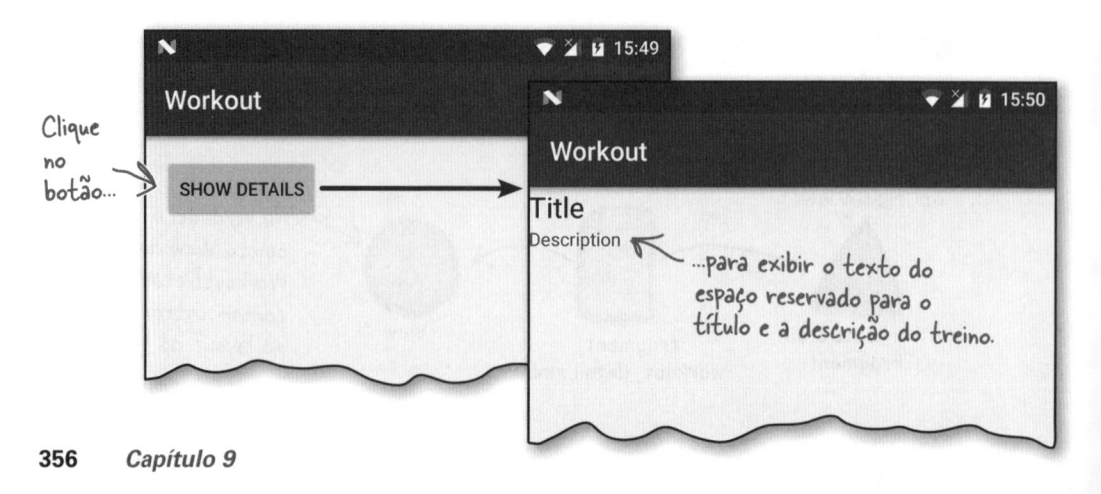

Workout — 15:49
Clique no botão... → SHOW DETAILS →

Workout — 15:50
Title
Description

...para exibir o texto do espaço reservado para o título e a descrição do treino.

exibições e grupos de exibições

SEJA o Layout

Sua missão é pensar como o layout: diga se os layouts indicados abaixo são válidos ou inválidos e explique por quê. Imagine que os fragmentos e recursos de string referenciados já existem.

A
```xml
<?xml version="1.0" encoding="utf-8"?>
<fragment
    xmlns:android="http://schemas.android.com/apk/res/android"
    android:name="com.hfad.workout.WorkoutDetailFragment"
    android:layout_width="match_parent"
    android:layout_height="match_parent" />
```

B
```xml
<?xml version="1.0" encoding="utf-8"?>
<fragment
    xmlns:android="http://schemas.android.com/apk/res/android"
    android:name="com.hfad.workout.WorkoutDetailFragment"
    android:layout_width="match_parent"
    android:layout_height="match_parent" />
<Button
    android:layout_width="wrap_content"
    android:layout_height="wrap_content"
    android:text="@string/details_button" />
```

C
```xml
<?xml version="1.0" encoding="utf-8"?>
<Button
    xmlns:android="http://schemas.android.com/apk/res/android"
    android:layout_width="wrap_content"
    android:layout_height="wrap_content"
    android:text="@string/details_button" />
```

você está aqui ▶   357

solução

SEJA o Layout — Solução

Sua missão é pensar como o layout: diga se os layouts indicados abaixo são válidos ou inválidos e explique por quê. Imagine que os fragmentos e recursos de string referenciados já existem.

A ✓
```xml
<?xml version="1.0" encoding="utf-8"?>
<fragment
    xmlns:android="http://schemas.android.com/apk/res/android"
    android:name="com.hfad.workout.WorkoutDetailFragment"
    android:layout_width="match_parent"
    android:layout_height="match_parent" />
```
Este layout é válido, pois contém um único fragmento.

B ✗
```xml
<?xml version="1.0" encoding="utf-8"?>
<fragment
    xmlns:android="http://schemas.android.com/apk/res/android"
    android:name="com.hfad.workout.WorkoutDetailFragment"
    android:layout_width="match_parent"
    android:layout_height="match_parent" />
<Button
    android:layout_width="wrap_content"
    android:layout_height="wrap_content"
    android:text="@string/details_button" />
```
Este layout é inválido. Um layout deve conter um único View ou ViewGroup como elemento-raiz. Para que este layout se torne válido, é necessário colocar o fragmento e o Button em um ViewGroup.

C ✓
```xml
<?xml version="1.0" encoding="utf-8"?>
<Button
    xmlns:android="http://schemas.android.com/apk/res/android"
    android:layout_width="wrap_content"
    android:layout_height="wrap_content"
    android:text="@string/details_button" />
```
Este layout é inválido, pois tem um único View (um Button, neste caso) como elemento-raiz.

exibições e grupos de exibições

Estabeleça uma interação entre o fragmento e a atividade

→ ☐ **WorkoutDetailFragment**
☐ WorkoutListFragment
☐ Coordene os fragmentos

Até aqui, aprendemos a adicionar um fragmento básico a uma atividade. A seguir, vamos conferir como estabelecer uma interação entre o fragmento e a atividade.

Para isso, vamos primeiro alterar o `WorkoutDetailFragment` para exibir os detalhes de um treino no lugar do texto que indica o espaço reservado.

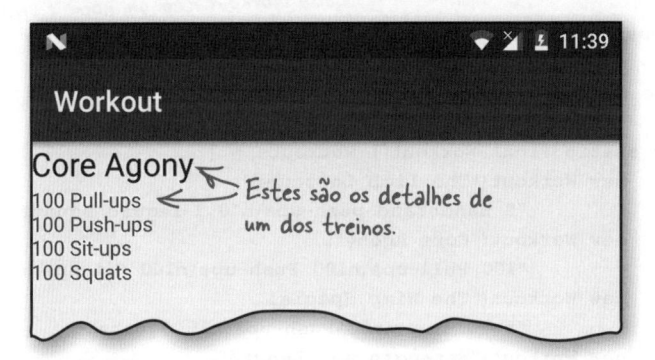

```
                                                ▼ ⚊ 11:39
Workout

Core Agony ← Estes são os detalhes de
100 Pull-ups        um dos treinos.
100 Push-ups
100 Sit-ups
100 Squats
```

Inicialmente, vamos atualizar o layout do fragmento para remover o texto estático que aparece no momento. Abra o arquivo *fragment_workout_detail.xml* e atualize o código com base nas alterações indicadas abaixo:

```xml
<LinearLayout xmlns:android="http://schemas.android.com/apk/res/android"
    ...
    <TextView
        android:layout_width="wrap_content"
        android:layout_height="wrap_content"
        android:textAppearance="?android:attr/textAppearanceLarge"
        android:text="@string/workout_title"
        android:id="@+id/textTitle" />
                                       ← Você deve excluir
                                          estas linhas.
    <TextView
        android:layout_width="wrap_content"
        android:layout_height="wrap_content"
        android:text="@string/workout_description"
        android:id="@+id/textDescription" />
</LinearLayout>
```

As linhas com `android:text="@string/workout_title"` e `android:text="@string/workout_description"` devem ser excluídas.

Workout
app/src/main
res
layout
fragment_workout_detail.xml

Na próxima página, vamos adicionar uma nova classe ao projeto para armazenar os dados dos treinos.

adicione a classe

A classe Workout

→ WorkoutDetailFragment
WorkoutListFragment
Coordene os fragmentos

Vamos armazenar os dados dos treinos no arquivo *Workout.java*, um arquivo de classe Java do qual o app vai receber os dados dos treinos. A classe define um array de quatro treinos, em cada treino contém um nome e uma descrição. Selecione o pacote *com.hfad.workout* na pasta *app/src/main/java* do projeto e, em seguida, vá para File→New...→Java Class. Quando solicitado, nomeie a classe como "Workout" e verifique se o nome do pacote é com.hfad.workout. Em seguida, substitua o código de *Workout.java* pelo código indicado abaixo e salve suas alterações.

```java
package com.hfad.workout;

public class Workout {
    private String name;
    private String description;

    public static final Workout[] workouts = {
            new Workout("The Limb Loosener",
                    "5 Handstand push-ups\n10 1-legged squats\n15 Pull-ups"),
            new Workout("Core Agony",
                    "100 Pull-ups\n100 Push-ups\n100 Sit-ups\n100 Squats"),
            new Workout("The Wimp Special",
                    "5 Pull-ups\n10 Push-ups\n15 Squats"),
            new Workout("Strength and Length",
                    "500 meter run\n21 x 1.5 pood kettleball swing\n21 x pull-ups")
    };

    //Cada treino tem um nome e uma descrição
    private Workout(String name, String description) {
        this.name = name;
        this.description = description;
    }

    public String getDescription() {
        return description;
    }

    public String getName() {
        return name;
    }

    public String toString() {
        return this.name;
    }
}
```

Cada Workout tem um nome e uma descrição.

workouts é um array com quatro Workouts.

Estes itens são getters das váriaveis privadas.

A representação de string de um Workout corresponde ao seu nome.

Workout
app/src/main
java
com.hfad.workout
Workout.java

Os dados serão utilizados pelo fragmento para exibir os detalhes de um treino específico. Vamos conferir esse procedimento a seguir.

Transmita a ID do treino para o fragmento

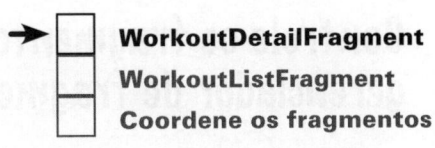

- WorkoutDetailFragment
- WorkoutListFragment
- Coordene os fragmentos

Ao utilizar um fragmento, a atividade normalmente terá que se comunicar com o fragmento em questão de alguma forma. Por exemplo, se o fragmento exibir registros de detalhes, a atividade deverá indicar ao fragmento de qual registro serão exibidos os detalhes.

Neste caso, o `WorkoutDetailFragment` deve exibir os detalhes de um determinado treino. Para isso, vamos adicionar um método setter simples ao fragmento para definir o valor da ID do treino. A atividade poderá utilizar este método para definir a ID do treino. Mais adiante, vamos usar a ID do treino para atualizar os views do fragmento.

Este é o código revisado de `WorkoutDetailFragment` (atualize seu código com base nas alterações indicadas abaixo):

Workout/app/src/main/java/com.hfad.workout/WorkoutDetailFragment.java

```java
package com.hfad.workout;

import android.support.v4.app.Fragment;
import android.os.Bundle;
import android.view.LayoutInflater;
import android.view.View;
import android.view.ViewGroup;

public class WorkoutDetailFragment extends Fragment {
    private long workoutId;   // Este é o ID do treino selecionado pelo usuário.
                              // Mais adiante, vamos usá-lo para definir os valores
                              // dos views do fragmento com os detalhes do treino.

    @Override
    public View onCreateView(LayoutInflater inflater, ViewGroup container,
                             Bundle savedInstanceState) {
        return inflater.inflate(R.layout.fragment_workout_detail, container, false);
    }

    public void setWorkout(long id) {   // Este é um método setter para
        this.workoutId = id;            // a ID do treino. A atividade
    }                                   // vai utilizar este método para
                                        // definir o valor da ID do treino.
}
```

Queremos que a `DetailActivity` chame o método `setWorkout()` e transmita a ID de um determinado treino. Para isso, a atividade deve obter uma referência para o fragmento. Mas como?

getSupportFragmentManager()

Controle os fragmentos com o gerenciador de fragmentos

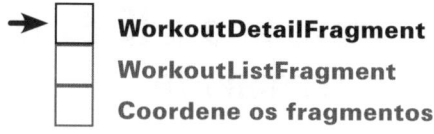

→ **WorkoutDetailFragment**
WorkoutListFragment
Coordene os fragmentos

Antes de uma atividade se comunicar com o fragmento, deve primeiro obter uma referência para o fragmento em questão. Para obter uma referência para os fragmentos de uma atividade, use o **gerenciador de fragmentos** da atividade. O gerenciador de fragmentos da atividade rastreia e processa os fragmentos utilizados pela atividade.

Há dois métodos para se obter uma referência para o gerenciador de fragmentos, `getFragmentManager()` e `getSupportFragmentManager()`. O método `getSupportFragmentManager()` obtém uma referência para o gerenciador de fragmentos que processa fragmentos da Support Library (como a que estamos utilizando), enquanto o método `getFragmentManager()` obtém uma referência para o gerenciador de fragmentos que processa fragmentos que utilizam a classe de fragmentos nativa do Android. Em seguida, utilize o método `findFragmentById()` do gerenciador de fragmentos para obter uma referência para o fragmento.

Como estamos utilizando fragmentos da Support Library, vamos usar o método `getSupportFragmentManager()` da seguinte forma:

Esta é a ID do fragmento inserido no layout da atividade.

`getSupportFragmentManager().findFragmentById(R.id.fragment_id)`

Vamos usar gerenciador de fragmentos da `DetailActivity` para obter uma referência para o seu `WorkoutDetailFragment`. Para isso, primeiro devemos atribuir uma ID ao fragmento.

O findFragmentById() parece com o findViewById(), mas serve para obter uma referência para um fragmento.

Você deve atribuir uma ID para o fragmento da atividade no layout da atividade. Abra o arquivo *activity_detail.xml* e insira a linha de código destacada abaixo para adicionar uma ID para o fragmento da atividade:

```
<?xml version="1.0" encoding="utf-8"?>
<fragment xmlns:android="http://schemas.android.com/apk/res/android"
    android:name="com.hfad.workout.WorkoutDetailFragment"
    android:id="@+id/detail_frag"
    android:layout_width="match_parent"
    android:layout_height="match_parent" />
```

Adicione uma ID para o fragmento.

Workout
app/src/main
res
layout
activity_detail.xml

O código acima atribui ao fragmento a ID `detail_frag`. Na próxima página, vamos usar a ID para obter uma referência para o fragmento.

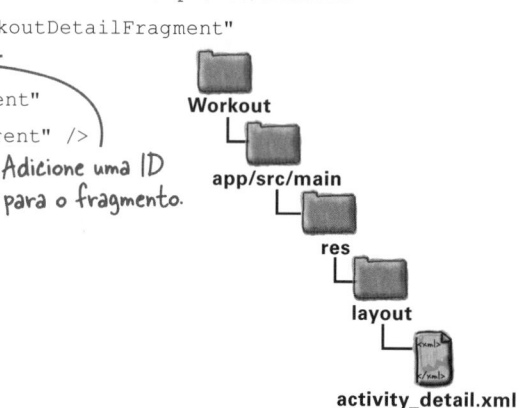

exibições e grupos de exibições

Programe a atividade para definir a ID do treino

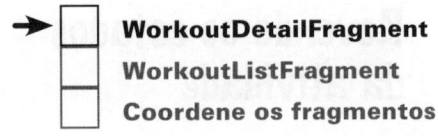

WorkoutDetailFragment
WorkoutListFragment
Coordene os fragmentos

Para obter uma referência para o fragmento, temos que adicionar o seguinte código:

```
WorkoutDetailFragment frag = (WorkoutDetailFragment)
        getSupportFragmentManager().findFragmentById(R.id.detail_frag);
```

Agora, podemos chamar o método `setWorkout()` do fragmento para indicar ao fragmento o treino do qual devem ser exibidos os detalhes. Por enquanto, vamos inserir diretamente no código o treino a ser exibido para conferir o app em funcionamento. Mais adiante, vamos alterar o código para que o usuário possa selecionar um dos treinos disponíveis.

Este é o código revisado de *DetailActivity.java*. Atualize seu código com base nas alterações indicadas abaixo:

```
package com.hfad.workout;

import android.support.v7.app.AppCompatActivity;
import android.os.Bundle;

public class DetailActivity extends AppCompatActivity {

    @Override
    protected void onCreate(Bundle savedInstanceState) {
        super.onCreate(savedInstanceState);
        setContentView(R.layout.activity_detail);
        WorkoutDetailFragment frag = (WorkoutDetailFragment)
                getSupportFragmentManager().findFragmentById(R.id.detail_frag);
        frag.setWorkout(1);
    }
}
```

Workout
app/src/main
java
com.hfad.workout
DetailActivity.java

Vamos programar WorkoutDetailFragment para exibir os detalhes de um treino para conferir se o app está funcionando.

Este item obtém uma referência para o WorkoutDetailFragment. Sua ID no layout da atividade é detail_frag.

Observe que a referência para o fragmento foi obtida com a chamada de `setContentView()`. Obter a referência é muito importante, pois até o momento o fragmento não tinha sido criado.

A seguir, vamos programar o fragmento para atualizar seus views quando for exibido para o usuário. Mas, antes de fazer isso, temos que compreender o ciclo de vida do fragmento para adicionar o código ao método correto do fragmento.

você está aqui ▶ **363**

revendo a atividade

Revendo os estados da atividade

→ WorkoutDetailFragment
WorkoutListFragment
Coordene os fragmentos

Como uma atividade, o fragmento dispõe de vários métodos do ciclo de vida que devem ser chamados em momentos específicos. É importante saber o que esses métodos fazem e quando devem ser chamados para que o fragmento funcione da forma desejada.

Os fragmentos ficam armazenados e são controlados pelas atividades; portanto, o ciclo de vida dos fragmentos tem uma relação muito próxima com o ciclo de vida das atividades. Vamos rever aqui os diferentes estados de uma atividade para, na próxima página, mostrar a relação entre esses estados e os fragmentos.

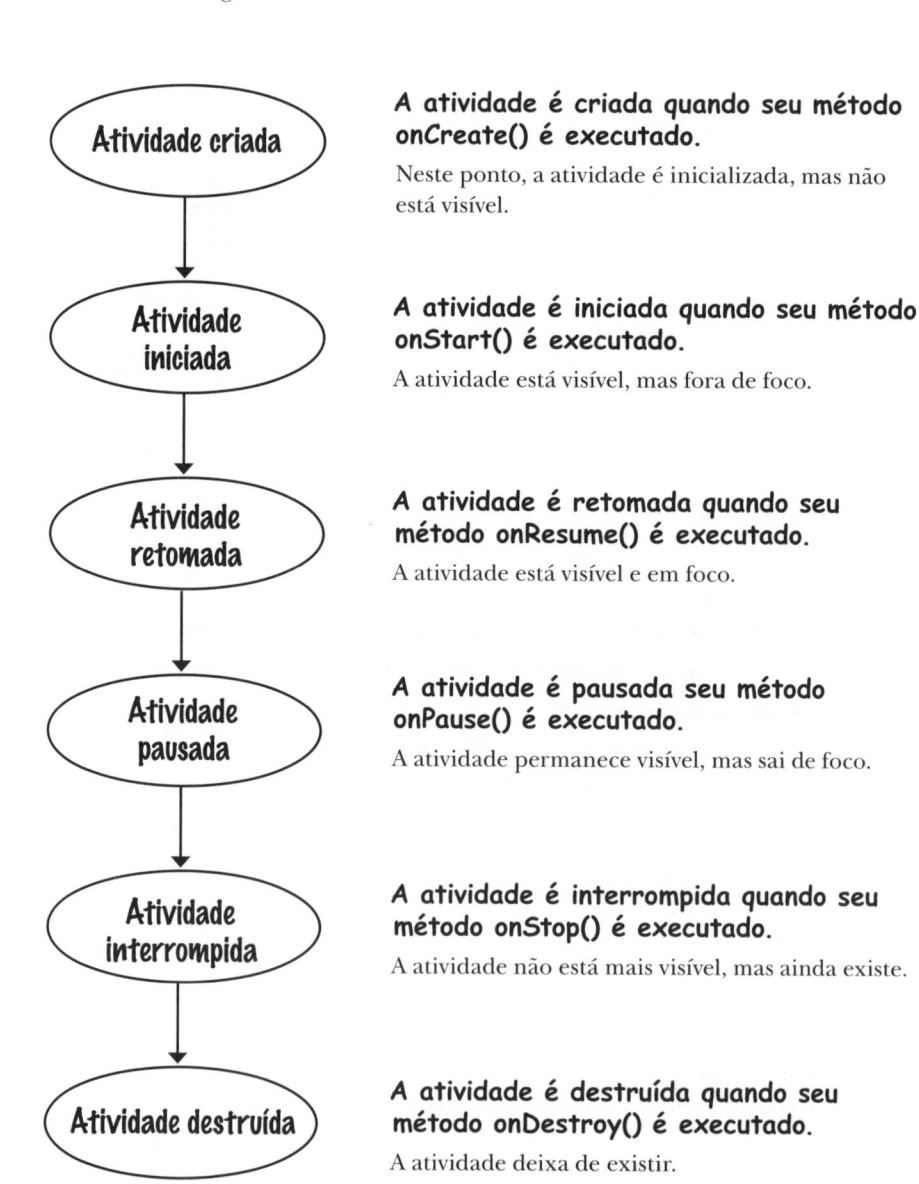

Atividade criada

A atividade é criada quando seu método onCreate() é executado.

Neste ponto, a atividade é inicializada, mas não está visível.

Atividade iniciada

A atividade é iniciada quando seu método onStart() é executado.

A atividade está visível, mas fora de foco.

Atividade retomada

A atividade é retomada quando seu método onResume() é executado.

A atividade está visível e em foco.

Atividade pausada

A atividade é pausada seu método onPause() é executado.

A atividade permanece visível, mas sai de foco.

Atividade interrompida

A atividade é interrompida quando seu método onStop() é executado.

A atividade não está mais visível, mas ainda existe.

Atividade destruída

A atividade é destruída quando seu método onDestroy() é executado.

A atividade deixa de existir.

exibições e grupos de exibições

O ciclo de vida do fragmento

➡ ☐ **WorkoutDetailFragment**
☐ **WorkoutListFragment**
☐ **Coordene os fragmentos**

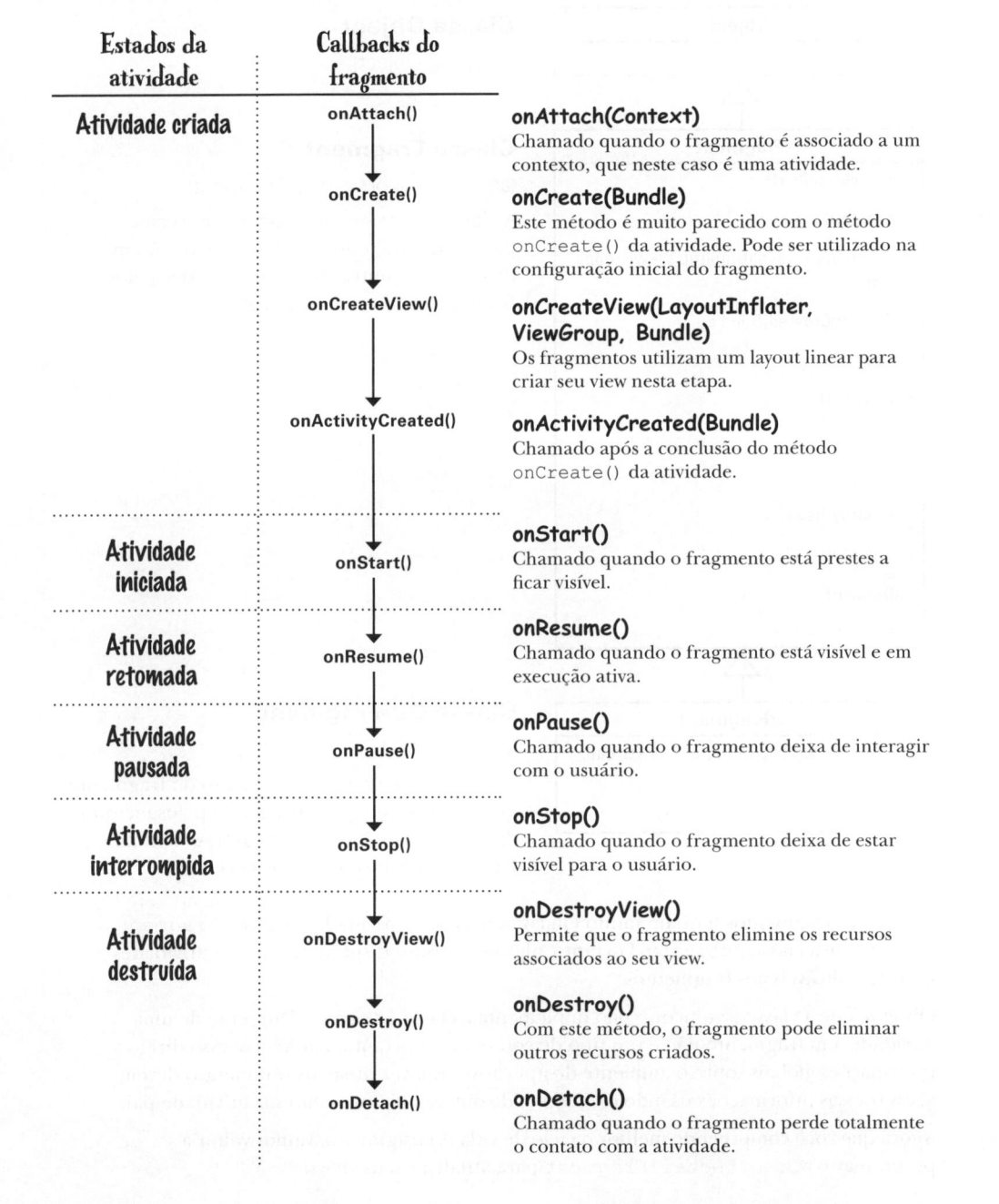

O ciclo de vida do fragmento é muito parecido com o de uma atividade, mas tem algumas etapas adicionais. Isso ocorre porque o fragmento precisa interagir com o ciclo de vida da atividade em que está contido. Estes são os métodos do ciclo de vida do fragmento e os pontos em que eles estão ligados aos diferentes estados da atividade.

Estados da atividade	Callbacks do fragmento	
Atividade criada	onAttach()	**onAttach(Context)** Chamado quando o fragmento é associado a um contexto, que neste caso é uma atividade.
	onCreate()	**onCreate(Bundle)** Este método é muito parecido com o método onCreate() da atividade. Pode ser utilizado na configuração inicial do fragmento.
	onCreateView()	**onCreateView(LayoutInflater, ViewGroup, Bundle)** Os fragmentos utilizam um layout linear para criar seu view nesta etapa.
	onActivityCreated()	**onActivityCreated(Bundle)** Chamado após a conclusão do método onCreate() da atividade.
Atividade iniciada	onStart()	**onStart()** Chamado quando o fragmento está prestes a ficar visível.
Atividade retomada	onResume()	**onResume()** Chamado quando o fragmento está visível e em execução ativa.
Atividade pausada	onPause()	**onPause()** Chamado quando o fragmento deixa de interagir com o usuário.
Atividade interrompida	onStop()	**onStop()** Chamado quando o fragmento deixa de estar visível para o usuário.
Atividade destruída	onDestroyView()	**onDestroyView()** Permite que o fragmento elimine os recursos associados ao seu view.
	onDestroy()	**onDestroy()** Com este método, o fragmento pode eliminar outros recursos criados.
	onDetach()	**onDetach()** Chamado quando o fragmento perde totalmente o contato com a atividade.

você está aqui ▶   365

a classe Fragment

Os fragmentos herdam os métodos do ciclo de vida

→ WorkoutDetailFragment
WorkoutListFragment
Coordene os fragmentos

Como vimos antes, o fragmento que desenvolvemos estende a classe `fragment` do Android. Essa classe permite que o fragmento acesse os métodos do ciclo de vida do fragmento. Confira este diagrama que representa a hierarquia das classes.

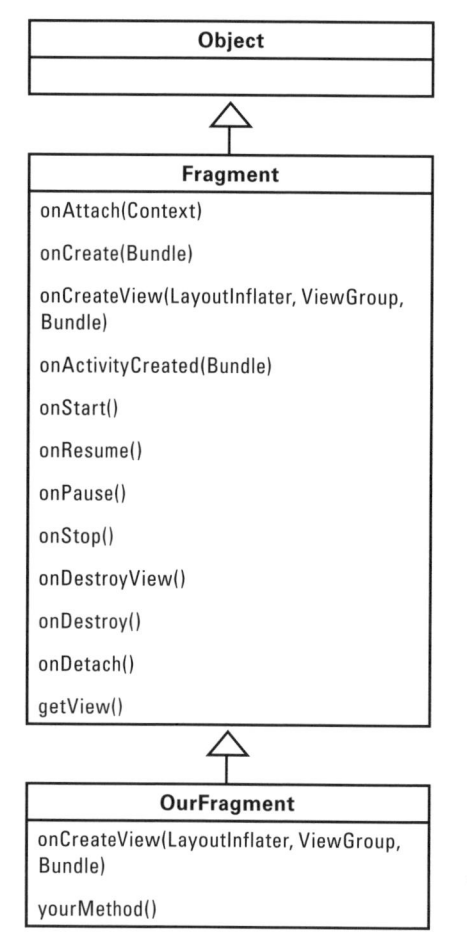

Object

Classe Object
(java.lang.Object)

Fragment
- onAttach(Context)
- onCreate(Bundle)
- onCreateView(LayoutInflater, ViewGroup, Bundle)
- onActivityCreated(Bundle)
- onStart()
- onResume()
- onPause()
- onStop()
- onDestroyView()
- onDestroy()
- onDetach()
- getView()

Classe Fragment
(android.support.v4.app.Fragment)

A classe `Fragment` implementa as versões-padrão dos métodos do ciclo de vida. Além disso, define outros métodos exigidos pelos fragmentos, como o `getView()`.

OurFragment
- onCreateView(LayoutInflater, ViewGroup, Bundle)
- yourMethod()

Classe OurFragment
(com.hfad.foo)

A maior parte do comportamento do fragmento que desenvolvemos é processado pelos métodos das superclasse herdados pelo fragmento. Logo, basta substituir os métodos necessários.

Embora os fragmentos tenham muito em comum com as atividades, a classe `Fragment` não estende a classe `Activity`. Portanto, alguns métodos disponíveis para as atividades não são aplicáveis aos fragmentos.

Observe que a classe `Fragment` não implementa a classe `Context`. Diferente de uma atividade, um fragmento não é um tipo de contexto e, portanto, não tem acesso direto a informações globais sobre o ambiente do aplicativo. Em vez disso, os fragmentos devem acessar essas informações usando o contexto de outros objetos, como sua atividade-pai.

Agora que você compreende melhor o ciclo de vida do fragmento, vamos voltar a programar o `WorkoutDetailFragment` para atualizar seus views.

Defina os valores do view no método onStart() do fragmento

Vamos programar `WorkoutDetailFragment` para atualizar seus views com os detalhes do treino. Temos que fazer isso quando a atividade estiver visível; portanto, vamos usar o método `onStart()` do fragmento. Atualize seu código com base no código indicado abaixo:

```java
package com.hfad.workout;

import android.support.v4.app.Fragment;
import android.os.Bundle;
import android.view.LayoutInflater;
import android.view.View;
import android.view.ViewGroup;
import android.widget.TextView;   // Estamos utilizando esta classe no método onStart().s

public class WorkoutDetailFragment extends Fragment {
    private long workoutId;

    @Override
    public View onCreateView(LayoutInflater inflater, ViewGroup container,
                             Bundle savedInstanceState) {
        return inflater.inflate(R.layout.fragment_workout_detail, container, false);
    }

    @Override
    public void onStart() {
        super.onStart();
        View view = getView();   // O método getView() obtém o View raiz do fragmento. Podemos utilizar este procedimento para obter referências para os text views do título e da descrição do treino.
        if (view != null) {
            TextView title = (TextView) view.findViewById(R.id.textTitle);
            Workout workout = Workout.workouts[(int) workoutId];
            title.setText(workout.getName());
            TextView description = (TextView) view.findViewById(R.id.textDescription);
            description.setText(workout.getDescription());
        }
    }

    public void setWorkout(long id) {
        this.workoutId = id;
    }
}
```

Workout/app/src/main/java/com.hfad.workout/WorkoutDetailFragment.java

Você deve sempre chamar a superclasse quando estiver implementando os métodos do ciclo de vida do fragmento.

Como vimos na página anterior, os fragmentos são diferentes das atividades e, portanto, não dispõem de todos os métodos aplicáveis a elas. Os fragmentos não contêm um método `findViewById()`, por exemplo. Para obter uma referência para os views do fragmento, primeiro devemos obter uma referência para o view raiz do fragmento usando o método `getView()`; em seguida, vamos utilizar essa informação para encontrar os views filhos.

Agora que programamos o fragmento para atualizar seus views, vamos fazer um test drive no app.

o que acontece

O que acontece quando o código é executado

→ WorkoutDetailFragment
WorkoutListFragment
Coordene os fragmentos

Antes de executar o app, vamos analisar o funcionamento do código.

❶ Ao ser iniciado, o app cria a MainActivity.

O usuário clica no botão da `MainActivity` para iniciar a `DetailActivity`.

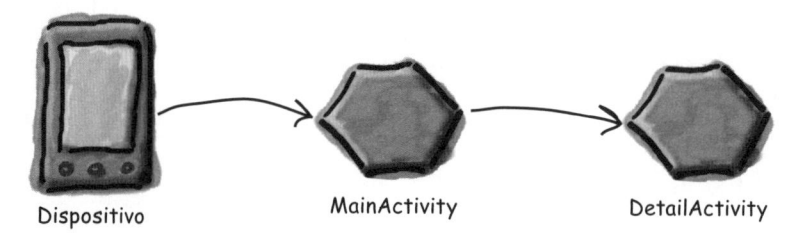

Dispositivo → MainActivity → DetailActivity

❷ O método onCreate() da DetailActivity é iniciado.

O método `onCreate()` especifica que o *activity_detail.xml* deve ser utilizado como o layout da `DetailActivity`. O *activity_detail.xml* contém um elemento `<fragment>` com a ID `detail_frag`, que se refere ao fragmento `WorkoutDetailFragment`.

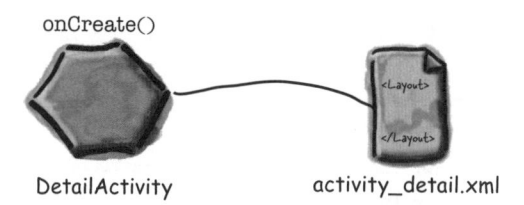

onCreate()
DetailActivity — activity_detail.xml

❸ O método onCreateView() do WorkoutDetailFragment é iniciado.

O método `onCreateView()` especifica que o *fragment_workout_detail.xml* deve ser utilizado como o layout do `WorkoutDetailFragment`. Além disso, ele infla o layout para um objeto `View`.

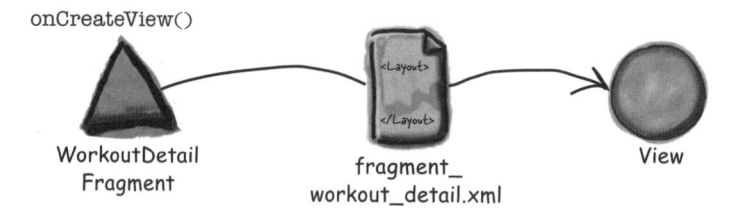

onCreateView()
WorkoutDetailFragment — fragment_workout_detail.xml → View

exibições e grupos de exibições

A história continua

→ WorkoutDetailFragment
WorkoutListFragment
Coordene os fragmentos

4 Os Views do activity_detail.xml são inflados para objetos View de Java.

A `DetailActivity` utiliza o objeto `View` do `WorkoutDetailFragment` no lugar do elemento `<fragment>` no XML do layout e atribui a ele a ID `detail_frag`.

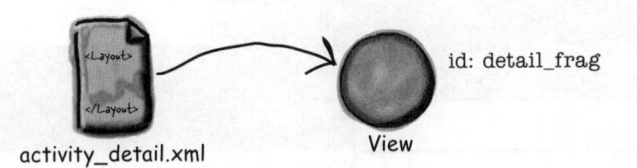

5 O método onCreate() da DetailActivity continua em execução.

A `DetailActivity` obtém a referência para o `WorkoutDetailFragment` quando pergunta ao gerenciador de fragmentos pelo fragmento com a ID `detail_frag`.

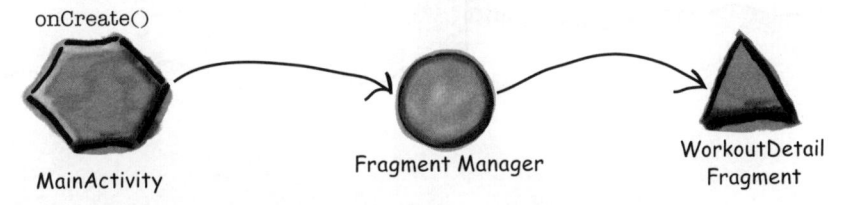

5 A DetailActivity chama o método setWorkout() do WorkoutDetailFragment.

A `DetailActivity` transmite para o `WorkoutDetailFragment` o treino com ID 1. O fragmento define sua variável `workoutId` como 1.

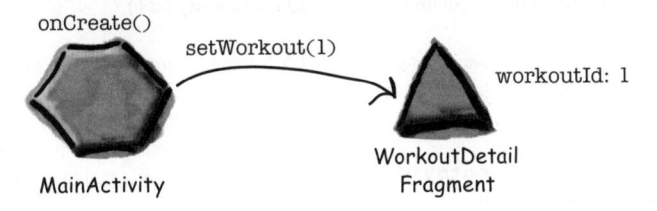

6 O fragmento usa o valor da ID do treino no seu método onStart() para definir os valores dos seus views.

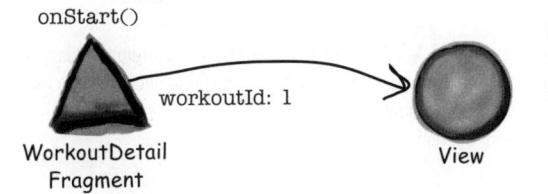

id: detail_frag
textTitle: Core Agony
textDescription: 100 Pull ups
100 Push-ups
100 Sit ups
100 Squats

Agora, vamos fazer um test drive no app.

você está aqui ▶

test drive

Test drive do app

→ ☑ **WorkoutDetailFragment**
☐ **WorkoutListFragment**
☐ **Coordene os fragmentos**

Quando executado, o app ativa a `MainActivity`.

Quando clicamos no botão da `MainActivity`, a `DetailActivity` é iniciada. A `DetailActivity` contém o fragmento `WorkoutDetailFragment`, que exibe os detalhes do treino Core Agony.

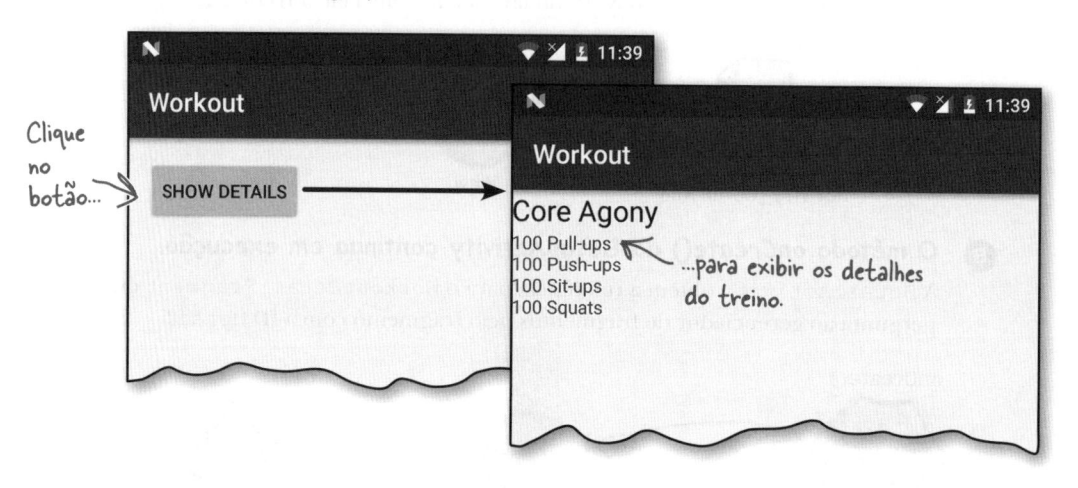

Clique no botão... → [SHOW DETAILS] → *...para exibir os detalhes do treino.*

Tela 1: Workout / SHOW DETAILS
Tela 2: Workout / Core Agony / 100 Pull-ups / 100 Push-ups / 100 Sit-ups / 100 Squats

---

não existem Perguntas Idiotas

P: Por que a atividade não chama o método `findViewById()` para obter um fragmento?

R: Porque o `findViewById()` sempre retorna um objeto `View` e, por incrível que pareça, fragmentos que não são views.

P: Por que o método `findFragmentById()` não é um método de atividade como o `findViewById()`?

R: Essa é uma boa pergunta. Os fragmentos não existiam antes da API 11; portanto, o método utiliza o gerenciador de fragmentos para adicionar um grande volume de código importante para controlar fragmentos sem incluir uma quantidade muito grande de código adicional na classe base da atividade.

P: Por que os fragmentos não têm um método `findViewById()`?

R: Porque os fragmentos não são views nem atividades. Na verdade, você deve usar o método `getView()` do fragmento para obter uma referência para o view raiz do fragmento e, em seguida, chamar o método `findViewById()` do view para obter seus views filhos.

P: As atividades devem ser registradas *AndroidManifest.xml* para que o app possa utilizá-las. Isso também vale para os fragmentos?

R: Não. As atividades devem ser registradas no *AndroidManifest.xml*, mas isso não vale para os fragmentos.

Onde estamos

Vamos rever a estrutura do app e que ela deve fazer:

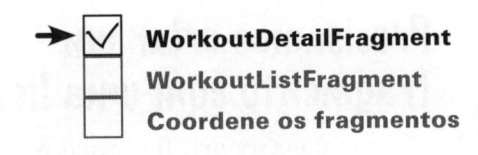

☐ WorkoutDetailFragment
☐ WorkoutListFragment
☐ Coordene os fragmentos

① **Ao ser ativado, o app inicia a MainActivity.**

A `MainActivity` usa o layout *activity_main.xml* e contém o fragmento `WorkoutListFragment`.

② **O WorkoutListFragment exibe uma lista de treinos.**

③ **Ao clicar em um dos treinos, o usuário inicia a DetailActivity.**

A `DetailActivity` usa o layout *activity_detail.xml* e contém o fragmento `WorkoutDetailFragment`.

④ **O WorkoutDetailFragment utiliza o layout fragment_workout_detail.xml.**

Esse fragmento exibe os detalhes do treino selecionado pelo usuário.

⑤ **WorkoutListFragment e WorkoutDetailFragment recebem os dados dos treinos do Workout.java.**

O *Workout.java* contém um array de `Workouts`.

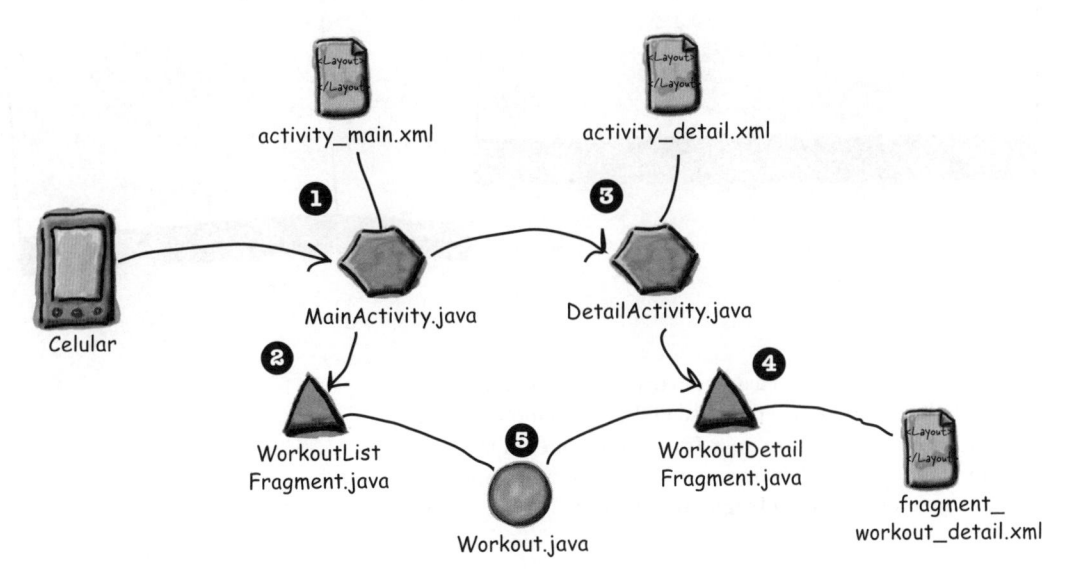

Até aqui, criamos as atividades e os respectivos layouts, o *WorkoutDetailFragment.java* e seu layout e o *Workout.java*. A seguir, vamos desenvolver o `WorkoutListFragment`.

fragmento de lista

Precisamos criar um fragmento com uma lista

☑ **WorkoutDetailFragment**
☐ **WorkoutListFragment**
☐ **Coordene os fragmentos**

Vamos criar um segundo fragmento, o WorkoutListFragment, que irá conter uma lista com diferentes treinos à disposição do usuário. Um fragmento com essa função será essencial quando criarmos diferentes interfaces do usuário para celulares e tablets.

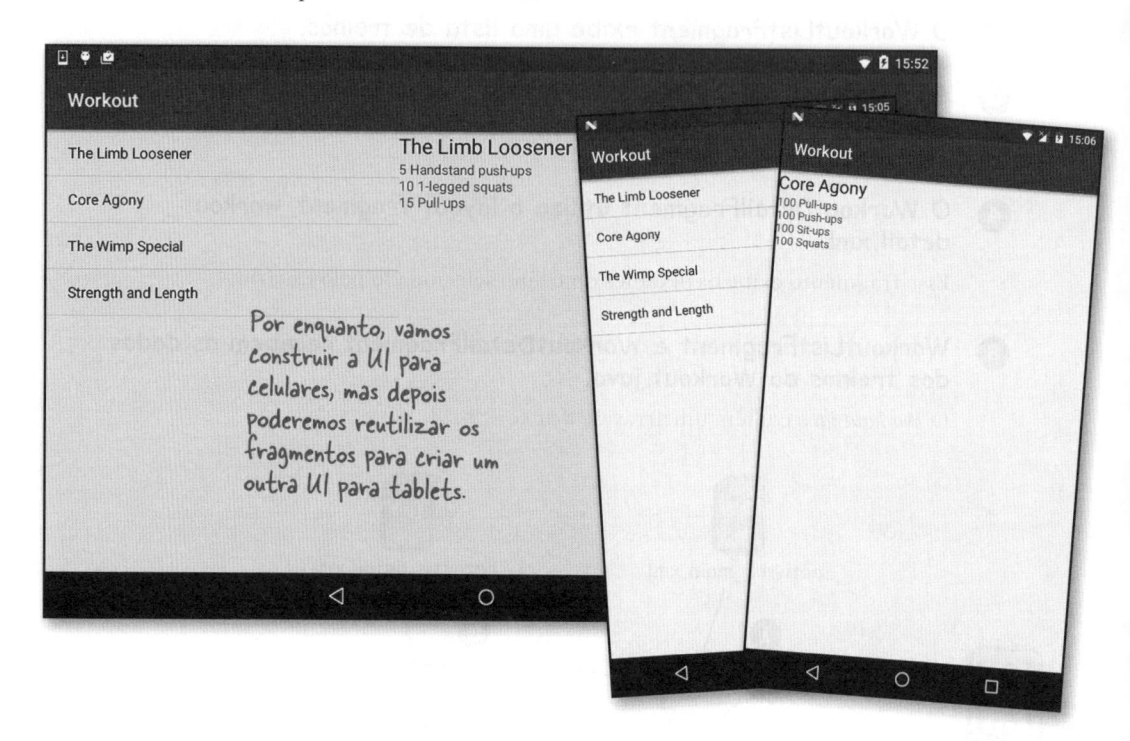

Por enquanto, vamos construir a UI para celulares, mas depois poderemos reutilizar os fragmentos para criar um outra UI para tablets.

Como você já aprendeu a adicionar um list view a uma atividade, podemos fazer algo semelhante com o fragmento. Mas, em vez de criar um novo fragmento com um layout que contenha um único list view, vamos lidar com um novo tipo de fragmento chamado **fragmento de lista** (list fragment).

exibições e grupos de exibições

O fragmento de lista é um fragmento que contém apenas uma lista

→ ☑ WorkoutDetailFragment
☐ WorkoutListFragment
☐ Coordene os fragmentos

O fragmento de lista é um tipo de fragmento que opera especificamente com listas. Como esse fragmento se vincula automaticamente a um list view, você não precisa criar um manualmente. Este é o formato de um fragmento de lista:

A ListFragment é uma subclasse da Fragment.

```
android.support.v4.app.
Fragment
...
```
△
```
android.support.v4.app.
ListFragment
getListView()
getListAdapter()
setListAdapter()
onListItemClick()
...
```

Como o fragmento de lista já contém um list view, você não precisa adicionar um. Basta inserir dados no fragmento de lista.

→ | The Limb Loosener |
| Core Agony |
| The Wimp Special |
| Strength and Length |

Usar um fragmento de lista para exibir categorias de dados tem algumas vantagens importantes:

⭐ **Você não precisa criar outro layout.**

Os fragmentos de listas definem seu próprio layout automaticamente; portanto, não é preciso criar ou manter um layout em XML. O layout gerado pelo fragmento de lista contém um único list view. Para acessar esse list view no código do fragmento, use o método `getListView()` do fragmento de lista. Você precisa realizar esse procedimento para especificar os dados que serão exibidos no list view.

⭐ **Você não precisa implementar um ouvinte de eventos.**

A classe `ListFragment` implementa automaticamente um ouvinte de eventos que identifica os eventuais cliques nos itens do list view. Em vez de criar um ouvinte de eventos para em seguida vinculá-lo ao list view, você só precisa implementar o método `onListItemClick()` do fragmento de lista. Assim, será mais fácil configurar o fragmento para responder aos cliques dos usuários nos itens do list view. Mais adiante, vamos conferir esse recurso na prática.

Então, qual seria o formato do código de um fragmento de lista?

O fragmento de lista é um tipo de fragmento que opera especificamente com um list view. Seu layout-padrão contém um list view.

você está aqui ▶ 373

crie um fragmento de lista

Como criar um fragmento de lista

- [x] WorkoutDetailFragment
- [ ] **WorkoutListFragment**
- [ ] Coordene os fragmentos

Para adicionar um fragmento de lista ao projeto, siga o mesmo procedimento aplicável aos fragmentos normais. Selecione o pacote *com.hfad.workout* na pasta *app/src/main/java* e, em seguida, vá para File→New...→Fragment→Fragment (Blank). Nomeie o fragmento como "WorkoutListFragment" e desmarque as opções para criar o XML do layout e as opções para incluir métodos de fábrica de fragmento e callbacks de interface (os fragmentos de lista definem seus próprios layouts automaticamente; portanto, o Android Studio não precisa criá-los). Quando você clicar no botão Finish, o Android Studio criará um novo fragmento de lista no arquivo *WorkoutListFragment.java*, localizado na pasta *app/src/main/java*.

> ment that is compatible back to API level 4.
> WorkoutListFragment
> ☐ Create layout XML?
> ☐ Include fragment factory methods?
> ☐ Include interface callbacks?

Desmarque estas opções, pois não vai precisar delas. Se a linguagem do código-fonte do fragmento for questionada, selecione a opção correspondente a Java.

Este é o formato do código básico que utilizamos para criar um fragmento de lista. Observe que o código é muito parecido com o do fragmento normal. Substitua o código de *WorkoutListFragment.java* pelo código indicado abaixo:

```java
package com.hfad.workout;

import android.os.Bundle;
import android.support.v4.app.ListFragment;
import android.view.LayoutInflater;
import android.view.View;
import android.view.ViewGroup;

public class WorkoutListFragment extends ListFragment {

    @Override
    public View onCreateView(LayoutInflater inflater, ViewGroup container,
                             Bundle savedInstanceState) {
        return super.onCreateView(inflater, container, savedInstanceState);
    }
}
```

A atividade deve estender a ListFragment e não a Fragment.

Chamar o método OnCreateView() da superclasse gera o layout-padrão de ListFragment.

Workout
└ app/src/main
  └ java
    └ com.hfad.workout
      └ **WorkoutListFragment.java**

O código indicado acima cria um fragmento de lista básico chamado WorkoutListFragment. Por ser um fragmento de lista, deve estender a classe ListFragment e não a Fragment.

Opcional, o método onCreateView() é chamado quando o view do fragmento é criado. Vamos incluí-lo no código para preencher o list view do fragmento com os dados no momento em que forem criados. Se o código não tiver que realizar nenhuma função agora, você não precisa incluir o método onCreateView().

A seguir, vamos adicionar os dados ao list view através do método onCreateView().

Perguntas Idiotas (não existem)

P: Quando criamos um fragmento de lista, por que devemos escolher a opção Fragment (Blank) em vez da Fragment (List)?

R: A opção Fragment (List) produz um código mais complexo que, na maior parte, não precisamos. O código gerado pela opção Fragment (Blank) é mais simples.

exibições e grupos de exibições

Revisando os adaptadores

☑ **WorkoutDetailFragment**
→ ☐ **WorkoutListFragment**
☐ **Coordene os fragmentos**

Como vimos no Capítulo 7, você pode conectar dados a um list view usando um adaptador. O adaptador atua como uma ponte entre os dados e o list view. Isso também vale para quando o list view está em um fragmento, normal ou de lista:

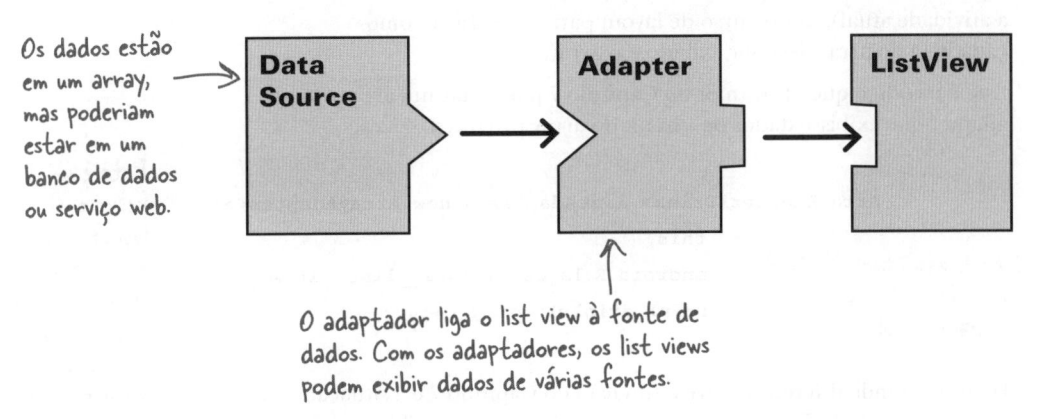

Data Source → **Adapter** → **ListView**

Os dados estão em um array, mas poderiam estar em um banco de dados ou serviço web.

O adaptador liga o list view à fonte de dados. Com os adaptadores, os list views podem exibir dados de várias fontes.

Para preencher o list view do `WorkoutListFragment` com um array de nomes de treinos, vamos usar um array adapter para vincular o array ao list view, como fizemos antes. Lembre-se de que o array adapter é um tipo de adaptador utilizado para vincular os arrays aos views. Você pode utilizá-lo com qualquer subclasse da classe `AdapterView`, como list views e spinners.

Neste caso, vamos usar um array adapter para exibir um array de dados da classe `Workout` no list view.

O adaptador atua como ponte entre o list view e a fonte de dados. O array adapter é um tipo de adaptador especializado em arrays.

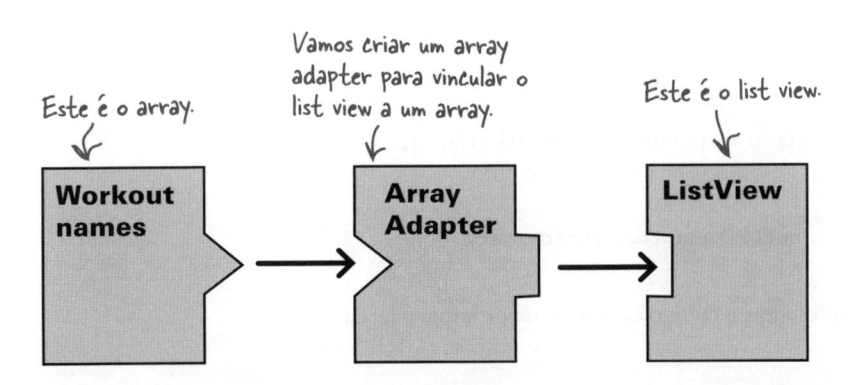

Este é o array.
Workout names

Vamos criar um array adapter para vincular o list view a um array.
Array Adapter

Este é o list view.
ListView

Vamos conferir esse procedimento na próxima página.

você está aqui ▶

crie um fragmento de lista

O array adapter de antes

☐ WorkoutDetailFragment
☑ WorkoutListFragment
☐ Coordene os fragmentos

Como vimos no Capítulo 7, para usar um array adapter, você deve inicializá-lo e vinculá-lo ao list view.

Para inicializar o array adapter, você deve primeiro especificar o tipo dos dados contidos no array a ser vinculado ao list view. Em seguida, transmita três parâmetros: um `Context` (geralmente, a atividade atual), um recurso de layout para especificar como cada item do array deve ser exibido e o array.

Este é o código que utilizamos no Capítulo 7 para criar um array adapter que exibisse dados de `Drink` do array `Drink.drinks`:

```
ArrayAdapter<Drink> listAdapter = new ArrayAdapter<>(
        this,
        android.R.layout.simple_list_item_1,
        Drink.drinks);
```

→ `this,` — *O contexto atual. No cenário do Capítulo 7, esta era a atividade atual.*

← `android.R.layout.simple_list_item_1,` — *Este é um recurso de layout interno que orienta o array adapter a exibir cada item do array em um único text view.*

← `Drink.drinks);` — *O array*

Há uma grande diferença entre a situação do Capítulo 7 e a situação atual. No Capítulo 7, utilizamos um array adapter para exibir dados em uma atividade. Mas agora queremos exibir dados em um fragmento. Isso faz alguma diferença?

Um fragmento não é uma subclasse de Context

Como vimos anteriormente neste livro, a classe `Activity` é uma subclasse da classe `Context`. Portanto, todas as atividades que você cria têm acesso às informações globais sobre o ambiente do app.

Mas a classe `Fragment` *não* é uma subclasse da classe `Context`. Essa classe não tem acesso a informações globais e não pode ser utilizada para transmitir o contexto atual ao array adapter. Na verdade, você precisar obter o contexto atual de outro local.

Uma alternativa é usar o método `getContext()` de outro objeto para obter uma referência para o contexto atual. Se você criar o adaptador no método `onCreateView()` do fragmento, poderá usar o método `getContext()` do parâmetro `LayoutInflator` de `onCreateView()` para obter o contexto.

Depois de criar o adaptador, você vinculá-lo-á ao `ListView` usando o método `setListAdapter()` do fragmento:

```
setListAdapter(listAdapter);
```

Vamos apresentar o código completo na próxima página.

O código atualizado de WorkoutListFragment

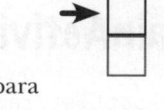

WorkoutDetailFragment
→ **WorkoutListFragment**
Coordene os fragmentos

Atualizamos o código de *WorkoutListFragment.java* para preencher o list view com os nomes dos treinos. Faça essas modificações no seu código e salve suas alterações:

```java
package com.hfad.workout;

import android.os.Bundle;
import android.support.v4.app.ListFragment;
import android.view.LayoutInflater;
import android.view.View;
import android.view.ViewGroup;
import android.widget.ArrayAdapter;
```
← Estamos usando esta classe no método onCreateView().

```java
public class WorkoutListFragment extends ListFragment {

    @Override
    public View onCreateView(LayoutInflater inflater, ViewGroup container,
                             Bundle savedInstanceState) {
        String[] names = new String[Workout.workouts.length];
        for (int i = 0; i < names.length; i++) {
            names[i] = Workout.workouts[i].getName();
        }
```
Crie um array de strings para os nomes dos treinos.

Crie um array adapter.
```java
        ArrayAdapter<String> adapter = new ArrayAdapter<>(
                inflater.getContext(), android.R.layout.simple_list_item_1,
                names);
        setListAdapter(adapter);
```
Obtenha o contexto do layout inflater.

← Vincule o array adapter ao list view.

```java
        return super.onCreateView(inflater, container, savedInstanceState);
    }
}
```

Workout/app/src/main/java/com.hfad.workout/WorkoutListFragment.java

Agora que o WorkoutListFragment contém uma lista de treinos, vamos adicioná-lo à MainActivity.

coloque o WorkoutListFragment

Coloque o WorkoutListFragment no layout da MainActivity

- ☑ WorkoutDetailFragment
- → ☐ WorkoutListFragment
- ☐ Coordene os fragmentos

Vamos adicionar o novo `WorkoutListFragment` ao layout da `MainActivity`, no arquivo *activity_main.xml*. No momento, o layout contém um botão que permite a navegação da `MainActivity` para a `DetailActivity`:

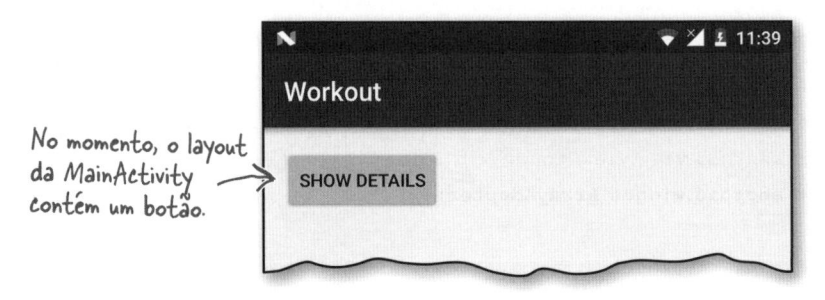

No momento, o layout da MainActivity contém um botão.

Queremos remover o botão e colocar o `WorkoutListFragment` no seu lugar. A nova versão do layout ficará mais ou menos assim:

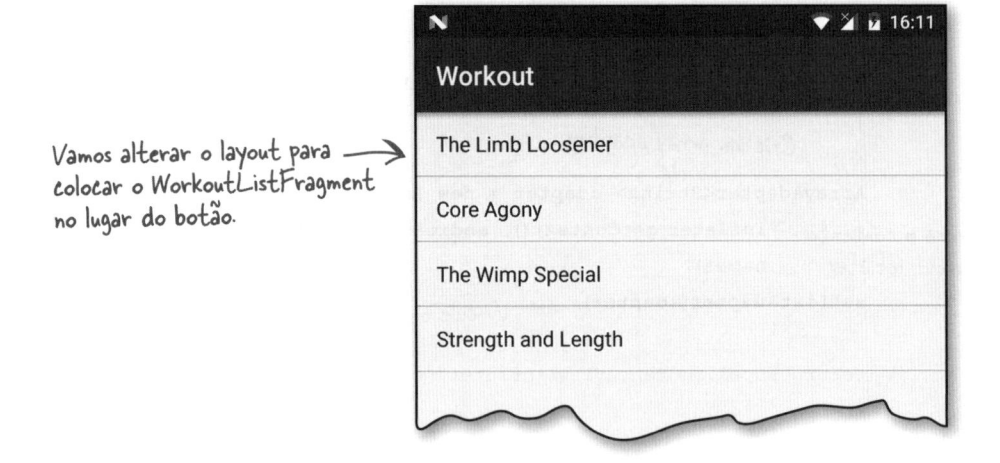

Vamos alterar o layout para colocar o WorkoutListFragment no lugar do botão.

Como seria o formato do código desse procedimento? Confira o exercício na próxima página.

Ímãs do Layout

Alguém colocou uma nova versão do *activity_main.xml* na porta da geladeira. Mas, infelizmente, alguns ímãs caíram no chão quando a porta foi fechada com muita força. Tente montar o layout novamente. (Você não precisará usar todos os ímãs indicados abaixo.)
O layout deve exibir o `WorkoutListFragment`.

```
<?xml version="1.0" encoding="utf-8"?>

<......................... xmlns:android="http://schemas.android.com/apk/res/android"

.............................. ="..............................................................................................."

    android:layout_width="match_parent"

    android:layout_height="match_parent"/>
```

- fragment
- android:fragment
- Fragment
- com.hfad.workout.
- LinearLayout
- android:name
- WorkoutListFragment

solução

Ímãs do Layout – Solução

Alguém colocou uma nova versão do *activity_main.xml* na porta da geladeira. Mas, infelizmente, alguns ímãs caíram no chão quando a porta foi fechada com muita força. Tente montar o layout novamente. (Você não precisará usar todos os ímãs indicados abaixo.)
O layout deve exibir o `WorkoutListFragment`.

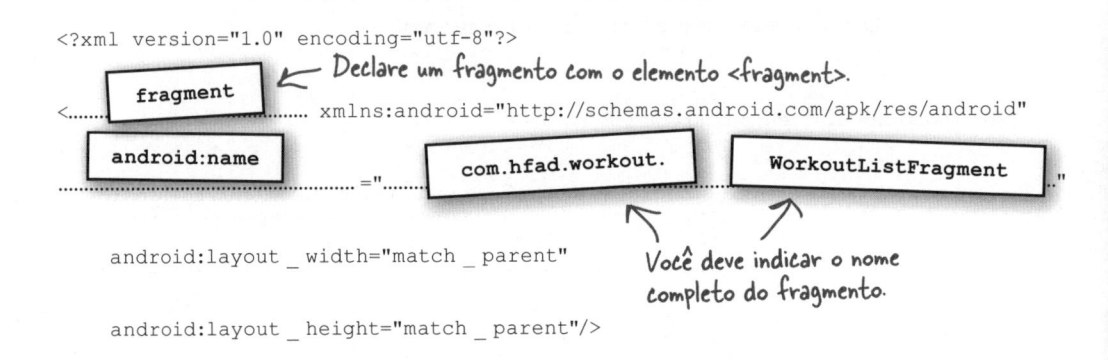

```
<?xml version="1.0" encoding="utf-8"?>
```
← Declare um fragmento com o elemento <fragmento>.
```
<fragment
    xmlns:android="http://schemas.android.com/apk/res/android"
    android:name="com.hfad.workout.WorkoutListFragment"
```
↑ Você deve indicar o nome completo do fragmento.
```
    android:layout_width="match_parent"
    android:layout_height="match_parent"/>
```

Ímãs não usados: `android:fragment`, `Fragment`, `LinearLayout`
← Você não precisou usar estes ímãs.

exibições e grupos de exibições

- [x] WorkoutDetailFragment
- [ ] **WorkoutListFragment**
- [ ] Coordene os fragmentos

O código de activity_main.xml

Como o layout da `MainActivity` deve conter apenas um fragmento, podemos substituir quase todo o código.

Este é o código atualizado do *activity_main.xml*. Observe que ele é muito menor do que a versão original. Atualize sua versão do código com base nas mudanças indicadas a seguir.

Como o layout deve conter apenas um fragmento, podemos eliminar o LinearLayout.

```
<?xml version="1.0" encoding="utf-8"?>
<LinearLayout xmlns:android="http://schemas.android.com/apk/res/android"
    xmlns:tools="http://schemas.android.com/tools"
    android:layout_width="match_parent"
    android:layout_height="match_parent"
    android:padding="16dp"
    android:orientation="vertical"
    tools:context="com.hfad.workout.MainActivity">

    <Button
        android:layout_width="wrap_content"
        android:layout_height="wrap_content"
        android:onClick="onShowDetails"
        android:text="@string/details_button" />
</LinearLayout>
```

Não precisamos mais deste botão.

Este é o fragmento.

```
<fragment xmlns:android="http://schemas.android.com/apk/res/android"
    android:name="com.hfad.workout.WorkoutListFragment"
    android:layout_width="match_parent"
    android:layout_height="match_parent"/>
```

Vamos analisar o que acontece quando este código é executado nas próximas páginas.

Workout → app/src/main → res → layout → activity_main.xml

o que acontece

O que acontece quando o código é executado

☐	**WorkoutDetailFragment**
→ ☐	**WorkoutListFragment**
☐	**Coordene os fragmentos**

Confira este resumo do que acontece quando o app é executado.

❶ Ao ser ativado, o app cria a MainActivity.

O método `onCreate()` da `MainActivity` é executado. Esse método especifica que o *activity_main.xml* deve ser utilizado como o layout da `MainActivity`. O *activity_main.xml* contém um elemento `<fragment>` que se refere ao `WorkoutListFragment`.

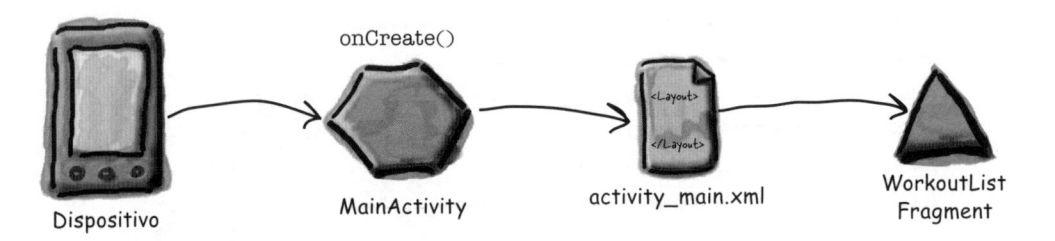

Dispositivo → MainActivity (onCreate()) → activity_main.xml → WorkoutListFragment

❷ Como o WorkoutListFragment é um ListFragment, utiliza um ListView como layout.

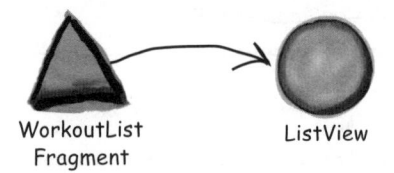

WorkoutListFragment → ListView

❸ O WorkoutListFragment cria o array adapter ArrayAdapter<String> para processar arrays de objetos de strings.

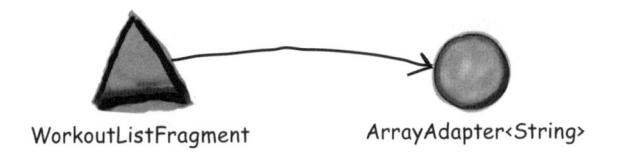

WorkoutListFragment → ArrayAdapter<String>

❹ O ArrayAdapter<String> recupera dados do array names.

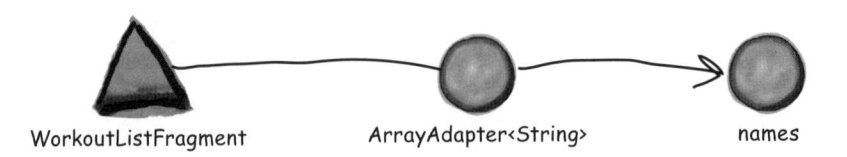

WorkoutListFragment → ArrayAdapter<String> → names

exibições e grupos de exibições

A história continua

☑	**WorkoutDetailFragment**
→ ☐	**WorkoutListFragment**
☐	**Coordene os fragmentos**

❺ O WorkoutListFragment vincula o array adapter ao ListView usando o método setListAdapter().

O list view usa o array adapter para exibir uma lista com os nomes dos treinos.

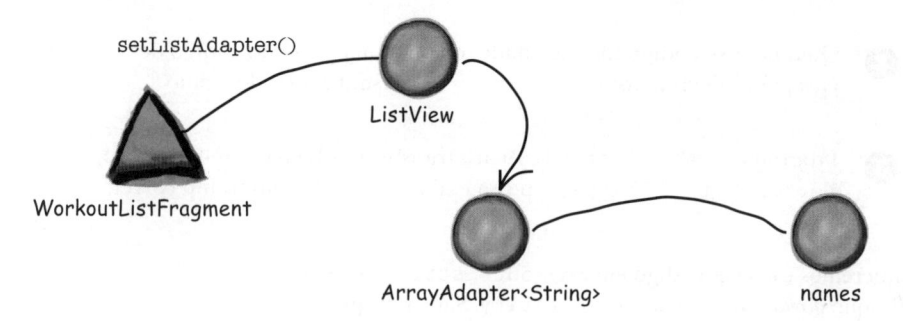

setListAdapter()

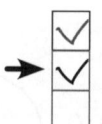

ListView

WorkoutListFragment

ArrayAdapter<String>   names

Test drive do app

Quando é executado, o app ativa a MainActivity.

O layout da MainActivity contém o fragmento WorkoutListFragment, que contém uma lista com os nomes dos treinos. Essa lista aparece na atividade.

☑	**WorkoutDetailFragment**
→ ☑	**WorkoutListFragment**
☐	**Coordene os fragmentos**

```
                            ▼ ◢ ▮ 16:11
Workout
─────────────────────────────────
The Limb Loosener
─────────────────────────────────
Core Agony
─────────────────────────────────
The Wimp Special
─────────────────────────────────
Strength and Length
```

← Esta é uma lista com todos os títulos de treinos da classe Workout.

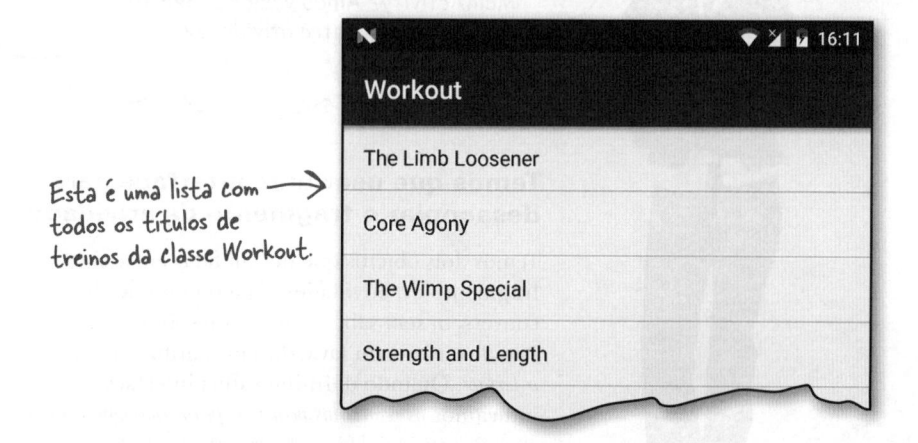

O visual é excelente, mas, quando clicamos em um dos treinos, nada acontece. Temos que atualizar o código para exibir os detalhes do treino que receber um clique.

você está aqui ▶ **383**

mostre o treino correto

Conecte a lista aos detalhes

☑ WorkoutDetailFragment
☑ WorkoutListFragment
→ ☐ **Coordene os fragmentos**

Existem algumas alternativas para iniciar a `DetailActivity` e exibir os detalhes do treino selecionado. Vamos usar esta técnica:

❶ Programe `WorkoutListFragment` para esperar por um clique em um dos treinos.

❷ Quando esse código for executado, chame uma parte do código de *MainActivity.java* para iniciar a `DetailActivity` e transmitir a ID do treino.

❸ Programe a `DetailActivity` para transmitir a ID para que o `WorkoutDetailFragment` possa exibir os detalhes do treino correto.

Não queremos escrever código em `WorkoutListFragment` que se comunique *diretamente* com a `MainActivity`. Sabe por quê?

Reutilização é a resposta. Queremos que os fragmentos saibam o menos possível sobre o ambiente em que estão contidos para podermos reutilizá-los em outros locais. Fragmentos que conhecem bastante a atividade em que estão sendo utilizados são menos reutilizáveis.

> Calma aí! Você disse que o fragmento não deve conhecer a atividade em que está contido? Mas você não havia dito antes que o fragmento deve chamar o código da MainActivity? Ainda vamos poder utilizá-lo em outra atividade?

Temos que usar uma interface para desacoplar o fragmento da atividade.

Temos dois objetos que devem falar entre si (o fragmento e a atividade) e queremos que eles conversem sem saber demais um sobre o outro. Para fazer isso em Java, devemos utilizar uma *interface*. Quando definimos uma interface, indicamos *os requisitos mínimos para uma conversa eficiente entre dois objetos*. Com esse recurso, o fragmento só poderá conversar com as atividades que implementarem a interface.

exibições e grupos de exibições

Vamos desacoplar o fragmento usando uma interface

☑ **WorkoutDetailFragment**
☑ **WorkoutListFragment**
☐ **Coordene os fragmentos**

Vamos criar uma interface chamada **Listener** (ouvinte). Quando a MainActivity implementar a interface, o WorkoutListFragment vai indicar à *MainActivity* quando um dos seus itens receber um clique. Para isso, temos que alterar o WorkoutListFragment e a MainActivity.

O que o WorkoutListFragment deve fazer

Vamos começar com o código de WorkoutListFragment. Precisamos fazer algumas alterações, nesta ordem:

❶ **Defina a interface.**
Vamos definir a interface do ouvinte no WorkoutListFragment. A interface será definida aqui para estabelecer uma comunicação entre o WorkoutListFragment e as atividades.

❷ **Registre o ouvinte (a MainActivity, neste caso) quando o WorkoutListFragment for vinculado.**
Assim, o WorkoutListFragment terá uma referência para a MainActivity.

❸ **Informe ao ouvinte quando um item receber um clique.**
Assim, a MainActivity poderá responder ao clique.

Você sempre vai passar por etapas parecidas com essas para estabelecer comunicação entre um fragmento e a atividade ao qual ele está vinculado.

Vamos analisar cada uma das alterações e, ao final, apresentar o código completo.

1. Defina a interface do ouvinte

Para que as atividades que implementam a interface do ouvinte respondam aos cliques nos itens, vamos definir um método para a interface, o itemClicked(). O método itemClicked() tem um parâmetro, a ID do item clicado. Esta é a interface:

Vamos chamar a interface de Listener.

```
interface Listener {
    void itemClicked(long id);
};
```

As atividades que implementam a interface Listener devem incluir este método. Vamos utilizá-lo para configurar a atividade para responder aos eventuais cliques nos itens do fragmento.

Na próxima página, vamos aprender a registrar o ouvinte.

você está aqui ▶ **385**

ouça

2. Registre o ouvinte

Temos que salvar uma referência para a atividade à qual o WorkoutListFragment está vinculado. Como esta atividade vai implementar a interface Listener, vamos adicionar a seguinte variável privada ao WorkoutListFragment:

```
private Listener listener;
```

Devemos definir esta variável quando o WorkoutListFragment for vinculado a uma atividade. Observe o ciclo de vida do fragmento: quando um fragmento é vinculado a uma atividade, o método onAttach() do fragmento é chamado. Vamos utilizar este método para definir o valor do ouvinte:

```
public void onAttach(Context context) {
    super.onAttach(context);
    this.listener = (Listener)context;
}
```

☑ WorkoutDetailFragment
☑ WorkoutListFragment
☐ **Coordene os fragmentos**

— Este é o contexto (a atividade, neste caso) ao qual o fragmento está vinculado.

3. Responda aos cliques

Quando um item no WorkoutListFragment receber um clique, o método itemClicked() do ouvinte deverá ser chamado. Este foi o método que definimos na interface na página anterior. Mas como podemos saber quando um item foi clicado?

Sempre que um item recebe um clique em um fragmento de lista, o método onListItemClick() do fragmento de lista é chamado. O formato desta operação é mais ou menos assim:

```
public void onListItemClick(ListView listView,
                            View itemView,
                            int position,
                            long id) {
    //Faça alguma coisa
}
```

← O list view

O item do list view que recebeu o clique, sua posição e sua ID

O método onListItemClick() tem quatro parâmetros: o list view, o item da lista que recebeu o clique, sua posição e a ID da linha dos dados subjacentes. Assim, podemos usar o método para transmitir ao ouvinte a ID do treino em que o usuário tiver clicado:

```
public void onListItemClick(ListView listView, View itemView, int position, long id) {
    if (listener != null) {
        listener.itemClicked(id);
    }
}
```

← Chame o método itemClicked() da atividade, transmitindo a ID do treino selecionado pelo usuário.

exibições e grupos de exibições

O código de WorkoutListFragment.java

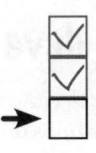

☑ **WorkoutDetailFragment**
☑ **WorkoutListFragment**
☐ **Coordene os fragmentos**

Este é o código completo de *WorkoutListFragment.java* (faça as alterações indicadas no seu código e salve o trabalho):

```java
package com.hfad.workout;

import android.os.Bundle;
import android.support.v4.app.ListFragment;
import android.view.LayoutInflater;
import android.view.View;
import android.view.ViewGroup;
import android.widget.ArrayAdapter;
import android.content.Context;
import android.widget.ListView;
```
↳ *Importe estas classes.*

```java
public class WorkoutListFragment extends ListFragment {

    static interface Listener {
        void itemClicked(long id);
    };
```
↳ *Adicione o ouvinte ao fragmento.*

```java
    private Listener listener;

    @Override
    public View onCreateView(LayoutInflater inflater, ViewGroup container,
                             Bundle savedInstanceState) {
        String[] names = new String[Workout.workouts.length];
        for (int i = 0; i < names.length; i++) {
            names[i] = Workout.workouts[i].getName();
        }
        ArrayAdapter<String> adapter = new ArrayAdapter<>(
                inflater.getContext(), android.R.layout.simple_list_item_1,
                names);
        setListAdapter(adapter);
        return super.onCreateView(inflater, container, savedInstanceState);
    }

    @Override
    public void onAttach(Context context) {
        super.onAttach(context);
        this.listener = (Listener)context;
    }
```
↳ *Este item é chamado quando o fragmento é vinculado à atividade. Lembre-se de que a classe Activity é uma subclasse de Context.*

```java
    @Override
    public void onListItemClick(ListView listView, View itemView, int position, long id) {
        if (listener != null) {
            listener.itemClicked(id);
        }
    }
}
```
↳ *Informe ao ouvinte sempre que um item do ListView receber um clique.*

Pasta: Workout → app/src/main → java → com.hfad.workout → **WorkoutListFragment.java**

você está aqui ▶ **387**

implemente o Listener

A MainActivity deve implementar a interface

A seguir, vamos programar a `MainActivity` para implementar a interface `Listener` que acabamos de criar. A interface especifica um método `itemClicked()`; portanto, o método deve iniciar a `DetailActivity`, transmitindo a ID do treino selecionado pelo usuário.

Este é o código completo de *MainActivity.java*. Atualize seu código com base no código indicado abaixo.

```
package com.hfad.workout;

import android.support.v7.app.AppCompatActivity;
import android.os.Bundle;
import android.view.View;
import android.content.Intent;

public class MainActivity extends AppCompatActivity
                          implements WorkoutListFragment.Listener {
```
Implemente a interface do ouvinte definida no WorkoutListFragment.

```
    @Override
    protected void onCreate(Bundle savedInstanceState) {
        super.onCreate(savedInstanceState);
        setContentView(R.layout.activity_main);
    }

    public void onShowDetails(View view) {
        Intent intent = new Intent(this, DetailActivity.class);
        startActivity(intent);
    }
```
Este é o método chamado pelo botão da MainActivity. Como removemos o botão, não precisamos mais deste método.

Este método é definido pela interface; logo, devemos implementá-lo.
```
    @Override
    public void itemClicked(long id) {
        Intent intent = new Intent(this, DetailActivity.class);
        intent.putExtra(DetailActivity.EXTRA_WORKOUT_ID, (int)id);
        startActivity(intent);
    }
}
```
Transmita a ID do treino para a DetailActivity. EXTRA_WORKOUT_ID é o nome da constante que vamos define na DetailActivity.

```
Workout
└─ app/src/main
   └─ java
      └─ com.hfad.workout
         └─ MainActivity.java
```

Concluímos as alterações na `MainActivity`. Agora, só há mais uma modificação a ser feita no código do app.

exibições e grupos de exibições

A DetailActivity deve transmitir a ID para o WorkoutDetailFragment

☑ WorkoutDetailFragment
☑ WorkoutListFragment
☐ Coordene os fragmentos

No momento, o `WorkoutListFragment` transmite a ID do treino clicado para a `MainActivity`, que transmite a ID para a `DetailActivity`. Temos que fazer mais uma alteração: transmitir a ID da `DetailActivity` para a `WorkoutDetailActivity`.

Este é o código atualizado da `DetailActivity` já com essa funcionalidade. Atualize sua versão de *DetailActivity.java* com base nas alterações indicadas abaixo:

Estamos utilizando uma constante para transmitir a ID da MainActivity para a DetailActivity para não inserir essa operação diretamente no código.

Workout → app/src/main → java → com.hfad.workout → **DetailActivity.java**

```
package com.hfad.workout;

import android.support.v7.app.AppCompatActivity;
import android.os.Bundle;

public class DetailActivity extends AppCompatActivity {

    public static final String EXTRA_WORKOUT_ID = "id";

    @Override
    protected void onCreate(Bundle savedInstanceState) {
        super.onCreate(savedInstanceState);
        setContentView(R.layout.activity_detail);
        WorkoutDetailFragment frag = (WorkoutDetailFragment)
                getSupportFragmentManager().findFragmentById(R.id.detail_frag);
        frag.setWorkout(1);
        int workoutId = (int) getIntent().getExtras().get(EXTRA_WORKOUT_ID);
        frag.setWorkout(workoutId);
    }
}
```

Como não vamos precisar desta ID I que inserimos diretamente no código, remova esta linha.

Obtenha a ID do intent e transmita-a ao fragmento através do seu método setWorkout().

Nas próximas páginas, vamos analisar o que acontece quando o código é executado.

você está aqui ▶ **389**

o que acontece

O que acontece quando o código é executado

☑ **WorkoutDetailFragment**
☑ **WorkoutListFragment**
→ ☐ **Coordene os fragmentos**

Confira este resumo do que acontece quando executamos o código.

❶ Ao ser ativado, o app cria a MainActivity.

O `WorkoutListFragment` é vinculado à `MainActivity`, e o método `onAttach()` do `WorkoutListFragment` é executado.

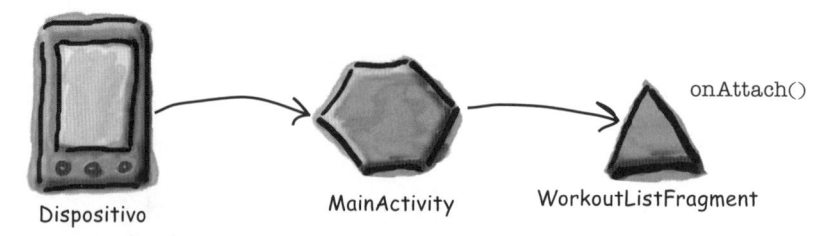

Dispositivo → MainActivity → WorkoutListFragment onAttach()

❷ O WorkoutListFragment registra a MainActivity como um Listener.

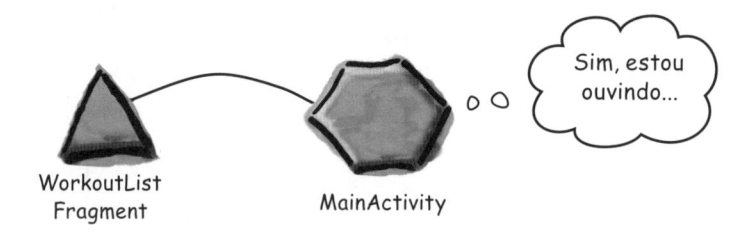

WorkoutListFragment → MainActivity: "Sim, estou ouvindo..."

❸ Quando um item é clicado no WorkoutListFragment, o método onListItemClick() do fragmento é chamado.

Essa operação chama o método `itemClicked()` da `MainActivity`, transmitindo a ID do treino clicado (que neste exemplo corresponde a 1).

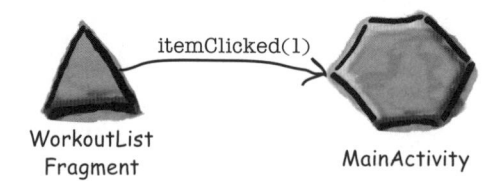

WorkoutListFragment — itemClicked(1) → MainActivity

❹ O método itemClicked() da MainActivity inicia a DetailActivity, transmitindo o valor da ID do treino em um intent.

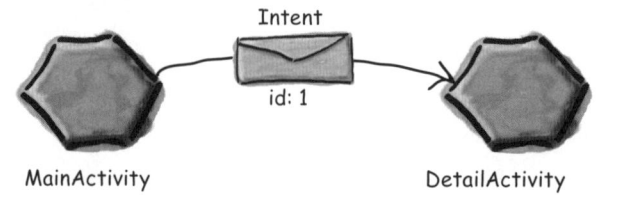

MainActivity — Intent id: 1 → DetailActivity

Capítulo 9

exibições e grupos de exibições

A história continua...

☑ **WorkoutDetailFragment**
☑ **WorkoutListFragment**
→ ☐ **Coordene os fragmentos**

5 **A DetailActivity chama o método setWorkout() do WorkoutDetailFragment, transmitindo o valor da ID do treino.**

O `WorkoutDetailFragment` utiliza a ID do treino (1, neste caso) para exibir o título e a descrição do respectivo treino nos seus views.

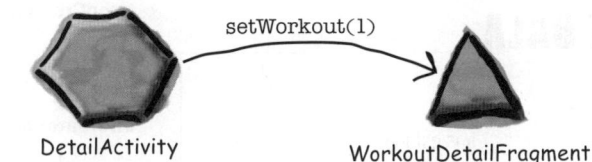

setWorkout(1)

DetailActivity   WorkoutDetailFragment

textTitle: Core Agony
textDescription: 100 Pull ups
                100 Push-ups
                100 Sit ups
                100 Squats

Test drive do app

Quando executado, o app ativa a `MainActivity`, que exibe uma lista de treinos no fragmento `WorkoutListFragment`.

Quando você clica em um dos treinos, a `DetailActivity` aparece. Essa atividade exibe os detalhes do treino selecionado.

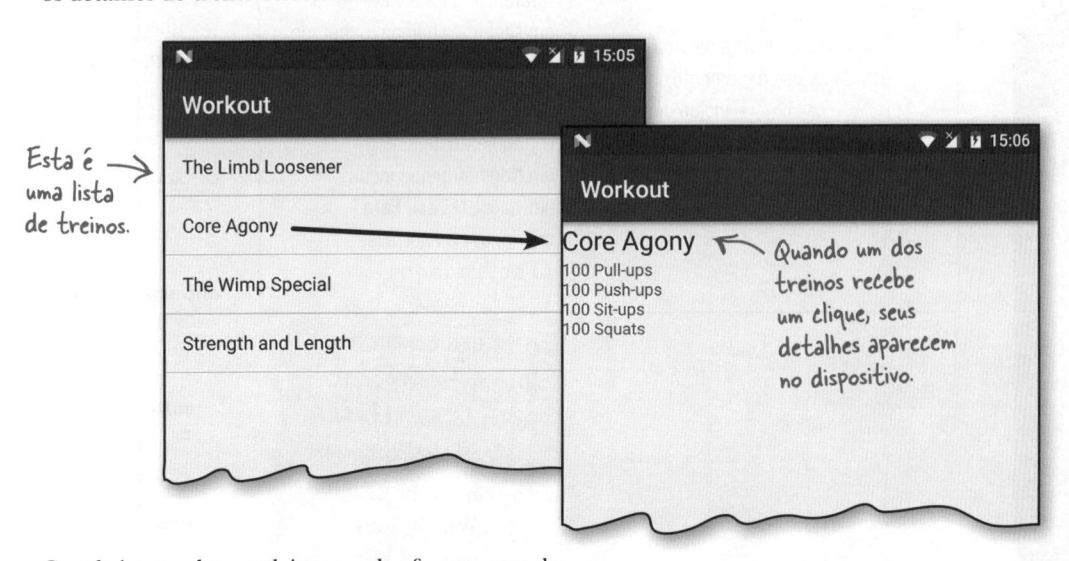

☑ **WorkoutDetailFragment**
☑ **WorkoutListFragment**
→ ☑ **Coordene os fragmentos**

Esta é uma lista de treinos.

15:05
Workout
The Limb Loosener
Core Agony
The Wimp Special
Strength and Length

15:06
Workout
Core Agony
100 Pull-ups
100 Push-ups
100 Sit-ups
100 Squats

Quando um dos treinos recebe um clique, seus detalhes aparecem no dispositivo.

Concluímos o desenvolvimento dos fragmentos da interface do usuário para celulares. No próximo capítulo, você vai aprender a reutilizar os fragmentos e criar uma interface do usuário mais adequada para tablets.

você está aqui ▶   391

caixa de ferramentas

Sua caixa de ferramentas para Android

Você fechou o Capítulo 9 e adicionou os fragmentos à sua caixa de ferramentas.

Métodos do ciclo de vida do fragmento

onAttach()
↓
onCreate()
↓
onCreateView()
↓
onActivityCreated()
↓
onStart()
↓
onResume()
↓
onPause()
↓
onStop()
↓
onDestroyView()
↓
onDestroy()
↓
onDetach()

PONTOS DE BALA

- Um fragmento controla parte de uma tela e pode ser reutilizado em múltiplas atividades.

- Cada fragmento tem um layout associado.

- O método `onCreateView()` é chamado sempre que o Android precisa do layout do fragmento.

- Para adicionar um fragmento ao layout de uma atividade, use o elemento `<fragment>` e inclua um atributo name.

- Os métodos do ciclo de vida do fragmento estão ligados aos estados da atividade que contém o fragmento.

- A classe `Fragment` não estende a classe `Activity` nem implementa a classe `Context`.

- Os fragmentos não têm um método `findViewById()`. Em vez disso, utilizam o método `getView()` para obter uma referência para o view raiz e, em seguida, chamam o método `findViewById()` do view.

- O fragmento de lista é um fragmento que inclui um `ListView`. Para criá-lo, use a subclasse `ListFragment`.

O código completo do capítulo pode ser baixado em https://www.altabooks.com.br. Procure pelo título ou ISBN do livro.

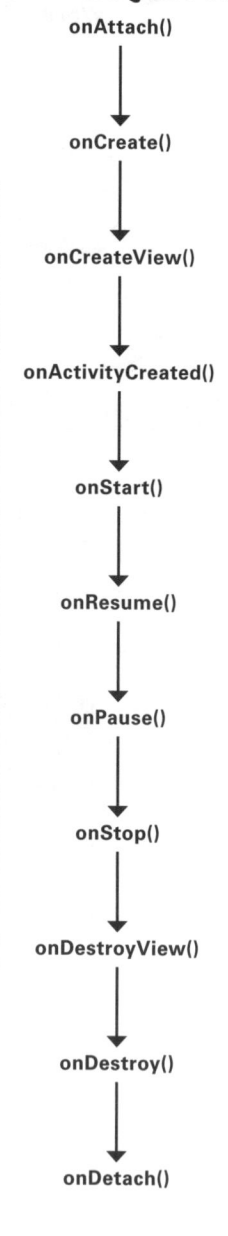

10 fragmentos para interfaces maiores

Tamanho Diferente, Interface Diferente

É para um tablet? Talvez seja melhor repensar a UI...

Até aqui, só executamos os apps em dispositivos com telas pequenas. Mas como podemos lidar com usuários de tablets? Neste capítulo, você vai aprender a criar **interfaces de usuário flexíveis** e programar o app para **mudar seu visual e seu comportamento** de acordo com o dispositivo em que estiver sendo executado. Vamos mostrar como controlar o comportamento do app com o botão Back e explicar o funcionamento das **transações de fragmentos** e da **pilha de retorno**. Por fim, você vai conferir como **salvar e restaurar o estado** do fragmento.

precisamos de uma tela maior

A aparência do app Workout é a mesma em um celular e em um tablet

No capítulo anterior, criamos uma versão do app Workout que roda em celulares. Recapitulando, quando ativado, o app exibe a `MainActivity`. Essa atividade contém o fragmento `WorkoutListFragment`, que exibe uma lista de treinos. Quando o usuário clica em um dos treinos, a `DetailActivity` é iniciada e exibe os detalhes do treino em questão no fragmento `WorkoutDetailFragment`.

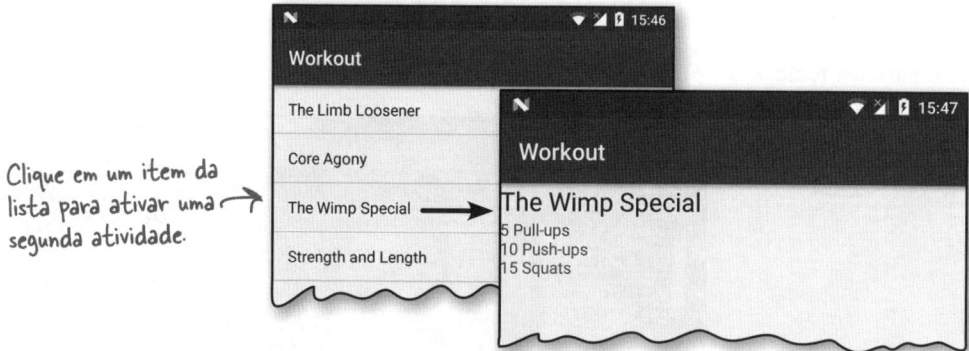

Clique em um item da lista para ativar uma segunda atividade.

Quando executado em uma tablet, o app funciona da mesma forma. Contudo, à medida que o tamanho da tela aumenta, surgem na interface do usuário mais espaços vazios que podem ser mais bem aproveitados.

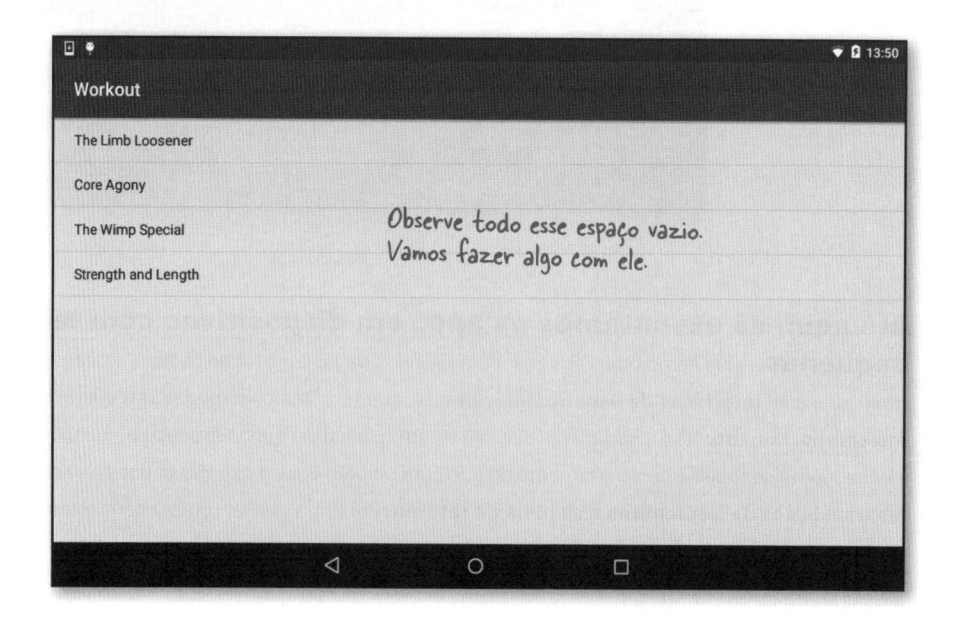

Observe todo esse espaço vazio. Vamos fazer algo com ele.

Criando um design para interfaces maiores

Para aproveitar melhor o espaço vazio disponível, uma alternativa é exibir os detalhes de cada treino à direita da lista de treinos. Quando o usuário clicar em um dos treinos, os detalhes do treino em questão serão exibidos na mesma tela sem que uma segunda atividade seja iniciada:

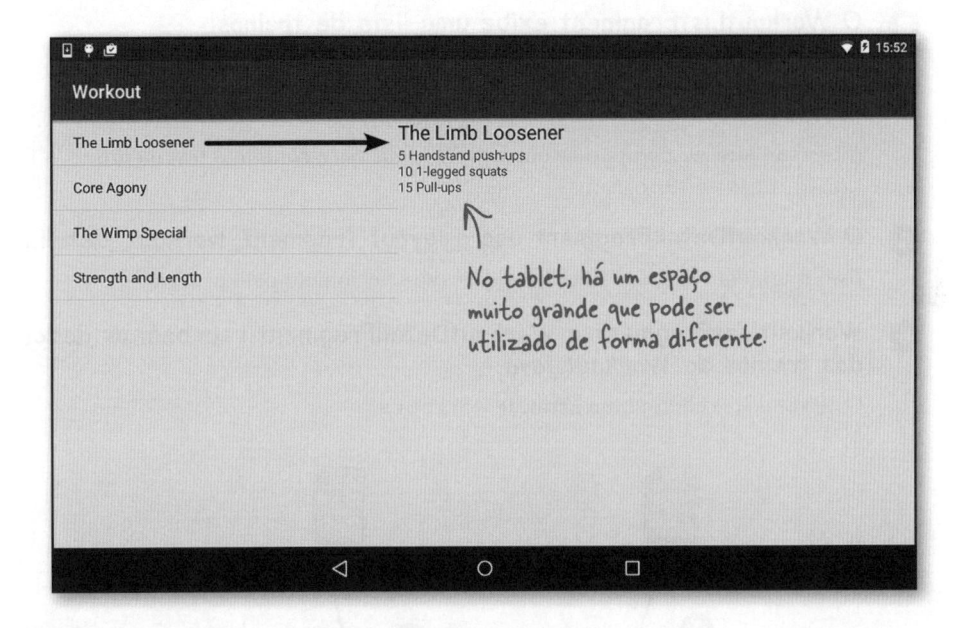

No tablet, há um espaço muito grande que pode ser utilizado de forma diferente.

Porém, não queremos alterar totalmente o app. O software deve funcionar como se fosse em um celular.

Vamos programar o app para se adaptar ao tipo de dispositivo em que for executado. Quando o app rodar em um celular, vamos exibir os detalhes do treino em uma atividade separada (de acordo com o comportamento atual do app). Quando for executado em um tablet, vamos exibir os detalhes do treino ao lado da lista de treinos.

Mas, antes de começar, vamos conferir novamente a estrutura atual do app.

versão para *celulares*

A versão do app para celulares

A versão do app para celulares que criamos no Capítulo 9 funciona da seguinte forma:

❶ Ao ser ativado, o app inicia a MainActivity.

A `MainActivity` usa o layout *activity_main.xml* e contém o fragmento `WorkoutListFragment`.

❷ O WorkoutListFragment exibe uma lista de treinos.

❸ Quando o usuário clica em um dos treinos, a DetailActivity é iniciada.

A `DetailActivity` usa o layout *activity_detail.xml* e contém o fragmento `WorkoutDetailFragment`.

❹ O WorkoutDetailFragment usa o layout fragment_workout_detail.xml.

Esse fragmento exibe os detalhes do treino selecionado pelo usuário.

❺ WorkoutListFragment e WorkoutDetailFragment recebem os dados dos treinos do *Workout.java*.

O *Workout.java* contém um array de `Workouts`.

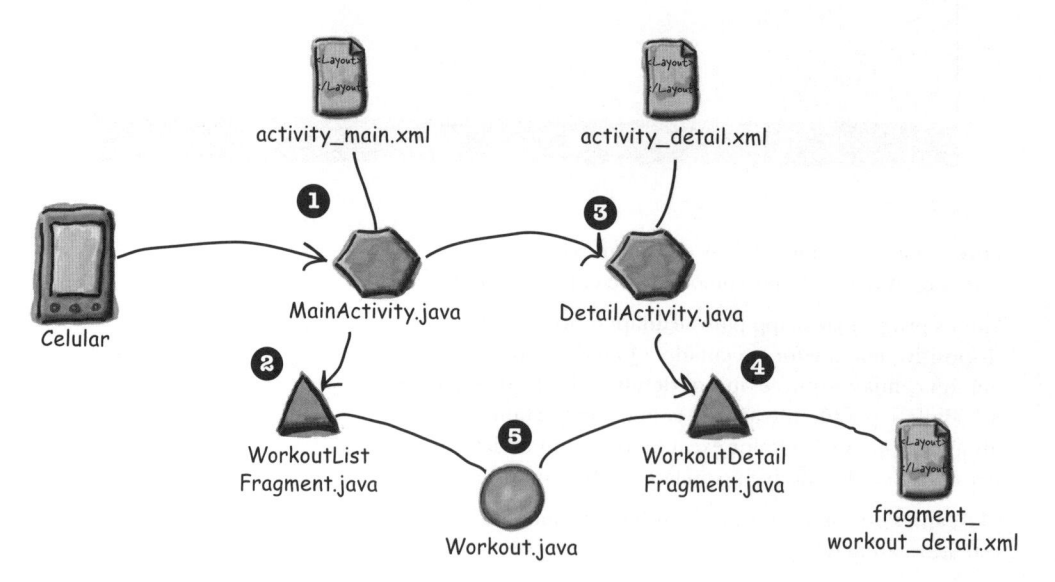

Então, o que precisa mudar quando o app for executado em um tablet?

exibições e grupos de exibições

A versão do app para tablets

Quando for executado em um tablet, o app deve funcionar da seguinte forma:

① **Quando ativado, o app deve iniciar a MainActivity, como já ocorre.**
A `MainActivity` usa o layout *activity_main.xml*.

② **O layout da MainActivity contém dois fragmentos, WorkoutListFragment e WorkoutDetailFragment.**

③ **O WorkoutListFragment exibe uma lista de treinos.**
Como ele é um fragmento de lista, não contém um arquivo de layout extra.

④ **Quando o usuário clica em um dos treinos, os respectivos detalhes aparecem no WorkoutDetailFragment.**
O `WorkoutDetailFragment` usa o layout *fragment_workout_detail.xml*.

⑤ **Os dois fragmentos recebem os dados dos treinos do Workout.java, como antes.**

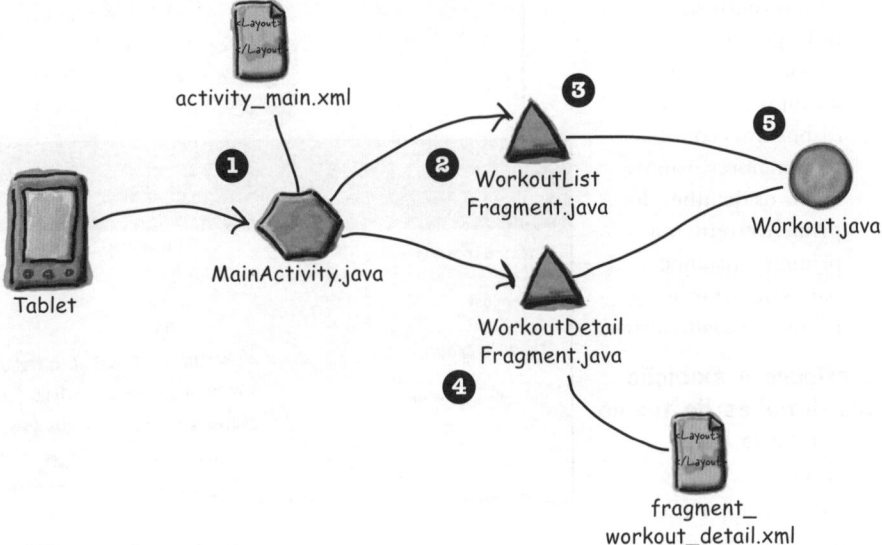

Há duas diferenças importantes.

Primeiro, o layout da `MainActivity` tem que exibir os dois fragmentos e não apenas o `WorkoutListFragment`.

Segundo, não é necessário iniciar a `DetailActivity` quando o usuário clicar em um dos treinos. Em vez disso, o `WorkoutDetailFragment` deve aparecer na `MainActivity`.

Vamos analisar as etapas das modificações do app na próxima página.

você está aqui ▶

etapas

Vamos fazer o seguinte

Para alterar o app, é necessário realizar algumas etapas:

❶ Crie um tablet AVD (Android Virtual Device).

Vamos criar uma nova UI para tablets; portanto, temos que criar um novo tablet AVD para executar o app. Assim, poderemos conferir o visual e o comportamento do app em um dispositivo com uma tela maior.

❷ Crie um novo layout para tablets.

Vamos reutilizar os fragmentos já criados em um novo layout voltado para dispositivos com telas maiores. Vamos exibir os detalhes do primeiro treino na primeira instância para visualizar os fragmentos lado a lado.

Inicialmente, vamos inserir diretamente o treino Limb Loosener no código do app para exibi-lo.

❸ Configure a exibição dos detalhes do treino selecionado pelo usuário.

Vamos atualizar o app para exibir os detalhes do treino em que o usuário clicar.

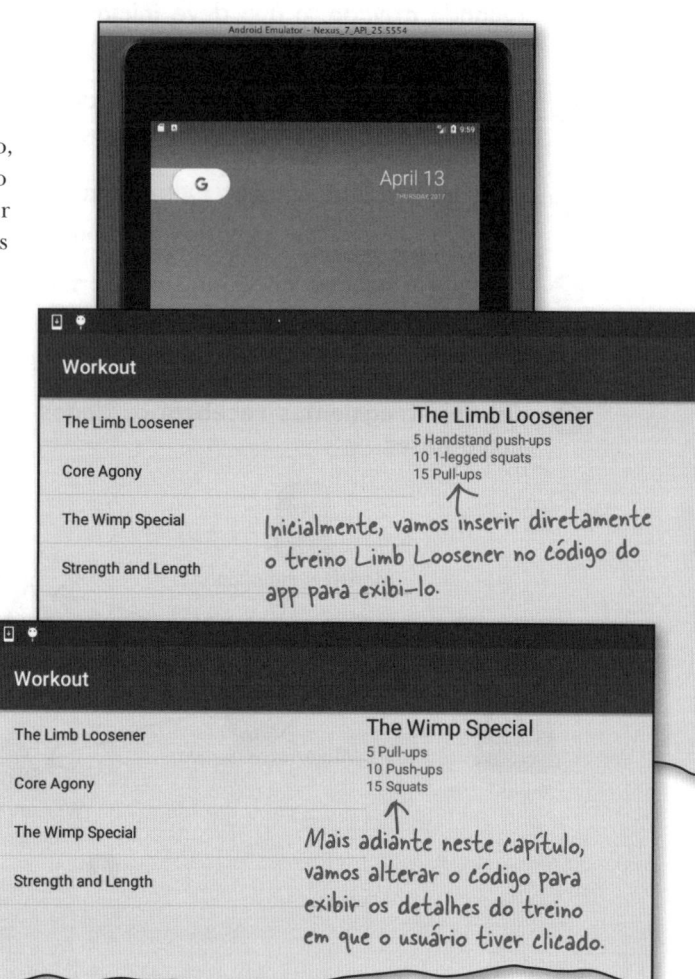

Mais adiante neste capítulo, vamos alterar o código para exibir os detalhes do treino em que o usuário tiver clicado.

Faça isso!

Vamos atualizar o app Workout neste capítulo; portanto, abra o projeto Workout que você criou no Android Studio no Capítulo 9.

exibições e grupos de exibições

Crie um tablet AVD

Antes de começar a alterar o app, vamos criar um novo Nexus 7 AVD executável na API nível 25 para demonstrar o visual e o comportamento do app quando ele roda em um tablet. As etapas são quase as mesmas de quando criamos um Nexus 5X AVD no Capítulo 1.

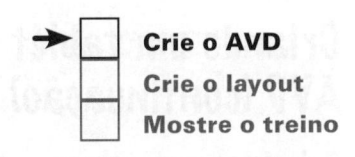

→ ☐ **Crie o AVD**
  ☐ Crie o layout
  ☐ Mostre o treino

Abra o Android Virtual Device Manager

Utilize o AVD Manager para criar AVDs. Para abrir o AVD Manager, selecione Android no menu Tools e escolha AVD Manager.

Você verá uma tela com uma lista das AVDs já configuradas. Clique no botão Create Virtual Device na parte inferior da tela.

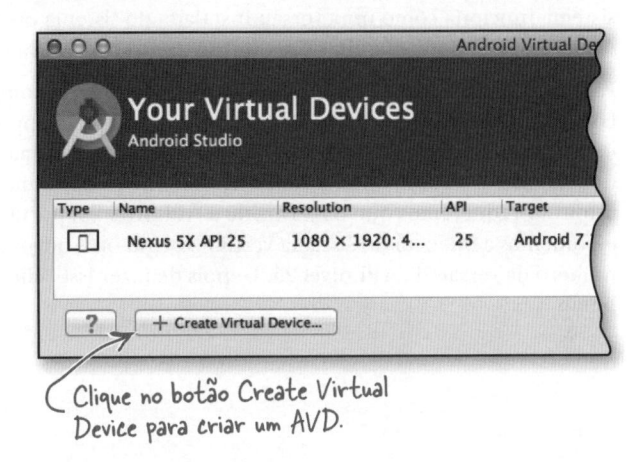

Clique no botão Create Virtual Device para criar um AVD.

Selecione o hardware

Na tela seguinte, você terá que escolher uma definição para o dispositivo, ou seja, o tipo de dispositivo a ser emulado pelo AVD.

Vamos conferir o visual do app quando ele roda em um tablet Nexus 7. Escolha Tablet no menu Category e selecione Nexus 7 na lista. Em seguida, clique no botão Next.

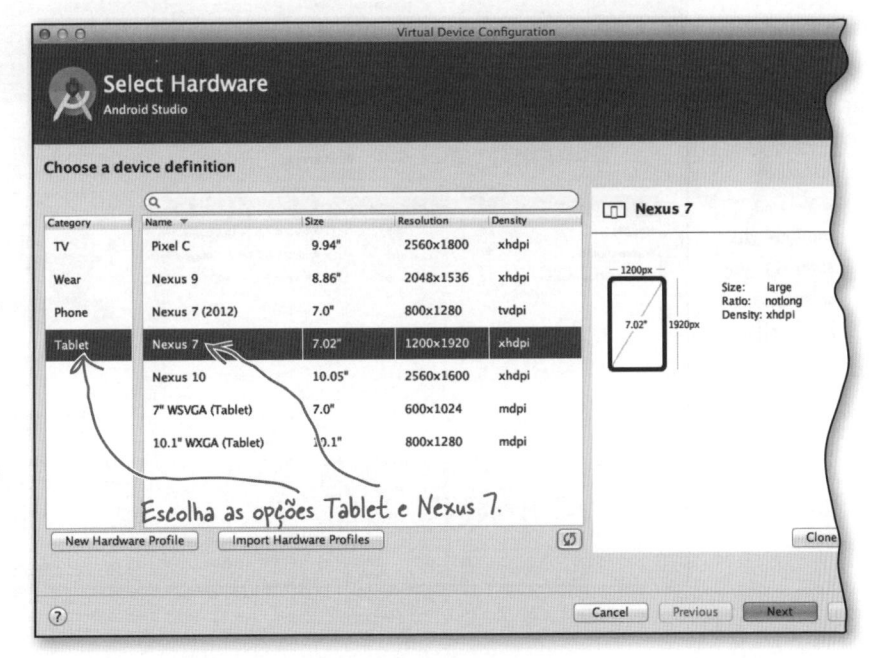

Escolha as opções Tablet e Nexus 7.

você está aqui ▶   399

crie o AVD

Criando um tablet AVD (continuação)

→ Crie o AVD
Crie o layout
Mostre o treino

Selecione uma imagem do sistema

Agora, você deve selecionar uma imagem do sistema. A imagem do sistema funciona como uma versão instalada do sistema operacional Android. Você pode escolher uma versão do Android para o AVD.

Escolha uma imagem do sistema com uma API de nível compatível com o app a ser desenvolvido. Por exemplo, para que o app seja executável em versões a partir da API nível 19, escolha uma imagem do sistema correspondente, *no mínimo*, à API nível 19. Como no Capítulo 1, queremos que o AVD rode a API nível 25; portanto, escolhemos a imagem do sistema versão Nougat ou Android 7.1.1, número da versão da API nível 25. Depois de fazer isso, clique no botão Next.

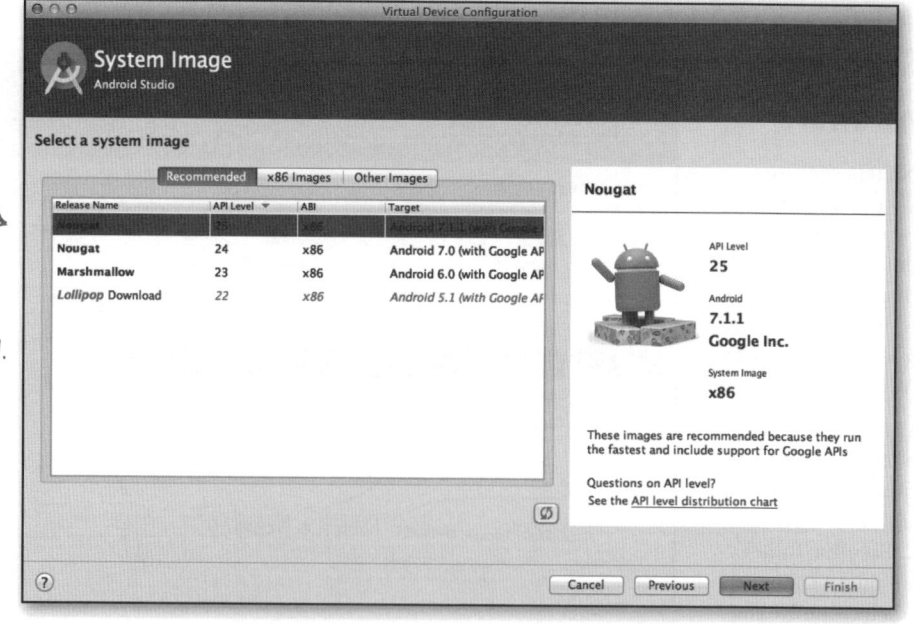

Vamos escolher a mesma imagem do sistema que selecionamos no Capítulo 1. →

400 *Capítulo 10*

exibições e grupos de exibições

Criando um tablet AVD (continuação)
Verifique a configuração do AVD

→ Crie o AVD
　Crie o layout
　Mostre o treino

Na tela seguinte, você poderá verificar a configuração do AVD. Esta tela traz um resumo das opções marcadas nas telas anteriores e oferece a opção de alterá-las. Troque a orientação da tela inicial para Landscape e, em seguida, clique no botão Finish.

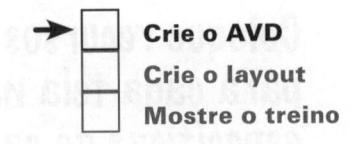

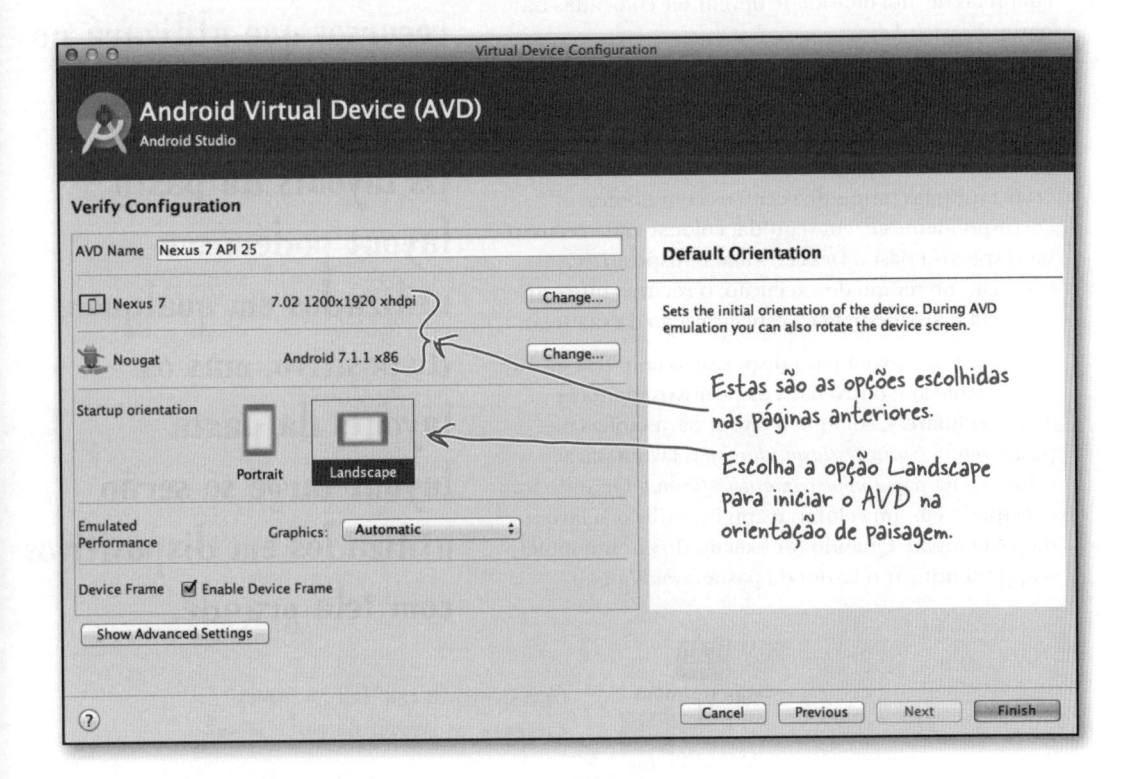

Estas são as opções escolhidas nas páginas anteriores.

Escolha a opção Landscape para iniciar o AVD na orientação de paisagem.

O AVD Manager criará o Nexus 7 AVD e, quando concluir, irá exibi-lo na lista de dispositivos. Agora você pode fechar o AVD Manager.

Depois de criar o tablet AVD, podemos começar a atualizar o app Workout. Queremos alterar o app para que a `MainActivity` use um layout quando rodar em um celular e outro quando rodar em um tablet. Mas como podemos fazer isso?

Coloque recursos específicos para cada tela nas pastas específicas de cada tela

☑ Crie o AVD
→ ☐ Crie o layout
☐ Mostre o treino

Anteriormente neste livro, você aprendeu a carregar recursos de imagem compatíveis com o tamanho da tela de diferentes dispositivos ao colocar imagens com tamanhos diferentes nas respectivas pastas *drawable**. Por exemplo, as imagens voltadas para dispositivos com telas de alta densidade devem ser colocadas na pasta *drawable-hdpi*.

Um procedimento parecido pode ser aplicado a outros recursos como layouts, menus e valores. Para criar múltiplas versões do mesmo recurso compatíveis com diferentes especificações de tela, você deve criar múltiplas pastas de recursos com nomes correspondentes e, em seguida, colocar cada recurso na respectiva pasta. Dessa forma, o dispositivo irá carregar, no tempo de execução, o recurso que estiver na pasta mais adequada à especificação da sua tela.

Para criar um layout para dispositivos com tela grande (como tablets) e outro para dispositivos menores (como celulares), coloque o layout para tablets na pasta *app/src/main/res/layout-large* e o layout para celulares na pasta *app/src/main/res/layout*. Quando for executado em um celular, o app irá utilizar o layout da pasta *layout*. Quando for executado em um tablet, o app irá utilizar o layout da pasta *layout-large*.

O Android utiliza os nomes das pastas de recursos para definir os recursos que utilizará no tempo de execução.

Os layouts da pasta layout podem ser utilizados em qualquer dispositivo, mas os layouts da pasta layout-large só serão utilizados em dispositivos com tela grande.

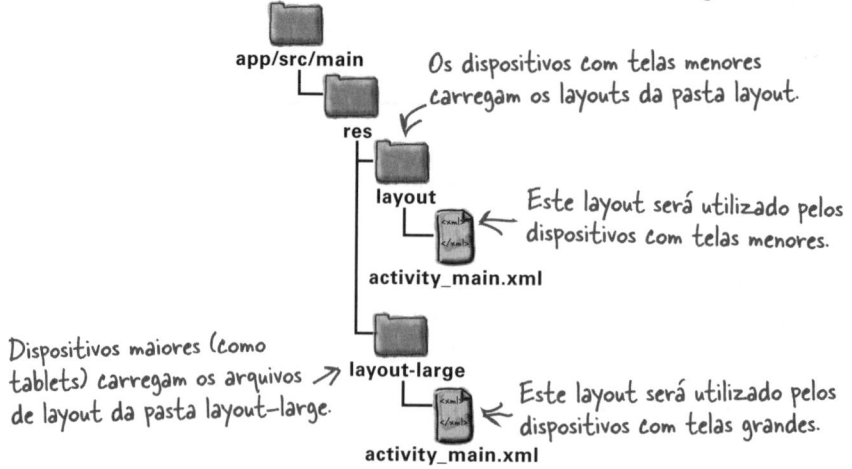

```
app/src/main
    └── res
         ├── layout
         │    └── activity_main.xml
         └── layout-large
              └── activity_main.xml
```

Os dispositivos com telas menores carregam os layouts da pasta layout.

Este layout será utilizado pelos dispositivos com telas menores.

Dispositivos maiores (como tablets) carregam os arquivos de layout da pasta layout-large.

Este layout será utilizado pelos dispositivos com telas grandes.

Na próxima página, vamos mostrar as diferentes opções para definir os nomes das pastas de recursos.

exibições e grupos de exibições

As diferentes opções de pastas

☑ Crie o AVD
➡ ☐ Crie o layout
☐ Mostre o treino

Você pode colocar todos os tipos de recursos (drawables, imagens, layouts, menus e valores) em diferentes pastas para especificar os tipos de dispositivos nos quais eles devem ser utilizados. O nome da pasta específica para a tela pode incluir o tamanho, a densidade, a orientação e a taxa de proporção da tela em questão, mas cada parte deve estar separada por hífen. Por exemplo, para criar um layout que só será utilizado por tablets muito grandes no modo paisagem, você deve criar uma pasta *layout-xlarge-land* e colocar o arquivo de layout nessa pasta. Confira estas diferentes opções para definir os nomes das pastas:

É obrigatório especificar um tipo de recurso.

A densidade de tela é determinada em pontos por polegada.

Tipo de recurso	Tamanho da tela	Densidade da tela	Orientação	Taxa de proporção
drawable	-small	-ldpi	-land	-long
layout	-normal	-mdpi	-port	-notlong
menu	-large	-hdpi		
mipmap	-xlarge	-xhdpi		
values		-xxhdpi		
		-xxxhdpi		
		-nodpi		
		-tvdpi		

O recurso mipmap é utilizado em ícones de aplicativos. As versões anteriores do Android Studio usam drawables em vez de mipmaps.

O item long é para telas com alto valor de altura.

Este item lida com recursos independentes de densidade. Utilize o -nodpi para recursos de imagem que não serão ampliados (p. ex., para nomear uma pasta como drawable-nodpi).

O Android define os recursos que irá utilizar no tempo de execução verificando as especificações do dispositivo e procurando a melhor opção. Se não houver uma opção exatamente compatível, o sistema utilizará os recursos voltados para uma tela menor do que a dele. Quando houver apenas recursos voltados para telas *maiores* do que a atual, o Android não irá utilizá-los e o app não será inicializado.

Para que o app rode apenas em dispositivos com tamanhos de tela determinados, especifique isso no *AndroidManifest.xml* utilizando o atributo `<supports-screens>`. Por exemplo, se você não quiser que o app rode em dispositivos com telas pequenas, utilize o seguinte comando:

```
<supports-screens android:smallScreens="false"/>
```

Com os diferentes nomes de pastas indicados acima, você pode criar layouts adequados para celulares e tablets.

Para mais informações sobre as configurações indicadas nesta página, visite (conteúdo em inglês):

https://developer.android.com/guide/practices/screens_support.html.

você está aqui ▶ 403

exercício

SEJA a Estrutura de Pastas

Abaixo, indicamos o código de uma atividade. Seu objetivo é exibir um layout quando o software rodar em dispositivos com telas grandes e outro layout quando ele for executado em dispositivos com telas menores. Quais das estruturas de pastas a seguir permitem essa operação?

← Esta é a atividade.

```java
import android.app.Activity;
import android.os.Bundle;

public class MainActivity extends Activity {

    @Override
    protected void onCreate(Bundle savedInstanceState) {
        super.onCreate(savedInstanceState);
        setContentView(R.layout.activity_main);
        ...
    }
}
```

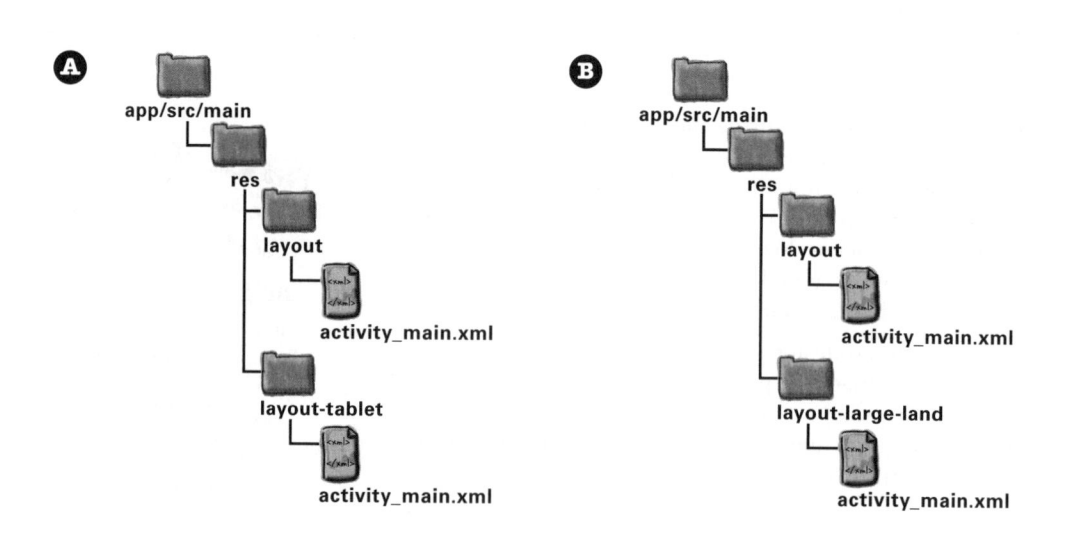

A
app/src/main
└── res
    ├── layout
    │   └── activity_main.xml
    └── layout-tablet
        └── activity_main.xml

B
app/src/main
└── res
    └── layout
        ├── activity_main.xml
        └── layout-large-land
            └── activity_main.xml

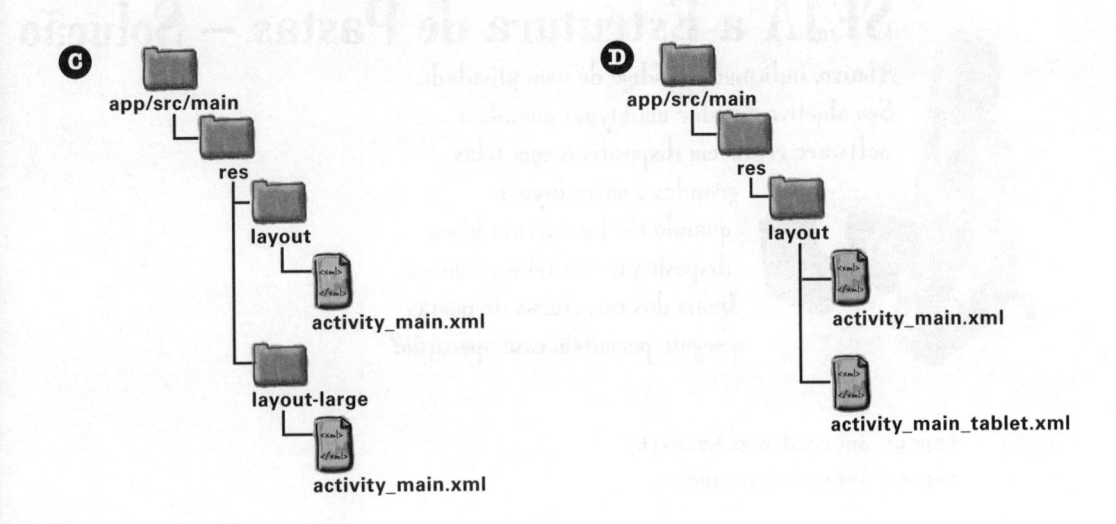

exibições e grupos de exibições

C app/src/main
└── res
    ├── layout
    │   └── activity_main.xml
    └── layout-large
        └── activity_main.xml

D app/src/main
└── res
    └── layout
        ├── activity_main.xml
        └── activity_main_tablet.xml

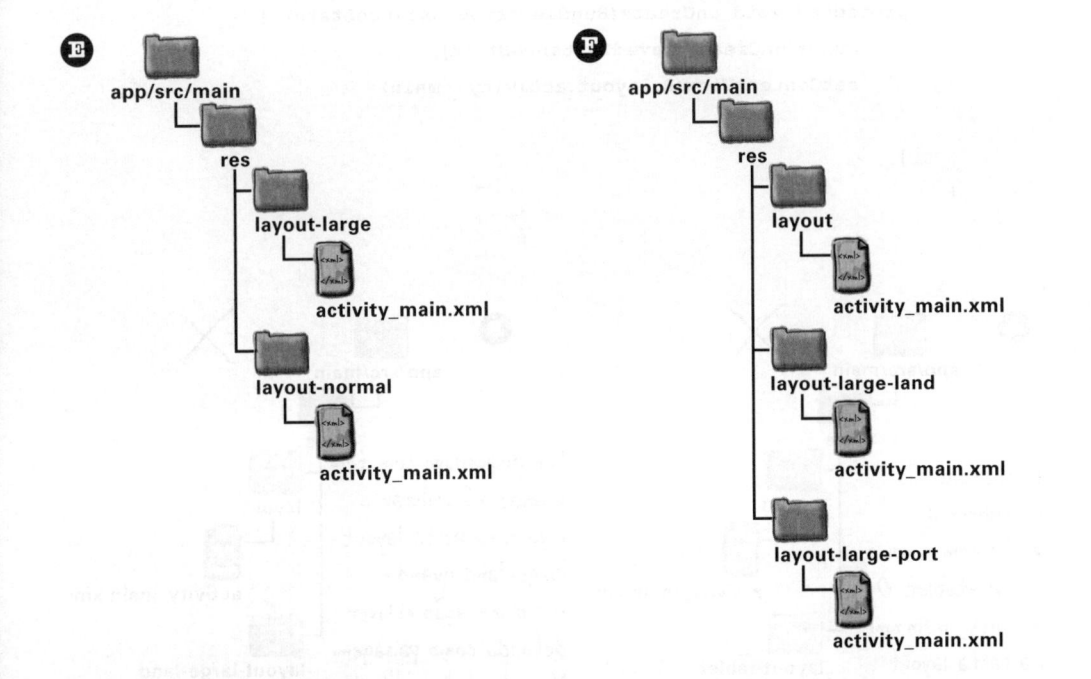

E app/src/main
└── res
    ├── layout-large
    │   └── activity_main.xml
    └── layout-normal
        └── activity_main.xml

F app/src/main
└── res
    ├── layout
    │   └── activity_main.xml
    ├── layout-large-land
    │   └── activity_main.xml
    └── layout-large-port
        └── activity_main.xml

solução

SEJA a Estrutura de Pastas – Solução

Abaixo, indicamos o código de uma atividade. Seu objetivo é exibir um layout quando o software rodar em dispositivos com telas grandes e outro layout quando ele for executado em dispositivos com telas menores. Quais das estruturas de pastas a seguir permitem essa operação?

```
import android.app.Activity;
import android.os.Bundle;

public class MainActivity extends Activity {

    @Override
    protected void onCreate(Bundle savedInstanceState) {
        super.onCreate(savedInstanceState);
        setContentView(R.layout.activity _ main);
        ...
    }
}
```

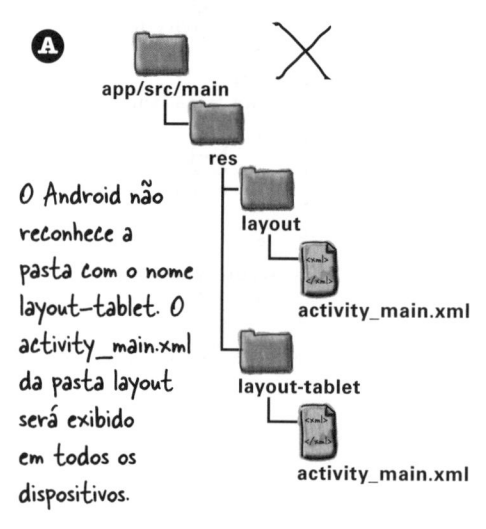

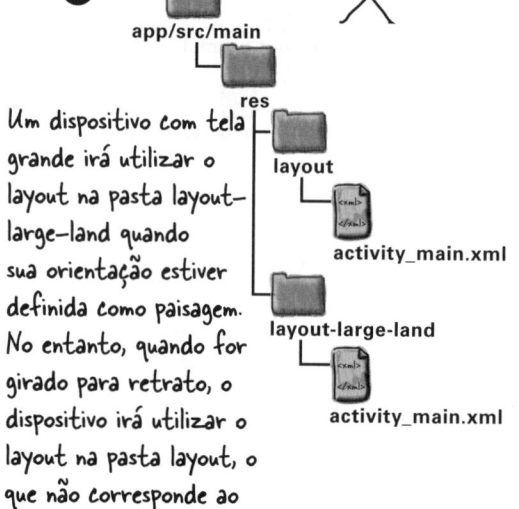

A app/src/main / res / layout / activity_main.xml ; layout-tablet / activity_main.xml ✗

O Android não reconhece a pasta com o nome layout-tablet. O activity_main.xml da pasta layout será exibido em todos os dispositivos.

B app/src/main / res / layout / activity_main.xml ; layout-large-land / activity_main.xml ✗

Um dispositivo com tela grande irá utilizar o layout na pasta layout-large-land quando sua orientação estiver definida como paisagem. No entanto, quando for girado para retrato, o dispositivo irá utilizar o layout na pasta layout, o que não corresponde ao seu objetivo.

exibições e grupos de exibições

C app/src/main ✓
└── res
    ├── layout
    │   └── activity_main.xml
    └── layout-large
        └── activity_main.xml

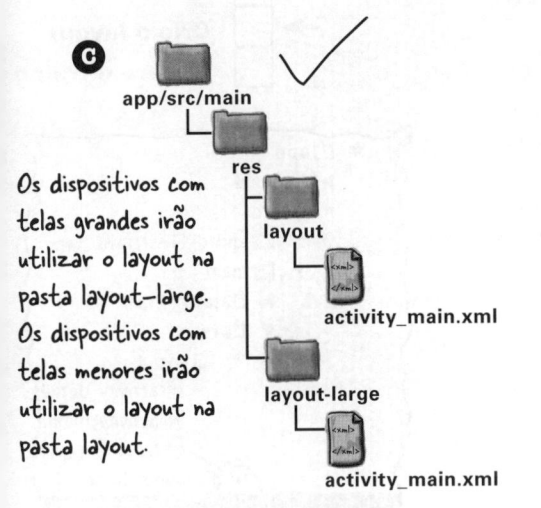

Os dispositivos com telas grandes irão utilizar o layout na pasta layout-large. Os dispositivos com telas menores irão utilizar o layout na pasta layout.

D app/src/main ✗
└── res
    └── layout
        ├── activity_main.xml
        └── activity_main_tablet.xml

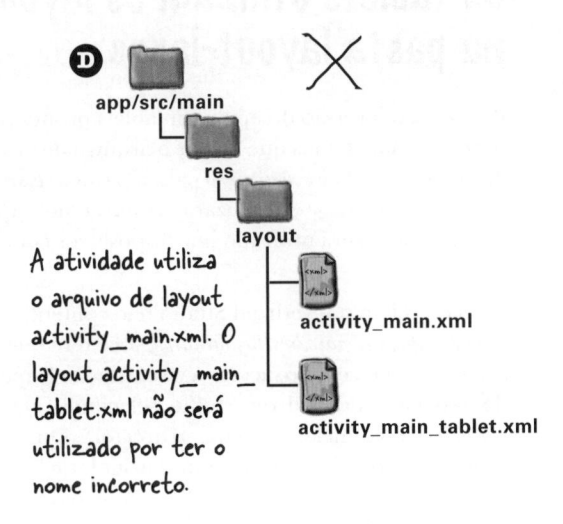

A atividade utiliza o arquivo de layout activity_main.xml. O layout activity_main_tablet.xml não será utilizado por ter o nome incorreto.

E app/src/main ✗
└── res
    ├── layout-large
    │   └── activity_main.xml
    └── layout-normal
        └── activity_main.xml

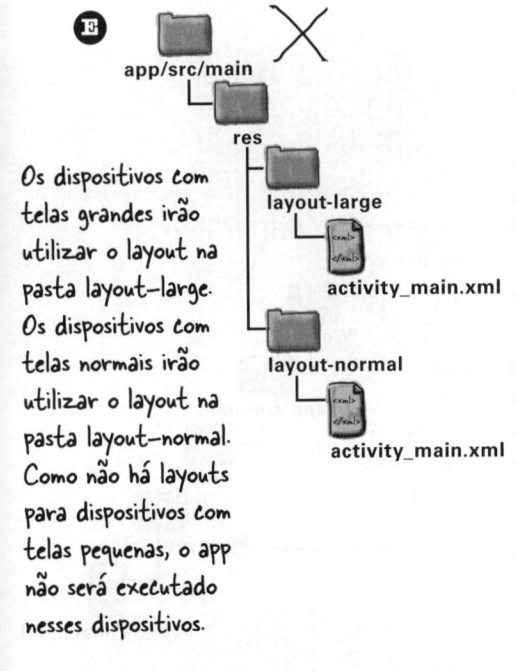

Os dispositivos com telas grandes irão utilizar o layout na pasta layout-large. Os dispositivos com telas normais irão utilizar o layout na pasta layout-normal. Como não há layouts para dispositivos com telas pequenas, o app não será executado nesses dispositivos.

F app/src/main ✓
└── res
    ├── layout
    │   └── activity_main.xml
    ├── layout-large-land
    │   └── activity_main.xml
    └── layout-large-port
        └── activity_main.xml

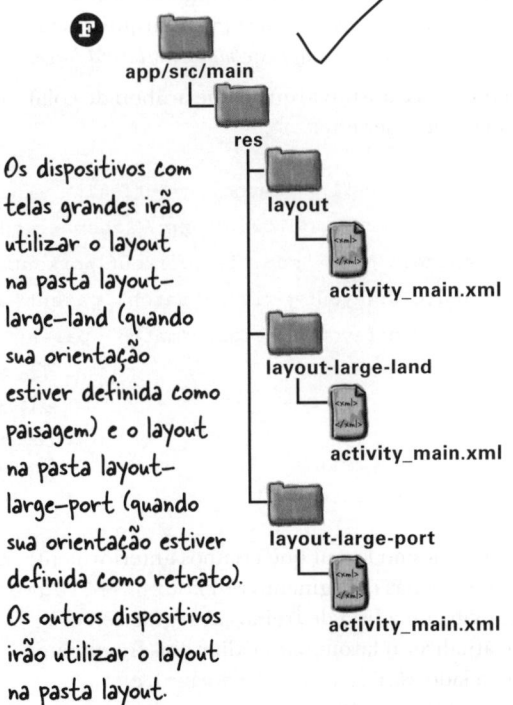

Os dispositivos com telas grandes irão utilizar o layout na pasta layout-large-land (quando sua orientação estiver definida como paisagem) e o layout na pasta layout-large-port (quando sua orientação estiver definida como retrato). Os outros dispositivos irão utilizar o layout na pasta layout.

layout-large

Os tablets utilizam os layouts na pasta layout-large

Para deixar a versão do app para tablets pronta para ser executada, temos que copiar o arquivo de layout da atividade *activity_main.xml* para a pasta *app/src/main/res/layout-large* e atualizar essa versão do arquivo. Esse layout só será utilizado por dispositivos com telas grandes.

Caso o projeto do Android Studio não contenha a pasta *app/src/main/res/layout-large*, você terá que criá-la. Para fazer isso, acesse a visualização Project do navegador do Android Studio, selecione *app/src/main/res* e escolha File→New...→Directory. Quando solicitado, nomeie a pasta como "layout-large". Quando você clicar no botão OK, o Android Studio criará a nova pasta *app/srca/main/res/layout-large*.

Para copiar o arquivo de layout *activity_main.xml*, selecione o arquivo no navegador e escolha o comando Copy no menu Edit. Em seguida, selecione a nova pasta *layout-large* e escolha o comando Paste no menu Edit. O Android Studio irá copiar o arquivo *activity_main.xml* para a pasta *app/src/main/res/layout-large*.

Quando você abrir o arquivo que acabou de colar, seu formato deve ser este:

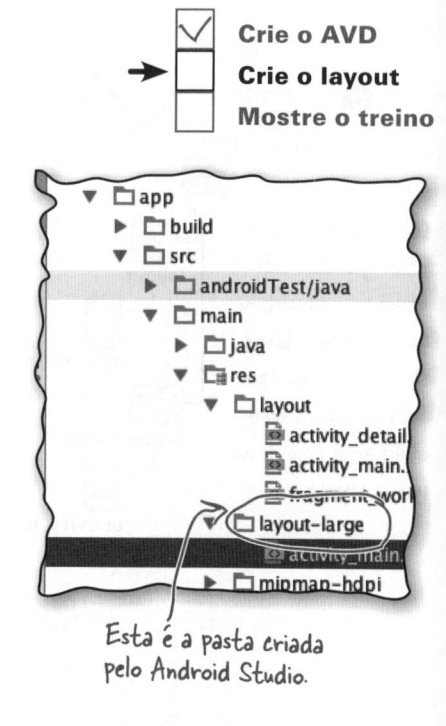

- Crie o AVD
- → Crie o layout
- Mostre o treino

Esta é a pasta criada pelo Android Studio.

```xml
<?xml version="1.0" encoding="utf-8"?>
<fragment xmlns:android="http://schemas.android.com/apk/res/android"
    android:name="com.hfad.workout.WorkoutListFragment"
    android:layout_width="match_parent"
    android:layout_height="match_parent"/>
```

Não alteramos o layout; apenas copiamos o layout para a pasta layout-large.

Este é o mesmo layout que criamos anteriormente. Ele contém apenas o fragmento `WorkoutListFragment`, que exibe uma lista de treinos. A seguir, temos que atualizar o layout para exibir dois fragmentos lado a lado, `WorkoutListFragment` e `WorkoutDetailFragment`.

A versão do layout na layout-large deve exibir dois fragmentos

- [ ] Crie o AVD
- [x] Crie o layout
- [ ] Mostre o treino

Vamos alterar a versão de *activity_main.xml* da pasta *layout-large* para incluir dois fragmentos. Para fazer isso, vamos adicionar os fragmentos a um layout linear com a orientação definida como horizontal. Vamos ajustar a largura dos fragmentos para que o WorkoutListFragment ocupe até dois quintos do espaço disponível e o WorkoutDetailFragment, três quintos.

Abaixo, indicamos nossa versão de *activity_main.xml*. Atualize seu código com base nas mudanças realizadas. Lembre-se de que você só deve editar a versão do layout para tablets localizada na pasta *layout-large*.

Vamos colocar os fragmentos em um LinearLayout com orientação horizontal para exibir os dois fragmentos lado a lado.

```xml
<?xml version="1.0" encoding="utf-8"?>
<LinearLayout xmlns:android="http://schemas.android.com/apk/res/android"
    android:orientation="horizontal"
    android:layout_width="match_parent"
    android:layout_height="match_parent">

    <fragment
        android:name="com.hfad.workout.WorkoutListFragment"
        android:id="@+id/list_frag"
        android:layout_width="0dp"
        android:layout_weight="2"
        android:layout_height="match_parent"/>

    <fragment
        android:name="com.hfad.workout.WorkoutDetailFragment"
        android:id="@+id/detail_frag"
        android:layout_width="0dp"
        android:layout_weight="3"
        android:layout_height="match_parent"/>

</LinearLayout>
```

O layout já contém o WorkoutListFragment.

Estamos adicionando o WorkoutDetailFragment ao layout da MainActivity.

Os fragmentos precisam de IDs para que o Android saiba onde colocar cada fragmento.

Workout
app/src/main
res
layout-large
activity_main.xml

Na próxima página, vamos analisar o que acontece quando o código é executado.

veja o código em ação

Confira o código atualizado em ação

Antes de fazer um test drive no app, vamos analisar o que acontece quando o código é executado.

☑ Crie o AVD
→ ☐ Crie o layout
☐ Mostre o treino

❶ Ao ser iniciado, o app cria a MainActivity.

O método `onCreate()` da `MainActivity` é executado. Essa operação especifica que o *activity_main.xml* deve ser utilizado como o layout da `MainActivity`.

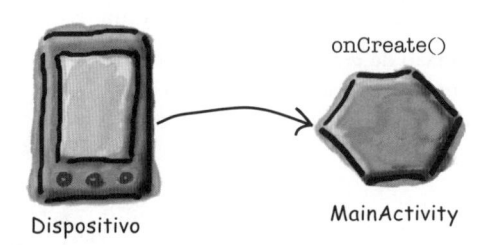

Dispositivo → onCreate() → MainActivity

❷ Quando o app rodar em um tablet, irá utilizar a versão do activity_main.xml da pasta layout-large.

O layout exibe `WorkoutListFragment` e `WorkoutDetailFragment` lado a lado.

> Como a tela do dispositivo é grande, vou usar a versão do layout da pasta large.

Android → layout-large/activity_main.xml

❷b Se o app estiver sendo executado em um dispositivo com uma tela menor, irá utilizar a versão do activity_main.xml da pasta layout.

O layout exibe apenas o `WorkoutListFragment`.

> Como a tela do dispositivo não é grande, vou usar a versão da pasta layout.

Android → layout/activity_main.xml

exibições e grupos de exibições

Test drive do app

☑ Crie o AVD
➡ ☑ Crie o layout
☐ Mostre o treino

Quando é executado em um celular, o app funciona como antes. A `MainActivity` exibe uma lista com os nomes dos treinos. Quando você clica em um dos treinos, a `DetailActivity` é iniciada e exibe os respectivos detalhes.

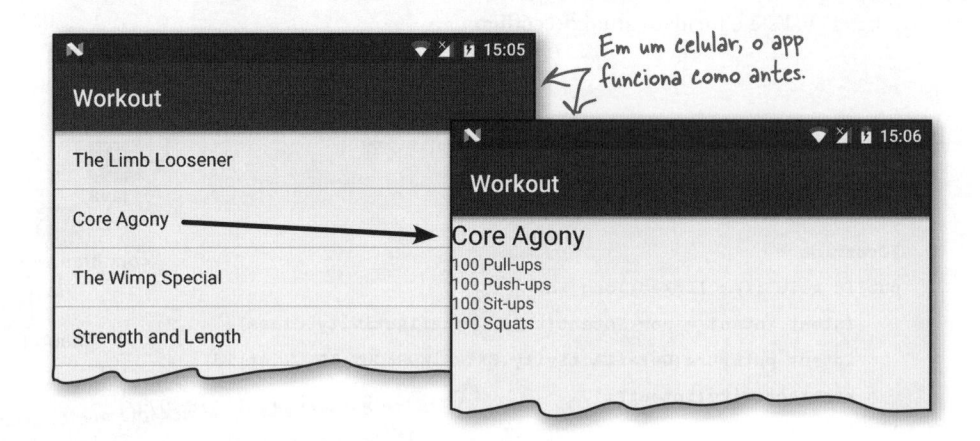

Em um celular, o app funciona como antes.

Quando o app é executado em um tablet, a `MainActivity` exibe uma lista com os nomes dos treinos à esquerda e os detalhes do primeiro treino ao lado dela.

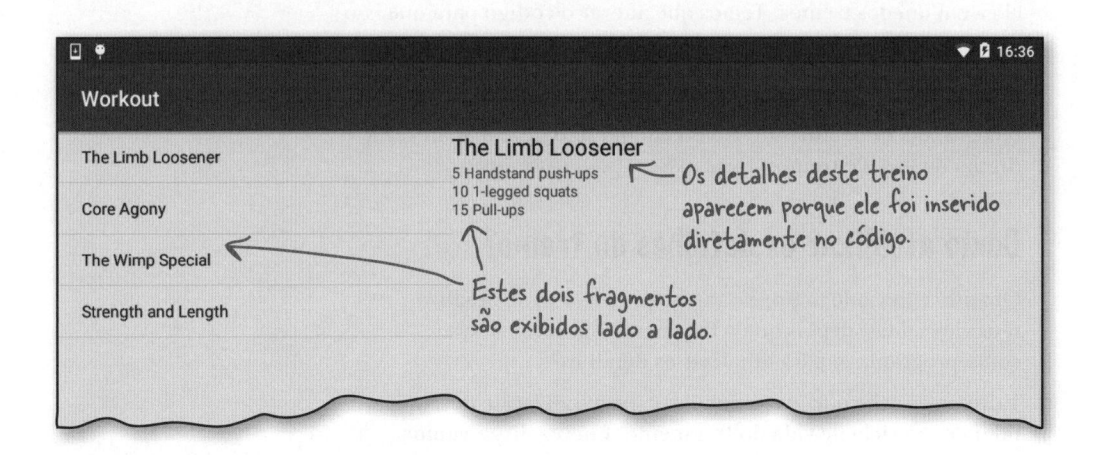

Os detalhes deste treino aparecem porque ele foi inserido diretamente no código.

Estes dois fragmentos são exibidos lado a lado.

Quando você clica em um dos treinos, a `DetailActivity` aparece como antes. Temos que alterar o código para que a `DetailActivity` não seja iniciada quando o app for executado em um tablet. Em vez disso, vamos colocar na `MainActivity` os detalhes do treino selecionado pelo usuário e não apenas do primeiro treino.

você está aqui ▶

o código do itemClicked()

Vamos alterar o código do itemClicked()

- ☑ Crie o AVD
- ☑ Crie o layout
- ➔ **Mostre o treino**

Temos que alterar o código e definir uma ação para quando os itens do `WorkoutListFragment` receberem cliques. Portanto, precisamos alterar o método `itemClicked()` da `MainActivity`. Este é formato atual do código:

```
...
public class MainActivity extends AppCompatActivity
                    implements WorkoutListFragment.Listener {
...
    @Override
    public void itemClicked(long id) {
        Intent intent = new Intent(this, DetailActivity.class);
        intent.putExtra(DetailActivity.EXTRA_WORKOUT_ID, (int)id);
        startActivity(intent);
    }
}
```

Workout / app/src/main / java / com.hfad.workout / MainActivity.java

↖ Este é o método itemClicked() que criamos no capítulo anterior. Ele inicia a DetailActivity e transmite a ID do treino que recebeu o clique.

O código atual inicia a `DetailActivity` sempre que o usuário clica em um dos treinos. Temos que alterar o código para que isso só aconteça quando o app for executado em um dispositivo com tela pequena, como um celular. Quando o usuário selecionar um treino e o app estiver sendo executado em um dispositivo com tela grande, os detalhes do treino em questão devem aparecer à direita da lista de treinos do `WorkoutDetailFragment`.

Como atualizar os detalhes do treino?

Quando é iniciado, o `WorkoutDetailFragment` atualiza seus views. Mas, depois que o fragmento aparece na tela, como programá-lo para atualizar os detalhes?

Talvez você ache que, para viabilizar sua atualização, devemos lidar com o ciclo de vida do fragmento. Em vez disso, **vamos trocar o fragmento de detalhes por um *novo* fragmento de detalhes sempre que o texto for alterado**.

E temos um bom motivo para fazer isso...

exibições e grupos de exibições

Os fragmentos devem interagir com o botão Back

Imagine que um usuário execute o app em um celular. Quando ele clica em um treino, os respectivos detalhes aparecem um uma atividade separada. Se o usuário clicar no botão Back, irá visualizar uma lista de treinos:

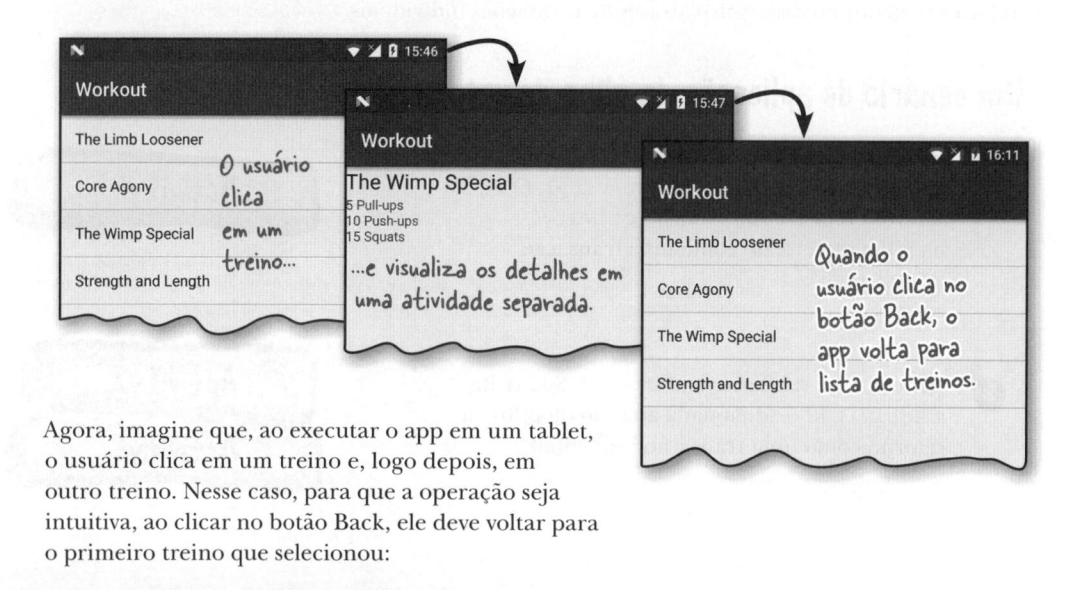

[Tela Workout com lista de treinos: The Limb Loosener, Core Agony, The Wimp Special, Strength and Length] — O usuário clica em um treino...

[Tela com detalhes do The Wimp Special: 5 Pull-ups, 10 Push-ups, 15 Squats] — ...e visualiza os detalhes em uma atividade separada.

[Tela Workout com lista de treinos novamente] — Quando o usuário clica no botão Back, o app volta para lista de treinos.

Agora, imagine que, ao executar o app em um tablet, o usuário clica em um treino e, logo depois, em outro treino. Nesse caso, para que a operação seja intuitiva, ao clicar no botão Back, ele deve voltar para o primeiro treino que selecionou:

[Tela tablet com The Limb Loosener: 5 Handstand push-ups, 10 1-legged squats, 15 Pull-ups] — O usuário clica no treino Limb Loosener.

[Tela tablet com The Wimp Special: 5 Pull-ups, 10 Push-ups, 15 Squats] — Depois, clica no treino Wimp Special.

[Tela tablet com The Limb Loosener novamente] — Quando o usuário clicar no botão Back do dispositivo, app deve voltar para o treino Limb Loosener.

Nos apps que construímos até aqui, clicar no botão Back sempre trazia o usuário de volta para a atividade anterior. Esse é um comportamento-padrão e um operação automática do Android. No entanto, ao executar este app específico em um tablet, o usuário não deve voltar para a *atividade* anterior quando pressionar o botão Back. Queremos que ele volte para o *estado do fragmento* anterior.

pilha de retorno

Conheça a pilha de retorno

☑ Crie o AVD
☑ Crie o layout
→ ☐ Mostre o treino

Quando você vai de uma atividade do app para a outra, o Android registra cada atividade visitada ao adicioná-la à **pilha de retorno** (back stack). A pilha de retorno é um log que identifica os locais visitados no dispositivo através de transações individuais.

Um cenário de aplicação da pilha de retorno

1 Imagine que, inicialmente, você visita uma atividade fictícia do app, a `Activity1`. O Android registra sua visita à `Activity1` na pilha de retorno como uma transação.

> Activity1

2 Depois, você vai para a `Activity2`. Sua visita a `Activity2` é adicionada ao topo da pilha de retorno como uma transação individual.

> Activity2
> Activity1

3 Em seguida, você vai para a `Activity3`. A `Activity3` é adicionada ao topo da pilha de retorno.

> Activity3
> Activity2
> Activity1

4 Quando você clica no botão Back, a `Activity3` sai do topo da pilha de retorno. O Android exibe a `Activity2`, pois esta atividade está agora no topo da pilha de retorno.

> Activity2
> Activity1

5 Se você clicar novamente no botão Back, a `Activity2` sairá do topo da pilha de retorno e a `Activity1` será exibida.

> Activity1

As transações da pilha de retorno não têm que ser atividades

O exemplo mostra como a pilha de retorno funciona com atividades, mas sua aplicação vai além das atividades. A pilha de retorno pode processar qualquer tipo de transação, inclusive alterações em fragmentos.

☑ Crie o AVD
☑ Crie o layout
➡ **Mostre o treino**

Estes itens são duas transações de fragmento com o WorkoutDetailFragment. A que está no topo exibe os detalhes do treino Core Agony e a que está na parte inferior exibe os detalhes do Wimp Special.

Logo, as mudanças de *fragmento* podem ser revertidas com um clique no botão Back, como ocorre com as mudanças de *atividade*.

Quando você clica no botão Back, a transação que contém os detalhes do Core Agony sai do topo da pilha de retorno. Os detalhes do Wimp Special são exibidos.

Então, como podemos registrar as alterações de fragmentos como transações separadas na pilha de retorno?

Em vez de atualizar, substitua

Vamos substituir todo o `WorkoutDetailFragment` por uma nova instância dele sempre que o usuário selecionar um treino diferente. Cada nova instância do `WorkoutDetailFragment` será configurada para exibir os detalhes do treino selecionado pelo usuário. Assim, podemos adicionar cada substituição de fragmento à pilha de retorno como uma transação separada. Sempre que o usuário clicar no botão Back, a transação mais recente sairá do topo da pilha, e o usuário irá visualizar os detalhes do treino que tiver selecionado antes.

Para fazer isso, primeiro devemos aprender a substituir um fragmento por outro. Vamos conferir esta operação na próxima página.

> **O Android desenvolve a pilha de retorno quando você navega de uma atividade para a outra. Cada atividade é registrada em uma transação separada.**

layout de frame

Use um layout de frame para substituir os fragmentos de forma programática

☑ Crie o AVD
☑ Crie o layout
→ ☐ Mostre o treino

Para substituir um fragmento por outro na interface do usuário para tablets da `MainActivity`, temos que começar alterando o arquivo de layout *activity_main.xml* na pasta *layout-large*. Em vez de inserir o `WorkoutDetailFragment` diretamente usando o elemento `<fragment>`, vamos usar um layout de frame.

> Já falamos sobre layouts de frame no Capítulo 5.

Queremos adicionar o fragmento ao layout de frame de forma programática. Sempre que um item do view list do `WorkoutListFragment` for clicado, vamos substituir o conteúdo do layout de frame por uma nova instância do `WorkoutDetailFragment` para exibir os detalhes do treino correto.

Esta é a nova versão do código do *activity_main.xml* que está na pasta *layout-large*. Atualize seu código com base nas alterações indicadas abaixo.

Adicione um fragmento usando um `<FrameLayout>` para substituir fragmentos de forma programática, como ao adicionar mudanças de fragmento à pilha de retorno.

```xml
<?xml version="1.0" encoding="utf-8"?>
<LinearLayout xmlns:android="http://schemas.android.com/apk/res/android"
    android:orientation="horizontal"
    android:layout_width="match_parent"
    android:layout_height="match_parent">

    <fragment
        android:name="com.hfad.workout.WorkoutListFragment"
        android:id="@+id/list_frag"
        android:layout_width="0dp"
        android:layout_weight="2"
        android:layout_height="match_parent"/>
```

> Workout
> app/src/main
> res
> layout-large
> activity_main.xml

~~<fragment~~
<FrameLayout ← Vamos colocar um fragmento em um FrameLayout.
~~android:name="com.hfad.workout.WorkoutDetailFragment"~~
~~android:id="@+id/detail_frag"~~
    android:id="@+id/fragment_container" ← Vamos atribuir ao FrameLayout a ID fragment_container para referenciá-lo no código da atividade.
    android:layout_width="0dp"
    android:layout_weight="3"
    android:layout_height="match_parent"/>

</LinearLayout>

← Vamos adicionar o fragmento ao layout de frame de forma programática.

416 *Capítulo 10*

exibições e grupos de exibições

Aproveite as diferenças de layout para identificar o layout utilizado pelo dispositivo

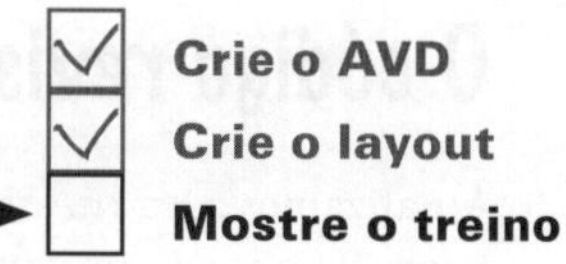

☑ Crie o AVD
☑ Crie o layout
☐ Mostre o treino

Quando o app estiver sendo executado em um celular ou em um tablet, queremos que a `MainActivity` execute ações diferentes quando o usuário clicar em um treino. Podemos identificar a versão do layout em uso verificando se o layout contém o layout de frame que adicionamos na página anterior.

Se o app estiver sendo executado em um tablet, o dispositivo irá utilizar a versão do *activity_main.xml* localizada na pasta *layout-large*. Esse layout contém um layout de frame com a ID `fragment_container`. Quando o usuário clicar em um treino, uma nova instância do `WorkoutDetailFragment` deve ser exibida no layout de frame.

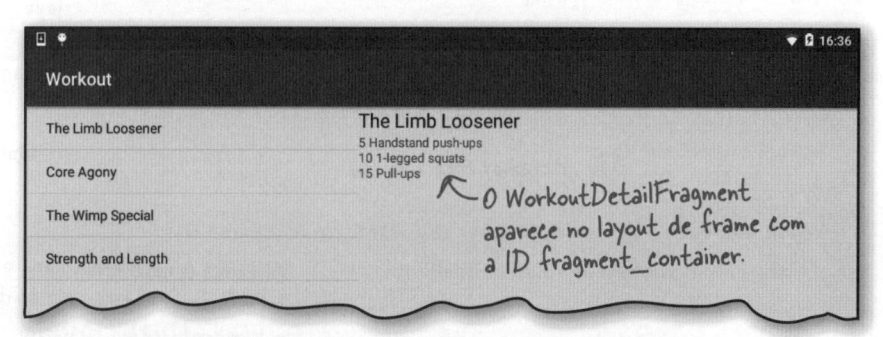

O WorkoutDetailFragment aparece no layout de frame com a ID fragment_container.

Se o app estiver rodando em um celular, o dispositivo irá utilizar o *activity_main.xml* localizado na pasta layout. Esse layout não contém um layout de frame. Quando o usuário clicar em um treino, a `MainActivity` deve iniciar a `DetailActivity`, como ocorre no momento.

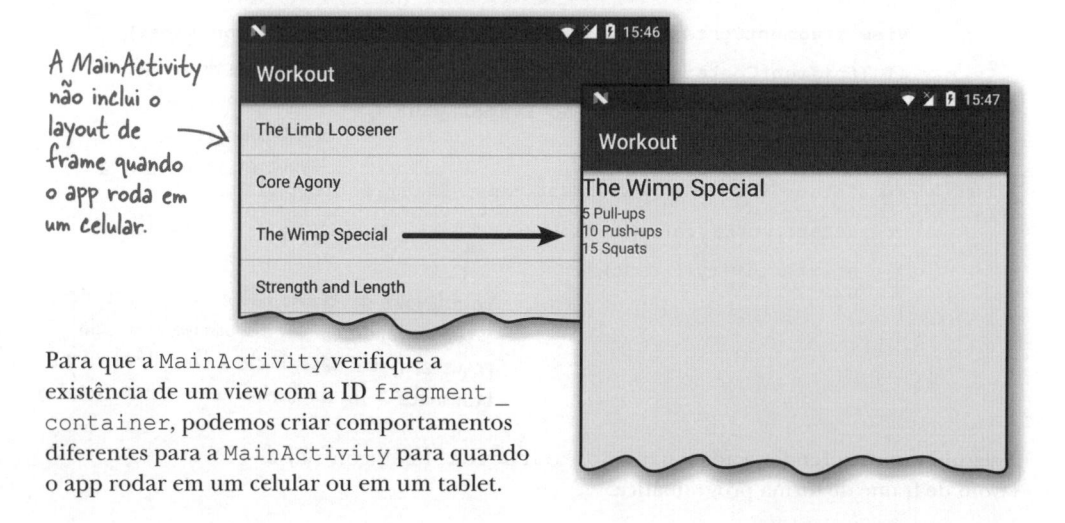

A MainActivity não inclui o layout de frame quando o app roda em um celular.

Para que a `MainActivity` verifique a existência de um view com a ID `fragment_container`, podemos criar comportamentos diferentes para a `MainActivity` para quando o app rodar em um celular ou em um tablet.

você está aqui ▶ 417

o código da MainActivity

O código revisado da MainActivity

Atualizamos a `MainActivity` para que o método `itemClicked()` procure o view com a ID `fragment_container`. Agora, podemos executar ações diferentes nos casos de existência ou ausência do view.

Este é o código completo de *MainActivity.java*. Atualize seu código com base no código indicado abaixo:

- ☑ Crie o AVD
- ☑ Crie o layout
- → ☐ Mostre o treino

```
package com.hfad.workout;

import android.support.v7.app.AppCompatActivity;
import android.os.Bundle;
import android.view.View;
import android.content.Intent;

public class MainActivity extends AppCompatActivity
                  implements WorkoutListFragment.Listener {
```

Não alteramos este método.

```
    @Override
    protected void onCreate(Bundle savedInstanceState) {
        super.onCreate(savedInstanceState);
        setContentView(R.layout.activity_main);
    }

    @Override
    public void itemClicked(long id) {
        View fragmentContainer = findViewById(R.id.fragment_container);
        if (fragmentContainer != null) {
            //Adiciona o fragmento ao FrameLayout
        } else {
            Intent intent = new Intent(this, DetailActivity.class);
            intent.putExtra(DetailActivity.EXTRA_WORKOUT_ID, (int) id);
            startActivity(intent);
        }
    }
}
```

Obtenha a referência para o layout de frame que irá conter o WorkoutDetailFragment. Este item só existirá se o app estiver rodando em um dispositivo com tela grande.

Temos que escrever o código que será executado caso o layout de frame exista.

Se o layout de frame não existir, o app deve estar rodando em um dispositivo com tela pequena. Nesse caso, inicie a DetailActivity e transmita a ID do treino como fizemos antes.

Workout → app/src/main → java → com.hfad.workout → MainActivity.java

A seguir, vamos aprender a adicionar o `WorkoutDetailFragment` ao layout de frame de forma programática.

exibições e grupos de exibições

Utilizando fragmentos de transação

☑ Crie o AVD
☑ Crie o layout
☐ Mostre o treino

Você só pode adicionar um fragmento ao layout de uma atividade de forma programática se a atividade estiver em execução. Basta dispor de um view group no qual colocar o fragmento, como um layout de frame.

Para adicionar, substituir ou remover fragmentos no tempo de execução, você deve utilizar uma **transação de fragmento**. Uma transação de fragmento é um conjunto de alterações relacionadas ao fragmento que devem ser aplicadas ao mesmo tempo.

Criar uma transação de fragmento requer três etapas:

❶ Inicie a transação.

Esta operação indica ao Android que você está iniciando um a série de alterações que devem ser registradas na transação.

❷ Especifique as alterações.

Estas são as ações que devem ser reunidas na transação. Essa operação pode incluir a adição, substituição ou remoção de um fragmento, a atualização dos seus dados e sua inclusão na pilha de retorno.

❸ Confirme a transação.

Esta operação finaliza a transação e implementa as alterações.

1. Inicie a transação

Para iniciar uma transação, primeiro obtenha uma referência para o gerenciador de fragmentos. Como vimos no capítulo anterior, o gerenciador de fragmentos controla os fragmentos utilizados pela atividade. Se você estiver utilizando fragmentos da Support Library (como estamos fazendo aqui), você deve obter uma referência para o gerenciador de fragmentos usando o seguinte método:

```
getSupportFragmentManager();
```

← Este item retorna o gerenciador de fragmentos que opera com fragmentos da Support Library.

Depois de obter uma referência para o gerenciador de fragmentos, chame seu método `beginTransaction()` para iniciar a transação:

```
FragmentTransaction transaction = getSupportFragmentManager().beginTransaction();
```

Já iniciamos a transação. Na próxima página, vamos aprender a especificar as alterações que devem ser implementadas.

O início da transação de fragmento

alterações na transação

2. Especifique as alterações

Depois de iniciar a transação, você tem que indicar as alterações a serem incluídas na transação.

☑ Crie o AVD
☑ Crie o layout
→ ☐ Mostre o treino

Para adicionar um fragmento ao layout da atividade, você deve chamar o método `add()` da transação de fragmento. Esse método opera com dois parâmetros, a ID do recurso do group view ao qual o fragmento deve ser adicionado e o fragmento que deve ser adicionado. O código tem o seguinte formato:

```
WorkoutDetailFragment fragment = new WorkoutDetailFragment();   ← Crie o fragmento.
transaction.add(R.id.fragment_container, fragment);   ← Adicione o fragmento ao ViewGroup.
```

Para substituir o fragmento, use o método `replace()`:

```
transaction.replace(R.id.fragment_container, fragment);   ← Substitua o fragmento.
```

Para remover o fragmento completamente, use o método `remove()`:

```
transaction.remove(fragment);   ← Remova o fragmento.
```

Opcionalmente, você pode usar o método `setTransition()` para dizer que tipo de animação de transição você deseja para essa transação:

```
transaction.setTransition(transition);   ← Você não precisa definir uma transição.
```

A `transition` é um tipo de animação. Aqui, as opções disponíveis são `TRANSIT_FRAGMENT_CLOSE` (remoção de um fragmento da pilha), `TRANSIT_FRAGMENT_OPEN` (inclusão de um fragmento), `TRANSIT_FRAGMENT_FADE` (o fragmento deve aparecer e desaparecer gradualmente) e `TRANSIT_NONE` (nenhuma animação). Por padrão, não há nenhuma animação.

Depois de especificar todas as ações a serem incluídas na transação, você pode usar o método `addToBackStack()` para adicionar a transação à pilha de retorno. Esse método opera com um parâmetro, um nome `String` que pode ser utilizado para rotular a transação. Esse parâmetro é necessário para que a transação seja recuperada de forma programática. Na maior parte do tempo essa operação é desnecessária; portanto, você pode transmitir valor `null` da seguinte forma:

```
transaction.addToBackStack(null);   ← Na maior parte do tempo, você não vai precisar recuperar a transação; portanto, pode definir este valor como nulo.
```

exibições e grupos de exibições

3. Confirme a transação

Por último, você deve confirmar a transação. Essa operação finaliza a transação e implementa as alterações especificadas. Para confirmar a transação, chame o método `commit()` da transação da seguinte forma:

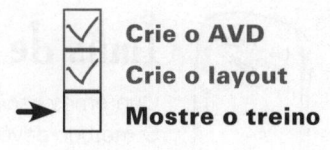

transaction.commit();

☑ Crie o AVD
☑ Crie o layout
➡ ☐ Mostre o treino

Concluímos a criação das transações de fragmento; agora é hora de praticar. Vamos programar a `MainActivity` para exibir uma versão atualizada do `WorkoutDetailFragment` sempre que o usuário clicar em um treino.

Ímãs de Atividade

Queremos escrever uma nova versão do método `itemClicked()` da `MainActivity`. O método deve alterar os detalhes dos treinos exibidos no `WorkoutDetailFragment` sempre que o usuário clicar em um novo treino. Tente concluir o código indicado abaixo.

```
public void itemClicked(long id) {
    View fragmentContainer = findViewById(R.id.fragment_container);
    if (fragmentContainer != null) {
        WorkoutDetailFragment details = new WorkoutDetailFragment();

        FragmentTransaction ft = getSupportFragmentManager()............................;
        details.setWorkout(id);

        ft............................(R.id.fragment_container, ..............................);

        ft..............................(FragmentTransaction.TRANSIT_FRAGMENT_FADE);

        ft..................................(null);

        ft............................;
    } else {
        Intent intent = new Intent(this, DetailActivity.class);
        intent.putExtra(DetailActivity.EXTRA_WORKOUT_ID, (int) id);
        startActivity(intent);
    }
}
```

Você não precisará utilizar todos os ímãs.

`replace` `commit()` `beginTransaction()` `setTransition` `startTransaction()` `details` `endTransaction()` `addToBackStack`

solução

Ímãs de Atividade – Solução

Queremos escrever uma nova versão do método `itemClicked()` da `MainActivity`. O método deve alterar os detalhes dos treinos exibidos no `WorkoutDetailFragment` sempre que o usuário clicar em um novo treino. Tente concluir o código indicado abaixo.

Sempre que o usuário clicar em um treino, o fragmento será substituído por uma nova instância dele mesmo.

```
public void itemClicked(long id) {
    View fragmentContainer = findViewById(R.id.fragment_container);
    if (fragmentContainer != null) {
        WorkoutDetailFragment details = new WorkoutDetailFragment();

        FragmentTransaction ft = getSupportFragmentManager().beginTransaction();
        details.setWorkout(id);

        ft.replace(R.id.fragment_container, details);
        ft.setTransition(FragmentTransaction.TRANSIT_FRAGMENT_FADE);
        ft.addToBackStack(null);
        ft.commit();
    } else {
        Intent intent = new Intent(this, DetailActivity.class);
        intent.putExtra(DetailActivity.EXTRA_WORKOUT_ID, (int) id);
        startActivity(intent);
    }
}
```

Este item inicia a transação. → `beginTransaction()`

Adicione a transação à pilha de retorno.

Confirme a transação.

Configure o fragmento para aparecer e desaparecer gradualmente.

Esta é a nova instância do `WorkoutDetailFragment` que exibe os detalhes do treino selecionado pelo usuário.

`endTransaction()` ← Não precisamos destes ímãs. → `startTransaction()`

exibições e grupos de exibições

O código atualizado da MainActivity

☑ Crie o AVD
☑ Crie o layout
☐ Mostre o treino

Vamos obter uma nova instância do WorkoutDetailFragment (para exibir o treino correto), colocar o fragmento na atividade e, em seguida, adicionar a transação à pilha de retorno. Este é o código completo. Atualize sua versão do *MainActivity.java* com base nas alterações indicadas abaixo:

```java
package com.hfad.workout;

import android.support.v4.app.FragmentTransaction;   // Estamos usando um FragmentTransaction da Support Library, pois estamos utilizando o Support Library Fragments.
...

public class MainActivity extends AppCompatActivity
                    implements WorkoutListFragment.Listener {

    // Não alteramos este código.
    @Override
    protected void onCreate(Bundle savedInstanceState) {
        super.onCreate(savedInstanceState);
        setContentView(R.layout.activity_main);
    }

    @Override
    public void itemClicked(long id) {
        View fragmentContainer = findViewById(R.id.fragment_container);
        if (fragmentContainer != null) {
            WorkoutDetailFragment details = new WorkoutDetailFragment();
            FragmentTransaction ft = getSupportFragmentManager().beginTransaction();  // Inicie a transação de fragmento.
            details.setWorkout(id);
            ft.replace(R.id.fragment_container, details);                              // Substitua o fragmento.
            ft.setTransition(FragmentTransaction.TRANSIT_FRAGMENT_FADE);
            ft.addToBackStack(null);                                                   // Adicione a transação à pilha de retorno.
            ft.commit();                                                               // Confirme a transação.
        } else {
            Intent intent = new Intent(this, DetailActivity.class);
            intent.putExtra(DetailActivity.EXTRA_WORKOUT_ID, (int) id);
            startActivity(intent);
        }
    }
}
```

Programe os fragmentos novos e antigos para aparecer e desaparecer gradualmente.

Workout/app/src/main/java/com.hfad.workout/MainActivity.java

Na próxima página, vamos conferir o que acontece quando o código é executado.

você está aqui ▶

o que acontece

O que acontece quando o código é executado

☑ Crie o AVD
☑ Crie o layout
→ ☐ **Mostre o treino**

Confira este resumo do que acontece quando o app é executado.

❶ O app é ativado em um tablet e inicia a MainActivity.

O `WorkoutListFragment` é vinculado à `MainActivity`, que é registrada como um ouvinte no `WorkoutListFragment`.

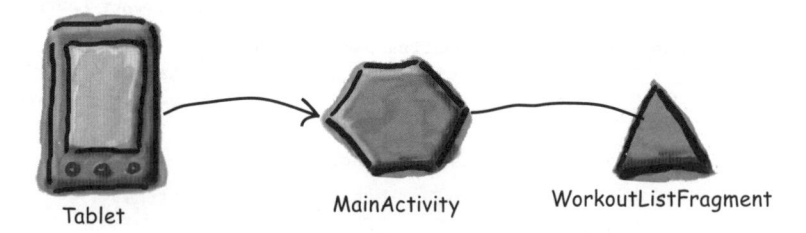

Tablet → MainActivity → WorkoutListFragment

❷ Quando um item do WorkoutListFragment recebe um clique, o método onListItemClick() do fragmento é chamado.

Esta operação chama o método `itemClicked()` da `MainActivity`, transmitindo a ID do treino clicado; neste é exemplo, a ID é 1.

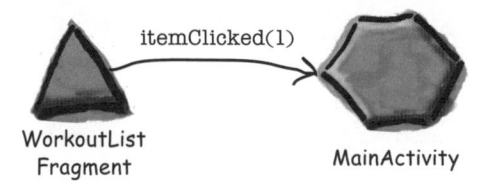

WorkoutListFragment — itemClicked(1) → MainActivity

❸ O método itemClicked() da MainActivity percebe que o app está sendo executado em um tablet.

Esta operação cria uma nova instância do `WorkoutDetailFragment` e inicia uma nova transação de fragmento.

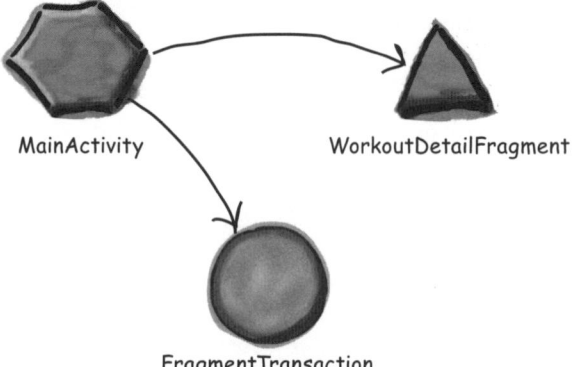

MainActivity → WorkoutDetailFragment
MainActivity → FragmentTransaction

exibições e grupos de exibições

A história continua...

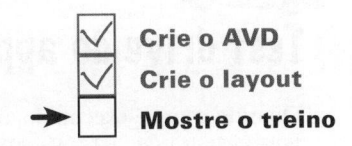

☑ Crie o AVD
☑ Crie o layout
→ ☐ Mostre o treino

④ Como parte da transação, os views do WorkoutDetailFragment são atualizados com os detalhes do treino selecionado (que, neste caso, é o treino com ID 1).

O fragmento é adicionado ao `FrameLayout fragment_container` no layout da `MainActivity`, e toda a transação é adicionada à pilha de retorno.

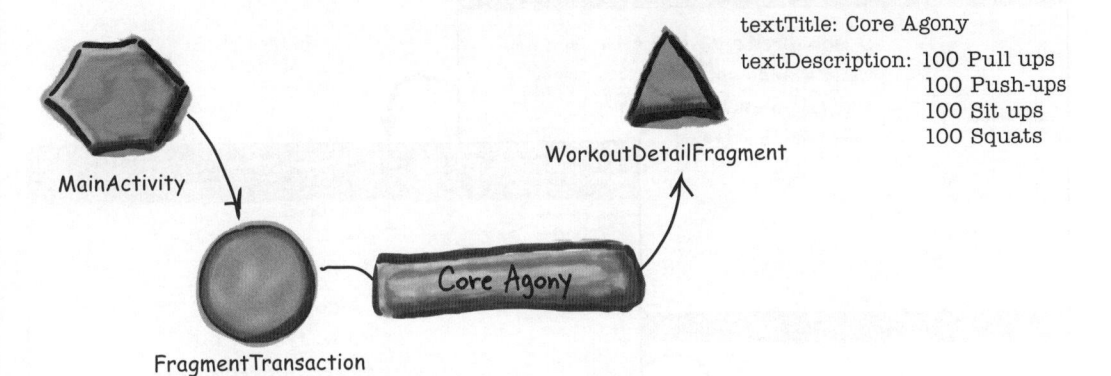

textTitle: Core Agony

textDescription: 100 Pull ups
100 Push-ups
100 Sit ups
100 Squats

WorkoutDetailFragment

MainActivity

Core Agony

FragmentTransaction

⑤ A MainActivity confirma a transação.

Todas as alterações especificadas na transação são implementadas, e o `WorkoutDetailFragment` aparece ao lado do `WorkoutListFragment`.

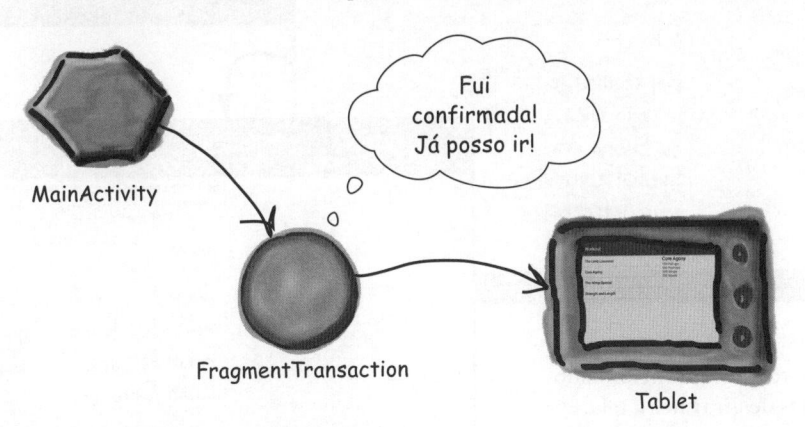

Fui confirmada! Já posso ir!

MainActivity

FragmentTransaction

Tablet

Vamos fazer um test drive no app.

test drive

Test drive do app

Quando o app é executado, uma lista de treinos aparece no lado esquerdo da tela. Ao clicarmos em um dos treinos, vemos os detalhes do treino selecionado à direita. Se clicarmos em outro treino e, em seguida, no botão Back, os detalhes do treino selecionado anteriormente aparecem na tela.

- ☑ Crie o AVD
- ☑ Crie o layout
- → ☑ **Mostre o treino**

O lado direito da tela está vazio quando você inicia o app, pois o usuário ainda não selecionou um treino.

Quando o usuário clica no treino Limb Loosener, os respectivos detalhes são exibidos.

Em seguida, o usuário clica no treino Wimp Special e visualiza seus detalhes.

Quando o usuário clica no botão Back, o app retorna para o treino Limb Loosener.

O app parece estar funcionando bem antes de girarmos a tela. Quando mudamos a orientação da tela, ocorre um problema. Vamos conferir o que acontece.

O app falha quando o tablet gira

Quando o app roda em um celular e você gira o dispositivo, o software continua funcionando como esperado. Os detalhes do treino selecionado pelo usuário continuam aparecendo na tela:

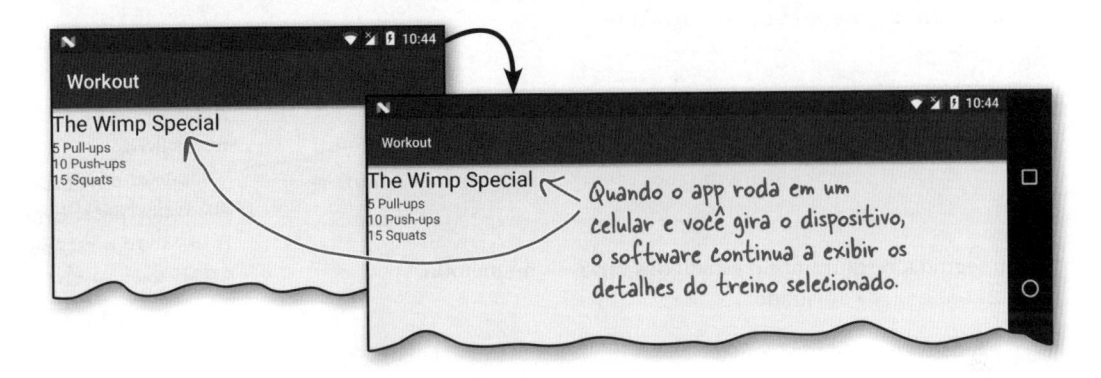

Quando o app roda em um celular e você gira o dispositivo, o software continua a exibir os detalhes do treino selecionado.

Mas, quando o app é executado em um tablet, ocorre um problema. Se selecionarmos qualquer um dos treinos e girarmos o dispositivo, o app exibirá os detalhes do primeiro treino da lista:

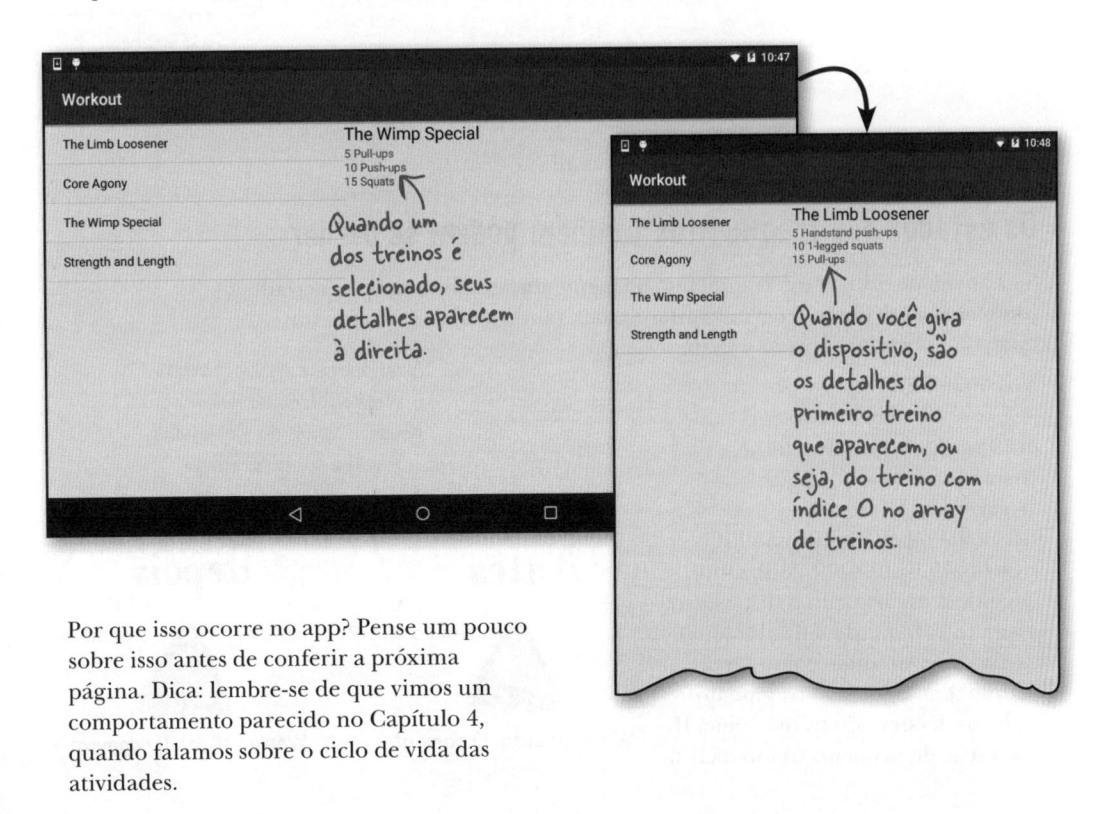

Quando um dos treinos é selecionado, seus detalhes aparecem à direita.

Quando você gira o dispositivo, são os detalhes do primeiro treino que aparecem, ou seja, do treino com índice 0 no array de treinos.

Por que isso ocorre no app? Pense um pouco sobre isso antes de conferir a próxima página. Dica: lembre-se de que vimos um comportamento parecido no Capítulo 4, quando falamos sobre o ciclo de vida das atividades.

salvando o estado

Salvando o estado de uma atividade (revisão)

Ao estudarmos o ciclo de vida das atividades no Capítulo 4, vimos que, quando giramos o dispositivo, o Android destrói e recria a atividade. Quando isso ocorre, as variáveis locais utilizadas pela atividade podem se perder. Para evitar essa situação, devemos salvar o estado das variáveis locais no método `onSaveInstanceState()` da atividade:

```
public void onSaveInstanceState(Bundle savedInstanceState) {
    savedInstanceState.putInt("seconds", seconds);
    savedInstanceState.putBoolean("running", running);
}
```

Anteriormente neste livro, utilizamos o método onSaveInstanceState() para salvar o estado dessas duas variáveis.

Em seguida, restauramos o estado das variáveis no método `onCreate()` da atividade:

```
protected void onCreate(Bundle savedInstanceState) {
    ...
    if (savedInstanceState != null) {
        seconds = savedInstanceState.getInt("seconds");
        running = savedInstanceState.getBoolean("running");
    }
    ...
}
```

Restauramos o estado das variáveis no método onCreate().

Mas o que isso tem a ver com o problema atual?

Os estados dos fragmentos também podem se perder

Se a atividade utilizar um fragmento, **o fragmento será destruído e recriado junto com a atividade.** Logo, as variáveis locais utilizadas pelo fragmento também podem perder seu estado.

No código do `WorkoutDetailFragment`, utilizamos uma variável local chamada `workoutId` para armazenar a ID do treino selecionado pelo usuário no list view do `WorkoutListFragment`. Quando o usuário gira o dispositivo, o `workoutId` perde seu valor atual e passa a ser definido como 0 por padrão. Em seguida, o fragmento exibe os detalhes do treino com a ID 0, ou seja, do primeiro treino da lista.

Quando você gira o tablet, o WorkoutDetailFragment perde o valor do workoutId, que volta a ser definido com o valor-padrão de 0.

Antes
workoutId=1
WorkoutDetailFragment

Depois
workoutId=0
WorkoutDetailFragment

Salve o estado do fragmento...

Para resolver o problema do fragmento, o procedimento é parecido com o da atividade.

Primeiro, substitua o método onSaveInstanceState() do fragmento. Esse método é parecido com o método onSaveInstanceState() da atividade. Ele é chamado antes de o fragmento ser destruído e opera com um parâmetro: um Bundle. Use o Bundle para salvar os valores das variáveis cujo estado seja necessário preservar.

Neste caso, queremos salvar o estado da variável workoutId; portanto, devemos usar o seguinte código:

```
public void onSaveInstanceState(Bundle savedInstanceState) {
    savedInstanceState.putLong("workoutId", workoutId);
}
```

O método onSaveInstanceState() é chamado antes de o fragmento ser destruído.

Depois de salvar o estado das variáveis, você pode restaurá-lo quando o fragmento for recriado.

...e utilize o onCreate() para restaurar o estado

Como uma atividade, um fragmento tem um método onCreate() que opera com um parâmetro, um Bundle. Foi neste Bundle que você salvou o estado das variáveis no método onSaveInstanceState() do fragmento; portanto, você pode utilizá-lo para restaurar o estado dessas variáveis no método onCreate() do fragmento.

Neste caso, para restaurar o estado da variável workoutId, podemos usar o seguinte código:

```
public void onCreate(Bundle savedInstanceState){
    super.onCreate(savedInstanceState);
    if (savedInstanceState != null) {
        workoutId = savedInstanceState.getLong("workoutId");
    }
}
```

Podemos usar este Bundle para obter o estado anterior da variável workoutId.

Na próxima página, vamos conferir o código completo.

o código do WorkoutDetailFragment

O código atualizado do WorkoutDetailFragment.java

Atualizamos o código de *WorkoutDetailFragment.java* para salvar o estado da variável `workoutId` antes de o fragmento ser destruído e restaurá-lo quando o fragmento for recriado. Este é o código que utilizamos. Atualize sua versão do *WorkoutDetailFragment.java* com base nas alterações indicadas abaixo.

```
package com.hfad.workout;

import android.support.v4.app.Fragment;
import android.os.Bundle;
import android.view.LayoutInflater;
import android.view.View;
import android.view.ViewGroup;
import android.widget.TextView;

public class WorkoutDetailFragment extends Fragment {
    private long workoutId;

    @Override                    ← Adicione o método onCreate().
    public void onCreate(Bundle savedInstanceState){
        super.onCreate(savedInstanceState);
        if (savedInstanceState != null) {
            workoutId = savedInstanceState.getLong("workoutId");
        }                ↑
    }         Defina o valor de workoutId.

    @Override
    public View onCreateView(LayoutInflater inflater, ViewGroup container,
                             Bundle savedInstanceState) {
        return inflater.inflate(R.layout.fragment_workout_detail, container, false);
    }
```

Pasta: Workout / app/src/main / java / com.hfad.workout / **WorkoutDetailFragment.java**

O código continua na próxima página.

WorkoutDetailFragment.java (continuação)

```java
    @Override
    public void onStart() {
        super.onStart();
        View view = getView();
        if (view != null) {
            TextView title = (TextView) view.findViewById(R.id.textTitle);
            Workout workout = Workout.workouts[(int) workoutId];
            title.setText(workout.getName());
            TextView description = (TextView) view.findViewById(R.id.textDescription);
            description.setText(workout.getDescription());
        }
    }

    @Override
    public void onSaveInstanceState(Bundle savedInstanceState) {
        savedInstanceState.putLong("workoutId", workoutId);
    }

    public void setWorkout(long id) {
        this.workoutId = id;
    }
}
```

Salve o valor da workoutId no Bundle de savedInstanceState antes que o fragmento seja destruído. Vamos recuperar esse valor no método onCreate().

Workout
app/src/main
java
com.hfad.workout
WorkoutDetailFragment.java

Test drive do app

Agora, quando você executar o app em um tablet e girar o dispositivo, os detalhes do treino selecionado pelo usuário continuarão aparecendo na tela.

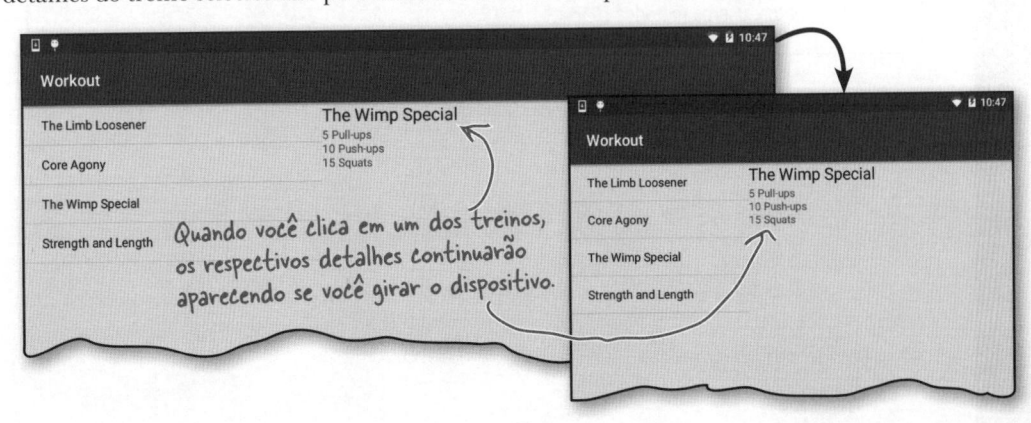

Quando você clica em um dos treinos, os respectivos detalhes continuarão aparecendo se você girar o dispositivo.

caixa de ferramentas

Sua caixa de ferramentas para Android

Você fechou o Capítulo 10 e adicionou fragmentos para interfaces maiores à sua caixa de ferramentas.

O código completo do capítulo pode ser baixado em https://www.altabooks.com.br. Procure pelo título ou ISBN do livro.

PONTOS DE BALA

- Programe seus apps para terem visuais diferentes em dispositivos diferentes colocando layouts separados em pastas voltadas para dispositivos específicos.

- O Android registra os locais visitados no app ao adicioná-los a uma pilha de retorno como transações separadas. Quando pressionamos o botão Back, a última transação sai da pilha de retorno.

- Use um layout de frame para adicionar, substituir ou remover fragmentos de forma programática usando transações de fragmento.

- Para iniciar a transação, chame o método `beginTransaction()` do `FragmentManager`. Essa operação cria um objeto `FragmentTransaction`.

- Para adicionar, substituir e excluir fragmentos, use os métodos `add()`, `replace()` e `remove()` de `FragmentTransaction`.

- Para adicionar uma transação à pilha de retorno, use o método `addToBackStack()` de `FragmentTransaction`.

- Para confirmar uma transação, use o método `commit()` de `FragmentTransaction`. Essa operação implementa todas as atualizações na transação.

- Salve o estado das variáveis de um fragmento no método `onSaveInstanceState()` de `Fragment`.

- Restaure o estado das variáveis de um fragmento no método `onCreate()` de `Fragment`.

11 fragmentos dinâmicos

Aninhando Fragmentos

> O botão Back estava ficando louco com tantas transações. Até que eu acionei o método getChildFragmentManager() e TCHUM! Tudo voltou ao normal.

Até aqui, você aprendeu a criar e usar fragmentos estáticos. Mas como deixar os fragmentos mais **dinâmicos**? Os fragmentos dinâmicos têm muito em comum com as atividades dinâmicas, mas existem diferenças importantes que merecem ser destacadas. Neste capítulo, vamos aprender a **converter atividades dinâmicas** em **fragmentos dinâmicos operacionais**. Você vai aprender a usar **transações de fragmento** para **preservar o estado do seu fragmento**. Além disso, vai aprender a **aninhar um fragmento em outro** e a utilizar o **gerenciador de fragmentos-filhos** para controlar o comportamento indisciplinado da pilha de retorno.

fragmentos dinâmicos

Adicionando fragmentos dinâmicos

Nos Capítulos 9 e 10, você aprendeu a criar fragmentos, incluí-los nas atividades e conectá-los. Para fazer isso, criamos um fragmento de lista para exibir uma lista de treinos e um fragmento para exibir os detalhes de um determinado treino.

Até aqui, só criamos fragmentos estáticos. Quando os fragmentos aparecem, seu conteúdo não muda. Podemos substituir completamente o fragmento exibido por uma nova instância, mas o conteúdo do fragmento não pode ser atualizado.

Neste capítulo, vamos aprender a trabalhar com fragmentos mais dinâmicos. Fragmentos dinâmicos são aqueles cujos views são atualizados após a exibição do fragmento em questão. Para aprender a fazer isso, vamos alterar a *atividade* stopwatch que criamos no Capítulo 4 para um fragmento stopwatch. Vamos adicionar um novo *fragmento* stopwatch ao WorkoutDetailFragment para ser exibido embaixo dos detalhes do treino.

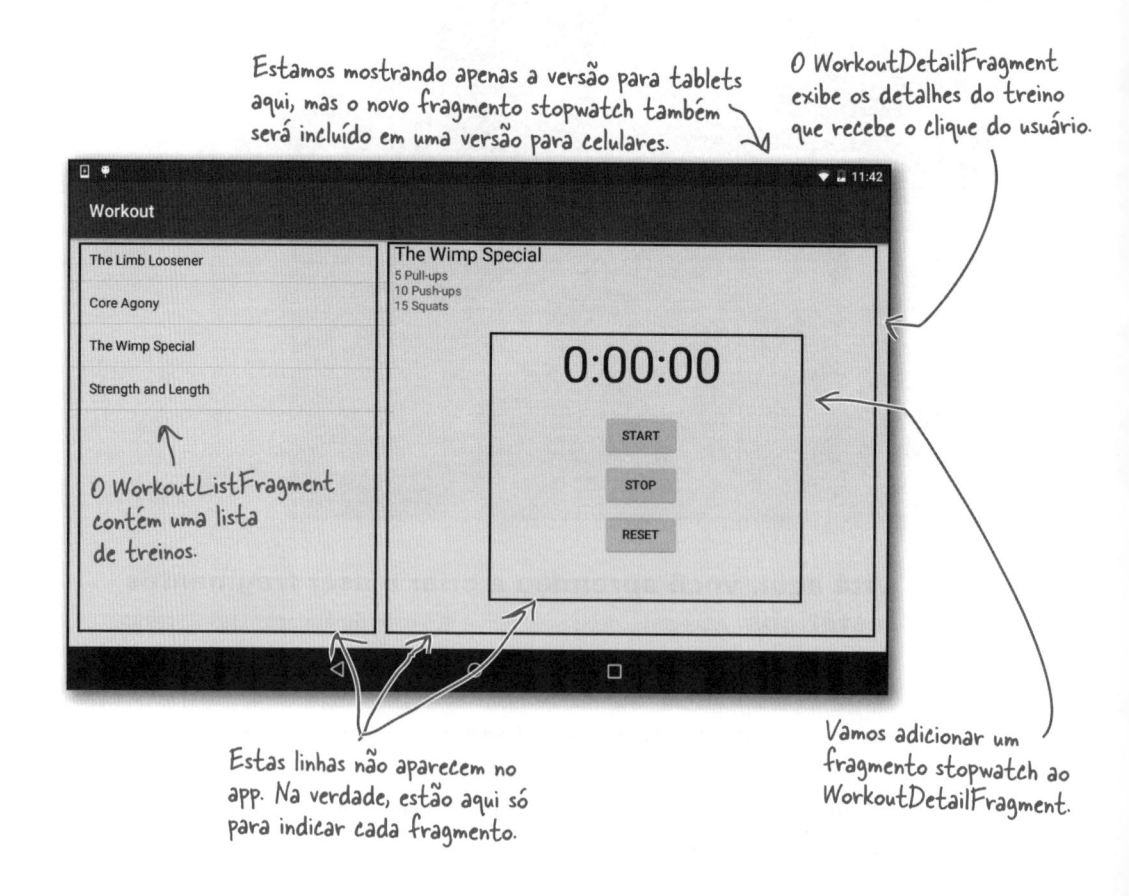

Vamos fazer o seguinte

Para alterar o app e exibir o cronômetro (stopwatch), precisamos realizar algumas etapas:

❶ Converta StopwatchActivity em StopwatchFragment.

Vamos transformar o código da `StopwatchActivity` que criamos no Capítulo 4 em código de fragmento. Também vamos colocá-lo em uma nova atividade temporária chamada `TempActivity` para verificar se ele funciona. Para isso, temos que alterar temporariamente o app para que ele inicie a `TempActivity` quando for ativado.

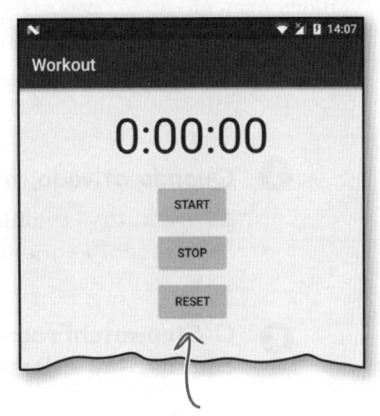

❷ Teste o StopwatchFragment.

A `StopwatchActivity` contém os botões Start, Stop e Reset. Temos que verificar se eles ainda vão funcionar quando o código do cronômetro estiver em um fragmento.

Também precisamos testar para definir o que acontece com o `StopwatchFragment` quando o usuário gira o dispositivo.

Para começar, vamos adicionar o StopwatchFragment a uma nova atividade chamada TempActivity.

❸ Adicione o StopwatchFragment ao WorkoutDetailFragment.

Depois de definir que o StopwatchFragment realmente funciona, vamos adicioná-lo ao WorkoutDetailFragment.

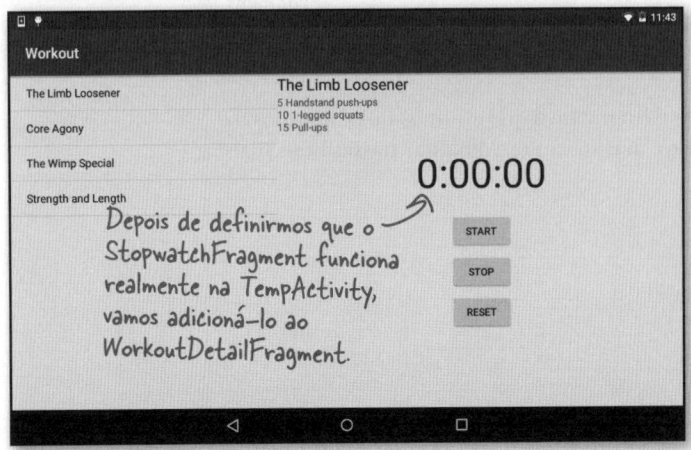

Depois de definirmos que o StopwatchFragment funciona realmente na TempActivity, vamos adicioná-lo ao WorkoutDetailFragment.

Vamos começar.

Faça isso!

Vamos atualizar o app Workout neste capítulo; portanto, abra o projeto Workout que você criou no Android Studio no Capítulo 9.

estrutura do app

A nova versão do app

Vamos alterar o app para executar o `StopwatchFragment` em uma nova atividade temporária chamada `TempActivity`. Assim, poderemos confirmar o funcionamento do `StopwatchFragment` antes de adicioná-lo ao `WorkoutDetailFragment` mais adiante neste capítulo.

→ ☐ **Converta o stopwatch**
☐ Teste o stopwatch
☐ Adicione ao fragmento

A nova versão do app vai funcionar da seguinte forma:

> ❶ **Quando ativado, o app inicia a TempActivity.**
>
> A `TempActivity` utiliza o *layout activity_temp.xml* e contém o fragmento `StopwatchFragment`.

> ❷ **O StopwatchFragment exibe um cronômetro com os botões Start, Stop e Reset.**

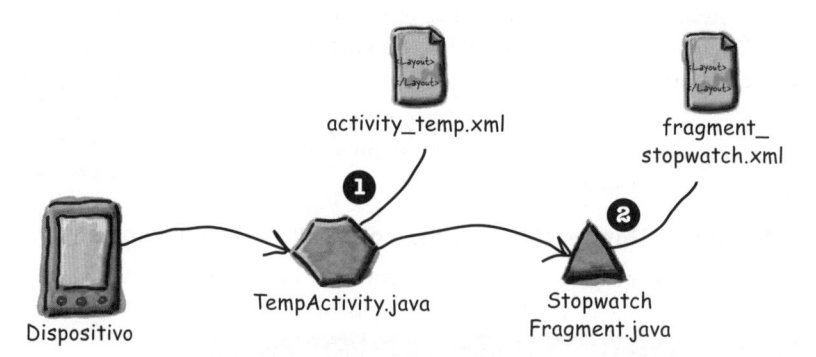

Dispositivo → ❶ TempActivity.java (activity_temp.xml) → ❷ StopwatchFragment.java (fragment_stopwatch.xml)

Todas as outras atividades e fragmentos que criamos nos Capítulos 9 e 10 ainda existem no projeto, mas só vamos trabalhar nesses itens mais adiante neste capítulo.

exibições e grupos de exibições

Crie a TempActivity

☐ Converta o stopwatch
☐ Teste o stopwatch
☐ Adicione ao fragmento

Inicialmente, vamos criar a `TempActivity`. Crie uma nova atividade vazia; para isso, acesse a visualização Projeto do navegador do Android Studio, selecione o pacote *com.hfad.workout* na pasta *app/src/main/java*, vá para o menu File e escolha New...→Activity→Empty Activity. Nomeie a atividade como "TempActivity", nomeie o layout como "activity_temp", verifique se o nome do pacote é com.hfad.workout e **marque a opção Backwards Compatibility (AppCompat).**

Se a linguagem do código-fonte da atividade for questionada, selecione a opção correspondente à Java.

Vamos alterar o app para que ele, quando ativado, inicie a `TempActivity` e não a `MainActivity`. Para fazer isso, temos que mover o filtro de intent inicializador da `MainActivity` para a `TempActivity`. Abra o arquivo *AndroidManifest.xml* na pasta *app/src/main* e faça as seguintes alterações:

Workout / app/src/main / AndroidManifest.xml

```xml
<?xml version="1.0" encoding="utf-8"?>
<manifest xmlns:android="http://schemas.android.com/apk/res/android"
    package="com.hfad.workout">

    <application
        ...
        <activity android:name=".MainActivity">
            <intent-filter>
                <action android:name="android.intent.action.MAIN" />
                <category android:name="android.intent.category.LAUNCHER" />
            </intent-filter>
        </activity>
        <activity android:name=".DetailActivity" />
        <activity android:name=".TempActivity">
            <intent-filter>
                <action android:name="android.intent.action.MAIN" />
                <category android:name="android.intent.category.LAUNCHER" />
            </intent-filter>
        </activity>
    </application>

</manifest>
```

Esta seção especifica a atividade principal do app.

Este item indica que a atividade pode iniciar o app.

Vamos atualizar a TempActivity na próxima página.

o código da TempActivity

A TempActivity deve estender a AppCompatActivity

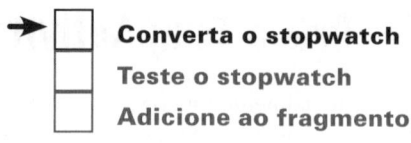

→ ☐ **Converta o stopwatch**
  ☐ Teste o stopwatch
  ☐ Adicione ao fragmento

Todos os fragmentos que usamos no app vêm da Support Library. Como vimos no Capítulo 9, todas as atividades que usam fragmentos da Support Library devem estender a classe `FragmentActivity` ou uma de suas subclasses, como a `AppCompatActivity`. Se não estenderem, o código ficará corrompido.

Todas as outras atividades que criamos no app estendem a `AppCompatActivity`; portanto, vamos programar a `TempActivity` para estender essa classe também. Este é o código de *TempActivity.java*. Atualize sua versão do código com base no código indicado abaixo:

```java
package com.hfad.workout;

import android.support.v7.app.AppCompatActivity;
import android.os.Bundle;

public class TempActivity extends AppCompatActivity {
                            A atividade estende
    @Override              a AppCompatActivity.
    protected void onCreate(Bundle savedInstanceState) {
        super.onCreate(savedInstanceState);
        setContentView(R.layout.activity_temp);
    }
}
```

Workout
app/src/main
java
com.hfad.workout
TempActivity.java

Vamos adicionar o novo fragmento stopwatch

Vamos adicionar um novo fragmento stopwatch chamado *StopwatchFragment.java*, que usará o layout *fragment_stopwatch.xml*. Vamos desenvolver o fragmento com base na atividade stopwatch que criamos no Capítulo 4.

Já sabemos que as atividades e os fragmentos têm um comportamento semelhante em diversos pontos, mas também sabemos que um fragmento é outro tipo de objeto e não uma subclasse das atividades. **Então, como podemos reescrever o código da atividade stopwatch para transformá-la em um fragmento?**

Fragmentos e atividades têm ciclos de vida parecidos...

Para aprender a reescrever uma atividade como um fragmento, temos que pensar um pouco sobre as diferenças e semelhanças entre eles. Quando observamos os ciclos de vida dos fragmentos e das atividades, identificamos muitas semelhanças:

Método do ciclo de vida	Atividade	Fragmento
onAttach()		✓
onCreate()	✓	✓
onCreateView()		✓
onActivityCreated()		✓
onStart()	✓	✓
onPause()	✓	✓
onResume()	✓	✓
onStop()	✓	✓
onDestroyView()		✓
onRestart()	✓	
onDestroy()	✓	✓
onDetach()		✓

...mas os métodos são um pouco diferentes

Os métodos do ciclo de vida dos fragmentos são quase idênticos aos das atividades, mas há uma diferença importante: os métodos do ciclo de vida das atividades são **protegidos**, e os dos fragmentos, **públicos**. Como vimos antes, há uma diferença nos modos como as atividades e os fragmentos criam um layout a partir de um arquivo de recurso de layout.

Além disso, em um fragmento, não podemos chamar métodos como o findViewById() diretamente. Na verdade, temos que encontrar uma referência para um objeto View e, em seguida, chamar o método findViewById() do view.

Agora que você já sabe essas semelhanças e diferenças, é hora de começar a programar...

exercício

Aponte o seu lápis

Este é o código da `StopwatchActivity` que escrevemos anteriormente. Converta este código em um fragmento chamado `StopwatchFragment`. Faça as alterações necessárias com um lápis. Fique atento aos seguintes itens:

- Em vez de um arquivo de layout chamado *activity_stopwatch.xml*, o fragmento deve utilizar o layout *fragment_stopwatch.xml*.
- Verifique se as restrições de acesso dos métodos estão corretas.
- Como você vai especificar o layout?
- O método `runTimer()` não poderá chamar o `findViewById()`; logo, você deve transmitir o objeto `View` no `runTimer()`.

```
public class StopwatchActivity extends Activity {
    //Número de segundos exibidos no cronômetro.
    private int seconds = 0;    ← O número de segundos transcorridos
    //O cronômetro está em execução?
    private boolean running;       ← running indica se o cronômetro está sendo executado,
    private boolean wasRunning;   ← enquanto wasRunning indica se o cronômetro estava
                                    sendo executado antes de ser pausado.
    @Override                                           Se atividade tiver sido
    protected void onCreate(Bundle savedInstanceState) {  destruída e recriada,
        super.onCreate(savedInstanceState);               restaure o estado das
        setContentView(R.layout.activity_stopwatch);    ← variáveis do Bundle de
        if (savedInstanceState != null) {                 savedInstanceState.
            seconds = savedInstanceState.getInt("seconds");
            running = savedInstanceState.getBoolean("running");
            wasRunning = savedInstanceState.getBoolean("wasRunning");
        }
        runTimer();  ← Inicie o método runTimer().
    }

    @Override
    protected void onPause() {  ← Para o cronômetro quando a atividade é pausada.
        super.onPause();
        wasRunning = running;
        running = false;
    }
```

```java
    @Override
    protected void onResume() {
        super.onResume();
        if (wasRunning) {
            running = true;
        }
    }

    @Override
    public void onSaveInstanceState(Bundle savedInstanceState) {
        savedInstanceState.putInt("seconds", seconds);
        savedInstanceState.putBoolean("running", running);
        savedInstanceState.putBoolean("wasRunning", wasRunning);
    }

    public void onClickStart(View view) {
        running = true;
    }

    public void onClickStop(View view) {
        running = false;
    }

    public void onClickReset(View view) {
        running = false;
        seconds = 0;
    }

    private void runTimer() {
        final TextView timeView = (TextView)findViewById(R.id.time_view);
        final Handler handler = new Handler();
        handler.post(new Runnable() {
            @Override
            public void run() {
                int hours = seconds/3600;
                int minutes = (seconds%3600)/60;
                int secs = seconds%60;
                String time = String.format(Locale.getDefault(),
                        "%d:%02d:%02d", hours, minutes, secs);
                timeView.setText(time);
                if (running) {
                    seconds++;
                }
                handler.postDelayed(this, 1000);
            }
        });
    }
}
```

solução
Aponte o seu lápis
Solução

Este é o código da `StopwatchActivity` que escrevemos anteriormente. Converta este código em um fragmento chamado `StopwatchFragment`. Faça as alterações necessárias com um lápis. Fique atento aos seguintes itens:

- Em vez de um arquivo de layout chamado *activity_stopwatch.xml*, o fragmento deve utilizar o layout *fragment_stopwatch.xml*.
- Verifique se as restrições de acesso dos métodos estão corretas.
- Como você vai especificar o layout?
- O método `runTimer()` não poderá chamar o `findViewById()`; logo, você deve transmitir o objeto `View` no `runTimer()`.

```
                                     Este é o
                                     novo nome.
public class ~~StopwatchActivity~~ StopwatchFragment extends ~~Activity~~ Fragment {
                                                         Estamos estendendo
    //Número de segundos exibidos no cronômetro.         a Fragment e não a
    private int seconds = 0;                             Activity.
    //O cronômetro está em execução?
    private boolean running;
    private boolean wasRunning;

    @Override       ← Este método deve ser público.
    ~~protected~~ public void onCreate(Bundle savedInstanceState) {
        super.onCreate(savedInstanceState);       ← Você não definir o layout
        ~~setContentView(R.layout.activity_stopwatch);~~  do fragmento no seu
        if (savedInstanceState != null) {             método onCreate().
            seconds = savedInstanceState.getInt("seconds");
            running = savedInstanceState.getBoolean("running");
            wasRunning = savedInstanceState.getBoolean("wasRunning");
        }           Ainda não chamamos o runTimer()
        ~~runTimer();~~ ← porque ainda não definimos o   Este código pode ficar
                        layout. Ainda não há nenhum view. no método onCreate().
    }
                                             Definimos o layout
    @Override                                do fragmento
    public View onCreateView(LayoutInflater inflater, ViewGroup container,
                             Bundle savedInstanceState) {  onCreateView().
        View layout = inflater.inflate(R.layout.fragment_stopwatch,
container, false);
        runTimer(layout);
        return layout; ← Transmita a view do layout ao método runTimer().
    }
    @Override
    ~~protected~~ void onPause() {
        super.onPause(); ← Este método deve ser público.
    ~~wasRunning~~ public = running;
        running = false;
    }
```

exibições e grupos de exibições

```
    @Override
    protected        Este método deve ser público.
                  void onResume() {
    super.onResume();
        public
        if (wasRunning) {
            running = true;
        }
    }


    @Override
    public void onSaveInstanceState(Bundle savedInstanceState) {
        savedInstanceState.putInt("seconds", seconds);
        savedInstanceState.putBoolean("running", running);
        savedInstanceState.putBoolean("wasRunning", wasRunning);
    }

    public void onClickStart(View view) {
        running = true;
    }

    public void onClickStop(View view) {
        running = false;
    }

    public void onClickReset(View view) {
        running = false;
        seconds = 0;         O método runTimer() agora recebe um View.
    }
                        View view
    private void runTimer(           ) {         view.
        final TextView timeView = (TextView)    Use o parâmetro view para
        final Handler handler = new Handler();  chamar o findViewById().
        handler.post(new Runnable() {
            @Override
            public void run() {
                int hours = seconds/3600;
                int minutes = (seconds%3600)/60;
                int secs = seconds%60;
                String time = String.format(Locale.getDefault(),
                    "%d:%02d:%02d", hours, minutes, secs);
                timeView.setText(time);
                if (running) {
                    seconds++;
                }
                handler.postDelayed(this, 1000);
            }
        });
    }
}
```

o código de StopwatchFragment

O código de StopwatchFragment.java

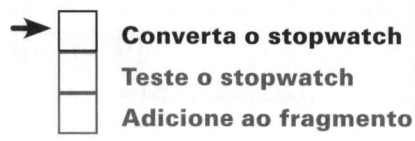

- ➡ Converta o stopwatch
- ☐ Teste o stopwatch
- ☐ Adicione ao fragmento

Vamos adicionar o StopwatchFragment ao projeto Workout para utilizá-lo no app. Para isso, o procedimento é o mesmo utilizado no Capítulo 9. Selecione o pacote *com.hfad.workout* na pasta *app/src/main/java* e, em seguida, vá para File→New...→Fragment→Fragment (Blank). Nomeie o fragmento como "StopwatchFragment", nomeie o layout como "fragment_stopwatch" e desmarque as opções para incluir métodos de fábrica de fragmento e callbacks de interface.

Se a linguagem do código-fonte do fragmento for questionada, selecione a opção correspondente a Java.

Quando você clicar no botão Finish, o Android Studio criará um novo fragmento no arquivo *StopwatchFragment.java*, localizado na pasta *app/src/main/java*. Substitua o código do fragmento criado pelo Android Studio pelo código a seguir (este é o código que você atualizou na página anterior):

Workout
app/src/main
java
com.hfad.workout
Stopwatch Fragment.java

```java
package com.hfad.workout;

import android.os.Bundle;
import android.os.Handler;
import android.support.v4.app.Fragment;
import android.view.LayoutInflater;
import android.view.View;
import android.view.ViewGroup;
import android.widget.TextView;
import java.utail.Locale;

public class StopwatchFragment extends Fragment {
    //Número de segundos exibidos no cronômetro.
    private int seconds = 0;     //← O número de segundos transcorridos
    //O cronômetro está em execução?
    private boolean running;
    private boolean wasRunning;
    //← running indica se o cronômetro está sendo executado,
    //  enquanto wasRunning indica se o cronômetro estava
    //  sendo executado antes de ser pausado.

    @Override
    public void onCreate(Bundle savedInstanceState) {
        super.onCreate(savedInstanceState);
        if (savedInstanceState != null) {
            seconds = savedInstanceState.getInt("seconds");
            running = savedInstanceState.getBoolean("running");
            wasRunning = savedInstanceState.
getBoolean("wasRunning");
        }
    }
```

Restaure o estado das variáveis do Bundle de savedInstanceState.

O código continua na próxima página. ➡

StopwatchFragment.java
(continuação)

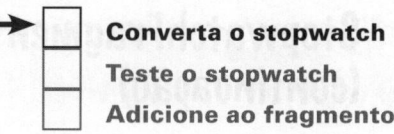

- [ ] Converta o stopwatch
- [ ] Teste o stopwatch
- [ ] Adicione ao fragmento

```java
@Override
public View onCreateView(LayoutInflater inflater, ViewGroup container,
                Bundle savedInstanceState) {
    View layout = inflater.inflate(R.layout.fragment_stopwatch, container, false);
    runTimer(layout);
    return layout;
}
```

← Defina o layout do fragmento e inicie o método runTimer(), transmitindo o layout.

```java
@Override
public void onPause() {
    super.onPause();
    wasRunning = running;
    running = false;
}
```

← Quando o fragmento estiver pausado, registre se o cronômetro estiver rodando e pare o contador.

Workout/app/src/main/java/com.hfad.workout/StopwatchFragment.java

```java
@Override
public void onResume() {
    super.onResume();
    if (wasRunning) {
        running = true;
    }
}
```

← Se o cronômetro estava rodando antes de ter sido pausado, ative o contador novamente.

```java
@Override
public void onSaveInstanceState(Bundle savedInstanceState) {
    savedInstanceState.putInt("seconds", seconds);
    savedInstanceState.putBoolean("running", running);
    savedInstanceState.putBoolean("wasRunning", wasRunning);
}

public void onClickStart(View view) {
    running = true;
}
```

Coloque os valores das variáveis no Bundle antes que a atividade seja destruída. Estes itens serão utilizados quando o usuário girar o dispositivo.

↖ O código deve ser executado quando o usuário clicar no botão Start.

O código continua na próxima página. →

exibições e grupos de exibições

você está aqui ▶ **445**

o código, continuação

StopwatchFragment.java
(continuação)

- ☐ Converta o stopwatch
- ☐ Teste o stopwatch
- ☐ Adicione ao fragmento

```java
    public void onClickStop(View view) {
        running = false;
    }
```
Este código deve ser executado quando o usuário clicar no botão Stop.

```java
    public void onClickReset(View view) {
        running = false;
        seconds = 0;
    }
```
Este código deve ser executado quando o usuário clicar no botão Reset.

```java
    private void runTimer(View view) {
        final TextView timeView = (TextView) view.findViewById(R.id.time_view);
        final Handler handler = new Handler();
        handler.post(new Runnable() {
            @Override
            public void run() {
                int hours = seconds/3600;
                int minutes = (seconds%3600)/60;
                int secs = seconds%60;
                String time = String.format(Locale.getDefault(),
                        "%d:%02d:%02d", hours, minutes, secs);
                timeView.setText(time);
                if (running) {
                    seconds++;
                }
                handler.postDelayed(this, 1000);
            }
        });
    }
}
```

Quando inserido em um Handler, o código pode ser executado no thread em segundo plano.

Mostre o número de segundos transcorridos no cronômetro.

Se o cronômetro estiver rodando, incremente o número de segundos.

Execute o código do Handler a cada segundo.

Pasta: Workout / app/src/main / java / com.hfad.workout / StopwatchFragment.java

Concluímos o código Java do `StopwatchFragment`. A seguir, para definir a aparência do fragmento, vamos atualizar o código do layout criado pelo Android Studio.

exibições e grupos de exibições

O layout do StopwatchFragment

☐ Converta o stopwatch
☐ Teste o stopwatch
☐ Adicione ao fragmento

No StopwatchFragment, vamos usar o mesmo layout que aplicamos originalmente no app Stopwatch. Para isso, substitua o conteúdo do *fragment_stopwatch.xml* pelo código indicado abaixo:

```xml
<?xml version="1.0" encoding="utf-8"?>
<LinearLayout xmlns:android="http://schemas.android.com/apk/res/android"
    xmlns:tools="http://schemas.android.com/tools"
    android:layout_width="match_parent"
    android:layout_height="match_parent"
    android:orientation="vertical"
    android:padding="16dp">

    <TextView
        android:id="@+id/time_view"
        android:layout_width="wrap_content"
        android:layout_height="wrap_content"
        android:layout_gravity="center_horizontal"
        android:textAppearance="@android:style/TextAppearance.Large"
        android:textSize="56sp" />

    <Button
        android:id="@+id/start_button"
        android:layout_width="wrap_content"
        android:layout_height="wrap_content"
        android:layout_gravity="center_horizontal"
        android:layout_marginTop="20dp"
        android:onClick="onClickStart"
        android:text="@string/start" />

    <Button
        android:id="@+id/stop_button"
        android:layout_width="wrap_content"
        android:layout_height="wrap_content"
        android:layout_gravity="center_horizontal"
        android:layout_marginTop="8dp"
        android:onClick="onClickStop"
        android:text="@string/stop" />
```

Workout / app/src/main / res / layout / fragment_stopwatch.xml

O número de horas, minutos e segundos transcorridos.

O botão Start

O botão Stop

O código do botão Reset está na próxima página.

você está aqui ▶ **447**

layout, continuação

O layout do StopwatchFragment (continuação)

→ ☐ Converta o stopwatch
☐ Teste o stopwatch
☐ Adicione ao fragmento

```
    <Button
        android:id="@+id/reset_button"      ← O botão Reset
        android:layout_width="wrap_content"
        android:layout_height="wrap_content"
        android:layout_gravity="center_horizontal"
        android:layout_marginTop="8dp"
        android:onClick="onClickReset"
        android:text="@string/reset" />
</LinearLayout>
```

O layout do StopwatchFragment usa valores de string

O código XML do *fragment_stopwatch.xml* usa valores de string para o texto dos botões Start, Stop e Reset. Temos que adicionar esses itens ao *strings.xml*:

```
...
    <string name="start">Start</string>
    <string name="stop">Stop</string>       } Estes são os rótulos dos botões.
    <string name="reset">Reset</string>
...
```

Workout
app/src/main
res
values
strings.xml

O fragmento Stopwatch é muito parecido com a atividade original. A diferença é que agora podemos utilizá-lo em outras atividades e fragmentos.

O visual do cronômetro parece com o da atividade original. Mas, por ser um fragmento, podemos reutilizá-lo agora em diferentes locais.

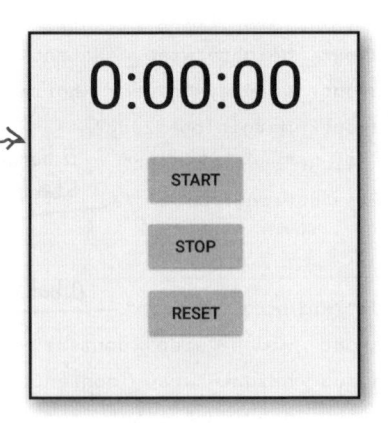

→ 0:00:00
START
STOP
RESET

A seguir, temos que colocar o fragmento no layout da `TempActivity`.

exibições e grupos de exibições

Adicione o StopwatchFragment ao layout da TempActivity

→ ☐ Converta o stopwatch
☐ Teste o stopwatch
☐ Adicione ao fragmento

O modo mais simples de adicionar o StopwatchFragment ao layout da TempActivity é utilizando o elemento <fragment>. Quando usamos o elemento <fragment>, podemos adicionar o fragmento diretamente ao layout em vez de escrever o código da transação de fragmento.

Este é o código de *activity_temp.xml*. Substitua o código atual do arquivo pelo código atualizado a seguir:

```xml
<?xml version="1.0" encoding="utf-8"?>
<fragment xmlns:android="http://schemas.android.com/apk/res/android"
    android:name="com.hfad.workout.StopwatchFragment"
    android:layout_width="match_parent"
    android:layout_height="match_parent"/>
```

← Este item adiciona o fragmento à atividade.

Workout
└── app/src/main
    └── res
        └── layout
            └── activity_temp.xml

Concluímos a configuração necessária para executar o StopwatchFragment. Agora, vamos fazer um test drive no app.

Test drive do app

Quando executamos o app, a TempActivity aparece. Essa atividade contém o StopwatchFragment. O cronômetro está marcando 0.

Quando executamos o app, a TempActivity é iniciada e não a MainActivity. A TempActivity exibe o StopwatchFragment como esperado.

```
▼ ⬚ 🔋 14:07
Workout

        0:00:00

        [ START ]

        [ STOP ]

        [ RESET ]
```

A seguir, vamos verificar se os botões do StopwatchFragment estão funcionando.

você está aqui ▶ **449**

o que aconteceu?

O app falha quando você clica em um botão

→ ☑ Converta o stopwatch
☐ **Teste o stopwatch**
☐ Adicione ao fragmento

Quando clicamos em um dos botões do novo stopwatch do app Workout, o software falha:

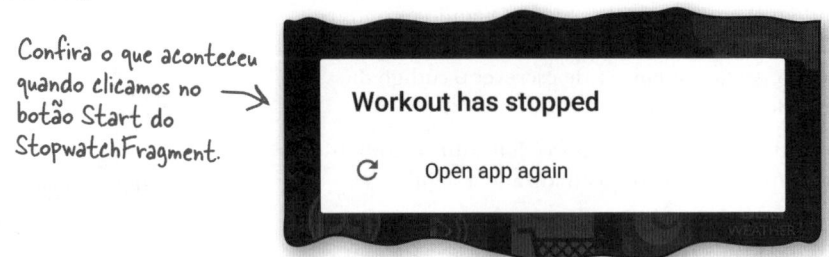

Confira o que aconteceu quando clicamos no botão Start do StopwatchFragment. →

Workout has stopped

⟳ Open app again

Quando convertemos a atividade stopwatch em um fragmento, não alteramos o código dos botões. Sabemos que este código funcionava muito bem quando o stopwatch estava em uma atividade; então, por que ele provoca essa falha no app quando está em um fragmento?

Esta é o log do erro gerado pelo Android Studio. Tente identificar a causa provável do problema.

Eca. ↙

```
04-13 11:56:43.623 10583-10583/com.hfad.workout E/AndroidRuntime: FATAL EXCEPTION:
main
    Process: com.hfad.workout, PID: 10583
    java.lang.IllegalStateException: Could not find method onClickStart(View) in a
    parent or ancestor Context for android:onClick attribute defined on view class
    android.support.v7.widget.AppCompatButton with id 'start_button'
        at android.support.v7.app.AppCompatViewInflater$DeclaredOnClickListener.
            resolveMethod(AppCompatViewInflater.java:327)
        at android.support.v7.app.AppCompatViewInflater$DeclaredOnClickListener.
            onClick(AppCompatViewInflater.java:284)
        at android.view.View.performClick(View.java:5609)
        at android.view.View$PerformClick.run(View.java:22262)
        at android.os.Handler.handleCallback(Handler.java:751)
        at android.os.Handler.dispatchMessage(Handler.java:95)
        at android.os.Looper.loop(Looper.java:154)
        at android.app.ActivityThread.main(ActivityThread.java:6077)
        at java.lang.reflect.Method.invoke(Native Method)
        at com.android.internal.os.ZygoteInit$MethodAndArgsCaller.
            run(ZygoteInit.java:865)
        at com.android.internal.os.ZygoteInit.main(ZygoteInit.java:755)
```

exibições e grupos de exibições

Vamos conferir o código do layout de StopwatchFragment

No código do layout de StopwatchFragment, vinculamos os botões aos métodos como fizemos na atividade, utilizando o atributo android:onClick para indicar o método que deve ser chamado quando cada botão for clicado:

No fragmento stopwatch, estamos usando o mesmo layout que utilizávamos na atividade original.

```xml
<?xml version="1.0" encoding="utf-8"?>
<LinearLayout xmlns:android="http://schemas.android.com/apk/res/android"
    ...
    <Button
        android:id="@+id/start_button"
        android:layout_width="wrap_content"
        android:layout_height="wrap_content"
        android:layout_gravity="center_horizontal"
        android:layout_marginTop="20dp"
        android:onClick="onClickStart"
        android:text="@string/start" />

    <Button
        android:id="@+id/stop_button"
        android:layout_width="wrap_content"
        android:layout_height="wrap_content"
        android:layout_gravity="center_horizontal"
        android:layout_marginTop="8dp"
        android:onClick="onClickStop"
        android:text="@string/stop" />

    <Button
        android:id="@+id/reset_button"
        android:layout_width="wrap_content"
        android:layout_height="wrap_content"
        android:layout_gravity="center_horizontal"
        android:layout_marginTop="8dp"
        android:onClick="onClickReset"
        android:text="@string/reset" />
</LinearLayout>
```

Workout
└ app/src/main
  └ res
    └ layout
      └ fragment_stopwatch.xml

Estamos usando os atributos android:onClick no layout para indicar os métodos que devem ser chamados quando cada botão for clicado.

Então, se essa operação funcionava bem na atividade original, por que o fragmento apresenta esse problema?

você está aqui ▶   451

use o onClick apenas nas atividades

O atributo onClick chama os métodos na atividade, mas não no fragmento

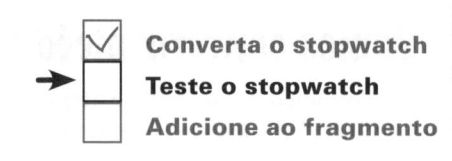

☑ Converta o stopwatch
➡ ☐ Teste o stopwatch
☐ Adicione ao fragmento

Quando usamos o atributo `android:onClick` para indicar o método a ser chamado quando um view receber um clique, ocorre um grande problema. O atributo especifica o método que deve ser chamado na **atividade atual**. Essa operação funciona bem quando os views estão no layout da *atividade*. Mas, quando os views estão em um *fragmento*, podem ocorrer problemas. Em vez de chamar os métodos no fragmento, o Android chama os métodos na atividade-pai. Se o sistema não encontrar os métodos nessa atividade, o app falha. A mensagem de erro do Android Studio indica exatamente esse ponto.

O android:onClick sempre se refere a **mim**. **Meus** *métodos são executados, não os do fragmento.*

Esse problema não afeta apenas os botões. O atributo `android:onClick` pode ser utilizado com os views que integram as subclasses da classe `Button`. Isso inclui caixas de seleção, botões de opção, switches e botões de alternância.

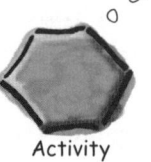

Activity

É *possível* retirar os métodos do fragmento e colocá-los na atividade, mas essa operação tem uma grande desvantagem. Com esse procedimento, o fragmento perde sua autonomia: para reutilizá-lo em outra atividade, teríamos que incluir o código na *atividade*. Em vez disso, vamos resolver o problema no fragmento.

Programe os cliques nos botões para chamarem os métodos no fragmento

Você deve executar três ações para que os botões do fragmento passem a chamar métodos no fragmento e não na atividade:

Esta ação é opcional, mas oferece uma boa oportunidade para organizar o código.

❶ Remova as referências para o android:onClick do layout do fragmento.

Os botões tentam chamar os métodos na atividade sempre que o atributo `onClick` é utilizado; portanto, devem ser removidos do layout do fragmento.

❷ Preferencialmente, altere as assinaturas dos métodos onClick. ⬅

Quando criamos `onClickStart()`, `onClickStop()` e `onClickReset()`, definimos esses métodos como públicos e atribuímos a eles um único parâmetro `View`. Essa configuração permitia que os métodos fossem chamados quando o usuário clicava em um botão. Como não estamos mais usando o atributo `android:onClick` no layout, agora podemos definir os métodos como privados e remover o parâmetro `View`.

❸ Para vincular os botões aos métodos no fragmento, implemente um OnClickListener.

Com esse procedimento, os métodos corretos serão chamados quando os botões receberem cliques.

Agora, vamos fazer essas alterações no `StopwatchFragment`.

exibições e grupos de exibições

1. Remova os atributos onClick do layout do fragmento

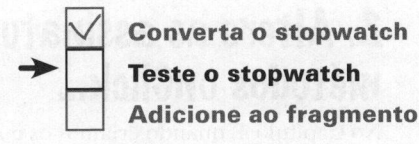

☑ Converta o stopwatch
→ ☐ Teste o stopwatch
☐ Adicione ao fragmento

Inicialmente, vamos remover as linhas de código de android:onClick do layout do fragmento. Após essa operação, o Android deixará de chamar os métodos na atividade quando os botões forem clicados:

```xml
<?xml version="1.0" encoding="utf-8"?>
<LinearLayout xmlns:android="http://schemas.android.com/apk/res/android"
    ...
    <Button
        android:id="@+id/start_button"
        android:layout_width="wrap_content"
        android:layout_height="wrap_content"
        android:layout_gravity="center_horizontal"
        android:layout_marginTop="20dp"
        android:onClick="onClickStart"
        android:text="@string/start" />

    <Button
        android:id="@+id/stop_button"
        android:layout_width="wrap_content"
        android:layout_height="wrap_content"
        android:layout_gravity="center_horizontal"
        android:layout_marginTop="8dp"
        android:onClick="onClickStop"
        android:text="@string/stop" />

    <Button
        android:id="@+id/reset_button"
        android:layout_width="wrap_content"
        android:layout_height="wrap_content"
        android:layout_gravity="center_horizontal"
        android:layout_marginTop="8dp"
        android:onClick="onClickReset"
        android:text="@string/reset" />

</LinearLayout>
```

Remova os atributos onClick de todos os botões do cronômetro.

Workout / app/src/main / res / layout / fragment_stopwatch.xml

A seguir, vamos organizar o código de onClickStart(), onClickStop() e onClickReset().

defina os métodos como privados

2. Altere as assinaturas dos métodos onClick...

☑ Converta o stopwatch
☐ Teste o stopwatch
☐ Adicione ao fragmento

No Capítulo 4, quando criamos os métodos `OnClickStart()`, `onClickStop()` e `onClickReset()` na `StopwatchActivity`, atribuímos a eles uma assinatura de método específica da seguinte forma:

Os métodos tinham que ser públicos. →
```
public void onClickStart(View view) {
}
```
Os métodos tinham que ter um valor de retorno vazio.
Os métodos tinham que ter um único parâmetro do tipo View.

Os métodos deviam ter esse formato para responder aos cliques dos usuários nos botões. Nos bastidores, quando você usa o atributo android:onClick, o Android procura um método público com um valor de retorno vazio e um nome que corresponda ao do método especificado no XML do layout.

Agora que o código está em um fragmento e não estamos mais usando o atributo `android:onClick` no código do layout, podemos alterar as assinaturas dos métodos da seguinte forma:

Como os métodos não precisam mais ser públicos, podemos defini-los como privados. →
```
private void onClickStart() {
}
```
Não precisamos mais do parâmetro View.

Então, vamos atualizar o código do fragmento. Altere os métodos `onClickStart()`, `onClickStop()` e `onClickReset()` no *StopwatchFragment.java* com base no código indicado abaixo:

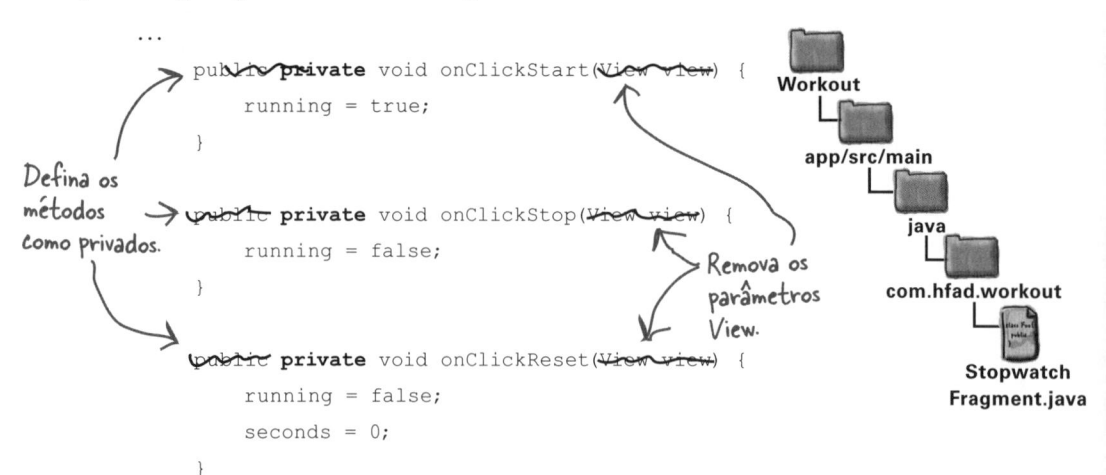

Defina os métodos como privados.

```
...
    public private void onClickStart(View view) {
        running = true;
    }

    public private void onClickStop(View view) {
        running = false;
    }

    public private void onClickReset(View view) {
        running = false;
        seconds = 0;
    }
...
```

Remova os parâmetros View.

Workout
app/src/main
java
com.hfad.workout
Stopwatch
Fragment.java

454   Capítulo 11

3. Programe o fragmento para implementar OnClickListener

Para que os botões chamem os métodos no StopwatchFragment quando forem clicados, vamos programar o fragmento para implementar a interface View.OnClickListener da seguinte forma:

```
public class StopwatchFragment extends Fragment implements View.OnClickListener {
    ...
}
```

← Este item transforma o fragmento em um OnClickListener.

Essa operação transforma o StopwatchFragment em um tipo de View.OnClickListener para que o fragmento possa responder aos eventuais cliques nos views.

Para dizer ao fragmento como responder aos cliques, implemente o método onClick() de View.OnClickListener. Esse método é chamado sempre que um view no fragmento recebe um clique.

```
@Override
public void onClick(View v) {
    ...
}
```

← Você deve substituir o método onClick() no código do fragmento.

O método onClick() tem um único parâmetro View. Esse parâmetro corresponde ao view clicado pelo usuário. Você pode usar o método getId() do view para identificar o view clicado pelo usuário e, em seguida, definir como irá reagir ao clique.

Ímãs de Código

Tente formar o método onClick() do StopwatchFragment. Você deve chamar o método onClickStart() quando o botão Start for clicado; o método onClickStop() quando o botão Stop for clicado e o método onClickReset() quando o botão Reset for clicado.

```
@Override
public void onClick(View v) {

    switch (..........................) {
        case R.id.start_button:
            onClickStart();
            break;

        case ..........................:

            ....................();
            break;
        case R.id.reset_button:

            ........................();
    }
}
```

```
getId()    R.id.stop_button    getName()

onClickReset    onClickStop    View

true    true    true    v
```

você está aqui ▶ 455

solução dos ímãs

Ímãs de Código – Solução

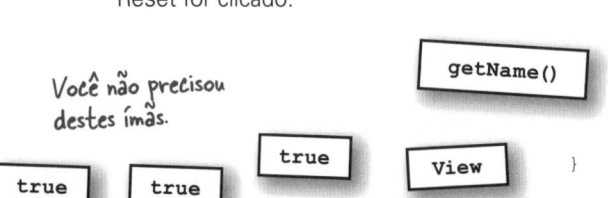

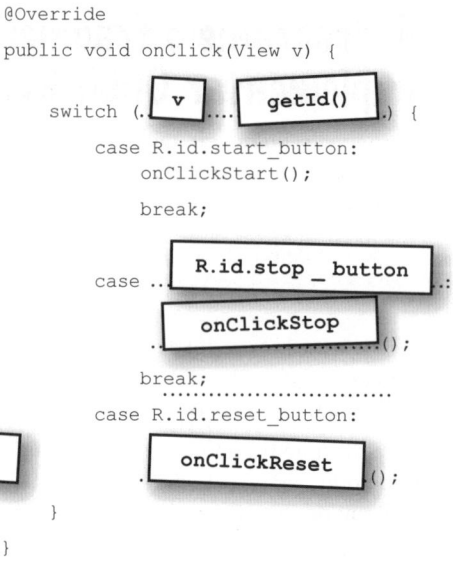

Tente formar o método onClick() do StopwatchFragment. Você deve chamar o método onClickStart() quando o botão Start for clicado; o método onClickStop() quando o botão Stop for clicado e o método onClickReset() quando o botão Reset for clicado.

Você não precisou destes ímãs.

```
@Override
public void onClick(View v) {
    switch (. v .. getId() ..) {
        case R.id.start_button:
            onClickStart();
            break;
        case  R.id.stop_button :
            . onClickStop ();
            break;
        case R.id.reset_button:
            . onClickReset ();
```

true   true   true   getName()   View

O método onClick() do StopwatchFragment

Temos que fazer algumas alterações no *StopwatchFragment.java*. Vamos analisar cada uma dessas modificações e apresentar o código atualizado mais adiante neste capítulo.

Este é o código que utilizamos para implementar o método onClick() do StopwatchFragment para chamar o método correto quando cada botão for clicado:

```
@Override
public void onClick(View v) {         ← Este é o View em que o usuário clicou.
    switch (v.getId()) {   ← Identifique o View que recebeu o clique.
        case R.id.start_button:    Se o botão Start tiver
            onClickStart();    ← sido clicado, chame o
            break;             método onClickStart().
        case R.id.stop_button: ← Se o botão Stop tiver sido clicado,
            onClickStop();       chame o método onClickStop().
            break;
        case R.id.reset_button: ← Se o botão Reset tiver sido clicado,
            onClickReset();       chame o método onClickReset().
            break;
    }
}
```

Workout
app/src/main
java
com.hfad.workout
StopwatchFragment.java

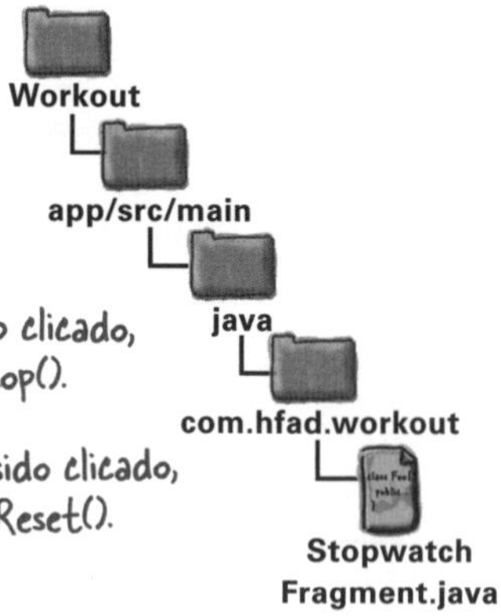

Agora, para que os botões funcionem, temos que realizar só mais uma ação: vincular o ouvinte aos botões do fragment.

exibições e grupos de exibições

Vincule o OnClickListener aos botões

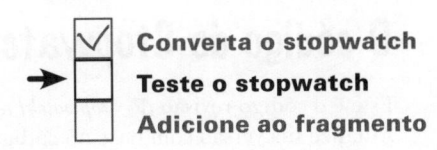

☑ Converta o stopwatch
→ ☐ Teste o stopwatch
☐ Adicione ao fragmento

Para que os views respondam aos cliques, você deve chamar o método setOnClickListener() de cada view. O método setOnClickListener() recebe um objeto OnClickListener como parâmetro. Como o StopwatchFragment implementa a interface OnClickListener, podemos utilizar a palavra-chave this para transmitir o fragmento como o OnClickListener no método setOnClickListener().

Por exemplo, você pode vincular o OnClickListener ao botão Start da seguinte forma:

Obtenha uma referência para o botão.

```
Button startButton = (Button) layout.findViewById(R.id.start_button);
startButton.setOnClickListener(this);
```
← *Vincule o ouvinte ao botão.*

A chamada para o método setOnClickListener() de cada view deve ser feita após a criação dos views do fragmento. Logo, elas devem ser incluídas no método onCreateView() do StopwatchFragment da seguinte forma:

```
@Override
public View onCreateView(LayoutInflater inflater, ViewGroup container,
                        Bundle savedInstanceState) {
    View layout = inflater.inflate(R.layout.fragment_stopwatch, container, false);
    runTimer(layout);
    Button startButton = (Button)layout.findViewById(R.id.start_button);
    startButton.setOnClickListener(this);
    Button stopButton = (Button)layout.findViewById(R.id.stop_button);
    stopButton.setOnClickListener(this);
    Button resetButton = (Button)layout.findViewById(R.id.reset_button);
    resetButton.setOnClickListener(this);
    return layout;
}
```
↑ *Este item vincula o ouvinte aos botões.*

Vamos apresentar o código completo do StopwatchFragment na próxima página.

Workout
└ app/src/main
  └ java
    └ com.hfad.workout
      └ StopwatchFragment.java

você está aqui ▶ 457

o código do StopwatchFragment

O código do StopwatchFragment

Este é o código revisão do *StopwatchFragment.java*.
Atualize sua versão com base no código indicado abaixo:

→ ☑ Converta o stopwatch
☐ Teste o stopwatch
☐ Adicione ao fragmento

```
package com.hfad.workout;

import java.util.Locale;
import android.os.Bundle;
import android.os.Handler;
import android.support.v4.app.Fragment;
import android.view.LayoutInflater;
import android.view.View;
import android.view.ViewGroup;
import android.widget.TextView;
import android.widget.Button;
```
← Como estamos usando a classe Button, vamos importá-la.

```
public class StopwatchFragment extends Fragment implements View.OnClickListener {
    //Número de segundos exibidos no cronômetro.
    private int seconds = 0;
    //O cronômetro está em execução?
    private boolean running;
    private boolean wasRunning;
```
↗ O fragmento deve implementar a interface View.OnClickListener.

Não vamos alterar o método onCreate().

```
    @Override
    public void onCreate(Bundle savedInstanceState) {
        super.onCreate(savedInstanceState);
        if (savedInstanceState != null) {
            seconds = savedInstanceState.getInt("seconds");
            running = savedInstanceState.getBoolean("running");
            wasRunning = savedInstanceState.getBoolean("wasRunning");
        }
    }
```

Atualize o método onCreateView() para vincular o ouvinte aos botões.

```
    @Override
    public View onCreateView(LayoutInflater inflater, ViewGroup container,
                             Bundle savedInstanceState) {
        View layout = inflater.inflate(R.layout.fragment_stopwatch, container, false);
        runTimer(layout);
        Button startButton = (Button)layout.findViewById(R.id.start_button);
        startButton.setOnClickListener(this);
        Button stopButton = (Button)layout.findViewById(R.id.stop_button);
        stopButton.setOnClickListener(this);
        Button resetButton = (Button)layout.findViewById(R.id.reset_button);
        resetButton.setOnClickListener(this);
        return layout;
    }
```

O código continua na próxima página. →

O código do StopwatchFragment (continuação)

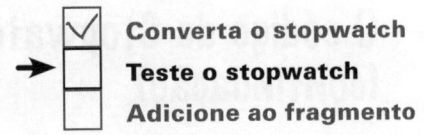

> Converta o stopwatch
> **Teste o stopwatch**
> Adicione ao fragmento

```
@Override
public void onClick(View v) {
    switch (v.getId()) {
        case R.id.start_button:
            onClickStart();
            break;
        case R.id.stop_button:
            onClickStop();
            break;
        case R.id.reset_button:
            onClickReset();
            break;
    }
}
```

Como estamos implementando a interface OnClickListener, temos que substituir o método onClick().

Chame o método no fragmento correspondente ao botão clicado.

```
@Override
public void onPause() {
    super.onPause();
    wasRunning = running;
    running = false;
}

@Override
public void onResume() {
    super.onResume();
    if (wasRunning) {
        running = true;
    }
}
```

Não alteramos estes métodos.

```
@Override
public void onSaveInstanceState(Bundle savedInstanceState) {
    savedInstanceState.putInt("seconds", seconds);
    savedInstanceState.putBoolean("running", running);
    savedInstanceState.putBoolean("wasRunning", wasRunning);
}
```

Workout
app/src/main
java
com.hfad.workout
StopwatchFragment.java

O código continua na próxima página.

o código, continuação

O código do StopwatchFragment (continuação)

- [x] Converta o stopwatch
- [ ] Teste o stopwatch
- [ ] Adicione ao fragmento

```
    private void onClickStart() {
        running = true;
    }

    private void onClickStop() {
        running = false;
    }

    private void onClickReset() {
        running = false;
        seconds = 0;
    }
```

Alteramos estes métodos para defini-los como privados. Também removemos o parâmetro View, pois não precisamos mais dele.

Não alteramos este método.

```
    private void runTimer(View view) {
        final TextView timeView = (TextView) view.findViewById(R.id.time_view);
        final Handler handler = new Handler();
        handler.post(new Runnable() {
            @Override
            public void run() {
                int hours = seconds/3600;
                int minutes = (seconds%3600)/60;
                int secs = seconds%60;
                String time = String.format(Locale.getDefault(),
                        "%d:%02d:%02d", hours, minutes, secs);
                timeView.setText(time);
                if (running) {
                    seconds++;
                }
                handler.postDelayed(this, 1000);
            }
        });
    }
}
```

```
Workout
└── app/src/main
    └── java
        └── com.hfad.workout
            └── StopwatchFragment.java
```

Concluímos as alterações no código do *StopwatchFragment.java*.
Agora, vamos conferir o que acontece quando executamos o app.

Test drive do app

☑ Converta o stopwatch
➡ **Teste o stopwatch**
☐ Adicione ao fragmento

Quando executamos o app, o stopwatch aparece como antes. Mas, desta vez, os botões Start, Stop e Reset estão funcionando.

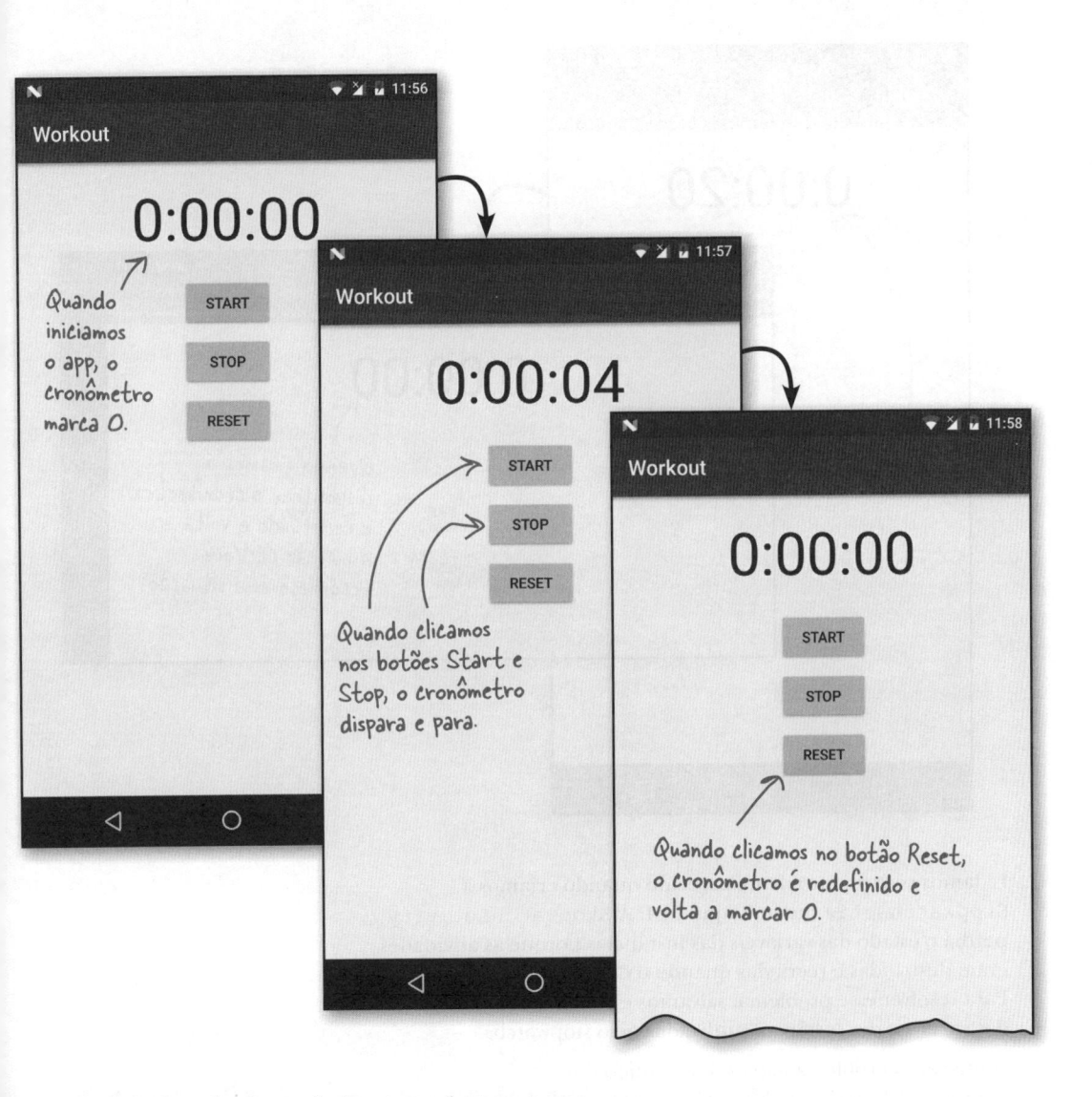

Tela 1 (11:56) — Workout — 0:00:00
Quando iniciamos o app, o cronômetro marca 0.

Tela 2 (11:57) — Workout — 0:00:04
Quando clicamos nos botões Start e Stop, o cronômetro dispara e para.

Tela 3 (11:58) — Workout — 0:00:00
Quando clicamos no botão Reset, o cronômetro é redefinido e volta a marcar 0.

Agora que os botões estão funcionando, temos que testar o app para conferir o que acontece quando giramos o dispositivo.

gire o dispositivo

O cronômetro é redefinido quando giramos o dispositivo

> ☑ Converta o stopwatch
> ☐ Teste o stopwatch
> ☐ Adicione ao fragmento

Ainda temos que resolver um problema. Quando giramos o dispositivo, o stopwatch é redefinido e volta a marcar 0.

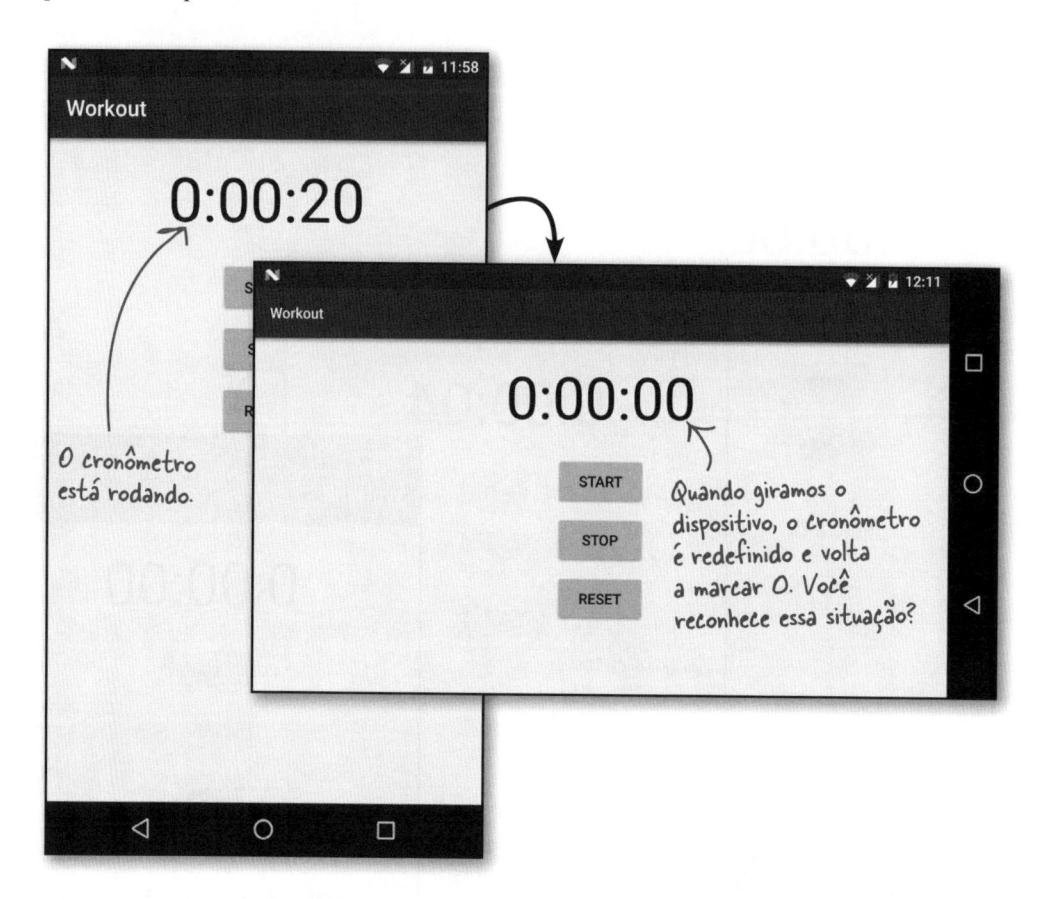

O cronômetro está rodando.

Quando giramos o dispositivo, o cronômetro é redefinido e volta a marcar 0. Você reconhece essa situação?

Lidamos com um problema parecido quando criamos a StopwatchActivity no Capítulo 4. A StopwatchActivity perdia o estado das variáveis das instâncias porque as atividades eram destruídas e recriadas quando o dispositivo era girado. Para resolver esse problema, salvamos e restauramos o estado das variáveis das instâncias utilizadas pelo stopwatch.

Desta vez, o problema não está no código do StopwatchFragment. Na verdade, está no modo como adicionamos o StopwatchFragment à TempActivity.

exibições e grupos de exibições

Use o <fragment> para fragmentos estáticos...

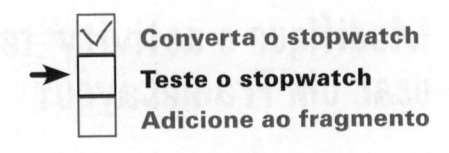

☑ Converta o stopwatch
→ ☐ Teste o stopwatch
☐ Adicione ao fragmento

Quando adicionamos o StopwatchFragment à TempActivity, realizamos a operação incluindo o elemento <fragment> ao layout da seguinte forma:

```
<?xml version="1.0" encoding="utf-8"?>
<fragment xmlns:android="http://schemas.android.com/apk/res/android"
    android:name="com.hfad.workout.StopwatchFragment"
    android:layout_width="match_parent"
    android:layout_height="match_parent"/>
```

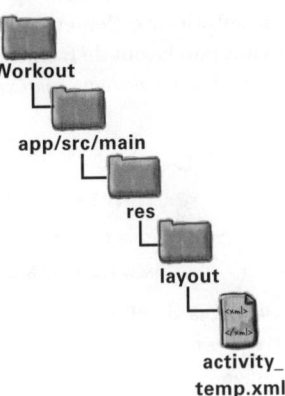

Realizamos esse procedimento porque era o modo mais fácil de colocar o fragmento em uma atividade e deixá-lo funcionando.

Como vimos no Capítulo 9, o elemento <fragment> reserva o espaço para que o layout do fragmento seja inserido. Ao criar o layout da atividade, o Android substitui o elemento <fragment> pela interface do usuário do fragmento.

Quando você gira o dispositivo, o Android recria a atividade. Se incluir um elemento <fragment>, *a atividade irá reinserir uma nova versão do fragmento sempre que a atividade for recriada*. O fragmento anterior será descartado, e as variáveis definidas novamente com o seu valor original. Neste exemplo específico, o stopwatch é redefinido e volta a marcar 0.

Workout
└ app/src/main
  └ res
    └ layout
      └ activity_temp.xml

...mas fragmentos dinâmicos exigem transações de fragmento

O elemento <fragment> funciona bem em fragmentos que exibem dados estáticos. Mas, quando você tem um fragmento dinâmico, como o stopwatch, você deve adicioná-lo usando uma transação de fragmento.

Vamos alterar a TempActivity para que ela deixe de exibir o StopwatchFragment usando um <fragment>. Em vez disso, vamos usar uma transação de fragmento. Para fazer isso, temos que alterar o *activity_temp.xml* e o *TempActivity.java*.

layout de frame

Modifique o activity_temp.xml para usar um FrameLayout

☑ Converta o stopwatch
☐ **Teste o stopwatch**
☐ Adicione ao fragmento

Como vimos no Capítulo 10, para adicionar um fragmento a uma atividade usando uma transação de fragmento, você deve primeiro incluir um espaço reservado para o fragmento no layout da atividade. Quando realizamos essa operação no Capítulo 10, adicionamos um layout de frame ao layout e atribuímos uma ID para referenciá-lo no código Java.

Vamos executar o mesmo procedimento no *activity_temp.xml*. Temos que substituir o elemento <fragment> pelo layout de frame e atribuir ao layout de frame a ID stopwatch_container. Atualize sua versão do *activity_temp.xml* com base no código indicado a seguir:

Workout/app/src/main/res/layout/activity_temp.xml

```xml
<?xml version="1.0" encoding="utf-8"?>
<fragment FrameLayout xmlns:android="http://schemas.android.com/apk/res/android"
    android:name="com.hfad.workout.StopwatchFragment"     ← Exclua esta linha.
    android:id="@+id/stopwatch_container"
    android:layout_width="match_parent"
    android:layout_height="match_parent"/>
```

Substitua o fragmento por um FrameLayout.

Adicione uma transação de fragmento ao TempActivity.java

Depois de adicionar o layout de frame ao layout da atividade, você pode criar a transação de fragmento que irá adicionar o fragmento ao layout de frame.

Queremos adicionar o StopwatchFragment à TempActivity logo que a TempActivity for criada. No entanto, o novo fragmento deve ser adicionado apenas quando nenhum fragmento tiver sido adicionado anteriormente. Não queremos substituir nenhum fragmento existente.

Portanto, vamos adicionar código ao método onCreate() da TempActivity para verificar se o parâmetro Bundle de savedInstanceState é nulo.

Quando o savedInstanceState for nulo, a TempActivity estará sendo criada pela primeira vez. Nesse caso, teremos que adicionar o StopwatchFragment à atividade.

Quando o savedInstanceState não for nulo, a TempActivity estará sendo recriada depois de ter sido destruída. Nessa situação, não iremos adicionar uma nova instância do StopwatchFragment à atividade, pois não queremos substituir um fragmento existente.

Enigma da Piscina

Sua **missão** é preencher as linhas em branco do *TempActivity.java* com os respectivos fragmentos de código da piscina. Você **não** pode usar os fragmentos mais de uma vez e não vai precisar usar todos os fragmentos disponíveis. Seu **objetivo** é criar uma transação de fragmento para adicionar uma instância do StopwatchFragment à TempActivity.

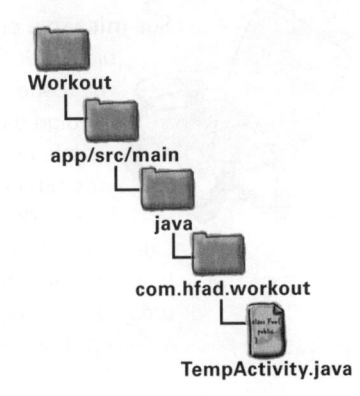

```
@Override
protected void onCreate(Bundle savedInstanceState) {
    super.onCreate(savedInstanceState);
    setContentView(R.layout.activity_temp);
    if (savedInstanceState == null) {
        StopwatchFragment stopwatch = new StopwatchFragment();
        FragmentTransaction ft = ..................................................................;
        ft.add(R.id.stopwatch_container, ........................);
        ft.........................(null);
        ft.setTransition(FragmentTransaction.TRANSIT_FRAGMENT_FADE);
        ft.........................;
    }
}
```

Nota: os fragmentos só podem ser utilizados uma vez!

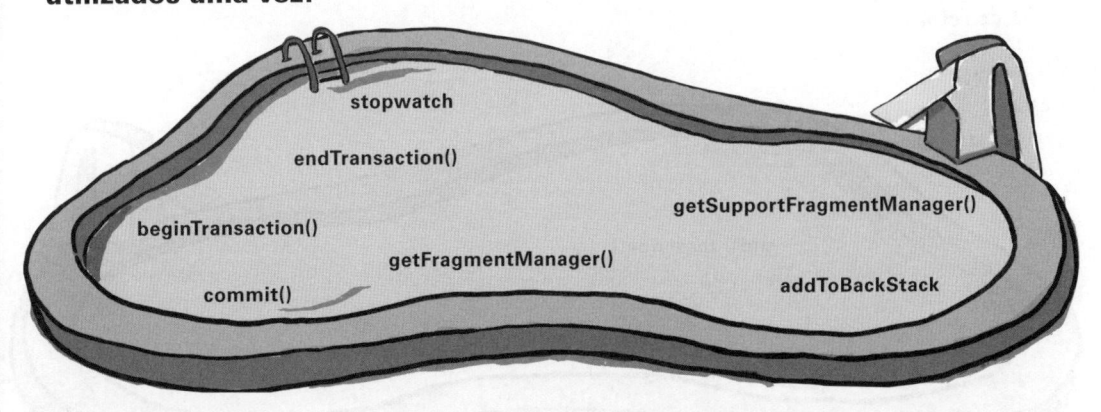

Fragmentos disponíveis:
- stopwatch
- endTransaction()
- beginTransaction()
- getFragmentManager()
- commit()
- getSupportFragmentManager()
- addToBackStack

solução

Enigma da Piscina – Solução

Sua **missão** é preencher as linhas em branco do *TempActivity.java* com os respectivos fragmentos de código da piscina. Você **não** pode usar os fragmentos mais de uma vez e não vai precisar usar todos os fragmentos disponíveis. Seu **objetivo** é criar uma transação de fragmento para adicionar uma instância do StopwatchFragment à TempActivity.

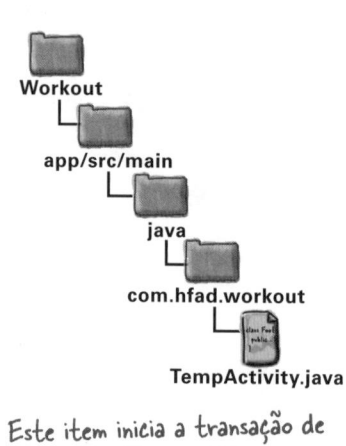

```
Workout
  └── app/src/main
        └── java
              └── com.hfad.workout
                    └── TempActivity.java
```

```java
@Override
protected void onCreate(Bundle savedInstanceState) {
    super.onCreate(savedInstanceState);
    setContentView(R.layout.activity_temp);
    if (savedInstanceState == null) {
        StopwatchFragment stopwatch = new StopwatchFragment();
        FragmentTransaction ft = getSupportFragmentManager().beginTransaction();
        ft.add(R.id.stopwatch_container, stopwatch);
        ft.addToBackStack(null);
        ft.setTransition(FragmentTransaction.TRANSIT_FRAGMENT_FADE);
        ft.commit();
    }
}
```

Este item inicia a transação de fragmento. Precisamos usar o getSupportFragmentManager(), não o getFragmentManager(), pois estamos usando fragmentos da Support Library.

Adicione uma instância do StopwatchFragment ao layout da TempActivity.

Confirme a transação.

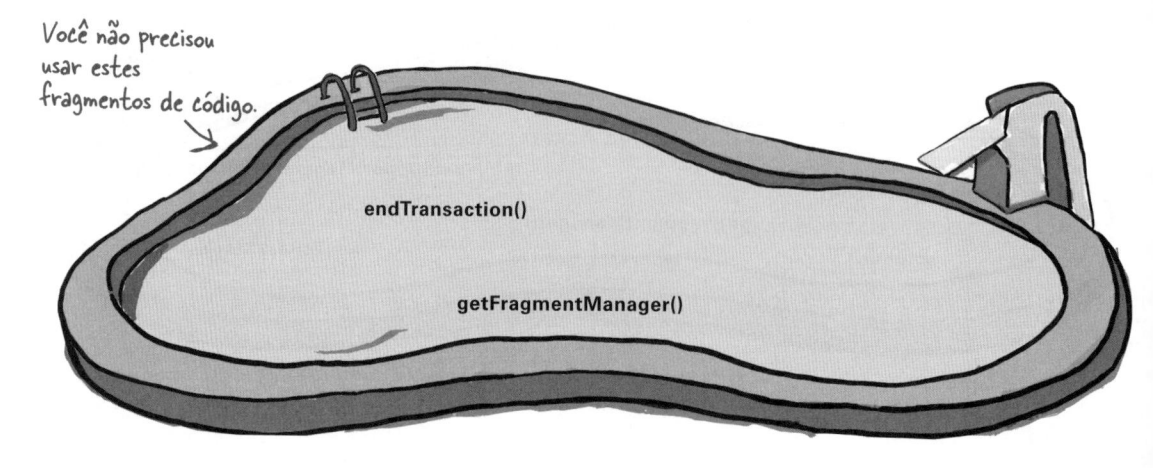

Adicione a transação à pilha de retorno.

Você não precisou usar estes fragmentos de código:

- endTransaction()
- getFragmentManager()

exibições e grupos de exibições

O código completo do TempActivity.java

- ☑ Converta o stopwatch
- ☐ Teste o stopwatch
- ☐ Adicione ao fragmento

Adicionamos uma transação de fragmento ao *TempActivity.java* para adicionar o `StopwatchFragment` à `TempActivity`. Este é o código completo da operação. Atualize sua versão do *TempActivity.java* com base no código indicado abaixo.

```
package com.hfad.workout;

import android.support.v4.app.FragmentTransaction;
import android.support.v7.app.AppCompatActivity;
import android.os.Bundle;

public class TempActivity extends AppCompatActivity {

    @Override
    protected void onCreate(Bundle savedInstanceState) {
        super.onCreate(savedInstanceState);
        setContentView(R.layout.activity_temp);
        if (savedInstanceState == null) {
            StopwatchFragment stopwatch = new StopwatchFragment();
            FragmentTransaction ft = getSupportFragmentManager().beginTransaction();
            ft.add(R.id.stopwatch_container, stopwatch);
            ft.addToBackStack(null);
            ft.setTransition(FragmentTransaction.TRANSIT_FRAGMENT_FADE);
            ft.commit();
        }
    }
}
```

Você deve importar a classe FragmentTransaction da Support Library.

Workout
└ app/src/main
  └ java
    └ com.hfad.workout
      └ TempActivity.java

Inicie a transação de fragmento.

Confirme a transação e implemente as alterações.

Programe a transição do fragmento para surgir e desaparecer gradualmente.

Adicione o stopwatch e a transação à pilha de retorno.

O fragmento só deve ser adicionado se a atividade não estiver sendo recriada depois de ter sido destruída.

Concluímos as alterações no código necessárias para adicionar o `StopwatchFragment` à `TempActivity` usando uma transação de fragmento. Agora vamos conferir o que acontece quando o código é executado.

test drive

Teste drive do app

Quando executamos o app, o stopwatch aparece como antes. Os botões Start, Stop e Reset estão funcionando, e, quando giramos o dispositivo, o cronômetro continua sendo rodado.

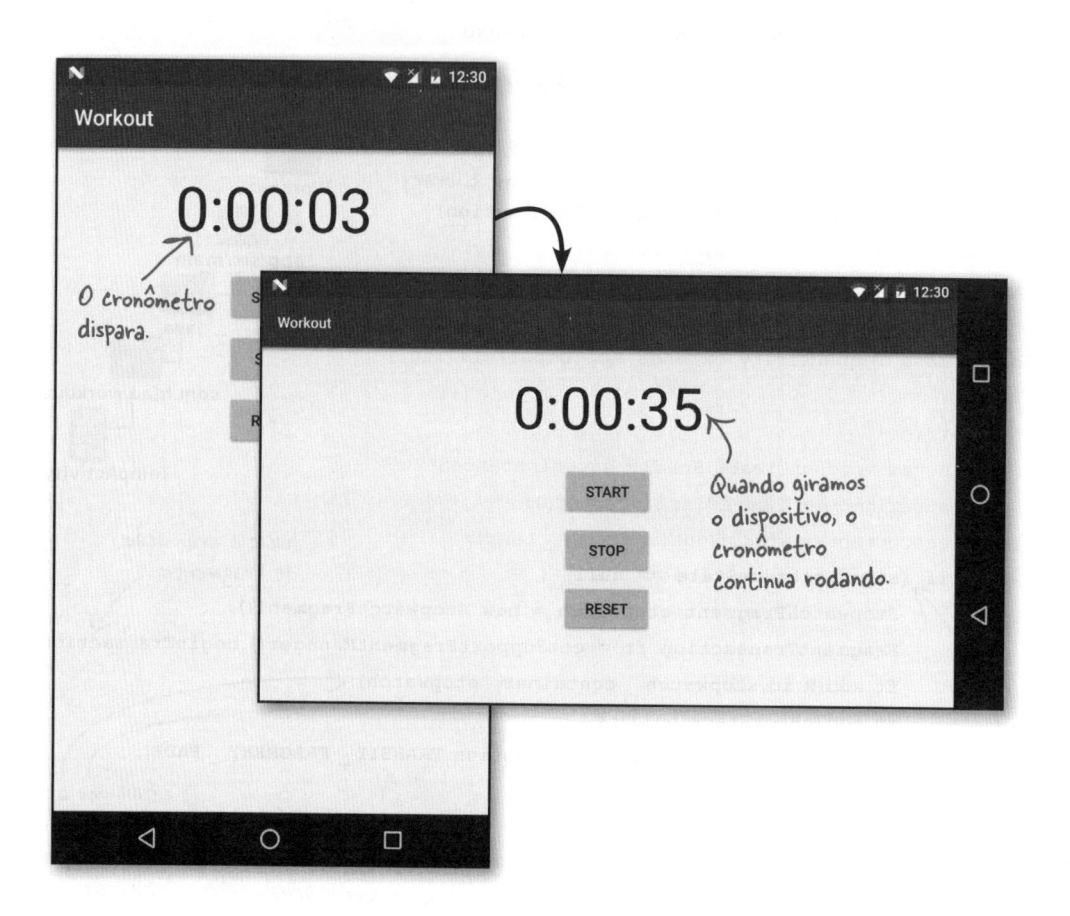

- ☑ Converta o stopwatch
- → ☑ Teste o stopwatch
- ☐ Adicione ao fragmento

O cronômetro dispara.

Quando giramos o dispositivo, o cronômetro continua rodando.

No início do capítulo, falamos que primeiro era necessário incluir a `StopwatchFragment` em uma nova atividade temporária para confirmar seu funcionamento. Agora que fizemos isso, podemos reutilizá-la no `WorkoutDetailFragment`.

exibições e grupos de exibições

Adicione o stopwatch ao WorkoutDetailFragment

Vamos adicionar o `StopwatchFragment` ao `WorkoutDetailFragment` e colocar o stopwatch embaixo dos detalhes do treino. O stopwatch aparecerá junto com os detalhes do treino selecionado pelo usuário.

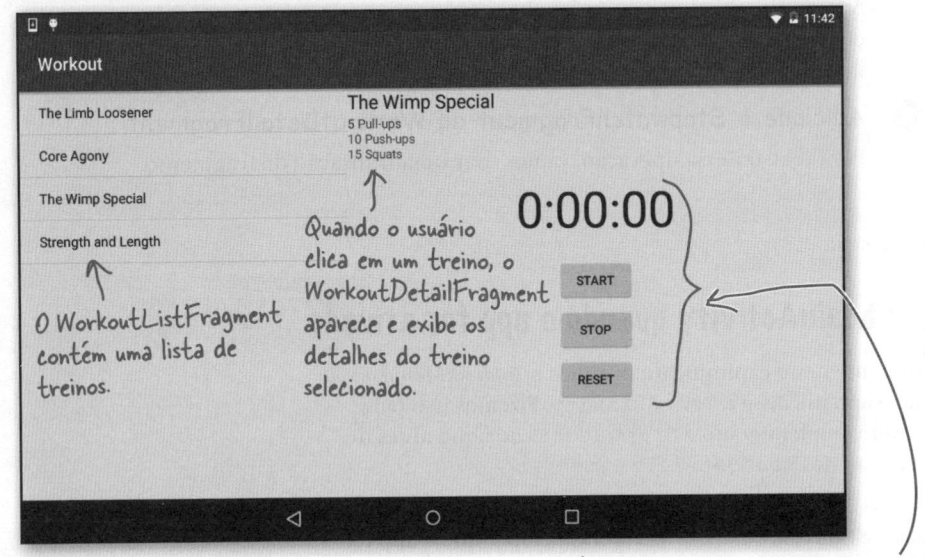

O WorkoutListFragment contém uma lista de treinos.

Quando o usuário clica em um treino, o WorkoutDetailFragment aparece e exibe os detalhes do treino selecionado.

Vamos adicionar o StopwatchFragment ao WorkoutDetailFragment e colocar o stopwatch embaixo dos detalhes do treino.

O app vai funcionar da seguinte forma:

1 **Ao ser ativado, o app inicia a MainActivity.**
A `MainActivity` contém o `WorkoutListFragment`, que exibe uma lista de treinos.

2 **O usuário clica em um treino e visualiza o WorkoutDetailFragment.**
O `WorkoutDetailFragment` exibe os detalhes do treino e contém o `StopwatchFragment`.

3 **O StopwatchFragment exibe o stopwatch.**

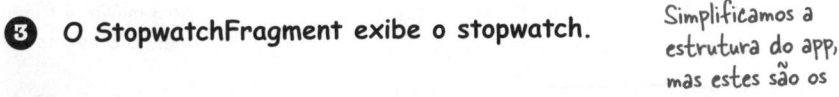

Simplificamos a estrutura do app, mas estes são os pontos principais.

Dispositivo → MainActivity.java → WorkoutListFragment.java → WorkoutDetailFragment.java → StopwatchFragment.java

Vamos analisar essas etapas na próxima página.

você está aqui ▶   469

etapas

O que vamos fazer

- [x] Converta o stopwatch
- [x] Teste o stopwatch
- [ ] **Adicione ao fragmento**

Temos que realizar algumas etapas para finalizar a nova versão do app.

❶ Programe o app para iniciar a MainActivity quando for ativado.

Anteriormente neste capítulo, alteramos temporariamente o app para que ele iniciasse a `TempActivity`. Agora temos que modificar o app para iniciar novamente a `MainActivity`.

❷ Adicione o StopwatchFragment ao WorkoutDetailFragment.

Para realizar essa operação, vamos usar uma transação de fragmento.

Vamos começar.

Inicie a MainActivity quando o app for ativado

Anteriormente neste capítulo, atualizamos o *AndroidManifest.xml* para que o app iniciasse a `TempActivity`. Fizemos isso para desenvolver completamente o `StopwatchFragment` antes de adicioná-lo ao `WorkoutDetailFragment`.

Agora que o `StopwatchFragment` está funcionando, temos que iniciar a `MainActivity` novamente sempre que o app for ativado. Para fazer isso, atualize o *AndroidManifest.xml* com base nas seguintes alterações:

Workout
app/src/main
AndroidManifest.xml

```
...
    <application
        ...
        <activity android:name=".MainActivity">
            <intent-filter>
                <action android:name="android.intent.action.MAIN" />
                <category android:name="android.intent.category.LAUNCHER" />
            </intent-filter>
        </activity>
        <activity android:name=".DetailActivity" />
        <activity android:name=".TempActivity">
            <intent-filter>
                <action android:name="android.intent.action.MAIN" />
                <category android:name="android.intent.category.LAUNCHER" />
            </intent-filter>
        </activity>
    </application>
...
```

Adicione um filtro de intent para iniciar a MainActivity quando o app for ativado.

Remova o filtro de intent da TempActivity.

Adicione um FrameLayout no ponto que fragmento deve aparecer

- [ ] Converta o stopwatch
- [ ] Teste o stopwatch
- [ ] **Adicione ao fragmento**

A seguir, temos que adicionar o `StopwatchFragment` ao `WorkoutDetailFragment`. Para fazer isso, vamos adicionar um layout de frame ao *fragment_workout_detail.xml*, como o que foi adicionado ao *activity_temp.xml*. Assim, poderemos adicionar o `StopwatchFragment` ao `WorkoutDetailFragment` usando uma transação de fragmento.

Este é o código do *fragment_workout_detail.xml*. Atualize seu código com base no código indicado abaixo:

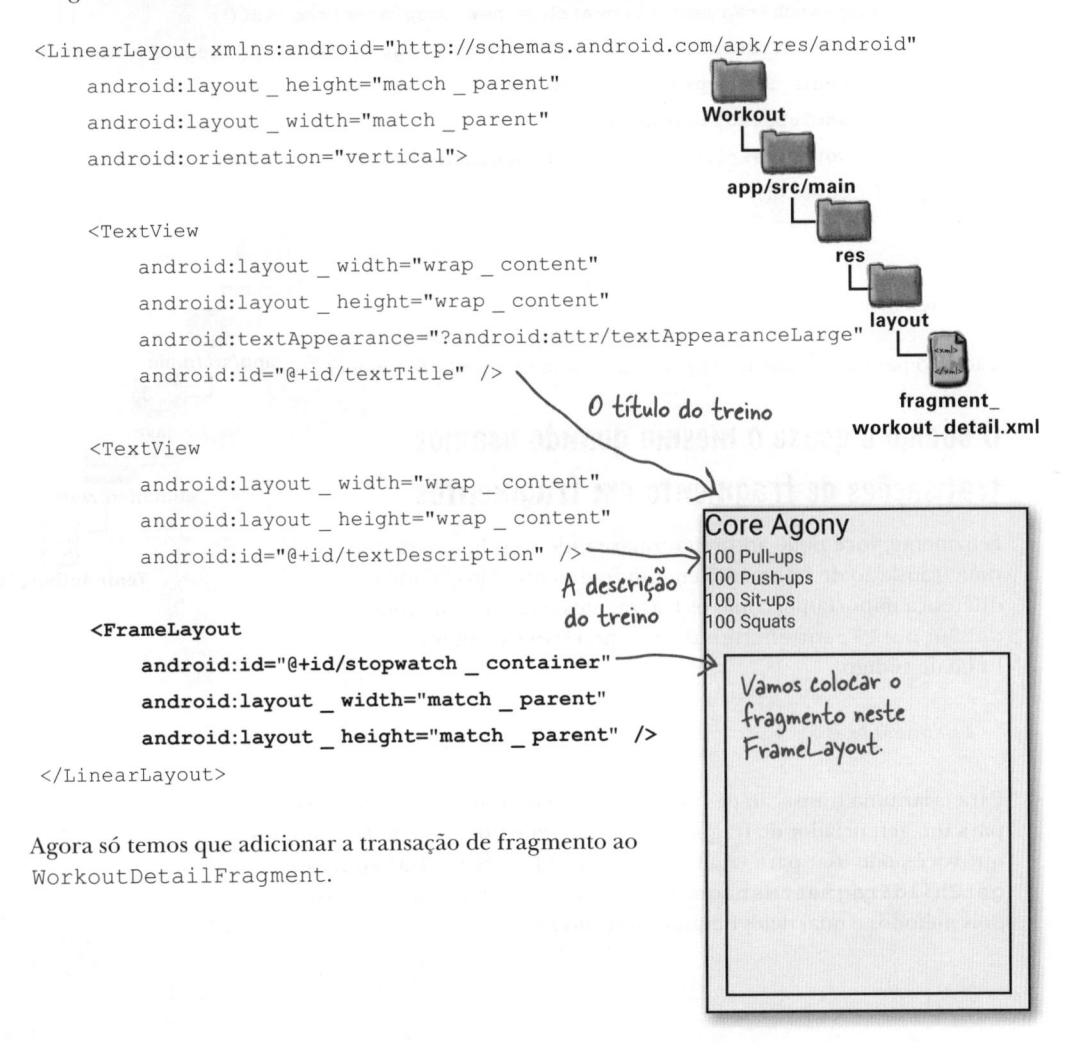

```xml
<LinearLayout xmlns:android="http://schemas.android.com/apk/res/android"
    android:layout_height="match_parent"
    android:layout_width="match_parent"
    android:orientation="vertical">

    <TextView
        android:layout_width="wrap_content"
        android:layout_height="wrap_content"
        android:textAppearance="?android:attr/textAppearanceLarge"
        android:id="@+id/textTitle" />

    <TextView
        android:layout_width="wrap_content"
        android:layout_height="wrap_content"
        android:id="@+id/textDescription" />

    <FrameLayout
        android:id="@+id/stopwatch_container"
        android:layout_width="match_parent"
        android:layout_height="match_parent" />
</LinearLayout>
```

O título do treino

A descrição do treino

Vamos colocar o fragmento neste FrameLayout.

Workout / app/src/main / res / layout / fragment_workout_detail.xml

Agora só temos que adicionar a transação de fragmento ao `WorkoutDetailFragment`.

transações de fragmento

Até aqui, só utilizamos transações de fragmentos em atividades

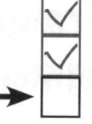

☑ Converta o stopwatch
☑ Teste o stopwatch
→ ☐ **Adicione ao fragmento**

Anteriormente neste capítulo, adicionamos o código a seguir à
TempActivity para adicionar o StopwatchFragment ao seu layout:

```
protected void onCreate(Bundle savedInstanceState) {
    super.onCreate(savedInstanceState);
    setContentView(R.layout.activity_temp);
    if (savedInstanceState == null) {
        StopwatchFragment stopwatch = new StopwatchFragment();
        FragmentTransaction ft = getSupportFragmentManager().beginTransaction();
        ft.add(R.id.stopwatch_container, stopwatch);
        ft.addToBackStack(null);
        ft.setTransition(FragmentTransaction.TRANSIT_FRAGMENT_FADE);
        ft.commit();
    }
}
```

Este código adiciona o StopwatchFragment à TempActivity quando a TempActivity é criada.

O código acima funcionou bem para adicionar o
StopwatchFragment a uma atividade. Mas como devemos
alterá-lo para adicionar o StopwatchFragment a um *fragmento*?

Workout
└ **app/src/main**
  └ **java**
    └ **com.hfad.workout**
      └ **TempActivity.java**

O código é quase o mesmo quando usamos transações de fragmento em fragmentos

Felizmente, você pode aproveitar quase todo o código para usar
uma transação de fragmento em um fragmento. Mas há uma
diferença importante: como os fragmentos não têm o método
getSupportFragmentManager(), precisamos editar esta
linha de código:

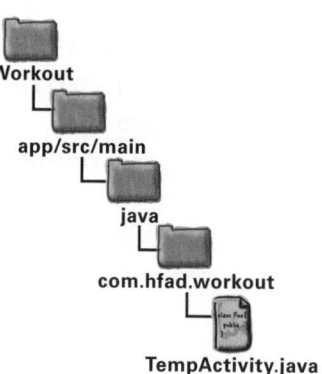

```
FragmentTransaction ft = getSupportFragmentManager().beginTransaction();
```

Para criar uma transação de fragmento, precisamos obter uma referência
para um gerenciador de fragmentos. Os fragmentos contêm *dois* métodos
que você pode usar para esta finalidade: **getFragmentManager()** e
getChildFragmentManager(). Mas qual é a diferença entre esses
dois métodos e qual deles devemos usar no app?

Crie transações extras na pilha de retorno com o getFragmentManager()

☑ Converta o stopwatch
☑ Teste o stopwatch
▶ ☐ Adicione ao fragmento

O método `getFragmentManager()` obtém o gerenciador de fragmentos associado à *atividade-pai* do **fragmento**. As transações de fragmento criadas com esse gerenciador de fragmentos são adicionadas à pilha de retorno como transações individuais.

Nesse caso, quando alguém clica em um treino, o app deve exibir os detalhes do treino e o stopwatch. A `MainActivity` cria uma transação para exibir o `WorkoutDetailFragment`. Quando usamos o `getFragmentManager()` para criar uma transação que mostra o `StopwatchFragment`, essa operação é adicionada à pilha de retorno como uma transação separada.

O problema de usar duas transações para exibir o treino e o stopwatch ocorre quando o usuário pressiona o botão Back.

Imagine que o usuário clica em um treino. Os detalhes do treino selecionado serão exibidos junto com o stopwatch. Em seguida, ao clicar no botão Back, o usuário irá esperar que a tela volte para a visualização anterior à escolha do treino. Mas **o botão Back vai apenas eliminar a última transação da pilha de retorno**. Portanto, se criarmos duas transações para adicionar os detalhes do treino e o stopwatch, quando o usuário clicar no botão Back, só o stopwatch será removido. O usuário terá que clicar no botão Back novamente para remover os detalhes do treino.

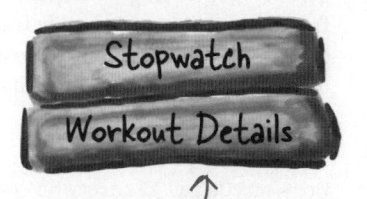

Stopwatch
Workout Details

Uma transação para o WorkoutDetailFragment é adicionada à pilha de retorno, seguida por uma transação separada para o StopwatchFragment.

Workout Details

Quando o usuário pressiona o botão Back, a transação do StopwatchFragment sai da pilha de retorno. A transação do WorkoutDetailFragment continua na pilha de retorno.

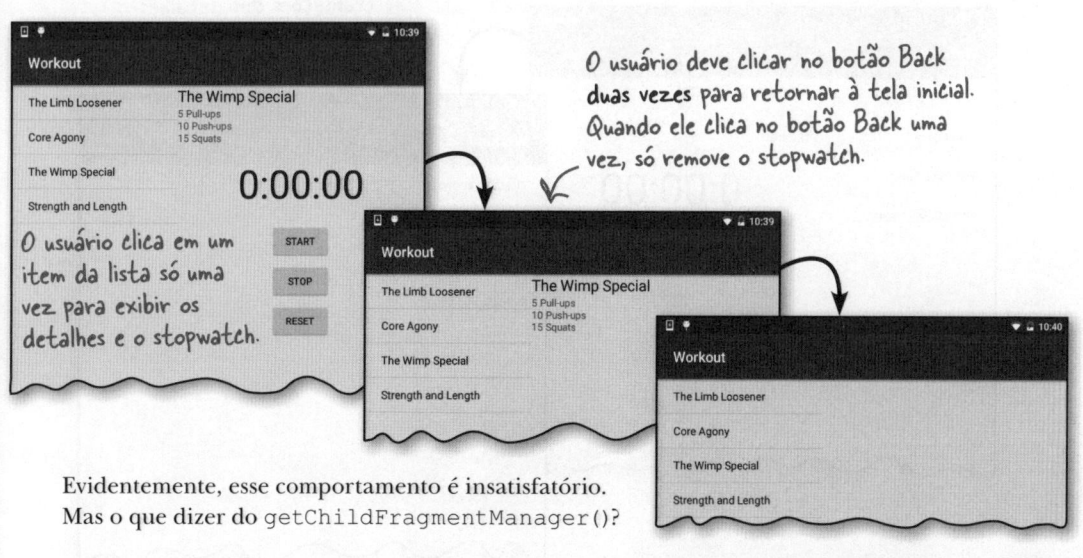

O usuário clica em um item da lista só uma vez para exibir os detalhes e o stopwatch.

O usuário deve clicar no botão Back duas vezes para retornar à tela inicial. Quando ele clica no botão Back uma vez, só remove o stopwatch.

Evidentemente, esse comportamento é insatisfatório. Mas o que dizer do `getChildFragmentManager()`?

getChildFragmentManager()

Use o getChildFragmentManager() para criar transações aninhadas

☑ Converta o stopwatch
☑ Teste o stopwatch
☐ **Adicione ao fragmento**

O método `getChildFragmentManager()` obtém o gerenciador de fragmentos associado ao *fragmento-pai* do **fragmento**. As transações de fragmento criadas com esse gerenciador de fragmentos são adicionadas à pilha de retorno na transação do fragmento-pai e não com uma transação separada.

Nesse caso específico, a transação de fragmento que exibe o `WorkoutDetailFragment` contém uma segunda transação que exibe o `StopwatchFragment`.

> Eu mostro os detalhes do treino e o stopwatch.

A transação para adicionar o StopwatchFragment está aninhada na transação para adicionar o WorkoutDetailFragment. → Workout Details [Stopwatch]

O `WorkoutDetailFragment` e o `StopwatchFragment` continuam aparecendo quando o usuário clica em um treino, mas o comportamento é diferente quando o usuário clica no botão Back. Como as duas transações estão aninhadas, ambas saem da pilha de retorno quando o usuário pressiona o botão Back. Os detalhes do treino e o stopwatch são removidos quando o usuário pressiona o botão Back uma vez. Esse é o nosso objetivo; vamos utilizar esse método no app.

Desta vez, o usuário só precisa pressionar o botão Back uma vez para desfazer as transações dos detalhes do treino e do stopwatch.

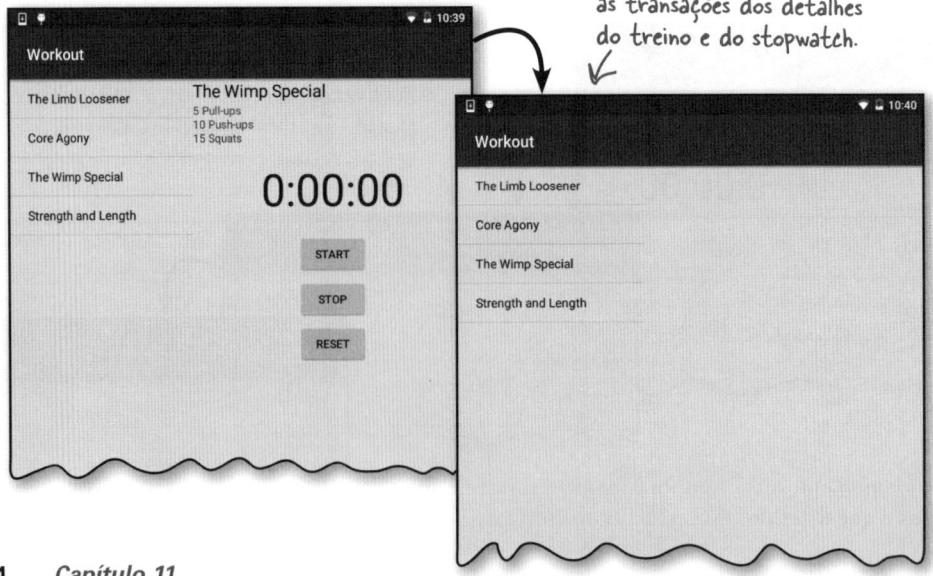

exibições e grupos de exibições

Confira o código da transação do fragmento getChildFragmentManager()

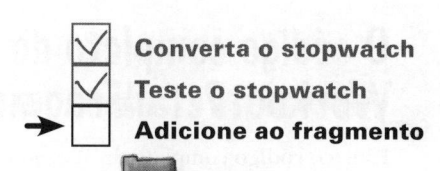

- ☑ Converta o stopwatch
- ☑ Teste o stopwatch
- ☐ **Adicione ao fragmento**

O código que escrevemos vai adicionar o `StopwatchFragment` ao `WorkoutDetailFragment`. Ele cria uma transação de fragmento usando o gerenciador de fragmentos retornado pelo `getChildFragmentManager()`. Este é o código:

Workout → app/src/main → java → com.hfad.workout → WorkoutDetailFragment.java

```java
public void onCreate(Bundle savedInstanceState) {
    super.onCreate(savedInstanceState);
    if (savedInstanceState == null) {
        StopwatchFragment stopwatch = new StopwatchFragment();
        FragmentTransaction ft = getChildFragmentManager().beginTransaction();
        ft.add(R.id.stopwatch_container, stopwatch);
        ft.addToBackStack(null);
        ft.setTransition(FragmentTransaction.TRANSIT_FRAGMENT_FADE);
        ft.commit();
    } else {
        workoutId = savedInstanceState.getLong("workoutId");
    }
}
```

Estamos usando o getChildFragmentManager() e não o getSupportFragmentManager(). Fora isso, o código é o mesmo que criamos antes.

Temos que adicionar esse código ao *WorkoutDetailFragment.java*. Vamos apresentar o código completo na próxima página.

---

não existem Perguntas Idiotas

P: Percebi que o gerenciador do fragmento-filho controla a operação quando eu coloco um fragmento dentro de outro. Mas e se eu quiser colocar um fragmento dentro de outro e colocar esse outro dentro de outro e assim por diante?

R: As transações ficarão aninhadas, uma dentro da outra, deixando apenas uma transação no nível da atividade. Portanto, o conjunto aninhado de transações-filhas será desfeito com um só clique no botão Back.

P: Os fragmentos parecem mais complicados do que as atividades. Tenho mesmo que usar fragmentos no app que estou desenvolvendo?

R: Depende do app e dos seus objetivos. Um dos maiores benefícios dos fragmentos é a possibilidade de utilizá-los para que o software rode em uma ampla variedade de tamanhos de tela. Você pode, por exemplo, optar por exibir os fragmentos lado a lado em tablets e em telas separadas em dispositivos menores. No próximo capítulo, você também vai aprender que alguns designs de UI exigem o uso de fragmentos.

o código do WorkoutDetailFragment

O código completo do WorkoutDetailFragment.java

☑ Converta o stopwatch
☑ Teste o stopwatch
→ ☐ **Adicione ao fragmento**

Este é o código completo do *WorkoutDetailFragment.java*. Atualize sua versão do código com base nas alterações indicadas abaixo.

```java
package com.hfad.workout;

import android.support.v4.app.Fragment;
import android.support.v4.app.FragmentTransaction;
import android.os.Bundle;
import android.view.LayoutInflater;
import android.view.View;
import android.view.ViewGroup;
import android.widget.TextView;

public class WorkoutDetailFragment extends Fragment {
    private long workoutId;

    @Override
    public void onCreate(Bundle savedInstanceState) {
        super.onCreate(savedInstanceState);
        if (savedInstanceState != null) {   ← Exclua esta linha.
        if (savedInstanceState == null) {
            StopwatchFragment stopwatch = new StopwatchFragment();
            FragmentTransaction ft = getChildFragmentManager().beginTransaction();
            ft.add(R.id.stopwatch_container, stopwatch);
            ft.addToBackStack(null);
            ft.setTransition(FragmentTransaction.TRANSIT_FRAGMENT_FADE);
            ft.commit();
        } else {
            workoutId = savedInstanceState.getLong("workoutId");
        }
    }
```

Você deve importar a classe FragmentTransaction da Support Library.

(linha de import em negrito)

Estrutura de pastas: Workout → app/src/main → java → com.hfad.workout → WorkoutDetailFragment.java

Inicie a transação de fragmento.

Adicione o stopwatch e a transação à pilha de retorno.

Confirme a transação.

Programe a transição do fragmento para aparecer e desaparecer gradualmente.

O fragmento só deve ser adicionado se a atividade não estiver sendo recriada depois de ter sido destruída.

O código continua na próxima página.

exibições e grupos de exibições

O código completo (continuação)

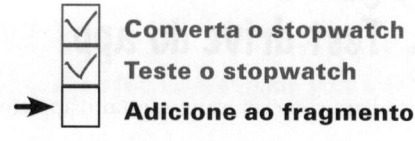

☑ Converta o stopwatch
☑ Teste o stopwatch
➡ ☐ **Adicione ao fragmento**

```java
@Override
public View onCreateView(LayoutInflater inflater, ViewGroup container,
                        Bundle savedInstanceState) {
    return inflater.inflate(R.layout.fragment_workout_detail, container, false);
}

@Override
public void onStart() {
    super.onStart();
    View view = getView();
    if (view != null) {
        TextView title = (TextView) view.findViewById(R.id.textTitle);
        Workout workout = Workout.workouts[(int) workoutId];
        title.setText(workout.getName());
        TextView description = (TextView) view.findViewById(R.id.textDescription);
        description.setText(workout.getDescription());
    }
}

@Override
public void onSaveInstanceState(Bundle savedInstanceState) {
    savedInstanceState.putLong("workoutId", workoutId);
}

public void setWorkout(long id) {
    this.workoutId = id;
}
}
```

Não alteramos os métodos indicados nesta página.

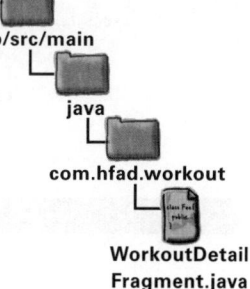

Workout
└ app/src/main
  └ java
    └ com.hfad.workout
      └ **WorkoutDetailFragment.java**

Concluímos o app. Vamos fazer um test drive no software e conferir se está tudo funcionando.

você está aqui ▶ 477

test drive

Test drive do app

Para começar, vamos testar o app em um tablet.

Quando iniciamos o app, a `MainActivity` aparece.

☑ Converta o stopwatch
☑ Teste o stopwatch
→ ☑ **Adicione ao fragmento**

A MainActivity é iniciada quando ativamos o app.

Workout
- The Limb Loosener
- Core Agony
- The Wimp Special
- Strength and Length

Quando clicamos em um dos treinos, seus detalhes são exibidos junto com o stopwatch. Se clicarmos em um segundo treino e, em seguida, clicarmos no botão Back, os detalhes do primeiro treino aparecem.

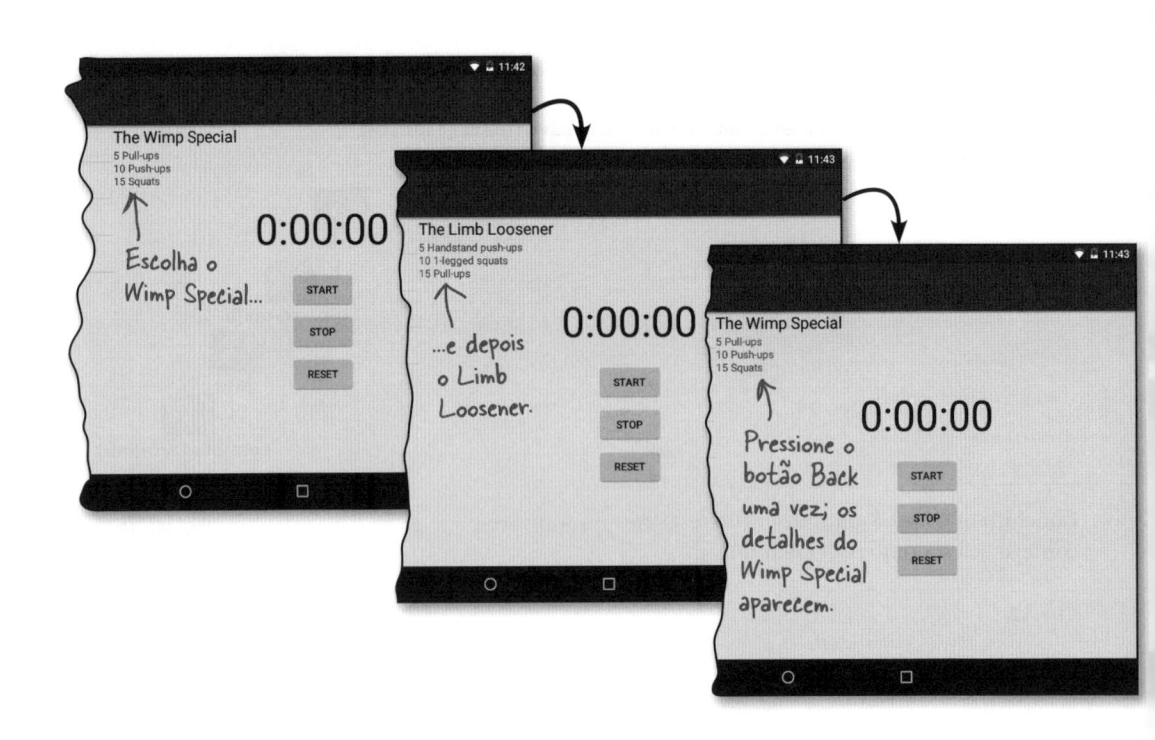

The Wimp Special
5 Pull-ups
10 Push-ups
15 Squats

0:00:00

START
STOP
RESET

Escolha o Wimp Special...

The Limb Loosener
5 Handstand push-ups
10 1-legged squats
15 Pull-ups

0:00:00

START
STOP
RESET

...e depois o Limb Loosener.

The Wimp Special
5 Pull-ups
10 Push-ups
15 Squats

0:00:00

START
STOP
RESET

Pressione o botão Back uma vez; os detalhes do Wimp Special aparecem.

exibições e grupos de exibições

Test drive (continuação)

Quando clicamos nos botões do stopwatch, todos funcionam como esperado. Quando giramos o app, o stopwatch preserva seu estado.

☑ Converta o stopwatch
☑ Teste o stopwatch
➔ ☑ **Adicione ao fragmento**

O cronômetro começa a rodar quando clicamos no botão Start.

Quando giramos o dispositivo, o cronômetro continua rodando.

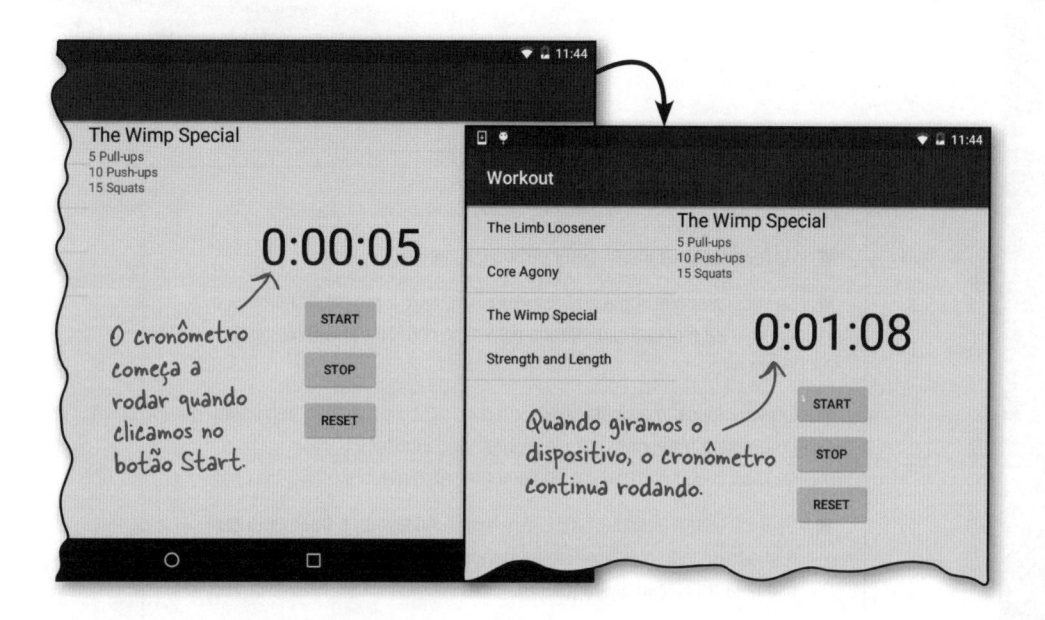

Quando executamos o app em um celular, o `WorkoutDetailFragment` aparece dentro de outra atividade, a `DetailActivity`. O stopwatch continua sendo exibido sob os detalhes do treino e funciona como esperado.

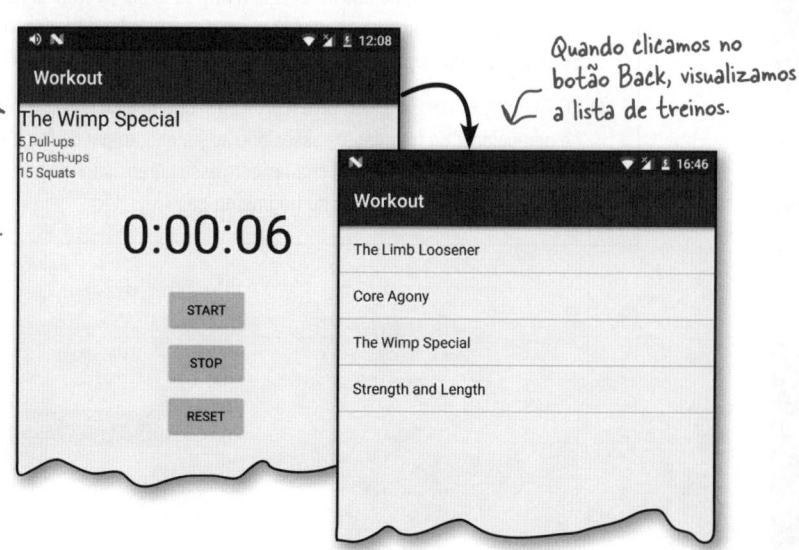

Este é o app rodando em um celular. O StopwatchFragment continua sendo exibido no WorkoutDetailFragment. Todos os botões funcionam, e o stopwatch preserva seu estado quando giramos o dispositivo.

Quando clicamos no botão Back, visualizamos a lista de treinos.

você está aqui ▶   479

caixa de ferramentas

Sua caixa de ferramentas para Android

Você fechou o Capítulo 11 e adicionou fragmentos dinâmicos à sua caixa de ferramentas.

O código completo do capítulo pode ser baixado em https://www.altabooks.com.br. Procure pelo título ou ISBN do livro.

PONTOS DE BALA

- Os fragmentos podem conter outros fragmentos.
- Se você usar o atributo `android:onClick` em um fragmento, o Android irá procurar um método com esse nome na atividade-pai do fragmento.
- Em vez de usar o atributo `android:onClick` em um fragmento, programe o fragmento para implementar a interface `View.OnClickListener` e implemente seu método `onClick()`.
- Se você usar o elemento `<fragment>` no layout, o fragmento será recriado quando o dispositivo for girado. Se o fragmento for dinâmico, use uma transação de fragmento.
- Os fragmentos têm dois métodos para obter o gerenciador de fragmentos: `getFragmentManager()` e `getChildFragmentManager()`.
- O `getFragmentManager()` obtém uma referência para o gerenciador de fragmentos associado à atividade-pai do fragmento. As transações de fragmento criadas com esse gerenciador de fragmentos são adicionadas à pilha de retorno como transações extra.
- O `getChildFragmentManager()` obtém uma referência para o gerenciador de fragmentos associado ao fragmento-pai do fragmento. As transações de fragmento criadas com esse gerenciador de fragmentos são aninhadas na transação do fragmento-pai.

12 design support library

É Hora de Deslizar

> Essa nova lanchonete é incrível: eles servem torrada e muitas outras coisas.

Você quer desenvolver apps com UIs fantásticas e arrojadas?
Agora, com a **Android Design Support Library**, é muito mais fácil criar apps com UIs intuitivas. Neste capítulo, vamos apresentar alguns dos principais recursos desta ferramenta. Você vai aprender a adicionar **abas** para *facilitar a navegação dos usuários* e a **animar barras de ferramentas** para que elas *se recolham ou se expandam com um toque*. Além disso, vai aprender a adicionar **botões de ação flutuantes** para ações comuns do usuário. Por fim, vamos apresentar os **snackbars**, uma forma de exibir mensagens curtas, informativas e interativas para o usuário.

mais pizza

Conferindo novamente o app Bits and Pizzas

No Capítulo 8, apresentamos o esquema da tela de alto nível do app Bits and Pizzas, trazendo uma lista de locais do app à disposição do usuário. As primeiras três opções eram links para telas de categorias de pizzas, massas e lojas, enquanto a última opção trazia um link para uma tela em que o usuário poderia criar um pedido.

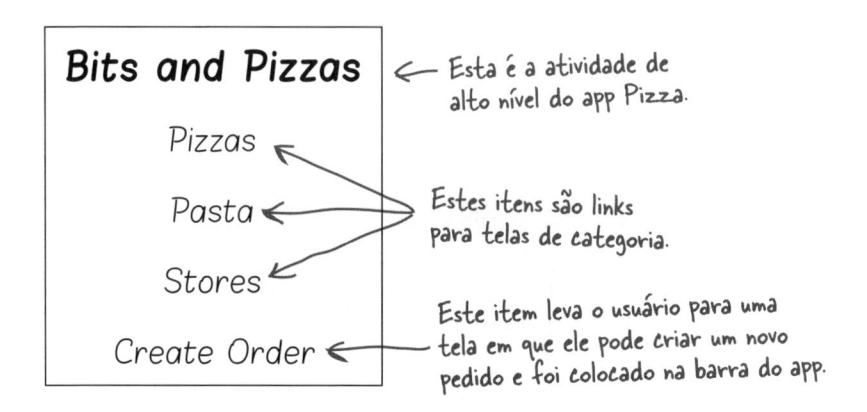

Bits and Pizzas ← Esta é a atividade de alto nível do app Pizza.

- Pizzas
- Pasta
- Stores

Estes itens são links para telas de categoria.

Create Order ← Este item leva o usuário para uma tela em que ele pode criar um novo pedido e foi colocado na barra do app.

Até aqui, você aprendeu a adicionar ações à barra do app. Essa operação se aplica a comandos simples, como Create Order (Criar Pedido) e Send Feedback (Enviar Feedback). Mas como podemos trabalhar com as telas de categoria? Para utilizar essas telas para navegar pelo app, em vez de realizar uma ação, temos que adotar uma abordagem diferente.

Vamos alterar o app Bits and Pizzas para utilizar a **navegação por abas**. Um conjunto de abas será colocado embaixo da barra de ferramentas, e cada aba trará uma opção diferente. Quando o usuário clicar em uma aba, a tela da opção correspondente será exibida. Também vamos permitir que o usuário navegue para a esquerda e para a direita entre as abas.

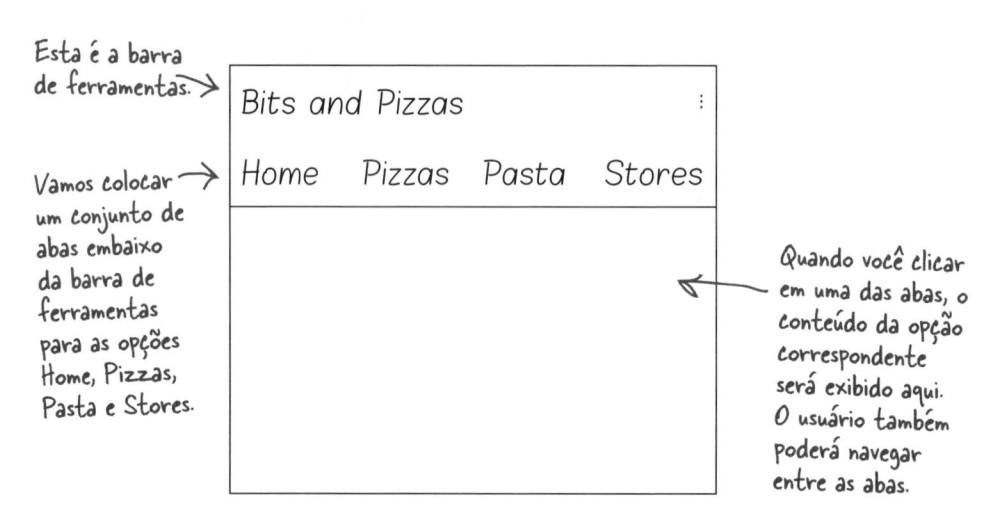

Esta é a barra de ferramentas. →

Bits and Pizzas

Home   Pizzas   Pasta   Stores

← Vamos colocar um conjunto de abas embaixo da barra de ferramentas para as opções Home, Pizzas, Pasta e Stores.

← Quando você clicar em uma das abas, o conteúdo da opção correspondente será exibido aqui. O usuário também poderá navegar entre as abas.

A estrutura do app

Vamos alterar a `MainActivity` para incluir abas. As abas irão corresponder às opções Home, Pizzas, Pasta e Stores, para facilitar a navegação do usuário pelas seções principais do app.

Vamos criar fragmentos para essas diferentes opções. Quando o usuário clicar em uma das abas, o fragmento da opção correspondente será exibido:

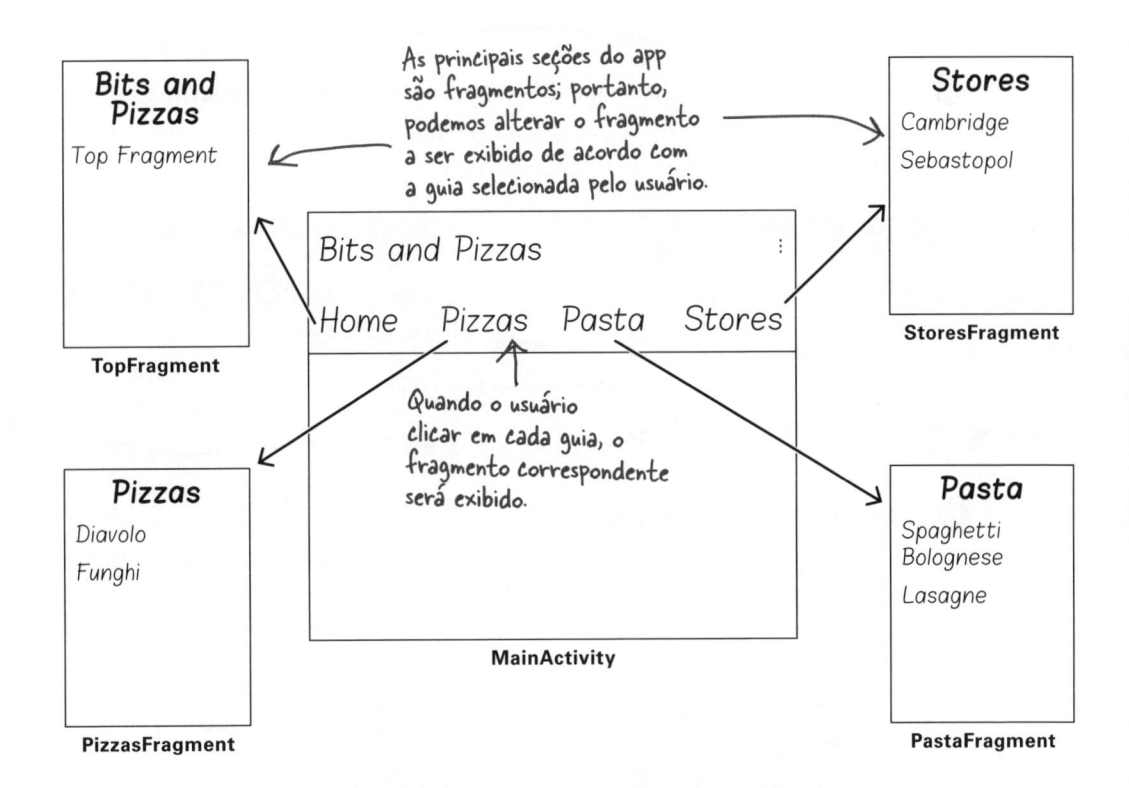

A nova versão do app ficará desta forma:

Bits and Pizzas
HOME PIZZAS PASTA STORES
Diavolo
Funghi

Bits and Pizzas
Top Fragment

TopFragment

As principais seções do app são fragmentos; portanto, podemos alterar o fragmento a ser exibido de acordo com a guia selecionada pelo usuário.

Bits and Pizzas
Home Pizzas Pasta Stores

Quando o usuário clicar em cada guia, o fragmento correspondente será exibido.

MainActivity

Stores
Cambridge
Sebastopol

StoresFragment

Pizzas
Diavolo
Funghi

PizzasFragment

Pasta
Spaghetti Bolognese
Lasagne

PastaFragment

Vamos analisar as etapas dessa operação na próxima página.

etapas

Vamos fazer o seguinte

Para desenvolver as abas, temos que realizar três etapas principais:

❶ Crie os fragmentos.

Vamos criar as versões básicas de `TopFragment`, `PizzaFragment`, `PastaFragment` e `StoresFragment` para facilitar a definição do fragmento a ser exibido em cada aba.

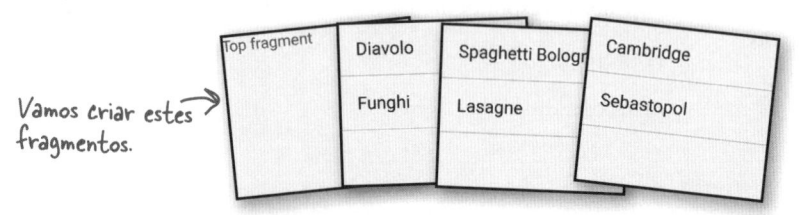

Vamos criar estes fragmentos.

❷ Habilite a navegação swipe (deslizante) entre os fragmentos.

Vamos atualizar a `MainActivity` para que o usuário possa deslizar entre os diferentes fragmentos.

Vamos navegar deslizando entre os fragmentos.

❸ Adicione o layout de aba.

Por fim, vamos adicionar um layout de aba à `MainActivity` para operar em conjunto com a navegação swipe. O usuário poderá navegar entre os fragmentos clicando em uma das abas ou deslizando entre elas.

Vamos adicionar um layout de aba à MainActivity, mas o usuário ainda poderá deslizar entre os fragmentos se quiser.

Faça isso!

Vamos atualizar o app Bits and Pizzas neste capítulo; portanto, abra o projeto Bits and Pizzas que você criou no Android Studio no Capítulo 8.

Para começar, vamos criar os fragmentos.

exibições e grupos de exibições

Crie o TopFragment

→ ☐ **Adicione os fragmentos**
☐ **Adicione a navegação swipe**
☐ **Adicione as abas**

Vamos usar o `TopFragment` para exibir o conteúdo da aba Home. Por enquanto, vamos mostrar o texto "Top fragment" para indicar o fragmento a ser exibido. Selecione o pacote *com.hfad.bitsandpizzas* na pasta *app/src/main/java* e, em seguida, vá para File→New...→Fragment→Fragment (Blank). Nomeie o fragmento como "TopFragment" e o layout como "fragment_top". Em seguida, substitua o código do *TopFragment.java* pelo código indicado abaixo:

TopFragment → ☐ Top fragment

```java
package com.hfad.bitsandpizzas;

import android.os.Bundle;
import android.support.v4.app.Fragment;
import android.view.LayoutInflater;
import android.view.View;
import android.view.ViewGroup;

public class TopFragment extends Fragment {

    @Override
    public View onCreateView(LayoutInflater inflater, ViewGroup container,
                             Bundle savedInstanceState) {
        return inflater.inflate(R.layout.fragment_top, container, false);
    }
}
```

O TopFragment.java é um fragmento da Support Library.

```
BitsAndPizzas
    └── app/src/main
            └── java
                    └── com.hfad.bitsandpizzas
                            └── TopFragment.java
```

Adicione o recurso de string a seguir ao *strings.xml*. Vamos utilizá-lo no layout do fragmento:

```xml
<string name="title_top">Top fragment</string>
```

Adicione este item ao strings.xml. Vamos utilizá-lo para saber quando o TopFragment for exibido.

Em seguida, atualize o código do *fragment_top.xml* da seguinte forma:

```xml
<LinearLayout xmlns:android="http://schemas.android.com/apk/res/android"
    xmlns:tools="http://schemas.android.com/tools"
    android:layout_width="match_parent"
    android:layout_height="match_parent"
    android:orientation="vertical"
    tools:context="com.hfad.bitsandpizzas.TopFragment">

    <TextView
        android:layout_width="match_parent"
        android:layout_height="match_parent"
        android:text="@string/title_top" />

</LinearLayout>
```

```
BitsAndPizzas
    └── app/src/main
            └── res
                    └── layout
                            └── fragment_top.xml
```

você está aqui ▶   **485**

crie o PizzaFragment

Crie o PizzaFragment

- Adicione os fragmentos
- Adicione a navegação swipe
- Adicione as abas

Vamos usar um `ListFragment` chamado `PizzaFragment` para exibir a lista de pizzas. Selecione o pacote *com.hfad.bitsandpizzas* na pasta *app/src/main/java* e, em seguida, vá para File→New...→Fragment→Fragment (Blank). Nomeie o fragmento como "PizzaFragment" e desmarque a opção para criar um layout. Por quê? Porque os fragmentos de lista não precisam de layouts, uma vez que já contêm seus próprios layouts.

Não marque a opção Fragment (List) para não gerar um código muito complexo.

PizzaFragment →

Diavolo
Funghi

Depois, adicione um novo recurso de array de strings chamado `"pizzas"` ao *strings.xml* (esse item contém os nomes das pizzas):

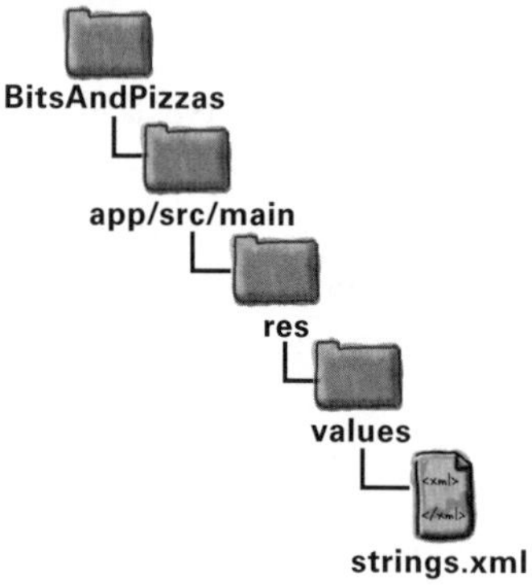

```xml
<string-array name="pizzas">
    <item>Diavolo</item>
    <item>Funghi</item>
</string-array>
```
Adicione um array de pizzas ao strings.xml.

BitsAndPizzas
└── app/src/main
    └── res
        └── values
            └── strings.xml

Em seguida, altere o código do *PizzaFragment.java* para defini-lo como um `ListFragment`. Sua list view deve ser preenchida com os nomes das pizzas. Este é o código atualizado:

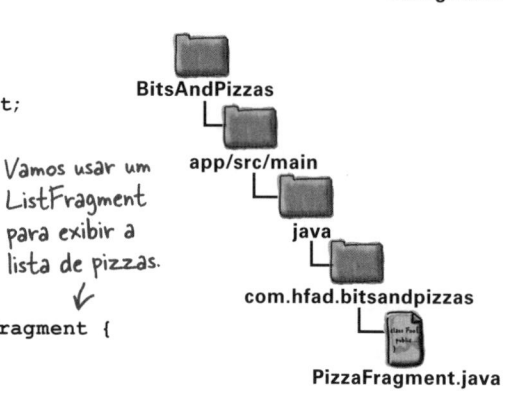

```java
package com.hfad.bitsandpizzas;

import android.os.Bundle;
import android.support.v4.app.ListFragment;
import android.view.LayoutInflater;
import android.view.View;
import android.view.ViewGroup;
import android.widget.ArrayAdapter;

public class PizzaFragment extends ListFragment {

    @Override
    public View onCreateView(LayoutInflater inflater, ViewGroup container,
                             Bundle savedInstanceState) {
        ArrayAdapter<String> adapter = new ArrayAdapter<>(
                inflater.getContext(),
                android.R.layout.simple_list_item_1,
                getResources().getStringArray(R.array.pizzas));
        setListAdapter(adapter);
        return super.onCreateView(inflater, container, savedInstanceState);
    }
}
```

Vamos usar um ListFragment para exibir a lista de pizzas.

BitsAndPizzas
└── app/src/main
    └── java
        └── com.hfad.bitsandpizzas
            └── PizzaFragment.java

O ArrayAdapter preenche o ListView do ListFragment com os nomes das pizzas.

exibições e grupos de exibições

Crie o PastaFragment

Vamos usar um `ListFragment` chamado `PastaFragment` para exibir a lista de massas. Selecione o pacote *com.hfad.bitsandpizzas* na pasta *app/src/main/java* e crie um novo fragmento em branco chamado "PastaFragment". Você pode desmarcar a opção para criar um layout, pois os fragmentos de lista já contêm seus próprios layouts.

→ Adicione os fragmentos
Adicione a navegação swipe
Adicione as abas

Depois, adicione um novo recurso de array de strings chamado "pasta" ao *strings.xml* (esse item contém os nomes das massas):

```xml
<string-array name="pasta">
    <item>Spaghetti Bolognese</item>
    <item>Lasagne</item>
</string-array>
```

← Adicione o array de massas ao strings.xml.

Depois, altere o código do *PastaFragment.java* para defini-lo como um `ListFragment` e exibir uma lista com os nomes das massas. Este é o código atualizado:

```java
package com.hfad.bitsandpizzas;

import android.os.Bundle;
import android.support.v4.app.ListFragment;
import android.view.LayoutInflater;
import android.view.View;
import android.view.ViewGroup;
import android.widget.ArrayAdapter;

public class PastaFragment extends ListFragment {

    @Override
    public View onCreateView(LayoutInflater inflater, ViewGroup container,
                             Bundle savedInstanceState) {
        ArrayAdapter<String> adapter = new ArrayAdapter<>(
                inflater.getContext(),
                android.R.layout.simple_list_item_1,
                getResources().getStringArray(R.array.pasta));
        setListAdapter(adapter);
        return super.onCreateView(inflater, container, savedInstanceState);
    }
}
```

crie o StoresFragment

Crie o StoresFragment

Vamos usar um `ListFragment` chamado `StoresFragment` para exibir a lista de lojas. Selecione o pacote *com.hfad.bitsandpizzas* na pasta *app/src/main/java* e crie um novo fragmento em branco chamado "StoresFragment". Desmarque a opção para criar um layout, pois os fragmentos de lista definem seus próprios layouts.

➡️ ☐ **Adicione os fragmentos**
☐ Adicione a navegação swipe
☐ Adicione as abas

StoresFragment → | Cambridge |
| --- |
| Sebastopol |
| |

Depois, adicione um novo recurso de array de strings chamado `"stores"` ao *strings.xml* (esse item contém o nome das lojas):

```
<string-array name="stores">
    <item>Cambridge</item>
    <item>Sebastopol</item>
</string-array>
```
Adicione o array de lojas ao strings.xml.

Depois, altere o código do *StoresFragment.java* para defini-lo como um `ListFragment`. Seu list view deve ser preenchido com os nomes das lojas. Este é o código atualizado:

```java
package com.hfad.bitsandpizzas;

import android.os.Bundle;
import android.support.v4.app.ListFragment;
import android.view.LayoutInflater;
import android.view.View;
import android.view.ViewGroup;
import android.widget.ArrayAdapter;

public class StoresFragment extends ListFragment {

    @Override
    public View onCreateView(LayoutInflater inflater, ViewGroup container,
                             Bundle savedInstanceState) {
        ArrayAdapter<String> adapter = new ArrayAdapter<>(
                inflater.getContext(),
                android.R.layout.simple_list_item_1,
                getResources().getStringArray(R.array.stores));
        setListAdapter(adapter);
        return super.onCreateView(inflater, container, savedInstanceState);
    }
}
```
Vamos usar um ListFragment para exibir a lista de lojas.

Acabamos de adicionar os fragmentos necessários. Agora vamos para a próxima etapa.

exibições e grupos de exibições

Use um view pager para deslizar pelos fragmentos

☑ Adicione os fragmentos
☐ Adicione a navegação swipe
☐ Adicione as abas

Queremos deslizar entre os fragmentos que acabamos de criar. Para isso, vamos usar um **view pager**, um view group que permite ao usuário deslizar pelas páginas do layout. Cada página contém um fragmento separado.

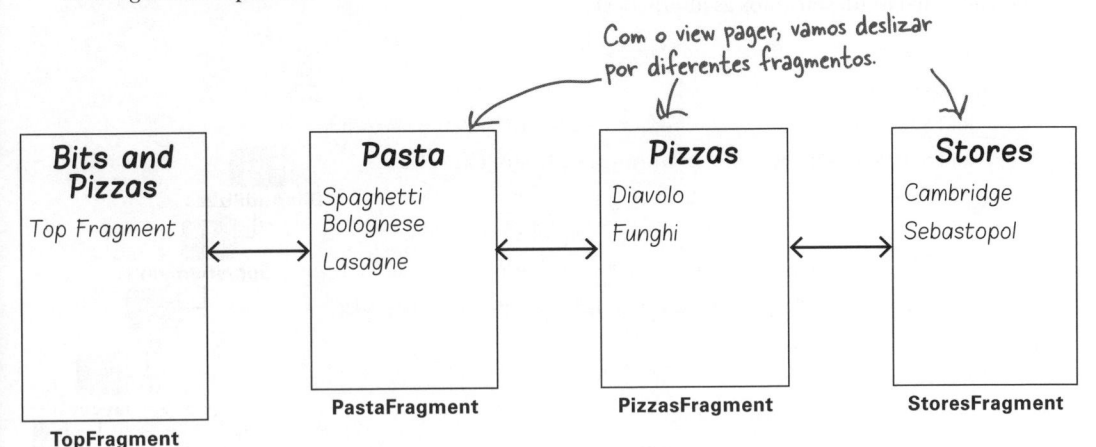

Com o view pager, vamos deslizar por diferentes fragmentos.

Bits and Pizzas Top Fragment	↔	Pasta Spaghetti Bolognese Lasagne	↔	Pizzas Diavolo Funghi	↔	Stores Cambridge Sebastopol
TopFragment		**PastaFragment**		**PizzasFragment**		**StoresFragment**

Para usar um view pager, você deve adicioná-lo ao layout e escrever o código da atividade para controlar os fragmentos que serão exibidos. A classe `ViewPager` vem da v4 Support Library, localizada na v7 AppCompat Support Library; portanto, você deve adicionar uma dessas bibliotecas ao projeto como uma dependência. Nesse caso específico, já adicionamos a v7 AppCompat Support Library ao projeto no Capítulo 8.

Para conferir as Support Libraries vinculadas ao projeto no Android Studio, escolha Project Structure no menu File, clique no módulo do app e escolha Dependencies.

Confira o código do layout do view pager

Para adicionar um view pager ao layout, use o código a seguir:

A classe ViewPager está localizada na v4 Support Library (que integra a v7 AppCompat Support Library).

```
<android.support.v4.view.ViewPager
    android:id="@+id/pager"
    android:layout_width="match_parent"
    android:layout_height="match_parent" />
```

Você deve atribuir ao ViewPager uma ID para controlar seu comportamento no código da atividade.

O código acima define o view pager, atribuindo a ID `pager`. Cada view pager criado *deve* ter uma ID para ser referenciado no código da atividade. Sem essa ID, você não poderá especificar os fragmentos que deverão aparecer em cada página do view pager.

Vamos adicionar um view pager à `MainActivity`. O código completo do layout correspondente será apresentado na próxima página.

você está aqui ▶ **489**

view pager

Adicione um view pager ao layout da MainActivity

- ☑ Adicione os fragmentos
- ☐ Adicione a navegação swipe
- ☐ Adicione as abas

Vamos adicionar um view pager ao layout da `MainActivity` e remover o text view que colocamos lá. Abra o arquivo *activity_main.xml* e, em seguida, atualize seu código com base no código indicado abaixo (destacamos as alterações):

```xml
<?xml version="1.0" encoding="utf-8"?>
<LinearLayout
    xmlns:android="http://schemas.android.com/apk/res/android"
    xmlns:tools="http://schemas.android.com/tools"
    android:layout_width="match_parent"
    android:layout_height="match_parent"
    android:orientation="vertical"
    tools:context="com.hfad.bitsandpizzas.MainActivity">

    <include
        layout="@layout/toolbar_main"
        android:id="@+id/toolbar" />

    <android.support.v4.view.ViewPager
        android:id="@+id/pager"
        android:layout_width="match_parent"
        android:layout_height="match_parent" />

    <TextView
        android:layout_width="wrap_content"
        android:layout_height="wrap_content"
        android:text="Hello World!" />

</LinearLayout>
```

BitsAndPizzas / app/src/main / res / layout / activity_main.xml

Coloque o ViewPager embaixo da Toolbar.

Não vamos mais exibir um TextView na MainActivity; portanto, exclua estas linhas de código.

Acabamos de adicionar um view pager ao layout. Para que o novo view pager mostre os fragmentos, precisamos escrever mais código de atividade. Vamos fazer isso a seguir.

exibições e grupos de exibições

Use um fragment pager adapter para indicar as páginas ao view pager

☑ Adicione os fragmentos
→ ☐ Adicione a navegação swipe
☐ Adicione as abas

Para que um view pager mostre um fragmento em cada uma das suas páginas, você deve transmitir duas informações fundamentais: o número de páginas e o fragmento que deve aparecer em cada página. Para isso, você deve criar um **fragment pager adapter** e adicioná-lo ao código da atividade.

Um fragment pager adapter é um tipo de adaptador especializado em adicionar fragmentos às páginas de um view pager. Em regra, você deve usar esse adaptador quando dispõe de um número pequeno de páginas razoavelmente estáticas, pois cada fragmento visitado pelo usuário será armazenado na memória.

*Para que o view pager contenha um grande número de páginas, você deve usar um **fragment state pager adapter**. Não vamos abordar esse recurso aqui, mas o código é quase idêntico.*

Este é o código do fragment pager adapter:

Vamos definir este item como privado, pois queremos adicioná-lo à MainActivity como uma classe interna.

```
private class SectionsPagerAdapter extends FragmentPagerAdapter {

    public SectionsPagerAdapter(FragmentManager fm) {
        super(fm);
    }

    @Override
    public int getCount() {
        //O número de páginas no ViewPager
    }

    @Override
    public Fragment getItem(int position) {
        //O fragmento a ser exibido em cada página
    }
}
```

Você deve estender a classe FragmentPagerAdapter.

Você deve ter um construtor que opere com o parâmetro FragmentManager.

Você deve substituir o método getCount() para especificar o número de páginas do view pager.

Você deve indicar o fragmento que aparecerá em cada página. A posição atribui um número a cada página, começando em 0.

Para criar um fragment pager adapter, você *deve* substituir dois métodos fundamentais: `getCount()` e `getItem()`. Utilize o `getCount()` para especificar o número de páginas do view pager e o `getItem()` para definir o fragmento a ser exibido em cada página.

Na próxima página, vamos apresentar o código do fragment pager adapter do app Bits and Pizzas.

O código do fragment pager adapter

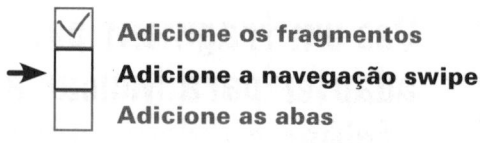

- [x] Adicione os fragmentos
- [ ] **Adicione a navegação swipe**
- [ ] Adicione as abas

Queremos que o view pager tenha quatro páginas. Vamos colocar o `TopFragment` na primeira página, o `PizzaFragment` na segunda, o `PastaFragment` na terceira e o `StoresFragment` na quarta.

Para isso, vamos criar um fragment pager adapter chamado `SectionsPagerAdapter`. Este é o código que vamos utilizar (vamos adicioná-lo ao *MainActivity.java* nas próximas páginas):

```java
private class SectionsPagerAdapter extends FragmentPagerAdapter {

    public SectionsPagerAdapter(FragmentManager fm) {
        super(fm);
    }

    @Override
    public int getCount() {
        return 4;    // Vamos colocar quatro páginas no ViewPager,
    }                // uma para cada um dos fragmentos entre
                     // os quais queremos deslizar.

    @Override
    public Fragment getItem(int position) {
        switch (position) {
            case 0:
                return new TopFragment();     // Queremos exibir primeiro
            case 1:                           // o TopFragment; portanto,
                return new PizzaFragment();   // vamos retornar uma nova
            case 2:                           // instância dele para a posição
                return new PastaFragment();   // 0 do ViewPager.
            case 3:
                return new StoresFragment();
        }
        return null;
    }
}
```

BitsAndPizzas/app/src/main/java/com.hfad.bitsandpizzas/MainActivity.java

Como o método `getCount()` especifica 4 páginas, o método `getItem()` deve solicitar fragmentos apenas para essas 4 posições de página.

Finalizamos o código do `SectionsPagerAdapter`. A seguir vamos utilizá-lo no view pager.

exibições e grupos de exibições

Vincule o fragment pager adapter ao view pager

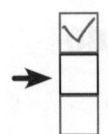

☑ Adicione os fragmentos
→ ☐ Adicione a navegação swipe
☐ Adicione as abas

Por fim, temos que vincular o `SectionsPagerAdapter` para que o view pager possa utilizá-lo. Para vincular um fragment pager adapter a um view pager, chame o método `setAdapter()` do `ViewPage`, transmitindo uma referência para instância do fragment pager adapter.

Este é o código que utilizamos para vincular o fragment pager adapter que criamos ao view pager:

```
@Override
protected void onCreate(Bundle savedInstanceState) {
    super.onCreate(savedInstanceState);
    ...
    //Anexa o SectionsPagerAdapter ao ViewPager
    SectionsPagerAdapter pagerAdapter =
                    new SectionsPagerAdapter(getSupportFragmentManager());
    ViewPager pager = (ViewPager) findViewById(R.id.pager);
    pager.setAdapter(pagerAdapter);
}
```

← Este item vincula o FragmentPagerAdapter que criamos ao ViewPager.

BitsAndPizzas
└ app/src/main
  └ java
    └ com.hfad.bitsandpizzas
      └ MainActivity.java

Como estamos usando fragmentos de suporte, temos que transmitir ao adaptador uma referência para o gerenciador de fragmentos de suporte.

Acabamos de habilitar a navegação swipe nos fragmentos. Vamos apresentar o código completo da `MainActivity` na próxima página.

não existem Perguntas Idiotas

P: Em que situação devo colocar abas no app?

R: As abas são recursos eficientes que oferecem ao usuário um modo rápido de navegar por um número pequeno de seções ou categorias. Em geral, você deve separar uma aba para cada seção ou categoria.

P: O que devo fazer quando tenho um número muito grande de categorias? Posso usar abas nesse caso?

R: Você pode, mas considere também outras formas de navegação como gavetas de navegação. Essas gavetas são painéis que deslizam em um lado da tela. Vamos aprender a criá-las no Capítulo 14.

P: Você mencionou o fragment state pager adapter. O que é isso?

R: Esse recurso é muito parecido com um fragment pager adapter, mas também pode salvar e restaurar o estado de um fragmento. Esse adaptador utiliza menos memória do que um fragment pager adapter, pois, quando uma página não está visível, o fragmento correspondente pode ser destruído. É uma boa opção para quando view pagers contêm muitas páginas.

você está aqui ▶ 493

o código da MainActivity

O código completo do MainActivity.java

- ☑ Adicione os fragmentos
- → ☐ Adicione a navegação swipe
- ☐ Adicione as abas

Este é o código completo do *MainActivity.java*. Atualize sua versão do código com base nas mudanças indicadas abaixo (destacadas em negrito):

```
package com.hfad.bitsandpizzas;

import android.support.v7.app.AppCompatActivity;
import android.os.Bundle;
import android.support.v7.widget.Toolbar;
import android.view.Menu;
import android.view.MenuItem;
import android.content.Intent;
import android.support.v7.widget.ShareActionProvider;
import android.support.v4.view.MenuItemCompat;
import android.support.v4.view.ViewPager;
import android.support.v4.app.Fragment;
import android.support.v4.app.FragmentManager;
import android.support.v4.app.FragmentPagerAdapter;
```

Como estamos usando estas classes extras, temos que importá-las.

```
public class MainActivity extends AppCompatActivity {

    private ShareActionProvider shareActionProvider;

    @Override
    protected void onCreate(Bundle savedInstanceState) {
        super.onCreate(savedInstanceState);
        setContentView(R.layout.activity_main);
        Toolbar toolbar = (Toolbar) findViewById(R.id.toolbar);
        setSupportActionBar(toolbar);

        //Anexa o SectionsPagerAdapter ao ViewPager
        SectionsPagerAdapter pagerAdapter =
                    new SectionsPagerAdapter(getSupportFragmentManager());
        ViewPager pager = (ViewPager) findViewById(R.id.pager);
        pager.setAdapter(pagerAdapter);
    }
```

Vincule o FragmentPagerAdapter ao ViewPager.

BitsAndPizzas
app/src/main
java
com.hfad.bitsandpizzas
MainActivity.java

O código continua na próxima página

O código do MainActivity.java (continuação)

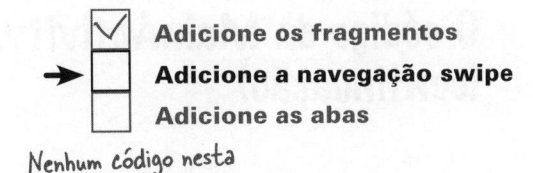

☑ Adicione os fragmentos
→ ☐ Adicione a navegação swipe
☐ Adicione as abas

Nenhum código nesta página foi alterado.

```java
@Override
public boolean onCreateOptionsMenu(Menu menu) {
    getMenuInflater().inflate(R.menu.menu_main, menu);
    MenuItem menuItem = menu.findItem(R.id.action_share);
    shareActionProvider =
            (ShareActionProvider) MenuItemCompat.getActionProvider(menuItem);
    setShareActionIntent("Want to join me for pizza?");
    return super.onCreateOptionsMenu(menu);
}


@Override
public boolean onOptionsItemSelected(MenuItem item) {
    switch (item.getItemId()) {
        case R.id.action_create_order:
            Intent intent = new Intent(this, OrderActivity.class);
            startActivity(intent);
            return true;
        default:
            return super.onOptionsItemSelected(item);
    }
}

private void setShareActionIntent(String text) {
    Intent intent = new Intent(Intent.ACTION_SEND);
    intent.setType("text/plain");
    intent.putExtra(Intent.EXTRA_TEXT, text);
    shareActionProvider.setShareIntent(intent);
}
```

BitsAndPizzas
app/src/main
java
com.hfad.bitsandpizzas
MainActivity.java

O código continua na próxima página. →

código, continuação

O código da MainActivity.java (continuação)

☑ Adicione os fragmentos
☐ Adicione a navegação swipe
☐ Adicione as abas

```java
    private class SectionsPagerAdapter extends FragmentPagerAdapter {

        public SectionsPagerAdapter(FragmentManager fm) {
            super(fm);
        }

        @Override
        public int getCount() {
            return 4;
        }

        @Override
        public Fragment getItem(int position) {
            switch (position) {
                case 0:
                    return new TopFragment();
                case 1:
                    return new PizzaFragment();
                case 2:
                    return new PastaFragment();
                case 3:
                    return new StoresFragment();
            }
            return null;
        }
    }
}
```

O FragmentPagerAdapter transmite informações para o ViewPager.

Indique quantas páginas o ViewPager deve conter.

Indique o fragmento que deve aparecer em cada página.

BitsAndPizzas
 └ app/src/main
     └ java
         └ com.hfad.bitsandpizzas
             └ MainActivity.java

Agora que atualizamos o código da `MainActivity`, vamos fazer um test drive no app e conferir o que acontece.

exibições e grupos de exibições

Test drive do app

- [x] Adicione os fragmentos
- [x] **Adicione a navegação swipe**
- [ ] Adicione as abas

Quando executamos o app, o `TopFragment` aparece. Quando deslizamos a tela para a esquerda, visualizamos sucessivamente o `PizzaFragment`, o `PastaFragment` e o `StoresFragment`. Quando a deslizamos na direção oposta, a partir de `StoresFragment`, visualizamos sucessivamente o `PastaFragment`, o `PizzaFragment` e o `TopFragment`.

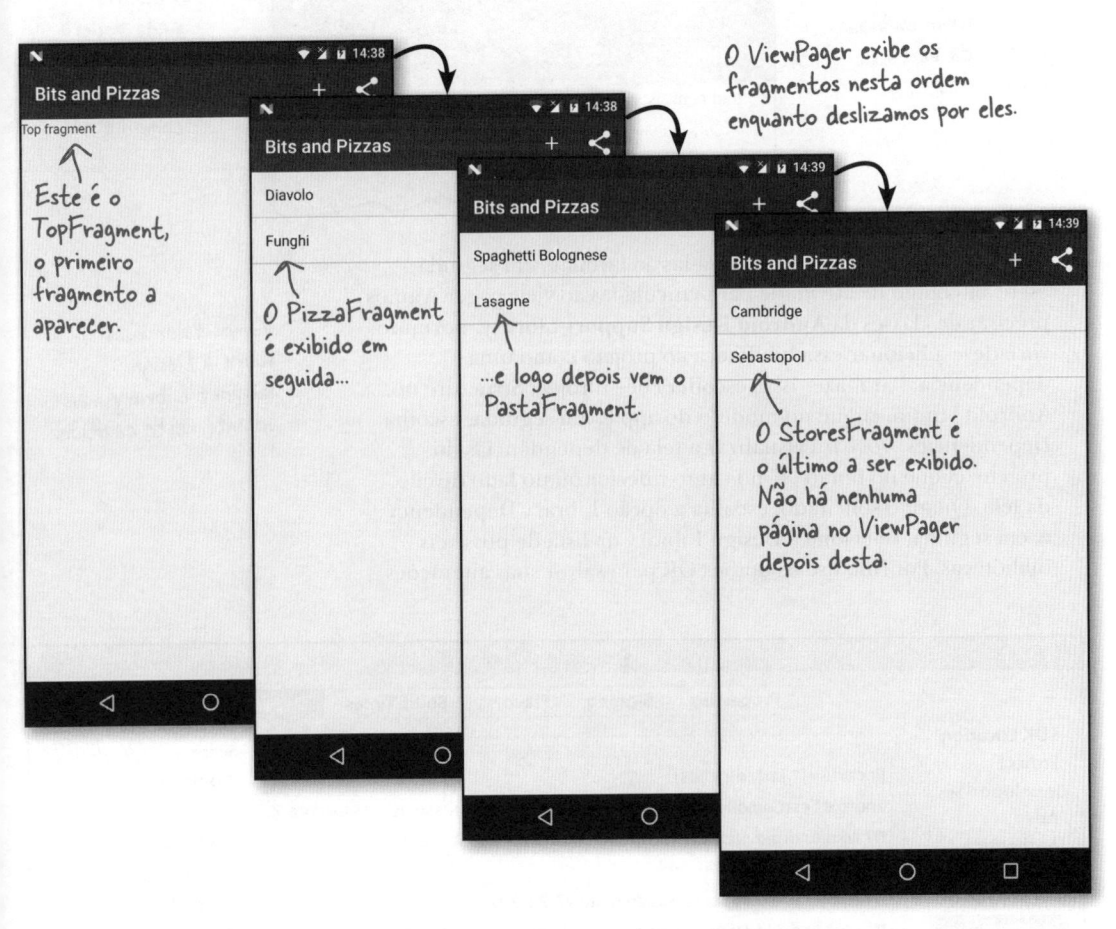

O ViewPager exibe os fragmentos nesta ordem enquanto deslizamos por eles.

Este é o TopFragment, o primeiro fragmento a aparecer.

O PizzaFragment é exibido em seguida...

...e logo depois vem o PastaFragment.

O StoresFragment é o último a ser exibido. Não há nenhuma página no ViewPager depois desta.

Agora que podemos deslizar pelos fragmentos na `MainActivity`, vamos adicionar as abas.

adicione a design support library

Adicione a navegação por abas à MainActivity

☑ Adicione os fragmentos
☑ Adicione a navegação swipe
→ ☐ Adicione as abas

Vamos adicionar as abas à `MainActivity` como um modo adicional de navegar pelos fragmentos. Cada fragmento será exibido na aba correspondente quando ela receber um clique. Também vamos poder deslizar pelas abas usando o view pager já incluído no código.

As abas serão exibidas embaixo da barra de ferramentas.

A aba Home está destacada, pois é a aba atual.

O usuário ainda poderá deslizar pelos fragmentos como antes.

Para usar abas, você deve adicioná-las ao layout e, em seguida, escrever código de atividade para vinculá-las ao view pager. Vamos precisar de classes da **Android Design Support Library**; portanto, você deve adicionar essa biblioteca ao projeto como uma dependência. Para fazer isso, escolha File→Project Structure no Android Studio, clique no módulo do app e, em seguida, escolha Dependencies. Você irá visualizar a tela de dependências do projeto; clique no botão "+" no canto inferior ou no lado direito da tela. Quando solicitado, escolha a opção Library Dependency e, em seguida, selecione a Design Library na lista de possíveis bibliotecas. Por fim, use os botões OK para salvar suas alterações.

← Vamos falar mais sobre a Design Support Library mais adiante neste capítulo.

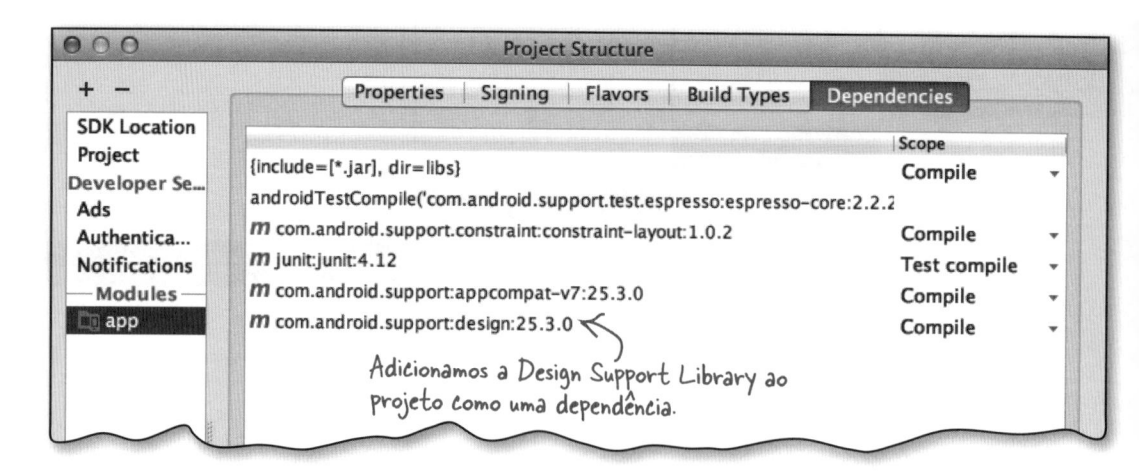

Adicionamos a Design Support Library ao projeto como uma dependência.

Como adicionar abas ao layout

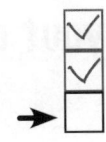

- [x] Adicione os fragmentos
- [x] Adicione a navegação swipe
- [ ] → Adicione as abas

Para adicionar abas ao layout, você deve utilizar dois componentes da Design Support Library: um **TabLayout** e um **AppBarLayout**. Utilize o TabLayout para adicionar as abas e o AppBarLayout para juntar as abas e a barra de ferramentas.

Este é o código que utilizamos para adicionar abas ao layout:

O AppBarLayout vem da Design Support Library.

```xml
<android.support.design.widget.AppBarLayout
    android:layout_width="match_parent"
    android:layout_height="wrap_content"
    android:theme="@style/ThemeOverlay.AppCompat.Dark.ActionBar" >
```

Esta linha aplica um tema no Toolbar e no TabLayout para que a aparência de ambos fique consistente.

```xml
    <android.support.v7.widget.Toolbar
        android:id="@+id/toolbar"
        android:layout_width="match_parent"
        android:layout_height="?attr/actionBarSize" />
```

Inclua o Toolbar no AppBarLayout.

```xml
    <android.support.design.widget.TabLayout
        android:id="@+id/tabs"
        android:layout_width="match_parent"
        android:layout_height="wrap_content" />

</android.support.design.widget.AppBarLayout>
```

O TabLayout vem da DesignSupportLibrary e deve ser adicionado ao AppBarLayout.

Os elementos Toolbar e TabLayout têm IDs porque você deve referenciá-los no código da atividade para controlar o comportamento de ambos.

O AppBarLayout contém o Toolbar e o TabLayout. Trata-se de um tipo de layout linear vertical voltado para barras do app. O atributo android:theme altera o estilo do Toolbar e do TabLayout. Aplicamos no app o tema ThemeOverlay.AppCompat.Dark.ActionBar.

Na próxima página, vamos apresentar o código que utilizamos para adicionar abas ao layout da MainActivity.

o código do layout

Adicione abas ao layout da MainActivity

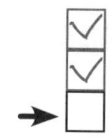

☑ Adicione os fragmentos
☑ Adicione a navegação swipe
→ ☐ **Adicione as abas**

Este é o código do *activity_main.xml*. Atualize sua versão do código com base nas alterações indicadas abaixo (em negrito):

```xml
<?xml version="1.0" encoding="utf-8"?>
<LinearLayout
    xmlns:android="http://schemas.android.com/apk/res/android"
    xmlns:tools="http://schemas.android.com/tools"
    android:layout_width="match_parent"
    android:layout_height="match_parent"
    android:orientation="vertical"
    tools:context="com.hfad.bitsandpizzas.MainActivity">

    <android.support.design.widget.AppBarLayout         ← Adicione um AppBarLayout.
        android:layout_width="match_parent"
        android:layout_height="wrap_content"
        android:theme="@style/ThemeOverlay.AppCompat.Dark.ActionBar" >

        <include
            layout="@layout/toolbar_main"
            android:id="@+id/toolbar" />
        <android.support.v7.widget.Toolbar
            android:id="@+id/toolbar"
            android:layout_width="match_parent"
            android:layout_height="?attr/actionBarSize" />

        <android.support.design.widget.TabLayout    ← Adicione um TabLayout
            android:id="@+id/tabs"                     ao AppBarLayout.
            android:layout_width="match_parent"
            android:layout_height="wrap_content" />
    </android.support.design.widget.AppBarLayout>

    <android.support.v4.view.ViewPager
        android:id="@+id/pager"
        android:layout_width="match_parent"
        android:layout_height="match_parent" />
</LinearLayout>
```

O Toolbar deve ser incluído no AppBarLayout.

Decidimos colocar o código do Toolbar no *activity_main.xml* em vez de incluí-lo em um arquivo separado. Dessa forma, podemos mostrar o código completo em um local. Na prática, ainda é útil usar o <include>.

BitsAndPizzas / app/src/main / res / layout / activity_main.xml

exibições e grupos de exibições

Vincule o layout de aba ao view pager

☑ Adicione os fragmentos
☑ Adicione a navegação swipe
→ ☐ **Adicione as abas**

Depois de adicionar o layout de aba, você deve escrever mais código de atividade para controlá-lo. Na maior parte, o comportamento do layout de aba (como definir o fragmento que aparece em cada aba) decorre do view pager que você já criou. Você só precisa implementar um método no fragment pager adapter do view pager para especificar o texto a ser exibido em cada aba e, em seguida, vincular o view pager ao layout de aba.

Vamos adicionar o texto que será exibido em cada aba como recursos de string. Abra o arquivo *strings.xml* e, em seguida, adicione as seguintes strings:

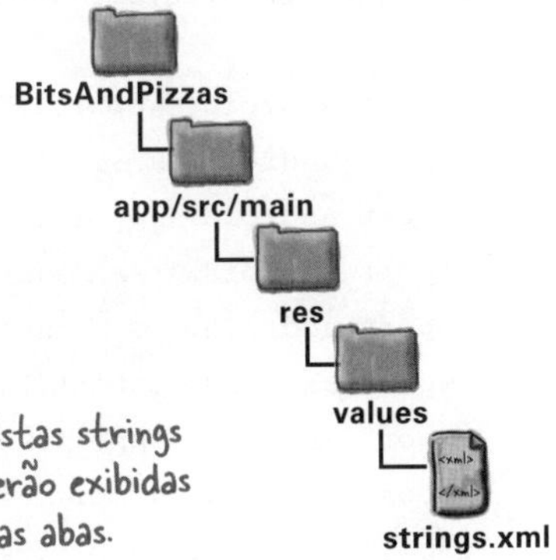

```xml
<string name="home_tab">Home</string>
<string name="pizza_tab">Pizzas</string>
<string name="pasta_tab">Pasta</string>
<string name="store_tab">Stores</string>
```

Estas strings serão exibidas nas abas.

BitsAndPizzas/app/src/main/res/values/strings.xml

Para adicionar o texto a cada uma das abas, você deve implementar o método `getPageTitle()` do fragment pager adapter. Esse método opera com parâmetro, um int para a posição da aba, e retorna o texto que deve aparecer na aba em questão. Este é o código para adicionar os recursos de string indicados acima às quatro abas (vamos adicioná-lo ao *MainActivity.java* na próxima página):

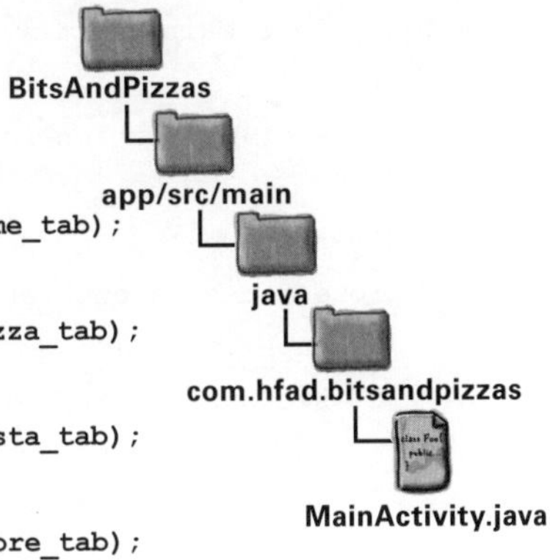

```java
@Override
public CharSequence getPageTitle(int position) {
    switch (position) {
        case 0:
            return getResources().getText(R.string.home_tab);
        case 1:
            return getResources().getText(R.string.pizza_tab);
        case 2:
            return getResources().getText(R.string.pasta_tab);
        case 3:
            return getResources().getText(R.string.store_tab);
    }
    return null;
}
```

Este é um novo método no fragment pager adapter que criamos anteriormente.

Estas linhas de código adicionam os recursos de string às abas.

BitsAndPizzas/app/src/main/java/com.hfad.bitsandpizzas/MainActivity.java

Por fim, você deve vincular o view pager ao layout de aba. Para fazer isso, chame o método `setupWithViewPager()` do TabLayout e transmita uma referência ao objeto ViewPager como um parâmetro:

```java
TabLayout tabLayout = (TabLayout) findViewById(R.id.tabs);
tabLayout.setupWithViewPager(pager);
```

Esta linha vincula o ViewPager ao TabLayout, que utiliza o ViewPager para determinar o número de abas e o que deve ser exibido em cada uma delas.

Finalizamos o desenvolvimento das abas. Agora vamos mostrar o código completo da MainActivity na próxima página.

o código da MainActivity

O código completo do MainActivity.java

☑ Adicione os fragmentos
☑ Adicione a navegação swipe
➡ ☐ Adicione as abas

Este é o código completo do *MainActivity.java*.
Atualize sua versão do código com base nas alterações destacadas em negrito:

```java
package com.hfad.bitsandpizzas;

import android.support.v7.app.AppCompatActivity;
import android.os.Bundle;
import android.support.v7.widget.Toolbar;
import android.view.Menu;
import android.view.MenuItem;
import android.content.Intent;
import android.support.v7.widget.ShareActionProvider;
import android.support.v4.view.MenuItemCompat;
import android.support.v4.view.ViewPager;
import android.support.v4.app.Fragment;
import android.support.v4.app.FragmentManager;
import android.support.v4.app.FragmentPagerAdapter;
import android.support.design.widget.TabLayout;
```
⟵ Como estamos usando a classe TabLayout, devemos importá-la.

```java
public class MainActivity extends AppCompatActivity {

    private ShareActionProvider shareActionProvider;

    @Override
    protected void onCreate(Bundle savedInstanceState) {
        super.onCreate(savedInstanceState);
        setContentView(R.layout.activity_main);
        Toolbar toolbar = (Toolbar) findViewById(R.id.toolbar);
        setSupportActionBar(toolbar);

        //Anexa o SectionsPagerAdapter ao ViewPager
        SectionsPagerAdapter pagerAdapter =
                    new SectionsPagerAdapter(getSupportFragmentManager());
        ViewPager pager = (ViewPager) findViewById(R.id.pager);
        pager.setAdapter(pagerAdapter);

        //Anexa o ViewPager ao TabLayout
        TabLayout tabLayout = (TabLayout) findViewById(R.id.tabs);
        tabLayout.setupWithViewPager(pager);
    }
}
```

Este item vincula o ViewPager ao TabLayout.

O código continua na próxima página. ➡

O código do MainActivity.java (continuação)

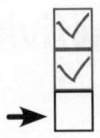

☑ Adicione os fragmentos
☑ Adicione a navegação swipe
→ ☐ **Adicione as abas**

Nenhum código nesta página foi alterado.

```java
@Override
public boolean onCreateOptionsMenu(Menu menu) {
    getMenuInflater().inflate(R.menu.menu_main, menu);
    MenuItem menuItem = menu.findItem(R.id.action_share);
    shareActionProvider =
            (ShareActionProvider) MenuItemCompat.getActionProvider(menuItem);
    setShareActionIntent("Want to join me for pizza?");
    return super.onCreateOptionsMenu(menu);
}

@Override
public boolean onOptionsItemSelected(MenuItem item) {
    switch (item.getItemId()) {
        case R.id.action_create_order:
            Intent intent = new Intent(this, OrderActivity.class);
            startActivity(intent);
            return true;
        default:
            return super.onOptionsItemSelected(item);
    }
}

private void setShareActionIntent(String text) {
    Intent intent = new Intent(Intent.ACTION_SEND);
    intent.setType("text/plain");
    intent.putExtra(Intent.EXTRA_TEXT, text);
    shareActionProvider.setShareIntent(intent);
}
```

BitsAndPizzas
app/src/main
java
com.hfad.bitsandpizzas
MainActivity.java

O código continua na próxima página. →

o código, continuação

O código do MainActivity.java (continuação)

☑ Adicione os fragmentos
☑ Adicione a navegação swipe
➡ ☐ **Adicione as abas**

```java
    private class SectionsPagerAdapter extends FragmentPagerAdapter {

        public SectionsPagerAdapter(FragmentManager fm) {
            super(fm);
        }

        @Override
        public int getCount() {
            return 4;
        }

        @Override
        public Fragment getItem(int position) {
            switch (position) {
                case 0:
                    return new TopFragment();
                case 1:
                    return new PizzaFragment();
                case 2:
                    return new PastaFragment();
                case 3:
                    return new StoresFragment();
            }
            return null;
        }
```

BitsAndPizzas / app/src/main / java / com.hfad.bitsandpizzas / MainActivity.java

← Este método adiciona o texto às abas.

```java
        @Override
        public CharSequence getPageTitle(int position) {
            switch (position) {
                case 0:
                    return getResources().getText(R.string.home_tab);
                case 1:
                    return getResources().getText(R.string.pizza_tab);
                case 2:
                    return getResources().getText(R.string.pasta_tab);
                case 3:
                    return getResources().getText(R.string.store_tab);
            }
            return null;
        }
    }
}
```

exibições e grupos de exibições

Test drive do app

Quando executamos o app, vemos que a `MainActivity` contém um layout de aba. Podemos deslizar pelos fragmentos como antes e navegar para cada fragmento clicando na aba correspondente.

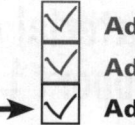

☑ Adicione os fragmentos
☑ Adicione a navegação swipe
→ ☑ **Adicione as abas**

Este é o TabLayout.

Para navegar para cada fragmento, você pode deslizar entre eles como antes ou clicar na aba correspondente.

Concluímos o código para implementar a navegação swipe e por abas. O que vem depois?

você está aqui ▶ 505

material design

Implemente o material design com a Design Support Library

Até aqui, adicionamos abas ao app para facilitar a navegação do usuário pelo software. Para isso, usamos dois componentes da Design Support Library: o `TabLayout` e o `AppBarLayout`.

A Design Support Library foi criada para facilitar o uso de componentes do material design pelos desenvolvedores de apps. O **material design** foi introduzido na versão Lollipop para aumentar a consistência do visual e do comportamento dos apps Android. Idealmente, esse recurso permite que o usuário passe de um app Google (como a Play Store) para um app desenvolvido por outra empresa instantaneamente e de forma intuitiva e tranquila. O material design é inspirado em papel e tinta e aplica os princípios de design e o movimento típicos de materiais impressos para representar o visual e o comportamento de objetos reais (como fichas e notas). Com a Design Support Library, você pode ir além de adicionar abas aos apps:

> **Material Design**
> Para conferir as especificações completas (e atualizadas) do material design, acesse (conteúdo em inglês):
>
> https://material.io/guidelines/

- ⭐ **Adicione botões de ação flutantes (FABs — Floating Action Buttons).**

    Esses recursos são botões de ação especiais que flutuam por cima da tela principal.

    Este é um FAB.

- ⭐ **Utilize snackbars para exibir mensagens curtas e interativas para o usuário como alternativa aos toasts.**

    Diferente do toast (que vimos no Capítulo 5), você pode adicionar ações interativas ao snackbars.

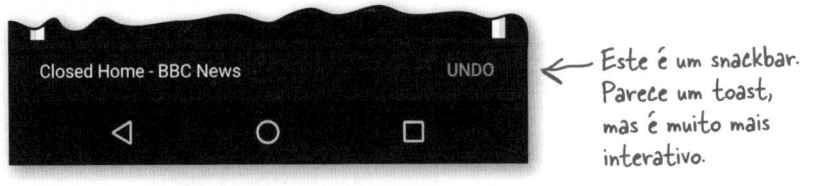

    Este é um snackbar. Parece um toast, mas é muito mais interativo.

- ⭐ **Anime as barras de ferramentas.**

    Você pode programar sua barra de ferramentas para se estender ou se recolher na tela, caso o usuário acesse conteúdo em outro view.

- ⭐ **Utilize o layout da gaveta de navegação.**

    Você pode usar essa gaveta deslizante como alternativa às abas. Vamos conferir esse recurso no Capítulo 14.

No decorrer do capítulo, vamos mostrar a você como implementar alguns desses recursos no app Bits and Pizzas.

exibições e grupos de exibições

Vamos fazer o seguinte

Vamos adicionar mais funcionalidades da Design Support Library ao app Bits and Pizzas. Essa operação será realizada nas seguintes etapas:

❶ Habilite a rolagem na barra de ferramentas da MainActivity.

Vamos alterar a `MainActivity` para que a barra de ferramentas passe a rolar para cima e para baixo quando o usuário rolar os conteúdos do view pager que adicionamos anteriormente. Para conferir a rolagem na prática, vamos adicionar conteúdo ao `TopFragment`.

Quando o usuário rolar este conteúdo, a barra de ferramentas também vai rolar.

❷ Adicione uma barra de ferramentas retrátil à OrderActivity.

Para começar, vamos adicionar uma barra de ferramentas retrátil simples à `OrderActivity`. A barra de ferramentas irá se recolher quando o usuário rolar o conteúdo da `OrderActivity`. Depois de incluir a barra de ferramentas retrátil simples, vamos adicionar uma imagem a ela.

Esta barra de ferramentas contém uma imagem. Quando o usuário rolar o conteúdo principal, ela deve se recolher.

❸ Adicione um FAB à OrderActivity.

Vamos colocar um botão de ação flutuante no canto inferior direito da tela.

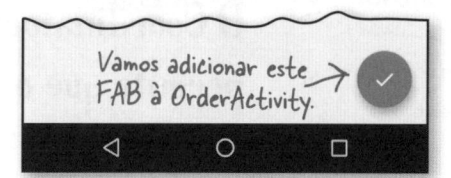

Vamos adicionar este FAB à OrderActivity.

❹ Programe o FAB para exibir um snackbar.

O snackbar irá aparecer na parte inferior da tela quando o usuário clicar no FAB. O FAB se deslocará para cima quando o snackbar aparecer e para baixo novamente quando o snackbar desaparecer.

Este é o snackbar.

Para começar, vamos programar a barra de ferramentas para rolar quando o usuário rolar o conteúdo no view pager.

você está aqui ▶ **507**

coordinator layout

Programe a barra de ferramentas para responder à rolagem

→ Barra de ferramentas rolável
Barra de ferramentas retrátil
FAB
Snackbar

Vamos alterar o app para que a barra de ferramentas da `MainActivity` role quando o usuário rolar o conteúdo no `TopFragment`. Para habilitar esse recurso, temos que realizar duas ações:

① Modificar o layout da MainActivity para habilitar a rolagem na barra de ferramentas.

② Alterar o TopFragment para incluir conteúdo rolável.

Vamos programar a barra de ferramentas para rolar quando o usuário rolar o conteúdo no TopFragment.

Para começar, vamos alterar o layout da `MainActivity`.

Use um CoordinatorLayout para coordenar as animações entre os views

Para que a barra de ferramentas se desloque quando o usuário rolar o conteúdo do fragmento, vamos adicionar um **coordinator layout** à `MainActivity`. O coordinator layout é um tipo de layout de frame turbinado que coordena animações e transições entre diferentes views. Nesse caso, vamos usar o layout coordinator para coordenar o conteúdo rolável no `TopFragment` e na barra de ferramentas da `MainActivity`.

Para adicionar um coordinator layout ao layout de uma atividade, use o seguinte código:

Vamos adicionar este conteúdo rolável ao TopFragment.

O CoordinatorLayout vem da Design Support Library.

```
<android.support.design.widget.CoordinatorLayout
    android:layout_width="match_parent"
    android:layout_height="match_parent">

    ...    ← Adicione os views cujo comportamento você
              queira coordenar no CoordinatorLayout.

</android.support.design.widget.CoordinatorLayout>
```

O CoordinatorLayout permite que o comportamento de um view influencie o comportamento de outro view.

Os views do layout cujas animações você queira coordenar devem ser incluídos no elemento `<CoordinatorLayout>`. Nesse caso, queremos coordenar as animações entre a barra de ferramentas e o conteúdo do view pager; portanto, esses views, devem ser incluídos no coordinator layout.

exibições e grupos de exibições

Adicione um coordinator layout ao layout da MainActivity

Vamos substituir o layout linear no *activity_main.xml* pelo coordinator layout. Este é o código que utilizamos na operação. Atualize sua versão com base nas alterações destacadas em negrito:

Vamos substituir o LinearLayout pelo CoordinatorLayout.

```xml
<?xml version="1.0" encoding="utf-8"?>
<android.support.design.widget.CoordinatorLayout
   <LinearLayout
    xmlns:android="http://schemas.android.com/apk/res/android"
    xmlns:app="http://schemas.android.com/apk/res-auto"
    xmlns:tools="http://schemas.android.com/tools"
    android:layout_width="match_parent"
    android:layout_height="match_parent"
    android:orientation="vertical"
    tools:context="com.hfad.bitsandpizzas.MainActivity">

    <android.support.design.widget.AppBarLayout
        android:layout_width="match_parent"
        android:layout_height="wrap_content"
        android:theme="@style/ThemeOverlay.AppCompat.Dark.ActionBar" >

        <android.support.v7.widget.Toolbar
            android:id="@+id/toolbar"
            android:layout_width="match_parent"
            android:layout_height="?attr/actionBarSize" />

        <android.support.design.widget.TabLayout
            android:id="@+id/tabs"
            android:layout_width="match_parent"
            android:layout_height="wrap_content" />
    </android.support.design.widget.AppBarLayout>

    <android.support.v4.view.ViewPager
        android:id="@+id/pager"
        android:layout_width="match_parent"
        android:layout_height="match_parent" />
</android.support.design.widget.CoordinatorLayout>
   </LinearLayout>
```

Adicione o namespace do app, pois vamos usar seus atributos nas próximas páginas.

Exclua esta linha, pois não vamos mais usar o LinearLayout.

BitsAndPizzas
└ app/src/main
  └ res
    └ layout
      └ activity_main.xml

Estamos substituindo o LinearLayout pelo CoordinatorLayout.

você está aqui ▶ 509

comportamento da rolagem

Como coordenar o comportamento da rolagem

→ **Barra de ferramentas rolável**
Barra de ferramentas retrátil
FAB
Snackbar

Além de adicionar views ao coordinator layout, você deve definir seu comportamento. Neste caso, queremos que a barra de ferramentas role em resposta ao evento de rolagem de outro view. Ou seja, temos que *marcar o view que o usuário irá rolar* e *definir a respectiva resposta da barra de ferramentas*.

Marque o view que o usuário irá rolar

Para marcar o view que o usuário irá rolar, atribua a esse view o atributo `app:layout_behavior` e defina nele a string interna `"@string/appbar_scrolling_view_behavior"`. Essa operação indica ao coordinator layout que os views no layout da barra do app devem responder quando o usuário rolar esse view. Nesse caso, queremos que a barra de ferramentas role sempre que o usuário rolar o conteúdo do view pager; portanto, devemos adicionar o atributo `app:layout_behavior` ao elemento `ViewPager`:

```
<android.support.v4.view.ViewPager
    ...
    app:layout_behavior="@string/appbar_scrolling_view_behavior" />
```

Adicione esta linha ao ViewPager para indicar ao CoordinatorLayout a reação correspondente sempre que o usuário rolar seu conteúdo.

Diga à barra de ferramentas para responder aos eventos de rolagem

Para indicar aos views no layout da barra do app como eles devem responder aos eventos de rolagem, use o atributo `app:layout_scrollFlags`. Nesse caso, vamos configurar a barra de ferramentas para rolar para cima até sair da tela quando o usuário rolar o view pager para cima e retornar rapidamente à sua posição original quando o usuário rolar o view pager para baixo. Para fazer isso, temos que definir o atributo `app:layout_scrollFlags` do `Toolbar` como `"scroll|enterAlways"`.

O valor de rolagem permite que o view role para fora do topo da tela. Sem esse valor, a barra de ferramentas ficaria presa ao topo da tela. Com o valor `enterAlways`, a barra de ferramentas pode rolar rapidamente de volta à sua posição original quando o usuário rolar o view correspondente. A barra de ferramentas ainda poderá rolar para baixo sem esse valor, mas será bem mais lenta.

Este é o código que habilita a rolagem na barra de ferramentas:

```
<android.support.v7.widget.Toolbar
    ...
    app:layout_scrollFlags="scroll|enterAlways" />
```

A barra de ferramentas DEVE estar contida no layout de uma barra do app para rolar. O layout da barra do app e o coordinator layout atuam juntos para habilitar o rolamento na barra de ferramentas.

Esta linha indica ao CoordinatorLayout (e ao AppBarLayout) como deve ser a reação do Toolbar quando o usuário rolar o conteúdo.

Vamos conferir o código completo do layout da MainActivity na próxima página.

exibições e grupos de exibições

O código que habilita a rolagem na barra de ferramentas

→ ☐ **Barra de ferramentas rolável**
☐ Barra de ferramentas retrátil
☐ FAB
☐ Snackbar

Este é o código atualizado do *activity_main.xml*. Atualize sua versão do código com base nas alterações destacadas em negrito:

```xml
<?xml version="1.0" encoding="utf-8"?>
<android.support.design.widget.CoordinatorLayout
    xmlns:android="http://schemas.android.com/apk/res/android"
    xmlns:app="http://schemas.android.com/apk/res-auto"
    xmlns:tools="http://schemas.android.com/tools"
    android:layout_width="match_parent"
    android:layout_height="match_parent"
    tools:context="com.hfad.bitsandpizzas.MainActivity">

    <android.support.design.widget.AppBarLayout
        android:layout_width="match_parent"
        android:layout_height="wrap_content"
        android:theme="@style/ThemeOverlay.AppCompat.Dark.ActionBar" >

        <android.support.v7.widget.Toolbar
            android:id="@+id/toolbar"
            android:layout_width="match_parent"
            android:layout_height="?attr/actionBarSize"
            app:layout_scrollFlags="scroll|enterAlways" />

        <android.support.design.widget.TabLayout
            android:id="@+id/tabs"
            android:layout_width="match_parent"
            android:layout_height="wrap_content" />
    </android.support.design.widget.AppBarLayout>

    <android.support.v4.view.ViewPager
        android:id="@+id/pager"
        android:layout_width="match_parent"
        android:layout_height="match_parent"
        app:layout_behavior="@string/appbar_scrolling_view_behavior" />
</android.support.design.widget.CoordinatorLayout>
```

BitsAndPizzas / app/src/main / res / layout / activity_main.xml

← Adicione esta linha para habilitar a rolagem no Toolbar. Se você quiser habilitar a rolagem no TabLayout, adicione o código a esse elemento também.

↑ Esta linha marca o view cujo conteúdo o usuário deve rolar.

Concluímos as alterações na `MainActivity`. A seguir, vamos adicionar o conteúdo rolável ao `TopFragment`.

adicione os recursos

Adicione o conteúdo rolável ao TopFragments

	Barra de ferramentas rolável
	Barra de ferramentas retrátil
	FAB
	Snackbar

Vamos alterar o layout do `TopFragment` para incluir o conteúdo rolável: uma imagem de um dos restaurantes Bits and Pizza e uma descrição breve dos valores a empresa.

A nova versão do `TopFragment` ficará assim:

← *Vamos alterar o TopFragment para incluir uma imagem e um texto curto. Queremos que o usuário possa rolar o conteúdo inteiro do fragmento.*

Para começar, vamos adicionar os recursos de string e de imagem ao projeto.

BitsAndPizzas / app/src/main / res / values / strings.xml

Adicione os recursos de string e de imagem

Vamos adicionar primeiro os recursos de string. Abra o *strings.xml* e, em seguida, adicione o seguinte código:

```xml
<string name="company_name">Bits and Pizzas</string>
<string name="restaurant_image">Restaurant image</string>
<string name="home_text">Since we opened our doors in 2017, Bits and Pizzas
    has built its reputation as one of America's best Italian-Digital
    restaurants. Some people believe eating out is about being with your
    friends and family. We believe that good food is best enjoyed while
    staring at your phone.</string>
```

A seguir, vamos colocar a imagem do restaurante na pasta drawable-nodpi. Primeiro, acesse a visualização Project do navegador do Android Studio e verifique se a pasta app/src/main/res/drawable-nodpi já existe no projeto. Se essa pasta não existir, selecione a pasta app/src/main/res, vá para o menu File, escolha a opção New... e, em seguida, clique na opção para criar um novo diretório de recursos Android. Quando solicitado, escolha o tipo de recurso "drawable", insira o nome "drawable-nodpi" e clique em OK.

Depois de criar a pasta *drawable-nodpi*, faça o download do arquivo *restaurant.jpg* em *https://git.io/v9oet* (conteúdo em inglês) e coloque-o na pasta *drawable-nodpi*.

Você deve adicionar esta imagem à pasta drawable-nodpi.

Utilize um nested scroll view para deixar o conteúdo do layout rolável

Vamos permitir que o usuário role o conteúdo do `TopFragment` usando um **nested scroll view**. Esse tipo de view parece com um scroll view normal, mas habilita a *rolagem aninhada*. Isso é importante porque o coordinator layout *só* responde a eventos de rolagem aninhada. Se você usar um scroll view normal no layout, a barra de ferramentas não irá rolar quando o usuário rolar o conteúdo.

O recycler view também habilita a rolagem aninhada. Vamos aprender a usar esse recurso no próximo capítulo.

Para adicionar um nested scroll view ao layout, use o seguinte código:

```xml
<android.support.v4.widget.NestedScrollView
    android:layout_width="match_parent"
    android:layout_height="match_parent" >
```
O NestedScrollView vem da Design Support Library.

```
    ...
```
Adicione os views que o usuário deve rolar ao NestedScrollView.

```xml
</android.support.v4.widget.NestedScrollView >
```

Você deve adicionar os views que usuário deve rolar ao nested scroll view. Se houver apenas um view, ele pode ser adicionado diretamente ao nested scroll view. Contudo, para rolar múltiplos views, você tem que adicioná-los a um layout separado dentro do scroll view. Isso porque um nested scroll view só pode ter um filho direto. Confira esse exemplo em que adicionamos dois text views a um nested scroll view usando um layout linear:

```xml
<android.support.v4.widget.NestedScrollView
    android:layout_width="match_parent"
    android:layout_height="match_parent" >

    <LinearLayout
        ... >

        <TextView
            ... />

        <TextView
            ... />
    </LinearLayout>

</android.support.v4.widget.NestedScrollView >
```

Usamos o LinearLayout como exemplo, mas poderia ser qualquer tipo de layout. Mais importante é destacar que o NestedScrollView só pode ter um filho direto. Para colocar mais de um view no NestedScrollView (dois TextViews, neste caso), você deve primeiro incluí-los em outro layout.

A seguir, vamos atualizar o layout do `TopFragment` para usar um nested scroll view.

estrutura do layout

Como vamos estruturar o layout do TopFragment

→ Barra de ferramentas rolável
Barra de ferramentas retrátil
FAB
Snackbar

Vamos adicionar a imagem do restaurante e um pequeno texto ao layout do `TopFragment`. Mas antes de escrever o código, vamos analisar sua estrutura.

❶ Queremos que o fragmento inteiro seja rolável. Para isso, temos que colocar todos os views em um nested scroll view.

❷ Vamos usar dois text views para o nome da empresa e o texto do app Bits and Pizzas. Temos que colocá-los em um layout linear vertical com um fundo branco.

❸ Queremos que o layout linear mostre os dois text views no topo da imagem. Para isso, vamos colocá-los em um layout de frame.

Em síntese, vamos usar um nested scroll view como layout e incluir nele um layout de frame. O layout de frame incluirá dois elementos: um image view e um layout linear. O layout linear vai conter dois text views para mostrar o nome da empresa e seus valores.

TopFragment

Vamos colocar tudo em um NestedScrollView.

Bits and Pizzas ❷ ❸
Since we opened our doors in 2017, Bits and Pizzas has built its reputation as one of America's best Italian-Digital restaurants. Some people believe eating out is about being with your friends and family. We believe that good food is best enjoyed while staring at your phone.

← *Este é o ImageView que deve aparecer atrás do texto.*

❶

Vamos usar dois TextViews em um LinearLayout para exibir o texto.

Na próxima página, vamos apresentar o código completo do *fragment_top.xml*. Depois de atualizar o código, vamos fazer um test drive no app.

exibições e grupos de exibições

O código completo do fragment_top.xml

Este é o código completo do fragment_top.xml. Atualize seu código com base no código indicado a seguir:

→ ☐ **Barra de ferramentas rolável**
☐ **Barra de ferramentas retrátil**
☐ **FAB**
☐ **Snackbar**

Queremos habilitar a rolagem no fragmento inteiro.

Estamos usando um FrameLayout para posicionar o texto no topo da imagem.

```xml
<android.support.v4.widget.NestedScrollView
    xmlns:android="http://schemas.android.com/apk/res/android"
    xmlns:tools="http://schemas.android.com/tools"
    android:layout_width="match_parent"
    android:layout_height="match_parent"
    tools:context="com.hfad.bitsandpizzas.TopFragment">

    <FrameLayout
        android:layout_width="match_parent"
        android:layout_height="wrap_content" >

        <ImageView android:id="@+id/info_image"
            android:layout_width="match_parent"
            android:layout_height="wrap_content"
            android:scaleType="centerCrop"
            android:src="@drawable/restaurant"
            android:contentDescription="@string/restaurant_image"
            />

        <LinearLayout
            android:layout_width="match_parent"
            android:layout_height="wrap_content"
            android:layout_marginTop="40dp"
            android:layout_marginLeft="16dp"
            android:layout_marginRight="16dp"
            android:padding="16dp"
            android:background="#FFFFFF"
            android:orientation="vertical">

            <TextView
                android:textSize="32sp"
                android:layout_width="match_parent"
                android:layout_height="wrap_content"
                android:text="@string/company_name" />

            <TextView
                android:layout_width="match_parent"
                android:layout_height="wrap_content"
                android:text="@string/home_text" />
        </LinearLayout>
    </FrameLayout>
</android.support.v4.widget.NestedScrollView>
```

BitsAndPizzas
app/src/main
res
layout
fragment_top.xml

Estamos usando um LinearLayout para incluir o texto. Vamos definir nele um fundo branco, e as margens criarão espaço em torno das bordas.

você está aqui ▶ **515**

test drive

Test drive do app

Quando executamos o app, o `TopFragment` exibe o novo layout. Quando rolamos o conteúdo, a barra de ferramentas também rola.

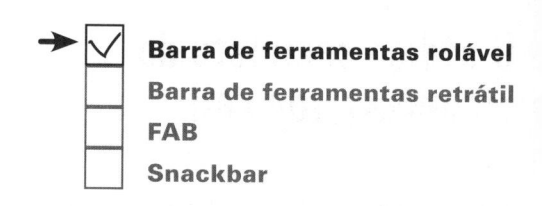

→ ☑ **Barra de ferramentas rolável**
☐ **Barra de ferramentas retrátil**
☐ **FAB**
☐ **Snackbar**

Quando você rola para cima no conteúdo, a barra de ferramentas acompanha a rolagem.

Este é o conteúdo rolável do TopFragment.

Ao habilitar a rolagem na barra de ferramentas, você libera mais espaço para o conteúdo. Além disso, não é necessário escrever código de atividade ou de fragmento para controlar o comportamento da barra de ferramentas, o que é um bônus adicional. Todas as funcionalidades vêm dos widgets da Design Support Library.

Adicione uma barra de ferramentas retrátil à OrderActivity

- [x] Barra de ferramentas rolável
- → Barra de ferramentas retrátil
- [ ] FAB
- [ ] Snackbar

Um dos tipos de barra de ferramentas rolável é a **barra de ferramentas retrátil (collapsing toolbar)**. A barra de ferramentas retrátil começa grande, encolhe quando o usuário rola para cima no conteúdo da tela e cresce novamente quando o usuário rola para baixo no conteúdo da tela. Quando você adiciona uma imagem a essa barra, ela desaparece quando a barra de ferramentas atinge sua extensão mínima e fica visível novamente à medida que a barra de ferramentas se expande:

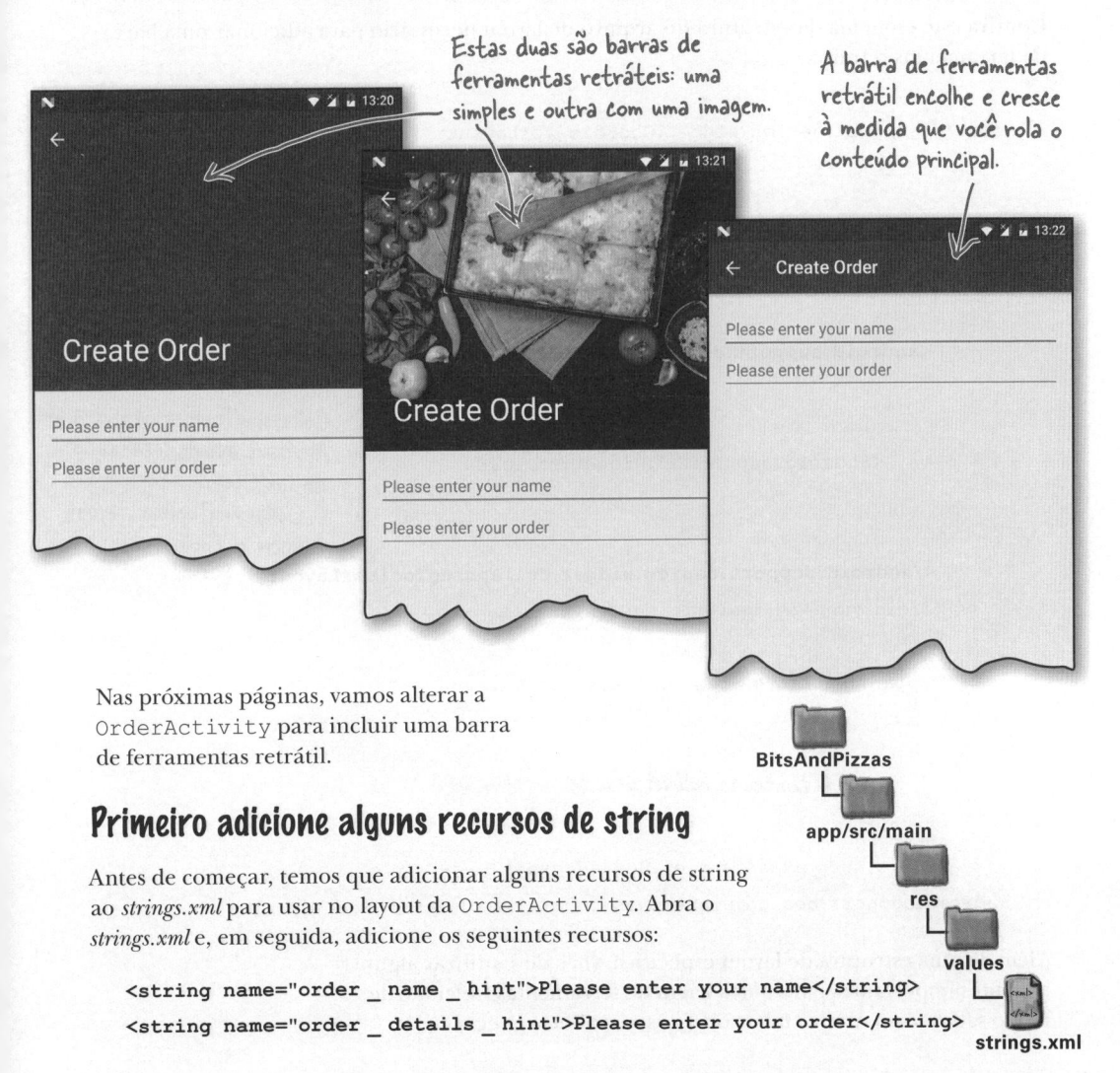

Estas duas são barras de ferramentas retráteis: uma simples e outra com uma imagem.

A barra de ferramentas retrátil encolhe e cresce à medida que você rola o conteúdo principal.

Nas próximas páginas, vamos alterar a `OrderActivity` para incluir uma barra de ferramentas retrátil.

Primeiro adicione alguns recursos de string

Antes de começar, temos que adicionar alguns recursos de string ao *strings.xml* para usar no layout da `OrderActivity`. Abra o *strings.xml* e, em seguida, adicione os seguintes recursos:

```xml
<string name="order_name_hint">Please enter your name</string>
<string name="order_details_hint">Please enter your order</string>
```

BitsAndPizzas
app/src/main
res
values
strings.xml

Vamos começar atualizando o layout na próxima página.

barra de ferramentas retrátil

Como criar uma barra de ferramentas retrátil

☐ Barra de ferramentas rolável
☑ **Barra de ferramentas retrátil**
☐ FAB
☐ Snackbar

Para adicionar uma barra de ferramentas retrátil ao layout da atividade, use o collapsing toolbar layout da Design Support Library. Para que esse recurso funcione, você deve adicionar o collapsing toolbar layout a um layout da barra do app contido em um coordinator layout. O collapsing toolbar layout deve conter a barra de ferramentas que irá se recolher.

Como a barra de ferramentas retrátil deve responder a eventos de rolagem em um view separado, você também deve adicionar um conteúdo rolável ao coordinator layout, como um nested scroll view.

Confira este esquema da estrutura do arquivo de layout necessário para adicionar uma barra de ferramentas retrátil:

```
<android.support.design.widget.CoordinatorLayout
    ... >

    <android.support.design.widget.AppBarLayout
        ... >

        <android.support.design.widget.CollapsingToolbarLayout
            ... >

            <android.support.v7.widget.Toolbar
                ... />

        </android.support.design.widget.CollapsingToolbarLayout>
    </android.support.design.widget.AppBarLayout>

    <android.support.v4.widget.NestedScrollView
        ...>

        ...

    </android.support.v4.widget.NestedScrollView>
</android.support.design.widget.CoordinatorLayout>
```

Adicione um CollapsingToolbarLayout a um AppBarLayout, localizado em um CoordinatorLayout. O CollapsingToolbarLayout contém o Toolbar.

O conteúdo rolável deve ser incluído aqui.

Além de uma estrutura de layout específica, você deve utilizar alguns atributos importantes para que a barra de ferramentas funcione de modo satisfatório. Vamos falar sobre esses atributos a seguir.

Atributos do nested scroll view

Como antes, você precisa indicar ao coordinator layout o view que o usuário deve rolar. Para fazer isso, defina o atributo `layout_behavior` do nested scroll view como `"@string/appbar_scrolling_view_behavior"`:

- ☑ Barra de ferramentas rolável
- ☐ Barra de ferramentas retrátil
- ☐ FAB
- ☐ Snackbar

```
<android.support.v4.widget.NestedScrollView
    ...
    app:layout_behavior="@string/appbar_scrolling_view_behavior" >
```

Quando criamos a barra de ferramentas rolável, também utilizamos este item.

Atributos do collapsing toolbar layout

Para que o collapsing toolbar layout se recolha e se expanda em resposta aos eventos de rolagem, você deve definir seu atributo `layout_scrollFlags` para controlar seu comportamento. Neste caso, queremos que o collapsing toolbar layout se recolha até atingir o tamanho de uma barra de ferramentas padrão; portanto, vamos definir o atributo com o valor `"scroll|exitUntilCollapsed"`:

```
<android.support.design.widget.CollapsingToolbarLayout
    ...
    app:layout_scrollFlags="scroll|exitUntilCollapsed"
>
```

Este item indica que a barra de ferramentas deve se recolher o máximo possível.

Atributos do layout da barra do app

Como fizemos anteriormente, você deve aplicar um tema ao layout da barra do app para controlar a aparência do seu conteúdo. Além disso, tem que especificar uma altura para o conteúdo do layout da barra do app. Essa altura máxima limita a expansão da barra de ferramentas retrátil. Neste caso, vamos aplicar o tema `"@style/ThemeOverlay.AppCompat.Dark.ActionBar"`, como antes, e definir a altura em 300dp:

```
<android.support.design.widget.AppBarLayout
    android:layout_width="match_parent"
    android:layout_height="300dp"
    android:theme="@style/ThemeOverlay.AppCompat.Dark.ActionBar" >
```

Esta é a altura máxima da barra de ferramentas retrátil.

Atributos do Toolbar

Se a barra de ferramentas incluir itens como um botão Up, eles poderão ser rolados para fora da tela quando a barra de ferramentas se recolher. Para que isso não ocorra, defina o atributo `layout_collapseMode` como `"pin"`:

```
<android.support.v7.widget.Toolbar
    android:id="@+id/toolbar"
    android:layout_width="match_parent"
    android:layout_height="?attr/actionBarSize"
    app:layout_collapseMode="pin" />
```

Este item fixa os itens da barra de ferramentas, como o botão Up, ao topo da tela.

layout do código

O código completo para adicionar uma barra de ferramentas retrátil ao activity_order.xml

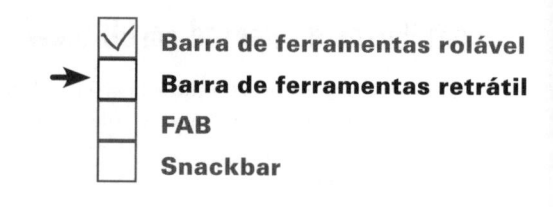

☑ Barra de ferramentas rolável
☐ **Barra de ferramentas retrátil**
☐ FAB
☐ Snackbar

Este código adiciona uma barra de ferramentas retrátil ao layout da `OrderActivity`. Substitua o código atual do *activity_order.xml* pelo código indicado abaixo:

```xml
<?xml version="1.0" encoding="utf-8"?>
<android.support.design.widget.CoordinatorLayout
    xmlns:android="http://schemas.android.com/apk/res/android"
    xmlns:app="http://schemas.android.com/apk/res-auto"
    android:id="@+id/coordinator"
    android:layout_width="match_parent"
    android:layout_height="match_parent" >

    <android.support.design.widget.AppBarLayout
        android:layout_width="match_parent"
        android:layout_height="300dp"
        android:theme="@style/ThemeOverlay.AppCompat.Dark.ActionBar" >

        <android.support.design.widget.CollapsingToolbarLayout
            android:layout_width="match_parent"
            android:layout_height="match_parent"
            app:layout_scrollFlags="scroll|exitUntilCollapsed" >

            <android.support.v7.widget.Toolbar
                android:id="@+id/toolbar"
                android:layout_width="match_parent"
                android:layout_height="?attr/actionBarSize"
                app:layout_collapseMode="pin" />

        </android.support.design.widget.CollapsingToolbarLayout>
    </android.support.design.widget.AppBarLayout>
```

BitsAndPizzas / app/src/main / res / layout / activity_order.xml

← Adicionamos uma ID ao CoordinatorLayout para utilizá-la mais adiante neste capítulo.

← Este é o CollapsingToolbarLayout, que deve ser incluído em um AppBarLayout.

← O CollapsingToolbarLayout contém uma barra de ferramentas.

O código continua na próxima página. →

O código do activity_order.xml (continuação)

- ☑ Barra de ferramentas rolável
- ☐ Barra de ferramentas retrátil
- ☐ FAB
- ☐ Snackbar

O NestedScrollView inclui o conteúdo que o usuário deve rolar.

```xml
<android.support.v4.widget.NestedScrollView
    android:layout_width="match_parent"
    android:layout_height="match_parent"
    app:layout_behavior="@string/appbar_scrolling_view_behavior" >

    <LinearLayout
        android:layout_width="match_parent"
        android:layout_height="wrap_content"
        android:orientation="vertical"
        android:padding = "16dp" >

        <EditText
            android:layout_width="match_parent"
            android:layout_height="wrap_content"
            android:hint="@string/order_name_hint" />

        <EditText
            android:layout_width="match_parent"
            android:layout_height="wrap_content"
            android:hint="@string/order_details_hint" />

    </LinearLayout>

</android.support.v4.widget.NestedScrollView>

</android.support.design.widget.CoordinatorLayout>
```

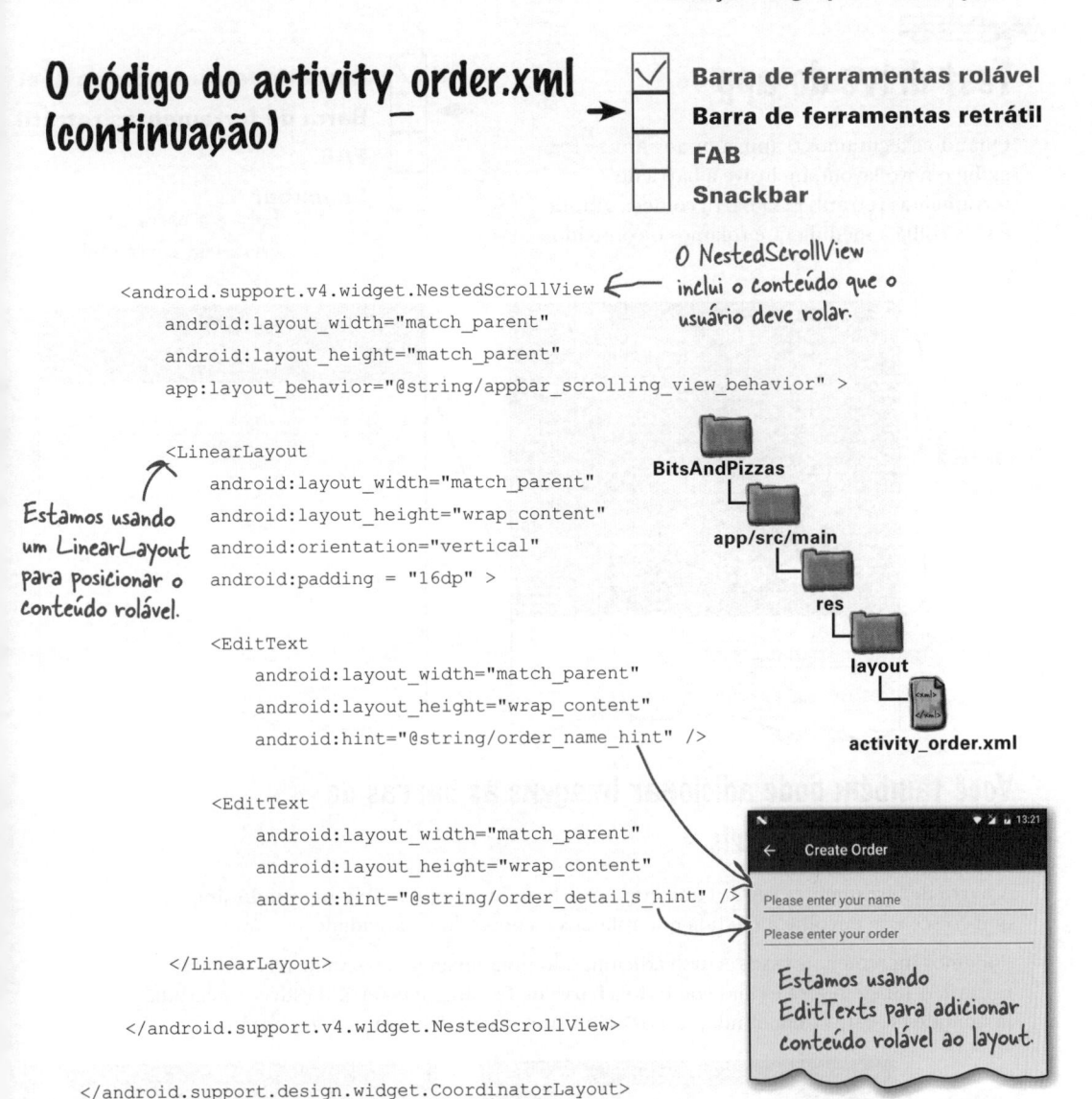

Estamos usando um LinearLayout para posicionar o conteúdo rolável.

BitsAndPizzas → **app/src/main** → **res** → **layout** → **activity_order.xml**

Estamos usando EditTexts para adicionar conteúdo rolável ao layout.

Vamos conferir o que acontece quando executamos o app.

test drive

Test drive do app

Quando executamos o app, a `OrderActivity` exibe o novo layout, inclusive a barra de ferramentas retrátil. Essa barra começa grande e se recolhe à medida que rolamos o conteúdo.

- [x] Barra de ferramentas rolável
- [ ] **Barra de ferramentas retrátil**
- [ ] FAB
- [ ] Snackbar

Esta é a barra de ferramentas recolhida.

Esta é a barra de ferramentas expandida.

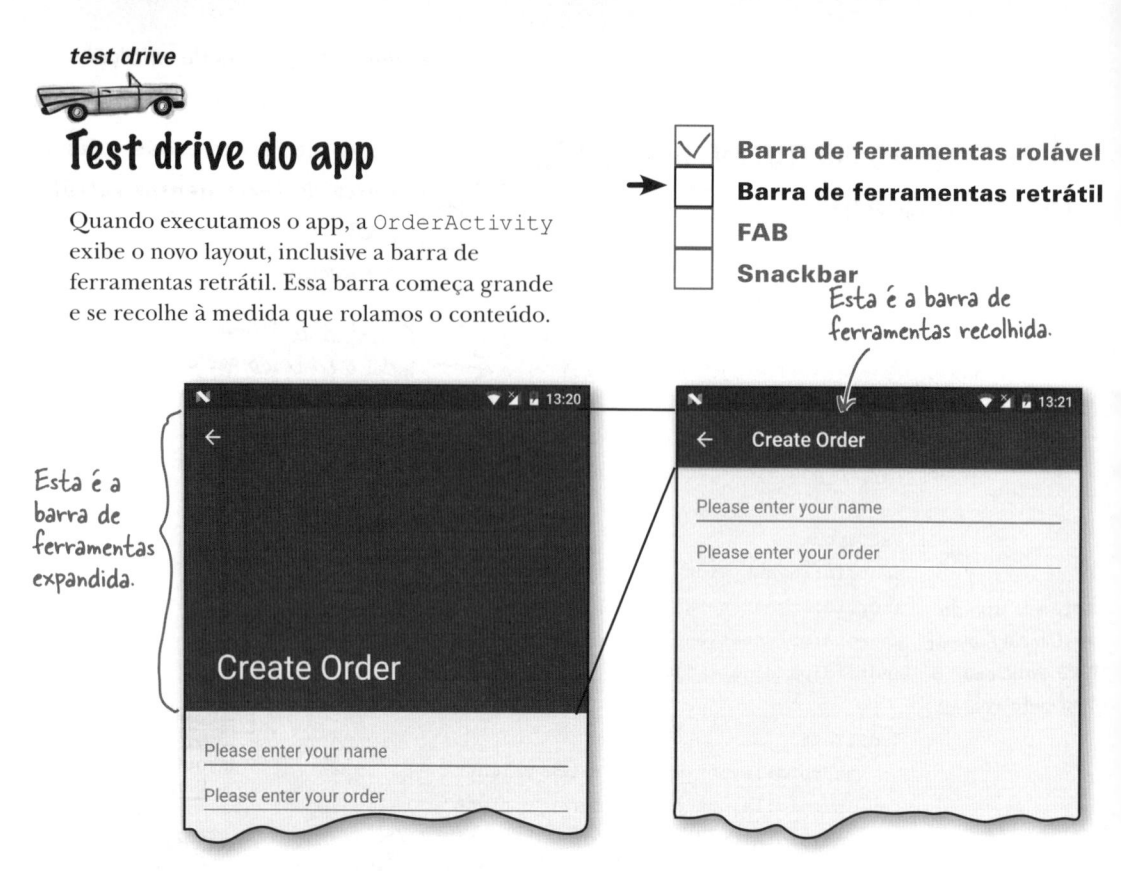

Você também pode adicionar imagens às barras de ferramentas retráteis

A barra de ferramentas retrátil que criamos é bastante simples. Tem um fundo simples que cresce e se encolhe à medida que rolamos o conteúdo na atividade.

Podemos incrementar esse recurso adicionando uma imagem à barra de ferramentas retrátil. A imagem será exibida quando a barra de ferramentas retrátil estiver estendida. Já quando ela estiver encolhida, vamos exibir uma barra de ferramentas padrão:

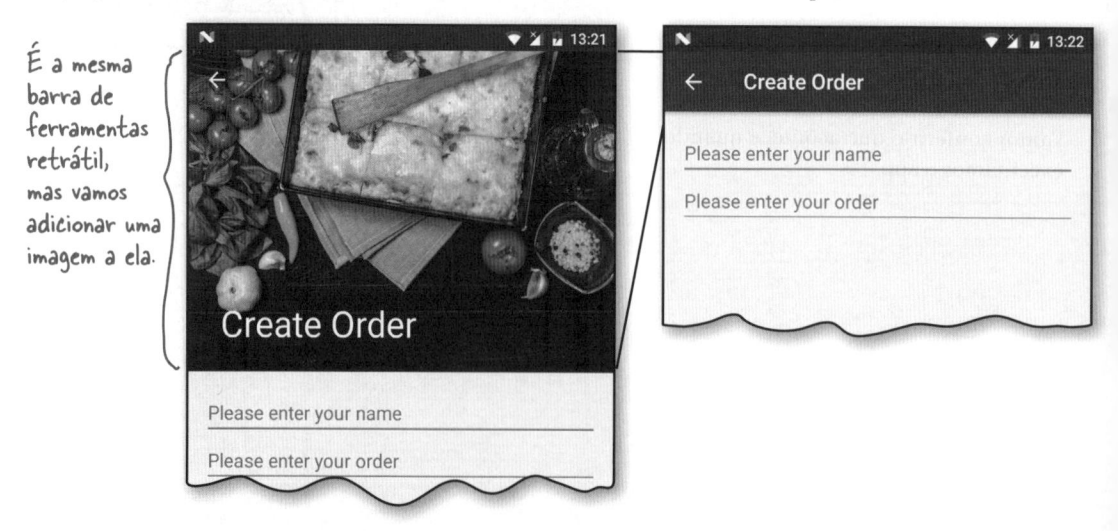

É a mesma barra de ferramentas retrátil, mas vamos adicionar uma imagem a ela.

exibições e grupos de exibições

Como adicionar uma imagem a uma barra de ferramentas retrátil

☐ Barra de ferramentas rolável
→ ☑ Barra de ferramentas retrátil
☐ FAB
☐ Snackbar

Vamos atualizar a barra de ferramentas retrátil que acabamos de criar para incluir uma imagem. Por conveniência, vamos usar a mesma imagem que adicionamos ao `TopFragment`.

Para adicionar uma imagem a uma barra de ferramentas retrátil, adicione um `ImageView` ao `CollapsingToolBarLayout`, especificando a imagem a ser utilizada. Como recurso adicional, você pode adicionar um efeito de paralaxe ao `ImageView` para que a imagem role a uma taxa diferente das demais partes da barra de ferramentas. Para isso, adicione um atributo `layout_collapseMode` ao `ImageView` com o valor `"parallax"`.

Queremos usar o drawable "restaurant" como imagem. Temos que utilizar o seguinte código:

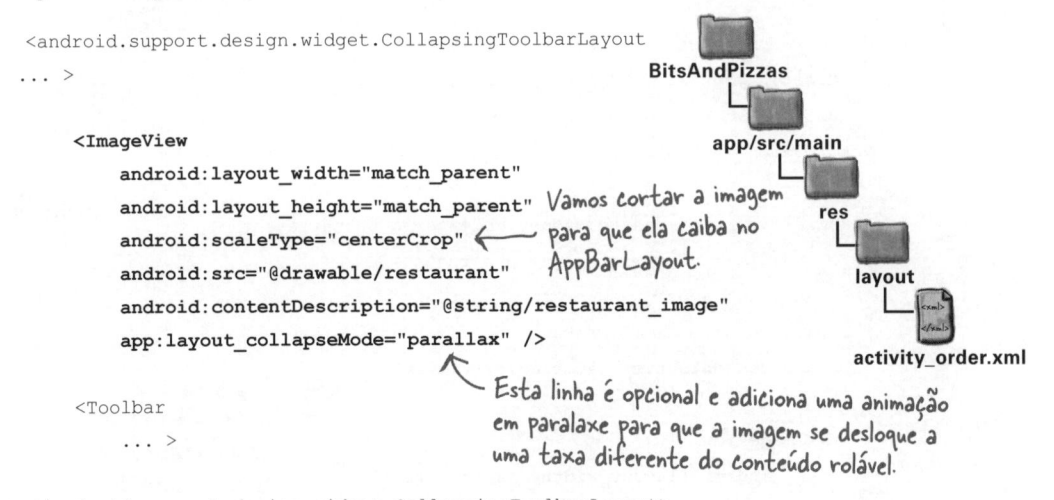

```xml
<android.support.design.widget.CollapsingToolbarLayout
... >

    <ImageView
        android:layout_width="match_parent"
        android:layout_height="match_parent"
        android:scaleType="centerCrop"
        android:src="@drawable/restaurant"
        android:contentDescription="@string/restaurant_image"
        app:layout_collapseMode="parallax" />

    <Toolbar
        ... >

</android.support.design.widget.CollapsingToolbarLayout>
```

BitsAndPizzas / app/src/main / res / layout / activity_order.xml

Vamos cortar a imagem para que ela caiba no AppBarLayout.

Esta linha é opcional e adiciona uma animação em paralaxe para que a imagem se desloque a uma taxa diferente do conteúdo rolável.

Por padrão, quando a barra de ferramentas está recolhida, continua exibindo a imagem ao fundo. Para que a barra de ferramentas reverta à cor do plano de fundo simples quando estiver recolhida, você deve adicionar um atributo `contentScrim` ao `CollapsingToolbarLayout`, definindo o valor da cor. Queremos que a barra de ferramentas tenha a cor do plano de fundo de antes; então, vamos defini-la como `"?attr/colorPrimary"`:

```xml
<android.support.design.widget.CollapsingToolbarLayout
    ...
    app:layout_scrollFlags="scroll|exitUntilCollapsed"
    app:contentScrim="?attr/colorPrimary" >
```

Esta linha estabelece a cor-padrão original para a barra de ferramentas quando ela está recolhida.

Concluímos todas as alterações necessárias. Agora vamos atualizar o código na próxima página e, em seguida, fazer um test drive no app.

o código do layout

O código atualizado do activity_order.xml

→ ☑ Barra de ferramentas rolável
☐ **Barra de ferramentas retrátil**
☐ FAB
☐ Snackbar

Este é o código atualizado do *activity_order.xml*, que adiciona uma imagem à barra de ferramentas retrátil (atualize sua versão com base nas alterações destacadas abaixo em negrito):

```xml
<?xml version="1.0" encoding="utf-8"?>
<android.support.design.widget.CoordinatorLayout
    xmlns:android="http://schemas.android.com/apk/res/android"
    xmlns:app="http://schemas.android.com/apk/res-auto"
    android:id="@+id/coordinator"
    android:layout_width="match_parent"
    android:layout_height="match_parent" >

    <android.support.design.widget.AppBarLayout
        android:layout_width="match_parent"
        android:layout_height="300dp"
        android:theme="@style/ThemeOverlay.AppCompat.Dark.ActionBar" >

        <android.support.design.widget.CollapsingToolbarLayout
            android:layout_width="match_parent"
            android:layout_height="match_parent"
            app:layout_scrollFlags="scroll|exitUntilCollapsed"
            app:contentScrim="?attr/colorPrimary" >

            <ImageView
                android:layout_width="match_parent"
                android:layout_height="match_parent"
                android:scaleType="centerCrop"
                android:src="@drawable/restaurant"
                android:contentDescription="@string/restaurant_image"
                app:layout_collapseMode="parallax" />

            <android.support.v7.widget.Toolbar
                android:id="@+id/toolbar"
                android:layout_width="match_parent"
                android:layout_height="?attr/actionBarSize"
                app:layout_collapseMode="pin" />

        </android.support.design.widget.CollapsingToolbarLayout>
    </android.support.design.widget.AppBarLayout>
```

BitsAndPizzas
app/src/main
res
layout
activity_order.xml

← Esta linha altera o fundo da barra de ferramentas quando ela está recolhida.

Esta linha adiciona uma imagem à barra de ferramentas retrátil e utiliza uma elegante animação em paralaxe.

O código continua na próxima página. →

exibições e grupos de exibições

O código do activity_order.xml (continuação)

- ☑ Barra de ferramentas rolável
- ☐ Barra de ferramentas retrátil
- ☐ FAB
- ☐ Snackbar

```
<android.support.v4.widget.NestedScrollView
    android:layout_width="match_parent"
    android:layout_height="match_parent"
    app:layout_behavior="@string/appbar_scrolling_view_behavior" >

    ...

</android.support.v4.widget.NestedScrollView>
</android.support.design.widget.CoordinatorLayout>
```

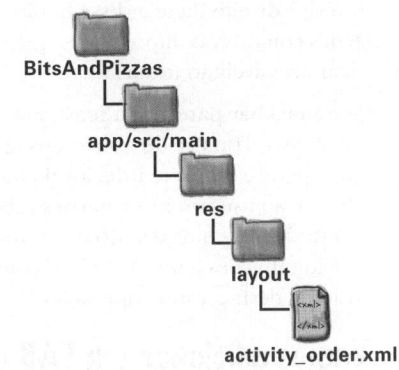

Vamos conferir o visual do app quando é executado.

BitsAndPizzas
└── app/src/main
    └── res
        └── layout
            └── activity_order.xml

Test drive do app

Quando executamos o app, observamos que a barra de ferramentas da `OrderActivity` exibe uma imagem. À medida que essa barra de ferramentas se recolhe, a imagem desaparece gradualmente e o plano de fundo volta para a cor original. Quando a barra de ferramentas se expande novamente, a imagem reaparece.

A cor da barra de ferramentas muda quando ela se recolhe.

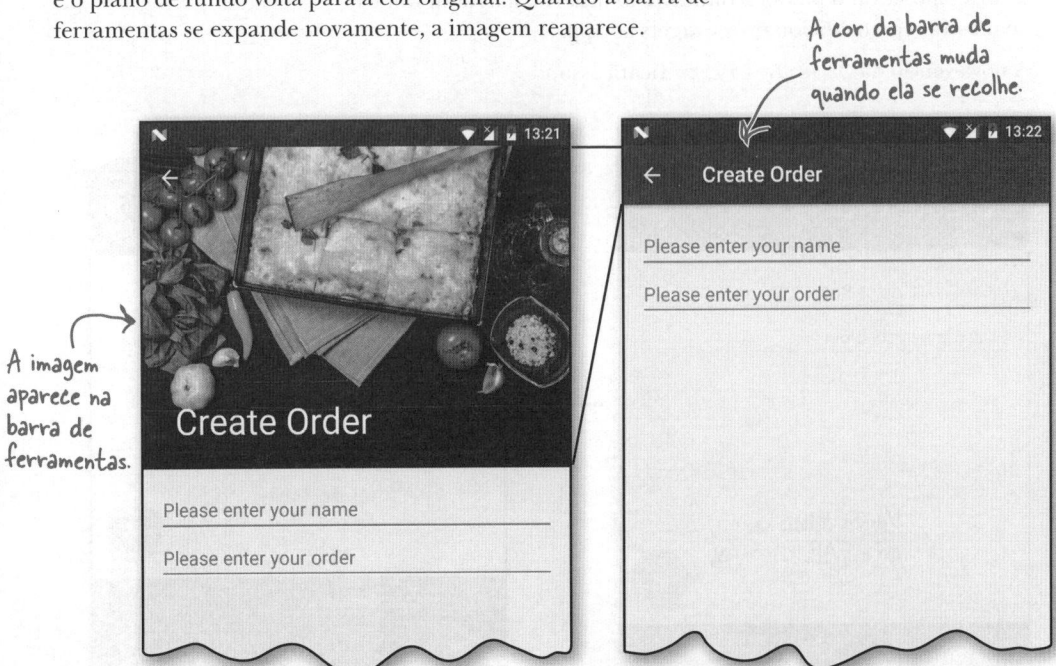

A imagem aparece na barra de ferramentas.

você está aqui ▶   525

fabs e snackbars

FABs e snackbars

Por fim, vamos adicionar mais dois recursos da Design Support Library à `OrderActivity`: um FAB e um snackbar.

Um **FAB** é um **botão de ação flutuante**. Trata-se de um ícone dentro de um círculo que flutua sobre a interface do usuário, sendo encontrado, por exemplo, no canto inferior direito da tela. Esse botão executa ações comuns ou importantes que devem ficar acessíveis ao usuário.

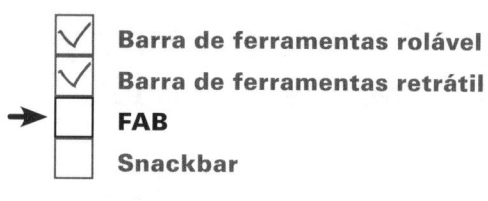

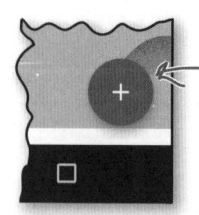

Já o **snackbar** parece um toast, mas é interativo. Trata-se de uma mensagem curta que aparece na parte inferior da tela e oferece ao usuário informações sobre uma operação. Ao contrário do toast, você pode adicionar ações a um snackbar, como uma ação de desfazer uma operação.

- [x] Barra de ferramentas rolável
- [x] Barra de ferramentas retrátil
- [ ] **FAB**
- [ ] **Snackbar**

Este é o FAB que aparece no app Google Calendar. Ele flutua no canto inferior direito da tela e serve para adicionar eventos.

Este é o snackbar que aparece no app Chrome quando você fecha uma página da web. Você pode reabrir a página clicando na ação Undo do snackbar.

Vamos adicionar um FAB e um snackbar à OrderActivity

Vamos adicionar um FAB à `OrderActivity`. Quando o usuário clicar no FAB, vamos exibir um snackbar com uma mensagem para o usuário. No mundo real, você deve usar o FAB para uma ação, como salvar a pizza escolhida pelo usuário, mas aqui vamos só mostrar como adicionar os widgets ao app.

A nova versão da `OrderActivity` ficará assim:

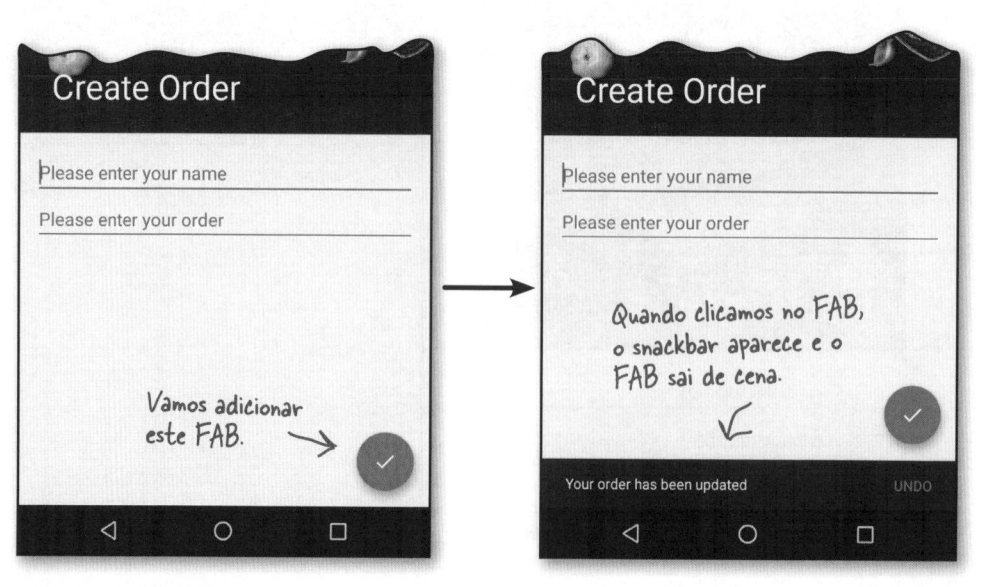

Vamos adicionar este FAB.

Quando clicamos no FAB, o snackbar aparece e o FAB sai de cena.

exibições e grupos de exibições

Adicione o ícone para o FAB

Para começar, vamos adicionar ao projeto um ícone para o FAB. Você pode criar um ícone do zero ou usar um dos ícones disponibilizados pelo Google em *https://design.google.com/icons/* (conteúdo em inglês).

- ☑ Barra de ferramentas rolável
- ☑ Barra de ferramentas retrátil
- ☐ **FAB**
- ☐ Snackbar

Vamos usar o ícone "done" ic_done_white_24dp, colocando versões dele nas pastas *drawable**, uma para cada densidade de tela. O Android irá definir no tempo de execução a versão do ícone a ser utilizada de acordo com a densidade da tela do dispositivo.

Primeiro, acesse a visualização Project no navegador do Android Studio, selecione a pasta *app/src/main/res* do projeto e, em seguida, crie as pastas *drawable-hdpi*, *drawable-mdpi*, *drawable-xhdpi*, *drawable-xxhdpi* e *drawable-xxxhdpi*, se elas não existirem. Depois, vá para *http://tinyurl.com/HeadFirstAndroidDoneIcons* (conteúdo em inglês) e faça o download do arquivo *ic_done_white_24dp.png* nas imagens do app Bits and Pizzas. Coloque a imagem da pasta *drawable-hdpi* na pasta *drawable-hdpi* e repita esse processo nas outras pastas.

Vamos usar este ícone no FAB.

Como adicionar um FAB ao layout

Para adicionar um FAB, você deve utilizar o seguinte código:

```
<android.support.design.widget.CoordinatorLayout ...>

    ...

    <android.support.design.widget.FloatingActionButton
        android:layout_width="wrap_content"
        android:layout_height="wrap_content"
        android:layout_gravity="end|bottom"
        android:layout_margin="16dp"
        android:src="@drawable/ic_done_white_24dp"
        android:onClick="onClickDone" />

</android.support.design.widget.CoordinatorLayout>
```

O código que adiciona um FAB é parecido com o que adiciona um ImageButton, pois FloatingActionButton é uma subclasse de ImageButton.

Se você estiver usando o FAB em uma atividade, pode utilizar o atributo onClick para especificar o método a ser chamado quando o FAB for clicado.

O código indicado acima adiciona um FAB ao canto inferior do final da tela, com uma margem de 16dp. O atributo src define o ícone do FAB como o drawable ic_done_white_24dp. Também estamos usando o atributo onClick do FAB para especificar que o método onClickDone() na atividade do layout será chamado quando o usuário clicar no FAB. Vamos criar esse método mais adiante.

Você geralmente deve usar um FAB dentro de um CoordinatorLayout, pois poderá coordenar o movimento dos diferentes views no layout. Nesse caso, o FAB irá se deslocar para cima quando o snackbar aparecer.

Na próxima página, vamos mostrar o código do layout da OrderActivity.

As diretrizes do material design recomendam, no máximo, um FAB por tela.

o código do layout

O código atualizado do activity_order.xml

Este é o código atualizado do *activity_order.xml* (atualize sua versão com base nas alterações destacadas em negrito):

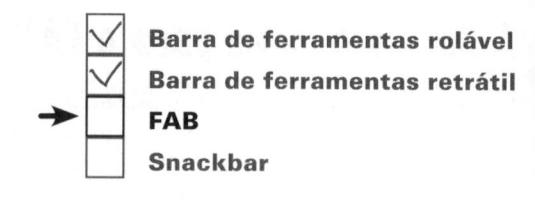

- ☑ Barra de ferramentas rolável
- ☑ Barra de ferramentas retrátil
- → ☐ FAB
- ☐ Snackbar

Não alteramos nenhum código nesta página.

```xml
<?xml version="1.0" encoding="utf-8"?>
<android.support.design.widget.CoordinatorLayout
    xmlns:android="http://schemas.android.com/apk/res/android"
    xmlns:app="http://schemas.android.com/apk/res-auto"
    android:id="@+id/coordinator"
    android:layout_width="match_parent"
    android:layout_height="match_parent" >

    <android.support.design.widget.AppBarLayout
        android:layout_width="match_parent"
        android:layout_height="300dp"
        android:theme="@style/ThemeOverlay.AppCompat.Dark.ActionBar" >

        <android.support.design.widget.CollapsingToolbarLayout
            android:layout_width="match_parent"
            android:layout_height="match_parent"
            app:layout_scrollFlags="scroll|exitUntilCollapsed"
            app:contentScrim="?attr/colorPrimary" >

            <ImageView
                android:layout_width="match_parent"
                android:layout_height="match_parent"
                android:scaleType="centerCrop"
                android:src="@drawable/restaurant"
                android:contentDescription="@string/restaurant_image"
                app:layout_collapseMode="parallax" />

            <android.support.v7.widget.Toolbar
                android:id="@+id/toolbar"
                android:layout_width="match_parent"
                android:layout_height="?attr/actionBarSize"
                app:layout_collapseMode="pin" />

        </android.support.design.widget.CollapsingToolbarLayout>
    </android.support.design.widget.AppBarLayout>
```

BitsAndPizzas / app/src/main / res / layout / activity_order.xml

O código continua na próxima página.

O código do activity_order.xml (continuação)

- ☑ Barra de ferramentas rolável
- ☑ Barra de ferramentas retrátil
- → ☐ FAB
- ☐ Snackbar

```xml
<android.support.v4.widget.NestedScrollView
    android:layout_width="match_parent"
    android:layout_height="match_parent"
    app:layout_behavior="@string/appbar_scrolling_view_behavior" >

    <LinearLayout
        ...
    </LinearLayout>

</android.support.v4.widget.NestedScrollView>

<android.support.design.widget.FloatingActionButton
    android:layout_width="wrap_content"
    android:layout_height="wrap_content"
    android:layout_gravity="end|bottom"
    android:layout_margin="16dp"
    android:src="@drawable/ic_done_white_24dp"
    android:onClick="onClickDone" />

</android.support.design.widget.CoordinatorLayout>
```

Vamos adicionar o FAB ao CoordinatorLayout para que ele saia de cena quando o snackbar aparecer.

BitsAndPizzas / app/src/main / res / layout / activity_order.xml

Adicione o método onClickDone() à OrderActivity

Depois de adicionar um FAB ao layout da OrderActivity, vamos escrever mais código de atividade para que esse FAB execute alguma ação quando receber um clique. O procedimento é igual ao aplicável aos botões: você deve adicionar o método descrito no atributo onClick do FAB ao código da atividade.

Neste caso, definimos no atributo onClick o valor "onClickDone"; portanto, devemos adicionar um método onClickDone() ao *OrderActivity.java*:

```java
public void onClickDone(View view) {
    //Código que é executado quando o FAB é clicado
}
```

Você não precisa adicionar este método agora; espere até conferir o código completo nas próximas páginas.

BitsAndPizzas / app/src/main / java / com.hfad.bitsandpizzas / OrderActivity.java

Agora, vamos escrever código para exibir um snackbar quando o usuário clicar no FAB.

snackbar

Como criar um snackbar

Como vimos anteriormente neste capítulo, um snackbar é uma barra que aparece na parte inferior da tela e exibe uma mensagem curta para o usuário. O snackbar parece com um toast, mas é interativo.

- ☑ Barra de ferramentas rolável
- ☑ Barra de ferramentas retrátil
- ☑ FAB
- ☐ **Snackbar**

Para criar um snackbar, você deve chamar o método Snackbar.make(). Esse método opera com três parâmetros: o View em que o snackbar deve aparecer, o texto a ser exibido e uma duração int. Por exemplo, confira a seguir o código de um snackbar que aparece na tela durante uma curta duração:

```
CharSequence text = "Hello, I'm a Snackbar!";
int duration = Snackbar.LENGTH_SHORT;
Snackbar snackbar = Snackbar.make(findViewById(R.id.coordinator, text, duration);
```

Para exibir um recurso de string, você pode transmitir a ID do recurso no lugar do texto.

No código indicado acima, usamos um view chamado coordinator para exibir o snackbar. Esse view geralmente será o coordinator layout da atividade e permitirá que você coordene o snackbar e os outros views.

Definimos a duração do snackbar como LENGTH_SHORT para exibi-lo durante um curto período. As outras opções disponíveis são LENGTH_LONG (que exibe a barra por um longo tempo) e LENGTH_INDEFINITE (que a exibe por tempo indefinido). Em qualquer uma dessas opções, o usuário poderá fazer o snackbar deslizar para fora da tela.

Você pode adicionar uma ação ao snackbar chamando seu método setAction(). Isso é útil para que, por exemplo, o usuário possa desfazer uma operação que tenha acabado de realizar. O método setAction() opera com dois parâmetros: o texto que deve aparecer na ação e um View.onClickListener(). O código a ser executado quando o usuário clicar na ação deve ser incluído no evento onClick() do ouvinte:

Transmita ao método setAction() o texto a ser exibido na ação e um View.OnClickListener.

```
snackbar.setAction("Undo", new View.OnClickListener() {
    @Override
    public void onClick(View view) {
        //Código para rodar quando o usuário clicar na ação Undo
    }
});
```

Você deve especificar o que acontecerá quando o usuário clicar na ação Undo.

Depois de concluir o snackbar, utilize o método show() para exibi-lo:

snackbar.show();

exibições e grupos de exibições

Enigma da Piscina

Sua **tarefa** é configurar o método `onClickDone()` da `OrderActivity` para exibir um snackbar. O snackbar deve incluir uma ação ("Undo"), que exibirá um toast quando for clicada. Preencha as linhas em branco no código com os fragmentos de código da piscina. Você **não** pode utilizar os fragmentos mais de uma vez e não precisará utilizar todos.

```
public void onClickDone(View view) {
    CharSequence text = "Your order has been updated";
    int duration = .............................................;
    Snackbar snackbar = Snackbar.................(findViewById(R.id.coordinator),................,.............);
    snackbar.setAction("Undo", new View.OnClickListener() {
        @Override
        public void onClick(View view) {
            Toast toast = Toast............... OrderActivity.this, "Undone!",.............................);
            toast..................;
        }
    });
    snackbar..................;
}
```

Nota: os fragmentos só podem ser utilizados uma vez!

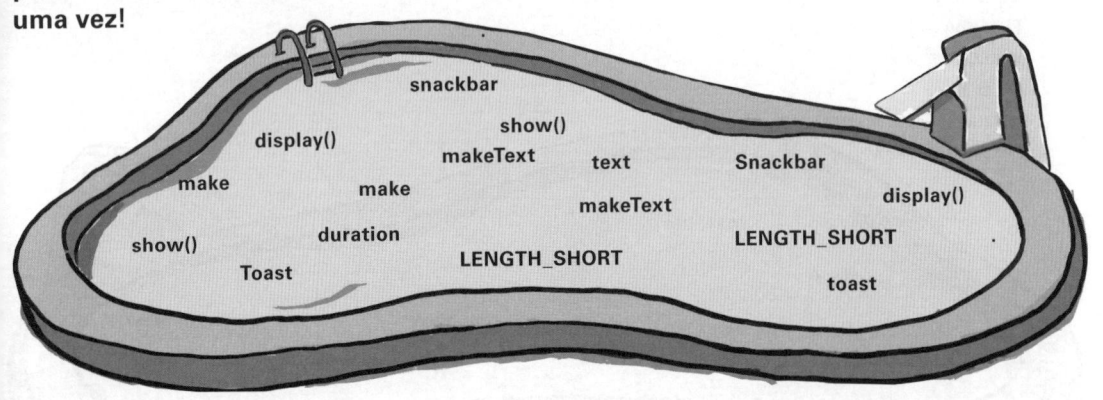

Fragmentos da piscina:
snackbar, display(), show(), makeText, make, make, text, makeText, Snackbar, display(), show(), duration, LENGTH_SHORT, LENGTH_SHORT, Toast, toast

solução

Enigma da Piscina – Solução

Sua **tarefa** é configurar o método `onClickDone()` da `OrderActivity` para exibir um snackbar. O snackbar deve incluir uma ação ("Undo"), que exibirá um toast quando for clicada. Preencha as linhas em branco no código com os fragmentos de código da piscina. Você **não** pode utilizar os fragmentos mais de uma vez e não precisará utilizar todos.

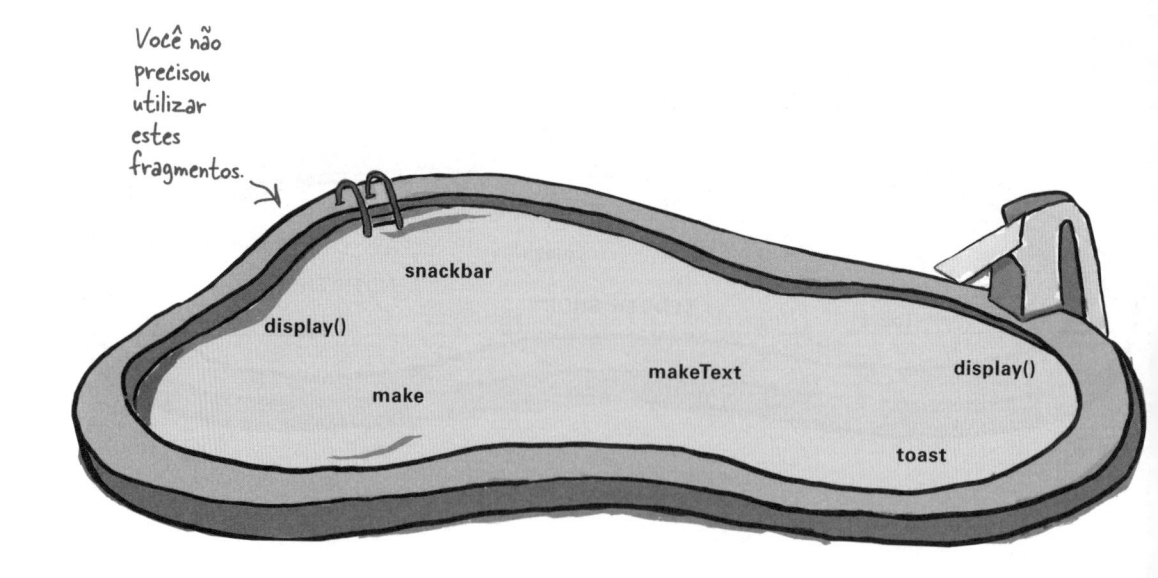

```java
public void onClickDone(View view) {
    CharSequence text = "Your order has been updated";
    int duration = Snackbar.LENGTH_SHORT;
    Snackbar snackbar = Snackbar.make(findViewById(R.id.coordinator), text, duration);
    snackbar.setAction("Undo", new View.OnClickListener() {
        @Override
        public void onClick(View view) {
            Toast toast = Toast.makeText(OrderActivity.this, "Undone!", Toast.LENGTH_SHORT);
            toast.show();
        }
    });
    snackbar.show();
}
```

Você não precisou utilizar estes fragmentos.

- snackbar
- display()
- make
- makeText
- display()
- toast

O código completo do OrderActivity.java

Este é o código completo do *OrderActivity.java*, já com o código que adiciona o snackbar com uma ação. Atualize sua versão do código com base nas alterações destacadas em negrito:

- ☑ Barra de ferramentas rolável
- ☑ Barra de ferramentas retrátil
- ☑ FAB
- ☐ **Snackbar**

```java
package com.hfad.bitsandpizzas;

import android.support.v7.app.AppCompatActivity;
import android.os.Bundle;
import android.support.v7.widget.Toolbar;
import android.support.v7.app.ActionBar;
import android.view.View;
import android.support.design.widget.Snackbar;
import android.widget.Toast;
```

Como estamos usando estas novas classes, você deve importá-las.

```java
public class OrderActivity extends AppCompatActivity {

    @Override
    protected void onCreate(Bundle savedInstanceState) {
        super.onCreate(savedInstanceState);
        setContentView(R.layout.activity_order);
        Toolbar toolbar = (Toolbar) findViewById(R.id.toolbar);
        setSupportActionBar(toolbar);
        ActionBar actionBar = getSupportActionBar();
        actionBar.setDisplayHomeAsUpEnabled(true);
    }
```

Este método é chamado quando o usuário clica no FAB.

```java
    public void onClickDone(View view) {
        CharSequence text = "Your order has been updated";
        int duration = Snackbar.LENGTH_SHORT;
        Snackbar snackbar = Snackbar.make(findViewById(R.id.coordinator), text, duration);
        snackbar.setAction("Undo", new View.OnClickListener() {
            @Override
            public void onClick(View view) {
                Toast toast = Toast.makeText(OrderActivity.this, "Undone!", Toast.LENGTH_SHORT);
                toast.show();
            }
        });
        snackbar.show();
    }
}
```

Crie o snackbar.

Adicione uma ação ao snackbar.

Quando o usuário clica na ação do snackbar, um toast aparece.

Mostre o snackbar.

BitsAndPizzas / app/src/main / java / com.hfad.bitsandpizzas / OrderActivity.java

test drive

Test drive do app

Quando executamos o app, um FAB aparece na `OrderActivity`. Quando clicamos no FAB, um snackbar aparece e o FAB se desloca para dar espaço para ele. Quando clicamos na ação Undo do snackbar, visualizamos um toast.

☑ **Barra de ferramentas rolável**
☑ **Barra de ferramentas retrátil**
☑ **FAB**
→ ☑ **Snackbar**

Este é o FAB que criamos.

Quando você clica no FAB, um snackbar é exibido. O FAB se desloca para cima e sai de cena.

Quando clicamos na ação Undo do snackbar, visualizamos um toast.

Observe que os snackbars têm muito em comum com os toasts, pois ambos servem para exibir mensagens para o usuário. Mas, para que o usuário possa *interagir* com as informações exibidas, opte por um snackbar.

layout de restrição

Sua caixa de ferramentas para Android

Você fechou o Capítulo 12 e adicionou a Design Support Library à sua caixa de ferramentas.

O código completo do capítulo pode ser baixado em https://www.altabooks.com.br. Procure pelo título ou ISBN do livro.

PONTOS DE BALA

- Para habilitar a navegação swipe, utilize um **view pager**.

- Para indicar as respectivas páginas ao view pager, implemente um **fragment pager adapter**.

- Use o método `getCount()` do fragment pager adapter para indicar ao view pager seu número de páginas. Use seu método `getItem()` para definir o fragment que deve aparecer em cada página.

- Para adicionar a navegação por abas, implemente um **layout de aba**. Inclua a barra de ferramentas e o layout de aba em um **layout da barra do app** no código do layout e, em seguida, vincule o layout de aba ao view pager no código da atividade.

- O layout de aba integra a **Android Design Support Library**. Com essa biblioteca, você pode implementar as **diretrizes do material design** no seu app.

- Use um **coordinator layout** para coordenar as animações entre os views.

- Use um **nested scroll view** para adicionar um conteúdo rolável que possa ser coordenado pelo coordinator layout.

- Use um **collapsing toolbar layout** para adicionar uma barra de ferramentas que se recolha e se expanda de acordo com as ações de rolagem do usuário.

- Use um **FAB** (botão de ação flutuante) para que o usuário realize ações comuns ou importantes.

- Um **snackbar** permite a exibição de mensagens curtas e interativas para o usuário.

13 recycler views e card views

Comece a Reciclar

Como vimos antes, o singelo list view é uma parte importante da maioria dos apps. Mas, quando comparado com alguns dos componentes do *material design* de que falamos anteriormente, parece um pouco simples demais. Neste capítulo, vamos apresentar o **recycler view**, um tipo de lista mais avançado que oferece *uma grande flexibilidade* e *atende aos princípios do material design*. Você vai aprender a criar **adaptadores** específicos para os seus dados e a alterar completamente o visual da lista com *apenas duas linhas de código*. Também vamos mostrar como usar os **card views** para deixar seus dados com um *visual 3D do material design*.

listas mais elegantes

Vamos continuar desenvolvendo o app Bits and Pizzas

No Capítulo 12, atualizamos o app Bits and Pizzas para incluir componentes da Design Support Library, inclusive um layout de aba, um FAB e uma barra de ferramentas retrátil. Adicionamos esses recursos para facilitar a navegação do usuário pelo app e para implementar um visual e um comportamento consistentes com os princípios do material design. Como vimos antes, o material design é inspirado em papel e tinta e aplica os princípios de design e o movimento típicos de materiais impressos para representar o visual e o comportamento de objetos reais (como fichas e notas). Mas há um ponto essencial que não abordamos: as listas.

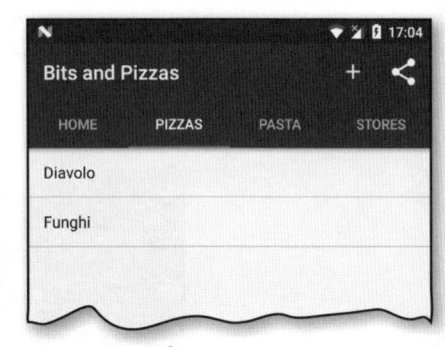

Atualmente, usamos list views no `PizzaFragment`, no `PastaFragment` e no `StoresFragment` para exibir as pizzas, massas e lojas disponíveis. Essas listas são muito simples em comparação com as outras partes do app; com um pouco de dedicação, podemos uniformizar sua aparência e seu comportamento.

Outra desvantagem dos list views é que eles não implementam a rolagem aninhada. No Capítulo 12, programamos a barra de ferramentas da `MainActivity` para rolar quando o usuário rolar o conteúdo dos fragmentos da atividade. Essa operação funciona no `TopFragment`, pois esse fragmento usa um nested scroll view. Contudo, como nenhum dos outros fragmentos usa a rolagem aninhada, a barra de ferramentas permanece fixa quando o usuário tenta rolar o conteúdo dela.

Este é o estado atual do PizzaFragment. Esse fragmento contém uma lista de pizzas, mas é simples demais.

Para lidar com essa situação, vamos alterar o `PizzaFragment` para usar um **recycler view**. Essa é uma versão mais avançada e flexível de list view que implementa a rolagem aninhada. Em vez de exibir apenas os nomes de cada pizza em um list view, vamos usar um recycler view para exibir o nome e a imagem de cada pizza:

Vamos adicionar este recycler view ao PizzaFragment.

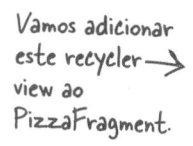

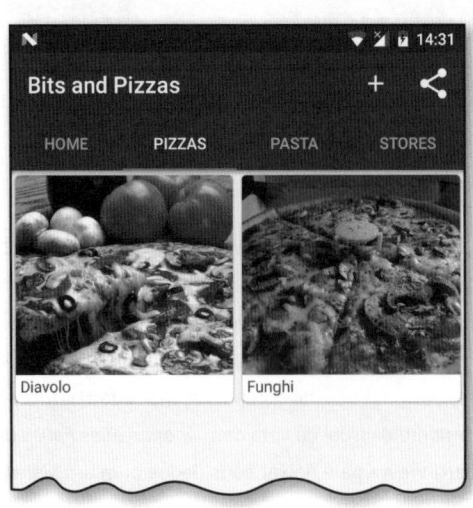

Quando você rola o recycler view, a barra de ferramentas se desloca para cima. Essa operação corresponde ao comportamento do TopFragment.

exibições e grupos de exibições

Recycler views a perder de vista

Antes de começar a escrever o código, vamos analisar o funcionamento dos recycler views. Por ser mais flexível do que um list view, o recycler view exige uma configuração muito mais específica.

Como os list views, os recycler views controlam de modo eficiente um pequeno número de views para passar a imagem de uma grande coleção de views que se estende para além da tela. Esses recursos permitem uma maior flexibilidade na exibição dos dados, se comparados com os list views.

O recycler view acessa os dados usando um **adaptador**. Mas, ao contrário do list view, o recycler view não usa os adaptadores internos do Android, como os array adapters. Em vez disso, *você tem que criar um adaptador específico para os seus dados*. Para isso, é necessário especificar o tipo dos dados, criar views e vincular os dados aos views.

Os itens devem ser posicionados no recycler view através de um **gerenciador de layout**. Há vários gerenciadores de layout internos que você pode usar para posicionar os itens em uma grade ou lista linear.

Este diagrama mostra a dinâmica dos elementos mencionados:

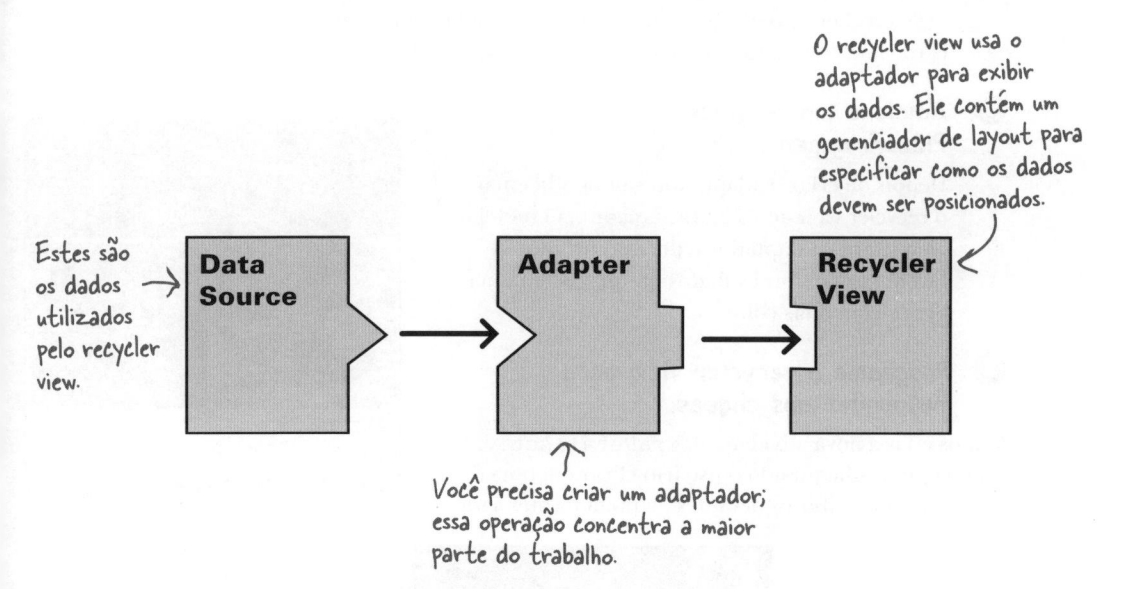

Estes são os dados utilizados pelo recycler view. → **Data Source** → **Adapter** → **Recycler View**

O recycler view usa o adaptador para exibir os dados. Ele contém um gerenciador de layout para especificar como os dados devem ser posicionados.

Você precisa criar um adaptador; essa operação concentra a maior parte do trabalho.

Neste caso específico, criaremos um recycler view para exibir nomes e imagens de pizzas. Vamos analisar as etapas dessa operação na próxima página.

etapas

Vamos fazer o seguinte

Para desenvolver o recycler view, temos que realizar cinco etapas principais:

❶ Adicione os dados das pizzas ao projeto.

Vamos adicionar as imagens das pizzas e uma nova classe `Pizza` ao app. Essa classe será a fonte de dados do recycler view.

Estes são os card views que exibem os dados das pizzas.

❷ Crie um card view para os dados das pizzas.

Vamos configurar o app de modo que cada pizza do recycler view seja exibida em uma ficha separada. Para fazer isso, vamos usar um novo tipo de view chamado *card view*.

❸ Crie um recycler view adapter.

Como vimos na página anterior, quando você usar um recycler view, deve criar um adaptador para ele. Neste caso, o adaptador deve receber os dados das pizzas e vincular cada item a um card view. Assim, cada cartão será exibido no recycler view.

❹ Adicione um recycler view ao PizzaFragment.

Depois de criar o adaptador, vamos adicionar o recycler view ao `PizzaFragment`. O recycler view usará o adaptador e um gerenciador de layout para exibir os dados das pizzas em uma grade com duas colunas.

Este é o recycler view.

❺ Programe o recycler view para responder aos cliques.

Vamos criar a nova atividade `PizzaDetailActivity`, que será iniciada quando o usuário clicar em uma das pizzas. Vamos exibir os detalhes da pizza na atividade.

Esta é a PizzaDetailActivity.

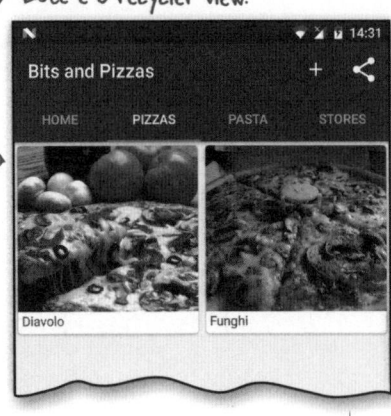

Faça isso!

Neste capítulo, vamos atualizar o app Bits and Pizzas; portanto, abra o projeto Bits and Pizzas no Android Studio.

Inicialmente, vamos adicionar os dados das pizzas.

exibições e grupos de exibições

Adicione os dados das pizzas

Para começar, vamos adicionar as imagens das pizzas ao projeto Bits and Pizzas. Faça o download dos arquivos *diavolo.jpg* e *funghi.jpg* do site *https://git.io/v9oet* e coloque-os na pasta *app/src/main/res/drawable-nodpi*. O projeto já contém essa pasta, pois colocamos uma imagem nela no Capítulo 12.

> Dados das pizzas
> Card view
> Adaptador
> Recycler view
> Cliques

Estas são as imagens das pizzas.

Adicione a classe Pizza

Para obter os dados de uma classe Pizza, temos que adicioná-la. A classe define um array com duas pizzas, cada uma delas com uma ID de recurso de imagem e um nome. Acesse a visualização Project do navegador do Android Studio, selecione o pacote com.hfad.bitsandpizzas na pasta *app/src/main/java* e, em seguida, vá para File→New...→Java class. Quando solicitado, nomeie a classe como "Pizza" e verifique se o nome do pacote é com.hfad.bitsandpizzas. Por fim, substitua o código do *Pizza.java* pelo código a seguir:

Em um app de verdade, talvez usássemos um banco de dados. Para fins de simplicidade, vamos usar uma classe Java.

```java
package com.hfad.bitsandpizzas;

public class Pizza {
    private String name;
    private int imageResourceId;

    public static final Pizza[] pizzas = {
            new Pizza("Diavolo", R.drawable.diavolo),
            new Pizza("Funghi", R.drawable.funghi)
    };

    // O construtor de Pizza
    private Pizza(String name, int imageResourceId) {
        this.name = name;
        this.imageResourceId = imageResourceId;
    }

    public String getName() {
        return name;
    }

    public int getImageResourceId() {
        return imageResourceId;
    }
}
```

Cada Pizza tem uma ID de recurso de imagem e um nome. A ID do recurso de imagem se refere às imagens das pizzas que foram adicionadas ao projeto.

Estes são os getters das variáveis privadas.

BitsAndPizzas
app/src/main
java
com.hfad.bitsandpizzas
Pizza.java

você está aqui ▶ 541

adicione as bibliotecas

Configure a exibição dos dados das pizzas em um cartão

☑	Dados das pizzas
→ ☐	Card view
☐	Adaptador
☐	Recycler view
☐	Cliques

A seguir, vamos definir um layout para os dados das pizzas. Esse layout será utilizado pelo adaptador do recycler view para determinar o visual de cada item do recycler view. Vamos usar um **card view** para esse layout.

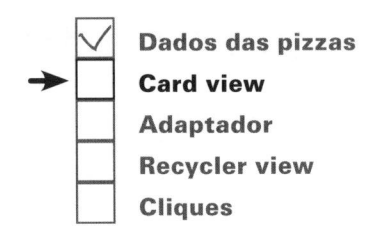

O **card view** é um tipo de layout de frame que exibe informações em cartões virtuais. Os card views têm cantos arredondados e sombras que criam o visual de que eles estão posicionados sobre o plano de fundo. Quando um card view processa os dados das pizzas, o usuário visualiza cada pizza em um cartão separado no recycler view.

← Estes são os card views.
Vamos usar fichas para exibir os dados das pizzas no recycler view. →

Adicione as Support Libraries do CardView e do RecyclerView

Os card views e os recycler views vêm da CardView v7 Support Library e da RecyclerView v7 Support Library, respectivamente. Portanto, antes de prosseguir, você deve adicionar essas bibliotecas ao projeto como dependências.

Abra o Android Studio e vá para File→Project Structure. Na janela Project Structure, clique na opção "app" e acesse a aba Dependencies. Em seguida, clique no botão "+" na parte inferior ou no lado direito da tela, escolha a opção "Library dependency" e adicione a CardView Library. Siga as mesmas etapas para adicionar a RecyclerView-v7 Library; em seguida, clique no botão OK para salvar suas alterações.

Lembre-se de adicionar as duas bibliotecas.

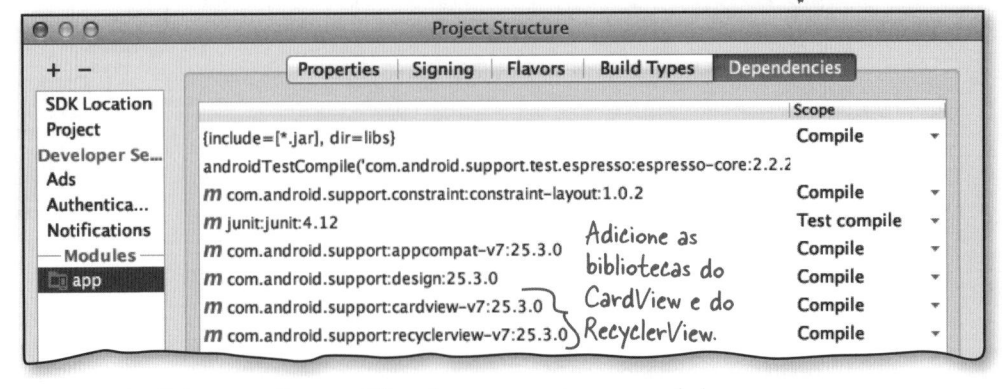

Adicione as bibliotecas do CardView e do RecyclerView.

Agora que você adicionou as Support Libraries, vamos criar um card view para exibir os dados das pizzas.

Como criar um card view

Vamos criar um card view para exibir uma imagem com uma legenda. No app, o card view vai exibir o nome e a imagem de cada pizza, mas você também pode usar esse layout para diferentes categorias de dados, como massas e lojas.

- [ ] Dados das pizzas
- → [ ] **Card view**
- [ ] Adaptador
- [ ] Recycler view
- [ ] Cliques

Para criar um card view, adicione um elemento <CardView> ao layout. Para usar o card view em um recycler view (como estamos fazendo aqui), você deve criar um novo arquivo de layout para o card view em questão. Para fazer isso, selecione a pasta *app/src/main/res/layout* e escolha File→New→Layout resource file. Quando solicitado, nomeie o layout como "card_captioned_image".

Para adicionar um card view ao layout, use o seguinte código:

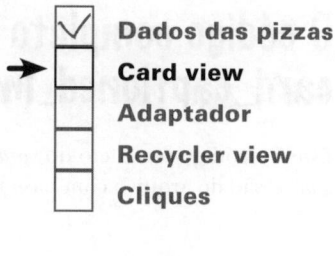

```
<android.support.v7.widget.CardView     ← Este item define o CardView.

    xmlns:android="http://schemas.android.com/apk/res/android"

    xmlns:card_view="http://schemas.android.com/apk/res-auto"

    android:id="@+id/card_view"
    android:layout_width="match_parent"
    android:layout_height="200dp"
    android:layout_margin="4dp"
    card_view:cardElevation="2dp"
    card_view:cardCornerRadius="4dp">    ← Este item cria cantos arredondados no CardView.

    ...    ← Adicione ao CardView os views que devem ser exibidos.

</android.support.v7.widget.CardView>
```

Para criar um efeito de sombra projetada, defina a elevação do cartão.

BitsAndPizzas / app/src/main / res / layout / card_captioned_image.xml

No código indicado acima, adicionamos o seguinte namespace extra:

```
xmlns:card_view="http://schemas.android.com/apk/res-auto"
```

Esse namespace cria cantos arredondados no cartão, bem como uma sombra projetada para que ele pareça mais elevado do que o plano de fundo. Para adicionar cantos arredondados, use o atributo `card_view:cardCornerRadius`; o atributo `card_view:cardElevation` define a elevação e adiciona sombras projetadas.

Depois de definir o card view, você deve adicionar os views a serem exibidos. Neste caso, vamos adicionar um text view e um image view para mostrar o nome e a imagem da pizza. Vamos apresentar o código completo dessa operação na próxima página.

o código do layout

O código completo do card_captioned_image.xml

Este é o código completo do *card_captioned_image.xml*. Atualize sua versão do arquivo com base no código indicado abaixo:

- [ ] Dados das pizzas
- [x] **Card view** ←
- [ ] Adaptador
- [ ] Recycler view
- [ ] Cliques

```xml
<?xml version="1.0" encoding="utf-8"?>
<android.support.v7.widget.CardView
    xmlns:android="http://schemas.android.com/apk/res/android"
    xmlns:card_view="http://schemas.android.com/apk/res-auto"
    android:id="@+id/card_view"
    android:layout_width="match_parent"
    android:layout_height="200dp"
    android:layout_margin="5dp"
    card_view:cardElevation="2dp"
    card_view:cardCornerRadius="4dp">

    <LinearLayout
        android:layout_width="match_parent"
        android:layout_height="match_parent"
        android:orientation="vertical">

        <ImageView android:id="@+id/info_image"
            android:layout_height="0dp"
            android:layout_width="match_parent"
            android:layout_weight="1.0"
            android:scaleType="centerCrop"/>

        <TextView
            android:id="@+id/info_text"
            android:layout_marginLeft="4dp"
            android:layout_marginBottom="4dp"
            android:layout_height="wrap_content"
            android:layout_width="match_parent"/>
    </LinearLayout>
</android.support.v7.widget.CardView>
```

O card view terá a largura máxima permitida pelo elemento-pai e uma altura de 200dp.

Colocamos o ImageView e o TextView em um LinearLayout, pois o CardView só pode ter um filho direto.

A imagem terá a largura máxima permitida pelo CardView. Estamos usando o centerCrop para que a imagem seja dimensionada de modo uniforme.

O CardView contém um ImageView e um TextView.

Este será o visual do CardView quando os dados forem adicionados. Vamos fazer essa operação com o adaptador do recycler view.

BitsAndPizzas / app/src/main / res / layout / card_captioned_image.xml

Observe que o layout indicado acima não menciona expressamente os dados das pizzas. Assim, podemos usar o mesmo layout para todos os itens de dados formados por uma legenda e uma imagem, como as massas.

Agora que criamos um layout para os card views, vamos criar um adaptador para o recycler view.

Como o recycler view adapter vai funcionar

☑	Dados das pizzas
☑	Card view
→ ☐	**Adaptador**
☐	Recycler view
☐	Cliques

Como vimos antes, para usar um recycler view no app, você tem que criar um recycler view adapter. Isso porque, diferente dos list views, os recycler views não usam os adaptadores internos do Android. Embora criar um adaptador exija dedicação, um adaptador desenvolvido tem a vantagem de ser mais flexível do que um interno.

O adaptador tem duas funções principais: criar os views visíveis no recycler view e vincular cada view a uma parte dos dados. Neste caso, o recycler view deve exibir um conjunto de cartões, em cada um irá conter uma imagem e uma legenda para cada pizza. Logo, o adaptador deve criar cada um dos cartões e vincular os dados a eles.

Nas próximas páginas, vamos criar o recycler view adapter. Essa operação exigirá as seguintes etapas:

❶ Especifique os dados a serem processados pelo adaptador.

Queremos que o adaptador processe os dados das pizzas. Cada pizza tem um nome e uma ID de recurso de imagem; portanto, vamos transmitir ao adaptador um array com os nomes das pizzas e um array com as IDs dos recursos de imagem.

❷ Defina os views a serem preenchidas pelo adaptador.

Queremos usar os dados para preencher um conjunto de cartões de pizzas definido pelo *card_captioned_image.xml*. Em seguida, vamos criar um conjunto utilizando esses cartões para exibi-los no recycler view; cada cartão deve corresponder a uma pizza.

❸ Vincule os dados aos cartões.

Por fim, temos que exibir os dados das pizzas nos cartões. Para fazer isso, vamos preencher o text view `info_text` com o nome da pizza e o image view `info_image` com a imagem da pizza.

Para começar, vamos adicionar uma classe `RecyclerView.Adapter` ao projeto.

---

não existem Perguntas Idiotas

P: Por que o Android não dispõe de adaptadores internos específicos para os recycler views?

R: Porque os recycler view adapters não se limitam a especificar os dados a serem exibidos. Além disso, especificam os views que serão utilizados para cada item da coleção. Por isso, os recycler view adapters são mais arrojados e menos genéricos do que os list view adapters.

o código do CaptionedImagesAdapter

Adicione um recycler view adapter

Para criar um recycler view adapter, você deve estender a classe `RecyclerView.Adapter` e substituir vários métodos; vamos falar sobre todos esses itens nas próximas páginas. Você também deve definir um `ViewHolder` como uma classe interna para indicar ao adaptador os views correspondentes aos itens de dados.

Vamos criar um recycler view adapter chamado `CaptionedImagesAdapter`. Abra o Android Studio, selecione o pacote `com.hfad.bitsandpizzas` na pasta *app/src/main/java* e, em seguida, vá para File→New...→Java class. Quando solicitado, nomeie a classe como "CaptionedImagesAdapter" e verifique se o nome do pacote é `com.hfad.bitsandpizzas`. Em seguida, substitua o código do *CaptionedImagesAdapter.java* pelo código indicado a seguir:

- ☑ Dados das pizzas
- ☑ Card view
- → ☐ **Adaptador**
- ☐ Recycler view
- ☐ Cliques

BitsAndPizzas / app/src/main / java / com.hfad.bitsandpizzas / CaptionedImagesAdapter.java

```
package com.hfad.bitsandpizzas;

import android.support.v7.widget.RecyclerView;

class CaptionedImagesAdapter extends
        RecyclerView.Adapter<CaptionedImagesAdapter.ViewHolder>{

    public static class ViewHolder extends RecyclerView.ViewHolder {
        //Definir a visão a ser usada para cada item de dados
    }
}
```

Como estamos estendendo a classe RecyclerView, temos que importá-la.

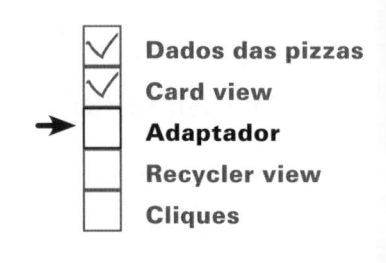

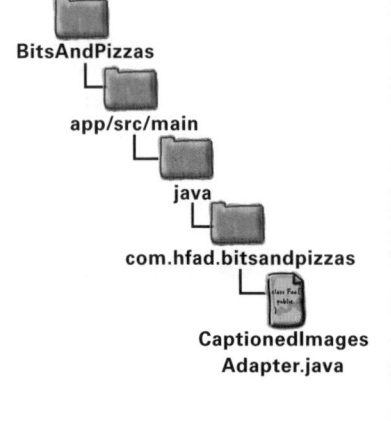

O ViewHolder especifica os views correspondentes a cada item de dados.

Defina o ViewHolder como uma classe interna. Vamos finalizar esse procedimento mais adiante neste capítulo.

Observe que a classe interna `ViewHolder` é uma parte importante do adaptador. Deixamos a classe `ViewHolder` vazia por enquanto, mas retornaremos a esse recurso mais adiante neste capítulo.

Antes de analisar os view holders com mais atenção, vamos adicionar um construtor para indicar ao adaptador o tipo de dados a ser utilizado.

Relaxe

Fique tranquilo se o Android Studio exibir mensagens de erro quando você adicionar o código acima ao projeto.

O sistema estará apenas avisando que o código ainda não está completo. Ainda precisamos substituir vários métodos no código do adaptador para definir seu comportamento; vamos realizar essa operação nas próximas páginas.

exibições e grupos de exibições

Indique ao adaptador os dados que ele deve processar...

Ao definir um recycler view adapter, você deve indicar o tipo dos dados que serão utilizados. Para fazer isso, defina um construtor que contenha os tipos de dados que serão utilizados pelo adaptador como parâmetros.

Neste caso, o adaptador deve receber legendas de strings e IDs de imagem int. Portanto, vamos adicionar os parâmetros String[] e int[] ao construtor e salvar os arrays como variáveis privadas. Este é o código dessa operação; você pode atualizar sua versão do *CaptionedImagesAdapter.java* agora ou esperar até visualizar o código completo do adaptador mais adiante neste capítulo.

- ☑ Dados das pizzas
- ☑ Card view
- → ☐ Adaptador
- ☐ Recycler view
- ☐ Cliques

```
class CaptionedImagesAdapter extends
        RecyclerView.Adapter<CaptionedImagesAdapter.ViewHolder>{

    private String[] captions;     Vamos usar estas variáveis para
    private int[] imageIds;        receber os dados das pizzas.
    ...

    public CaptionedImagesAdapter(String[] captions, int[] imageIds){
        this.captions = captions;
        this.imageIds = imageIds;         Vamos transmitir os dados ao
    }                                     adaptador usando o seu construtor.
}
```

...e implementar o método getItemCount()

Também temos que indicar ao adaptador a quantidade de itens de dados. Para fazer isso, você deve substituir o método getItemCount() do RecyclerViewAdapter. Esse procedimento retorna um valor int, o número de itens de dados. Podemos derivar esse valor do número de legendas transmitidas ao adaptador. Este é o código dessa operação:

```
class CaptionedImagesAdapter extends
        RecyclerView.Adapter<CaptionedImagesAdapter.ViewHolder>{
    ...
    @Override
    public int getItemCount(){
        return captions.length;    ← O tamanho do array de
    }                                legendas é igual ao número de
}                                   itens de dados no recycler view.
```

A seguir, vamos definir o view holder do adaptador.

você está aqui ▶   **547**

defina o view holder

Defina o view holder do adaptador

O view holder define os views que o recycler view deve utilizar para cada item de dados transmitido. Pense no view holder como um espaço reservado para os views que serão exibidos pelo recycler view. Além dos views, o view holder também contém informações adicionais úteis para o recycler view, como sua posição no layout.

Neste caso, queremos colocar cada item de dados das pizzas em um cartão; portanto, temos que especificar que o view holder do adaptador usa um card view. Este é o código dessa operação (vamos mostrar o código completo do adaptador mais adiante neste capítulo):

ViewHolder

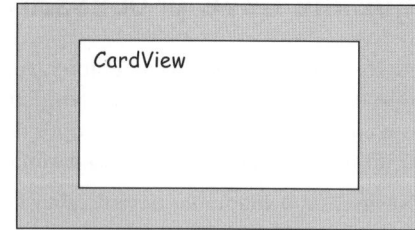

> CardView

Cada ViewHolder irá conter um CardView. Criamos o layout do CardView anteriormente neste capítulo.

```
...
import android.support.v7.widget.CardView;
```
← Como estamos usando a classe CardView, temos que importá-la.

```
class CaptionedImagesAdapter extends
        RecyclerView.Adapter<CaptionedImagesAdapter.ViewHolder>{
...
    public static class ViewHolder extends RecyclerView.ViewHolder {

        private CardView cardView;

        public ViewHolder(CardView v) {
            super(v);
            cardView = v;
        }
    }
}
```
O recycler view deve exibir CardViews; portanto, especificamos que o ViewHolder contém CardViews. Para exibir outro tipo de dados no recycler view, você deve defini-lo aqui.

BitsAndPizzas
└ app/src/main
  └ java
    └ com.hfad.bitsandpizzas
      └ CaptionedImagesAdapter.java

Ao criar um view holder, você deve chamar o super construtor do `ViewHolder` usando o seguinte comando:

    super(v);

Isso porque a superclasse `ViewHolder` contém metadados como a posição do item no recycler view, e você precisa dessa informação para que o adaptador funcione corretamente.

Depois de definir os view holders, temos que indicar ao adaptador como construir um deles. Para fazer isso, vamos substituir o método `onCreateViewHolder()` do adaptador.

Substituir o método onCreateViewHolder()

O método onCreateViewHolder() é chamado quando o recycler view exige um novo view holder. O recycler view chama o método várias vezes quando o recycler view é construído para criar um conjunto de view holders que serão exibidos na tela.

Esse método opera com dois parâmetros: um objeto-pai ViewGroup (o próprio recycler view) e um parâmetro int chamado viewType; esse parâmetro exibe diferentes tipos de views para diferentes itens da lista. Esse método retorna um objeto view holder. Este é o código do método:

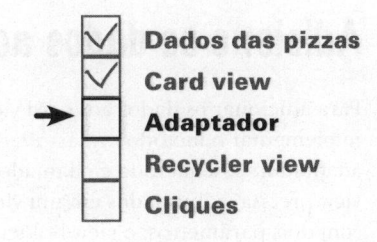

- ☑ Dados das pizzas
- ☑ Card view
- → ☐ **Adaptador**
- ☐ Recycler view
- ☐ Cliques

```
@Override
public CaptionedImagesAdapter.ViewHolder onCreateViewHolder(
        ViewGroup parent, int viewType){
    //Código para instalar o ViewHolder
}
```
Este método é chamado quando o recycler view precisa criar um view holder.

BitsAndPizzas / app/src/main / java / com.hfad.bitsandpizzas / CaptionedImagesAdapter.java

Temos que adicionar código ao método para instanciar o view holder. Para fazer isso, temos que chamar o construtor do ViewHolder, que definimos na página anterior. O construtor recebe um parâmetro, um CardView. Vamos criar o CardView a partir do layout *card_captioned_image.xml* que criamos anteriormente neste capítulo usando o seguinte código:

Obtenha um objeto LayoutInflater.

```
CardView cv = (CardView) LayoutInflater.from(parent.getContext())
        .inflate(R.layout.card _ captioned _ image, parent, false);
```
Use LayoutInflater para transformar o layout em um CardView. Essa operação é muito parecida com o código que vimos no onCreateView() dos fragmentos.

Este é o código completo do método onCreateViewHolder() (vamos adicioná-lo ao adaptador posteriormente):

```
@Override
public CaptionedImagesAdapter.ViewHolder onCreateViewHolder(
            ViewGroup parent, int viewType){
    CardView cv = (CardView) LayoutInflater.from(parent.getContext())
            .inflate(R.layout.card _ captioned _ image, parent, false);
    return new ViewHolder(cv);
}
```
Especifique o layout a ser utilizado para o conteúdo do ViewHolder.

Agora que o adaptador pode criar view holders, vamos preencher os respectivos card views com dados.

adicione os dados

Adicione os dados aos card views

Para adicionar os dados aos card views, você deve implementar o método `onBindViewHolder()` do adaptador. Esse método é chamado sempre que o recycler view precisa exibir dados em um view holder. Ele opera com dois parâmetros: o view holder a que os dados devem ser vinculados e a posição no conjunto de dados dos dados a serem vinculados.

O card view contém dois views: um image view com a ID `info_image` e um text view com a ID `info_text`. Vamos preenchê-los com dados dos arrays `captions` e `imageIds`. Este é o código dessa operação:

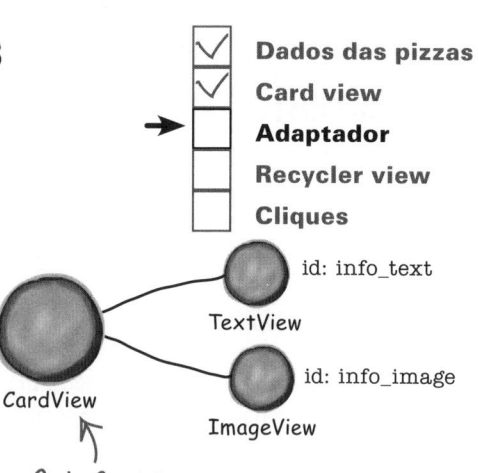

- ☑ Dados das pizzas
- ☑ Card view
- → ☐ **Adaptador**
- ☐ Recycler view
- ☐ Cliques

Cada CardView contém um TextView e um ImageView. Vamos preenchê-los com a legenda e a imagem de cada pizza.

```
...
import android.widget.ImageView;
import android.widget.TextView;
import android.graphics.drawable.Drawable;
import android.support.v4.content.ContextCompat;
```

Estamos usando estas classes extras; portanto, temos que importá-las.

```
class CaptionedImagesAdapter extends
        RecyclerView.Adapter<CaptionedImagesAdapter.ViewHolder>{

    private String[] captions;
    private int[] imageIds;
```

Adicionamos estas variáveis anteriormente. Elas contêm as legendas e as IDs dos recursos de imagem das pizzas.

BitsAndPizzas / app/src/main / java / com.hfad.bitsandpizzas / CaptionedImagesAdapter.java

```
    ...
```

O recycler view chama este método para usar (ou reutilizar) um view holder para um novo subconjunto de dados.

```
    @Override
    public void onBindViewHolder(ViewHolder holder, int position){
        CardView cardView = holder.cardView;
        ImageView imageView = (ImageView)cardView.findViewById(R.id.info_image);
        Drawable drawable =
                ContextCompat.getDrawable(cardView.getContext(), imageIds[position]);
        imageView.setImageDrawable(drawable);
        imageView.setContentDescription(captions[position]);
        TextView textView = (TextView)cardView.findViewById(R.id.info_text);
        textView.setText(captions[position]);
    }
}
```

Mostre a imagem no ImageView.

Coloque a legenda no TextView.

Finalizamos o código do adaptador. Nas próximas páginas, vamos mostrar o código completo.

exibições e grupos de exibições

O código completo do CaptionedImagesAdapter.java

Este é o código completo do adaptador. Atualize sua versão do *CaptionedImagesAdapter.java* com base no código indicado abaixo.

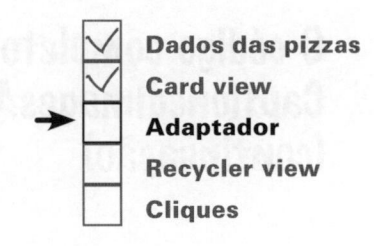

- ☑ Dados das pizzas
- ☑ Card view
- ▶ ☐ **Adaptador**
- ☐ Recycler view
- ☐ Cliques

```
package com.hfad.bitsandpizzas;

import android.support.v7.widget.RecyclerView;
import android.support.v7.widget.CardView;
import android.view.ViewGroup;
import android.view.LayoutInflater;
import android.widget.ImageView;
import android.widget.TextView;
import android.graphics.drawable.Drawable;
import android.support.v4.content.ContextCompat;
```

Estamos usando estas classes; portanto, temos que importá-las.

BitsAndPizzas / **app/src/main** / **java** / **com.hfad.bitsandpizzas** / **CaptionedImagesAdapter.java**

```
class CaptionedImagesAdapter extends
        RecyclerView.Adapter<CaptionedImagesAdapter.ViewHolder>{

    private String[] captions;
    private int[] imageIds;
```

Estamos usando estas variáveis para as legendas e as IDs dos recursos de imagem.

```
    public static class ViewHolder extends RecyclerView.ViewHolder {

        private CardView cardView;

        public ViewHolder(CardView v) {
            super(v);
            cardView = v;
        }
    }
```

Cada ViewHolder irá exibir um CardView.

```
    public CaptionedImagesAdapter(String[] captions, int[] imageIds){
        this.captions = captions;
        this.imageIds = imageIds;
    }
```

Transmita os dados ao adaptador no seu construtor.

O código continua na próxima página.

551

o código, continuação

O código completo do CaptionedImagesAdapter.java (continuação)

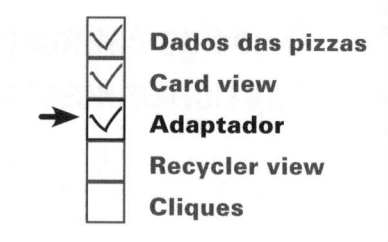

- [x] Dados das pizzas
- [x] Card view
- [x] **Adaptador** ←
- [ ] Recycler view
- [ ] Cliques

```java
    @Override
    public int getItemCount(){        ← O número de
        return captions.length;          itens de dados
    }

    @Override
    public CaptionedImagesAdapter.ViewHolder onCreateViewHolder(
            ViewGroup parent, int viewType){
        CardView cv = (CardView) LayoutInflater.from(parent.getContext())
                .inflate(R.layout.card_captioned_image, parent, false);
        return new ViewHolder(cv);
    }
```
Use o layout que criamos anteriormente para os CardViews.

```java
    @Override
    public void onBindViewHolder(ViewHolder holder, int position){
        CardView cardView = holder.cardView;
        ImageView imageView = (ImageView)cardView.findViewById(R.id.info_image);
        Drawable drawable =
                ContextCompat.getDrawable(cardView.getContext(), imageIds[position]);
        imageView.setImageDrawable(drawable);
        imageView.setContentDescription(captions[position]);
        TextView textView = (TextView)cardView.findViewById(R.id.info_text);
        textView.setText(captions[position]);
    }
}
```
Preencha o ImageView e o TextView do CardView com os dados.

Pasta: BitsAndPizzas / app/src/main / java / com.hfad.bitsandpizzas / CaptionedImagesAdapter.java

Concluímos o código do adaptador. O que vamos fazer agora?

552   *Capítulo 13*

exibições e grupos de exibições

Crie o recycler view

Até aqui, criamos um card view layout para exibir imagens com legendas e um adaptador para criar cartões e preenchê-los com dados. A seguir, temos que criar um recycler view para transmitir os dados das pizzas ao adaptador, que então preencherá os cartões com as imagens e legendas das pizzas. Ao final, o recycler view deverá exibir os cartões.

☑ Dados das pizzas
☑ Card view
☑ Adaptador
→ ☐ Recycler view
☐ Cliques

Vamos adicionar o recycler view ao `PizzaFragment` existente. Sempre que o usuário clicar na aba Pizzas na `MainActivity`, as pizzas serão exibidas:

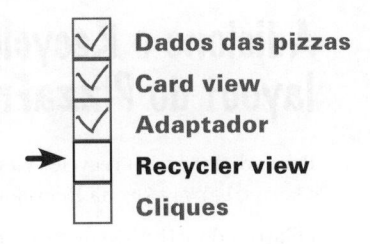

Este será o visual do recycler view no PizzaFragment. Os cartões das pizzas serão exibidos em uma grade com duas colunas. →

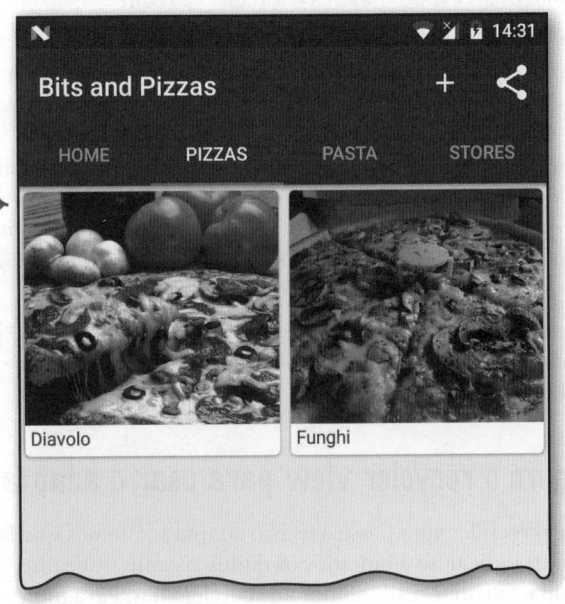

Adicione um layout para o PizzaFragment

Antes de adicionar o recycler view, temos que adicionar um novo arquivo de layout ao projeto para ser utilizado pelo `PizzaFragment`. Isso porque, originalmente, criamos o `PizzaFragment` como um `ListFragment`, que define seu próprio layout.

Para adicionar o arquivo de layout, selecione a pasta *app/src/main/res/layout* no Android Studio e escolha File→New→Layout resource file. Quando solicitado, nomeie o layout como "fragment_pizza".

o código do layout

Adicione o RecyclerView ao layout do PizzaFragment

Para adicionar um recycler view a um layout, use o elemento `<RecyclerView>` da RecyclerView Support Library.

O layout do `PizzaFragment` deve exibir um só recycler view; portanto, este é o código completo do *fragment_pizza.xml* (atualize sua versão de código de acordo com o código indicado abaixo):

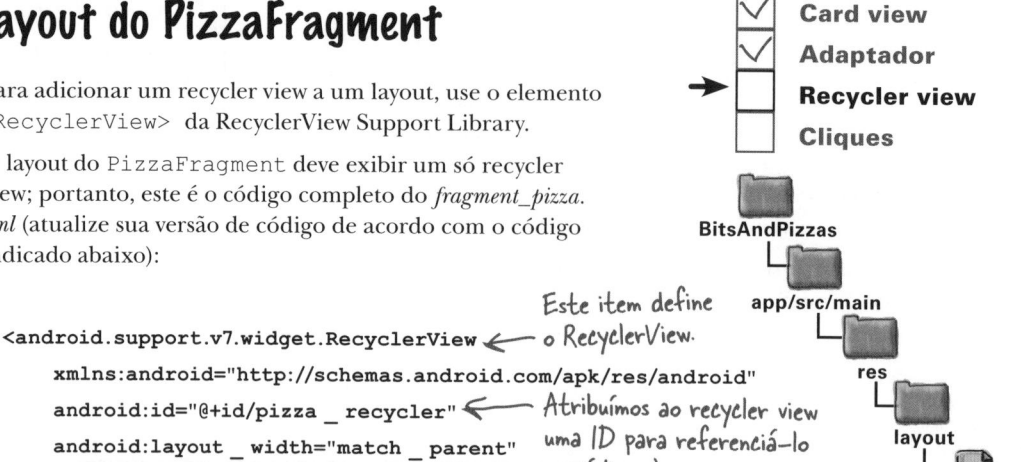

```
<android.support.v7.widget.RecyclerView
    xmlns:android="http://schemas.android.com/apk/res/android"
    android:id="@+id/pizza_recycler"
    android:layout_width="match_parent"
    android:layout_height="match_parent"
    android:scrollbars="vertical" />
```

Este item define o RecyclerView.

Atribuímos ao recycler view uma ID para referenciá-lo no código Java.

Este item adiciona uma barra de rolagem vertical.

- ✓ Dados das pizzas
- ✓ Card view
- ✓ Adaptador
- → ☐ **Recycler view**
- ☐ Cliques

BitsAndPizzas → app/src/main → res → layout → fragment_pizza.xml

Para adicionar barras de rolagem ao recycler view, use o atributo `android:scrollbars`. Definimos esse atributo como `"vertical"`, porque queremos que o recycler view role verticalmente. Além disso, atribuímos ao recycler view uma ID para referenciá-lo no código do `PizzaFragment` e controlar seu comportamento.

Agora que adicionamos um recycler view ao layout do `PizzaFragment`, vamos atualizar o código do fragmento para que o recycler view use o adaptador que criamos.

Configure o recycler view para usar o adaptador

Para que o recycler view passe a usar o adaptador, temos que fazer duas coisas: indicar ao adaptador os dados a serem utilizados e, em seguida, vincular o adaptador ao recycler view. Para indicar ao adaptador os dados a serem utilizados, devemos transmitir os nomes e as IDs dos recursos de imagens das pizzas através do seu construtor. Em seguida, vamos usar o método `setAdapter()` do `RecyclerView` para vincular o adaptador ao recycler view.

Já vimos o código dessa operação anteriormente; portanto, vamos mostrar o código completo do `PizzaFragment` na próxima página.

O código completo do PizzaFragment.java

Este é o código completo do *PizzaFragment.java* (atualize sua versão do código com base nas alterações indicadas abaixo):

- ✓ Dados das pizzas
- ✓ Card view
- ✓ Adaptador
- ➡ ☐ **Recycler view**
- ☐ Cliques

```
package com.hfad.bitsandpizzas;
```
Vamos alterar o PizzaFragment para defini-lo como um Fragment e não um ListFragment.

```
import android.os.Bundle;
import android.support.v4.app.ListFragment;
import android.view.LayoutInflater;
import android.view.View;
import android.view.ViewGroup;
import android.widget.ArrayAdapter;
import android.support.v7.widget.RecyclerView;
```
Como não vamos mais usar um ArrayAdapter, exclua esta linha.

Temos que importar a classe RecyclerView.

BitsAndPizzas / app/src/main / java / com.hfad.bitsandpizzas / PizzaFragment.java

```
public class PizzaFragment extends ListFragment {
```
Altere este item de ListFragment para Fragment.

```
    @Override
    public View onCreateView(LayoutInflater inflater, ViewGroup container,
                             Bundle savedInstanceState) {
        ArrayAdapter<String> adapter = new ArrayAdapter<>(
                inflater.getContext(),
                android.R.layout.simple_list_item_1,
                getResources().getStringArray(R.array.pizzas));
        setListAdapter(adapter);
        return super.onCreateView(inflater, container, savedInstanceState);
```
Exclua estas linhas, pois agora são desnecessárias.

```
        RecyclerView pizzaRecycler = (RecyclerView)inflater.inflate(
                        R.layout.fragment_pizza, container, false);
```
Use o layout que atualizamos na página anterior.

```
        String[] pizzaNames = new String[Pizza.pizzas.length];
        for (int i = 0; i < pizzaNames.length; i++) {
            pizzaNames[i] = Pizza.pizzas[i].getName();
        }
```
Adicione os nomes das pizzas a um array de strings e as imagens das pizzas a um array de ints.

```
        int[] pizzaImages = new int[Pizza.pizzas.length];
        for (int i = 0; i < pizzaImages.length; i++) {
            pizzaImages[i] = Pizza.pizzas[i].getImageResourceId();
        }
```
Transmita os arrays ao adaptador.

```
        CaptionedImagesAdapter adapter = new CaptionedImagesAdapter(pizzaNames, pizzaImages);
        pizzaRecycler.setAdapter(adapter);
        return pizzaRecycler;
    }
}
```

Só temos que fazer mais uma coisa: especificar a disposição dos views no recycler view.

gerenciadores de layout

O recycler view usa um gerenciador de layout para organizar os views

Além de outros fatores, o recycler view é mais flexível do que o list view devido ao modo como organiza os views. Enquanto o list view exibe os views em uma única lista vertical, o recycler view oferece mais opções. Você pode optar por exibir os views em uma lista linear, uma grade ou uma grade em zigue-zague.

Para especificar o modo de organização dos views, você deve utilizar um **gerenciador de layout**. O gerenciador de layout posiciona os views em um recycler view: o tipo do gerenciador de layout escolhido determina a posição dos itens. Confira estes exemplos:

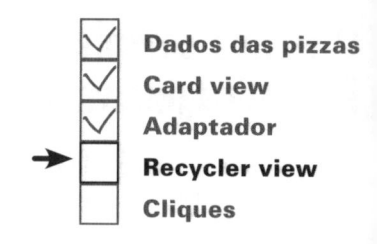

- ☑ Dados das pizzas
- ☑ Card view
- ☑ Adaptador
- → ☐ **Recycler view**
- ☐ Cliques

Embora essa operação não seja abordada neste livro, você também pode criar seus próprios gerenciadores de layout. Se você pesquisar os termos "android recyclerview layoutmanager", vai encontrar diversos gerenciadores para incluir no código e criar formatos que variam de carrosséis a círculos.

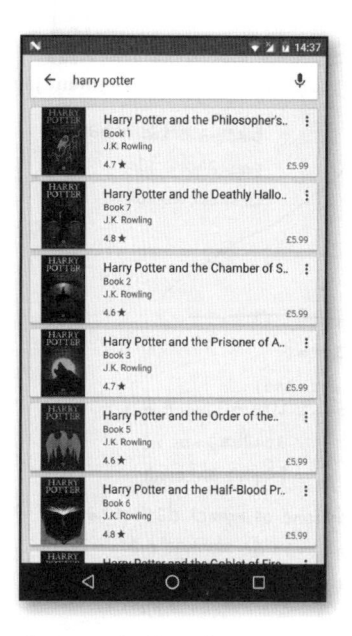

Gerenciador de layout linear

Organiza os itens em uma lista vertical ou horizontal.

Gerenciador de grid layout

Organiza os itens em uma grade.

Gerenciador de staggered grid layout

Organiza itens de tamanhos diferentes em uma grade em zigue-zague.

Na próxima página, vamos mostrar como especificar o gerenciador de layout escolhido no recycler view.

Especifique o gerenciador de layout

Indique ao recycler view o gerenciador de layout escolhido criando uma nova instância do tipo de gerenciador de layout a ser utilizado; em seguida, vincule o gerenciador ao recycler view.

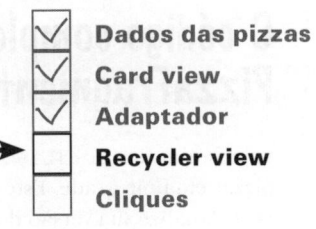

- ☑ Dados das pizzas
- ☑ Card view
- ☑ Adaptador
- ☐ **Recycler view**
- ☐ Cliques

Gerenciador de layout linear

Para orientar o recycler view a exibir os views em uma lista linear, use o seguinte código:

```
LinearLayoutManager layoutManager = new LinearLayoutManager(getActivity());
pizzaRecycler.setLayoutManager(layoutManager);
```

Este item deve ser um Context. Se você usar este código em uma atividade, inclua o "this", em vez de getActivity().

O construtor do `LinearLayoutManager` opera com um parâmetro, um `Context`. Quando usamos o código em uma atividade, geralmente incluímos `this` para transmitir a atividade atual (um contexto). Mas o código indicado acima usa o `getActivity()`, pois o recycler view está contido em um fragmento.

Gerenciador de grid layout

Você deve usar um código parecido para especificar um gerenciador de grid layout, mas precisa criar um novo objeto `GridLayoutManager`. O `GridLayoutManager` opera com dois parâmetros no seu construtor: um `Context` e um valor `int` que especifica o número de colunas da grade.

Este item indica que o GridLayoutManager deve ter a largura de duas colunas.

```
GridLayoutManager layoutManager = new GridLayoutManager(getActivity(), 2);
```

Você também pode alterar a orientação da grade. Para fazer isso, adicione mais dois parâmetros ao construtor: a orientação e a indicação de que a exibição dos views deve ser na ordem reversa ou não.

Este item atribui ao GridLayoutManager uma orientação vertical.

```
GridLayoutManager layoutManager =
        new GridLayoutManager(getActivity(), 1, GridLayoutManager.HORIZONTAL, false);
```

Para exibir a lista na ordem reversa, defina este item como true.

Gerenciador de staggered grid layout

Para orientar o recycler view a usar um gerenciador de staggered grid layout, crie um novo objeto `StaggeredGridLayoutManager`. Seu construtor recebe dois parâmetros: um valor int para o número de colunas ou linhas e um valor int para sua orientação. Por exemplo, confira como especificar um staggered grid layout com orientação vertical e duas linhas:

Este item atribui uma orientação vertical ao staggered grid layout.

```
StaggeredGridLayoutManager layoutManager =
        new StaggeredGridLayoutManager(2, StaggeredGridLayoutManager.VERTICAL);
```

Vamos adicionar um gerenciador de layout ao recycler view.

o código do PizzaFragment

O código completo do PizzaFragment.java

- ☑ Dados das pizzas
- ☑ Card view
- ☑ Adaptador
- ☐ **Recycler view**
- ☐ Cliques

Vamos usar um `GridLayoutManager` para exibir os dados das pizzas em uma grade. Este é o código completo do *PizzaFragment.java*. Atualize sua versão do código de acordo com as alterações abaixo, destacadas em negrito:

```
package com.hfad.bitsandpizzas;

import android.os.Bundle;
import android.support.v4.app.Fragment;
import android.view.LayoutInflater;
import android.view.View;
import android.view.ViewGroup;
import android.support.v7.widget.RecyclerView;
import android.support.v7.widget.GridLayoutManager;

public class PizzaFragment extends Fragment {

    @Override
    public View onCreateView(LayoutInflater inflater, ViewGroup container,
                             Bundle savedInstanceState) {
        RecyclerView pizzaRecycler = (RecyclerView)inflater.inflate(
                R.layout.fragment_pizza, container, false);

        String[] pizzaNames = new String[Pizza.pizzas.length];
        for (int i = 0; i < pizzaNames.length; i++) {
            pizzaNames[i] = Pizza.pizzas[i].getName();
        }

        int[] pizzaImages = new int[Pizza.pizzas.length];
        for (int i = 0; i < pizzaImages.length; i++) {
            pizzaImages[i] = Pizza.pizzas[i].getImageResourceId();
        }

        CaptionedImagesAdapter adapter = new CaptionedImagesAdapter(pizzaNames, pizzaImages);
        pizzaRecycler.setAdapter(adapter);
        GridLayoutManager layoutManager = new GridLayoutManager(getActivity(), 2);
        pizzaRecycler.setLayoutManager(layoutManager);
        return pizzaRecycler;
    }
}
```

Como estamos usando esta classe, devemos importá-la.

BitsAndPizzas → app/src/main → java → com.hfad.bitsandpizzas → PizzaFragment.java

Vamos exibir os CardViews em uma grade com duas colunas; por isso, estamos usando um GridLayoutManager.

A seguir, vamos conferir o que acontece quando o código é executado e, em seguida, fazer um test drive no app.

exibições e grupos de exibições

O que acontece quando o código é executado

☑ Dados das pizzas
☑ Card view
☑ Adaptador
→ ☐ Recycler view
☐ Cliques

❶ O usuário clica na aba Pizzas na MainActivity.

O `PizzaFragment` aparece, e seu método `onCreateView()` é executado.

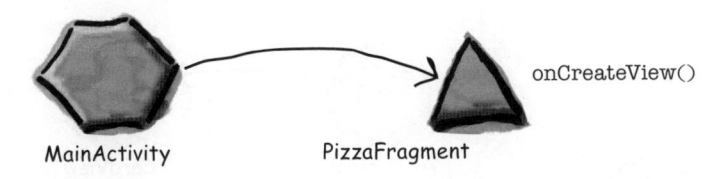

MainActivity → PizzaFragment onCreateView()

❷ O método onCreateView() do PizzaFragment cria um novo CaptionedImagesAdapter.

O método transmite os nomes e as imagens das pizzas ao adaptador usando o construtor do adaptador. Além disso, associa o adaptador ao recycler view.

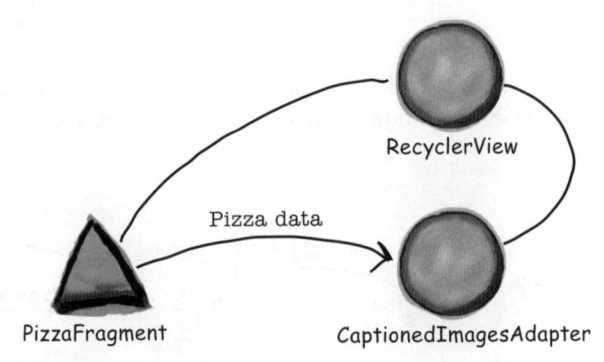

RecyclerView

PizzaFragment — Pizza data → CaptionedImagesAdapter

❸ O método onCreateView() do PizzaFragment cria um GridLayoutManager, que vincula ao recycler view.

O `GridLayoutManager` determina que os views serão exibidos em uma grade. Como o recycler view tem uma barra de rolagem vertical, a lista será exibida verticalmente.

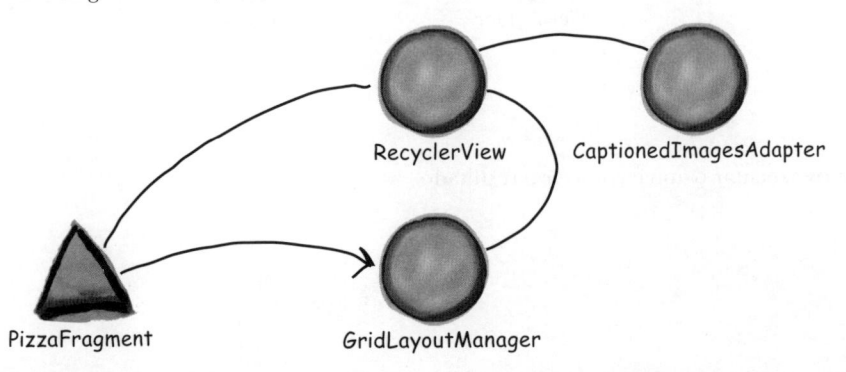

RecyclerView   CaptionedImagesAdapter

PizzaFragment   GridLayoutManager

você está aqui ▶

o que acontece

A história continua

☑ Dados das pizzas
☑ Card view
☑ Adaptador
→ ☐ **Recycler view**
☐ Cliques

4 O adaptador cria um view holder para cada um dos CardViews que serão exibidos pelo recycler view.

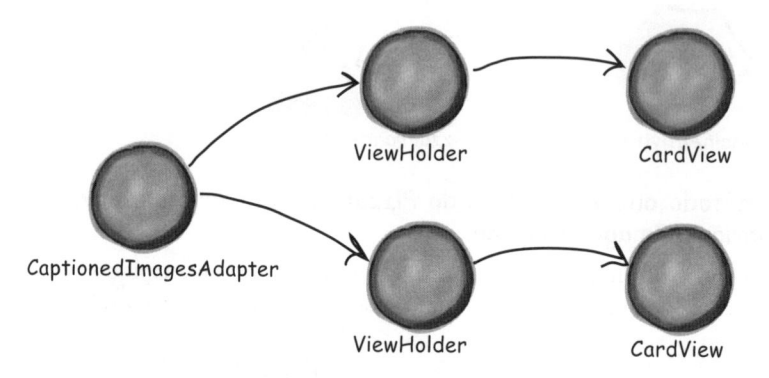

5 Em seguida, o adaptador vincula os nomes e as imagens das pizzas ao text view e ao image view contidos em cada card view.

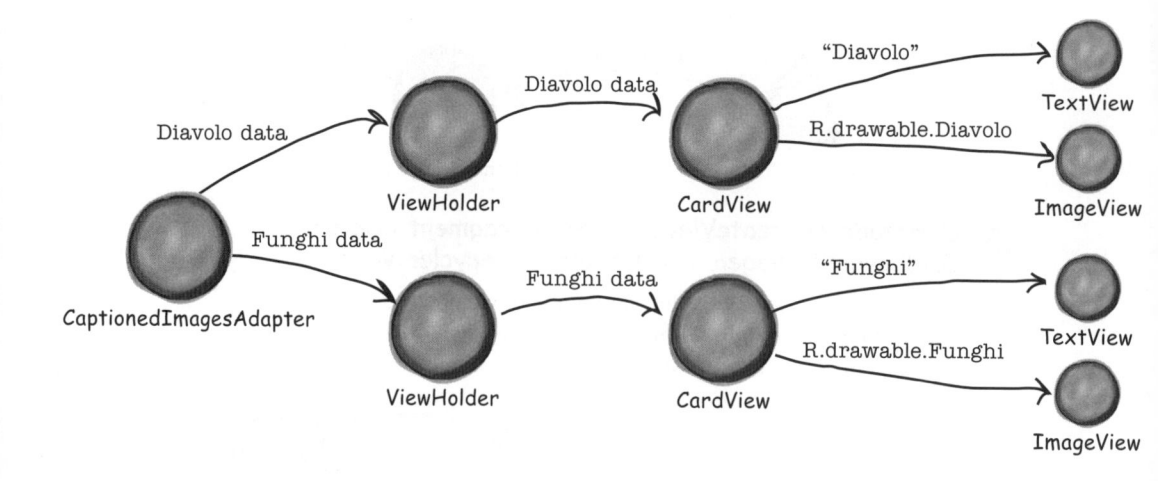

Vamos executar o app e conferir o resultado.

exibições e grupos de exibições

Test drive do app

Quando executamos o app, a `MainActivity` aparece. Quando clicamos ou deslizamos para a aba Pizzas, as pizzas são exibidas em uma grade. Quando rolamos os dados das pizzas, a barra de ferramentas da `MainActivity` responde.

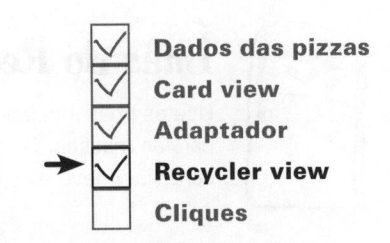

- ☑ Dados das pizzas
- ☑ Card view
- ☑ Adaptador
- → ☑ Recycler view
- ☐ Cliques

Quando você clica na aba Pizzas, o PizzaFragment aparece, contendo esta grade de card views preenchidos com os dados das pizzas.

Quando você rola o recycler view, a barra de ferramentas acompanha a rolagem. Isso ocorre porque os recycler views permitem a rolagem aninhada. Observe que, no Capítulo 12, configuramos a barra de ferramentas para responder aos eventos de rolagem aninhada.

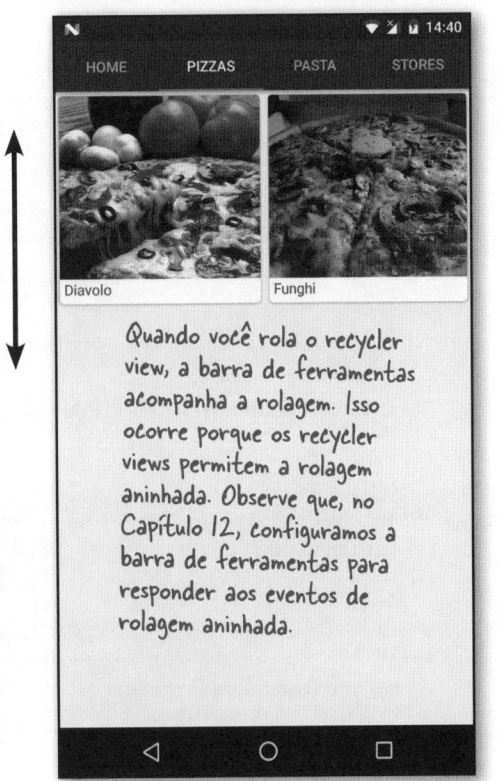

Observe que adicionar um recycler view é mais trabalhoso do que adicionar um list view, mas possibilita mais flexibilidade. A maior parte do esforço está concentrada na criação de um recycler view adapter específico, mas você pode reutilizá-lo em outro local do app. Por exemplo, imagine que você queira exibir cartões de massas em um recycler view. É possível utilizar o adaptador que criamos anteriormente; nesse caso, devemos transmitir os dados das massas e não os das pizzas.

Antes de prosseguir, vamos conferir o exercício a seguir.

ímãs

Ímãs do RecyclerView

Use os ímãs indicados nesta página e na próxima e crie um novo recycler view para as massas. O recycler view deve conter uma grade de card views, e cada card view deve exibir o nome e a imagem de uma massa.

← *Este é o código da classe Pasta.*

```java
package com.hfad.bitsandpizzas;

public class Pasta {
    private String name;
    private int imageResourceId;

    public static final ................[] pastas = {
            new Pasta("Spaghetti Bolognese", R.drawable.spag_bol),
            new Pasta("Lasagne", R.drawable.lasagne)
    };

    private Pasta(String name, int imageResourceId) {
        this.name = name;
        this.imageResourceId = imageResourceId;
    }

    public String ......................{
        return name;
    }

    public int .........................{
        return imageResourceId;
    }
}
```

BitsAndPizzas/app/src/main/java/com.hfad.bitsandpizzas/Pasta.java

Ímãs disponíveis:
- `getName()`
- `Pasta`
- `android:scrollbars`
- `RecyclerView`
- `android.support.v7.widget.RecyclerView`
- `"vertical"`
- `=`
- `getImageResourceId()`

Este é o código do layout

```xml
<................................................
    xmlns:android="http://schemas.android.com/apk/res/android"
    android:id="@+id/pasta_recycler"
    ................................................
    android:layout_width="match_parent"
    android:layout_height="match_parent"/>
```

BitsAndPizzas/app/src/main/res/layout/fragment_pasta.xml

exibições e grupos de exibições

...

← Este é o código do PastaFragment.java.

```java
public class PastaFragment extends Fragment {

    @Override
    public View onCreateView(LayoutInflater inflater, ViewGroup container,
                             Bundle savedInstanceState) {
        RecyclerView pastaRecycler = (RecyclerView)inflater.inflate(
                ......................................, container, false);

        String[] pastaNames = new String[Pasta.pastas.length];
        for (int i = 0; i < pastaNames.length; i++) {
            pastaNames[i] = Pasta.pastas[i].getName();
        }

        int[] pastaImages = new int[Pasta.pastas.length];
        for (int i = 0; i < pastaImages.length; i++) {
            pastaImages[i] = Pasta.pastas[i].getImageResourceId();
        }

        ...................................adapter =
                    new ................................ (pastaNames,.........................);
        pastaRecycler.setAdapter(adapter);

        ........................... layoutManager = new ...........................................
        (getActivity(), 2);
        pastaRecycler.setLayoutManager(layoutManager);
        return pastaRecycler;
    }
}
```

BitsAndPizzas / **app/src/main** / **java** / **com.hfad.bitsandpizzas** / **PastaFragment.java**

Opções:
- CaptionedImagesAdapter
- ArrayAdapter
- CaptionedImagesAdapter
- GridLayout
- GridLayoutManager
- R.layout.fragment_pasta
- pastaImages
- GridLayout
- ArrayAdapter
- GridLayoutManager

você está aqui ▶ 563

solução dos ímãs

Ímãs do RecyclerView – Solução

Use os ímãs indicados nesta página e na próxima e crie um novo recycler view para as massas. O recycler view deve conter uma grade de card views, e cada card view deve exibir o nome e a imagem de uma massa.

```
package com.hfad.bitsandpizzas;

public class Pasta {
    private String name;
    private int imageResourceId;

    public static final Pasta[] pastas = {
        new Pasta("Spaghetti Bolognese", R.drawable.spag_bol),
        new Pasta("Lasagne", R.drawable.lasagne)
    };

    private Pasta(String name, int imageResourceId) {
        this.name = name;
        this.imageResourceId = imageResourceId;
    }

    public String getName() {
        return name;
    }

    public int getImageResourceId() {
        return imageResourceId;
    }
}
```

Pasta ← Este é um array de objetos Pasta.

getName() / *getImageResourceId()* ← Estes métodos são utilizados pelo PastaFragment.java.

BitsAndPizzas
 └ app/src/main
   └ java
     └ com.hfad.bitsandpizzas
       └ Pasta.java

RecyclerView ← Este é um ímã sobressalente.

Adicione o recycler view ao layout.

```
<android.support.v7.widget.RecyclerView
    xmlns:android="http://schemas.android.com/apk/res/android"
    android:id="@+id/pasta_recycler"
    android:scrollbars = "vertical"
    android:layout_width="match_parent"
    android:layout_height="match_parent"/>
```

Adicione barras de rolagem verticais.

BitsAndPizzas
 └ app/src/main
   └ res
     └ layout
       └ fragment_pasta.xml

exibições e grupos de exibições

```
...
public class PastaFragment extends Fragment {

    @Override
    public View onCreateView(LayoutInflater inflater, ViewGroup container,
                             Bundle savedInstanceState) {
        RecyclerView pastaRecycler = (RecyclerView)inflater.inflate(
                R.layout.fragment_pasta    ...., container, false);
```
Use este layout.

```
        String[] pastaNames = new String[Pasta.pastas.length];
        for (int i = 0; i < pastaNames.length; i++) {
            pastaNames[i] = Pasta.pastas[i].getName();
        }

        int[] pastaImages = new int[Pasta.pastas.length];
        for (int i = 0; i < pastaImages.length; i++) {
            pastaImages[i] = Pasta.pastas[i].getImageResourceId();
        }

        CaptionedImagesAdapter  adapter =
                new CaptionedImagesAdapter (pastaNames, pastaImages );
        pastaRecycler.setAdapter(adapter);

        GridLayoutManager  layoutManager = new GridLayoutManager
                (getActivity(), 2);
        pastaRecycler.setLayoutManager(layoutManager);
        return pastaRecycler;
    }
}
```

Estamos usando o CaptionedImagesAdapter que criamos anteriormente.

BitsAndPizzas / app/src/main / java / com.hfad.bitsandpizzas / PastaFragment.java

Transmita os nomes e as imagens das massas ao adaptador.

Use o GridLayoutManager para exibir os card views em uma grade.

Você não precisou destes ímãs.

GridLayout   GridLayout   ArrayAdapter   ArrayAdapter

você está aqui ▶ 565

cliques

Configure o recycler view para responder a cliques

☑ Dados das pizzas
☑ Card view
☑ Adaptador
☑ Recycler view
☐ **Cliques**

Até aqui, adicionamos um recycler view ao `PizzaFragment` e criamos um adaptador para preenchê-lo com os dados das pizzas.

A seguir, vamos configurar o recycler view para responder a cliques. Vamos criar a nova atividade `PizzaDetailActivity`, que será iniciada quando o usuário clicar em uma das pizzas. O nome e a imagem da pizza selecionada pelo usuário serão exibidos na atividade:

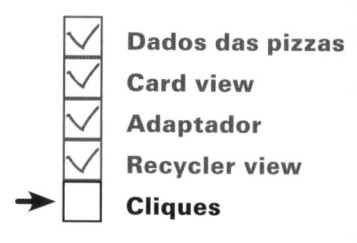

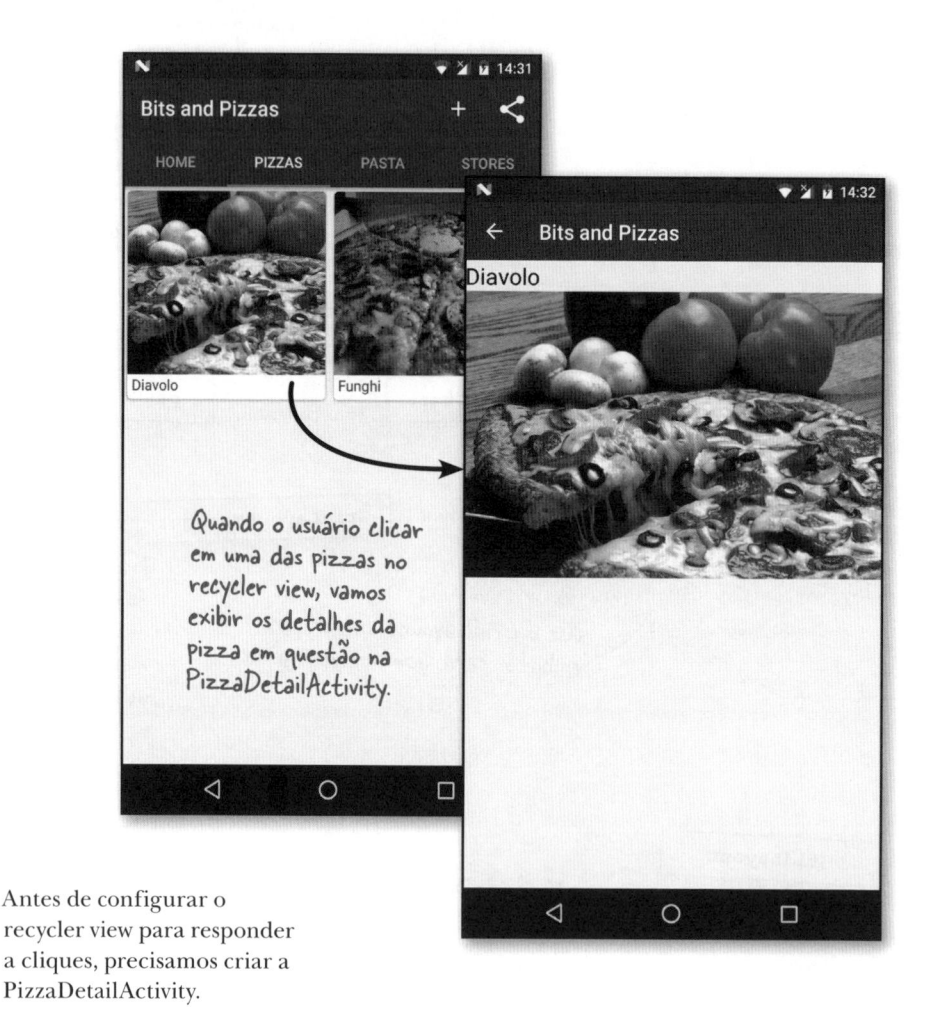

Quando o usuário clicar em uma das pizzas no recycler view, vamos exibir os detalhes da pizza em questão na PizzaDetailActivity.

Antes de configurar o recycler view para responder a cliques, precisamos criar a PizzaDetailActivity.

exibições e grupos de exibições

Crie a PizzaDetailActivity

Para criar a `PizzaDetailActivity`, clique no pacote `com.hfad.bitsandpizzas` na estrutura de pasta do projeto Bits and Pizzas e, em seguida, vá para File→New...→Activity→Empty Activity. Nomeie a atividade como "PizzaDetailActivity", nomeie o layout como "activity_pizza_detail", verifique se o nome do pacote é `com.hfad.bitsandpizzas` e **marque a opção Backwards Compatibility (AppCompat)**.

☑ Dados das pizzas
☑ Card view
☑ Adaptador
☑ Recycler view
☐ **Cliques**

Caso a linguagem do código-fonte da atividade seja questionada, selecione a opção correspondente a Java.

Agora vamos atualizar o layout da `PizzaDetailActivity`. Abra o *activity_pizza_detail.xml* e atualize o código desse arquivo com base no código indicado abaixo, que adiciona um text view e um image view ao layout que vamos usar para exibir os detalhes da pizza:

```xml
<?xml version="1.0" encoding="utf-8"?>
<LinearLayout xmlns:android="http://schemas.android.com/apk/res/android"
    xmlns:tools="http://schemas.android.com/tools"
    android:layout_width="match_parent"
    android:layout_height="match_parent"
    android:orientation="vertical"
    tools:context="com.hfad.bitsandpizzas.PizzaDetailActivity">

    <include
        layout="@layout/toolbar_main"
        android:id="@+id/toolbar" />

    <TextView
        android:id="@+id/pizza_text"
        android:layout_width="wrap_content"
        android:layout_height="wrap_content"
        android:textAppearance="?android:attr/textAppearanceLarge" />

    <ImageView
        android:id="@+id/pizza_image"
        android:layout_height="wrap_content"
        android:layout_width="match_parent"
        android:adjustViewBounds="true"/>
</LinearLayout>
```

BitsAndPizzas / app/src/main / res / layout / activity_pizza_detail.xml

← Vamos adicionar uma barra de ferramentas à atividade.

Vamos inserir o nome da pizza no TextView.

Vamos inserir a imagem da pizza no ImageView.

Na próxima página, vamos analisar o que o código do *PizzaDetailActivity.java* deve fazer.

responsabilidades parentais

O que a PizzaDetailActivity deve fazer

☑ Dados das pizzas
☑ Card view
☑ Adaptador
☑ Recycler view
→ ☐ Cliques

A `PizzaDetailActivity` deve fazer duas coisas:

★ O objetivo principal da `PizzaDetailActivity` é exibir o nome e a imagem da pizza selecionada pelo usuário. Para fazer isso, vamos obter a ID da pizza selecionada do intent que iniciar a atividade. Vamos transmitir a ID da `PizzaDetailActivity` ao `PizzaFragment` quando o usuário clicar em uma das pizzas no recycler view.

★ Vamos habilitar o botão Up da `PizzaDetailActivity` para que o usuário volte para a `MainActivity` quando clicar nele.

Atualize o AndroidManifest.xml para atribuir uma atividade-pai à PizzaDetailActivity

Para começar, vamos atualizar o *AndroidManifest.xml* para especificar a `MainActivity` como a atividade-pai da `PizzaDetailActivity`. Assim, quando o usuário clicar no botão Up na barra do app da `PizzaDetailActivity`, a `MainActivity` será exibida. Esta é a versão do *AndroidManifest.xml* que utilizamos (atualize sua versão de acordo com as alterações destacadas em negrito):

```xml
<manifest ...>
    <application
        ...>
        <activity
            android:name=".MainActivity">
            ...
        </activity>
        <activity
            android:name=".OrderActivity"
            ...
        </activity>
        <activity
            android:name=".PizzaDetailActivity"
            android:parentActivityName=".MainActivity">
        </activity>
    </application>
</manifest>
```

Este item define a MainActivity como a atividade-pai de PizzaDetailActivity.

BitsAndPizzas
app/src/main
AndroidManifest.xml

A seguir, vamos atualizar o *PizzaDetailActivity.java*. Como você já aprendeu todas as operações necessárias, vamos só apresentar o código completo.

O código do PizzaDetailActivity.java

Este é o código completo do *PizzaDetailActivity.java*; atualize sua versão com base no código indicado abaixo:

- ✓ Dados das pizzas
- ✓ Card view
- ✓ Adaptador
- ✓ Recycler view
- → ☐ Cliques

```java
package com.hfad.bitsandpizzas;

import android.support.v7.app.ActionBar;
import android.support.v7.app.AppCompatActivity;
import android.os.Bundle;
import android.support.v7.widget.Toolbar;
import android.widget.ImageView;
import android.widget.TextView;
import android.support.v4.content.ContextCompat;
```

Como estamos usando estas classes, temos que importá-las.

BitsAndPizzas / app/src/main / java / com.hfad.bitsandpizzas / PizzaDetailActivity.java

```java
public class PizzaDetailActivity extends AppCompatActivity {

    public static final String EXTRA_PIZZA_ID = "pizzaId";
```

Vamos usar esta constante para transmitir a ID da pizza como informação extra no intent.

```java
    @Override
    protected void onCreate(Bundle savedInstanceState) {
        super.onCreate(savedInstanceState);
        setContentView(R.layout.activity_pizza_detail);

        //Definir a barra de ferramentas como a barra de aplicativo da atividade
        Toolbar toolbar = (Toolbar) findViewById(R.id.toolbar);
        setSupportActionBar(toolbar);
        ActionBar actionBar = getSupportActionBar();
        actionBar.setDisplayHomeAsUpEnabled(true);  // ← Habilite o botão Up.

        //Exibir detalhes da pizza
        int pizzaId = (Integer)getIntent().getExtras().get(EXTRA_PIZZA_ID);
        String pizzaName = Pizza.pizzas[pizzaId].getName();
        TextView textView = (TextView)findViewById(R.id.pizza_text);
        textView.setText(pizzaName);
        int pizzaImage = Pizza.pizzas[pizzaId].getImageResourceId();
        ImageView imageView = (ImageView)findViewById(R.id.pizza_image);
        imageView.setImageDrawable(ContextCompat.getDrawable(this, pizzaImage));
        imageView.setContentDescription(pizzaName);
    }
}
```

Identifique a pizza selecionada pelo usuário pelo intent.

Use a ID da pizza para preencher o TextView e o ImageView.

a hierarquia do RecyclerView

Configure o recycler view para responder a cliques

☑ Dados das pizzas
☑ Card view
☑ Adaptador
☑ Recycler view
➡ ☐ Cliques

A seguir, temos que configurar os itens no recycler view para responder a cliques de modo que `PizzaDetailActivity` seja iniciada quando o usuário clicar em uma determinada pizza.

Quando você cria uma lista de navegação com um list view, os respectivos itens da lista podem responder a eventos de clique quando o list view recebe um `OnItemClickListener`. Dessa forma, o list view ouve cada view, e quando um deles recebe um clique o list view chama seu `OnItemClickListener`. Ou seja, é possível responder aos cliques nos itens de uma lista com muito pouco código.

Os list views podem realizar essa operação porque herdam muitas funcionalidades de uma hierarquia profunda de superclasses. Contudo, os recycler views não dispõem de um acervo tão diverso de métodos internos, pois não herdam dessas superclasses. Confira este diagrama da hierarquia das classes `ListView` e `RecyclerView`:

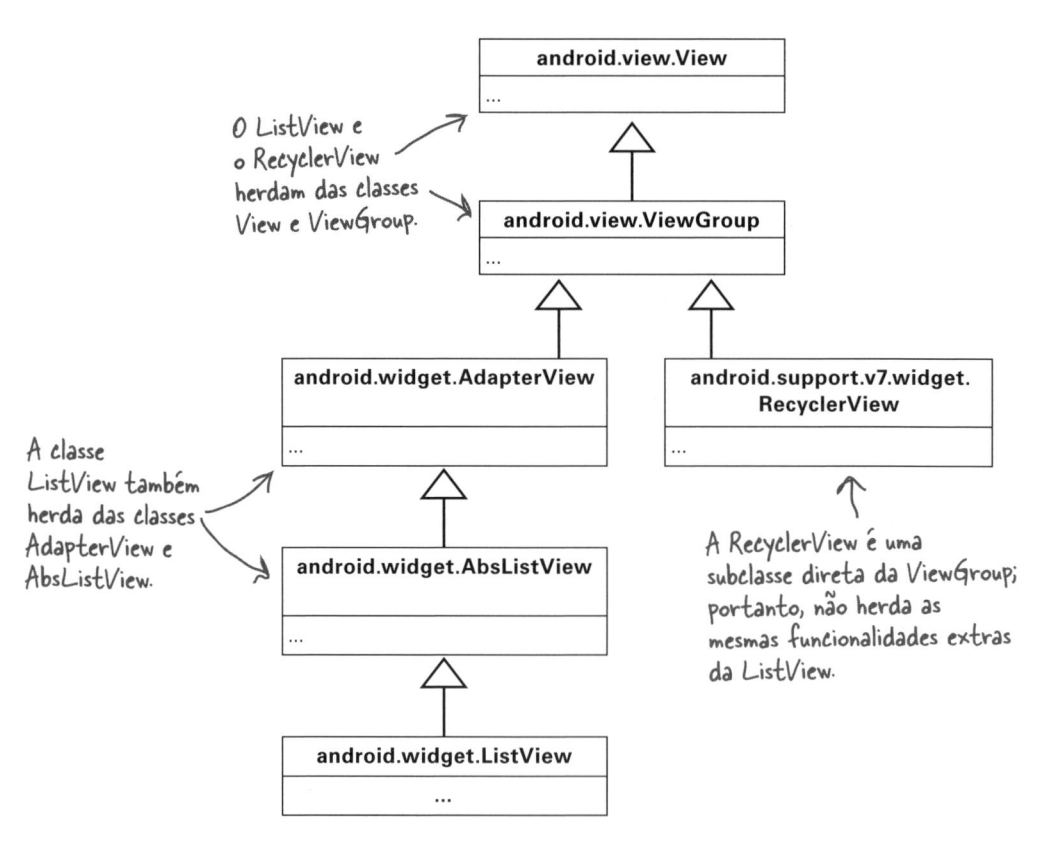

```
                    android.view.View
                          ...
                           △
                           |
           ┌───────────────┴───────────────┐
                    android.view.ViewGroup
                          ...
                           △
              ┌────────────┴────────────┐
              |                         |
   android.widget.AdapterView    android.support.v7.widget.
              ...                       RecyclerView
               △                         ...
               |
   android.widget.AbsListView
              ...
               △
               |
     android.widget.ListView
              ...
```

O ListView e o RecyclerView herdam das classes View e ViewGroup.

A classe ListView também herda das classes AdapterView e AbsListView.

A RecyclerView é uma subclasse direta da ViewGroup; portanto, não herda as mesmas funcionalidades extras da ListView.

Essa característica deixa os recycler views mais flexíveis, mas também exige uma dedicação muito maior. Então, como configurar o recycler view para responder a cliques?

exibições e grupos de exibições

Você pode identificar os eventos nos views pelo adaptador

Para que o recycler view responda a eventos de clique, você precisa acessar os views contidos nele. Esses views são criados no adaptador do recycler view. Quando um view aparece na tela, o recycler view chama o método `onBindViewHolder()` do `CaptionedImagesAdapter` para que o card view corresponda aos detalhes do item da lista.

Quando o usuário clicar em um dos cartões de pizza no recycler view, a `PizzaDetailActivity` deverá ser iniciada e receber a posição da pizza clicada. Para iniciar uma atividade dessa forma, você *pode* incluir no adaptador o seguinte código:

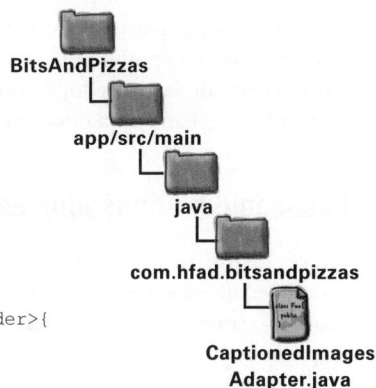

✓ Dados das pizzas
✓ Card view
✓ Adaptador
✓ Recycler view
→ ☐ Cliques

BitsAndPizzas
└ app/src/main
  └ java
    └ com.hfad.bitsandpizzas
      └ CaptionedImagesAdapter.java

```
class CaptionedImagesAdapter extends
        RecyclerView.Adapter<CaptionedImagesAdapter.ViewHolder>{
...
    @Override
    public void onBindViewHolder(ViewHolder holder, final int position){
        final CardView cardView = holder.cardView;
        ImageView imageView = (ImageView)cardView.findViewById(R.id.info_image);
        Drawable drawable =
                ContextCompat.getDrawable(cardView.getContext(), imageIds[position]);
        imageView.setImageDrawable(drawable);
        imageView.setContentDescription(captions[position]);
        TextView textView = (TextView)cardView.findViewById(R.id.info_text);
        textView.setText(captions[position]);
        cardView.setOnClickListener(new View.OnClickListener(){
            @Override
            public void onClick(View v) {
                Intent intent = new Intent(cardView.getContext(), PizzaDetailActivity.class);
                intent.putExtra(PizzaDetailActivity.EXTRA_PIZZA_ID, position);
                cardView.getContext().startActivity(intent);
            }
        });
    }
}
```

Adicionar este código ao adaptador pode iniciar a PizzaDetailActivity quando o CardView for clicado.

Não atualize o código do adaptador agora. Este é só um exemplo.

Mas só porque você *pode* escrever este código não quer dizer necessariamente que deve escrevê-lo.

> **PODER DO CÉREBRO**
>
> Você pode responder a um evento de clique se adicionar código à classe do adaptador. Mas você consegue pensar em um motivo para não fazer isso?

você está aqui ▶ 571

adaptadores reutilizáveis

Trabalhe sempre com adaptadores reutilizáveis

☑ Dados das pizzas
☑ Card view
☑ Adaptador
☑ Recycler view
☐ **Cliques**

Se você processar os eventos de clique na classe `CaptionedImagesAdapter`, *os usos do adaptador serão limitados.* Pense no app em desenvolvimento. Queremos exibir listas de pizzas, massas e lojas. Em cada caso, provavelmente vamos querer exibir uma lista de imagens com legendas. Se modificarmos a classe `CaptionedImagesAdapter` de modo que os cliques sempre enviem o usuário para uma atividade que mostre os detalhes de uma só pizza, não poderemos usar o `CaptionedImagesAdapter` para as listas de massas e lojas. Vamos ter que criar um adaptador separado para cada uma dessas categorias.

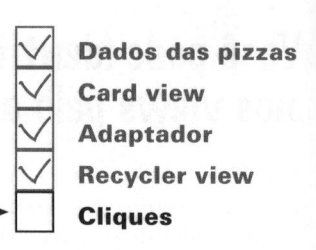

Desacople o adaptador com uma interface

Em vez de insistir nessa abordagem, vamos deixar o código que inicia a atividade fora do adaptador. Quando alguém clicar em um item na lista, o adaptador deverá chamar o fragmento que contém a lista; em seguida, o código do fragmento poderá disparar um intent para a próxima atividade. Desse modo, podemos reutilizar o `CaptionedImagesAdapter` para as listas de pizzas, massas e lojas e, em cada caso, deixar que os fragmentos decidam o que acontecerá em resposta aos cliques.

Vamos usar um padrão semelhante ao que aplicamos para desacoplar um fragmento de uma atividade no Capítulo 9. Vamos criar uma interface `Listener` no `CaptionedImagesAdapter` da seguinte forma:

```
interface Listener {
    void onClick(int position);
}
```

Vamos chamar o método `onClick()` do listener sempre que um dos card views no recycler view receber um clique. Em seguida, vamos adicionar código ao `PizzaFragment` para que ele implemente a interface. Assim, o fragmento responderá aos cliques e iniciará uma atividade.

Este é um resumo do que irá acontecer no tempo de execução:

① O usuário clicará em um card view no recycler view.

② O método `onClick()` do `Listener` será chamado.

③ O método `onClick()` será implementado no `PizzaFragment`. Parte do código deste fragmento irá iniciar a `PizzaDetailActivity`.

Para começar, vamos adicionar código ao *CaptionedImagesAdapter.java*.

exibições e grupos de exibições

Adicione a interface ao adaptador

Atualizamos o código do *CaptionedImagesAdapter.java* para adicionar a interface `Listener` e chamar seu método `onClick()` sempre que um dos card views for clicado. Faça as alterações indicadas abaixo (destacadas em negrito) no seu código e, em seguida, salve o arquivo:

- ☑ Dados das pizzas
- ☑ Card view
- ☑ Adaptador
- ☑ Recycler view
- ➡ Cliques

```java
package com.hfad.bitsandpizzas;

import android.support.v7.widget.RecyclerView;
import android.support.v7.widget.CardView;
import android.view.ViewGroup;
import android.view.LayoutInflater;
import android.widget.ImageView;
import android.widget.TextView;
import android.graphics.drawable.Drawable;
import android.support.v4.content.ContextCompat;
import android.view.View;
```
← Como estamos usando esta classe extra, devemos importá-la.

```java
class CaptionedImagesAdapter extends
        RecyclerView.Adapter<CaptionedImagesAdapter.ViewHolder>{

    private String[] captions;
    private int[] imageIds;
    private Listener listener;
```
← Adicione o Listener como uma variável privada.

```java
    interface Listener {
```
← Adicione a interface.

```java
        void onClick(int position);
    }

    public static class ViewHolder extends RecyclerView.ViewHolder {

        private CardView cardView;

        public ViewHolder(CardView v) {
            super(v);
            cardView = v;
        }
    }

    public CaptionedImagesAdapter(String[] captions, int[] imageIds){
        this.captions = captions;
        this.imageIds = imageIds;
    }
```

BitsAndPizzas / app/src/main / java / com.hfad.bitsandpizzas / CaptionedImagesAdapter.java

O código continua na próxima página. →

o código, continuação

O código do CaptionedImagesAdapter.java (continuação)

Checklist:
- ☑ Dados das pizzas
- ☑ Card view
- ☑ Adaptador
- ☑ Recycler view
- ☐ Cliques

As atividades e os fragmentos irão utilizar este método para registrar eventos como um ouvinte.

```java
    @Override
    public int getItemCount(){
        return captions.length;
    }

    public void setListener(Listener listener){
        this.listener = listener;
    }

    @Override
    public CaptionedImagesAdapter.ViewHolder onCreateViewHolder(
            ViewGroup parent, int viewType){
        CardView cv = (CardView) LayoutInflater.from(parent.getContext())
                .inflate(R.layout.card_captioned_image, parent, false);
        return new ViewHolder(cv);
    }

    @Override
    public void onBindViewHolder(ViewHolder holder, final int position){
        CardView cardView = holder.cardView;
        ImageView imageView = (ImageView)cardView.findViewById(R.id.info_image);
        Drawable drawable =
                ContextCompat.getDrawable(cardView.getContext(), imageIds[position]);
        imageView.setImageDrawable(drawable);
        imageView.setContentDescription(captions[position]);
        TextView textView = (TextView)cardView.findViewById(R.id.info_text);
        textView.setText(captions[position]);
        cardView.setOnClickListener(new View.OnClickListener() {
            @Override
            public void onClick(View v) {
                if (listener != null) {
                    listener.onClick(position);
                }
            }
        });
    }
}
```

Você tem que alterar a variável da posição para final, como ocorre na classe interna.

Adicione o listener ao CardView.

Quando o CardView receber um clique, você deve chamar o método onClick() do Listener.

Estrutura de pastas: BitsAndPizzas / app/src/main / java / com.hfad.bitsandpizzas / CaptionedImagesAdapter.java

Agora que adicionamos um listener ao adaptador, temos que implementá-lo no PizzaFragment.

Implemente o listener no PizzaFragment.java

Vamos implementar a interface `Listener` do `CaptionedImagesAdapter` no `PizzaFragment` para que a `PizzaDetailActivity` seja iniciada sempre que um card view no recycler view receber um clique. Este é o código atualizado. Atualize sua versão com base no código indicado abaixo (as alterações estão destacadas em negrito):

- ☑ Dados das pizzas
- ☑ Card view
- ☑ Adaptador
- ☑ Recycler view
- → ☐ Cliques

```
package com.hfad.bitsandpizzas;

import android.os.Bundle;
import android.support.v4.app.Fragment;
import android.view.LayoutInflater;
import android.view.View;
import android.view.ViewGroup;
import android.support.v7.widget.RecyclerView;
import android.support.v7.widget.GridLayoutManager;
import android.content.Intent;

public class PizzaFragment extends Fragment {

    @Override
    public View onCreateView(LayoutInflater inflater, ViewGroup container,
                    Bundle savedInstanceState) {
        RecyclerView pizzaRecycler = (RecyclerView)inflater.inflate(
                R.layout.fragment_pizza, container, false);

        String[] pizzaNames = new String[Pizza.pizzas.length];
        for (int i = 0; i < pizzaNames.length; i++) {
            pizzaNames[i] = Pizza.pizzas[i].getName();
        }

        int[] pizzaImages = new int[Pizza.pizzas.length];
        for (int i = 0; i < pizzaImages.length; i++) {
            pizzaImages[i] = Pizza.pizzas[i].getImageResourceId();
        }
```

BitsAndPizzas / app/src/main / java / com.hfad.bitsandpizzas / PizzaFragment.java

Como estamos usando um Intent para iniciar a atividade, devemos importar esta classe.

O código continua na próxima página →

o código, continuação

O código do PizzaFragment.java (continuação)

☑ Dados das pizzas
☑ Card view
☑ Adaptador
☑ Recycler view
→ ☐ **Cliques**

```java
        CaptionedImagesAdapter adapter =
                    new CaptionedImagesAdapter(pizzaNames, pizzaImages);
        pizzaRecycler.setAdapter(adapter);
        GridLayoutManager layoutManager = new GridLayoutManager(getActivity(), 2);
        pizzaRecycler.setLayoutManager(layoutManager);

        adapter.setListener(new CaptionedImagesAdapter.Listener() {
            public void onClick(int position) {
                Intent intent = new Intent(getActivity(), PizzaDetailActivity.class);
                intent.putExtra(PizzaDetailActivity.EXTRA_PIZZA_ID, position);
                getActivity().startActivity(intent);
            }
        });
        return pizzaRecycler;
    }
}
```

Este item implementa o método onClick() do Listener, que inicia a PizzaDetailActivity, transmitindo a ID da pizza selecionada pelo usuário.

Concluímos o código para que as views no recycler view passem a responder a cliques. Com essa abordagem, podemos usar o mesmo adaptador e card view para diferentes tipos de dados formados por um image view e um text view.

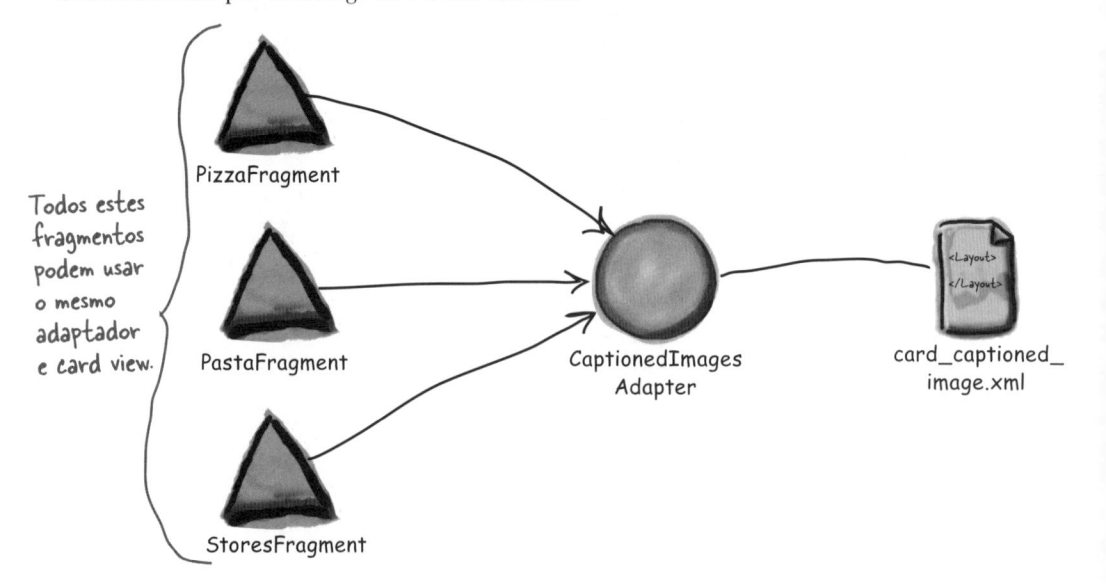

Todos estes fragmentos podem usar o mesmo adaptador e card view.

PizzaFragment
PastaFragment
StoresFragment
→ CaptionedImagesAdapter → card_captioned_image.xml

Vamos conferir o que acontece quando o código é executado.

exibições e grupos de exibições

Test drive do app

Quando executamos o app e clicamos na aba Pizzas, o `PizzaFragment` aparece. Quando clicamos em uma das pizzas, a `PizzaDetailActivity` é iniciada e os detalhes da pizza selecionada são exibidos.

☑ Dados das pizzas
☑ Card view
☑ Adaptador
☑ Recycler view
→ ☑ **Cliques**

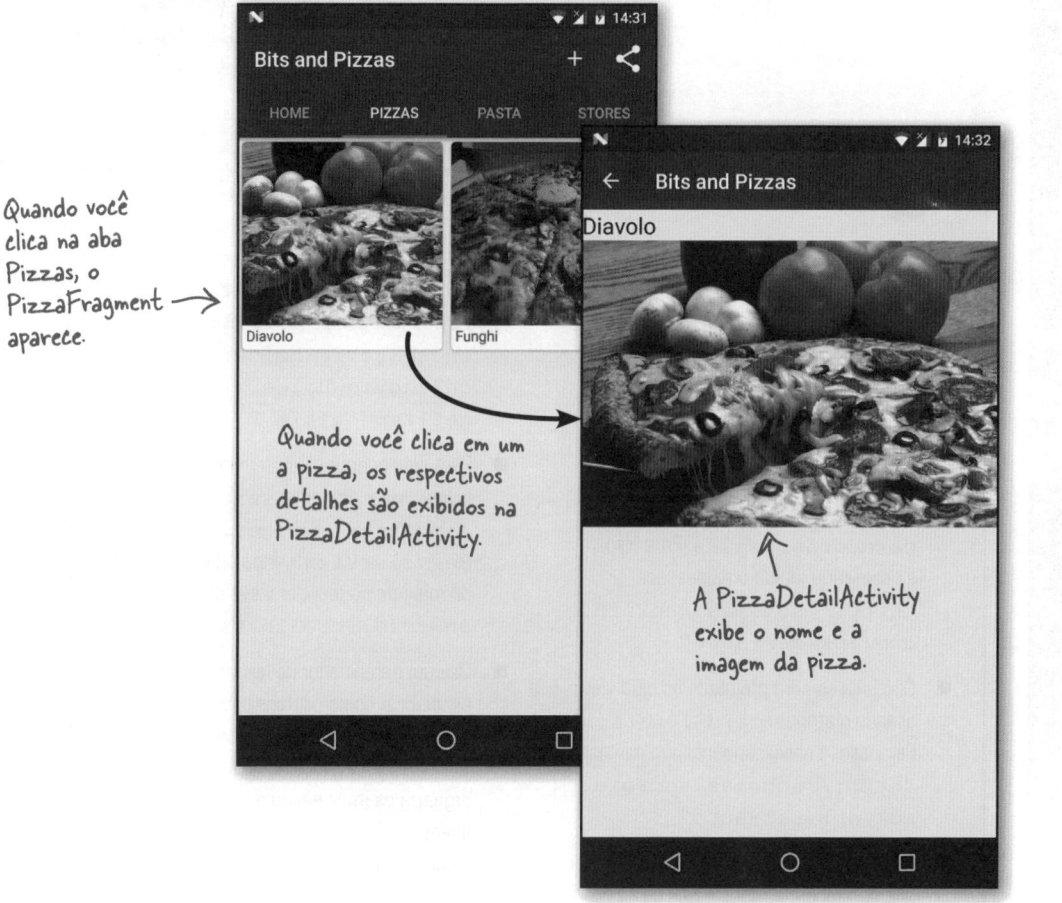

Quando você clica na aba Pizzas, o PizzaFragment aparece.

Quando você clica em uma pizza, os respectivos detalhes são exibidos na PizzaDetailActivity.

A PizzaDetailActivity exibe o nome e a imagem da pizza.

O card view responde aos cliques e exibe a `PizzaDetailActivity`.

você está aqui ▶ 577

caixa de ferramentas

Sua caixa de ferramentas para Android

Você fechou o Capítulo 13 e adicionou os recycler views e os card views à sua caixa de ferramentas.

O código completo do capítulo pode ser baixado em https://www.altabooks.com.br. Procure pelo título ou ISBN do livro.

PONTOS DE BALA

- Os card views e os recycler views têm suas próprias Support Libraries.

- Para adicionar um card view a um layout, use o elemento `<android.support.v7.widget.CardView>`.

- Crie cantos arredondados no card view usando o atributo `cardCornerRadius`. Para isso, é necessário incluir o namespace `"http://schemas.android.com/apk/res-auto"`.

- Crie uma sombra projetada no card view usando o atributo `cardElevation`. Para isso, é necessário incluir o namespace `"http://schemas.android.com/apk/res-auto"`.

- Os recycler views operam com adaptadores que pertencem às subclasses do `RecyclerView.Adapter`.

- Ao criar um `RecyclerView.Adapter`, você deve definir um view holder e implementar os métodos `onCreateViewHolder()`, `onBindViewHolder()` e `getItemCount()`.

- Para adicionar um recycler view a um layout, use o elemento `<android.support.v7.widget.RecyclerView>`. Para criar uma barra de rolagem no recycler view, use o atributo `android:scrollbars`.

- Use um gerenciador de layout para especificar como os itens devem ser dispostos no recycler view. O `LinearLayoutManager` organiza os itens em uma lista linear; o `GridLayoutManager` os organiza em uma grade; e o `StaggeredGridLayoutManager` os organiza em uma grade em zigue-zague.

14 gavetas de navegação

Em Movimento

> Sei que nunca vou me perder enquanto tiver minhas gavetas de navegação da sorte!

Você já viu como as abas facilitam a navegação dos usuários pelos apps. Mas, para lidar com um *grande número* de abas ou *dividi-las em seções*, a **gaveta de navegação** é a ferramenta ideal. Neste capítulo, vamos mostrar como criar uma gaveta de navegação que irá *deslizar da lateral da atividade com um único toque*. Você vai aprender a usar um **navigation view** para criar um cabeçalho com um **conjunto estruturado de itens de menu** para que o usuário acesse principais hubs do app. Por fim, vamos mostrar como configurar um **navigation view listener** para que a gaveta *responda ao mais leve toque e deslize*.

precisamos de mais opções

Os layouts de aba facilitam a navegação...

No Capítulo 12, apresentamos o layout de aba como uma forma de facilitar a navegação dos usuários pelo app. Na ocasião, adicionamos a aba da tela Home ao app Bits and Pizzas, bem como abas para as categorias Pizzas, Pasta e Stores:

Estas são as abas que criamos no Capítulo 12.

Os layouts de aba funcionam bem quando há um pequeno número de telas de categoria que estão no mesmo nível na hierarquia do app. Mas o que devemos fazer para usar um número maior de abas ou agrupar as abas em seções?

...mas as gavetas de navegação podem exibir muito mais opções

Para permitir que os usuários naveguem por um grande número de opções ou agrupá-las em seções, você pode optar por usar uma **gaveta de navegação**. A gaveta de navegação é um painel deslizante que contém links para outras partes do app que podem ser agrupadas em diferentes seções. Por exemplo, o app Gmail usa uma gaveta de navegação que contém seções como e-mail, categorias, marcadores recentes e todos os marcadores:

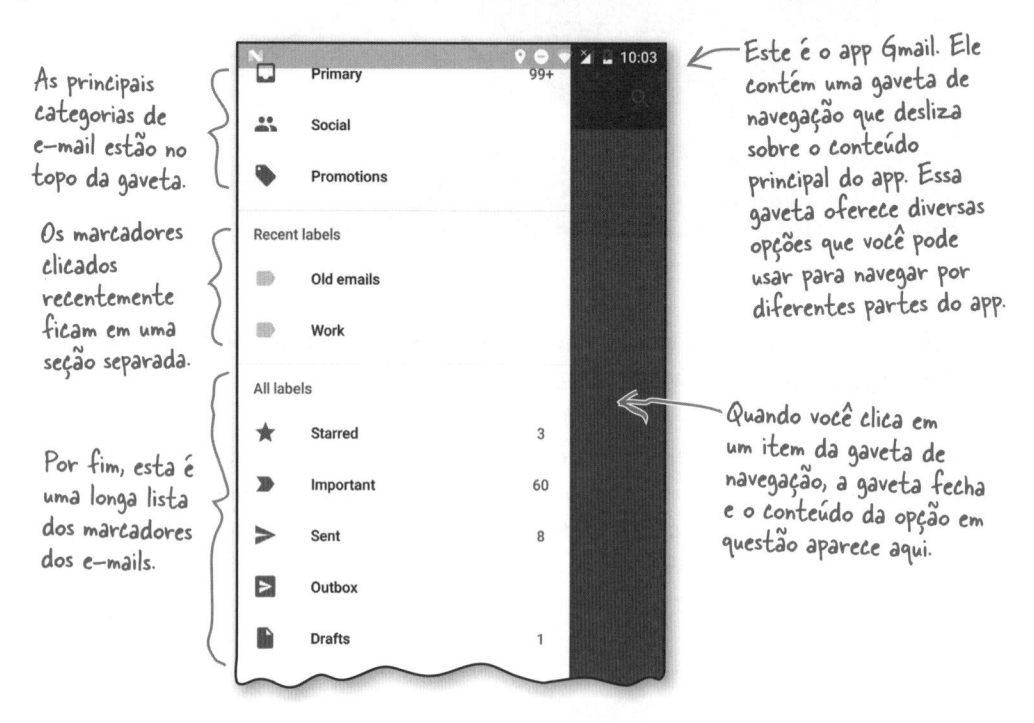

As principais categorias de e-mail estão no topo da gaveta.

Os marcadores clicados recentemente ficam em uma seção separada.

Por fim, esta é uma longa lista dos marcadores dos e-mails.

Este é o app Gmail. Ele contém uma gaveta de navegação que desliza sobre o conteúdo principal do app. Essa gaveta oferece diversas opções que você pode usar para navegar por diferentes partes do app.

Quando você clica em um item da gaveta de navegação, a gaveta fecha e o conteúdo da opção em questão aparece aqui.

exibições e grupos de exibições

Vamos criar uma gaveta de navegação para um novo app de e-mail

Vamos criar uma gaveta de navegação para um novo app de e-mail chamado CatChat. A gaveta de navegação irá conter um cabeçalho (com uma imagem e um pouco de texto) e um conjunto de opções. As principais opções do usuário serão caixa de entrada, rascunhos, itens enviados e lixeira. Além disso, vamos incluir uma seção de suporte separada para as opções de ajuda e feedback:

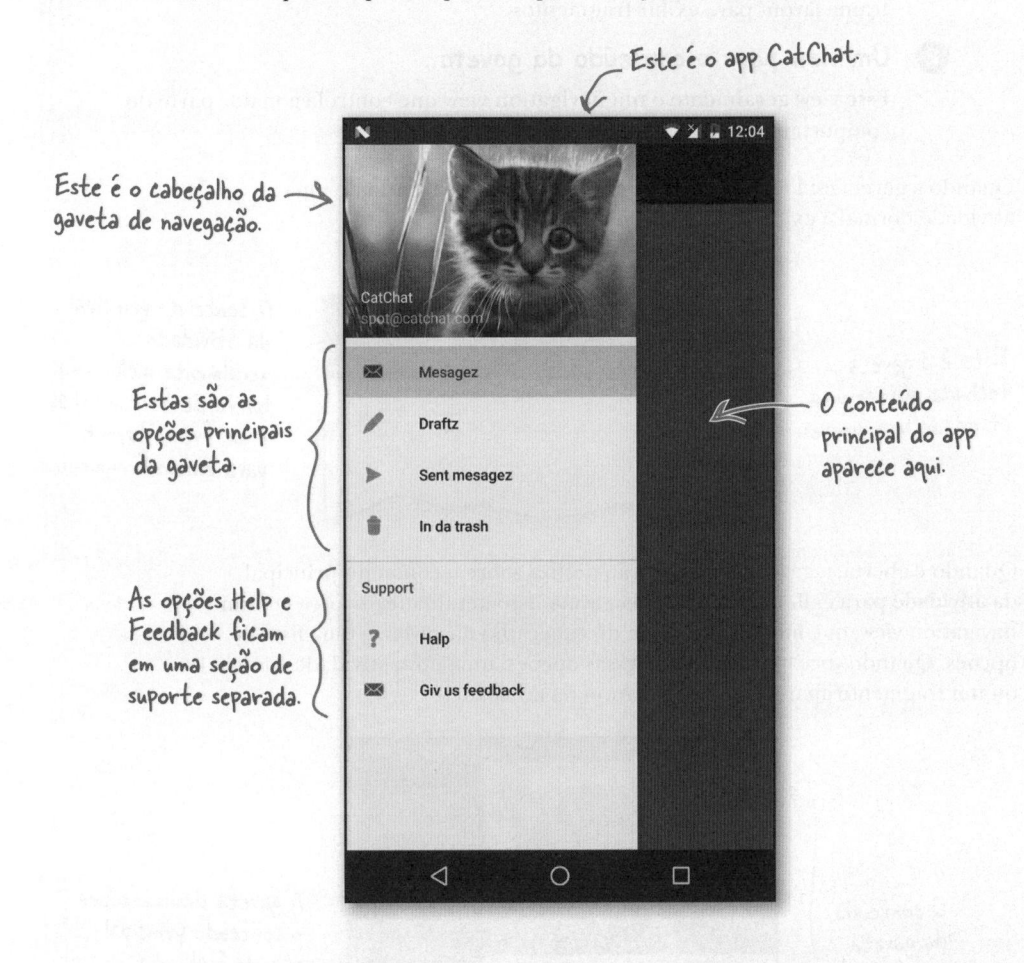

Este é o app CatChat.

Este é o cabeçalho da gaveta de navegação.

Estas são as opções principais da gaveta.
- Mesagez
- Draftz
- Sent mesagez
- In da trash

O conteúdo principal do app aparece aqui.

As opções Help e Feedback ficam em uma seção de suporte separada.
Support
- Halp
- Giv us feedback

A gaveta de navegação é formada por diversos componentes. Vamos analisar todos esses itens na próxima página.

você está aqui ▶ 581

anatomia da gaveta

Desconstruindo as gavetas de navegação

Para implementar uma gaveta de navegação, você deve adicionar um **drawer layout** ao layout da atividade. Esse procedimento define uma gaveta que você poderá abrir e fechar e deve conter dois views:

> **❶ Um view para o conteúdo principal.**
> Esse view geralmente é um layout que contém uma barra de ferramentas e um frame layout para exibir fragmentos.

> **❷ Um view para o conteúdo da gaveta.**
> Esse view geralmente é um navigation view que controla a maior parte do comportamento da gaveta.

Quando a gaveta está fechada, o drawer layout tem a aparência de uma atividade normal e exibe seu conteúdo principal:

Esta é a gaveta fechada; parece uma atividade bem simples.

O conteúdo principal da atividade geralmente inclui uma barra de ferramentas e um frame layout para exibir fragmentos.

Quando é aberta, a gaveta de navegação desliza sobre o conteúdo principal da atividade para exibir o conteúdo da gaveta. Isso geralmente ocorre em um navigation view, que mostra a imagem do cabeçalho da gaveta e uma lista de opções. Quando você clica em uma dessas opções, uma nova atividade é iniciada ou um fragmento aparece no frame layout da atividade:

O conteúdo da gaveta é definido por um navigation view.

A gaveta desliza sobre o conteúdo principal quando é aberta.

exibições e grupos de exibições

Vamos fazer o seguinte

Vamos criar uma gaveta de navegação para o app CatChat. Essa operação exige quatro etapas principais:

❶ Crie fragmentos e atividades básicas para o conteúdo do app.

Quando o usuário clicar em uma das opções na gaveta de navegação, queremos mostrar o fragmento ou a atividade correspondente à opção selecionada. Vamos criar os fragmentos `InboxFragment`, `DraftsFragment`, `SentItemsFragment` e `TrashFragment` e as atividades `HelpActivity` e `FeedbackActivity`.

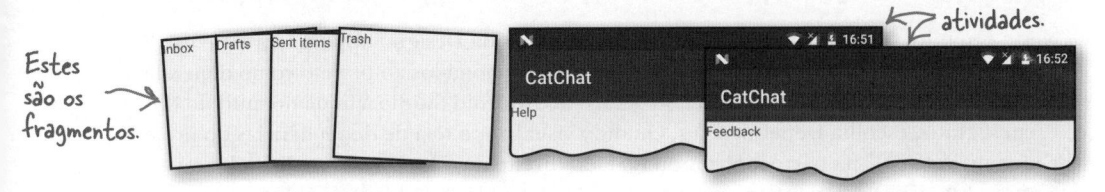

Estes são os fragmentos.

Estas são as atividades.

❷ Crie o cabeçalho da gaveta.

Vamos construir o layout *nav_header.xml* para o cabeçalho da gaveta. O layout irá conter uma imagem e texto.

❸ Crie as opções da gaveta.

Vamos construir o menu *menu_nav.xml* para as opções que serão exibidas pela gaveta.

❹ Crie a gaveta de navegação.

Vamos adicionar a gaveta de navegação à atividade principal do app para exibir o cabeçalho e as opções. Em seguida, vamos escrever código de atividade para controlar o comportamento da gaveta.

O cabeçalho e as opções da gaveta

Vamos criar esta gaveta de navegação.

Vamos começar.

adicione as bibliotecas

Crie o projeto CatChat

➡ ☐ **Fragmentos/atividades**
☐ Cabeçalho
☐ Opções
☐ Gaveta

Para começar, precisamos de um novo projeto para o app CatChat. Crie um novo projeto Android com uma atividade vazia para um aplicativo chamado "CatChat" e insira o domínio da empresa "hfad.com" e o nome do pacote `com.hfad.catchat`. O SDK mínimo deve ser API nível 19 para que o app rode na maioria dos dispositivos. Especifique uma atividade chamada "MainActivity" e um layout chamado "activity_main" e **marque a opção Backwards Compatibility (AppCompat)**.

Adicione a Design Support Library e a v7 AppCompat Support Library

Neste capítulo, vamos usar os componentes e os temas da Design Support Library e da v7 AppCompat Support Library; portanto, temos que adicioná-los ao projeto como dependências. Para fazer isso, escolha File→Project Structure no Android Studio, clique no módulo do app e, em seguida, escolha Dependencies. Quando visualizar a tela de dependências do projeto, clique no botão "+" na parte inferior ou no lado direito da tela. Quando solicitado, escolha a opção Library Dependency e, em seguida, selecione a Design Library na lista de possíveis bibliotecas. Repita essas etapas para a v7 AppCompat Support Library, se o Android ainda não tiver adicionado essa biblioteca automaticamente. Por fim, use os botões OK para salvar suas alterações.

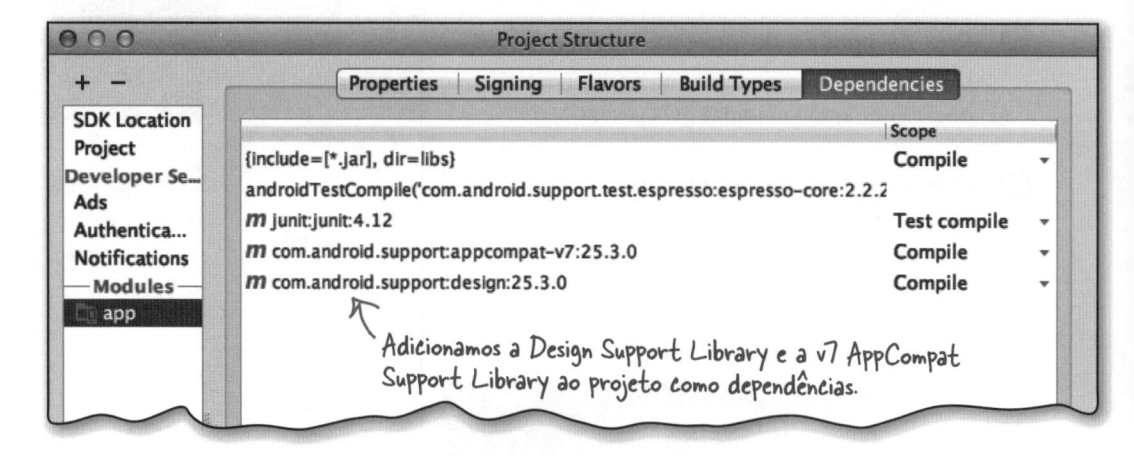

Adicionamos a Design Support Library e a v7 AppCompat Support Library ao projeto como dependências.

A seguir, vamos criar quatro fragmentos básicos para o app: caixa de entrada, rascunhos, mensagens enviadas e lixeira. Vamos usar esses fragmentos mais adiante neste capítulo ao escrever o código para a gaveta de navegação.

exibições e grupos de exibições

Crie o InboxFragment

Vamos exibir o `InboxFragment` quando o usuário clicar na opção inbox (caixa de entrada) na gaveta de navegação. Selecione o pacote `com.hfad.catchat` na pasta *app/src/main/java* e, em seguida, vá para File→New...→Fragment→Fragment (Blank). Nomeie o fragmento como "InboxFragment" e seu layout como "fragment_inbox". Em seguida, atualize o código do *InboxFragment.java* de acordo com o código indicado abaixo:

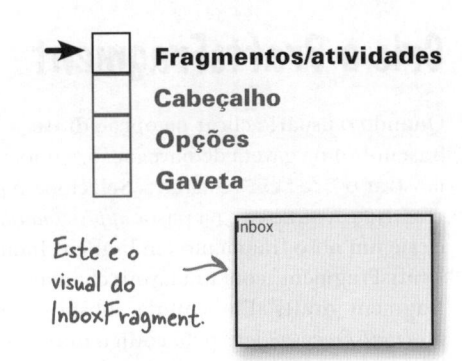

→ **Fragmentos/atividades**
   Cabeçalho
   Opções
   Gaveta

Este é o visual do InboxFragment. →

```java
package com.hfad.catchat;

import android.os.Bundle;
import android.support.v4.app.Fragment;
import android.view.LayoutInflater;
import android.view.View;
import android.view.ViewGroup;

public class InboxFragment extends Fragment {

    @Override
    public View onCreateView(LayoutInflater inflater, ViewGroup container,
                             Bundle savedInstanceState) {
        return inflater.inflate(R.layout.fragment_inbox, container, false);
    }
}
```

← Todos os fragmentos usam a classe Fragment da Support Library.

CatChat / app/src/main / java / com.hfad.catchat / InboxFragment.java

Este é o código do *fragment_inbox.xml* (atualize sua versão):

```xml
<LinearLayout xmlns:android="http://schemas.android.com/apk/res/android"
    xmlns:tools="http://schemas.android.com/tools"
    android:layout_width="match_parent"
    android:layout_height="match_parent"
    android:orientation="vertical"
    tools:context="com.hfad.catchat.InboxFragment">

    <TextView
        android:layout_width="match_parent"
        android:layout_height="match_parent"
        android:text="Inbox" />
</LinearLayout>
```

CatChat / app/src/main / res / layout / fragment_inbox.xml

← O layout do InboxFragment contém apenas um TextView. Vamos adicionar este texto para facilitar a identificação da sua exibição.

você está aqui ▶   **585**

o código do DraftsFragment

Crie o DraftsFragment

Quando o usuário clicar na opção drafts (rascunho) na gaveta de navegação, vamos mostrar o DraftsFragment. Selecione o pacote com.hfad.catchat na pasta *app/src/main/java* e crie um novo fragmento em branco chamado "DraftsFragment" com um layout chamado "fragment_drafts". Em seguida, substitua o código do *DraftsFragment.java* pelo código indicado abaixo:

```java
package com.hfad.catchat;

import android.os.Bundle;
import android.support.v4.app.Fragment;
import android.view.LayoutInflater;
import android.view.View;
import android.view.ViewGroup;

public class DraftsFragment extends Fragment {

    @Override
    public View onCreateView(LayoutInflater inflater, ViewGroup container,
                             Bundle savedInstanceState) {
        return inflater.inflate(R.layout.fragment_drafts, container, false);
    }
}
```

Em seguida, substitua também o código do *fragment_drafts.xml*:

```xml
<LinearLayout xmlns:android="http://schemas.android.com/apk/res/android"
    xmlns:tools="http://schemas.android.com/tools"
    android:layout_width="match_parent"
    android:layout_height="match_parent"
    android:orientation="vertical"
    tools:context="com.hfad.catchat.DraftsFragment">

    <TextView
        android:layout_width="match_parent"
        android:layout_height="match_parent"
        android:text="Drafts" />

</LinearLayout>
```

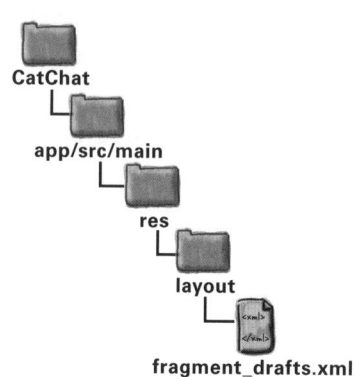

exibições e grupos de exibições

Crie o SentItemsFragment

Vamos mostrar o SentItemsFragment quando o usuário clica na opção sent items (itens enviados) na gaveta de navegação. Selecione o pacote com.hfad.catchat na pasta *app/src/main/java* e crie um novo fragmento em branco chamado "SentItemsFragment" com um layout chamado "fragment_sent_items". Em seguida, atualize o código *SentItemsFragment.java* de acordo com o código indicado abaixo:

```java
package com.hfad.catchat;


import android.os.Bundle;
import android.support.v4.app.Fragment;
import android.view.LayoutInflater;
import android.view.View;
import android.view.ViewGroup;

public class SentItemsFragment extends Fragment {

    @Override
    public View onCreateView(LayoutInflater inflater, ViewGroup container,
                             Bundle savedInstanceState) {
        return inflater.inflate(R.layout.fragment_sent_items, container, false);
    }
}
```

Este é o código do *fragment_sent_items.xml* (atualize sua versão):

```xml
<LinearLayout xmlns:android="http://schemas.android.com/apk/res/android"
    xmlns:tools="http://schemas.android.com/tools"
    android:layout_width="match_parent"
    android:layout_height="match_parent"
    android:orientation="vertical"
    tools:context="com.hfad.catchat.SentItemsFragment">

    <TextView
        android:layout_width="match_parent"
        android:layout_height="match_parent"
        android:text="Sent items" />
</LinearLayout>
```

você está aqui ▶ 587

o código do TrashFragment

Crie o TrashFragment

Quando o usuário clicar na opção trash (lixeira) na gaveta de navegação, vamos mostrar o `TrashFragment`. Selecione o pacote `com.hfad.catchat` na pasta *app/src/main/java* e crie um novo fragmento em branco chamado "TrashFragment" com um novo layout chamado "fragment_trash". Em seguida, substitua o código do *TrashFragment.java* pelo código indicado abaixo:

```java
package com.hfad.catchat;

import android.os.Bundle;
import android.support.v4.app.Fragment;
import android.view.LayoutInflater;
import android.view.View;
import android.view.ViewGroup;

public class TrashFragment extends Fragment {

    @Override
    public View onCreateView(LayoutInflater inflater, ViewGroup container,
                             Bundle savedInstanceState) {
        return inflater.inflate(R.layout.fragment_trash, container, false);
    }
}
```

Em seguida, substitua também o código do *fragment_trash.xml*:

```xml
<LinearLayout xmlns:android="http://schemas.android.com/apk/res/android"
    xmlns:tools="http://schemas.android.com/tools"
    android:layout_width="match_parent"
    android:layout_height="match_parent"
    android:orientation="vertical"
    tools:context="com.hfad.catchat.TrashFragment">

    <TextView
        android:layout_width="match_parent"
        android:layout_height="match_parent"
        android:text="Trash" />
</LinearLayout>
```

Criamos todos os fragmentos necessários. A seguir, vamos criar uma barra de ferramentas para incluir nas atividades.

exibições e grupos de exibições

Crie um toolbar layout

Vamos adicionar uma barra de ferramentas a um layout separado para incluí-la no layout de cada atividade (vamos criar as atividades daqui a pouco). Acesse a visualização Project do navegador do Android Studio, selecione a pasta *app/src/res/main/layout* e, em seguida, vá para o menu File e escolha New → Layout resource file. Quando solicitado, nomeie o arquivo como "toolbar_main" e, em seguida, clique em OK.

Depois, abra o *toolbar_main.xml* e substitua o código gerado pelo Android Studio pelo código indicado abaixo:

→ Fragmentos/atividades
Cabeçalho
Opções
Gaveta

Já usamos este código da barra de ferramentas nos capítulos anteriores.

```
<android.support.v7.widget.Toolbar
    xmlns:android="http://schemas.android.com/apk/res/android"
    android:layout_width="match_parent"
    android:layout_height="?attr/actionBarSize"
    android:background="?attr/colorPrimary"
    android:theme="@style/ThemeOverlay.AppCompat.Dark.ActionBar" />
```

CatChat / app/src/main / res / layout / toolbar_main.xml

Antes de usar a barra de ferramentas nas atividades, vamos alterar o tema da atividade. Para isso, temos que alterar o recurso de estilo do app.

Primeiro, abra o *AndroidManifest.xml* e verifique se o valor do atributo do tema está definido como `"@style/AppTheme"`. Talvez o Android Studio já tenha definido esse valor automaticamente; se não, atualize-o de acordo com o código indicado abaixo:

```
<?xml version="1.0" encoding="utf-8"?>
<manifest ...>
    <application
        android:allowBackup="true"
        android:icon="@mipmap/ic_launcher"
        android:label="@string/app_name"
        android:roundIcon="@mipmap/ic_launcher_round"
        android:supportsRtl="true"
        android:theme="@style/AppTheme">   ← Talvez o Android Studio já tenha adicionado este valor automaticamente.
        <activity android:name=".MainActivity">
            ...
        </activity>
    </application>
</manifest>
```

CatChat / app/src/main / AndroidManifest.xml

Vamos atualizar o estilo `AppTheme` na próxima página.

use o tema certo

Atualize o tema do app

→ ☐ **Fragmentos/atividades**
☐ **Cabeçalho**
☐ **Opções**
☐ **Gaveta**

A seguir, vamos atualizar o estilo `AppTheme` para definir o tema `"Theme.AppCompat.Light.NoActionBar"`. Além disso, vamos substituir algumas das cores do tema original.

Primeiro, abra a pasta *app/src/main/res/values* e verifique se o Android Studio criou um arquivo chamado *styles.xml*. Caso esse arquivo não exista, você terá que criá-lo. Para fazer isso, selecione a pasta *values* e, em seguida, vá para o menu File e escolha New → "Values resource file". Quando solicitado, nomeie o arquivo como "styles" e, em seguida, clique em OK.

A seguir, atualize o *styles.xml* com base no código indicado abaixo:

```
<resources>
    <style name="AppTheme" parent="Theme.AppCompat.Light.NoActionBar">
        <item name="colorPrimary">@color/colorPrimary</item>
        <item name="colorPrimaryDark">@color/colorPrimaryDark</item>
        <item name="colorAccent">@color/colorAccent</item>
    </style>
</resources>
```

Este tema remove a barra do app padrão (vamos substituí-la pela barra de ferramentas).

Talvez o Android Studio já tenha adicionado estas cores automaticamente.

📁 CatChat
 └📁 app/src/main
    └📁 res
       └📁 values
          └📄 styles.xml

O estilo `AppTheme` usa recursos de cor que devem ser incluídos no *colors.xml*. Primeiro, verifique se o Android Studio criou esse arquivo na pasta *app/src/main/res/values* (se não, você terá que criá-lo manualmente). Em seguida, atualize o *colors.xml* de acordo com o código indicado abaixo:

```
<?xml version="1.0" encoding="utf-8"?>
<resources>
    <color name="colorPrimary">#3F51B5</color>
    <color name="colorPrimaryDark">#303F9F</color>
    <color name="colorAccent">#FF4081</color>
</resources>
```

Adicione estas cores caso o Android Studio não tenha feito isso.

📁 CatChat
 └📁 app/src/main
    └📁 res
       └📁 values
          └📄 colors.xml

Agora que configuramos o estilo para usar uma barra de ferramentas, vamos criar duas atividades para as opções help (ajuda) e feedback na gaveta de navegação. Essas atividades serão exibidas quando o usuário selecionar a opção correspondente.

exibições e grupos de exibições

Crie a HelpActivity

Inicialmente, vamos criar a HelpActivity. Selecione o pacote com.hfad.catchat no Android Studio; em seguida, vá para o menu File e escolha New. Selecione a opção para criar uma nova atividade vazia com o nome "HelpActivity" e nomeie seu layout como "activity_help". Verifique se o nome do pacote é com.hfad.catchat e **marque a opção Backwards Compatibility (AppCompat)**. Em seguida, atualize o *activity_help.xml* com base no código indicado abaixo:

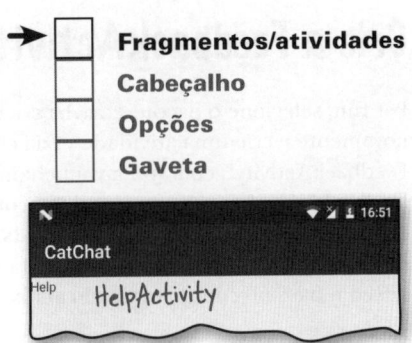

```xml
<?xml version="1.0" encoding="utf-8"?>
<LinearLayout xmlns:android="http://schemas.android.com/apk/res/android"
    xmlns:tools="http://schemas.android.com/tools"
    android:layout_width="match_parent"
    android:layout_height="match_parent"
    android:orientation="vertical"
    tools:context="com.hfad.catchat.HelpActivity">

    <include
        layout="@layout/toolbar_main"
        android:id="@+id/toolbar" />

    <TextView
        android:layout_width="match_parent"
        android:layout_height="match_parent"
        android:text="Help" />
</LinearLayout>
```

Estamos adicionando uma barra de ferramentas e o texto "Help" à HelpActivity.

CatChat/app/src/main/res/layout/activity_help.xml

Depois, atualize o *HelpActivity.java* de acordo com o código indicado abaixo:

```java
package com.hfad.catchat;

import android.support.v7.app.AppCompatActivity;
import android.os.Bundle;
import android.support.v7.widget.Toolbar;

public class HelpActivity extends AppCompatActivity {

    @Override
    protected void onCreate(Bundle savedInstanceState) {
        super.onCreate(savedInstanceState);
        setContentView(R.layout.activity_help);
        Toolbar toolbar = (Toolbar) findViewById(R.id.toolbar);
        setSupportActionBar(toolbar);
    }
}
```

A atividade deve estender a AppCompatActivity porque estamos usando um tema AppCompat.

CatChat/app/src/main/java/com.hfad.catchat/HelpActivity.java

você está aqui ▶   **591**

o código da FeedbackActivity

Crie a FeedbackActivity

Por fim, selecione o pacote `com.hfad.catchat` novamente e crie uma atividade vazia chamada "FeedbackActivity", com um layout chamado "activity_feedback". Verifique se o nome do pacote é `com.hfad.catchat` e **marque a opção Backwards Compatibility (AppCompat)**. Em seguida, atualize o *activity_feedback.xml* com base no código indicado abaixo:

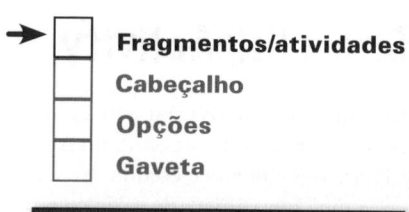

→ Fragmentos/atividades
  Cabeçalho
  Opções
  Gaveta

```xml
<?xml version="1.0" encoding="utf-8"?>
<LinearLayout xmlns:android="http://schemas.android.com/apk/res/android"
    xmlns:tools="http://schemas.android.com/tools"
    android:layout_width="match_parent"
    android:layout_height="match_parent"
    android:orientation="vertical"
    tools:context="com.hfad.catchat.FeedbackActivity">

    <include
        layout="@layout/toolbar_main"
        android:id="@+id/toolbar" />

    <TextView
        android:layout_width="match_parent"
        android:layout_height="match_parent"
        android:text="Feedback" />
</LinearLayout>
```

CatChat/app/src/main/res/layout/activity_feedback.xml

Em seguida, atualize o *FeedbackActivity.java* com base no código indicado abaixo:

```java
package com.hfad.catchat;

import android.support.v7.app.AppCompatActivity;
import android.os.Bundle;
import android.support.v7.widget.Toolbar;

public class FeedbackActivity extends AppCompatActivity {

    @Override
    protected void onCreate(Bundle savedInstanceState) {
        super.onCreate(savedInstanceState);
        setContentView(R.layout.activity_feedback);
        Toolbar toolbar = (Toolbar) findViewById(R.id.toolbar);
        setSupportActionBar(toolbar);
    }
}
```

Esta atividade também deve estender a AppCompatActivity.

CatChat/app/src/main/java/com.hfad.catchat/FeedbackActivity.java

exibições e grupos de exibições

Vamos desenvolver uma gaveta de navegação

☑ **Fragmentos/atividades**
➡ ☐ **Cabeçalho**
☐ **Opções**
☐ **Gaveta**

Adicionamos ao projeto todos os fragmentos e atividades que serão vinculados às opções da gaveta de navegação. A seguir, vamos criar a gaveta de navegação.

A gaveta de navegação contém dois componentes:

- **O cabeçalho da gaveta de navegação.**

    Este é o layout que aparece no topo da gaveta de navegação. Ele geralmente contém uma imagem e algum texto, por exemplo, uma foto do usuário e sua conta de e-mail.

    Vamos criar este cabeçalho; ele contém uma imagem e dois segmentos de texto.

    CatChat
    spot@catchat.com

- **Um conjunto de opções.**

    Vamos definir um conjunto de opções a serem exibidas na gaveta de navegação embaixo do cabeçalho. Quando o usuário clicar em uma dessas opções, a tela da opção selecionada será exibida como um fragmento na atividade da gaveta ou como uma nova atividade.

    ✉ Mesagez
    ✏ Draftz
    ▶ Sent mesagez
    🗑 In da trash

    Support

    ? Halp
    ✉ Giv us feedback

    A gaveta de navegação deve conter essas duas opções.

Vamos construir esses componentes e utilizá-los na `MainActivity` para desenvolver a gaveta de navegação. Vamos começar pelo cabeçalho da gaveta de navegação.

crie o cabeçalho

Crie o cabeçalho da gaveta de navegação

→ ☑ Fragmentos/atividades
  Cabeçalho
  Opções
  Gaveta

O cabeçalho da gaveta de navegação consiste em um layout simples que você deve adicionar a um novo arquivo de layout. Vamos usar um novo arquivo chamado *nav_header.xml*. Para criar esse arquivo, selecione a pasta *app/src/main/res/layout* no Android Studio e escolha File→New→Layout resource file. Quando solicitado, nomeie o layout como "nav_header".

O cabeçalho contém um ImageView...

O layout contém uma imagem e dois text views. Logo, temos que adicionar um arquivo de imagem ao projeto como um drawable e dois recursos de string. Vamos começar com o arquivo de imagem.

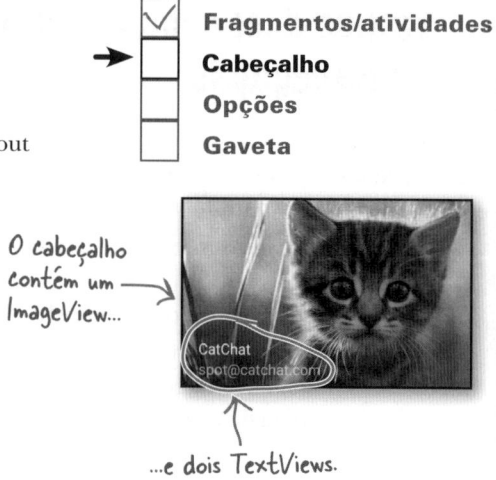

...e dois TextViews.

Adicione o arquivo de imagem

Para adicionar o arquivo de imagem, primeiro acesse a visualização Project do navegador do Android Studio (se ainda não tiver feito isso) e verifique se a pasta *app/src/main/res/drawable* já foi criada no projeto. Se ainda não tiver sido criada, selecione a pasta *app/src/main/res* no projeto, vá para o menu File, escolha a opção New... e clique na opção para criar um novo diretório de recursos Android. Quando solicitado, escolha o tipo de recurso drawable, atribua o nome "drawable" e clique em OK.

Depois de criar uma pasta *drawable*, faça o dowload do arquivo *kitten_small.jpg* de *https://git.io/v9oet* (conteúdo em inglês) e coloque-o na pasta *drawable*.

Adicione os recursos de string

A seguir, vamos adicionar os dois recursos de string que serão utilizados nos text views. Abra o arquivo *app/src/main/res/values/strings.xml* e, em seguida, adicione o seguinte recurso:

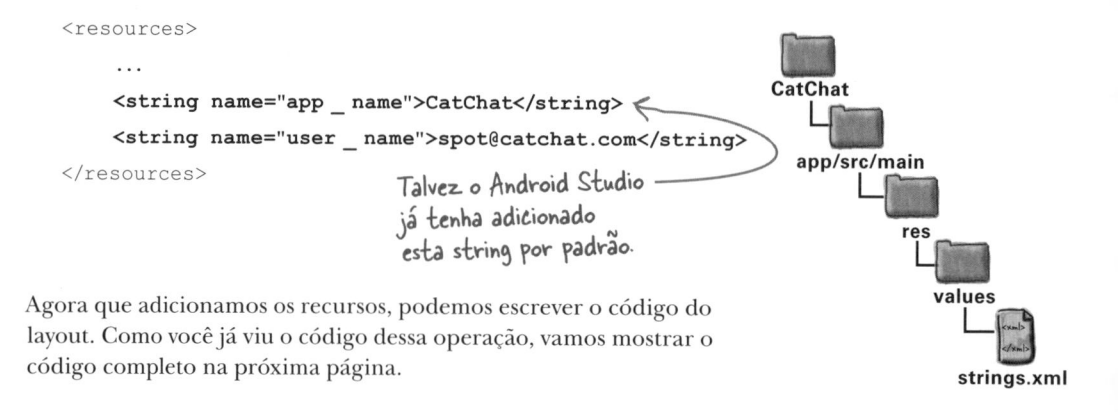

```
<resources>
    ...
    <string name="app_name">CatChat</string>
    <string name="user_name">spot@catchat.com</string>
</resources>
```

Talvez o Android Studio já tenha adicionado esta string por padrão.

CatChat
app/src/main
res
values
strings.xml

Agora que adicionamos os recursos, podemos escrever o código do layout. Como você já viu o código dessa operação, vamos mostrar o código completo na próxima página.

exibições e grupos de exibições

O código completo do full nav_header.xml

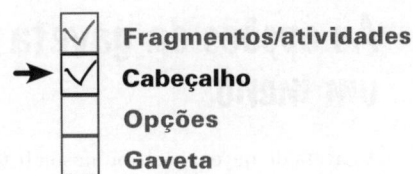

☑ Fragmentos/atividades
➔ ☑ **Cabeçalho**
☐ Opções
☐ Gaveta

Este é o código completo do *nav_header.xml*. Atualize sua versão do arquivo de acordo com o código indicado abaixo:

```xml
<?xml version="1.0" encoding="utf-8"?>
<FrameLayout xmlns:android="http://schemas.android.com/apk/res/android"
    android:layout_width="match_parent"
    android:layout_height="180dp"
    android:theme="@style/ThemeOverlay.AppCompat.Dark" >

    <ImageView
        android:layout_width="wrap_content"
        android:layout_height="wrap_content"
        android:scaleType="centerCrop"
        android:src="@drawable/kitten_small" />

    <LinearLayout
        android:layout_width="wrap_content"
        android:layout_height="match_parent"
        android:orientation="vertical"
        android:gravity="bottom|start"
        android:layout_margin="16dp" >

        <TextView
            android:layout_width="wrap_content"
            android:layout_height="wrap_content"
            android:text="@string/app_name"
            android:textAppearance="@style/TextAppearance.AppCompat.Body1" />

        <TextView
            android:layout_width="wrap_content"
            android:layout_height="wrap_content"
            android:text="@string/user_name" />
    </LinearLayout>
</FrameLayout>
```

- `android:layout_height="180dp"` — Vamos definir expressamente a altura do layout como 180dp para não ocupar muito espaço na gaveta.
- `android:theme="@style/ThemeOverlay.AppCompat.Dark"` — O fundo da imagem é bastante escuro; portanto, vamos usar esta linha para que o texto fique claro.
- `android:gravity="bottom|start"` — Este LinearLayout será exibido no topo do ImageView. Vamos utilizá-lo para exibir o texto na parte inferior da imagem.
- `android:textAppearance="@style/TextAppearance.AppCompat.Body1"` — Este estilo interno da AppCompat Support Library deixa o texto mais escuro.

CatChat
└ app/src/main
  └ res
    └ layout
      └ nav_header.xml

Agora, depois de criar o cabeçalho, vamos criar sua lista de opções.

adicione as strings

As opções da gaveta vêm de um menu

☑ Fragmentos/atividades
☑ Cabeçalho
→ ☐ Opções
☐ Gaveta

A gaveta de navegação obtém sua lista de opções de um arquivo de recurso de menu. O código dessa operação é parecido com o código que adiciona um conjunto de opções a uma barra do app.

Antes de abordar o código para adicionar as opções à gaveta de navegação, precisamos adicionar um arquivo de recurso de menu ao projeto. Para fazer isso, selecione a pasta *app/src/main/res* no Android Studio, vá para o menu File e escolha New. Em seguida, selecione a opção para criar um novo arquivo de recurso Android. Você terá que indicar o nome do arquivo de recurso e o tipo do recurso. Nomeie o arquivo como "menu_nav", escolha o tipo de recurso "Menu" e verifique se o nome do Diretório é "menu". Quando você clicar em OK, o Android Studio criará o arquivo automaticamente.

A seguir, vamos adicionar recursos de string para os títulos dos itens de menu que serão utilizados mais adiante neste capítulo. Abra o *strings.xml* e adicione os seguintes recursos:

```xml
<resources>
    ...
    <string name="nav_inbox">Mesagez</string>
    <string name="nav_drafts">Draftz</string>
    <string name="nav_sent">Sent mesagez</string>
    <string name="nav_trash">In da trash</string>
    <string name="nav_support">Support</string>
    <string name="nav_help">Halp</string>
    <string name="nav_feedback">Giv us feedback</string>
</resources>
```

CatChat
app/src/main
res
values
strings.xml

A seguir, vamos começar a construir o código do menu.

Temos que criar um menu com duas seções

Como vimos antes, queremos dividir os itens na gaveta de navegação em duas seções. A primeira seção irá conter opções para os principais locais a serem visitados pelo usuário no app: caixa de mensagem, rascunhos, itens enviados e lixeira. Em seguida, vamos adicionar uma seção de suporte separada para as opções help e feedback.

Estas são as opções principais do app.

✉ Mesagez
✏ Draftz
▶ Sent mesagez
🗑 In da trash

Esta é a seção de suporte.

Support
❓ Halp
✉ Giv us feedback

Para começar, vamos adicionar as opções principais.

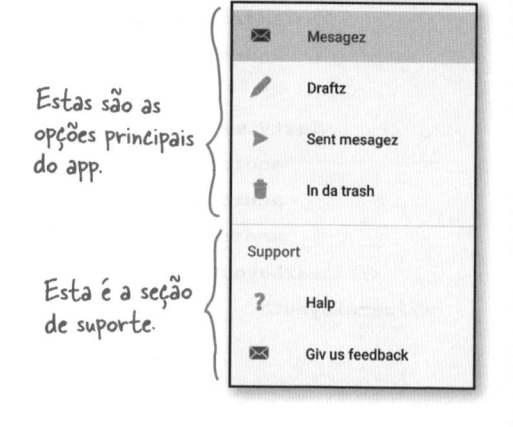

exibições e grupos de exibições

Adicione os itens na ordem em que eles devem aparecer na gaveta

☑ Fragmentos/atividades
☑ Cabeçalho
→ ☐ Opções
☐ Gaveta

Ao desenvolver um conjunto de opções para uma gaveta de navegação, você normalmente deve colocar os itens em que o usuário provavelmente irá clicar com mais frequência no topo da lista. Nesse caso, essas opções são caixa de entrada, rascunhos, itens enviados e lixeira.

Você deve adicionar os itens ao arquivo de recurso de menu na ordem em que eles devem aparecer na gaveta. Para cada item, especifique uma ID para referenciá-la no código Java e um título para o texto que será exibido. Você também pode especificar um ícone para ser exibido ao lado do texto do item. Por exemplo, este código adiciona um item "inbox":

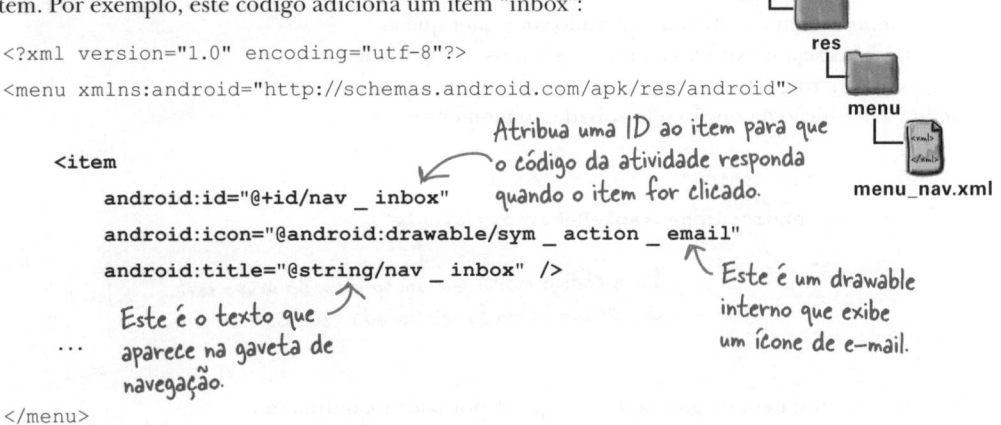

CatChat
└ app/src/main
  └ res
    └ menu
      └ menu_nav.xml

```xml
<?xml version="1.0" encoding="utf-8"?>
<menu xmlns:android="http://schemas.android.com/apk/res/android">

    <item
        android:id="@+id/nav_inbox"
        android:icon="@android:drawable/sym_action_email"
        android:title="@string/nav_inbox" />
    ...
</menu>
```

Atribua uma ID ao item para que o código da atividade responda quando o item for clicado.

Este é o texto que aparece na gaveta de navegação.

Este é um drawable interno que exibe um ícone de e-mail.

No código acima, vamos usar um dos ícones internos do Android: **"@android:drawable/sym_action_email"**. O Android dispõe de um conjunto de ícones internos que podem ser utilizados nos apps. O comando **"@android:drawable"** diz ao Android que você pretende usar um desses ícones. Você verá a lista completa dos ícones disponíveis quando começar a digitar o nome do ícone no Android Studio:

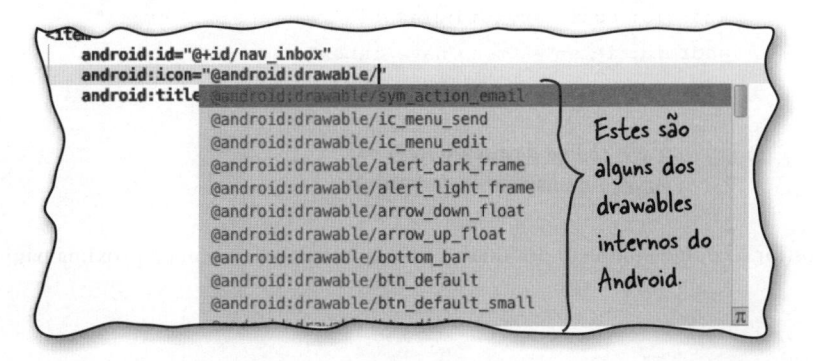

```
<item
    android:id="@+id/nav_inbox"
    android:icon="@android:drawable/"
    android:title @android:drawable/sym_action_email
                 @android:drawable/ic_menu_send
                 @android:drawable/ic_menu_edit
                 @android:drawable/alert_dark_frame
                 @android:drawable/alert_light_frame
                 @android:drawable/arrow_down_float
                 @android:drawable/arrow_up_float
                 @android:drawable/bottom_bar
                 @android:drawable/btn_default
                 @android:drawable/btn_default_small
```

Estes são alguns dos drawables internos do Android.

você está aqui ▶ 597

agrupe os itens

Como agrupar os itens

☑ Fragmentos/atividades
☑ Cabeçalho
☐ Opções
☐ Gaveta

Além de adicionar itens de menu individualmente, você pode adicioná-los como parte de um grupo. Para definir um grupo, use o elemento `<group>` da seguinte forma:

```
<menu xmlns:android="http://schemas.android.com/apk/res/android">
    <group>
        ...            ← Os itens a serem incluídos
    </group>              no grupo ficam aqui.
</menu>
```

Essa operação é útil para aplicar um atributo em um grupo de itens. Por exemplo, para destacar o item da gaveta selecionado pelo usuário, você pode definir o atributo `android:checkableBehavior` do grupo como `"single"`. Esse comportamento é eficiente quando você quer que as telas dos itens sejam exibidas como fragmentos na atividade da gaveta de navegação (`MainActivity`, nesse caso), pois facilita a definição da opção selecionada no momento:

```
<menu xmlns:android="http://schemas.android.com/apk/res/android">
    <group android:checkableBehavior="single">
        ...
    </group>
</menu>
```

↑ Este código indica que um só item do grupo será destacado (a opção selecionada pelo usuário).

Para destacar um item na gaveta de navegação por padrão, defina seu atributo `android:checked` como `"true"`. Por exemplo, observe como podemos destacar o item inbox:

```
<menu xmlns:android="http://schemas.android.com/apk/res/android">
    <group android:checkableBehavior="single">
        <item
            android:id="@+id/nav_inbox"
            android:icon="@android:drawable/sym_action_email"
            android:title="@string/nav_inbox"
            android:checked="true" />
        ...
    </group>
</menu>
```

↑ Este código destaca o item na gaveta de navegação por padrão.

Vamos mostrar o código completo dos quatro primeiros itens do menu na próxima página.

exibições e grupos de exibições

Vamos usar um grupo na primeira seção

☑ Fragmentos/atividades
☑ Cabeçalho
→ ☐ Opções
☐ Gaveta

Vamos adicionar as opções inbox, drafts, messages e trash ao arquivo de recurso de menu como um grupo e destacar o primeiro item por padrão. Vamos usar um grupo para esses itens porque a tela de cada opção é um fragmento que será exibido na `MainActivity`.

Este é o código que utilizamos; atualize sua versão do `menu_nav.xml` de acordo com o código indicado abaixo.

O código indicado aqui adiciona estes quatro itens.

- ✉ Mesagez
- ✏ Draftz
- ▶ Sent mesagez
- 🗑 In da trash

```xml
<?xml version="1.0" encoding="utf-8"?>
<menu xmlns:android="http://schemas.android.com/apk/res/android">

    <group android:checkableBehavior="single">
        <item
            android:id="@+id/nav_inbox"
            android:icon="@android:drawable/sym_action_email"
            android:title="@string/nav_inbox"
            android:checked="true" />
        <item
            android:id="@+id/nav_drafts"
            android:icon="@android:drawable/ic_menu_edit"
            android:title="@string/nav_drafts" />
        <item
            android:id="@+id/nav_sent"
            android:icon="@android:drawable/ic_menu_send"
            android:title="@string/nav_sent" />
        <item
            android:id="@+id/nav_trash"
            android:icon="@android:drawable/ic_menu_delete"
            android:title="@string/nav_trash" />
    </group>

</menu>
```

Adicione este grupo e os quatro itens contidos nele ao arquivo de recurso de menu para que eles sejam exibidos na gaveta de navegação.

CatChat / app/src/main / res / menu / menu_nav.xml

Esse foi o primeiro grupo de itens. Vamos lidar com os demais itens a seguir.

você está aqui ▶ **599**

submenus

Adicione a seção de suporte como um submenu

☑	**Fragmentos/atividades**
☑	**Cabeçalho**
→ ☐	**Opções**
☐	**Gaveta**

O segundo conjunto de itens na gaveta de navegação forma uma seção separada, com o título "Support" e as opções help e feedback em que o usuário poderá clicar.

Para criar esta seção, primeiro vamos adicionar o título Support como um item separado. Por ser um título, esse componente só precisa de texto e não de ícones, ID ou capacidade de responder a cliques:

```
...
    <item android:title="@string/nav_support">
    </item>
...
```

Este item adiciona o título Support à gaveta de navegação.

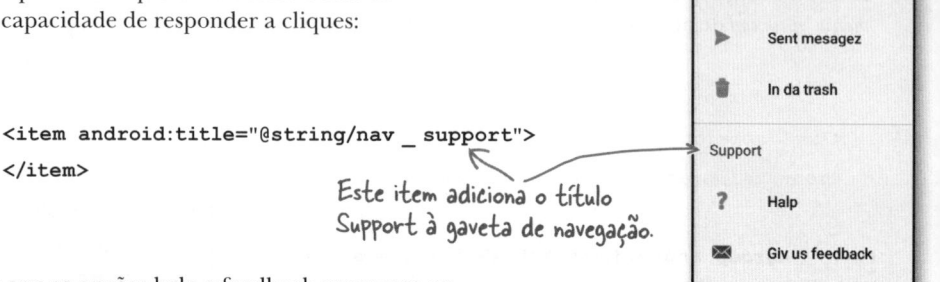

Queremos que as opções help e feedback apareçam na seção Support; portanto, vamos adicioná-las como itens separados em um submenu integrado ao item support:

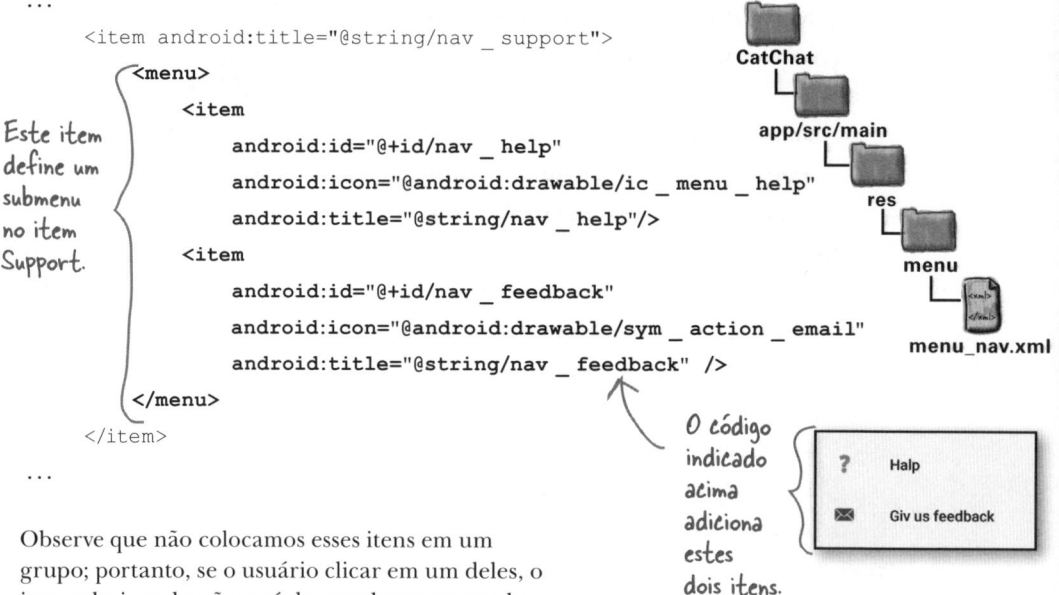

```
...
    <item android:title="@string/nav_support">
        <menu>
            <item
                android:id="@+id/nav_help"
                android:icon="@android:drawable/ic_menu_help"
                android:title="@string/nav_help"/>
            <item
                android:id="@+id/nav_feedback"
                android:icon="@android:drawable/sym_action_email"
                android:title="@string/nav_feedback" />
        </menu>
    </item>
...
```

Este item define um submenu no item Support.

O código indicado acima adiciona estes dois itens.

CatChat / app/src/main / res / menu / menu_nav.xml

Observe que não colocamos esses itens em um grupo; portanto, se o usuário clicar em um deles, o item selecionado não será destacado na gaveta de navegação. Isso porque as opções help e feedback serão exibidas em novas atividades e não como fragmentos na atividade da gaveta de navegação.

Vamos mostrar o código completo do menu na próxima página.

O código completo do menu_nav.xml

- [ ] Fragmentos/atividades
- [x] Cabeçalho
- [x] **Opções**
- [ ] Gaveta

Este é o código completo do *menu_nav.xml*; atualize sua versão com base no código indicado abaixo:

```xml
<?xml version="1.0" encoding="utf-8"?>
<menu xmlns:android="http://schemas.android.com/apk/res/android">
    <group android:checkableBehavior="single">
        <item
            android:id="@+id/nav_inbox"
            android:icon="@android:drawable/sym_action_email"
            android:title="@string/nav_inbox" />
        <item
            android:id="@+id/nav_drafts"
            android:icon="@android:drawable/ic_menu_edit"
            android:title="@string/nav_drafts" />
        <item
            android:id="@+id/nav_sent"
            android:icon="@android:drawable/ic_menu_send"
            android:title="@string/nav_sent" />
        <item
            android:id="@+id/nav_trash"
            android:icon="@android:drawable/ic_menu_delete"
            android:title="@string/nav_trash" />
    </group>

    <item android:title="@string/nav_support">
        <menu>
            <item
                android:id="@+id/nav_help"
                android:icon="@android:drawable/ic_menu_help"
                android:title="@string/nav_help"/>
            <item
                android:id="@+id/nav_feedback"
                android:icon="@android:drawable/sym_action_email"
                android:title="@string/nav_feedback" />
        </menu>
    </item>
</menu>
```

O código indicado nesta página cria o menu completo.

Estas são as opções principais.

Esta é a seção de suporte.

CatChat/app/src/main/res/menu/menu_nav.xml

Agora que adicionamos o menu e o layout do cabeçalho da gaveta de navegação, podemos criar a gaveta.

crie a gaveta

Como criar uma gaveta de navegação

☑ **Fragmentos/atividades**
☑ **Cabeçalho**
☑ **Opções**
☐ **Gaveta**

Para criar uma gaveta de navegação, você deve adicionar um drawer layout ao layout da atividade como seu elemento-raiz. O drawer layout deve conter dois itens: um view ou view group para o conteúdo da atividade como seu primeiro elemento e um navigation view que define a gaveta como seu segundo elemento:

```xml
<?xml version="1.0" encoding="utf-8"?>
<android.support.v4.widget.DrawerLayout        ← O DrawerLayout define a gaveta.
    xmlns:android="http://schemas.android.com/apk/res/android"
    xmlns:app="http://schemas.android.com/apk/res-auto"
    android:id="@+id/drawer_layout"            ← Você deve atribuir uma ID a este item para referenciá-lo no código da atividade.
    android:layout_width="match_parent"
    android:layout_height="match_parent" >

    <LinearLayout
        android:layout_width="match_parent"
        android:layout_height="match_parent"
        android:orientation="vertical" >
        ...
    </LinearLayout>

    <android.support.design.widget.NavigationView     ← O NavigationView define o conteúdo da gaveta.
        android:id="@+id/nav_view"
        android:layout_width="wrap_content"
        android:layout_height="match_parent"
        android:layout_gravity="start"
        app:headerLayout="@layout/nav_header"    ← Este é o layout do cabeçalho da gaveta.
        app:menu="@menu/menu_nav" />             ← Este é o arquivo de recurso de menu que contém as opções da gaveta.
</android.support.v4.widget.DrawerLayout>
```

O primeiro view do DrawerLayout é o layout do conteúdo principal da atividade e aparece quando a gaveta está fechada.

Este item vincula a gaveta à borda inicial da atividade (à esquerda, para idiomas escritos da esquerda para a direita).

Há dois atributos `<NavigationView>` importantes para controlar a aparência da gaveta: `headerLayout` e `menu`.

O atributo `app:headerLayout` especifica o layout que deve ser utilizado para o cabeçalho da gaveta de navegação (o *nav_header.xml*, nesse caso). Esse atributo é opcional.

Use o atributo `app:menu` para indicar o arquivo de recurso de menu que contém as opções da gaveta (o *menu_drawer.xml*, nesse caso). Se você não incluir esse atributo, a gaveta de navegação não irá conter nenhum item.

exibições e grupos de exibições

O código completo do activity_main.xmls

☑ Fragmentos/atividades
☑ Cabeçalho
☑ Opções
→ ☐ **Gaveta**

Vamos adicionar uma gaveta de navegação ao layout da MainActivity que utilizará o header layout e o menu que criamos anteriormente neste capítulo. O conteúdo principal do layout será formado por uma barra de ferramentas e um frame layout. Vamos usar o frame layout mais adiante neste capítulo para exibir os fragmentos.

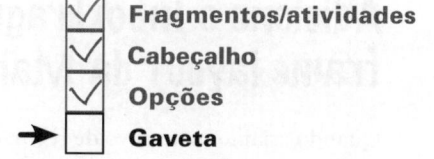

Este é o código completo do *activity_main.xml*; atualize seu código de acordo com o código indicado abaixo:

```xml
<?xml version="1.0" encoding="utf-8"?>
<android.support.v4.widget.DrawerLayout
    xmlns:android="http://schemas.android.com/apk/res/android"
    xmlns:app="http://schemas.android.com/apk/res-auto"
    android:id="@+id/drawer_layout"
    android:layout_width="match_parent"
    android:layout_height="match_parent" >

    <LinearLayout
        android:layout_width="match_parent"
        android:layout_height="match_parent"
        android:orientation="vertical" >

        <include
            layout="@layout/toolbar_main"
            android:id="@+id/toolbar" />

        <FrameLayout
            android:id="@+id/content_frame"
            android:layout_width="match_parent"
            android:layout_height="match_parent" />
    </LinearLayout>

    <android.support.design.widget.NavigationView
        android:id="@+id/nav_view"
        android:layout_width="wrap_content"
        android:layout_height="match_parent"
        android:layout_gravity="start"
        app:headerLayout="@layout/nav_header"
        app:menu="@menu/menu_nav" />
</android.support.v4.widget.DrawerLayout>
```

O elemento-raiz do layout é um DrawerLayout.

Este item tem uma ID para que possamos referenciá-lo no código da atividade posteriormente.

Este item corresponde ao conteúdo principal da gaveta.

O conteúdo principal da atividade consiste em um Toolbar e um FrameLayout para exibir os fragmentos.

O NavigationView define a aparência da gaveta e grande parte do seu comportamento. Para referenciá-lo com código da atividade, vamos atribuir a esse view uma ID.

Estamos usando o layout que criamos anteriormente como o cabeçalho da gaveta, bem como o arquivo de recurso de menu para a lista de opções.

CatChat
└ app/src/main
  └ res
    └ layout
      └ activity_main.xml

Antes de executar o app para conferir o visual da gaveta de navegação, vamos atualizar a MainActivity para exibir o InboxFragment no frame layout quando a atividade for criada.

você está aqui ▶ **603**

adicione o InboxFragment

Adicione o InboxFragment ao frame layout da MainActivity

☑ Fragmentos/atividades
☑ Cabeçalho
☑ Opções
→ ☐ Gaveta

Quando criamos o arquivo de recurso de menu, definimos que a opção inbox será destacada por padrão. Portanto, o InboxFragment deve aparecer no frame layout da MainActivity quando a atividade for criada para que ela corresponda ao conteúdo da gaveta. Além disso, vamos definir a barra de ferramentas como a barra do app da atividade para mostrar o título do app.

Este é o código do *MainActivity.java*. Substitua sua versão do código pelo indicado abaixo:

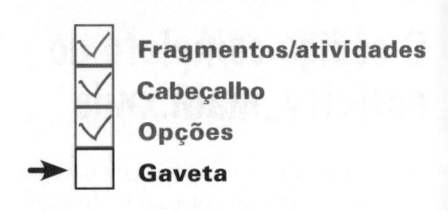

CatChat/app/src/main/java/com.hfad.catchat/MainActivity.java

```java
package com.hfad.catchat;

import android.support.v7.app.AppCompatActivity;
import android.os.Bundle;
import android.support.v7.widget.Toolbar;
import android.support.v4.app.Fragment;
import android.support.v4.app.FragmentTransaction;

public class MainActivity extends AppCompatActivity {

    @Override
    protected void onCreate(Bundle savedInstanceState) {
        super.onCreate(savedInstanceState);
        setContentView(R.layout.activity_main);
        Toolbar toolbar = (Toolbar) findViewById(R.id.toolbar);
        setSupportActionBar(toolbar);   // Defina o Toolbar como a barra do app da atividade.
        Fragment fragment = new InboxFragment();
        FragmentTransaction ft = getSupportFragmentManager().beginTransaction();
        ft.add(R.id.content_frame, fragment);
        ft.commit();
    }
}
```

Lembre-se de que a atividade deve estender a classe AppCompatActivity, pois estamos usando os fragmentos de suporte e um tema AppCompat.

Use uma transação de fragmento para exibir uma instância do InboxFragment.

Vamos conferir o que acontece quando executamos o app.

exibições e grupos de exibições

Test drive do app

- [x] **Fragmentos/atividades**
- [x] **Cabeçalho**
- [x] **Opções**
- [ ] **Gaveta** ←

Quando executamos o app, o `InboxFragment` aparece na `MainActivity`. Quando você desliza no app do lado esquerdo da tela em diante (para idiomas escritos da esquerda para a direita, como o português), a gaveta de navegação aparece. A gaveta de navegação contém um header layout e a lista de opções que definimos no arquivo de recurso de menu. A primeira opção aparece destacada automaticamente:

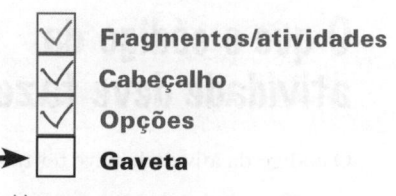

Nos idiomas escritos da direita para a esquerda, a gaveta vai aparecer no lado direito da tela.

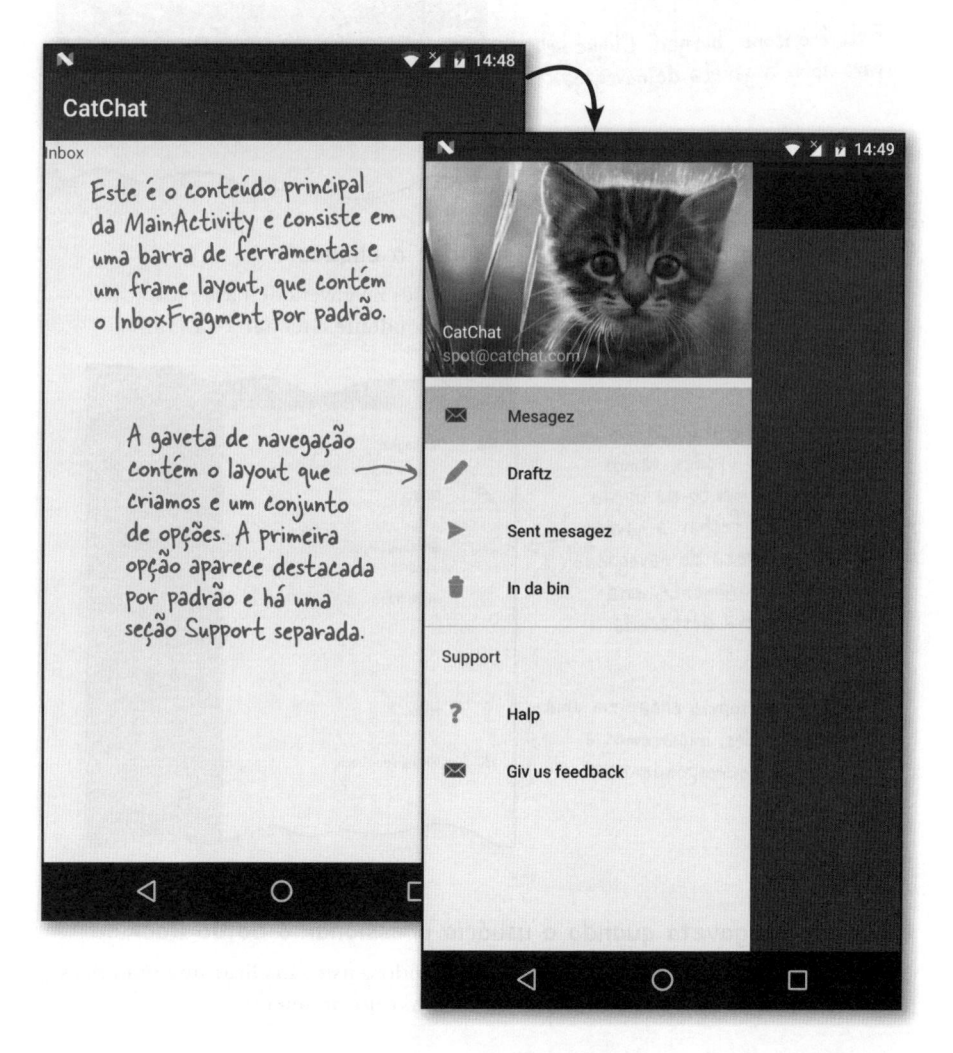

Este é o conteúdo principal da MainActivity e consiste em uma barra de ferramentas e um frame layout, que contém o InboxFragment por padrão.

A gaveta de navegação contém o layout que criamos e um conjunto de opções. A primeira opção aparece destacada por padrão e há uma seção Support separada.

Ainda não acontece nada quando clicamos nas opções da gaveta, pois ainda não escrevemos código na `MainActivity` para controlar o modo como a gaveta opera. Faremos isso a seguir.

etapas

O que o código da atividade deve fazer

O código da atividade deve ter três funções:

☑ Fragmentos/atividades
☑ Cabeçalho
☑ Opções
→ ☐ **Gaveta**

❶ Adicione um drawer toggle.

Esse procedimento oferece ao usuário um sinal visual de que a atividade contém uma gaveta de navegação e consiste em adicionar um ícone "burger" à barra de ferramentas. Para abrir a gaveta, você pode clicar nesse ícone.

Este é o ícone "burger". Clique nele para abrir a gaveta de navegação.

❷ Configure a gaveta para responder a cliques.

Quando o usuário clicar em uma das opções na gaveta de navegação, vamos mostrar o fragmento ou atividade correspondente e fechar a gaveta.

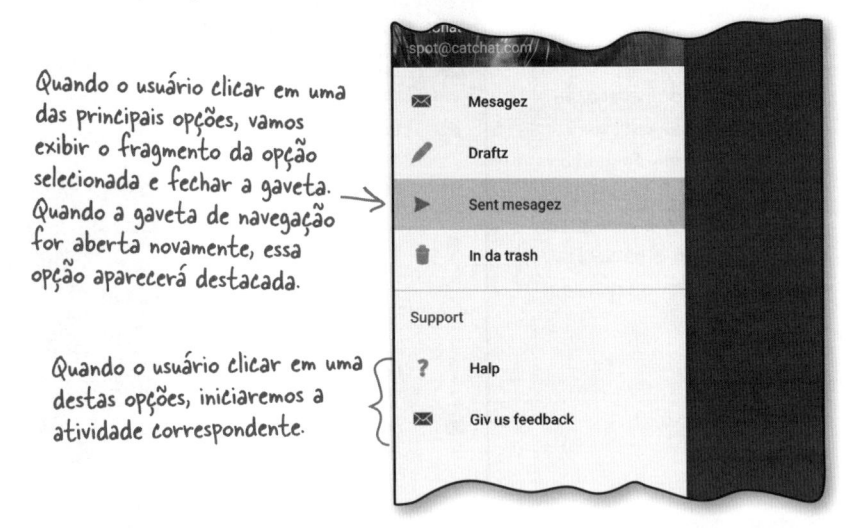

Quando o usuário clicar em uma das principais opções, vamos exibir o fragmento da opção selecionada e fechar a gaveta. Quando a gaveta de navegação for aberta novamente, essa opção aparecerá destacada.

Quando o usuário clicar em uma destas opções, iniciaremos a atividade correspondente.

❸ Feche a gaveta quando o usuário pressionar o botão Back.

Se a gaveta estiver aberta, ela fechará quando o usuário clicar no botão Back. Se já estiver fechada, o botão Back deve funcionar normalmente.

Para começar, vamos adicionar o drawer toggle.

exibições e grupos de exibições

Adicione um drawer toggle

Inicialmente, vamos adicionar um drawer toggle para abrir a gaveta de navegação com um clique em um ícone na barra de ferramentas.

☑ Fragmentos/atividades
☑ Cabeçalho
☑ Opções
➔ ☐ Gaveta

Vamos começar criando dois recursos de string para descrever as ações "abrir gaveta" e "fechar gaveta"; essas ações são necessárias para fins de acessibilidade. Adicione as duas strings abaixo ao *strings.xml*:

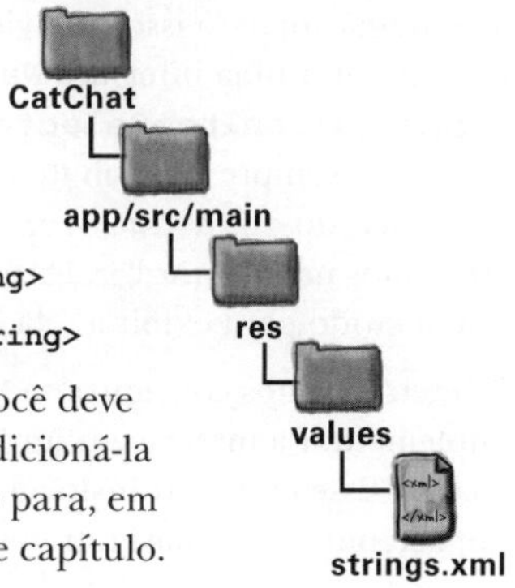

```xml
<string name="nav_open_drawer">Open navigation drawer</string>
<string name="nav_close_drawer">Close navigation drawer</string>
```

Para criar o drawer toggle no método `onCreate()` da atividade, você deve criar uma nova instância da classe **ActionBarDrawerToggle** e adicioná-la ao drawer layout. Primeiro, vamos mostrar o código dessa operação para, em seguida, adicionar esse código à `MainActivity` mais adiante neste capítulo.

O construtor `ActionBarDrawerToggle` recebe cinco parâmetros: a atividade atual, o drawer layout, a barra de ferramentas e as IDs dos dois recursos de string para abrir e fechar a gaveta (esses são os recursos de string que adicionamos acima):

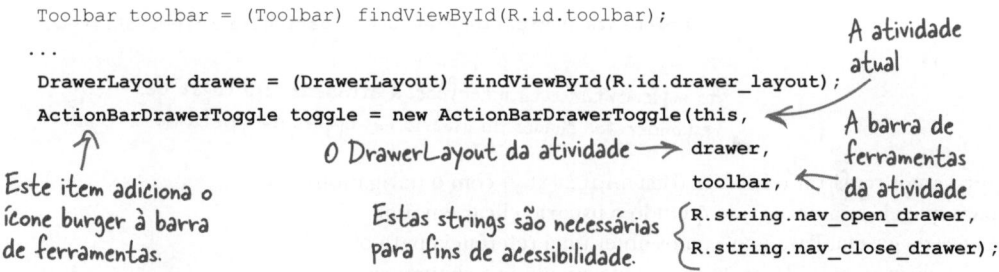

```
Toolbar toolbar = (Toolbar) findViewById(R.id.toolbar);
...
DrawerLayout drawer = (DrawerLayout) findViewById(R.id.drawer_layout);
ActionBarDrawerToggle toggle = new ActionBarDrawerToggle(this,
                                                          drawer,
                                                          toolbar,
                                                          R.string.nav_open_drawer,
                                                          R.string.nav_close_drawer);
```

Este item adiciona o ícone burger à barra de ferramentas.
O DrawerLayout da atividade → drawer
A atividade atual
A barra de ferramentas da atividade
Estas strings são necessárias para fins de acessibilidade.

Depois de criar o drawer toggle, você deve adicioná-lo ao drawer layout chamando o método `addDrawerListener()` do `DrawerLayout`. Transmita o toggle como um parâmetro:

```
drawer.addDrawerListener(toggle);
```

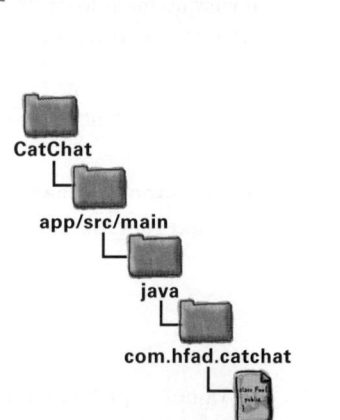

Por fim, você deve chamar o método `syncState()` do toggle para sincronizar o ícone na barra de ferramentas com o estado da gaveta. Isso porque o ícone muda quando você clica nele para abrir a gaveta:

```
toggle.syncState();
```

Vamos adicionar o drawer toggle ao método `onCreate()` da `MainActivity` daqui a algumas páginas.

responda aos cliques

Responda aos cliques do usuário nos itens da gaveta

A seguir, vamos configurar a `MainActivity` para responder a cliques nos itens da gaveta de navegação; para isso, a atividade deve implementar uma interface `NavigationView.OnNavigationItemSelectedListener`. Com essa operação, sempre que um item receber um clique, o novo método `onNavigationItemSelected()` (que criaremos na `MainActivity`) será chamado. Vamos usar esse método para exibir a tela da ação correspondente.

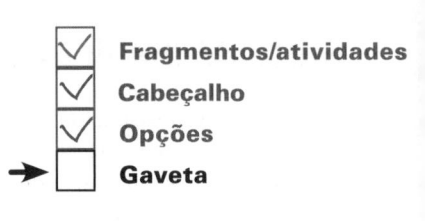

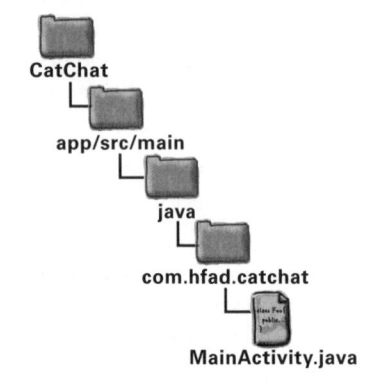

Primeiro, vamos configurar a `MainActivity` para implementar a interface usando o código indicado abaixo. Esse código transformará a `MainActivity` em um listener para o navigation view:

☑ Fragmentos/atividades
☑ Cabeçalho
☑ Opções
→ ☐ Gaveta

CatChat
└ app/src/main
  └ java
    └ com.hfad.catchat
      └ MainActivity.java

```
...
import android.support.design.widget.NavigationView;

public class MainActivity extends AppCompatActivity
                    implements NavigationView.OnNavigationItemSelectedListener {
    ...
}
```

Ao implementar esta interface, a atividade será capaz de responder aos cliques do usuário nas opções da gaveta do navegador.

A seguir, vamos registrar o listener (`MainActivity`) com o navigation view para que ele seja notificado quando o usuário clicar em uma das opções da gaveta. Para isso, vamos obter uma referência para o navigation view no método `onCreate()` da atividade e chamar seu método `setNavigationItemSelectedListener()`:

```
@Override
protected void onCreate(Bundle savedInstanceState) {
    ...
    NavigationView navigationView = (NavigationView) findViewById(R.id.nav_view);
    navigationView.setNavigationItemSelectedListener(this);
}
```

Este item registra a atividade como um listener no navigation view para que ela seja notificada quando o usuário clicar em um item.

Por fim, vamos implementar o método `onNavigationItemSelected()`.

exibições e grupos de exibições

Implemente o método onNavigationItemSelected()

☑ **Fragmentos/atividades**
☑ **Cabeçalho**
☑ **Opções**
➡ ☐ **Gaveta**

O método `onNavigationItemSelected()` é chamado quando o usuário clica em um dos itens da gaveta de navegação. Esse método recebe um parâmetro, o `MenuItem` clicado, e retorna um boolean para indicar se o item na gaveta deve ser destacado:

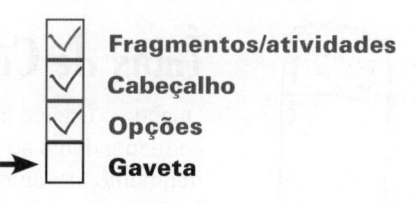

Este método é chamado quando um item na gaveta recebe um clique. Seu parâmetro é o item clicado.

```
@Override
public boolean onNavigationItemSelected(MenuItem item) {
    //Código para lidar com cliques de navegação
}
```

O código desse método deve exibir a tela correspondente ao item clicado. Se o item for uma atividade, o código deverá iniciá-la com um intent. Se o item for um fragmento, ele deverá usar uma transação de fragmento para aparecer no frame layout da `MainActivity`.

Quando os fragmentos são exibidos por meio de cliques em um dos itens da gaveta de navegação, você normalmente não deve adicionar a transação à pilha de retorno, como fizemos anteriormente. Isso porque, quando o usuário clica no botão Back, não pretende rever cada opção clicada na gaveta. Em vez disso, você deve usar o seguinte código:

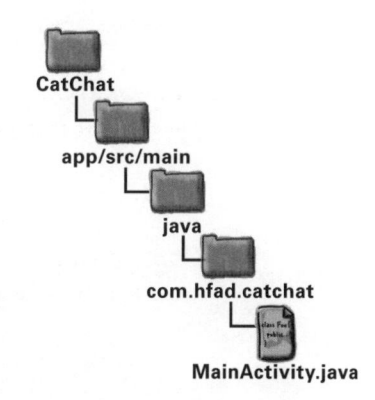

CatChat
app/src/main
java
com.hfad.catchat
MainActivity.java

```
FragmentTransaction ft = getSupportFragmentManager().beginTransaction();
ft.replace(R.id.content_frame, fragment);
ft.commit();
```

Já vimos este código de transação de fragmento anteriormente, mas desta vez não vamos adicionar a transação à pilha de retorno da atividade.

Por fim, você deve fechar a gaveta. Para fazer isso, é preciso obter uma referência para o drawer layout e chamar seu método `closeDrawer()`:

```
DrawerLayout drawer = (DrawerLayout) findViewById(R.id.drawer_layout);
drawer.closeDrawer(GravityCompat.START);
```

Estamos usando o GravityCompat. START porque vinculamos a gaveta à borda inicial da atividade. Caso tivéssemos vinculado a gaveta à borda final, teríamos que usar o GravityCompat.END.

Com essa operação, a gaveta passa a se fechar, deslizando de volta para a borda inicial da atividade.

Agora, você já sabe tudo que precisa para escrever o código do método `onNavigationItemSelected()`. Teste seus conhecimentos com o exercício a seguir.

ímãs

Ímãs de Código

Quando o usuário clicar em um item na gaveta de navegação, a tela correspondente ao item selecionado deve ser exibida. Se for um fragmento, devemos exibi-lo no frame layout `content_frame`. Se for uma atividade, devemos iniciá-la. Por fim, temos que fechar a gaveta de navegação.

Complete o código indicado abaixo e na próxima página. Você não precisará usar todos os ímãs.

```
@Override
public boolean onNavigationItemSelected(MenuItem item) {

    int id = item......................;
    Fragment fragment = null;
    Intent intent = null;

    switch(................) {
        case R.id.nav_drafts:

            fragment = ........................................;

            ..................;
        case R.id.nav_sent:

            fragment = ..........................................;

            ..................;
        case R.id.nav_trash:

            fragment = ........................................;

            ..................;
        case R.id.nav_help:

            intent = new Intent(................., ..............................);

            ..................;
```

exibições e grupos de exibições

```
        case R.id.nav_feedback:

            intent = new Intent(...................., ....................................);

            ....................;
        default:

            fragment = .......................................;
    }

    if (........................!= null) {

        FragmentTransaction ft = getSupportFragmentManager()........................................;

        ft.replace(R.id.content_frame, ...........................);

        ft...........................;
    } else {

        startActivity(.......................);
    }

    DrawerLayout drawer = (DrawerLayout) findViewById(R.id.drawer_layout);

    drawer............................ (..................................................);
    return true;
}
```

closeDrawer   GravityCompat.START   fragment

beginTransaction()   break   break   FeedbackActivity.class

HelpActivity.class   TrashFragment()   intent   DraftsFragment()

id   HelpActivity   SentItemsFragment()   break   InboxFragment()

commit()   new   FeedbackActivity   new   START

new   this   break   break   getItemId()   fragment

new   this

você está aqui ▶ **611**

solução dos ímãs

Ímãs de Código – Solução

Quando o usuário clicar em um item na gaveta de navegação, a tela correspondente ao item selecionado deve ser exibida. Se for um fragmento, devemos exibi-lo no frame layout `content_frame`. Se for uma atividade, devemos iniciá-la. Por fim, temos que fechar a gaveta de navegação.

Complete o código indicado abaixo e na próxima página. Você não precisará usar todos os ímãs.

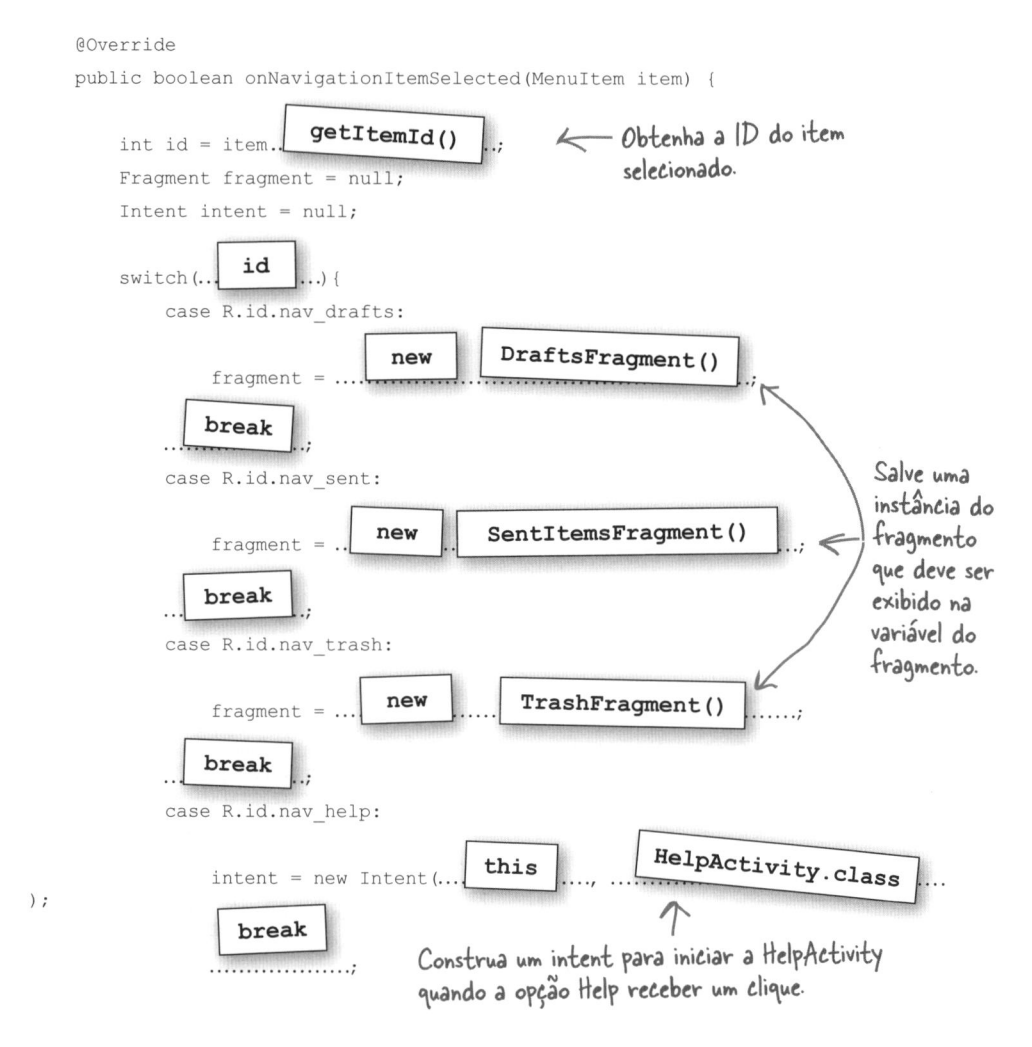

```java
@Override
public boolean onNavigationItemSelected(MenuItem item) {
    int id = item.getItemId();           // ← Obtenha a ID do item selecionado.
    Fragment fragment = null;
    Intent intent = null;
    switch (id) {
        case R.id.nav_drafts:
            fragment = new DraftsFragment();
            break;
        case R.id.nav_sent:
            fragment = new SentItemsFragment();    // ← Salve uma instância do fragmento que deve ser exibido na variável do fragmento.
            break;
        case R.id.nav_trash:
            fragment = new TrashFragment();
            break;
        case R.id.nav_help:
            intent = new Intent(this, HelpActivity.class);
            break;
                  // ↑ Construa um intent para iniciar a HelpActivity quando a opção Help receber um clique.
    );
```

exibições e grupos de exibições

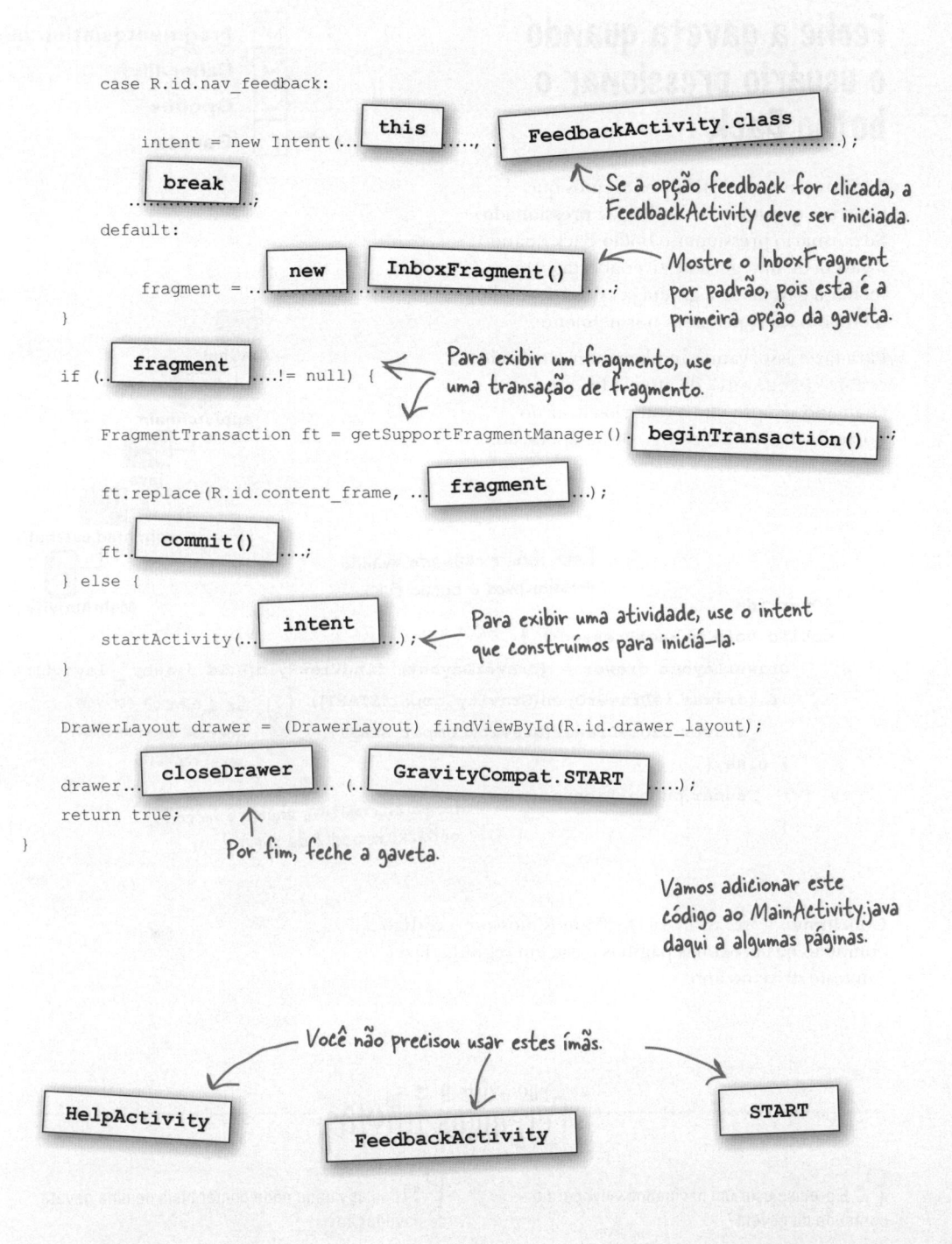

```
        case R.id.nav_feedback:
            intent = new Intent(... this ...., . FeedbackActivity.class ...);
            ... break ...;
        default:
            fragment = ... new  InboxFragment() ...;
    }
    if (... fragment ....!= null) {
        FragmentTransaction ft = getSupportFragmentManager(). beginTransaction () ;
        ft.replace(R.id.content_frame, ... fragment ...);
        ft... commit() ....;
    } else {
        startActivity(... intent ....);
    }
    DrawerLayout drawer = (DrawerLayout) findViewById(R.id.drawer_layout);
    drawer... closeDrawer ... (.. GravityCompat.START ....);
    return true;
}
```

← Se a opção feedback for clicada, a FeedbackActivity deve ser iniciada.

← Mostre o InboxFragment por padrão, pois esta é a primeira opção da gaveta.

← Para exibir um fragmento, use uma transação de fragmento.

Para exibir uma atividade, use o intent que construímos para iniciá-la.

↑ Por fim, feche a gaveta.

Vamos adicionar este código ao MainActivity.java daqui a algumas páginas.

— Você não precisou usar estes ímãs. —

`HelpActivity`   `FeedbackActivity`   `START`

você está aqui ▶ **613**

feche a gaveta

Feche a gaveta quando o usuário pressionar o botão Back

- ☑ Fragmentos/atividades
- ☑ Cabeçalho
- ☑ Opções
- → ☐ **Gaveta**

Por fim, vamos substituir os eventos que ocorrem quando o botão Back é pressionado. Se o usuário pressionar o botão Back quando a gaveta de navegação estiver aberta, vamos fechar a gaveta. Se a gaveta já estiver fechada, o botão Back funcionará normalmente.

Para fazer isso, vamos implementar o método `onBackPressed()` da atividade, que será chamado sempre que o usuário clicar no botão Back. Este é o código dessa operação:

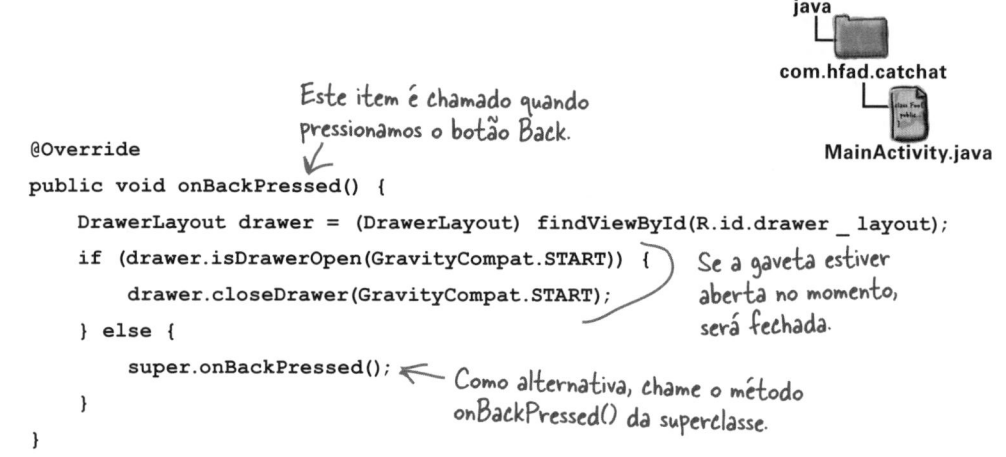

```
CatChat
  └─ app/src/main
        └─ java
             └─ com.hfad.catchat
                   └─ MainActivity.java
```

Este item é chamado quando pressionamos o botão Back.

```java
@Override
public void onBackPressed() {
    DrawerLayout drawer = (DrawerLayout) findViewById(R.id.drawer_layout);
    if (drawer.isDrawerOpen(GravityCompat.START)) {
        drawer.closeDrawer(GravityCompat.START);
    } else {
        super.onBackPressed();
    }
}
```

Se a gaveta estiver aberta no momento, será fechada.

Como alternativa, chame o método onBackPressed() da superclasse.

Concluímos a `MainActivity`. Vamos mostrar o código completo nas próximas páginas para, em seguida, fazer um teste drive no app.

---

não existem Perguntas Idiotas

P: É preciso usar um navigation view para o conteúdo da gaveta?

R: Não, mas isso facilita *bastante* as coisas. Antes da Android Design Library, era comum usar um list view nessas situações. Você ainda pode fazer isso, mas vai precisar escrever muito mais código.

P: Uma atividade pode conter mais de uma gaveta de navegação?

R: Uma atividade pode ter uma gaveta de navegação em cada borda do seu layout. Para adicionar uma segunda gaveta de navegação, inclua um navigation view extra no drawer layout embaixo do primeiro.

exibições e grupos de exibições

O código completo do MainActivity.java

Este é o código completo do *MainActivity.java*; atualize sua versão do código de acordo com o código indicado a seguir:

- ☑ Fragmentos/atividades
- ☑ Cabeçalho
- ☑ Opções
- → ☐ **Gaveta**

```java
package com.hfad.catchat;

import android.support.v7.app.AppCompatActivity;
import android.os.Bundle;
import android.support.v7.widget.Toolbar;
import android.support.v4.app.Fragment;
import android.support.v4.app.FragmentTransaction;
import android.support.v4.widget.DrawerLayout;
import android.support.v7.app.ActionBarDrawerToggle;
import android.support.design.widget.NavigationView;
import android.view.MenuItem;
import android.content.Intent;
import android.support.v4.view.GravityCompat;
```

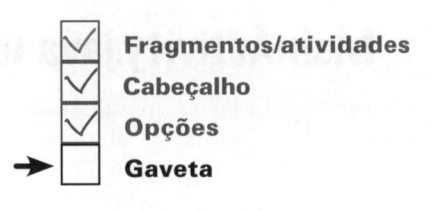

Como estamos usando estas classes extras, temos que importá-las.

```
CatChat
 └ app/src/main
    └ java
       └ com.hfad.catchat
          └ MainActivity.java
```

```java
public class MainActivity extends AppCompatActivity
                    implements NavigationView.OnNavigationItemSelectedListener {
```

Quando implementamos esta interface, a atividade passa a identificar os cliques.

```java
    @Override
    protected void onCreate(Bundle savedInstanceState) {
        super.onCreate(savedInstanceState);
        setContentView(R.layout.activity_main);
        Toolbar toolbar = (Toolbar) findViewById(R.id.toolbar);
        setSupportActionBar(toolbar);

        DrawerLayout drawer = (DrawerLayout) findViewById(R.id.drawer_layout);
        ActionBarDrawerToggle toggle = new ActionBarDrawerToggle(this,
                                                            drawer,
                                                            toolbar,
                                                            R.string.nav_open_drawer,
                                                            R.string.nav_close_drawer);
        drawer.addDrawerListener(toggle);
        toggle.syncState();
```

Adicione um drawer toggle.

O código continua na próxima página. →

o código, continuação

MainActivity.java (continuação)

- ☑ Fragmentos/atividades
- ☑ Cabeçalho
- ☑ Opções
- → ☐ Gaveta

```java
NavigationView navigationView = (NavigationView) findViewById(R.id.nav_view);
navigationView.setNavigationItemSelectedListener(this);
```
Registre a atividade no navigation view como um listener.

```java
Fragment fragment = new InboxFragment();
FragmentTransaction ft = getSupportFragmentManager().beginTransaction();
ft.add(R.id.content_frame, fragment);
ft.commit();
}

@Override
public boolean onNavigationItemSelected(MenuItem item) {
    int id = item.getItemId();
    Fragment fragment = null;
    Intent intent = null;

    switch(id){
        case R.id.nav_drafts:
            fragment = new DraftsFragment();
            break;
        case R.id.nav_sent:
            fragment = new SentItemsFragment();
            break;
        case R.id.nav_trash:
            fragment = new TrashFragment();
            break;
        case R.id.nav_help:
            intent = new Intent(this, HelpActivity.class);
            break;
        case R.id.nav_feedback:
            intent = new Intent(this, FeedbackActivity.class);
            break;
        default:
            fragment = new InboxFragment();
    }
```

Este método é chamado quando o usuário clica em um dos itens na gaveta.

CatChat
└ app/src/main
    └ java
        └ com.hfad.catchat
            └ MainActivity.java

O código continua na próxima página. →

MainActivity.java (continuação)

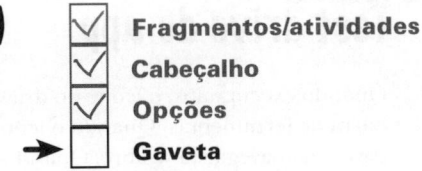

- ☑ Fragmentos/atividades
- ☑ Cabeçalho
- ☑ Opções
- → ☐ **Gaveta**

```
        if (fragment != null) {
            FragmentTransaction ft = getSupportFragmentManager().beginTransaction();
            ft.replace(R.id.content_frame, fragment);
            ft.commit();
        } else {
            startActivity(intent);
        }
```
Mostre o fragmento ou atividade correspondente de acordo com a opção selecionada pelo usuário na gaveta.

```
        DrawerLayout drawer = (DrawerLayout) findViewById(R.id.drawer_layout);
        drawer.closeDrawer(GravityCompat.START);
        return true;
    }
```
Feche a gaveta quando o usuário selecionar uma das opções.

```
    @Override
    public void onBackPressed() {
        DrawerLayout drawer = (DrawerLayout) findViewById(R.id.drawer_layout);
        if (drawer.isDrawerOpen(GravityCompat.START)) {
            drawer.closeDrawer(GravityCompat.START);
        } else {
            super.onBackPressed();
        }
    }
}
```
Quando o usuário pressionar o botão Back, feche a gaveta, caso ela esteja aberta.

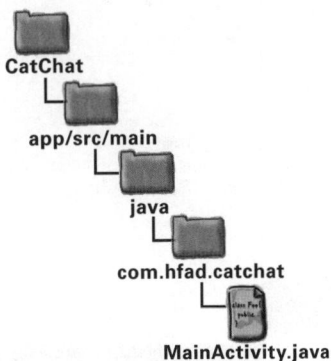

CatChat/app/src/main/java/com.hfad.catchat/MainActivity.java

Vamos conferir o que acontece quando executamos o código.

test drive

Test drive do app

☑ **Fragmentos/atividades**
☑ **Cabeçalho**
☑ **Opções**
☑ **Gaveta**

Quando executamos, o ícone do drawer toggle aparece na barra de ferramentas. Quando o ícone recebe um clique, a gaveta de navegação se abre. Quando clicamos em uma das quatro primeiras opções, o fragmento da opção selecionada aparece na `MainActivity` e a gaveta se fecha; a opção do item escolhido aparece destacada na próxima vez que abrimos a gaveta. Quando clicamos em uma das últimas opções, a atividade das opções em questão é iniciada.

A MainActivity inclui um drawer toggle. Quando clicamos nele, a gaveta se abre.

Quando clicamos na opção Sent mesagez, o SentItemsFragment aparece e a gaveta se fecha. A opção aparece destacada na próxima vez que abrimos a gaveta.

Quando clicamos na opção Halp, a HelpActivity aparece e a gaveta se fecha.

Criamos uma gaveta de navegação totalmente operacional.

layout de restrição

Sua caixa de ferramentas para Android

Você fechou o Capítulo 14 e adicionou as gavetas de navegação à sua caixa de ferramentas.

O código completo do capítulo pode ser baixado em https://www.altabooks.com.br. Procure pelo título ou ISBN do livro.

PONTOS DE BALA

- Use uma gaveta de navegação para oferecer ao usuário um grande número de atalhos ou agrupar essas opções em seções.

- Para criar uma gaveta de navegação, adicione um **drawer layout** ao layout da atividade. O primeiro elemento do drawer layout é um view que define o conteúdo principal da atividade, geralmente um layout que contém um `Toolbar` e um `FrameLayout`. O segundo elemento define o conteúdo da gaveta, geralmente um `NavigationView`.

- O **NavigationView** vem da Design Support Library e controla a maior parte do comportamento da gaveta.

- Para adicionar um cabeçalho à gaveta, crie um layout específico e adicione a ID de recurso do cabeçalho ao atributo `headerLayout` do navigation view.

- Para adicionar itens à gaveta, crie um recurso de menu e adicione a ID de recurso do menu ao atributo `menu` do navigation view.

- Adicione os itens ao recurso de menu na ordem em que eles devem aparecer na gaveta.

- Para destacar o item selecionado pelo usuário na gaveta, adicione os itens de menu a um grupo e defina o atributo `checkableBehavior` do grupo como `"single"`.

- Use um **ActionBarDrawerToggle** para exibir um ícone "burger" na barra de ferramentas da atividade. Esse recurso oferece um sinal visual de que a atividade dispõe de uma gaveta de navegação. Quando clicado, esse ícone abre a gaveta.

- Responda aos cliques do usuário nos itens da gaveta ao configurar a atividade para implementar a interface **NavigationView.OnNavigationItemSelected Listener**. Registre a atividade no navigation view como um listener e, em seguida, implemente o método `onNavigationItemSelected()`.

- Para fechar a gaveta de navegação, use o método `closeDrawer()` do `DrawerLayout`.

15 bancos de dados SQLite

Ative o Banco de Dados

> Em se tratando de persistência, prefiro a do banco de dados.

Para registrar altas pontuações e salvar tweets, o app terá que armazenar dados. No Android, você normalmente armazena seus dados de forma segura em um **banco de dados SQLite**. Neste capítulo, vamos explicar como **criar um banco de dados**, **adicionar tabelas a ele e preenchê-lo previamente com dados**; todas essas operações serão realizadas com o acessível **SQLite helper**. Você vai aprender a implementar **upgrades** na estrutura de banco de dados de forma limpa e a fazer o **downgrade** quando precisar desfazer eventuais alterações.

outra vez o Starbuzz

De volta ao Starbuzz

No Capítulo 7, criamos um app para o Starbuzz Coffee. O app permite que o usuário navegue por uma série de telas para conferir as bebidas disponíveis no Starbuzz.

A atividade de nível superior exibe uma lista de opções.

Quando você clica na opção Drinks, aparece uma lista com as bebidas disponíveis.

Quando você clica em uma bebida, os respectivos detalhes são exibidos.

O banco de dados Starbuzz recebe os dados das bebidas de uma classe `Drink` que contém uma seleção das bebidas disponíveis no Starbuzz. Embora esse procedimento tenha facilitado a criação da primeira versão do app, existe um modo melhor de armazenar e persistir dados.

Nos próximos dois capítulos, vamos alterar o app Starbuzz para que ele passe a obter dados de um banco de dados SQLite. Neste capítulo, vamos aprender a criar um banco de dados e, no próximo, mostraremos como conectar atividades a ele.

exibições e grupos de exibições

O Android usa bancos de dados SQLite para persistir dados

Como todos os apps precisam armazenar dados no mundo do Android, o principal modo de fazer isso é com um **banco de dados SQLite**. Mas por que o SQLite?

⭐ **Porque ele é leve.**

Para funcionar, a maioria dos sistemas de banco de dados precisa de um processo especial para o servidor do banco de dados. Isso não ocorre com o SQLite, pois ele consiste apenas em um arquivo. Quando você não está usando o banco de dados, ele não ocupa nenhum tempo do processador. Em um dispositivo móvel, essa vantagem é importante para economizar bateria.

⭐ **Porque ele é otimizado para atender a um único usuário.**

O app é o único item que irá se comunicar com o banco de dados; portanto, não é preciso passar por um processo de autenticação com nome de usuário e senha.

⭐ **Porque ele é estável e rápido.**

Os bancos de dados SQLite são incrivelmente estáveis e processam transações de bancos de dados. Por isso, se você cometer algum erro quando estiver atualizando diversos conjuntos de dados, o SQLite poderá reverter a operação. Além disso, o código que lê e escreve os dados é escrito em código C otimizado. Além de aumentar a velocidade dos dados, isso também reduz a capacidade do processador exigida pelos procedimentos.

> Vamos cobrir a estrutura básica do SQLite neste capítulo.
>
> Se você pretende realizar operações pesadas com banco de dados nos apps, recomendamos que leia mais sobre SQLite e SQL.

Onde o banco de dados é armazenado?

O Android cria automaticamente uma pasta para cada app, nas quais armazena os respectivos bancos de dados. Quando criamos um banco de dados para o app Starbuzz, ele é armazenado no dispositivo na seguinte pasta:

/data/data/com.hfad.starbuzz/databases

Um app pode armazenar vários bancos de dados nessa pasta. Cada banco de dados consiste em dois arquivos.

O primeiro é o **arquivo de banco de dados** e tem o mesmo nome do banco de dados ("starbuzz", por exemplo). Esse é o principal arquivo de banco de dados SQLite. Todos os dados são armazenados nele.

O segundo é o **arquivo de diário**. Ele tem o mesmo nome do banco de dados, mas termina com o sufixo "-journal" (como em "starbuzz-journal"). O arquivo de diário contém todas as alterações realizadas no banco de dados. Se houver um problema, o Android utilizará o diário para desfazer as alterações mais recentes.

com.hfad.starbuzz é o identificador exclusivo do app.

data
└── data
    └── com.hfad.starbuzz
        └── databases
            ├── starbuzz ← Este é o arquivo de banco de dados.
            └── starbuzz-journal ← Este é o arquivo de diário.

você está aqui ▶ **623**

seus novos melhores amigos

O Android dispõe de classes SQLite

O Android usa um conjunto de classes que permite o controle do banco de dados SQLite. Para isso, dispõe de três tipos de objeto que realizam as principais operações:

O SQLite Helper

O SQLite helper permite que você crie e controle os bancos de dados. Para criar um SQLite helper, você deve estender a classe `SQLiteOpenHelper`.

O Banco de Dados SQLite

A classe `SQLiteDatabase` viabiliza o acesso ao banco de dados, como um `SQLConnection` no JDBC.

Cursors

O `Cursor` permite que você leia e escreva no banco de dados, como um `ResultSet` no JDBC.

Usaremos esses objetos para mostrar como criar um banco de dados SQLite para que o app persista dados. Para isso, vamos substituir a classe `Drink` pelo banco de dados SQLite.

Perguntas Idiotas (não existem)

P: Se não ocorre autenticação com nome de usuário e senha, como é a estrutura de segurança do banco de dados?

R: O diretório em que os bancos de dados do app são armazenados só pode ser lido pelo app em questão. A estrutura de segurança do banco de dados é viabilizada no âmbito do sistema operacional.

P: Posso escrever um app Android que se comunique com outro tipo de banco de dados externo, como o da Oracle?

R: Evidentemente, você pode acessar outros bancos de dados usando uma conexão de rede, mas fique atento para preservar os recursos utilizados pelo Android. Por exemplo, você pode economizar bateria ao acessar o banco de dados por um serviço web. Desse modo, se você não se comunicar com o banco de dados, não irá utilizar nenhum recurso.

P: Por que o Android não usa o JDBC para acessar os bancos de dados SQLite?

R: Como vamos usar um banco de dados SQLite, mobilizar um JDBC seria demais. As camadas de drivers de banco de dados que deixam o JDBC tão flexível só consumiriam a bateria do dispositivo Android.

P: O diretório do banco de dados fica contido no diretório do app?

R: Não. O diretório do banco de dados fica armazenado em um diretório separado do código do app. Assim, o app pode ser substituído por uma versão mais recente sem afetar os dados armazenados no banco.

A estrutura atual do app Starbuzz

Vamos conferir a estrutura atual do app Starbuzz:

❶ A TopLevelActivity exibe uma lista de opções: Drinks, Food e Stores.

❷ Quando o usuário clica na opção Drinks, a DrinkCategoryActivity é ativada.

Essa atividade mostra uma lista de bebidas que obtém da classe Java `Drink`.

❸ Quando o usuário clica em uma bebida, os respectivos detalhes aparecem na DrinkActivity.

A `DrinkActivity` obtém os detalhes da bebida da classe Java `Drink`.

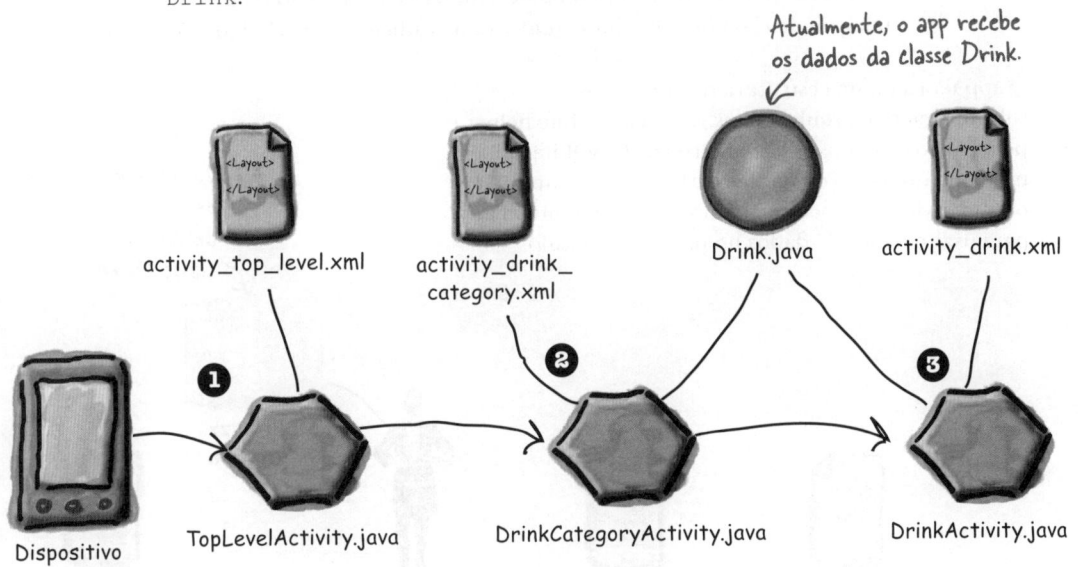

Atualmente, o app recebe os dados da classe Drink.

activity_top_level.xml   activity_drink_category.xml   Drink.java   activity_drink.xml

Dispositivo → TopLevelActivity.java → DrinkCategoryActivity.java → DrinkActivity.java

Como a estrutura do app deve ser modificada para usar um banco de dados SQLite?

Faça isso!

Vamos atualizar o app Starbuzz neste capítulo; portanto, abra o projeto Starbuzz no Android Studio.

altere o app

Vamos alterar o app para usar um banco de dados

Vamos usar um SQLite helper para criar um banco de dados SQLite que será utilizado no app Starbuzz. Vamos substituir a classe Java `Drink` por um banco de dados; para isso, vamos usar o SQLite helper para realizar as seguintes ações:

1 **Crie o banco de dados.**

Inicialmente, temos que usar o SQLite helper para criar a versão 1 (a primeira versão) do banco de dados Starbuzz.

2 **Crie uma tabela Drink e preencha-a com as bebidas.**

Depois de criar um banco de dados, vamos incluir uma tabela nele. A estrutura da tabela deve refletir os atributos da classe `Drink` atual; portanto, deve ser capaz de armazenar o nome, a descrição e a ID do recurso de imagem de cada bebida. Em seguida, vamos adicionar três bebidas à tabela.

O app terá a mesma estrutura de antes, mas substituiremos o arquivo *Drink.java* pelo SQLite helper e pelo banco de dados SQLite Starbuzz. O SQLite helper irá manter o banco de dados Starbuzz e permitir que outras atividades o acessem. Vamos alterar as atividades para usar o banco de dados no próximo capítulo.

Vamos armazenar as bebidas em um banco de dados e não na classe Drink.

Starbuzz database

activity_top_level.xml   activity_drink_category.xml   SQLite Helper   activity_drink.xml

Dispositivo   TopLevelActivity.java   DrinkCategoryActivity.java   DrinkActivity.java

No próximo capítulo, vamos alterar as atividades que acessam a classe Drink para que elas passem a usar o banco de dados.

Para começar, vamos conferir o SQLite helper.

exibições e grupos de exibições

O SQLite helper controla o banco de dados

- Crie o banco de dados
- Crie a tabela

A classe **SQLiteOpenHelper** viabiliza a criação e a manutenção dos bancos de dados SQLite. Pense no helper como um assistente pessoal a cargo dos serviços gerais no banco de dados.

Vamos conferir algumas tarefas típicas viabilizadas pelo SQLite helper:

Criação do banco de dados

Quando instalamos um app pela primeira vez, ainda não temos um arquivo de banco de dados. O SQLite helper orienta a criação do arquivo de banco de dados com o nome correto e as estruturas de tabela correspondentes.

Mediação do acesso ao banco de dados

O app não precisa saber todos os detalhes sobre a localização do arquivo de banco de dados; por isso, o SQLite helper oferece um objeto de banco de dados acessível sempre que necessário, 24 horas por dia, 7 dias por semana.

O SQLite helper

Manutenção do banco de dados

A estrutura do banco de dados provavelmente mudará com o tempo; nesse caso, o SQLite helper poderá converter a versão anterior do banco de dados em uma nova versão, moderna e inovadora, com a última palavra em estruturas de banco de dados.

crie o helper

Crie o SQLite helper

→ ☐ **Crie o banco de dados**
☐ Crie a tabela

Para criar o SQLite helper, você deve escrever uma classe que estenda a classe **SQLiteOpenHelper**. Ao realizar essa operação, *substitua* os métodos onCreate() e onUpgrade(). Esses métodos são obrigatórios.

O método onCreate() é chamado quando o banco de dados é criado pela primeira vez no dispositivo. O método deve incluir o código necessário para criar as tabelas do app.

O método onUpgrade() é chamado quando o banco de dados tem que passar por um upgrade. Por exemplo, para modificar a estrutura do banco de dados depois da sua liberação, você deve utilizar esse método.

No app que estamos desenvolvendo, vamos usar um SQLite helper chamado StarbuzzDatabaseHelper. Para criar essa classe no projeto Starbuzz, acesse a visualização Project no navegador do Android Studio, selecione o pacote com.hfad.starbuzz na pasta *app/src/main/java* e navegue até File→New...→Java Class. Nomeie a classe como "StarbuzzDatabaseHelper", verifique se o nome do pacote é com.hfad.starbuzz e, em seguida, substitua seu conteúdo pelo código indicado abaixo:

```
package com.hfad.starbuzz;

import android.database.sqlite.SQLiteOpenHelper;
import android.content.Context;
import android.database.sqlite.SQLiteDatabase;

class StarbuzzDatabaseHelper extends SQLiteOpenHelper {

    StarbuzzDatabaseHelper(Context context) {
    }

    @Override
    public void onCreate(SQLiteDatabase db) {
    }

    @Override
    public void onUpgrade(SQLiteDatabase db, int oldVersion, int newVersion) {
    }
}
```

Este é o caminho completo da classe SQLiteOpenHelper.

Os SQLite helpers devem estender a classe SQLiteOpenHelper.

Vamos escrever o código do construtor na próxima página.

Os métodos onCreate() e onUpgrade() são obrigatórios. Por enquanto, vamos deixá-los vazios. No decorrer do capítulo, falaremos mais sobre eles.

Starbuzz
└ app/src/main
  └ java
    └ com.hfad.starbuzz
      └ StarbuzzDatabase Helper.java

Para que o SQLite helper realize alguma ação, vamos adicionar código a esses dois métodos. Inicialmente, temos que indicar ao SQLite helper o banco de dados que ele deve criar.

exibições e grupos de exibições

Especifique o banco de dados

☐ **Crie o banco de dados**
☐ Crie a tabela

Há duas informações que o SQLite helper deve obter para criar o banco de dados.

Primeiro, temos que atribuir um nome ao banco de dados. Quando receber um nome, o banco de dados ficará no dispositivo depois que ele for fechado. Caso contrário, o banco de dados será criado apenas na memória, desaparecendo depois que for fechado.

É recomendável criar bancos de dados armazenados apenas na memória quando precisamos testar o app.

A segunda informação a ser indicada corresponde à versão do banco de dados. Ela deve ser um valor inteiro a partir de 1. O SQLite helper usa o número da versão para determinar se o banco de dados deve passar por um upgrade.

Para especificar o nome e a versão do banco de dados, transmita esses dados ao construtor da superclasse `SQLiteOpenHelper`. Nomearemos o banco de dados como "starbuzz" e, por ser a primeira versão, definiremos o valor 1 como seu número de versão. Este é o código que vamos utilizar (atualize sua versão do *StarbuzzDatabaseHelper.java* de acordo com o código indicado abaixo):

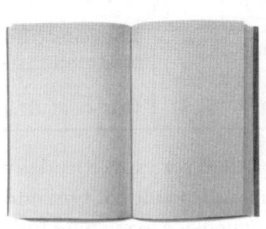

Name: "starbuzz"
Version: 1

SQLite database

```
...
class StarbuzzDatabaseHelper extends SQLiteOpenHelper {

    private static final String DB_NAME = "starbuzz"; // the name of our database
    private static final int DB_VERSION = 1; // the version of the database

    StarbuzzDatabaseHelper(Context context) {
        super(context, DB_NAME, null, DB_VERSION);
    }
...
}
```

Vamos chamar o construtor da superclasse SQLiteOpenHelper e transmitir o nome e a versão do banco de dados.

Este parâmetro é um recurso avançado aplicável aos cursors. Vamos falar sobre os cursors mais adiante neste capítulo.

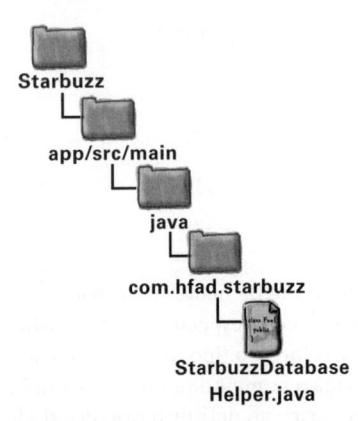

Starbuzz
└ app/src/main
  └ java
    └ com.hfad.starbuzz
      └ StarbuzzDatabase Helper.java

O construtor especifica os detalhes do banco de dados, mas o banco de dados não é criado nesse ponto. O SQLite helper espera até que o app precise acessar o banco de dados e só então cria o banco de dados.

Agora concluímos a tarefa de indicar ao SQLite helper o banco de dados que ele deve criar. A seguir, vamos indicar ao SQLite helper as tabelas que serão criadas.

você está aqui ▶ 629

tabelas

Por dentro do banco de dados SQLite

> ☑ Crie o banco de dados
> → ☐ Crie a tabela

Em um banco de dados SQLite os dados são armazenados em tabelas. Uma tabela contém diversas linhas; cada linha se divide em colunas. Cada coluna contém um único subconjunto de dados, como um número ou algum texto.

Você deve criar uma tabela para cada subconjunto de dados a ser registrado. No app Starbuzz, por exemplo, teremos que criar uma tabela para os dados das bebidas. O resultado será este:

As colunas da tabela são _id, NAME, DESCRIPTION e IMAGE_RESOURCE_ID. A classe Drink contém atributos com nomes parecidos.
↙

_id	NAME	DESCRIPTION	IMAGE_RESOURCE_ID
1	"Latte"	"Espresso and steamed milk"	54543543
2	"Cappuccino"	"Espresso, hot milk and steamed-milk foam"	654334453
3	"Filter"	"Our best drip coffee"	44324234

Algumas colunas podem ser especificadas como **chaves primárias**. Uma chave primária identifica exclusivamente uma única coluna. Quando uma coluna é definida como chave primária, o banco de dados não permite que você armazene linhas com chaves duplicadas.

Recomendamos que as tabelas tenham uma coluna chamada _id para armazenar as chaves primárias que contenham valores inteiros. Isso porque o código do Android foi desenvolvido para operar com uma coluna numeric _id; logo, quando essa coluna não existe, você pode ter problemas no futuro.

Classes de armazenamento e tipos de dados

Cada coluna em uma tabela tem a função de armazenar um determinado tipo de dados. Por exemplo, na tabela DRINK, a coluna DESCRIPTION só irá armazenar dados de texto. Estes são os principais tipos de dados que você pode usar no SQLite e os dados que eles podem armazenar:

INTEGER	Qualquer tipo de integer
TEXT	Qualquer tipo de caractere
REAL	Um número de ponto flutuante
NUMERIC	Booleans, datas e data-horas
BLOB	Objeto Binário Grande

Diferente da maioria dos sistemas de banco de dados, você não precisa especificar o tamanho da coluna no SQLite. Nos bastidores, o tipo dos dados é traduzido em uma classe de armazenamento muito mais ampla. Portanto, você pode ser bem genérico ao definir o tipo dos dados que pretende armazenar e não precisa indicar especificamente o tamanho dos dados.

É uma convenção do Android atribuir às colunas de chaves primárias o nome _id. O código do Android espera que haja uma coluna _id nos seus dados. Quando essa convenção é seguida, fica mais difícil transmitir os dados do banco de dados para a interface do usuário.

Crie as tabelas usando o SQL (Structured Query Language)

Os aplicativos que se comunicam com o SQLite precisam utilizar uma linguagem de banco de dados padrão chamada SQL (Structured Query Language). O SQL é utilizado por quase todos os tipos de bancos de dados. Para criar uma tabela DRINK, você terá que utilizar o SQL.

O comando SQL a seguir cria a tabela:

A coluna _id é a chave primária.

```
CREATE TABLE DRINK ( _id INTEGER PRIMARY KEY AUTOINCREMENT,
                     NAME TEXT,
                     DESCRIPTION TEXT,
                     IMAGE _ RESOURCE _ ID INTEGER)
```

O nome da tabela
Estas são as colunas da tabela.

O comando `CREATE TABLE` indica as colunas que devem ser incluídas na tabela e o tipo de dados correspondente a cada coluna. A coluna `_id` é a chave primária da tabela, e a palavra-chave especial `AUTOINCREMENT` indica que, se armazenarmos uma nova linha na tabela, o SQLite gerará automaticamente um valor inteiro exclusivo para ela.

O método onCreate() é chamado quando o banco de dados é criado

O SQLite helper tem a função de criar o banco de dados SQLite. Quando utilizado pela primeira vez no dispositivo, um banco de dados vazio é criado; em seguida, o método `onCreate()` do SQLite helper é chamado. O método `onCreate()` tem um parâmetro, um objeto `SQLiteDatabase` que representa o banco de dados que foi criado.

A classe SQLiteDatabase viabiliza o acesso ao banco de dados.

Você pode usar o método `execSQL()` do `SQLiteDatabase` para executar o SQL no banco de dados. Esse método tem um parâmetro, o SQL a ser executado.

```
execSQL(String sql);
```
Execute o SQL na string no banco de dados.

Vamos usar o método `onCreate()` para criar a tabela DRINK. Este é o código que utilizaremos (vamos adicionar o código mais adiante):

```java
public void onCreate(SQLiteDatabase db){
    db.execSQL("CREATE TABLE DRINK ("
        + "_id INTEGER PRIMARY KEY AUTOINCREMENT, "
        + "NAME TEXT, "
        + "DESCRIPTION TEXT, "
        + "IMAGE_RESOURCE_ID INTEGER);");
}
```

Starbuzz
app/src/main
java
com.hfad.starbuzz
StarbuzzDatabaseHelper.java

Essa operação cria uma tabela DRINK vazia. Agora, vamos mostrar como preenchê-la previamente com os dados das bebidas.

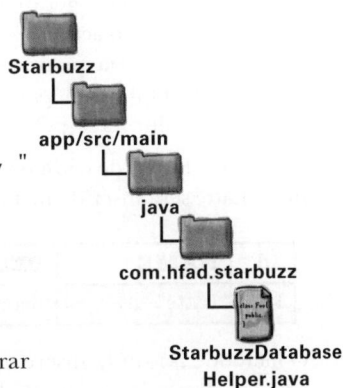

insert()

Insira os dados usando o método insert()

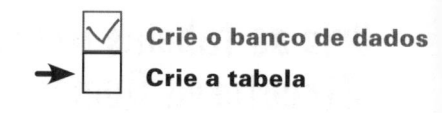

☑ Crie o banco de dados
→ ☐ Crie a tabela

Para inserir dados em um banco de dados SQLite, primeiro especifique os valores que serão inseridos na tabela. Para fazer isso, crie o objeto **ContentValues**:

```
ContentValues drinkValues = new ContentValues();
```

O objeto `ContentValues` descreve um conjunto de dados. Geralmente, você deve criar um novo objeto `ContentValues` para cada linha de dados a ser criada.

Adicione dados ao objeto `ContentValues` usando seu método **put()**. Esse nome adiciona pares de dados de nome/valor: NAME é a coluna a qual os dados serão adicionados e value corresponde aos dados:

```
contentValues.put("NAME", "value");
```
← NAME é a coluna na qual os dados serão adicionados. value é o valor a ser inserido.

Observe neste exemplo como podemos usar o método `put()` para adicionar o nome, a descrição e a ID do recurso de imagem de um latte a um objeto `ContentValues` chamado drinkValues:

Esta é uma única linha de dados.
```
drinkValues.put("NAME", "Latte");
drinkValues.put("DESCRIPTION", "Espresso and steamed milk");
drinkValues.put("IMAGE_RESOURCE_ID", R.drawable.latte);
```
← Coloque o valor "Latte" na coluna NAME.
← Coloque "Espresso and steamed milk" na coluna DESCRIPTION.
← Você precisa fazer uma chamada separada para o método put() para cada valor a ser inserido.

Depois de adicionar uma linha de dados ao objeto ContentValues, você deve inseri-la na tabela usando o método insert() do SQLiteDatabase. Esse método insere dados em uma tabela e retorna a ID do registro depois de ele ter sido inserido. Se o método não conseguir inserir o registro, retornará o valor -1. Por exemplo, confira este modo de inserir os dados do drinkValues na tabela DRINK:

```
db.insert("DRINK", null, drinkValues);
```
← Este item insere uma única linha na tabela.

O parâmetro do meio geralmente é definido como null, como ocorre no código indicado acima. Esse parâmetro serve para você inserir uma linha vazia na tabela quando o objeto ContentValues estiver vazio. Embora seja improvável, para fazer esse procedimento você teria que substituir o valor null pelo nome de uma das colunas da tabela.

Quando as linhas de código indicadas acima forem executadas, a linha Latte será inserida na tabela DRINK:

_id	NAME	DESCRIPTION	IMAGE_RESOURCE_ID
1	"Latte"	"Espresso and steamed milk"	54543543

← Um registro novo em folha foi inserido na tabela.

O método `insert()` insere uma linha de dados por vez. Mas como podemos inserir múltiplos registros?

exibições e grupos de exibições

Insira múltiplos registros

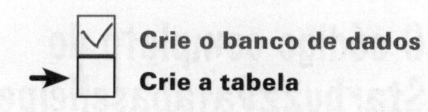

☑ **Crie o banco de dados**
➡ ☐ **Crie a tabela**

Para inserir múltiplas linhas em um tabela, você deve fazer várias chamadas para o método `insert()`. Cada chamada para o método insere uma linha separada.

Para inserir múltiplas linhas, você normalmente deve criar um novo método para inserir uma única linha de dados e chamá-lo sempre que quiser adicionar uma nova linha. Por exemplo, este é o método `insertDrink()` que escrevemos para inserir as bebidas na tabela DRINK:

```
private static void insertDrink(SQLiteDatabase db,
                    String name,
                    String description,
                    int resourceId) {
    ContentValues drinkValues = new ContentValues();
    drinkValues.put("NAME", name);
    drinkValues.put("DESCRIPTION", description);
    drinkValues.put("IMAGE_RESOURCE_ID", resourceId);
    db.insert("DRINK", null, drinkValues);
}
```

Este é o banco de dados ao qual vamos adicionar os registros.

Estamos transmitindo os dados ao método como parâmetros.

Construa um objeto ContentValues com os dados.

← Em seguida, insira os dados.

Para adicionar as três bebidas à tabela DRINK, sendo que cada bebida corresponde a uma linha dados, você deve chamar o método três vezes:

```
insertDrink(db, "Latte", "Espresso and steamed milk", R.drawable.latte);
insertDrink(db, "Cappuccino", "Espresso, hot milk and steamed-milk foam",
            R.drawable.cappuccino);
insertDrink(db, "Filter", "Our best drip coffee", R.drawable.filter);
```

Concluímos a tarefa de inserir os dados nas tabelas. Na próxima página, vamos mostrar o código revisado do *StarbuzzDatabaseHelper.java*.

o código do helper

O código completo do StarbuzzDatabaseHelper

☑ Crie o banco de dados
→ ☑ Crie a tabela

Este é o código completo do *StarbuzzDatabaseHelper.java* (atualize seu código de acordo com as alterações indicadas abaixo):

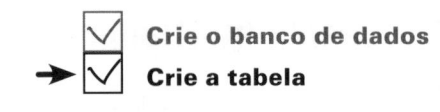

```
package com.hfad.starbuzz;

import android.content.ContentValues;
import android.content.Context;
import android.database.sqlite.SQLiteDatabase;
import android.database.sqlite.SQLiteOpenHelper;

class StarbuzzDatabaseHelper extends SQLiteOpenHelper{

    private static final String DB_NAME = "starbuzz"; // o nome do nosso banco de dados
    private static final int DB_VERSION = 1; // a versão do nosso banco de dados

    StarbuzzDatabaseHelper(Context context){
        super(context, DB_NAME, null, DB_VERSION);
    }

    @Override
    public void onCreate(SQLiteDatabase db){
        db.execSQL("CREATE TABLE DRINK ( _id INTEGER PRIMARY KEY AUTOINCREMENT, "
                + "NAME TEXT, "
                + "DESCRIPTION TEXT, "
                + "IMAGE_RESOURCE_ID INTEGER);");
        insertDrink(db, "Latte", "Espresso and steamed milk", R.drawable.latte);
        insertDrink(db, "Cappuccino", "Espresso, hot milk and steamed-milk foam",
                    R.drawable.cappuccino);
        insertDrink(db, "Filter", "Our best drip coffee", R.drawable.filter);
    }

    @Override
    public void onUpgrade(SQLiteDatabase db, int oldVersion, int newVersion) {
    }

    private static void insertDrink(SQLiteDatabase db, String name,
                                    String description, int resourceId) {
        ContentValues drinkValues = new ContentValues();
        drinkValues.put("NAME", name);
        drinkValues.put("DESCRIPTION", description);
        drinkValues.put("IMAGE_RESOURCE_ID", resourceId);
        db.insert("DRINK", null, drinkValues);
    }
}
```

Adicione esta instrução de importação extra.

Starbuzz / app/src/main / java / com.hfad.starbuzz / StarbuzzDatabase Helper.java

Indique o nome e a versão do banco de dados. Esta é a primeira versão do banco de dados; logo, a versão deve ser igual a 1.

O onCreate() é chamado quando o banco de dados é criado; portanto, vamos utilizá-lo para criar a tabela e inserir os dados.

Crie a tabela DRINK.

Insira cada bebida em uma linha separada.

O onUpgrade() é chamado quando o banco de dados tem que passar por um upgrade. Vamos falar sobre isso mais adiante.

Temos que inserir diversas bebidas; portanto, criamos um método separado para essa operação.

exibições e grupos de exibições

Como funciona o código do SQLite helper

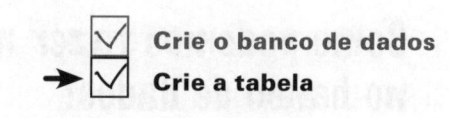

☑ Crie o banco de dados
→ ☑ Crie a tabela

❶ O usuário instala e ativa o app.

Quando o app precisa acessar o banco de dados, o SQLite helper verifica se o banco de dados já existe.

O senhor precisa de um banco de dados? Deixe-me ver se já existe um.

SQLite helper

❷ Quando não existe, um novo banco de dados é criado.

O banco de dados recebe o nome e o número da versão especificados no SQLite helper.

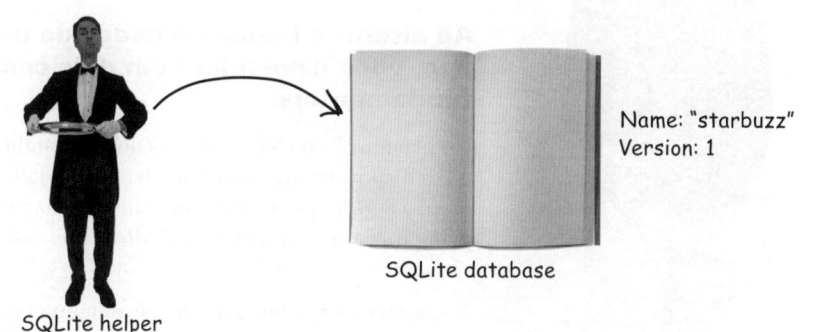

SQLite helper

Name: "starbuzz"
Version: 1

SQLite database

❸ Quando o banco de dados é criado, o método onCreate() no SQLite helper é chamado.

Esse método adiciona uma tabela DRINK ao banco de dados e a preenche com os registros.

Aqui está o seu banco de dados, senhor. Mais alguma coisa?

onCreate()

SQLite helper

DRINK

Name: "starbuzz"
Version: 1

SQLite database

modifique o banco de dados

Como podemos fazer modificações no banco de dados?

Até aqui, você aprendeu a criar um banco de dados SQLite que será utilizado pelo app para persistir os dados. Mas como podemos fazer modificações no banco de dados futuramente?

Por exemplo, imagine que muitos usuários já instalaram o app Starbuzz nos seus dispositivos, mas agora você quer adicionar uma nova coluna FAVORITE à tabela DRINK. Como você pode distribuir essa alteração aos usuários, novos e atuais?

> Bem, podemos alterar a instrução CREATE TABLE no método onCreate(), mas essa solução não me convence totalmente. Por exemplo, imagine que o dispositivo já disponha de uma versão anterior do banco de dados...

Ao alterar o banco de dados de um app, você deve lidar com dois cenários fundamentais.

No primeiro cenário, o usuário nunca instalou o app e seu dispositivo não contém o banco de dados. Nesse caso, o SQLite helper cria um banco de dados na primeira vez que o banco de dados é acessado e executa seu método `onCreate()`.

No segundo cenário, o usuário instala uma nova versão do app que contém outra versão do banco de dados. Se o SQLite helper perceber que o banco de dados instalado está desatualizado, irá chamar o método `onUpgrade()` ou o método `onDowngrade()`.

Mas como o SQLite helper pode apontar que o banco de dados está desatualizado?

exibições e grupos de exibições

Os bancos de dados SQLite têm um número de versão

→ ☐ **Upgrade do banco de dados**

O SQLite helper identifica quando o banco de dados SQLite deve ser atualizado ao verificar seu número de versão. Você deve especificar a versão do banco de dados no SQLite helper ao transmiti-la à superclasse `SQLiteOpenHelper` no seu construtor.

Anteriormente, especificamos o número de versão do banco de dados da seguinte forma:

```
...
    private static final String DB_NAME = "starbuzz";
    private static final int DB_VERSION = 1;

    StarbuzzDatabaseHelper(Context context) {
        super(context, DB_NAME, null, DB_VERSION);
    }
...
```

Quando o banco de dados é criado, seu número de versão é definido para o número de versão no SQLite helper e o método `onCreate()` do SQLite helper é chamado.

Para atualizar o banco de dados, você deve alterar o número de versão no código do SQLite helper. Para fazer um *upgrade* no banco de dados, especifique um número maior do que o anterior; para fazer um *downgrade* no banco de dados, especifique um número menor:

```
...
    private static final int DB_VERSION = 2;
...
```

Como estamos aumentando o número de versão, fazemos um upgrade no banco de dados.

> **Toques Geeks**
>
> Os bancos de dados SQLite suportam um número de versão utilizado pelo SQLite helper e uma versão de esquema interno. Sempre que ocorre uma alteração no esquema do banco de dados, como na estrutura de tabela, o banco de dados incrementa a versão de esquema em 1. Você não pode controlar esse valor, que é de uso exclusivo e interno do SQLite.

Na maioria das vezes, você vai querer fazer um upgrade no banco de dados; portanto, especifique um número maior. Geralmente, você só faz o downgrade para desfazer mudanças realizadas em um upgrade anterior.

Quando o usuário instala a última versão do app no seu dispositivo, na primeira vez que o app usa o banco de dados, o SQLite helper verifica seu número de versão em comparação com o do banco de dados contido no dispositivo.

Se o número de versão contido no código do SQLite helper for *maior* do que o número de versão do banco de dados, o método `onUpgrade()` do SQLite será chamado. Se o número de versão contido no código do SQLite helper for *menor* do que o número de versão do banco de dados, o método `onDowngrade()` do SQLite será chamado.

Quando um desses métodos é chamado, o número de versão do banco de dados é alterado para corresponder ao número de versão contido no SQLite helper.

o que acontece

O que acontece quando você altera o número de versão

➡ ☐ **Upgrade do banco de dados**

Vamos conferir o que acontece quando você lança uma nova versão do app depois de ter alterado o número de versão do SQLite helper de 1 para 2. Vamos considerar dois cenários: quando um novo usuário instala o app e quando um usuário existente instala o mesmo app.

Cenário 1: Um novo usuário instala o app

❶ Quando o usuário executa o app pela primeira vez, o banco de dados não existe; logo, o SQLite helper cria um.

O SQLite helper atribui ao banco de dados o nome e o número de versão especificados no código do SQLite helper.

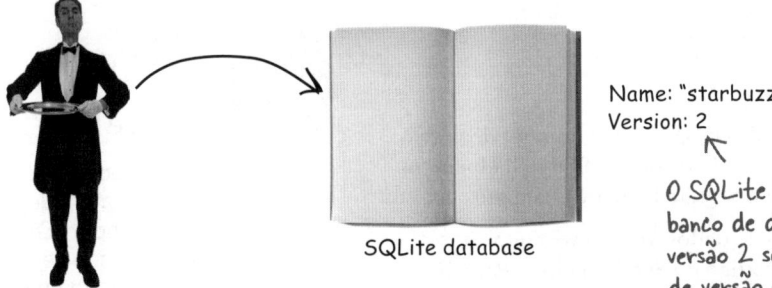

SQLite helper → SQLite database

Name: "starbuzz"
Version: 2

O SQLite helper atribuirá ao banco de dados o número de versão 2 se ele for o número de versão especificado no código do SQLite helper.

❷ Quando o banco de dados é criado, o método onCreate() no SQLite helper é chamado.

O método `onCreate()` contém o código que preenche o banco de dados.

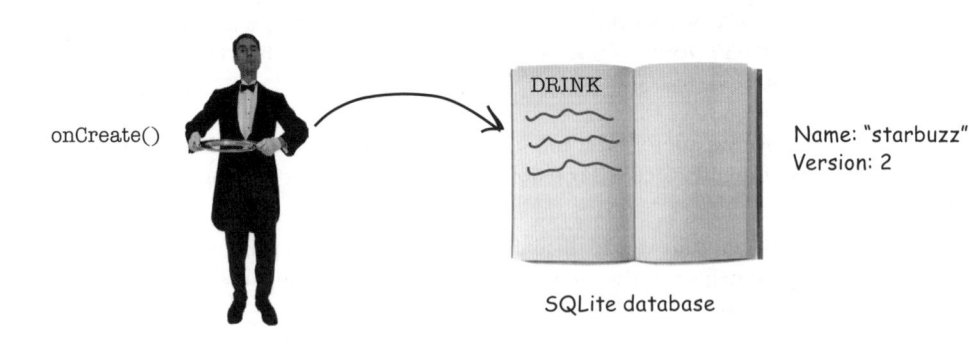

onCreate() → SQLite helper → DRINK → SQLite database

Name: "starbuzz"
Version: 2

Vimos o que acontece quando um novo usuário instala o app. Mas o que ocorre quando um usuário existente instala a nova versão?

exibições e grupos de exibições

Cenário 2: um usuário existente instala a nova versão

➡ ☐ **Upgrade do banco de dados**

❶ Quando o usuário executa a nova versão do app, o helper do banco de dados verifica se o banco de dados existe.

Caso o banco de dados já exista, o SQLite helper não irá recriá-lo.

> Muito bem, senhor. Vejo que a versão 1 do banco de dados já está instalada.

Name: "starbuzz"
Version: 1

SQLite helper

SQLite database

❷ O SQLite helper verifica o número de versão do banco de dados existente em comparação com o número de versão contido no código do SQLite helper.

Se o número de versão do SQLite helper for maior do que a versão do banco de dados, o método onUpgrade() será chamado. Se o número de versão do SQLite helper for menor do que a versão do banco de dados, o método onDowngrade() será chamado. Em seguida, o helper alterará o número de versão do banco de dados para que ele corresponda ao número de versão contido no código do SQLite helper.

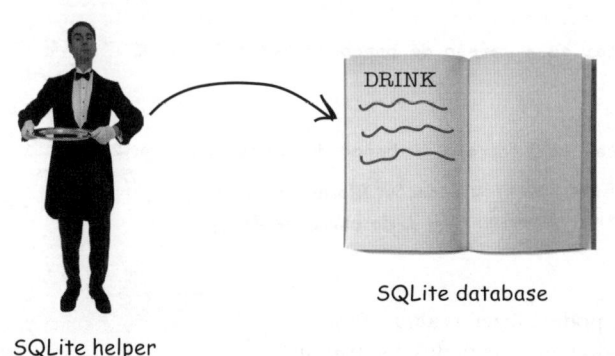

Name: "starbuzz"
Version: ~~1~~ 2

SQLite helper

SQLite database

O SQLite helper executa o método onUpgrade() (se o número de versão for maior) e atualiza o número de versão do banco de dados.

Agora que conferimos em que situações os métodos onUpgrade() e onDowngrade() são chamados, vamos falar mais sobre como podemos usá-los.

você está aqui ▶

onUpgrade()

Faça o upgrade do banco de dados com o onUpgrade()

▶ ☐ **Upgrade do banco de dados**

O método onUpgrade() tem três parâmetros: o banco de dados SQLite, o número de versão do banco de dados e a nova versão do banco de dados transmitida à superclasse SQLiteOpenHelper:

A versão (desatualizada) do banco de dados do usuário

A nova versão descrita no código do SQLite helper

```
@Override
public void onUpgrade(SQLiteDatabase db, int oldVersion, int newVersion) {
    //O seu código vai aqui
}
```

Os números de versão são importantes, pois servem para indicar as alterações que devem ser realizadas no banco de dados de acordo com a versão do banco de dados que o usuário dispõe no momento. Por exemplo, imagine que o usuário já tem a versão 1 do banco de dados, mas o número de versão do SQLite helper é maior. Para lidar com essa situação, o código seria o seguinte:

Lembre-se de que, para atualizar o banco de dados, a nova versão deve ser superior à versão existente do usuário.

```
@Override
public void onUpgrade(SQLiteDatabase db, int oldVersion, int newVersion) {
    if (oldVersion == 1) {
        //Código para executar se a versão do banco de dados for 1
    }
}
```

Este código só será executado quando o usuário tiver a versão 1 do banco de dados e o número de versão do SQLite helper for maior.

Você também pode usar os números de versão para fazer sucessivas atualizações da seguinte forma:

```
@Override
public void onUpgrade(SQLiteDatabase db, int oldVersion, int newVersion) {
    if (oldVersion == 1) {
        //Código para executar se a versão do banco de dados for 1
    }
    if (oldVersion < 3) {
        //Código para executar se a versão do banco de dados for 1 ou 2
    }
}
```

← *Este código só será executado quando o usuário tiver a versão 1 do banco de dados.*

Este código será executado quando o usuário tiver a versão 1 ou 2 do banco de dados.

Com essa abordagem, o usuário poderá fazer as alterações necessárias em qualquer versão do banco de dados que tiver no momento.

O método onDowngrade() funciona de forma semelhante ao método onUpgrade(). Vamos conferir isso na próxima página.

exibições e grupos de exibições

Faça o downgrade do banco de dados com o onDowngrade() → ☐ Upgrade do banco de dados

O método onDowngrade() não é utilizado com tanta frequência quanto o método onUpgrade(), pois serve para reverter o banco de dados a uma versão anterior. Isso pode ser útil se você tiver lançado uma versão do app com alterações no banco de dados e descobrir bugs posteriormente. O método onDowngrade() permite que você desfaça as mudanças e reverta o banco de dados à sua versão anterior.

Como o método onUpgrade(), o método onDowngrade() tem três parâmetros: o banco de dados SQLite que passará pelo downgrade, o número de versão desse banco de dados e a nova versão do banco de dados transmitida para a superclasse SQLiteOpenHelper:

```
@Override
public void onDowngrade(SQLiteDatabase db, int oldVersion, int newVersion) {
    //Seu código vai aqui
}
```

Para fazer o downgrade do banco de dados, a nova versão deve ser inferior à versão existente do usuário.

Como o método onUpgrade(), você pode usar os números de versão para reverter as mudanças de uma versão específica. Por exemplo, se você tiver feito alterações no banco de dados enquanto o usuário utilizava a versão número 3 dele, terá que usar o seguinte código:

```
@Override
public void onDowngrade(SQLiteDatabase db, int oldVersion, int newVersion) {
    if (oldVersion == 3) {
        //Código para executar se a versão do banco de dados for 3
    }
}
```

Este código será executado quando o usuário tiver a versão 3 do banco de dados e você quiser fazer o downgrade para uma versão anterior.

Agora que você sabe como fazer o upgrade e o downgrade do banco de dados, vamos analisar o cenário mais comum: o upgrade.

upgrade do banco de dados

Vamos fazer um upgrade no banco de dados

➜ ☐ **Upgrade do banco de dados**

Imagine que precisamos fazer um upgrade no banco de dados para adicionar uma nova coluna à tabela DRINK. Queremos que todos os usuários, novos e existentes, recebam essa mudança; portanto, temos que incluí-la nos métodos onCreate() e onUpgrade(). O método onCreate() vai garantir que os novos usuários recebam a nova coluna, enquanto o método onUpgrade() vai garantir que os usuários existentes a recebam também.

Mas, em vez de incluir um código parecido nos métodos onCreate() e onUpgrade(), vamos criar um método updateMyDatabase() separado, que será chamado pelos métodos onCreate() e onUpgrade(). O código que está atualmente no método onCreate() será colocado no novo método updateMyDatabase(), ao qual vamos acrescentar um código extra para criar a coluna adicional. Com essa abordagem, você pode colocar todo o código do banco de dados em um só local e acompanhar mais facilmente as mudanças realizadas a cada atualização no banco de dados.

Este é o código completo do *StarbuzzDatabaseHelper.java* (atualize seu código de acordo com as alterações indicadas abaixo):

Starbuzz/app/src/main/java/com.hfad.starbuzz/StarbuzzDatabaseHelper.java

```java
package com.hfad.starbuzz;

import android.content.ContentValues;
import android.content.Context;
import android.database.sqlite.SQLiteDatabase;
import android.database.sqlite.SQLiteOpenHelper;

class StarbuzzDatabaseHelper extends SQLiteOpenHelper{

    private static final String DB_NAME = "starbuzz"; // a versão do banco de dados
    private static final int DB_VERSION = 2; // a versão do banco de dados
```
Quando o número de versão é alterado para um valor inteiro maior, o SQLite helper reconhece o upgrade no banco de dados.

```java
    StarbuzzDatabaseHelper(Context context){
        super(context, DB_NAME, null, DB_VERSION);
    }

    @Override
    public void onCreate(SQLiteDatabase db){
        updateMyDatabase(db, 0, DB_VERSION);
    }
```
Substitua o código atual do onCreate() por este código para chamar o updateMyDatabase().

O código continua na próxima página.

642   Capítulo 15

exibições e grupos de exibições

O código do SQLite helper (continuação)   ➡ ☐ **Upgrade do banco de dados**

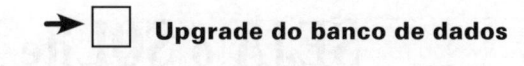

```
@Override
public void onUpgrade(SQLiteDatabase db, int oldVersion, int newVersion) {
    updateMyDatabase(db, oldVersion, newVersion);
}
```
← Chame o método updateMyDatabase() a partir do onUpgrade(), transmitindo os parâmetros.

```
private static void insertDrink(SQLiteDatabase db, String name,
                                String description, int resourceId) {
    ContentValues drinkValues = new ContentValues();
    drinkValues.put("NAME", name);
    drinkValues.put("DESCRIPTION", description);
    drinkValues.put("IMAGE_RESOURCE_ID", resourceId);
    db.insert("DRINK", null, drinkValues);
}

private void updateMyDatabase(SQLiteDatabase db, int oldVersion, int newVersion) {
    if (oldVersion < 1) {
        db.execSQL("CREATE TABLE DRINK ( _id INTEGER PRIMARY KEY AUTOINCREMENT, "
                + "NAME TEXT, "
                + "DESCRIPTION TEXT, "
                + "IMAGE_RESOURCE_ID INTEGER);");
        insertDrink(db, "Latte", "Espresso and steamed milk", R.drawable.latte);
        insertDrink(db, "Cappuccino", "Espresso, hot milk and steamed-milk foam",
                R.drawable.cappuccino);
        insertDrink(db, "Filter", "Our best drip coffee", R.drawable.filter);
    }
    if (oldVersion < 2) {
        //Código para adicionar a coluna extra
    }
}
```

Este é o código anterior do método onCreate().

← Este código será executado quando o usuário tiver a versão 1 do banco de dados. Temos que escrevê-lo a seguir.

A seguir, vamos escrever o código para fazer o upgrade do banco de dados. Mas, antes disso, confira o exercício na próxima página.

Starbuzz
└ app/src/main
  └ java
    └ com.hfad.starbuzz
      └ StarbuzzDatabaseHelper.java

exercício

SEJA o SQLite Helper

À direita, você verá um trecho do código do SQLite helper. Sua tarefa é pensar como o SQLite helper e indicar o código que deve ser executado para cada um dos usuários abaixo. Rotulamos o código que você deve considerar e fizemos o primeiro exercício como exemplo.

O Usuário 1 executa o app pela primeira vez.
Segmento A do código. O usuário não dispõe do banco de dados; portanto, o método onCreate() é executado.

O Usuário 2 tem a versão 1 do banco de dados.

O Usuário 3 tem a versão 2 do banco de dados.

O Usuário 4 tem a versão 3 do banco de dados.

O Usuário 5 tem a versão 4 do banco de dados.

O Usuário 6 tem a versão 5 do banco de dados.

```
class MyHelper extends SQLiteOpenHelper{

    StarbuzzDatabaseHelper(Context context){
        super(context, "fred", null, 4);
    }

    @Override
    public void onCreate(SQLiteDatabase db){
        Ⓐ //Executar código A
          ...
    }

    @Override
    public void onUpgrade(SQLiteDatabase db,
                    int oldVersion,
                    int newVersion){
        if (oldVersion < 2) {
            Ⓑ //Executar código B
              ...
        }
        if (oldVersion == 3) {
            Ⓒ //Executar código C
              ...
        }
        Ⓓ //Executar código D
          ...
    }

    @Override
    public void onDowngrade(SQLiteDatabase db,
                    int oldVersion,
                    int newVersion){
        if (oldVersion == 3) {
            Ⓔ //Executar código E
              ...
        }
        if (oldVersion < 6) {
            Ⓕ //Executar código F
              ...
        }
    }
}
```

➙ As respostas estão na página 654.

exibições e grupos de exibições

Faça o upgrade de um banco de dados existente

→ ☐ **Upgrade do banco de dados**

Para fazer o upgrade do banco de dados, há dois tipos de ações ao seu alcance:

★ **Altere os registros do banco de dados.**

Anteriormente neste capítulo, você aprendeu a inserir registros no banco de dados usando o método `insert()` do `SQLiteDatabase`. Mas, ao fazer o upgrade do banco de dados, talvez você queira adicionar mais registros ou atualizar ou excluir os registros existentes.

★ **Altere a estrutura do banco de dados.**

Você já sabe como criar tabelas no banco de dados. Mas talvez você queira adicionar colunas a tabelas existentes, renomear tabelas ou remover tabelas completamente.

Para começar, vamos ver como alterar os registros do banco de dados.

Como atualizar os registros

Atualizar registros em uma tabela é parecido com o modo como você os insere.

Inicialmente, crie um novo objeto `ContentValues` para especificar os valores que serão atualizados. Por exemplo, imagine que você pretende atualizar os dados do Latte na tabela DRINK para definir o valor do campo DESCRIPTION como "Tasty":

_id	NAME	DESCRIPTION	IMAGE_RESOURCE_ID
1	"Latte"	~~"Espresso and steamed milk"~~ "Tasty"	54543543

Para fazer isso, você deve criar um novo objeto `ContentValues` para descrever os dados que serão atualizados:

```
ContentValues drinkValues = new ContentValues();
drinkValues.put("DESCRIPTION", "Tasty");
```
← Queremos alterar o valor da coluna DESCRIPTION para Tasty; portanto, atribuímos ao nome "DESCRIPTION" o valor "Tasty".

Observe que, ao atualizar os registros, você deve especificar os dados a serem alterados no objeto `ContentValues` e não a linha de dados inteira.

Depois de adicionar os dados a serem alterados ao objeto `ContentValues`, use o método `update()` do `SQLiteDatabase` para atualizar os dados. Vamos conferir essa operação na próxima página.

update()

Atualize os registros com o método update()

→ ☐ **Upgrade do banco de dados**

O método `update()` permite que você atualize os registros no banco de dados e retorna o número de registros atualizados. Para usar o método `update()`, você deve especificar a tabela que contém os registros a serem atualizados, o objeto `ContentValues` que contém os valores a serem atualizados e as condições da atualização.

Confira este exemplo de como alterar o valor da coluna DESCRIPTION para "Tasty" na bebida com o nome "Latte":

```
ContentValues drinkValues = new ContentValues();
drinkValues.put("DESCRIPTION", "Tasty");
db.update("DRINK",
          drinkValues,
          "NAME = ?",
          new String[] {"Latte"});
```

Este é o nome da tabela que contém os registros a serem atualizados.

Este é o objeto ContentValues que contém os novos valores.

As condições para a atualização dos dados, que aqui são NAME = "Latte".

O valor "Latte" foi substituído pelo ? na instrução "NAME = ?" indicada acima.

O primeiro parâmetro do método `update()` é o nome da tabela a ser atualizada (a tabela DRINK, nesse caso).

O segundo parâmetro é o objeto `ContentValues`, que descreve os valores que serão atualizados. No exemplo indicado acima, adicionamos `"DESCRIPTION"` e `"Tasty"` ao objeto `ContentValues` para atualizar o valor da coluna DESCRIPTION para "Tasty".

Os últimos dois parâmetros especificam os registros que você pretende atualizar ao descreverem as condições da atualização. Juntos, esses parâmetros formam a cláusula WHERE de uma instrução SQL.

O terceiro parâmetro especifica o nome da coluna na condição. No exemplo indicado acima, queremos atualizar os registros em que o valor da coluna NAME corresponde a "Latte"; portanto, usamos `"NAME = ?"`. Esse comando indica que o valor da coluna NAME deve ser igual a algum valor. O símbolo ? reserva o espaço para esse valor.

O último parâmetro é um array de strings que indica o valor da condição. Nesse caso em especial, queremos atualizar os registros em que o valor da coluna NAME corresponde a "Latte"; portanto, usamos o seguinte código:

```
new String[] {"Latte"});
```

Vamos conferir condições mais complexas na próxima página.

Veja bem!

Se você definir os últimos dois parâmetros do método `update()` como `null`, TODOS os registros da tabela serão atualizados.

Por exemplo, este código:
```
db.update("DRINK",
          drinkValues,
          null, null);
```
irá atualizar todos os registros da tabela DRINK.

exibições e grupos de exibições

Aplique condições em múltiplas colunas

→ ☐ **Upgrade do banco de dados**

Você também pode especificar condições e aplicá-las em múltiplas colunas. Confira este exemplo em que atualizamos todos os registros de bebidas com o nome "Latte" ou com a descrição "Our best drip coffee":

```
db.update("DRINK",
          drinkValues,
          "NAME = ? OR DESCRIPTION = ?",
          new String[] {"Latte", "Our best drip coffee"});
```

Isso significa que: Where NAME = "Latte" or DESCRIPTION = "Our best drip coffee".

Cada marcador ? de espaço reservado será substituído por um valor deste array. O número de valores no array deve corresponder ao número de marcadores ?.

Para aplicar condições em múltiplas colunas, você deve especificar os nomes das colunas no terceiro parâmetro do método update(). Como fizemos anteriormente, adicione um marcador ? para cada valor a ser adicionado como parte de cada condição. Em seguida, especifique os valores das condições no quarto parâmetro do método update().

Os valores das condições devem ser strings mesmo que a coluna na qual a condição esteja sendo aplicada contenha outro tipo de dados. Confira este exemplo em que atualizamos os registros DRINK em que a _id (numérica) é igual a 1:

```
db.update("DRINK",
          drinkValues,
          "_id = ?",
          new String[] {Integer.toString(1)});
```

Converta o int 1 em um valor de string.

Exclua os registros com o método delete()

Para excluir os registros, você deve usar o método delete() do SQLiteDatabase. Esse método funciona de modo parecido com o método update() que acabamos de ver. Você deve especificar a tabela da qual os registros serão excluídos e as condições para a exclusão dos dados. Confira este exemplo em que excluímos da tabela DRINK todos os registros de bebidas com o nome "Latte":

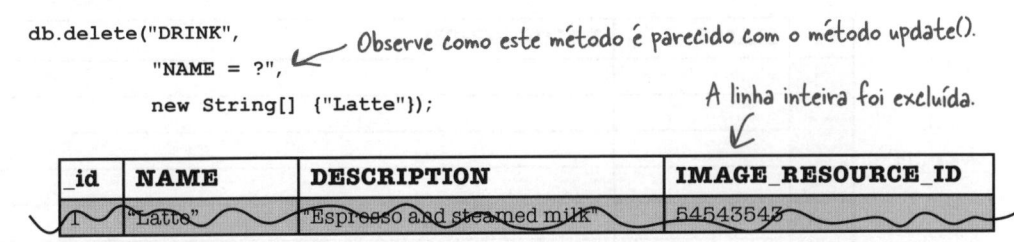

```
db.delete("DRINK",
          "NAME = ?",
          new String[] {"Latte"});
```

Observe como este método é parecido com o método update().

A linha inteira foi excluída.

_id	NAME	DESCRIPTION	IMAGE_RESOURCE_ID
1	"Latte"	"Espresso and steamed milk"	54543543

O primeiro parâmetro é o nome da tabela da qual os registros serão excluídos (DRINK, neste caso). O segundo e o terceiro argumentos permitem que você descreva condições para especificar exatamente os registros que devem ser excluídos (where NAME = "Latte", nesse caso).

exercício

Aponte o seu lápis

Este é o método `onCreate()` da classe `SQLiteOpenHelper`. Sua tarefa é indicar os valores que foram inseridos nas colunas NAME e DESCRIPTION da tabela DRINK depois de o método `onCreate()` ter sido executado.

```
@Override
public void onCreate(SQLiteDatabase db) {
    ContentValues espresso = new ContentValues();
    espresso.put("NAME", "Espresso");
    ContentValues americano = new ContentValues();
    americano.put("NAME", "Americano");
    ContentValues latte = new ContentValues();
    latte.put("NAME", "Latte");
    ContentValues filter = new ContentValues();
    filter.put("DESCRIPTION", "Filter");
    ContentValues mochachino = new ContentValues();
    mochachino.put("NAME", "Mochachino");

    db.execSQL("CREATE TABLE DRINK ("
            + "_id INTEGER PRIMARY KEY AUTOINCREMENT, "
            + "NAME TEXT, "
            + "DESCRIPTION TEXT);");
    db.insert("DRINK", null, espresso);
    db.insert("DRINK", null, americano);
    db.delete("DRINK", null, null);
    db.insert("DRINK", null, latte);
    db.update("DRINK", mochachino, "NAME = ?", new String[] {"Espresso"});
    db.insert("DRINK", null, filter);
}
```

Você não precisa indicar o valor da coluna _id.

_id	NAME	DESCRIPTION

As respostas estão na página 655.

Altere a estrutura do banco de dados

→ ☐ Upgrade do banco de dados

Além de criar, atualizar e excluir registros do banco de dados, você pode alterar a estrutura do banco de dados. Neste caso específico, por exemplo, queremos adicionar uma nova coluna FAVORITE à tabela DRINK.

Adicione novas colunas às tabelas usando o SQL

Anteriormente neste capítulo, você aprendeu a criar tabelas usando o comando SQL CREATE TABLE da seguinte forma:

A coluna _id é a chave primária.

```
CREATE TABLE DRINK (_id INTEGER PRIMARY KEY AUTOINCREMENT,
                    NAME TEXT,
                    DESCRIPTION TEXT,
                    IMAGE_RESOURCE_ID INTEGER)
```
O nome da tabela
As colunas da tabela

Você também pode usar o SQL para alterar uma tabela existente através do comando ALTER TABLE. Confira este exemplo em que utilizamos o comando para adicionar uma coluna a uma tabela:

```
ALTER TABLE DRINK       ← O nome da tabela
ADD COLUMN FAVORITE NUMERIC   ← A coluna que será adicionada
```

No exemplo indicado acima, adicionamos à tabela DRINK uma coluna chamada FAVORITE para armazenar valores numéricos.

Renomeando as tabelas

Você também pode usar o comando ALTER TABLE para renomear uma tabela. Confira este exemplo em que renomeamos a tabela DRINK como FOO:

```
ALTER TABLE DRINK    ← O nome atual da tabela
RENAME TO FOO        ← O novo nome da tabela
```

Na próxima página, mostraremos como remover uma tabela do banco de dados.

alterando as tabelas

Descarte as tabelas para excluí-las

➡ ☐ **Upgrade do banco de dados**

Para excluir uma tabela do banco de dados, você deve usar o comando `DROP TABLE`. Confira este exemplo em que excluímos a tabela DRINK:

`DROP TABLE DRINK` ⬅ *O nome da tabela que será removida*

Esse comando é eficaz quando você tem uma tabela desnecessária no esquema do banco de dados e quer removê-la para economizar espaço. Utilize o comando `DROP TABLE` só quando tiver certeza de que deseja se livrar da tabela e dos respectivos dados.

Execute o SQL usando o execSQL()

Como vimos anteriormente neste capítulo, você deve executar os comandos SQL usando o método `execSQL()` do `SQLiteDatabase`:

SQLiteDatabase.execSQL(String sql);

Use o método `execSQL()` sempre que necessário para executar o SQL no banco de dados. Confira este exemplo em que executamos o SQL para adicionar uma coluna FAVORITE à tabela DRINK:

db.execSQL("ALTER TABLE DRINK ADD COLUMN FAVORITE NUMERIC;");

Agora que você conhece muitas ações para fazer o upgrade do banco de dados, vamos aplicar esse conhecimento no *StarbuzzDatabaseHelper.java*.

O código completo do SQLite helper

▶ ☐ **Upgrade do banco de dados**

Este é o código completo do *StarbuzzDatabaseHelper.java* para adicionar uma coluna FAVORITE à tabela DRINK. Atualize seu código com base no código indicado abaixo (destacamos as alterações em negrito):

Starbuzz/app/src/main/java/com.hfad.starbuzz/StarbuzzDatabaseHelper.java

```java
package com.hfad.starbuzz;

import android.content.ContentValues;
import android.content.Context;
import android.database.sqlite.SQLiteDatabase;
import android.database.sqlite.SQLiteOpenHelper;

class StarbuzzDatabaseHelper extends SQLiteOpenHelper{

    private static final String DB_NAME = "starbuzz"; // o nome do nosso banco de dados
    private static final int DB_VERSION = 2; // a versão do nosso banco de dados

    StarbuzzDatabaseHelper(Context context){
        super(context, DB_NAME, null, DB_VERSION);
    }

    @Override
    public void onCreate(SQLiteDatabase db){
        updateMyDatabase(db, 0, DB_VERSION);
    }

    @Override
    public void onUpgrade(SQLiteDatabase db, int oldVersion, int newVersion) {
        updateMyDatabase(db, oldVersion, newVersion);
    }
```

Quando alteramos o número de versão para um valor inteiro maior, o SQLite helper reconhece que queremos fazer um upgrade no banco de dados.

O código que cria as tabelas do banco de dados fica no método updateMyDatabase().

O código que faz o upgrade do banco de dados fica no método updateMyDatabase().

O código continua na próxima página.

mais código

O código do SQLite helper (continuação)

➡ ☑ **Upgrade do banco de dados**

```
private static void insertDrink(SQLiteDatabase db, String name,
                                String description, int resourceId) {
    ContentValues drinkValues = new ContentValues();
    drinkValues.put("NAME", name);
    drinkValues.put("DESCRIPTION", description);
    drinkValues.put("IMAGE_RESOURCE_ID", resourceId);
    db.insert("DRINK", null, drinkValues);
}

private void updateMyDatabase(SQLiteDatabase db, int oldVersion, int newVersion) {
    if (oldVersion < 1) {
        db.execSQL("CREATE TABLE DRINK (_id INTEGER PRIMARY KEY AUTOINCREMENT, "
                + "NAME TEXT, "
                + "DESCRIPTION TEXT, "
                + "IMAGE_RESOURCE_ID INTEGER);");
        insertDrink(db, "Latte", "Espresso and steamed milk", R.drawable.latte);
        insertDrink(db, "Cappuccino", "Espresso, hot milk and steamed-milk foam",
                    R.drawable.cappuccino);
        insertDrink(db, "Filter", "Our best drip coffee", R.drawable.filter);
    }
    if (oldVersion < 2) {
        db.execSQL("ALTER TABLE DRINK ADD COLUMN FAVORITE NUMERIC;");
    }
}
}
```

Adicione uma coluna numérica FAVORITE à tabela DRINK.

Com o novo código que incluímos no SQLite helper, os usuários existentes receberão a nova coluna FAVORITE, que será adicionada à tabela DRINK na próxima vez que eles acessarem o banco de dados. Além disso, os novos usuários receberão o banco de dados completo, já com a nova coluna.

Na próxima página, vamos analisar o que acontece quando o código é executado. No próximo capítulo, você vai aprender a usar os dados do banco de dados nas atividades.

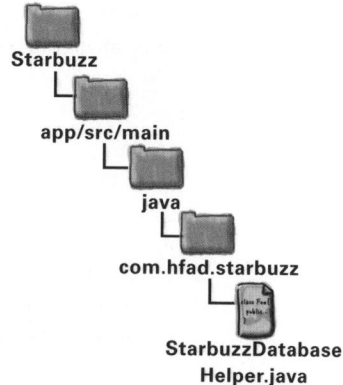

Starbuzz
└ app/src/main
  └ java
    └ com.hfad.starbuzz
      └ StarbuzzDatabaseHelper.java

O que acontece quando o código é executado

1 Quando o app tenta acessar o banco de dados pela primeira vez, o SQLite helper verifica se o banco de dados já existe.

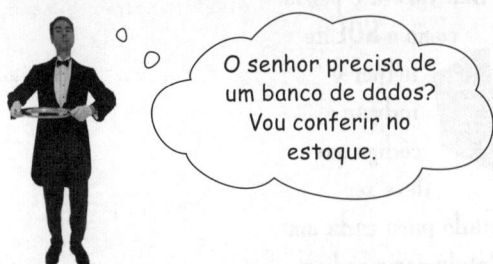

O senhor precisa de um banco de dados? Vou conferir no estoque.

SQLite helper

2a Se o banco de dados não existir, o SQLite helper irá criá-lo e executar seu método onCreate().

O código do método `onCreate()` chama o método `updateMyDatabase()`. Essa operação cria a tabela DRINK (já com a nova coluna FAVORITE) e preenche a tabela com os registros.

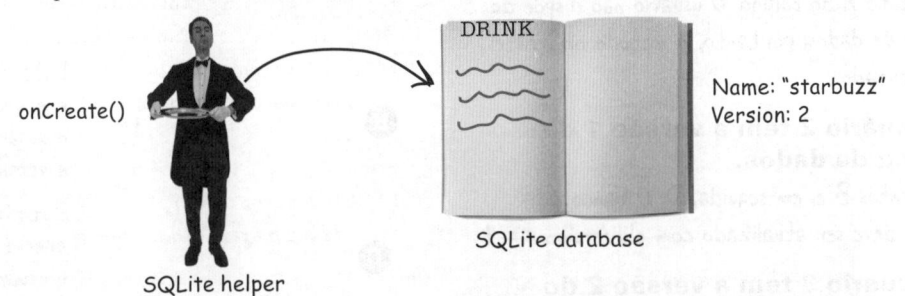

onCreate()

SQLite helper

DRINK

Name: "starbuzz"
Version: 2

SQLite database

2b Se o banco de dados existir, o SQLite helper irá verificar o número de versão do banco de dados em comparação com o número de versão contido no código do SQLite helper.

Se o número de versão do SQLite helper for maior do que o número de versão do banco de dados, o método `onUpgrade()` será chamado. Se o número de versão do SQLite helper for menor do que o número de versão do banco de dados, o método `onDowngrade()` será chamado. Como neste caso o número de versão do SQLite helper é maior do que o número de versão do banco de dados existente, o método `onUpgrade()` é chamado. Esse método chama o método `updateMyDatabase()`, que adiciona uma nova coluna FAVORITE à tabela DRINK.

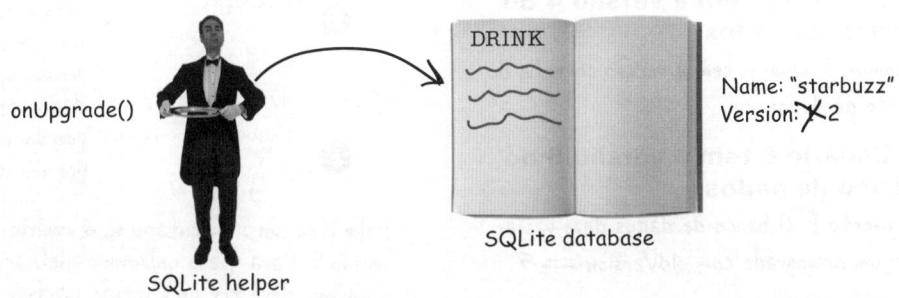

onUpgrade()

DRINK

Name: "starbuzz"
Version: ~~1~~ 2

SQLite database

SQLite helper

solução

SEJA o SQLite Helper — Solução

À direita, você verá um trecho do código do SQLite helper. Sua tarefa é pensar como o SQLite helper e indicar o código que deve ser executado para cada um dos usuários abaixo. Rotulamos o código que você deve considerar e fizemos o primeiro exercício como exemplo.

O Usuário 1 executa o app pela primeira vez.
Segmento A do código. O usuário não dispõe do banco de dados; portanto, o método onCreate() é executado.

O Usuário 2 tem a versão 1 do banco de dados.
Segmentos B e, em seguida, D. O banco de dados deve ser atualizado com oldVersion == 1.

O Usuário 3 tem a versão 2 do banco de dados.
Segmento D. O banco de dados deve passar por um upgrade com oldVersion == 2.

O Usuário 4 tem a versão 3 do banco de dados.
Segmento C e, em seguida, D. O banco de dados deve passar por um upgrade com oldVersion == 3.

O Usuário 5 tem a versão 4 do banco de dados.
Nenhum. O usuário tem a versão correta do banco de dados.

O Usuário 6 tem a versão 5 do banco de dados.
Segmento F. O banco de dados deve passar por um downgrade com oldVersion == 5.

```java
class MyHelper extends SQLiteOpenHelper{

    StarbuzzDatabaseHelper(Context context){
        super(context, "fred", null, 4);
    }

    @Override
    public void onCreate(SQLiteDatabase db){
        A //Executar código A
        ...
    }

    @Override
    public void onUpgrade(SQLiteDatabase db,
                          int oldVersion,
                          int newVersion){
        if (oldVersion < 2) {
            B //Executar código B
            ...
        }
        if (oldVersion == 3) {
            C //Executar código C
            ...
        }
        D //Executar código D
        ...
    }

    @Override
    public void onDowngrade(SQLiteDatabase db,
                            int oldVersion,
                            int newVersion){
        if (oldVersion == 3) {
            E //Executar código E
            ...
        }
        if (oldVersion < 6) {
            F //Executar código F
            ...
        }
    }
}
```

A nova versão do banco de dados é a 4.

O método onCreate() só será executado se o usuário não tiver o banco de dados.

Este item será executado se o usuário tiver a versão 1.

Este item será executado se o usuário tiver a versão 3.

Este item será executado se o usuário tiver a versão 1, 2 ou 3.

Este item nunca será executado. Se o usuário tiver a versão 3, o banco de dados deve passar por um upgrade e não por um downgrade.

Este item será executado se o usuário tiver a versão 5. Para que o onDowngrade() seja executado, o usuário deve ter uma versão superior à versão 4, pois esse é número de versão atual do helper.

Aponte o seu lápis
Solução

Este é o método `onCreate()` da classe `SQLiteOpenHelper`. Sua tarefa é indicar os valores que foram inserido nas colunas NAME e DESCRIPTION da tabela DRINK depois de o método `onCreate()` ter sido executado.

```
@Override
public void onCreate(SQLiteDatabase db) {
    ContentValues espresso = new ContentValues();
    espresso.put("NAME", "Espresso");
    ContentValues americano = new ContentValues();
    americano.put("NAME", "Americano");
    ContentValues latte = new ContentValues();
    latte.put("NAME", "Latte");
    ContentValues filter = new ContentValues();
    filter.put("DESCRIPTION", "Filter");
    ContentValues mochachino = new ContentValues();
    mochachino.put("NAME", "Mochachino");

    db.execSQL("CREATE TABLE DRINK ("        ← Crie a tabela e adicione as colunas
            + "_id INTEGER PRIMARY KEY AUTOINCREMENT, "     _id, NAME e DESCRIPTION.
            + "NAME TEXT, "
            + "DESCRIPTION TEXT);");
    db.insert("DRINK", null, espresso);   ← Insira Espresso na coluna NAME.
    db.insert("DRINK", null, americano);  ← Insira Americano na coluna NAME.
    db.delete("DRINK", null, null);       ← Exclua todas as bebidas.
    db.insert("DRINK", null, latte);      ← Insira Latte na coluna NAME.
    db.update("DRINK", mochachino, "NAME = ?", new String[] {"Espresso"});
    db.insert("DRINK", null, filter);
}                                              ↖ Defina NAME para Mochachino
     ↑ Insira Filter na coluna DESCRIPTION.       onde NAME for Espresso.
                                                  Nenhum registro é atualizado.
```

Este é o resultado final da execução do código indicado acima. →

_id	NAME	DESCRIPTION
	Latte	
		Filter

caixa de ferramentas

Sua caixa de ferramentas para Android

Você fechou o Capítulo 15 e adicionou a criação, a atualização e o upgrade de bancos de dados à sua caixa de ferramentas.

O código completo do capítulo pode ser baixado em https://www.altabooks.com.br. Procure pelo título ou ISBN do livro.

PONTOS DE BALA

- O Android usa o SQLite como banco de dados de back-end para persistir dados.

- A classe `SQLiteDatabase` viabiliza o acesso ao banco de dados SQLite.

- O SQLite helper permite que você crie e controle os bancos de dados SQLite. Para criar um SQLite helper, estenda a classe `SQLiteOpenHelper`.

- Você deve implementar os métodos `onCreate()` e `onUpgrade()` do `SQLiteOpenHelper`.

- O banco de dados é criado na primeira vez que precisa ser acessado. Atribua ao banco de dados um nome e um número de versão a partir de 1. Se você não atribuir um nome ao banco de dados, ele será criado apenas na memória.

- O método `onCreate()` é chamado quando o banco de dados é criado pela primeira vez.

- O método `onUpgrade()` é chamado quando o banco de dados precisa passar por um upgrade.

- Execute o SQL usando o método `execSQL(String)` do `SQLiteDatabase`.

- Use o comando SQL `ALTER TABLE` para alterar uma tabela existente. Use o `RENAME TO` para renomear e o `ADD COLUMN` para adicionar uma coluna.

- Use o comando SQL `DROP TABLE` para excluir uma tabela.

- Adicione registros às tabelas usando o método `insert()`.

- Atualize os registros usando o método `update()`.

- Remova os registros das tabelas usando o método `delete()`.

16 cursores básicos

Retirando Dados

Charles me deu de presente um cursor que retornava todo o conteúdo da tabela PRESENTE_CARO.

Como conectar um app a um banco de dados SQLite? Até aqui, você aprendeu a criar um banco de dados SQLite usando um SQLite helper. O próximo passo é fazer com que as atividades acessem o banco de dados. Neste capítulo, vamos mostrar como ler dados de um banco de dados. Você vai aprender a **usar cursores para obter dados de um banco de dados**. Além disso, vamos explicar **como navegar por cursores** e **como obter acesso aos dados contidos neles**. Por fim, você vai aprender a usar **cursor adapters** para vincular os cursores aos list views.

este é um novo capítulo

onde estamos

A história até aqui...

No Capítulo 15, você criou um SQLite helper para o Starbuzz Coffee. O SQLite helper cria um banco de dados Starbuzz, adiciona uma tabela DRINK a ele e preenche a tabela com bebidas.

No momento, as atividades no app Starbuzz obtêm dados da classe Java Drink. Vamos alterar o app para que as atividades obtenham dados do banco de dados SQLite.

Observe este resumo do funcionamento atual do app:

① A TopLevelActivity exibe uma lista de opções para Drinks, Food e Stores.

② Quando o usuário clica na opção Drinks, a DrinkCategoryActivity é ativada.

Essa atividade exibe uma lista de bebidas que recebe da classe Java Drink.

③ Quando o usuário clica em uma bebida, os respectivos detalhes são exibidos na DrinkActivity.

A DrinkActivity recebe os detalhes das bebidas da classe Java Drink.

Criamos o SQLite helper e adicionamos o código para criar o banco de dados Starbuzz, que ainda não está sendo utilizado pelas atividades.

Starbuzz database

SQLite Helper

A classe Drink ainda está sendo utilizada.

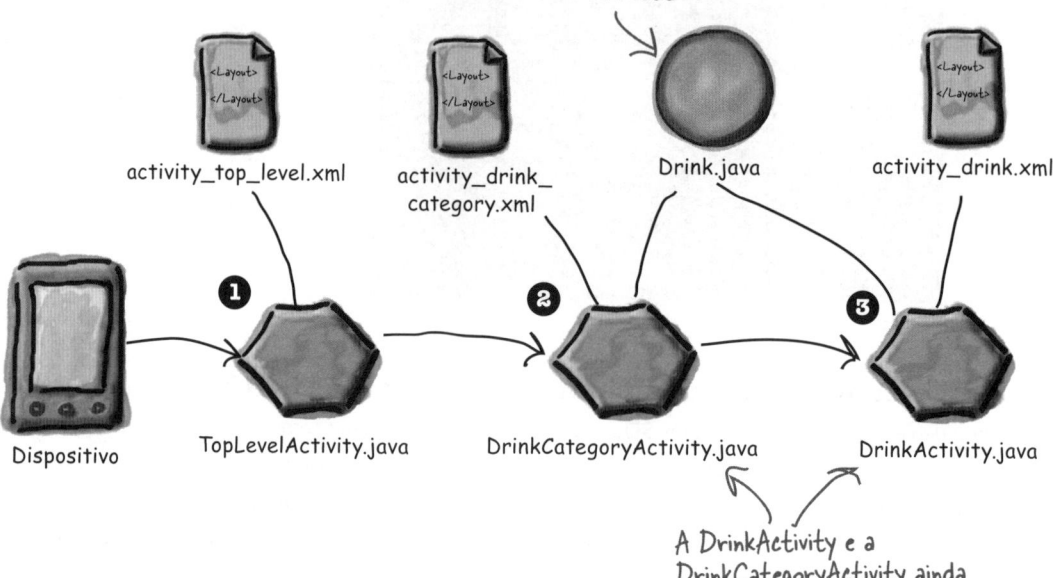

activity_top_level.xml   activity_drink_category.xml   Drink.java   activity_drink.xml

Dispositivo   TopLevelActivity.java   DrinkCategoryActivity.java   DrinkActivity.java

A DrinkActivity e a DrinkCategoryActivity ainda estão acessando o Drink.java.

658   Capítulo 16

A nova estrutura do app Starbuzz

Existem duas atividades que usam a classe Drink: DrinkActivity e DrinkCategoryActivity. Temos que alterar essas atividades para que elas passem a ler dados do banco de dados SQLite com assistência SQLite helper.

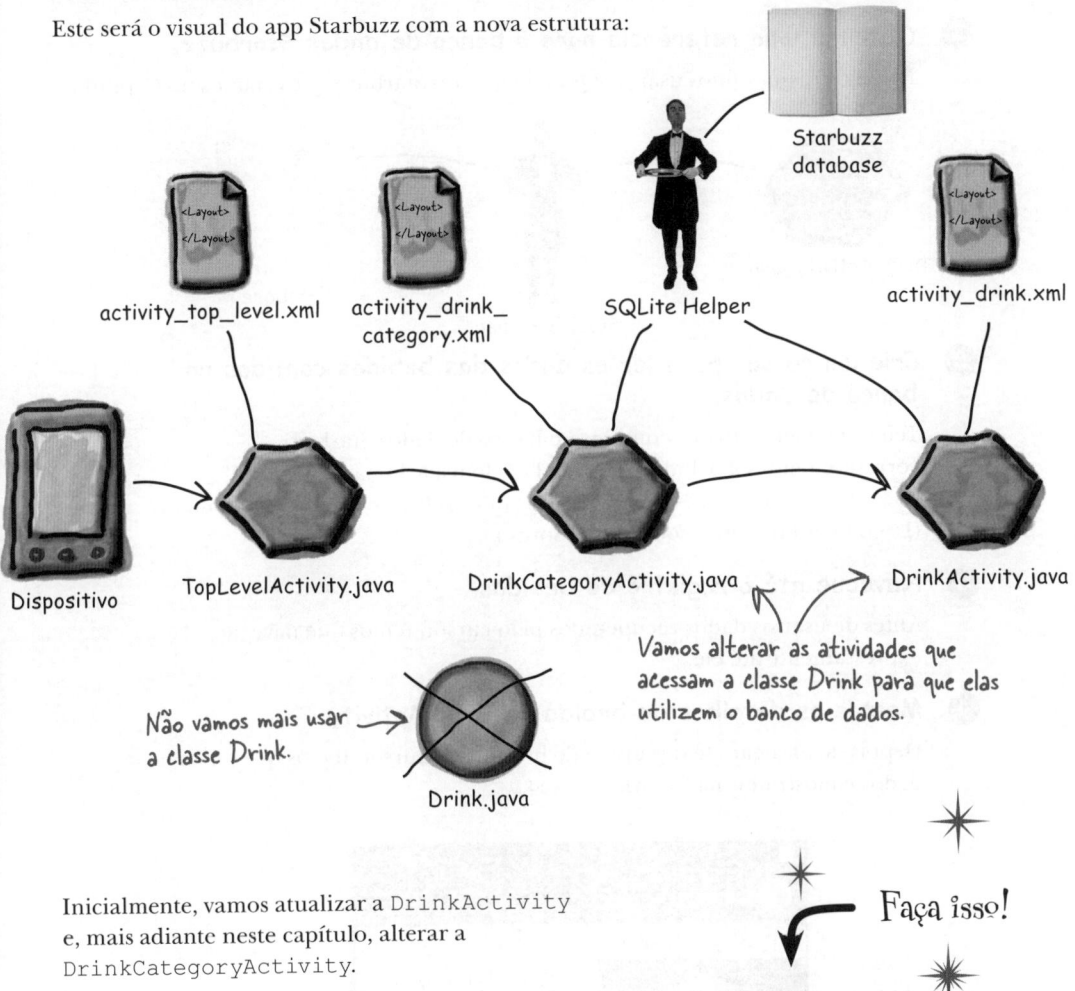

Este será o visual do app Starbuzz com a nova estrutura:

Dispositivo → **TopLevelActivity.java** (activity_top_level.xml) → **DrinkCategoryActivity.java** (activity_drink_category.xml) → **DrinkActivity.java** (activity_drink.xml)

SQLite Helper → Starbuzz database

Não vamos mais usar a classe Drink. → Drink.java ✗

Vamos alterar as atividades que acessam a classe Drink para que elas utilizem o banco de dados.

Inicialmente, vamos atualizar a DrinkActivity e, mais adiante neste capítulo, alterar a DrinkCategoryActivity.

Faça isso!

Vamos atualizar o app Starbuzz neste capítulo; portanto, abra o projeto Starbuzz no Android Studio.

etapas

Vamos alterar a DrinkActivity para usar o banco de dados Starbuzz

A operação de alterar a `DrinkActivity` para usar o banco de dados Starbuzz exige algumas etapas:

❶ Obtenha uma referência para o banco de dados Starbuzz.

Para fazer isso, vamos usar o SQLite helper do Starbuzz que criamos no Capítulo 15.

DrinkActivity.java — SQLite Helper — Starbuzz database

❷ Crie um cursor para ler os dados das bebidas contidos no banco de dados.

Temos que ler os dados contidos no banco de dados Starbuzz correspondentes à bebida selecionada pelo usuário na `DrinkCategoryActivity`. O cursor irá viabilizar o acesso a esses dados. (Logo mais falaremos sobre os cursores.)

❸ Navegue até o registro de bebidas.

Antes de usar os dados recuperados pelo cursor, temos que navegar expressamente até ele.

❹ Mostre os detalhes da bebida na DrinkActivity.

Depois de navegar até o registro de bebidas no cursor, temos que ler os dados e mostrá-los na `DrinkActivity`.

A DrinkActivity exibe os detalhes da bebida selecionada pelo usuário.

Latte
A couple of espresso shots with steamed milk

Antes de começar, vamos relembrar o código do *DrinkActivity.java* que criamos no Capítulo 7.

exibições e grupos de exibições

O código atual da DrinkActivity

→ **Referência do banco de dados**
- Crie o cursor
- Navegue até o registro
- Mostre a bebida

Confira abaixo o código atual do *DrinkActivity.java*. O método `onCreate()` obtém a ID da bebida selecionada pelo usuário, obtém os detalhes dessa bebida da classe `Drink` e, em seguida, preenche os views da atividade usando os atributos das bebidas. Temos que alterar o código do método `onCreate()` para obter dados do banco de dados Starbuzz.

```
package com.hfad.starbuzz;

...   ← Não vamos mostrar as
       instruções de importação.

public class DrinkActivity extends Activity {

    public static final String EXTRA_DRINKID = "drinkId";

    @Override
    protected void onCreate(Bundle savedInstanceState) {
        super.onCreate(savedInstanceState);
        setContentView(R.layout.activity_drink);

        //Pega a bebida do intent
        int drinkId = (Integer)getIntent().getExtras().get(EXTRA_DRINKID);
        Drink drink = Drink.drinks[drinkId];   ←

        //Preenche o nome da bebida
        TextView name = (TextView)findViewById(R.id.name);
        name.setText(drink.getName());

        //Preenche a descrição da bebida
        TextView description = (TextView)findViewById(R.id.description);
        description.setText(drink.getDescription());

        //Preenche a imagem da bebida
        ImageView photo = (ImageView)findViewById(R.id.photo);
        photo.setImageResource(drink.getImageResourceId());
        photo.setContentDescription(drink.getName());
    }
}
```

Starbuzz / app/src/main / java / com.hfad.starbuzz / **DrinkActivity.java**

Esta é a bebida selecionada pelo usuário.

Use a ID da bebida do intent para obter os detalhes da bebida da classe Drink. Vamos alterar esta operação para que a bebida venha do banco de dados.

Precisamos preencher os views no layout com os valores do banco de dados e não da classe Drink.

você está aqui ▶ **661**

obtenha a referência do banco de dados

Obtenha uma referência para o banco de dados

- Referência do banco de dados
- Crie o cursor
- Navegue até o registro
- Mostre a bebida

Inicialmente, temos que obter uma referência para o banco de dados Starbuzz usando o SQLite helper que criamos no capítulo anterior. Para fazer isso, primeiro você deve obter uma referência para o SQLite helper:

```
SQLiteOpenHelper starbuzzDatabaseHelper = new StarbuzzDatabaseHelper(this);
```

Este é um Context, que neste caso corresponde à atividade atual.

Em seguida, chame o `getReadableDatabase()` ou o `getWritableDatabase()` do SQLite helper para obter uma referência para o banco de dados. Use o método `getReadableDatabase()` para ter um acesso limitado à leitura do banco de dados e o método `getWritableDatabase()` para fazer atualizações. Os dois métodos retornam um objeto SQLiteDatabase que você pode utilizar para acessar o banco de dados:

```
SQLiteDatabase db = starbuzzDatabaseHelper.getReadableDatabase();
```

ou:

```
SQLiteDatabase db = starbuzzDatabaseHelper.getWritableDatabase();
```

Se o Android falhar em obter uma referência para o banco de dados, uma SQLiteException aparecerá. Isso pode ocorrer, por exemplo, se você chamar o `getWritableDatabase()` para obter acesso ao banco de dados com capacidade de leitura/escrita, mas não puder escrever no banco de dados porque o disco está cheio.

Neste caso específico, precisamos apenas ler os dados do banco de dados; portanto, vamos usar o método `getReadableDatabase()`. Quando o Android não puder obter uma referência para o banco de dados e aparecer uma SQLiteException, vamos usar um Toast (uma mensagem pop-up) para indicar ao usuário que o banco de dados está indisponível:

```
SQLiteOpenHelper starbuzzDatabaseHelper = new StarbuzzDatabaseHelper(this);
try {
    SQLiteDatabase db = starbuzzDatabaseHelper.getReadableDatabase();
    //Código para ler dados do banco de dados
} catch(SQLiteException e) {
    Toast toast = Toast.makeText(this,
                    "Database unavailable",
                    Toast.LENGTH_SHORT);
    toast.show();  ← Esta linha exibe o toast.
}
```

Estas linhas criam um Toast que exibirá a mensagem "Database unavailable" durante alguns segundos.

Depois de obter uma referência para o banco de dados, você pode obter dados desse banco usando um cursor. A seguir, falaremos mais sobre cursores.

Database unavailable

exibições e grupos de exibições

Use um cursor para obter dados do banco de dados

- ✓ Referência do banco de dados
- → ☐ Crie o cursor
- ☐ Navegue até o registro
- ☐ Mostre a bebida

Como vimos no Capítulo 15, um **cursor** permite que você leia e escreva no banco de dados. Quando você especifica os dados que devem ser acessados, o cursor retira os registros correspondentes do banco de dados. Em seguida, você poderá navegar pelos registros fornecidos pelo cursor.

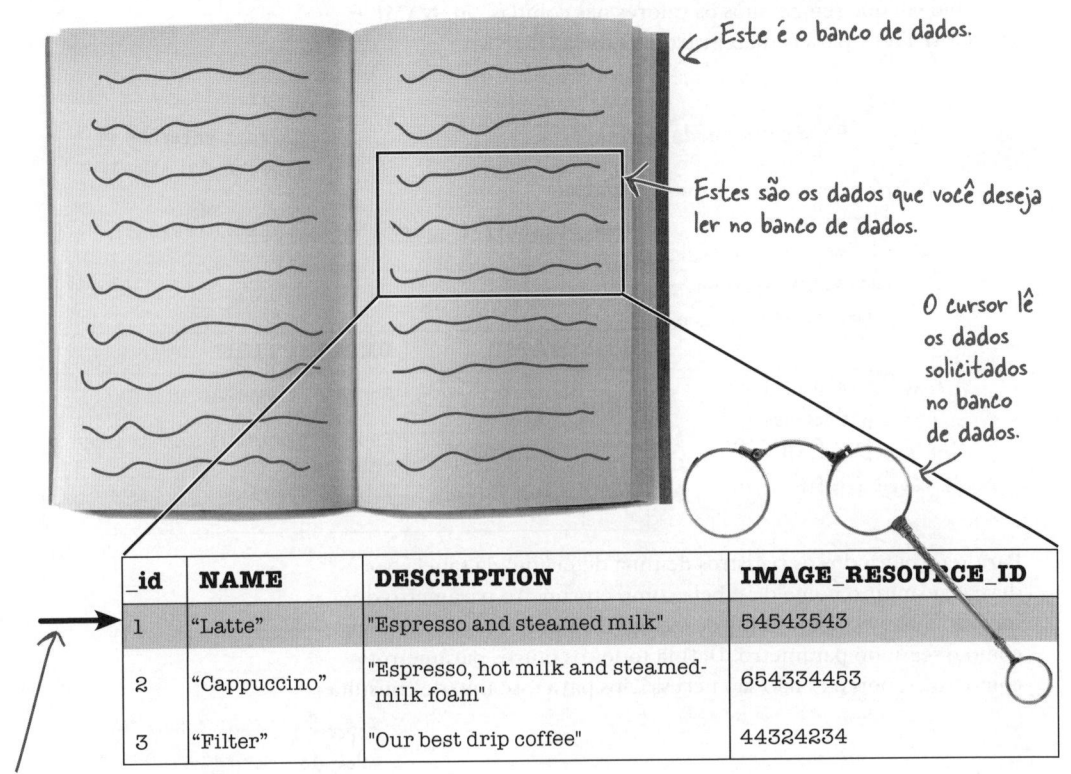

← Este é o banco de dados.

← Estes são os dados que você deseja ler no banco de dados.

O cursor lê os dados solicitados no banco de dados.

_id	NAME	DESCRIPTION	IMAGE_RESOURCE_ID
1	"Latte"	"Espresso and steamed milk"	54543543
2	"Cappuccino"	"Espresso, hot milk and steamed-milk foam"	654334453
3	"Filter"	"Our best drip coffee"	44324234

Você navega por cada registro fornecido pelo cursor e lê os respectivos valores.

Para criar um cursor, você deve usar um **database query** (consulta de banco de dados). O database query permite que você especifique quais registros devem ser acessados no banco de dados. Por exemplo, você pode especificar que deseja acessar todos os registros da tabela DRINK ou apenas um registro em particular. Em seguida, esses registros serão retornados no cursor.

Para criar um cursor, use o método `query()` do `SQLiteDatabase`:

O método query() retorna um objeto Cursor. → `Cursor cursor = db.query(...);`

Os parâmetros do método query() devem ser inseridos aqui. Vamos falar mais sobre eles nas próximas páginas.

Esse método tem várias versões sobrecarregadas e com diferentes parâmetros. Mas, em vez de abordar cada variação, vamos mostrar apenas as formas mais comuns de utilizá-lo.

você está aqui ▶ 663

query()

Retorne todos os registros de uma tabela

☑ Referência do banco de dados
☐ Crie o cursor
☐ Navegue até o registro
☐ Mostre a bebida

O tipo mais simples de database query é o que retorna todos os registros de uma determinada tabela do banco de dados. Esse recurso é útil para, por exemplo, mostrar uma lista com todos os registros em uma atividade. Confira este exemplo em que retornamos os valores nas colunas _id, NAME e DESCRIPTION para cada registro na tabela DRINK:

Este é o nome da tabela.
Queremos retornar os valores nestas colunas.

```
Cursor cursor = db.query("DRINK",
                         new String[] {"_id","NAME", "DESCRIPTION"},
                         null, null, null, null, null);
```

Defina estes parâmetros como null para retornar todos os registros de uma tabela.

A consulta retorna todos os dados das colunas _id, NAME e DESCRIPTION da tabela DRINK.

_id	NAME	DESCRIPTION
1	"Latte"	"Espresso and steamed milk"
2	"Cappuccino"	"Espresso, hot milk and steamed-milk foam"
3	"Filter"	"Our best drip coffee"

Para retornar todos os registros de uma determinada tabela, você deve transmitir o nome da tabela como o primeiro parâmetro do método `query()` e um array de strings com os nomes das colunas como o segundo parâmetro. Defina todos os outros parâmetros como `null`, pois eles não são necessários para esse tipo de consulta.

Especifique cada coluna cujo valor deva ser retornado em um array de strings.

```
Cursor cursor = db.query("TABLE_NAME",
                         new String[] {"COLUMN1","COLUMN2"},
                         null, null, null, null, null);
```

Você deve definir como null estes cinco parâmetros extras.

A seguir, vamos aprender a retornar os registros em uma ordem específica.

Nos bastidores, o Android usa o método query() para construir uma instrução SQL SELECT.

exibições e grupos de exibições

Retorne os registros em uma ordem específica

☑ Referência do banco de dados
☐ Crie o cursor
☐ Navegue até o registro
☐ Mostre a bebida

Para exibir dados em uma ordem específica no app, você deve usar uma consulta para selecionar os dados de uma coluna específica. Esse recurso é útil para, por exemplo, exibir os nomes das bebidas em ordem alfabética.

Por padrão, os dados aparecem na tabela por ordem de _id, pois essa foi a ordem em que os dados foram inseridos:

_id	NAME	DESCRIPTION	IMAGE_RESOURCE_ID	FAVORITE
1	"Latte"	"Espresso and steamed milk"	54543543	0
2	"Cappuccino"	"Espresso, hot milk and steamed-milk foam"	654334453	0
3	"Filter"	"Our best drip coffee"	44324234	1

Para recuperar os dados das colunas _id, NAME e FAVORITE em ordem crescente de NAME, use o seguinte código:

```
Cursor cursor = db.query("DRINK",
        new String[] {"_id", "NAME", "FAVORITE"},
        null, null, null, null,
        "NAME ASC");
```
← Utilize a ordem crescente de NAME.

_id	NAME	FAVORITE
2	"Cappuccino"	0
3	"Filter"	1
1	"Latte"	0

A palavra-chave ASC indica que a coluna deve ficar em ordem crescente. As colunas são dispostas em ordem crescente por padrão; então, você pode omitir o ASC se quiser. Para organizar os dados em ordem decrescente, use DESC.

Você também pode organizar múltiplas colunas. Confira este exemplo, em que dispomos os dados de forma decrescente por FAVORITE e crescente por NAME:

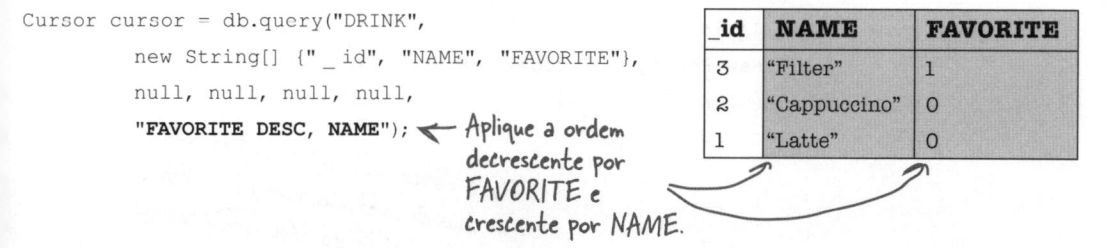

```
Cursor cursor = db.query("DRINK",
        new String[] {"_id", "NAME", "FAVORITE"},
        null, null, null, null,
        "FAVORITE DESC, NAME");
```
← Aplique a ordem decrescente por FAVORITE e crescente por NAME.

_id	NAME	FAVORITE
3	"Filter"	1
2	"Cappuccino"	0
1	"Latte"	0

A seguir, vamos aprender a retornar registros selecionados do banco de dados.

especifique as condições

Retorne registros selecionados

Para filtrar os dados, você deve declarar as condições a que os dados devem atender, como fizemos no Capítulo 15. Confira este exemplo, em que retornamos os registros de bebidas com nome "Latte" contidos na tabela DRINK:

- ☑ **Referência do banco de dados**
- ☐ **Crie o cursor**
- ☐ **Navegue até o registro**
- ☐ **Mostre a bebida**

```
Cursor cursor = db.query("DRINK",
                new String[] {"_id", "NAME", "DESCRIPTION"},
                "NAME = ?",
                new String[] {"Latte"},
                null, null, null);
```

Estas são as colunas que devem ser retornadas.

Queremos retornar os registros com valor "Latte" na coluna NAME.

O terceiro e o quarto parâmetros na consulta descrevem as condições aplicáveis aos dados.

O terceiro parâmetro especifica a coluna na condição. No exemplo indicado acima, queremos retornar os registros como valor "Latte" na coluna NAME; portanto, usamos `"NAME = ?"`. Queremos que o valor na coluna NAME seja igual a algum valor, e o símbolo ? deixa um espaço reservado para esse valor.

_id	NAME	DESCRIPTION
1	"Latte"	"Espresso and steamed milk"

A consulta retorna todos os dados nas colunas NAME e DESCRIPTION da tabela DRINK com valor "Latte" na coluna NAME.

O quarto parâmetro é um array de strings que especifica o valor da condição. No exemplo indicado acima, queremos atualizar os registros com valor "Latte" na coluna NAME; para isso, usamos o seguinte código:

```
new String[] {"Latte"};
```

O valor da condição deve ser um array de strings, mesmo que a coluna indicando condição contenha outro tipo de dados. Confira este exemplo, em que retornamos os registros de bebidas com _id 1 na tabela DRINK:

```
Cursor cursor = db.query("DRINK",
                new String[] {"_id", "NAME", "DESCRIPTION"},
                "_id = ?",
                new String[] {Integer.toString(1)},
                null, null, null);
```

Converta o int 1 em um valor de string.

Agora que você conhece as formas mais comuns de usar o método `query()` para criar um cursor, faça o exercício a seguir para construir o cursor que será incluído no *DrinkActivity.java*.

Para obter mais informações sobre os usos do método query(), visite a documentação do SQLiteDatabase (conteúdo em inglês):
https://developer.android.com/reference/android/database/sqlite/SQLiteDatabase.html

exibições e grupos de exibições

Ímãs de Código

No código da `DrinkActivity`, queremos obter o nome, a descrição e a ID do recurso de imagem correspondentes à ID da bebida transmitida no intent. Tente criar um cursor para realizar essa operação.

```
...
int drinkId = (Integer)getIntent().getExtras().get(EXTRA_DRINKID);


//Cria um cursor
SQLiteOpenHelper starbuzzDatabaseHelper = new StarbuzzDatabaseHelper(this);
try {
    SQLiteDatabase db = starbuzzDatabaseHelper.getReadableDatabase();

    Cursor cursor = db.query(..................,

            new String[] {........................, ........................, ........................},

            "........................",

            new String[] {........................................................},

            null, null, null);
} catch(SQLiteException e) {
    Toast toast = Toast.makeText(this, "Database unavailable", Toast.LENGTH_SHORT);
    toast.show();
}
...
```

Você não precisa usar todos estes ímãs.

`toString`   `"NAME"`   `drinkId`   `"DRINK"`   `"IMAGE_RESOURCE_ID"`

`)`   `_id`   `"DESCRIPTION"`   `?`   `Integer`   `=`   `(`   `id`   `.`

Ímãs de Código — Solução

No código da `DrinkActivity`, queremos obter o nome, a descrição e a ID do recurso de imagem correspondentes à ID da bebida transmitida no intent. Tente criar um cursor para realizar essa operação.

```
...
int drinkId = (Integer)getIntent().getExtras().get(EXTRA_DRINKID);

//Cria um cursor
SQLiteOpenHelper starbuzzDatabaseHelper = new StarbuzzDatabaseHelper(this);
try {
    SQLiteDatabase db = starbuzzDatabaseHelper.getReadableDatabase();
                                         Queremos acessar a                Obtenha NAME, DESCRIPTION e
                                         tabela DRINK.                     IMAGE_RESOURCE_ID.
    Cursor cursor = db.query("DRINK",
             new String[] {"NAME", "DESCRIPTION", "IMAGE_RESOURCE_ID"},
             "_id = ?",  ← Onde _id seja igual a drinkId
             new String[] {Integer.toString(drinkId)},
                                                   ↑
                                   O drinkId é um int e, portanto,
                                   foi convertido em uma string.
             null, null, null);
} catch(SQLiteException e) {
    Toast toast = Toast.makeText(this, "Database unavailable", Toast.LENGTH_SHORT);
    toast.show();
}
...
```

Você não precisou usar este ímã. ↓ `id`

exibições e grupos de exibições

O código atual da DrinkActivity

☑ Referência do banco de dados
➡ ☑ **Crie o cursor**
☐ Navegue até o registro
☐ Mostre a bebida

Queremos alterar o método `onCreate()` do *DrinkActivity.java* para que a `DrinkActivity` obtenha os dados das bebidas do banco de dados Starbuzz e não da classe Java `Drink`. Este é o estado atual do código (recomendamos que você espere até conferir o código *completo* daqui a algumas páginas antes de atualizar sua versão do *DrinkActivity.java*):

O código do Starbuzz usa a classe Activity, mas podemos alterar o código para usar a AppCompatActivity, se for o caso.

```
package com.hfad.starbuzz;
...
public class DrinkActivity extends Activity {

    public static final String EXTRA_DRINKID = "drinkId";

    @Override
    protected void onCreate(Bundle savedInstanceState) {
        super.onCreate(savedInstanceState);
        setContentView(R.layout.activity_drink);

        //Pega a bebida do intent
        int drinkId = (Integer)getIntent().getExtras().get(EXTRA_DRINKID);
        Drink drink = Drink.drinks[drinkId];

        //Cria um cursor
        SQLiteOpenHelper starbuzzDatabaseHelper = new StarbuzzDatabaseHelper(this);
        try {
            SQLiteDatabase db = starbuzzDatabaseHelper.getReadableDatabase();
            Cursor cursor = db.query ("DRINK",
                    new String[] {"NAME", "DESCRIPTION", "IMAGE_RESOURCE_ID"},
                    "_id = ?",
                    new String[] {Integer.toString(drinkId)},
                    null, null, null);
        } catch(SQLiteException e) {
            Toast toast = Toast.makeText(this, "Database unavailable", Toast.LENGTH_SHORT);
            toast.show();
        }
        ...
    }
}
```

Vamos adicionar o código ao método onCreate().

Starbuzz / **app/src/main** / **java** / **com.hfad.starbuzz** / **DrinkActivity.java**

Não vamos mais obter as bebidas do Drink.java.

Crie um cursor para obter o nome, a descrição e a ID do recurso de imagem da bebida selecionada pelo usuário.

Obtenha uma referência para o banco de dados.

Mostre uma mensagem pop-up caso a SQLiteException apareça.

Não mudamos nada em outras partes do código, mas você não precisa vê-las agora.

Agora que criamos um cursor, vamos obter o nome da bebida, sua descrição e a respectiva ID do recurso de imagem do cursor para atualizar os views da `DrinkActivity`.

navegue pelos registros

Navegue pelo cursor para ler seus registros

☑ **Referência do banco de dados**
☑ **Crie o cursor**
→ ☐ **Navegue até o registro**
☐ **Mostre a bebida**

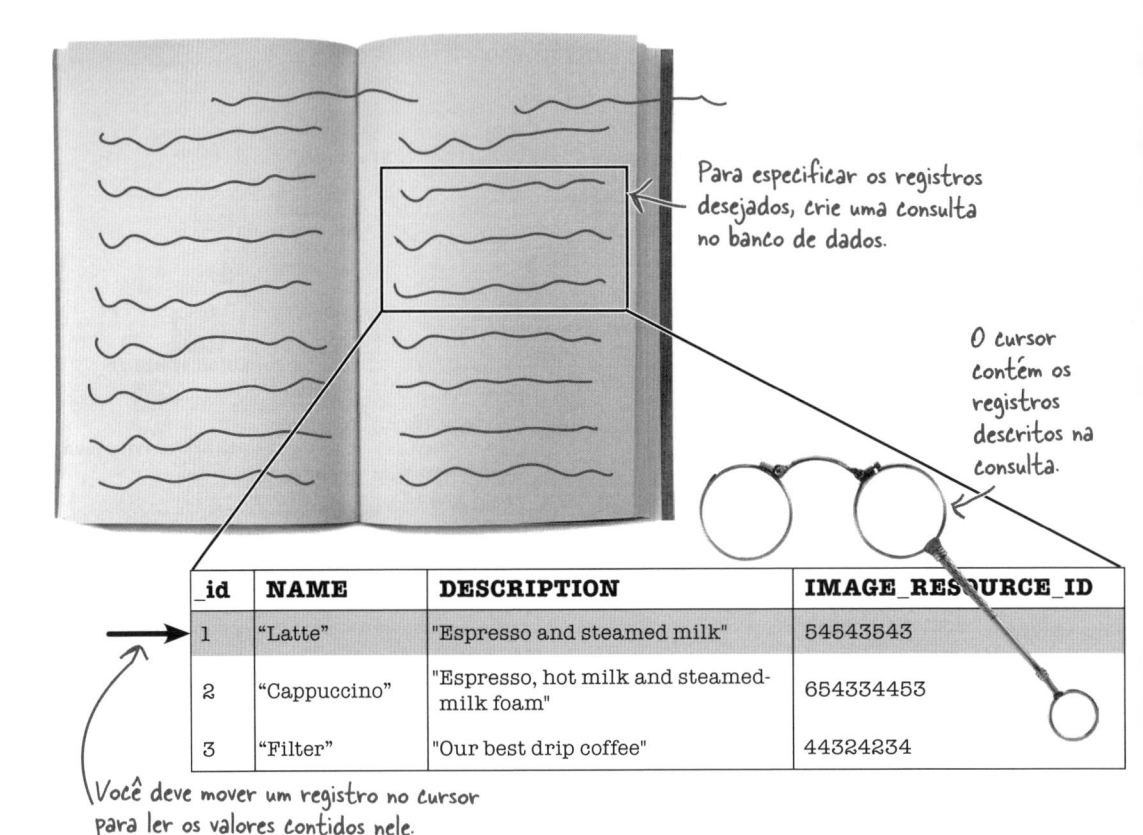

Até aqui, você aprendeu a criar um cursor, obter uma referência para um `SQLiteDatabase` e utilizar seu método `query()` para indicar os dados a serem retornados pelo cursor. Mas a história não fica por aí: quando temos um cursor, precisamos ler os valores contidos nele.

Para recuperar valores de um determinado registro, você deve primeiro navegar até esse registro.

Para especificar os registros desejados, crie uma consulta no banco de dados.

O cursor contém os registros descritos na consulta.

_id	NAME	DESCRIPTION	IMAGE_RESOURCE_ID
1	"Latte"	"Espresso and steamed milk"	54543543
2	"Cappuccino"	"Espresso, hot milk and steamed-milk foam"	654334453
3	"Filter"	"Our best drip coffee"	44324234

Você deve mover um registro no cursor para ler os valores contidos nele.

Nesse caso específico, o cursor é formado por um único registro que contém os detalhes da bebida selecionada pelo usuário. Temos que navegar até esse registro para ler os detalhes da bebida.

exibições e grupos de exibições

Navegue pelos cursores

☑ **Referência do banco de dados**
☑ **Crie o cursor**
➡ ☐ **Navegue até o registro**
☐ **Mostre a bebida**

Você pode usar quatro métodos principais para navegar pelos registros em um cursor: `moveToFirst()`, `moveToLast()`, `moveToPrevious()` e `moveToNext()`.

Para ir para o primeiro registro em um cursor, use seu método `moveToFirst()`. Esse método retorna o valor `true` quando encontra um registro e `false` quando não retorna nenhum registro:

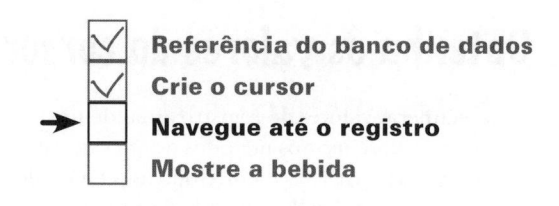

Vá para a primeira linha.

```
if (cursor.moveToFirst()) {
     //Faça alguma coisa
};
```

NAME	DESCRIPTION
"Latte"	"Espresso and steamed milk"
Cappuccino	"Espresso, hot milk and steamed-milk foam"
Filter	"Our best drip coffee"

Para ir ao último registro, use o método `moveToLast()`. Como o método `moveToFirst()`, ele retorna um valor true se encontrar um registro e false se não encontrar nenhum:

```
if (cursor.moveToLast()) {
     //Faça alguma coisa
};
```

NAME	DESCRIPTION
"Latte"	"Espresso and steamed milk"
Cappuccino	"Espresso, hot milk and steamed-milk foam"
Filter	"Our best drip coffee"

Vá para a última linha.

Para se movimentar pelos registros no cursor, você deve usar os métodos `moveToPrevious()` e `moveToNext()`.

Com o método `moveToPrevious()`, você será remetido para o registro anterior no cursor. Esse método retorna `true` quando consegue ir para o registro anterior e `false` quando não consegue (se estiver no primeiro registro, por exemplo):

```
if (cursor.moveToPrevious()) {
     //Faça alguma coisa
};
```

NAME	DESCRIPTION
"Latte"	"Espresso and steamed milk"
Cappuccino	"Espresso, hot milk and steamed-milk foam"
Filter	"Our best drip coffee"

Vá para a linha anterior.

O método `moveToNext()` funciona de modo parecido com o método `moveToPrevious()`, mas o remete ao registro seguinte no cursor:

```
if (cursor.moveToNext()) {
     //Faça alguma coisa
};
```

NAME	DESCRIPTION
"Latte"	"Espresso and steamed milk"
Cappuccino	"Espresso, hot milk and steamed-milk foam"
Filter	"Our best drip coffee"

Vá para a próxima linha.

Neste caso, queremos ler os valores do primeiro (e único) registro no cursor; portanto, vamos usar o método `moveToFirst()` para navegar até esse registro.

Depois de navegar para um registro no cursor, você pode acessar seus valores. Vamos aprender a fazer isso a seguir.

obtenha os valores

Obtenha os valores do cursor

Para recuperar valores do registro atual de um cursor, você deve usar os métodos get*() do cursor: getString(), getInt(), entre outros. O método específico a ser utilizado depende do tipo de valor que você pretende recuperar. Para obter um valor de string, por exemplo, você deve usar o método getString(); para obter um valor int, use o getInt(). Cada método opera com um único parâmetro: o índice da coluna que contém o valor a ser recuperado, a partir de 0.

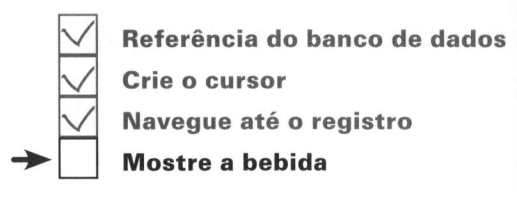

☑ Referência do banco de dados
☑ Crie o cursor
☑ Navegue até o registro
☐ **Mostre a bebida**

Confira este exemplo, em que usamos uma consulta para criar o cursor:

```
Cursor cursor = db.query ("DRINK",
                new String[] {"NAME", "DESCRIPTION", "IMAGE_RESOURCE_ID"},
                "_id = ?",
                new String[] {Integer.toString(1)},
                null, null, null);
```

O cursor tem três colunas: NAME, DESCRIPTION e IMAGE_RESOURCE_ID. As duas primeiras colunas (NAME e DESCRIPTION) contêm strings; a terceira coluna (IMAGE_RESOURCE_ID) contém valores int.

Estas são as colunas do cursor.

NAME	DESCRIPTION	IMAGE_RESOURCE_ID
"Latte"	"Espresso and steamed milk"	54543543

Coluna 0 ↓ | Coluna 1 ↓ | Coluna 2 ↓

Imagine que você pretende obter o valor da coluna NAME para o registro atual. NAME é a primeira coluna no cursor e contém valores de string. Nessa situação, você deve usar o método getString(), transmitindo como parâmetro o índice de coluna 0:

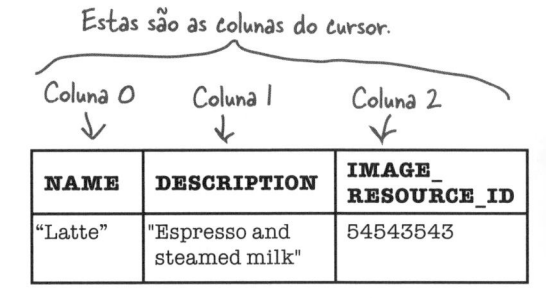

```
String name = cursor.getString(0);
```
← A NAME é a coluna 0 e contém strings.

Do mesmo modo, imagine que você pretende obter o conteúdo da coluna IMAGE_RESOURCE_ID. Essa coluna tem o índice 2 e contém valores int; portanto, use o seguinte código:

```
int imageResource = cursor.getInt(2);
```
← A IMAGE_RESOURCE_ID é a coluna 2 e contém ints.

Finalmente, feche o cursor e o banco de dados

Depois de recuperar os valores do cursor, você deve fechar o cursor e o banco de dados para liberar seus recursos. Para fazer isso, chame os métodos **close()** do cursor e do banco de dados:

```
cursor.close();
db.close();
```
Estas linhas fecham o cursor e o banco de dados.

Agora você já conhece todo o código necessário para que a DrinkActivity obtenha dados do banco de dados Starbuzz. A seguir, vamos conferir o código revisado completo.

Para obter mais detalhes sobre os métodos get do cursor, vá para http://developer.android.com/reference/android/database/Cursor.html (conteúdo em inglês).

exibições e grupos de exibições

O código da DrinkActivity

Este é o código completo do *DrinkActivity.java* (faça as alterações destacadas em negrito no código e salve o arquivo):

- ☑ Referência do banco de dados
- ☑ Crie o cursor
- ☑ Navegue até o registro
- ➡ ☐ **Mostre a bebida**

```
package com.hfad.starbuzz;

import android.app.Activity;
import android.os.Bundle;
import android.widget.ImageView;
import android.widget.TextView;
import android.widget.Toast;
import android.database.Cursor;
import android.database.sqlite.SQLiteDatabase;
import android.database.sqlite.SQLiteException;
import android.database.sqlite.SQLiteOpenHelper;
```

Estamos usando estas classes extras no código.

Starbuzz
app/src/main
java
com.hfad.starbuzz
DrinkActivity.java

```
public class DrinkActivity extends Activity {

    public static final String EXTRA_DRINKID = "drinkId";

    @Override
    protected void onCreate(Bundle savedInstanceState) {
        super.onCreate(savedInstanceState);
        setContentView(R.layout.activity_drink);

        //Pega a bebida do intent
        int drinkId = (Integer)getIntent().getExtras().get(EXTRA_DRINKID);
        Drink drink = Drink.drinks[drinkId];
        //Cria um cursor
        SQLiteOpenHelper starbuzzDatabaseHelper = new StarbuzzDatabaseHelper(this);
        try {
            SQLiteDatabase db = starbuzzDatabaseHelper.getReadableDatabase();
            Cursor cursor = db.query ("DRINK",
                            new String[] {"NAME", "DESCRIPTION", "IMAGE_RESOURCE_ID"},
                            "_id = ?",
                            new String[] {Integer.toString(drinkId)},
                            null, null, null);
```

Esta é a ID da bebida selecionada pelo usuário.

Não vamos mais obter os dados do array de bebidas; portanto, temos que excluir esta linha.

Crie um cursor para obter os dados de NAME, DESCRIPTION e IMAGE_RESOURCE_ID da tabela DRINK onde _id for igual a drinkId.

O código continua na próxima página.

você está aqui ▶ 673

código, continuação

O código da DrinkActivity (continuação)

- ☑ Referência do banco de dados
- ☑ Crie o cursor
- ☑ Navegue até o registro
- → ☑ **Mostre a bebida**

O nome da bebida é o primeiro item no cursor; a descrição é a segunda coluna e a ID do recurso de imagem é a terceira. Isso porque orientamos o cursor a usar as colunas NAME, DESCRIPTION e IMAGE_RESOURCE_ID do banco de dados nessa ordem.

Quando uma SQLiteException aparece, isso indica que há um problema no banco de dados. Neste caso, vamos usar um toast para exibir uma mensagem para o usuário.

```java
        //Move para o primeiro registro do Cursor
        if (cursor.moveToFirst()) {
```
Só há um registro no cursor, mas ainda temos que movê-lo.

```java
            //Obter os detalhes da bebida do cursor
            String nameText = cursor.getString(0);
            String descriptionText = cursor.getString(1);
            int photoId = cursor.getInt(2);

            //Preencher o nome da bebida
            TextView name = (TextView)findViewById(R.id.name);
            name.setText(drink.getName());
            name.setText(nameText);
```
Defina o nome da bebida usando o valor do banco de dados.

```java
            //Preencher a descrição da bebida
            TextView description = (TextView)findViewById(R.id.description);
            description.setText(drink.getDescription());
            description.setText(descriptionText);
```
Use a descrição da bebida do banco de dados.

```java
            //Preencher com a imagem da bebida
            ImageView photo = (ImageView)findViewById(R.id.photo);
            photo.setImageResource(drink.getImageResourceId());
            photo.setContentDescription(drink.getName());
            photo.setImageResource(photoId);
            photo.setContentDescription(nameText);
        }
        cursor.close();
        db.close();
    } catch(SQLiteException e) {
        Toast toast = Toast.makeText(this,
                "Database unavailable",
                Toast.LENGTH_SHORT);
        toast.show();
    }
  }
}
```
Feche o cursor e o banco de dados.

Defina a ID do recurso de imagem e a descrição usando os valores do banco de dados.

Starbuzz / app/src/main / java / com.hfad.starbuzz / DrinkActivity.java

Este é o código completo da `DrinkActivity`. Vamos analisar o desenvolvimento até agora e o que precisamos fazer em seguida.

> **Relaxe**
>
> Para conectar atividades a um banco de dados, é necessário muito mais código do que uma classe Java.
>
> Mas, se você estudar com calma o código indicado neste capítulo, vai dar tudo certo.

exibições e grupos de exibições

O que fizemos até aqui

Agora que finalizamos a atualização do código do *DrinkActivity.java*, vamos conferir o diagrama da estrutura do app para determinar o que fizemos e o que precisamos fazer em seguida.

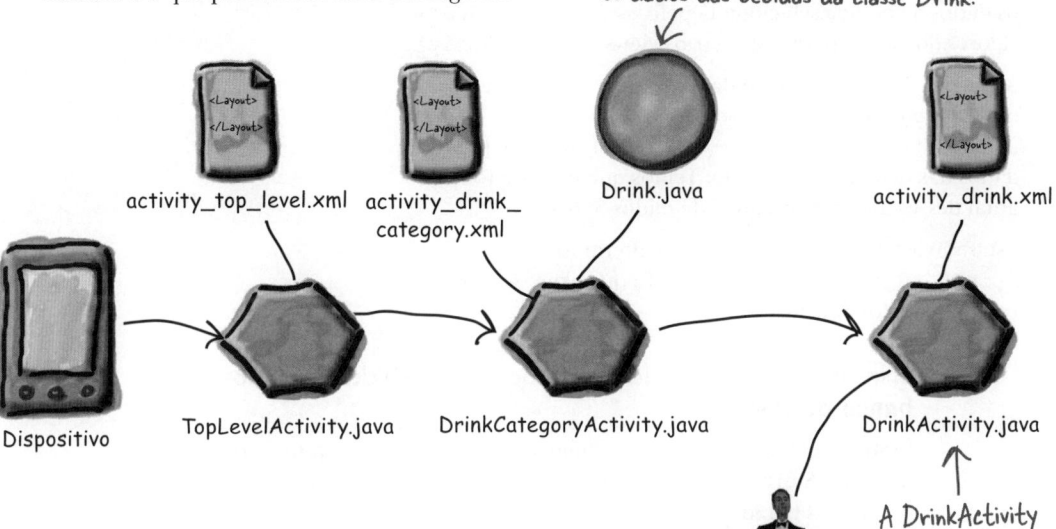

A DrinkCategoryActivity ainda recebe os dados das bebidas da classe Drink.

activity_top_level.xml   activity_drink_category.xml   Drink.java   activity_drink.xml

Dispositivo   TopLevelActivity.java   DrinkCategoryActivity.java   DrinkActivity.java

A DrinkActivity agora obtém os dados das bebidas do banco de dados Starbuzz. A seguir, temos que atualizar o código da DrinkCategoryActivity para usar os dados do banco de dados e não da classe Java Drink. Vamos conferir as etapas dessa operação na próxima página.

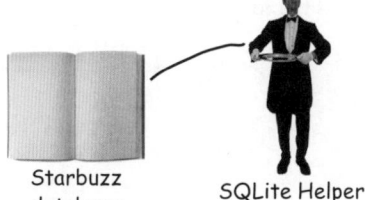

Starbuzz database   SQLite Helper

A DrinkActivity foi alterada para obter dados do banco de dados Starbuzz através do SQLite helper.

não existem Perguntas Idiotas

P: Tenho que dominar o SQL para criar cursores?

R: É recomendável conhecer as instruções SQL SELECT, pois o método query() é traduzido em uma dessas instruções nos bastidores. Em geral, as consultas quase nunca são muito complexas, mas dominar o SQL é uma habilidade útil.

Para aprender mais sobre o SQL, recomendamos o livro *Use a Cabeça! SQL* de Lynn Beighley.

P: Você disse que, se não for possível acessar o banco de dados, aparecerá uma SQLiteException. Como devo lidar com essa situação?

R: Primeiro, verifique os detalhes da exceção. A exceção pode ter sido causada por um erro na sintaxe do SQL, que você pode corrigir.

A forma como você vai lidar com essa situação depende do impacto do problema sobre o app. Por exemplo, se você tiver acesso ao banco de dados no modo somente leitura e não puder escrever nele, poderá ainda assim oferecer ao usuário acesso ao banco de dados no modo somente leitura; mas, nesse caso, você talvez tenha que dizer ao usuário que não poderá salvar as alterações que ele fizer. No final das contas, depende do app.

mais etapas

Como vamos alterar a DrinkCategoryActivity para usar o banco de dados Starbuzz

Quando atualizamos a DrinkActivity para ler os dados do banco de dados Starbuzz, criamos um cursor para ler os dados da bebida selecionada pelo usuário e usamos os valores do cursor para atualizar os views da DrinkActivity.

A etapas para a atualização da DrinkCategoryActivity são um pouco diferentes. Isso porque a DrinkCategoryActivity exibe um list view que usa os dados das bebidas como fonte. Temos que trocar a fonte atual desses dados pelo banco de dados Starbuzz.

Estas são as etapas necessárias para alterar a DrinkCategoryActivity de modo que ela passe a usar o banco de dados Starbuzz:

❶ Crie um cursor para ler os dados das bebidas contidos no banco de dados.

Como fizemos anteriormente, temos que obter uma referência para o banco de dados Starbuzz. Em seguida, vamos criar um cursor para recuperar os nomes das bebidas da tabela DRINK.

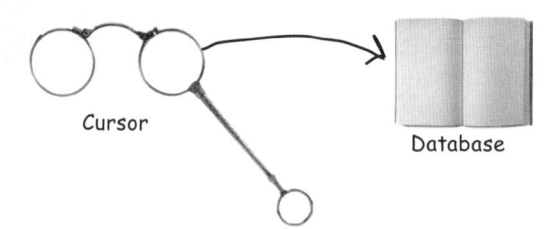

Cursor → Database

❷ Substitua o array adapter do list view por um cursor adapter.

Atualmente, o list view usa um array adapter para obter os nomes das bebidas. Isso porque os dados estão armazenados em um array na classe Drink. Como agora vamos acessar os dados usando um cursor, precisamos de um cursor adapter.

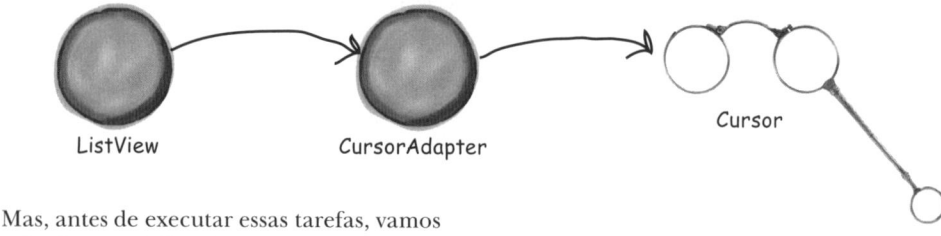

ListView → CursorAdapter → Cursor

Mas, antes de executar essas tarefas, vamos relembrar o código do *DrinkCategoryActivity.java* que criamos no Capítulo 7.

exibições e grupos de exibições

O código atual da DrinkCategoryActivity

→ Crie o cursor
Cursor adapter

Vamos relembrar o formato do código atual do *DrinkCategoryActivity.java*. O método `onCreate()` preenche um list view com bebidas usando um array adapter. O método `onListItemClick()` adiciona a bebida selecionada pelo usuário a um intent e, em seguida, inicia a DrinkActivity:

A DrinkCategoryActivity exibe uma lista de bebidas.

```
package com.hfad.starbuzz;

...

public class DrinkCategoryActivity extends Activity {

    @Override
    protected void onCreate(Bundle savedInstanceState) {
        super.onCreate(savedInstanceState);
        setContentView(R.layout.activity_drink_category);
        ArrayAdapter<Drink> listAdapter = new ArrayAdapter<>(
                this,
                android.R.layout.simple_list_item_1,
                Drink.drinks);
        ListView listDrinks = (ListView) findViewById(R.id.list_drinks);
        listDrinks.setAdapter(listAdapter);

        //Cria um ouvinte para ouvir os cliques na exibição de lista
        AdapterView.OnItemClickListener itemClickListener =
                new AdapterView.OnItemClickListener(){
                    public void onItemClick(AdapterView<?> listDrinks,
                                            View itemView,
                                            int position,
                                            long id) {
                        //Passe a bebida em que o usuário clica para DrinkActivity
                        Intent intent = new Intent(DrinkCategoryActivity.this,
                                DrinkActivity.class);
                        intent.putExtra(DrinkActivity.EXTRA_DRINKID, (int) id);
                        startActivity(intent);
                    }
                };

        //Atribui o ouvinte à exibição da lista
        listDrinks.setOnItemClickListener(itemClickListener);
    }
}
```

Starbuzz
app/src/main
java
com.hfad.starbuzz
DrinkCategory Activity.java

No momento, estamos usando um ArrayAdapter para vincular um array ao ListView. Temos que substituir este código para que os dados venham de um banco de dados.

você está aqui ▶   677

obtenha a referência do banco de dados

Obtenha uma referência para o banco de dados do Starbuzz...

→ ☐ **Crie o cursor**
  ☐ **Cursor adapter**

Temos que alterar a `DrinkCategoryActivity` para obter dados do banco de dados Starbuzz. Como antes, temos que criar um cursor para retornar os dados que precisamos.

Para começar, vamos obter uma referência para o banco de dados. Só precisamos ler os dados das bebidas, não atualizá-los; portanto, vamos usar o método `getReadableDatabase()` como fizemos anteriormente:

```
SQLiteOpenHelper starbuzzDatabaseHelper = new StarbuzzDatabaseHelper(this);
SQLiteDatabase db = starbuzzDatabaseHelper.getReadableDatabase();
```

Obtemos uma referência para o banco de dados seguindo o procedimento que vimos anteriormente neste capítulo.

...e crie um cursor para retornar as bebidas

Para criar o cursor, temos que especificar os dados que estarão contidos nele. Queremos usar o cursor para exibir uma lista com os nomes das bebidas; portanto, o cursor deve incluir a coluna. Também vamos incluir a coluna _id para obter a ID da bebida: temos que transmitir a ID da bebida selecionada pelo usuário para que a `DrinkActivity` mostre os respectivos detalhes. Este é o cursor:

```
cursor = db.query("DRINK",
                new String[]{"_id", "NAME"},
                null, null, null, null, null);
```

Este cursor retorna o _id e o NAME de cada registro na tabela DRINK.

Em síntese, este é o código para obter uma referência para o banco de dados e criar o cursor (vamos adicionar este código ao *DrinkCategoryActivity.java* mais adiante quando mostrarmos a listagem de código completa):

```
SQLiteOpenHelper starbuzzDatabaseHelper = new StarbuzzDatabaseHelper(this);
try {
    SQLiteDatabase db = starbuzzDatabaseHelper.getReadableDatabase();
    cursor = db.query("DRINK",
                new String[]{"_id", "NAME"},
                null, null, null, null, null);
    //Código para usar dados do banco de dados
} catch(SQLiteException e) {
    Toast toast = Toast.makeText(this,
                        "Database unavailable",
                        Toast.LENGTH_SHORT);
    toast.show();
}
```

Se o banco de dados estiver indisponível, aparecerá uma SQLiteException. Neste caso, vamos usar um toast para exibir uma mensagem pop-up como antes.

A seguir, vamos usar os dados do cursor para preencher o list view da `DrinkCategoryActivity`.

Como substituir os dados do array no list view?

☑ Crie o cursor
→ **Cursor adapter**

Para que o list view da `DrinkCategoryActivity` exibisse dados do array `Drink.drinks`, usamos um array adapter. Como vimos anteriormente no Capítulo 7, um array adapter é um tipo de adaptador voltado para arrays. Esse adaptador atua como uma ponte entre os dados em um array e um list view:

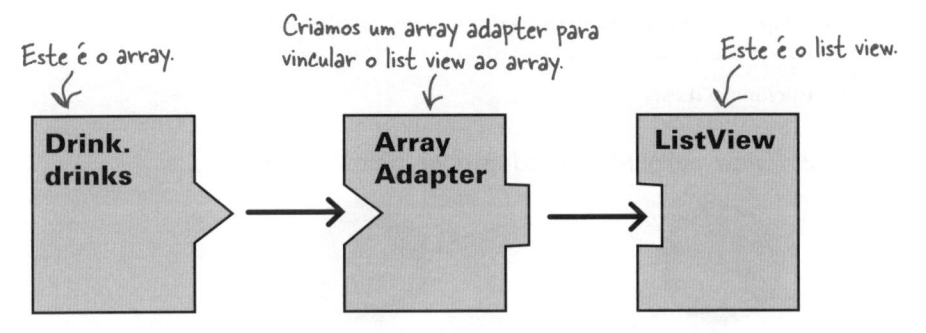

Este é o array.

Drink. drinks

Criamos um array adapter para vincular o list view ao array.

Array Adapter

Este é o list view.

ListView

Agora que estamos obtendo os dados de um cursor, vamos usar um **cursor adapter** para vincular os dados ao list view. O cursor adapter é parecido com o array adapter, mas, em vez de obter os dados de um array, esse adaptador lê os dados de um cursor:

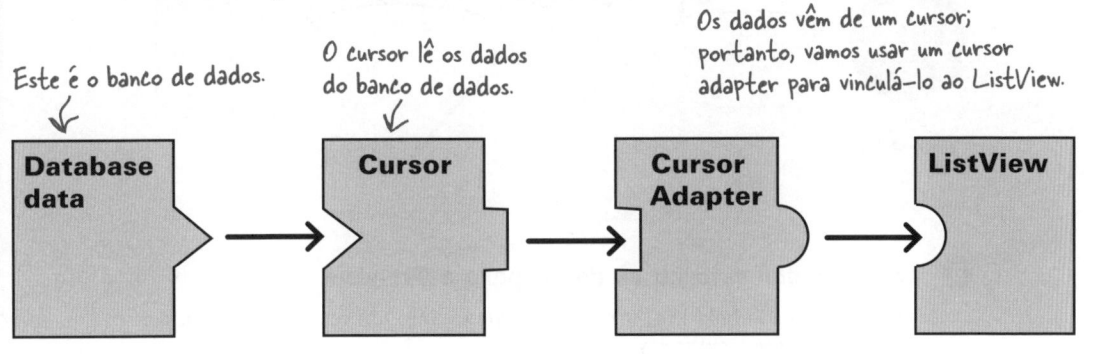

Este é o banco de dados.

Database data

O cursor lê os dados do banco de dados.

Cursor

Os dados vêm de um cursor; portanto, vamos usar um cursor adapter para vinculá-lo ao ListView.

Cursor Adapter

ListView

Vamos falar mais sobre esse ponto na próxima página.

> Os ListViews e os Spinners podem usar qualquer subclasse da classe Adapter para os seus dados, como ArrayAdapter, CursorAdapter e SimpleCursorAdapter (uma subclasse de CursorAdapter).

como funcionam os cursor adapters simples

Um cursor adapter simples mapeia os dados do cursor para os views

→ ☑ Crie o cursor
☐ Cursor adapter

Vamos criar um cursor adapter simples, um tipo de cursor adapter que pode ser utilizado na maioria dos casos para exibir dados do cursor em um list view. Esse adaptador recebe as colunas de um cursor e as mapeia para text views ou image views, como em um list view.

Neste caso, queremos mostrar uma lista com os nomes das bebidas. Vamos usar um cursor adapter simples para mapear o nome de cada bebida retornada pelo cursor para o list view do `DrinkCategoryActivity`.

Essa operação funcionará da seguinte forma:

❶ O list view pergunta ao adaptador pelos dados.

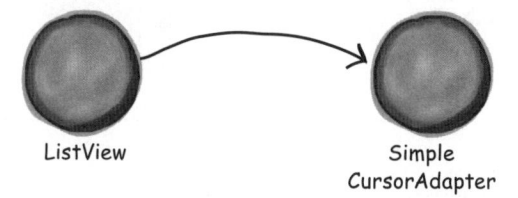

ListView → Simple CursorAdapter

❷ O adaptador pergunta ao cursor pelos dados do banco de dados.

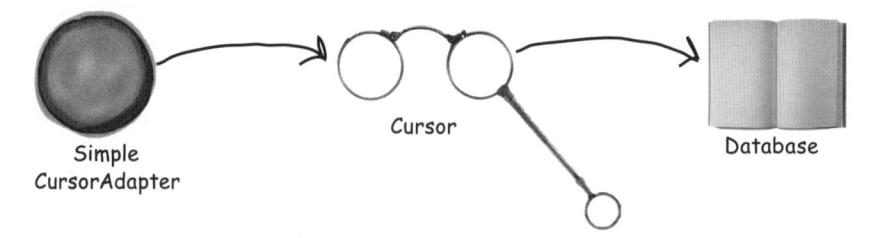

Simple CursorAdapter → Cursor → Database

❸ O adaptador retorna os dados para o list view.

O nome de cada bebida aparece no list view como um text view separado.

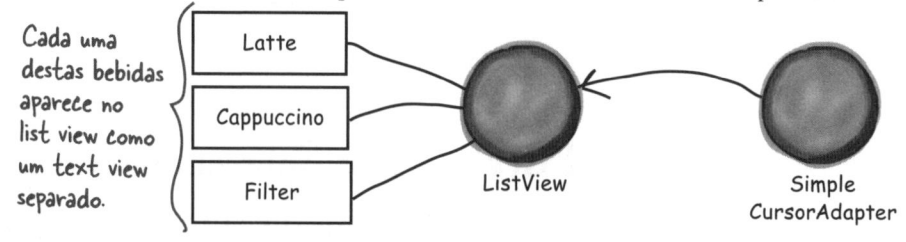

Cada uma destas bebidas aparece no list view como um text view separado.

Latte
Cappuccino
Filter

→ ListView ← Simple CursorAdapter

Vamos construir o cursor adapter simples.

680   *Capítulo 16*

Como usar um cursor adapter simples

O funcionamento do cursor adapter simples é parecido com o do array adapter: você deve inicializar o adaptador para, em seguida, vinculá-lo ao list view.

Vamos criar um cursor adapter simples para exibir uma lista com os nomes das bebidas da tabela DRINK. Para fazer isso, vamos criar uma nova instância da classe SimpleCursorAdapter, transmitindo os parâmetros para indicar ao adaptador os dados que serão utilizados e o modo como eles serão exibidos. Por fim, vamos vincular o adaptador ao list view.

Este é o código que utilizaremos (você irá adicioná-lo ao *DrinkCategoryActivity.java* mais adiante neste capítulo):

```
SimpleCursorAdapter listAdapter = new SimpleCursorAdapter(this,
                android.R.layout.simple_list_item_1,
                cursor,
                new String[]{"NAME"},
                new int[]{android.R.id.text1},
                0);
listDrinks.setAdapter(listAdapter);
```

- "this" é a atividade atual.
- Já usamos este mesmo layout com o array adapter. Ele mostra um único valor para cada linha no array adapter.
- Este é o cursor.
- Mostre o conteúdo da coluna NAME nos text views do ListView.
- Use o setAdapter() para conectar o adaptador ao list view.

A forma geral do construtor do SimpleCursorAdapter é esta:

```
SimpleCursorAdapter adapter = new SimpleCursorAdapter(Context context,
                int layout,
                Cursor cursor,
                String[] fromColumns,
                int[] toViews,
                int flags)
```

- Este item geralmente é a atividade atual.
- Como os dados devem ser exibidos
- O cursor que você criou. Ele deve conter a coluna _id e os dados a serem exibidos.
- Este item determina o comportamento do cursor
- Indica as colunas no cursor correspondentes a cada view

Os parâmetros context e layout são exatamente os mesmos que utilizamos para criar um array adapter: o context é o contexto atual e o layout indica modo como os dados devem ser exibidos. Em vez de indicar o array do qual os dados serão obtidos, temos que especificar o cursor que contém os dados. Em seguida, use o fromColumns para especificar as colunas no cursor a serem utilizadas e o toViews para indicar os views que devem aparecer nelas.

O parâmetro flags geralmente é definido como 0, seu valor-padrão. Outra alternativa é defini-lo como FLAG_REGISTER_CONTENT_OBSERVER para registrar um content observer que será notificado quando houver alterações no conteúdo. Não vamos falar sobre essa alternativa aqui, pois ela pode causar perdas de memória (vamos aprender a lidar com alterações no conteúdo no próximo capítulo).

☑ Crie o cursor
➡ ☐ Cursor adapter

Os cursores utilizados com o cursor adapter DEVEM incluir a coluna _id para funcionar.

feche o que você abriu

Feche o cursor e o banco de dados

☑ **Crie o cursor**
☐ **Cursor adapter**

Quando apresentamos os cursores anteriormente neste capítulo, apontamos que você precisa fechar o cursor e o banco de dados depois de finalizar a tarefa para liberar os respectivos recursos. No código da `DrinkActivity`, utilizamos um cursor para recuperar os detalhes das bebidas do banco de dados e, depois que usamos esses valores nos views, fechamos imediatamente o cursor e o banco de dados.

Quando você usa um cursor adapter (como um cursor adapter simples), essa operação é um pouco diferente; o cursor adapter exige que o cursor fique aberto para que ele possa recuperar mais dados. Vamos analisar com mais atenção o modo como os cursor adapters funcionam para determinar por que isso ocorre.

❶ O list view aparece na tela.

Quando a lista é exibida pela primeira vez, seu tamanho é ajustado de acordo com a tela. Digamos que ela tem espaço para mostrar cinco itens.

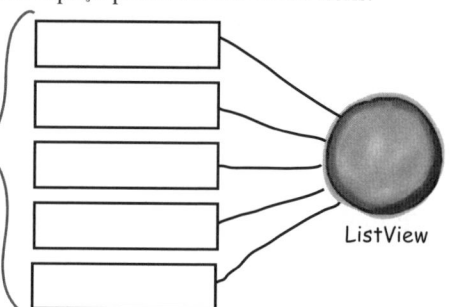

O list view tem espaço para mostrar estes itens. Vamos usar cinco para simplificar o exemplo, mas provavelmente haveria mais itens em um caso real.

ListView

❷ O list view pergunta ao seu adaptador pelos cinco primeiros itens.

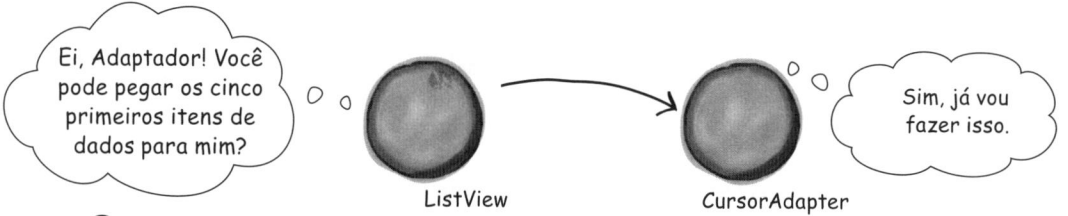

Ei, Adaptador! Você pode pegar os cinco primeiros itens de dados para mim?

Sim, já vou fazer isso.

ListView   CursorAdapter

❸ O cursor adapter pede ao seu adaptador para ler cinco linhas do banco de dados.

Seja qual for o número de linhas contidas na tabela do banco de dados, o cursor precisa ler apenas as cinco primeiras linhas.

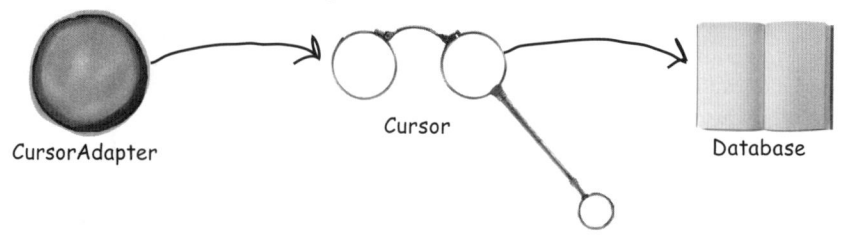

CursorAdapter   Cursor   Database

exibições e grupos de exibições

A história continua

☑ Crie o cursor
→ **Cursor adapter**

❹ O usuário rola a lista.

À medida que o usuário rola a lista, o adaptador pede ao cursor para ler mais linhas do banco de dados. Esse procedimento ocorre sem problemas quando o cursor permanece aberto. Mas, se o cursor tiver sido fechado, o cursor adapter não poderá obter mais dados do banco de dados.

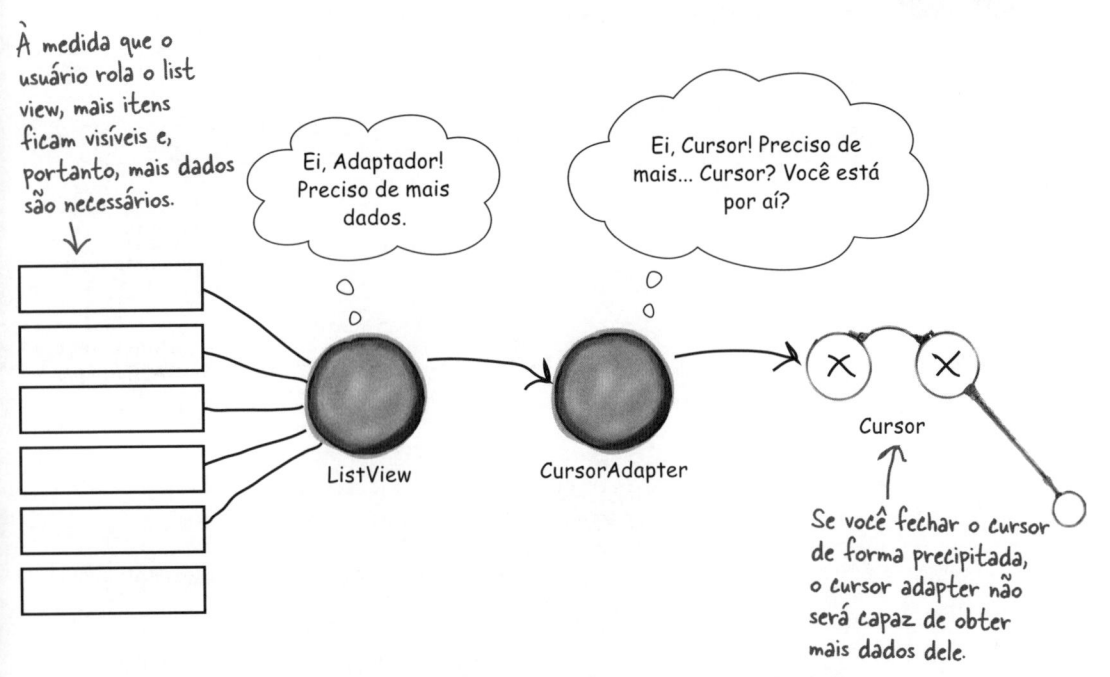

À medida que o usuário rola o list view, mais itens ficam visíveis e, portanto, mais dados são necessários.

Ei, Adaptador! Preciso de mais dados.

Ei, Cursor! Preciso de mais... Cursor? Você está por aí?

ListView   CursorAdapter   Cursor

Se você fechar o cursor de forma precipitada, o cursor adapter não será capaz de obter mais dados dele.

Portanto, você não pode fechar imediatamente o cursor e o banco de dados depois de usar o método `setAdapter()` para conectar o cursor adapter ao list view. Em vez disso, vamos fechar o cursor e o banco de dados no método `onDestroy()` da atividade, que é chamado pouco antes de a atividade ser destruída. Como a atividade está sendo destruída, não é mais necessário que a conexão com o cursor ou banco de dados fique aberta; portanto, estes itens podem ser fechados:

```
public void onDestroy(){
    super.onDestroy();
    cursor.close();
    db.close();
}
```
← *Feche o cursor e o banco de dados quando a atividade for destruída.*

Concluímos a atualização do código da `DrinkCategoryActivity`.
Confira o exercício na próxima página.

exercício

Enigma da Piscina

Sua **tarefa** é preencher as linhas em branco do *DrinkCategoryActivity.java* indicado abaixo com os segmentos de código na piscina. Você **não** pode utilizar nenhum segmento de código mais de uma vez e não precisará utilizar todos os segmentos. Seu **objetivo** é preencher o list view com uma lista de bebidas do banco de dados.

```
public class DrinkCategoryActivity extends Activity {

    private SQLiteDatabase db;
    private Cursor cursor;

    @Override
    protected void onCreate(Bundle savedInstanceState) {
        super.onCreate(savedInstanceState);
        setContentView(R.layout.activity_drink_category);
        ListView listDrinks = (ListView) findViewById(R.id.list_drinks);

        ...............................starbuzzDatabaseHelper = new StarbuzzDatabaseHelper(this);
        try {
            db = starbuzzDatabaseHelper.................................;
            cursor = db.query("DRINK",
                    new String[]{..............................................................................},
                    null, null, null, null, null);
```

Starbuzz
└── app/src/main
    └── java
        └── com.hfad.starbuzz
            └── DrinkCategoryActivity.java

O código continua na próxima página. →

Nota: cada segmento da piscina só pode ser usado uma vez!

Piscina:
- getWritableDatabase()
- SimpleCursorAdapter
- db
- cursor
- "NAME"
- cursor
- "NAME"
- getReadableDatabase()
- SQLiteOpenHelper
- "DESCRIPTION"
- "_id"
- SQLiteException
- DatabaseException

exibições e grupos de exibições

```
        SimpleCursorAdapter listAdapter = new .................................................(this,
                android.R.layout.simple_list_item_1,
                ..................,
                new String[]{..................},
                new int[]{android.R.id.text1},
                0);
        listDrinks.setAdapter(listAdapter);
    } catch (........................................... e) {
        Toast toast = Toast.makeText(this, "Database unavailable", Toast.LENGTH_SHORT);
        toast.show();
    }


    //Cria o ouvinte
    AdapterView.OnItemClickListener itemClickListener =
            new AdapterView.OnItemClickListener(){
                public void onItemClick(AdapterView<?> listDrinks,
                                        View itemView,
                                        int position,
                                        long id) {
                    //Passa a bebida em que o usuário clica para DrinkActivity
                    Intent intent = new Intent(DrinkCategoryActivity.this,
                            DrinkActivity.class);
                    intent.putExtra(DrinkActivity.EXTRA_DRINKID, (int) id);
                    startActivity(intent);
                }
            };

    //Atribui o ouvinte à exibição de lista
    listDrinks.setOnItemClickListener(itemClickListener);
    }

    @Override
    public void onDestroy(){
        super.onDestroy();
        ...................close();
        ...................close();
    }
}
```

Starbuzz
app/src/main
java
com.hfad.starbuzz
**DrinkCategory
Activity.java**

solução

Enigma da Piscina – Solução

Sua **tarefa** é preencher as linhas em branco do *DrinkCategoryActivity.java* indicado abaixo com os segmentos de código na piscina. Você **não** pode utilizar nenhum segmento de código mais de uma vez e não precisará utilizar todos os segmentos. Seu **objetivo** é preencher o list view com uma lista de bebidas do banco de dados.

```
public class DrinkCategoryActivity extends Activity {

    private SQLiteDatabase db;
    private Cursor cursor;

    @Override
    protected void onCreate(Bundle savedInstanceState) {
        super.onCreate(savedInstanceState);
        setContentView(R.layout.activity_drink_category);
        ListView listDrinks = (ListView) findViewById(R.id.list_drinks);
        //Obtenha uma referência para o banco de dados usando um SQLiteOpenHelper.
        SQLiteOpenHelper starbuzzDatabaseHelper = new StarbuzzDatabaseHelper(this);
        try {
            db = starbuzzDatabaseHelper.getReadableDatabase();
            cursor = db.query("DRINK",
                    new String[]{"_id", "NAME"},
                    null, null, null, null, null);
```

← Como estamos lendo o banco de dados, só precisamos de acesso no modo somente leitura.

← O cursor deve incluir as colunas _id e NAME. Temos que transmitir a ID das bebidas para a DrinkActivity e mostrar os nomes das bebidas.

Não precisamos destes fragmentos de código:

- getWritableDatabase()
- "DESCRIPTION"
- DatabaseException

Pasta: Starbuzz / app/src/main / java / com.hfad.starbuzz / DrinkCategoryActivity.java

exibições e grupos de exibições

```
        SimpleCursorAdapter listAdapter = new SimpleCursorAdapter(this,
                android.R.layout.simple_list_item_1,
                cursor,
                new String[]{"NAME"},
                new int[]{android.R.id.text1},
                0);
        listDrinks.setAdapter(listAdapter);
    } catch(SQLiteException e) {
        Toast toast = Toast.makeText(this, "Database unavailable", Toast.LENGTH_SHORT);
        toast.show();
    }


    //Cria o ouvinte
    AdapterView.OnItemClickListener itemClickListener =
            new AdapterView.OnItemClickListener(){
                public void onItemClick(AdapterView<?> listDrinks,
                                        View itemView,
                                        int position,
                                        long id) {
                    //Passa a bebida em que o usuário clica para DrinkActivity
                    Intent intent = new Intent(DrinkCategoryActivity.this,
                            DrinkActivity.class);
                    intent.putExtra(DrinkActivity.EXTRA_DRINKID, (int) id);
                    startActivity(intent);
                }
            };

    //Atribui o ouvinte à exibição de lista
    listDrinks.setOnItemClickListener(itemClickListener);
}

@Override
public void onDestroy(){
    super.onDestroy();
    cursor.close();
    db.close();
}

}
```

Annotations:
- SimpleCursorAdapter → Estamos usando um SimpleCursorAdapter.
- cursor → Use o cursor que acabamos de criar.
- "NAME" → Mostre o conteúdo da coluna NAME.
- SQLiteException → Quando o banco de dados estiver indisponível, vamos visualizar uma SQLiteException.
- cursor / db → Feche o cursor antes de fechar o banco de dados.

Starbuzz/app/src/main/java/com.hfad.starbuzz/DrinkCategoryActivity.java

o código da DrinkCategoryActivity

O código revisado da DrinkCategoryActivity

☑ Crie o cursor
→ ☑ Cursor adapter

Este é o código completo do *DrinkCategoryActivity.java*, em que o array adapter foi substituído por um cursor adapter (as alterações estão destacadas em negrito). Atualize seu código com base no código indicado a seguir:

```
package com.hfad.starbuzz;

import android.app.Activity;
import android.os.Bundle;
import android.widget.ListView;
import android.view.View;
import android.content.Intent;
import android.widget.AdapterView;
import android.database.Cursor;
import android.database.sqlite.SQLiteDatabase;
import android.database.sqlite.SQLiteException;
import android.database.sqlite.SQLiteOpenHelper;
import android.widget.SimpleCursorAdapter;
import android.widget.Toast;

public class DrinkCategoryActivity extends Activity {

    private SQLiteDatabase db;
    private Cursor cursor;

    @Override
    protected void onCreate(Bundle savedInstanceState) {
        super.onCreate(savedInstanceState);
        setContentView(R.layout.activity_drink_category);
        ArrayAdapter<Drink> listAdapter = new ArrayAdapter<>(
                this,
                android.R.layout.simple_list_item_1,
                Drink.drinks);
        ListView listDrinks = (ListView) findViewById(R.id.list_drinks);
        SQLiteOpenHelper starbuzzDatabaseHelper = new StarbuzzDatabaseHelper(this);
        try {
            db = starbuzzDatabaseHelper.getReadableDatabase();
            cursor = db.query("DRINK",
                    new String[]{"_id", "NAME"},
                    null, null, null, null, null);
```

Pasta Starbuzz → app/src/main → java → com.hfad.starbuzz → DrinkCategoryActivity.java

Estamos usando estas classes extras; portanto, temos que importá-las.

Estamos adicionando estes itens como variáveis privadas para fechar o banco de dados e o cursor no método onDestroy().

Como não vamos mais usar um array adapter, exclua estas linhas de código.

Obtenha uma referência para o banco de dados.

Crie o cursor.

O código continua na próxima página.

688   Capítulo 16

O código da DrinkCategoryActivity (continuação)

▸ ☑ Crie o cursor
☑ **Cursor adapter**

```
    SimpleCursorAdapter listAdapter = new SimpleCursorAdapter(this,
            android.R.layout.simple_list_item_1,
            cursor,
            new String[]{"NAME"},
            new int[]{android.R.id.text1},
            0);
    listDrinks.setAdapter(listAdapter);
} catch(SQLiteException e) {
    Toast toast = Toast.makeText(this, "Database unavailable", Toast.LENGTH_SHORT);
    toast.show();
}
```

Faça o mapeamento do conteúdo da coluna NAME para o texto no ListView

Crie o cursor adapter.

← Defina o adaptador para o ListView.

Mostre a mensagem para o usuário caso apareça a SQLiteException.

```
//Cria um ouvinte para ouvir os cliques na exibição de lista
AdapterView.OnItemClickListener itemClickListener =
        new AdapterView.OnItemClickListener(){
            public void onItemClick(AdapterView<?> listDrinks,
                                    View itemView,
                                    int position,
                                    long id) {
                //Passa a bebida em que o usuário clica para DrinkActivity
                Intent intent = new Intent(DrinkCategoryActivity.this,
                        DrinkActivity.class);
                intent.putExtra(DrinkActivity.EXTRA_DRINKID, (int) id);
                startActivity(intent);
            }
        };

//Atribui o ouvinte à exibição de lista
listDrinks.setOnItemClickListener(itemClickListener);
}

@Override
public void onDestroy() {
    super.onDestroy();
    cursor.close();
    db.close();
}
}
```

Não precisamos alterar o código do listener.

← Vamos fechar o banco de dados e o cursor no método onDestroy() da atividade. O cursor ficará aberto enquanto cursor adapter precisar dele.

Starbuzz
app/src/main
java
com.hfad.starbuzz
DrinkCategoryActivity.java

Agora vamos executar o app que acabamos de atualizar.

test drive

Test drive do app

Quando executamos o app, a `TopLevelActivity` aparece.

☑ **Crie o cursor**
→ ☑ **Cursor adapter**

Quando você clica no item Drinks, a `DrinkCategoryActivity` é ativada. Essa atividade exibe todas as bebidas contidas no banco de dados Starbuzz.

Quando você clica em uma das bebidas, a `DrinkActivity` é ativada e os detalhes da bebida selecionada são exibidos.

Clicamos na opção Latte...

...e os detalhes do Latte aparecem aqui.

O app continua com o mesmo visual de antes, mas agora ele lê os dados do banco de dados. Na verdade, agora você pode excluir o código do *Drink.java*, pois já não precisamos do array de bebidas. Todos os dados que precisamos agora estão vindo do banco de dados.

layout de restrição

Sua caixa de ferramentas para Android

Você fechou o Capítulo 16 e adicionou os cursores básicos à sua caixa de ferramentas.

> O código completo do capítulo pode ser baixado em https://www.altabooks.com.br. Procure pelo título ou ISBN do livro.

PONTOS DE BALA

- Um **cursor** permite que você leia e escreva no banco de dados.

- Para criar um cursor, chame o método `query()` do `SQLiteDatabase`. Nos bastidores, esse método compila uma instrução SQL `SELECT`.

- O método `getWritableDatabase()` retorna um objeto `SQLiteDatabase`, com o qual você pode ler e escrever no banco de dados.

- O `getReadableDatabase()` retorna um objeto `SQLiteDatabase`. Essa operação viabiliza um acesso no modo somente leitura ao banco de dados. Além disso, *pode* permitir que você escreva no banco de dados, mas nem sempre.

- Navegue pelo cursor usando os métodos `moveTo*()`.

- Obtenha os valores do cursor usando os métodos `get*()`. Feche os cursores e as conexões do banco de dados depois de concluir a tarefa.

- O **cursor adapter** é um adaptador voltado para cursores. Use o `SimpleCursorAdapter` para preencher um list view com os valores retornados por um cursor.

17 cursores e asynctasks

No Segundo Plano

> Criei um método doInBackground() incrível. Se eu tivesse deixado tudo para o Sr. Evento Principal, imagina como ele teria ficado lento!

A maioria dos apps requer que os dados sejam atualizados. Até aqui, você aprendeu a criar apps para ler dados de um banco de dados SQLite. Mas como atualizar os dados do app? Neste capítulo, vamos configurar o app para **responder a entradas do usuário** e **atualizar os valores do banco de dados**. Além disso, você vai aprender a **atualizar os dados para exibi-los** depois de atualizados. Por fim, vamos mostrar como escrever um **código multithread** eficiente com **AsyncTasks** para deixar seu app mais rápido.

este é um novo capítulo 693

atualize os dados

Queremos que o app Starbuzz atualize os dados do banco de dados

No Capítulo 16, você aprendeu a alterar o app para ler dados de um banco de dados SQLite. Você aprendeu a ler um registro individual (uma bebida contida entre os dados Starbuzz) e a mostrar os dados desse registro em uma atividade. Além disso, você aprendeu a preencher um list view com dados de um banco de dados (os nomes das bebidas, nesse caso) usando um cursor adapter.

Nesses cenários, você só precisava *ler* os dados do banco de dados. Mas como permitir que os usuários atualizem os dados?

Vamos alterar o app Starbuzz para que os usuários possam registrar suas bebidas favoritas. Para fazer isso, vamos adicionar uma caixa de seleção à `DrinkActivity`; quando a caixa estiver marcada, indicará que a bebida atual é uma das favoritas do usuário:

> Os usuários podem indicar suas bebidas favoritas ao marcarem a caixa de seleção. Temos que adicionar essa caixa de seleção à DrinkActivity e configurá-la para atualizar o banco de dados.

Também vamos adicionar um novo list view à `TopLevelActivity`; esse list view vai conter as bebidas favoritas do usuário:

> Em um app real, você provavelmente usaria a navegação por abas para estes itens. Estamos deixando o app bastante básico intencionalmente para focar apenas nos bancos de dados.

> Vamos adicionar um ListView à TopLevelActivity, que contém as bebidas favoritas do usuário.

> Quando o usuário clica em uma bebida, visualize os detalhes da bebida selecionada na DrinkActivity.

694 *Capítulo 17*

exibições e grupos de exibições

Vamos atualizar primeiro a DrinkActivity

No Capítulo 15, adicionamos uma coluna FAVORITE à tabela DRINK no banco de dados Starbuzz. Vamos usar essa coluna para permitir que os usuários indiquem se uma determinada bebida está entre suas favoritas. Vamos mostrar seu valor na nova caixa de seleção que será adicionada à DrinkActivity; quando o usuário clicar na caixa de seleção, a coluna FAVORITE será atualizada com um novo valor.

A operação para atualizar a DrinkActivity requer as seguintes etapas:

❶ Atualize o layout da DrinkActivity para adicionar uma caixa de seleção e um rótulo de texto.

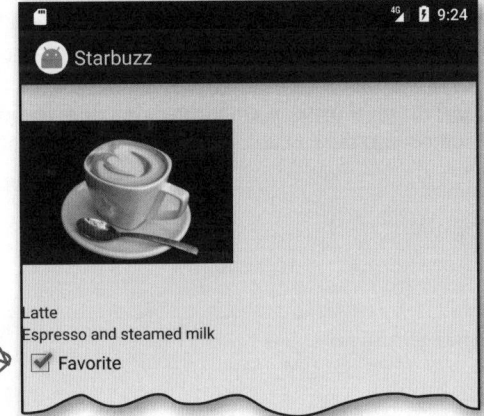

Vamos adicionar esta caixa de seleção e o rótulo ao activity_drink.xml.

❷ Mostre o valor da coluna FAVORITE na caixa de seleção.

Para fazer isso, vamos recuperar o valor da coluna FAVORITE do banco de dados Starbuzz.

❸ Atualize a coluna FAVORITE quando a caixa de seleção for clicada.

Vamos atualizar a coluna FAVORITE com o valor da caixa de seleção para que os dados no banco de dados fiquem sempre atualizados.

Vamos começar.

Faça isso!

Vamos atualizar o app Starbuzz neste capítulo; portanto, abra o projeto Starbuzz no Android Studio.

você está aqui ▶ **695**

adicione os favoritos

Adicione uma caixa de seleção ao layout da DrinkActivity

→ Atualize o layout
Mostre o favorito
Atualize o favorito

Para começar, vamos adicionar uma nova caixa de seleção ao layout da `DrinkActivity` para indicar se a bebida atual é uma das favoritas do usuário. Escolhemos uma caixa de seleção por ser um modo fácil de exibir valores do tipo verdadeiro/falso.

Primeiro, adicione um recurso de string chamado "favorite" ao *strings.xml* (vamos usar este item como rótulo para a caixa de seleção):

```xml
<string name="favorite">Favorite</string>
```

Em seguida, adicione a caixa de seleção ao *activity_drink.xml*. Vamos atribuir à caixa de seleção a ID `favorite` para referenciá-la no código da atividade. Além disso, vamos definir seu atributo `android:onClick` como `"onFavoriteClicked"` para chamar o método `onFavoriteClicked()` na `DrinkActivity` quando o usuário clicar na caixa de seleção. Este é o código do layout; atualize seu código de acordo com as alterações destacadas em negrito:

```xml
<LinearLayout ... >
    <ImageView
        android:id="@+id/photo"
        android:layout_width="190dp"
        android:layout_height="190dp" />
    <TextView
        android:id="@+id/name"
        android:layout_width="wrap_content"
        android:layout_height="wrap_content" />
    <TextView
        android:id="@+id/description"
        android:layout_width="match_parent"
        android:layout_height="wrap_content" />
    <CheckBox android:id="@+id/favorite"
        android:layout_width="wrap_content"
        android:layout_height="wrap_content"
        android:text="@string/favorite"
        android:onClick="onFavoriteClicked" />
</LinearLayout>
```

Estes são os views de foto, nome e descrição que adicionamos quando criamos a atividade.

← A caixa de seleção recebeu a ID favorite.

← A caixa de seleção recebeu um rótulo.

← Quando a caixa de seleção for clicada, o método onFavoriteClicked() na DrinkActivity será chamado. Temos que escrever esse método.

A seguir, vamos alterar o código da `DrinkActivity` para que a caixa de seleção corresponda ao valor da coluna FAVORITE do banco de dados.

Mostre o valor da coluna FAVORITE

☑ Atualize o layout
→ ☐ Mostre o favorito
☐ Atualize o favorito

Para atualizar a caixa de seleção, primeiro temos que recuperar o valor da coluna FAVORITE do banco de dados. Para fazer isso, vamos atualizar o cursor que estamos utilizando no método onCreate() da DrinkActivity para ler os valores das bebidas no banco de dados.

Este é o cursor que estamos utilizando atualmente para retornar os dados da bebida selecionada pelo usuário:

```
Cursor cursor = db.query("DRINK",
        new String[]{"NAME", "DESCRIPTION", "IMAGE_RESOURCE_ID"},
        "_id = ?",
        new String[]{Integer.toString(drinkId)},
        null, null, null);
```

Starbuzz/app/src/main/java/com.hfad.starbuzz/DrinkActivity.java

Para incluir a coluna FAVORITE nos dados retornados, basta adicioná-la ao array de nomes de colunas retornado pelo cursor:

```
Cursor cursor = db.query("DRINK",
        new String[]{"NAME", "DESCRIPTION", "IMAGE_RESOURCE_ID", "FAVORITE"},
        "_id = ?",
        new String[]{Integer.toString(drinkId)},
        null, null, null);
```

Adicione a coluna FAVORITE ao cursor.

Depois de obter o valor da coluna FAVORITE, podemos atualizar a caixa de seleção favorite de acordo com esse valor. Para obter esse valor, primeiro temos que navegar até o primeiro (e único) registro no cursor usando o seguinte código:

```
cursor.moveToFirst();
```

Você não precisa atualizar sua versão do código agora. Logo mais, vamos mostrar o conjunto total de alterações a serem feitas no DrinkActivity.java.

Em seguida, podemos obter o valor da coluna para a bebida atual. A coluna FAVORITE contém valores numéricos, em que 0 é falso e 1 é verdadeiro. Queremos que a caixa de seleção favorite fique marcada quando o valor for igual a 1 (verdadeiro) e desmarcada quando o valor for igual a 0 (falso); portanto, vamos usar o seguinte código para atualizar a caixa de seleção:

```
boolean isFavorite = (cursor.getInt(3) == 1);
CheckBox favorite = (CheckBox) findViewById(R.id.favorite);
favorite.setChecked(isFavorite);
```

Obtenha o valor da coluna FAVORITE. Esse valor fica armazenado no banco de dados como 1 para verdadeiro e 0 para falso.

Defina o valor da caixa de seleção favorite.

Concluímos o código para inserir o valor da coluna FAVORITE na caixa de seleção favorite. A seguir, temos que configurar a caixa de seleção para responder aos cliques e atualizar o banco de dados quando houver alterações nos valores.

responda aos cliques

Responda aos cliques para atualizar o banco de dados

☑ Atualize o layout
☑ Mostre o favorito
→ ☐ **Atualize o favorito**

Quando adicionamos a caixa de seleção favorite ao *activity_drink.xml*, definimos seu atributo android:onClick como onFavoriteClicked(). Portanto, sempre que o usuário clicar na caixa de seleção, o método onFavoriteClicked() será chamado na atividade. Vamos usar esse método para atualizar o banco de dados com o valor atual da caixa de seleção. Se o usuário marcar ou desmarcar a caixa de seleção, o método onFavoriteClicked() salvará a alteração do usuário no banco de dados.

No Capítulo 15, você aprendeu a usar os métodos do SQLiteDatabase para alterar os dados contidos em um banco de dados SQLite: o método insert() insere dados; o método delete() exclui dados e o método update() atualiza registros existentes.

Você pode usar esses métodos para alterar os dados dentro da sua atividade. Por exemplo, você pode usar o método insert() para adicionar novos registros de bebidas à tabela DRINK ou o método delete() para excluí-los. Neste caso, queremos atualizar a coluna FAVORITE da tabela DRINK como valor da caixa de seleção usando o método update().

Vamos conferir novamente o formato do método update():

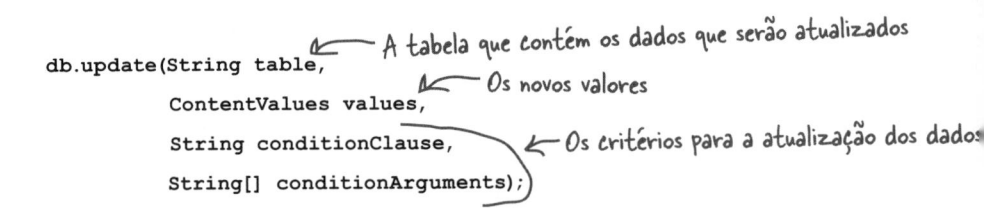

```
db.update(String table,              ← A tabela que contém os dados que serão atualizados
          ContentValues values,      ← Os novos valores
          String conditionClause,
          String[] conditionArguments);   ← Os critérios para a atualização dos dados
```

Aqui, table é o nome da tabela a ser atualizada e values corresponde ao objeto ContentValues que contém os pares nome/valor das colunas a serem atualizadas e os valores a serem definidos nelas. Os parâmetros conditionClause e conditionArguments especificam os registros que você pretende atualizar.

Agora você já sabe como configurar a DrinkActivity para atualizar a coluna FAVORITE da bebida atual quando a caixa de seleção for clicada; portanto, faça o exercício a seguir.

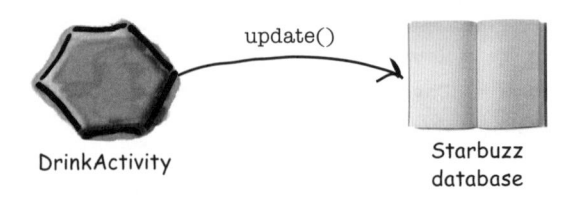

DrinkActivity —update()→ Starbuzz database

exibições e grupos de exibições

Ímãs de Código

O código da `DrinkActivity` deve atualizar a coluna FAVORITE no banco de dados com o valor da caixa de seleção `favorite`. Tente construir o método `onFavoriteClicked()` para fazer essa operação.

```java
public class DrinkActivity extends Activity {
..
    //Atualiza o banco de dados quando a caixa de seleção é clicada

    public void onFavoriteClicked(........................){

        int drinkId = (Integer) getIntent().getExtras().get(EXTRA_DRINKID);
        CheckBox favorite = (CheckBox) findViewById(R.id.favorite);

        ............................. drinkValues = new ......................................;

        drinkValues.put(........................., favorite.isChecked());

        SQLiteOpenHelper starbuzzDatabaseHelper = new StarbuzzDatabaseHelper(this);
        try {

            SQLiteDatabase db = starbuzzDatabaseHelper...............................................;

            db.update(...................,............................,

                                  ........................, new String[] {Integer.toString(drinkId)});
            db.close();
        } catch(SQLiteException e) {
            Toast toast = Toast.makeText(this, "Database unavailable", Toast.LENGTH_SHORT);
            toast.show();
        }
    }
}
```

Você não precisará usar todos os ímãs.

- `drinkValues`
- `"FAVORITE"`
- `View view`
- `"_id = ?"`
- `ContentValues`
- `"DRINK"`
- `ContentValues()`
- `favorite`
- `getWritableDatabase()`
- `getReadableDatabase()`

você está aqui ▶ **699**

solução dos ímãs

Ímãs de Código – Solução

O código da `DrinkActivity` deve atualizar a coluna FAVORITE no banco de dados com o valor da caixa de seleção `favorite`. Tente construir o método `onFavoriteClicked()` para fazer essa operação.

```java
public class DrinkActivity extends Activity {
...
    //Atualiza o banco de dados quando a caixa de seleção é clicada
    public void onFavoriteClicked(View view){

        int drinkId = (Integer) getIntent().getExtras().get(EXTRA_DRINKID);
        CheckBox favorite = (CheckBox) findViewById(R.id.favorite);

        ContentValues drinkValues = new ContentValues();

        drinkValues.put("FAVORITE", favorite.isChecked());

        SQLiteOpenHelper starbuzzDatabaseHelper = new StarbuzzDatabaseHelper(this);
        try {
            SQLiteDatabase db = starbuzzDatabaseHelper.getWritableDatabase();
            db.update("DRINK", drinkValues,
                      "_id = ?", new String[] {Integer.toString(drinkId)});
            db.close();
        } catch(SQLiteException e) {
            Toast toast = Toast.makeText(this, "Database unavailable", Toast.LENGTH_SHORT);
            toast.show();
        }
    }
}
```

Precisamos de acesso de leitura/gravação para atualizar o banco de dados.

Você não precisou usar estes ímãs: `getReadableDatabase()`, `favorite`

exibições e grupos de exibições

O código completo do DrinkActivity.java

- ☑ Atualize o layout
- ☑ Mostre o favorito
- → ☐ **Atualize o favorito**

Concluímos as alterações na `DrinkActivity` para que essa atividade passe a indicar o conteúdo da coluna FAVORITE na caixa de seleção `favorite`. O valor da coluna no banco de dados será atualizado quando o usuário alterar o valor da caixa de seleção.

Este é o código completo do *DrinkActivity.java*; atualize sua versão com base no código indicado a seguir (destacamos as alterações em negrito):

```
package com.hfad.starbuzz;

import android.app.Activity;
import android.os.Bundle;
import android.widget.ImageView;
import android.widget.TextView;
import android.widget.Toast;
import android.database.Cursor;
import android.database.sqlite.SQLiteDatabase;
import android.database.sqlite.SQLiteException;
import android.database.sqlite.SQLiteOpenHelper;
import android.view.View;
import android.widget.CheckBox;
import android.content.ContentValues;
```
← Como estamos usando estas classes extras, temos que importá-las.

```
public class DrinkActivity extends Activity {

    public static final String EXTRA_DRINKID = "drinkId";

    @Override
    protected void onCreate(Bundle savedInstanceState) {
        super.onCreate(savedInstanceState);
        setContentView(R.layout.activity_drink);

        //Pega a bebida do intent
        int drinkId = (Integer) getIntent().getExtras().get(EXTRA_DRINKID);
```

O código continua na próxima página. →

o código, continuação

DrinkActivity.java (continuação)

☑ Atualize o layout
☑ Mostre o favorito
➡ ☐ **Atualize o favorito**

```java
        //Cria um cursor
        SQLiteOpenHelper starbuzzDatabaseHelper = new StarbuzzDatabaseHelper(this);
        try {
            SQLiteDatabase db = starbuzzDatabaseHelper.getReadableDatabase();
            Cursor cursor = db.query("DRINK",
                    new String[]{"NAME", "DESCRIPTION", "IMAGE_RESOURCE_ID", "FAVORITE"},
                    "_id = ?",
                    new String[]{Integer.toString(drinkId)},
                    null, null, null);
```

Adicione a coluna FAVORITE ao cursor.

```java
            //Move para o primeiro registro no Cursor
            if (cursor.moveToFirst()) {
                //Obter os detalhes da bebida do cursor
                String nameText = cursor.getString(0);
                String descriptionText = cursor.getString(1);
                int photoId = cursor.getInt(2);
                boolean isFavorite = (cursor.getInt(3) == 1);
```

Se a coluna FAVORITE tiver o valor 1, este item indicará o valor true.

Starbuzz/app/src/main/java/com.hfad.starbuzz/DrinkActivity.java

```java
                //Preenche o nome da bebida
                TextView name = (TextView) findViewById(R.id.name);
                name.setText(nameText);

                //Preenche a descrição da bebida
                TextView description = (TextView) findViewById(R.id.description);
                description.setText(descriptionText);

                //Preenche a imagem da bebida
                ImageView photo = (ImageView) findViewById(R.id.photo);
                photo.setImageResource(photoId);
                photo.setContentDescription(nameText);

                //Preenche a caixa de seleção da bebida
                CheckBox favorite = (CheckBox) findViewById(R.id.favorite);
                favorite.setChecked(isFavorite);
            }
```

Quando a bebida estiver entre as favoritas, marque a caixa de seleção favorite.

O código continua na próxima página.

DrinkActivity.java (continuação)

```
        cursor.close();
        db.close();
    } catch (SQLiteException e) {
        Toast toast = Toast.makeText(this,
            "Database unavailable",
            Toast.LENGTH_SHORT);
        toast.show();
    }
}

// Atualiza o banco de dados quando a caixa de seleção é clicada
public void onFavoriteClicked(View view){
    int drinkId = (Integer) getIntent().getExtras().get(EXTRA_DRINKID);

    //Obtém o valor da caixa de seleção
    CheckBox favorite = (CheckBox) findViewById(R.id.favorite);
    ContentValues drinkValues = new ContentValues();
    drinkValues.put("FAVORITE", favorite.isChecked());
```
← Adicione o valor da caixa de seleção favorite ao objeto ContentValues do drinkValues.

```
    //Obtém uma referência ao banco de dados e atualiza a coluna FAVORITE
    SQLiteOpenHelper starbuzzDatabaseHelper = new StarbuzzDatabaseHelper(this);
    try {
        SQLiteDatabase db = starbuzzDatabaseHelper.getWritableDatabase();
        db.update("DRINK",
            drinkValues,
            "_id = ?",
            new String[] {Integer.toString(drinkId)});
        db.close();
    } catch(SQLiteException e) {
        Toast toast = Toast.makeText(this, "Database unavailable", Toast.LENGTH_SHORT);
        toast.show();
    }
}
}
```

← Atualize a coluna FAVORITE da bebida no banco de dados de acordo com o valor da caixa de seleção.

Mostre uma mensagem se houver um problema com o banco de dados.

Vamos conferir o que acontece quando executamos o app.

test drive

Test drive do app

- ☑ Atualize o layout
- ☑ Mostre o favorito
- ☑ **Atualize o favorito**

Quando executamos o app e navegamos até uma bebida, a nova caixa de seleção `favorite` aparece (desmarcada):

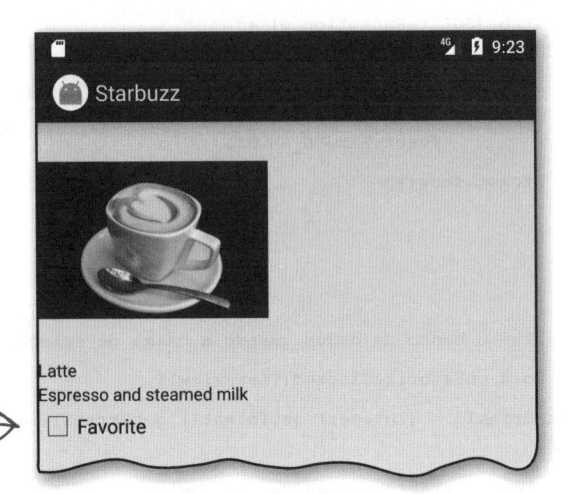

Esta é a nova caixa de seleção e seu rótulo que acabamos de adicionar.

Quando clicamos na caixa de seleção, uma marca de seleção aparece para indicar que a bebida é uma das favoritas:

Quando clicamos na caixa de seleção, uma marca de seleção aparece e o valor é escrito no banco de dados.

Quando fechamos o app e navegamos de volta para a bebida, a marca de seleção continua lá. O valor da caixa de seleção foi escrito no banco de dados.

Agora, o valor da coluna FAVORITE do banco de dados será exibido e o banco de dados será atualizado quando ele for alterado.

exibições e grupos de exibições

Mostre os favoritos na TopLevelActivity

A seguir, vamos mostrar as bebidas favoritas do usuário na
TopLevelActivity. Essa operação exige as seguintes etapas:

> **1** Adicione um list view e um text view ao layout da TopLevelActivity.

> **2** Preencha o list view e o configure para responder a cliques.
>
> Vamos criar um novo cursor para recuperar as bebidas favoritas do usuário do banco de dados e vinculá-lo ao list view usando um cursor adapter. Em seguida, vamos criar um onItemClickListener para que a TopLevelActivity passe a iniciar a DrinkActivity quando o usuário clicar em uma das bebidas.

> **3** Atualize os dados do list view quando o usuário escolher uma nova bebida favorita.
>
> Quando uma nova bebida favorita for escolhida na DrinkActivity, queremos que ela apareça no list view da TopLevelActivity quando navegarmos de volta.

Após essas mudanças, as bebidas favoritas do usuário serão exibidas na TopLevelActivity.

O list view de favoritos recebe dados do banco de dados usando um cursor.

Cursor

Starbuzz database

Quando você clicar em uma bebida no list view de favoritos, a DrinkActivity será iniciada e mostrará os detalhes da bebida selecionada.

Vamos analisar essas etapas nas próximas páginas.

mostre os favoritos

Mostre as bebidas favoritas no activity_top_level.xml

Como vimos na página anterior, vamos adicionar um list view ao *activity_top_level.xml* para exibir uma lista com as bebidas favoritas do usuário. Além disso, vamos adicionar um text view para criar um cabeçalho para a lista.

Primeiro, adicione um recurso de string ao *strings.xml* (vamos usar este item para o texto do text view):

```xml
<string name="favorites">Your favorite drinks:</string>
```

A seguir, vamos adicionar o novo text view e um list view ao layout. Este é o código do *activity_top_level.xml*; atualize sua versão do código com base nas alterações indicadas a seguir:

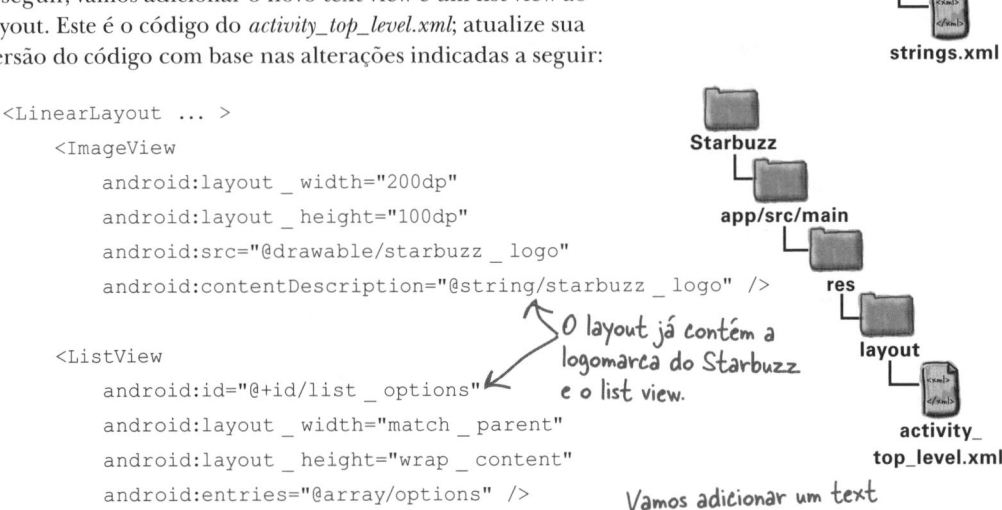

```xml
<LinearLayout ... >
    <ImageView
        android:layout_width="200dp"
        android:layout_height="100dp"
        android:src="@drawable/starbuzz_logo"
        android:contentDescription="@string/starbuzz_logo" />

    <ListView
        android:id="@+id/list_options"
        android:layout_width="match_parent"
        android:layout_height="wrap_content"
        android:entries="@array/options" />
```

O layout já contém a logomarca do Starbuzz e o list view.

```xml
    <TextView
        android:layout_width="wrap_content"
        android:layout_height="wrap_content"
        android:textAppearance="?android:attr/textAppearanceLarge"
        android:text="@string/favorites" />
```

Vamos adicionar um text view para mostrar o texto "Your favorite drinks". Vamos colocar esse texto em uma string chamada favorites.

```xml
    <ListView
        android:id="@+id/list_favorites"
        android:layout_width="match_parent"
        android:layout_height="wrap_content" />
</LinearLayout>
```

O ListView list_favorites vai exibir as bebidas favoritas do usuário.

Concluímos as alterações no *activity_top_level.xml*. A seguir, vamos atualizar o *TopLevelActivity.java*.

exibições e grupos de exibições

Refatore o TopLevelActivity.java

☑ Atualize o layout
→ ☐ Preencha o list view
☐ Atualize os dados

Antes de escrever o código do novo list view, vamos refatorar o código atual da `TopLevelActivity`. Essa operação facilitará a leitura do código no futuro. Vamos colocar o código do list view das opções em um novo método chamado `setupOptionsListView()`. Em seguida, vamos chamar esse método a partir do método `onCreate()`.

Este é o código do *TopLevelActivity.java* (atualize sua versão do código de acordo com as alterações indicadas a seguir).

```
package com.hfad.starbuzz;
...
public class TopLevelActivity extends Activity {

    @Override
    protected void onCreate(Bundle savedInstanceState) {
        super.onCreate(savedInstanceState);
        setContentView(R.layout.activity_top_level);
        setupOptionsListView();   ← Chame o método
    }                                setupOptionsListView().

    private void setupOptionsListView() {
        //Cria um OnItemClickListener
        AdapterView.OnItemClickListener itemClickListener =
                                    new AdapterView.OnItemClickListener(){
            public void onItemClick(AdapterView<?> listView,
                                    View itemView,
                                    int position,
                                    long id) {
                if (position == 0) {
                    Intent intent = new Intent(TopLevelActivity.this,
                                        DrinkCategoryActivity.class);
                    startActivity(intent);
                }
            }
        };
        //Adiciona o ouvinte à exibição de lista
        ListView listView = (ListView) findViewById(R.id.list_options);
        listView.setOnItemClickListener(itemClickListener);
    }

}
```

O código indicado aqui estava no método onCreate(). Vamos colocá-lo em um novo método para deixar o código mais organizado.

Starbuzz
└ app/src/main
  └ java
    └ com.hfad.starbuzz
      └ TopLevel Activity.java

Quando a opção Drink no list view list_options for clicada, inicie a DrinkCategoryActivity.

alterações na TopLevelActivity

O que precisamos mudar no TopLevelActivity.java

☑ Atualize o layout
☐ Preencha o list view
☐ Atualize os dados

Temos que mostrar as bebidas favoritas do usuário no list view `list_favorites` que adicionamos ao layout e configurá-lo para responder a cliques. Esse procedimento exigirá as seguintes ações:

❶ Preencha o list view list_favorites usando um cursor.

O cursor retornará todas as bebidas cuja coluna FAVORITE tiver sido definida como 1, ou seja, todas as bebidas selecionadas pelo usuário como suas favoritas. Como fizemos antes no código da `DrinkCategoryActivity`, podemos conectar o cursor ao list view usando um cursor adapter.

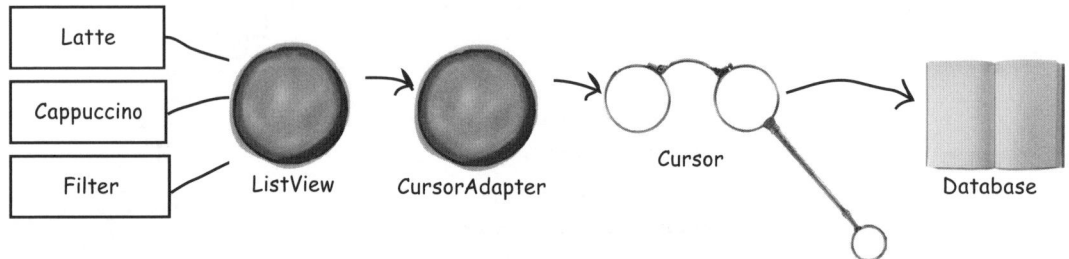

[Latte] [Cappuccino] [Filter] → ListView → CursorAdapter → Cursor → Database

❷ Crie um onItemClickListener para que o list view list_favorites passe a responder aos cliques.

Para quando o usuário clicar em uma das suas bebidas favoritas, vamos criar um intent que iniciará a `DrinkActivity`, transmitindo a ID da bebida selecionada. Essa operação mostrará ao usuário os detalhes da bebida escolhida.

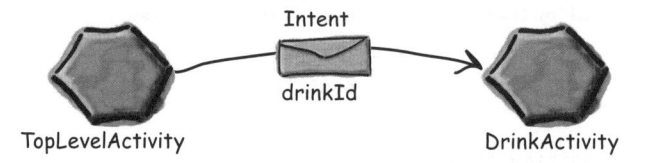

TopLevelActivity —Intent (drinkId)→ DrinkActivity

Você já conhece todo o código necessário para esse procedimento. Na verdade, o código que vamos utilizar é quase idêntico ao código que escrevemos nos capítulos anteriores para controlar a lista de bebidas na `DrinkCategoryActivity`. A única diferença aqui é que queremos mostrar as bebidas que têm o valor 1 na coluna FAVORITE.

Decidimos colocar o código que controla o list view em um novo método chamado `setupFavoritesListView()`. Vamos conferir este método na próxima página antes de adicioná-lo ao *TopLevelActivity.java*.

exibições e grupos de exibições

Código Pronto para Assar

☑ Atualize o layout
→ ☐ Preencha o list view
☐ Atualize os dados

O método `setupFavoritesListView()` preenche o list view `list_favorites` com os nomes das bebidas favoritas do usuário. Estude atentamente o código indicado abaixo antes de ir para a próxima página.

```java
private void setupFavoritesListView() {
    //Preenche o list_favorites ListView de um cursor
    ListView listFavorites = (ListView) findViewById(R.id.list_favorites);
    try{
        SQLiteOpenHelper starbuzzDatabaseHelper = new StarbuzzDatabaseHelper(this);
        db = starbuzzDatabaseHelper.getReadableDatabase();
        favoritesCursor = db.query("DRINK",
                new String[] { "_id", "NAME"},
                "FAVORITE = 1",
                null, null, null, null);
        CursorAdapter favoriteAdapter =
                new SimpleCursorAdapter(TopLevelActivity.this,
                        android.R.layout.simple_list_item_1,
                        favoritesCursor,
                        new String[]{"NAME"},
                        new int[]{android.R.id.text1}, 0);
        listFavorites.setAdapter(favoriteAdapter);
    } catch(SQLiteException e) {
        Toast toast = Toast.makeText(this, "Database unavailable", Toast.LENGTH_SHORT);
        toast.show();
    }

    //Navega até DrinkActivity se uma bebida for clicada
    listFavorites.setOnItemClickListener(new AdapterView.OnItemClickListener() {
        @Override
        public void onItemClick(AdapterView<?> listView, View v, int position, long id) {
            Intent intent = new Intent(TopLevelActivity.this, DrinkActivity.class);
            intent.putExtra(DrinkActivity.EXTRA_DRINKID, (int)id);
            startActivity(intent);
        }
    });
}
```

Obtenha o list view `list_favorites`.

Crie um cursor para obter os valores das colunas `_id` e `NAME` em que `FAVORITE=1`.

Obtenha os nomes das bebidas favoritas do usuário.

Crie um novo cursor adapter. Use o cursor no cursor adapter.

Mostre os nomes das bebidas no list view.

Mostre uma mensagem se ocorrer algum problema com o banco de dados.

Para quando o usuário clicar em um dos itens no list view `list_favorites`, crie um intent que inicie a DrinkActivity e inclua a ID da bebida como informação extra.

Este método será chamado quando um item no list view for clicado.

Starbuzz / app/src/main / java / com.hfad.starbuzz / TopLevelActivity.java

você está aqui ▶ 709

o código da TopLevelActivity

O novo código do TopLevelActivity.java

☑ Atualize o layout
→ ☐ Preencha o list view
☐ Atualize os dados

Atualizamos a TopLevelActivity para preencher o list view list_favorites e configurá-lo para responder a cliques. Atualize sua versão do *TopLevelActivity.java* com base no código indicado a seguir (estude o código com bastante atenção, pois há várias partes novas):

```java
package com.hfad.starbuzz;

import android.app.Activity;
import android.os.Bundle;
import android.content.Intent;
import android.widget.AdapterView;
import android.widget.ListView;
import android.view.View;
import android.database.Cursor;
import android.database.sqlite.SQLiteOpenHelper;
import android.database.sqlite.SQLiteException;
import android.database.sqlite.SQLiteDatabase;
import android.widget.SimpleCursorAdapter;
import android.widget.CursorAdapter;
import android.widget.Toast;
```

Estamos usando estas classes extras; portanto, temos que importá-las.

Starbuzz / app/src/main / java / com.hfad.starbuzz / TopLevelActivity.java

```java
public class TopLevelActivity extends Activity {

    private SQLiteDatabase db;
    private Cursor favoritesCursor;
```

Vamos adicionar o banco de dados e o cursor como variáveis privadas para acessá-los nos métodos setUpFavoritesListView() e onDestroy().

```java
    @Override
    protected void onCreate(Bundle savedInstanceState) {
        super.onCreate(savedInstanceState);
        setContentView(R.layout.activity_top_level);
        setupOptionsListView();
        setupFavoritesListView();
    }
```

Chame o método setupFavoritesListView() a partir do método onCreate().

O código continua → na próxima página.

710   Capítulo 17

O código do TopLevelActivity.java (continuação)

- [ ] Atualize o layout
- → [ ] Preencha o list view
- [ ] Atualize os dados

Não precisamos alterar este método.

```java
private void setupOptionsListView() {
    //Cria um OnItemClickListener
    AdapterView.OnItemClickListener itemClickListener =
                            new AdapterView.OnItemClickListener(){
        public void onItemClick(AdapterView<?> listView,
                                View itemView,
                                int position,
                                long id) {
            if (position == 0) {
                Intent intent = new Intent(TopLevelActivity.this,
                                           DrinkCategoryActivity.class);
                startActivity(intent);
            }
        }
    };

    //Adiciona o ouvinte à exibição de lista
    ListView listView = (ListView) findViewById(R.id.list_options);
    listView.setOnItemClickListener(itemClickListener);
}
```

Este é o método que criamos para preencher o list view list_favorites e configurá-lo para responder a cliques.

Starbuzz/app/src/main/java/com.hfad.starbuzz/TopLevelActivity.java

```java
private void setupFavoritesListView() {
    //Preenche o list_favorites ListView de um cursor
    ListView listFavorites = (ListView) findViewById(R.id.list_favorites);
    try{
        SQLiteOpenHelper starbuzzDatabaseHelper = new StarbuzzDatabaseHelper(this);
        db = starbuzzDatabaseHelper.getReadableDatabase();
        favoritesCursor = db.query("DRINK",
                new String[] { "_id", "NAME"},
                "FAVORITE = 1",
                null, null, null, null);
```

Obtenha uma referência para o banco de dados.

O list view list_favorites usará este cursor para obter seus dados.

O código continua na próxima página.

o código, continuação

O código do TopLevelActivity.java (continuação)

- ☑ Atualize o layout
- ☐ **Preencha o list view**
- ☐ Atualize os dados

```
        CursorAdapter favoriteAdapter =
                new SimpleCursorAdapter(TopLevelActivity.this,
                        android.R.layout.simple_list_item_1,
                        favoritesCursor,
                        new String[]{"NAME"},
                        new int[]{android.R.id.text1}, 0);
        listFavorites.setAdapter(favoriteAdapter);
    } catch(SQLiteException e) {
        Toast toast = Toast.makeText(this, "Database unavailable", Toast.LENGTH_SHORT);
        toast.show();
    }

    //Navega até DrinkActivity se uma bebida for clicada
    listFavorites.setOnItemClickListener(new AdapterView.OnItemClickListener() {
        @Override
        public void onItemClick(AdapterView<?> listView, View v, int position, long id) {
            Intent intent = new Intent(TopLevelActivity.this, DrinkActivity.class);
            intent.putExtra(DrinkActivity.EXTRA_DRINKID, (int)id);
            startActivity(intent);
        }
    });
}

//Fecha o cursor e o banco de dados no método onDestroy()
@Override
public void onDestroy(){
    super.onDestroy();
    favoritesCursor.close();
    db.close();
}
```

Use o cursor em um cursor adapter.

Defina o cursor adapter para o list view.

Configure o list view list_favorites para responder a cliques.

Inicie a DrinkActivity, transmitindo a ID da bebida que recebeu o clique.

O método onDestroy() é chamado pouco antes de a atividade ser destruída. Vamos fechar o cursor e o banco de dados nesse método, pois não precisaremos mais deles se a atividade for destruída.

Starbuzz
app/src/main
java
com.hfad.starbuzz
TopLevelActivity.java

O código indicado acima preenche o list view `list_favorites` com as bebidas favoritas do usuário. Quando o usuário clica em uma dessas bebidas, um intent inicia a `DrinkActivity` e transmite a ID da bebida selecionada. Vamos fazer um test drive no app e conferir o que acontece.

exibições e grupos de exibições

Test drive do app

☑ Atualize o layout
→ ☑ Preencha o list view
☐ Atualize os dados

Quando executamos o app, o novo text view e o list view `list_favorites` aparecem na `TopLevelActivity`. Quando marcamos uma bebida como favorita, ela aparece no list view.

Se você clicar nessa bebida, a `DrinkActivity` será iniciada e os detalhes da bebida selecionada serão exibidos.

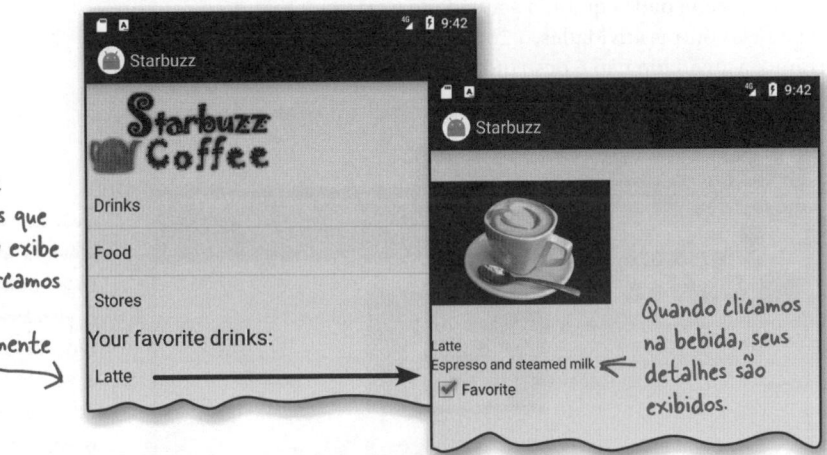

Este é o novo list view list_favorites que criamos. Esse view exibe um latte, pois marcamos essa bebida como favorita anteriormente neste capítulo. →

Quando clicamos na bebida, seus detalhes são exibidos.

Mas há um problema. Se você selecionar uma nova bebida como favorita, ao voltar para o `TopLevelActivity`, verá que o list view `list_favorite` não mostra a nova bebida. Ela só será exibida no list view se você girar o dispositivo.

↗ Marcamos o cappuccino como favorito, mas ele ainda não aparece no → list view.

Quando giramos o dispositivo, o cappuccino aparece no list view. Por quê?

Na sua opinião, por que a nova bebida que selecionamos como favorita só aparece no list view quando giramos o dispositivo? Pense um pouco sobre isso antes de ir para a próxima página.

você está aqui ▶ 713

dados desatualizados

Os cursores não têm atualização automática

☑ Atualize o layout
☑ Preencha o list view
→ ☐ **Atualize os dados**

Se o usuário escolher uma nova bebida favorita ao navegar pelo app até a `DrinkActivity`, essa nova bebida favorita não será exibida automaticamente no list view `list_favorites` na `TopLevelActivity`. Isso porque **os cursores recuperam dados quando são criados**.

Nesse caso, o cursor é criado no método `onCreate()` da atividade; portanto, recebe dados quando a atividade é criada. Quando o usuário navega pelas outras atividades, a `TopLevelActivity` é interrompida. Portanto, a atividade não é destruída e recriada, o que também não ocorre com o cursor.

Quando você inicia uma segunda atividade, ela é empilhada sobre a primeira. A primeira atividade não é destruída. Em vez disso, é pausada e, em seguida, interrompida, pois perde o foco e deixa de estar visível para o usuário.

Os cursores não controlam automaticamente as eventuais alterações nos dados subjacentes contidos no banco de dados. Portanto, se os dados subjacentes mudarem depois da criação do cursor, esse cursor não será atualizado: continuará contendo os registros originais, sem incluir nenhuma das alterações. Ou seja, se o usuário marcar uma nova bebida como favorita depois da criação do cursor, o cursor ficará desatualizado.

Se você atualizar os dados contidos no banco de dados...

_id	NAME	DESCRIPTION	IMAGE_RESOURCE_ID	FAVORITE
1	"Latte"	"Espresso and steamed milk"	54543543	1
2	"Ca...			
3	"Fil...			

_id	NAME	DESCRIPTION	IMAGE_RESOURCE_ID	FAVORITE
1	"Latte"	"Espresso and steamed milk"	54543543	0
2	"Cappuccino"	"Espresso, hot milk and steamed-milk foam"	654334453	0
3	"Filter"	"Our best drip coffee"	44324234	0

Então, como podemos lidar com essa situação?

...o cursor não perceberá os novos dados, se já tiver sido criado.

exibições e grupos de exibições

Use o changeCursor() para mudar o cursor

☑ Atualize o layout
☑ Preencha o list view
➡ ☐ **Atualize os dados**

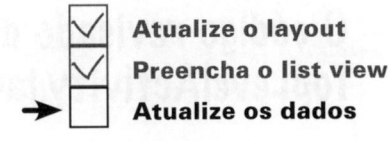

Nessa situação, a solução é trocar o cursor subjacente utilizado pelo list view `list_favorite` por uma versão atualizada. Para fazer isso, você deve definir uma nova versão do cursor, obter uma referência para o cursor adapter do list view e, em seguida, chamar o método `changeCursor()` do cursor adapter para alterar o cursor. Confira os detalhes dessa operação:

1. Defina o cursor

A definição do cursor segue o mesmo procedimento que vimos anteriormente. Nesse caso, queremos que a consulta retorne as bebidas favoritas do usuário; portanto, usamos o seguinte código:

```
Cursor newCursor = db.query("DRINK",
                    new String[] { "_id", "NAME"},
                    "FAVORITE = 1",
                    null, null, null, null);
```

Já utilizamos esta consulta anteriormente.

2. Obtenha uma referência para o cursor adapter

Para obter uma referência para o cursor adapter do list view, você deve chamar o método `getAdapter()` do list view. Esse método retorna um objeto do tipo `Adapter`. Como nesse caso o list view está usando um cursor adapter, podemos converter o adaptador em um `CursorAdapter`:

```
ListView listFavorites = (ListView) findViewById(R.id.list_favorites);
CursorAdapter adapter = (CursorAdapter) listFavorites.getAdapter();
```

Para obter o adaptador do ListView, use o método getAdapter().

3. Use o changeCursor() para mudar o cursor

Para alterar o cursor utilizado pelo cursor adapter, você deve chamar seu método `changeCursor()`. Esse método recebe um parâmetro, um novo cursor:

```
adapter.changeCursor(newCursor);
```

Troque o cursor utilizado pelo cursor adapter por um novo cursor.

O método `changeCursor()` troca o cursor atual do cursor adapter por um novo cursor. Em seguida, esse método fecha o cursor anterior automaticamente.

Vamos trocar o cursor usado pelo list view `list_favorites` no método `onRestart()` da `TopLevelActivity`. Com esse procedimento, os dados no list view serão atualizados quando o usuário retornar para a `TopLevelActivity`. As novas bebidas selecionadas como favoritas pelo usuário serão exibidas; já as bebidas que perderem o status de favoritas serão removidas da lista.

Vamos mostrar o código completo do *TopLevelActivity.java* nas próximas páginas.

o código, continuação

O código revisado do TopLevelActivity.java

☑ Atualize o layout
☑ Preencha o list view
→ ☐ Atualize os dados

Este é o código completo do *TopLevelActivity.java*; atualize seu código de acordo com as alterações abaixo destacadas em negrito.

```
package com.hfad.starbuzz;

import android.app.Activity;
import android.os.Bundle;
import android.content.Intent;
import android.widget.AdapterView;
import android.widget.ListView;
import android.view.View;
import android.database.Cursor;
import android.database.sqlite.SQLiteOpenHelper;
import android.database.sqlite.SQLiteException;
import android.database.sqlite.SQLiteDatabase;
import android.widget.SimpleCursorAdapter;
import android.widget.CursorAdapter;
import android.widget.Toast;

public class TopLevelActivity extends Activity {

    private SQLiteDatabase db;
    private Cursor favoritesCursor;

    @Override
    protected void onCreate(Bundle savedInstanceState) {
        super.onCreate(savedInstanceState);
        setContentView(R.layout.activity_top_level);
        setupOptionsListView();
        setupFavoritesListView();
    }
```

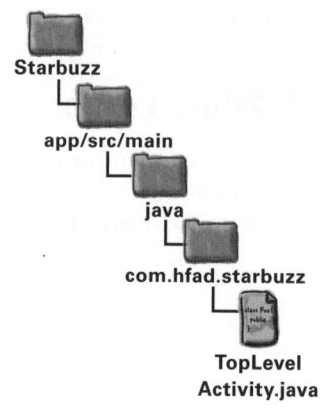

Starbuzz
  └ *app/src/main*
      └ *java*
          └ *com.hfad.starbuzz*
              └ *TopLevel Activity.java*

Você não precisa alterar nenhum código indicado nesta página.

O código continua na próxima página. →

O código do TopLevelActivity.java (continuação)

☑ Atualize o layout
☑ Preencha o list view
➔ **Atualize os dados**

```java
private void setupOptionsListView() {
    //Cria um OnItemClickListener
    AdapterView.OnItemClickListener itemClickListener =
                                   new AdapterView.OnItemClickListener(){
        public void onItemClick(AdapterView<?> listView,
                                View itemView,
                                int position,
                                long id) {
            if (position == 0) {
                Intent intent = new Intent(TopLevelActivity.this,
                                           DrinkCategoryActivity.class);
                startActivity(intent);
            }
        }
    };

    //Adiciona o ouvinte à exibição de lista
    ListView listView = (ListView) findViewById(R.id.list_options);
    listView.setOnItemClickListener(itemClickListener);
}

private void setupFavoritesListView() {
    //Preenche o list_favorites ListView de um cursor
    ListView listFavorites = (ListView) findViewById(R.id.list_favorites);
    try{
        SQLiteOpenHelper starbuzzDatabaseHelper = new StarbuzzDatabaseHelper(this);
        db = starbuzzDatabaseHelper.getReadableDatabase();
        favoritesCursor = db.query("DRINK",
                            new String[] { "_id", "NAME"},
                            "FAVORITE = 1",
                            null, null, null, null);

        CursorAdapter favoriteAdapter =
                new SimpleCursorAdapter(TopLevelActivity.this,
                        android.R.layout.simple_list_item_1,
                        favoritesCursor,
                        new String[]{"NAME"},
                        new int[]{android.R.id.text1}, 0);
        listFavorites.setAdapter(favoriteAdapter);
```

Você não precisa alterar nenhum código indicado nesta página.

Starbuzz/app/src/main/java/com.hfad.starbuzz/TopLevelActivity.java

O código continua na próxima página.

mais código

O código do TopLevelActivity.java (continuação)

- ☑ Atualize o layout
- ☑ Preencha o list view
- → ☐ Atualize os dados

```java
        } catch(SQLiteException e) {
            Toast toast = Toast.makeText(this, "Database unavailable", Toast.LENGTH_SHORT);
            toast.show();
        }

        //Navega até DrinkActivity se uma bebida for clicada
        listFavorites.setOnItemClickListener(new AdapterView.OnItemClickListener() {
            @Override
            public void onItemClick(AdapterView<?> listView, View v, int position, long id) {
                Intent intent = new Intent(TopLevelActivity.this, DrinkActivity.class);
                intent.putExtra(DrinkActivity.EXTRA_DRINKID, (int)id);
                startActivity(intent);
            }
        });
    }

    @Override
    public void onRestart() {
        super.onRestart();
        Cursor newCursor = db.query("DRINK",
                                new String[] { "_id", "NAME"},
                                "FAVORITE = 1",
                                null, null, null, null);
        ListView listFavorites = (ListView) findViewById(R.id.list_favorites);
        CursorAdapter adapter = (CursorAdapter) listFavorites.getAdapter();
        adapter.changeCursor(newCursor);
        favoritesCursor = newCursor;
    }

    //Fecha o cursor e o banco de dados no método onDestroy ()
    @Override
    public void onDestroy(){
        super.onDestroy();
        favoritesCursor.close();
        db.close();
    }
}
```

Adicione o método onRestart(). Ele será chamado quando o usuário navegar de volta para a TopLevelActivity.

Crie uma nova versão do cursor.

Troque o cursor atual do list view list_favorites pelo novo cursor.

Troque o valor do favoritesCursor para o novo cursor para fechá-lo no método onDestroy() da atividade.

Starbuzz
app/src/main
java
com.hfad.starbuzz
TopLevelActivity.java

Vamos conferir o que acontece quando executamos o app agora.

exibições e grupos de exibições

Test drive do app

☑ Atualize o layout
☑ Preencha o list view
☑ **Atualize os dados**

Quando executamos o app, as bebidas favoritas aparecem na `TopLevelActivity` como antes. Quando clicamos em uma das bebidas, seus detalhes são exibidos na `DrinkActivity`. Quando desmarcamos a caixa de seleção favorite para essa bebida e voltamos para a `TopLevelActivity`, os dados no list view `list_favorites` são atualizados e a bebida em questão deixa de aparecer na lista.

Inicialmente, o ListView list_favorite contém um latte e um cappuccino.

Quando clicamos no latte, seus detalhes são exibidos.

Em seguida, desmarcamos a caixa de seleção para indicar que a bebida perdeu o status de favorita.

Quando voltamos para a TopLevelActivity, o latte não está mais entre os itens do list view list_favorites.

> Estive pensando... Usar bancos de dados no app que estou desenvolvendo pode ser muito útil, mas as ações de abrir e ler o banco de dados não deixam o app mais lento?

Banco de dados são recursos muito avançados, mas podem ser lentos.

Ou seja, mesmo que o app funcione, temos que ficar atentos ao desempenho...

enquanto isso...

Os bancos de dados podem deixar o app leeento demaaaaaaaaaaiss...

Pense no procedimento realizado pelo app ao abrir um banco de dados. Primeiro, o software procura pelo arquivo de banco de dados. Se o banco de dados não existir, o app precisa criar um banco de dados em branco. Em seguida, ele executa os comandos SQL que criam as tabelas no banco de dados e os eventuais dados iniciais necessários. Por fim, o app dispara consultas para obter os dados do banco de dados.

Esse processo demanda tempo. Para um banco de dados pequeno como o que usamos no app Starbuzz, pode não demorar muito. Mas, à medida que o banco de dados aumenta, esse tempo tende a aumentar também. Até que, um belo dia, o app perde sua eficiência e fica mais lento do que o YouTube no Natal.

Você não pode fazer muita coisa a respeito da velocidade de criação e leitura de um banco de dados, mas é *possível* evitar que ele diminua a velocidade da sua interface.

A vida fica muito melhor quando os threads trabalham juntos

O pior problema de acessar um banco de dados lento é que o app pode parecer indiferente. Para entender isso, você deve compreender como os threads funcionam no Android. Desde a versão Lollipop, há três tipos fundamentais de threads:

- **O thread do evento principal**

    Esse o recurso mais utilizado no Android. Pode ouvir intents, receber mensagens de toque da tela e chamar os métodos nas atividades.

- **O render thread (thread de processamento)**

    É pouco comum interagir com esse thread; ele lê uma lista de solicitações de atualizações de tela e, em seguida, chama o hardware gráfico de nível baixo para repintar a tela e melhorar o visual do app.

- **Outros threads criados por você**

Se você não ficar atento, o app concentrará todo o seu desempenho no thread do evento principal, que executa os métodos dos eventos. Se você apenas colocar o código do banco de dados no método `onCreate()` (como fizemos no app Starbuzz), o thread do evento principal ficará ocupado com a comunicação com o banco de dados e não sairá em busca de eventos na tela ou em outros apps. Se o código do banco de dados demorar para rodar, os usuários pensarão que estão sendo ignorados ou que o app está com alguma falha.

Nessa situação, o segredo é **separar o código do banco de dados do thread do evento principal e executá-lo em um thread personalizado em segundo plano**. Vamos aprender a executar essa operação usando o código da `DrinkActivity` que escrevemos anteriormente neste capítulo. Recapitulando, o código atualiza a coluna FAVORITE no banco de dado Starbuzz quando o usuário clica na caixa de seleção `favorite` e exibe uma mensagem quando o banco de dados está inacessível.

exibições e grupos de exibições

Aponte o seu lápis

Queremos executar o código da `DrinkActivity` para atualizar o banco de dados no plano de fundo, mas, antes de começarmos a mexer no código, vamos definir o que devemos fazer.

O estado atual do código tem três funções diferentes. Escolha o tipo de thread que cada função deve executar. Fizemos o primeiro item como exemplo.

Ⓐ Configure a interface.

```
int drinkId = (Integer) getIntent().getExtras().get(EXTRA_DRINKID);
CheckBox favorite = (CheckBox) findViewById(R.id.favorite);
ContentValues drinkValues = new ContentValues();
drinkValues.put("FAVORITE", favorite.isChecked());
```

Thread do evento principal	Thread de segundo plano
✓	

Este código deve ser executado no thread do evento principal, pois tem que acessar os views da atividade.

Ⓑ Comunique-se com o banco de dados.

```
SQLiteOpenHelper starbuzzDatabaseHelper = new StarbuzzDatabaseHelper(this);
SQLiteDatabase db = starbuzzDatabaseHelper.getWriteableDatabase();
db.update("DRINK",...);
```

Thread do evento principal	Thread de segundo plano

Ⓒ Atualize os itens exibidos na tela.

```
Toast toast = Toast.makeText(...);
toast.show();
```

Thread do evento principal	Thread de segundo plano

solução

Aponte o seu lápis
Solução

Queremos executar o código da `DrinkActivity` para atualizar o banco de dados no plano de fundo, mas, antes de começarmos a mexer no código, vamos definir o que devemos fazer.

O estado atual do código tem três funções diferentes. Escolha o tipo de thread que cada função deve executar. Fizemos o primeiro item como exemplo.

Ⓐ Configure a interface.

```
int drinkId = (Integer) getIntent().getExtras().get(EXTRA_DRINKID);
CheckBox favorite = (CheckBox) findViewById(R.id.favorite);
ContentValues drinkValues = new ContentValues();
drinkValues.put("FAVORITE", favorite.isChecked());
```

Thread do evento principal	Thread de segundo plano
✓	

Ⓑ Comunique-se com o banco de dados.

```
SQLiteOpenHelper starbuzzDatabaseHelper = new StarbuzzDatabaseHelper(this);
SQLiteDatabase db = starbuzzDatabaseHelper.getWriteableDatabase();
db.update("DRINK",...);
```

Thread do evento principal	Thread de segundo plano
	✓

Queremos executar o código do banco de dados no segundo plano.

Ⓒ Atualize os itens exibidos na tela.

```
Toast toast = Toast.makeText(...);
toast.show();
```

O código deve ser executado para exibir uma mensagem na tela no thread do evento principal; caso contrário, aparecerá uma exceção.

Thread do evento principal	Thread de segundo plano
✓	

exibições e grupos de exibições

Qual código devemos colocar em cada thread?

Quando há bancos de dados nos apps, é recomendável executar o código do banco de dados em um thread de segundo plano e atualizar os views com dados do banco de dados no thread do evento principal. Vamos analisar detalhadamente o método `onFavoritesClicked()` no código da `DrinkActivity` para aprender a lidar com esse tipo de problema.

Starbuzz / app/src/main / java / com.hfad.starbuzz / DrinkActivity.java

Este é o código do método (dividimos o código nas seções descritas abaixo):

```
//Atualiza o banco de dados quando a caixa de seleção é clicada
public void onFavoriteClicked(View view){
```

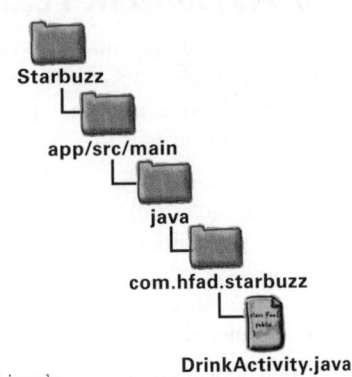

①
```
    int drinkId = (Integer) getIntent().getExtras().get(EXTRA_DRINKID);
    CheckBox favorite = (CheckBox) findViewById(R.id.favorite);
    ContentValues drinkValues = new ContentValues();
    drinkValues.put("FAVORITE", favorite.isChecked());
```

②
```
    SQLiteOpenHelper starbuzzDatabaseHelper = new StarbuzzDatabaseHelper(this);
    try {
        SQLiteDatabase db = starbuzzDatabaseHelper.getWritableDatabase();
        db.update("DRINK", drinkValues,
                            "_id = ?", new String[] {Integer.toString(drinkId)});
        db.close();
    } catch(SQLiteException e) {
```

③
```
        Toast toast = Toast.makeText(this, "Database unavailable", Toast.LENGTH_SHORT);
        toast.show();
    }
}
```

① **Esse código deve ser executado antes do código do banco de dados**

As primeiras linhas de código servem para obter o valor da caixa de seleção `favorite` e colocá-lo no objeto `ContentValues` do `drinkValues`. Esse código deve ser executado antes do código do banco de dados.

② **Esse código do banco de dados deve ser executado em um thread de segundo plano**

Essa operação atualiza a tabela DRINK.

③ **Esse código deve ser executado depois do código do banco de dados**

Quando o banco de dados estiver inacessível, queremos exibir uma mensagem para o usuário. Esse código deve ser executado no thread do evento principal.

Vamos implementar o código usando um **AsyncTask**. Mas o que é isso?

AsyncTask

O AsyncTask realiza tarefas assíncronas

O `AsyncTask` permite que você realize operações em segundo plano. Depois de finalizar essas operações, o AsyncTask permite que você atualize os views no thread do evento principal. Se a tarefa for repetitiva, é possível utilizar o AsyncTask para publicar o progresso da tarefa durante sua execução.

Para criar um `AsyncTask`, você deve estender a classe `AsyncTask` e implementar seu método `doInBackground()`. O código nesse método é executado em um thread de segundo plano; portanto, esse é o local perfeito para você colocar o código do banco de dados. A classe `AsyncTask` também contém o método `onPreExecute()`, executado antes do `doInBackground()`, e o método `onPostExecute()`, executado posteriormente. Além disso, há um método `onProgressUpdate()` para que você possa publicar o progresso da tarefa.

Este é o formato de um `AsyncTask`:

Você deve adicionar a classe AsyncTask como uma classe interna da atividade que irá utilizá-la.

```
private class MyAsyncTask extends AsyncTask<Params, Progress, Result>

    protected void onPreExecute() {
        //Código para rodar antes de executar a tarefa
    }

    protected Result doInBackground(Params... params) {
        //Código que você deseja executar em um thread de segundo plano
    }

    protected void onProgressUpdate(Progress... values) {
        //Código que você quer rodar para publicar o progresso da sua tarefa
    }

    protected void onPostExecute(Result result) {
        //Código que você deseja executar quando a tarefa estiver concluída
    }
}
```

Este método é opcional e executado antes do código que será executado no segundo plano.

Você deve implementar este método, que contém o código que será executado no segundo plano.

Este método também é opcional e executado depois da execução do código no segundo plano.

Este método é opcional e permite que você publique o progresso do código em execução no segundo plano.

O `AsyncTask` é definido por três parâmetros genéricos: `Params`, `Progress` e `Results`. `Params` é o tipo de objeto utilizado para transmitir os parâmetros da tarefa ao método `doInBackground()`; `Progress` é o tipo de objeto utilizado para indicar o progresso da tarefa e `Result` é o tipo de resultado da tarefa. Você pode definir esses parâmetros como `Void` quando não precisar utilizá-los.

Vamos analisar esses parâmetros nas próximas páginas ao criarmos um novo `AsyncTask` chamado `UpdateDrinkTask` para atualizar as bebidas no segundo plano. Depois, vamos adicionar essa tarefa ao código da `DrinkActivity` como uma classe interna.

O método onPreExecute()

Vamos começar com o método `onPreExecute()`. Esse método é chamado antes de a tarefa de segundo plano começar e serve para configurar a tarefa. Sua chamada ocorre no thread do evento principal para que o método tenha acesso aos views na interface do usuário. O método `onPreExecute()` não recebe nenhum parâmetro e tem um tipo de retorno `void`.

onPreExecute()

Neste caso, vamos usar o método `onPreExecute()` para obter o valor da caixa de seleção `favorite` e colocá-lo no objeto `ContentValues` do `drinkValues`. Isso porque precisamos ter acesso ao view da caixa de seleção para concluir essa operação antes de o código do banco de dados ser executado. Para o objeto `ContentValues` do `drinkValues`, estamos usando um atributo específico e que não pertence ao método para que os outros métodos na classe possam acessar o objeto `ContentValues` (vamos falar sobre esses métodos nas próximas páginas).

Este é o código dessa operação:

```
private class UpdateDrinkTask extends AsyncTask<Params, Progress, Result> {

    private ContentValues drinkValues;

    protected void onPreExecute() {
        CheckBox favorite = (CheckBox) findViewById(R.id.favorite);
        drinkValues = new ContentValues();
        drinkValues.put("FAVORITE", favorite.isChecked());
    }

    ...

}
```

Antes de executar o código do banco de dados, vamos obter o valor da caixa de seleção favorite.

A seguir, vamos conferir o método `doInBackground()`.

doInBackground()

O método doInBackground()

O método `doInBackground()` é executado no segundo plano logo após o `onPreExecute()`. Você deve definir o tipo de parâmetros que a tarefa receberá e o tipo do retorno.

Vamos usar o método `doInBackground()` para o código do banco de dados de modo que ele seja executado em um thread de segundo plano. Vamos transmitir a ID da bebida que será atualizada; como a ID da bebida é um valor `int`, temos que especificar que o método `doInBackground()` recebe objetos `Integer`. Vamos usar um valor de retorno `Boolean` para saber se o código foi executado com sucesso:

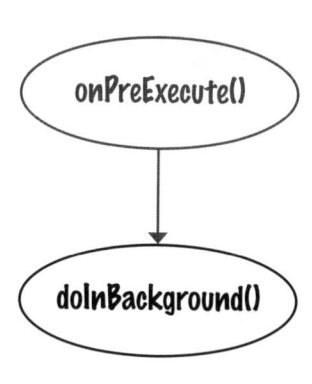

Altere este item para Integer para corresponder ao parâmetro do método doInBackground().

```
private class UpdateDrinkTask extends AsyncTask<Integer, Progress, Boolean> {

    private ContentValues drinkValues;
    ...
```
Altere este item para Boolean para corresponder ao tipo de retorno do método doInBackground().

Este código é executado no thread de segundo plano.

```
    protected Boolean doInBackground(Integer... drinks) {
        int drinkId = drinks[0];
        SQLiteOpenHelper starbuzzDatabaseHelper =
                            new StarbuzzDatabaseHelper(DrinkActivity.this);
        try {
            SQLiteDatabase db = starbuzzDatabaseHelper.getWritableDatabase();
            db.update("DRINK", drinkValues,
                        "_id = ?", new String[] {Integer.toString(drinkId)});
            db.close();
            return true;
        } catch(SQLiteException e) {
            return false;
        }
    }
    ...
}
```

Este é um array de Integers; vamos incluir nele apenas um item, a ID da bebida.

O método update() usa o objeto drinkValues criado pelo método onPreExecute().

A seguir, vamos conferir o método `onProgressUpdate()`.

O método onProgressUpdate()

O método onProgressUpdate() é chamado no thread do evento principal e, portanto, tem acesso aos views na interface do usuário. Você pode usar esse método para indicar o progresso para usuário ao atualizar os views na tela. Defina o tipo de parâmetros que o método deve conter.

O método onProgressUpdate() é executado quando o método doInBackground() chama o publishProgress() da seguinte forma:

```
protected Boolean doInBackground(Integer... count) {
    for (int i = 0; i < count; i++) {
        publishProgress(i);
    }
}
```
Este item chama o método onProgressUpdate(), transmitindo o valor i.

```
protected void onProgressUpdate(Integer... progress) {
    setProgress(progress[0]);
}
```

Como não vamos publicar o progresso da tarefa no app, não precisamos implementar esse método. Para indicar que não estamos usando nenhum objeto para mostrar o progresso da tarefa, vamos alterar a assinatura do UpdateDrinkTask:

Não estamos usando o método onProgressUpdate(); portanto, definimos este item como Void.

```
private class UpdateDrinkTask extends AsyncTask<Integer, Void, Boolean> {

    ...

}
```

Finalmente, vamos conferir o método onPostExecute().

onPostExecute()

O método onPostExecute()

O método `onPostExecute()` é chamado após a conclusão da tarefa de segundo plano. Por ser chamado no thread do evento principal, esse método tem acesso aos views na interface do usuário. Você pode utilizar esse método para apresentar os resultados da tarefa para o usuário. O método `onPostExecute()` transmite os resultados do método `doInBackground()`; portanto, precisa receber parâmetros que correspondam ao tipo de retorno do `doInBackground()`.

Vamos usar o método `onPostExecute()` para verificar se o código do banco de dados no método `doInBackground()` foi executado com sucesso. Caso não tenha sido, vamos exibir uma mensagem para o usuário. Vamos realizar essa operação no método `onPostExecute()`, que atualiza a interface do usuário; como o método `doInBackground()` é executado em um thread de segundo plano, ele não pode atualizar os views.

Este é o código que vamos utilizar:

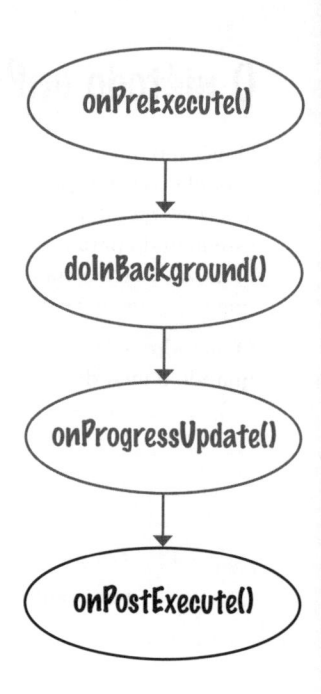

```
private class UpdateDrinkTask extends AsyncTask<Integer, Void, Boolean> {
```
↑ Este item foi definido como Boolean, pois o método doInBackground() retorna um Boolean.

```
    ...

    protected void onPostExecute(Boolean success) {
        if (!success) {
            Toast toast = Toast.makeText(DrinkActivity.this,
                        "Database unavailable", Toast.LENGTH_SHORT);
            toast.show();
        }
    }
}
```
← Transmita ao toast o context da DrinkActivity.

Agora que escrevemos o código dos métodos do `AsyncTask`, vamos rever os parâmetros da classe `AsyncTask`.

Os parâmetros da classe AsyncTask

Quando apresentamos a classe AsyncTask, dissemos que ela era definida por três parâmetros genéricos: Params, Progress e Results. Para especificar a natureza deles, verifique o tipo dos parâmetros utilizados pelos métodos doInBackground(), onProgressUpdate() e onPostExecute(). Params é o tipo dos parâmetros do doInBackground(); Progress é o tipo dos parâmetros do onProgressUpdate() e Result é o tipo dos parâmetros do onPostExecute():

```java
private class MyAsyncTask extends AsyncTask<Params, Progress, Result>

    protected void onPreExecute() {
        //Código para rodar antes de executar a tarefa
    }

    protected Result doInBackground(Params... params) {
        //Código que você deseja executar em um thread de segundo plano
    }

    protected void onProgressUpdate(Progress... values) {
        //Código que você quer rodar para publicar o progresso da sua tarefa
    }

    protected void onPostExecute(Result result) {
        // Código que você deseja executar quando a tarefa estiver concluída
    }
}
```

Nesse exemplo, o doInBackground() recebe parâmetros Integer; o onPostExecute() recebe um parâmetro Boolean e o método onProgressUpdate() não é utilizado. Portanto, nesse exemplo, Params é Integer, Progress é Void e Result é Boolean:

Este item foi definido como Void porque não implementamos o método onProgressUpdate().

```java
private class UpdateDrinkTask extends AsyncTask<Integer, Void, Boolean> {
    ...
    protected Boolean doInBackground(Integer... drinks) {
        ...
    }

    protected void onPostExecute(Boolean... success) {
        ...
    }
}
```

Vamos mostrar a classe UpdateDrinkTask completa na próxima página.

o código da classe interna

A classe UpdateDrinkTask completa

Este é o código completo da classe `UpdateDrinkTask`. Ele deve ser adicionado à `DrinkActivity` como uma classe interna, mas recomendamos que você espere até aprender a executá-lo e estude a listagem de código completa do *DrinkActivity.java* que mostraremos mais adiante.

```java
private class UpdateDrinkTask extends AsyncTask<Integer, Void, Boolean> {
    private ContentValues drinkValues;         ← Definimos o drinkValues como uma variável
                                                 privada, pois é utilizado pelos métodos
    protected void onPreExecute() {              onExecute() e doInBackground().
        CheckBox favorite = (CheckBox) findViewById(R.id.favorite);
        drinkValues = new ContentValues();
        drinkValues.put("FAVORITE", favorite.isChecked());    ← Antes de executar o
    }                                                           código do banco de
                         O código do banco de dados fica       dados, vamos colocar
                       no método doInBackground().              o valor da caixa de
    protected Boolean doInBackground(Integer... drinks) {      seleção favorite no
        int drinkId = drinks[0];                                objeto ContentValues
        SQLiteOpenHelper starbuzzDatabaseHelper =               do drinkValues.
                new StarbuzzDatabaseHelper(DrinkActivity.this);
        try {
            SQLiteDatabase db = starbuzzDatabaseHelper.getWritableDatabase();
            db.update("DRINK", drinkValues,
                    "_id = ?", new String[] {Integer.toString(drinkId)});
            db.close();
            return true;
        } catch(SQLiteException e) {
            return false;
        }
    }
                         Depois de executar o código do banco de dados no
                         segundo plano, verifique se ele foi executado com
                         sucesso. Caso não tenha sido, mostre uma mensagem.
    protected void onPostExecute(Boolean success) {
        if (!success) {
            Toast toast = Toast.makeText(DrinkActivity.this,
                    "Database unavailable", Toast.LENGTH_SHORT);
            toast.show();   ← Temos que colocar o código que exibe a mensagem no
        }                      método onPostExecute(), pois ele deve ser executado
    }                          no thread do evento principal para atualizar a tela.
}
```

Execute o AsyncTask...

Para executar o `AsyncTask`, você deve chamar o método `execute()` do `AsyncTask` e transmitir os parâmetros exigidos pelo método `doInBackground()`. Por exemplo, queremos transmitir a bebida selecionada pelo usuário ao método `doInBackground()` do `AsyncTask`; portanto, devemos chamá-lo usando o seguinte código:

```
int drinkId = (Integer) getIntent().getExtras().get(EXTRA_DRINKID);
new UpdateDrinkTask().execute(drinkId);
```
⬅ Execute o AsyncTask e transmita a ID da bebida.

O tipo do parâmetro que será transmitido com o método `execute()` deve corresponder ao tipo do parâmetro exigido pelo método `doInBackground()` do `AsyncTask`. Estamos transmitindo um valor inteiro (a ID da bebida), que corresponde ao tipo do parâmetro exigido pelo método `doInBackground()`:

```
protected Boolean doInBackground(Integer... drinks) {
    ...
}
```

...no método onFavoritesClicked da DrinkActivity

A classe `UpdateDrinkTask` (o `AsyncTask` que criamos) deve atualizar a coluna FAVORITE no banco de dados Starbuzz sempre que a caixa de seleção favorite na `DrinkActivity` for clicada. Portanto, temos que executá-la no método `onFavoritesClicked()` da `DrinkActivity`. Este é o formato da nova versão do método:

```
//Atualiza o banco de dados quando a caixa de seleção é clicada
public void onFavoriteClicked(View view){
    int drinkId = (Integer)getIntent().getExtras().get(EXTRA_DRINKID);
    new UpdateDrinkTask().execute(drinkId);
}
```
⬅ A nova versão do método onFavoritesClicked() não contém mais o código que atualiza a coluna FAVORITE. Em vez disso, este método chama o AsyncTask para fazer a atualização no segundo plano.

Vamos mostrar o novo código do *DrinkActivity.java* nas próximas páginas.

o código da DrinkActivity

O código completo do DrinkActivity.java

Este é o código completo do *DrinkActivity.java*; atualize sua versão do código de acordo com as alterações indicadas abaixo:

```
package com.hfad.starbuzz;

import android.app.Activity;
import android.os.Bundle;
import android.widget.ImageView;
import android.widget.TextView;
import android.widget.Toast;
import android.database.Cursor;
import android.database.sqlite.SQLiteDatabase;
import android.database.sqlite.SQLiteException;
import android.database.sqlite.SQLiteOpenHelper;
import android.view.View;
import android.widget.CheckBox;
import android.content.ContentValues;
import android.os.AsyncTask;
```
← Como estamos usando a classe AsyncTask, temos que importá-la.

```
public class DrinkActivity extends Activity {

    public static final String EXTRA_DRINKID = "drinkId";
```
← Não precisamos alterar o método onCreate(), que aparece aqui para dar uma ideia do formato geral do código.
```
    @Override
    protected void onCreate(Bundle savedInstanceState) {
        super.onCreate(savedInstanceState);
        setContentView(R.layout.activity_drink);

        //Pegue a bebida da intent
        int drinkId = (Integer) getIntent().getExtras().get(EXTRA_DRINKID);

        //Crie um cursor
        SQLiteOpenHelper starbuzzDatabaseHelper = new StarbuzzDatabaseHelper(this);
        try {
            SQLiteDatabase db = starbuzzDatabaseHelper.getReadableDatabase();
            Cursor cursor = db.query("DRINK",
                    new String[]{"NAME", "DESCRIPTION", "IMAGE_RESOURCE_ID", "FAVORITE"},
                    "_id = ?",
                    new String[]{Integer.toString(drinkId)},
                    null, null, null);
```

O código continua na próxima página.

O código completo do DrinkActivity.java (continuação)

```java
        //Move para o primeiro registro no cursor
        if (cursor.moveToFirst()) {
            //Obter os detalhes da bebida do cursor
            String nameText = cursor.getString(0);
            String descriptionText = cursor.getString(1);
            int photoId = cursor.getInt(2);
            boolean isFavorite = (cursor.getInt(3) == 1);

            //Preencher o nome da bebida
            TextView name = (TextView) findViewById(R.id.name);
            name.setText(nameText);

            //Preencher a descrição da bebida
            TextView description = (TextView) findViewById(R.id.description);
            description.setText(descriptionText);

            //Preencher a imagem da bebida
            ImageView photo = (ImageView) findViewById(R.id.photo);
            photo.setImageResource(photoId);
            photo.setContentDescription(nameText);

            //Preencha a caixa de seleção favorita
            CheckBox favorite = (CheckBox)findViewById(R.id.favorite);
            favorite.setChecked(isFavorite);
        }
        cursor.close();
        db.close();
    } catch (SQLiteException e) {
        Toast toast = Toast.makeText(this,
                "Database unavailable",
                Toast.LENGTH_SHORT);
        toast.show();
    }
}
```

Starbuzz
app/src/main
java
com.hfad.starbuzz
DrinkActivity.java

Não precisamos alterar nenhum código indicado nesta página.

O código continua na próxima página.

o código, continuação

O código completo do DrinkActivity.java (continuação)

```
//Atualiza o banco de dados quando a caixa de seleção é clicada
public void onFavoriteClicked(View view){
    int drinkId = (Integer) getIntent().getExtras().get(EXTRA_DRINKID);
```

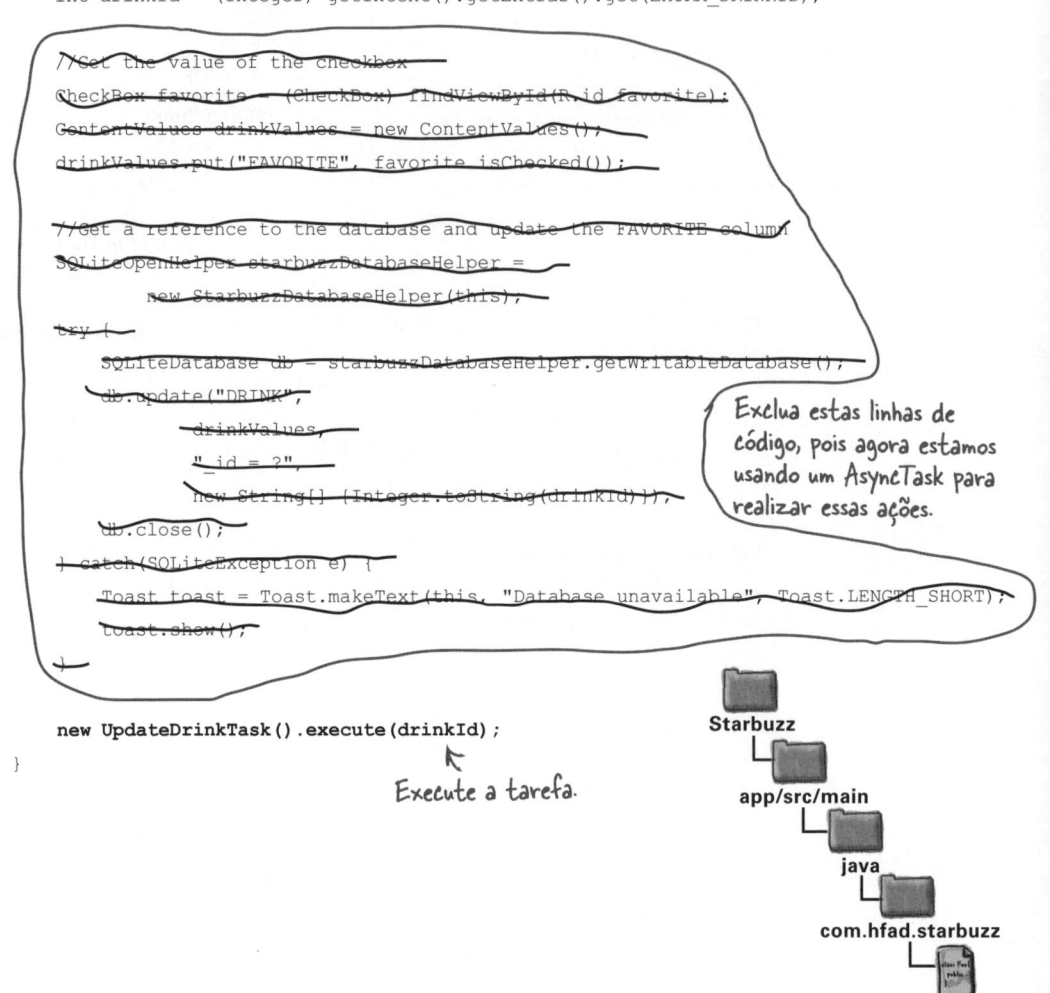

~~//Get the value of the checkbox~~
~~CheckBox favorite = (CheckBox) findViewById(R.id.favorite);~~
~~ContentValues drinkValues = new ContentValues();~~
~~drinkValues.put("FAVORITE", favorite.isChecked());~~

~~//Get a reference to the database and update the FAVORITE column~~
~~SQLiteOpenHelper starbuzzDatabaseHelper =~~
~~   new StarbuzzDatabaseHelper(this);~~
~~try {~~
~~   SQLiteDatabase db = starbuzzDatabaseHelper.getWritableDatabase();~~
~~   db.update("DRINK",~~
~~   drinkValues,~~
~~   "_id = ?",~~
~~   new String[] {Integer.toString(drinkId)});~~
~~   db.close();~~
~~} catch(SQLiteException e) {~~
~~   Toast toast = Toast.makeText(this, "Database unavailable", Toast.LENGTH_SHORT);~~
~~   toast.show();~~
~~}~~

Exclua estas linhas de código, pois agora estamos usando um AsyncTask para realizar essas ações.

```
    new UpdateDrinkTask().execute(drinkId);
}
```

↖ *Execute a tarefa.*

Starbuzz
└── app/src/main
    └── java
        └── com.hfad.starbuzz
            └── DrinkActivity.java

O código continua na próxima página. ➜

O código completo do DrinkActivity.java (continuação)

```java
//Classe interna para atualizar a bebida.
private class UpdateDrinkTask extends AsyncTask<Integer, Void, Boolean> {

    private ContentValues drinkValues;

    protected void onPreExecute() {
        CheckBox favorite = (CheckBox) findViewById(R.id.favorite);
        drinkValues = new ContentValues();
        drinkValues.put("FAVORITE", favorite.isChecked());
    }

    protected Boolean doInBackground(Integer... drinks) {
        int drinkId = drinks[0];
        SQLiteOpenHelper starbuzzDatabaseHelper =
                new StarbuzzDatabaseHelper(DrinkActivity.this);
        try {
            SQLiteDatabase db = starbuzzDatabaseHelper.getWritableDatabase();
            db.update("DRINK", drinkValues,
                    "_id = ?", new String[] {Integer.toString(drinkId)});
            db.close();
            return true;
        } catch(SQLiteException e) {
            return false;
        }
    }

    protected void onPostExecute(Boolean success) {
        if (!success) {
            Toast toast = Toast.makeText(DrinkActivity.this,
                    "Database unavailable", Toast.LENGTH_SHORT);
            toast.show();
        }
    }
}
```

Adicione o AsyncTask à atividade como uma classe interna.

Antes de o código do banco de dados ser executado, coloque o valor da caixa de seleção no objeto ContentValues do drinkValues.

Execute o código do banco de dados em um thread de segundo plano.

Atualize o valor da coluna FAVORITE.

Se o código do banco de dados não for executado corretamente, mostre uma mensagem ao usuário.

Starbuzz
app/src/main
java
com.hfad.starbuzz
DrinkActivity.java

Agora você já sabe como criar um `AsyncTask`. Vamos conferir o que acontece quando executamos o app.

test drive

Test drive do app

Quando executamos o app e navegamos até uma bebida, podemos definir essa bebida como favorita marcando a caixa de seleção "favorite". Clicar na caixa de seleção continua atualizando a coluna FAVORITE no banco de dados com o respectivo valor, mas agora o código é executado em um thread de segundo plano.

Em um mundo ideal, todo o código do banco de dados seria executado no segundo plano. Não vamos alterar as outras atividades do Starbuzz aqui, mas por que você mesmo não faz essa mudança?

O app ainda escreve dados no banco de dados, mas agora realiza essa ação em um thread de segundo plano.

não existem Perguntas Idiotas

P: Já escrevi o código para executar o código do banco de dados, e deu tudo certo. Tenho mesmo que executar esse código no segundo plano?

R: Quando você lida com bancos de dados pequenos (como o do app Starbuzz), muitas vezes não se dá conta do tempo necessário para acessar o banco de dados. Mas isso só ocorre quando o banco de dados é pequeno. Quando você estiver usando um banco de dados maior ou um dispositivo mais lento, o tempo necessário para acessar o banco de dados será expressivo. Portanto, a resposta é sim: você *sempre* deve executar o código do banco de dados no segundo plano.

P: Recapitulando: por que não devemos atualizar um view a partir de um thread de segundo plano?

R: Para ser breve, quando você tenta fazer isso, recebe uma exceção. Explicando melhor: as interfaces de usuário multithread são cheias de bugs. Para evitar esse problema, o Android simplesmente veta esse recurso.

P: Qual é a parte mais lenta do código do banco de dados: abrir ou ler os dados do banco de dados?

R: Não podemos generalizar. Se o banco de dados tiver uma estrutura de dados complexa, abrir o banco de dados pela primeira vez exigirá um tempo maior porque será necessário criar todas as tabelas. Executar uma consulta complexa pode demorar muito. Em geral, é recomendável ser prudente e executar tudo no segundo plano.

P: O que o usuário visualiza nos segundos necessários para ler os dados no banco de dados?

R: O usuário visualiza views em branco até o código do banco de dados definir os valores.

P: Por que colocamos o código do banco de dados para apenas uma atividade em um `AsyncTask`?

R: Nesse exemplo, indicamos como você deve usar os `AsyncTasks` em uma atividade. Na prática, você deve realizar esse procedimento para o código do banco de dados em todas as atividades.

layout de restrição

Sua caixa de ferramentas para Android

Você fechou o Capítulo 17 e adicionou a habilidade de escrever em bancos de dados SQLite à sua caixa de ferramentas.

O código completo do capítulo pode ser baixado em https://www.altabooks.com.br. Procure pelo título ou ISBN do livro.

PONTOS DE BALA

- O método `changeCursor()` do `CursorAdapter` troca o cursor atual de um cursor adapter por um novo cursor indicado por você. Em seguida, esse método fecha o cursor anterior.

- Para executar o código do banco de dados em um thread de segundo plano, use o `AsyncTask`.

Resumo das etapas do AsyncTask

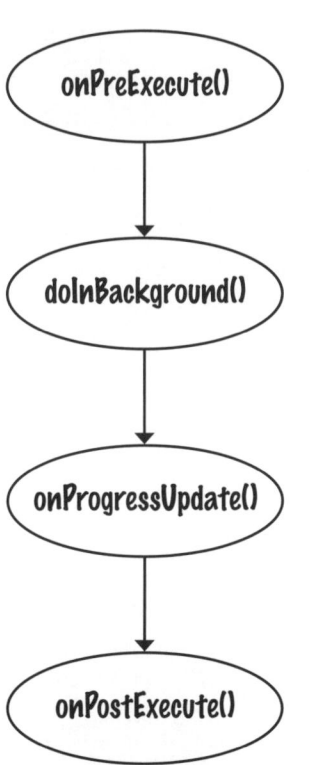

onPreExecute()

❶ **O onPreExecute() configura a tarefa.**
Esse método é chamado antes de a tarefa de segundo plano começar para ser executado no thread do evento principal.

doInBackground()

❷ **O doInBackground() é executado no thread de segundo plano.**
Esse método é executado logo após o `onPreExecute()`. Você pode especificar o tipo dos parâmetros recebidos por ele e o tipo do retorno que o método oferece.

onProgressUpdate()

❸ **O onProgressUpdate() mostra o progresso.**
Esse método é executado no thread do evento principal quando o método `doInBackground()` chama o `publishProgress()`.

onPostExecute()

❹ **O onPostExecute() exibe o resultado da tarefa para o usuário após a conclusão do doInBackground.**
Esse método é executado no thread do evento principal e recebe o valor de retorno do `doInBackground()` como um parâmetro.

18 serviços iniciados

Ao Seu Serviço

Já disse que iniciei o ProtectionRacketService?

Algumas operações devem ser sempre executadas mesmo que o respectivo app esteja fora de foco. Se você estiver baixando um arquivo, por exemplo, *não vai querer interromper o download ao trocar de app*. Neste capítulo, vamos apresentá-lo aos **serviços iniciados**, componentes que *executam operações em segundo plano*. Você aprenderá a criar um serviço iniciado usando a classe `IntentService` e verá como seu ciclo de vida se adapta ao de uma atividade. Além disso, vamos explicar como **registrar mensagens em logs** e *informar os usuários* usando o **serviço de notificação** interno do Android.

serviços

Os serviços funcionam no segundo plano

Um app Android é uma coleção de atividades e outros componentes. A maior parte do código do app interage com o usuário, mas às vezes é necessário realizar ações no segundo plano, como baixar um arquivo grande, fazer streaming de uma música ou escutar uma mensagem do servidor.

Tarefas como essas não são típicas de atividades. Em casos simples, você pode criar um thread, mas fique atento para que o código da atividade não fique complexo demais e ilegível.

Os **serviços** foram inventados para lidar com essas situações. Um serviço é um componente de aplicativo como uma atividade, mas não tem uma interface de usuário. Seus ciclos de vida são mais simples do que os ciclos de vida das atividades; além disso, os serviços contêm vários recursos que facilitam a escrita de código para ser executado em segundo plano enquanto o usuário estiver fazendo outra coisa.

Existem três tipos de serviço

Os serviços se enquadram em três categorias principais:

- 🟢 **Serviços iniciados**

    Um serviço iniciado pode ser executado por tempo indefinido no segundo plano, até mesmo quando a atividade que o inicia é destruída. Para baixar um arquivo grande da internet, você deve criar essa tarefa como um serviço iniciado. Quando a operação é concluída, o serviço é interrompido.

- 🟢 **Serviços vinculados**

    Um serviço vinculado é vinculado a outro componente de aplicativo, como uma atividade. A atividade pode interagir com esse serviço, enviar solicitações e receber resultados. O serviço vinculado será executado enquanto estiver vinculado aos respectivos componentes. Quando os componentes deixarem de estar vinculados a ele, o serviço será destruído. Ao criar um hodômetro para medir a distância percorrida por um veículo, por exemplo, você deve usar um serviço vinculado. Desse modo, as atividades vinculadas ao serviço podem continuar solicitando a ele novas informações sobre a distância percorrida.

- 🟢 **Serviços agendados**

    Um serviço agendado é programado para ser executado em um horário específico. Por exemplo, a partir da API 21, você pode agendar a execução de trabalhos para um horário mais adequado.

Neste capítulo, vamos aprender a criar um serviço iniciado.

> Além de criar serviços personalizados, você pode usar os serviços internos do Android.
>
> Os serviços internos incluem o serviço de notificação, o serviço de localização, o serviço de alarme e o serviço de download.

exibições e grupos de exibições

Vamos criar um serviço INICIADO

Vamos criar um novo projeto com uma atividade chamada `MainActivity` e um serviço iniciado chamado `DelayedMessageService`. Sempre que a `MainActivity` chamar o `DelayedMessageService`, essa atividade terá que esperar 10 segundos para exibir um pequeno texto.

activity_main.xml — A MainActivity utilizará este layout.

A atividade transmitirá o texto ao serviço. → **MainActivity.java** — Text → **DelayedMessageService.java**

1...2...3...4...5...6...7...8...9...10... Aí vai o texto.

O serviço mostrará o texto depois de 10 segundos.

Vamos realizar esse procedimento em duas etapas:

❶ Mostre a mensagem no log do Android.

Para começar, vamos mostrar a mensagem no log do Android para verificar se o serviço está funcionando bem. Podemos conferir o log no Android Studio.

❷ Mostre a mensagem em uma notificação.

Vamos configurar o `DelayedMessageService` para usar o serviço de notificação interno do Android e exibir a mensagem em uma notificação.

Vamos criar esta notificação. →

> 12:49 PM • Wed, Mar 22
> 4G
> 🔵 Joke • now
> What is the secret of comedy?
> Timing!

Crie o projeto

Inicialmente, vamos criar o projeto. Crie um novo projeto Android para um aplicativo chamado "Joke" usando o domínio da empresa "hfad.com" e o nome do pacote `com.hfad.joke`. O SDK mínimo deve ser API 19 para que o app rode na maioria dos dispositivos. Crie uma atividade vazia chamada "MainActivity" e um layout chamado "activity_main" para que o seu código fique parecido com o código indicado aqui. **Lembre-se de desmarcar a opção Backwards Compatibility (AppCompat) quando criar a atividade.**

A seguir, vamos criar o serviço.

Use a classe IntentService para criar um serviço iniciado básico

→ ☐ Log
☐ Mostre a notificação

A forma mais simples de criar um serviço iniciado é estender a classe **IntentService**, que oferece a maioria das funcionalidades necessárias. Para iniciar esse serviço, use um intent e execute o código especificado em um thread separado.

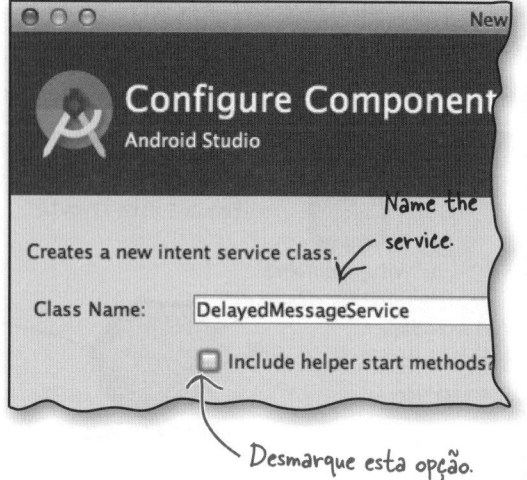

Vamos adicionar um novo serviço de intent ao projeto. Para fazer isso, acesse a visualização Project no navegador do Android Studio, clique no pacote `com.hfad.joke` na pasta *app/src/main/java*, vá para File→New... e selecione a opção Service. Quando solicitado, escolha a opção para criar um novo Intent Service. Nomeie o serviço como "DelayedMessageService" e desmarque a opção para incluir métodos helper start para minimizar o volume de código gerado pelo Android Studio. Clique no botão Finish e, em seguida, substitua o código do *DelayedMessageService.java* pelo código indicado a seguir:

Name the service.

Desmarque esta opção.

Algumas versões do Android Studio podem questionar a linguagem do código-fonte. Se for o caso, selecione a opção correspondente ao Java.

```java
package com.hfad.joke;

import android.app.IntentService;
import android.content.Intent;

public class DelayedMessageService extends IntentService {

    public DelayedMessageService() {
        super("DelayedMessageService");
    }

    @Override
    protected void onHandleIntent(Intent intent) {
        //Código para fazer alguma coisa
    }
}
```

Estenda a classe IntentService.

Coloque o código a ser executado pelo serviço no método onHandleIntent().

Joke
app/src/main
java
com.hfad.joke
DelayedMessageService.java

Com o código indicado acima, você já pode criar um serviço de intent básico. Você deve estender a classe `IntentService`, adicionar um construtor público e implementar o método `onHandleIntent()`.

O método `onHandleIntent()` deve conter o código a ser executado sempre que o serviço receber um intent. Esse serviço deve ser executado em um thread separado. Quando receber múltiplos intents, o serviço processará um por vez.

Queremos que o `DelayedMessageService` mostre uma mensagem no log do Android; portanto, temos que aprender a registrar mensagens no log.

Como registrar mensagens no log

Adicionar mensagens a um log pode ser um modo eficiente de verificar se o código está funcionando satisfatoriamente. Você deve indicar ao Android quais partes do código Java devem ser incluídas no log e, quando o app estiver sendo executado, verificar a saída do log do Android (também conhecida como logcat).

Para registrar mensagens no log, use um dos métodos a seguir na classe `Android.util.Log`:

`Log.v(String tag, String message)`	Registra uma mensagem detalhada.
`Log.d(String tag, String message)`	Registra uma mensagem de depuração.
`Log.i(String tag, String message)`	Registra uma mensagem de informação.
`Log.w(String tag, String message)`	Registra uma mensagem de aviso.
`Log.e(String tag, String message)`	Registra uma mensagem de erro.

Cada mensagem é formada por uma tag de string que identifica a fonte da mensagem e pela mensagem. Por exemplo, para registrar uma mensagem detalhada proveniente do `DelayedMessageService`, use o método `Log.v()` da seguinte forma:

```
Log.v("DelayedMessageService", "This is a message");
```

Você pode visualizar o logcat no Android e filtrar diferentes tipos de mensagens. Para conferir o logcat, selecione a opção Android Monitor na parte inferior da tela do projeto no Android Studio e, em seguida, selecione a aba logcat:

> Você também pode usar o método Log.wtf() para indicar exceções que nunca devem ocorrer. De acordo com a documentação do Android, wtf significa "What a Terrible Failure" ["Que Fracasso Terrível"]. Mas, como todos sabem, a sigla sintetiza a frase "Welcome to Fiskidagurinn" ["Seja Bem-vindo a Fiskidagurinn"], uma referência ao festival do Peixe Grande realizado anualmente em Dalvik, na Islândia. É comum ouvir os desenvolvedores Android dizerem "O AVD está demorando 8 minutos para iniciar. WTF??" como forma de homenagear a cidade cujo nome serviu para batizar o formato-padrão de bytecode executável do Android.

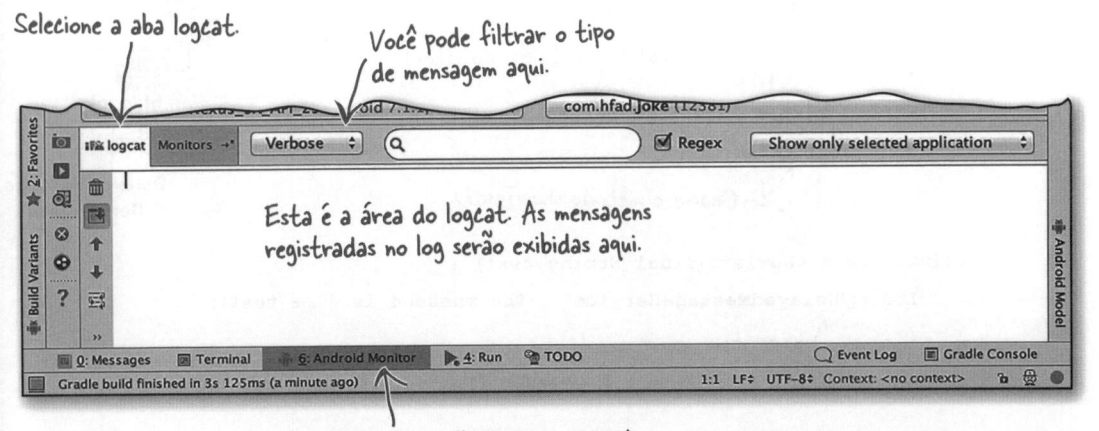

Selecione a aba logcat.

Você pode filtrar o tipo de mensagem aqui.

Esta é a área do logcat. As mensagens registradas no log serão exibidas aqui.

Selecione a opção Android Monitor.

o código do DelayedMessageService

O código completo do DelayedMessageService

➡️ ☐ **Log**
☐ Mostre a notificação

Queremos que o serviço receba um pequeno texto de um intent, espere 10 segundos e, em seguida, mostre o texto no log. Para fazer isso, vamos adicionar um método `showText()` para registrar o texto no log; em seguida, esse método será chamado a partir do método `onHandleIntent()` após um atraso de 10 segundos.

Este é o código completo do *DelayedMessageService.java* (atualize sua versão do código de acordo com as alterações indicadas a seguir):

```
package com.hfad.joke;

import android.app.aIntentService;
import android.content.Intent;
import android.util.Log;    ← Como estamos usando a classe Log, temos que importá-la.

public class DelayedMessageService extends IntentService {
                                                              Use uma constante
                                                              para transmitir
    public static final String EXTRA_MESSAGE = "message";  ← a mensagem da
                                                              atividade ao
                                                              serviço.
    public DelayedMessageService() {
        super("DelayedMessageService");   ← Chame o super construtor.
    }
                        Este método contém o código que será
                        executado quando o serviço receber um intent.
    @Override          ↓
    protected void onHandleIntent(Intent intent) {
        synchronized (this) {
            try {
                wait(10000);  ← Espere 10 segundos.
            } catch (InterruptedException e) {
                e.printStackTrace();
            }
        }                 Obtenha o texto do intent.
                          ↓
        String text = intent.getStringExtra(EXTRA_MESSAGE);
        showText(text);
    }          ↖ Chame o método showText().

    private void showText(final String text) {
        Log.v("DelayedMessageService", "The message is: " + text);
    }        ↖ Este item registra o texto no log para que
              possamos visualizá-lo no logcat pelo Android Studio.
}
```

Joke
app/src/main
java
com.hfad.joke
DelayedMessage
Service.java

Declare os serviços no AndroidManifest.xml

Como as atividades, os serviços devem ser declarados no *AndroidManifest.xml* para que o Android possa chamá-los; se um serviço não for declarado nesse arquivo, o Android não saberá sua localização e não poderá chamá-lo.

O Android Studio atualizará o *AndroidManifest.xml* automaticamente sempre que você criar um novo serviço adicionando um novo elemento `<service>`. Este é o formato do código do *AndroidManifest.xml*:

Fique tranquilo se o seu código for diferente do código indicado aqui.

```xml
<?xml version="1.0" encoding="utf-8"?>
<manifest xmlns:android="http://schemas.android.com/apk/res/android"
    package="com.hfad.joke">

    <application
        android:allowBackup="true"
        android:icon="@mipmap/ic_launcher"
        android:label="@string/app_name"
        android:roundIcon="@mipmap/ic_launcher_round"
        android:supportsRtl="true"
        android:theme="@style/AppTheme">
        <activity android:name=".MainActivity">
            <intent-filter>
                <action android:name="android.intent.action.MAIN" />
                <category android:name="android.intent.category.LAUNCHER" />
            </intent-filter>
        </activity>

        <service
            android:name=".DelayedMessageService"
            android:exported="false">
        </service>
    </application>
</manifest>
```

*Joke
app/src/main
AndroidManifest.xml*

Para declarar um serviço no AndroidManifest.xml, siga este procedimento. O Android Studio realizará essa tarefa automaticamente.

Um "." aparece antes do nome do serviço para que o Android possa combiná-lo como o nome do pacote para derivar o nome de classe totalmente qualificado.

O elemento `<service>` contém dois atributos: `name` e `exported`. O atributo `name` indica ao Android o nome do serviço (`DelayedMessageService`, nesse caso). O atributo `exported` indica ao Android se o serviço pode ser utilizado por outros apps. Quando esse atributo é definido como `false`, o serviço é utilizado apenas pelo app atual.

Agora que já concluímos o serviço, vamos configurar a `MainActivity` para iniciá-lo.

adicione um botão

Adicione um botão ao activity_main.xml

Vamos configurar a `MainActivity` para iniciar o `DelayedMessageService` sempre que um botão for clicado; portanto, temos que adicionar o botão ao layout da `MainActivity`.

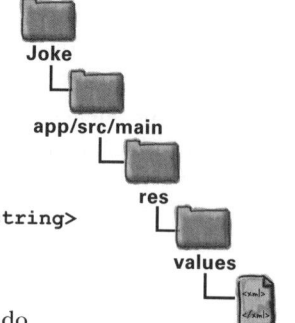

Primeiro, adicione os valores a seguir ao *strings.xml*:

```xml
<string name="question">What is the secret of comedy?</string>
<string name="response">Timing!</string>
```

Em seguida, substitua o código do *activity_main.xml* pelo código indicado abaixo para incluir um botão na `MainActivity`:

```xml
<?xml version="1.0" encoding="utf-8"?>
<LinearLayout
    xmlns:android="http://schemas.android.com/apk/res/android"
    xmlns:tools="http://schemas.android.com/tools"
    android:layout_width="match_parent"
    android:layout_height="match_parent"
    android:orientation="vertical"
    android:padding="16dp"
    tools:context="com.hfad.joke.MainActivity">

    <Button
        android:layout_width="wrap_content"
        android:layout_height="wrap_content"
        android:layout_gravity="center_horizontal"
        android:text="@string/question"
        android:id="@+id/button"
        android:onClick="onClick"/>

</LinearLayout>
```

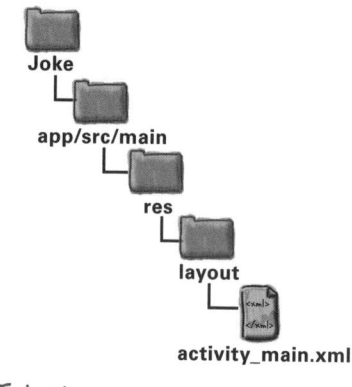

Este item cria um botão. Quando o botão for clicado, o método onClick() na atividade será chamado.

O botão chamará o método `onClick()` sempre que receber um clique do usuário; portanto, vamos adicionar esse método à `MainActivity`.

exibições e grupos de exibições

Use o startService() para iniciar um serviço

→ ☐ Log
☑ Mostre a notificação

Vamos usar o método `onClick()` da `MainActivity` para iniciar o `DelayedMessageService` sempre que o usuário clicar no botão. O procedimento para iniciar um serviço a partir de uma atividade é parecido com o modo como iniciamos uma atividade. Você deve criar um intent explícito direcionado para o serviço a ser iniciado e, em seguida, usar o método **startService()** na atividade para iniciá-lo:

```
Intent intent = new Intent(this, DelayedMessageService.class);
startService(intent);
```

O procedimento para iniciar um serviço é parecido com o modo como você inicia uma atividade, mas use o startService() e não o startActivity().

Este é o código do *MainActivity.java*; atualize sua versão do código com base no código indicado a seguir:

```
package com.hfad.joke;

import android.app.Activity;
import android.content.Intent;
import android.os.Bundle;
import android.view.View;
```
Como estamos usando estas classes, temos que importá-las.

```
public class MainActivity extends Activity {

    @Override
    protected void onCreate(Bundle savedInstanceState) {
        super.onCreate(savedInstanceState);
        setContentView(R.layout.activity_main);
    }

    public void onClick(View view) {
        Intent intent = new Intent(this, DelayedMessageService.class);
        intent.putExtra(DelayedMessageService.EXTRA_MESSAGE,
                        getResources().getString(R.string.response));
        startService(intent);
    }
}
```

Estamos usando a Activity aqui, mas você também pode usar a AppCompatActivity.

Este item será executado quando o botão for clicado.
Crie o intent.
Adicione o texto ao intent.
Inicie o serviço.

Joke
app/src/main
java
com.hfad.joke
MainActivity.java

Concluímos o código que configura a atividade para iniciar o serviço. Mas, antes de fazer um test drive no app, vamos conferir o que acontece quando executamos o código.

você está aqui ▶   747

o que acontece

O que acontece quando executamos o app

→ ☐ Log
☐ Mostre a notificação

Confira como o código funciona quando executamos o app:

❶ A MainActivity inicia o DelayedMessageService ao chamar o startService() e transmitir um intent.

O intent contém a mensagem que a `MainActivity` deve exibir no `DelayedMessageService` ("Timing!", neste caso).

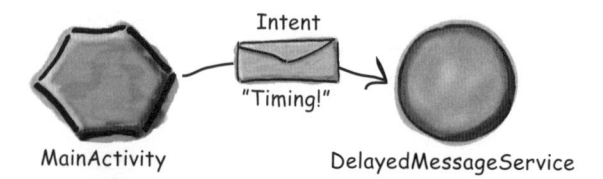

MainActivity → Intent "Timing!" → DelayedMessageService

❷ Quando o DelayedMessageService recebe o intent, seu método onHandleIntent() é executado.

O `DelayedMessageService` espera 10 segundos.

onHandleIntent()

DelayedMessageService: *Texto! Já sei o que fazer com ele. 1...2...3...4...5...*

❸ O DelayedMessageService registra a mensagem no log.

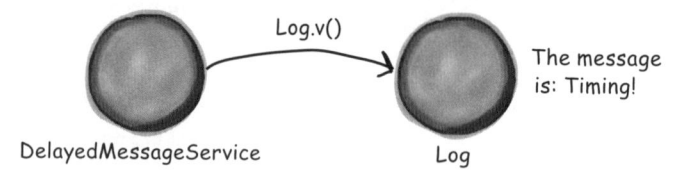

DelayedMessageService — Log.v() → Log: The message is: Timing!

❹ Depois de executado, o DelayedMessageService será destruído.

DelayedMessageService

Vamos fazer um test drive no app para conferir seu funcionamento.

exibições e grupos de exibições

Test drive do app

→ ☑ Log
☐ Mostre a notificação

Quando executamos o app, a `MainActivity` aparece. Essa atividade contém um único botão:

Este é o botão. → What is the secret of comedy?

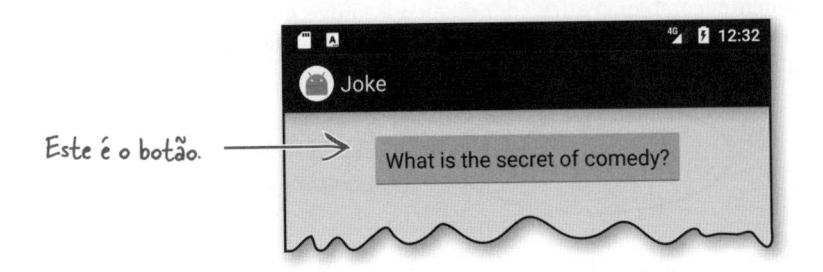

Pressione o botão, volte para o Android Studio e verifique a saída do logcat na parte inferior do IDE. Depois de 10 segundos, a mensagem "Timing!" aparece no logcat.

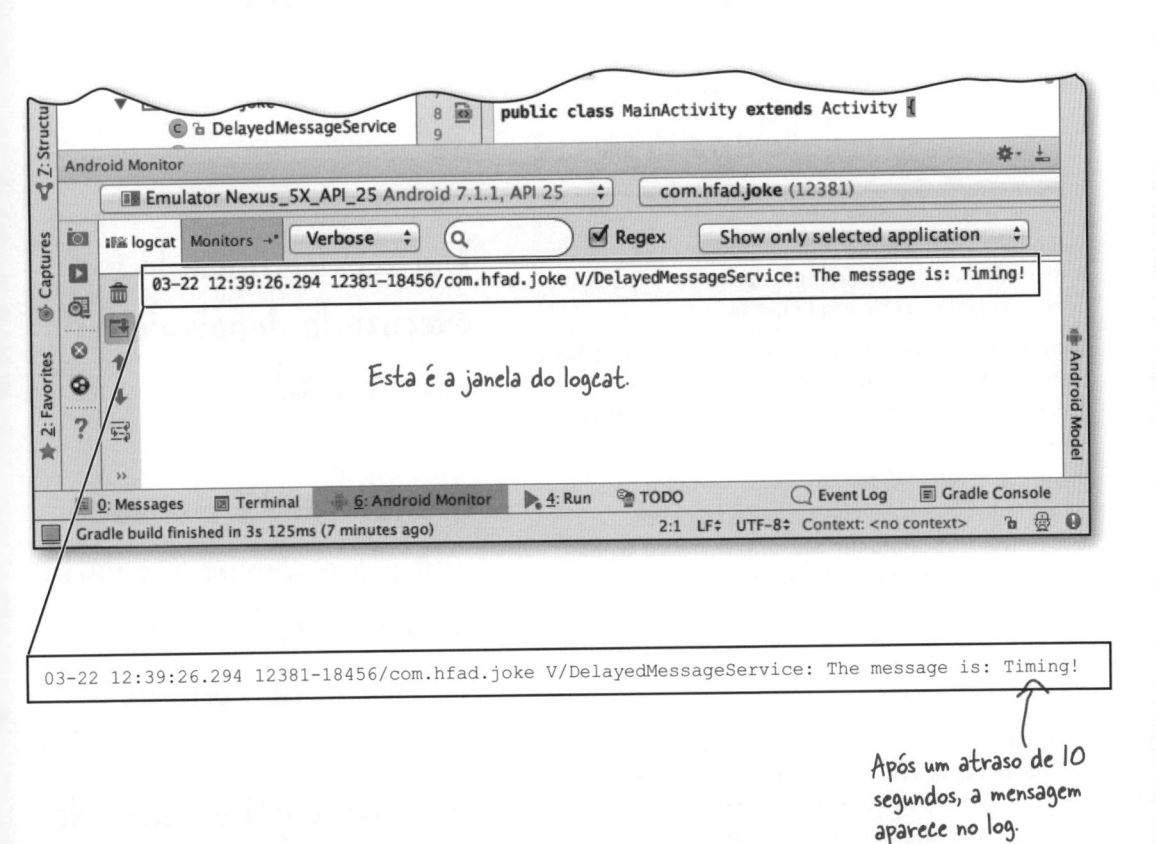

Esta é a janela do logcat.

```
03-22 12:39:26.294 12381-18456/com.hfad.joke V/DelayedMessageService: The message is: Timing!
```

Após um atraso de 10 segundos, a mensagem aparece no log.

Agora que você já viu o `DelayedMessageService` em execução, vamos analisar melhor o funcionamento dos serviços iniciados.

Os estados de um serviço iniciado

Quando um componente de aplicativo (como uma atividade) inicia um serviço, o serviço é criado, executado e, finalmente, destruído.

Um serviço iniciado passa a maior parte da vida no estado em execução; esse serviço é iniciado por outro componente (como uma atividade) e executa código no segundo plano. O serviço continua sendo executado até mesmo depois da destruição do componente que o iniciou. Quando conclui a execução do código, o serviço é *destruído*.

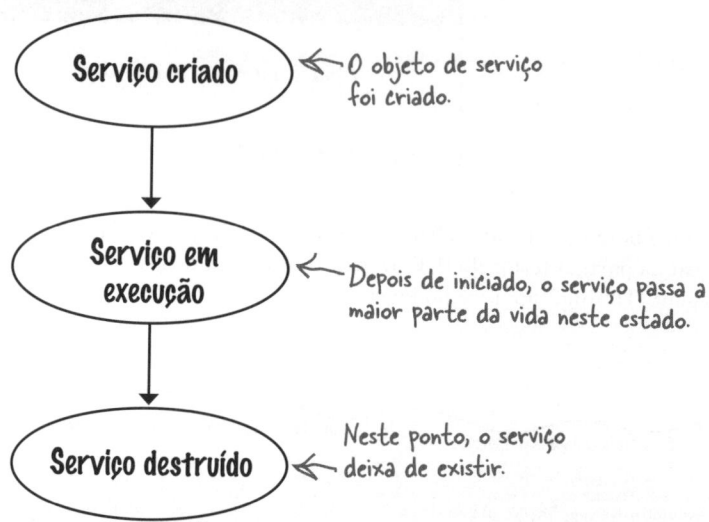

```
    ┌─────────────────┐
    │ Serviço criado  │ ← O objeto de serviço foi criado.
    └────────┬────────┘
             ↓
    ┌─────────────────┐
    │   Serviço em    │ ← Depois de iniciado, o serviço passa a
    │    execução     │   maior parte da vida neste estado.
    └────────┬────────┘
             ↓
    ┌─────────────────┐
    │Serviço destruído│ ← Neste ponto, o serviço deixa de existir.
    └─────────────────┘
```

Como uma atividade, ao ir do estado de criado ao de destruído, o serviço ativa importantes métodos do ciclo de vida dos serviços que herda.

Quando o serviço é criado, seu método `onCreate()` é chamado. Você deve substituir esse método se quiser realizar as tarefas necessárias para a configuração do serviço.

Quando o serviço está pronto para ser iniciado, seu método `onStartCommand()` é chamado. Se você estiver utilizando um `IntentService` (como geralmente ocorre com serviços iniciados), não é comum substituir esse método. Em vez disso, você deve adicionar o código a ser executado pelo serviço ao seu método `onHandleIntent()`, que será chamado após o `onStartCommand()`.

O método `onDestroy()` é chamado quando o serviço iniciado deixa de ser executado e está prestes a ser destruído. Você deve substituir esse método para realizar tarefas de limpeza final, como liberar recursos.

Vamos analisar como esses métodos correspondem aos estados dos serviços na próxima página.

> **Um serviço iniciado é executado depois de ter sido iniciado.**
>
> **O onCreate() é chamado quando o serviço é criado. Devemos configurar o serviço nesse método.**
>
> **O onDestroy() é chamado pouco antes de o serviço ser destruído.**

exibições e grupos de exibições

O ciclo de vida do serviço iniciado: da criação à destruição

Confira este resumo do ciclo de vida do serviço iniciado, do nascimento à morte.

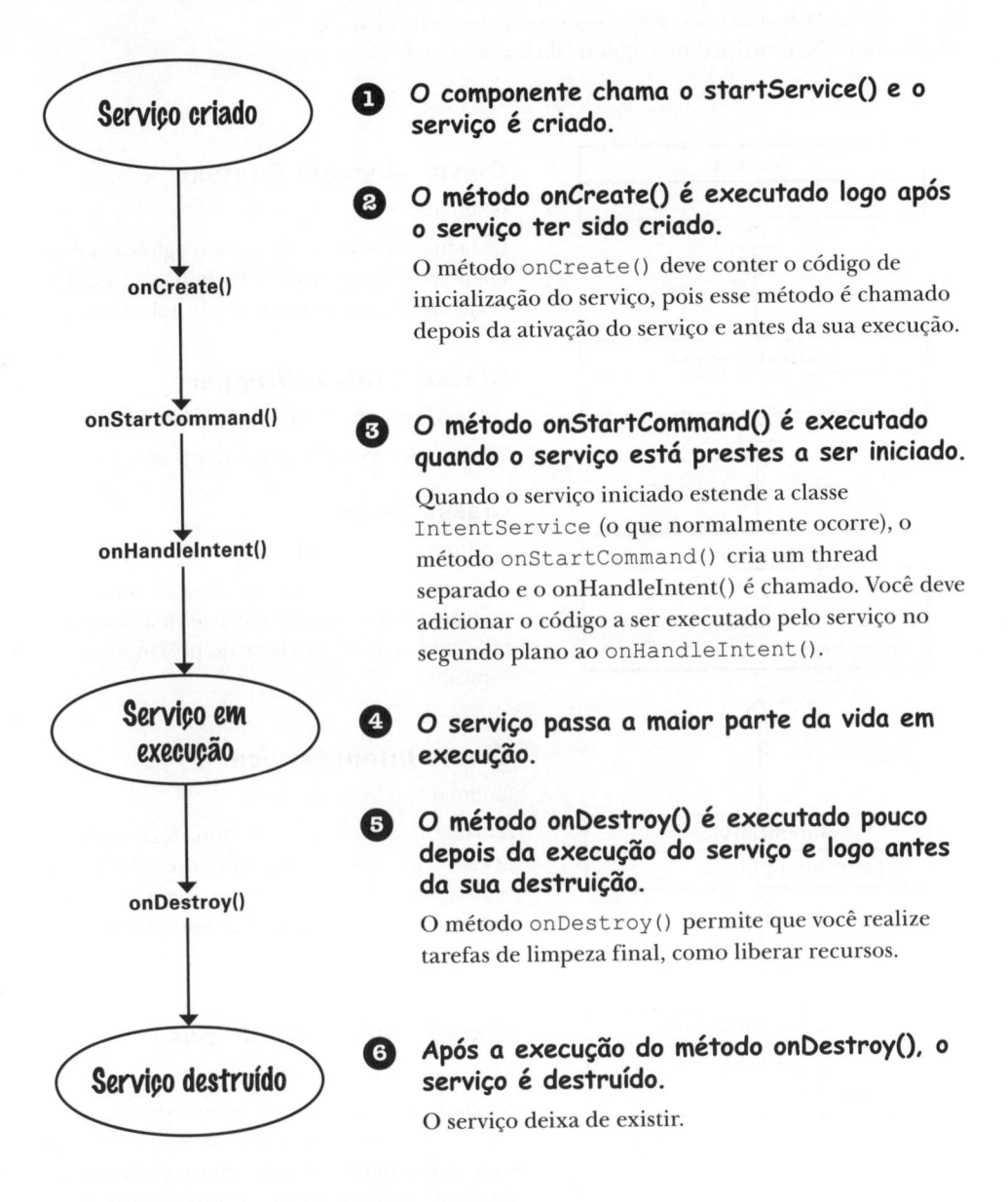

Serviço criado

1 O componente chama o startService() e o serviço é criado.

↓ onCreate()

2 O método onCreate() é executado logo após o serviço ter sido criado.

O método onCreate() deve conter o código de inicialização do serviço, pois esse método é chamado depois da ativação do serviço e antes da sua execução.

↓ onStartCommand()

3 O método onStartCommand() é executado quando o serviço está prestes a ser iniciado.

Quando o serviço iniciado estende a classe IntentService (o que normalmente ocorre), o método onStartCommand() cria um thread separado e o onHandleIntent() é chamado. Você deve adicionar o código a ser executado pelo serviço no segundo plano ao onHandleIntent().

↓ onHandleIntent()

Serviço em execução

4 O serviço passa a maior parte da vida em execução.

5 O método onDestroy() é executado pouco depois da execução do serviço e logo antes da sua destruição.

O método onDestroy() permite que você realize tarefas de limpeza final, como liberar recursos.

↓ onDestroy()

Serviço destruído

6 Após a execução do método onDestroy(), o serviço é destruído.

O serviço deixa de existir.

Os métodos onCreate(), onStartCommand() e onDestroy() são os três principais métodos do ciclo de vida dos serviços. Mas de onde vêm esses métodos?

os métodos do ciclo de vida

O serviço herda os métodos do ciclo de vida

Como vimos anteriormente neste capítulo, o serviço iniciado que criamos estende a classe `android.app.IntentService`. Através dessa classe, o serviço tem acesso aos métodos do ciclo de vida do Android. Confira este diagrama da hierarquia de classes:

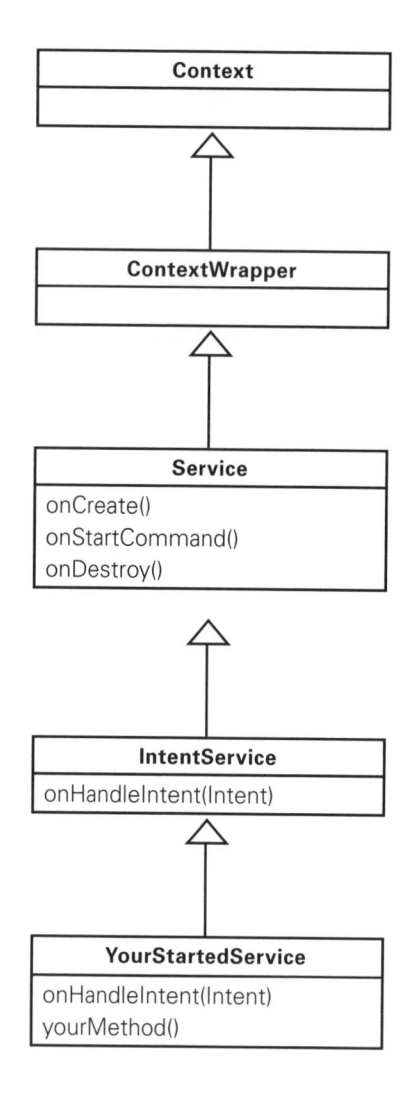

Classe abstrata Context
(android.content.Context)

Uma interface para informações globais sobre o ambiente do aplicativo. Permite o acesso a recursos, classes e operações do aplicativo.

Classe ContextWrapper
(android.content.ContextWrapper)

Uma implementação por proxy para o Context.

Classe Service
(android.app.Service)

A classe `Service` implementa as versões-padrão dos métodos do ciclo de vida. Vamos falar mais sobre essa classe no próximo capítulo.

Service
- onCreate()
- onStartCommand()
- onDestroy()

Classe IntentService
(android.app.IntentService)

A classe `IntentService` é uma forma mais acessível de criar serviços iniciados. Ela contém o método `onHandleIntent()` para processar intents em um thread de segundo plano.

IntentService
- onHandleIntent(Intent)

Classe YourStartedService
(com.hfad.foo)

A maior parte do comportamento de um serviço iniciado é controlado pelos métodos da superclasse herdados pelo serviço em questão. Basta substituir os métodos necessários e adicionar um construtor público.

YourStartedService
- onHandleIntent(Intent)
- yourMethod()

Agora que você conhece melhor o funcionamento dos serviços iniciados, tente fazer o exercício a seguir. Depois, vamos mostrar como configurar o `DelayedMessageService` para exibir sua mensagem em uma notificação.

exibições e grupos de exibições

Ímãs de Serviço

Indicamos abaixo grande parte do código que cria um serviço iniciado chamado WombleService para reproduzir um arquivo .mp3 no segundo plano e uma atividade que utiliza esse serviço. Veja se você consegue completar o código.

← Este é o serviço.

```
public class WombleService extends.................................{

    public WombleService() {
        super("WombleService");
    }

    @Override
    protected void ........................................(Intent intent) {
        MediaPlayer mediaPlayer =
                MediaPlayer.create(getApplicationContext(), R.raw.wombling_song);
        mediaPlayer.start();
    }
}
```

Esta é a classe MediaPlayer do Android que utilizamos para reproduzir um arquivo chamado wombling_song.mp3. O arquivo está localizado na pasta res/raw.

```
public class MainActivity extends Activity {
```
← Esta é a atividade.
```
    @Override
    protected void onCreate(Bundle savedInstanceState) {
        super.onCreate(savedInstanceState);
        setContentView(R.layout.activity_main);
    }

    public void onClick(View view) {
        Intent intent = new Intent(this,...................................);

        ........................(intent);
    }
}
```

Você não precisará usar todos estes ímãs.

- IntentService
- onHandleIntent
- startActivity
- startService
- WombleService.class
- Underground
- Overground
- WombleService

753

solução dos ímãs

Ímãs de Serviço – Solução

Indicamos abaixo grande parte do código que cria um serviço iniciado chamado `WombleService` para reproduzir um arquivo *.mp3* no segundo plano e uma atividade que utiliza esse serviço. Veja se você consegue completar o código.

```java
public class WombleService extends IntentService {    // Este é o serviço. Ele estende a classe IntentService.

    public WombleService() {
        super("WombleService");
    }
                                    // O código deve ser executado no
                                    // método onHandleIntent().
    @Override
    protected void onHandleIntent(Intent intent) {
        MediaPlayer mediaPlayer =
                MediaPlayer.create(getApplicationContext(), R.raw.wombling_song);
        mediaPlayer.start();
    }
}
```

```java
public class MainActivity extends Activity {    // Esta é a atividade.

    @Override
    protected void onCreate(Bundle savedInstanceState) {
        super.onCreate(savedInstanceState);
        setContentView(R.layout.activity_main);
    }
                                    // Crie um intent explícito
                                    // direcionado para
                                    // WombleService.class.
    public void onClick(View view) {
        Intent intent = new Intent(this, WombleService.class);
        startService(intent);
    }
    // Inicie o serviço.
}
```

Você não precisou usar estes ímãs.

`Underground`   `Overground`   `startActivity`   `WombleService`

O Android contém um serviço de notificação interno

Vamos alterar o app Joke para exibir a mensagem em uma **notificação**. As notificações são mensagens que aparecem fora da interface do usuário do app. Quando uma notificação é emitida, ela aparece como um ícone na área de notificação da barra de status. Você pode conferir os detalhes da notificação na gaveta de notificações; para acessá-la, deslize pela tela para baixo a partir do topo:

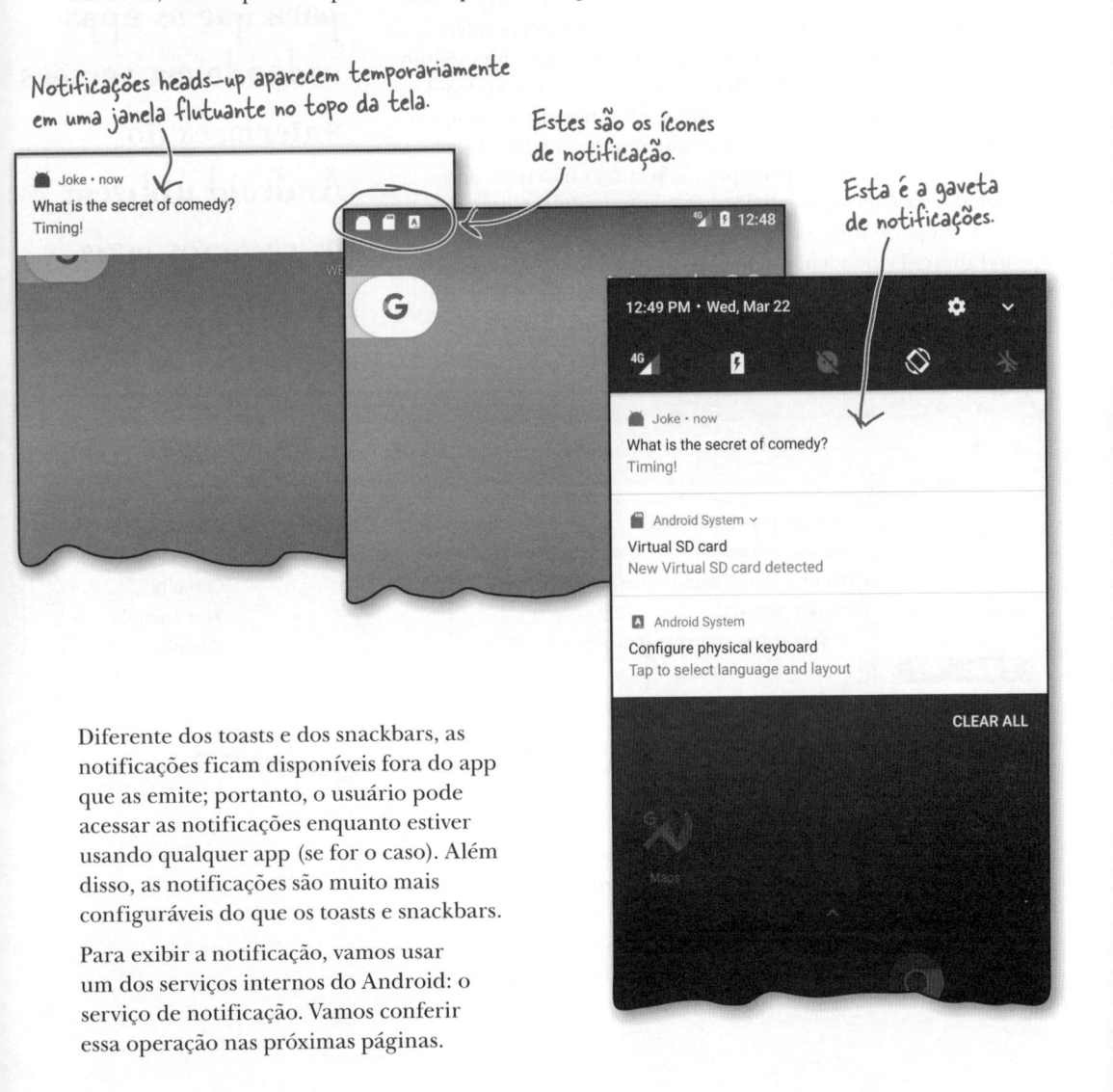

Notificações heads-up aparecem temporariamente em uma janela flutuante no topo da tela.

Estes são os ícones de notificação.

Esta é a gaveta de notificações.

Diferente dos toasts e dos snackbars, as notificações ficam disponíveis fora do app que as emite; portanto, o usuário pode acessar as notificações enquanto estiver usando qualquer app (se for o caso). Além disso, as notificações são muito mais configuráveis do que os toasts e snackbars.

Para exibir a notificação, vamos usar um dos serviços internos do Android: o serviço de notificação. Vamos conferir essa operação nas próximas páginas.

adicione a support library

Vamos usar as notificações da AppCompat Support Library

☑ Log
→ ☐ Mostre a notificação

Vamos usar as classes da AppCompat Support Library para criar notificações que funcionem de forma consistente em diversas versões do Android. Embora seja possível criar notificações usando as classes da versão principal do Android, como essas classes foram atualizadas, seus recursos mais recentes não estão disponíveis nas versões anteriores.

Antes de usar as classes de notificação da Support Library, temos que adicionar essa biblioteca ao projeto como uma dependência. Para fazer isso, escolha File→Project Structure, clique no módulo do app e, em seguida, escolha Dependencies. Talvez o Android Studio já tenha adicionado a AppCompat Support Library ao projeto automaticamente. Se já tiver adicionado, a biblioteca aparecerá listada como appcompat-v7. Se ainda não tiver sido adicionada, você terá que adicioná-la manualmente. Clique no botão "+" na parte inferior ou no lado direito da tela, escolha a opção Library Dependency, selecione a appcompat-v7 library e, em seguida, clique no botão OK. Clique em OK novamente para salvar suas alterações e feche a janela Project Structure.

Use as notificações da AppCompat Support Library para que os apps rodando em versões anteriores do Android utilizem os recursos mais recentes.

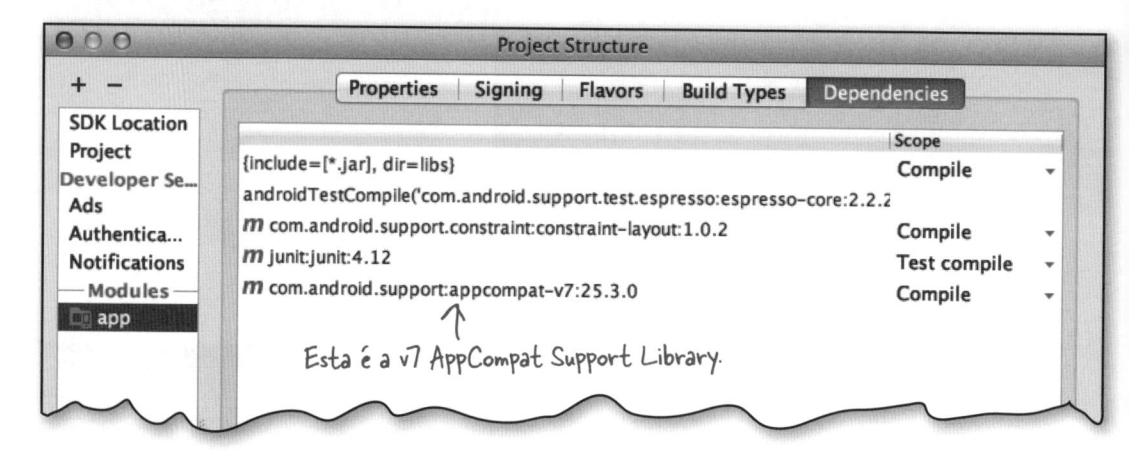

```
Project Structure
  +  -                Properties | Signing | Flavors | Build Types | Dependencies
SDK Location
Project                                                             Scope
Developer Se...      {include=[*.jar], dir=libs}                    Compile
Ads                  androidTestCompile('com.android.support.test.espresso:espresso-core:2.2.2
Authentica...        m com.android.support.constraint:constraint-layout:1.0.2    Compile
Notifications        m junit:junit:4.12                             Test compile
  Modules            m com.android.support:appcompat-v7:25.3.0      Compile
  app
                              ↑
                     Esta é a v7 AppCompat Support Library.
```

Para exibir uma notificação com o `DelayedMessageService`, temos que realizar três ações: criar um construtor de notificação, configurar a notificação para iniciar a `MainActivity` quando for clicada e emitir a notificação. Vamos desenvolver o código nas próximas páginas e mostrar o código completo no final da exposição.

exibições e grupos de exibições

Primeiro, crie um construtor de notificação

☑ Log
→ ☐ Mostre a notificação

Inicialmente, temos que criar um construtor de notificação. Esse procedimento permitirá que você construa uma notificação com um conteúdo e recursos específicos.

Cada notificação a ser criada deverá conter, no mínimo, um ícone pequeno, um título e um pequeno texto. Utilize este código para realizar essa operação:

A classe NotificationCompat vem da AppCompat Support Library.

```
NotificationCompat.Builder builder = new NotificationCompat.Builder(this)
    .setSmallIcon(android.R.drawable.sym_def_app_icon)
    .setContentTitle(getString(R.string.question))
    .setContentText(text);
```

Este item exibe um ícone pequeno (um ícone interno do Android, neste caso).

Defina o título e o texto.

Para adicionar mais recursos à notificação, basta adicionar a respectiva chamada de método ao construtor. Por exemplo, para especificar adicionalmente que a notificação deve ter uma alta prioridade, vibrar o dispositivo quando aparecer e desaparecer quando o usuário clicar nela, use o seguinte código:

```
NotificationCompat.Builder builder = new NotificationCompat.Builder(this)
    .setSmallIcon(android.R.drawable.sym_def_app_icon)
    .setContentTitle(getString(R.string.question))
    .setContentText(text)
    .setPriority(NotificationCompat.PRIORITY_HIGH)
    .setVibrate(new long[] {0, 1000})
    .setAutoCancel(true);
```

Configure a notificação para ter uma alta prioridade e vibrar o dispositivo.

Para adicionar mais recursos à notificação, basta encadear chamadas de método.

Este item configura a notificação para desaparecer quando o usuário clicar nela.

Espere 0 milissegundos antes de vibrar o dispositivo por 1.000 milissegundos.

Essas são apenas algumas das propriedades que você pode definir. Também é possível definir propriedades como a visibilidade da notificação (para controlar sua eventual exibição na tela de bloqueio do dispositivo), números (para exibir quando você enviar muitas notificações de um mesmo app) e a reprodução de sons. Para obter mais informações sobre essas propriedades (e muitas outras), acesse (conteúdo em inglês):

https://developer.android.com/reference/android/support/v4/app/NotificationCompat.Builder.html

A seguir, vamos adicionar uma ação à notificação para indicar qual atividade ela deverá iniciar quando for clicada.

Para criar uma notificação heads-up (que aparecerá em uma pequena janela flutuante), defina sua prioridade como alta e configure-a para vibrar o dispositivo ou reproduzir um som.

você está aqui ▶ 757

adicione uma ação à notificação

Adicione uma ação para indicar à notificação qual atividade ela deve iniciar quando for clicada

☑ Log
☐ Mostre a notificação

Ao criar uma notificação, é recomendável que você lhe adicione uma ação especificando qual atividade deve ser exibida no app quando o usuário clicar na notificação em questão. Por exemplo, um app de e-mail pode emitir uma notificação quando o usuário receber um novo e-mail e exibir o conteúdo desse e-mail quando o usuário clicar nele. Nesse caso específico, vamos iniciar a `MainActivity`.

Para adicionar uma ação, você deve criar um **intent pendente** para iniciar uma atividade e depois adicioná-lo à notificação. Um intent pendente é um intent que pode ser transmitido pelo app a outros aplicativos. O aplicativo poderá então enviar o intent em nome do seu app em algum ponto no futuro.

Para criar um intent pendente, primeiro você deve criar um intent explícito direcionado para a atividade que será iniciada quando a notificação for clicada. Nesse caso, queremos iniciar a `MainActivity`; portanto, usamos o seguinte código:

Este é um intent normal que inicia a MainActivity.

```
Intent actionIintent = new Intent(this, MainActivity.class);
```

Depois, vamos usar esse intent para criar um intent pendente usando o método `PendingIntent.getActivity()`.

Um context (o serviço atual, neste caso).

```
PendingIntent actionPendingIntent = PendingIntent.getActivity(
                                    this,
                                    0,
                                    actionIntent,
                                    PendingIntent.FLAG_UPDATE_CURRENT);
```

Este é um sinalizador que serve para recuperar o intent pendente. Como não precisamos dele, vamos defini-lo como 0.

Este é o intent que criamos acima.

Este item indica que, se houver um intent pendente correspondente, ele será atualizado.

O método `getActivity()` recebe quatro parâmetros: um context (geralmente `this`), um código de solicitação `int`, o intent explícito que definimos anteriormente e um sinalizador que especifica o comportamento do intent pendente. No código indicado acima, usamos o sinalizador `FLAG_UPDATE_CURRENT`. Assim, se já houver um intent pendente, seus dados extras serão atualizados com o conteúdo do novo intent. Outras opções são `FLAG_CANCEL_CURRENT` (cancela os intents pendentes correspondentes atuais antes de gerar um novo), `FLAG_NO_CREATE` (não cria um intent pendente se não houver um intent correspondente) e `FLAG_ONE_SHOT` (indica que o intent pendente só pode ser usado uma vez).

Depois de criar o intent pendente, você deve adicioná-lo à notificação usando o método `setContentIntent()` do construtor de notificação:

```
builder.setContentIntent(actionPendingIntent);
```

Este item adiciona o intent pendente à notificação.

Essa operação configura a notificação para iniciar a atividade especificada no intent quando o usuário clicar na notificação.

Emita a notificação usando o serviço de notificação interno

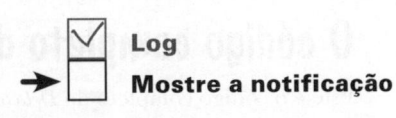

→ ☑ Log
Mostre a notificação

Finalmente, você deve emitir a notificação usando o serviço de notificação do Android.

Para fazer isso, primeiro é necessário obter um **NotificationManager**. Portanto, chame o método getSystemService(), transmitindo o parâmetro NOTIFICATION_SERVICE:

Este item permite que você acesse o serviço de notificação do Android.

```
NotificationManager notificationManager =
           (NotificationManager) getSystemService(NOTIFICATION_SERVICE);
```

Em seguida, use o gerenciador de notificação para emitir a notificação chamando seu método **notify()**. Esse método recebe dois parâmetros: a ID da notificação e um objeto Notification.

A ID da notificação serve para identificar a notificação. Se você enviar outra notificação com a mesma ID, ela substituirá a notificação atual. Isso é útil para atualizar uma notificação existente com novas informações.

Para criar o objeto Notification, chame o método **build()** do construtor de notificação. A notificação desenvolvida por esse método contém o conteúdo e os recursos especificados através do construtor de notificação.

Este é o código que emite a notificação:

Esta é a ID que vamos utilizar para a notificação. Escolhemos este número aleatoriamente.

```
public static final int NOTIFICATION_ID = 5453;

...

NotificationManager notificationManager =
           (NotificationManager) getSystemService(NOTIFICATION_SERVICE);
notificationManager.notify(NOTIFICATION_ID, builder.build());
```

Concluímos o código necessário para criar e emitir notificações. Vamos mostrar o código completo do DelayedMessageService na próxima página.

Use o serviço de notificação para exibir a notificação que criamos.

o código do DelayedMessageService

O código completo do DelayedMessageService.java

Este é o código completo do *DelayedMessageService.java*. Agora, ele usa uma notificação para mostrar uma mensagem para o usuário. Atualize seu código de acordo com o código indicado a seguir:

```java
package com.hfad.joke;

import android.app.IntentService;
import android.content.Intent;
import android.util.Log;    ← Exclua esta linha.
import android.support.v4.app.NotificationCompat;
import android.app.PendingIntent;
import android.app.NotificationManager;
```
Como estamos usando estas classes extras, devemos importá-las.

```java
public class DelayedMessageService extends IntentService {

    public static final String EXTRA_MESSAGE = "message";
    public static final int NOTIFICATION_ID = 5453;
```
Este item identifica a notificação. Escolhemos 5453, mas poderia ser qualquer número.

```java
    public DelayedMessageService() {
        super("DelayedMessageService");
    }

    @Override
    protected void onHandleIntent(Intent intent) {
        synchronized (this) {
            try {
                wait(10000);
            } catch (InterruptedException e) {
                e.printStackTrace();
            }
        }
        String text = intent.getStringExtra(EXTRA_MESSAGE);
        showText(text);
    }
```

Joke
└ app/src/main
  └ java
    └ com.hfad.joke
      └ DelayedMessageService.java

O código continua na próxima página.

O código do DelayedMessageService.java (continuação)

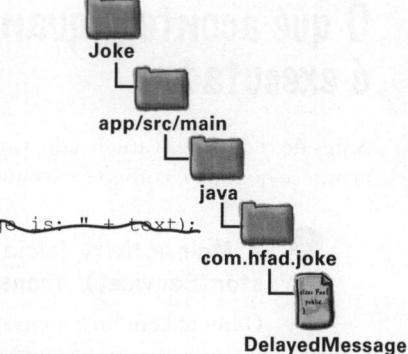

```java
    private void showText(final String text) {
        Log.v("DelayedMessageService", "The message is: " + text);

        //Cria um construtor de notificação
        NotificationCompat.Builder builder =
                new NotificationCompat.Builder(this)
                        .setSmallIcon(android.R.drawable.sym_def_app_icon)
                        .setContentTitle(getString(R.string.question))
                        .setContentText(text)
                        .setPriority(NotificationCompat.PRIORITY_HIGH)
                        .setVibrate(new long[] {0, 1000})
                        .setAutoCancel(true);

        //Cria uma ação
        Intent actionIntent = new Intent(this, MainActivity.class);
        PendingIntent actionPendingIntent = PendingIntent.getActivity(
                this,
                0,
                actionIntent,
                PendingIntent.FLAG_UPDATE_CURRENT);
        builder.setContentIntent(actionPendingIntent);

        //Emite a notificação
        NotificationManager notificationManager =
                (NotificationManager) getSystemService(NOTIFICATION_SERVICE);
        notificationManager.notify(NOTIFICATION_ID, builder.build());
    }
}
```

Use um construtor de notificação para especificar o conteúdo e os recursos da notificação.

Crie um intent.

Use o intent para criar um intent pendente.

Adicione o intent pendente à notificação.

Mostre a notificação usando um gerenciador de notificação.

Concluímos o código do serviço iniciado. Agora vamos conferir o que acontece quando o código é executado.

o que acontece

O que acontece quando o código é executado

☑ Log
☐ Mostre a notificação

Antes de rodar o app atualizado, vamos analisar o que acontece quando o código é executado:

❶ A MainActivity inicia o DelayedMessageService ao chamar o startService(), transmitindo um intent.

O intent contém a mensagem que a `MainActivity` deve exibir no `DelayedMessageService`.

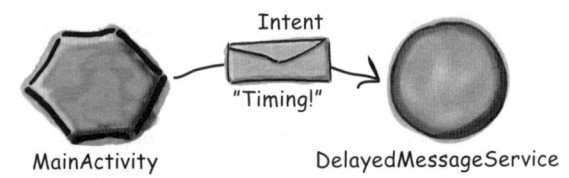

Intent
"Timing!"

MainActivity   DelayedMessageService

❷ O DelayedMessageService espera 10 segundos.

1...2...3...4...

DelayedMessageService

❸ O DelayedMessageService cria um construtor de notificação e define os detalhes da configuração da notificação.

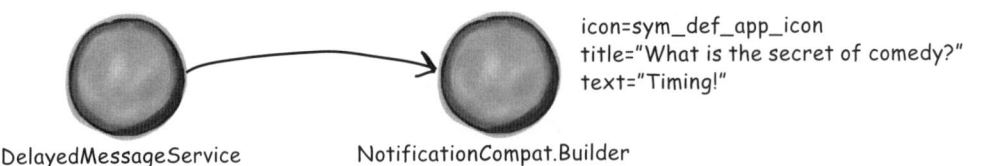

icon=sym_def_app_icon
title="What is the secret of comedy?"
text="Timing!"

DelayedMessageService   NotificationCompat.Builder

❹ O DelayedMessageService cria um intent para a MainActivity, que utiliza esse intent para criar um intent pendente.

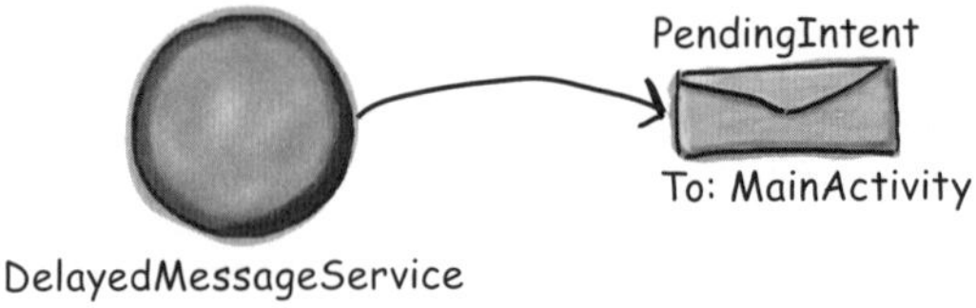

PendingIntent
To: MainActivity

DelayedMessageService

762 Capítulo 18

A história continua

☑ Log
→ ☐ Mostre a notificação

5 O DelayedMessageService adiciona o intent pendente ao construtor de notificação.

DelayedMessageService —PendingIntent To: MainActivity→ NotificationCompat.Builder
icon=sym_def_app_icon
title="What is the secret of comedy?"
text="Timing!"

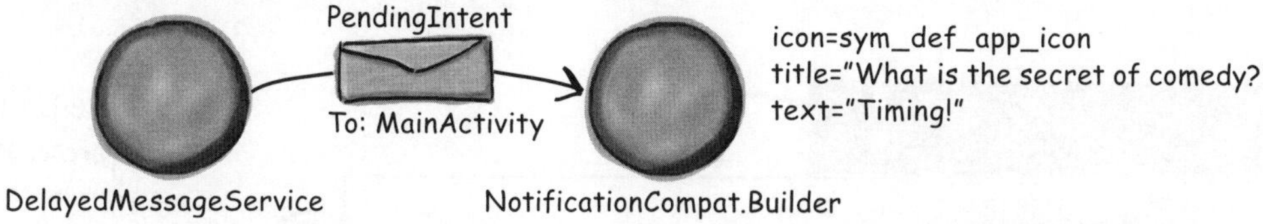

6 O DelayedMessageService cria um objeto NotificationManager e chama seu método notify().

O serviço de notificação exibe a notificação construída pelo construtor de notificação.

DelayedMessageService —notify()→ NotificationManager → Notification

PendingIntent
To: MainActivity
icon=sym_def_app_icon
title="What is the secret of comedy?"
text="Timing!"

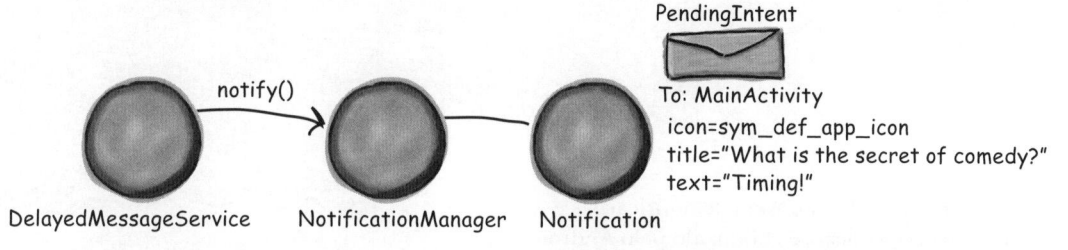

7 Quando é clicada pelo usuário, a notificação utiliza seu intent pendente para iniciar a MainActivity.

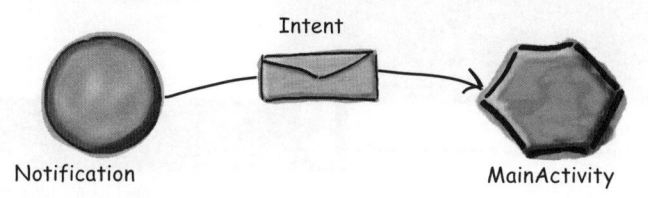

Notification —Intent→ MainActivity

Agora que analisamos o funcionamento do código, vamos fazer um test drive no app.

test drive

Test drive do app

Quando você clica no botão na `MainActivity`, uma notificação aparece após 10 segundos. Você receberá a notificação mesmo que esteja utilizando outro app.

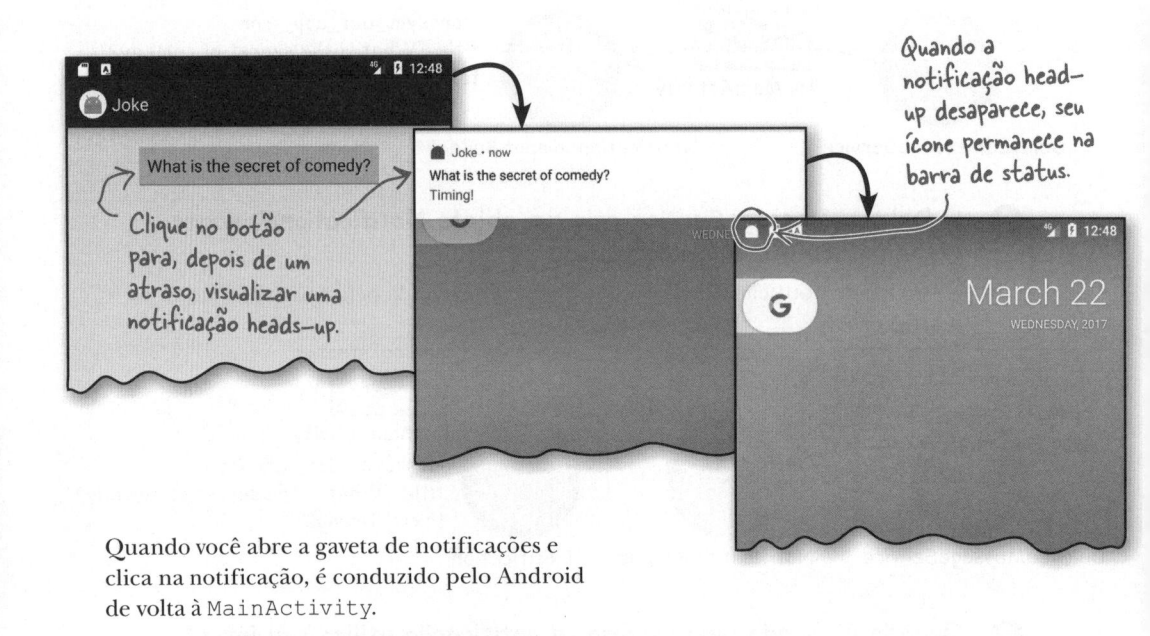

☑ Log
→ ☑ Mostre a notificação

What is the secret of comedy?

Clique no botão para, depois de um atraso, visualizar uma notificação heads-up.

Quando a notificação head-up desaparece, seu ícone permanece na barra de status.

Quando você abre a gaveta de notificações e clica na notificação, é conduzido pelo Android de volta à `MainActivity`.

Clicar na notificação inicia a MainActivity.

Agora você sabe como criar um serviço iniciado para exibir uma notificação usando o serviço de notificação do Android. No próximo capítulo, vamos aprender a criar um serviço vinculado.

Sua caixa de ferramentas para Android

Você fechou o Capítulo 18 e adicionou os serviços iniciados à sua caixa de ferramentas.

PONTOS DE BALA

- Um **serviço** é um componente de aplicativo que pode realizar tarefas no segundo plano. Os serviços não têm interface do usuário.

- Um **serviço iniciado** pode ser executado no segundo plano por tempo indefinido, mesmo que a atividade que o iniciou seja destruída. Depois de concluir a operação, o serviço iniciado é interrompido.

- Um **serviço vinculado** é um tipo de serviço vinculado a outro componente, como uma atividade. A atividade pode interagir com esse serviço e obter resultados.

- Um **serviço agendado** é um tipo de serviço programado para ser executado em um momento específico.

- Para criar um serviço iniciado simples, você deve estender a classe `IntentService`, substituir seu método `onHandleIntent()` e adicionar um construtor público.

- Para declarar serviços no *AndroidManifest.xml*, utilize o elemento `<service>`.

- Para iniciar um serviço iniciado, use o método `startService()`.

- Quando um serviço iniciado é criado, são chamados os métodos `onCreate()` e, em seguida, `onStartCommand()`. Quando o serviço é um `IntentService`, o `onHandleIntent()` é chamado em um thread separado. Quando a execução do serviço for concluída, o `onDestroy()` será chamado antes de o serviço ser destruído.

- A classe `IntentService` herda os métodos do ciclo de vida da classe `Service`.

- Para registrar mensagens no log, use a classe `Android.util.Log`. Você pode visualizar essas mensagens no logcat do Android Studio.

- Para criar uma notificação, use um **construtor de notificação**. Cada notificação deve conter, pelo menos, um ícone pequeno, um título e algum texto.

- Uma notificação **heads-up** é um tipo de notificação cuja prioridade é definida como alta e que, quando emitida, vibra o dispositivo ou reproduz um som.

- Para indicar à notificação qual atividade ela deve iniciar quando for clicada, crie um **intent pendente** e o adicione à notificação como uma ação.

- Para emitir a notificação, use um **gerenciador de notificação**. Para criar um gerenciador de notificação, use o serviço de notificação do Android.

> O código completo do capítulo pode ser baixado em https://www.altabooks.com.br. Procure pelo título ou ISBN do livro.

19 serviços vinculados e permissões

Vinculados Sempre

Hoje, a permissão CALL_PHONE. Amanhã, domínio total sobre o mundo inteiro. Hehehe...

Serviços iniciados são excelentes para operações de segundo plano, mas como podemos criar serviços mais interativos? Neste capítulo, vamos mostrar como criar um **serviço vinculado**, *um tipo de serviço que pode interagir com atividades*. Você vai aprender a **vincular** o serviço quando necessário e a **desvinculá-lo** quando concluir sua tarefa, para economizar recursos. Além disso, vamos explicar como usar os **Location Services do Android** para obter *atualizações de localização do GPS de um dispositivo*. Finalmente, você vai aprender a usar o **modelo de permissões do Android**, inclusive *para processar solicitações de permissão no tempo de execução*.

este é um novo capítulo

serviços vinculados

Os serviços vinculados são vinculados a outros componentes

Como vimos no Capítulo 18, um serviço iniciado é um tipo de serviço que é iniciado quando recebe um intent. Esse serviço executa código no segundo plano e é interrompido após a conclusão da operação. O serviço iniciado continua em execução mesmo que o componente que o iniciou seja destruído.

Já um **serviço vinculado** é um tipo de serviço que é vinculado a outro componente de aplicativo, como uma atividade. Ao contrário do que ocorre com um serviço iniciado, o componente pode interagir com o serviço vinculado e chamar seus métodos.

Para conferir esse serviço na prática, vamos criar um novo app de hodômetro que usará um serviço vinculado. Vamos usar o serviço de localização do Android para determinar a distância percorrida:

Vamos solicitar atualizações regulares sobre a localização atual do dispositivo, calcular a distância percorrida e mostrar o resultado.

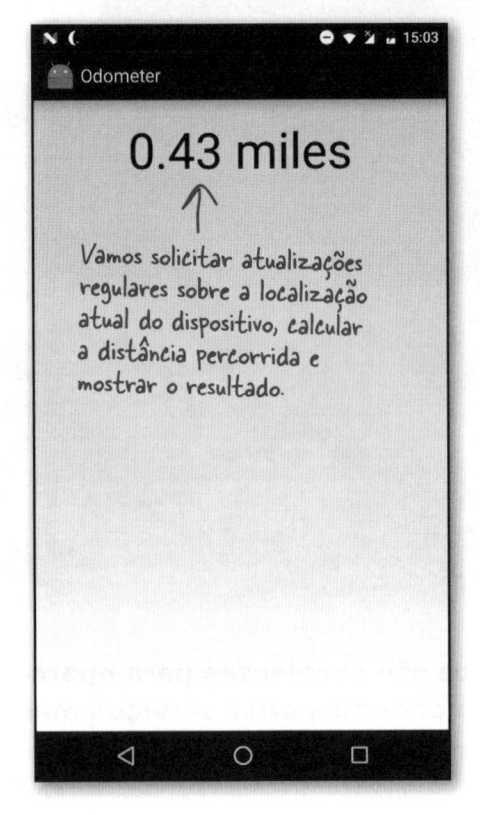

Na próxima página, vamos conferir as etapas necessárias para criar o app.

exibições e grupos de exibições

Vamos fazer o seguinte

O desenvolvimento do app exige três etapas principais:

❶ Crie uma versão básica de um serviço vinculado chamado OdometerService.

Vamos adicionar o método getDistance() ao serviço para retornar um número aleatório.

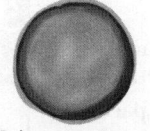

OdometerService

❷ Configure a MainActivity para vincular o OdometerService e chamar seu método getDistance().

Vamos chamar o método a cada segundo e atualizar um text view na MainActivity com os resultados.

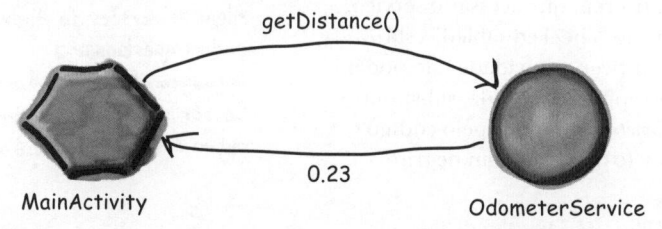

getDistance()

0.23

MainActivity   OdometerService

❸ Atualize o OdometerService para usar os Location Services do Android.

O serviço receberá atualizações sobre a localização atual do usuário e usará esses dados para calcular a distância percorrida.

Já estamos perto?

OdometerService

Crie o novo projeto Odometer

Inicialmente, vamos criar o projeto. Crie um novo projeto Android para um aplicativo chamado "Odometer" utilizando o domínio da empresa "hfad.com" e o nome do pacote com.hfad.odometer. O SDK mínimo deve ser API 19 para que o app rode na maioria dos dispositivos. Você deve criar uma atividade vazia chamada "MainActivity" e um layout chamado "activity_main" para que seu código fique parecido com o código indicado aqui. **Lembre-se de desmarcar a opção Backwards Compatibility (AppCompat) quando você criar a atividade.**

você está aqui ▶   769

crie o serviço

Crie um novo serviço

Para criar um serviço vinculado, você deve estender a classe **Service**. Essa classe é mais genérica do que a classe `IntentService` que utilizamos no Capítulo 18, quando falamos de serviços iniciados. Ao estender a classe `Service`, você obtém mais flexibilidade, mas precisa escrever mais código.

Vamos adicionar um novo serviço vinculado ao projeto; portanto, acesse a visualização Project no navegador do Android Studio, clique no pacote `com.hfad.odometer` na pasta *app/src/main/java*, vá para File→New... e selecione a opção Service. Quando solicitado, escolha a opção para criar um novo Service (e não um Intent Service) e nomeie o serviço como "OdometerService". Desmarque a opção "Exported", pois esse item só deve ser definido como verdadeiro quando serviços externos ao app tiverem que acessar o serviço. Verifique se a opção "checkednabled" está marcada; se não estiver, a atividade não poderá ser executada no app. Em seguida, substitua o código do *OdometerService.java* pelo código indicado a seguir (e destacado em negrito):

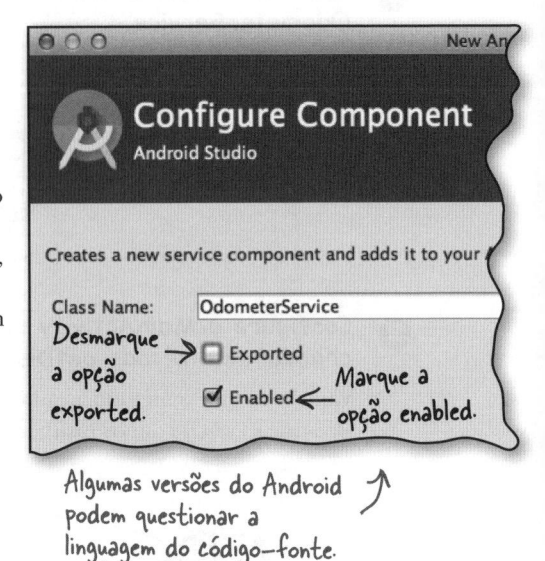

→ OdometerService
  MainActivity
  Location Services

Configure Component
Android Studio

Creates a new service component and adds it to your
Class Name: OdometerService

Desmarque a opção exported. → ☐ Exported
☑ Enabled ← Marque a opção enabled.

Algumas versões do Android podem questionar a linguagem do código-fonte. Se for solicitado, selecione a opção correspondente à Java.

```
package com.hfad.odometer;

import android.app.Service;
import android.content.Intent;
import android.os.IBinder;
```

A classe estende a classe Service.

```
public class OdometerService extends Service {

    @Override
    public IBinder onBind(Intent intent) {
        //Código para ligar o serviço
    }
}
```

O método onBind() é chamado quando um componente quer se vincular ao serviço.

Odometer
app/src/main
java
com.hfad.odometer
OdometerService.java

O código indicado acima implementa o método `onBind()`. Esse método é chamado quando um componente (como uma atividade) quer se vincular ao serviço. Ele recebe um parâmetro, um `Intent`, e retorna um objeto `IBinder`.

O `IBinder` é uma interface que vincula o serviço à atividade; você deve implementá-lo no código do serviço. Vamos conferir esse procedimento a seguir.

exibições e grupos de exibições

Implemente um binder

→ OdometerService
  MainActivity
  Location Services

Para implementar o `IBinder`, você deve adicionar uma nova classe interna ao código do serviço para estender a classe `Binder` (e implementar a interface `IBinder`). Essa classe interna deve incluir um método que as atividades possam utilizar para obter uma referência para o serviço vinculado.

Vamos definir um binder chamado `OdometerBinder` que a `MainActivity` poderá utilizar para obter uma referência para o `OdometerService`. Este é o código que vamos utilizar para definir o binder:

Ao criar um serviço vinculado, você deve implementar um Binder.

```java
public class OdometerBinder extends Binder {
    OdometerService getOdometer() {
        return OdometerService.this;
    }
}
```

A atividade utilizará este método para obter uma referência para o OdometerService.

Temos que retornar uma instância do `OdometerBinder` no método `onBind()` do `OdometerService`. Para fazer isso, vamos criar uma nova variável privada para o binder, instanciá-la e retorná-la no método `onBind()`. Atualize o código do *OdometerService.java* de acordo com as alterações indicadas abaixo:

```java
...
import android.os.Binder;
```
Como estamos usando esta classe extra, temos que importá-la.

```java
public class OdometerService extends Service {

    private final IBinder binder = new OdometerBinder();
```
Estamos usando uma variável final privada para o IBinder.object

```java
    public class OdometerBinder extends Binder {
        OdometerService getOdometer() {
            return OdometerService.this;
        }
    }
```
Esta é a implementação do IBinder.

```java
    @Override
    public IBinder onBind(Intent intent) {
        return binder;
    }
}
```
Retorne o IBinder.

Odometer
app/src/main
java
com.hfad.odometer
OdometerService.java

Concluímos o código do serviço que vincula a `MainActivity` ao `OdometerService`. A seguir, vamos adicionar um novo método ao serviço para retornar um número aleatório.

você está aqui ▶ 771

getDistance()

Adicione o método getDistance() ao serviço

→ ☐ **OdometerService**
  ☐ MainActivity
  ☐ Location Services

Vamos adicionar um método ao `OdometerService` chamado `getDistance()`, que será chamado pela atividade. Vamos configurar esse método para retornar um número aleatório no momento. Mais adiante, ele será atualizado para usar os serviços de localização do Android.

Este é o código completo do *OdometerService.java*, já com essa alteração; atualize sua versão do código de acordo com o código indicado a seguir:

```
package com.hfad.odometer;

import android.app.Service;
import android.content.Intent;
import android.os.IBinder;
import android.os.Binder;
import java.util.Random;
```
← Como estamos usando esta classe extra, temos que importá-la.

Odometer/app/src/main/java/com.hfad.odometer/OdometerService.java

```
public class OdometerService extends Service {

    private final IBinder binder = new OdometerBinder();
    private final Random random = new Random();
```
← Vamos usar um objeto Random() para gerar números aleatórios.

```
    public class OdometerBinder extends Binder {
        OdometerService getOdometer() {
            return OdometerService.this;
        }
    }

    @Override
    public IBinder onBind(Intent intent) {
        return binder;
    }
```
← Adicione o método getDistance().

```
    public double getDistance() {
        return random.nextDouble();
    }
}
```
← Retorne um double aleatório.

A seguir, vamos atualizar a `MainActivity` para usar o `OdometerService`.

772   *Capítulo 19*

exibições e grupos de exibições

Atualize o layout da MainActivity

A próxima etapa da criação do app é configurar a MainActivity para se vincular ao OdometerService e chamar seu método getDistance(). Para começar, vamos adicionar um text view ao layout da MainActivity. Esse view mostrará o número retornado pelo método getDistance() do OdometerService.

☑ OdometerService
→ ☐ MainActivity
  ☐ Location Services

Atualize sua versão do *activity_main.xml* com base nas alterações indicadas abaixo:

```xml
<?xml version="1.0" encoding="utf-8"?>
<LinearLayout
    xmlns:android="http://schemas.android.com/apk/res/android"
    xmlns:tools="http://schemas.android.com/tools"
    android:layout_width="match_parent"
    android:layout_height="match_parent"
    tools:context="com.hfad.odometer.MainActivity"
    android:orientation="vertical"
    android:padding="16dp">

    <TextView
        android:id="@+id/distance"
        android:layout_width="wrap_content"
        android:layout_height="wrap_content"
        android:textSize="48sp"
        android:layout_gravity="center_horizontal"
        android:textAppearance="?android:attr/textAppearanceLarge" />

</LinearLayout>
```

Odometer/app/src/main/res/layout/activity_main.xml

Vamos usar o TextView para exibir o número retornado pelo método getDistance() do OdometerService.

Agora que adicionamos um text view ao layout da MainActivity, temos que atualizar o código da atividade. Vamos analisar as alterações necessárias.

Odometer

0.43 miles

você está aqui ▶ 773

etapas

O que a MainActivity deve fazer

☑ **OdometerService**
→ ☐ **MainActivity**
☐ **Location Services**

Temos que configurar uma atividade para conectá-la a um serviço vinculado de modo que ela possa chamar seus métodos; essa operação exige algumas etapas:

❶ Crie um ServiceConnection.

Esse recurso usa o objeto `IBinder` do serviço para estabelecer uma conexão com o serviço.

Activity → ServiceConnection → Service

❷ Vincule a atividade ao serviço.

Depois de vincular a atividade ao serviço, você poderá chamar os métodos do serviço diretamente.

Activity → Service

❸ Interaja com o serviço.

Neste caso, vamos usar o método `getDistance()` do serviço para atualizar o text view da atividade.

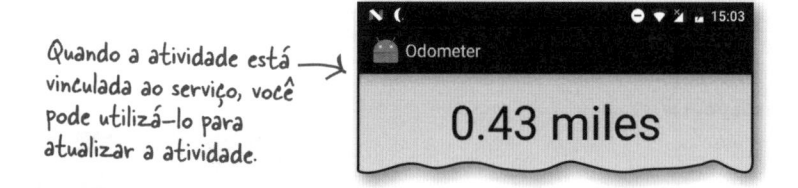

Quando a atividade está vinculada ao serviço, você pode utilizá-lo para atualizar a atividade.

> Odometer
> **0.43 miles**

❹ Desvincule o serviço quando concluir a tarefa.

Quando deixa de ser usado, o serviço é destruído pelo Android para liberar recursos.

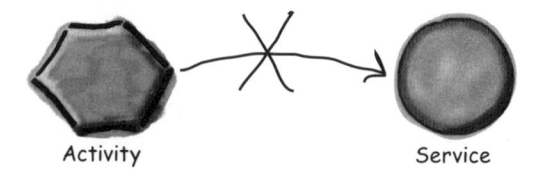

Activity ✗ Service

Vamos analisar cada etapa dessa operação na `MainActivity`, começando pela criação do `ServiceConnection`.

exibições e grupos de exibições

Crie um ServiceConnection

☑ OdometerService
→ ☐ MainActivity
☐ Location Services

Um **ServiceConnection** é uma interface que permite a vinculação da atividade a um serviço. Esse recurso tem dois métodos que devem ser definidos: onServiceConnected() e onServiceDisconnected(). O método onServiceConnected() é chamado quando a conexão com o serviço é estabelecida, e o método onServiceDisconnected() é chamado quando o serviço é desconectado.

Temos que adicionar um ServiceConnection à MainActivity. Este é o formato do código básico que vamos utilizar. Atualize sua versão do *MainActivity.java* de acordo com o código indicado a seguir:

```
package com.hfad.odometer;

import android.app.Activity;
import android.os.Bundle;
import android.content.ServiceConnection;
import android.os.IBinder;
import android.content.ComponentName;
```

Como estamos usando estas classes, precisamos importá-las.

Estamos usando uma Activity, mas você também pode usar a AppCompatActivity.

Odometer / app/src/main / java / com.hfad.odometer / MainActivity.java

```
public class MainActivity extends Activity {
```
Crie um objeto Service Connection.
```
    private ServiceConnection connection = new ServiceConnection() {
        @Override
        public void onServiceConnected(ComponentName componentName, IBinder binder) {
            //Código que é executado quando o serviço está conectado
        }
        @Override
        public void onServiceDisconnected(ComponentName componentName) {
            //Código que é executado quando o serviço é desconectado
        }
    };
```
Adicione o método onCreate() da MainActivity.
```
    @Override
    protected void onCreate(Bundle savedInstanceState) {
        super.onCreate(savedInstanceState);
        setContentView(R.layout.activity_main);
    }
}
```

Você deve definir estes métodos.

Vamos atualizar os métodos onServiceConnected() e onServiceDisconnected() na próxima página.

onServiceConnected()

O método onServiceConnected()

Como vimos na página anterior, o método onServiceConnected() é chamado quando a conexão é estabelecida entre a atividade e o serviço. Esse método recebe dois parâmetros: um objeto ComponentName que descreve o serviço conectado e um objeto IBinder definido pelo serviço:

> ☑ OdometerService
> → ☐ MainActivity
> ☐ Location Services

```
@Override
public void onServiceConnected(ComponentName componentName, IBinder binder) {
    //Código que é executado quando o serviço está conectado
}
```

O ComponentName identifica o serviço e contém os nomes do pacote e da classe do serviço.

Este é um IBinder definido pelo serviço. Adicionamos este item ao OdometerService anteriormente neste capítulo.

O método onServiceConnected() deve realizar duas ações:

- ⭐ Use seu parâmetro IBinder para obter uma referência para o serviço conectado (o OdometerService, nesse caso). Para fazer isso, vamos transmitir o IBinder a um OdometerService.OdometerBinder (pois esse é o tipo de IBinder que definimos no OdometerService) e chamar seu método getOdometer().

- ⭐ Registre que a atividade está vinculada ao serviço.

Este é o código que realiza essas duas ações (atualize sua versão do *MainActivity.java* com base nas alterações indicadas a seguir):

Odometer / app/src/main / java / com.hfad.odometer / MainActivity.java

```
public class MainActivity extends Activity {

    private OdometerService odometer;
    private boolean bound = false;
```

Adicione estas variáveis para registrar uma referência para o serviço e se a atividade está vinculada a ele.

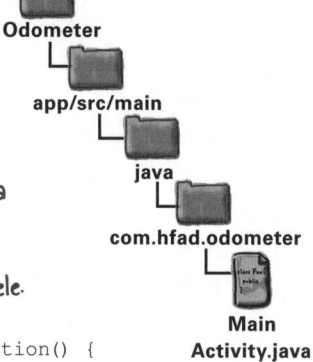

```
    private ServiceConnection connection = new ServiceConnection() {
        @Override
        public void onServiceConnected(ComponentName componentName, IBinder binder) {
            OdometerService.OdometerBinder odometerBinder =
                    (OdometerService.OdometerBinder) binder;
            odometer = odometerBinder.getOdometer();
            bound = true;
        }
        ...
    };
...
}
```

Use o IBinder para obter uma referência para o serviço.

A atividade está vinculada ao serviço; portanto, defina a variável bound como true.

O método onServiceDisconnected()

O método `onServiceDisconnected()` é chamado quando o serviço e a atividade são desconectados. Esse método recebe um parâmetro, um objeto `ComponentName` que descreve o serviço:

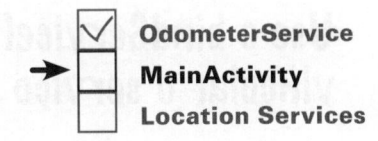

```
@Override
public void onServiceDisconnected(ComponentName componentName) {
    //Código que é executado quando o serviço é desconectado
}
```

O método `onServiceDisconnected()` só precisa realizar uma ação quando for chamado: registrar que a atividade não está mais vinculada ao serviço. Este é o código que realiza essa operação; atualize sua versão do *MainActivity.java* com base no código indicado abaixo:

☑ OdometerService
☐ MainActivity
☐ Location Services

Odometer/app/src/main/java/com.hfad.odometer/MainActivity.java

```
public class MainActivity extends Activity {

    private OdometerService odometer;
    private boolean bound = false;

    private ServiceConnection connection = new ServiceConnection() {
        @Override
        public void onServiceConnected(ComponentName componentName, IBinder binder) {
            OdometerService.OdometerBinder odometerBinder =
                    (OdometerService.OdometerBinder) binder;
            odometer = odometerBinder.getOdometer();
            bound = true;
        }
        @Override
        public void onServiceDisconnected(ComponentName componentName) {
            bound = false;
        }
    };
    ...
}
```

Defina `bound` como false, pois a MainActivity não está mais vinculada ao OdometerService.

A seguir, vamos mostrar como vincular e desvincular o serviço.

bindService()

Use o bindService() para vincular o serviço

☑ OdometerService
☐ **MainActivity**
☐ Location Services

Para vincular uma atividade a um serviço, você geralmente aborda um destes dois locais:

- No método `onStart()` da atividade, quando essa atividade ficar visível. Esse procedimento é recomendável se você interagir com o serviço apenas quando ele estiver visível.

- No método `onCreate()` da atividade, quando essa atividade for criada. Opte por esse procedimento para receber atualizações do serviço mesmo que a atividade tenha sido interrompida.

Em regra, você não deve vincular um serviço no método onResume() da atividade para que o processamento nesse método fique em um nível mínimo.

Neste caso, só precisamos mostrar as atualizações do `OdometerService` quando a `MainActivity` estiver visível; portanto, vamos vincular o serviço no método `onStart()` dessa atividade.

Para vincular o serviço, você deve primeiro criar um intent explícito direcionado para o serviço a ser vinculado. Em seguida, use o método `bindService()` da atividade para vincular o serviço, transmitindo o intent, o objeto `ServiceConnection` definido pelo serviço e um sinalizador para descrever como o serviço deve ser vinculado.

MainActivity   OdometerService

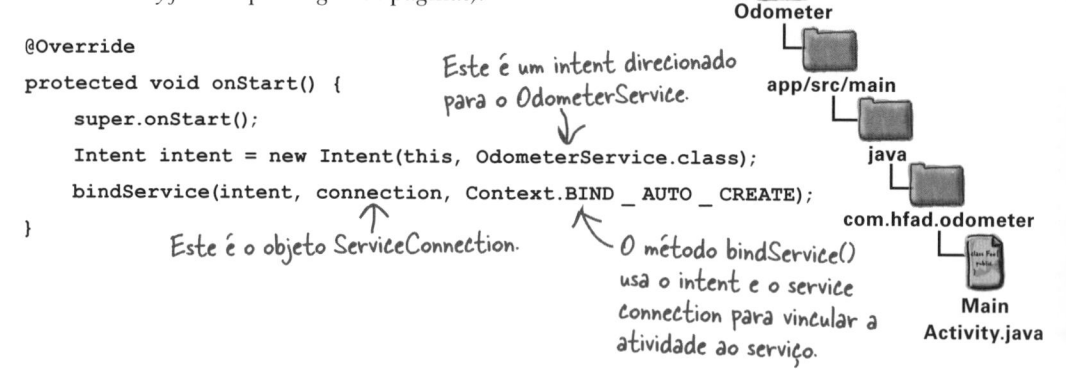

Para aprender a realizar essa operação, confira este código que utilizamos para vincular a `MainActivity` ao `OdometerService` (vamos adicionar esse código ao *MainActivity.java* daqui a algumas páginas):

```
@Override
protected void onStart() {
    super.onStart();
    Intent intent = new Intent(this, OdometerService.class);
    bindService(intent, connection, Context.BIND_AUTO_CREATE);
}
```

Este é um intent direcionado para o OdometerService.

Este é o objeto ServiceConnection.

O método bindService() usa o intent e o service connection para vincular a atividade ao serviço.

Odometer
└── app/src/main
    └── java
        └── com.hfad.odometer
            └── Main Activity.java

No código indicado cima, usamos o sinalizador `Context.BIND_AUTO_CREATE` para orientar o Android a criar o serviço, caso ele ainda não exista. Você pode usar outros sinalizadores; para conferir todos os sinalizadores disponíveis, acesse a documentação do Android (conteúdo em inglês) em:

https://developer.android.com/reference/android/content/Context.html

A seguir, vamos mostrar como desvincular a atividade do serviço.

exibições e grupos de exibições

Use o unbindService() para desvincular o serviço

☑ OdometerService
☐ MainActivity →
☐ Location Services

Para desvincular a atividade do serviço, normalmente deve adicionar o código dessa operação ao método `onStop()` ou `onDestroy()` da atividade. A escolha do método varia com o local em que você colocou o código do `bindService()`:

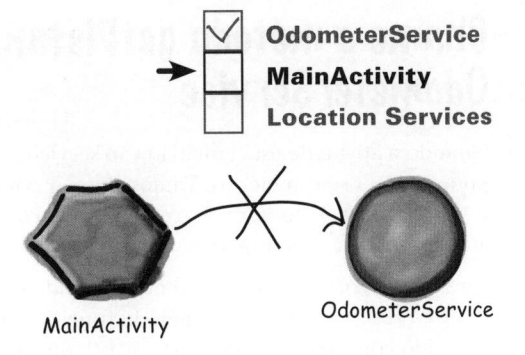

MainActivity ✗ OdometerService

⭐ Se você vinculou o serviço no método `onStart()` da atividade, deve desvinculá-lo no método `onStop()`.

⭐ Se você vinculou o serviço no método `onCreate()` da atividade, deve desvinculá-lo no método `onDestroy()`.

Neste caso, usamos o método `onStart()` da `MainActivity` para vincular o OdometerService; portanto, vamos desvinculá-lo no método `onStop()` da atividade.

Para desvincular um serviço, use o método `unbindService()`. Esse método recebe um parâmetro, o objeto `ServiceConnection`. Este é o código que precisamos adicionar à `MainActivity` (vamos adicionar este código ao *MainActivity.java* nas próximas páginas):

```
@Override
protected void onStop() {
    super.onStop();
    if (bound) {
        unbindService(connection);
        bound = false;
    }
}
```

Este item usa o objeto ServiceConnection para desvincular o serviço.

Quando desvinculamos, definimos bound como false.

Odometer
└ app/src/main
  └ java
    └ com.hfad.odometer
      └ Main Activity.java

No código indicado acima, estamos usando o valor da variável `bound` para determinar se é necessário desvincular o serviço. Se `bound` for `true`, a `MainActivity` está vinculada ao `OdometerService`. Temos que desvincular o serviço e definir o valor de `bound` como `false`.

No momento, a atividade é vinculada ao serviço quando iniciada e desvinculada dele quando interrompida. Por fim, temos que configurar a `MainActivity` para chamar o método `getDistance()` do `OdometerService` e mostrar o respectivo valor.

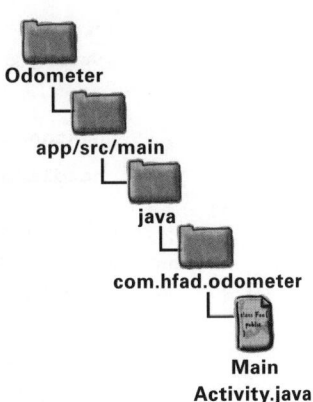

você está aqui ▶ 779

obtenha a distância

Chame o método getDistance() do OdometerService

Quando a atividade está vinculada ao serviço, você pode chamar seus métodos. Vamos chamar o método `getDistance()` do `OdometerService` a cada segundo e atualizar o text view da `MainActivity` com o seu valor.

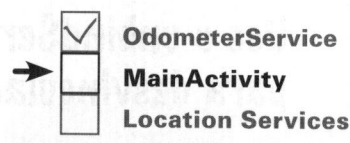

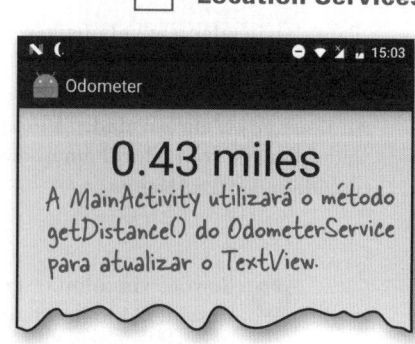

Para fazer isso, vamos criar um novo método chamado `displayDistance()`. Esse método funcionará de modo parecido com o código do `runTimer()` que usamos nos Capítulos 4 e 11.

Este é o método `displayDistance()`. Vamos adicioná-lo ao *MainActivity.java* nas próximas páginas:

- ☑ OdometerService
- → ☐ MainActivity
- ☐ Location Services

0.43 miles
A MainActivity utilizará o método getDistance() do OdometerService para atualizar o TextView.

```java
private void displayDistance() {
    final TextView distanceView = (TextView) findViewById(R.id.distance);   ← Obtenha o TextView.
    final Handler handler = new Handler();   ← Crie um novo Handler.
    handler.post(new Runnable() {   ← Chame o método post() do Handler, transmitindo um novo Runnable.
        @Override
        public void run() {
            double distance = 0.0;
            if (bound && odometer != null) {   ← Se houver uma referência para o OdometerService e ele estiver vinculado, chame o getDistance().
                distance = odometer.getDistance();
            }
            String distanceStr = String.format(Locale.getDefault(),
                    "%1$,.2f miles", distance);   ← Você pode usar um recurso de string para "miles". Inserimos esse valor diretamente no código para deixar o formato mais simples.
            distanceView.setText(distanceStr);
            handler.postDelayed(this, 1000);   ← Configure o código no Runnable para ser executado após um atraso de 1 segundo. Como esse linha de código já está incluída no método run() do Runnable, o código será executado a cada segundo (com uma pequena defasagem).
        }
    });
}
```

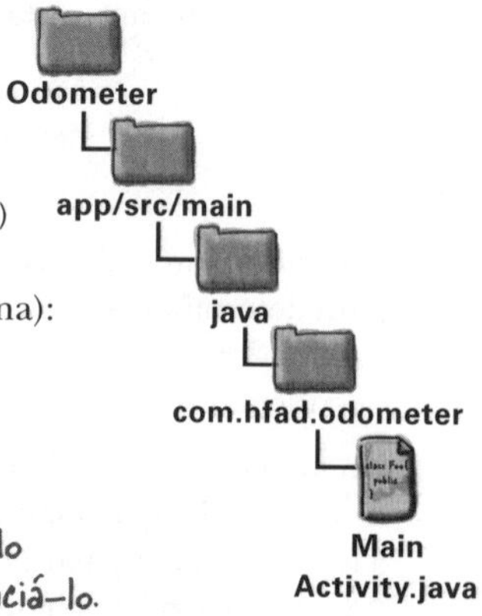

Vamos chamar o método `displayDistance()` no método `onCreate()` da `MainActivity` para que ele seja executado quando a atividade for criada (vamos adicionar esse código ao *MainActivity.java* na próxima página):

```java
@Override
protected void onCreate(Bundle savedInstanceState) {
    ...
    displayDistance();   ← Chame o displayDistance() no método onCreate() da MainActivity para iniciá-lo.
}
```

Odometer / app/src/main / java / com.hfad.odometer / MainActivity.java

Vamos mostrar o código completo da `MainActivity` na próxima página.

O código completo do MainActivity.java

Este é o código completo do *MainActivity.java*; verifique se a sua versão do código corresponde ao código indicado a seguir:

```java
package com.hfad.odometer;

import android.app.Activity;
import android.os.Bundle;
import android.content.ServiceConnection;
import android.os.IBinder;
import android.content.ComponentName;
import android.content.Context;
import android.content.Intent;
import android.os.Handler;
import android.widget.TextView;
import java.util.Locale;
```

Como estamos usando estas classes extras, temos que importá-las.

```java
public class MainActivity extends Activity {

    private OdometerService odometer;
    private boolean bound = false;
```

← Use este item para o OdometerService.
← Use este item para indicar se a atividade está vinculada ao serviço ou não.

Temos que definir um ServiceConnection.

```java
    private ServiceConnection connection = new ServiceConnection() {
        @Override
        public void onServiceConnected(ComponentName componentName, IBinder binder) {
            OdometerService.OdometerBinder odometerBinder =
                    (OdometerService.OdometerBinder) binder;
            odometer = odometerBinder.getOdometer();
            bound = true;
        }
        @Override
        public void onServiceDisconnected(ComponentName componentName) {
            bound = false;
        }
    };
```

← Obtenha uma referência para o OdometerService quando o serviço for conectado.

```java
    @Override
    protected void onCreate(Bundle savedInstanceState) {
        super.onCreate(savedInstanceState);
        setContentView(R.layout.activity_main);
        displayDistance();
    }
```

← Chame o método displayDistance() quando a atividade for criada.

O código continua na próxima página.

o código, continuação

O código do MainActivity.java (continuação)

→ OdometerService
MainActivity
Location Services

```java
    @Override
    protected void onStart() {
        super.onStart();
        Intent intent = new Intent(this, OdometerService.class);
        bindService(intent, connection, Context.BIND_AUTO_CREATE);
    }
```
Vincule o serviço quando a atividade for iniciada.

```java
    @Override
    protected void onStop() {
        super.onStop();
        if (bound) {
            unbindService(connection);
            bound = false;
        }
    }
```
Desvincule o serviço quando a atividade for interrompida.

Mostre o valor retornado pelo método getDistance() do serviço.

```java
    private void displayDistance() {
        final TextView distanceView = (TextView)findViewById(R.id.distance);
        final Handler handler = new Handler();
        handler.post(new Runnable() {
            @Override
            public void run() {
                double distance = 0.0;
                if (bound && odometer != null) {
                    distance = odometer.getDistance();
                }
                String distanceStr = String.format(Locale.getDefault(),
                                        "%1$,.2f miles", distance);
                distanceView.setText(distanceStr);
                handler.postDelayed(this, 1000);
            }
        });
    }
}
```

Chame o método getDistance() do OdometerService.

Atualize o valor do TextView a cada segundo.

Odometer / app/src/main / java / com.hfad.odometer / MainActivity.java

Concluímos o código que configura a `MainActivity` para usar o `OdometerService`. Vamos analisar o que acontece quando executamos o código.

exibições e grupos de exibições

O que acontece quando o código é executado

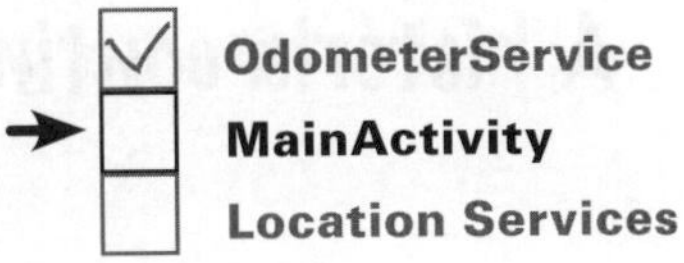

☑ OdometerService
→ ☐ MainActivity
☐ Location Services

Antes de colocar o app para funcionar, vamos analisar o que o código faz.

❶ Quando a MainActivity é criada, ela cria um objeto ServiceConnection e chama o método displayDistance().

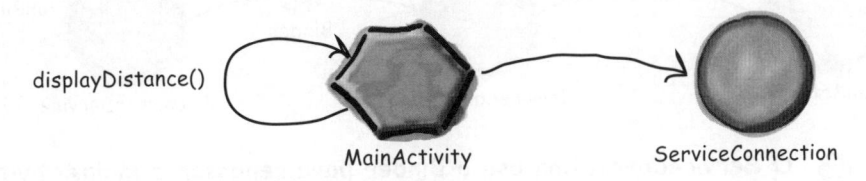

displayDistance() → MainActivity → ServiceConnection

❷ A MainActivity chama o bindService() no seu método onStart().

O método `bindService()` contém um intent voltado para o `OdometerService` e uma referência para o `ServiceConnection`.

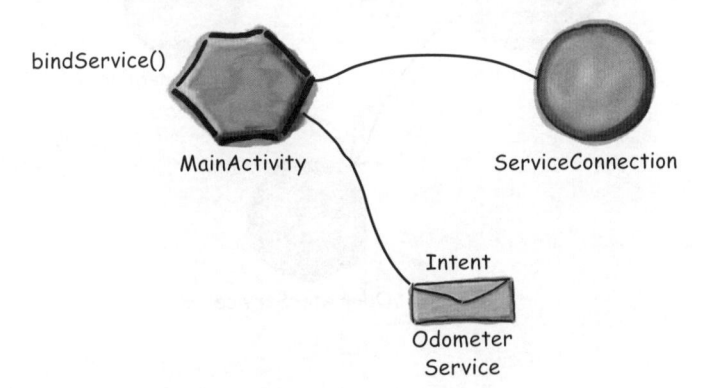

bindService() → MainActivity → ServiceConnection
                           ↓
                         Intent
                     Odometer Service

❸ O Android cria uma instância do OdometerService, transmitindo o intent ao chamar seu método onBind().

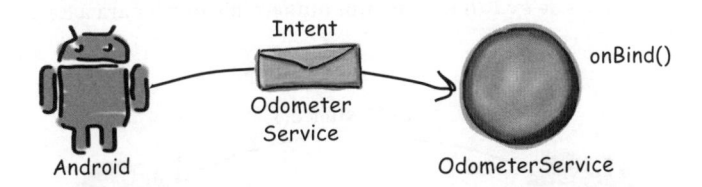

Android → Intent (Odometer Service) → OdometerService ← onBind()

você está aqui ▶ 783

o que acontece, continuação

A história continua

- [✓] OdometerService
- → [ ] MainActivity
- [ ] Location Services

❹ O método onBind() do OdometerService retorna um Binder.

O `Binder` é transmitido para o `ServiceConnection` da `MainActivity`.

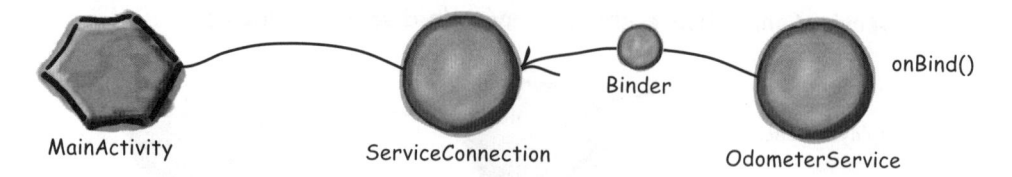

MainActivity — ServiceConnection — Binder — OdometerService (onBind())

❺ O ServiceConnection usa o Binder para repassar à MainActivity uma referência para o OdometerService.

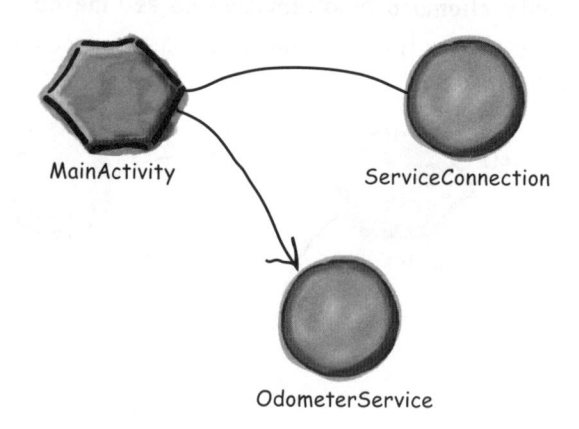

MainActivity — ServiceConnection — OdometerService

❻ O método displayDistance() da MainActivity chama o método getDistance() do OdometerService a cada segundo.

O `OdometerService` retorna um número aleatório para a `MainActivity` (0.56, neste caso).

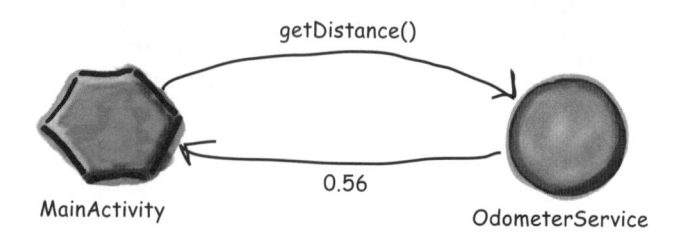

MainActivity — getDistance() → OdometerService — 0.56 →

A história continua

7 Ao ser interrompida, a MainActivity se desconecta do OdometerService chamando o unbindService().

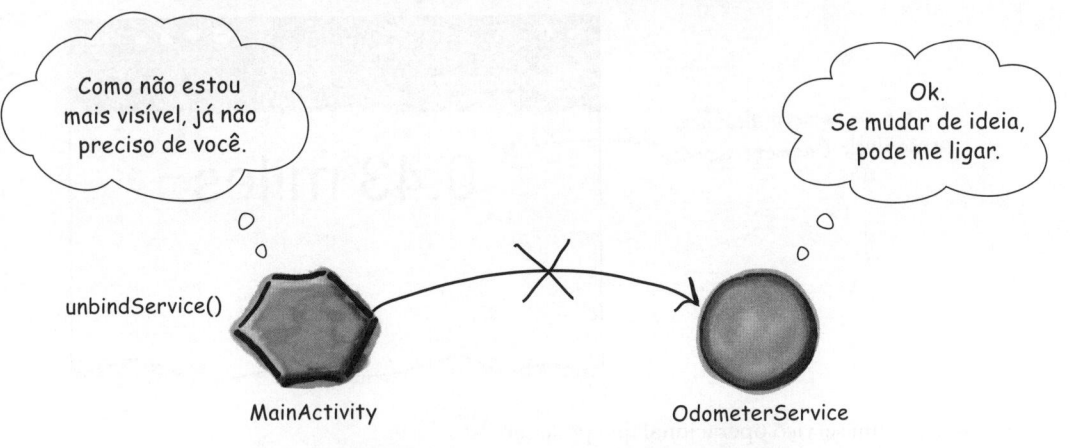

Como não estou mais visível, já não preciso de você.

Ok. Se mudar de ideia, pode me ligar.

unbindService()

MainActivity

OdometerService

8 O OdometerService é destruído quando a MainActivity deixa de estar vinculada a ele.

MainActivity

OdometerService

Agora que você já sabe o que acontece quando o código é executado, vamos fazer um test drive no app.

test drive

Test drive do app

Quando executamos o app, um número aleatório aparece na `MainActivity`. Esse número muda a cada segundo.

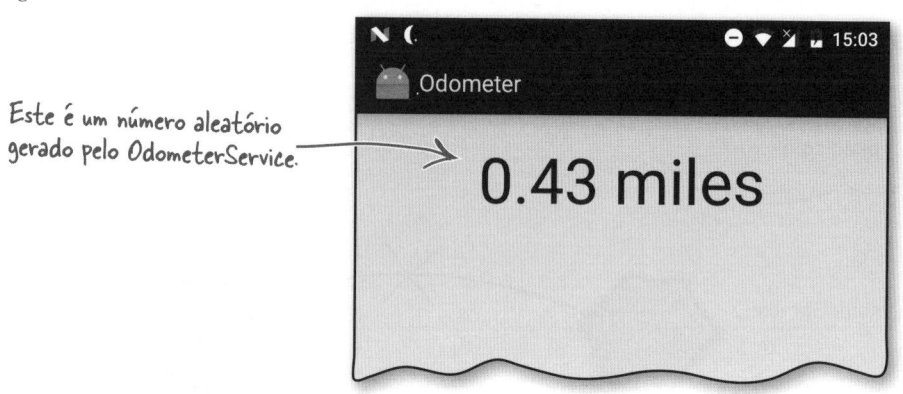

☑ **OdometerService**
→ ☑ **MainActivity**
☐ **Location Services**

Este é um número aleatório gerado pelo OdometerService.

0.43 miles

Odometer — 15:03

Agora temos um serviço operacional que pode ser vinculado à `MainActivity`. Ainda precisamos modificar o serviço para que o método `getDistance()` retorne a distância percorrida em vez de um número aleatório. Mas, antes disso, vamos analisar com mais atenção como os serviços vinculados funcionam nos bastidores.

não existem Perguntas Idiotas

P: Qual é a diferença entre um serviço iniciado e um serviço vinculado mesmo?

R: Um serviço iniciado é criado quando uma atividade (ou outro componente) chama o `startService()`. Esse serviço executa o código em segundo plano e é destruído depois de ser executado.

Um serviço vinculado é criado quando a atividade chama o `bindService()`. A atividade pode interagir com o serviço ao chamar seus métodos. O serviço é destruído quando não há mais nenhum componente vinculado a ele.

P: Um serviço pode ser iniciado e vinculado ao mesmo tempo?

R: Sim. Nesse caso, o serviço é criado quando o método `startService()` **ou** `bindService()` é chamado. O serviço só é destruído depois de ter executado o respectivo código em segundo plano e quando não há mais nenhum componente vinculado a ele.

Criar um serviço que seja iniciado e vinculado ao mesmo tempo é mais complicado do que criar um serviço apenas iniciado ou vinculado. Para aprender a realizar esse procedimento, confira a documentação do Android em (conteúdo em inglês): *https://developer.android.com/guide/components/services.html*.

P: Qual é a diferença entre um `Binder` e um `IBinder`?

R: Um `IBinder` é uma *interface*. Um `Binder` é uma classe que *implementa* a interface `IBinder`.

P: Os outros apps podem usar o serviço que eu criei?

R: Sim, mas você deve definir o respectivo atributo `exported` como `true` no *AndroidManifest.xml*.

exibições e grupos de exibições

Os estados de um serviço vinculado

Quando um componente de aplicativo (como uma atividade) se vincula a um serviço, esse serviço passa por três estados: criado, vinculado e destruído. Um serviço vinculado passa a maior parte da vida no estado vinculado.

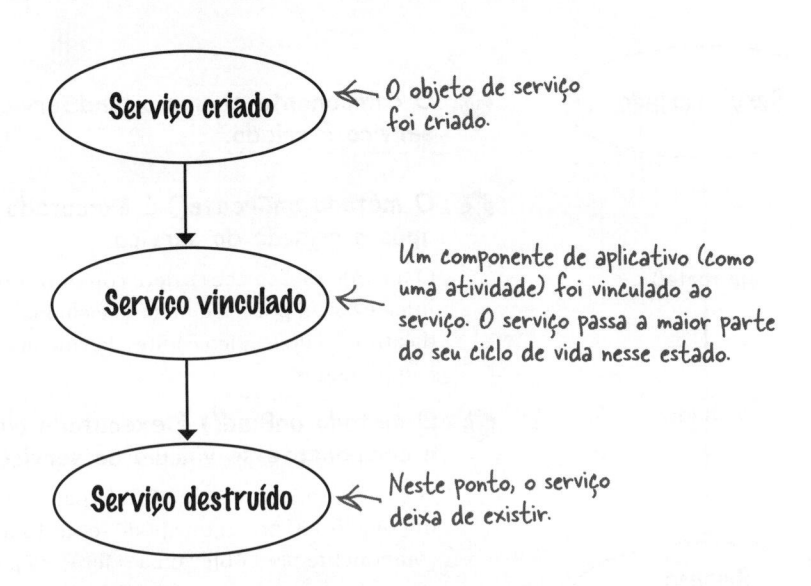

```
┌─────────────────┐
│ Serviço criado  │ ← O objeto de serviço foi criado.
└─────────────────┘
        │
        ▼
┌─────────────────┐    Um componente de aplicativo (como
│Serviço vinculado│ ← uma atividade) foi vinculado ao
└─────────────────┘    serviço. O serviço passa a maior parte
                       do seu ciclo de vida nesse estado.
        │
        ▼
┌──────────────────┐
│Serviço destruído │ ← Neste ponto, o serviço deixa de existir.
└──────────────────┘
```

Como um serviço iniciado, quando um serviço vinculado é criado, seu método onCreate() é chamado. Como antes, você deve substituir esse método para realizar as tarefas necessárias à configuração do serviço.

O método onBind() é executado quando um componente se vincula ao serviço. Você deve substituir esse método para retornar um objeto IBinder para o componente, que utilizará esse objeto para obter uma referência para o serviço.

Quando todos os componentes forem desvinculados do serviço, seu método onUnbind() será chamado.

Finalmente, o método onDestroy() é chamado quando não há mais nenhum componente vinculado e o serviço está prestes a ser destruído. Como antes, você deve substituir esse método para realizar tarefas de limpeza final e liberar recursos.

Vamos analisar com mais atenção como esses métodos correspondem aos estados do serviço na próxima página.

Um serviço vinculado é destruído quando não há mais nenhum componente vinculado a ele.

você está aqui ▶ 787

os métodos do ciclo de vida

O ciclo de vida do serviço vinculado: da criação à destruição

Confira este resumo mais detalhado do ciclo de vida de um serviço vinculado, do seu nascimento à sua morte.

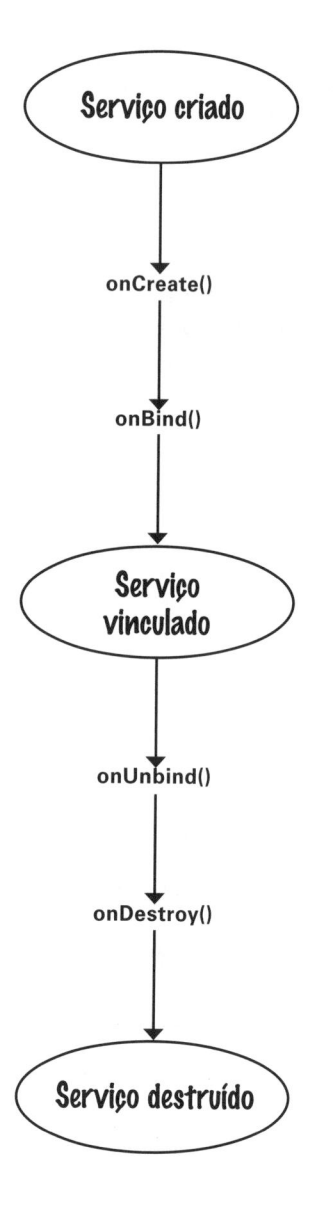

Serviço criado

↓ onCreate()

↓ onBind()

Serviço vinculado

↓ onUnbind()

↓ onDestroy()

Serviço destruído

❶ O componente chama o bindService() e o serviço é criado.

❷ O método onCreate() é executado logo após a criação do serviço.

O método `onCreate()` deve conter o código de inicialização, pois esse método é chamado depois da ativação do serviço e antes da vinculação dos componentes.

❸ O método onBind() é executado quando o componente se vincula ao serviço.

Você deve substituir esse método para retornar um objeto `IBinder`, que pode ser utilizado pelo componente para obter uma referência para o serviço e chamar seus métodos.

❹ O serviço passa a maior parte da vida vinculado.

❺ O método onUnbind() é executado depois que todos os componentes são desvinculados do serviço.

❻ O método onDestroy() é chamado quando não há mais nenhum componente vinculado e o serviço está prestes a ser destruído.

Você deve substituir esse método para realizar tarefas de limpeza final, como liberar recursos.

❼ Após a execução do método onDestroy(), o serviço é destruído.

O serviço deixa de existir.

Agora que você já sabe como os serviços vinculados funcionam, vamos alterar o app Odometer para mostrar a distância real percorrida pelo usuário.

Vamos usar os Location Services do Android para retornar a distância percorrida

☑ OdometerService
☑ MainActivity
→ ☐ Location Services

Temos que configurar o `OdometerService` para retornar a distância percorrida no seu método `getDistance()`. Para fazer isso, vamos usar os Location Services do Android. Com esses recursos, você pode obter a localização atual do usuário, solicitar atualizações periódicas e disparar um intent quando o usuário chegar a uma distância específica de um determinado local.

Neste caso, vamos usar os Location Services para obter atualizações periódicas sobre a localização atual do usuário. Usaremos esses dados para calcular a distância percorrida por ele.

Essa operação será realizada nas seguintes etapas:

❶ Declare que você precisa de permissão para usar os Location Services.

O app só poderá usar os Location Services se o usuário conceder permissão para isso.

❷ Ative um location listener quando o serviço for criado.

Esse recurso será utilizado pelo app para escutar atualizações dos Location Services.

❸ Solicite atualizações de localização.

Vamos criar um location manager para solicitar atualizações sobre a localização atual do usuário.

❹ Calcule a distância percorrida.

Vamos registrar o valor total da distância percorrida pelo usuário e retornar essa distância no método `getDistance()` do `OdometerService`.

❺ Remova as atualizações de localização logo antes de o serviço ser destruído.

Esse procedimento liberará recursos do sistema.

Antes de começar, vamos adicionar a AppCompat Support Library ao projeto, pois precisamos usar essa biblioteca no código.

adicione a support library

Adicione a AppCompat Support Library

☑ OdometerService
☑ MainActivity
→ ☐ Location Services

Para que o código da localização funcione corretamente, vamos usar algumas classes da AppCompat Support Library; portanto, temos que adicionar essa biblioteca ao projeto como uma dependência. Esse procedimento segue os mesmos passos que vimos nos capítulos anteriores. Escolha File→Project Structure, clique no módulo do app e escolha Dependencies. Você visualizará a seguinte tela:

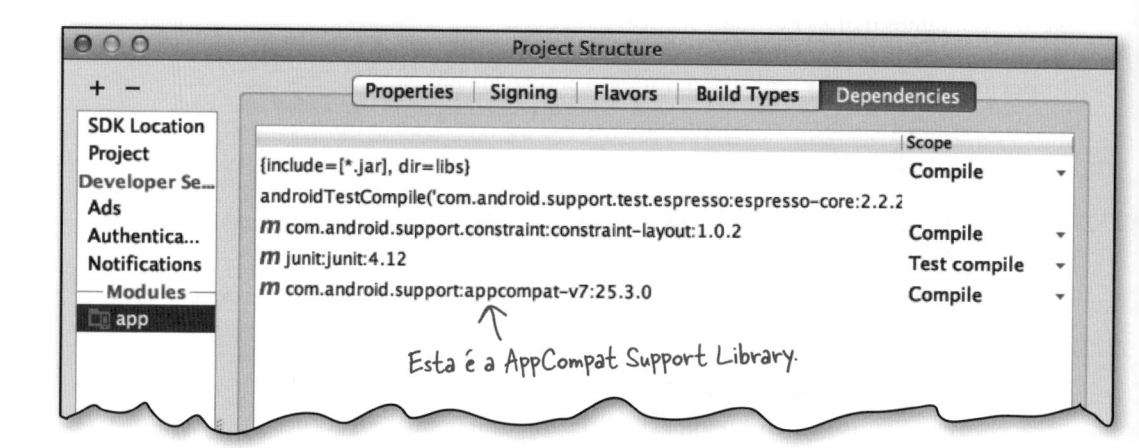

```
                    Project Structure
 + -      Properties  Signing  Flavors  Build Types  Dependencies
SDK Location                                                Scope
Project      {include=[*.jar], dir=libs}                    Compile
Developer Se...  androidTestCompile('com.android.support.test.espresso:espresso-core:2.2.2
Ads          m com.android.support.constraint:constraint-layout:1.0.2   Compile
Authentica...  m junit:junit:4.12                           Test compile
Notifications  m com.android.support:appcompat-v7:25.3.0    Compile
  Modules                    ↑
  app             Esta é a AppCompat Support Library.
```

Talvez o Android Studio já tenha adicionado a AppCompat Support Library automaticamente. Se esse for o caso, você visualizará a biblioteca listada como appcompat-v7, conforme indicado acima.

Se a AppCompat Library não estiver listada, você terá que adicioná-la manualmente. Para fazer isso, clique no botão "+" na parte inferior ou no lado direito da tela, escolha a opção Library Dependency, selecione a appcompat-v7 library e, em seguida, clique no botão OK. Clique em OK novamente para salvar suas alterações e feche a janela Project Structure.

A seguir, vamos mostrar como declarar que precisamos de permissão para usar os Location Services do Android.

Declare as permissões necessárias

☑ OdometerService
☑ MainActivity
☐ **Location Services**

O Android permite que você realize muitas ações por padrão, mas o usuário deve dar sua permissão para que algumas ações sejam efetuadas. Isso pode ocorrer porque essas ações usam informações privadas do usuário ou porque podem afetar dados armazenados ou o modo como os outros apps funcionam. O usuário deve dar sua permissão para que o app use os Location Services.

Você deve declarar as permissões necessárias para o app no *AndroidManifest.xml* adicionando o elemento `<uses-permission>` ao elemento-raiz `<manifest>`. Neste caso, precisamos acessar a localização precisa do usuário para mostrar a distância percorrida; portanto, vamos declarar a permissão `ACCESS _ FINE _ LOCATION`. Para fazer isso, você deve adicionar a seguinte declaração ao *AndroidManifest.xml* (atualize sua versão do arquivo com base nesta alteração):

```xml
<?xml version="1.0" encoding="utf-8"?>
<manifest xmlns:android="http://schemas.android.com/apk/res/android"
    package="com.hfad.odometer">
```
Declare a permissão necessária. — Temos que saber a localização precisa do usuário.
```xml
    <uses-permission android:name="android.permission.ACCESS _ FINE _ LOCATION" />

    <application
        ...
    </application>
</manifest>
```

Odometer
└ app/src/main
   └ AndroidManifest.xml

O modo como o app usará a declaração acima depende do SDK alvo do app (que geralmente corresponde à versão mais recente do Android) e o nível da API do dispositivo do usuário:

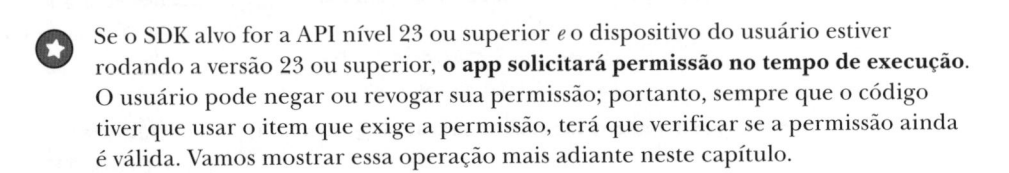

- Se o SDK alvo for a API nível 23 ou superior *e* o dispositivo do usuário estiver rodando a versão 23 ou superior, **o app solicitará permissão no tempo de execução**. O usuário pode negar ou revogar sua permissão; portanto, sempre que o código tiver que usar o item que exige a permissão, terá que verificar se a permissão ainda é válida. Vamos mostrar essa operação mais adiante neste capítulo.

- Se o SDK alvo for a API nível 22 ou anterior *ou* o dispositivo do usuário estiver rodando a versão 22 ou anterior, **o app solicitará a permissão na instalação**. Se o usuário negar sua permissão, o app não será instalado. Quando concedida, a permissão só poderá ser revogada se o usuário desinstalar o app.

Depois de declarar que o app precisa saber a localização do usuário, vamos desenvolver o `OdometerService`.

location listener

Adicione um location listener ao OdometerService

☑ OdometerService
☑ MainActivity
→ ☐ **Location Services**

Para criar um location listener, você deve implementar a interface `LocationListener`. Essa interface tem quatro métodos que devem definidos: `onLocationChanged()`, `onProviderEnabled()`, `onProviderDisabled()` e `onStatusChanged()`. O `onLocationChanged()` é chamado quando a localização do usuário muda. Vamos usar esse método mais adiante no capítulo para acompanhar a distância percorrida pelo usuário. Os métodos `onProviderEnabled()`, `onProviderDisabled()` e `onStatusChanged()` são chamados, respectivamente, quando o location provider é habilitado, quando ele é desabilitado e quando há alguma alteração no status.

Vamos conferir os location providers na próxima página.

Temos que definir o location listener no momento da criação do `OdometerService`; portanto, vamos implementar a interface no método `onCreate()` do `OdometerService`. Atualize sua versão do *OdometerService.java* e faça as alterações indicadas abaixo:

Como estamos usando estas classes extras, temos que importá-las.

```
...
import android.os.Bundle;
import android.location.LocationListener;
import android.location.Location;

public class OdometerService extends Service {
    ...
    private LocationListener listener;

    @Override
    public void onCreate() {
        super.onCreate();
        listener = new LocationListener() {
            @Override
            public void onLocationChanged(Location location) {
                //Código para acompanhar a distância
            }

            @Override
            public void onProviderDisabled(String arg0) {}

            @Override
            public void onProviderEnabled(String arg0) {}

            @Override
            public void onStatusChanged(String arg0, int arg1, Bundle bundle) {}
        };
    }
    ...
}
```

app/src/main
java
com.hfad.odometer
OdometerService.java

Estamos usando uma variável privada para o LocationListener para que outros métodos possam acessá-lo.

Defina o LocationListener.

O parâmetro Location descreve a localização atual. Vamos usar esse item mais adiante.

Vamos completar este código mais adiante no capítulo.

Não vamos usar nenhum destes métodos no código do OdometerService, mas ainda assim temos que declará-los.

exibições e grupos de exibições

Precisamos de um location manager e um location provider

☑ OdometerService
☑ MainActivity
→ ☐ Location Services

Para obter atualizações de localização, precisamos fazer três coisas: criar um location manager para acessar os Location Services do Android, especificar um location provider e solicitar que o location provider envie atualizações regulares sobre a localização atual do usuário ao location listener que adicionamos na página anterior. Vamos começar criando um location manager.

Crie um location manager

O procedimento para criar um location manager é parecido com o modo como criamos um gerenciador de notificação no Capítulo 18 usando o método getSystemService(). Este é o código que utilizamos para criar um location manager para acessar os Location Services do Android (vamos adicionar este código ao método onCreate() do OdometerService mais adiante neste capítulo):

Use este código para acessar o serviço de localização do Android.

```
LocationManager locManager = (LocationManager)getSystemService(Context.LOCATION_SERVICE);
```

Usamos o método getSystemService() no Capítulo 18 para acessar o serviço de notificação do Android.

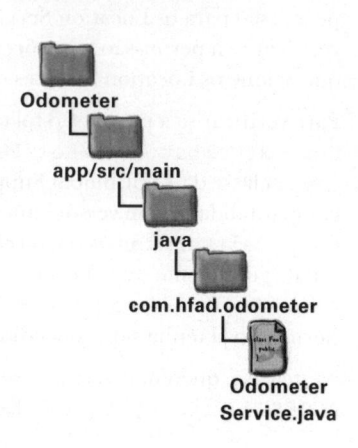

Especifique o location provider

A seguir, temos que especificar o location provider para determinar a localização do usuário. Existem duas opções principais: GPS ou network. A opção GPS usa o sensor GPS do dispositivo para estabelecer a localização do usuário, enquanto a opção network se baseia em redes móveis, Wi-Fi ou Bluetooth.

Nem todos os dispositivos dispõem desses dois tipos de location provider, mas você pode usar o método getBestProvider() do location manager para obter o location provider mais preciso do dispositivo. Esse método recebe dois parâmetros: um objeto Criteria que especifica critérios como requisitos de fornecimento de energia e um sinalizador que indica se o location provider deve estar habilitado no dispositivo.

Queremos usar o location provider com maior precisão no dispositivo; portanto, vamos usar o seguinte código (que será adicionador posteriormente ao OdometerService):

```
String provider = locManager.getBestProvider(new Criteria(), true);
```

Este item seleciona o location provider mais preciso entre os disponíveis no dispositivo.

A seguir, vamos configurar o location provider para enviar atualizações de localização ao location listener.

Odometer
app/src/main
java
com.hfad.odometer
OdometerService.java

você está aqui ▶ 793

solicite atualizações

Solicite atualizações de localização...

Para configurar o location provider para enviar atualizações ao location listener, você deve usar o método `requestLocationUpdates()` do location manager. Esse método recebe quatro parâmetros: o location provider, o intervalo de tempo mínimo entre as atualizações (em milissegundos), a distância mínima entre as atualizações de localização (em metros) e o location listener que deve receber as atualizações. Confira este exemplo em que solicitamos atualizações de localização do location provider a cada segundo quando o dispositivo se deslocar mais do que um metro:

☑ OdometerService
☑ MainActivity
☐ Location Services

```
locManager.requestLocationUpdates(provider, 1000, 1, listener);
```

Este é o location provider.
Esta é a distância em metros.
Este é o tempo em milissegundos.
Este é o LocationListener que deve receber as atualizações.

...mas primeiro verifique se o app tem permissão

Se o SDK alvo do app for API nível 23 ou superior, você terá que verificar no tempo de execução se o usuário concedeu permissão para a obtenção da sua localização atual. (Como vimos anteriormente neste capítulo, se o SDK alvo for API nível 23 ou superior e o dispositivo do usuário estiver rodando uma dessas versões, talvez o usuário já tenha instalado o app sem ter concedido permissão para os Location Services. Nesse caso, você terá que verificar se a permissão foi concedida antes de executar um código que acione os Location Services ou ele não será compilado.)

Para verificar se a permissão foi concedida, você deve usar o método `ContextCompat.checkSelfPermission()`. A `ContextCompat` é uma classe da AppCompat Support Library que viabiliza a compatibilidade com versões anteriores do Android. Seu método `checkSelfPermission()` recebe dois parâmetros: o `Context` atual (geralmente `this`) e a permissão a ser verificada. Ele retorna o valor `PackageManager.PERMISSION_GRANTED`, caso a permissão já tenha sido concedida.

Neste caso, queremos verificar se o app recebeu a permissão `ACCESS_FINE_LOCATION`. Este é o código que utilizamos:

Para verificar a versão do SDK alvo do app, escolha File -> Project Structure, clique na opção app e, em seguida, escolha Flavors.

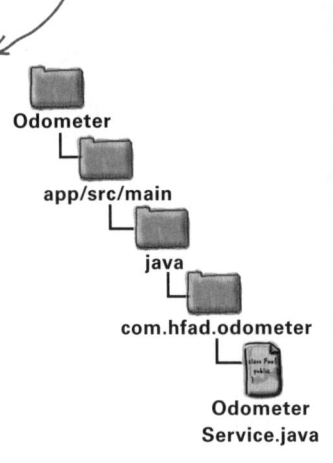

Odometer
app/src/main
java
com.hfad.odometer
OdometerService.java

Verifique se a permissão ACCESS_FINE_LOCATION foi concedida...

```
if (ContextCompat.checkSelfPermission(this,
            android.Manifest.permission.ACCESS_FINE_LOCATION)
        == PackageManager.PERMISSION_GRANTED) {
    locManager.requestLocationUpdates(provider, 1000, 1, listener);
}
```

...antes de solicitar as atualizações de localização.

Na próxima página, vamos mostrar o código que utilizamos para adicionar o *OdometerService.java* e solicitar atualizações de localização.

Este é o código atualizado do OdometerService

☑ OdometerService
☑ MainActivity
→ ☐ Location Services

Este é o código completo que utilizamos para solicitar atualizações de localização (atualize sua versão do *OdometerService.java* de acordo com as alterações indicadas a seguir):

```
Odometer
  └── app/src/main
       └── java
            └── com.hfad.odometer
                 └── OdometerService.java
```

```java
...
import android.content.Context;
import android.location.LocationManager;
import android.location.Criteria;
import android.support.v4.content.ContextCompat;
import android.content.pm.PackageManager;
```

Como estamos usando estas classes extras, temos que importá-las.

```java
public class OdometerService extends Service {
    ...
    private LocationManager locManager;
    public static final String PERMISSION_STRING
            = android.Manifest.permission.ACCESS_FINE_LOCATION;
```

Estamos usando uma variável privada para o LocationManager para acessá-lo a partir de outros métodos.

Estamos adicionando a string da permissão como uma constante.

```java
    ...
    @Override
    public void onCreate() {
        super.onCreate();
        listener = new LocationListener() {
            ...
        };
        locManager = (LocationManager) getSystemService (Context.LOCATION_SERVICE);
        if (ContextCompat.checkSelfPermission(this, PERMISSION_STRING)
                    == PackageManager.PERMISSION_GRANTED) {
            String provider = locManager.getBestProvider(new Criteria(), true);
            if (provider != null) {
                locManager.requestLocationUpdates(provider, 1000, 1, listener);
            }
        }
    }
    ...
}
```

Obtenha o LocationManager.

Verifique se temos a permissão.

Obtenha o location provider mais preciso.

Solicite atualizações do location provider.

A seguir, vamos configurar o location listener para processar as atualizações de localização.

distância percorrida

Calcule a distância percorrida

Até aqui, definimos que o location listener deverá ser notificado quando houver alterações na localização atual do usuário. Quando isso ocorrer, o método `onLocationChanged()` do listener será chamado.

☑ **OdometerService**
☑ **MainActivity**
☐ **Location Services**

Esse método tem um parâmetro, um objeto `Location` que representa a localização atual do usuário. Podemos usar esse objeto para calcular a distância percorrida ao determinar um total cumulativo que indicará a distância entre o local atual do usuário e sua última localização.

Para definir a distância em metros entre dois locais, você deve usar o método `distanceTo()` do objeto `Location`. Confira este exemplo em que determinamos a distância entre dois pontos chamados `location` e `lastLocation`:

```
double distanceInMeters = location.distanceTo(lastLocation);
```

← *Este item determina a distância entre location e lastLocation.*

Este é o código que adiciona o `OdometerService` e registra a distância percorrida pelo usuário (atualize sua versão do *OdometerService.java* de acordo com o código indicado a seguir):

```
public class OdometerService extends Service {
    private static double distanceInMeters;
    private static Location lastLocation = null;
    ...

    @Override
    public void onCreate() {
        super.onCreate();
        listener = new LocationListener() {
            @Override
            public void onLocationChanged(Location location) {
                if (lastLocation == null) {
                    lastLocation = location;
                }
                distanceInMeters += location.distanceTo(lastLocation);
                lastLocation = location;
            }
            ...
        }
        ...
    }
    ...
}
```

Estamos usando variáveis estáticas para armazenar a distância percorrida e o último local do usuário e reter esses valores após a destruição do serviço.

← *Defina a localização inicial do usuário.*

↑ *Atualize a distância percorrida e o último local do usuário.*

Odometer → app/src/main → java → com.hfad.odometer → OdometerService.java

Vamos usar esse código para retornar a distância percorrida para a `MainActivity`.

exibições e grupos de exibições

Retorne as milhas percorridas

Para indicar à `MainActivity` a distância percorrida pelo usuário, temos que atualizar o método `getDistance()` do `OdometerService`. Atualmente, esse método retorna um número aleatório; portanto, vamos alterá-lo para converter o valor da variável `distanceInMeters` para milhas e retornar esse valor. Esta é a nova versão do método `getDistance()`; atualize sua versão do código com base no código indicado a seguir:

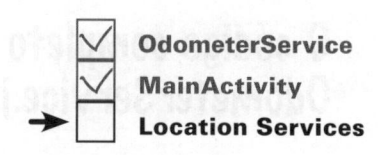

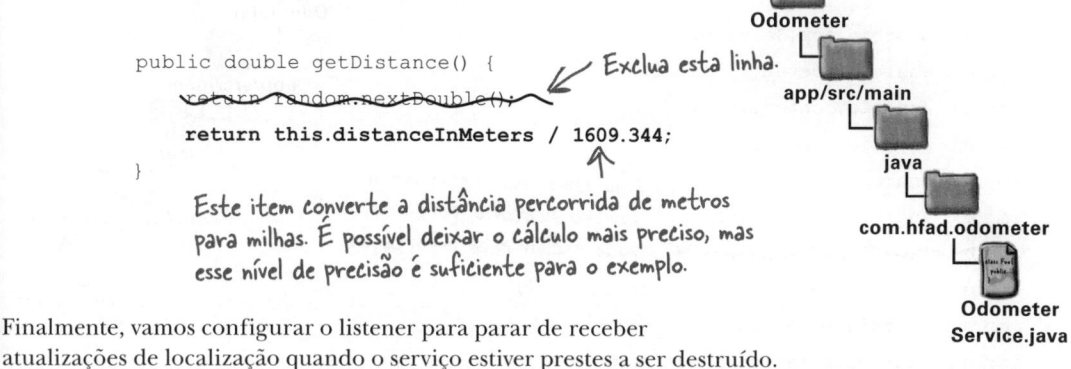

☑ OdometerService
☑ MainActivity
➡ ☐ Location Services

```
public double getDistance() {
    return random.nextDouble();     ← Exclua esta linha.
    return this.distanceInMeters / 1609.344;
}
                        ↑
    Este item converte a distância percorrida de metros
    para milhas. É possível deixar o cálculo mais preciso, mas
    esse nível de precisão é suficiente para o exemplo.
```

Odometer
app/src/main
java
com.hfad.odometer
OdometerService.java

Finalmente, vamos configurar o listener para parar de receber atualizações de localização quando o serviço estiver prestes a ser destruído.

Configure o listener para parar de receber atualizações de localização

Vamos configurar o location listener para parar de receber atualizações usando o método `onDestroy()` do `OdometerService`, pois esse método é chamado pouco antes de o serviço ser destruído.

Para interromper as atualizações, você deve chamar o método `removeUpdates()` do location manager. Esse método recebe um parâmetro, o listener que deve parar de receber as atualizações:

```
locManager.removeUpdates(listener);     ← Este item interrompe o recebimento
                                           de atualizações pelo location listener.
```

Se o SDK alvo do app for API nível 23 ou superior, você deve verificar se o usuário já concedeu a permissão `ACCESS_FINE_LOCATION` antes de chamar o método `removeUpdates()`. De fato, só poderemos usar esse método se o usuário tiver concedido sua permissão; além disso, o Android Studio reclamará se você não fizer essa verificação antes de tudo. Para verificar se a permissão foi concedida, siga o mesmo procedimento que indicamos anteriormente: verifique o valor de retorno do método `ContextCompat.checkSelfPermission()`:

Só podemos remover
as atualizações se
houver permissão.

```
if (ContextCompat.checkSelfPermission(this, PERMISSION_STRING)
        == PackageManager.PERMISSION_GRANTED) {
    locManager.removeUpdates(listener);
}
```

Nas próximas páginas, vamos mostrar o código completo do `OdometerService`, já com o novo método `onDestroy()`.

o código do OdometerService

O código completo do OdometerService.java

- ☑ OdometerService
- ☑ MainActivity
- → ☐ Location Services

Acabamos de configurar o `OdometerService` para retornar a distância percorrida. Atualize sua versão do *OdometerService.java* de acordo com o código indicado a seguir.

```
package com.hfad.odometer;

import android.app.Service;
import android.content.Context;
import android.content.Intent;
import android.os.Bundle;
import android.os.IBinder;
import android.os.Binder;
import java.util.Random;
import android.location.LocationListener;
import android.location.Location;
import android.location.LocationManager;
import android.location.Criteria;
import android.support.v4.content.ContextCompat;
import android.content.pm.PackageManager;


public class OdometerService extends Service {

    private final IBinder binder = new OdometerBinder();
    private final Random random = new Random();
    private LocationListener listener;
    private LocationManager locManager;
    private static double distanceInMeters;
    private static Location lastLocation = null;
    public static final String PERMISSION_STRING
            = android.Manifest.permission.ACCESS_FINE_LOCATION;

    public class OdometerBinder extends Binder {
        OdometerService getOdometer() {
            return OdometerService.this;
        }
    }
```

Não vamos mais retornar um número aleatório; portanto, você pode excluir esta importação.

Exclua o objeto Random(), pois não precisaremos mais dele.

Odometer / app/src/main / java / com.hfad.odometer / OdometerService.java

O código continua na próxima página.

O código do OdometerService.java (continuação)

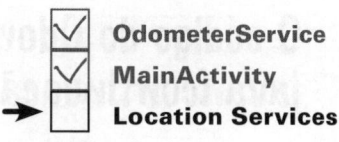

Não alteramos nenhum código indicado nesta página.

```java
@Override
public void onCreate() {
    super.onCreate();
    listener = new LocationListener() {
        @Override
        public void onLocationChanged(Location location) {
            if (lastLocation == null) {
                lastLocation = location;
            }
            distanceInMeters += location.distanceTo(lastLocation);
            lastLocation = location;
        }

        @Override
        public void onProviderDisabled(String arg0) {
        }

        @Override
        public void onProviderEnabled(String arg0) {
        }

        @Override
        public void onStatusChanged(String arg0, int arg1, Bundle bundle) {
        }
    };

    locManager = (LocationManager) getSystemService (Context.LOCATION_SERVICE);
    if (ContextCompat.checkSelfPermission(this, PERMISSION_STRING)
                == PackageManager.PERMISSION_GRANTED) {
        String provider = locManager.getBestProvider(new Criteria(), true);
        if (provider != null) {
            locManager.requestLocationUpdates(provider, 1000, 1, listener);
        }
    }
}
```

O código continua na próxima página.

o código, continuação

O código do OdometerService.java (continuação)

- [x] OdometerService
- [x] MainActivity
- → [ ] Location Services

```
    @Override
    public IBinder onBind(Intent intent) {
        return binder;
    }
```

Adicione o método onDestroy().

```
    @Override
    public void onDestroy() {
        super.onDestroy();
        if (locManager != null && listener != null) {
            if (ContextCompat.checkSelfPermission(this, PERMISSION_STRING)
                    == PackageManager.PERMISSION_GRANTED) {
                locManager.removeUpdates(listener);
            }
            locManager = null;
            listener = null;
        }
    }
```

← *Interrompa o recebimento de atualizações de localização (se houver permissão para removê-las).*

Defina as variáveis LocationManager e LocationListener como null.

Odometer/app/src/main/java/com.hfad.odometer/OdometerService.java

```
    public double getDistance() {
        return this.distanceInMeters / 1609.344;
    }
}
```

Vamos fazer um test drive no app.

Perguntas Idiotas *não existem*

P: Notei que posso chamar o `checkSelfPermission()` diretamente no meu serviço sem usar a `ContextCompat`. Por que devo usar a versão `ContextCompat`?

R: Porque ela é mais simples de usar. Um método `checkSelfPermission()` foi adicionado à classe `Context` na API nível 23, mas esse recurso não está disponível nos dispositivos que rodam versões anteriores do Android.

800   Capítulo 19

exibições e grupos de exibições

Test drive do app

Quando ativamos o app, inicialmente visualizamos o valor 0.0 miles. Quando verificamos as permissões do app, constatamos que a permissão para usar os Location Services não foi concedida. Para verificar as permissões no seu dispositivo, abra as configurações, escolha Apps, selecione o app Odometer e abra a seção Permissions:

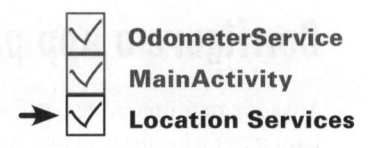

☑ OdometerService
☑ MainActivity
➔ ☑ Location Services

A permissão para que o app use os Location Services pode ser um recurso-padrão do dispositivo. Se esse for o caso, tente desabilitar a permissão e veja o que acontece.

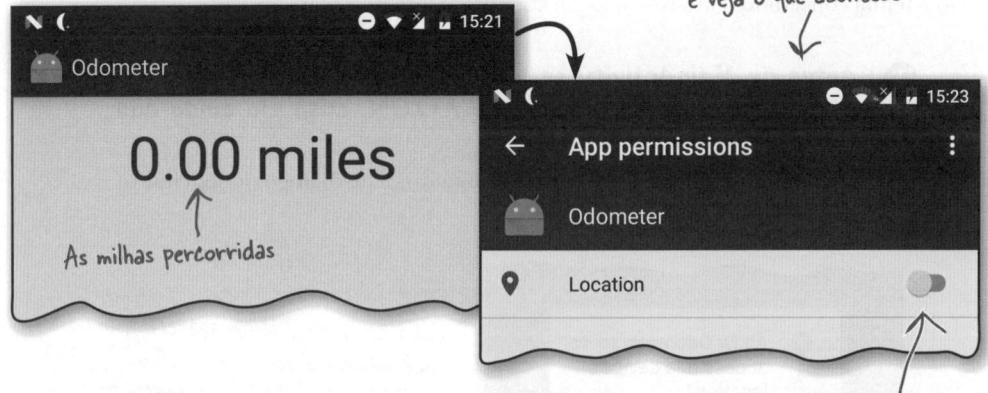

0.00 miles
As milhas percorridas

App permissions
Odometer
Location

O app ainda não tem permissão para usar os Location Services.

Quando concedemos a permissão Location ao app Odometer e retornamos ao app, o ícone de localização aparece na barra de status e o número de milhas percorridas aumenta quando andamos com o dispositivo. O ícone de localização desaparece quando saímos do app:

O ícone de localização indica que estamos utilizando o GPS do dispositivo.

O ícone desaparece quando saímos do app.

App permissions
Odometer
Location

Habilitamos as permissões Location.

4.02 miles
O número de milhas aumenta quando andamos com o dispositivo.

Google   Say "Ok Google"

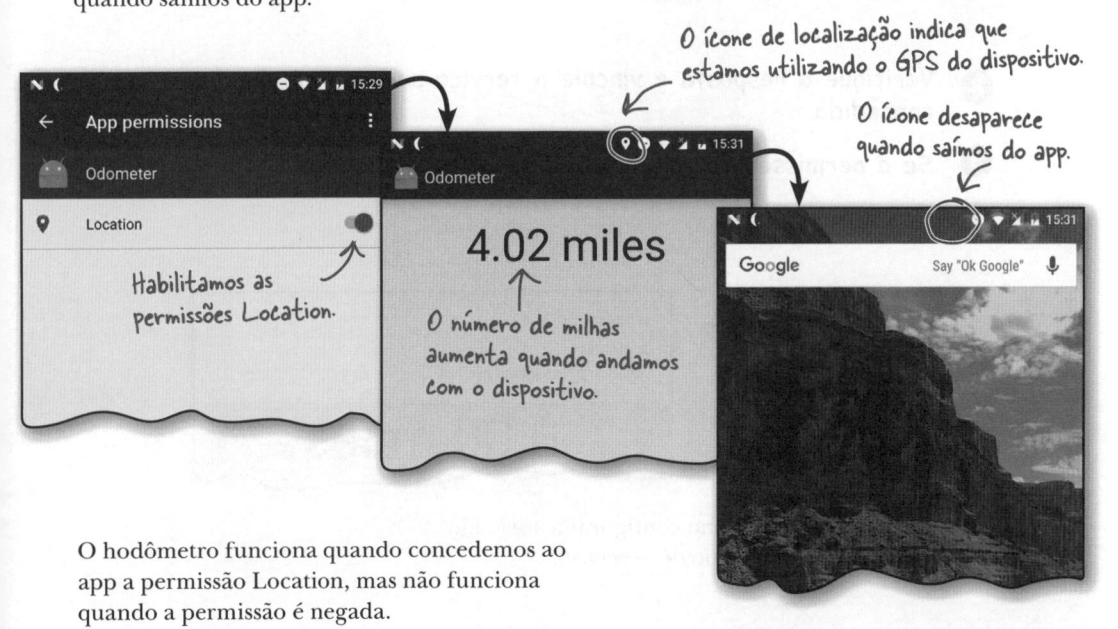

O hodômetro funciona quando concedemos ao app a permissão Location, mas não funciona quando a permissão é negada.

você está aqui ▶   801

solicite a permissão

Configure o app para solicitar a permissão

Até aqui, definimos que o `OdometerService` deve verificar se ele tem permissão para obter a localização precisa do usuário. Se a permissão tiver sido concedida, ele usará os Location Services do Android para determinar a distância percorrida pelo usuário. Mas o que fazer se a permissão ainda *não* tiver sido concedida?

Se o app não tiver permissão para obter a localização precisa do usuário, o `OdometerService` não poderá usar os Location Services. Mas, em vez de aceitar essa situação, o app será mais eficiente se pedir a permissão ao usuário.

Vamos alterar a `MainActivity` para solicitar a permissão ao usuário, caso ele ainda não a tenha concedido. Para isso, a `MainActivity` terá que executar três ações:

❶ Antes de MainActivity se vincular ao serviço, solicite a permissão ACCESS_FINE_LOCATION, caso ela ainda não tenha sido concedida.

Essa operação mostrará ao usuário uma caixa de diálogo de solicitação de permissão.

> Esta caixa de diálogo aparece quando você solicita a permissão ACCESS_FINE_LOCATION no tempo de execução.

❷ Verifique a resposta e vincule o serviço se a permissão for concedida.

❸ Se a permissão for negada, emita uma notificação.

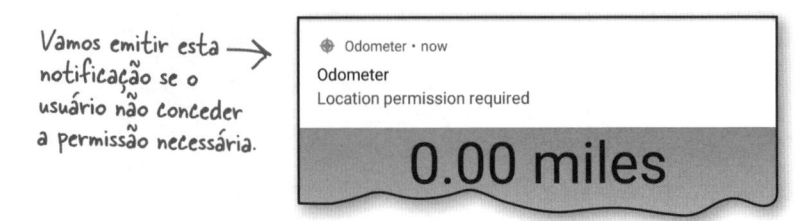

> Vamos emitir esta notificação se o usuário não conceder a permissão necessária.

Para começar, vamos mostrar como configurar a atividade para solicitar permissões no tempo de execução.

Verifique as permissões no tempo de execução

Anteriormente neste capítulo, você aprendeu a verificar se o usuário concedeu uma determinada permissão usando o método `ContextCompat.checkSelfPermission()`:

> *Este código verifica se o usuário concedeu uma permissão.*

```
if (ContextCompat.checkSelfPermission(this, PERMISSION_STRING)
        == PackageManager.PERMISSION_GRANTED) {
    //Executa o código que precisa da permissão do usuário
}
```

Se o usuário tiver concedido a permissão, o método retornará o valor `PackageManager.PERMISSION_GRANTED`, e o código que exige a permissão será executado com sucesso. Mas o que acontece quando a permissão é negada?

Peça as permissões necessárias

Se o usuário não tiver concedido uma ou mais das permissões exigidas pelo código, você poderá usar o método `ActivityCompat.requestPermissions()` para solicitar permissões no tempo de execução. A `ActivityCompat` é uma classe da AppCompat Support Library, que viabiliza a compatibilidade com versões anteriores do Android. Seu método `requestPermissions()` recebe três parâmetros: um `Context` (geralmente `this`); um array de strings com as permissões a serem verificadas; e um código de solicitação int para a solicitação de permissão. Confira este exemplo em que usamos o método para solicitar a permissão `ACCESS_FINE_LOCATION`:

> *O método requestPermissions() só pode ser chamado por uma atividade. Esse método não pode ser chamado a partir de um serviço.*

> *Use este método para solicitar permissões no tempo de execução.*

> *Este é o código da solicitação de permissões. Ele pode ser qualquer int. Nas próximas páginas, vamos aprender a usá-lo.*

```
ActivityCompat.requestPermissions(this,
        new String[]{android.Manifest.permission.ACCESS_FINE_LOCATION}, 6854);
```

Ao ser chamado, o método `requestPermissions()` exibe uma ou mais caixas de diálogo que pedem as permissões. A caixa de diálogo oferece ao usuário a opção de negar ou conceder a permissão e também contém uma caixa de seleção para que ele indique que não deseja ser questionado novamente sobre a permissão. Caso o usuário marque a caixa de seleção e negue a permissão, as chamadas subsequentes para o método `requestPermissions()` não mostrarão a caixa de diálogo.

Observe que o método `requestPermissions()` só pode ser chamado de uma atividade. Não é possível solicitar permissões a partir de um serviço.

Vamos atualizar a `MainActivity` para solicitar a permissão que viabiliza a obtenção da localização do dispositivo se o usuário ainda não a tiver concedido.

> *Esta é a caixa de diálogo de solicitação de permissões.*

> *O usuário pode negar ou conceder permissões usando estas opções.*

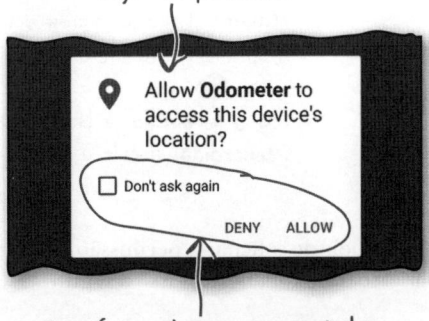

onStart()

Verifique as permissões dos Location Services no método onStart() da MainActivity

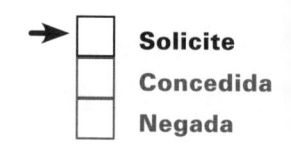

→ ☐ Solicite
  ☐ Concedida
  ☐ Negada

No momento, estamos usando o método `onStart()` da `MainActivity` para vincular a atividade ao `OdometerService`. Vamos alterar o código para que a `MainActivity` só se vincule ao serviço se o usuário conceder a permissão especificada pela constante `PERMISSION_STRING` definida no `OdometerService`. Se a permissão não tiver sido concedida, vamos solicitá-la.

Este é o código atualizado do *MainActivity.java*; atualize sua versão do código de acordo com as alterações indicada a seguir:

Como estamos usando estas classes extras, temos que importá-las.

```
...
import android.content.pm.PackageManager;
import android.support.v4.app.ActivityCompat;
import android.support.v4.content.ContextCompat;

public class MainActivity extends Activity {
    ...
    private final int PERMISSION_REQUEST_CODE = 698;
```
Vamos usar este int como código de solicitação de permissão.
```
    ...
    @Override
    protected void onStart() {
```
Se a permissão ainda não tiver sido concedida...
```
        super.onStart();
        if (ContextCompat.checkSelfPermission(this, OdometerService.PERMISSION_STRING)
                != PackageManager.PERMISSION_GRANTED) {
            ActivityCompat.requestPermissions(this,
```
...ela será solicitada no tempo de execução.
```
                    new String[]{OdometerService.PERMISSION_STRING},
                    PERMISSION_REQUEST_CODE);
        } else {
            Intent intent = new Intent(this, OdometerService.class);
            bindService(intent, connection, Context.BIND_AUTO_CREATE);
        }
    }
}
```
Se a permissão já tiver sido concedida, vincule o serviço.

Odometer
  app/src/main
    java
      com.hfad.odometer
        MainActivity.java

Depois de solicitar a permissão, você deve verificar a resposta do usuário. Vamos fazer isso a seguir.

exibições e grupos de exibições

Verifique a resposta do usuário à solicitação de permissão

☑ Solicite
☐ Concedida
☐ Negada

Quando você solicita uma permissão ao usuário usando o método `requestPermissions()`, não pode determinar se essa permissão foi concedida pelo valor de retorno do método. Isso se deve ao fato de a solicitação de permissão ocorrer de forma assíncrona para que o thread atual não seja bloqueado durante a espera pela resposta do usuário.

Em vez disso, para verificar a resposta do usuário, você deve substituir o método **onRequestPermissionsResult()** da atividade. Esse método tem três parâmetros: um código de solicitação int que identifica a solicitação de permissões, um array de strings com as permissões e um array int para os resultados das solicitações.

Para usar esse método, você primeiro deve verificar se o código de solicitação int corresponde ao que foi utilizado no método `requestPermissions()`. Se corresponder, você deve em seguida verificar se a permissão foi concedida.

O código indicado abaixo verifica se o usuário concedeu a permissão que solicitamos usando o método `requestPermissions()` na página anterior. Se a permissão tiver sido concedida, a atividade se vinculará ao `OdometerService`. Adicione esse método à sua versão do *MainActivity.java*:

O método onRequestPermissionsResult() retorna os resultados das solicitações de permissões.

```
@Override
public void onRequestPermissionsResult(int requestCode,
                                       String permissions[], int[] grantResults) {
    switch (requestCode) {
        case PERMISSION_REQUEST_CODE: {
            if (grantResults.length > 0
                    && grantResults[0] == PackageManager.PERMISSION_GRANTED) {
                Intent intent = new Intent(this, OdometerService.class);
                bindService(intent, connection, Context.BIND_AUTO_CREATE);
            } else {
                //Código para executar se a permissão foi negada
            }
        }
    }
}
```

Verifique se o código corresponde ao que utilizamos no método requestPermissions().

Se a solicitação for cancelada, nenhum resultado será retornado.

Ainda temos que escrever este código.

Se a permissão tiver sido concedida, vincule-se ao serviço.

Por fim, se o usuário não conceder a permissão para que o app use sua localização atual, teremos que lhe informar que o hodômetro não funcionará.

Odometer
└ app/src/main
  └ java
    └ com.hfad.odometer
      └ MainActivity.java

você está aqui ▶ 805

queremos uma notificação

Emita uma notificação se a permissão for negada

Se o usuário resolver não conceder a permissão para que o app use sua localização atual, o `OdometerService` não poderá determinar a distância percorrida. Nesse caso, vamos emitir uma notificação para informar o usuário. Ela permanecerá na área de notificação até que o usuário decida o que fazer. Outra vantagem da notificação é que ela pode ser configurada para iniciar a `MainActivity` quando for clicada. Assim, o método `onStart()` da `MainActivity` será executado e solicitará novamente a permissão ao usuário (a menos que ele já tenha selecionado a opção de não ser questionado novamente).

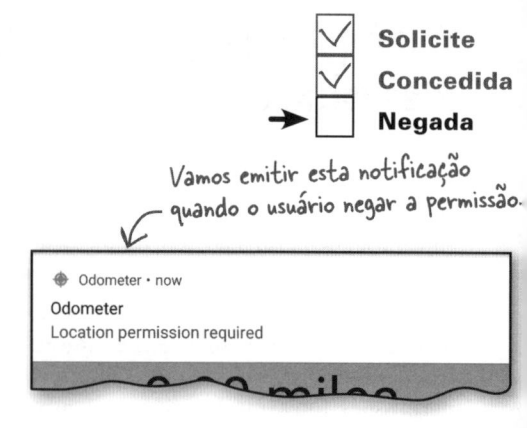

Tente desenvolver essa notificação no exercício indicado na próxima página.

não existem Perguntas Idiotas

P: Quando tentei desabilitar as permissões Location do app Odometer enquanto estava utilizando o programa, o número de milhas na tela voltou para 0. Por quê?

R: Quando você desliga as permissões Location do app, o Android pode matar o processo em execução no app. Esse procedimento redefine todas as variáveis.

P: Isso parece drástico demais. O Android pode matar processos em outras situações?

R: Sim, quando há pouca memória. Mas o Android sempre tenta manter vivos os processos que estão em execução no momento.

P: Por que não podemos chamar o método `requestPermissions()` a partir do `OdometerService`?

R: Porque o método `requestPermissions()` só está disponível para atividades e não pode ser chamado a partir de serviços.

P: Posso alterar o texto que aparece na caixa de diálogo do `requestPermissions()`?

R: Não. O texto e as opções que aparecem na caixa de diálogo são fixos; logo, o Android não permite que você os altere.

P: Mas eu gostaria de oferecer ao usuário mais informações sobre por que o app precisa da permissão solicitada. Posso fazer isso?

R: Você pode chamar o método `ActivityCompat.shouldShowRequestPermissionRationale()` antes de chamar o `requestPermissions()`. O método retorna um valor true caso o usuário já tenha negado anteriormente a solicitação de permissão sem marcar a caixa de seleção para indicar que não deseja ser questionado novamente. Se for esse o caso, você pode oferecer mais informações ao usuário fora da solicitação de permissão antes de solicitar a permissão outra vez.

P: Tenho que declarar e solicitar outras permissões?

R: Em regra, é necessário solicitar a permissão do usuário para ações que usam dados particulares ou que podem prejudicar o funcionamento de outros apps. A documentação online de cada classe indica se uma determinada permissão é necessária, e o Android Studio também destaca esse ponto. Se preferir, você pode acessar uma lista das ações que exigem permissões em: (conteúdo em inglês):

https://developer.android.com/guide/topics/permissions/requesting.html#normal-dangerous

P: Posso criar um app que realize essas ações sem pedir permissão?

R: Se o SDK alvo for a API nível 23 ou superior e você não solicitar as devidas permissões, o código não será compilado.

exibições e grupos de exibições

Enigma da Piscina

Sua **tarefa** é desenvolver e emitir uma notificação heads-up. A notificação deve iniciar a MainActivity quando for clicada e, em seguida, desaparecer. Preencha as linhas em branco no código com os fragmentos de código da piscina. Você **não** pode usar nenhum fragmento mais de uma vez e não precisará usar todos os fragmentos.

Escreva o código para criar esta notificação.

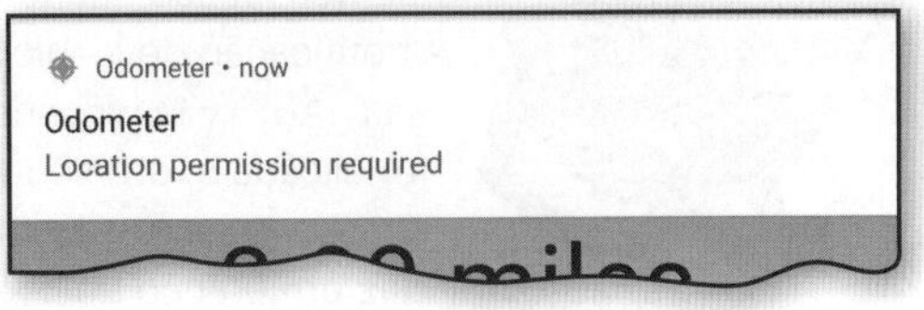

> Odometer • now
> **Odometer**
> Location permission required

```
NotificationCompat.Builder builder = new NotificationCompat.Builder(this)
                .setSmallIcon(android.R.drawable.ic_menu_compass)
                .setContentTitle("Odometer")
                .setContentText("Location permission required")
                .setPriority(NotificationCompat..........................)
                .setVibrate(new long[] {0, 1000})
                ......................................(true);

Intent actionIntent = new Intent(this, MainActivity.class);
PendingIntent actionPendingIntent = PendingIntent......................(this, 0,
                    actionIntent, PendingIntent.FLAG_UPDATE_CURRENT);
builder.setContentIntent(..................................);

NotificationManager notificationManager =
                (NotificationManager) getSystemService(.........................................);
notificationManager.notify(43,..........................);
```

Um drawable interno para mostrar uma bússola como ícone.

Nota: cada fragmento na piscina só pode ser usado uma vez!

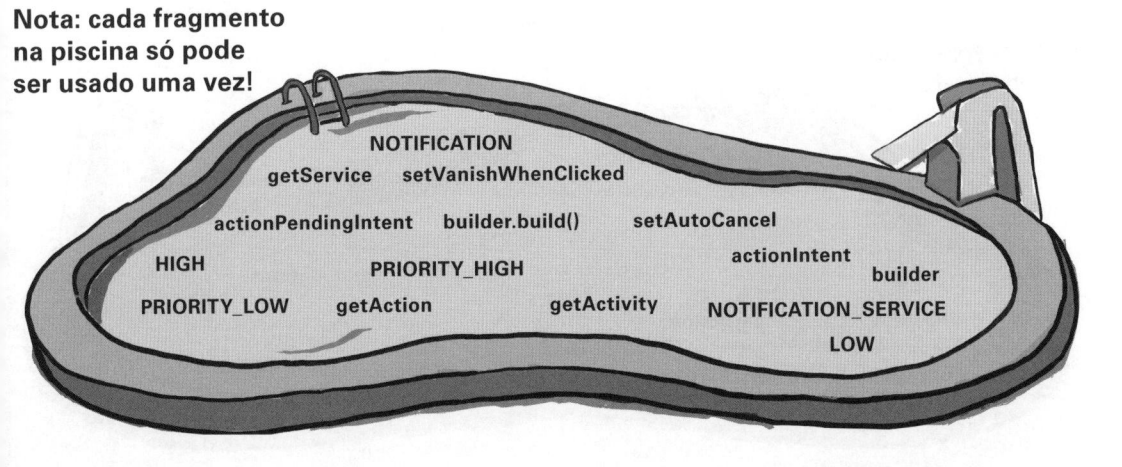

NOTIFICATION
getService   setVanishWhenClicked
actionPendingIntent   builder.build()   setAutoCancel
HIGH   actionIntent
         PRIORITY_HIGH   builder
PRIORITY_LOW   getAction   getActivity   NOTIFICATION_SERVICE
                                               LOW

solução

Enigma da Piscina – Solução

Sua **tarefa** é desenvolver e emitir uma notificação heads-up. A notificação deve iniciar a `MainActivity` quando for clicada e, em seguida, desaparecer. Preencha as linhas em branco no código com os fragmentos de código da piscina. Você **não** pode usar nenhum fragmento mais de uma vez e não precisará usar todos os fragmentos.

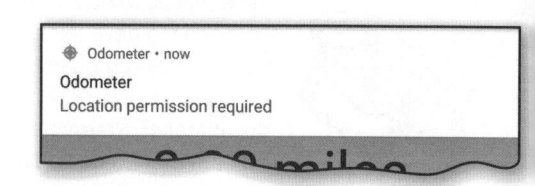

```
NotificationCompat.Builder builder = new NotificationCompat.Builder(this)
                .setSmallIcon(android.R.drawable.ic_menu_compass)
                .setContentTitle("Odometer")
                .setContentText("Location permission required")
                .setPriority(NotificationCompat.....PRIORITY_HIGH.....)
                .setVibrate(new long[] {0, 1000})
                ..........setAutoCancel..........(true);

    Intent actionIntent = new Intent(this, MainActivity.class);
    PendingIntent actionPendingIntent = PendingIntent.....getActivity.....(this, 0,
                    actionIntent, PendingIntent.FLAG_UPDATE_CURRENT);
    builder.setContentIntent(.....actionPendingIntent.....);

    NotificationManager notificationManager =
                    (NotificationManager) getSystemService(.....NOTIFICATION_SERVICE.....);
    notificationManager.notify(43,.....builder.build().....);
```

As notificações heads-up devem ter uma alta prioridade.

Este item configura a notificação para desaparecer quando for clicada.

Crie um PendingIntent usando o método getActivity().

Adicione o PendingIntent à notificação para iniciar a MainActivity quando for clicado.

Desenvolva a notificação.

Use o serviço de notificação.

Você não precisou usar estes fragmentos.

NOTIFICATION
getService   setVanishWhenClicked
HIGH
PRIORITY_LOW   getAction
actionIntent
builder
LOW

808   *Capítulo 19*

Adicione o código da notificação ao onRequestPermissionsResults()

Vamos atualizar o código da `MainActivity` para emitir uma notificação heads-up se o usuário negar a solicitação de permissão.

Primeiro, adicione as strings a seguir ao *Strings.xml*; vamos utilizá-las para o título e o texto da notificação:

```xml
<string name="app_name">Odometer</string>   ← Talvez o Android Studio já tenha adicionado esta string.
<string name="permission_denied">Location permission required</string>
```

Em seguida, atualize sua versão do *MainActivity.java* com base no código indicado a seguir:

```java
...
import android.support.v4.app.NotificationCompat;
import android.app.NotificationManager;
import android.app.PendingIntent;
```
Como estamos usando estas classes extras, temos que importá-las.

```java
public class MainActivity extends Activity {
    ...
    private final int NOTIFICATION_ID = 423;
```
Vamos usar esta constante para a ID da notificação.

```java
    ...
    @Override
    public void onRequestPermissionsResult(int requestCode,
                                    String permissions[], int[] grantResults) {
        switch (requestCode) {
            case PERMISSION_REQUEST_CODE: {
                if (grantResults.length > 0
                        && grantResults[0] == PackageManager.PERMISSION_GRANTED) {
                    ...
                } else {
                    //Cria um construtor de notificação
                    NotificationCompat.Builder builder = new NotificationCompat.Builder(this)
```

Estas configurações são necessárias para todas as notificações.
```java
                            .setSmallIcon(android.R.drawable.ic_menu_compass)
                            .setContentTitle(getResources().getString(R.string.app_name))
                            .setContentText(getResources().getString(R.string.permission_denied))
```

Adicione estes itens para criar uma notificação heads-up.
```java
                            .setPriority(NotificationCompat.PRIORITY_HIGH)
                            .setVibrate(new long[] {1000, 1000})
                            .setAutoCancel(true);   ← Esta linha configura a notificação para desaparecer quando for clicada.
```

O código continua na próxima página.

o código, continuação

O código da notificação (continuação)

☑ Solicite
☑ Concedida
→ ☐ Negada

Adicione um PendingIntent à notificação para iniciar a MainActivity quando ele for clicado.

```
//Cria uma ação
Intent actionIntent = new Intent(this, MainActivity.class);
PendingIntent actionPendingIntent = PendingIntent.getActivity(
        this,
        0,
        actionIntent,
        PendingIntent.FLAG_UPDATE_CURRENT);
builder.setContentIntent(actionPendingIntent);
```

Aqui você desenvolve a notificação e a emite.

```
        //Emite a notificação
        NotificationManager notificationManager =
                (NotificationManager) getSystemService(NOTIFICATION_SERVICE);
        notificationManager.notify(NOTIFICATION_ID, builder.build());
    }
  }
 }
}
...
}
```

Odometer
app/src/main
java
com.hfad.odometer
Main Activity.java

Concluímos o código que mostra uma notificação quando o usuário nega a permissão ACCESS_FINE_LOCATION. Nas próximas páginas, vamos mostrar o código completo da `MainActivity`; depois, vamos fazer um último test drive no app.

exibições e grupos de exibições

O código completo do MainActivity.java

Este é o código completo do *MainActivity.java*; altere sua versão do código com base no código indicado a seguir:

> ☑ Solicite
> ☑ Concedida
> → ☐ Negada

```java
package com.hfad.odometer;

import android.app.Activity;
import android.os.Bundle;
import android.content.ServiceConnection;
import android.os.IBinder;
import android.content.ComponentName;
import android.content.Context;
import android.content.Intent;
import android.os.Handler;
import android.widget.TextView;
import java.util.Locale;
import android.content.pm.PackageManager;
import android.support.v4.app.ActivityCompat;
import android.support.v4.content.ContextCompat;
import android.support.v4.app.NotificationCompat;
import android.app.NotificationManager;
import android.app.PendingIntent;
```

Odometer / app/src/main / java / com.hfad.odometer / MainActivity.java

Todas estas classes vêm da AppCompat Support Library.

```java
public class MainActivity extends Activity {
```
Estamos usando a classe Activity, mas você também pode usar a AppCompatActivity se quiser.

```java
    private OdometerService odometer;
    private boolean bound = false;
    private final int PERMISSION_REQUEST_CODE = 698;
    private final int NOTIFICATION_ID = 423;
```
Precisamos de um ServiceConnection para vincular a MainActivity ao OdometerService.

```java
    private ServiceConnection connection = new ServiceConnection() {
        @Override
        public void onServiceConnected(ComponentName componentName, IBinder binder) {
            OdometerService.OdometerBinder odometerBinder =
                    (OdometerService.OdometerBinder) binder;
            odometer = odometerBinder.getOdometer();
            bound = true;
        }
        @Override
        public void onServiceDisconnected(ComponentName componentName) {
            bound = false;
        }
    };
```

O código continua na próxima página.

você está aqui ▶   811

MainActivity, continuação

O código do MainActivity.java (continuação)

☑ Solicite
☑ Concedida
→ ☐ **Negada**

```java
@Override
protected void onCreate(Bundle savedInstanceState) {
    super.onCreate(savedInstanceState);
    setContentView(R.layout.activity_main);
    displayDistance();
}
```

Se fizemos solicitações de permissões para o usuário no tempo de execução, verifique o resultado. ✓

```java
@Override
public void onRequestPermissionsResult(int requestCode,
                        String permissions[], int[] grantResults) {
    switch (requestCode) {
        case PERMISSION_REQUEST_CODE: {
            if (grantResults.length > 0
                    && grantResults[0] == PackageManager.PERMISSION_GRANTED) {
                Intent intent = new Intent(this, OdometerService.class);
                bindService(intent, connection, Context.BIND_AUTO_CREATE);
            } else {
                // Cria um construtor de notificação
                NotificationCompat.Builder builder = new NotificationCompat.Builder(this)
                        .setSmallIcon(android.R.drawable.ic_menu_compass)
                        .setContentTitle(getResources().getString(R.string.app_name))
                        .setContentText(getResources().getString(R.string.permission_denied))
                        .setPriority(NotificationCompat.PRIORITY_HIGH)
                        .setVibrate(new long[] { 1000, 1000})
                        .setAutoCancel(true);
                //Cria uma ação
                Intent actionIntent = new Intent(this, MainActivity.class);
                PendingIntent actionPendingIntent = PendingIntent.getActivity(this, 0,
                        actionIntent, PendingIntent.FLAG_UPDATE_CURRENT);
                builder.setContentIntent(actionPendingIntent);
                //Emite a notificação
                NotificationManager notificationManager =
                        (NotificationManager) getSystemService(NOTIFICATION_SERVICE);
                notificationManager.notify(NOTIFICATION_ID, builder.build());
            }
        }
    }
}
```

Vincule o serviço se o usuário tiver concedido a permissão. →

Emita uma notificação se a permissão tiver sido negada.

Odometer / app/src/main / java / com.hfad.odometer / MainActivity.java

O código continua na próxima página. →

exibições e grupos de exibições

O código do MainActivity.java (continuação)

Solicite ✓
Concedida ✓
→ Negada

```java
    @Override
    protected void onStart() {
        super.onStart();
        if (ContextCompat.checkSelfPermission(this,
                    OdometerService.PERMISSION_STRING)
                    != PackageManager.PERMISSION_GRANTED) {
            ActivityCompat.requestPermissions(this,
                    new String[]{OdometerService.PERMISSION_STRING},
                    PERMISSION_REQUEST_CODE);
        } else {
            Intent intent = new Intent(this, OdometerService.class);
            bindService(intent, connection, Context.BIND_AUTO_CREATE);
        }
    }
```

Solicite a permissão ACCESS_FINE_LOCATION, caso ainda não tenha feito isso. → `ActivityCompat.requestPermissions(...)`

Vincule o OdometerService se a respectiva permissão já tiver sido concedida.

Estamos vinculando o OdometerService em dois locais; portanto, você pode colocar este código em um método separado.

```java
    @Override
    protected void onStop() {
        super.onStop();
        if (bound) {
            unbindService(connection);
            bound = false;
        }
    }
```

Desvincule o OdometerService quando a MainActivity for interrompida.

Odometer / app/src/main / java / com.hfad.odometer / MainActivity.java

Mostre a distância percorrida.

```java
    private void displayDistance() {
        final TextView distanceView = (TextView)findViewById(R.id.distance);
        final Handler handler = new Handler();
        handler.post(new Runnable() {
            @Override
            public void run() {
                double distance = 0.0;
                if (bound && odometer != null) {
                    distance = odometer.getDistance();
                }
                String distanceStr = String.format(Locale.getDefault(),
                                                    "%1$,.2f miles", distance);
                distanceView.setText(distanceStr);
                handler.postDelayed(this, 1000);
            }
        });
    }
}
```

você está aqui ▶ 813

Test drive do app

☑ Solicite
☑ Concedida
→ ☐ Negada

Quando executamos o app com a permissão Location desabilitada, aparece uma caixa de diálogo com a solicitação de permissão. Quando clicamos na opção Deny, uma notificação é emitida:

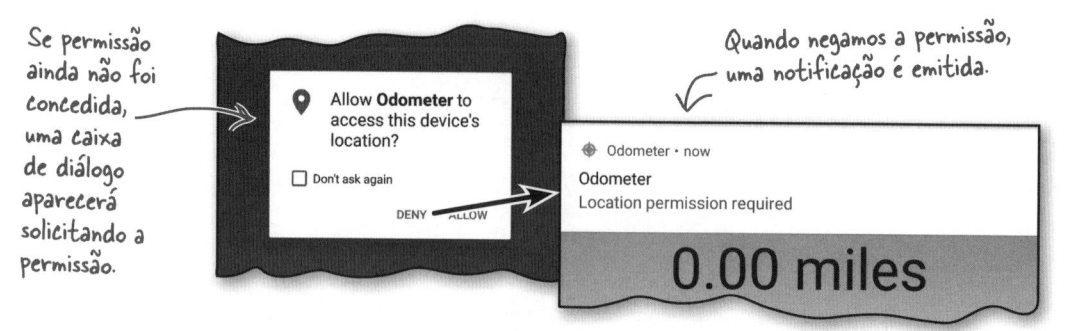

Se permissão ainda não foi concedida, uma caixa de diálogo aparecerá solicitando a permissão.

Quando negamos a permissão, uma notificação é emitida.

Quando clicamos na notificação, a caixa de diálogo com a solicitação de permissão aparece novamente. Quando clicamos na opção para conceder a permissão, o ícone Location aparece na barra de status, e o número de milhas aumenta quando levamos o dispositivo para dar um passeio de carro:

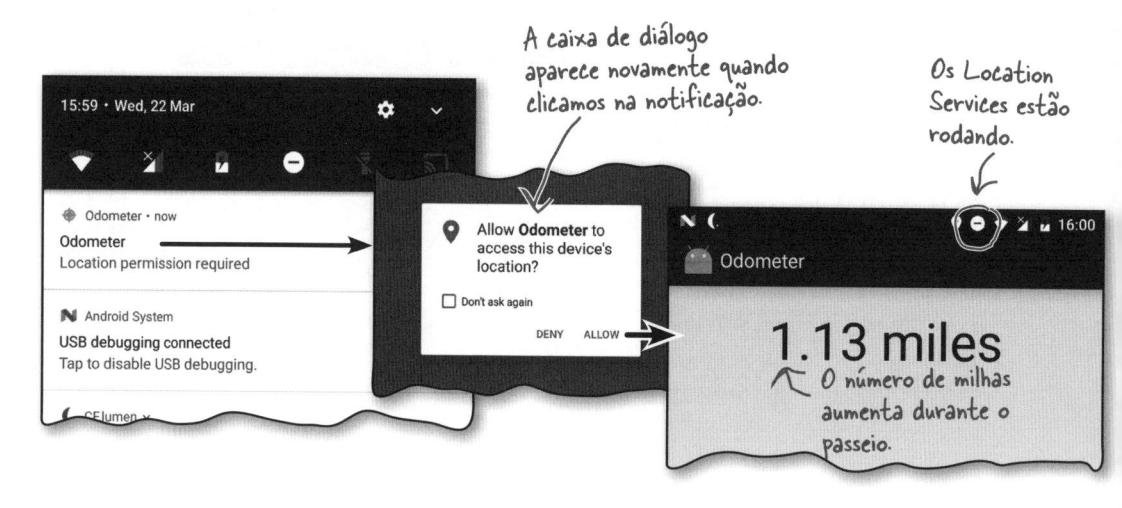

A caixa de diálogo aparece novamente quando clicamos na notificação.

Os Location Services estão rodando.

O número de milhas aumenta durante o passeio.

> Sabemos que você está cheio de excelentes ideias para melhorar o app Odometer; então, tente desenvolvê-las! Por exemplo, veja se você consegue adicionar os botões Start, Stop e Reset para iniciar, parar e redefinir a contagem da distância percorrida.

layout de restrição

Sua caixa de ferramentas para Android

Você fechou o Capítulo 19 e adicionou os serviços vinculados à sua caixa de ferramentas.

O código completo do capítulo pode ser baixado em https://www.altabooks.com.br. Procure pelo título ou ISBN do livro.

PONTOS DE BALA

- Para criar um serviço vinculado, estenda a classe **Service**. Você deve definir um objeto **Binder** e substituir o método **onBind()**.

- Vincule um componente a um serviço usando o método **bindService()**.

- Use um **ServiceConnection** para que a atividade obtenha uma referência para o serviço vinculado.

- Desvincule um componente de um serviço usando o método **unbindService()**.

- Quando um serviço vinculado é criado, seu método onCreate() é chamado. O onBind() é chamado quando um componente se vincula ao serviço.

- Depois que todos os componentes se desvinculam do serviço, seu método onUnbind() é chamado.

- Um serviço vinculado é destruído quando já não há nenhum componente vinculado a ele. Seu método onDestroy() é chamado pouco antes de o serviço ser destruído.

- Use os **Location Services do Android** para determinar a localização atual do dispositivo.

- Para obter a localização atual do dispositivo, você deve declarar que o app exige a permissão **ACCESS_FINE_LOCATION** no *AndroidManifest.xml*.

- Receba atualizações de localização usando um **LocationListener**.

- Um **LocationManager** permite que você acesse os Location Services do Android. Para obter o melhor location provider disponível no dispositivo, use seu método **getBestProvider()**. Solicite atualizações de localização do provider usando o **requestLocationUpdates()**.

- Use o **removeUpdates()** para interromper o recebimento de atualizações de localização pelo app.

- Se o SDK alvo for API nível 23 ou superior, verifique no tempo de execução se o app tem a permissão necessária usando o método **ContextCompat.checkSelfPermission()**.

- Para solicitar permissões no tempo de execução, use o **ActivityCompat.requestPermissions()**.

- Verifique a resposta do usuário à solicitação de permissão implementando o método **onRequestPermissionsResult()**.

É hora de sair da cidade...

Foi ótima a sua estadia aqui no mundo do Android

Infelizmente, chegou a hora de dar tchau, mas agora você pode aplicar tudo que aprendeu. No final do livro, incluímos mais algumas boas dicas e um índice muito útil; depois, fica por sua conta colocar todas essas ideias em ação. Bon voyage!

apêndice i: relative layout e grid layout

Conheça a Família

> Lembre-se, layout_column="56": é o layout_row="18" e não "o layout atrás do layout de branco".

Há mais dois tipos de layout comuns no mundo do Android.

Neste livro, abordamos principalmente os *layouts lineares e de frame* e apresentamos o *novo constraint layout (layout de restrição) do Android*. Mas você precisa conhecer mais dois: o **relative layout** e o **grid layout**. Esses dois tipos de layout já foram superados em grande parte pelo constraint layout, mas temos um carinho especial por eles e acreditamos que ainda serão utilizados por mais alguns anos.

relative layout

O relative layout exibe views em posições relativas

Um relative layout permite que você posicione views em relação ao layout-pai ou a outros views no layout.

Para definir um relative layout, você deve usar o elemento `<RelativeLayout>` da seguinte forma:

```xml
<RelativeLayout xmlns:android="http://schemas.android.com/apk/res/android"
    android:layout_width="match_parent"
    android:layout_height="match_parent"
```
← *O layout_width e o layout_height especificam o tamanho do layout.*

```
    ...>
```
← *Pode haver mais atributos.*

```
    ...
```
← *Adicione mais views aqui.*

```xml
</RelativeLayout>
```

Como posicionar views com relação ao layout-pai

Para que um view apareça sempre em uma determinada posição da tela (considerando qualquer tamanho e orientação de tela), você deve posicionar o view em relação ao **layout-pai**. Confira este exemplo em que inserimos um botão que sempre aparece no centro da parte superior do layout:

O layout contém o botão; portanto é o layout-pai do botão. →

```xml
<RelativeLayout ... >
    <Button
        android:layout_width="wrap_content"
        android:layout_height="wrap_content"
        android:text="@string/click_me"
        android:layout_alignParentTop="true"
        android:layout_centerHorizontal="true" />
</RelativeLayout>
```

layout_alignParentTop

O layout-pai →

O view filho.

layout_centerHorizontal

Observe estas linhas de código:

```
android:layout_alignParentTop="true"
android:layout_centerHorizontal="true"
```

O código acima indica que a borda superior do botão está alinhada com a borda superior do layout e que o botão está centralizado horizontalmente no layout-pai. Essa será a visualização em qualquer tamanho de tela, idioma e orientação do dispositivo:

Como posicionar views à esquerda ou à direita

Você também pode posicionar um view à esquerda ou à direita do layout-pai. Há duas formas de fazer isso.

Primeiro, você pode posicionar expressamente o view à esquerda ou à direita usando o seguinte código:

`android:layout_alignParentLeft="true"`

ou:

`android:layout_alignParentRight="true"`

Essas linhas de código indicam que a borda esquerda (ou direita) do view está alinhada com a borda esquerda (ou direita) do layout-pai, o que se aplica a qualquer tamanho de tela, orientação ou idioma no dispositivo.

Use start e end de acordo com a direção da escrita do idioma

Para apps com SDK mínimo correspondente à API 17 e versões posteriores, você pode posicionar views à esquerda ou à direita de acordo com a configuração de idioma do dispositivo. Por exemplo, os views podem ser exibidos à esquerda para idiomas escritos da esquerda para a direita, como o português e o inglês. Para idiomas escritos da direita para a esquerda, os views podem ser exibidos à direita, para que sua posição seja espelhada.

Para fazer isso, use o seguinte código:

`android:layout_alignParentStart="true"`

ou:

`android:layout_alignParentEnd="true"`

O `android:layout_alignParentStart="true"` alinha a borda inicial do view com a do layout-pai. A borda inicial fica no lado esquerdo para os idiomas escritos da esquerda para a direita e no lado direito para os idiomas escritos da direita para a esquerda.

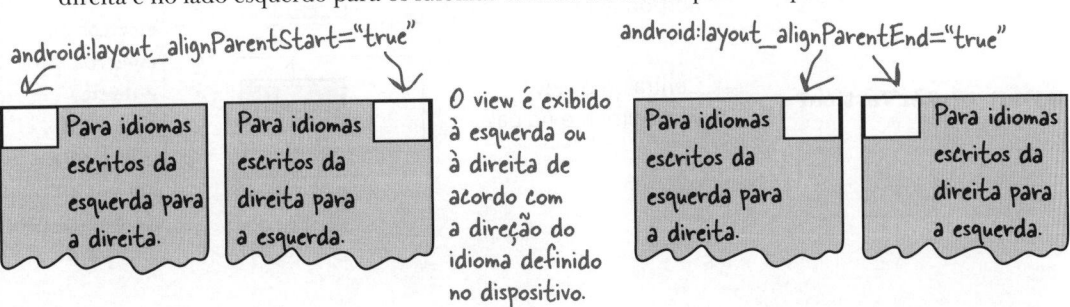

O `android:layout_alignParentEnd="true"` alinha a borda final do view com a do layout-pai. A borda final fica no lado direito para os idiomas escritos da esquerda para a direita e no lado esquerdo para os idiomas escritos da direita para a esquerda.

relativo ao pai

Atributos para posicionar views com relação ao layout-pai

Estes são alguns dos atributos mais comuns para posicionar views com relação ao layout-pai. Adicione o atributo para o view a ser posicionado e, em seguida, defina seu valor como `"true"`:

```
android:attribute="true"
```

Atributo	Função	
`layout_alignParentBottom`	Alinha a borda inferior do view à borda inferior do pai.	*O view é alinhado com as bordas esquerda e inferior do pai.*
`layout_alignParentLeft`	Alinha a borda esquerda do view à borda esquerda do pai.	
`layout_alignParentRight`	Alinha a borda direita do view à borda direita do pai.	
`layout_alignParentTop`	Alinha a borda superior do view à borda superior do pai.	*O view é alinhado com as bordas direita e superior do pai.*
`layout_alignParentStart`	Alinha a borda inicial do view à borda inicial do pai.	
`layout_alignParentEnd`	Alinha a borda final do view à borda final do pai.	
`layout_centerInParent`	Centraliza o view horizontalmente e verticalmente no pai.	*O início e o final ficam à esquerda e à direita, respectivamente, para os idiomas escritos da esquerda para a direita. Essa ordem é invertida nos idiomas escritos da direita para a esquerda.*
`layout_centerHorizontal`	Centraliza o view horizontalmente no pai.	
`layout_centerVertical`	Centraliza o view verticalmente no pai.	

Como posicionar views com relação a outros views

Além de posicionar os views com relação ao layout-pai, você também pode posicioná-los *com relação a outros views*. Utilize este procedimento quando quiser que os views permaneçam alinhados de forma específica de acordo com os tamanhos e orientações da tela.

Para posicionar um view com relação a outro view, o view usado como âncora deve receber uma ID por meio do atributo `android:id`:

```
android:id="@+id/button_click_me"
```

A sintaxe "@+id" indica ao Android para incluir a ID como um recurso no seu arquivo de recurso *R.java*. Você deve incluir o "+" sempre que definir um novo view no layout. Caso contrário, o Android não adicionará a ID como um recurso e ocorrerão erros no código. Você pode omitir o "+" depois que a ID tiver sido adicionada como um recurso.

Confira, a seguir, como criamos um layout com dois botões; um dos botões fica centralizado no meio do layout e o outro botão está posicionado embaixo do primeiro:

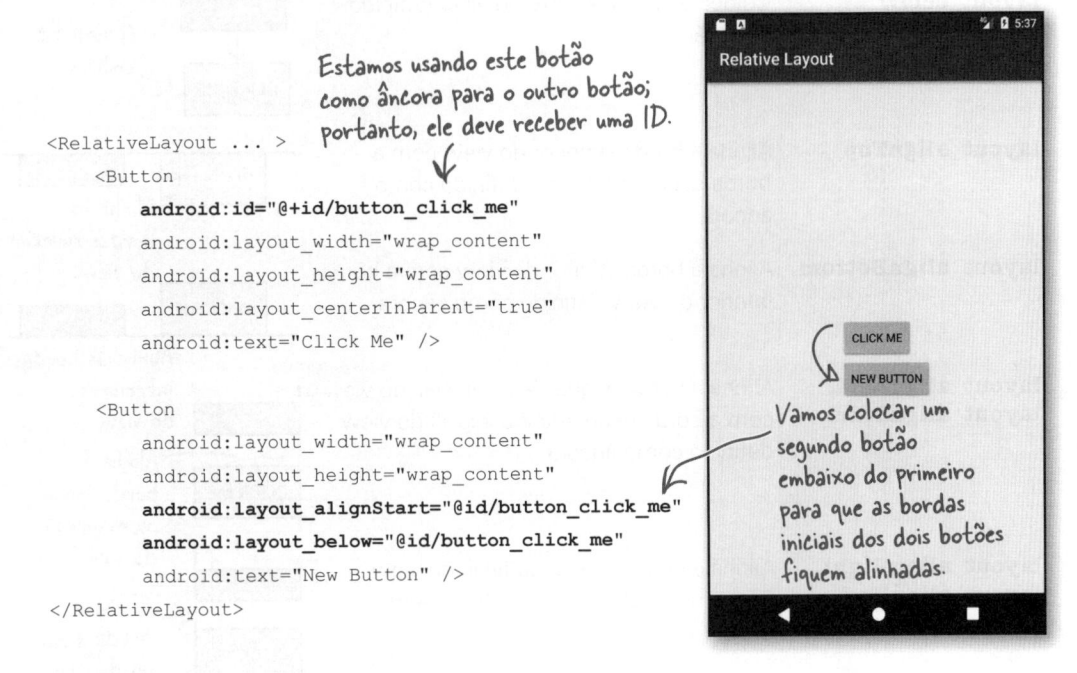

```
<RelativeLayout ... >
    <Button
```
Estamos usando este botão como âncora para o outro botão; portanto, ele deve receber uma ID.
```
        android:id="@+id/button_click_me"
        android:layout_width="wrap_content"
        android:layout_height="wrap_content"
        android:layout_centerInParent="true"
        android:text="Click Me" />

    <Button
        android:layout_width="wrap_content"
        android:layout_height="wrap_content"
        android:layout_alignStart="@id/button_click_me"
        android:layout_below="@id/button_click_me"
        android:text="New Button" />
</RelativeLayout>
```

Vamos colocar um segundo botão embaixo do primeiro para que as bordas iniciais dos dois botões fiquem alinhadas.

Observe as linhas a seguir:

```
android:layout_alignStart="@id/button_click_me"
android:layout_below="@id/button_click_me"
```

Para referenciar views já definidos no layout, você pode usar @id em vez de @+id.

O código acima indica que a borda inicial do segundo botão está alinhada com a borda inicial do primeiro botão, e que o segundo botão está sempre posicionado embaixo do primeiro.

relativo aos views

Atributos para posicionar views com relação a outros views

Estes são os atributos que podem ser utilizados para posicionar views com relação a outro view. Adicione o atributo ao view a ser posicionado e defina seu valor de acordo com o view que serve de referência:

```
android:attribute="@+id/view_id"
```

Lembre-se de que você pode omitir o "+" se a ID do view já tiver sido definida no layout.

Atributo	Função
layout_above	Coloca o view em cima do view definido como âncora.
layout_below	Coloca o view embaixo do view definido como âncora.
layout_alignTop	Alinha a borda superior do view com a borda superior do view definido como âncora.
layout_alignBottom	Alinha a borda inferior do view com a borda inferior do view definido como âncora.
layout_alignLeft, layout_alignStart	Alinha a borda esquerda (ou inicial) do view com a borda esquerda (ou inicial) do view definido como âncora.
layout_alignRight, layout_alignEnd	Alinha a borda direita (ou final) do view com a borda direita (ou final) do view definido como âncora.
layout_toLeftOf, layout_toStartOf	Coloca a borda direita (ou final) do view à esquerda (ou no início) do view definido como âncora.
layout_toRightOf, layout_toEndOf	Coloca a borda esquerda (ou inicial) do view à direita (ou no final) do view definido como âncora.

O grid layout exibe views em uma grade

O grid layout divide a tela em uma grade formada por linhas e colunas e distribui os views entre as células:

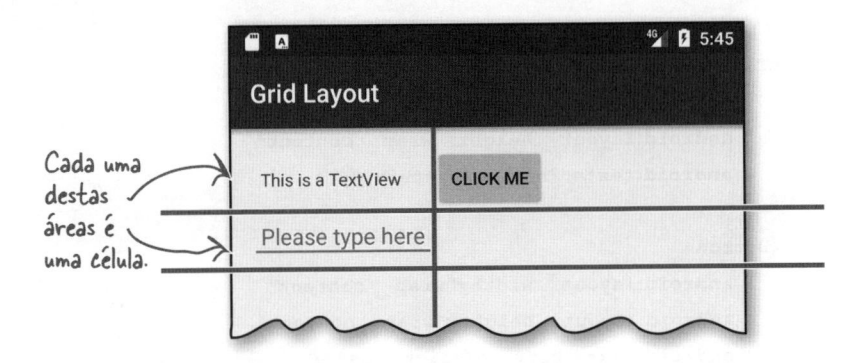

Cada uma destas áreas é uma célula. (Grid Layout com "This is a TextView", "CLICK ME", "Please type here")

Como definir um grid layout

O procedimento para definir um grid layout é parecido com o que usamos para definir outros tipos de layout, mas neste caso você deve usar o elemento `<GridLayout>`:

```
<GridLayout xmlns:android="http://schemas.android.com/apk/res/android"
    android:layout_width="match_parent"      Já utilizamos estes atributos
    android:layout_height="match_parent"     nos outros layouts.
    android:columnCount="2"    O número de colunas do
    ... >                      layout (2, neste caso)

    ...    Adicione os views aqui.

</GridLayout>
```

Para especificar o número de colunas do grid layout, use o seguinte código:

```
android:columnCount="number"
```

Aqui, `number` indica o número de colunas. Você também pode especificar o número máximo de linhas usando o seguinte código:

```
android:rowCount="number"
```

Na prática, contudo, o Android geralmente define esse valor com base no número de views no layout. O Android inclui o número de linhas necessário para exibir os views.

grid layout

Como adicionar views ao grid layout

O procedimento para adicionar views ao grid layout é parecido com o que utilizamos para adicionar views ao linear layout:

```xml
<GridLayout ... >

    <TextView
        android:layout_width="wrap_content"
        android:layout_height="wrap_content"
        android:text="@string/textview" />

    <Button
        android:layout_width="wrap_content"
        android:layout_height="wrap_content"
        android:text="@string/click_me" />

    <EditText
        android:layout_width="wrap_content"
        android:layout_height="wrap_content"
        android:hint="@string/edit" />

</GridLayout>
```

Como ocorre com o linear layout, não é necessário atribuir IDs aos views a menos que você precise referenciá-los expressamente no código da atividade. Os views não têm que referenciar uns aos outros no layout; portanto, não precisam ter IDs para isso.

Por padrão, o grid layout posiciona os views na ordem em que eles aparecem no XML. Logo, se você tiver um grid layout com duas colunas, o grid layout colocará o primeiro view na primeira posição, o segundo view na segunda posição e assim por diante.

A desvantagem dessa abordagem é que remover um dos views do layout pode alterar o visual de forma drástica. Para lidar com essa situação, você pode especificar o local em que cada view deve aparecer e o número de colunas que devem incluir os views.

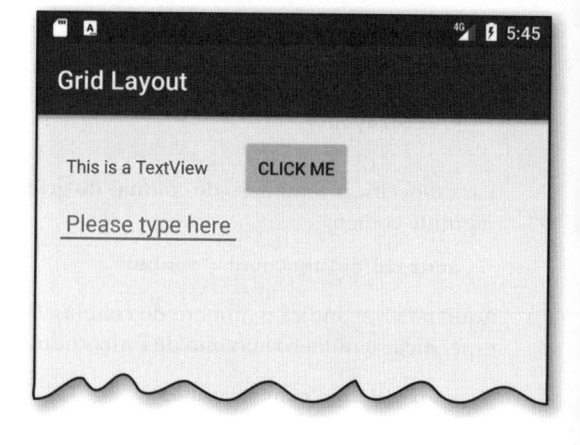

Vamos criar um novo grid layout

Para conferir um exemplo prático, vamos criar um grid layout que especifique em quais células os views devem ser exibidos e o respectivo número de colunas. O layout será formado por um text view contendo o texto "To", um campo de texto editável contendo o texto da dica "Enter email address", um campo de texto editável contendo o texto da dica "Message" e um botão rotulado como "Send":

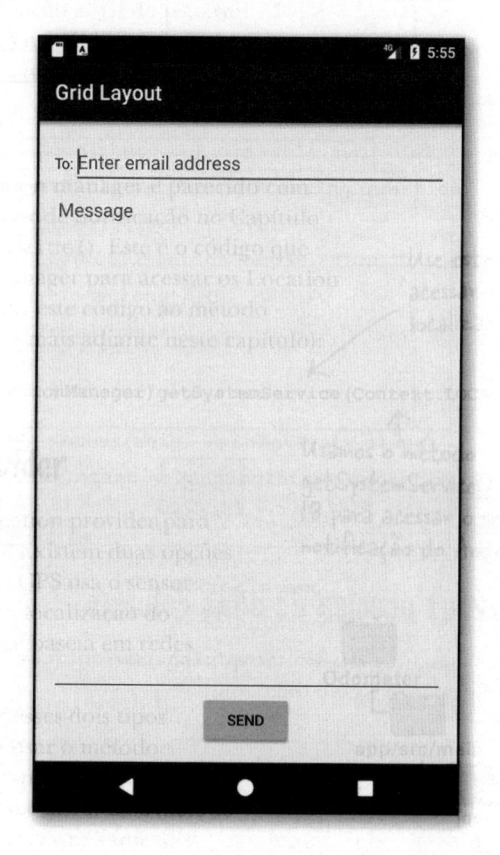

Vamos fazer o seguinte

> **1** Esboce a interface do usuário e divida-a em linhas e colunas.
> Esse procedimento facilitará a definição do modo como devemos construir o layout.
>
> **2** Desenvolva o layout linha por linha.

esboce

Vamos começar com o esboço

Para criar o novo layout, primeiro temos que esboçá-lo. Assim, **poderemos** definir quantas linhas e colunas serão necessárias, onde cada **view** deverá ser posicionado e por quantas colunas cada view deverá se **estender**.

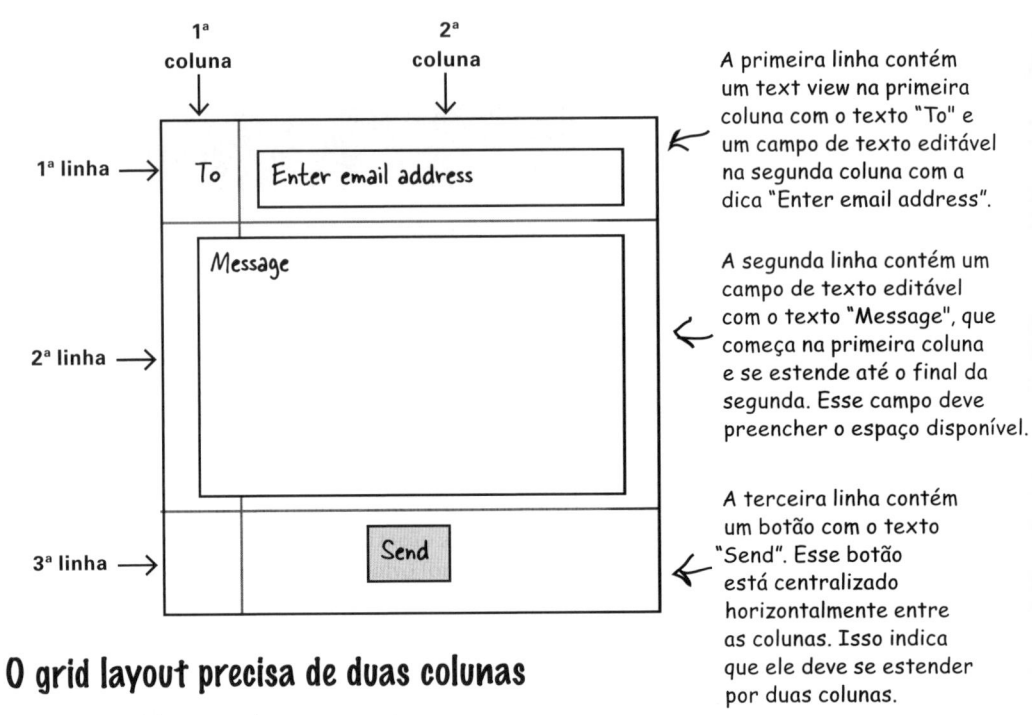

```
         1ª          2ª
         coluna      coluna
         ↓           ↓
       ┌─────┬──────────────────┐
1ª linha →  │ To  │ Enter email address │ ← A primeira linha contém
       ├─────┴──────────────────┤     um text view na primeira
       │   ┌──────────────────┐ │     coluna com o texto "To" e
       │   │ Message          │ │     um campo de texto editável
       │   │                  │ │     na segunda coluna com a
2ª linha →  │   │                  │ │ ← dica "Enter email address".
       │   │                  │ │
       │   │                  │ │     A segunda linha contém um
       │   └──────────────────┘ │     campo de texto editável
       ├────────────────────────┤     com o texto "Message", que
       │         ┌─────┐        │     começa na primeira coluna
3ª linha →  │         │Send │        │ ← e se estende até o final da
       │         └─────┘        │     segunda. Esse campo deve
       └────────────────────────┘     preencher o espaço disponível.

                                       A terceira linha contém
                                       um botão com o texto
                                       "Send". Esse botão
                                       está centralizado
                                       horizontalmente entre
                                       as colunas. Isso indica
                                       que ele deve se estender
                                       por duas colunas.
```

O grid layout precisa de duas colunas

Podemos posicionar os views como quisermos se usarmos um grid layout com duas colunas:

```xml
<GridLayout xmlns:android="http://schemas.android.com/apk/res/android"
    xmlns:tools="http://schemas.android.com/tools"
    android:layout_width="match_parent"
    android:layout_height="match_parent"
    android:padding="16dp"
    android:columnCount="2"
    tools:context="com.hfad.gridlayout.MainActivity" >
</GridLayout>
```

Agora que já definimos o grid layout básico, podemos começar a adicionar os views.

Linha 0: adicione views a linhas e colunas específicas

A primeira linha do grid layout é formada por um text view na primeira coluna e um campo de texto editável na segunda coluna. Inicialmente devemos adicionar os views ao layout:

```xml
<GridLayout...>
    <TextView
        android:layout_width="wrap_content"
        android:layout_height="wrap_content"
        android:text="@string/to" />

    <EditText
        android:layout_width="wrap_content"
        android:layout_height="wrap_content"
        android:layout_gravity="fill_horizontal"
        android:hint="@string/to_hint" />
</GridLayout>
```

Você pode usar os atributos android:gravity e android:layout_gravity no grid layout.

> Você também pode usar o layout_gravity nos grid layouts. Estamos usando o fill_horizontal porque queremos que o campo de texto editável preencha o espaço horizontal restante.

Em seguida, você deve usar os atributos `android:layout_row` e `android:layout_column` para indicar em qual linha e coluna cada view deve ser exibida. Os índices de linha e a coluna começam em 0; portanto, para que o view apareça na primeira coluna e na primeira linha, você deve usar o seguinte código:

```xml
android:layout_row="0"
android:layout_column="0"
```

As colunas e linhas começam em 0; portanto, este item se refere à primeira linha e à primeira coluna.

Os índices de linha e coluna começam em 0. O layout_column="n" se refere à coluna n+1 na visualização.

Vamos aplicar este procedimento ao código do layout colocando o text view na coluna 0 e o campo de texto editável na coluna 1.

```xml
<GridLayout...>
    <TextView
        ...
        android:layout_row="0"
        android:layout_column="0"
        android:text="@string/to" />

    <EditText
        ...
        android:layout_row="0"
        android:layout_column="1"
        android:hint="@string/to_hint" />
</GridLayout>
```

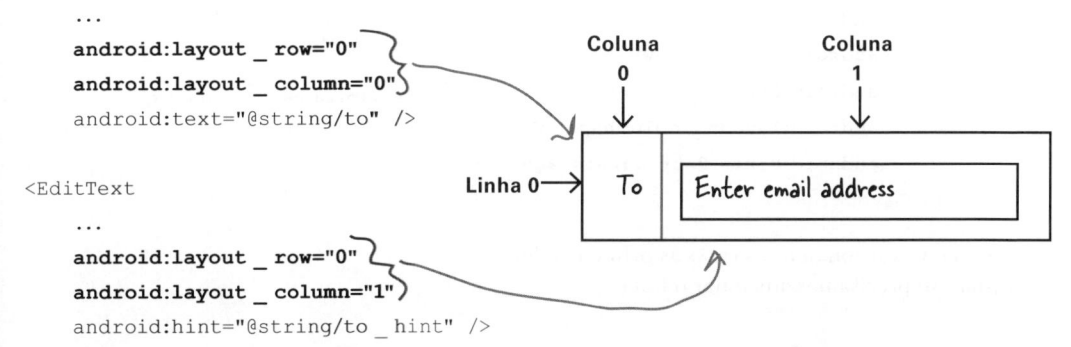

linha 1

Linha 1: configure o view para se estender por várias colunas

A segunda linha do grid layout é formada por um campo de texto editável que começa na primeira coluna e se estende até o final da segunda. O view ocupa todo o espaço disponível.

Para que um view se estenda por várias colunas, você primeiro deve especificar a linha e a coluna em que o view deve começar. Queremos que o view comece na primeira coluna da segunda linha; portanto, vamos usar o seguinte código:

```
android:layout_row="1"
android:layout_column="0"
```

Queremos que o view preencha duas colunas. Para isso, podemos usar o atributo `android:layout_columnSpan` da seguinte forma:

```
android:layout_columnSpan="number"
```

Aqui, `number` corresponde ao número de colunas pelas quais o view deve se estender. Nesse caso, esse valor corresponde a:

```
android:layout_columnSpan="2"
```

Quando reunimos tudo, chegamos a este código para o message view:

```xml
<GridLayout...>
    <TextView... />        Estes são os views que adicionamos na página anterior à linha 0.
    <EditText.../>
    <EditText
        android:layout_width="wrap_content"
        android:layout_height="wrap_content"
        android:layout_gravity="fill"      ← Queremos que o view preencha
        android:gravity="top"              ← o espaço disponível e que o
        android:layout_row="1"                texto apareça no topo.
        android:layout_column="0"          ← O view começa na coluna 0 e se
        android:layout_columnSpan="2"         estende por duas colunas.
        android:hint="@string/message" />
</GridLayout>
```

Agora que adicionamos os views às primeiras duas linhas, só precisamos adicionar o botão.

Linha 2: configure o view para se estender por várias colunas

O botão deve ficar centralizado horizontalmente em meio às duas colunas, da seguinte forma:

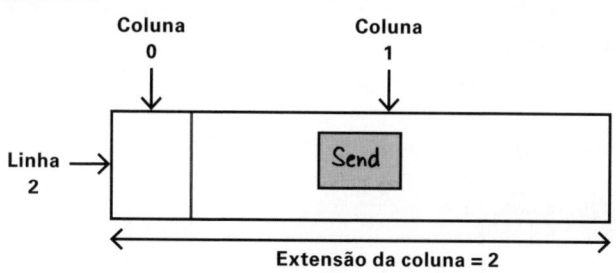

```
        Coluna          Coluna
          0               1
          ↓               ↓
       ┌──────────┬──────────────────┐
Linha →│          │     ┌──────┐     │
  2    │          │     │ Send │     │
       │          │     └──────┘     │
       └──────────┴──────────────────┘
       ←─────── Extensão da coluna = 2 ───────→
```

Ímãs de Layout

Escrevemos o código que centraliza o botão Send na terceira linha do grid layout, mas uma brisa repentina soprou e desarrumou tudo. Tente reconstruir o código usando os ímãs indicados abaixo.

```
<GridLayout...>
    <TextView... />
    <EditText.../>
    <EditText.../>        } Estes são os views já adicionados.

    <Button
        android:layout_width="wrap_content"
        android:layout_height="wrap_content"

        android:layout_row=...............

        android:layout_column=...............

        android:layout_gravity=......................................

        android:layout_columnSpan=...............

        android:text="@string/send" />

</GridLayout>
```

Você não precisará usar todos estes ímãs.

`fill_horizontal`   `"0"`   `"2"`   `"0"`   `"1"`   `"1"`   `"2"`   `center_horizontal`

solução dos ímãs

Ímãs de Layout – Solução

Escrevemos o código que centraliza o botão Send na terceira linha do grid layout, mas uma brisa repentina soprou e desarrumou tudo. Tente reconstruir o código usando os ímãs indicados abaixo.

```xml
<GridLayout...>
    <TextView... />
    <EditText.../>
    <EditText.../>

    <Button
        android:layout_width="wrap_content"
        android:layout_height="wrap_content"
        android:layout_row="2"
        android:layout_column="0"
        android:layout_gravity="center_horizontal"
        android:layout_columnSpan="2"
        android:text="@string/send" />

</GridLayout>
```

O botão começa na linha 2, coluna 0.

Queremos centralizá-lo horizontalmente.

O botão se estende por duas colunas.

Coluna 0 **Coluna 1**

Linha 2 → | Send |

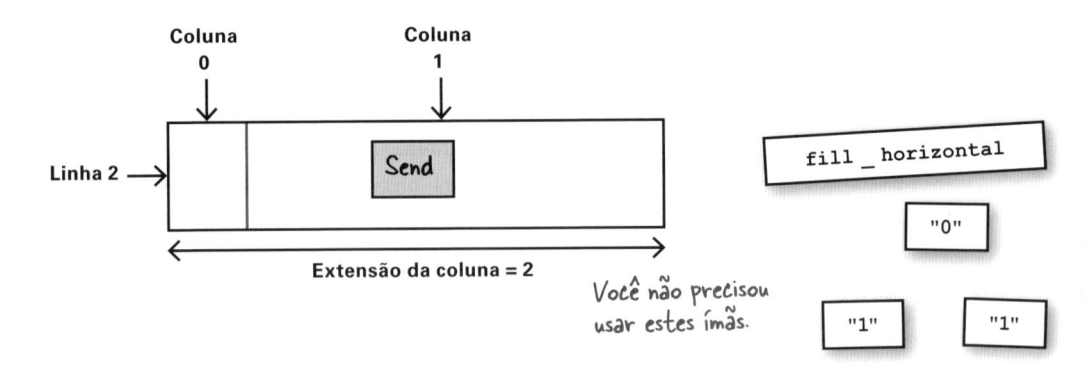

Extensão da coluna = 2

Você não precisou usar estes ímãs.

`fill_horizontal`   `"0"`   `"1"`   `"1"`

830 *Apêndice i*

exibições e grupos de exibições

O código completo do grid layout

Este é o código completo do grid layout.

```xml
<?xml version="1.0" encoding="utf-8"?>
<GridLayout xmlns:android="http://schemas.android.com/apk/res/android"
    xmlns:tools="http://schemas.android.com/tools"
    android:layout_width="match_parent"
    android:layout_height="match_parent"
    android:padding="16dp"
    android:columnCount="2"
    tools:context="com.hfad.gridlayout.MainActivity">

    <TextView
        android:layout_width="wrap_content"
        android:layout_height="wrap_content"
        android:layout_row="0"
        android:layout_column="0"
        android:text="@string/to" />

    <EditText
        android:layout_width="wrap_content"
        android:layout_height="wrap_content"
        android:layout_gravity="fill_horizontal"
        android:layout_row="0"
        android:layout_column="1"
        android:hint="@string/to_hint" />
```

O text view To.

O campo de texto do e-mail.

O código do campo de texto Message e do botão Send está na próxima página.

você está aqui ▶   **831**

o código, continuação

O código do grid layout (continuação)

```
<EditText
    android:layout_width="wrap_content"
    android:layout_height="wrap_content"
    android:layout_gravity="fill"
    android:gravity="top"
    android:layout_row="1"
    android:layout_column="0"
    android:layout_columnSpan="2"
    android:hint="@string/message" />

<Button
    android:layout_width="wrap_content"
    android:layout_height="wrap_content"
    android:layout_row="2"
    android:layout_column="0"
    android:layout_gravity="center_horizontal"
    android:layout_columnSpan="2"
    android:text="@string/send" />
</GridLayout>
```

O campo de texto Message

O botão se estende por duas colunas, começando na linha 2 da coluna 0, e está centralizado horizontalmente.

apêndice ii: gradle

A Gradle Build Tool

Pegue um SDK, adicione uma pitada de bibliotecas, misture tudo e cozinhe por dois minutos.

A maioria dos apps Android são criados com uma ferramenta de compilação chamada Gradle. Atuando nos bastidores, o Gradle realiza funções como buscar e baixar bibliotecas, compilar e implantar código, realizar testes, aparar as arestas e assim por diante. *Você quase não percebe que o Gradle está em execução* porque ele dispõe de uma interface gráfica criada pelo Android Studio. No entanto, às vezes é recomendável **operá-lo manualmente** para se aprofundar no Gradle. Neste apêndice, vamos mostrar alguns dos muitos talentos do Gradle.

apresentando o gradle

Qual é a importância ~~dos romanos~~ do Gradle??

Quando você clica no botão executar do Android Studio, grande parte do trabalho é feita por uma ferramenta de compilação externa chamada **Gradle**. Estas são algumas das funções do Gradle:

★ Localiza e baixa as versões corretas das bibliotecas externas que você precisa.

★ Chama as ferramentas de compilação corretas na sequência correta para transformar o código-fonte e os recursos em um app implantável.

★ Instala e executa o app em um dispositivo Android.

★ Outras funções diversas, como realizar testes e verificar a qualidade do código.

É difícil listar todas as funções do Gradle porque ele foi projetado para ser facilmente extensível. Diferente de outras ferramentas de compilação baseadas em XML como o Maven e o Ant, o Gradle foi criado em uma linguagem procedimental (Groovy), que serve para configurar compilações e adicionar funcionalidades extras.

Os arquivos Gradle do projeto

Sempre que você cria um novo projeto, o Android Studio cria dois arquivos chamados *build.gradle*. Um desses arquivos está na pasta do projeto e contém um pequeno volume de informações que especificam as configurações básicas do app, como a versão do Gradle e o repositório online que devem ser utilizados:

```
buildscript {
    repositories {
        jcenter()
    }
    dependencies {
        classpath 'com.android.tools.build:gradle:2.3.0'
    }
}

allprojects {
    repositories {
        jcenter()
    }
}

task clean(type: Delete) {
    delete rootProject.buildDir
}
```

MyProject

build.gradle

Geralmente, você só terá que alterar o código desse arquivo se quiser instalar um plug-in externo ou especificar outro local que contenha bibliotecas para baixar.

O arquivo Gradle principal do app

O segundo arquivo *build.gradle* fica na pasta *app* do projeto. Esse arquivo indica ao Gradle como desenvolver o código do módulo principal do Android. É nesse local que a maioria das propriedades do aplicativo são definidas, como o nível da API alvo e as bibliotecas externas de que o app precisa:

```
apply plugin: 'com.android.application'

android {
    compileSdkVersion 25
    buildToolsVersion "25.0.1"
    defaultConfig {
        applicationId "com.hfad.example"
        minSdkVersion 19
        targetSdkVersion 25
        versionCode 1
        versionName "1.0"
        testInstrumentationRunner "android.support.test.runner.AndroidJUnitRunner"
    }
    buildTypes {
        release {
            minifyEnabled false
            proguardFiles getDefaultProguardFile('proguard-android.txt'), 'proguard-rules.pro'
        }
    }
}

dependencies {
    compile fileTree(dir: 'libs', include: ['*.jar'])
    androidTestCompile('com.android.support.test.espresso:espresso-core:2.2.2', {
        exclude group: 'com.android.support', module: 'support-annotations'
    })
    compile 'com.android.support:appcompat-v7:25.1.1'
    compile 'com.android.support.constraint:constraint-layout:1.0.2'
    testCompile 'junit:junit:4.12'
}
```

O Gradle é um recurso interno do projeto

Sempre que você cria um novo aplicativo, o Android Studio inclui uma instalação da ferramenta de compilação Android. No diretório do projeto, você verá dois arquivos chamados *gradlew* e *gradlew.bat*. Esses arquivos contêm scripts que você pode usar para compilar e implantar o app a partir da linha de comando.

Para conhecer o Gradle mais a fundo, abra um terminal ou prompt de comando na sua máquina de desenvolvimento e altere o diretório de nível superior do projeto. Em seguida, execute um dos scripts *gradlew* com o parâmetro `tasks`. O Gradle indicará algumas das tarefas que pode realizar:

Omitimos a saída real porque há um grande número de tarefas que podem ser executadas por padrão.

```
File Edit Window Help EmacsFTW
$ ./gradlew tasks
Build tasks
-----------
assemble - Assembles all variants of all applications and
          secondary packages.
build - Assembles and tests this project.
clean - Deletes the build directory.
compileDebugSources
mockableAndroidJar - Creates a version of android.jar that's
          suitable for unit tests.

Install tasks
-------------
installDebug - Installs the Debug build.
uninstallAll - Uninstall all applications.
uninstallDebug - Uninstalls the Debug build.

Verification tasks
------------------
check - Runs all checks.
connectedAndroidTest - Installs and runs instrumentation tests
          for all flavors on connected devices.
lint - Runs lint on all variants.
test - Run unit tests for all variants.

To see all tasks and more detail, run gradlew tasks --all

BUILD SUCCESSFUL

Total time: 6.209 secs
```

Vamos conferir rapidamente algumas das tarefas mais úteis.

exibições e grupos de exibições

A tarefa check

A tarefa check efetua uma análise estática no código-fonte do aplicativo. Pense nessa tarefa como um parceiro de programação que está sempre pronto para fazer uma verificação rápida no código em busca de erros. Por padrão, a tarefa check usa a ferramenta *lint* para procurar erros de programação típicos do Android. Ao final, a tarefa gera um relatório em *app/build/reports/lint-results.html*:

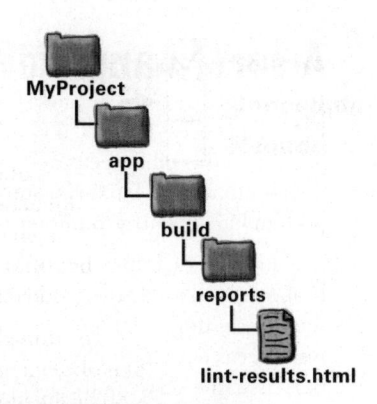

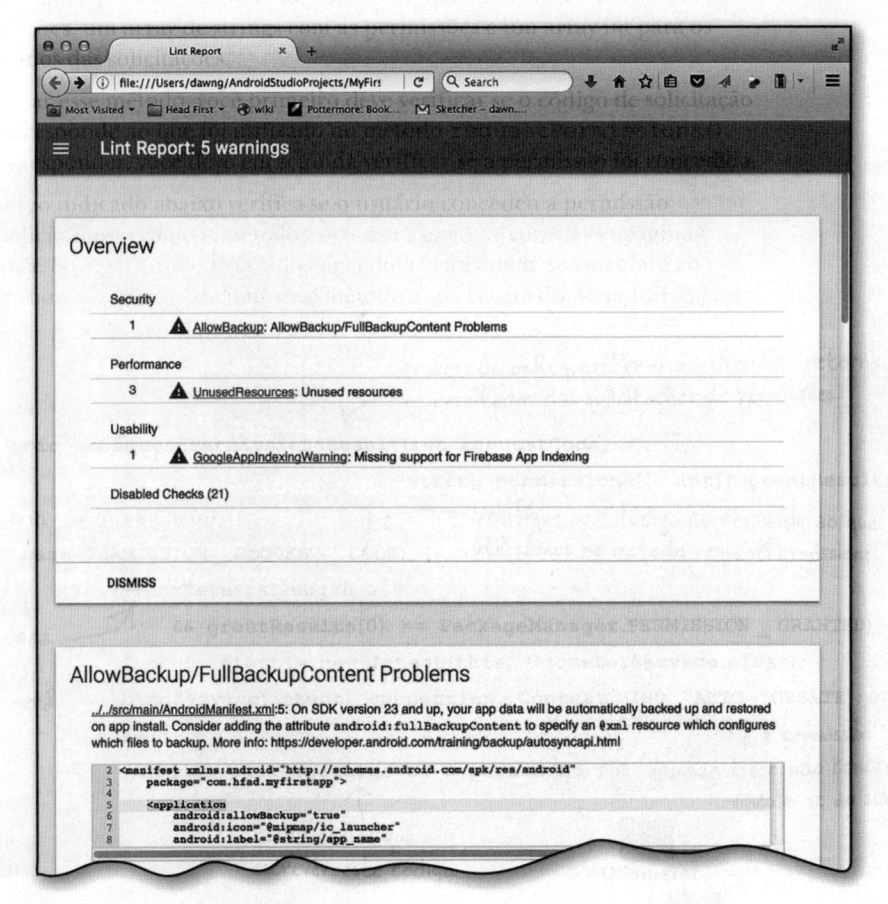

A tarefa clean installDebuga

Essa tarefa faz uma compilação completa e instala o aplicativo no dispositivo conectado. Evidentemente, você pode executá-la a partir do IDE, mas pode ser uma boa ideia utilizar a linha de comando para, por exemplo, compilar automaticamente o aplicativo em um Integration Server.

mostre as dependências

A tarefa androidDependencies

Para realizar essa tarefa, o Gradle fará automaticamente o download das bibliotecas necessárias para o aplicativo. **Algumas dessas bibliotecas baixarão automaticamente outras biblliotecas, que podem baixar outras bibliotecas... acho que já deu para entender.**

Mesmo que o arquivo *app/build.gradle* mencione apenas **algumas** bibliotecas, o aplicativo pode exigir a instalação de vár**ias** bibliotecas dependentes. Portanto, às vezes é útil defini**r as** bibliotecas exigidas pelo aplicativo e por que elas são n**ecessárias. É** para isso que serve a tarefa `androidDependencies`: **ela mostra** uma árvore com todas as bibliotecas do app:

```
File Edit Window Help EmacsFTW
$ ./gradlew androidDependencies

Incremental java compilation is an incubating feature.
:app:androidDependencies
debug
+--- com.android.support:appcompat-v7:25.1.1@aar
|    +--- com.android.support:support-annotations:25.1.1@jar
|    +--- com.android.support:support-v4:25.1.1@aar
|    |    +--- com.android.support:support-compat:25.1.1@aar
|    |    |    \--- com.android.support:support-annotations:25.1.1@jar
|    |    +--- com.android.support:support-media-compat:25.1.1@aar
|    |    |    +--- com.android.support:support-annotations:25.1.1@jar
|    |    |    \--- com.android.support:support-compat:25.1.1@aar
|    |    |         \--- com.android.support:support-annotations:25.1.1@jar
|    |    +--- com.android.support:support-core-utils:25.1.1@aar
|    |    |    +--- com.android.support:support-annotations:25.1.1@jar
|    |    |    \--- com.android.support:support-compat:25.1.1@aar
...
```

exibições e grupos de exibições

gradlew <insira-sua-tarefa>

Os apps Android geralmente são desenvolvidos com o Gradle como recurso interno por um bom motivo: ele é facilmente extensível. Todos os arquivos Gradle são escritos em Groovy, uma linguagem de propósito geral desenvolvida para ser executada pelo Java. Assim, você pode adicionar mais facilmente suas tarefas personalizadas.

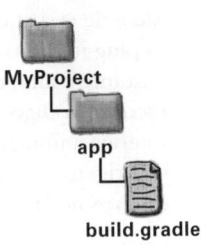

Por exemplo, adicione o código seguir ao final do seu arquivo *app/build.gradle*:

```
task javadoc(type: Javadoc) {
    source = android.sourceSets.main.java.srcDirs
    classpath += project.files(android.getBootClasspath().join(File.pathSeparator))
    destinationDir = file("$project.buildDir/javadoc/")
    failOnError false
}
```

Esse código cria uma nova tarefa chamada javadoc, que gera o javadoc para o código-fonte. Você pode executar a tarefa com o seguinte código:

> ./gradlew javadoc

Os arquivos gerados serão publicados em *app/build/javadoc*:

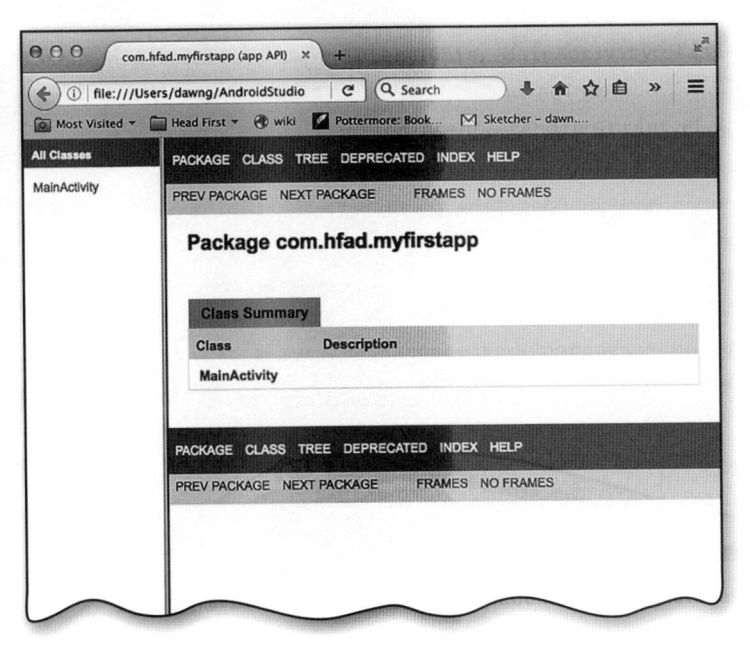

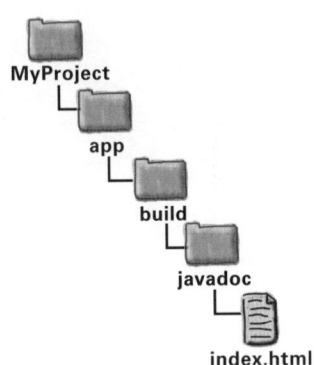

Plug-ins do Gradle

Além de criar tarefas, você também pode instalar os plug-ins do Gradle. Um plug-in pode estender bastante o ambiente de compilação. Você quer escrever código Android em Clojure? Quer que o app interaja automaticamente com sistemas de controle de origem como o Git? Que tal rodar servidores inteiros no Docker para testar seu aplicativo neles?

Você pode fazer tudo isso e muito mais usando os plug-ins do Gradle. Para conferir mais detalhes sobre os plug-ins disponíveis, acesse *https://plugins.gradle.org* (conteúdo em inglês).

apêndice iii: art

O Android Runtime

Então é isso que ocorre debaixo do capô...

Já se perguntou como os apps Android conseguem rodar em tantos dispositivos diferentes? Os apps Android rodam em uma máquina virtual chamada **Android Runtime (ART)** e não na Oracle Java Virtual Machine (JVM). É por isso que esses apps iniciam mais rápido em dispositivos pequenos e de baixa potência e sua execução é mais eficiente. Neste apêndice, vamos conferir como o ART funciona.

o que é o art?

O que é o Android Runtime?

O Android Runtime (ART) é o sistema que executa o código compilado em um dispositivo Android. Foi lançado na versão KitKat do Android e se tornou o modo-padrão de executar o código na versão Lollipop.

O ART foi criado para executar os apps Android compilados de modo rápido e eficiente em dispositivos pequenos e de baixa potência. O Android Studio usa o sistema de compilação Gradle para realizar o serviço de criar e instalar apps, mas também pode ser útil para que possamos mostrar o que acontece nos bastidores quando você clica no botão Run. Vamos conferir o que realmente ocorre.

> Você não precisa dominar todo o conteúdo deste apêndice para criar apps Android incríveis. Portanto, se não estiver interessado nos pormenores do que ocorre nos bastidores quando um dispositivo Android executa um app, fique à vontade para pular este apêndice.

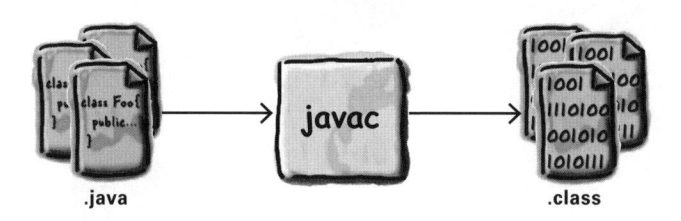

Antes, o código Java rodava no Oracle JVM

O Java já é utilizado há muito tempo, e os aplicativos Java compilados quase sempre foram executados no Oracle Java Virtual Machine (JVM) nesse período. Nesse modelo, o código-fonte Java é compilado para arquivos *.class*. Um arquivo *.class* é criado para cada classe, interface ou enumeração Java no código-fonte:

.java → javac → .class

Os arquivos *.class* contêm bytecodes Java, que podem ser lidos e executados pelo JVM. O JVM é um software que emula uma Unidade de Processamento Central (CPU), o chip fundamental da máquina de desenvolvimento. Com se trata de uma emulação, o JVM pode rodar em quase qualquer dispositivo. É por isso que o código Java foi desenvolvido para ser escrito uma vez e rodar em qualquer dispositivo.

Então, é isso que ocorre nos dispositivos Android? Bem, não exatamente. O Android Runtime realiza as mesmas funções que o JVM, mas de um modo muito diferente.

O ART compila código em arquivos DEX

Quando atuamos com desenvolvimento Android, o código-fonte Java é compilado em arquivos *.dex*. Um arquivo *.dex* tem uma função parecida com a do arquivo *.class*, pois contém bytecodes executáveis. Mas esses bytecodes não são do tipo JVM; na verdade, estão em um outro formato chamado **Dalvik**. A sigla DEX corresponde a **D**alvik **EX**ecutable.

Em vez de criar um arquivo *.dex* para cada arquivo de classe, o app normalmente será compilado em um único arquivo chamado *classes.dex*. Esse único arquivo *.dex* incluirá os bytecodes do código-fonte e das bibliotecas do app.

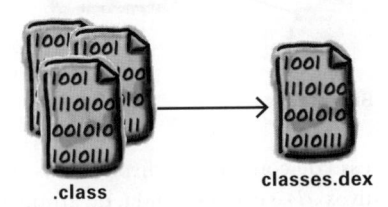

O formato DEX suporta até 65.535 métodos; portanto, se o app contém muito código ou bibliotecas muito extensas, o arquivo deve ser convertido em vários arquivos *.dex*:

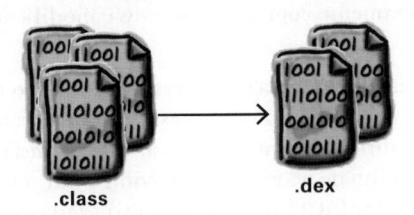

Para saber mais sobre como criar apps multi-DEX, acesse (conteúdo em inglês): *https://developer.android.com/studio/build/multidex.html*.

de .class para .dex

Como os arquivos DEX são criados

Quando o Android compila o app, usa uma ferramenta chamada dx, que costura arquivos .class até formar um arquivo DEX:

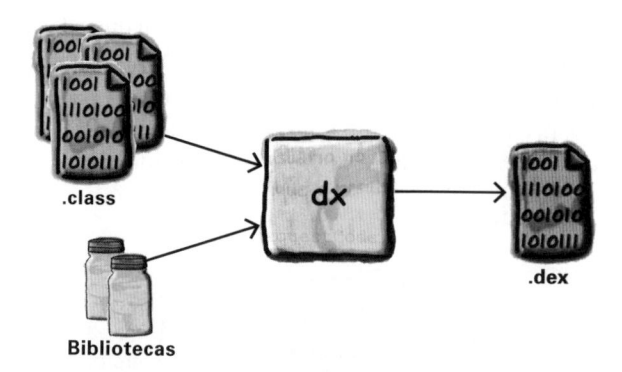

Pode soar estranho, mas o processo de compilação envolve duas etapas de compilação: primeiro para arquivos .*class* e, em seguida, de arquivos .*class* para o formato DEX. Por que o pessoal do Google não cria uma única ferramenta para converter diretamente o código-fonte .java em bytecodes DEX?

Por algum tempo, o Google desenvolveu o compilador JACK e o vinculador associado JILL, que criavam código DEX a partir de código Java, mas ocorreu um problema. Além de não funcionarem no nível do código-fonte, algumas ferramentas Java atuam diretamente com arquivos .*class* e modificam o código contido nesses arquivos.

Por exemplo, se você usar uma ferramenta de cobertura de código para determinar qual código está em execução nos testes, a ferramenta de cobertura provavelmente vai querer modificar o conteúdo dos arquivos .*class* gerados para incluir bytecodes adicionais a fim de acompanhar o código durante a execução. Quando você usava o compilador JACK, nenhum arquivo .*class* era gerado.

Até que, em março de 2017, o Google anunciou que estava engavetando o JACK e que passaria a se dedicar exclusivamente a desenvolver a ferramenta dx e a aperfeiçoar seu funcionamento com os formatos Java .*class* mais recentes. Uma vantagem adicional dessa abordagem é que os novos recursos de idioma do Java (contanto que não exijam novos bytecodes Java) serão automaticamente atualizados pelo Android.

ART

Os arquivos DEX são zipados em arquivos APK

Mas os apps Android não circulam como arquivos *.dex*. Há muitos outros arquivos que formam o app: imagens, sons, metadados, entre outros. Todos esses recursos e o bytecode DEX são comprimidos em um único arquivo zip chamado Android Package ou arquivo *.apk*. O arquivo *.apk* é criado por outra ferramenta chamada Android Asset Packing Tool ou aapt.

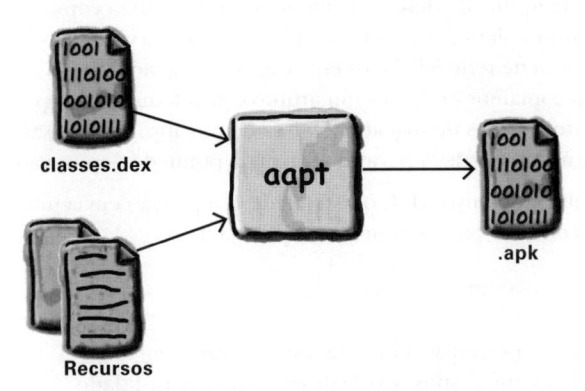

classes.dex → aapt → .apk
Recursos ↗

Quando você baixa um app da Google Play Store, o item efetivamente transferido é um arquivo APK. Na verdade, quando você executa o app no Android Studio, o sistema de compilação primeiro cria um arquivo *.apk* para depois instalar o app no dispositivo Android.

Talvez seja necessário assinar o arquivo .apk

Se você quiser distribuir o app pela Google Play Store, terá que assiná-lo. Assinar um pacote de aplicativo indica que há no *.apk* um arquivo adicional baseado em uma soma de verificação do conteúdo do *.apk* e uma chave privada gerada separadamente. O arquivo *.apk* usa a ferramenta-padrão jarsigner, que integra o Java Development Kit da Oracle. A ferramenta jarsigner foi criada para assinar os arquivos *.jar*, mas também funciona com arquivos *.apk*.

Se você assinar o arquivo *.apk*, também terá que executá-lo em um ferramenta chamada zipalign, que alinha as partes comprimidas do arquivo em limites de bytes. O Android exige que os dados estejam alinhados em bytes para que eles sejam lidos facilmente sem a necessidade de descomprimir o arquivo.

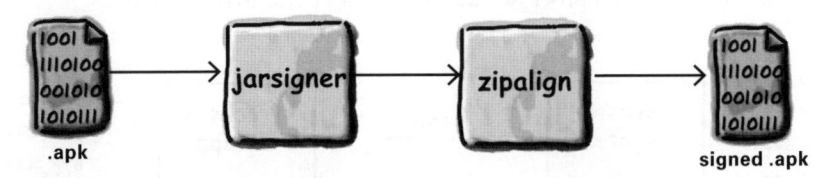

.apk → jarsigner → zipalign → signed .apk

O Android Studio realizará todas essas ações se você escolher a opção Generate Signed APK, no menu Build.

Portanto, é assim que o app é convertido de código-fonte Java em um arquivo instalável. Mas como o app é instalado e executado no dispositivo?

você está aqui ▶ 845

olá, adb

Diga alô para o Android Debug Bridge (adb)

Toda a comunicação entre a máquina de desenvolvimento e o dispositivo Android ocorre no Android Debug Bridge. Há dois lados na ponte: uma ferramenta de linha de comando na máquina de desenvolvimento chamada adb e um processo de daemon no dispositivo Android chamado adbd (Android Debug Bridge Daemon).

O comando `adb` na máquina de desenvolvimento executará uma cópia dele mesmo em segundo plano, chamada servidor ADB. O servidor recebe os comandos pela porta de rede 5037 e os envia ao processo **adbd** no dispositivo. Quando copiamos ou lemos um arquivo, instalamos **um app** ou verificamos as informações do logcat em busca de um app, **todas essas informações são transmitidas de lá para cá através da ponte de depuração**.

Portanto, para instalar o arquivo APK, o sistema de compilação envia um comando parecido com este para a ponte de depuração:

```
adb install bitsandpizzas.apk
```

Em seguida, o arquivo será transferido para um dispositivo virtual ou por um cabo USB até um dispositivo real, sendo depois instalado no diretório */data/app/*, onde ficará esperando pela execução do app:

Como os apps entram em campo: executando o arquivo APK:

Quando o app é executado (ativado por um usuário pressionando um ícone ou por um IDE), o dispositivo Android tem que transformar o respectivo arquivo *.apk* em um processo a ser executado na memória.

Para isso, ele utiliza um processo chamado Zygote. O Zygote é como um processo já meio iniciado. Ele dispõe de memória e já contém as **principais bibliotecas Android**. Na verdade, esse processo já tem tudo que precisa, **menos o código** específico do app.

Ao executar o app, o Android primeiro cria uma cópia (ou fork) do processo Zygote e, em seguida, diz ao processo copiado para carregar o **código do aplicativo**. Então, por que o Android dispõe desse processo já meio encaminhado? Por que não iniciar um novo processo do zero para cada app? Por causa do desempenho. O Android pode demorar muito para criar um novo processo do zero, mas pode criar um fork (ou uma cópia) de um processo existente em uma fração de segundo.

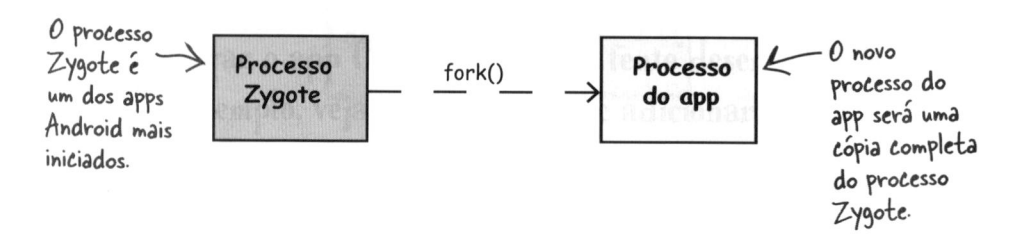

O processo Zygote é um dos apps Android mais iniciados. → **Processo Zygote** — fork() → **Processo do app** ← *O novo processo do app será uma cópia completa do processo Zygote.*

O Android converte o código .dex no formato OAT

O novo processo do app agora deve carregar o código específico do app. Lembre-se de que o código do app está armazenado no arquivo *classes.dex* no pacote *.apk*. Portanto, o arquivo *classes.dex* é extraído do *.apk* e colocado em um diretório separado. Mas, em vez de apenas usar o arquivo *classes.dex*, o Android converte os bytecodes Dalvik do *classes.dex* em código de máquina nativo. Tecnicamente, o *classes.dex* será convertido em um objeto compartilhado ELF. O Android chama este formato de biblioteca de OAT e a ferramenta que converte o arquivo *classes.dex* de dex2oat.

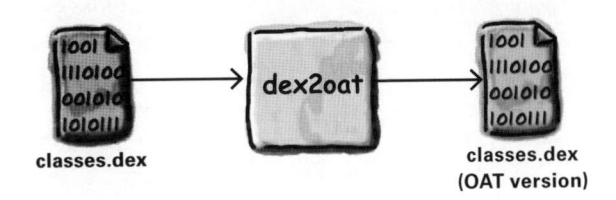

classes.dex → dex2oat → classes.dex (OAT version)

O arquivo convertido está armazenado em um diretório com um nome mais ou menos parecido com este:

/data/dalvik-cache/data@app@com.hfad.bitsandpizzas@base.apk@classes.dex

Em seguida, quando este arquivo for carregado como uma biblioteca nativa pelo processo do aplicativo, o app aparecerá na tela.

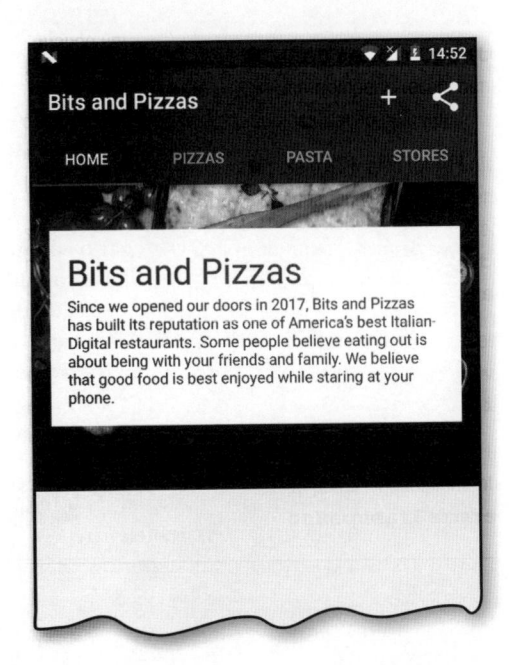

apendice iv: adb

O Android Debug Bridge

Essa nova ferramenta de linha de comando é a sua cara...

Você pensa em tudo, meu amor!

Neste livro, abordamos principalmente o IDE em todas as operações com o Android. Mas, às vezes, usar uma ferramenta de linha de comando pode ser bastante útil, como nos casos em que o Android Studio não reconhece o dispositivo Android, mas você *sabe* que ele está lá. Neste capítulo, vamos apresentá-lo ao **Android Debug Bridge (ou adb)**, uma ferramenta de linha de comando que você pode usar para se comunicar com emuladores e dispositivos Android.

este é um novo capítulo

adb

adb: seu parceiro na linha de comando

Sempre que sua máquina de desenvolvimento se comunica com um dispositivo Android (real, conectado com um cabo USB, ou virtual, executado em um emulador), utiliza o **Android Debug Bridge (adb)**. O adb é um processo controlado por um comando que também tem o nome de `adb`.

O comando `adb` fica armazenado no diretório *platform-tools* no Android System Developer's Kit do seu computador. Se você adicionar o diretório *platform-tools* ao `PATH`, poderá executar o adb a partir da linha de comando.

Em um terminal ou prompt de comando, você pode usar o seguinte código:

```
Interactive Session
$ adb devices
List of devices attached
emulator-5554      device
$
```

O comando `adb devices` significa "indique os dispositivos Android que estão conectados". O comando `adb` se comunica com um processo adb server, executado em segundo plano. O adb server também é chamado de *adb dæmon* ou *adbd*. Quando você insere um comando `adb` em um terminal, uma solicitação é enviada para a porta de rede 5037 da sua máquina. O adbd escuta os comandos que vêm por essa porta. Quando o Android Studio quer executar um app, verificar a saída do log ou fazer qualquer coisa que envolva comunicação com um dispositivo Android, utiliza a porta 5037.

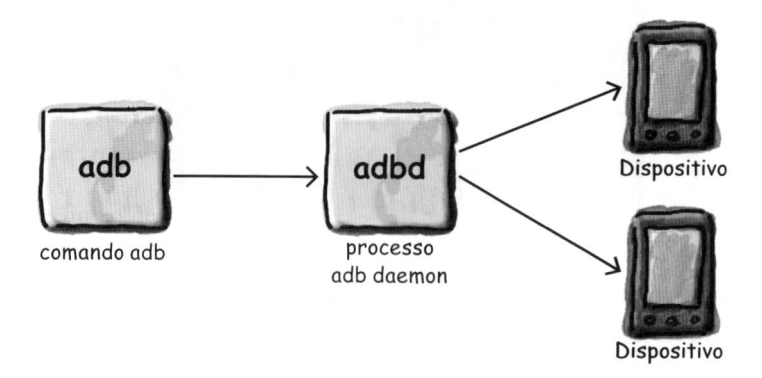

adb → adbd → Dispositivo
comando adb   processo   Dispositivo
               adb daemon

Quando o adb receber um comando, irá transmiti-lo a um processo adbd separado em execução no dispositivo Android correspondente. Em seguida, esse processo poderá fazer mudanças no dispositivo Android ou retornar as informações solicitadas.

Às vezes, quando o adb server não estiver rodando, o comando `adb` terá que iniciá-lo:

```
Interactive Session
$ adb devices
* daemon not running. starting it now on port 5037 *
* daemon started successfully *
List of devices attached
emulator-5554       device
$
```

Da mesma forma, se o **Android Studio** não reconhecer um dispositivo Android plugado, você poderá encerrar manualmente o adb server para, em seguida, reiniciá-lo:

```
Interactive Session
$ adb devices
List of devices attached
$ adb kill-server
$ adb start-server
* daemon not running. starting it now on port 5037 *
* daemon started successfully *
$ adb devices
List of devices attached
emulator-5554       device
$
```

Ao encerrar e reiniciar o servidor, você força o adb a entrar em contato novamente com os dispositivos Android conectados.

Executando um shell

Na maioria das vezes, você não utilizará o adb diretamente; um IDE como o Android Studio fará todo o trabalho. Mas há ocasiões em que pode ser útil usar uma linha de comando para interagir diretamente com os dispositivos.

Por exemplo, você pode executar um shell no dispositivo:

```
$ adb shell
root@generic_x86:/ #
```

O comando `adb shell` abrirá um shell interativo diretamente no dispositivo Android. Se houver mais de um dispositivo conectado, você poderá indicar o dispositivo escolhido usando a opção `-s` e o nome atribuído pelo comando `adb devices`. Por exemplo, o comando `adb -s emulator-5554` abrirá um shell no emulador.

Depois de abrir um shell no dispositivo, você poderá executar vários comandos-padrão do Linux:

```
$ adb shell
root@generic_x86:/ # ls
acct
cache
charger
config
d
data
default.prop
dev
etc
file_contexts
....
1|root@generic_x86:/ # df
Filesystem      Size    Used    Free    Blksize
/dev            439.8M  60.0K   439.8M  4096
/mnt/asec       439.8M  0.0K    439.8M  4096
/mnt/obb        439.8M  0.0K    439.8M  4096
/system         738.2M  533.0M  205.2M  4096
/data           541.3M  237.8M  303.5M  4096
/cache          65.0M   4.3M    60.6M   4096
/mnt/media_rw/sdcard    196.9M  4.5K    196.9M  512
/storage/sdcard         196.9M  4.5K    196.9M  512
root@generic_x86:/ #
```

Comandos de shell úteis

Ao abrir um shell para o Android, você terá acesso a muitas ferramentas de linha de comando. Confira a seguir algumas delas:

Comando	Descrição	Exemplo (e função)
`pm`	Ferramenta de gerenciamento de pacotes.	`pm list packages` (lista todos os apps instalados) `pm path com.hfad.bitzandpizzas` (encontra o local de instalação de um app) `pm -help` (mostra outras opções)
`ps`	Status dos processos.	`ps` (lista todos os processos e suas IDs)
`dexdump`	Mostra os detalhes de um APK.	`dexdump -d /data/app/com.hfad.bitzandpizzas-2/base.apk` (desmonta um app)
`lsof`	Lista os arquivos abertos de um processo e outras conexões.	`lsof -p 1234` (mostra o que o processo com a ID 1234 está fazendo)
`screencap`	Extrai uma captura de tela.	`screencap -p /sdcard/screenshot.png` (salva a captura de tela atual como /*sdcard/screenshot.png* e remove esse arquivo do dispositivo com o `adb pull /sdcard/screenshot.png`)
`top`	Mostra os processos mais ocupados.	`top -m 5` (mostra os cinco principais processos)

Todos esses exemplos são processados em um prompt de shell interativo, mas você também pode transmiti-los diretamente para o comando de shell na sua máquina de desenvolvimento. Por exemplo, o comando a seguir mostrará os apps que estão instalados no dispositivo:

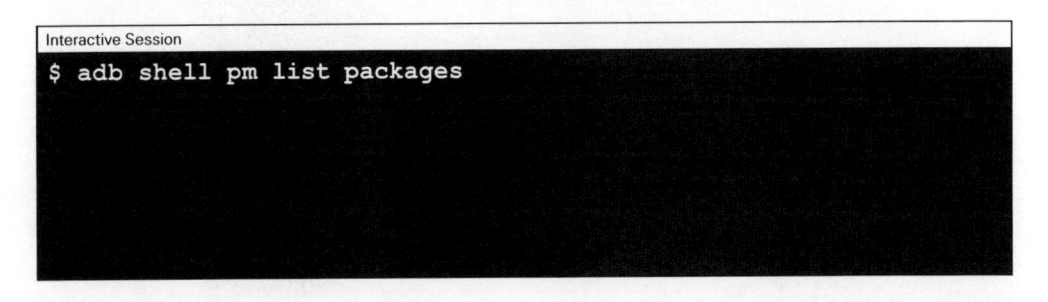

```
Interactive Session
$ adb shell pm list packages
```

Encerre o adb server

Às vezes, podem ocorrer falhas na conexão entre a máquina de desenvolvimento e o dispositivo. Nessas situações, você pode redefinir a conexão ao encerrar o adb server:

```
$ adb kill-server
```

Na próxima vez que você executar um comando adb, o servidor será reiniciado e uma nova conexão será estabelecida.

Receba a saída do logcat

Todos os apps em execução no dispositivo Android enviam suas saídas para um fluxo central chamado logcat. Para visualizar a saída do logcat em tempo real, você deve executar o comando `adb logcat`:

```
$ adb logcat
--------- beginning of system
I/Vold    (  936): Vold 2.1 (the revenge) firing up
D/Vold    (  936): Volume sdcard state changing -1
(Initializing) -> 0 (No-Media)
W/DirectVolume(  936): Deprecated implied prefix pattern
detected, please use '/devices/platform/goldfish_mmc.0*'
instead
...
```

A saída do logcat será exibida até que você a interrompa. Você pode executar o `adb logcat` para armazenar a saída em um arquivo. O comando `adb logcat` é usado pelo Android Studio para produzir a saída visualizada no painel Devices/logcat.

Copiando os arquivos para/a partir do dispositivo

Os comandos `adb pull` e `adb push` podem ser utilizados para transferir arquivos. Confira este exemplo em que copiamos o arquivo de propriedades */default.prop/* para um arquivo local chamado *1.txt*:

```
$ adb pull /default.prop 1.txt
28 KB/s (281 bytes in 0.009s)
$ cat 1.txt
#
# ADDITIONAL _ DEFAULT _ PROPERTIES
#
ro.secure=0
ro.allow.mock.location=1
ro.debuggable=1
ro.zygote=zygote32
dalvik.vm.dex2oat-Xms=64m
dalvik.vm.dex2oat-Xmx=512m
dalvik.vm.image-dex2oat-Xms=64m
dalvik.vm.image-dex2oat-Xmx=64m
ro.dalvik.vm.native.bridge=0
persist.sys.usb.config=adb
$
```

E muito, muito mais...

Há muitos comandos que você pode executar usando o adb: você pode fazer backup e restaurar bancos de dados (o que é muito útil para depurar problemas em apps de banco de dados), iniciar o adb server em uma porta diferente, reiniciar máquinas ou apenas reunir muitas informações sobre os dispositivos em execução. Para conhecer todas as opções disponíveis, basta digitar `adb` na linha de comando:

```
$ adb
Android Debug Bridge version 1.0.32
 -a                            - directs adb to listen on all
interfaces for a connection
 -d                            - directs command to the only
connected USB device
                                returns an error if more than
one USB device is present.
 -e                            - directs command to the only
running emulator.
returns an error if more than one emulator is ....
```

apendice v: o android emulator

Aumentando a Velocidade

Pode acelerar!

Você já se incomodou por estar perdendo muito tempo esperando pelo emulador? Sem dúvida, o emulador do Android é muito útil. O emulador permite que você confira como o app será executado em outros dispositivos além dos aparelhos ao seu alcance. Mas às vezes isso pode ser um pouco... demorado demais. Neste apêndice, vamos explicar por que o emulador pode parecer lento. Melhor ainda, vamos oferecer algumas dicas que aprendemos para **aumentar sua velocidade**.

velocidade

Por que o emulador está tão lento

Ao criar apps Android, você espera muito tempo para que o emulador Android seja iniciado e implante o código. Por quê? Por que o emulador do Android é tão leeeeento? Se você já escreveu código para iPhones, sabe como o simulador do iPhone é rápido. Se isso é possível para o iPhone, por que o mesmo não ocorre com o Android?

Os nomes dão uma dica: *simulador* de iPhone e *emulador* de Android.

O iPhone simulator simula um dispositivo rodando o sistema operacional iOS. Todo o código do iOS é compilado para rodar de forma nativa no simulador do Mac e do iPhone na velocidade nativa do Mac. Ou seja, essa ferramenta pode simular a inicialização do iPhone em alguns segundos.

Já o Android emulator funciona de modo completamente diferente. Ele usa um aplicativo de código aberto chamado QEMU (Quick Emulator) para emular um dispositivo Android completo e o seu respectivo hardware. O emulador executa um código que interpreta o código da máquina que deve ser executado pelo processador do dispositivo. Seu código emula o sistema de armazenamento, a tela e todos os demais equipamentos físicos de um dispositivo Android.

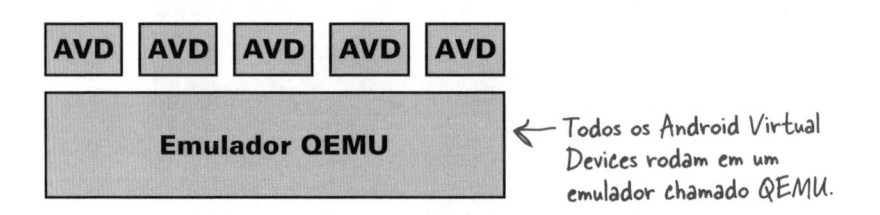

| AVD | AVD | AVD | AVD | AVD |

Emulador QEMU

← Todos os Android Virtual Devices rodam em um emulador chamado QEMU.

Um emulador como o QEMU cria uma representação bem mais realista de um dispositivo virtual do que o iPhone simulator, mas tem a desvantagem de executar um volume maior de trabalho até mesmo para realizar operações simples como ler um disco ou exibir algo em uma tela. É por isso que o emulador demora tanto para iniciar um dispositivo. Essa ferramenta tem que imitar cada componente de hardware do dispositivo, por menor que seja, e interpretar cada instrução.

android emulator

Como aumentar a velocidade do desenvolvimento Android

1. Use um dispositivo real

A forma mais simples de aumentar a velocidade do processo de desenvolvimento é usar um dispositivo real. Um dispositivo real será inicializado com mais rapidez do que um emulado e, provavelmente, implantará e executará apps muito mais rapidamente. Antes de usar um dispositivo real para o desenvolvimento, é recomendável marcar a opção Stay Awake do "Developer options". Assim, você evitará que o dispositivo bloqueie a tela, o que é útil quando fazemos uma série de implantações.

2. Use um emulator snapshot

A inicialização é uma das ações mais lentas do emulador. Se você salvar um snapshot do dispositivo em execução, o emulador poderá se redefinir com base nesse estado sem precisar executar o processo de inicialização. Para usar um snapshot com o seu dispositivo, abra o AVD manager no menu do Android Studio: selecione Tools→Android→AVD Manager, edite o AVD clicando no símbolo Edit e, em seguida, marque a opção "Store a snapshot for faster startup".

Com esse procedimento, você salva um snapshot da configuração da memória no momento em que o dispositivo está sendo executado. O emulador poderá restaurar a memória correspondente a esse estado sem iniciar o dispositivo.

3. Use a aceleração de hardware

Por padrão, o emulador QEMU terá que interpretar cada instrução de código da máquina no dispositivo virtual. Por ser muito flexível, o emulador pode imitar muitos tipos diferentes de CPUs, o que explica em grande parte sua lentidão. Felizmente, é possível configurar a máquina de desenvolvimento para executar instruções de código de máquina diretamente. Há dois tipos principais de Android Virtual Device: máquinas ARM e x86s. Se você criar um dispositivo Android x86 e sua máquina de desenvolvimento estiver utilizando um tipo específico de CPU Intel x86, você pode configurar o emulador para executar instruções de código de máquina Android diretamente no CPU Intel. Você terá que instalar o Hardware Accelerated Execution Manager (HAXM) da Intel. Até o momento, o HAXM está disponível em (conteúdo em inglês):

https://software.intel.com/en-us/android/articles/intel-hardware-accelerated-execution-manager

← *Se o HAXM não estiver mais aqui, basta pesquisar na web para localizar seu novo endereço.*

O HAXM é um hipervisor. Por isso, ele pode aplicar um modo especial ao CPU para executar instruções de máquina virtual diretamente. Contudo, o HAXM só pode ser executado em processadores Intel compatíveis com a Intel Virtualization Technology. Mas, se a sua máquina de desenvolvimento for compatível, o HAXM aumentará bastante a velocidade de execução do seu AVD.

4. Use o Instant Run

Desde o Android Studio 2.3, é possível reimplantar apps com muito mais rapidez usando o utilitário Instant Run. Esse utilitário permite que o Android Studio recompile apenas os arquivos que foram alterados para, em seguida, criar um patch para o aplicativo em execução no dispositivo. Logo, você não terá que esperar um minuto ou mais até o aplicativo ser recompilado e implantado, pois suas alterações serão realizadas em apenas alguns segundos.

Para usar o Instant Run, clique na opção Apply Changes no menu Run ou no ícone do relâmpago na barra de ferramentas:

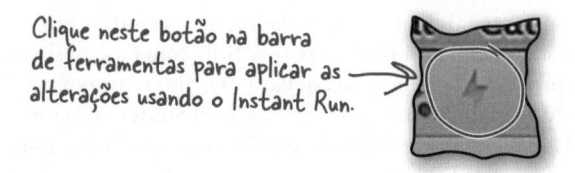

Clique neste botão na barra de ferramentas para aplicar as alterações usando o Instant Run.

Mas há algumas condições aplicáveis ao uso do Instant Run. Primeiro, o app deve ter, no mínimo, a API 15 como alvo. Segundo, você deve implantar em um dispositivo que rode a API 21 ou versões superiores. Se você atender a essas condições, verá que o Instant Run é, de longe, o modo mais rápido de executar código.

apendice vi: sobras

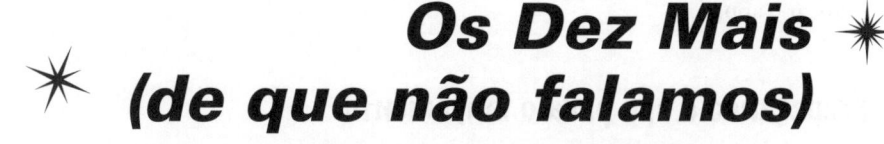

Os Dez Mais
(de que não falamos)

Olhem só quanta coisa boa temos aqui...

Temos mais algumas informações para repassar aqui no final. Achamos que você precisa de mais algumas dicas. Apesar da nossa intenção original de escrever um livro que pudesse ser carregado sem um carrinho de mão, não seria certo ignorar os temas a seguir. Então, antes de guardar o livro na estante, **leia estes tópicos com atenção**.

distribuição

1. Distribuindo o app

Depois de desenvolver o app, você provavelmente vai querer disponibilizá-lo para outros usuários. Para isso, possivelmente lançará o app em uma loja de apps como a Google Play.

Esse processo envolve duas etapas: preparar o app para o lançamento e lançar o app.

Preparando o app para o lançamento

Antes de lançar o app, você deve configurar, compilar e testar uma versão de lançamento do app. Isso inclui tarefas como definir um ícone para o app e modificar o *AndroidManifest.xml* para que o app só seja baixado por dispositivos compatíveis.

Antes de lançar o app, você deve testá-lo em, pelo menos, um tablet e um celular para verificar se o visual corresponde ao esperado e se o desempenho é aceitável.

Para conferir mais detalhes sobre como preparar apps para o lançamento, acesse (conteúdo em inglês):

http://developer.android.com/tools/publishing/preparing.html

Lançando o app

Essa etapa inclui a divulgação, a venda e a distribuição do app.

Para lançar o app na Play Store, você deve se registrar, assinar uma conta de publicador e usar o Developer Console para publicar o app. Para obter mais detalhes, acesse (conteúdo em inglês):

http://developer.android.com/distribute/googleplay/start.html

Para conhecer mais ideias sobre como direcionar o app aos usuários e divulgá-lo com mais eficiência, recomendamos que você explore os documentos disponíveis em (conteúdo em inglês):

http://developer.android.com/distribute/index.html

2. Provedores de conteúdo

Você aprender a usar os intents para iniciar atividades em outros apps. Por exemplo, você pode iniciar o app Messaging para enviar o texto transmitido a ele. Mas e se você quiser usar os dados de outro app no seu? Por exemplo, e se você quiser usar os dados de Contacts no app para realizar alguma tarefa ou inserir um novo evento no Calendar?

Você não pode acessar outros dados do app interrogando o respectivo banco de dados. Em vez disso, você deve usar um **provedor de conteúdo**, uma interface na qual os apps podem compartilhar dados de forma controlada.

Esse provedor permite que você realize consultas para ler dados, inserir novos registros e atualizar ou excluir registros existentes.

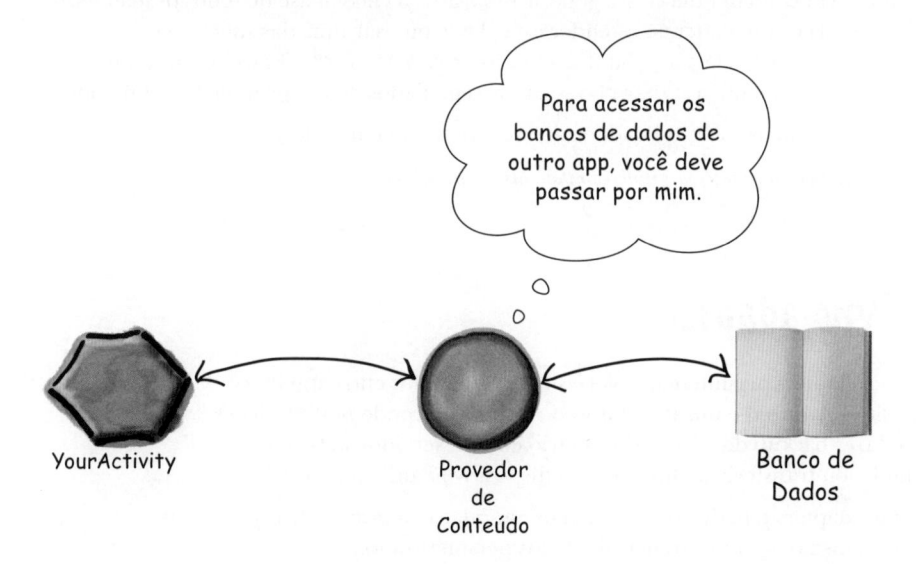

Para acessar os bancos de dados de outro app, você deve passar por mim.

YourActivity ⟷ Provedor de Conteúdo ⟷ Banco de Dados

Para que outros apps usem seus dados, é possível criar seu próprio provedor de conteúdo.

Você pode aprender mais sobre o conceito de provedor de conteúdo em (conteúdo em inglês):

http://developer.android.com/guide/topics/providers/content-providers.html

Confira um guia sobre como usar os dados de Contacts no app em (conteúdo em inglês):

http://developer.android.com/guide/topics/providers/contacts-provider.html

Por fim, confira este guia sobre como usar os dados de Calendar:

http://developer.android.com/guide/topics/providers/calendar-provider.html

3. Loaders

Se você trabalha muito com bancos de dados e provedores de conteúdo, cedo ou tarde vai se deparar com os **loaders**. Um loader permite que você carregue dados para exibi-los em uma atividade ou fragmento.

Eles rodam em threads separados em segundo plano e facilitam o controle dos threads, pois dispõem de métodos de retorno de chamada. Os loaders persistem os dados e os armazenam em cache ao longo das mudanças de configuração; assim, por exemplo, se o usuário girar o dispositivo, o app não criará consultas duplicadas. Você também pode configurar os loaders para notificar o app em caso de mudanças nos dados subjacentes para lidar com as mudanças nos views.

O Loader API contém uma classe genérica `Loader`, a classe-base de todos os loaders. Você pode criar um loader ao estender essa classe ou usar uma das subclasses internas: `AsyncTaskLoader` ou `CursorLoader`. A `AsyncTaskLoader` usa um `AsyncTask`, enquanto a `CursorLoader` carrega dados de um provedor de conteúdo.

Para aprender mais sobre os loaders, acesse (conteúdo em inglês):

https://developer.android.com/guide/components/loaders.html

4. Sync adapters

Os sync adapters permitem que você sincronize dados entre um dispositivo Android e um servidor web. Assim, você pode realizar ações como fazer backup dos dados do usuário em um servidor web, por exemplo, ou transferir dados para um dispositivo e utilizá-los offline.

Os sync adapters têm diversas vantagens em relação à prática de criar um mecanismo de transferência de dados personalizado.

- ⭐ Permitem que você automatize a transferência de dados com base em critérios específicos, como um horário do dia ou determinadas mudanças nos dados.

- ⭐ Procuram automaticamente por conexões de rede e só são executados quando o dispositivo estabelece uma conexão de rede.

- ⭐ As transferências de dados baseadas em sync adapters ocorrem em lotes, o que melhora o desempenho da bateria.

- ⭐ Permitem que você adicione credenciais de usuário ou um login de servidor à transferência de dados.

Para aprender a usar os sync adapters, acesse (conteúdo em inglês):

https://developer.android.com/training/sync-adapters/index.html

5. Receptores de transmissão

Imagine que você queira definir uma resposta para o app diante de um evento de sistema específico. Considere, por exemplo, um app de música: você quer que ele pare de reproduzir música quando os fones de ouvido forem removidos. Como o app pode identificar esses eventos?

O Android transmite os eventos de sistema, como bateria fraca, chamadas telefônicas e inicialização do sistema, no momento em que eles ocorrem. Para identificar esses eventos, você deve criar um **receptor de transmissão.** Os receptores de transmissão permitem que você assine mensagens de transmissão específicas para que o app possa responder a determinados eventos de sistema.

Só para avisar: a bateria está acabando.

Ei, Atividade! O Android está dizendo que a bateria está acabando.

Ok, vou suspender as tarefas mais pesadas por enquanto.

Android → Receptor de Transmissão → YourActivity

O app também pode enviar mensagens de transmissão personalizadas para notificar outros apps sobre determinados eventos.

Para aprender mais sobre transmissões, acesse (conteúdo em inglês):

https://developer.android.com/guide/components/broadcasts.html

6. A classe WebView

Para oferecer acesso ao conteúdo da web para os usuários, você tem duas opções. A primeira é abrir o conteúdo da web com um app externo, como o Chrome ou o Firefox. A segunda é exibir o conteúdo no app usando a classe WebView.

A classe WebView permite exibir o conteúdo de uma página da web no layout da atividade. Você pode usar essa classe para entregar um web app completo como um aplicativo cliente ou para entregar páginas da web individuais. Essa abordagem é útil quando há conteúdo no app que deve ser atualizado, como um contrato de usuário final ou guia do usuário.

Para adicionar um WebView ao app, você deve incluí-lo no layout:

```
<WebView xmlns:android="http://schemas.android.com/apk/res/android"
    android:id="@+id/webview"
    android:layout_width="match_parent"
    android:layout_height="match_parent" />
```

Em seguida, indique a página da web a ser carregada chamando seu método loadUrl():

```
WebView webView = (WebView) findViewById(R.id.webview);
webView.loadUrl("http://www.oreilly.com/");
```

Você também deve especificar que o app deve ter acesso à internet adicionando a permissão INTERNET ao *AndroidManifest.xml*:

```
<manifest ... >
    <uses-permission android:name="android.permission.INTERNET" />
    ...
</manifest>
```

Para aprender mais sobre como usar conteúdo da web nos apps, acesse (conteúdo em inglês):

http://developer.android.com/guide/webapps/index.html

7. Configurações

Muitos apps contêm uma tela de configurações para que o usuário possa registrar suas preferências. Por exemplo, um app de e-mail pode permitir que o usuário especifique se ele deseja visualizar uma caixa de diálogo de confirmação antes de enviar um e-mail:

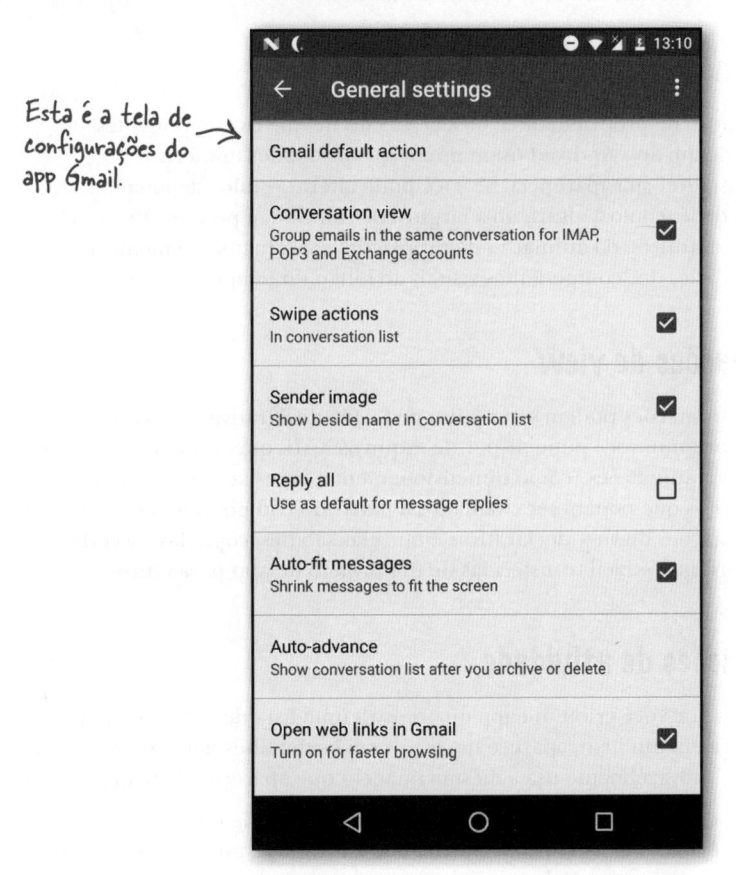

Esta é a tela de configurações do app Gmail.

Para criar uma tela de configurações para o app, você deve usar a Preferences API. Esse recurso permite que você adicione preferências individuais e registre um valor para cada uma delas. Esses valores são registrados em um arquivo de preferências compartilhadas no app.

Para aprender mais sobre como criar telas de configuração, acesse (conteúdo em inglês):

https://developer.android.com/guide/topics/ui/settings.html

8. Animação

Os dispositivos Android vêm se beneficiando cada vez mais da capacidade das suas ferramentas internas de hardware de processamento gráfico; nesse contexto, a animação é um recurso cada vez mais popular para aperfeiçoar a experiência do usuário com os apps.

O Android oferece várias opções de animação:

Animação de propriedade

A animação de propriedade se baseia no fato de que os componentes visuais de um app Android usam muitas propriedades numéricas para descrever sua aparência. Se você pode alterar o valor de uma propriedade, como a altura ou a largura de um view, é possível animá-la. Essa é a definição da animação de propriedade: animar suavemente as propriedades dos componentes visuais ao longo do tempo.

Animações de view

Muitas animações podem ser criadas de forma declarativa como recursos XML. Portanto, você pode dispor de arquivos XML que usam um conjunto padrão de animações (como dimensionamento, translação e rotação) para criar efeitos que podem ser chamados a partir do código. A maior vantagem das animações de view declarativas é que elas são desacopladas do código Java; portanto, é fácil transferi-las de um projeto de app para outro.

Transições de atividade

Digamos que você criou um app que mostra uma lista de itens com nomes e imagens. Quando você clica em um item, aparece um view com os detalhes dele. A atividade que exibe mais detalhes provavelmente usa a mesma imagem que aparece na atividade da lista.

As transições de atividade permitem animar um view de uma atividade que também aparece na próxima atividade. Portanto, você pode configurar uma imagem de uma lista e animá-la suavemente até sua posição correspondente na próxima atividade. Esse procedimento deixa o fluxo do app mais contínuo.

Para aprender mais sobre as animações do Android, visite (conteúdo em inglês):

https://developer.android.com/guide/topics/graphics/index.html

Para aprender mais sobre transições de atividade e material design, visite (conteúdo em inglês):

https://developer.android.com/training/material/animations.html

9. App widgets

Um app widget é um pequeno view de aplicativo que você pode adicionar a outros apps ou à tela inicial. Esse recurso permite o acesso direto ao conteúdo ou às funcionalidades principais do app a partir da tela inicial sem que o usuário precise iniciar o aplicativo.

Confira este exemplo de app widget:

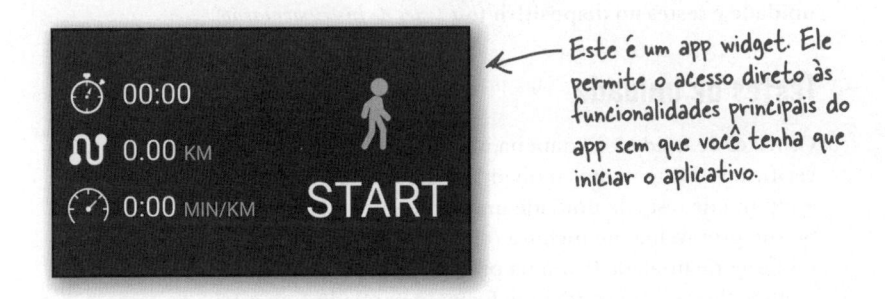

Este é um app widget. Ele permite o acesso direto às funcionalidades principais do app sem que você tenha que iniciar o aplicativo.

Para aprender a criar app widgets, visite (conteúdo em inglês):

http://developer.android.com/guide/topics/appwidgets/index.html

10. Testes automáticos

Os testes automáticos são fundamentais para o desenvolvimento moderno de software. Ao criar um app destinado a milhares ou milhões de pessoas, você logo vai perder usuários se o produto for cheio de falhas e travar o tempo inteiro.

Há vários modos de testar automaticamente o app, mas via de regra podemos classificá-los em duas categorias: **testes de unidade e testes no dispositivo** (ou *testes de instrumentação*).

Testes de unidade

Os testes de unidade rodam na máquina de desenvolvimento e verificam os fragmentos individuais (ou unidades) do código. A estrutura de teste de unidade mais popular é o **JUnit**; o Android Studio provavelmente incluirá o JUnit no seu projeto por padrão. Os testes de unidade ficam na pasta *app/src/test* do projeto, e um método de teste típico tem um formato parecido com este:

```
@Test
public void returnsTheCorrectAmberBeers() {
    BeerExpert beerExpert = new BeerExpert();
    assertArrayEquals(new String[]{"Jack Amber", "Red Moose"},
            beerExpert.getBrands("amber").toArray());
}
```

Para aprender mais sobre o JUnit, visite (conteúdo em inglês):

http://junit.org

Testes no dispositivo

Os testes no dispositivo rodam em um emulador ou dispositivo físico e verificam o app já integralmente montado. Esses testes instalam um pacote separado que usa uma camada de software chamada *instrumentação* para interagir com o app testado como se fosse um usuário. Uma estrutura de testes no dispositivo cada vez mais popular é o **Espresso**; o Android Studio provavelmente incluirá o Espresso no seu projeto por padrão. Os testes no dispositivo ficam na pasta *app/src/androidTest*, e os testes Espresso têm um formato parecido com este:

```
@Test
public void ifYouDoNotChangeTheColorThenYouGetAmber() {
    onView(withId(R.id.find_beer)).perform(click());
    onView(withId(R.id.brands)).check(matches(withText(
        "Jail Pale Ale\nGout Stout\n")));
}
```

Quando você executa um teste no dispositivo, visualiza o app rodando no celular ou no tablet e reagindo às teclas pressionadas e aos gestos realizados como se um usuário real estivesse operando o software.

Para aprender mais sobre os testes Espresso, visite (conteúdo em inglês):

https://developer.android.com/training/testing/ui-testing/espresso-testing.html

Índice

A

Ações
    categoria especificada com, 106, 117
    compartilhar ações, 332–335
    determinando atividades para, 105–106
    especificar em um intent, 100–104
    na barra do app
        dicionar, 315–317, 319–325
        ícones para, 320, 322
        menu para, 321, 323
        método para, 324–325
        título para, 320, 322
        sobre, 100
        tipos de, 101
ActivityNotFoundException, 103, 117
adaptadores
    array. *Veja* classe ArrayAdapter
    desacoplando, com interface, 572–574
    recycler view. *Veja* recycler view adapter
    sync adapters, 864
adb (Android Debug Bridge)
    copiando arquivos, 855
    encerrando o adb server, 854
    executando um shell, 852–853
    saída do logcat, 854
    sobre, 846, 850–851
ambiente de desenvolvimento. *Veja* Android SDK; Android Studio
Android debug bridge. *Veja* ADB
Android emulator
    desempenho de, 858–860
    executando apps em, 23–30, 49, 117
    sobre, 23
Android Runtime (ART), 3, 30, 842–843
Android SDK (nível da API)
    bibliotecas para, 16, 294
    especificando níveis mínimos para apps, 10
    especificando para o AVD, 25, 400
    lista de, 11
    permissões influenciadas por, 791, 794

recursos específicos, 171, 173, 293, 297, 298, 314, 328
    sobre, 5
Android Studio
    alternativas a, 7
    console em, 28
    editores. *Veja* editor de código; editor de design
    instalando, 6
    projetos, criando, 8–10
    requisitos de sistema, 6
    sobre, 5, 7
Android virtual device. *Veja* AVD
animação de propriedade, 868
animação, 868
animações de views, 868
aplicativos básicos, 3
aplicativos, básico. *Veja* aplicativos básicos
app Beer Adviser, 38–76
    atividades, 61–69
    botão, 59–60
    classe Java, 70–74
    layout, 41–48
    projeto, 40
    recursos de string, 50–54
    spinner, 56–58
app CatChat, 581–620
    cabeçalho para, 594–595
    menu para, 596–601
    opção Drafts, 586
    opção Feedback, 592
    opção Help, 591
    opção Inbox, 585
    opção SentItems, 587
    opção Trash, 588
    sobre, 581–584
app Joke
    notificações, 755–766
    registrando mensagens no log, 743–746
    serviços iniciados, 741–766

app My Constraint Layout, 223–246
  atividades, 225
  biblioteca, 224
  layout, 226–243
  recursos de string, 225
app Odometer, 769–816
  biblioteca, 790
  Location Services, 789–800
  permissões, 791, 802–816
  serviços vinculados, 769–788
app Pizza, 290–338, 482–536, 538–578
  ações, 315–326
  adaptadores, 571–574
  atividades, 297–298
  barra de ferramentas retrátil, 517–525
  barra de ferramentas, 306–314
  barra do app, 291–293, 299
  barras de rolagem, 508–515
  bibliotecas, 294–296, 307, 506
  botão Up, 327–329
  card views, 543–546, 550, 560
  FABs, 526–529
  fragmentos, 485–488
  layout, 305
  navegação por abas, 498–504
  provedor de ação de compartilhamento, 331–336
  recursos de cor, 304
  recycler views, 538–539, 545–570, 575–576
  snackbar, 526, 530–534
  temas e estilos, 300–303
  ViewPager, 489–493
app Starbuzz Coffee, 248–288, 622–656, 658–692, 694–738
  adaptadores, 269–271
  atividade de nível superior adicionando favoritos a. *Veja* atividade de nível superior
  atividades, 248–249, 252–255, 262–264, 267–272
  banco de dados, 626–656, 659–692, 694–718
  classes Java, 256
  DrinkActivity. *Veja* DrinkActivity
  intents, 277–285
  layout, 258–260
  listeners, 261–262, 276
  navegação, 250–251
  recursos de imagem, 257
  threads, 720–738
app Stopwatch, 122–168, 434–480
  atividades, 125–127, 130–133
  ciclo de vida da atividade, 138–139, 146–163
  ciclo de vida do fragmento, 439
  estados da atividade, 134–144
  fragmentos dinâmicos, 434–436, 444–460
  handlers, 128–129
  layout, 123–124, 471
  projeto, 122
  recursos de string, 123
  transações de fragmentos, 463–469, 472–475
app widgets, 869
app Workout, 340–392, 394–432, 434–480
  adaptadores, 375–376
  atividades, 346–347, 359–363, 381, 389, 421–423, 470
  bibliotecas, 345
  botão back, 413–415
  ciclo de vida do fragmento, 439
  classes Java, 360
  estado do fragmento, 427–431
  fragmentos dinâmicos, 434–436, 444–460
  fragmentos, 342–344, 348–356, 359–363, 365–369, 416–421
  interface listener, 384–388
  layout, 471
  list fragments, 372–374, 377–378
  recursos para telas específicas, 402–409
  tablet AVD, 399–401
  tamanhos de dispositivos, compatíveis, 340–341, 394–398
  transações de fragmentos, 463–469, 472–475
AppCompat Library. *Veja* v7 AppCompat Library
apps Android. *Veja também* projetos
  adaptando para diferentes tamanhos de dispositivos, 340–341, 394–398, 402–412
  arquivo de manifesto para. *Veja* arquivo AndroidManifest.xml
  arquivos de recurso para. *Veja* arquivos de recurso
  atividades em. *Veja* atividades

o índice

barrado app para. *Veja* barra do app
configuração de, influenciado pela rotação, 134–136, 145, 156
desenvolvendo, 7–10, 13–15, 39
dispositivos compatíveis com, 10, 340–341. *Veja também* fragmentos
distribuindo, 862
estruturando, 249–250, 252–255, 290–291
executando atividades em outros apps, 100–108
executando em dispositivos físicos, 109–111, 117
executando em emulador, 23–30, 49, 117
exemplos de. *Veja* exemplos
foco/visibilidade de, 146–147, 154–157
funcionalidade do botão back para, 413–415
ícones para, 84, 299
Java para. *Veja* Java
layouts para. *Veja* layouts
linguagens utilizadas em, 4
navegando. *Veja* navegação
nome do pacote para, 9, 84
processos usados por, 120–121, 133
projetando, 248–250
SDK mínimo para, 10–11
sobre, 120–121
tela de configurações para, 867
tema para. *Veja* temas
apps. *Veja* apps Anroid
arquivo AndroidManifest.xml
    atividade principal em, 120, 132
    atributos da barra do app em, 299–301, 318–319
    configurações de idioma em, 172
    configurações de tamanho de tela em, 403
    filtros de intent em, 105–106
    hierarquia de atividades em, 328
    permissões necessárias em, 791
    serviços iniciados em, 745
    sobre, 17, 84–85
    temas em, 589
arquivo de manifesto. *Veja* arquivo AndroidManifest.xml
arquivo dimens.xml, 174
arquivo R.java, 17, 63, 69
arquivo strings.xml. *Veja* recursos de array; recursos de string
arquivos APK, 27, 30, 845–846
arquivos build.gradle, 834–835

arquivos de recursos. *Veja também* recursos de array; recursos de imagem; recursos de string
    recursos de cor, 304
    recursos de dimensão, 174
    recursos de estilo, 300–301
    recursos de layout, 402–408
    recursos de menu, 321
    recursos mipmap, 299
    sobre, 2
    tipos de, pastas para, 16–17, 403
arquivos DEX, 843–845, 847
arquivos gradlew e gradlew.bat, 836
ART (Android Runtime), 3, 30, 842–843
assinando arquivos APK, 845
atalhos. *Veja* barra do app
atividade pai, 328
atividade principal, 84, 120
atividades de categoria, 249–250, 252–255, 267–268, 277–278, 290
atividades de detalhes/edição, 249–250, 253–255, 279–283, 290
atividades de nível superior, 249–250, 252–255, 290
atividades
    atividade pai, 328
    chamando classes Java personalizadas a partir de, 71–74
    chamando métodos a partir de, 59–62
    compatibilidade com versões anteriores para, 295, 298
    convertendo para fragmentos, 438–449
    criando, 13–14, 61, 67–68
    declarando em um arquivo demanifesto, 85
    default, 41
    edição. *Veja* editor de código; editor de design
    em outros apps
        determinando a partir de ações, 105–106
        iniciando com intents, 99–104
        nenhum disponível, 117
        usuários escolhendo entre múltiplas, 100, 104, 111
        usuários escolhendo o padrão, 111
        usuários escolhendo sempre, 112–117
    estados de. *Veja* ciclo de vida da atividade
    hierarquia de classes para, 139, 297
    localização no projeto, 17

múltiplo
  criando, 78-83
  encadeando, 78
  iniciando com intents, 86-89
  transmitindo texto para, 90-95
  transmitindo texto para, 96-97
  navegando. *Veja* navegação
  nome da classe para, 85
  organizando, 249-255, 290-291
    atividades de categoria, 249-250, 252-255, 267-268, 277-278
    atividades de nível superior, 249-250, 252-255
    detalhar/editar atividades, 249-250, 253-255, 279-283
  principal, especificando, 84, 120
  sobre, 2, 12, 31, 38, 120-121
atributo AppTheme, 589-590
atributo cardCornerRadius, card view, 543
atributo cardElevation, card view, 543
atributo checkableBehavior, 598
atributo columnCount, GridLayout, 823
atributo contentDescription, ImageView, 212
atributo contentScrim,
    CollapsingToolbarLayout, 523
atributo entries, ListView, 259
atributo entries, Spinner, 57, 210
atributo gravity, view, 182-183
atributo headerLayout, 602
atributo hint, EditText, 178, 202
atributo icon, 299, 322
atributo id, view, 44, 175
atributo inputType, EditText, 202
atributo label, aplicação, 299, 314, 318
atributo layout_above, RelativeLayout, 822
atributo layout_behavior, ViewPager, 510, 519
atributo layout_below, RelativeLayout, 822
atributo layout_collapseMode, Toolbar, 519, 523
atributo layout_column, GridLayout, 827
atributo layout_columnSpan, GridLayout, 828
atributo layout_gravity, view, 47, 184-185, 190
atributo layout_height
  FrameLayout, 188
  LinearLayout, 171
  view, 44, 46, 47, 175, 180, 232-233
atributo layout_row, GridLayout, 827
atributo layout_scrollFlags, Toolbar, 510, 519
atributo layout_weight, view, 179-181
atributo layout_width
  FrameLayout, 188
  LinearLayout, 171
  view, 44, 46, 47, 175, 232-233
atributo menu, NavigationView, 602
atributo onClick
  Button, 60, 125, 203, 264
  CheckBox, 207, 698-700
  ImageButton, 214
  RadioButton, 209
  Switch, 205
  ToggleButton, 204
atributo orderInCategory, 322
atributo orientation, LinearLayout, 45, 172
atributo roundIcon, 299
atributo rowCount, GridLayout, 823
atributo scrollbars, recycler view, 554
atributo showAsAction, 322
atributo src, ImageButton, 214
atributo src, ImageView, 212
atributo supportsRtl, aplicativo, 172
atributo text
  Button, 44, 203
  CheckBox, 206
  TextView, 33, 34, 50, 201
atributo textOff
  Switch, 205
  ToggleButton, 204
atributo textOn
  Switch, 205
  ToggleButton, 204
atributo textSize, TextView, 201
atributo theme
  aplicativo, 299, 300
  AppBarLayout, 519
atributo title, 322
atributo xmlns:android, LinearLayout, 171
atributos drawable, Button, 213
atributos layout_align*, RelativeLayout, 820, 822
atributos layout_center*, RelativeLayout, 820
atributos layout_margin, view, 47, 176, 228-229
atributos layout_to*, RelativeLayout, 822
atributos padding, LinearLayout, 173
AVD (Android virtual device)
  comparado com o design editor, 49
  criando para smartphone, 24-26
  criando para tablet, 399-401
  sobre, 23
AWT, 4

B

banco de dados SQLite
acessando no thread de segundo plano, 720-731, 736
adicionando colunas, 649, 650
alternativas a, 624
arquivos para, 623
condições para colunas, 647
condições para consultas, 666
consultando os registros, 663-666
criando, 629, 634-635
cursores
adaptador para, 679-681, 688-689, 715
atualizando, 714-718
criando, 663-666, 678
fechando, 672, 682-683
navegando até os registros em, 670-671
recuperando valores de, 672-674
sobre, 624, 663
desempenho de, 720, 736
DrinkActivity. *Veja* DrinkActivity
excluindo registros, 647
excluindo tabelas, 650
fazendo o downgrade, 641
fazendo o upgrade, 637-640, 642-650
fechando, 672, 682-683
helper, 624, 626-628, 634-635
inserindo dados em, 632-633
localização de, 623, 624
número da versão de, 637-639
obtendo uma referência para, 662, 678
ordenando os registros a partir da consulta, 665
renomeando as tabelas, 649
segurança para, 624
sobre, 623-624
tabelas em, 630-631
a partir da entrada do usuário, 695-703, 705-706, 708-712
atualizando registros de forma programática, 645-647
tipos de dados em, 630
banco de dados. *Veja* bando de dados SQLite
barra de ação, 314. *Veja também* barra do app

barra de ferramentas animada. *Veja* barra de ferramentas retrátil; barra de ferramentas rolável
barra de ferramentas retrátil, 507, 517-525
barra de ferramentas rolável, 507, 508-515
barra de ferramentas
adicionando como layout, 311-313, 316
para gavetas de navegação, 589
retraindo, 507, 517-525
rolando, 507, 508-515
substituindo a barra do app por, 292, 306-313
barra do app
abas em, 499-500
adicionando ações a, 315-317, 319-325
atributos no arquivo de manifesto para, 299-301, 318-319
botão Up para, 327-330
compartilhando conteúdo em, 331-335
ícone em, 299
removendo, 308
rótulo para, 299, 318-319
sobre, 291-293
substituindo pela barra de ferramentas, 292, 306-313
temas necessários para, 293, 296-298, 299-300
títulos de atividades em, 317
Bates, Bert (Use a Cabeça! Java), 4
Beighley, Lynn (Use a Cabeça! SQL), 675
biases para views, 231
bibliotecas básicas, 3. *Veja também* bibliotecas
bibliotecas. *Veja também* bibliotecas específicas
adicionando ao projeto, 224
localização no projeto, 16
sobre, 3
Support Libraries, lista de, 294
botão Back
comparado com o botão Up, 327
habilitando, 413-415
botão Up, 292, 327-330

C

CalledFromWrongThreadException, 127
campo de texto. *Veja* elemento EditText
card views
adicionando dados a, 545, 550
criando, 543-544

exibindo em um recycler view, 558, 560
    sobre, 542
CardView Library, 294, 542
centralizando views, 230
ciclo de vida da atividade
    comparado com o ciclo de vida do
        fragmento, 439
    estados em
        baseado na visibilidade do app,
            146–147
        baseado no foco do app, 154–157
        lista de, 137–138, 146–147
        salvando e restaurando, 140–141, 145
    hierarquia de classes para, 139
    métodos associados com, 137–139, 147,
        167, 439
    sobre, 137–138, 146–147
ciclo de vida do fragmento, 365–366, 439
classe ActionBar, 306, 314
classe ActionBarActivity, 298
classe ActionBarDrawerToggle, 607
classe Activity, 61, 139, 297
classe AdapterView, 261, 269
classe AppCompatActivity, 297–298, 307
classe ArrayAdapter, 269–271, 275, 287,
    375–377
classe AsyncTask, 724, 729, 731, 737
classe Binder, 786
classe Bundle
    restaurando dados de estado a partir de,
        141, 144
    salvando dados de estado em, 140, 143
    sobre, 145
classe Context, 139, 752
classe ContextThemeWrapper, 139
classe ContextWrapper, 139, 752
classe Cursor, 624
classe FragmentActivity, 354
classe FragmentPagerAdapter, 491–493
classe FragmentStatePagerAdapter, 491, 493
classe GridLayoutManager, 556–557
classe Handler, 128–129
classe IntentService, 742, 744, 752
classe Java
    chamando a partir de atividades, 71–74
    dados armazenados em, 256, 268–271
    personalizadas, criando, 70, 256
    sobre, 38
classe LayoutInflator, 350, 365, 376

classe LinearLayoutManager, 556–557
classe ListFragment
    conectando à atividade de detalhes,
        384–389
    conectando dados a, 375–377
    criando, 372–374
    exibindo na atividade principal, 378–381
    listener para, na atividade principal,
        385–387
classe LocationListener, 792
classe LocationManager, 793
classe Log, 743
classe NotificationManager, 759
classe OnItemClickListener, 261–262
classe PendingIntent, 758
classe Random, 772
classe RecyclerView.Adapter, 545–546
classe Runnable, 128
classe Service, 752, 770
classe SimpleCursorAdapter, 681
classe SnackBar, 530
classe SQLiteDatabase, 624
classe SQLiteOpenHelper, 624, 627–628
classe StaggeredGridLayoutManager,
    556–557
classe Toolbar, 306, 309, 314
classe ViewGroup, 198, 200
classe ViewHolder, 546, 548
classe ViewPager, 489–493, 501
classe WebView, 866
classes Java personalizadas. *Veja* classes Java
classes. *Veja* classes Javas
comando ADD COLUMN, 650
comando ALTER TABLE, 649
comando CREATE TABLE, 631
comando DROP TABLE, 650
comando RENAME TO, 649
compatibilidade com versões anteriores, para
    compatibilidades, 295, 298
componentes GUI. *Veja também* views;
    componentes GUI específicos
    adicionando, 43
    herdando da classe View, 44, 197–198
    referenciando, 63–64
configuração de wrap_content, largura e
    altura, 232
Constraint Layout Library, 224, 294
constraint layout
    alinhando views, 238
    alternativas para, 245

o índice

biases, configuração, 231
biblioteca para, 224
centralizando views, 230
código XML para, 229
especificando na atividade principal, 225
inferindo restrições, 240–241, 245
margens, definição, 228–229
restrições horizontais, adicionando, 227
restrições horizontais, adicionando, 228
sobre, 223
tamanho dos views, alterando, 232–233
widgets, adicionando, 226, 240, 242–243
cores, para temas, 303
cursores, SQLite
adaptador para, 679–681, 688–689, 715
atualizando, 714–718
criando, 663–666, 678
fechando, 672, 682–683
navegando até os registros em, 670–671
recuperando valores de, 672–674
sobre, 624, 663

D

Dados
adaptadores para. *Veja* adaptadores
armazenando como recursos de string, 259
armazenando em classes, 256, 268–271, 360
compartilhando com outros apps. *Veja* provedor de ação de compartilhamento
conteúdo da web, 866
de outros apps, provedores de conteúdo para, 863
loaders para, 864
depuração de USB, 109
desempenho do Android emulator, 858–860
banco de dados SQLite relevante, 720
Design Support Library
barra de ferramentas retrátil, 517–525
barra de ferramentas rolável, 508–515
elemento AppBarLayout, 499–500
elemento TabLayout, 499, 501
FAB (botão de ação flutuante), 507, 526–529
gavetas de navegação, 584
snackbar, 507, 526, 530–533
sobre, 294, 506

deslizando pelos fragmentos, 489–493
dispositivos Android
adaptando apps para diferentes tamanhos de, 340–341, 394–398, 402–412. *Veja também* fragmentos
executando apps em, 109–111, 117
nível da API em. *Veja* Android SDK (nível da API)
rotação de
configuração influenciada por, 134–136, 145, 156
salvando o estado da atividade para, 140–141
salvando o estado do fragmento para, 427–431
sobre, 2
virtual, para testes. *Veja* AVD (Android virtual device)
dispositivos. *Veja* dispositivos Android
distribuindo apps, 862
domínio da empresa, 9
dp (pixels independentes de densidade), 171
driver USB, instalando, 109

E

editor de código
arquivo de atividade em, 21–22
arquivo de layout em, 19–20, 41, 44–46
sobre, 18, 32
editor de design. *Veja também* ferramenta blueprint
adicionando componentes GUI, 43
alterações no XML indicadas em, 48
comparado com o AVD, 49
sobre, 18, 32, 42
editores. *Veja* ferramenta blueprint; editor de código; editor de design
elemento AppBarLayout, 499–500, 518–519
elemento Button. *Veja também* FAB (botão de ação flutuante)
adicionando, 43
chamando métodos
código para, 44–47, 80
em atividade, 60–62
em fragmento, 452–460
imagens adicionadas a, 213
sobre, 203
widget para, na ferramenta blueprint, 226

elemento CardView, 543
elemento CheckBox, 206–207, 696–700
elemento CollapsingToolbarLayout, 518–521
elemento CoordinatorLayout, 508–511, 518, 527
elemento DrawerLayout, 602–603. *Veja também* gavetas de navegação
elemento EditText
    código para, 80
    dica, 178
    sobre, 80, 178, 202
elemento FloatingActionButton, 527
elemento fragment, 352, 463
elemento FrameLayout
    altura, 188
    aninhando, 191–192
    gravidade para o posicionamento de views, 190
    largura, 188
    ordem dos views em, 190
    sobre, 188–190, 193
    substituindo fragmentos programaticamente usando, 416–425, 464–467, 471
elemento GridLayout
    adicionando views a, 824, 827–829
    criando, 825–832
    dimensões, definindo, 823, 826
    sobre, 823
elemento group, 598–599
elemento HorizontalScrollView, 215
elemento ImageButton, 214
elemento ImageView, 211–212, 258, 523
elemento LinearLayout
    altura, 171
    aninhando, 191–192, 222
    atributo xmlns:android, 171
    gravidade para o conteúdo de views, 182–183
    gravidade para o posicionamento de views, 184–185
    largura, 171
    ordem dos views em, 175
    orientação, 172
    peso dos views em, 179–181
    preenchimento, 173
    recursos de dimensão 174
    sobre, 41, 45, 171, 187
elemento ListViews
    criando, 259–260, 705–709
    hierarquia de classes para, 570
    ouvintes de eventos para, 261–263, 708, 710–712
    sobre, 251
elemento menu, 321
elemento NavigationView, 602–603, 608
elemento NestedScrollView, 513, 518–519
elemento RadioButton, 208
elemento RadioGroup, 208–209
elemento RecyclerView, 554
elemento RelativeLayout
    posicionando em relação a outros views, 821–822
    posicionando em relação ao layout pai, 818–820
    sobre, 818
elemento resources, 54
elemento ScrollView, 215
elemento service, 745
elemento Spinner
    definindo valores em, 64
    sobre, 47, 48, 210
    valores para, 56–57
elemento string, 54
elemento string-array, 56
elemento style, 301
elemento Switch, 205
elemento TabLayout, 499, 501
elemento TextView
    código para, 33–34, 44–47, 91
    definindo texto em, 64
    sobre, 33, 44, 201
elemento ToggleButton, 204
elemento uses-permission, 791
emulador. *Veja* Android emulator
encadeando atividades, 78
estados, de atividades. *Veja* ciclo de vida da atividade
estilos
    aplicando temas usando, 300–301
    personalizando temas usando, 303
estrutura do aplicativo, 3. *Veja também* APIs
exemplo de grid layout para e-mail, 825–832
exemplo do app de e-mail. *Veja* app CatChat
exemplos
    app Beer Adviser. *Veja* app Beer Adviser
    app CatChat. *Veja* app CatChat
    app Joke app. *Veja* app Joke
    app My Constraint Layout. *Veja* app My Constraint Layout

o índice

app My Messenger. *Veja* app My Messenger
app Odometer. *Veja* app Odometer
app Pizza. *Veja* app Pizza
app Starbuzz Coffee. *Veja* app Starbuzz Coffee
app Stopwatch. *Veja* app Stopwatch
app Workout. *Veja* app Workout
código-fonte para, xxxvi
grid layout para e-mail, 825–832
My First App. *Veja* My First App

F

FAB (botão de ação flutuante), 507, 526–529
ferramenta blueprint
    alinhando views, 238
    biases, configuração, 231
    centralizando views, 230
    inferindo restrições, 240–241, 245
    margens, configuração, 228
    propriedades dos views, editando, 241
    restrições horizontais, 227
    restrições horizontais, 228
    sobre, 226
    tamanho dos views, alterando, 232–233
    widgets, adicionando, 226, 240, 242–243
ferramenta de compilação Gradle
    arquivos build.gradle, 834–835
    arquivos gradlew e gradlew.bat, 836
    dependências usadas por, 838
    plugins, 840
    sobre, 7, 834
    tarefa check, 837
    tarefas personalizadas, 839
ferramenta zipalign, 845
filtro de intent, 105–106
foco atividades em, 154–157
    processamento de views, 199
formato OAT, 847
fragment manager, 362, 419
fragmentos dinâmicos. *Veja* fragmentos: dinâmicos
fragmentos
    adicionando ao projeto, 348–349
    aninhados, 474–477
    atividades usando
        adicionando um fragmento a, 352–353
        botão vinculando a atividade principal à atividade de detalhes, 346–347
        criando, 345
        definindo valores para, 367–369
        interações com, 359–369
        referenciando um fragmento a partir de, 363, 367
    código para, 349–350
    convertendo atividades em, 438–449
    dados para, 360
    deslizando por, 489–493
    dinâmicos
        adicionando, 435–449, 469–477
        chamando métodos a partir de, 450–460
        código para, 440–446, 458–460
        layout para, 447–449
        sobre, 434
    estado de, salvando, 427–431, 464–467
    estrutura do app para, 343–344
    funcionalidade do botão back com, 413–415
    ID para, 361–362
    layouts para, 349–351, 408–410
    list fragments
        conectando a uma atividade de detalhes, 384–389
        conectando dados a, 375–377
        criando, 372–374
        exibindo na atividade principal, 378–381
        listener para, na atividade principal, 385–387
    métodos associados com, 365–366, 439
    para navegação por abas, 483–488
    sobre, 342
    substituindo programaticamente, 416–425
    v7 AppCompat Library para, 345, 354
    view para, criando, 350

G

gavetas de navegação
    adicionando à atividade principal, 583, 602–604
    barra de ferramentas para, 589
    bibliotecas para, 584
    cabeçalho para, 583, 593–595
    comparado com a navegação por abas, 580

o índice

comportamento de cliques no menu, 606, 608–613
drawer toggle para, 606–607
fechando a gaveta, 606, 614
fragmentos para, 583, 585–592
múltiplas, 614
opções de menu para, 583, 593, 596–601
sobre, 580–583
submenu em, 600
tema para, 589–590
gerenciador de layout, para o recycler view, 556–557

H

HAXM (Hardware Accelerated Execution Manager), 859

I

Ícones
    ícones internos, 597
    para ações na barra do app, 320
    para o app, padrão, 84, 299
IDE
    Android Studio como. *Veja* Android Studio
    não usar um, 7
imagem do sistema. *Veja* Android SDK (nível da API)
inflators, layout, 350, 365
Instant Run, 860
IntelliJ IDEA, 5
intents
    alternativas a, 91
    categoria para, 106, 117
    compartilhando conteúdo usando, 331
    criando, 86–87, 277
    implícitos e explícitos, 101, 105, 117
    iniciando atividades em outros apps, 99–104
    iniciando atividades, 86–89
    recuperando dados de, 280–282
    recuperando texto de, 96–97
    resolvendo atividades e ações, 105–106
    sobre, 86
    transmitindo texto através de, 90–95
interface IBinder, 786
interface Listener, 385–387, 572–576
interface OnClickListener, 455–460

interface ServiceConnection, 775–777
internacionalização. *Veja* localização

J

Java Virtual Machine (JVM), 842
Java
    atividades. *Veja* atividades
    conhecimento necessário de, xxxvi, 4
    localização do arquivo de origem, 16–17
    sobre, 2
JDBC, 624
JUnit, 870
JVM (Java Virtual Machine), 842
kernel do Linux, 3

L

lançando apps, 862
layouts
    aninhando, 191–192, 222
    barras de ferramentas como, 311–313, 316
    código para, 19–20, 33, 41, 44–46, 80
    criando, 13–14
    editando, 41–48
    frame. *Veja* elemento FrameLayout
    grade. *Veja* elemento GridLayout
    herdado de classe ViewGroup, 198, 200
    linear. *Veja* elemento LinearLayout
    padrão, 41
    para fragmentos. *Veja* fragmentos
    relativo. *Veja* elemento RelativeLayout
    restrição. *Veja* constraint layout
    sobre, 2, 12, 31, 38, 170
lista suspensa. *Veja* elemento Spinner
listeners. *Veja* ouvintes de eventos
livros e publicações
    Use a Cabeça! Java (Sierra; Bates), 4
    Use a Cabeça! SQL (Beighley), 675
loaders, 864
localização
    idiomas escritos da direita para a esquerda, 172
    recursos de string, 50, 55
Location Services
    biblioteca para, 790
    distância percorrida, calculando, 796–797
    interrompendo atualizações de localização, 797

listener para, 792
manager para, 793
permissões necessárias
    declarando, 791
    notificação, se recusado, 806, 809–810
    solicitando do usuário, 802–804, 806
    verificando, 794, 800
provedor para, 793
sobre, 789
solicitando atualizações de localização, 794–795
logcat, visualizando, 743, 854

M

material design, 506. *Veja também* Design Support Library
mensagens pop-up (toasts), 216
    mensagens. *Veja também* serviço de notificação
    mensagens pop-up (toasts), 216
    registrando no log, 743–746
método addDrawerListener(), DrawerLayout, 607
método bindService(), atividade, 778
método changeCursor() , cursor adapter, 715–717
método checkSelfPermission(), ContextCompat, 794, 800
método close(), cursor, 672, 683
método close(), SQLiteDatabase, 672, 683
método closeDrawer(), DrawerLayout, 614
método createChooser(), Intent, 112–117
método delete(), SQLiteDatabase, 647
método doInBackground(), AsyncTask, 724, 726, 731
método execSQL(), SQLiteDatabase, 631, 650
método execute(), AsyncTask, 731
método findViewById(), view, 63–64, 68
método getActivity(), PendingIntent, 758
método getBestProvider(), LocationManager, 793
método getCheckedRadioButtonId(), RadioGroup, 208
método getChildFragmentManager(), fragmento, 474–475
método getContext(), LayoutInflator, 376
método getCount(), FragmentPagerAdapter, 491–492

método getFragmentManager()
    atividade, 362
    fragmento, 472–473
método getIntent(), atividade, 92, 96, 280
método getIntExtra(), Intent, 92
método getItem(), FragmentPagerAdapter, 491–492
método getItemCount(), RecyclerView.Adapter, 547
método getReadableDatabase(), SQLiteOpenHelper, 662, 678
método getSelectedItem(), view, 67, 69, 210
método getString(), recurso de string, 115
método getStringExtra(), Intent, 92, 96
método getSupportActionBar(), atividade, 329
método getSupportFragmentManager(), atividade, 362
método getText(), EditText, 202
método getView(), fragmento, 367, 370
método getWritableDatabase(), SQLiteOpenHelper, 662
método inflate(), LayoutInflator, 350
método insert(), SQLiteDatabase, 632–633
método isChecked(), CheckBox, 206
método moveToFirst(), cursor, 671
método moveToLast(), cursor, 671
método moveToNext(), cursor, 671
método moveToPrevious(), cursor, 671
método notify(), NotificationManager, 759
método onActivityCreated(), fragmento, 365
método onAttach(), fragmento, 365
método onBind(), Service, 770, 787–788
método onBindViewHolder(), RecyclerView.Adapter, 550, 571
método onButtonClicked(), atividade, 203, 214
método onCheckboxClicked(), CheckBox, 207
método onClick()
    fragmento, 456
    Listener, 572
    OnClickListener, 455
método onClickDone(), atividade, 529
método onClickListener(), view, 530
método onCreate()
    atividade, 61, 81, 96, 121, 133, 137, 138, 147, 167, 787–788
    fragmento, 365, 429, 430
    serviço, 751
método onCreateOptionsMenu(), atividade, 323

método onCreateView(), fragmento, 349–350, 365, 374, 376
método onCreateViewHolder(), ViewHolder, 549
método onDestroy()
    atividade, 137, 138, 147, 167, 683, 787–788
    fragmento, 365
    serviço, 751
método onDestroyView(), fragmento, 365
método onDetach(), fragmento, 365
método onDowngrade(), SQLiteOpenHelper, 637, 641
método onHandleEvent(), IntentService, 742
método onHandleIntent(), IntentService, 744
método onItemClick(), OnItemClickListener, 261–262
método onListItemClick(), list fragment, 373, 386
método onLocationChanged(), LocationListener, 792
método onNavigationItemSelected(), atividade, 608–609
método onOptionsItemSelected(), atividade, 324
método onPause()
    atividade, 154–157, 159, 167
    fragmento, 365
método onPostExecute(), AsyncTask, 724, 728
método onPreExecute(), AsyncTask, 724–725
método onProgressUpdate(), AsyncTask, 727
método onProviderDisabled(), LocationListener, 792
método onProviderEnabled(), LocationListener, 792
método onRadioButtonClicked(), RadioGroup, 209
método onRequestPermissionResult(), atividade, 805
método onRestart(), atividade, 146, 147, 153, 167
método onResume()
    atividade, 154–157, 159, 167
    fragmento, 365
método onSaveInstanceState()
    atividade, 140, 142, 143, 146
    fragmento, 429, 431
método onServiceConnected(), ServiceConnection, 775–776
método onServiceDisconnected(), ServiceConnection, 775, 777

método onStart()
    atividade, 146, 147, 153, 167
    fragmento, 365, 367
método onStartCommand(), Service, 751
método onStatusChanged(), LocationListener, 792
método onStop()
    atividade, 146, 147, 148–150, 167
    fragmento, 365
método onSwitchClicked(), Switch, 205
método onToggleClicked(), ToggleButton, 204
método onUnbind(), Service, 787–788
método onUpgrade(), SQLiteOpenHelper, 628, 637, 640, 642–650
método post(), Handler, 128–129
método postDelayed(), Handler, 128–129
método publishProgress(), AsyncTask, 727
método put(), ContentValues, 632
método putExtra(), Intent, 92, 101
método query(), SQLiteDatabase, 663–666
método removeUpdates(), LocationManager, 797
método requestLocationUpdates(), LocationManager, 794
método requestPermissions(), ActivityCompat, 803–804, 806
método setAction(), Snackbar, 530
método setAdapter()
    ListView, 270
    RecyclerView, 554
    ViewPager, 493
método setContentDescription(), ImageView, 212, 282
método setContentIntent(), notification builder, 758
método setContentView(), atividade, 61, 133, 137, 363
método setDisplayHomeAsUpEnabled(), ActionBar, 329
método setImageResource(), ImageView, 212, 282
método setListAdapter(), fragmento, 376
método setNavigationItemSelectedListener(), NavigationView, 608
método setShareIntent(), ShareActionProvider, 333
método setSupportActionBar(), AppCompatActivity, 313, 314, 317
método setText(), TextView, 64, 201, 282
método setType(), Intent, 101

método setupWithViewPager(), TabLayout, 501
método startActivity(), atividade, 86, 112, 117, 121
método startService(), Intent, 747, 751
método syncState(), ActionBarDrawerToggle, 607
método unbindService()s, ServiceConnection, 779
método update(), SQLiteDatabase, 646, 698
métodos get*(), cursor, 672
métodos. *Veja também* métodos específicos
   chamando a partir de atividades, 59–62, 81
   criando, 62–63, 65–66, 81
   nome de, 69
My First App, 7–36
   atividades, 12–15, 31
   editores, 18–22
   emulador, 23–30
   estrutura de pastas, 16–17
   layout, 31–34
   projeto, 8–11
My Messenger app, 79–118
   arquivo de manifesto, 84–85
   atividades, 82–83, 90
   executando em um dispositivo, 109–111
   intents, 86–89, 92–108
   layout, 80, 82–83, 91
   recursos de string, 81
   seletores, 112–117

N

namespace res-auto, 543
navegação por abas
   adicionando abas ao layout, 498–504
   comparado com as gavetas de navegação, 580
   deslizando entre abas, 489–493
   fragmentos para, 483–488
   sobre, 482–484, 493
navegação. *Veja também* barra do app; elemento ListView; gavetas de navegação; navegação por abas; barra de ferramentas
   botão Back, 327, 413–415
   botão Up, 292, 327–330
   sobre, 250–251, 253–255, 291
network location provider, 793

nível da API. *Veja* Android SDK (nível da API)
nome do aplicativo, 9
nome do pacote 84
notificação heads-up, 755, 757

O

objeto ContentValues, 632, 645
objeto IBinder, 770–771, 776
objeto Notification, 759
Oracle JVM (Java Virtual Machine), 842
organizando ideias. *Veja também* app Starbuzz Coffee
ouvintes de eventos
   comparado com o atributo onClick, 264
   location listeners, 792
   para ações de snackbar, 530
   para card views, 572–576
   para fragmentos, 455–460
   para gavetas de navegação, 608
   para list fragments, 385–387
   para o elemento ListView, 261–263
   para o elemento ListView, 708, 710–712
   sobre, 199

P

pacote de aplicativo Android. *Veja* arquivos APK
pasta de compilação, 17
pasta do app, 17
pasta java, 17
pasta res, 17
pasta src, 17
pastas de recursos de layout, 402–408
pastas de recursos de menu, 321
pastas de recursos de valores. *Veja* recursos de string; recursos de dimensão
pastas de recursos drawable. *Veja* recursos de imagem
pastas de recursos mipmap, 299
permissões
   declarando as permissões necessárias, 791
   níveis da API relevantes, 791, 794
   recusa, emitindo notificação de, 806, 809–810
   solicitando do usuário, 802–804, 806
   verificando permissões concedidas, 794, 800

pilha de retorno, 414–415
pixels independentes de densidade (dp), 171
pixels independentes de escala (sp), 201
plataforma Android
    sobre, 2–3
    versões de. *Veja* Android SDK (nível da API)
Play Store, lançando apps em, 862
Preferences API, 867
processo Zygote, 846
processos, apps que usam, 120–121, 133. *Veja também* serviços; threads
projetos. *Veja também* apps Android
    arquivos em, 15–17, 34
        bibliotecas para, adicionando, 224
        criando, 8–10, 40–41
        domínio da empresa, 9
        localização, 9
        nome do aplicativo, 9
provedor de ação de compartilhamento, 292, 331–335
provedor de localização GPS, 793
provedores de conteúdo, 863

Q

QEMU (Quick Emulator), 858

R

recurso de string app_name, 51
recursos de array, 56–57, 210, 259
recursos de cor, 304
recursos de dimensão, 174
recursos de estilo, 300–301
        recursos de imagem. *Veja também* ícones; pastas de recursos mipmap
        adicionando, 189, 211, 257, 512
        opções de resolução, pastas para, 211
        para elementos Button, 213
        para elementos ImageButton, 214
        Para o cabeçalho da gaveta de navegação, 594
        para o elemento ImageView, 212, 258
        referências R.drawable para, 212, 257
recursos de string
    adicionando, 512, 517
    arrays de, 56–57, 210, 259
    atualizado no arquivo R.java, 69
    criando, 51, 81
    localização de, 54, 55

    obtendo o valor de, 115
    referenciando strings em, 52, 81
    sobre, 38, 50, 54, 55
    títulos de ações em, 320
recursos de website
    ações de atividades, tipos de, 101
    código-fonte dos exemplos, xxxvi
    drivers USB, 109
recursos. *Veja* livros e publicações; recursos de websites
recycler view adapter, 545–550, 554, 571–574
recycler views
    barra de rolagens para, 554
    criando, 553–555, 562–565
    dados para, 547, 550
    gerenciador de layout para, 556–557
    hierarquia de classes para, 570
    respondendo a cliques, 566–576
    sobre, 538–539
    views para, 548–549
RecyclerView Library, 294
RecyclerView-v7 Library, 542
referência ?attr, 309
referência @array, 57
referência @drawable, 212
referência @string, 52, 81
referência @style reference, 300
referência R.drawable, 212, 257
registrando mensagens no log, 743–746
resolução de imagens, 211
restrições horizontais, 227
restrições verticais, 228
rotação de dispositivo
    configuração alterada por, 134–136, 145, 156
    salvando o estado da atividade para, 140–141
    salvando o estado do fragmento para, 427–431

S

Safari Books Online, xl
SDK. *Veja* Android SDK (nível da API)
segundo plano, serviços executados em. *Veja* serviços
seletores, 112–117
serviço de notificação
    ação para, adicionando, 758
    biblioteca para, 756
    emitindo uma notificação, 759, 806, 809–810

notificação heads-up, 755, 757
notification builder para, 757
notification manager para, 759
sobre, 755, 762–763
serviços agendados, 740
serviços iniciados
ciclo de vida de, 750–751
comparado com serviços vinculados, 786
criando, 741–742, 744
declarando no AndroidManifest.xml, 745
em combinação com serviços vinculados, 786
hierarquia de classes para, 752
iniciando, 746–747
métodos associados com, 750–752
sobre, 740–741, 748
serviços internos
localização. *Veja* Location Services
notificação. *Veja* serviço de notificação
sobre, 740
serviços vinculados
chamando métodos a partir de, 780–785
ciclo de vida de, 787–788
comparado com serviços iniciados, 786
criando, 770, 772
em combinação com serviços iniciados, 786
exibindo resultados de, 773
outros apps usando, 786
sobre, 740, 768
vinculando a uma atividade, 771, 774–778
serviços
agendados, 740
de localização. *Veja* Location Services
de notificação. *Veja* serviço de notificação
iniciados. *Veja* serviços iniciados
internos, 740
sobre, 740
vinculados. *Veja* serviços vinculados
shell, executando com o adb, 852–853
Sierra, Kathy (Use a Cabeça! Java), 4
slider. *Veja* elemento Switch
snackbar, 507, 526, 530–533
sp (pixes independentes de escala), 201
SQL (Structured Query Language), 631, 675
SQLiteException, 662, 675
SQLiteOpenHelper, 628, 634–635
Structured Query Language. *Veja* SQL
Support Libraries. *Veja também* v7 AppCompat Library

adicionando ao projeto, 296
lista de, 294
Swing, 4
sync adapters, 864

T

tag include, 312, 314
tarefa check, Gradle, 837
tarefa clean, Gradle, 837
tarefa installDebug, Gradle, 837
tarefas, 78
tela de configurações, 867
telas
atividades em. *Veja* atividades
densidade de, imagens baseadas em, 211
layouts para. *Veja* layouts
tamanho de, adaptando apps para, 340–341, 394–398, 402–412
temas
aplicado ao projeto, 299–300
exigência da barra do app, 293
internos, lista de, 302
para gavetas de navegação, 589–590
personalizando, 303
removendo a barra do app usando, 308
sobre, 84
v7 AppCompat Library para, 294, 296–298
testes automáticos, 870
testes de unidade, 870
testes Espresso, 871
testes no dispositivo, 871
testes
o emulador comparado com o dispositivo, 117
testes automáticos, 870
testes de unidade, 870
testes no dispositivo, 871
thread de processamento, 720
thread de segundo plano, 720–731, 736
threads
sobre, 720
thread de processamento, 720
thread de segundo plano, 720–731, 736
thread principal, 127, 720
toasts, 216
transações de fragmentos, 419–423, 463–467, 472–475
transações, para fragmentos. *Veja* transações de fragmentos

transições de atividade, 868
transmissões, 865

U

Use a Cabeça! Java (Sierra; Bates), 4
Use a Cabeça! SQL (Beighley), 675

V

v4 Support Library, 294. *Veja também* Design Support Library
v7 AppCompat Library
    adicionando ao projeto, 296, 307
    classe AppCompatActivity em, 297–298
    classe, 345
    fragmentos que usam, 584
    Location Services que usam, 790
    notificações em, 756
    sobre, 294
v7 CardView Library, 294, 542
v7 RecyclerView Library, 294

variáveis, configurando, 126, 127
views. *Veja também* componentes GUI específicos
    alinhando, 238
    altura, 175, 180, 232–233
    biases para, 231
    centralizando, 230
    gravidade para o conteúdo dos views, 182–183
    gravidade para o posicionamento dos views, 184–185, 190
    ID, 44, 175, 199
    largura, 175, 232–233
    margens, 176, 228–229
    métodos associados com, 199
    obtendo e definindo propriedades, 199
    peso, 179–181
    sobre, 44, 198–199

W

widgets. *Veja também* componentes GUI
    adicionando, na ferramenta blueprint, 226
    restrições para. *Veja* constraint layout
    sobre, 869